W0243976

## E-Book inside.

Mit folgendem persönlichen Code können Sie die E-Book-Ausgabe dieses Buches downloaden.

80183-20x6p-
56r14-800fi

Registrieren Sie sich unter **www.hanser-fachbuch.de/ebookinside** und nutzen Sie das E-Book auf Ihrem Rechner*, Tablet-PC und E-Book-Reader.

Der Download dieses Buches als E-Book unterliegt gesetzlichen Bestimmungen bzw. steuerrechtlichen Regelungen, die Sie unter www.hanser-fachbuch.de/ebookinside nachlesen können.

* Systemvoraussetzungen: Internet-Verbindung und Adobe® Reader®

Badach/Hoffmann

# Technik der IP-Netze

Anatol Badach
Erwin Hoffmann

# Technik der IP-Netze

## Internet-Kommunikation in Theorie und Einsatz

3., überarbeitete und erweiterte Auflage

HANSER

Alle in diesem Buch enthaltenen Informationen, Verfahren und Darstellungen wurden nach bestem Wissen zusammengestellt und mit Sorgfalt getestet. Dennoch sind Fehler nicht ganz auszuschließen. Aus diesem Grund sind die im vorliegenden Buch enthaltenen Informationen mit keiner Verpflichtung oder Garantie irgendeiner Art verbunden. Autoren und Verlag übernehmen infolgedessen keine juristische Verantwortung und werden keine daraus folgende oder sonstige Haftung übernehmen, die auf irgendeine Art aus der Benutzung dieser Informationen – oder Teilen davon – entsteht.

Ebenso übernehmen Autoren und Verlag keine Gewähr dafür, dass beschriebene Verfahren usw. frei von Schutzrechten Dritter sind. Die Wiedergabe von Gebrauchsnamen, Handelsnamen, Warenbezeichnungen usw. in diesem Buch berechtigt deshalb auch ohne besondere Kennzeichnung nicht zu der Annahme, dass solche Namen im Sinne der Warenzeichen- und Markenschutz-Gesetzgebung als frei zu betrachten wären und daher von jedermann benutzt werden dürften.



Bibliografische Information der Deutschen Nationalbibliothek:

Die Deutsche Nationalbibliothek verzeichnet diese Publikation in der Deutschen Nationalbibliografie; detaillierte bibliografische Daten sind im Internet über http://dnb.d-nb.de abrufbar.


Lektorat: Brigitte Bauer-Schiewek
Herstellung: Irene Weilhart
Copy editing: Jürgen Dubau, Freiburg
Layout: Erwin Hoffmann mit LaTeX
Umschlagdesign: Marc Müller-Bremer, www.rebranding.de, München
Umschlagrealisation: Stephan Rönigk
Druck und Bindung: Kösel, Krugzell
Ausstattung patentrechtlich geschützt. Kösel FD 351, Patent-Nr. 0748702
Printed in Germany

Print-ISBN: 978-3-446-43976-4
E-Book-ISBN: 978-3-446-43986-3

# Inhaltsverzeichnis

# Vorwort

Das Internet ist inzwischen zum unabdingbaren Kommunikationsmedium geworden, über das jeder zu jeder Zeit Information über fast alles abrufen sowie Nachrichten senden und empfangen kann. Unsere heutige Gesellschaft kann man sich ohne Internet kaum noch vorstellen. Voraussetzung zur Kommunikation zwischen Rechnern sind bestimmte Regeln, die vor allem die Datenformate und die Prinzipien der Datenübermittlung festlegen. Diese Regeln werden als Kommunikationsprotokolle bezeichnet. TCP/IP (*Transmission Control Protocol / Internet Protocol*) stellt eine derartige Protokollfamilie dar, sie wird im weltweiten Internet, in privaten Intranets und in anderen Netzen verwendet. Netze, die auf dieser Protokollfamilie aufbauen, bezeichnet man als *IP-Netze*.

Begriff: IP-Netze

Ein IP-Netz – und insbesondere das Internet – besteht nicht nur aus mehreren Rechnern und IP/TCP dazwischen, sondern dahinter verbergen sich sehr komplexe Vorgänge. Das Internet stellt einen weltweiten Dienst zur Übermittlung nicht nur von Daten, sondern auch von audiovisuellen Informationen, also von Audio und Video, in Form von IP-Paketen dar. Vergleicht man diesen Dienst mit dem Briefdienst der Post, so entspricht ein IP-Paket einem Brief und die sog. IP-Adresse einer postalischen Adresse. Das massive Wachstum des Internet und die dabei entstehenden Probleme und neuen Anforderungen haben die Entwicklung sowohl eines neuen Internetprotokolls, des IPv6, als auch von Techniken MPLS und GMPLS für die Übermittlung der IP-Pakete über Hochgeschwindigkeitsnetze, insbesondere über optische Netze, vorangetrieben. Noch in der ersten Dekade dieses Jahrhunderts hat man von *Next Generation IP Networks* gesprochen und sie sind bereits heute Realität geworden.

Komplexität und Weiterentwicklung

Dieses Buch gibt eine fundierte Darstellung zentraler Komponenten der TCP/IP-Protokollfamilie, wie z.B. IP, TCP, UDP, DNS und DHCP, sowie von Routing sowohl beim klassischen IP, IPv4 genannt, als auch beim neuen IPv6. Das Buch erläutert die Strategien für die Migration zum Einsatz von IPv6, präsentiert die Konzepte zum Aufbau der IP-Netze auf Basis verschiedener Netztechnologien, wie LANs, WLANs, SDH und WDM, und geht auch auf die IP-Weitverkehrsnetze mit (G)MPLS ein. Die Themen wie die Realisierung von VPNs, *Virtual Networking* in LANs durch die Bildung von VLANs und VXLANs, Konzepte und Einsatz von TRILL und *Shortest Path Bridging* werden ebenso präsentiert. Die Darstellung der Protokolle MIPv4, MIPv6 und HMIPv6 zur Unterstützung der Mobilität von Rechnern wie auch der Protokolle ILNP und LISP, mit denen man die Mobilität virtueller Netzwerke erreichen kann, rundet den Inhalt dieses Buches ab.

Ziel des Buches

Das Buch ist so aufgebaut, dass sowohl die notwendigen technischen Grundlagen fundiert dargestellt als auch verschiedene Aspekte bei der Planung und Verwaltung der IP-Netze diskutiert werden. Damit eignet es sich nicht nur als Lehrbuch für Studenten und Neueinsteiger, sondern auch als Nachschlagewerk für alle Interessenten, die für die Planung, Realisierung, Verwaltung und Nutzung des Internet, von privaten Intranets und anderen IP-Netzen verantwortlich sind.

An wen richtet sich das Buch?

Zurzeit ist kein Buch verfügbar, in dem die Technik der IP-Netze so breit dargestellt wäre. Daher kann dieses Buch als ein Handbuch für alle Netzwerk-Verantwortlichen dienen. Durch die fundierte und praxisorientierte Darstellung der Inhalte eignet sich gut dieses

Aufbau des Buches

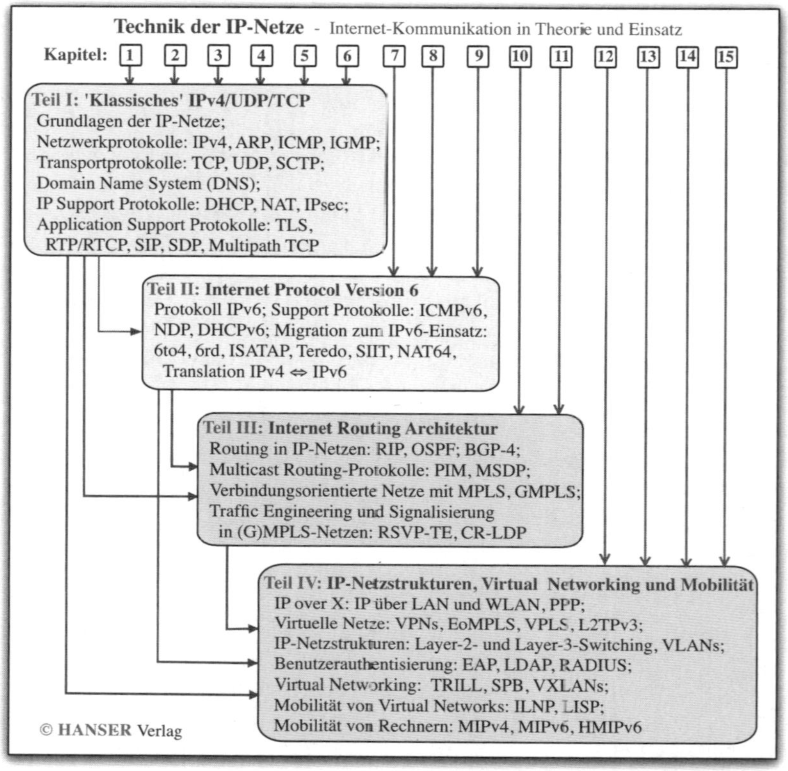


Buch auch für alle 'Internet-Fans' zum Selbststudium. Dieses Buch präsentiert in 15 Kapiteln, die auf vier Teile verteilt sind, alle wichtigen Aspekte der IP-Netze und kann nicht wie ein spannender Roman in einem Schlag durchgelesen werden. Das vorliegende Bild zeigt dessen logische Struktur und Abhängigkeiten zwischen Inhalten einzelner Teile, um den Lesern eine Orientierung zu geben, aus welchen Teilen man Kenntnisse benötig, um beim Lesen verschiedene, voneinander abhängige Themenbereiche besser zu verstehen.

Inhalte der Kapitel

Betrachtet man die einzelnen Kapitel dieses Buches etwas detaillierter, so lassen sie sich wie folgt kurz charakterisieren:

Kapitel 1

Kapitel 1 präsentiert die Entwicklung des Internet sowie die notwendigen Grundlagen der Rechnerkommunikation und der *Kommunikationsprotokolle* und geht u.a. daher auf die folgenden Probleme ein: Welche Funktionen liegen den Kommunikationsprotokollen zugrunde und wie kann die Kommunikation in IP-Netzen mittels eines Schichtenmodells anschaulich dargestellt werden? Wie können die verbindungslose und die verbindungsorientierte Kommunikation in IP-Netzen interpretiert werden und welche Bedeutung hat die Transportschicht? Welche Sicherheitsziele werden in IP-Netzen verfolgt und wie können diese technisch umgesetzt werden? Wie koordiniert die IETF die technologische Entwicklung des Internet und wie können wir diese verfolgen?

Kapitel 2

Kapitel 2 stellt sowohl IPv4 als auch dessen Hilfsprotokolle ARP und ICMP umfassend dar und erläutert u.a. folgende Fragestellungen: Wie sind IPv4-Pakete aufgebaut und welche Steuerungsangaben kann der Header eines IPv4-Pakets enthalten? Welche Arten von IPv4-Adressen gibt es und wie werden sie aufgebaut? Wie erfolgt die *Adressierung* in IP-Netzen und wie werden Subnetze gebildet? Welche Bedeutung haben die Protokolle ARP und ICMP und wie funktionieren sie? Wie realisiert man *Multicasting* in IP-Netzen mit dem Protokoll IGMP?

Kapitel 3

Von großer Bedeutung in IP-Netzen ist die sog. *Transportschicht* mit den klassischen Protokollen TCP und UDP; hierzu kommen noch die neuen Protokolle SCTP und UDP-Lite. Weil das IP keine zuverlässige Übermittlung der Pakete garantiert, verwendet man hauptsächlich das TCP und in einigen Fällen das SCTP, um die zuverlässige Übermittlung der IP-Pakete zu gewährleisten. Kapitel 3 präsentiert die Aufgaben der Transportschicht und geht detailliert auf die folgenden Probleme ein: Welche Aufgaben haben die *Transportprotokolle* UDP, TCP und SCTP? Warum wurde UDP-Lite entwickelt und wann wird es eingesetzt? Wie werden die TCP-Pakete aufgebaut und welche Steuerungsangaben enthalten sie? Wie wird eine TCP-Verbindung auf- und abgebaut und wie verläuft die Flusskontrolle nach TCP? Was Neues bringt SCTP?

Kapitel 4

Die Rechner in IP-Netzen werden zwar durch ihre IP-Adressen lokalisiert, aber es ist sinnvoll, statt einer IP-Adresse einen Rechner über seinen Namen anzusprechen – wie es auch unter Menschen üblich ist. Dies ist mit dem *Domain Name System* (DNS) möglich. Kapitel 4 liefert eine fundierte Darstellung von DNS, geht auf verschiedene Möglichkeiten des DNS-Einsatzes ein und erörtert u.a. die folgenden Probleme: Wie funktioniert DNS und welche Aufgaben kann DNS wahrnehmen? Wie erfolgt die Ermittlung der IP-Adresse aufgrund des Hostnamens und umgekehrt? Welche Informationen als sog. Resource Records enthält DNS und wie werden diese strukturiert? Welche Ziele werden mit ENUM, DynDNS und DNSSEC und CurveDNS verfolgt?

Kapitel 5

Kapitel 5 stellt, als *IP-Support-Protokolle* bezeichnete, ergänzende Lösungen für das IPv4-Protokoll dar und erläutert hierbei u.a. die folgenden Aspekte: Wie können sich Rechner mittels DHCP automatisch eine gültige IPv4-Adresse zuweisen? Welche Lösungen für die Nutzung von privaten IPv4-Adressen mithilfe von NAT (*Network Address Translation*) gibt es und welche Probleme entstehen dabei – insbesondere bei der audiovisuellen Kommunikation? Wie kann *IPsec* zum verschlüsselten und authentisierten Austausch von IP-Paketen genutzt werden? Welche Probleme verursacht NAT bei IPsec und wie können diese bewältigt werden?

Kapitel 6

Mehrere ergänzende Lösungen sind nicht nur für das IPv4 nötig, sondern in Form spezieller Protokolle auch für Applikationen, sodass wir von *Application Support Protokollen* sprechen. Kapitel 6 präsentiert diese, erläutert deren Aufgaben und geht u.a. auf folgende Fragestellungen ein: Wie kann der Datentransport zwischen Applikationen mittels TLS gesichert realisiert werden und welche Voraussetzungen sind hierfür nötig? Welche Protokolle zur Realisierung der Echtzeitkommunikation in IP-Netzen benötigt werden, welche Aufgaben haben sie und wie werden sie konzipiert? Wie funktioniert *Multipath TCP* und wie kann es eingesetzt werden, u.a. wie lassen sich parallele Datenpfade über mehrere Internetanbindungen für eine TCP-Verbindung nutzen?

Kapitel 7

Um den steigenden Anforderungen an IP-Netze gerecht zu werden, wurde das IPv6 als '*IP der nächsten Generation*' entwickelt und die Ära von IPv6 hat bereits begonnen. IPv6 bringt neue Möglichkeiten und diese reichen von Sicherheitsfunktionen über mehr Flexibilität bis hin zur Unterstützung von neuartigen Anwendungen. Das IPv6 ermöglicht die automatische Konfiguration von Rechnern, sodass man sogar von *Plug&Play-Konfiguration* spricht. Kapitel 7 stellt das IPv6 ausführlich dar und geht u.a. auf die folgenden Probleme ein: Welche Ziele wurden bei der Entwicklung von IPv6 verfolgt? Welche neuen Funktionen bringt IPv6 mit sich? Welche Arten von IPv6-Adressen gibt es und wie können sie den Rechnern zugewiesen werden?

Kapitel 8 Ein wichtiges Ziel bei der Entwicklung von IPv6 war die Unterstützung der automatischen Konfiguration von Rechnern. Hierfür stehen die Protokolle ICMPv6, NDP und DHCPv6 zur Verfügung. Diese *IPv6 Support Protokolle* stellt Kapitel 8 dar und geht hierbei u.a. auf folgende Aspekte ein: Wie wurde ICMPv6 konzipiert und welche Aufgaben hat es? Welche Funktionen liefert NDP, um die automatische Konfiguration von Rechnern mit IPv6 zu unterstützen? Wie bekommt ein IPv6-Rechner seine Netzkonfiguration automatisch zugewiesen?.

Kapitel 9 Da die Umstellung von allen Rechnern, in denen das klassische IPv4 verwendet wird, auf das IPv6 nicht auf einen Schlag geschehen kann, benötigt man geeignete Systemlösungen für die Migration zum IPv6-Einsatz. Kapitel 9 präsentiert verschiedene Ansätze und Systemlösungen für die Koexistenz von IPv4 und IPv6 – vor allem die Konzepte *IPv6 over IPv4* und *IPv4 over IPv6*. Die Integration der IPv4- und der IPv6-Netze dank der Translation *IPv4* ⇔ *IPv6* wird ebenso präsentiert. Hier werden u.a. folgende Probleme erörtert: Wie kann man sich die Koexistenz von IPv4 und IPv6 in einem Rechner vorstellen, wann ist diese Koexistenz möglich und welche Bedeutung hat sie? Wie kann die IPv6-Kommunikation über IPv4-Netze erfolgen? Wie lassen sich IPv6-Netzsegmente über IPv4-Netze verbinden? Wie können die Rechner aus IPv6-Netzen auf das IPv4-Internet zugreifen? Wie erfolgt die Translation IPv4 ⇔ IPv6 und was ermöglicht sie?

Kapitel 10 Router fungieren in IP-Netzen als Knoten, ermitteln optimale Übermittlungswege, die sog. *Routen*, für die empfangenen IP-Pakete und leiten sie weiter. Kapitel 10 vermittelt eine kompakte Darstellung von Routing-Grundlagen und -Protokollen. Es werden hier die *Routing-Protokolle* RIP-1, RIP-2 und OSPF sowie BGP-4 erläutert. Dieses Kapitel zeigt auch, wie eine redundante Router-Auslegung mithilfe der Protokolle HSRP und VRRP erfolgen kann, und stellt die Protokolle PIM-SM und MSDP für das *Multicast-Routing* dar. Hierbei werden u.a. folgende Fragen beantwortet: Welche Aufgabe haben die Router und wie funktionieren sie? Welche Prinzipien liegen den Routing-Protokollen zugrunde? Wie verlaufen die Routing-Protokolle RIP und OSPF? Welche Erweiterungen dieser Protokolle sind für IPv6 notwendig? Wie funktioniert BGP-4, für welche Zwecke und wie kann es eingesetzt werden? Wie können die Router am Internetzugang redundant ausgelegt werden? Wie realisiert man Multicast-Routing in IP-Netzen?

Kapitel 11 Die IP-Netze im Weitverkehrsbereich basieren überwiegend auf dem MPLS-Konzept und auf der, als GMPLS (*Generalized MPLS*) bezeichneten, dessen Erweiterung. Die Techniken MPLS und GMPLS ermöglichen die Konvergenz von Ethernet u.a. mit SDH- und WDM-Netzen. Dank dieser Konvergenz können Ethernet heutzutage nicht nur als LAN eingerichtet werden, sondern *Ethernet-Services* können sogar weltweit verfügbar gemacht werden. Kapitel 11 stellt die Konzepte und Protokolle zum Aufbau der IP-Netze mit dem MPLS und dem GMPLS vor und geht u.a. auf die folgenden Probleme ein: Worin bestehen die Konzepte MPLS und GMPLS und welche Möglichkeiten entstehen durch deren Einsatz? Welche Services werden durch *Traffic Engineering* in IP-Netzen erbracht? Wie werden (G)MPLS-Netze aufgebaut und wie wird die IP-Kommunikation über sie realisiert? Wie erfolgt die IP-Kommunikation über optische Netze? Wie können Datenpfade über (G)MPLS-Netze dynamisch eingerichtet werden?

In vielen Unternehmen können gleichzeitig unterschiedliche Netztechnologien eingesetzt und entsprechend integriert werden. Sie lassen sich mithilfe von *Tunneling-Techniken* so einsetzen, dass virtuelle Standleitungen für den Transport von Daten über öffentliche IP-Netze aufgebaut werden können. Diese Idee hat zur Entstehung von VPNs geführt. Somit erläutert Kapitel 12 einerseits die Konzepte für den IP-Einsatz in Netzen mit klassischen LANs (Ethernet), Punkt-zu-Punkt-Verbindungen (z.B. physikalischen Standleitungen, Satellitenverbindungen) und WLANs. Andererseits präsentiert dieses Kapitel auch die Lösungen und Protokolle für den Aufbau von VPNs auf Basis sowohl klassischer IP-Netze mittels des IPsec als auch der IP-Netze mit den Techniken MPLS bzw. GMPLS, die auch als *Provider Provisioned VPNs* bezeichnet werden. Hierbei geht dieses Kapitel u.a. auf folgende Fragestellungen ein: Wie kann man sich ein logisches LAN-Modell vorstellen und wie kann die *Multiprotokollfähigkeit in LANs* erreicht werden? Welche Ideen liegen den WLANs nach IEEE 802.11 zugrunde und wie werden WLANs mit einem Ethernet gekoppelt? Welche Typen von virtuellen Netzen gibt es, wie werden sie aufgebaut und wie können sie genutzt werden? Wie lassen sich sichere, virtuelle IP-Netze aufbauen? Kapitel 12

In den letzten Jahren haben sich einige Megatrends auf der 'Netzwerkwelt' herauskristallisiert. In privaten Netzwerken spricht man heute von *Layer-3-Switching* und von VLANs (*Virtual LANs*). Dabei stellt die Virtualisierung von Rechnern neue Anforderungen an IP-Netze. Die Unterstützung der Mobilität virtueller Rechner und virtueller Netzwerke sowie der Wunsch nach flexibler Möglichkeit, einen Rechner bzw. ein Netzwerk an das Internet parallel anbinden zu können, sind nur die wichtigsten von ihnen. Diese Probleme erläutert Kapitel 13 und präsentiert neue Konzepte und Protokolle hierfür, um diesen Anforderungen gerecht zu werden. Hervorgehoben sei hier *Shortest Path Bridging* (SPB), TRILL, VXLANs, ILNP und LISP. Dieses Kapitel geht u.a. auf folgende Fragen ein: Wie werden moderne IP-Netzwerke physikalisch und logisch strukturiert? Wie funktionieren Layer-2- und Layer-3-Switches, wo und wie werden sie eingesetzt? Wie können komplexe, auch virtuelle Rechner enthaltene VLANs gebildet werden und welche Bedeutung dabei hat VLAN Tagging? Worin bestehen die Ideen von TRILL, SPB, VXLAN, ILNP und LISP? Welche Möglichkeiten der Integration von IPv4 und IPv6 liefert LISP? Kapitel 13

Ein großes Problem in Kommunikationsnetzen ist die Feststellung, ob der jeweilige Kommunikationspartner der 'richtige' ist und ob ein Benutzer auf bestimmte Netzressourcen zugreifen darf. Somit sind hierfür entsprechende Verfahren zur Benutzerauthentisierung notwendig. Kapitel 14 präsentiert, welche Möglichkeiten in Frage kommen, auf welchen Prinzipien sie basieren und geht dabei auf die vorrangigen Probleme ein: Worin besteht das Konzept des *Authentisierungsprotokolls EAP* und warum dieses ist in Netzwerken unabdingbar? Wie funktioniert das Protokoll RADIUS und welche Bedeutung hat es in IP-Netzen? Wozu und wie werden die Verzeichnisdienste eingerichtet und welche Funktionen realisiert dabei das Protokoll LDAP? Kapitel 14

Um die Mobilität in IP-Netzen zu ermöglichen, wurden die Protokolle MIP (*Mobile IP*), MIPv6 (*Mobile IPv6*) und HMIPv6 (*Hierarchical MIPv6*) entwickelt. Kapitel 15 zeigt, wie diese Protokolle funktionieren und was gemacht werden muss, damit ein mobiler Rechner während bestehender Verbindungen ein Subnetz verlassen und in ein neues hinein bewegen kann, ohne die bestehenden Verbindungen abbrechen zu müssen. Auch die Integration von Hotspots mit dem Internet und die Möglichkeiten von Roaming zwischen Hotspots werden präsentiert. Darüber hinaus werden u.a. die folgenden Aspekte erörtert: Welche Ansätze und Protokolle zur Unterstützung der Mobilität in IP-Netzen gibt es? Wie kann *Roaming* zwischen Hotspots realisiert werden? Wie verläuft die Kommunikation beim Einsatz von MIP bzw. von MIPv6? Kapitel 15

# Vorwort zur dritten Auflage

Im Jahr 1997 haben Prof. Badach und ich entschieden, unser Buch 'High Speed Internetworking' in mehrere Bände aufzuspalten und ein Band dem Protokoll IP zu widmen und zugleich einen neuen Verlag zu suchen. Es war damals bereits klar, dass die Protokollfamilie 'TCP/IP' zu einem Erfolgsfall werden wird, der die Kommunikation des kommenden 21. Jahrhunderts bestimmen würde.

Auch war bereits damals absehbar, dass IPv4 mit seinem 32 Bit Adressraum nicht ausreichend sein wird, den wachsenden Kommunikationsbedarf zu bedienen. In der zweiten Auflage haben wir dann den Versuch gewagt, das IPv6-Protokoll an zentraler Stelle des Buches zu positionieren und zugleich statt einer (aussichtslosen) umfangreichen Beschreibung der TCP/IP-Applikationsprotokolle uns auf die Kernbestandteile der IP-Kommunikation zu konzentrieren.

Diesen Weg gehen wir nun mit der dritten Auflage von 'Technik der IP-Netze' weiter. Der geneigte Leser wird beim Vergleich beider Auflagen bemerken, dass Sicherheitsaspekte der IP-Nutzung nun wesentlich in den Vordergrund gerückt sind. Dies ist keine überraschende Entwicklung, stand die Neubearbeitung des Buches in der zweiten Hälfte des Jahres 2013 doch unter starkem Einfluss der NSA-Überwachungsaffäre.

Mit der dritten Auflage des Buches haben wir sowohl aktuelle Themen aufgenommen (IP-Security, Mobility in IP-Netzen, Protokolle für die audiovisuelle Echtzeitkommunikation, Benutzerauthentisierung, neue Entwicklungen wie MPTCP, LISP und ILNP), als auch den Stoff 'reifen' lassen: Nahezu 15 Jahre diente das Buch als Vorlage für unsere Vorlesungen sowohl an der Hochschule Fulda, als auch an der Fachhochschule Frankfurt/Main.

Die heutigen Leser von 'Technik der IP-Netze' sind 'Digital Natives'; also im täglichen Umgang mit dem 'Netz' (Internet) vertraut. Dies unterscheidet in Retrospektive auch die erste von dieser nun vorliegenden dritten Auflage (nach 14 Jahren) fundamental. Haben wir in der ersten Auflage noch eine CD mit den Internet RFCs beigelegt, können nun unsere Quellen quasi Online mittels Hyperlinks verfügbar gemacht werden.

Wir haben daher zur Realisierung der dritten Auflage einen Medienbruch vorgenommen:

> War das Buch bislang in 'Word' erstellt worden, wurde die dritte Auflage in *LaTeX* realisiert. Bei allem Respekt vor Donald Knuth's *TeX* wird der aufmerksame Leser jedoch hin und wieder an die Grenzen und Eigenheiten des Systems stoßen, die wir nicht immer zufriedenstellend 'umschiffen' konnten.

# Technik der IP-Netze – Homepage

Die Homepage des Buches ist unter `http://www.fehcom.de/tipn` erreichbar, wo sich auch Korrekturen einfinden werden.

Ihre Kritik, Verbesserungsvorschläge und eventuell Ihre Korrekturen sind willkommen und wir nehmen sie gerne entgegen. Für Lehr- und Ausbildungszwecke stellen wir die Abbildungen gerne zur Verfügung.

# Die Autoren

### Prof. Dr.-Ing. Anatol Badach

über 30 Jahre war auf den Gebieten Informatik und Telekommunikation beruflich tätig; Promotion (1975), Habilitation (1983). Von Dezember 1985 bis August 2012 war er Professor im Fachbereich Angewandte Informatik an der Hochschule Fulda. Seine Schwerpunkte in Lehre und Forschung waren: Rechnerkommunikation, Netzwerktechnologien und Multiservice Networking. Er hat u.a. auf den Gebieten: Netzwerktechnologien und Protokolle, VoIP und Next Generation Networking geforscht und verfolgt mit Engagement einige wichtige Entwicklungen weiter.
Prof. Badach ist Autor zahlreicher Veröffentlichungen und u.a. zahlreicher anderer Fachbücher, darunter *Voice over IP – Die Technik*, *Netzwerkprojekte* (Mitautor), *Web-Technologien* (Mitautor), *Integrierte Unternehmensnetze*, *Datenkommunikation mit ISDN*, *High Speed Internetworking* (Mitautor), *ISDN im Einsatz*. Seine Erfahrung vermittelt er weiter als Leiter/Referent bei Fachkongressen und -seminaren, Berater bei innovativen Projekten und Entwicklungen, Autor von Fachbeiträgen.

`http://www.competence-site.de/Anatol-Badach`

### Prof. Dr. Erwin Hoffmann

Jahrgang 1958, Studium der Physik und Astrophysik an der Universität Bonn und 1989 Promotion an der TU München (Max-Planck-Institut für Physik und Astrophysik). Durch seine Tätigkeit in der experimentellen Teilchenphysik am CERN und Fermilab verschaffte er sich Kenntnisse über unterschiedlichste Rechnerbetriebssysteme. Beruflich war er zunächst im Bereich Hochgeschwindigkeitsnetze (FDDI) engagiert sowie mit der Implementierung von TCP/IP auf IBM-Großrechnern.
Ab 1994 war Prof. Hoffmann als Netzwerk- und Systemberater mit den Schwerpunkten Unix, IT-Prozessmanagement und ITIL tätig und trägt zur Weiterentwicklung der Software von D.J. Bernstein bei. Zwischen 2007 und 2013 Vertretungsprofessor an der Fachhochschule Frankfurt am Main für Rechnernetze, Betriebssysteme, IT-Security und IT-Projektmanagement. Seit 2014 ist er Professor an der Provadis Hochschule in Frankfurt/Höchst mit den Schwerpunkten IT-Governance und IT-Security.

`http://www.fehcom.de`

# Erste Schritte zur Internet-Ära in Deutschland

Nationales Projekt B010 'Interkonnektion der Netze'

Die dritte Auflage des Buches 'Technik der IP-Netze' vermittelt die Prinzipien der *Internet-Kommunikation in Theorie und Einsatz* und erschien fast zeitgleich zum 30. Jahrestag der ersten Internet-E-Mail, die an der Universität Karlsruhe empfangen wurde, also de facto zum 30. Jahrestag der Internet-Ära im Deutschland.

In diesem Zusammenhang möchten wir auf die aus diesem Anlass von Prof. Dr.-Ing. Werner Zorn verfasste Festschrift verweisen. Prof. Zorn war Initiator und Koordinator des nationalen Projekts 'Interkonnektion der Netze', mit dem zunächst die Universität Karlsruhe mit dem CSNET (*Computer Science Network*) verbunden wurde, und das der Grundstein des X-WiN beim DFN-Verein (*Deutsches Forschungsnetz*) in Deutschland werden sollte. Prof. Anatol Badach war auch an diesem Projekt beteiligt. Die hier gezeigten, aus der erwähnten Festschrift stammenden Abbildungen illustrieren die damaligen Ideen, die dazu beigetragen haben, dass die erste Internet-E-Mail nach Deutschland kam – und somit die Internet-Ära in Deutschland begann[1].

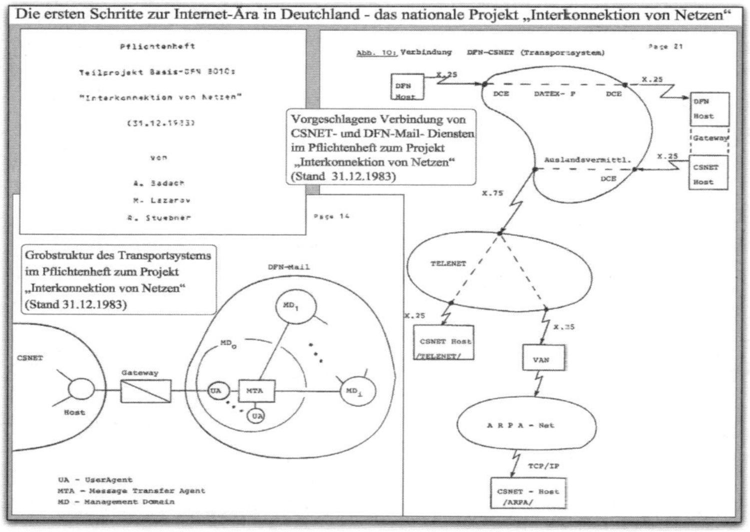


# Danksagung

Ein so umfangreiches Buch kann ohne Anregungen von außen und einen entsprechenden Erfahrungsaustausch nicht geschrieben werden. An dieser Stelle danken wir deshalb allen Firmen und Personen, die uns mit ihren Anregungen unterstützt haben.

Ein besonderer Dank gilt Herrn Dipl. Inf. Benedikt Stockebrand, der mehrere, IPv6-betreffende Vorschläge geliefert hat. Für zeitraubendes Korrekturlesen möchten wir uns besonders beim Herrn Jürgen Dubau recht herzlich bedanken. Seine Bereitschaft und erbrachte Leistung war für uns eine große Hilfe. Für die gute und angenehme Zusammenarbeit mit dem Hanser Verlag möchten wir uns insbesondere bei Frau Margarete Metzger, Frau Brigitte Bauer-Schiewek und Frau Irene Weilhart recht herzlich bedanken. Nicht zuletzt danken wir unseren Familien für die unendliche Geduld, die sie uns während unserer Arbeit an den drei Auflagen dieses Buches entgegengebrachten.

*Dieses Buch möchten wir all jenen widmen, die dank ihrer technischen Schöpfungen zur Entstehung des Internet beigetragen haben, und ebenso denen, die sich dafür engagieren das Internet weiterzuentwickeln, es offen und aufrecht zu erhalten.*

*Prof. Anatol Badach* (Fulda)
*Prof. Erwin Hoffmann* (Höhn) – im Januar 2015

[1] `http://www.informatik.kit.edu/downloads/zu-30JahreInternet-EMail-V01-28Jul2014.pdf`.

# Teil I

# Klassisches IPv4/UDP/TCP

Wilkomen in CSNET!

Michael,

This is your official welcome to CSNET. We are glad to have you aboard.

---

From: Laura Breeden
breeden%csnet-sh.arpa@csnet-relay.csnet
To: rotert%germany@csnet-relay.csnet
Via: csnet-relay; 3 Aug 84 10:44-MET

# 1 Grundlagen der IP-Netze

Internet als IP-Netz

Die heutige Gesellschaft kann man sich ohne Internet kaum noch vorstellen. Das *Internet* ist ein weltweites Rechnernetz, in dem nicht nur die Daten, sondern auch alle digitalisierten Echtzeitmedien wie Sprache, Audio und Video mit dem *Internet Protocol* (IP) übermittelt werden. Das Internet und alle anderen Netze auf Grundlage von IP nennt man *IP-Netze*. Die Kommunikation zwischen zwei Rechnern über ein IP-Netz bedeutet aber nicht nur zwei Rechner und IP dazwischen, sondern dahinter verbergen sich sehr komplexe Kommunikationsregeln, die in Form von *Kommunikationsprotokollen* spezifiziert werden.

Protokollfamilie TCP/IP

In IP-Netzen bilden alle Kommunikationsprotokolle eine Protokollfamilie, die sogenannte Protokollfamilie TCP/IP. Diese Familie, die sich seit mehr als 40 Jahren entwickelt hat, enthält außer IP und TCP (*Transmission Control Protocol*) eine Vielzahl weiterer Protokolle. Um diese Protokolle systematisch erläutern zu können, ist ein anschauliches Modell sehr hilfreich. Es basiert auf dem *OSI-Referenzmodell* (*Open System Interconnection*), das bereits Ende der 70er Jahre eingeführt wurde.

Überblick über das Kapitel

Dieses Kapitel schildert in Abschnitt 1.1 kurz die bisherige und zukünftige Entwicklung des Internet und beschreibt in komprimierter Form die Hauptkomponenten des WWW (*World Wide Web*). Abschnitt 1.2 erläutert die grundlegenden Funktionen der *Kommunikationsprotokolle* und geht dabei insbesondere auf die Ideen der Fehlerkontrolle, Flusskontrolle und Überlastkontrolle. Dem Schichtenmodell für die Darstellung von Prinzipien der Rechnerkommunikation widmet sich Abschnitt 1.3. Allgemeine Prinzipien der Kommunikation in IP-Netzen erläutert Abschnitt 1.4. Die wichtigsten Komponenten der Protokollfamilie TCP/IP präsentiert kurz Abschnitt 1.5. Abschnitt 1.6 ist der Sicherung der zu übertragenden Datenpakete gewidmet und erläutertet Grundlagen der Sicherheit in IP-Netzen. Schließlich geht Abschnitt 1.7 auf den Aufbau der Organisation IETF (*Internet Engineering Task Force*) und die Internet-Standards ein. Schlussbemerkungen in Abschnitt 1.8 runden dieses Kapitel ab.

Ziel dieses Kapitels

In diesem Kapitel werden u.a. folgende Fragen beantwortet:

- Wie sah die bisherige Entwicklung des Internet aus und welche aktuellen Trends gibt es?
- Welche Funktionen liegen den Kommunikationsprotokollen zugrunde und wie kann die Kommunikation in IP-Netzen mittels eines Schichtenmodells anschaulich dargestellt werden?
- Wie können die verbindungslose und die verbindungsorientierte Kommunikation in IP-Netzen interpretiert werden und welche Bedeutung hat die *Transportschicht* in IP-Netzen mit den Protokollen TCP, UDP und SCTP?
- Wie kann sichergestellt werden, dass die übertragenen Daten unverfälscht und ohne 'in fremde Hände zu gelangen' übertragen werden?
- Welche Sicherheitsziele werden bei der IP-Kommunikation verfolgt und wie können diese technisch umgesetzt werden?
- Wie koordiniert die IETF die technologische Internet-Weiterentwicklung und wie können wir diese verfolgen?

## 1.1 Entwicklung des Internet

Es begann in den 60er Jahren

Die ersten Spuren, die in indirekter Form zur Entstehung des Internet beigetragen haben, führen zurück in die 60er Jahre. In dieser Zeit wurde zum ersten Mal für die amerikanische Regierung eine Kommunikationsform für den Fall eines nuklearen Krieges erforscht. Die damaligen Überlegungen beinhalten bereits die noch heute geltenden Grundprinzipien der paketvermittelnden Kommunikation. Die Entwicklung des Internet lässt sich grob in folgende Phasen einteilen:

- Das Internet vor der Nutzung des WWW (*World Wide Web*): Aufbau- und Experimentierphase als ARPANET und Verbreitung des Internet vor allem als Forschungs- und Wissenschaftsnetz.
- Die *Schaffung des WWW*.
- Das *Internet nach der Etablierung des WWW* als weltweite Kommunikationsinfrastruktur für wissenschaftliche, private und kommerzielle Nutzung.

### 1.1.1 Internet vor der Nutzung des WWW

ARPANET als Vorläufer des Internet

Die Geschichte des Internet ist eng mit der Entstehung des ersten Rechnernetzes im Jahr 1969 verbunden. Die Entwicklung dieses Rechnernetzes wurde vom *US Defense Advanced Research Project Agency* (DARPA), einer *Organisation des Department of Defense* (DoD), initiiert und es trug den Namen ARPANET (*Advanced Research Project Agency Network*). Abb. 1.1-1 illustriert den Aufbau des ARPANET.

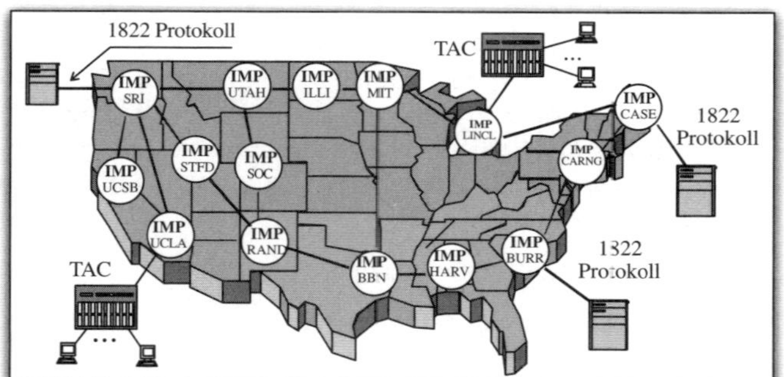


**Abb. 1.1-1:** Allgemeiner Aufbau von ARPANET – IMP dienen als Knoten
TAC: Terminal Access Controller, IMP: Internet Message Processor

Geburt von ARPANET

DARPA wollte zunächst digitale Telekommunikation auf Basis einer 'packet switching'-Methode über unterschiedliche Netze bereit stellen. Als erster Schritt hierzu wurde am 2. September 1969 am *University College of Los Angeles* (UCLA) ein Computer an einen *Internet Message Processor* (IMP) angeschlossen. Der IMP war auf der Basis eines Honeywell 516 Rechners der Firma *Bolt, Beranek & Newman* (BBN) gebaut worden.

70er Jahre

Anfang der 70er Jahre wurden die mittlerweile 15 zusammengeschalteten IMPs unter dem Namen *ARPANET* gehandelt. Das Kommunikationsprotokoll der IMPs trug die Bezeichnung BBN 1822 und kann als Vorläufer von IP gelten. Um ARPANET mit anderen Paketnetzen koppeln zu können, wurden 1974 ein Internetwork-Protokoll sowie Gateways entwickelt.

Die weitere technische Entwicklung der zunächst NCP (*Network Control Program*) genannten Protokolle wurde vom DARPA entkoppelt und in die Obhut des *Internet Configuration Control Board* (ICCB) gegeben. Mit der 1983 von der *Defense Communication Agency* (DCA) vorgenommenen Trennung des militärisch genutzten Teils des Netzes *MILNET* vom ARPANET war ein weiterer wichtiger Schritt für die breite öffentliche Entwicklung des Internet gemacht. ICCB und NCP

Diese Trennung hatte auch entscheidenden Einfluss auf das Betriebssystem UNIX, das von der Firma AT&T 1969/1970 entwickelt wurde. Wiederum am UCLA wurde in dieses Betriebssystem (genauer: unter UNIX System III) eine Netzwerk-Programmierschnittstelle *Sockets* implementiert, die es erlaubte, eine direkte Rechnerkommunikation mit dem ARPANET aufzunehmen. Dieses UNIX wurde als *Berkeley Software Distribution* (BSD) gegen eine geringe Gebühr abgegeben und fand daher schnellen Einzug in Lehre und Forschung. Die weitere Verbreitung von UNIX und Internet sowie ihre technische Fortführung waren die Folge. Nach der ersten Version BSD 4.0 folgte 4.2 und anschließend 4.3, wobei die spätere kommerzielle Weiterentwicklung durch die Firma Sun Microsystems als Betriebssystem Sun OS und später Solaris erfolgte. BSD und Sockets

Eine 1983 stattfindende Reorganisierung des ICCB führte nicht nur zur Konstituierung des *Internet Activity Board* (IAB) anstelle des ICCB, sondern auch zur Festlegung der als Standard geltenden, nun TCP/IP genannten Protokollfamilie. Mit der weiteren Entwicklung wurde auch dieser organisatorische Rahmen zu eng. Das IAB wurde zum *Internet Architecture Board* umfirmiert und u.a. um folgende Gremien ergänzt: IAB und TCP/IP

IETF *Internet Engineering Task Force* als offenes Gremium von Netzwerk-Architekten und -Designern, vor allem aus interessierten Firmen und Einzelpersonen gebildet, um die Entwicklung des Internet zu koordinieren `http://www.ietf.org`. Auf die Organisation der IETF geht Abschnitt 1.7 näher ein.

IESG *Internet Engineering Steering Group* mit der Aufgabe, die Tagesaufgaben der IETF zu managen und eine erste technische Stellungnahme zu neuen Internet-Standards zu beziehen `http://www.ietf.org/iesg.html`.

IRTF *Internet Research Task Force* als Gremium zur Grundlagendiskussion langfristiger Internet-Strategien und -Aufgaben `http://www.irtf.org`.

IEPG *Internet Engineering and Planning Group*, eine offene Arbeitsgruppe von Internet- Systemadministratoren, die dem Ziel verpflichtet sind, einen koordinierten Internet-Betrieb zu gewährleisten `http://www.iepg.org`.

ICANN *Internet Corporation for Assigned Names and Numbers* mit der Aufgabe, die Verwendung und die Konsistenz der im Internet benutzten Namen, Optionen, Codes und Typen zu regeln und zu koordinieren (`http://www.icann.org`).

Nach der Trennung des militärischen vom zivilen Teil des ARPANET wurde dieses zunächst zum Austausch wissenschaftlicher Informationen genutzt und von der *National Science Foundation* (NSF) betreut. Diese baute 1986 den zivilen Teil als nationales Backbone-Netz aus, das als NSFNet bekannt geworden ist. Drei Jahre später (1989) waren ca. 100 000 Rechner, die sich an Universitäten und Forschungslabors, in der US-Regierung und in Unternehmen befanden, am NSFNet angeschlossen. In nur einem Jahr (1990) hat sich die Anzahl der angeschlossenen Rechner verdoppelt, wobei das NSFNet ca. 3 000 lokale Netze umfasste. Dies war auch der Zeitpunkt, an dem das *Domain Name System* (DNS) eingeführt wurde. NSFNet

EARN

Auch in Europa wurden die ersten Ansätze zur Vernetzung der Forschungsinstitute durch EARN (*European Academic Research Network*) durchgeführt, um die bislang nationalen Netze wie z.B. BitNet in England und das vom DFN-Verein (*Deutsches Forschungsnetz*) getragene WiN (*Wissenschafts-Netz*), miteinander zu koppeln.

USENET

Neben dem direkten, d.h. festgeschalteten und teuren Anschluss ans Internet, wie er bei Universitäten und Forschungseinrichtungen sowie auch bei Firmen üblich ist, wurde bald ein loser Verbund von Systemen – vor allem auf UNIX-Rechnern basierend – aufgebaut, die über Telefonleitungen und Modems gekoppelt waren: das USENET. Hier wurden die Rechner über das Protokoll UUCP (*UNIX to UNIX Copy*) miteinander verbunden und Nachrichten ausgetauscht. Hauptzweck des USENET war die Verbreitung von E-Mail sowie vor allem von *NetNews*, die in *Newsgroups* themenstrukturierte, virtuelle Nachrichtenbretter darstellen, in denen zunächst technische Fragen zu Rechnern, Programmiersprachen und dem Internet behandelt wurden. USENET war zeitweise so populär, dass es mit dem Internet selbst identifiziert wurde.

Cyberspace

Die 'kopernikanische Wende' des Internet vollzog sich mit der Schaffung des WWW [Abschnitt 1.1.2] durch Tim Berners-Lee. Damit wurde die Möglichkeit geschaffen, mittels eines einfachen 'Browsers' grafisch auf öffentlich verfügbare Internet-Ressourcen über Webserver zugreifen zu können.

'dot-com' Internet

Sehr schnell fand die 'kopernikanische Wende' Ergänzung in einer 'keplerschen Wende': Mit Realisierung einer allgemeinen nutzbaren Verschlüsselung des Datenverkehrs zunächst auf Grundlage des *SSLeay*-Protokolls, entwickelt durch die Firma Netscape Anfang der 90er Jahre, konnte nun das Internet auch für den kommerziellen Einsatz genutzt werden. Das Internet explodierte, was sowohl die Anzahl der Teilnehmer bzw. der Anwender, die Server und die Datenmenge betraf. Das Internet mutierte vom Wissenschaftsnetz zum multimedialen *Cyberspace* und zum kommerziellen, immer geöffneten Einkaufsparadies, der 'dot-com'-Ökonomie.

### 1.1.2 Die Schaffung des WWW

Der Aufschwung und die umfassende Verbreitung des Internet ist einer Errungenschaft des europäischen Labors für Elementarteilchenforschung CERN (*Conseil Européen pour la Recherche Nucléaire*) in Genf zu verdanken. Mit dem raschen Wachsen und der Internationalisierung der Forschergruppen stellte sich heraus, dass die bisherige Infrastruktur des Internet, das maßgeblich zum Austausch der Forschungsergebnisse genutzt wurde, nicht mehr adäquat war. So wurde nach einem Verfahren gesucht, mit dem die Informationsquellen mittels *Hyperlinks* untereinander direkt verknüpft werden konnten. Der CERN-Mitarbeiter Tim Berners-Lee hatte 1989/1990 die Idee,

HTML

- die Dokumente in einer speziellen Seitenbeschreibungssprache HTML (*Hypertext Markup Language*) aufzubereiten und diese untereinander durch Hyperlinks zu verbinden, wobei

URL

- die Dokumenten-Referenzen über einheitliche Adressen URL (*Uniform Resource Locator*) erfolgen sollten und

HTTP

- die Verknüpfung über ein neues, einfaches Protokoll HTTP (*Hypertext Transport Protocol*) abgewickelt werden sollte.

Diese Idee brachte den Vorteil, dass nun nicht mehr der Systemadministrator des Servers, sondern der Dokumenten-Eigentümer für die Verknüpfung der Informationen verantwortlich war [Abb. 1.1-1]. Das nach dieser Idee weltweit verteilte System stellt heute unter dem Namen *World Wide Web* (WWW) – auch kurz *Web* genannt – die wichtigste Informationsquelle dar. WWW bildet ein weltweites Geflecht (Web) von Rechnern, die als *Webserver* fungieren und verschiedene Informationen enthalten.

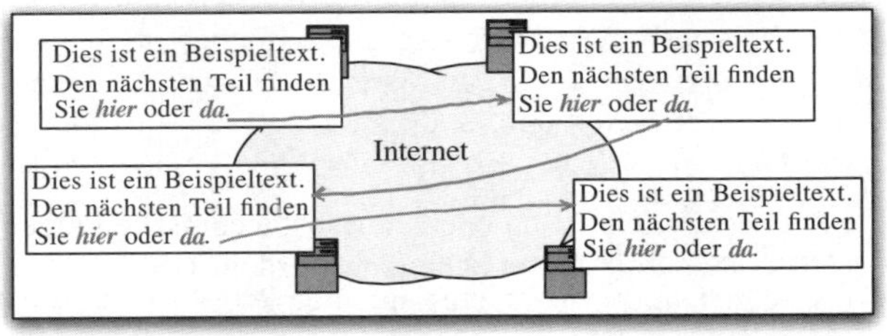


**Abb. 1.1-2:** Verknüpfung von Dokumenten auf unterschiedlichen Servern mittels Hyperlinks

WWW als Web-Dienst

Zusammen mit seinem Kollegen Robert Cailliau schrieb Tim Berners-Lee den ersten graphischen *Webbrowser* (als Software zur Darstellung der Web-Inhalte) sowie den ersten Webserver. Neben der graphischen Version wurde auch bald eine zeichenorientierte Browser-Version entwickelt, die weitgehend plattformunabhängig war. Mit der Verbreitung von Webbrowsern war der Siegeszug des WWW nicht mehr aufzuhalten. Heute spricht man in Bezug auf den Transport der verschiedenen Informationen im WWW vom *Web-Dienst*.

Hauptkomponenten des Webdienstes

Der Web-Dienst stellt einen Internetdienst auf grafischer Basis dar, der hauptsächlich zur Informationsabfrage verwendet wird. Die für die Realisierung des Webdienstes erforderlichen Komponenten zeigt Abb. 1.1-3.

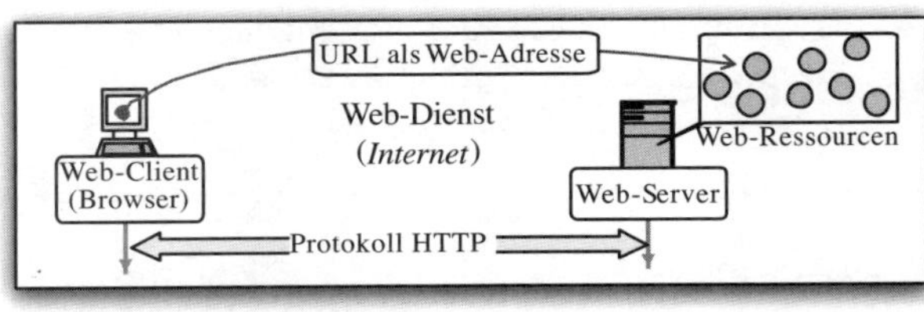


**Abb. 1.1-3:** Hauptkomponenten des Webdienstes – URL dient als Adresse

Die Grundkomponenten des Webdienstes sind:

Webbrowser

- Eine Software für die Darstellung von Web-Inhalten in Form von *Webseiten* (*Web-Pages*) auf dem Bildschirm des Rechners. Diese Software stellt einen *Web-Client* dar und man bezeichnet sie als *(Web)-Browser*. Ein Browser zeigt die angeforderte Webseite an und bietet zahlreiche Funktionen für die Navigation im Web-Dienst.

URLs als Web-Adressen

- Einheitliche *Web-Adressen* zur Angabe der Lokation von Web-Inhalten, die man auch Web-Ressourcen nennt. Eine Web-Ressource stellt oft eine Datei in beliebigem Format (wie z.B. HTML, JPEG oder GIF) dar. Als einheitliche Web-Adressen wird ein *URL* (*Uniform Resource Locator*) verwendet. `http://www.hs-fulda.de/fb/ai` ist ein Beispiel hierfür. Die Adressierung von Web-Ressourcen wird noch näher erläutert.

Webserver

- Webserver mit *Web-Inhalten* (Web-Ressourcen), auf die über das Internet zugegriffen werden kann. Die Web-Inhalte werden auch *Web-Content* genannt. Auf einem Webserver können auch herkömmliche Programme abgespeichert und an den Web-Dienst über eine Software-Schnittstelle, beispielsweise CGI (*Common Gateway Interface*), angebunden werden. Diese Programme können über das Internet aufgerufen werden.

HTML

- Eine abstrakte Sprache für die Beschreibung von *Webseiten*. Eine Webseite besteht in der Regel aus mehreren Web-Objekten und wird als Hypertext dargestellt. Für die Darstellung von Webseiten verwendet man die Seitenbeschreibungssprache HTML (*Hypertext Markup Language*), die in den Jahren 1989/1990 entwickelt wurde. HTML wird beständig weiterentwickelt und modifiziert, sodass es bereits mehrere HTML-Varianten (derzeit HTML 5) gibt. Ergänzt wird durch eine Formatierungssprache, *Cascading Style Sheets* (CSS) (aktuelle Version 3), durch die eine Trennung zwischen Inhalt und Format möglich wird.

Protokoll HTTP

- Ein Protokoll für den Transport von Web-Inhalten zwischen Browsern und Webservern. Hierfür dient das HTTP (*Hypertext Transport Protocol*). Hat ein Benutzer eine Webseite angefordert (z.B. indem er einen Hyperlink auf dem Bildschirm angeklickt hat), sendet sein Browser die Anforderung (d.h. einen HTTP-Request) an den durch die URL angegebenen Webserver. Dieser empfängt diese Anforderung und sendet eine Antwort (d.h. einen HTTP-Response), in der sich der angeforderte Web-Inhalt befindet, an den Browser zurück.

HTTP nutzt TCP

Für die Übertragung der Web-Inhalte zwischen Webserver und -browser nutzt HTTP das verbindungsorientierte Transportprotokoll TCP (*Transmission Control Protocol*). Dies bedeutet, dass eine TCP-Verbindung für die Übermittlung von Web-Inhalten zwischen Web-Client und -Server aufgebaut werden muss. Das Protokoll TCP wird in Abschnitt 3.3 detailliert beschrieben.

### Adressierung von Web-Ressourcen

Um die Lokation einer gewünschten Web-Ressource im Internet anzugeben, braucht man die *Web-Adresse*. Was muss aber eine Web-Adresse angeben und wie sieht sie aus? Abb. 1.1-4 zeigt, was man beim Web-Dienst zu tun hat.

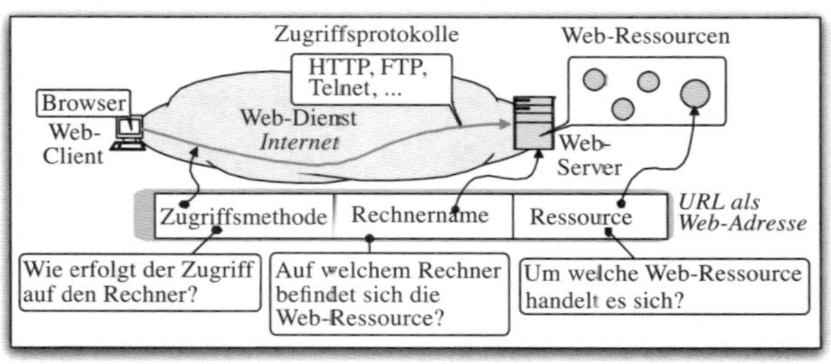


**Abb. 1.1-4:** Prinzip der Adressierung beim Web-Dienst

Was muss eine Web-Adresse enthalten?

Beim Zugriff auf eine Ressource muss folgendes angegeben werden [BRS03]:

- Die Art und Weise wie der Zugriff auf den Webserver erfolgt, also die Zugriffsmethode, d.h. welches Protokoll (HTTP, FTP, ...) verwendet wird.
- Der Rechner, auf dem sich die gewünschte Ressource befindet. Man muss auf den Rechner verweisen, um ihn eindeutig zu lokalisieren.
- Die Ressource, um die es sich handelt.

### 1.1.3 Internet nach der Etablierung des WWW

Internet-Strukturierung

Das Internet ist nach der Geburt des WWW ein so komplexes weltweites Rechnernetz geworden, dass es nicht möglich ist, hier die Struktur seiner physikalischen Vernetzung zu zeigen. Sie ist unbekannt und wächst ständig. Das Internet ist aber nach einem hierarchischen Prinzip aufgebaut. Wie Abb. 1.1-5 illustriert, stellt das Internet eine Vernetzung von Rechnern dar, in der man mehrere Schichten unterscheiden kann.

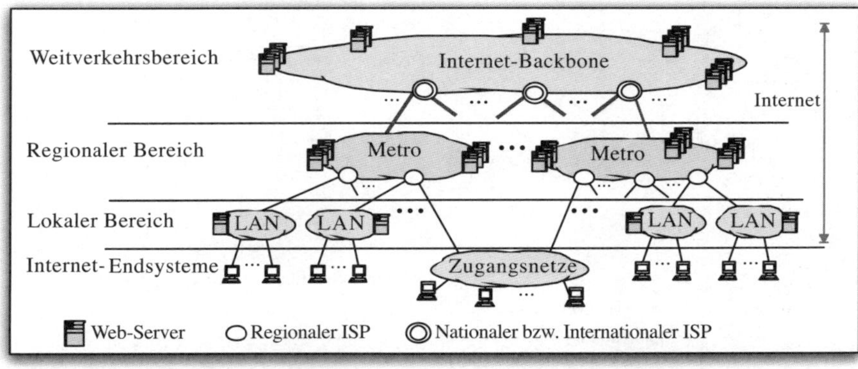


**Abb. 1.1-5:** Allgemeine Internet-Strukturierung – Aufbau als baumartige Struktur
ISP: Internet Service Provider; LAN: Local Area Network; Metro: Metro(politan)-Netz

Die untere Schicht bilden lokale Netzwerke (LANs) mit den Webservern, die den privaten Firmen, öffentlichen Institutionen, Hochschulen und anderen Organisationen gehören; sie können als *lokaler Internet-Bereich* angesehen werden. Die mittlere Schicht bilden regionale Netze mit regionalen IInternetdienstnbietern, sog. ISPs (*Internet Service Provider*). Diese Schicht stellt den regionalen Internet-Bereich dar. Bei den regionalen Netzen handelt es sich in der Regel um Hochgeschwindigkeitsnetze innerhalb von Großstädten, weshalb man sie als *Metro-Netze* bzw. *City-Netze* bezeichnet, die heute von häufig lokalen Netz-Providern zur Verfügung gestellt werden. Die obere Schicht, die den Internet-Weitverkehrsbereich darstellt, bilden nationale und internationale Hochgeschwindigkeitsnetze mit nationalen bzw. internationalen ISPs. Die nationalen und internationalen Hochgeschwindigkeitsnetze werden miteinander gekoppelt und bilden das *Internet-Backbone*, auch *Internet-Core* genannt.

Jeder ISP stellt einen Internetzugangspunkt dar, der auch als Einwahlknoten bzw. als POP (*Point of Presence*) bezeichnet wird.

### 1.1.4 Meilensteine der Internet-Entwicklung und Trends

Das Internet hat sich unmittelbar nach der Etablierung des WWW rasant entwickelt und adaptiert sich mit einem hohen Tempo an den Bedarf der Nutzer stetig weiter. Dies möchten wir jetzt in kurzer Form näher zum Ausdruck bringen. Hierfür zeigt Abb. 1.1-6 wesentliche Meilensteine bisheriger Internet-Entwicklung seit 1990 sowie wichtige Entwicklungstrends.

Bisherige Internet-Entwicklungen und Entwicklungstrends wurden in Abb. 1.1-6 zu sechs Schwerpunkten zusammengefasst; auf diese gehen wir jetzt kurz ein.

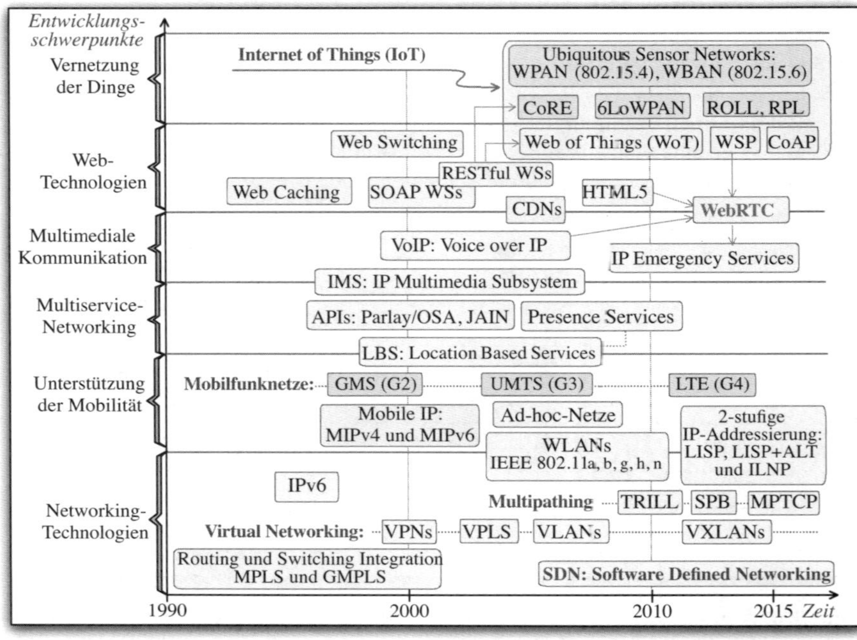


**Abb. 1.1-6:** Internet und IP-Netze; Meilensteile der bisherigen Entwicklung und Trends
CoRE: Constrained RESTful Environment, G: Generation, ROLL: Routing over Low power and Lossy neworks, RPL: Routing Protocol for Low power and Lossy networks, WPAN: Wireless Personal Area Network, WBAN: Wireless Body Area Network, WS: Web Services, WSP: WebSocket Protocol

## Meilensteine bei Networking-Technologien

Integration von Routing und Switching

In lokalen Netzwerken wurden bereits zu Beginn der 90er Jahre sowohl Router als auch Switches eingesetzt und man hat damals von Routing und *Switching Integration* gesprochen. Diese Integration hat auch im Backbone des Internet und in großen privaten IP-Netzen stattgefunden. Folglich hat man versucht, die beiden Techniken Routing und Switching in einer Netzwerkkomponente (als Multi-Layer-Switch bezeichnet) zu integrieren. Ein besondere Art der Integration von Routing und Switching liegt dem Konzept MPLS (*Multi-Protocol Label Switching*) zugrunde [Abb. 1.4-4]. MPLS wird in Abschnitt 11.2 beschrieben.

MPLS, GMPLS

Bei MPLS werden die IP-Pakete über ein Netz als Gänsemarsch übermittelt [Abb. 11.1-1]. Dadurch entsteht die Möglichkeit, die Dienstgüte (*Quality of Service*) auf einem geforderten Level zu garantieren. Dies ist für die multimediale Kommunikation von enormer Bedeutung. Um das MPLS-Konzept in optischen Netzen, in denen man WDM (*Wavelength Division Multiplexing*) verwendet, einsetzen zu können, wurde GMPLS (*Generalized MPLS*) entwickelt [Abschnitt 11.3]. In den 90er Jahren hat man bei IP-Netzen mit (G)MPLS von *Next Generation IP Networks* gesprochen.

IPv6

Als Meilenstein in der Internet-Entwicklung kann das in 1994 spezifizierte Konzept von IPv6 angesehen werden. Es sei hervorgehoben, dass damals die Knappheit von offiziellen IPv4-Adressen die treibende Kraft der Entwicklung von IPv6 war. Mitte der 90er

Jahre wurde aber die als NAT (*Network Address Translation*) bezeichnete Möglichkeit 'entdeckt', die privaten IPv4-Adressen nutzen zu können [Abschnitt 2.3.3]. Das NAT-Konzept, insbesondere dessen Variante PAT (*Port Address Translation*), hat dazu beigetragen, dass man IPv6 in der Tat damals (und sogar bis Ende des ersten Jahrzehnts dies Jahrhunderts) noch nicht unbedingt gebraucht hat. Die Ära von IPv6 hat aber erst 'richtig' nach 2010 begonnen; unmittelbar nachdem die letzten offiziellen IPv4-Adressen vergeben wurden.

Virtual Networking

Schon in der zweiten Hälfte der 90er Jahre hat man mit *Virtual Networking* begonnen. Physikalische Leitungen im WAN-Bereich wurden durch virtuelle Verbindungen ersetzt, und es entstanden *Virtual Private Networks* (VPNs [Abschnitt 12.1]). Bereits zu Anfang dieses Jahrhunderts konnte man schon mehrere Ethernet-Segmente dank des (G)MPLS-Einsatzes über virtuelle Leitungen an einen zentralen Ethernet-Switch (Layer-2-Switch [Abb. 13.2-2]) anbinden und auf diese Weise ein standortübergreifendes, verteiltes Ethernet einrichten; damit wurde VPLS (*Virtual Private LAN Service* [Abschnitt 12.2-10]) geboren. Etwa zur gleichen Zeit bildet man IP-Subnetze in lokalen Netzwerken als beliebige Gruppen von Rechnern und bezeichnet man diese Gruppen als VLANs (*Virtual LANs*). Durch die Virtualisierung von Rechnern besteht heute – theoretisch gesehen – dank dem Konzept VXLAN (*Virtual Extensible LAN*) die Möglichkeit, aus virtuellen Rechnern (*Virtual Machines*) bestehende VLANs sogar weltweit zu bilden.

Multipathing

Um parallele, über mehrere Datenpfade verlaufende Kommunikation zwischen Rechnern, insbesondere in Datacentern, zu ermöglichen, wurden hierfür die Konzepte TRILL (*TRansparent Interconnection of Lots of Links*), SPB (*Shortest Path Bridging*) und MPT-CP (*Multipath TCP* [Abschnitt 6.5]) entwickelt. Mit TRILL und SPB können standortübergreifende VLANs gebildet werden. Mittels von SPB kann auch ein verteilter, virtueller Ethernet-Switch auf Basis eines Ethernet-basierten Netzwerks – sogar eines standortübergreifenden Netzwerks – eingerichtet werden und die an diesem virtuellen Ethernet-Switch angeschlossenen Rechner können auch zu verschiedenen VLANs zugeordnet werden.

Technologien zur Unterstützung der Mobilität

Der Einsatz tragbarer Rechner (insbesondere Laptops und Smartphones) hat dazu geführt, dass von der IEEE mehrere Standards für WLANs (*Wireless LANs*) im ersten Jahrzehnt dieses Jahrhunderts spezifiziert wurden. Ein WLAN ermöglicht aber nur eine räumlich beschränkte Mobilität von tragbaren Rechnern. Heutzutage werden jedoch oft in Wirt-Servern mit zahlreichen virtuellen Rechnern mehrere, aus den in ihnen eingerichteten virtualisierten Rechnern bestehende, virtuelle Netzwerke gebildet; sie werden oft als *Clouds* bezeichnet. Dringlich sind die Konzepte hierfür nötig, eine aus mehreren virtuelle Rechnern enthaltene Cloud weltweit transferieren und an verschiedenen Standorten einsetzen zu können, ohne dass die IP-Adressen von Rechnern in der Cloud geändert werden müssen. Um diese Traumvorstellung zu verwirklichen, ist eine neue zweistufige, flexible IP-Adressierung notwendig. Wie diese zu realisieren und zu nutzen ist, beschreiben die in Abschnitt 13.7 präsentierten Konzepte LISP (*Locator/ID Separation Protocol*), LISP+ALT (*LISP Alternative Logical Topology*) und ILNP (*Identifier-Locator Network Protocol*).

Software Defined Networking

Die Virtualisierung von Rechnern und der zunehmende Bedarf an flexiblen, spontanen und an Geschäftsprozesse angepassten IT-Diensten verlangen neue Ideen zur variablen und raschen Bereitstellung von Netzwerkdiensten. *Software Defined Networking* (SDN) stellt eine solche Idee dar und ist als enorm wichtiger Entwicklungstrend im Internet und in Netzwerken mit IP zu betrachten. SDN ermöglicht die Bereitstellung universeller und programmierbarer Netzwerkknoten zur Weiterleitung von Daten. Diese Netzwerkknoten können fast alle denkbaren Netzwerkfunktionen erbringen – und dies sogar parallel für die beiden Internetprotokolle IPv4 und IPv6. Dadurch können beim SDN verschiedene programmierbare Netzwerkdienste (*Programmable Network Services*) realisiert werden. Folglich kann man beim SDN sogar von Netzwerkprogrammierbarkeit (*Network Programmability*) sprechen.

### Unterstützung der Mobilität

MIPv4 und MIPv6

Die Unterstützung der Mobilität im Internet und in IP-Netzen war ein großes Thema schon seit Beginn der Internet-Ära. Bereits Mitte 90er Jahre wurden die beiden Protokolle MIPv4 (*Mobile IPv4*) und MIPv6 (*Mobile IPv6*) konzipiert, um die Mobilität von Rechnern zwischen IP-Subnetzen zu ermöglichen. Kapitel 15 widmet sich der Unterstützung der Mobilität in IP-Netzen mit MIPv4 und MIPv6.

UMTS und LTE und WLANs

Erst die Mobilfunknetze der 3-ten und 4-ten Generation (G3 und G4), d.h. UMTS (*Universal Mobile Telecommunications System*) als G3 und LTE (*Long Term Evolution*) als G4, haben dazu beigetragen, dass verschiedene Arten von Smartphones heute als multifunktionelle Endgeräte am Internet dienen. Durch die breite Einführung von WLANs und die flächendeckende Verfügbarkeit von UMTS- bzw. von LTE-Diensten wurde das Problem 'Internet unterwegs mit Laptops, Tablets und Smartphones' gelöst. Als offenes Problem gilt aber noch die Mobilität kleiner Netzwerke und zwar so, dass die Adressen von Rechnern in diesen Netzwerken an jedem neuen Internetzugang nicht geändert werden müssen. Dieses Problem soll mit 2-stufiger IP-Adressierung gelöst werden [Abschnitt 13.7].

Ad-Hoc-Netzwerke

Es werden auch Konzepte entwickelt, um *Ad-Hoc-Netzwerke*, in denen sowohl die Knoten als auch die Endsysteme mobil sind, verwirklichen zu können. Diese Netzwerke haben eine große Bedeutung, da sie es spontan ermöglichen, fahrende Autos bis zu einer bestimmten Entfernung untereinander zu vernetzen: *Car-to-Car-Networks* (*C2C Networks*).

### Multiservice-Networking

Konvergenz der Netze

Als wichtiger Trend bei IP-Netzen am Ende der 90er Jahre war das *Multiservice-Networking*, der die *Integration* (*Konvergenz*) der Netze aufgegriffen hat. Da verschiedene TK-Netze (wie PSTN, ISDN, GSM, UMTS) schon damals konvergiert haben, Stand der Wunsch im Raum, alle TK-Netze seitens des Internet als ein heterogenes TK-Netz zu nutzen, intelligente Netzdienste auf Basis des Protokolls IP zu entwickeln und diese den Teilnehmern an allen TK-Netzen über das Internet zugänglich zu machen.

Um intelligente Netzdienste auf Basis eines TK-Netzes zu entwickeln, muss man jedoch auf bestimmte Software-Schnittstellen, APIs (*Application Programming Interface*), im Netzkern zugreifen. Da diese noch in den 90er Jahren nur für den Netzbetreiber zugänglich waren, war es damals nicht möglich, dass die Netzdienste durch Dritte, also durch die Nicht-Netzbetreiber, konzipiert und entwickelt werden konnten. Um dies zu ändern, wurde zu mit Beginn dieses Jahrhunderts ein vom Netz unabhängiges API entwickelt, über das man auf die Dienste wichtiger TK-Netze zugreifen kann (siehe Abschnitt 1.4.4 in [Bad10]). Es handelt sich um Parlay/OSA (*Open Service Architecture*).

Parlay/OSA

**Idee von Parlay/OSA**: Die grundlegende Idee von Parlay/OSA besteht darin, dass man verschiedene TK-Netze als Kernnetz betrachtet. Die Dienste dieses Kernnetzes sind über Parlay/OSA API für die Nicht-Netzanbieter zugänglich. Somit können sie Netzanwendungen entwickeln und auf speziellen Application-Servern installieren, sodass man auf diese über das Internet zugreifen kann.

Ein ähnliches Konzept wie bei Parlay/OSA wurde auch bei JAIN (*Java API for Integrated Networks*) von der Firma Sun Microsystems (jetzt Oracle) verfolgt. JAIN

Bei der Nutzung von Parlay/OSA kann man beliebige Netzdienste – z.B. auf Basis von UMTS bzw. von LTE – entwickeln und sie über das Internet zugänglich machen. Da die Lokation von mobilen Benutzern in Mobilfunknetzen UMTS und LTE mit einer bestimmten Genauigkeit bekannt ist, sind *Location Based Services* (LBS) realisierbar; und diese bilden die Grundlage für Presence Services. Die Einsatzmöglichkeiten von *Presence Services* sind sehr breit und haben in sozialen Netzwerken (z.B. Facebook) eine wichtige Funktion; sie ist aber nicht immer vorteilhaft. LBS und Presence Services

Bei LBS und Presence Services spielt das IMS (*IP Multimedia Subsystem*) eine wichtige Rolle. IMS ermöglicht zusätzlich den Nicht-Netzanbieter, ihre Server am UMTS bzw. am LTE zu installieren und verschiedene Multimedia Services (Spiele, Filme, ...) zum Abruf per Internet anzubieten. IMS

### Multimediale Kommunikation

Mit Multiservice-Networking hängt auch die Realisierung der multimedialen Kommunikation zusammen. Die Entwickler haben seit geraumer Zeit davon geträumt, über ein Netz zu verfügen, über welches man alle Informationsarten (Audio, Video und Daten) übermitteln könnte. Die Konzepte und Protokolle für VoIP (*Voice over IP*) sind ein wichtiger Schritt in diese Richtung. In der Wirklichkeit ist VoIP mit dem Signalisierungsprotokoll SIP (*Session Initiation Protocol*) nicht nur VoIP, sondern *Multi-Media over IP* (MMoIP [Abb. 6.3-4]). VoIP ist heute MMoIP

Durch die Einführung der geeigneten Protokolle wie z.B. IP-Multicasting [Abb. 10.6-1] sind Dienste wie IP-Radio und IP-Fernsehen realisierbar. Bereits seit 2005 spricht man von *Triple Play*. Darunter versteht man das gebündelte Angebot der drei Dienste *Internet*, *IP-Telefonie* (VoIP) und *Fernsehen* für private Haushalte. Bei zeitversetztem Abruf der Echtzeitsendungen (wie Radio- bzw. Fernsehsendungen) spielen Web-basierte *Content Delivery Networks* (CDNs) mit zahlreichen Lieferungsservern eine Schlüsselrolle (siehe Kapitel 10 in [BRS03]). Und zwar bestimmt ein *Redirect-Router* – nach der Lokation des die Echtzeitsendung abrufenden Rechners – den Lieferungsserver, aus welchem (möglichst nicht weit gelegen vom abrufenden Rechner) die gewünschte Echtzeitsendung ausgeliefert werden soll, damit man eine gute Qualität gewährleisten kann. IP-Radio und IP-Fernsehen mit CDNs

Eine wichtige Funktion herkömmlicher, öffentlicher Netze für die Sprachkommunikation ist die von ihnen angebotene Möglichkeit, in einem Notfall einen Notruf (*Emergency Call*) abzusetzen. Die Netze für die Sprachkommunikation bieten daher die Notrufdienste an; z.B. unter den Notrufnummern 110 für die Polizei und 112 für die Feuerwehr und die Rettungsdienste. Diese Dienste – und auch zahlreiche ähnliche – müssen zukünftig auch in öffentlichen VoIP-Systemen, also in der Tat im Internet, angeboten werden; hierbei spricht man von *IP Emergency Services* bzw. von *VoIP Emergency Services*. IP Emergency Services

Verschiedene Organisationen und Standardisierungsgremien sind in dieser Hinsicht aktiv. So wurde bei der IETF beispielsweise eine Arbeitsgruppe namens *Emergency Context Resolution with Internet Technologies* (ECRIT) ins Leben gerufen, um die Konzepte und Protokolle für die Realisierung von IP Emergency Services zu spezifizieren. Eine wichtige Funktion in Notrufsystemen im Internet besteht in der Ermittlung der IP-Adresse der richtigen Notrufleitstelle – und zwar aufgrund des in Form von URN (*Uniform Resource Name*) dargestellten Geschehens, d.h. was ist passiert, und des Standorts des Geschehens. LoST als 'Bruder' von DNS

Um diese Funktion sicher zu realisieren, wurde das Konzept LoST (*Location-to-Service Translation*) entwickelt [RFC 5222]. LoST stellt eine hierarchische, baumartige Vernetzung von Rechnern dar (vergleichbar dem DNS) und kann folglich als jüngster Bruder vom DNS betrachten werden.

### Web-Technologien

Web-Caching

In der ersten Phase der Web-Ära hat man hauptsächlich auf Webserver zugegriffen, um verschiedene Webinhalte in Form von Websites herunterzuladen. Um die Webinhalte, welche in der Zeit unverändert bleiben, nicht erneut über lange Strecken übermitteln zu müssen und schneller liefern zu können, hat man das in Rechnern gut bewährte Caching-Prinzip für das Internet übernommen – und so wurde Web-Caching 'geboren', siehe hierzu Kap. 8 in [BRS03]. Für das Web-Caching werden in der Regel spezieller Rechner als *Web-Cache-Server* eingesetzt. Große Internet Service Provider setzen mehrere Web-Cache-Server ein, sodass ein vernetztes Web-Caching-System entsteht. Für die Kommunikation zwischen Web-Caches wurde ICP (*Internet Cache Protocol*) entwickelt.

Web-Switching

Stark gefragter Webcontent wird schon lange nicht mehr nur auf einem Webserver abgespeichert, sondern auf mehreren Webservern, die sogar weltweit verteilt sein können. Diese Webserver bilden eine Gruppe von Servern, die unter einer IP-Adresse erreichbar sein muss und als *verteilter Webserver* angesehen werden kann. Als technische Basis dafür dient das Ende der 90er Jahre entwickelte *Web-Switching* und darunter versteht man die Verteilung von aus dem Internet kommenden Anfragen gemäß dem gefragten *Webcontent* auf mehrere Webserver. Web-Switching bildet heute die Grundlage für E-Commerce-Geschäfte; für Näheres darüber siehe Kap. 7 in [BRS03].

Web Services

Das Internet wurde zuerst hauptsächlich dafür benutzt, um per Browser den Zugriff auf verschiedene Informationen und Applikationen zu ermöglichen. Ende 90er Jahre hat man aber erkannt, dass Internet sich auch als universelle Plattform für die Kommunikation zwischen verteilten Anwendungen eignet und die Idee, webbasierte Dienste durch die Vernetzung von verteilten Anwendungen zu realisieren, hat zur Entstehung *Web Services* geführt. Ein Web Service ist ein Dienst auf Basis des Internet und des Protokolls HTTP, der durch die Vernetzung von verteilten Anwendungen und den Einsatz von XML (*eXtensible Markup Language*) zur Bildung von 'Nachrichten' – genauer von XML-Nachrichten – mit den zwischen Anwendungen zu übertragenden Daten erbracht wird. Jeder Web Service kann über einen Verzeichnisdienst veröffentlicht werden, um ihn bekannt, auffindbar und damit aufrufbar zu machen (vgl. Kapitel 11 in [BRS03]).

SOAP WS und RESTful WS

Es sei angemerkt, dass man zuerst bei *Web Services* (WS) das Protokoll SOAP (*Simple Object Access Protocol*) verwendet hat, um XML-Nachrichten in HTTP-Requests und -Responses zu übermitteln. Der Einsatz von SOAP bringt allerdings einen Nachteil mit: Die Web-Ressourcen (Objekte) können nicht direkt adressiert werden. Somit wurde später das Transferprinzip REST (*REpresentational State Transfer*) bei Web-Services eingesetzt, sodass Web-Ressourcen direkt mit URLs adressierbar sind; also in der Tat so, wie es ursprünglich bei Einführung des WWW vorgesehen wurde. Aus diesem Grund unterscheidet man zwischen SOAP-basiertem WS (*SOAP WS*) und REST-basiertem WS (*RESTful WS*).

CDNs, Request-, Content-Routing

Das klassische Modell der Webdienste, bei dem der Webcontent von einem Ursprungs-Server aus weltweit auf jede Webanfrage hin an den Benutzer geschickt wird, ist in einigen Situationen nicht mehr praktikabel; insbesondere bei zeitkritischem Content, also beim Streaming-Media (Video, Internet-TV, -Spiele etc.). Damit man Streaming-Media in guter Qualität den Benutzern liefern konnte, ist Anfang dieses Jahrhunderts die Idee für *Content Delivery Networks* (CDNs) entstanden. Die Webserver mit dem gleichen zeitkritischen Content, sind jetzt nicht immer an einem Standort, sondern werden weltweit verteilt. In diesem Falle muss der 'günstigste' Webserver ausgewählt und die Anfrage an ihn gerichtet werden. Diesen Vorgang nennt man *Request-Routing* oder auch *Content-Routing*. Näheres über CDN findet sich in Kapitel 10 von [BRS03].

WebRTC – eine richtungsweisende Idee

Mit dem zweiten Jahrzehnt in diesem Jahrhundert versucht man eine richtungsweisende Idee zu verwirklichen, die sog. WebRTC (*Web Real-Time Communication*), eine Art *Web Video Telephony*. Diese Idee besteht darin, multimediale Echtzeitkommunikation mithilfe von HTLM5-fähigen Webbrowsern einfach zu realisieren, ohne dafür zusätzliche Softwaremodule installieren zu müssen. Zur Unterstützung von WebRTC können bei Bedarf von einem Webserver verschiedene RTC-spezifische Funktionsmodule heruntergeladen werden, und im Webbrowser diese (quasi automatisch) einzubauen. Bei WebRTC kann ein spezieller Server um RTC-Funktionen erweitert werden (hierzu eignet sich jeder Webserver) und als Manager von multimedialen Verbindungen zwischen Browsern dienen. Es ist zu erwarten, dass eine große Akzeptanz von WebRTC in Smartphones, Tablets und in Smart-TV in der Zukunft zu großen Veränderungen der heutigen Kommunikationslandschaft führen wird und die Videotelefonie per Smart-TV nur eine Frage der Zeit ist. Ferner besitzt WebRTC einen bedeutenden Einfluss auf die Realisierung von *IP Emergency Services*.

WebSockets

Für die Realisierung von WebRTC wurde das *WebSocket Protocol* (WSP) entwickelt [RFC 6455]. WSP wird auch beim Einsatz von Webtechnologien zur Vernetzung verschiedener 'Dinge' mit dem Internet eingesetzt; man spricht hierbei von *Web of Things* (WoT).

### Vernetzung der Dinge – Internet of Things

USNs, IoT und WoT

Das Streben insbesondere nach mehr Energieeffizienz, mehr Lebensqualität und besserer Umweltüberwachung führt dazu, dass verschiedene Systeme zur drahtlosen Vernetzung von Sensoren und Aktoren – in der Tat zur Vernetzungen aller möglichen 'Dinge' — ständig und immer mehr an Bedeutung und an Verbreitung gewinnen; folglich entstehen *Sensornetze/Sensornetzwerke*. Weil Sensornetze überall und jederzeit zum Einsatz – z.B. zur Industrie-/Gebäude-/Heimautomation, Gesundheits-/Umweltüberwachung – kommen können, werden sie als *ubiquitäre Sensornetze* bzw. kurz als USNs (*Ubiquitous Sensor Networks*) bezeichnet[1]. USNs sind sehr stark ressourcenbeschränkt, insbesondere *energiearm* und *verlustbehaftet*; demzufolge spricht man von *Constrained Networks* bzw. von LLNs (*Low power and Lossy Networks*).

Internet of Things, Web of Things

Die Anbindung von USNs an das 'heutige' Internet führt zur Entstehung eines neuen Internetteils, welcher als *Internet of Things* (IoT) – also *Internet der Dinge* – bezeichnet wird [ITU-T Y.2060]. Im IoT kommen auch einige Web-Technologien zum Einsatz, sie müssen an die Besonderheiten von Sensornetzen angepasst werden und man spricht in diesem Zusammenhang von *Web of Things* (WoT); siehe hierzu ITU-T Y.2063.

Sensornetze werden oft nach IEEE-Standards 802.15.4 (WPAN, *Wireless Personal Area Network*) und 802.15.6 (WBAN, *Wireless Body Area Network*) aufgebaut und dabei wird IPv6 eingesetzt. Dadurch kann eine global eindeutige IPv6-Adresse jedem Sensor/Aktor zugewiesen werden und er ist dann über das Internet zugreifbar.

6LoWPAN

Um IPv6 in Sensornetzen auf Basis von WPANs nach IEEE 802.15.4 einsetzen zu können, wurde das Konzept 6LoWPAN (*IPv6 over Low-power PAN*) bei der IETF in RFC 4944 spezifiziert. 6LoWPAN gilt bereits als ein effizientes Konzept für den Einsatz von IPv6 in Sensornetzen.

CoRE und CoAP

Im IoT sollen REST-basierte Web Services, auch als *RESTful WSs* bezeichnet, zum Einsatz kommen. Diese müssen jedoch an ressourcenbeschränkte Umgebungen (*constrained environments*) in Sensornetzen adaptiert werden. Die Umsetzung dieser Anforderung hat sich die IETF Working Group CoRE (*Constrained RESTful Environments*) vorgenommen. Da das normale Webprotokoll HTTP in Sensornetzen praktisch nicht einsetzbar ist, wird dieses in Sensornetzen durch das neue, von der Working Group CoRE entwickelte Webprotokoll CoAP (*Constrained Application Protocol*) ersetzt.

ROLL und RPL

Sensornetze als LLNs können auch beliebig verteilte Strukturen mit intelligenten Knoten bilden, daher ist auch ein Routing-Protokoll in diesen Netzen nötig. Auf dem Gebiet *Routing over LLNs* ist die IETF Working Group ROLL (*Routing Over Low power und Lossy networks*) aktiv, und das Ergebnis ist u.a. das Routing-Protokoll RPL (*IPv6 Routing Protocol for Low-Power und Lossy Networks*).

## 1.2 Funktionen der Kommunikationsprotokolle

Fehlerursachen

In einem Netz können die zu übertragenden Daten verfälscht werden. Die Ursachen dafür sind meist auf die schlechte Qualität des Übertragungsmediums zurückzuführen. Eine Verfälschung der Daten kann auch durch äußere Einflüsse wie etwa starke elektromagnetische Felder in der Umgebung oder durch das *Nebensprechen* entstehen. Übertragungsstörungen führen nicht nur zu einer Datenverfälschung, sondern sogar zu einem Datenverlust. Um dies zu vermeiden, müssen entsprechende Funktionen in den Kommunikationsprotokollen enthalten sein. Diese Funktionen lassen sich in drei Gruppen aufteilen:

- **Fehlerkontrolle** (*Fault Control*),
- **Flusskontrolle** (*Flow Control*) und
- **Überlastkontrolle** (*Congestion Control*).

Datenverfälschungen und -verluste

Die *Fehlerkontrolle* umfasst alle Maßnahmen in einem Kommunikationsprotokoll, mit denen Datenverfälschungen und -verluste während der Übertragung entdeckt und beseitigt werden können. Die *Flusskontrolle* bedeutet eine gegenseitige Anpassung der Sende- und der Empfangsseite in Bezug auf die übertragene Datenmenge. Die *Überlastkontrolle* betrifft alle Vorkehrungen, die dazu dienen, ein Netz nicht zu überlasten. Bei der Überlastung eines Netzes müssen die übertragenen Datenblöcke oft verworfen werden und die Verweilzeit von Datenblöcken im Netz durch 'Staus' in Knoten nimmt stark zu. Im Folgenden werden diese Funktionen näher erläutert.

[1] Da in Sensornetzen sowohl (passive) Sensoren wie auch als Ausführungsorgane aktiv fungierende Aktoren vorhanden sind, sprechen wir allgemein von *Sensor-Aktor-Netzen/Netzwerken*.

## 1.2.1 Prinzipien der Fehlerkontrolle

Die Fehlerkontrolle hat die Aufgabe, jede fehlerhafte Situation während der Datenübertragung zu entdecken und zu beseitigen. Sie ist Bestandteil jedes Kommunikationsprotokolls und wird beim Empfänger mittels festgelegter Quittungen (Bestätigungen) und beim Sender durch die Zeitüberwachung realisiert. Im Weiteren werden alle möglichen Fehlersituationen dargestellt und notwendige Maßnahmen zu ihrer Beseitigung aufgezeigt.

Allen Kommunikationsprotokollen liegen zwei 'eiserne Regeln' zugrunde:

Erste 'eiserne Regel'

> Datenblöcke können während der Übertragung verfälscht werden. Deshalb muss nach dem Absenden jedes Datenblocks dieser im Speicher der Quellstation für den Fall gehalten werden, falls eine wiederholte Übermittlung notwendig ist.

Negative Auswirkungen infolge der Verfälschung von übertragenen Datenblöcken können durch die Umsetzung dieser Regel und durch eine wiederholte Übermittlung ausgeglichen werden. Abb. 1.2-1a zeigt die fehlerlose Übermittlung eines Datenblocks. Diese wird von der Empfangsseite positiv quittiert (bestätigt) und eine Kopie des Datenblocks in der Quellstation gelöscht. Auch eine Quittung stellt einen kurzen, vom Protokoll festgelegten Datenblock dar.

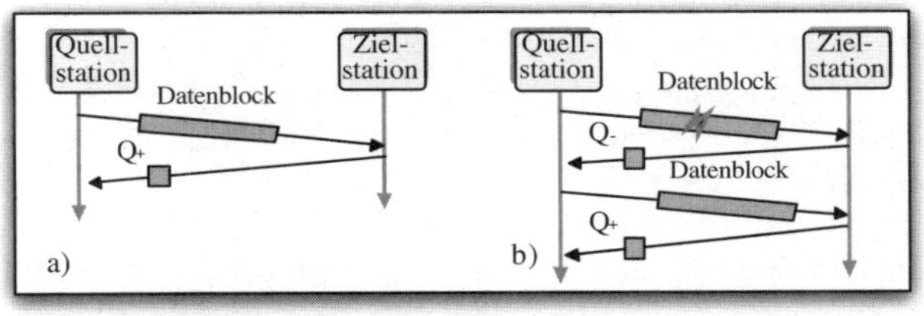


**Abb. 1.2-1:** Übermittlung eines Datenblocks: a) fehlerlos, b) fehlerhaft
Q+: positive Quittung, Q–: negative Quittung

Negative Quittung bei Störungen

In Abb. 1.2-1b tritt bei der Übermittlung des Datenblocks eine Störung auf, was eine negative Quittierung zur Folge hat. Der gestörte Datenblock wird durch die Zielstation einfach verworfen. Da in der Quellstation eine Kopie des betreffenden Datenblocks gehalten wird, sendet die Quellstation den gleichen Datenblock noch einmal – diesmal fehlerfrei – zu der Zielstation, die ihn positiv quittiert. Die Kopie des übertragenen Datenblocks kann nun in der Quellstation gelöscht werden.

Verfälschung von Quittungen

Eine besondere Situation entsteht dadurch, dass nicht nur die Datenblöcke während der Übertragung verfälscht werden können, sondern auch die Quittungen. Wird eine positive Quittung so verfälscht, dass die Quellstation sie als negative Quittung interpretiert, führt dies zu einer unnötigen wiederholten Übermittlungen des betreffenden Datenblocks und zur Verdoppelung von Daten am Ziel.

Der schlimmste Fall (*worst case*) bei der Übermittlung eines Datenblocks entsteht dann, wenn sowohl der übertragene Datenblock als auch dessen negative Quittung verfälscht werden. Wie Abb. 1.2-2 zeigt, empfängt die Quellstation in diesem Fall eine positive Quittung und könnte deshalb die Kopie des Datenblocks löschen. Dies würde aber zum Verlust des Datenblocks führen. Um einen solchen Fall zu bewältigen, müssen die Kommunikationsprotokolle zwei Stufen der Fehlerkontrolle realisieren. Die hier angesprochene Fehlerkontrolle bezieht sich nur auf die Übermittlung einzelner Datenblöcke, die oft aufgrund der Segmentierung von zu übertragenden Dateien entstehen. Die Fehlerkontrolle muss auch auf Dateiniveau realisiert werden. Die einzelnen Datenblöcke, die zu einer Datei gehören, werden in der Zielstation zu einer Datei zusammengesetzt. Ist ein Datenblock der Datei in der Zielstation nicht vorhanden, sendet sie eine negative Quittung, die sich auf diese Datei bezieht. Die Quellstation muss dann entweder den verloren gegangenen Datenblock oder sogar die ganze Datei nachsenden.

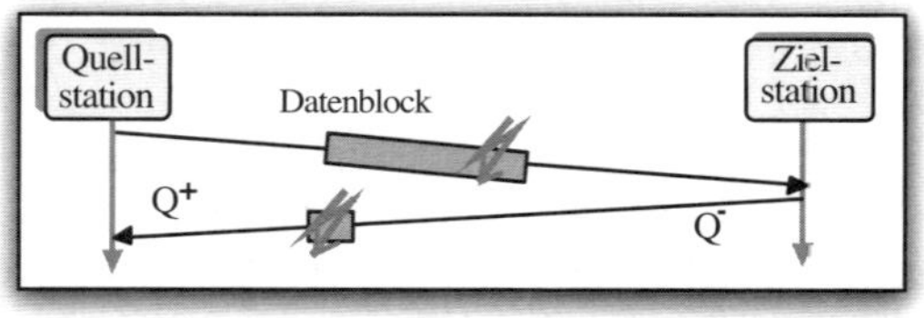


**Abb. 1.2-2:** Worst case einer Datenmittlung: Daten und Quittung werden verfälscht

Zweite 'eiserne Regel'

Die zweite 'eiserne Regel', die bei allen Kommunikationsprotokollen realisiert werden muss, um Datenverluste während der Übertragung zu erkennen, lautet:

> Datenblöcke können bei der Übertragung verloren gehen, sodass man nur eine begrenzte Zeit auf eine positive oder negative Quittung für einen Datenblock warten soll.

Dies muss über eine Zeitüberwachung realisiert werden, um Verluste von Datenblöcken während der Übertragung zu erkennen. Dazu ist im Protokoll eine maximale Wartezeit auf eine Quittung festzulegen. Eine solche Wartezeit wird auch als *Timeout* bezeichnet und kann als 'Geduldzeit' interpretiert werden. Nach dem Absenden eines Datenblocks muss die Überwachung der maximalen Wartezeit auf die Quittung aktiviert werden. Es stellt sich die Frage, wann die Datenblöcke während der Übermittlung eigentlich verloren gehen. Dass ein übertragener Datenblock bei einem plötzlichen Bruch der Leitung verloren geht, ist selbstverständlich, doch das ist selten der Fall. Die häufigste Ursache für den Verlust eines Datenblocks ist eine Verfälschung in seinem Header oder Trailer, sodass er auf der Leitung nicht vollständig erkannt und damit in der Zielstation nicht aufgenommen werden kann.

Geduldzeit

Abb. 1.2-3 illustriert die fehlerhafte Situation, in der ein Datenblock verloren gegangen ist. Nach dem Absenden des Datenblocks wird die 'Geduldzeit' überwacht. Kommt innerhalb dieser Zeit keine Quittung an, interpretiert dies die Quellstation als verloren gegangenen Datenblock und wiederholt die Übermittlung. Nach dem wiederholten Absenden kommt eine positive Quittung noch während der 'Geduldzeit' an und die Kopie des Datenblocks kann dann gelöscht werden.

Nummerierung von Datenblöcken

Auch eine Quittung kann verloren gehen. Wie Abb. 1.2-3b zeigt, wird dies ebenfalls mit Hilfe der Zeitüberwachung erkannt. In einem solchen Fall kann ein Datenblock in der Zielstation doppelt vorhanden sein. Deswegen muss für die Zielstation klar werden, dass es sich nicht um einen neuen Datenblock handelt, sondern um eine wiederholte Übermittlung. Werden die transferierten Datenblöcke nicht nummeriert, kann das zur Verdopplung von Daten am Ziel führen. Derartige Datenverdopplungen lassen sich mit

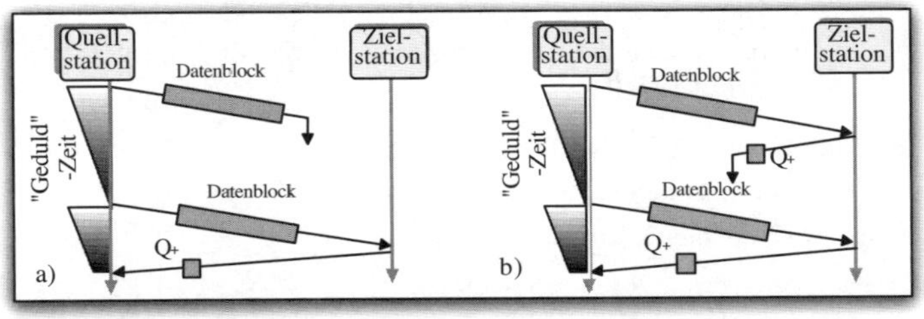


**Abb. 1.2-3:** Fehlerhafte Übermittlung: a) Datenblockverlust, b) Quittungsverlust

der Nummerierung von Datenblöcken ausschließen. Aus diesem Grund werden bei allen Kommunikationsprotokollen die übertragenen Datenblöcke nummeriert.

Modulo-Verfahren

**Anmerkung**: Bei einer fortlaufenden Nummerierung der übertragenen Datenblöcke kann die Zielstation erkennen, ob es sich um eine wiederholte Übermittlung handelt und somit einen doppelt vorhandener Datenblock entdecken. Eine Nummerierung der übertragenen Datenblöcke besteht darin, dass jedem Datenblock eine bestimmte Sequenznummer zugeteilt wird. Diese Nummerierung kann aber nicht beliebig fortgesetzt werden. Ursache hierfür ist die begrenzte Anzahl von Bit für die Nummernabspeicherung im Header des Datenblocks und deshalb werden die Datenblöcke nach dem Modulo-Verfahren nummeriert. In den meisten Fällen wird die Nummerierung nach dem Modulo 8 oder 128 realisiert. Bei Modulo 8 werden die einzelnen Datenblöcke von 0 bis 7 gekennzeichnet und verschickt. Ist die 7 als letzte Nummer vergeben worden, wird der Zähler zurückgesetzt und die Nummerierung startet bei 0. Äquivalent dazu funktioniert die Nummerierung nach dem Modulo-128-Verfahren, bei dem die Nummern bis 127 vergeben werden.

Bei der Nummerierung von Datenblöcken kann eine Gruppe von empfangenen Blöcken gleichzeitig durch die Zielstation quittiert werden, um damit die Verkehrslast im Netz durch eine geringere Anzahl von Quittungen zu reduzieren.

Nummerierungsfenster (Window)

Beim Aufbau einer Verbindung muss sichergestellt sein, dass die Quellstation den Datenblöcken jene Sequenznummern zuteilt, die auch von der Zielstation erwartet werden. Aus diesem Grund ist zu vereinbaren, welchen Zahlenwert das Nummerierungsfenster hat und mit welcher Sequenznummer bei der Übermittlung der Datenblöcke begonnen wird.

## 1.2.2 Realisierung der Flusskontrolle

Bedeutung der Flusskontrolle

Bei der Datenkommunikation tritt häufig der Fall ein, dass die Daten beim Sender rascher 'produziert' werden, als der Empfänger sie 'konsumieren' kann. So ist eine Situation vorstellbar, in der ein Großrechner im Netz eine große Menge von Daten an einen entfernten kleinen Drucker übermittelt. Der Großrechner muss, um ein Überfließen des Druckerspeichers zu verhindern, die Menge der zu übertragenden Daten der Aufnahmefähigkeit des Druckers anpassen. Die Anpassung muss durch entsprechende Kommandos vom Drucker gesteuert werden. Dieses einfache Beispiel weist auf die Bedeutung der gegenseitigen Abstimmung zwischen Quell- und Zielstation in Bezug auf die Menge der zu übertragenden Daten hin.

Ziel der Flusskontrolle

Unter *Flusskontrolle* versteht man alle Maßnahmen, die zur Anpassung der gesendeten Datenmenge der Quellstation an die Aufnahmekapazität der Zielstation führen. Die Flusskontrolle kann realisiert werden

- mittels der Meldungen *Halt* und *Weitersenden*,
- über einen *Kreditmechanismus* (Kredite), oder
- vermöge eines *Fenstermechanismus* (Window).

Meldungen: Halt, Weitersenden

Die einfache Flusskontrolle mit Hilfe der Meldungen *Halt* und *Weitersenden* verläuft wie folgt: Stellt der Empfänger fest, dass er nicht mehr in der Lage ist, die empfangenen Daten aufzunehmen, schickt er dem Sender die Meldung *Halt*. Der Sender ist nach dem Empfang von Halt verpflichtet, das Senden von Daten einzustellen, bis der Empfänger die Meldung *Weitersenden* übermittelt und damit den *Halt*-Zustand aufhebt. Ein Nachteil dieses einfachen Verfahrens besteht darin, dass eine Verfälschung der Meldungen *Halt* oder *Weitersenden* besondere Konsequenzen hat: Wird *Halt* während der Übertragung verfälscht und vom Sender als *Weitersenden* empfangen, so sendet er die Daten weiter. Kommt *Weitersenden* beim Sender als *Halt* an, wird der Sendeprozess auf Dauer gestoppt.

Flusskontrolle mittels Krediten

Bei einer Flusskontrolle mit Hilfe von Krediten erteilt der Empfänger dem Sender einige Kredite für die Übermittlung von Datenblöcken. Sind diese Kredite aufgebraucht, muss der Sender die Übermittlung einstellen. Ein Kredit definiert eine Anzahl von Datenblöcken, d.h. deren Sequenznummer, die der Sender abschicken darf, ohne auf eine Quittung vom Empfänger warten zu müssen. Hierbei ist die maximale Länge der Datenblöcke festgelegt. Im Normalfall werden die Kredite laufend erteilt, sodass ein ununterbrochener Datenverkehr aufrechterhalten werden kann. Die Übermittlung von Krediten muss vor Störungen geschützt werden. Bei der Störung einer Kreditmeldung könnte der Sender ohne weitere Kredite bleiben und der Empfänger auf weitere Datenblöcke warten. Damit wäre die Datenübermittlung blockiert. Es muss sichergestellt sein, dass eine Kreditmeldung nicht verdoppelt wird. Wäre dies nicht der Fall, könnte der Sender weitere Datenblöcke senden, die vom Empfänger nicht aufgenommen werden könnten.

Flusskontrolle über Fenstermechanismus

Die Flusskontrolle über einen Fenstermechanismus stützt sich auf eine Sequenznummer der übertragenen Datenblöcken. Vor der Datenübermittlung sprechen sich Quell- und Zielstation über ein *Fenster* innerhalb des Wertebereiches der Sequenznummern ab. Die Fenstergröße `W` bedeutet:

> Die Quellstation darf maximal `W` Datenblöcke absenden, ohne auf eine Quittung von der Zielstation warten zu müssen, d.h. `W` ist bei der Quellstation als Anzahl der Kredite zu interpretieren.

Bei der Zielstation stellt `W` die Kapazität des Empfangspuffers für die ankommenden Datenblöcke dar.

**Beispiel**: Abb. 1.2-4 zeigt den Fall, in dem die Fenstergröße `W = 3` und die Datenblöcke nach dem Modulo-8-Verfahren nummeriert werden. Bei `W = 3` darf die Quellstation drei Datenblöcke absenden, ohne auf eine Quittung warten zu müssen. Abb. 1.2-4 zeigt gleichzeitig die freie Sequenznummer, die der Sender für die Nummerierung verwenden darf. Da `W = 3`, sind maximal drei Nummern zu vergeben. Wie hier ersichtlich, ist während der Übermittlung der ersten drei Datenblöcke keine Quittung angekommen, also muss die Quellstation den Sendeprozess unterbrechen. Dies führt zu einer Senderblockade. Nach der ersten positiven Quittung, mit der die Datenblöcke mit den Nummern 0 und 1 positiv quittiert wurden, darf sie zwei weitere Datenblöcke senden. Dieses Beispiel zeigt,

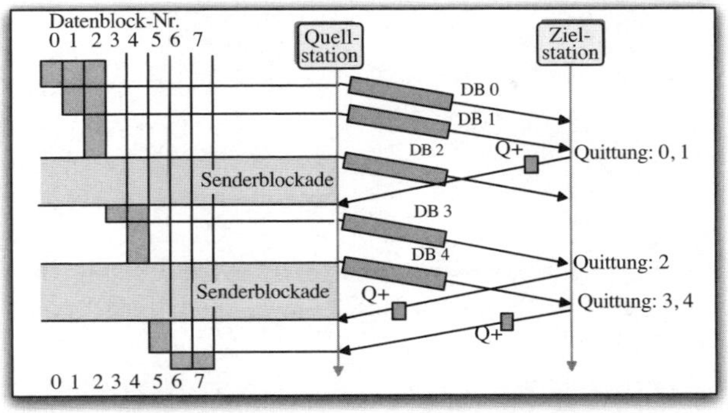


**Abb. 1.2-4:** Veranschaulichung der Flusskontrolle über den Fenstermechanismus

welche Auswirkungen die Fenstergröße auf die Auslastung des Übertragungsmediums hat. Insbesondere im Fall `W = 1` muss man nach dem Absenden jedes Datenblocks den Sendeprozess stoppen. Dies führt selbstverständlich zu einer schlechten Ausnutzung des Übertragungsmediums.

Die Fenstergröße kann als Kredit für die Vergabe von Nummern für die abzusendenden Datenblöcke interpretiert werden. Die meisten Kommunikationsprotokolle realisieren die Flusskontrolle nach dem Fenstermechanismus.

### 1.2.3 Überlastkontrolle

Ein Netz hat eine bestimmte Aufnahmekapazität, d.h. zu jedem Zeitpunkt kann sich darin nur eine begrenzte Anzahl von Datenblöcken befinden. Wird diese Anzahl überschritten, hat dies die folgenden negativen Auswirkungen:

- *Die Aufnahmepuffer im Netz (in Knoten) sind voll*; dies führt dazu, dass die im Netz eintreffenden Datenblöcke verworfen werden müssen.
- *Es bilden sich Warteschlangen von Datenblöcken vor den Übertragungsleitungen*; durch die so verursachten großen Verweilzeiten der Datenblöcke im Netz entstehen große Verzögerungen der übertragenen Datenblöcke.

Die Maßnahmen, mit denen eine Überlastung des Netzes verhindert wird, bezeichnet man als *Überlastkontrolle* (Congestion Control). Die wichtigsten Kriterien für die Beurteilung der Überlastung von Netzen sind: Congestion Control

- Durchsatz (*Throughput*) und
- Datenverweilzeit (*Latenzzeit*, *Delay*) im Netz.

Unter dem *Durchsatz eines Netzes* versteht man den Anteil des Datenverkehrs, der von dem Netz akzeptiert wird. Den Verlauf des Durchsatzes in Abhängigkeit vom Gesamtdatenverkehr zeigt Abb. 1.2-5a. Ist der Datenverkehr im Netz klein (kleine Belastung), werden alle ankommenden Daten durch das Netz aufgenommen; dabei müssen normalerweise keine Vorkehrungen gegen die Überlast ergriffen werden. Bei hoher Netzbelastung Durchsatz

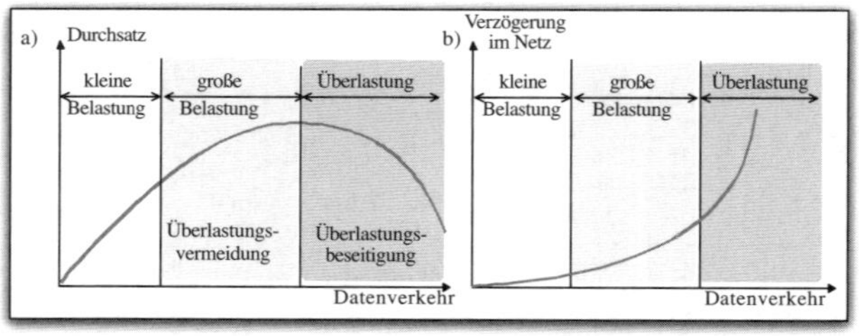


**Abb. 1.2-5:** Auswirkungen der Netzüberlastung: a) auf den Durchsatz, b) auf die Datenverweilzeit im Netz

dagegen müssen bestimmte Maßnahmen getroffen werden, um eine Überlastung zu vermeiden, und sie führen zur Einschränkung der Datenmenge, die ins Netz gesendet wird.

Ist der Datenverkehr im Netz so groß, dass das Netz überlastet ist, müssen andere Aktionen eingeleitet werden, um die bestehende Überlastung zu beseitigen. Wie in Abb. 1.2-5a ersichtlich, nimmt der Durchsatz in der Überlastsituation mit zunehmendem Datenverkehr sehr stark ab.

Verweilzeit im Netz

Abb. 1.2-5b veranschaulicht, welche Auswirkungen die Netzbelastung auf das Verhalten der Datenverweilzeit (Latenzzeit) im Netz hat. In einer Überlastsituation muss also mit großen Verzögerungen für die Datenübertragung im Netz gerechnet werden. Die wichtigste Maßnahme für die Vermeidung von Überlasten besteht in der Einschränkung der Datenströme, die ins Netz fließen. Welche Maßnahmen gegen die Überlastung in einzelnen Netzen und Kommunikationsprotokollen ergriffen werden, hängt auch von der Realisierung der Flusskontrolle ab. Komplexere Verfahren der Flusskontrolle können z.B. mittels *Explicit Congestion Control* (ECN) realisiert werden, wie dies in Abschnitt 3.5 besprochen wird.

## 1.3 Schichtenmodell der Kommunikation

Was ist OSI?

Als man Mitte der 70er Jahre versuchte, die Rechner unterschiedlicher Hersteller miteinander zu vernetzen, hat sich folgendes Problem ergeben: Es sind dringend Kommunikationsregeln nötig, damit ein Rechner des Herstellers *X* mit einem Rechner des Herstellers *Y* kommunizieren kann. Es sollte möglich sein, dass jeder Rechner für die Kommunikation mit allen anderen Rechnern *offen* (bereit) ist. In diesem Zusammenhang wurde bereits damals von der Vernetzung offener Systeme – also von *Open System Interconnection* (OSI) – gesprochen und nach einem Modell für ihre Verwirklichung gesucht.

OSI-Referenzmodell

Daher wurde ein Schichtenmodell eingeführt, dass die Prinzipien der Kommunikation zwischen verschiedenen Systemen beschreibt und die OSI-Vorstellung ermöglicht. Es wird deshalb *OSI-Referenzmodell* genannt. Standardisiert wurde es von ISO (*International Organization for Standardization*) und es wird auch als *ISO/OSI-Referenzmodell* bzw. kurz als *ISO/OSI-Modell* bezeichnet.

## 1.3.1 Konzept des OSI-Referenzmodells

Die Idee von OSI illustriert Abb. 1.3-1. Gemäß OSI wird ein Rechner als *offenes System* angesehen. Diese Systeme werden durch Übertragungsmedien untereinander verbunden und enthalten entsprechende *Kommunikationsprotokolle*, nach denen *logische Verbindungen zwischen Applikation* in den einzelnen Systemen nach Bedarf aufgebaut und *Nachrichten* bzw. allgemein *Daten* übertragen werden können.

Idee von OSI

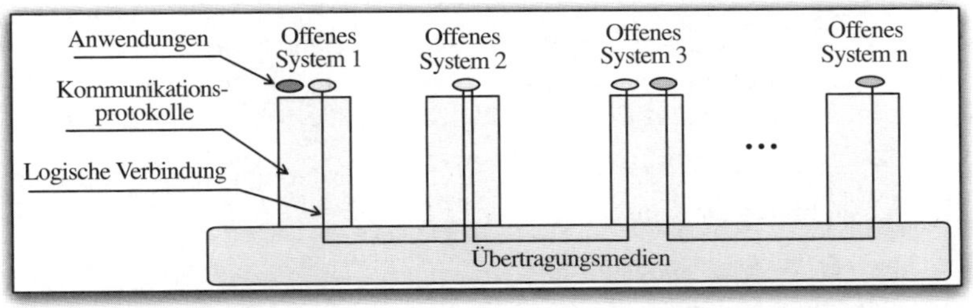


**Abb. 1.3-1:** Idee von OSI: Jedes System soll mit jedem anderen kommunizieren können

Um die Kommunikationsprotokolle für die Verwirklichung der Zielvorstellung von OSI zu entwickeln, wurde die komplexe Aufgabe der Kommunikation zwischen verschiedenen Systemen so auf sieben Teilaufgaben verteilt, dass diese den einzelnen Schichten, die in einer Hierarchie zueinander stehen, zugeordnet werden. Dadurch ist ein OSI-Referenzmodell mit sieben Schichten entstanden; man spricht hier auch vom *OSI-Schichtenmodell*.

Allgemeines OSI-Schichtenmodel

Ein Rechnernetz enthält aber nicht nur die Rechner als Endsysteme, sondern auch die Netzknoten (Router, Switches) als *Zwischensysteme*. Die Aufgabe der Kommunikation in Zwischensystemen kann aber zu drei untereinander liegenden Schichten zusammengefasst werden. Daher enthalten die Zwischensysteme nur die ersten drei Schichten. Abb. 1.3-2 zeigt die allgemeine Struktur des OSI-Referenzmodells. Die unterste Schicht 1 repräsentiert die physikalische Netzanbindung, also die Übertragungstechnik. Die Schichten von 2 bis 6 repräsentieren bestimmte Funktionen der Kommunikation. Schicht 7 enthält die Anwendungen (*Applikationen*).

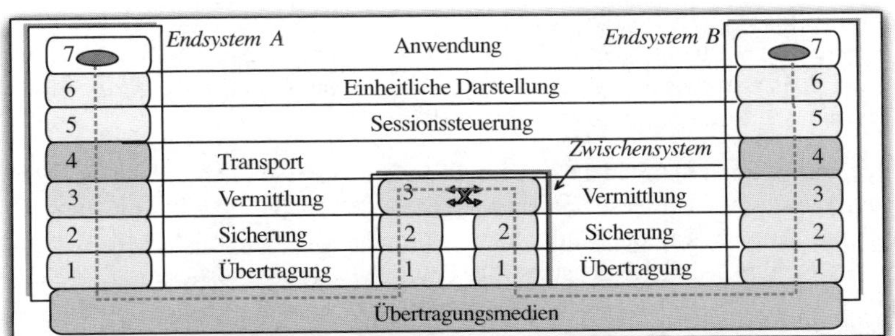


**Abb. 1.3-2:** OSI-Referenzmodell: Zerlegung der Kommunikationsaufgabe in 7 Schichten

Funktionen der Schichten

Die einzelnen Schichten im OSI-Referenzmodell sind:

1. **Physikalische Schicht** (Übertragungsschicht, *Physical Layer*)
   Sie definiert die mechanischen und elektrischen Eigenschaften sowie die Funktionen und die Abläufe bei der Bitübertragung.
2. **Sicherungsschicht** (*Data-Link Layer*)
   Diese Schicht garantiert eine sichere Übertragung zwischen zwei direkt benachbarten Stationen (Knoten). Dazu werden die übertragenen Bit in *Frames* (Rahmen) zusammengefasst und am Ende mit einer Prüfsumme versehen. Dadurch ist eine Fehlererkennung möglich. In LANs wird die Schicht 2 in zwei Teilschichten aufgeteilt: *Schicht 2a* als *MAC-Schicht* (*Media Access Control*), die den Zugriff auf das Übertragungsmedium regelt, und *Schicht 2b* als *LLC-Schicht* (*Logical Link Control*) [Abb. 12.1-1], die eine Sicherungsschicht darstellt.
3. **Netzwerkschicht/Vermittlungsschicht** (*Network Layer*)
   Diese Schicht hat die Aufgabe, die Daten blockweise zwischen Endsystemen zu übermitteln. Die innerhalb dieser Schicht übertragenen Datenblöcke werden oft *Pakete* genannt. Schicht 3 stellt eine *Paketvermittlungsschicht* dar.
4. **Transportschicht** (*Transport Layer*)
   Die Transportschicht hat u.a. die Aufgabe, eine gesicherte *virtuelle Ende-zu-Ende-Verbindung* für den Transport von Daten zwischen den Endsystemen bereitzustellen. Die Aufgaben der Transportschicht bestehen vor allem in der Korrektur der Übermittlungsfehler und sind von den Protokollen der Schicht 2 und 3 sehr stark abhängig.
5. **Sitzungsschicht** (*Session Layer*)
   Sie ist die unterste anwendungsorientierte Schicht und regelt den Auf- und Abbau von Kommunikationsbeziehungen (Sitzungen, Sessions) sowie deren Wiederherstellung nach Störungen im Transportsystem. Hier findet die *Synchronisation* und somit der *geregelte Dialogablauf* zwischen zwei Kommunikationsprozessen statt.
6. **Darstellungsschicht** (Präsentationsschicht, Presentation Layer)
   Die Umsetzung verschiedener Darstellungen der Information (z.B. die Zeichensätze ASCII und EBCDIC) auf ein einheitliches Format auf der Senderseite ist die Aufgabe der Darstellungsschicht. Diese Schicht kann auch Funktionen enthalten, mit denen Daten komprimiert, konvertiert und verschlüsselt werden können. Vor der Web-Ära war das ASN.1-Konzept (*Abstract Syntax Notation*) für diese Schicht von großer Bedeutung. Inzwischen wurde die Aufgabe von ASN.1 durch XML (*eXtensible Markup Language*) übernommen.
7. **Anwendungsschicht** (*Application Layer*)
   In dieser Schicht sind die sog. OSI-Anwendungsprogramme angesiedelt. Zu den wichtigsten OSI-Standardanwendungen gehörten in den 90er Jahren E-Mail (X.400) und verteilter Verzeichnisdienst (X.500) und Filetransfer (FTAM).

Im Allgemeinen kann die Schicht `n-1` im OSI-Referenzmodell als Erbringer bestimmter Kommunikationsdienste für die Schicht `n` angesehen werden. Die mit der Kommunikation verbundenen Aufgaben in den Endsystemen können bestimmten Klassen von Aufgaben zugeordnet werden. Abb. 1.3-3 bringt dies deutlicher zum Ausdruck.

Übermittlungsdienste

Die ersten drei Schichten realisieren die *Übermittlungsdienste*. Schicht 1 realisiert die Übermittlung von Daten bitweise zwischen zwei direkt verbundenen Stationen (d.h. zwischen einem Endsystem und seinem Netzknoten bzw. zwischen zwei benachbarten Netzknoten). Die ersten zwei Schichten realisieren die gesicherte Übermittlung von Daten in Form von Frames zwischen zwei direkt verbundenen Stationen [Abb. 1.3-5]. Die ersten

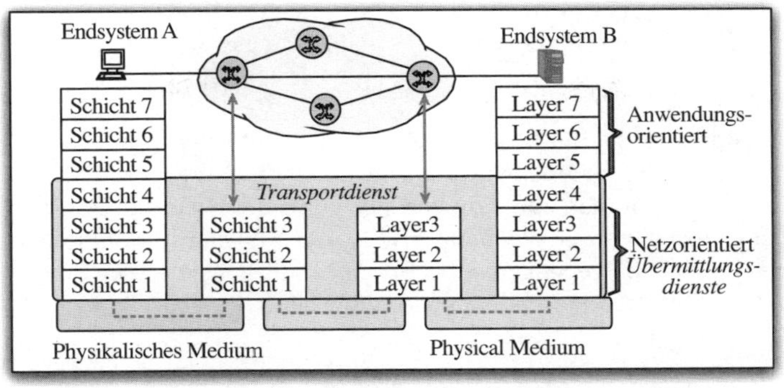


**Abb. 1.3-3:** Klassen von Aufgaben im OSI-Referenzmodell

drei Schichten realisieren in der Regel eine ungesicherte Übermittlung von Datenpaketen zwischen zwei Endsystemen, also z.B. über mehrere Zwischensysteme.

Schicht 4 und Schicht 2

Eine besondere Rolle hat die Schicht 4 (Transportschicht). Sie hat insbesondere die Aufgabe, die unzuverlässige Übermittlung von Datenpaketen zwischen zwei Endsystemen – als den Dienst der ersten drei Schichten – zuverlässig (fehlerfrei) zu machen. Die Aufgabe von Schicht 4 ist somit mit der Aufgabe von Schicht 2 vergleichbar. Diese beiden realisieren die Sicherung der Datenübermittlung. Schicht 2 kümmert sich um die Datenübermittlung über eine 'Leitung' und Schicht 4 kümmert sich um die Übermittlung von Daten zwischen zwei Endsystemen, die in der Regel nicht direkt (physikalisch) verbunden sind.

Transportdienst

Die ersten vier Schichten können daher als *Transportdienst* angesehen werden, der einen gesicherten Datenaustausch zwischen zwei Endsystemen garantiert. Diesen Dienst nutzen die Schichten 5, 6 und 7, die anwendungsorientiert sind.

### Dienst der Schichten: Paketierung

PDU und SDU vs. Frame, Paket, Segment, Nachricht

Ein zentrales Konzept der Rechnerkommunikation ist die *Paketierung* der Daten: Die Nutzdaten der Schicht $n+1$ werden um die Kontrollinformationen der Schicht $n$ angereichert, bzw. bei den auf Schicht $n$ vorliegenden Datenpakete wird der *Payload* entnommen und dieser der Schicht $n+1$ übergeben. Wie in Abb. 1.3-5 gezeigt, wird dieses Konzept auf allen Schichten realisiert:

- Die zu übertragenen Daten werden in 'Pakete' variabler Länge geschnürt und mit einem *Protokollkopf* (*Header*) versehen, der das Ziel (*Destination*) und die Herkunft (*Source*) sowie die Verwendung (*Protocol-Identifier*) angibt.
- Das Gesamtpaket, also die *Nutzlast* (*Payload*) und der Protokollkopf, wird als *Protocol Data Unit* (PDU) bezeichnet, die Nutzlast als *Service Data Unit* (SDU).
- Wird zusätzlich das Gesamtpaket durch einen *Trailer* ergänzt, der Informationen zum Schutz vor Datenverfälschung enthält, wird die Bezeichnung *Frame* genutzt.

Während der Begriff *PDU* für alle Schichten des Kommunikationsmodells verwendet werden kann, deutet die Bezeichnung *Paket* an, dass Bezug auf die Netzwerkschicht genommen wird; *Frames* sind vor allem auf der Sicherungsschicht (Schicht 2) im Einsatz; die TCP-Pakete werden *Segmente* genannt und die Applikationsdaten häufig einfach

*Nachrichten*. Gelegentlich wird (besonders bei TLS) der Begriff *Records* genutzt, der aber Synonym zu *Frames* zu verstehen ist, sich allerdings nun nicht mehr auf die Sicherungsschicht bezieht.

Verbindungs-orientiert, Verbindungslos

**Verbindungslose vs. verbindungsorientierte Kommunikation**

Protokollieren zwei Kommunikationsinstanzen auf der jeweiligen Schicht *Zustandsinformationen* über ihren Partner, und tauschen sich beide diese Kontrollinformation gegenseitig aus, sprechen wir von *verbindungsorientierter Kommunikation*; im anderen Falle von *verbindungsloser Kommunikation*. In Bezug auf die Schichten des Kommunikationsmodells haben sich folgende Bezeichnungen eingebürgert:

- Eine *verbindungsorientierte* Kommunikation auf den anwendungsorientierten Schichten (7 bis einschließlich 5) wird in der Regel als *Sitzung* (*Session*) bezeichnet, insbesondere dann, wenn dies die Applikation selbst betrifft.
- Auf den Paket- bzw. Frame-übertragenden Schichten 4, 3 und 2 sprechen wird in der Regel bei einer *verbindungsorientierten Übermittlung* schlichtweg von einer *Verbindung* und
- auf der Schicht 1 wird eine kontinuierlich bestehende und überwachte, physikalische Signalverbindung kurz als *Link* bezeichnet.

## 1.3.2 Schichtenmodell der Protokollfamilie TCP/IP

Auch die Protokollfamilie TCP/IP kann in einem Schichtenmodell dargestellt werden. Dieses Modell ist eine vereinfachte Variante des OSI-Referenzmodells, in der die anwendungsorientierten Schichten 5, 6 und 7 aus dem OSI-Referenzmodell [Abb. 1.3-3] zu einer Schicht zusammengefasst sind. Abb. 1.3-4 zeigt das Schichtenmodell der Protokollfamilie TCP/IP.

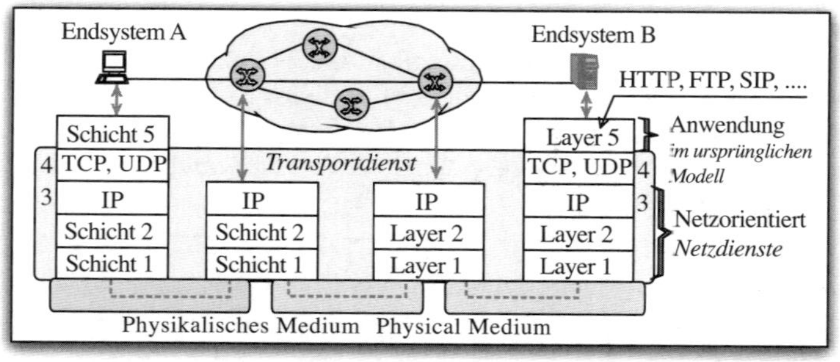


**Abb. 1.3-4:** Ursprüngliches Schichtenmodell der Protokollfamilie TCP/IP

Im Allgemeinen entsprechen die Funktionen der Schichten 1, 2, 3 und 4 im Schichtenmodell der Protokollfamilie TCP/IP den Funktionen der gleichen Schichten im OSI-Referenzmodell. Die Protokolle der Schichten 1 und 2 in den beiden Schichtenmodellen – d.h. von OSI und von TCP/IP – können auch identisch sein. Innerhalb der Schicht 3 im Modell von TCP/IP wird das Protokoll IP (*Internet Protocol*) angesiedelt. Innerhalb der Schicht 4 werden zwei in der Regel die Transportprotokolle TCP (*Transmission Control Protocol*) und UDP (*User Datagram Protocol*) eingesetzt. TCP ist ein verbindungsorientiertes; UDP hingegen ein verbindungsloses Transportprotokoll. Als weitere Transportprotokolle fungieren SCTP (*Stream Control Transmisson Protocol*) [Abb. 3.6-1] und DCCP (*Datagram Congestion Control Protocol*). Auf die Unterschiede zwischen TCP und UDP geht Abschnitt 1.4.4 näher ein.

Schicht 5 als ursprüngliche Anwendungsschicht

Vergleicht man die Schichtenmodelle von OSI mit dem ursprünglichen Ansatz von TCP/IP, d.h. Abb. 1.3-3 und Abb. 1.3-4, stellt man fest, dass die oberen anwendungsorientierten Schichten 5, 6 und 7 aus dem OSI-Referenzmodell beim Schichtenmodell für TCP/IP zu einer Anwendungsschicht zusammengefasst sind.

Support-Protokolle

Mit dem heutigen *Internet der Dinge* (*Internet of Things*), dem *ubiquitous Computing*, den Anforderungen an die Echtzeitkommunikation, der Notwendigkeit für Verschlüsselung und den hiermit einhergehenden sehr unterschiedlichen Anwendungen ergibt sich als Anforderung für die Internetprotokolle eine ergänzende Unterstützung in Form von *Application-Support-Protokollen*, die Bedarfsweise eingesetzt werden und quasi eine zusätzliche Kommunikationsschicht darstellen. Zu diesen Protokollen zählen speziell die Protokolle TLS (*Transport Layer Security*) und DTLS (*Datagram Transport Layer Security*).

Abb. 1.3-5 zeigt der Aufbau von Daten, die zwischen den kommunizierenden Instanzen innerhalb einzelner Schichten übermittelt werden. Die Funktion der *(Application-)Support-Protokolle* lässt sich durchaus mit den Eigenschaften identifizieren, die im OSI-Modell für die *Präsentations-Schicht* vorgesehen war und die in Konsequenz zu einer Erweiterung des ursprünglichen TCP/IP-Schichtenmodells geführt hat.

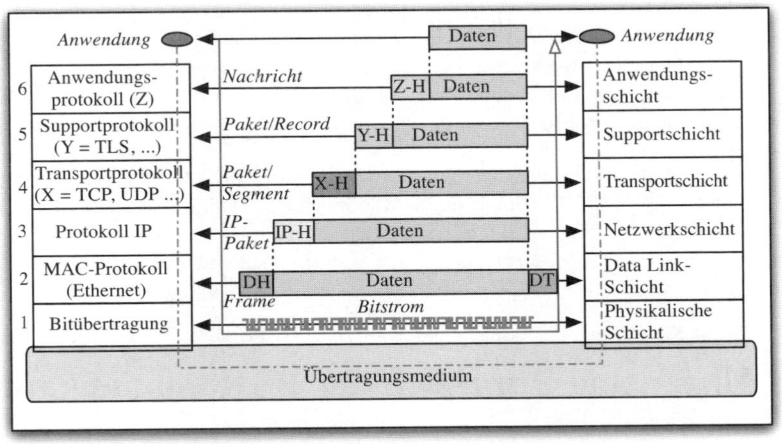


**Abb. 1.3-5:** Erweitertes Schichtenmodell der Protokollfamilie TCP/IP – Strukturen von zwischen den kommunizierenden Instanzen übermittelten Daten
DH: Data-Link Header, DT: Data-Link Trailer

Strukturierung der übermittelten Daten

Vereinfacht kann man sich die Übermittlung von Daten zwischen zwei Anwendungen folgendermaßen vorstellen: Dem zu sendenden Datenblock `Daten` wird ein Header `Z-H` mit bestimmten Angaben des Anwendungsprotokolls `Z` (z.B. `Z` = HTTP) im Quellrechner vorangestellt. Dies stellt sicher, dass das Paar [`Z-H`, `Daten`] immer an die gleiche Instanz des Anwendungsprotokolls `Z` – nun aber im Zielrechner – übergeben wird. Bei Bedarf wird ein Protokoll der Application-Support-Schicht `Y` (`Y` = TLS oder DTLS) angefordert, um die Nutzdatenübertragung zu sichern. Hierdurch weiß der Zielrechner, wie er dieses Paket zu verarbeiten und ggf. zu entschlüsseln hat. Das resultierende Paket [Y-H, [Z-H, Daten]] muss nun an die Instanz des gleichen Supportprotokolls Y im Zielrechner übermittelt werden. Hierfür wird es an das Transportprotokoll X (X = TCP bzw. UDP) übergeben. Nun wird ein Header X-H des Transportprotokolls X vorangestellt, sodass eine Dateneinheit [X-H[Y-H[Z-H,Daten]]] des Transportprotokolls entsteht. Diese Dateneinheit wird nun an die IP-Instanz übergeben, wo ihr ein IP-Header (IP-H) hinzugefügt wird. So entsteht ein *IP-Paket*, das als Payload in einen *Data-Link Frame* (*DL-Frame*) eingebettet und durch den Data-Link-Header (DLH) und den Data-Link-Trailer (DLT) ergänzt wird. Dieses DL-Frame wird nun zum Zielrechner übertragen. Dort müssen die empfangenen Daten aus Schicht 1 an die Anwendung (Schicht 6) übergeben werden.

Übermittlungsvorgang

Abb. 1.3-5 zeigt den zusammengefassten Übermittlungsvorgang:

1. Quellrechner: *Vorbereitung von Daten zum Senden*

| | | |
|---|---|---|
| Daten | | ⇒ |
| Anwendungsprotokolleinheit | [Z-H,Daten] | ⇒ |
| Supportprotokolleinheit | [Y-H[Z-H,Daten]] | ⇒ |
| Transportprotokolleinheit | [X-H[Y-H[Z-H,Daten]] | ⇒ |
| IP-Paket | [IP-H[X-H[Y-H[Z-H,Daten]]]] | ⇒ |
| DL-Frame | [DLH[IP-H[X-H[Y-H[Z-H,Daten]]]]DLT]. | |

2. DL-Frame wird *bitweise* übertragen.
3. Zielrechner: *Übergabe von Daten an die Anwendung*

| | | |
|---|---|---|
| DL-Frame | [DLH[IP-H[X-H[Y-H[Z-H,Daten]]]]DLT] | ⇒ |
| IP-Paket | [IP-H[X-H[Y-H[Z-H,Daten]]]] | ⇒ |
| Transportprotokolleinheit | [X-H[Y-H[Z-H,Daten]]] | ⇒ |
| Supportprotokolleinheit | [Y-H[Z-H,Daten]] | ⇒ |
| Anwendungsprotokolleinheit | [Z-H,Daten] | ⇒Daten. |

**Bemerkung**: Abb. 1.4-2 illustriert eine vereinfachte Situation, bei der die zu sendenden Datenmenge so groß ist, dass man sie nicht in einem IP-Paket übermitteln kann. Hier kommt TCP zum Einsatz, und die Daten werden auf mehrere IP-Pakete aufgeteilt. Man spricht hierbei von *Segmentierung der Daten*. Ein IP-Paket enthält damit ein Datensegment.

## 1.4 Allgemeine Prinzipien der IP-Kommunikation

Die wichtigen Prinzipien der Kommunikation in IP-Netzen können weitgehend aus dem in Anschnitt 1.3.2 dargestellten Schichtenmodell abgeleitet werden. Hierbei spielen die Schichten *Netzwerkschicht* mit dem Protokoll IP und *Transportschicht* mit den Protokollen TCP und UDP eine dominierende Rolle. Bevor auf diese beiden Schichten eingegangen wird, wird zunächst die Bildung von IP-Paketen kurz vorgestellt.

### 1.4.1 Bildung von IP-Paketen

Nutzung von UDP

Bei der Bildung von IP-Paketen ist zu unterscheiden, ob TCP oder UDP als Transportprotokoll eingesetzt wird. Beim Einsatz des verbindungslosen Transportprotokolls UDP werden die Daten bzw. eine Nachricht einer Anwendung – als Nutzlast – um den UDP-Header ergänzt, sodass eine UDP-Dateneinheit entsteht. Wie Abb. 1.4-1 zeigt, wird aus jeder UDP-Dateneinheit durch das Voranstellen eines IP-Header ein *IP-Paket* gebildet. Da die IP-Pakete keine Angaben zur Synchronisation enthalten, um sie auf der Leitung zu 'markieren', müssen sie in *Data-Link Frames* (*DL-Frames*) eingebettet werden.

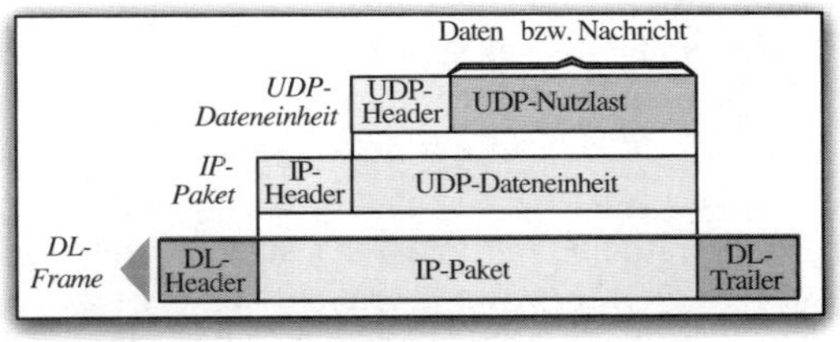


**Abb. 1.4-1:** Kapselung der Nutzlast beim UDP-Einsatz

MAC-Frames in LANs

In LANs bildet die sog. MAC-Funktion (*Media Access Control*) den Kern der Data-Link-Schicht. Wird ein IP-Paket in einem LAN übermittelt, wird es in einen MAC-Frame eingebettet. Bei der Übermittlung der IP-Pakete über eine Leitung bzw. über eine Punkt-zu-Punkt-Verbindung wird innerhalb der Schicht 2 häufig das Protokoll PPP (*Point-to-Point Protocol*) verwendet. In diesem Fall stellen die DL-Frames *PPP-Frames* dar (siehe Abschnitt 12.2).

Bedeutung von DL-Frames

Jedes zu übertragende IP-Paket muss immer in einen DL-Frame eingebettet werden. Dies bedeutet, dass jedem IP-Paket ein DL-Header vorangestellt wird und nach dem Ende des IP-Pakets folgt ein DL-Trailer. Diese beiden enthalten bestimmte *Synchronisationsangaben* (oft die Bitfolge `01111110`), um den Beginn und das Ende des DL-Frames auf einer Leitung zu erkennen. Abb. 1.4-2 illustriert, wie die IP-Pakete aus den Daten bzw. aus der langen Nachricht eines Anwendungsprotokolls bei der Nutzung des verbindungsorientierten Transportprotokolls TCP gebildet werden.

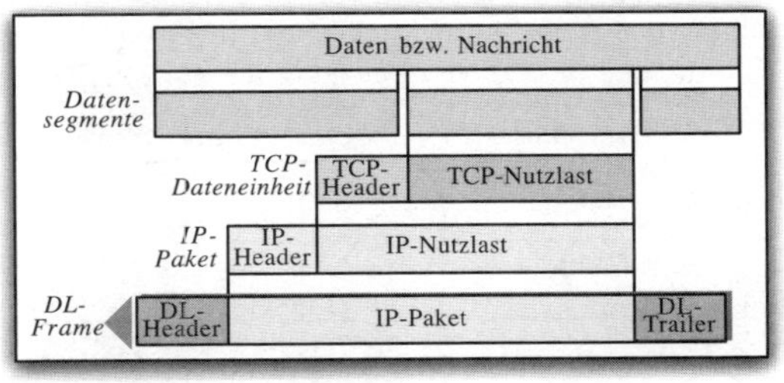


**Abb. 1.4-2:** Verkapselung der Nutzlast beim TCP-Einsatz

Anders als bei UDP entstehen aus den zu übermittelnden Daten bei TCP mehrere *Datensegmente*. Jedes Datensegment wird dann um einen TCP-Header erweitert, sodass eine TCP-Dateneinheit entsteht. Aus jeder TCP-Dateneinheit wird im nächsten Schritt ein IP-Paket gebildet. Zum Senden wird das IP-Paket in einen DL-Frame eingekapselt.

Wie aus Abb. 1.4-1 und Abb. 1.4-2 ersichtlich ist, werden die IP-Pakete zum Senden immer in entsprechende DL-Frames der zweiten Schicht eingekapselt, die vom Übermittlungsnetz abhängig sind. Erst in einem DL-Frame kann ein IP-Paket über ein physikalisches Netz gesendet werden.

## 1.4.2 Netzwerkschicht in IP-Netzen

Arten der Netzwerkschicht

Die Netzwerkschicht in IP-Netzen hat die Aufgabe, die Daten in Form von IP-Paketen zwischen Endsystemen zu übermitteln. Hierbei unterscheidet man zwischen der *verbindungslosen* und der *verbindungsorientierten* Netzwerkschicht:

Verbindungslos

- Wird *keine* Route über das Netz für einen Strom der von einem Quellrechner zu einem Zielrechner zu übermittelnden IP-Pakete festgelegt, sondern jedes einzelne Paket aus diesem Strom nach einem eigenen Weg über das Netz zum Zielrechner übermittelt, handelt es sich um die *verbindungslose Netzwerkschicht*.

Verbindungsorientiert

- Wird *eine* Route über das Netz für einen Strom der von einem Quellrechner zu einem Zielrechner zu übermittelnden IP-Pakete festgelegt und werden alle Pakete aus diesem Strom nach dem gleichen Weg über das Netz, der eine logische Verbindung darstellt, zum Zielrechner übermittelt, handelt es sich um die *verbindungsorientierte Netzwerkschicht*.

### Verbindungslose Netzwerkschicht

Verbindungslose Netzwerkschicht

Die verbindungslose Netzwerkschicht bedeutet, dass die Vermittlungsnetzknoten im IP-Netz die Router darstellen und die einzelnen IP-Pakete als *Datagrams* voneinander unabhängig über das Netz übermittelt werden. Diese Übermittlungsart entspricht dem Versand von Briefen bei der Post. Jedes IP-Paket kann daher mit einem Brief verglichen werden. Der Router würde einer Briefverteilungsstelle entsprechen. Abb. 1.4-3 illustriert die Struktur der verbindungslosen Netzwerkschicht in IP-Netzen.

Interpretation der IP-Adresse

Die ersten drei unten liegenden Schichten realisieren also beim Einsatz von Routern einen *verbindungslosen Übermittlungsdienst*. Dieser entspricht dem Briefpostdienst und eine IP-Adresse ist mit einer postalischen Adresse vergleichbar. Die IP-Adresse stellt auch einen Zugangspunkt zum Dienst für die Übermittlung der IP-Pakete dar und ist oberhalb der Schicht 3 – also an der Grenze zu Schicht 4 – anzusiedeln.

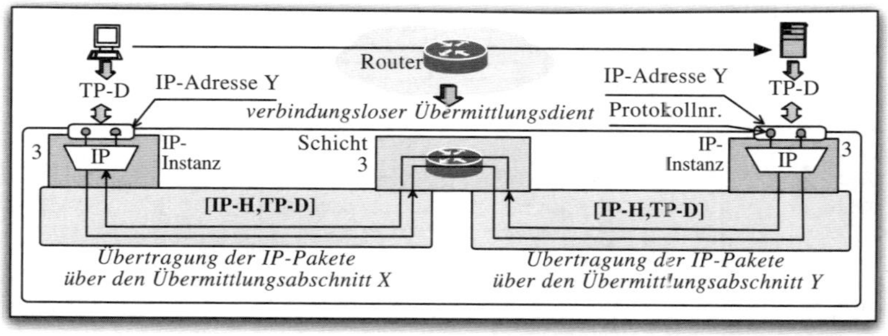


**Abb. 1.4-3:** Struktur der verbindungslosen Netzwerkschicht in IP-Netzen
IT-H: IP-Header, TP-D: Transportprotokolldateneinheit

Die IP-Instanz kann als ein IP-Multiplexer angesehen werden. Zwischen den IP-Instanzen werden die IP-Pakete übermittelt. Jedes IP-Paket setzt sich aus einem IP-Header `IP` und einer Transportprotokolldateneinheit `TP-D` zusammen, d.h, es hat die Struktur `[IP-H,TP-D]`.

Die Ports des IP-Multiplexers repräsentieren die Nummern der Protokolle von Schicht 4, die auf die Übermittlungsdienste direkt zugreifen können (vgl. Abb. 1.4-7 und Abb. 1.4-8). Die Protokollnummer wird im IP-Header übermittelt [Abb. 2.2-1] und informiert, von welchem Protokoll die Dateneinheit im IP-Paket stammt. Jedem Protokoll der Schicht 4 wird daher von der IANA (*Internet Assigned Numbers Authority*) eine feste und weltweit eindeutige Nummer zugewiesen.

### Verbindungsorientierte Netzwerkschicht

Verbindungs-orientierte Netzwerkschicht

Der Einsatz von MPLS (*Multi-Protocol Label Switching*) bzw. von GMPLS (*Generalized MPLS*) führt zur verbindungsorientierten Netzwerkschicht in IP-Netzen [Kapitel 11]. In diesem Fall fungieren die *(G)MPLS-Switches* als Vermittlungsnetzknoten. Bei der verbindungsorientierten Netzwerkschicht wird zuerst eine Route über das Netz für die Übermittlung eines Stroms der IP- Pakete festgelegt und danach werden alle IP-Pakete aus diesem Strom als 'Gänsemarsch' über das Netz vom Quellrechner zum Zielrechner übermittelt. Diese Übermittlungsart wird heute hauptsächlich in IP-Netzen von großen Netzdienstanbietern realisiert.

Abb. 1.4-4 zeigt die Struktur der verbindungsorientierten Netzwerkschicht in IP-Netzen beim MPLS-Einsatz.

MPLS-Multiplexer

Die ersten drei unten liegenden Schichten realisieren beim MPLS-Einsatz einen verbindungsorientierten Übermittlungsdienst. Die IP-Adresse stellt einen Zugangspunkt zu diesem Dienst dar. Die IP-Instanz enthält hier – im Vergleich zur IP-Instanz in Abb. 1.4-3 – zusätzlich einen *MPLS-Multiplexer*.

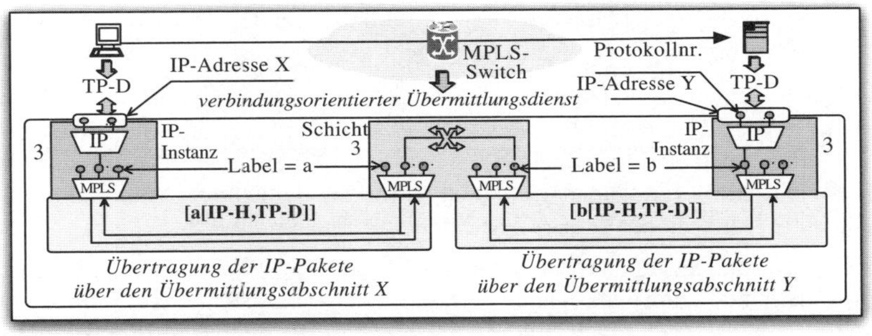


**Abb. 1.4-4:** Struktur der verbindungsorientierten Netzwerkschicht in IP-Netzen
IT-H: IP-Header, TP-D: Transportprotokolldateneinheit

Virtuelle Verbindung

Einem Strom von IP-Paketen wird ein Port im MPLS-Multiplexer zugeordnet. Somit können mehrere Datenströme parallel übermittelt werden. Die Portnmmern des MPLS-Multiplexers stellen die *Labels* dar. Ein Label wird immer den zu übermittelnden IP-Paketen eines Stroms vorangestellt. Abb. 1.4-4 bringt dies zum Ausdruck. Ein Label informiert, von welchem Port im MPLS-Multiplex ein IP-Paket stammt bzw. welchem Port es übergeben werden muss. Ein MPLS-Switch leitet – im Allgemeinen – ein empfangenes IP-Paket nach einer Switching-Tabelle von einem Port zu einem anderen zum Außenden weiter. Daher kann ein anderes Label den IP-Paketen eines Stroms auf einem anderen Übermittlungsabschnitt vorangestellt werden. Zwischen den Ports im MPLS-Multiplexer entsteht entsprechend im Quell- und im Zielrechner eine logische Verknüpfung, die als *virtuelle (logische) Verbindung* interpretiert wird.

### 1.4.3 Verbindungslose IP-Kommunikation im Internet

Nachbildung des Briefdienstes

Das Internet stellt eine weltweite Kopplung von physikalischen Netzen dar, in denen das Protokoll IP eingesetzt wird. Somit kann das Internet als heterogenes IP-Netz angesehen werden. Als IP-Netz setzt sich das Internet aus einer Vielzahl von IP-Subnetzen zusammen, die mit Hilfe von Routern miteinander vernetzt sind. Daher ist die Netzwerkschicht im heutigen Internet verbindungslos [Abb. 1.4-3]. Ein Router leitet jedes empfangene IP-Paket unabhängig von der aktuellen Lage im Netz und von anderen Paketen weiter.

Abb. 1.4-5 illustriert das Prinzip der Kommunikation im Internet an einem Beispiel, in dem eine Folge von TCP-Dateneinheiten gesendet wird. Jede dieser Dateneinheiten wird als ein IP-Paket gesendet. Im Zielrechner setzt TCP die in den IP-Paketen empfangenen Daten wieder zusammen. Gehen einige TCP-Dateneinheiten bei der Übertragung verloren bzw. werden sie verfälscht, so fordert TCP im Zielrechner vom Quellrechner eine wiederholte Übertragung an [Abschnitt 3.3].

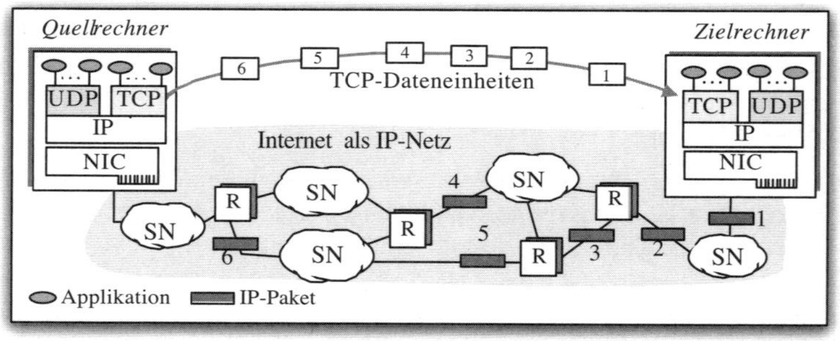


**Abb. 1.4-5:** Prinzip der Kommunikation im Internet – Datagramm-Prinzip
R: Router, SN: IP-Subnetz, NIC: Network Interface Card (Controller)

IP-Pakete wie Briefe

Beim Einsatz von Routern werden die IP-Pakete als *Datagrams* (also wie Briefe) unabhängig voneinander zum Zielrechner gesendet. Die wichtigsten Angaben in IP-Paketen sind die IP-Adressen von Quell- und Zielrechner. Da die einzelnen IP-Pakete unabhängig voneinander abgeschickt werden, können sie am Ziel in einer anderen Reihenfolge ankommen, als sie abgeschickt wurden. Für die Wiederherstellung von Daten aus so empfangenen IP-Paketen ist TCP verantwortlich.

Bedeutung von TTL

Da die IP-Pakete im Netz zirkulieren können, ist es nötig, ihre Verweilzeit im Netz zu kontrollieren. Der Quellrechner gibt als TTL-Angabe (*Time To Live*) im IP-Header [Abb. 2.2-1] an, wie lange das IP-Paket im Netz verweilen darf. Weil der TTL-Wert in jedem Router um 1 verringert wird, ist er identisch mit der maximalen Anzahl von Routern, die ein IP-Paket durchlaufen darf. Fällt der TTL-Wert auf 0, wird das IP-Paket im Router verworfen. Der Quellrechner wird dann mit einer Meldung des Protokolls ICMP (*Internet Control Message Protocol*) darüber informiert.

### 1.4.4 Transportschicht in IP-Netzen

Interpretation der IP-Adresse

Um die Bedeutung der Transportschicht in IP-Netzen näher zu erläutern, zeigt Abb. 1.4-6 die vereinfachte Struktur von Rechnern am IP-Netz. Die IP-Adresse eines Rechners kann einem Kommunikationspuffer zugeordnet werden, der einen Zugangsport zum Protokoll

IP darstellt. Dieser Kommunikationspuffer befindet sich an der Grenze zwischen der Schicht 3 mit dem Protokoll IP und der Schicht 4 mit den Transportprotokollen TCP und UDP.

**Abb. 1.4-6:** Vereinfachte Struktur von Rechnern am IP-Netz
A: Applikation, Adr: Adresse, NIC: Network Interface Controller

Die drei Schichten 1, 2 und 3 stellen einen Dienst für die Übermittlung der IP-Pakete zwischen den Rechnern zur Verfügung. Es handelt sich hier um eine ungesicherte Übermittlung von IP-Paketen zwischen IP-Adressen. Eine IP-Adresse stellt einen Zugangspunkt zu diesem Übermittlungsdienst für die Protokolle TCP und UDP der Transportschicht (Schicht 4) dar.

Arten der Kommunikation

Die Transportschicht regelt den Verlauf der Datenübermittlung zwischen Anwendungen – genauer gesagt zwischen Ports dieser Anwendungen – in verschiedenen Rechnern. Hierbei sind zwei Arten der Kommunikation zu unterscheiden:

- *verbindungslose* Kommunikation beim UDP-Einsatz,
- *verbindungsorientierte* Kommunikation beim TCP-Einsatz

UDP-Multiplexer

Abb. 1.4-7 zeigt die Transportschicht mit UDP. Eine UDP-Instanz kann als UDP-Multiplexer angesehen werden. Die Eingangsports zu diesem Multiplexer stellen die Kommunikationspuffer einzelner UDP-Anwendungen dar, die kurz als *Ports* bezeichnet werden. Der Ausgangsport des UDP-Multiplexers führt zu einer IP-Adresse. Damit können mehrere UDP-Anwendungen parallel auf den Dienst für die Übermittlung der IP-Pakete zugreifen.

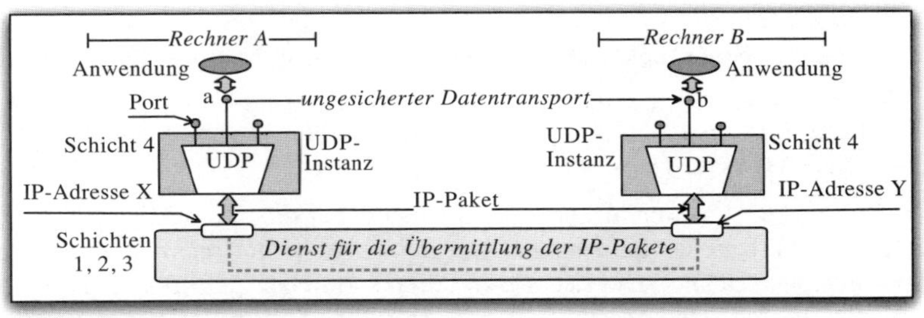


**Abb. 1.4-7:** Transportschicht mit UDP; ungesicherter Datentransport

Verbindungslose Kommunikation

Beim UDP-Einsatz ist die Kommunikation zwischen zwei Anwendungen verbindungslos, d.h, es wird keine Vereinbarung über den Verlauf der Kommunikation zwischen ihnen getroffen. Der Quellrechner als Initiator der Kommunikation übermittelt ein UDP-Paket an den Zielrechner, ohne ihn zu 'fragen', ob er in der Lage ist, dieses Paket zu empfangen. Bei derartiger Kommunikation findet daher keine Fehler- und Flusskontrolle statt [Abschnitt 1.2].

Verbindungs-orientierte Kommunikation

Bei der verbindungsorientierten Kommunikation zwischen zwei Anwendungen beim TCP-Einsatz vereinbaren die beiden kommunizierenden Rechner zuerst, wie die Kommunikation zwischen ihnen verlaufen soll, d.h. wie die zu übertragenden Daten zu nummerieren sind und wie die Fehler- und die Flusskontrolle ablaufen sollen. Eine Vereinbarung zwischen zwei Rechnern in Bezug auf den Verlauf der Kommunikation zwischen ihnen wird als TCP-Verbindung bezeichnet [Abb. 1.4-8].

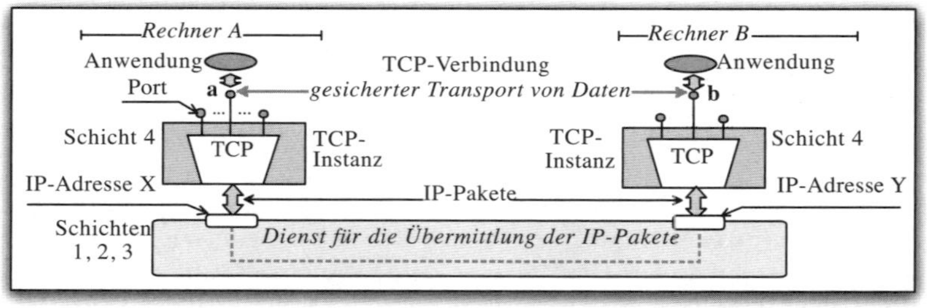


**Abb. 1.4-8:** Transportschicht mit TCP; gesicherter Datentransport

TCP-Multiplexer

Eine TCP-Instanz ist auch ein TCP-Multiplexer. Die Eingangsports zu diesem Multiplexer stellen die Ports einzelner TCP-Anwendungen dar. Der Ausgangsport des TCP-Multiplexers führt wie bei UDP zu einer IP-Adresse, sodass mehrere TCP-Anwendungen parallel auf den Übermittlungsdienst für IP-Pakete zugreifen können.

Well-known Ports

Die TCP- und UDP-Anwendungen wie z.B. HTTP, FTP bzw. SIP sind feste Standardanwendungen, die unter den allgemein bekannten und weltweit eindeutigen Portnummern (in Zielrechnern!) erreichbar sind. Eine derartige Nummer wird in der TCP/IP-Welt als *Well-known Port* bezeichnet. Eine Zusammenstellung von Standardanwendungen und deren Portnummern kann in UNIX-Rechnern in der Datei `/etc/services` eingesehen werden. Unter der Adresse `http://www.iana.org/assignments/port-numbers` befindet sich die Auflistung aller Well-known Ports.

Lokation von Anwendungen

Um eine TCP- und eine UDP-Anwendung eindeutig weltweit zu lokalisieren, muss man Folgendes angeben:

- auf welchem Rechner die Anwendung läuft; das bestimmt eindeutig die IP-Adresse des Rechners.
- auf welchen Port im UDP- bzw. TCP-Multiplexer die Anwendung zugreift; das bestimmt die UTP- bzw. TCP-Portnummer.

Bedeutung von Socket

Eine TCP- und UDP-Anwendung lokalisiert man daher durch die Angabe (IP-Adresse, Port). Dieses Paar hat eine fundamentale Bedeutung bei der Rechnerkommunikation und wird als *Socket* bezeichnet. Die Rechnerkommunikation bei TCP/IP kann mit Hilfe von Sockets sehr anschaulich dargestellt werden. Abb. 1.4-9 illustriert dies.

Socket als Software-Steckdose

Sockets dienen somit als Zugangspunkte zu einer Wolke, die ein IP-Netz bzw. das ganze Internet repräsentiert. Ein Socket kann auch als 'Software-Steckdose' für den Anschluss einer Anwendung an das IP-Netz angesehen werden. Jedem Socket steht im Rechner ein reservierter Speicherplatz als Kommunikationspuffer zur Verfügung. Die zu übertragenden und zu empfangenden Daten einer Anwendung werden jeweils in dem für das Socket

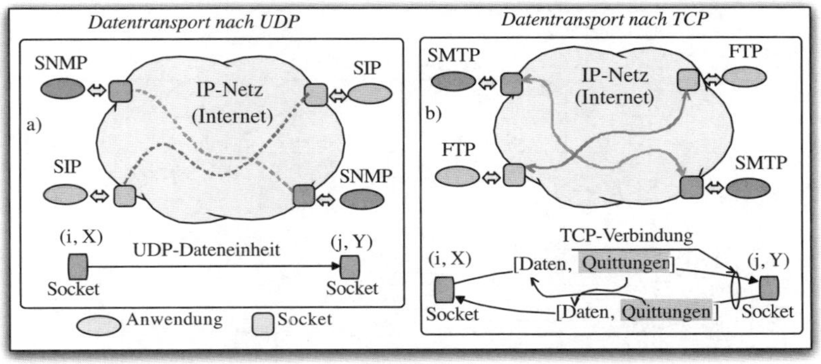


**Abb. 1.4-9:** Datentransport zwischen Anwendungen: a) beim UDP-Einsatz, b) beim TCP-Einsatz

reservierten Kommunikationspuffer abgelegt. Sockets sind somit auf die Zeitdauer der Verbindung beschränkt.

Wie Abb. 1.4-9a zeigt, wird bei UDP keine Verknüpfung von Sockets hergestellt, sondern eine UDP-Dateneinheit direkt an den Zielrechner gesendet und ihr Empfang vom Zielrechner nicht bestätigt.

TCP-Verbindung

Bei TCP hingegen [Abb. 1.4-9b] vereinbaren die zwei Rechner, wie der Verlauf des Datentransports zwischen den Sockets geregelt werden soll. Damit wird zwischen beiden Sockets eine *logische Verknüpfung* hergestellt, die eine *TCP-Verbindung* darstellt. Ein Socket bei TCP ist auch ein Endpunkt einer TCP-Verbindung. Eine TCP-Verbindung ist *vollduplex* und setzt sich aus zwei entgegen gerichteten, unidirektionalen Verbindungen zusammen. Eine TCP-Verbindung kann somit als 'zweispurige virtuelle Straße' über ein IP-Netz verstanden werden, über die ein gesicherter Datentransport erfolgt indem die empfangenen Daten quittiert werden [Abschnitt 3.3].

## 1.4.5 Multiplexmodell der Protokollfamilie TCP/IP

Nach der Beschreibung der einzelnen Schichten im Schichtenmodell für TCP/IP soll jetzt die Adressierung in IP-Netzen näher dargestellt werden. Abb. 1.4-10 zeigt ein Multiplexmodell der Protokollfamilie TCP/IP, falls ein IP-Netz auf LAN-Basis, z.B. auf Ethernet-Basis, aufgebaut wird.

Hier soll u.a. gezeigt werden, dass alle Schichten von `1` bis `n-1` einen Übermittlungsdienst der Schicht `n` zur Verfügung stellen. Die Schicht `1` stellt einen Dienst für die Übermittlung der Bitströme zur Verfügung. Der Zugang zu diesem Dienst erfolgt über physikalische Interfaces.

Interpretation der MAC-Adresse

Ein Rechner am LAN enthält normalerweise eine LAN-Adapterkarte, die zusammen mit einem Treiber u.a. die Funktion eines Multiplexers realisiert [Abb. 1.4-10]. Die Ports in diesem *LAN-Multiplexer* repräsentieren die Nummern der Protokolle von Schicht 3 [Abschnitt 1.3]. Die Nummer von IP ist beispielsweise `2048` (dezimal), bzw. `0x800`

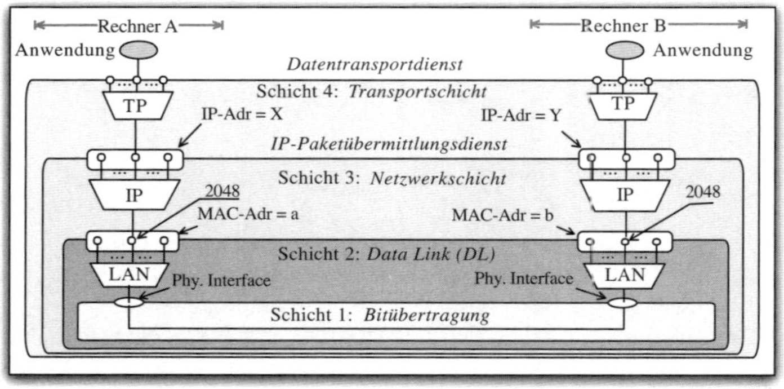


**Abb. 1.4-10:** Multiplexmodell der Protokollfamilie TCP/IP beim IP-Netz auf LAN-Basis
TP: UDP bzw. TCP

hexademizmal[2] Jeder Rechner am LAN ist unter einer *MAC-Adresse* erreichbar. Sie ist an der Grenze zwischen Schicht 2 und 3 anzusiedeln und kann auch als Zugangspunkt zum Dienst der Schicht 2 interpretiert werden. Über eine MAC-Adresse können daher verschiedene Protokolle der Schicht 3 auf diesen Dienst – also auf den LAN-Dienst – zugreifen.

IP-Multiplexer

Logisch gesehen wird die IP-Protokollinstanz aus der Schicht 3, die als *IP-Multiplexer* interpretiert werden kann (vgl. Abb. 1.4-3 und Abb. 1.4-4), an den Port 2048 im LAN-Multiplexer angebunden. Ein Port im IP-Multiplexer repräsentiert die Nummer eines Protokolls der Transportschicht. Schicht 3 stellt einen Dienst für die Übermittlung der IP-Pakete zwischen entfernten Rechnern. Eine IP-Adresse kann als Zugangspunkt zu diesem Dienst betrachtet werden, und über sie können mehrere Protokolle der Transportschicht diesen Dienst nutzen. Die Instanzen der Transportprotokolle TCP bzw. UDP realisieren ebenfalls die Multiplexfunktion [Abb. 1.4-7 und Abb. 1.4-8]. Daher können mehrere TCP- bzw. UDP-Anwendungen über eine IP-Adresse auf die Dienste für die Übermittlung der IP-Pakete zugreifen.

## 1.5 Komponenten der Protokollfamilie TCP/IP

Nach der Darstellung der Kommunikationsprinzipien bei TCP/IP anhand des Schichtenmodells soll nun gezeigt werden, welche Protokolle den einzelnen Schichten zuzuordnen sind und wie sie kooperieren. Abb. 1.5-1 zeigt die Protokollfamilie TCP/IP beim klassischen Protokoll IP, d.h. IP in Version 4 (IPv4); wobei sich eine vergleichbare Darstellung für IPv6 in Abb. 9.1-1 findet.

Wie hier gezeigt wurde, besteht die Protokollfamilie TCP/IP nicht nur aus den Protokollen TCP und IP, sondern enthält eine Reihe weiterer Protokolle, die den Schichten *Netzwerkschicht*, *Transportschicht*, *Supportschicht* und *Anwendungsschicht* im erweiterten Schichtenmodell für TCP/IP [Abb. 1.3-5] zugeordnet werden können.

[2] Bei Ethernet-Frames erfolgt die Angabe dieses *EtherType* [`http://www.iana.org/assignments/ieee-802-numbers/ieee-802-numbers.xhtml`] im MAC-Header unmittelbar vor dem eigentlichen Payload.

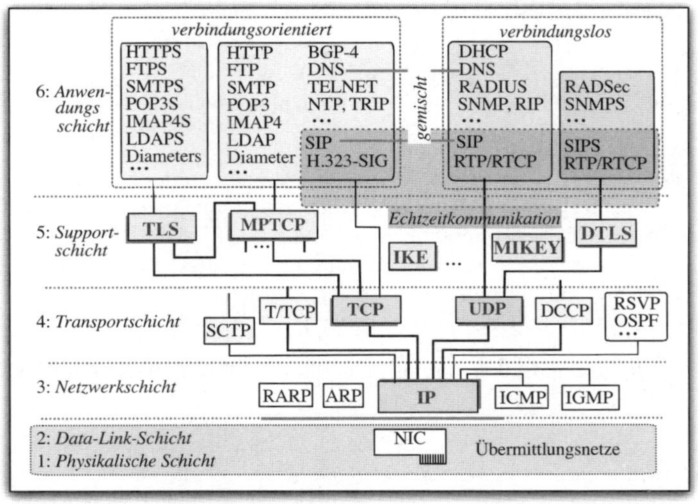


**Abb. 1.5-1:** Protokolle der Familie TCP/IPv4 im Schichtenmodell
NIC: Network Interface Card (Adapterkarte)

## 1.5.1 Protokolle der Netzwerkschicht

Die Netzwerkschicht im Schichtenmodell für TCP/IP beschreibt u.a., wie die IP-Netze logisch auf *IP-Subnetze* aufgeteilt werden können und wie die Daten in Form von IP-Paketen in einzelnen IP-Subnetzen und zwischen ihnen übermittelt werden. Die Protokolle der Netzwerkschicht sind:

- **IP**: *Internet Protocol* liegt sowohl in der alten Version 4 (IPv4) als auch in der neuen Version 6 (IPv6) vor. IPv4 und IPv6 sind unterschiedliche Implementierungen auf der Netzwerkschicht und nutzen getrennte Adressräume bzw. Adressierungsverfahren. Im Detail wird IPv4 in Kapitel 2 und IPv6 in Kapitel 7 dargestellt.
- **ARP**: *Address Resolution Protocol* nutzt einen Broadcast-Dienst innerhalb der Schicht 2 zur dynamischen Ermittlung einer MAC-Adresse eines Rechners im LAN, falls seine IP-Adresse bekannt ist [Abschnitt 2.6.1].
- **RARP**: *Reverse Address Resolution Protocol* unterstützt ebenfalls die Adressierung und stellt das Gegenstück zu ARP dar. Es hat die Aufgabe, für eine MAC-Adresse eine IP-Adresse zu bestimmen [Abschnitt 2.6.3].
- **ICMP**: *Internet Control Message Protocol* wird für die Übermittlung von Fehlermeldungen und anderen Kontrollangaben verwendet [Abschnitt 2.7].
- **IGMP**: *Internet Group Management Protocol* gilt als Erweiterung von ICMP und dient vornehmlich dazu, das Management von *Multicast-Gruppen* in IP-Subnetzen zu unterstützen [Abschnitt 2.8.2].

  **Bemerkung**: Die Protokolle ICMP und IGMP werden üblicherweise der Schicht 3 im TCP/IP-Schichtenmodell zugeordnet. Da die Nachrichten dieser Protokolle in IP-Paketen übermittelt werden, könnte man ICMP und IGMP nach den im OSI-Referenzmodell geltenden Prinzipien zwar der Schicht 4 zuordnen, aber ICMP und IGMP sind keine Transportprotokolle.

### 1.5.2 Protokolle der Transportschicht

In der Transportschicht befinden sich die Protokolle für die Unterstützung der verbindungsorientierten und der verbindungslosen Kommunikation sowie andere spezielle Protokolle. Die wichtigsten sind:

- **TCP**: *Transmission Control Protocol* ermöglicht die verbindungsorientierte Kommunikation zwischen Rechnern. Hierbei wird zwischen ihnen eine virtuelle Verbindung aufgebaut, die als TCP-Verbindung bezeichnet wird. Eine TCP-Verbindung kann als 'Straße' mit zwei entgegen gerichteten Spuren angesehen werden [Abb. 1.4-9b]. Somit ist TCP ein *verbindungsorientiertes Transportprotokoll*. Durch die Realisierung der Fehler- und der Flusskontrolle garantiert TCP einen zuverlässigen Datentransport. Da bei TCP die zu übertragenden Byte nummeriert werden, ist TCP ein *bytestream-orientiertes Protokoll*. TCP wird in Abschnitt 3.3 beschrieben.
- **UDP**: *User Datagram Protocol* erlaubt lediglich eine verbindungslose Kommunikation zwischen Rechnern, bei der keine virtuelle Verbindung aufgebaut wird. Somit ist UDP ein *verbindungsloses Transportprotokoll*. Bei UDP erfolgt keine Fehler- bzw. Flusskontrolle, sodass UDP im Gegensatz zu TCP keinen zuverlässigen Datentransport garantiert. Auf UDP geht Abschnitt 3.2 ein.
- **T/TCP**: *Transaction TCP* ist eine Ergänzung von TCP im Hinblick auf die Unterstützung sog. Transaktionen. Unter einer Transaktion versteht man einen Kommunikationsvorgang, der aus mehreren Phasen besteht, die alle korrekt durchgeführt werden müssen.
- **SCTP**: *Stream Control Transmission Protocol* ermöglicht genau wie TCP die verbindungsorientierte Kommunikation zwischen Rechnern. Bei SCTP wird eine virtuelle Verbindung, die sog. *SCTP-Assoziation*, aufgebaut [RFC 4960]. Eine SCTP-Assoziation kann als 'Autobahn' mit einer beliebigen Anzahl von entgegen gerichteten Spuren angesehen werden. Daher ist SCTP ein verbindungsorientiertes Transportprotokoll. Auf SCTP geht Abschnitt 3.6 näher ein.
- **RSVP**: *ReSource ReserVation Protocol* ist kein Transportprotokoll, sondern ein Protokoll für die Reservierung von bestimmten Netzressourcen, wie z.B. der Bandbreite in Leitungen, um die Anforderungen der Echtzeitkommunikation zu erfüllen [RFC 2205]. Diese Anforderungen sind unter dem Begriff *Quality of Service* (QoS) bekannt. RSVP wird erweitert und als Signalisierungsprotokoll in (G)MPLS-Netzen verwendet. Dies wird in Abschnitt 11.5 näher dargestellt.
- **OSPF**: *Open Shortest Path First* ist ein Routing-Protokoll, das vor allem bei Internet-Routern Verwendung findet [RFC 5340]. OSPF wird in Abschnitt 10.3 ausführlich dargestellt.

  **Bemerkung**: Die *Routing-Protokolle* [Kapitel 10] werden in der Literatur der Netzwerkschicht (Schicht 3) zugeordnet, also der Schicht, in der IP angesiedelt ist. Da die OSPF-Nachrichten direkt in IP-Paketen übermittelt werden, lässt sich OSPF nach den im TCP/IP-Schichtenmodell geltenden Prinzipien nicht der Netzwerkschicht zuordnen, sondern der Transportschicht. Bei der Übermittlung von Nachrichten des Routing-Protokolls RIP (*Routing Information Protocol*) wird UDP verwendet; somit ist RIP der Anwendungsschicht zuzuordnen. Das Routing-Protokoll BGP (*Border Gateway Protocol*) nutzt dagegen TCP und ist daher ebenfalls der Anwendungsschicht zuzuordnen.

## 1.5.3 Protokolle der Supportschicht und für Echtzeitkommunikation

Mit der wachsenden Durchdringung des Internet und der Substitution der klassischen Telefondienste durch VoIP stellte sich die Notwendigkeit, die Transportdienste der Internetprotokolle stärker auf die Eigenschaften der Anwendungen abzustimmen. In diesem Zusammenhang können die Protokolle wie TLS, DTLS und MPTCP je nach Sichtweise als *Application-Support-Protokolle* oder als *Transport-Support-Protokolle* betrachtet werden und die wichtigsten von ihnen sind:

- **MPTCP**: *Multipath TCP* stellt für Anwendungen mehrere TCP-Verbindungen bereit, die über unterschiedliche IP-Adressen und über mehrere parallel verlaufende Datenpfade (*Multipath*) geführt werden können [RFC 6824].
- **TLS**: *Transport Layer Security* ist der Nachfolger der *Secure Socket Layer* (SSL), die von der Firma Netscape entwickelt wurde, um die *Webtransaktionen* zu sichern. Bei TLS [RFC 5246] werden die Daten verschlüsselt, deren Integrität gesichert und die beiden Kommunikationspartner können sich gegenseitig authentisieren [Abschnitt 5.3].
- **DTLS**: *Datagram TLS* ist die UDP-nutzende Variante von TLS [RFC 6347].
- **IKE**: Das *Internet Key Exchange Protokoll* [RFC 5996] ist ein Supportprotokoll und wird bei IPsec (*IP Security*) hierzu verwendet, damit die IP-Instanzen in zwei kommunizierenden Rechnern vereinbaren können, auf welche die Art die Kommunikation zwischen ihnen geschützt werden soll. Dies wird als Sicherheitsvereinbarung *Security Association* (SA) bezeichnet.
- Die weiteren Protokolle der Supportschicht sind **SOCKetS**, genauer SOCKSv5 gemäß RFC 1928, das als Autentisierungsprotokoll zwischen einem Client und einem Proxy-Server dient [Abschnitt 6.1], sowie das Protokoll **NBoT** (*Network Basic Input Output System (NetBIOS) over TCP*), das als Programmschnittstelle (API) für CIFS, also das *Common Internet File System* bzw. SAMBA von Windows- Unix-Endsystemen genutzt wird und gemäß RFC 1001 und 1002 Transportdienste zur Übertragung von NetBIOS über IP-Netze bereit stellt.

Echtzeitkommunikation

Die *Echtzeitkommunikation* stellt eine besondere Klasse von Anwendungen dar, deren Anforderungen nicht unmittelbar auf der Transportschicht umgesetzt werden können; sondern verlangen spezielle Implementierungen, die mit dem *Real-time Transport Protocol* (**RTP**) [RFC 3550] und den 'zuarbeitenden' *Real-time Transport Control Protocol* (**RTCP**) [RFC 3605] sowie dem *Real Time Streaming Protocol* (**RTSP**) [RFC 2326] realisiert wurden. Bei der Echtzeitkommunikation dient SIP (*Session Initiation Protocol*) als *Signalisierungsprotokoll* dazu, u.a. Verbindungen auf- und abzubauen.

Abgesicherte Echtzeitkommunikation

*Abgesicherte Echtzeitkommunikation* kann in Ergänzung zu den unverschlüsselten Echtzeitprotokollen mittels der Pendants **SRTP** (*Secure RTP*) [RFC 3711] und **SRTCP** (*Secure RTCP*) [RFC 3711] erzielt werden. Hierbei wird das Supportprotokoll MIKEY (*Multimedia Internet KEYing*) verwendet, damit kommunizierende Einrichtungen untereinander vereinbaren können, wie die Kommunikation zwischen ihnen geschützt werden soll.

### 1.5.4 Komponenten der Anwendungsschicht

In der Anwendungsschicht sind, neben den bereits erwähnten Protokollen für die Echtzeitkommunikation, verschiedene Funktionskomponenten angesiedelt. Diese lassen sich in die folgenden vier Gruppen aufteilen:

- **Anwendungsprotokolle** werden im Weiteren als Protokolle wie z.B. FTP und HTTP verstanden, mit dem sich eine bestimmte Anwendung realisieren lässt.
- **Netzdienstprotokolle** bezeichnen Protokolle (z.B. DHCP), mit dem ein bestimmter Netzdienst erbracht wird. Beispielsweise können mit DHCP-Hilfe die IP-Adressen dem Rechner nach Bedarf dynamisch zugeteilt werden. Dies stellt einen Netzdienst dar. Auch Routing-Protokolle, wie z.B RIP, können als Netzdienstprotokolle betrachtet werden. Ein weiteres, in seiner Bedeutung nicht zu unterschätzendes Netzdienstprotokoll ist der *Zeitstempeldienst*, der z.B. in Form des *Network Time Protocols* (NTP) vorliegt [RFC 5905] und zur Synchronisation von Rechnern und Netzknoten (Router) dient.
- **Benutzerdienstprotokolle** sind spezielle Kommandos unter UNIX und LINUX mit denen (entfernte) Netzdienste in Anspruch genommen werden können. Allgemein werden diese als `r`-*Kommandos* bezeichnet, wobei sowohl verbindungslose Anwendungen wie `rwho`, `rexec` und `rsh`, als auch die verbindungsorientierten Kommandos `rlogin`, `rcp`, `rexec` genutzt werden können.

Je nachdem, ob ein Protokoll der Anwendungsschicht das verbindungsorientierte Transportprotokoll TCP oder das verbindungslose UDP verwendet, lassen sich die Protokolle der Anwendungsschicht als *verbindungsorientiert*, *verbindungslos* bzw. *gemischt* klassifizieren [Abb. 1.5-1].

Abb. 1.5-2 benennt die wichtigsten Funktionskomponenten der Anwendungsschicht.

Verbindungsorientierte Anwendungsprotokolle

Verbindungsorientierte Anwendungsprotokolle sind u.a.:

- **HTTP**: *Hypertext Transport Protocol* ist neben SMTP das wichtigste Anwendungsprotokoll im Internet. HTTP sorgt für die Datenübermittlung zwischen Webbrowser und Webserver. *HTTP over TLS* wird als HTTPS bezeichnet.
- **SMTP**: *Simple Mail Transport Protocol* ermöglicht die Übermittlung von E-Mails im Internet. Heute wird in der Regel das *Extended SMTP* (ESMTP) eingesetzt, das eine 8-Bit-transparente Übermittlung ermöglicht.
- **TELNET** ist ein Protokoll, mit dem sich der Anwender in einer interaktiven Sitzung auf einem entfernten Computer einloggen kann und gilt als Urvater der anwendungsbezogenen TCP/IP- Protokolle.
- **FTP**: *File Transfer Protocol* dient zur Übermittlung von Dateien zwischen zwei über ein IP-Netz verbundenen Rechnern. Es ist bewusst einfach und robust aufgebaut, sodass die Datenübertragung auch über in der Qualität schlechte Verbindungen (z.B. Satellitenkommunikation) möglich ist. FTP kann auch die TLS-Funktion nutzen. Man spricht dann von *FTPS*.

Verbindungslose Anwendungsprotokolle

Verbindungslose Anwendungsprotokolle sind u.a.:

- **SNMP**: *Simple Network Management Protocol* ermöglicht die Abfrage der Zustände von Netzwerkkomponenten und liegt dem Netzwerkmanagement zugrunde.

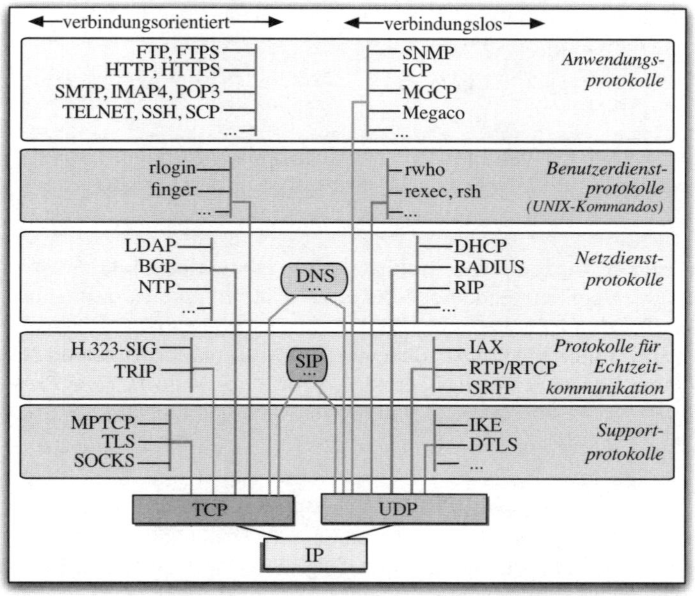


**Abb. 1.5-2:** Einordnung der Protokolle entsprechend ihrer Kommunikationsschicht

- **ICP**: *Internet Cache Protocol* ist ein Protokoll, nach dem Web-Caching-Systeme im Internet kooperieren [BRS03].
- **MGCP**: *Media Gateway Control Protocol* dient zwischen den *VoIP-Gateways* für die Anbindung herkömmlicher Komponenten an VoIP-Systeme [Bad10]. Das Protokoll Megaco entspricht der Funktion nach dem MGCP.

Verbindungsorientierte Netzdienstprotokolle sind u.a.:

Verbindungs-orientierte Netzdienst-protokolle

- **NTP**: *Network Time Protocol* realisiert die Zeitsynchronisation der Rechner und Netzkomponenten im Internet [RFC 5905]. Einige Client/Server-Anwendungen verlangen die gleichen 'Uhrzeit' zu ihrem Funktionieren.
- **BGP**: *Border Gateway Protocol* dient der Übermittlung von Routing-Informationen zwischen autonomen Systemen (AS) [Abschnitt 10.4].
- **LDAP**: *Lightweight Directory Access Protocol* verwendet man bei der Realisierung verteilter Verzeichnisdienste und wird vor allem als Backend für die Benutzerauthentisierung genutzt [Abschnitt 14.3].

Verbindungslose Netzdienstprotokolle sind u.a.:

Verbindungslose Netzdienst-protokolle

- **DHCP**: *Dynamic Host Configuration Protocol* kann die dynamische Vergabe von IP-Adressen und weiterer Netzparameter übernehmen. DHCP wird im Abschnitt 5.2 beschrieben.
- **RADIUS**: *Remote Dial-In User Service* wird in Abschnitt 14.2 besprochen und ermöglicht die Berechtigungsprüfung von Benutzern, die auf Netzressourcen zugreifen wollen. Dies kann beim Provider-Zugang ins Internet, beim Anmelden im WLAN aber bereits auch am Anschluss an einen Ethernet-Switch der Fall sein. Das Nachfolge-

Protokoll *Diameter* [RFC 6733] wird hauptsächlich im IMS (*IP Multimedia Subsystem*) eingesetzt [Bad10].

- **RIP**: *Routing Information Protocol* dient als internes Routing-Protokoll vornehmlich in kleineren IP-Netzen.

Das wohl wichtigste Protokoll im Internet ist **DNS** (*Domain Name System*), das sowohl TCP als auch UDP nutzt [Kapitel 4]. DNS ist ein gemischtes Netzdienstprotokoll.

Protokolle für Echtzeitkommunikation

Protokolle zur Unterstützung der Echtzeitkommunikation sind u.a.:

- **RTP**: *Real-time Transport Protocol* hat die Aufgabe, zeitkritische Anwendungen wie Audio- und Videokommunikation über ein IP-Netz zu unterstützen. Ihm steht RTCP (*RTP Control Protocol*) zur Seite. RTP ist die Grundlage für VoIP und für WebRTC. Eine erweiterte RTP-Version zur sicheren Audio- und Videokommunikation trägt die Bezeichnung SRTP (*Secure RTP*) [Bad10].
- **SIP**: Das *Session Initiation Protocol* dient als sog. Signalisierungsprotokoll bei der Echtzeitkommunikation und wird hauptsächlich über UDP eingesetzt; es kann aber auch TCP nutzen.
- **IAX**: *Inter-Asterisk eXchange* ist ein kombiniertes Protokoll für die Signalisierung (z.B. bei VoIP) und für den Transport von Echtzeitdaten (Audio, Video) über IP-Netze. Die Version 2 von IAX beschreibt das IETF-Dokument [RFC 5456]. IAX2 nutzt UDP für den Transport seiner Nachrichten. Bei IAX2 unterscheidet man zwischen *zuverlässigen* und *unzuverlässigen* Nachrichten. Die zuverlässigen Nachrichten transportieren die *Signalisierungsangaben* und werden von der Empfangsseite bestätigt. Die unzuverlässigen Nachrichten transportieren Echtzeitdaten und werden nicht bestätigt. IAX2 hat viel gemeinsam mit dem Protokoll SCTP.
- **TRIP**: *Telephony Routing over IP* wurde der Übermittlung von Routing-Informationen zwischen autonomen Systemen für die VoIP-Unterstützung vorgesehen und daher gilt TRIP als Bruder von BGP [Bad10].

Signalisierungsprotokolle

Bei der Echtzeitkommunikation wischen kommunizierenden Endeinrichtungen müssen für Verbindungen auf- und abgebaut werden. Folglich benötigt man spezielle Protokolle, die dies zwischen IP-Telefonen bei VoIP, wie auch bei Webbrowsern unter Nutzung des WebRTC-Dienstes realisieren. Diese Protokolle werden als *Signalisierungsprotokolle* bezeichnet. Neben dem Protokoll SIP gehört hierzu die Signalisierung nach dem ITU-T-Standard H.323 (kurz H.323-SIG), die über TCP abgewickelt wird. Für weitere Informationen sei auf [Bad10] verwiesen.

## 1.6 Sicherheit der IP-Kommunikation

Die Architektur der TCP/IP-Protokollfamilie sah zunächst nur technische *Sicherungsmaßnahmen* für die Kommunikation vor: War zunächst TCP/IP als quasi geschlossenes System im Rahmen des ARPANet vorgesehen, so war die in den 70er und 80er Jahre des letzten Jahrhunderts vorherrschende Nutzung des Internet im wissenschaftlichen Betrieb zu sehen.

Alice, Bob und Eve

Der erste Schritt bestand natürlich darin, das Internet überhaupt für die Anwender bereit zu stellen; also die *Verfügbarkeit* (*Availability*) zu sichern. Die nächste zentrale Anforderung bestand daran, dass die Daten vollständig und unverfälscht von *A* nach *B* (über

*C*) gelangen und somit die *Integrität* der Nachrichten (= *Datenpakete*) zu gewährleisten. Mit der kommerziellen und quasi privaten Nutzung des Internet gewann die vertrauliche Übertragung von Nachrichten eine bedeutende Rolle: Aus *A* und *B* wurden *Alice* und *Bob*, die ihre Internet-Konversation gegenüber dem *Eavesdropper Eve* schützen müssen.

Diese Überlegungen bilden den Kern der drei *Schutzziele* der IT-Security: IT-Security Schutzziele

- **Confidentiality**: Schutz vor *Spionage* durch Sicherstellung der Vertraulichkeit,
- **Integrity**: Schutz vor Verfälschungen der Daten im Hinblick auf *Korrumpierung* und *Manipulation*,
- **Availability**: Schutz vor Datenverlusten und Ausfall der IT-Infrastruktur durch technische Fehler und *Sabotage*.

Die Technik der Netze kann zumindest die *Integrität* der Nachrichten sicherstellen. Bei der *Vertraulichkeit* bedarf es zusätzlicher Anstrengungen, die nur durch eine *Verschlüsselung* der zu übertragenden Informationen gelöst werden kann. Die Frage der *Verfügbarkeit* stellt sich technisch im Hinblick auf verfügbare Ressourcen, wie *redundante Datenpfade* und die Redundanz im Hinblick auf die verarbeitenden Komponenten und die der Datenhaltung.

Mit der Erfindungen der asymmetrischen Verschlüsselung Mitte der 70er Jahre und der avisierten Kommerzialisierung des Internet Mitte der 90er Jahre, ergab sich die Möglichkeit und zugleich Notwendigkeit, den Internet-Datenverkehr zu verschlüsseln. In den Jahren zuvor war das Konzept der *Public Key Infrastructure* (PKI) entwickelt worden und mit den nun verfügbaren Rechnerressourcen fand dies mittels der *Secure Socket Layer* (*SSLeay*) zunächst Einzug in den damals dominierenden Netscape Webbrowser und den Apache Webserver. PKI

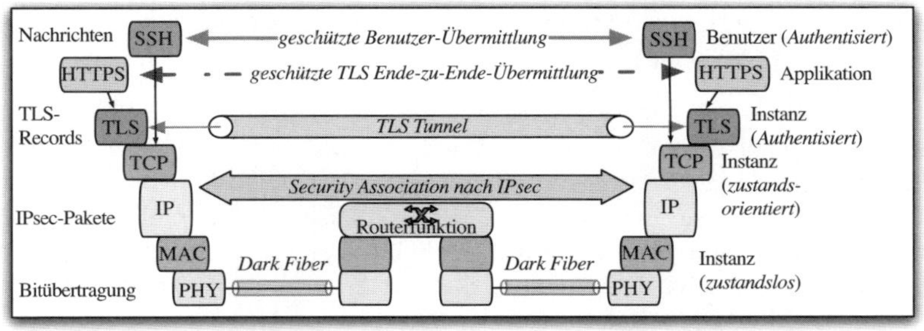


**Abb. 1.6-1:** Gesicherte IP-Kommunikation auf den verschiedenen Schichten
PHY: Physikalische Schicht, MAC: Media Access Control Schicht, IP: Internet Protocol, IPsec: IP Security, TCP: Transmission Control Protocol, TLS: Transport Layer Security, HTTPS: Hypertext Transport Protocol (Secure), SSH: Secure Shell

Abb. 1.6-1 illustriert die heute gängigen Verfahren zur Absicherung der (Internet-)Kommunikation (mittels Verschlüsselung) auf den unterschiedlichen Kommunikationsschichten:

- Bei der physikalischen Übermittlung der Signale kann eine *Dark Fiber* genutzt werden. Eine Dark Fiber muss nicht im eigentlichen Sinne ein Glasfaserkabel sein; jedoch beinhaltet der Terminus, dass immer eine *eigene physikalische Übertragungsstrecke* vorhanden ist, die nicht mit anderen Teilnehmern geteilt wird, sondern in der die Bit sozusagen 'privat' transportiert[3] werden. Dark Fiber

[3] *Google* verwendet 'Dark Fiber' bei den Providern, um seine Rechenzentren zu koppeln.

Die Übertragung per 'Dark Fiber' bedeutet nicht unbedingt, dass die Signale zusätzlich verschlüsselt sind. Wie Abb. 1.6-1 zeigt, kann die Anbindung per 'Dark Fiber' nur Punkt-zu-Punkt, d.h. zwischen den Netzknoten erfolgen. Zudem ist die Übertragung *zustandslos*, da weder das Verfahren ausgehandelt werden muss, noch die darauf aufbauenden Anwendung hierüber informiert sind.

IPsec

- Auf der Netzwerkschicht kann als Sicherheitsprotokoll *IP Security* (IPsec) [Abschnitt 5.4] genutzt werden. Alternativ kann das von Dan Bernstein erfundene *CurveCP-Verfahren* [`http://curvecp.org/`] als quasi *Transportverschlüsselung* Verwendung finden. Im Gegensatz zu IPsec, wird hier keine PKI voraus gesetzt.

  Bei beiden Verfahren kann die Verschlüsselung entweder zum nächsten IP-Peer-Knoten, oder zwischen Quelle und Ziel aufgesetzt werden. Auch hier gilt, dass die Verschlüsselung für die Anwendung nicht 'sichtbar', also transparent ist, wenn auch eine Verhandlung zum Aufbau der notwendigen Sicherheitsverfahren gefordert ist; bei IPsec als *Security Association* bezeichnet.

TLS

- Das auf TCP aufbauende Verfahren der *Transport Layer Security* (TLS) stellt den Nachfolger des *Secure Socket Layer* (SSL) Protokolls dar und bildet das heutige Rückgrat des *Internet E-Commerce* [Abschnitt 6.2]. TLS ist immer an eine Anwendung (*Applikation*) gebunden und muss von dieser explizit angefordert werden.

  TLS setzt im Grunde eine funktionierende PKI voraus, wobei einige Verschlüsselungsverfahren auch ohne diese auskommen können. TLS ist ein *zustandsorientiertes* Sicherheitssystem; auch wenn es zunächst als transparente Anwendungs-Supportschicht gedacht war. Gebräuchlich sind neben HTTPS vor allem die E-Mail-Protokolle SMTPS, POP3S und IMAPS.

SSH, PGP

- Einige verbreitete Protokolle der Anwendungsschicht besitzen intrinsische Mechanismen, um die zu übertragenden *Nachrichteninhalte* automatisch zu verschlüsseln. Zunächst sei hier das Protokoll *SSH* mit seinen 'Ablegern', *SCP*, *SFTP* und *rsync* genannt. Auch das E-Mail-Verschlüsselungsprotokoll *Pretty Good Privacy PGP* gehört zu dieser Kategorie.

Neben der Frage der *Verschlüsselung* kommt auch immer die der *Integrität*, d.h. Unverfälschtheit der übertragenen Daten hinzu, sowie inwiefern die *Authentizität* der Kommunikationspartner – im Sinne von 'der richtige' – gewährleistet ist. Vertraulichkeit durch Verschlüsselung und die Integrität der übertragenen Informationen können durch technische Maßnahmen garantiert werden; Authentizität des *Kommunikationspartners* allerdings nur im Rahmen eines Vertrauensmodells.

Während wir die ersten beiden Aspekte im folgenden Abschnitt diskutieren möchten; greifen wir das Thema der Benutzer-Identifikation erst im Kapitel 13 wieder auf.

## 1.6.1 Gesicherte und sichere Datenübertragung

Im OSI-Referenzmodell ist vor allem die *Datensicherungsschicht* verantwortlich für die Sicherstellung der Integrität der übertragenen Nutzdaten in Form der *DL-Frames* (vgl. Abschnitt 1.3). In den vergangenen Jahren hat sich jedoch ein erweitertes Verständnis dieser Sicherungsaufgaben entwickelt:

- *Bitfehler*: Auf der *physikalischen Schicht* lässt sich mit geeigneten *Kodierungsverfahren Bitfehler* erkennen und korrigieren. Heutige Verfahren nutzen komplexe Kodierungsschemata, die eine *Forward Error Correction* (FEC) ermöglichen.
- *Paketfehler*: Die Datenpakete auf den Schichten 2, 3 und 4 können mittels eines *Cyclic Redundancy Codes* (CRC) im *Trailer* ergänzt werden. Es lassen sich hierdurch nicht nur Fehler in den Paketen erkennen, sondern diese auch prinzipiell korrigieren, wobei in der Regel aber die fehlerhaften Datenpakete neu angefordert werden.
- *Nachrichtenintegrität*: Die Integrität der gesamten übermittelten Nachricht lässt sich über eine *Nachrichtenverschränkung* der einzelnen Pakete realisieren, wie dies beispielsweise mittels des *Cipher Block Chaining* geschieht. Hierfür ist ein *Initialisierungsvektor* (IV) notwendig, den die beiden kommunizierenden Parteien vereinbaren müssen.
- *Nachrichtenauthentizität*: Auf der *Anwendungsschicht* besteht die Anforderung nicht nur darin, evtl. *Korruption* der Nutzdaten zu erkennen, sondern auch – im gleichen Zug – die *Authentizität* des Absenders zu ermöglichen. Hierzu kann eine un-umkehrbare *Hashfunktion* genutzt werden. Im einfachen Fall ist der Eingangswert der Hashfunktion die Nachricht selbst; wird aber ergänzend ein vereinbartes *Schlüsselwort* hinzugefügt, erhält man einen *keyed Hashwert*. Der *Hashwert*, als Ergebnis der Hashfunktion, hat immer eine konstante Länge unabhängig vom Eingangswert.

Abb. 1.6-2 veranschaulicht die möglichen Verfahren zur Realisierung einer sicheren und gesicherten Datenübertragen auf den verschiedenen Kommunikationsschichten.

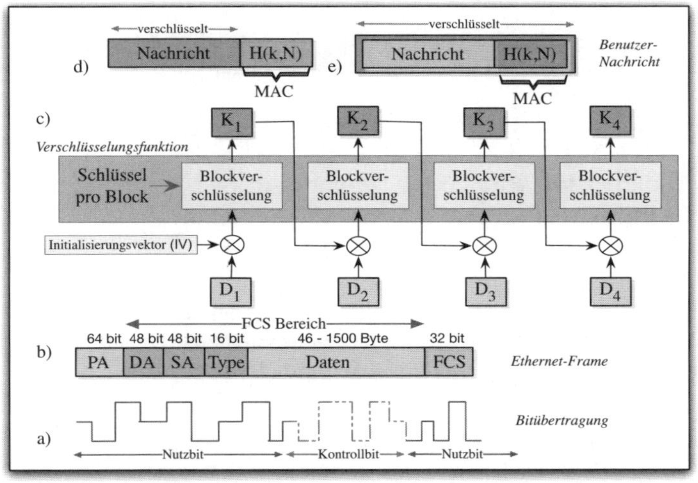


**Abb. 1.6-2:** Methoden zur sicheren und gesicherten Datenübertragung a) auf physikalischer Schicht durch Hinzufügen von *Kontrollbit* b) auf Data-Link durch eine *Frame Control Sequence* (FCS), c) auf der Supportschicht durch Verschränkung der Records und d) durch Verschlüsselung und anschließendes Hinzufügen eines *Message Authentication Checks* (MAC) bzw. e) durch Hinzufügung eines MAC und gemeinsamer Verschlüsselung mit der Nutznachricht (vgl. Abb. 6.3-5)

PA: Präambel, DA: Destination Address, SA: Source Address, FCS: Frame Control Sequence, H(k,N): Hashfunktion mit Schlüssel *k* für Nachricht *N*, $D_1 \ldots D_4$: Klartext-Datenblöcke, $K_1 \ldots K_4$: verschränkte (und ggf. verschlüsselte) Kryptodatenblöcke

### Mechanismen zur Bitfehlerkorrektur

Die zu übermittelnden *Informationen* (Nachrichten, Pakete) werden zunächst in eine strukturierte Bitfolge umgesetzt und auf der physikalischen Schicht letztlich als elektrisches/optisches Signal übertragen. Diese Signale erleiden bei der Übertragung Verluste und Verfälschungen; generell wird das Signal entlang der Übertragungsstrecke geschwächt. Signale können aber auch verformt und durch Fremdeinflüsse (Störstrahlung) überdeckt werden. Will man digitale Informationen über eine Übertragungsstrecke versenden, sind Vorkehrungen zu treffen, sodass die Ausgangsinformation des Senders unverfälscht und vollständig als Eingangsinformation beim Empfänger ankommt.

Hierbei geht es um zwei zentrale Fragen:

BER

1. Wie hoch ist die Bitfehlerrate (*Bit Error Rate*)?

PER

2. Wie viele resultierende Paketfehler gibt es (*Packet Error Rate*), sodass das Paket neu übertragen werden muss?

Längsparität

Die einfachste Möglichkeit besteht darin, nach einer Anzahl von Nutzbit *Kontroll-* bzw. *Paritätsbit* folgen zu lassen [Abb. 1.6-2a]. Heute werden mehrstufige Verfahren eingesetzt, wie z.B. die *4B/5B* Codierung bei 100 Mbit/s (Fast-)Ethernet, die so gewählt sind, dass nicht nur statistisch gleichförmig auftretende Fehler, sonder auch *burst-artige* Störungen erkannt werde können. Hierzu zählt im Besonderen das *Reed-Solomon-Verfahren*, das beispielsweise bei der Signalübertragung auf Monomode-Glasfaserkabeln entsprechend dem Standard OC-192 einsetzt wird. Auch beim aktuellen Entwurf von 10 Gbit/s Ethernet findet der *Reed-Solomon Code* entsprechend `RS(255,239)`, d.h. mit 239 Nutzbit und 15 Kontrollbit Einsatz.

FEC

Diese *Forward Error Correction* führt zu einer substanziellen Reduktion der resultierenden Bitfehlerrate, was gerade für potentielle störanfällige Übertragungsmedien, wie auch z.B. WLAN von Bedeutung ist. So können bspw. Bitfehlerraten `BER` = $10^{-4}$ (ohne FEC) auf lediglich $10^{-8}$ (mit FEC) gesenkt werden.

### Sicherstellung der Integrität eines Datenpakets

Während die Bedeutung der modernen Verfahren der *Forward Error Correction* erst mit der Entwicklung der schnellen LANs erkannt wurde, war die Sicherstellung der Paket-Integrität originärer Bestandteil der OSI-Schicht 2, also der *Sicherungsschicht*.

Ein *Paketfehler* ist dann zu verzeichnen, falls zumindest ein nicht-korrigierter *Bitfehler* im Paket auftritt. Treten die Bitfehler statistisch unabhängig auf, ist die Anzahl der Paketfehler proportional der Bitzahl im Paket, also der *Paketlänge*.

CRC

Zur Erkennung und ggf. Korrektur von Paketfehlern wird von einer *Cyclic Redundancy Checksum* (CRC) Gebrauch gemacht [Abb. 1.6-2b]. Ausgegangen wird üblicherweise von einem *Generator Polynom* $G(x)$, das ein Bit länger sein muss, als die zu überprüfende Bit-Sequenz. Die Nutzdaten werden durch dieses Polynom dividiert und der Teilerrest als *Checksumme* zu den Eingangsdaten für die Überprüfung zu den Nutzdaten hinzugefügt.

Querparität

Bei dieser *Querparität* wird der ermittelte Wert für das Frame, d.h. die *Checksumme* als sog. *Frame Check Sequence* (FCS) dem Payload zugefügt [Abb. 1.6-2b].

IP *Checksumme*

Die Berechnung der *Checksumme* bei IP-Paketen und TCP-Segmenten wird entsprechend RFC 1071 als 'Eins-Komplement' vorgenommen und umfasst mit dem resultierenden 16-Bit CRC lediglich die jeweilige Header-Informationen.

Die *Checksumme* hat die bemerkenswerte Eigenschaft der *Additivität*, d.h. für zwei Nachrichtenteile $N_1$ und $N_2$, die gemeinsam die Nachricht $N$ bilden, gilt:

$$CRC(N) = CRC(N_1 \parallel N_2) = CRC(N_1 \parallel CRC(N_2)) \text{ bzw.}$$
$$CRC(N_1 \oplus N_2) = CRC(N_1) \oplus CRC(N_2)$$

Hierbei ist $\parallel$ der Konkatinierungs- und $\oplus$ der Additions-Operator für eine Bitfolge. Wird also der Inhalt der Nutzinformation um den Wert '1' geändert, ändert sich auch der resultierende CRC um genau diesen Wert. Diese Eigenschaft machen sich die Internet-Router zu eigen, indem sie bei der Herabsetzung eines 'Hops' im IP-Paket nicht die gesamte Header-*Checksumme* neu berechnen, sondern nur den eingetragenen Wert dekrementieren.

Padding = Trimmen des CRC

Im Umkehrschluß ist es möglich, durch geeignete Manipulation der Nutzdaten, z.B. indem ein geeignetes *Padding* hinzugefügt wird, den Wert der *Checksumme* auf den gewünschten Wert 'zu trimmen'. Aus diesem Grund ist eine *Checksumme* nur ein notwendiger Garant einer Unverfälschtheit, aber kein hinreichender.

### Datenblockverschränkung

Mit den vorgestellten Mitteln der *Forward Error Correction* und der Berechnung einer *Checksumme* ist es möglich, die technische Integrität jedes einzelnen, übertragenen Datenpakete (bis auf einen sehr kleinen Fehlerquotienten) sicher zu stellen. Eine Nachricht auf der Applikationsschicht umfasst jedoch in der Regel mehrere Datensegmente bzw. IP-Pakete: Wie kann nun sicher gestellt werden, dass die Gesamtnachricht unverfälscht und komplett übertragen wurde?

TLS-Records

TCP stellt als verbindungsorientiertes Transportprotokoll die Reihenfolge und den Umfang der übertragenen Datenbyte sicher; will man jedoch ein erhöhtes Sicherungsniveau erzielen, ist man auf die zusätzlichen Dienste der *Transport Layer Security* (TLS) angewiesen. TLS bietet bei der Übermittlung seiner *Records* (vgl. Abschnitt 6.2) neben der Sicherung der einzelnen Pakete auch die Möglichkeit, die zu übertragenen Daten blockweise zu *verschränken*. Ist die Länge einer Nachricht bekannt, kann wie folgt vorgegangen werden:

1. Zunächst wird die Nachricht in Datenblöcke konstanter Länge aufgeteilt, z.B. je 128 Bit.
2. Sender und Empfänger kennen einen ebenfalls 128 Bit langen *Initialisierungsvektor IV*, der ein zufälliges Bitmuster enthält. (IV)
3. Der erste Datenblock $D_1$ wird mit dem IV per XOR Operation in einen Datenblock $K_1$ überführt: $K_1 = D_1 \otimes IV$.
4. Der nachfolgende Datenblock $D_2$ wird nun mit $K_1$ per XOR verschränkt: $K_2 = D_2 \otimes K_1$ (allgemein: $K_i = D_i \otimes K_{i-1}$).
5. Dieses Verfahren findet für alle folgenden Datenblöcke Verwendung; der letzte zu übertragende Datenblock muss dann mittels *Padding* auf die 128 Bit-Länge aufgefüllt werden.

CBC

Abb. 1.6-2c illustriert den Algorithmus anhand von drei Datenblöcken. Die verschränkten Datenblöcke werden dann wie üblich als Nutzlast in den TLS-Records übertragen. Wie wir in Abschnitt 5.2 sehen werden, findet bei TLS eine zusätzliche Verschlüsselung der einzelnen Datenblöcke statt, die dem CBC-Mechanismus (*Cipher Block Chaining*) seinen Namen gab und in Abb. 1.6-2c durch die farbige Box angedeutet ist.

Unter Kenntnis des IV kann der Empfänger nur dann die Gesamtnachricht erfolgreich in ihr Original überführen, falls alle Datenblöcke vorhanden sind und korrekt übertragen wurden. Daher ist die Methode der Datenblockverschränkung nur für Nachrichten von bekannter Länge nutzbar, nicht jedoch für die *Datenstromübertragung*.

**Verschlüsselung und Authentisierung von Nachrichten**
Schließlich zeigt Abb. 1.6-2d, wie Nachrichten durch Verschlüsselung (mit einem geheimen Schlüssel) geschützt übertragen und der Datenhalt zugleich über eine *Hashfunktion* und einem weiteren Schlüssel *k* als *Message Authentication Check* (MAC) gesichert werden kann. Die Details dieser Verfahren wollen wir im Folgenden vorstellen. Abb. 1.6-2d zeigt aber, dass prinzipiell entweder zunächst die Verschlüsselung und dann die MAC-Authentisierung oder umgekehrt, erst die MAC-Authentisierung und abschließend die Verschlüsselung der Gesamtnachricht erfolgen kann. Die korrekte Reihenfolge ist derzeit umstritten.

## 1.6.2 Hashfunktionen und Nachrichtenauthentisierung

*Checksummen* dienen als Mittel, sowohl die Integrität von Daten überprüfbar zu machen, als auch im Bedarfsfall fehlerhafte Daten wieder zu rekonstruieren. Sie werden nicht nur bei der Datenübertragung eingesetzt, sondern auch beim (blockweise) Speichern von Daten auf einem physikalischen Datenträger wie Festplatten und USB-Sticks, sowie zur Sicherstellung der Integrität des Hauptspeichers bei Rechnern, im Rahmen eines *Error Correction Codes* (ECC).

Hashfunktionen

Aufgrund der Additivität der *Checksummen*, sind sie jedoch für *kryptographische Sicherung* ungeeignet. Hierzu werden *Einweg-* bzw. *Hashfunktionen* eingesetzt.

Hashfunktion ⇒ Hashwert

Eine Hashfunktion ist eine Rechenvorschrift, mit der eine 'Eingangs'-Zeichenfolge beliebiger Länge in eine 'Ausgangs'-Zeichenfolge konstanter (im Allgemeinen kürzerer) Länge umgewandelt wird: der *Hashwert* oder die *Hashsumme*. Eine Einweg-Hashfunktion funktioniert immer nur in eine Richtung, d.h. aus der 'Eingangs'-Zeichenfolge lässt sich einfach die 'Ausgangs'-Zeichenfolge berechnen, aber es ist aufgrund des *Lawinen-Effekts* praktisch unmöglich, zu einer 'Ausgangs'-Zeichenfolge passende 'Eingangs'-Zeichenfolgen zu berechnen: Ändert sich bei der 'Eingangs'-Zeichenfolge auch nur ein Bit, besitzt der erzeugte Hashwert einen vollkommen anderen, unvorhersehbaren Wert. Dies unterscheidet eine 'Hashsumme' fundamental von einer '*Checksumme*'!

Rainbow Tables und Salt

In der Praxis ist es allerdings möglich, die Hashsumme allgemein verwendeter und fester Eingabegrößen zu tabellieren: *Rainbow Tables*. Aus diesem Grund wird den Eingabedaten häufig ein zusätzlicher Zufallswert, ein *Salt*, hinzugefügt, um diese Umkehrung zu unterbinden.

Die aktuell benutzten Einweg-Hashfunktionen sind:

- MD5 (*Message Digest 5*) [RFC 1321]: Die erzeugt die 'Ausgangs'-Zeichenfolge, der Hashwert, hat eine Länge von 128 Bit (32 hexadezimale Zeichen).
- SHA (*Secure Hash Algorithm*) [RFC 3174] und einem Hashwert von 224 Bit, entsprechend 40 hexadezimalen Zeichen in der Ausgabe.
- SHA-2 *Secure Hash Algorithm* mit Längen von 256, 384 und 512 Bit [RFC 4634].

### Message Authentication Check – MAC

Mit *Checksummen* und Hashsummen kann die technische Integrität der übertragenen Nachrichten gewährleistet werden. Häufig ist aber zudem gefordert, einen *Echtheitsnachweis* für den Sender der Datenquelle zu erbringen. Der Zielrechner soll in die Lage versetzt werden, herauszufinden, ob das betreffende IP-Paket wirklich von der (bekannten) Quelle stammt. Für diesen Zweck können beide Kommunikationspartner einen gemeinsamen Schlüssel zur Authentisierung der Datenpakete vereinbaren.

Fügt man diesen Schlüssel zum Datenpaket hinzu und berechnet anschließend den Hashwert (*Keyed Hashwert*), ermöglicht dies, dem Empfänger sowohl die Datenintegrität der empfangenen Pakete als auch dessen Herkunft zu überprüfen. D.h. es kann festgestellt werden, ob das IP-Paket unterwegs manipuliert wurde und ob das IP-Paket auch aus der vorgeblichen Quelle stammt. Die Authentisierung der Datenquelle und die Prüfung der Datenintegrität beim IP-Paket können als Prüfung der Echtheit dieses Pakets angesehen werden. Keyed Hash

Mittels der Hashfunktion wird eine Prüfsumme MAC (*Message Authentication Code*) berechnet, mit der ein zu sendendes IP-Paket bzw. die gesamte Nachricht signiert werden kann. Somit ist diese Prüfsequenz mit der digitalen Signatur vergleichbar. MAC

Eine besondere Form der Keyed-Hashfunktion wird als HMAC-Funktion (*Hash based Message Authentication Code*) bezeichnet. Sie kann mit jeder beliebigen Einweg-Hashfunktion (z.B. MD5 als auch SHA) benutzt werden. Die HMAC-Funktion auf der Basis der Einweg-Hashfunktion H ist folgendermaßen definiert [RFC 2104]: HMAC

$$Y = HMAC(k, X) = H(k \otimes opad, H(k \otimes ipad, X))$$

**Erläuterung**: $k$: gemeinsamer und geheimer Schlüssel, $X$: die zu übertragenden Daten, $Y$: Prüfsumme als Signatur der Daten; $\otimes$: Operation Bitwise_Exclusive_OR, *ipad*: Sequence von *B* Byte '0x36', *opad*: Sequence von *B* Byte '0x5c'.

Zur Berechnung der Hashfunktion H werden zunächst die Daten in Blöcke mit der Länge von *B* Byte aufgeteilt ($B = 64$ und ggf. durch die Padding-Byte 0x00 aufgerundet). Anschließend erfolgt die Berechnung des Funktionswerts iterativ.

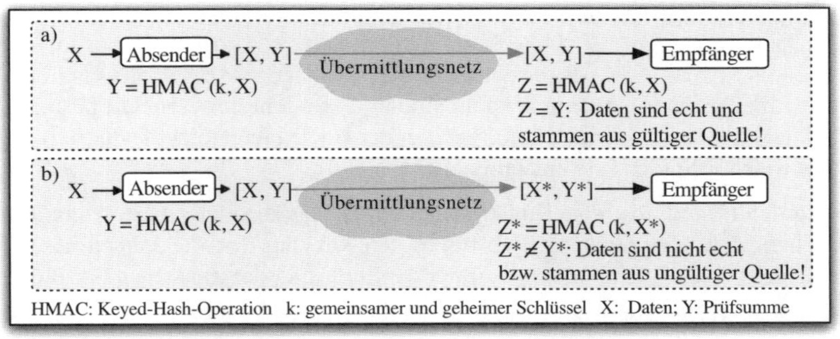


**Abb. 1.6-3:** Authentisierung der Datenquelle und Überprüfung der Datenintegrität
a) Ergebnis ist positiv, b) Ergebnis ist negativ

**Beispiel**: Abbildung Abb. 1.6-3 erläutert das Prinzip, wie die HMAC-Funktion genutzt werden kann, um die Echtheit und die Herkunft von Daten zu überprüfen, bei der beide Kommunikationspartner zunächst ein *Shared Secret* K besitzen. Wie ersichtlich, erstellt der Absender (Quellrechner) zusätzlich zur eigentlichen Nachricht X eine Prüfsequenz Y mittels der HMAC-Funktion, in die die Nachricht X und das Shared Secret K einfließt und fügt diese der Nachricht bei. Der Empfänger der Nachricht entnimmt nun die Nachricht X und berechnet wiederum mittels des *Shared Secrets* k auf die gleiche Weise den Hashwert Z. Sind Y und Z gleich, [Abb. 1.6-3a] ist sowohl die Herkunft der Nachricht als auch ihre Unverfälschtheit sichergestellt. Ist der ermittelte Wert Z* nicht identisch mit dem Wert Y* für die Nachricht X*, wurde diese entweder bei der Übertragung verändert, oder aber der Absender besitzt nicht das gleiche Shared Secret [Abb. 1.6-3b].

HMAC-Funktionen

Üblicherweise stehen folgende HMAC-Funktionen zur Verfügung:

- *HMAC-MD5*:
  Sie generiert aus Daten variabler Länge eine Prüfsequenz mit der Länge von 128 Bit. Man verwendet hier den *Message Digest Algorithm 5* (MD5) als Hashfunktion H.
- *HMAC-SHA-1*:
  Sie generiert aus den Daten variabler Länge eine Prüfsequenz mit der Länge von 160 Bit. Hierbei findet SHA (*Secure Hash Algorithm*) als Hashfunktion H Verwendung.
- *RIPEMD-160*:
  RIPEMD (*RIPE Message Digest*) wurde für das RIPE-Projekt (*RACE Integrity Primitives Evaluation*) der EU entwickelt und 1996 erstmals veröffentlicht. RIPEMD-160 ist eine Hashfunktion, die eine Prüfsequenz mit der Länge von 160 Bit erzeugt. Es existieren auch die 128, 256 und 320 Bit Versionen von RIPEMD, die man entsprechend als RIPEMD-128, RIPEMD-256 bzw. RIPEMD-320 bezeichnet.

### 1.6.3 Grundzüge der symmetrische Verschlüsselung

Verschlüsselung ist über die letzten Jahrtausende immer eine Anforderung der Kriegsführung gewesen. Bereits seit der Antike sind *Chiffren* (Verschlüsselungsverfahren) bekannt. Zu den bekanntesten zählen die Verschiebeschiffren, von denen verbrieft ist, dass diese schon von Julius Caesar (100 bis 44 v.d.Z.) eingesetzt wurde. Historisch von Bedeutung sind beispielsweise

- Verschiebechiffren,
- multiplikative Chiffren sowie
- affine bzw. Tauschchiffren

die als *text-alfabetische* Chiffren bekannt sind und allesamt den Nachteil besitzen, dass mittels Analyse der statistischen Häufigkeiten der Buchstaben leicht festgestellt werden kann, aus welcher Sprache sie entstammen.

Kerckhoff'sches Prinzip (1883)

Später wurden *CodeBooks*, also Kodierbücher entwickelt, die eine Übersetzung der Texte ermöglichen. Die *Enigma*-Maschine stellte den Versuch dar, die Verschlüsselung zu automatisieren und zugleich einer zentralen Anforderung der modernen Kryptographie zu entsprechen:

> Bei kryptographisch 'sicheren' Verschlüsselungsmethoden darf die Sicherheit bzw. der Schutz der verschlüsselt übertragenen Nachricht nicht vom *Verschlüsselungsalgorithmus* abhängen, sondern ausschließlich von der Geheimhaltung des *Schlüssels* sowie der *Schlüssellänge*.

Das 'Brechen' des Enigma-Codes, durch polnische Informatiker aber auch vor allen durch den Briten *Alan Turing*[4], einem der Grundväter der Informatik, fußt zum Grossteil auf der Missachtung eines der folgenden Grundprinzipien der Verschlüsselung:

- **Diffusion**: Die Eingabewerte zur Verschlüsselung sollen auf unterschiedliche Chiffrebits verteilt werden, sodass kein Zusammenhang zwischen einem Chiffretextteils und dem Schlüssel gebildet werden kann.
- **Konfusion**: Die statistischen Eigenschaften des Chiffretextes sollen denen einer Zufallsfolge möglichst gleichen; unabhängig von den Eigenschaften der Eingabewerte.

Diese Aussagen gelten für *Blockverschlüsselungsverfahren*, die auch bereits von der Enigma genutzt wurde.

### Überblick über die symmetrischen Verschlüsselungsverfahren

Abb. 1.6-4 gibt eine Überblick über die aktuellen Verfahren der symmetrischen Verschlüsselung, die wir generell einteilen in Verfahren der

- *Blockverschlüsselung* und
- *Datenstromverschlüsselung*.

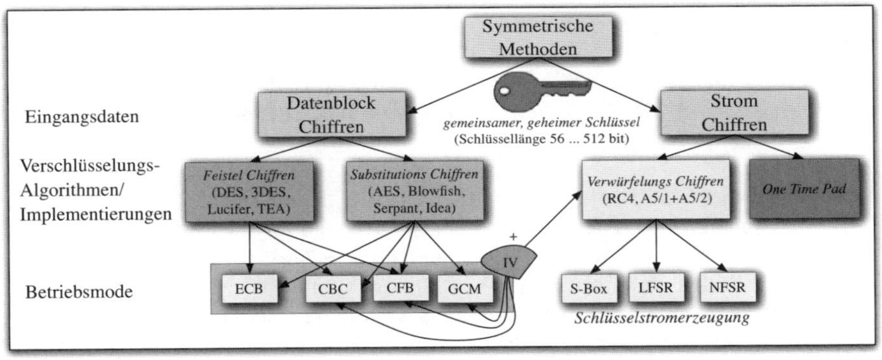


**Abb. 1.6-4:** Überblick über die symmetrischen Verschlüsselungsverfahren
ECB: Encoding Code Book, CBC: Cipher Block Chaining, CFB: Cipher Feedback Mode, GCM: Galois Counter Mode, LFSR: Linear Feedback Shift Register, NFSR: None-linear Feedback Shift Register, IV: Initialisierungsvektor

Strom-Chiffren, RC4

*Strom-Chiffren* werden eingesetzt für Nachrichten/Datenblöcke mit unbekannter Länge, z.B. einem Telefongespräch in einem digitales Netz. Sie finden daher u.a. bei den Mobilfunk-Netzen GSM und UMTS Verwendung (mit den Verfahren A5/1 und A5/2). Im Bereich des Internet ist nahezu ausschließlich die Variante (A)RC4 im Einsatz.

Initialisierungsvektor

Bei allen Strom-Chiffren muss neben dem initialen Schlüssel, der typischerweise mit 56 Bit relativ kurz ist, deterministisch neue Schlüssel generiert werden. Dies muss unabhängig von den Eingangsdaten erfolgen und geschieht entweder per Software in *S-Boxen* (Substitutions-Boxen) oder in Hardware mittels *Linear-* bzw. *None-linear Feedback Shift Register*. In allen Fällen bedarf es für die erste Sequenz der Daten einen *Initialisierungsvektor* (IV).

OTP

Eine besondere Strom-Chiffre stellt das *One Time Pad* dar. Hier ist der geheime Schlüssel gleich lang wie die Nachricht selbst und darf darüber hinaus nicht wieder verwendet werden. Unter diesen Umständen lässt sich beweisen, dass der resultierende Chiffretext nicht algorithmisch entschlüsselt werden kann: Der Code ist nicht 'knackbar'.

Datenblock-Chiffren

Bei *Block-Chiffren* muss vor der Block-Generierung die Gesamtlänge bekannt sein und der letzte Block auf die Länge des Schlüssels mittels eines *Padding* aufgefüllt werden. Die eigentliche Verschlüsselung erfolgt hier über *Substitutions-Boxen*, d.h. Verwürfelung. Neben dem alten DES-Mechanismus mit effektiven Schlüssellängen von 56 Bit, wird heute das AES-Verfahren eingesetzt, das unterschiedlich lange Schlüssel ermöglicht.

Diffusion, Verschlüsselung, Konfusion

Alle Verfahren sind so gewählt, dass

- die Verwürfelung (*Diffusion*) der Eingangsdaten,
- die eigentliche *Verschlüsselung* der so erzeugten Datensequenz und
- eine abschließende *Konfusion* der Ausgangsdaten

gewährleistet wird. Aus dem erzeugten Chiffretext kann also unter keinen Umständen mehr auf den den ursprünglichen Inhalt geschlossen werden. Weder *Known* noch *Chosen Plaintext* Attacken sind daher von Erfolg gekrönt.

Betriebsmode

Der Chiffretext kann entweder wie erzeugt in die Datenpakte gepackt werden, oder aber die einzelnen Blöcke der Nachricht werden untereinander verschränkt. Hierbei kann von den Betriebsmodi *Cipher Block Chaining* (CBC), dem *Cipher Block Feedback* (CFB), bzw. vom *Galois Counter Mode* (GCM) Gebrauch gemacht werden. Vergleichbar den Strom-Chiffren, muss auch hier ein *Initialisierungsvektor* beiden Kommunikationspartnern zu Anfang bekannt sein.

### Eine Frage des Schlüssels

Schlüssel = zufällige Bitequenz

Unter der Annahme, dass der Schlüssel eine weitgehend zufällige Bitsequenz[5] darstellt und daher nicht trivial geraten werden kann, ist die Schlüssellänge Garant für die Verschlüsselung selbst. Will man eine Verschlüsselung brechen, sind statistisch gesehen $2^{Schlüssellänge/2}$ Operationen notwendig, bis der 'richtige' Schlüssel durch Probieren gefunden wird. Der unter diesen Umständen aus dem Chiffretext abgeleitete Klartext sollte anschließend 'Sinn' machen. Unter den Bedingungen der aktuellen Rechnerperformance, sind Schlüssellängen unter 100 Bit angreifbar.

Im praktischen Einsatz gibt es aber zwei Schlüssel:

- $A \xrightarrow{Schlüssel(A \rightarrow B)} B$
- $B \xrightarrow{Schlüssel(B \rightarrow A)} A$

Schlüssel-verteilungs-problem

Das Problem, das sich beim Einsatz der symmetrischen Verschlüsselung unmittelbar ergibt, ist das folgende:

> Wie kann ich den bzw. die Schlüssel meinem Kommunikationspartner zukommen lassen, sodass kein Anderer diesen mitlesen kann?

[4] vgl. Wikipedia `http://de.wikipedia.org/wiki/Alan_Turing`

[5] Eine solche Bit- bzw. Ziffernfolge wird im Folgenden auch als *Nonce* (oNly use once) bezeichnet.

Dieses Problem wurde durch die *asymmetrischen Verschlüsselungsverfahren* gelöst, was einen immensen Durchbruch in der Kryptographie darstellt und letztlich zum kommerziell nutzbaren Internet geführt hat.

## 1.6.4 Methoden der asymmetrischen Verschlüsselung

Die Entwicklung der *asymmetrischen Verschlüsselung* hat für die Kryptographie eine vergleichbare Bedeutung wie die *Kopernikanische Wende* für die Astronomie und stellt neben der *Digitalisierung* der Informationen und dem *Internet* als Kommunikationsplattform, ein Fundament des dritten Jahrtausends dar.

Asymmetrische Verschlüsselung

Erst Mitte der 70er Jahre von *Diffie-Hellman*[6] (DH) und *Rivest/Shamir/Adleman* (RSA) mit unterschiedlichen Ansätzen 'erfunden', wurden die Konsequenzen der asymmetrischen Verschlüsslung und des sichern 'Schüsseltauschs' sehr schnell erkannt. Anfang der 90er Jahre des letzten Jahrhunderts wurden entsprechende Algorithmen in Software umgesetzt und als Internetanwendungen und -protokolle (RFC 2437/RSA und 2631/DH) allgemein verfügbar gemacht.

### Bedeutung von Public Key/Private Key

Bei den symmetrischen Verschlüsselungsverfahren besitzen beide Kommunikationspartner *einen gemeinsamen* Schlüssel, der sowohl zum *Entschlüsseln* als auch zum *Verschlüsseln* genutzt werden kann und zugleich zur *Authentisierung* des Kommunikationspartners dient.

Bei der *klassischen* asymmetrischen (RSA-)Verschlüsselung werden zwei Schlüssel gebraucht, die folgende Bedeutung besitzen:

- Der **public key** wird dem Kommunikationspartner bekannt gemacht und dient diesem zum *Verschlüsseln* von Nachrichten an den Besitzer des *private key*.
- Der **private key** dient zum *Entschlüsseln*, der mit dem *public key* verschlüsselten Nachrichten, aber auch
- zum *Signieren* eigener Nachrichten an potentielle Kommunikationspartner.

D.h. der *public key* erfüllt die Aufgabe der *Verschlüsselung*; der *private key* dient sowohl zur *Entschlüsselung* als auch zur *Authentisierung*.

### Einordnung der asymmetrischen Verfahren

Abb. 1.6-5 liefert den Versuch des Überblicks über die gängigen asymmetrischen Verfahren und ihren Einsatz. Folgende wichtige Schritte wollen wir kurz diskutieren:

- **Schlüsselerzeugung**: Die RSA-Schlüssel, also der *private key* und der *public key* sind entweder *statisch* zur Verfügung gestellt oder werden *ephemeral*, also *während* des Verbindungsaufbaus erzeugt.

  PFS

  Bei *Diffie-Hellman* besteht die öffentliche Schlüsselkomponente aus den *DH-Domain-Parameter* (DH), die in der Regel einmalig gebildet werden. Einen eigentlichen *private key* gibt es bei DH nicht, sondern die für den Ablauf des DH-Verfahrens notwendigen Zufallszahlen werden von beiden Kommunikationspartnern erst nach der Verbindungsaufnahme gebildet, sodass man auch von *Perfect Forward Secrecy* (PFS) spricht.

[6] DH basiert auf *Merkle's puzzle* [Mer80], das als 'The Problem – Ready for Ralph' sogar als Hommage zum Gegenstand eines Popsongs wurde [Godley & Creme: *Ismism*, 1981].

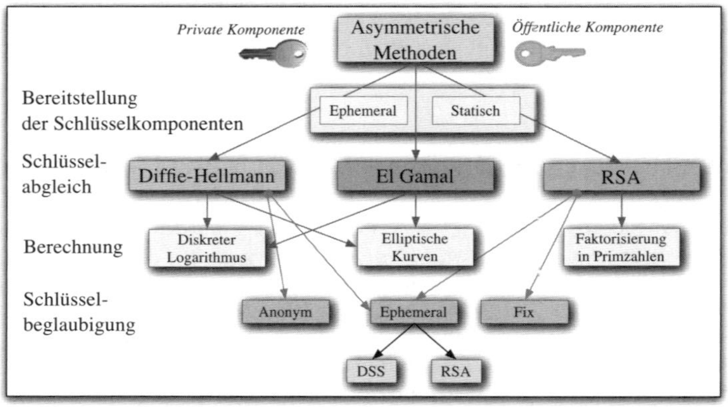


**Abb. 1.6-5:** Überblick über die asymmetrischen Verschlüsselungsverfahren
DSS: Digital Signature Standard, RSA: Rivest/Shamir/Adleman Algorithmus

- **Schlüsselabgleichsverfahren**: Beim Schlüsselabgleich findet entweder *Diffie-Hellman* oder aber *RSA* Verwendung. *El Gamal* – als Weiterführung von Diffie-Hellman – wird nur bei wenigen Protokollen eingesetzt.
- **Schlüsselabgleich**: Ausgehend von der vorliegenden Schlüsselkomponente, muss nun überprüft werden, ob der Kommunikationspartner das passende Gegenstück besitzt. Das mathematische Gerüst fundiert bei RSA auf der Faktorisierung in große Primzahlen bzw. bei Diffie-Hellman und El Gamal entweder auf dem Problem der Lösung von Problemen des *Diskreten Logarithmus* oder auf *Elliptischen Kurven.*
  Alle asymmetrischen Verfahren fußen auf der Annahme, dass die Berechnung des Gegenstücks, also z.B. des *private key* für jemanden, der lediglich den *public key* kennt, ausgesprochen schwierig ist. d.h. nicht in sinnvoller Zeit realisiert werden kann – außer bei der Erzeugung der Schlüsselkomponenten sind grobe Fehler gemacht worden. Bei RSA ist diese Aussage mit dem Auffinden großer Primzahlen verknüpft. Inwieweit große Primzahlen jedoch 'gefunden' werden können, hängt von den heutigen Algorithmen ab, sich aber morgen als unzureichend erweisen.
- **Schlüsselbeglaubigung**: In der Regel werden der *public key* bzw. die *DH-Domain-Parameter* während der Verbindungsaufnahme zusätzlich *beglaubigt.* Dies erfordert ein *Vertrauenssystem*, das in Form der *Public Key Infrastructure* (PKI) existiert, aber zunehmend kompromittiert ist.
  Anonymous DH
  Die Beglaubigung kann auch entfallen; hierbei sprechen wir dann von einem *anonymen Schlüsseltausch*, der aber die Gefahr von *Man-in-the-Middle* (MitM) Angriffen mit sich bringt.

### Ablauf des RSA-Verfahrens

Beim RSA-Verfahren braucht nur der Server sowohl einen *public* als auch einen *private key* zu besitzen, die beide statisch sein können. In der Regel liegt der *public key* in einem *X.509-Zertifikat* vor [Abschnitt 6.2]. Die Sicherheit des RSA-Verfahrens basiert auf dem Problem der Zerlegung großer Zahlen in Primfaktoren; was eine sehr aufwändige Rechenoperation darstellt im Vergleich zur Multiplikation zweier Primzahlen. Der Hauptaufwand besteht in der Erzeugung qualifizierter Primzahlen.

**Beispiel**: Wesentliche Schritte beim RSA-Verfahren.

1. *Schlüsselerzeugung*: RSA Schlüsselerzeugung
   Zunächst werden zwei (große) Primzahlen $p$ und $q$ mit deutlich unterschiedlichen Längen benötigt und deren Produkt berechnet: $n = p*q$ sowie $\varphi(n) = (p-1)*(q-1)$.

   - **Public key** $P(n, e)$:
     Anschließend wird eine Zahl $e$ gesucht, die zu $(p-1)*(q-1)$ relativ prim ist.
     - $e$ ist der *encryption Exponent*.
     - $n$ der *Modulus*.

     Die Zahlen $e$ und $n$ bilden gemeinsam den öffentlichen Schlüssel $P(n, e)$.
   - **Private key** $d$:
     Es wird $d \equiv e^{-1} \bmod \varphi(n)$ über den *Euklid'schen Algorithmus* berechnet.
     Die Zahl $d$ ist der *private Schlüssel* und es gilt: $d * e \equiv 1 \bmod \varphi(n)$

2. *Schlüsselabgleich*: RSA Schlüsselabgleich
   Der Server teilt dem Client bei der Verbindungsaufnahme seinen *public key* für die nachfolgenden kryptographischen Operationen einfach mit. Mit dem *public key* des Servers kann der Client jetzt eine Nachricht verschlüsseln und an den Server versenden, welche dieser mit seinem privaten Schlüssel entschlüsselt. Die Nachricht kann z.B. einen geheimen, gemeinsamen Sitzungsschlüssel enthalten.

### Ablauf des DH-Verfahrens

Diffie-Hellman (kurz DH) ist ein Verfahren zur Verständigung auf einen *gemeinsamen Schlüssel*, wobei (derzeit) zwei unterschiedliche mathematische Verfahren genutzt werden können:

1. Der *Diskrete Logarithmus* (DL), wobei der Sachverhalt ausgenutzt wird, dass das Potenzieren schnell, die Umkehrfunktion – der Logarithmus – aber eine vergleichsweise viel schwierigere mathematische Operation ist. Diskreter Logarithmus
2. *Elliptische Kurven*, bei der geometrische Transformationen auf geeigneten Kurven zweiten Grades vorgenommen werden. Elliptische Kurven

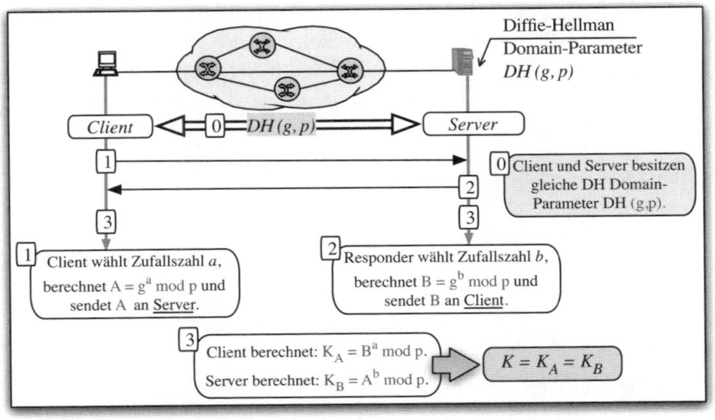


**Abb. 1.6-6:** Ablauf des Diffie-Hellman-Verfahrens zum Schlüsseltausch
DH (g,p): *g* ist Generator und *p* ist Primzahl der Gruppe

Ausgangspunkt des DH-Verfahrens ist zunächst die Bereitstellung der Diffie-Hellman *Domain-Parameter* $DH(g, p)$ [Abb. 1.6-6, Schritt 0]. Diese sind *per constructionem* DH-Domain-Parameter öffentlich und müssen sowohl Server als auch Client bekannt sein. Üblicherweise werden die Domain-Parameter beim Server erzeugt und dieser teilt diese beim Verbindungsaufbau dem Client mit.

DH-Gruppen

Statt die Diffie-Hellman-Parameter am Anfang selbst zu erzeugen, können diese einfach aus einer Tabelle entnommen werden [Tab. 1.6-1]. Beide Zahlen stellen die sogenannten *DH-Gruppenparameter* dar und sind zur Vereinfachung des DH-Verfahrens für vorgegebene Primzahlen $p$ tabelliert. Statt die DH-Parameter zu berechnen, kann somit einfach auf einen bekannten Tabellenwert zurück gegriffen und dem Kommunikationspartner gesagt werden, welchen Eintrag er dabei nehmen soll, ohne die eigentlichen DH-Parameter zu übertragen.

| Gruppe | Bitlänge | Primzahl bzw. Funktion + irreduzibles Polynom | Bezeichnung | RFC |
|---|---|---|---|---|
| 1 | 768 | $2^{768} - 2^{704} - 1 + 2^{64} * \{[2^{638} * \pi] + 149686\}$ | 768-Bit MODP | 2409 |
| 2 | 1024 | $2^{1024} - 2^{960} - 1 + 2^{64} * \{[2^{894} * \pi] + 129093\}$ | 1024-Bit MODP | 2409 |
| 3 | 155 | $y^2 + xy = x^3 + ax^2 + b; u^{155} + u^{62} + 1$ | Oakley 3 (ECC) | 2409 |
| 4 | 185 | $y^2 + xy = x^3 + ax^2 + b; u^{185} + u^{69} + 1$ | Oakley 4 (ECC) | 2409 |
| 5 | 1536 | $2^{1536} - 2^{14727} - 1 + 2^{64} * \{[2^{1406} * \pi] + 741804\}$ | 1536-Bit MODP | 3526 |
| 14 | 2048 | $2^{2048} - 2^{1984} - 1 + 2^{64} * \{[2^{1918} * \pi] + 124476\}$ | 2048-Bit MODP | 3526 |
| 15 | 3072 | $2^{3072} - 2^{3008} - 1 + 2^{64} * \{[2^{2942} * \pi] + 1690314\}$ | 3072-Bit MODP | 3526 |
| 16 | 4069 | $2^{4096} - 2^{4032} - 1 + 2^{64} * \{[2^{3966} * \pi] + 240904\}$ | 4096-Bit MODP | 3526 |
| 17 | 6144 | $2^{6144} - 2^{6080} - 1 + 2^{64} * \{[2^{6014} * \pi] + 929484\}$ | 6144-Bit MODP | 3526 |
| 18 | 8192 | $2^{8192} - 2^{8128} - 1 + 2^{64} * \{[2^{8062} * \pi] + 4743158\}$ | 8192-Bit MODP | 3526 |
| 19 | 192 | | secp192r1 (ECC) | 5114 |
| 21 | 224 | | secp224r1 (ECC) | 5114 |
| 23 | 256 | | secp256r1 (ECC) | 5114 |
| 24 | 384 | | secp384r1 (ECC) | 5114 |
| 25 | 521 | | secp512r1 (ECC) | 5114 |

**Tab. 1.6-1:** Einige Diffie-Hellman Gruppen (für TLS) und ihre Berechnungsgrundlage
MODP = Modular Exponentiation, ECC = Elliptic Curve Cryptography; [ ] ist die Gauß-Klammer, die eine ganze Zahl liefert; die Zahl $\pi$ dient als 'Entropiequelle'

Perfect Forward Secrecy

Wie Abb. 1.6-6 zeigt, müssen bei Diffie-Hellmann beide Kommunikationspartner *pro Verbindung* Zufallszahlen erzeugen und sich gegenseitig mitteilen, um den gemeinsamen Sitzungsschlüssel zu bilden, sodass wir in diesem Zusammenhang von *Perfect Forward Secrecy* (PFS) sprechen: Selbst wenn dieser Schlüssel einmalig bekannt wurde, kann hierüber weder auf die in der Vergangenheit genutzten, noch in der Zukunft gebildeten Schlüssel geschlossen werden.

DH mit Diskretem Logarithmus

**Beispiel**: Ablauf des DH-Verfahrens beim Problem des *Diskreten Logarithmus*.

1. *Erzeugung der öffentlichen Schlüsselkomponenten* :
   - *Initialisierung* [Abb. 1.6-6, Schritt 0]:
     Zunächst wird eine (große) Primzahl $p$ gesucht und eine Primitivwurzel $g$ modulo $p$. $p$ und $g$ sind *nicht* geheim. Der Server übermittelt diese dem Client, bzw. teilt dem Client mit, welche tabellierten Werte er genutzt hat.
2. *Schlüsselabgleich* [Abb. 1.6-6, Schritte 1 und 2]:
   - *Verbindungsaufnahme*:
     Client und Server würfeln jeweils unabhängig voneinander Zufallszahlen $a$ und $b$ mit $a, b \in 1, \ldots, p-2$. $a$ und $b$ stellen die geheimen Schlüsselkomponenten dar.

- *Abgleich*:
  Der Client berechnet $A \equiv g^a \bmod p$ und der Server $B \equiv g^b \bmod p$ und beide senden sich $A$ bzw. $B$ gegenseitig zu.
- *Sitzungsschlüssel* $K$ [Abb. 1.6-6, Schritt 3]:
  Nun berechnet der Client $K_A \equiv B^a \bmod p$ und der Server $K_B \equiv A^b \bmod p$:
  $K_A \equiv B^a \bmod p \equiv (g^b \bmod p)^a \bmod p \equiv g^{(ba)} \bmod p$, sowie
  $K_B \equiv A^b \bmod p \equiv (g^a \bmod p)^b \bmod p \equiv g^{(ab)} \bmod p$.
  Also gilt $K_A = K_B = K_{AB}$; dies ist der *gemeinsame Sitzungsschlüssel.*

Bei diesem sog. *Diffie-Hellman Key Exchange* (DHE) wird der gemeinsame Sitzungsschlüssel nicht im eigentlichen Sinn als Schlüssel genutzt, sondern vielmehr als *Sitzung-Token* interpretiert, das als Ausgangspunkt für weitere kryptographische Operationen dient, wie z.B. der Erzeugung der symmetrischen Schlüssel (nächster Abschnitt). DHE

Bei der Berechnung des *Diskreten Logarithmus* (DL) haben wir uns im Zahlenraum der natürlichen Zahlen aufgehalten. Als mathematische Operationen kamen nur das Potenzieren und das Berechnen des Teilerrests (*modulo*) in Anwendung. Ferner brauchten wir als Ausgangspunkt für die Berechnung eine *Primzahl.* Elliptische Kurven

**Erläuterung**: Wir stellen uns nun vor, den 'Zahlenstrahl' zu verbiegen und zwar so, dass die Zahlen entlang einer *elliptischen Kurve* liegen, wie in Abb. 1.6-7 dargestellt. Eine 'Zahl' auf dieser Kurve ist eigentlich eine Koordinate $C = (x_C, y_C)$. Wie man Abb. 1.6-7 entnehmen kann, lassen sich damit sowohl die positiven, als auch die negativen Zahlen abbilden, da gilt: $\underline{C} = -C = (x_C, C - y_C)$. Ist die elliptische Kurve geschickt gewählt, können auch weitere mathematische Operationen hierauf sehr einfach vorgenommen werden. Beispiel hierfür ist die Multiplikation eines Punktes $C$ entlang der Kurve, die wir als $C + C + C + ... +$ schreiben.

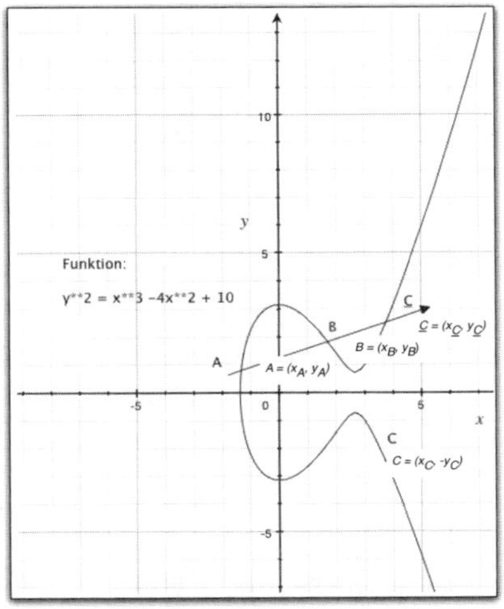


**Abb. 1.6-7:** Beispiel für eine elliptische Kurve unter Einbeziehung der Punkte $A$, $B$ und $\underline{C}$

**Beispiel**: Diffie-Hellman beim Ablauf auf elliptischen Kurven. ECDH

1. *Schlüsselbereitstellung*:
   - *Elliptische Kurve*: Zunächst braucht man eine geeignete Elliptische Kurve, z.B. *Curve25519*, deren Koeffizienten beiden Partnern bekannt sind.
   - *Primitives Element*: Es wird ein 'primitives Element' $c$ mit den Koordinaten $C = (x_C, y_C)$ festgelegt.

   Beide Teile stellen die öffentlichen *Domain-Parameter* dar.
2. *Schlüsselabgleich*:

- *Verbindungsaufnahme*:
  Der Client und der Server bestimmen jeweils getrennt je einen weiteren 'logischen' Punkt auf der Kurve, wobei $a$ und $b$ sind jeweils kleiner sind als $C$ und beide geheim.
- *Abgleich*:
  Der Client berechnet $A = aC = (x_A, y_A)$ und der Server $B = bC = (x_B, y_B)$ und beide senden sich $A$ bzw. $B$ gegenseitig zu.
- *Sitzungsschlüssel $T$*:
  Nun berechnet der Client $aB = T_{AB}$ sowie der Server $bA = T_{AB}$.
  $T_{AB}$ ist der *gemeinsame (geheime) Sitzungsschlüssel*.

Das DH-Verfahren mit Elliptischen Kurven unterscheidet sich somit lediglich vom ursprünglichen Verfahren durch die Wahl anderer DH-Domain-Parameter und dem Algorithmus. Allerdings sind die Schlüsselgrößen (bei gleichem Schwierigkeitsgrad) deutlich kleiner und das Verfahren kann mathematisch effizienter als beim Problem des DL realisiert werden.

Insbesondere können wir die Frage stellen, wie oft die Operation für $C$ (also $C + C + \ldots$, z.B. $d$-mal) wiederholt werden muss, um den Wert $D$ zu erreichen, der die Koordinate $D = (x_D, y_D)$ auf der Kurve besitzt. Dies ist das Problem des *Diskreten Logarithmus auf dieser elliptischen Kurve*: $D = dC$.

Nicht alle elliptischen Kurven sind geeignet für derartige Operationen, speziell die in Abb. 1.6-6 dargestellte Kurve nicht. Einige diese Kurven sind von der NIST standardisiert. Gerne benutzt wird die Montgomery-Kurve *Curve25519* [Ber14]:

$$y^2 = x^3 + Ax^2 + d\,;\; (A-2)/4 \text{ kleiner Integer } (A = 486662)$$

Der zweite Domain-Parameter ist die Primzahl $p = 2^{255} - 19$, von dem die Kurve ihren Namen hat.

DH-Domainparameter

Statt die Diffie-Hellman-Parameter am Anfang selbst zu erzeugen, können diese einfach aus einer Tabelle entnommen werden. Beide Zahlen stellen die sogenannten *DH-Gruppenparameter* dar und sind zur Vereinfachung des DH-Verfahrens für unterschiedliche Werte von $p$ tabelliert. Statt die DH-Parameter zu berechnen, kann somit einfach auf einen bekannten Tabellenwert zurück gegriffen und dem Kommunikationspartner gesagt werden, welcher dieser Werte er nehmen soll, ohne die eigentlichen DH-Parameter zu übertragen. Wie gezeigt, stellt Diffie-Hellman einen Ansatz für unterschiedliche mathematische Lösungsverfahren dar, während diese beim RSA-Algorithmus festgelegt sind.

### 1.6.5 Einsatz und Systematik hybrider Verschlüsselungsmethoden

Die asymmetrischen Verschlüsselungstechniken haben je nach mathematischem Verfahren eine Schlüssellänge von 128 bis zu 2048 Bit. Will man längere Dateninhalte verschlüsseln, müssen die zugrunde liegenden Operationen mehrfach durchgeführt werden, was rechentechnisch zu aufwendig wäre. Statt dessen werden *hybride Verfahren* eingesetzt:

Schlüsselmaterial

- Mittels der asymmetrischen Verfahren wird zunächst ein *Schlüsselmaterial* ausgetauscht bzw. sich darauf verständigt.

- Aus diesem Schlüsselmaterial werden die *symmetrischen Schlüssel* und ggf. der *Initialisierungsvektor* abgeleitet und anschließend
- die Daten entsprechend per *symmetrischer Verschlüsselung* übertragen und ggf. durch einen MAC (*Message Authentication Code*) abgesichert.

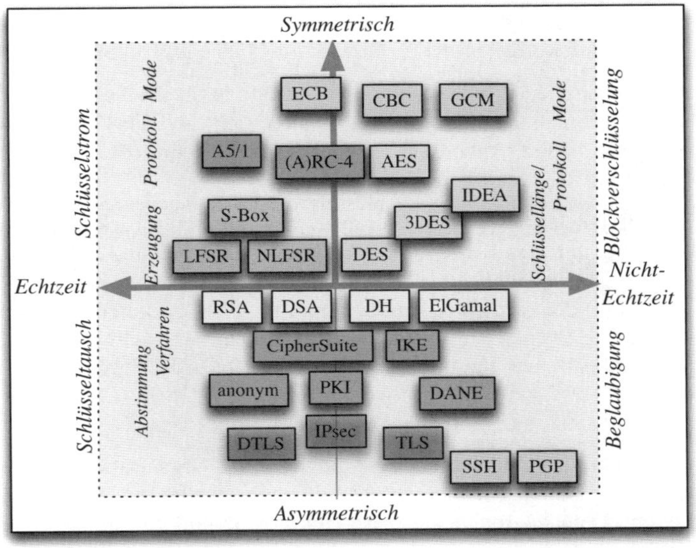


**Abb. 1.6-8:** Dimensionen des Einsatzes der Verschlüsselungs-, Schlüsselabgleich- und Authentisierungsverfahren

ECB: Electronic Code Book, CBC: Cipher Block Code, GCM: Galois Counter Mode, AES: Advanced Encryption Standard, DES: Data Encryption Standard, LFSR: Linear Feedback Shift Register, NFSR: None-linear Feedback Shift Register, RSA: Rives/Shamir/Adleman, DSA: Data Signature Algorithm, DH: Diffie-Hellman, IKE: Internet Key Exchange, PKI: Public Key Infrastructure, DANE: DNS-Based Authentication of Named Entities, DTLS: Datagram TLS, TLS: Transport Layer Security, SSH: Secure Shell, PGP: Pretty Good Privacy

Abb. 1.6-8 illustriert, dass für Echtzeit- und Nicht-Echtzeitkommunikation unterschiedliche symmetrische Verschlüsselungstechniken zum Einsatz kommen: Für *Echtzeitverschlüsselung* ist die Bereitstellung einer kontinuierliche Folge von Zufallswerten maßgeblich. Ausgehend von einem initialen Schlüssel und einem Initialisierungsvektor, werden diese Werte deterministisch entweder per Software (durch *Substitutions-Boxen*) oder per Hardware realisiert.

*Blockverschlüsselung* ist demgegenüber nur bei Nachrichten mit bekannter Länge möglich. Hierbei kann aber zusätzlich von der Verschränkung der einzelnen Datenblöcke Gebrauch gemacht werden.

Zum Aufbau der kryptographisch gesicherten Verbindung wird verlangt, dass sich bei Partner nicht nur über die Schlüssel, sondern auch über die Kryptoverfahren einigen. Diese Anforderung gilt für alle Kommunikationsprinzipien ganz allgemein, und die Aushandlung muss daher sowohl bei den Echtzeit- als auch den Nicht-Echtzeitprotokollen zu Beginn der Verbindungsaufnahme vorgenommen werden.

## 1.7 IETF und Internet-Standards

IETF

Um die Weiterentwicklung des Internet und seine Anwendungen voranzutreiben, wurde die Organisation *Internet Engineering Task Force* (IETF) gegründet. Zu ihren Aufgaben gehört die Koordination sämtlicher Aktivitäten, die mit der technologischen Weiterentwicklung und der Standardisierung der Internetdienste und -protokolle zusammenhängen. Die IETF-Dokumente werden als RFC (*Request for Comments*) im Internet veröffentlicht.

RFC als Internet-Standards

Ein Schlüssel zur raschen Entwicklung des Internet und der IP-Netze ist vor allem der offene Zugang zu den als RFC im Internet veröffentlichten IETF-Dokumenten, die als *Internet-Standards* dienen. Außerdem kann jeder einen neuen RFC vorschlagen, wobei die Vorgehensweise RFC 5000 festlegt.

Verzeichnis der RFC

RFC reichen bis ins Jahr 1969 zum Vorläufer des Internet zurück. In Oktober 2014 liegen bereits über veröffentlichte 7400 RFC vor. Alle RFC sind auf mehreren Rechnern im Internet abgespeichert und kostenlos für jeden Nutzer verfügbar. Eine Verzeichnis aller RFC, die vom *RFC Editor* verwaltet wird, ist unter der Adresse `http://www.rfc-editor.org/rfcsearch.html` zu finden. Die Suche in dieser Datenbank kann durch die Angabe der Nummer des gesuchten RFC oder durch die Angabe eines Suchkriteriums (z.B. Name eines Protokolls wie IP, TCP, OSPF, ...) erfolgen oder alternativ über `http://www.rfc-editor.org/rfc-index2.html`.

Organisation der IETF

Der Erfolg des Internet ist teilweise der gut durchdachten Organisation der Zusammenarbeit zwischen der IETF und den anderen Institutionen zu verdanken. Welche Institutionen an der Entstehung von Internet-Standards beteiligt sind und wie sie zueinander stehen, zeigt Abb. 1.7-1.

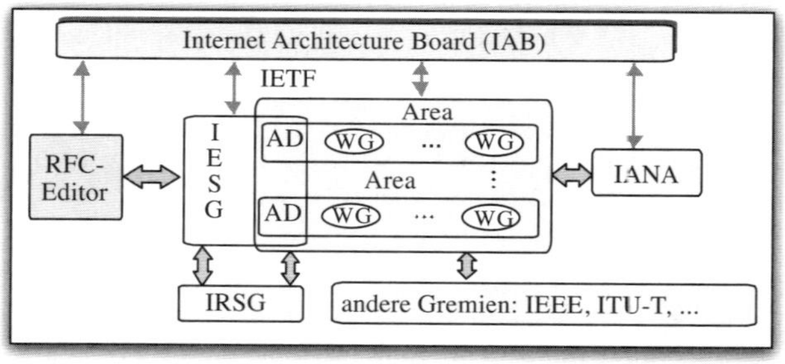


**Abb. 1.7-1:** Organisation der IETF und die Zusammenarbeit mit anderen Internet-Gremien
AD: Area Director, IANA: Internet Assigned Numbers Authority, IESG: Internet Engineering Steering Group, IRSG: Internet Research Steering Group, WG: Working Group

IAB und RFC Editor

Die Entwicklung des Internet wird vom *Internet Architecture Board* (IAB) in Zusammenarbeit mit der *Internet Research Task Force* (IRTF) [`http://ietf.org`] koordiniert. Dem Vorsitzenden des IAB wurde der Titel *Internet Architect* verliehen. Außerdem wurde im IAB der Posten des RFC Editor eingerichtet, der jeden RFC überprüfen und zur Veröffentlichung vorbereiten soll.

Area als Themenbereich

Da die Palette von Entwicklungen um das Internet und deren Anwendungsaspekte herum sehr breit ist, werden bei der IETF bestimmte Themenbereiche definiert. Ein Themenbereich wird als *Area* bezeichnet. In jeder Area wird ein *Area Director* (AD) benannt, der die Aktivitäten innerhalb der Area koordiniert. Es existieren u.a. folgende Areas: *Applications Area*, *Internet Area*, *Routing Area*, *Security Area*, *Transport Area*.

Für die Entwicklung von Standards zu den einzelnen Themen in jeder Area werden mehrere *Working Groups* (WGs) gebildet. Eine WG übernimmt die Verantwortung für die Entwicklung von Standards, die in der Regel ein Thema (z.B. ein Protokoll oder eine Applikation) betreffen. Eine Auflistung von WGs findet man unter: `http://www.ietf.org/html.charters/wg-dir.html` Working Groups

Hervorzuheben sind u.a. folgende aktive WGs (Stand Oktober 2013):

- Internet Area: dhc (*Dynamic Host Configuration*), 6man (*IPv6 Maintenane 6*), dmm (*Distributed Mobility Management*), mip4 (*Mobility for IPv4*)
- Routing Area: ccamp (*Common Control and Measurement Plane*), mpls (*Multiprotocol Label Switching*), ospf (*Open Shortest Path First*), pim (*Protocol Independent Multicast*), pwe3 (*Pseudowire Emulation Edge to Edge*), rtgwg (*Routing Area Working Group*), sidr (*Secure Inter-Domain Routing*)
- Transport Area: aqm (*Active Queue Management and Packet Scheduling*), ippm (*IP Performance Metrics*), mptcp (*Multipath TCP*), tcpm (*TCP Maintenance and Minor Extensions*), tsvwg (*Transport Area Working Group*)
- Real-Time Applications and Infrastructure Area: avtcore (*Audio/Video Transport COre Maintenance*), rtcweb (*Real-Time Communication in WEB-browsers*), sipcore (*Session Initiation Protocol Core*)

Um die Entwicklung der Internet-Standards zu verfolgen und eine gut strukturierte Übersicht über die Internet-Draft zu erhalten, verweisen wir auf die Seite `http://www.potaroo.net/ietf/html/xids-all.html`. Für einen schnellen und übersichtlichen Zugriff auf alle IETF Working-Groups und deren Dokumente, ist die Adressen `http://www.in2eps.com/x0/tk-ietf-wg-lists.html` zu empfehlen.

Für die technische Verwaltung von IETF-Aktivitäten ist die *Internet Engineering Steering Group* IESG verantwortlich. Zur IESG gehören die Direktoren der einzelnen Areas, die ADs. Der Entwurf jedes Internet-Standards, den man als *Internet Draft* bezeichnet, wird vor seiner Spezifikation als RFC innerhalb der IESG diskutiert. Ein Internet Draft wird nur mit der Zustimmung der IESG als Internet-Standard veröffentlicht. Die IESG arbeitet mit dem RFC-Editor zusammen, der für die Veröffentlichung der RFC zuständig ist. IESG

Eine besondere Rolle unter den Internet-Gremien spielt die *Internet Assigned Numbers Authority* IANA. Sie dient als zentrale Stelle für die Registrierung von Internet-Adressen, -Namen, Protokollnummern und anderen Parametern, die weltweit eindeutig sein müssen [`http://www.iana.org/numbers.html`]. IANA

## 1.8 Schlussbemerkungen

In diesem Kapitel wurden in komprimierter Form vor allem die notwendigen Grundlagen dargestellt, die für die Beschreibung von Ideen, Kommunikationsprotokollen und System- und Sicherheitslösungen für IP-Netze in den weiteren Kapiteln hilfreich sind. Abschließend sei noch auf Folgendes hingewiesen:

- Die IP-Netze werden immer komplexer, ebenso die auf sie einwirkenden Faktoren und die Anforderungen, die an sie gestellt werden. Zudem ist hier ständig mit unterschiedlichen böswilligen Angriffen und anderen Gefährdungen zu rechnen. Die Sicherheit der IP-Netze und somit die Maßnahmen zur Vermeidung von Unsicherheiten und hohen Sicherheit der IP-Netze

Risiken erfordern ausführliche Betrachtungen, ebenso die Darstellung von Angriffen, mit denen man in IP-Netzen rechnen muss.

Web-Technologien

- Das Internet verdankt die heutige Popularität hauptsächlich dem *Web* mit dem Protokoll HTTP. Der Webdienst bedeutet heute nicht nur TCP/IP und HTTP, sondern für seine effiziente Realisierung werden verschiedene Technologien eingesetzt, sodass man von Webtechnologien spricht. Zu ihnen gehören u.a. die Konzepte und Protokolle für *Web-Switching*, *Web-Caching*, *Content Delivery Networks* sowie für verschiedene Arten von Web-Services. Diese Aspekte werden in diesem Buch außer Acht gelassen; für Näheres sei auf [BRS03] verwiesen.

Echtzeitkommunikation: VoIP, MMoIP

- Ein wichtiger Trend bei der Weiterentwicklung des Internet war die Unterstützung der Echtzeitkommunikation und hierfür waren verschiedene Konzepte und Protokolle zur Übermittlung von Audio und Video über IP-Netze notwendig. Bei der im Internet zunehmenden Echtzeitkommunikation handelt es sich um audiovisuelle Kommunikation, und man spricht in diesem Zusammenhang auch von VoIP (*Voice over IP*) bzw. auch von MMoIP (*Multi-Media over IP*). Für den Transport audiovisueller 'Daten' in IP-Netzen wurde RTP (*Real-time Transport Protocol*) entwickelt [Abschnitt 6.3]. Die audiovisuelle Kommunikation stellt eine Art Videotelefonie dar und dabei benötigt man auch ein sog. *Signalisierungsprotokoll*, um u.a. virtuelle Verbindungen, *Sessions*, auf- und abzubauen. SIP (*Session Initiation Protocol*) ist eine derartiges Protokoll [Abschnitt 6.4]. Zur Realisierung der audiovisuellen Kommunikation im Internet kann auch der Webdienst mit dem Protokoll HTTP eingesetzt werden und man bezeichnet diese richtungsweisende Lösung als WebRTC (*Web Real-Time Communication*). Bei WebRTC dienen Webbrowser zusätzlich als Soft-Videotelefone und sie werden entsprechend an Webserver virtuell angebunden, sodass die Webserver als quasi Vermittlungsknoten beim Auf- und Abbau von virtuellen Verbindungen zwischen Soft-Videotelefonen fungieren. Wegen Platzmangel wurde aber hier auf die Darstellung von WebRTC verzichtet; für weitere Informationen über WebRTC sei auf das Wissensportal [Bad14] verwiesen.

Internet of Things – als funktionelle Erweiterung des Internet

- Die Integration verschiedener, in der Regel drahtloser Sensor-Aktor-Netze in das herkömmliche Internet führt zur Entstehung des *Internet of Things* (IoT) bzw. auf Deutsch des *Internet der Dinge*. Das IoT ist eine funktionelle Erweiterung des Internet mit dem Ziel, Alltagseinrichtungen (Geräte, Sensoren,...) unterschiedlicher Art und mit unterschiedlichen Fähigkeiten – also verschiedene smarte Dinge – sowohl untereinander als auch mit Rechnern am Internet so zu vernetzen, dass sie alle möglichen Internetdienste nutzen können, um dadurch die Erbringung einer breiten Palette neuer innovativer Services überall und jederzeit zu ermöglichen. Dank des IoT werden bald alle technischen Dinge, insbesondere die unseres alltäglichen Lebens, den Menschen überall und jederzeit zugänglich und somit nutzbar sein; siehe das Wissensportal [Bad14] für Näheres über IoT.

Progammierbare MAC-Schicht

- Zur Übertragung der IP-Pakete auf das Medium wird zusätzlich zur physikalischen Anbindung die Datensicherungsschicht [Abb. 1.3-2] benötigt. Im Zuge der TCP/IP-Einführung hatte diese zunächst an Bedeutung verloren, erfährt aber derzeit eine Renaissance bei den *Software Defined Networks* (SDN): *Virtuelle Interfaces* ermöglichen die Steuerung der Kommunikation bei Cloud-Services und bilden somit einen wichtigen Bestandteil des Sicherheitskonzepts.

# 2 Internet-Netzwerkprotokolle IPv4, ARP, ICMP und IGMP

Das *Internetprotokoll Version 4* (IPv4) ist immer noch das Standardprotokoll bei der Internet-Kommunikation, obwohl auf den Rechnern das *Internetprotokoll Version 6* (IPv6) längst Einzug genommen hat [Kapitel 7], welches IPv4 in einem Kompatibilitätsmodus bereitstellt. Im Weiteren wird das Protokoll IPv4 traditionell kurz als *IP* bezeichnet. Um Protokoll-technische Unterschiede zwischen IPv4 und IPv6 deutlich zu machen, greifen wir aber bei Bedarf zu der jeweils differenzierten Bezeichnung. Die Nutzung von IP ist vor allem mit der Vergabe von IP-Adressen für die Rechner und der Bildung von Subnetzen verknüpft. Hierbei ist zwischen der *klassenbasierten* und der *klassenlosen* IP-Adressierung zu unterscheiden. IPv4 = IP

Dem IPv4 stehen einige wichtige Hilfsprotokolle zur Seite, ohne die es nicht funktioniert. Hier ist vor allem das *Address Resolution Protocol* (ARP) zu nennen, das eine dynamische Verknüpfung einer IP-Adresse mit der ihr entsprechenden Hardware- bzw. MAC-Adresse gestattet. Zudem besitzt das IP keinerlei Kontroll- und Steuerungsmechanismen, um beispielsweise die Erreichbarkeit des Kommunikationspartners zu überprüfen, bestimmte fehlerhafte Situationen zu melden und wichtige Parameter abzufragen. Diese Mechanismen liegen in Form des *Internet Control Message Protocol* (ICMP) vor. Auf dem ICMP basiert das Protokoll IGMP (*Internet Group Management Protocol*) für die Verwaltung von Multicast-Gruppen in IP-Subnetzen. Hilfsprotokolle: ARP, ICMP, IGMP

Dieses Kapitel gibt einen umfassenden Einblick in den Aufbau und die Charakteristika von IPv4. Nach der Darstellung der Aufgaben von IPv4 in Abschnitt 2.1 wird in Abschnitt 2.2 der Aufbau von IPv4-Paketen erläutert. Auf die IPv4-Adressen geht Abschnitt 2.3 ein und die Bildung von Subnetzen erläutert Abschnitt 2.4. Die klassenlose IPv4-Adressierung als Basis für die Realisierung der Konzepte VLSM (*Variable Length Subnet Masks*) und CIDR (*Classless Inter-Domain Routing*), stellt Abschnitt 2.5 dar. Die Protokolle ARP und RARP präsentiert Abschnitt 2.6 und dem Protokoll ICMP widmet sich Abschnitt 2.7. IP-Multicasting und das Protokoll IGMP werden in Abschnitt 2.8 erläutert. Die Schlussbemerkungen in Abschnitt 2.9 runden das Kapitel ab. Überblick über das Kapitel

In diesem Kapitel werden u.a. folgende Fragen beantwortet: Ziel dieses Kapitels

- Wie sind IPv4-Pakete aufgebaut und welche Steuerungsangaben kann der Header eines IPv4-Pakets enthalten?
- Welche Arten von IPv4-Adressen gibt es, wie werden sie dargestellt, und wie sind sie aufgebaut?
- Wie erfolgt die Adressierung in IP-Netzen und wie werden Subnetze gebildet?
- Was versteht man unter klassenlose IP-Adressierung, worin besteht deren Bedeutung und wie wird sie verwendet??
- Welche Bedeutung hat das Protokoll ARP und wie funktioniert es?
- Wie wird das Protokoll ICMP eingesetzt?
- Wie wird das Multicasting in IPv4-Netzen mit dem Protokoll IGMP unterstützt?

## 2.1 Aufgaben von IPv4

Das Protokoll IPv4 – im folgenden kurz als IP bezeichnet – ist innerhalb Schicht 3 des OSI-Referenzmodells angesiedelt und hat folgende Hauptaufgaben:

'Träger' der Transportprotokolle TCP und UDP

- IP dient als 'Träger' der Transportprotokolle TCP und UDP und einiger anderer. Diese Aufgabe verrichtet IP in einer *verbindungslosen* Arbeitsweise und es ist *unzuverlässig*. Verbindungslos ist es, weil zwischen Absender und Empfänger keine Vereinbarung in Bezug auf die Steuerung beim Verlauf der Kommunikation getroffen wird. Nicht zuverlässig ist IP deswegen, weil es weder Funktionen für eine Ende-zu-Ende-Empfangskontrolle (Quittierungsmechanismus) noch solche zur Sicherstellung der Unverfälschtheit der Nutzinformation besitzt. IP gibt daher weder eine Garantie für die Zustellung noch für die Integrität der Information.

Paketweise Datenübermittlung

- Die zu übertragenden Informationen der Transportprotokolle werden paketiert, d.h. in einem Umschlag mit Ziel- und Absenderadresse versehen und als *IP-Pakete* über Netze transportiert. Die einzelnen IP-Pakete werden voneinander unabhängig zum Ziel übermittelt. Daher können sie am Ziel in einer anderen Reihenfolge ankommen als in der, in der sie an der Quelle abgeschickt wurden. Dies ist dadurch möglich, dass die Pakete oft über unterschiedliche physikalische oder logische Übertragungsnetze übermittelt werden. Dient IP als 'Träger' für TCP, ist TCP selbst dafür zuständig, die Daten aus den empfangenen IP-Paketen in einer korrekten Reihenfolge anzuordnen und sie zu einer Datei (z.B. einer Nachricht) zusammenzusetzen. Dient IP als 'Träger' für UDP, gelten die Inhalte der IP-Pakete als vollständige UDP-Nachrichten und die Verantwortung für die korrekte Reihenfolge am Ziel wird von einer UDP-Anwendung (z.B. vom Protokoll RTP bei der Audio/Video-Kommunikation) übernommen.

Steuerungsangaben im IP-Header

- IP fügt jedem von TCP zu übertragenden Datenpaket [Abb. 3.2-2] bzw. jedem zu übertragenden UDP-Paket [Abb. 3.2-1] einen *Protokollkopf* (*Header*) hinzu, der als wesentliche Information die logischen (IP-)Adressen des Quell- und des Zielrechners beinhaltet. Dadurch ist das eigenständige Versenden der einzelnen IP-Pakete möglich. Hinzu kommen einige weitere Steuerungsinformationen. Entstehen während der Übertragung Bitfehler innerhalb des IP-Header, so können diese mittels einer Prüfsumme (*Header Checksum*) entdeckt werden.

#### Transportaufgaben von IP

PDU und SDU

IP dient als verbindungsloses Trägerprotokoll der Transportprotokolle UDP und TCP. Das IP-Paket wird in Gänze als *Protocol Data Unit* (PDU) bezeichnet, während der *Payload*, d.h. die zu übertragenden Daten, als *Service Data Unit* (SDU) geführt wird.

Abb. 1.3-5 illustriert den 'Normalfall', in dem das IP-Paket eine SDU der Transportschicht als Payload beinhaltet, ist das Konzept 'Nachrichtenträger' jedoch viel universeller. Faktisch kann ein IP-Paket nahezu beliebige 'Lasten' transportieren – und sogar unabhängig von ihrer 'Schichtenzughörigkeit'.

Netzwerk Neutralität

Zusätzlich zu IP zeigt Abb. 1.5-1 auf Schicht 3 ergänzend die Protokolle ICMP und IGMP sowie IPsec. Es ist aber auch möglich, dass ein IP-Pakete quasi 'Huckepack' ein anders IP-Paket beinhaltet (*IP-in-IP-Encapsulation*), wobei diese Art des Transports sowohl für IPv4-Pakete in IPv6-Paketen als auch umgekehrt von Bedeutung ist. Ferner ist erlaubt, dass über das Protokoll IP auch Daten anderer Schicht 3 Protokolle übertragen werden können. Somit unterstützt IP im Grunde genommen bereits die *Netzwerk-Neutralität*: Jedes IP-Paket ist gleichberechtigt zu übertragen.

Netz verweilen darf. Weil diese Zeit in jedem Router (Netzknoten) um 1 verringert wird, ist sie gleichbedeutend mit der maximalen Anzahl von Routern (d.h. von *Hops*), die ein IP-Paket durchlaufen darf. Fällt der Wert der Lebenszeit auf 0, muss das IP-Paket im Router verworfen werden. Der Quellrechner wird in diesem Fall mit einer Nachricht des Protokolls ICMP darüber informiert.

- `Protocol` (*Protokollnummer*)
  In diesem Feld wird die Nummer des Protokolls der höheren Schicht – d.h. des Transportprotokolls – angegeben, an dass das IP-Paket weitergegeben werden muss (vgl. Abb. 1.4-10). Eine Liste von einigen Protokollnummern zeigt Tab. 2.2-2.
- `Header Checksum` (*IP-Header-Prüfsumme*)
  Dieses Feld enthält die Prüfsumme, mit der der IP-Header – einschließlich Optionen – auf das Vorhandensein von Übertragungsfehlern geprüft wird. Die Prüfung von Nutzdaten aus den IP-Paketen findet innerhalb des TCP-Protokolls statt [Abschnitt 3.3-1].
- `Source Address` (*IP-Quelladresse*)
  Das Feld beinhaltet die IP-Adresse (auch Internet-Adresse genannt) des Quellrechners, der das IP-Paket erzeugt und abgeschickt hat. Auf die Struktur von IP-Adressen geht Abschnitt 2.3 detailliert ein.
- `Destination Address` (*IP-Zieladresse*)
  Das Feld beinhaltet die IP-Adresse des Zielrechners, der das IP-Paket empfangen soll.
- `Options` (*Optionen*)
  Die Angaben in diesem Feld ermöglichen eine besondere Nutzung von IP [Abb. 2.2-6]. Beispiele für die Nutzung dieses Feldes sind: Bereitstellung von Zeitmarken, Sicherheit sowie Routing-Funktionen. Dieses Feld muss, wie der Name schon sagt, nicht vorhanden sein. Auf die Nutzung von Optionen geht Abschnitt 2.2.3 näher ein.
- `Padding` (*Füllzeichen*)
  Wenn das Option-Feld nicht ein Vielfaches des 32-Bit-Wortes lang ist, dann füllt dieses Feld den IP-Header auf ein Vielfaches von 32 Bit auf.

## 2.2.1 Differentiated Services

Das Byte `ToS/DS` im IP-Header dient dazu, die Art und Weise der Behandlung des IP-Pakets in Routern zu spezifizieren. Somit kann dieses Byte für die QoS-Unterstützung in IP-Netzen benutzt werden. Wie Abb. 2.2-2 illustriert, gibt es zwei Festlegungen für die Nutzung dieses Byte:

- Nutzung als *Type of Service* (ToS) [RFC 1349],
- Nutzung als *Differentiated Services* (DS) [RFC 2474].

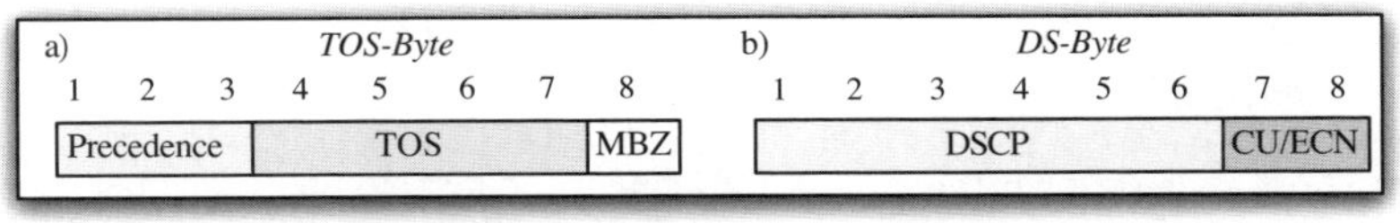


**Abb. 2.2-2:** Feld ToS/DS im IP-Header nach: a) RFC 1349, b) RFC 2474 und 3168
MBZ: Must Be Zero (`MBZ = 0`)

| Wert | ToS-Precedence | Wert | ToS-Bedeutung |
|---|---|---|---|
| 001 | Internetwork control | 1000 | Minimize delay |
| 101 | Priority | 0100 | Maximize throughput |
| 110 | Traffic Routing | 0010 | Maximize reliability |
| 111 | Network control | 0000 | Normal service |

**Tab. 2.2-1:** Interpretation der ToS-Bit gemäß RFC 1349

Type of Service

Entsprechend RFC 1349 besitzt das Feld ToS folgende Interpretation [Tab. 2.2-1]:

Wozu DiffServ?

Es hat sich herausgestellt, dass die 3 Precedence-Bit nach RFC 1349 und die damit möglichen 8 Verkehrsklassen zukünftig nicht ausreichend sind, um QoS-Anforderungen bei der Multimedia-Kommunikation über IP-Netze zu unterstützen. Deshalb wurden die *Differentiated Services* (kurz *DiffServ*) im RFC 2474 vorgeschlagen. Nach DiffServ können die virtuellen Verbindungen in Behandlungsklassen aufgeteilt werden. Um QoS-Anforderungen zu unterstützen, werden die Ressourcen im Netz nicht pro Verbindung, sondern für eine bestimmte Klasse reserviert [Abb. 2.2-3]. Das herkömmliche ToS-Byte in RFC 1349 wird in RFC 2474 als DS-Byte (*DiffServ*) bezeichnet.

Die Angaben im DS-Byte haben folgende Bedeutung:

- DSCP (*Differentiated Services!Code Point*): Die DSCP-Werte werden hier in folgende drei Mengen (*Pools*) eingeteilt [Tab. 2.2-2].
- CU/ECN (*Currently Unused / Explicit Congestion Notification*): Nach RFC 2474 werden diese Bit nicht verwendet – also CU (*Currently Unused*). Gemäß RFC 3168 sollen sie allerdings für die Überlastkontrolle (*Congestion Control*) [Abschnitt 1.2.3] nach dem Verfahren ECN (*Explicit Congestion Notification*) verwendet werden.

| Pool | DSCP | Bedeutung |
|---|---|---|
| 1 | xx xx x0 | Standardisierung |
| 2 | xx xx 11 | experimentelle oder lokale Nutzung |
| 3 | xx xx 10 | zuerst lokale Nutzung |

**Tab. 2.2-2:** Pools und ihre Bedeutung bei Differentiated Services gemäß RFC 2474

Das DS-Byte wurde so strukturiert, um die Kompatibilität zum herkömmlichen ToS-Byte zu gewährleisten. Dies soll ermöglichen, dass die neuen und die Diff-Serv-basierten Lösungen mit den klassischen IP-Systemen zusammenarbeiten können. RFC 1394 wurde jedoch durch RFC 2474 abgelöst, sodass in zukünftigen Lösungen nur das DS-Byte relevant ist.

Klassifizierung der IP-Pakete

Die Markierung der IP-Pakete für die Klassifizierung nach DiffServ durch das Setzen von DSCP-Bit im DS-Byte kann entweder durch eine Applikation im Quellrechner oder durch einen Router am Eingang zu einem Transitnetz stattfinden. Die Klassifizierung kann nach Quell- und IP-Zieladressen oder nach dem Transportprotokoll (TCP, UDP) bzw. nach der Nummer des Zielports (d.h. nach der Applikation) erfolgen. Die IP-Pakete mit gleichem DSCP-Wert bilden einen Strom von IP-Paketen, der im Netz auf die gleiche Art und Weise behandelt wird. Durch DSCP kann man einerseits an die zu übertragenden IP-Pakete theoretisch bis zu 64 verschiedene Prioritäten vergeben. Andererseits stellen jedoch die bestehenden Übermittlungsnetze (wie z.B. ATM-Netze) nur bestimmte Netzdienste zur Verfügung, weshalb in der Praxis nur wenige Dienstklassen und damit auch Prioritätsklassen unterstützt werden.

Behandlungsklassen

Liegt ein IP-Paket mit `DSCP = x` zum Senden vor, muss irgendwo abgelesen werden können, nach welchem Dienst im Netz dieses IP-Paket übermittelt werden soll. Die Art und Weise der Behandlung der IP-Pakete in einem Transportnetz wird durch dessen Dienste bestimmt. Um die Behandlung der IP-Pakete bei DiffServ zu spezifizieren, werden die Behandlungsklassen, *Per Hop Behaviours* (PHB), eingeführt. Wie Abb. 2.2-3 zeigt, werden oft mehrere DSCP-Werte einer Behandlungsklasse zugeordnet.

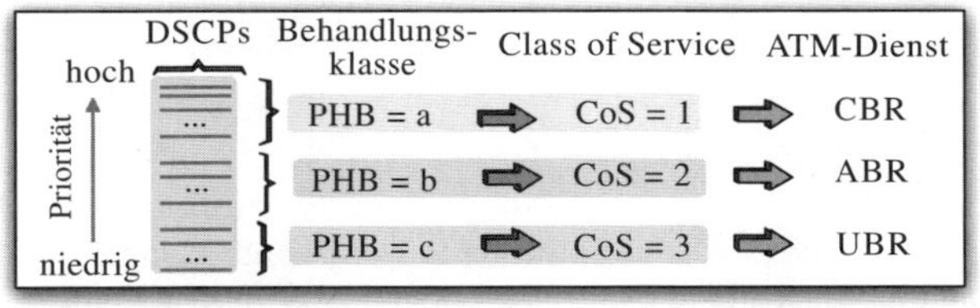


**Abb. 2.2-3:** Behandlungsklassen von IP-Paketen und Netzdiensten bei DiffServ
A/C/UBR: Available/Constant/Unspecified Bit Rate, ATM: Asynchronous Transfer Mode

DSCP bestimmt den Netzdienst

Anhand von DSCP wird entschieden, welche PHB angewendet werden soll. Ein PHB-Wert entspricht einer Dienstklasse CoS (*Class of Service*) und bestimmt den Dienst in einem Übermittlungsnetz (wie z.B. ATM-Netz), nach dem die Übermittlung der IP-Pakete erfolgen soll. Da die PHB-Werte zur Identifikation der Netzdienste (d.h. von `CoS`) dienen, müssen die Router in IP-Netzen eine Tabelle mit der Zuordnung

`DSCP-Wert (e)` $\Rightarrow$ `PHB-Wert` $\Rightarrow$ `Netzdienst`

enthalten, um den Netzdienst zu bestimmen. Für Näheres über DiffServ seien empfohlen [Arm00], [Bla00], [Kil99] und `http://www.ietf.org/html.charters/OLD/diffserv-charter.html`.

## 2.2.2 Fragmentierung der IPv4-Pakete

MTU als Netzparameter

In den Netzen ist die Länge der übertragbaren Datenblöcke immer eingeschränkt. Abhängig vom Netz wird die maximale Länge der IP-Pakete in einem Netz als *Maximum Transfer Unit* (MTU) in Byte angegeben. IP ist in der Lage, zu übertragende IP-Pakete an unterschiedliche MTU-Werte anzupassen und sie entsprechend den MTU-Werten der einzelnen Netze unterwegs zu fragmentieren, d.h. große IP-Pakete in eine Reihe von kleineren IP-Teilpaketen (IP-Fragmente) aufzuteilen. In einem alten X.25-Netz dürfen beispielsweise die Pakete nicht größer als 128 Byte sein, während das Ethernet eine Frame-Länge bis zu 1526 Byte erlaubt.

Was ist Fragmentierung?

Unter *Fragmentierung der IP-Pakete* versteht man die Fähigkeit von IP, in einem Router (Netzknoten) oder dem Quellrechner die zu sendenden IP-Pakete aufzuteilen, sodass sie zum nächsten Router oder zum Zielrechner übertragen werden können. Ein Quellrechner kann auch verbieten, dass ein IP-Paket fragmentiert werden darf. Hierfür muss der Quellrechner das Bit `DF` (*Don't Fragment*) im Feld `Flags` des IP-Header auf 1 setzen. Die Länge der IP-Pakete liegt zwischen 576 und maximal 65 536 Byte. Wenn man die minimale Länge von 20 Byte des IP-Header berücksichtigt, bleiben für die weiteren Daten

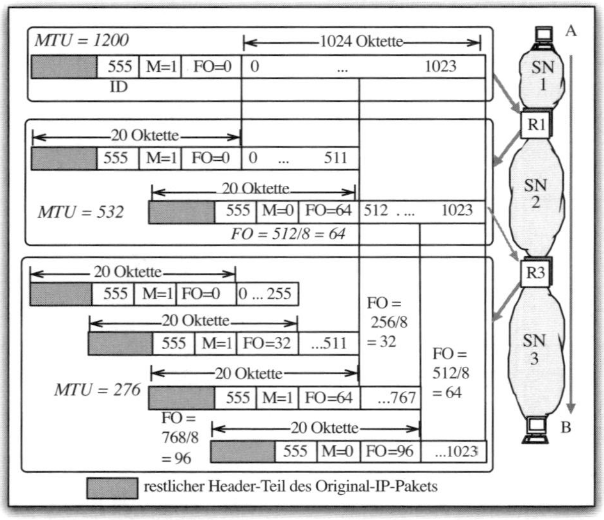


**Abb. 2.2-4:** Beispiel für die Fragmentierung eines IP-Pakets
FO: Fragment Offset, M: More Fragments, ES: Endsystem. R: Router, SN: Subnetz

und den TCP-Header noch 65 516 Byte. Die minimale Länge von 576 Byte muss jede TCP/IP-Implementierung unterstützen.

Fragmentierung eines IP-Pakets

Die Fragmentierung eines IP-Pakets veranschaulicht Abb. 2.2-4. Hier wurde angenommen:

- die maximale Paketlänge im Subnetz 1 beträgt 1200 Byte, d.h. `MTU = 1200` Byte,
- im Subnetz 2 ist `MTU = 532` Byte,
- im Subnetz 3 ist `MTU = 276` Byte,
- IP-Header minimaler Länge 20 Byte (d.h. ohne Option-Feld und ohne Füllzeichen).

Fragment Offset

Soll ein IP-Paket mit der Länge 1044 Byte vom Quellrechner *A* am Subnetz *1* zum Zielrechner *B* am Subnetz *3* übermittelt werden, muss es unterwegs fragmentiert werden. Da im Subnetz *2* `MTU = 523` ist, wird dieses Original-IP-Paket im Router *1* auf zwei IP-Teilpakete (auch IP-Fragmente genannt) aufgeteilt. Im ersten IP-Teilpaket [Abb. 2.2-4] hat das Feld `Fragment Offset` (`FO`) den Wert `0`. Damit wird die Position von Daten (Byte 0 ... 511) dieses Teilpakets in Daten (Byte 0 ... 1023) des Original-IP-Pakets angegeben. Die Länge von Daten in Byte im ersten Teilpaket durch 8 gibt den `FO`-Wert im zweiten Paketteil, d.h. `FO = 512/8 = 64`. Im ersten Teilpaket ist das Bit `MF` (*More Fragments* ) auf 1 gesetzt, da weitere IP-Teilpakete folgen. Im zweiten Teilpaket ist das Bit `MF` gleich 0, da es sich hierbei um das letzte Teilpaket handelt.

IP-Teilpakete

Da der MTU-Wert in Subnetz 3 kleiner ist als der in Subnetz 2, muss jedes IP-Teilpaket im Router 3 nochmals fragmentiert werden. Hierbei ist folgendes zu erkennen Abb. 2.2-5: Der Header des Original-IP-Pakets muss n allen IP-Teilpaketen enthalten sein, da er die Adressen (als Routenwahl-Information) enthält. Deshalb kann die Fragmentierung eines IP-Pakets nur durch eine Aufteilung seiner Daten (und nicht seines Header!) erfolgen. In allen IP-Teilpaketen wird die Identification (kurz `ID`) des ursprünglichen Pakets mitgeführt. Dies ermöglicht, die IP-Teilpakete im Zielrechner so zu sortieren, dass das

Original-IP-Paket zurückgewonnen werden kann. Das Bit `MF` wird in allen Teilpaketen, mit Ausnahme des letzten, auf 1 gesetzt. Der `FO`-Wert gibt an, an welcher Position ich die einzelnen 'Datenportionen' in den Originaldaten befinden. Dadurch können die einzelnen IP-Teilpakete wieder zum ursprünglichen Original-IP-Paket zusammengesetzt werden, auch wenn sie nicht in der richtigen Reihenfolge ankommen.

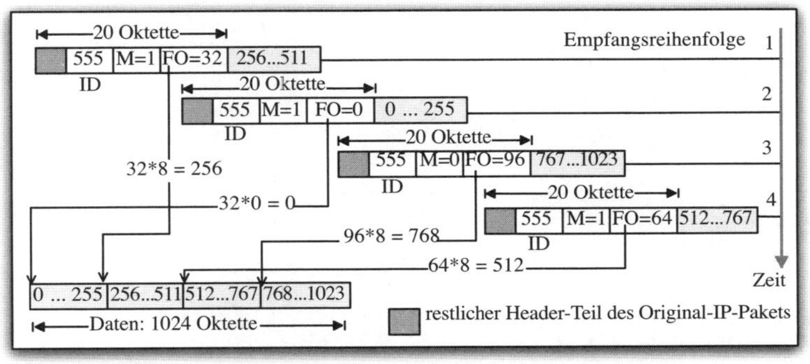


**Abb. 2.2-5:** Zusammensetzen von IP-Teilpaketen zum ursprünglichen IP-Paket
ID: Identification, FO: Fragment Offset

Zusammensetzen der IP-Teilpakete

Hierbei ermittelt der Zielrechner zunächst über die `ID`, welche Teilpakete zu einem Originalpaket gehören. Wie in Abb. 2.2-5 ersichtlich ist, enthält jedes Teilpaket den vollständigen IP-Header des Original-IP-Pakets. Im IP-Header jedes Teilpakets ist ein Identifikationsfeld `ID = 555` vorhanden, mit dessen Hilfe alle Teilpakete eines Original-IP-Pakets erkannt und zusammengesetzt werden können. Die Zusammensetzung muss unter Angabe des Feldes `Fragment Offset` (`FO`) erfolgen, damit die Lage von Datenfragmenten innerhalb des Original-IP-Pakets berechnet werden kann.

Überwachung der Paketverluste

Um zu verhindern, dass bei verloren gegangenen Teilpaketen unnötig Pufferspeicher beim Empfänger reserviert wird, wird bei Ankunft des ersten Teilpakets eine Zeitüberwachung (eine maximale Wartezeit auf alle Teilpakete) gestartet. Ist diese Wartezeit abgelaufen, bevor alle Teilpakete eingetroffen sind, werden die zu diesem Zeitpunkt angekommenen Teilpakete vom Empfänger verworfen. Eine wiederholte Übertragung des Original-IP-Pakets muss vom Transportprotokoll TCP veranlasst werden. Die maximale Wartezeit ist in der Regel auf 30 Sekunden eingestellt.

Einsatz von ICMP

Ein einfaches Mittel zur Überwachung des Datenflusses ist z.B. die Nachricht `Source Quench` (Senderate reduzieren) des Protokolls ICMP, die von der IP-Schicht abgesetzt wird. Dies wird immer dann notwendig, wenn z.B. die Daten vom Sender so schnell beim Empfänger ankommen, dass er sie nicht mehr verarbeiten kann. Somit wird der Sender per ICMP aufgefordert, die zu sendende Datenmenge zur reduzieren. Die TCP-Instanz erhält diese Information und dekrementiert die Menge der zu übertragenden Daten auf dieser Verbindung. Das Protokoll ICMP wird in Abschnitt 2.7 dargestellt.

### 2.2.3 Optionen in IP-Paketen

Im Header eines IP-Pakets können mehrere Felder `Option` eingebettet werden [Abb. 2.2-1]. Diese Angaben werden insbesondere für Diagnose- und Testzwecke und für die Realisierung von bestimmten Sicherheitsmaßnahmen sowie von MPTCP [Abschnitt

6.5.4] verwendet. In manchen TCP/IP-Implementierungen (z.B. unter UNIX) können diese Optionen durch Dienstprogramms *ifconfig* eingestellt werden. Die Struktur der Optionsangaben zeigt Abb. 2.2-6.

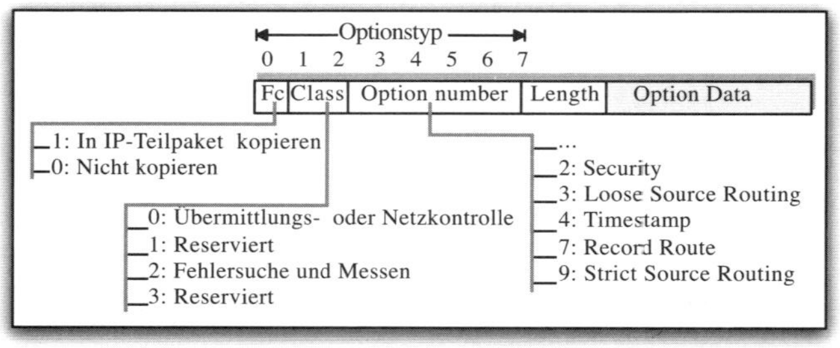


**Abb. 2.2-6:** Struktur des Felds `Option` in IP-Paketen

IP-Optionen

Wie hier ersichtlich ist, beinhaltet das erste Byte den Optionstyp. Im Feld `Option Number` wird die Funktion kodiert. Mit dem ersten Bit `Fc` (*Flag copy*) wird angezeigt, ob die Optionsangaben in allen IP-Teilpaketen (bei der Fragmentierung eines IP-Pakets) kopiert werden sollen. Ist hier der Wert `0` gesetzt, wird die Option nur im ersten IP-Teilpaket übermittelt. Beispielsweise müssen Sicherheitsoptionen nicht in allen IP-Teilpaketen kopiert werden. Das Feld `Class` bezeichnet die Klasse der Option. Die Option `Timestamp` gehört hierbei zur Klasse 2. Die weiteren hier erwähnten Optionen gehören zur Klasse 0. Im Feld `Length` wird die gesamte Länge der Option eingetragen. Auf den Einsatz von einigen Optionen wird nun kurz eingegangen.

Source Routing

Mit der Hilfe der Optionen `Strict Source Routing` und `Loose Source Routing` soll es möglich sein, dass IP-Pakete nur über bestimmte Router zwischen dem Quell- und dem Zielrechner übermittelt werden. Die Route für die Übertragung der IP-Pakete wird in diesem Fall durch den Quellrechner festgelegt, man spricht in diesem Fall von `Source Routing`. Wird die Route im Quellrechner vollständig festgelegt, so handelt es sich um eine genaue Route. Hierfür kann die Option `Strict Source Routing` genutzt werden. Abb. 2.2-7 veranschaulicht die Art und Weise der Nutzung dieser Option.

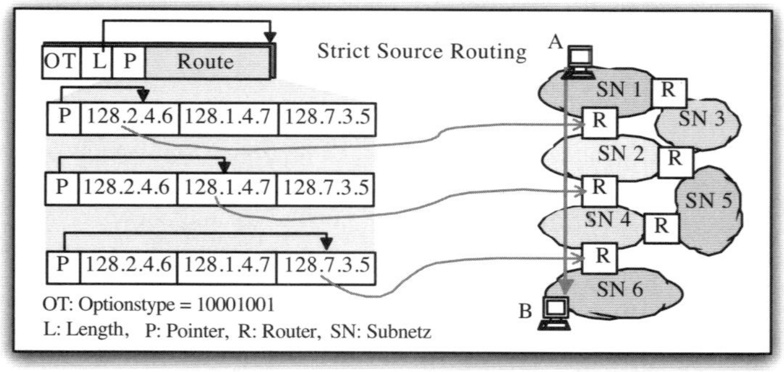


**Abb. 2.2-7:** Beispiel für die Nutzung der Option `Strict Source Routing`

Die Festlegung der Route erfolgt hierbei durch die Angabe der IP-Adressen von unterwegs liegenden Routern. Im Feld `Pointer` wird angegeben, welche IP-Adresse als nächste unterwegs zu erreichen ist. Im Quellrechner wird dann auf den ersten Router mit der

Adresse 128.2.4.6 verwiesen. Der erste Router modifiziert diesen Pointer, indem er ihn auf die nächste IP-Adresse 'verschiebt'. Dieses Verfahren gilt auch für alle nachfolgenden Router. Auf diese Art und Weise erfolgt eine genaue Übermittlung des IP-Pakets gemäß der Strict Source Routing Angaben.

Ist die Route im Quellrechner nicht vollständig festgelegt, handelt es sich um eine *Loose Route*. Wie Abb. 2.2-8 zeigt, kann hierfür die Option Loose Source Routing verwendet werden. Hier sind nur einige Router auf der Strecke zwischen Quell- und Zielrechner festgelegt. Im gezeigten Beispiel werden die IP-Pakete vom Quellrechner an den Router Ra mit der IP-Adresse 128.2.4.6 geleitet. Für Ra ist der Router Re mit der IP-Adresse 128.7.3.5 das Zielsystem. Der Router Rb leitet das Paket nach der eigenen Routing-Tabelle zum Router Re als Ziel weiter. Der Weg von Rb zu *Re* kann über Rb bzw. über *Rc* erfolgen. Im Feld *Pointer* wird daher angegeben, welche IP-Adresse als die nächste unterwegs zu erreichen ist. Jeder Router unterwegs muss den Pointer auf die IP-Adresse des nächsten Routers 'verschieben'.

Loose Source Routing

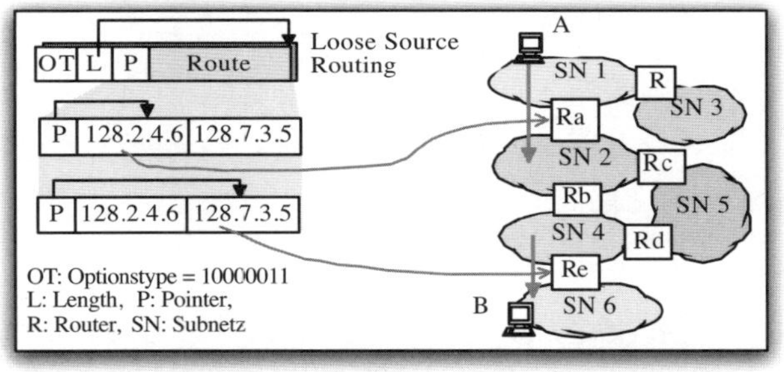


**Abb. 2.2-8:** Beispiel für den Einsatz der Option Loose Source Routing

> **Bemerkung**: Beide Einsatzmöglichkeiten von Source Routing werden heute als Sicherheitsrisiko verstanden und IP-Pakete mit der Option Source Routing werden häufig von einer *Firewall* verworfen. Zudem kann der Empfänger darüber entscheiden, ob die Source Routing Angaben beachtet werden.

Abb. 2.2-9 illustriert das Prinzip der Aufzeichnung der Route. Mit der Option *Recording Route* werd jeder Router aufgefordert, beim Weiterleiten des Pakets seine *IP-Sendeadresse* im Paket hinzuzufügen. Auf diese Weise kann die Route zwischen Quell- und Zielrechner für jedes IP-Paket aufgezeichnet werden. Unter Unix steht hierfür das Kommando *tracreoute* und unter Windows *tracert* zur Verfügung.

Recording Route: traceroute

Wie in [Abb. 2.2-9] ersichtlich ist, verweist der Pointer auf den nächsten leeren Platz (Slot) für die Abspeicherung der IP-Adresse des Routers. Unterwegs muss jeder Router, nachdem er seine IP-Adresse eingetragen hat, den Pointer auf den nächsten Platz 'verschieben'. Anhand der Option Recording Route kann der Datenpfad, über den IP-Pakete einen bestimmten Router bzw. einen Zielrechner erreichen, ermittelt werden. Im IP-Header muss dementsprechend genügend Platz zum Speichern der IP-Adressen reserviert werden.

Mit der Option Timestamp ist es möglich, die Uhrzeiten zu ermitteln, zu denen ein IP-Paket in verschiedenen Routern unterwegs war. Mit dieser Option lassen sich die

Aufzeichnung der Zeit

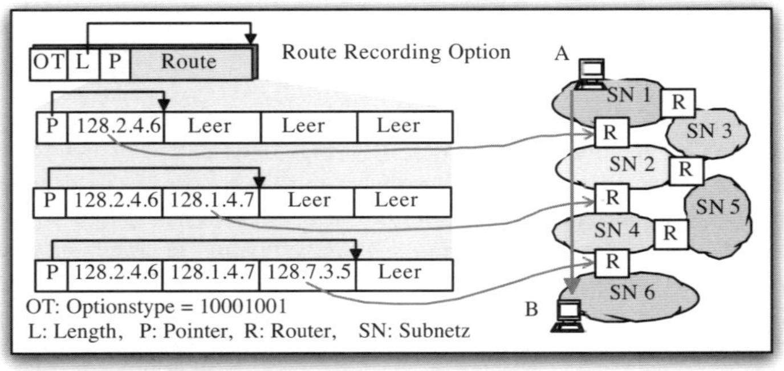


**Abb. 2.2-9:** Beispiel für die Nutzung der Option `Recording Route`

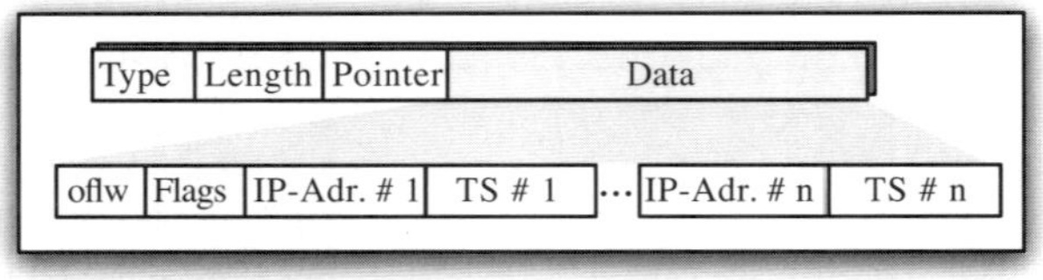


**Abb. 2.2-10:** Struktur des Optionsfelds `Timestamp`
oflw: Overflow, TS: Timestamp

Verzögerungen erfassen, die auf den einzelnen Teilstrecken entstehen. Die Struktur des Optionsfeldes `Timestamp` zeigt Abb. 2.2-10.

Mögliche Nutzung von Timestamp

Im Feld `Data` trägt jeder Router seine IP-Adresse und den Zeitstempel im 32-Bit-Feld `TS` ein. Der übermittelte Zeitstempel wird in der Regel über die Auswertung des Hardware-Zeitgebers, d.h. der *Real-Time Clock* (RTC), eingestellt. Während typischerweise die zufälligen Abweichungen der übermittelten Zeit auf das Konto von Netzschwankungen gehen, erlauben die systematischen Schwankungen die Identifikation des Endsystems; selbst über z.B. eine Firewall hinaus [`http://www.cse.ucsd.edu/users/tkohno/papers/PDF`].

Der `Timestamp` in einem einzelnen IP-Paket des Senders ist zwar nicht aussagekräftig; mittels einer Folge von aufgezeichneten Timestamps kann jedoch ein Rechner wie über einen Fingerabdruck identifiziert werden. Falls die Optionslänge zu kurz ist, können die letzten Router unterwegs ihre Zeitangaben nicht eintragen. In diesem Fall wird im Feld `oflw` (*overflow*) die Anzahl von solchen Routern angegeben. Die Angaben im 4-Bit-Feld `Flags` lassen einige zusätzliche Möglichkeiten zu; beispielsweise:

- `Flags = 0`: Eintragen nur der Zeit im `TS`-Feld bzw.
- `Flags = 1`: Eintragen der IP-Adresse und der Zeit.

## 2.3 IPv4-Adressen

Aufbau von IPv4-Adressen

Jedes Endsystem (Rechner, Router) im Netz wird beim Einsatz der Protokollfamilie TCP/IP durch eine logische IPv4-Adresse (kurz IP-Adresse) identifiziert, die eindeutig sein muss Jede IP-Adresse (genauer gesagt jede *Unicast-IP-Adresse*) hat allgemein folgende Struktur:

```
Netz-ID , Host-ID (ID = Identifikation)
```

Die *Netz-ID* (auch als *Netzwerk-ID* bezeichnet) identifiziert sämtliche Systeme, die sich im gleichen Netz befinden. Alle Systeme im gleichen Netz müssen dieselbe Netz-ID tragen. Die *Host-ID* identifiziert ein beliebiges Endsystem (Arbeitsstation, Server, Router, ...) im Netz. Die Identifikation *Host-ID* muss für jedes einzelne Endsystem in einem Netz (d.h. für eine *Netz-ID* eindeutig sein.

IP-Adresse wie postalische Adresse

Die IP-Adresse ist mit einer postalischen Adresse vergleichbar und muss die Position eines Systems im Netz auf die gleiche Weise identifizieren wie die postalische Adresse ein Haus. Genauso wie jede postalische Adresse einen eindeutigen Wohnsitz identifiziert, hat eine IP-Adresse weltweit eindeutig einen Rechner bestimmen.

IP-Adressklassen

Es werden fünf Klassen (*Class*) von IP-Adressen definiert, um den Aufbau von Netzen unterschiedlicher Größe zu ermöglichen. Die Klassen von IP-Adressen sind in Abb. 2.3-1 dargestellt. Die Adresse einer Klasse legt fest, welche Bit für die Netz-ID und welche für die Host-ID verwendet werden. Sie bestimmt ebenfalls die mögliche Anzahl der Netze und Endsysteme (Hosts).

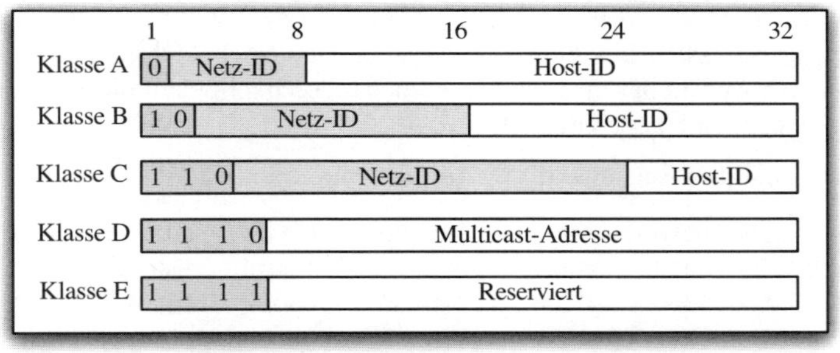


**Abb. 2.3-1:** Klassen von IP-Adressen und ihre Struktur

Die einzelnen Klassen von IP-Adressen sind:

- **Klasse A** (*Class* A)
  Die Adressen dieser Klasse werden Netzen mit einer sehr großen Anzahl von Endsystemen zugewiesen. Das Bit mit dem höchsten Wert einer Adresse der Klasse `A` ist immer auf `0` gesetzt. Die nächsten sieben Bit schließen die Netz-ID ab. Die restlichen 24 Bit (d.h. die restlichen 3 Byte) bilden die Host-ID. Dies ermöglicht, $2^7 = 126$ Netze und circa 17 Millionen von Endsystemen pro Netz zu identifizieren.
- **Klasse B** (*Class B*)
  Die Adressen dieser Klasse werden mittelgroßen und großen Netzen zugewiesen. Die zwei höchstwertigen Bit einer Adresse der Klasse `B` sind immer auf `10` gesetzt. Die weiteren 14 Bit (zur Vervollständigung der ersten beiden Byte) stellen die Netz-ID dar. Die letzten 2 Byte bilden die *Host-ID*. Dies ermöglicht, $2^{14} = 16384$ Netze und circa 65 000 Endsysteme pro Netz zu identifizieren.
- **Klasse C** (*Class C*)
  Die Adressen dieser Klasse `C` werden für kleine Netzwerke (wie z.B. LANs) verwendet. Die

3 höchstwertigen Bit einer Adresse der Klasse C sind immer auf 110 gesetzt. Die weiteren 21 Bit stellen die Netz-ID dar. Das letzte Byte bildet die Host-ID.

- **Klasse D** (*Class D*)
  Die Adressen dieser Klasse D werden für den Einsatz bei Multicast-Gruppen (als geschlossene Benutzergruppen) verwendet. Eine Multicast-Adresse wird daher mehreren Endsystemen zugeordnet. Die 4 höchstwertigen Bit einer Multicast-Adresse sind immer auf 1110 gesetzt. Die restlichen Bit bezeichnen eine Gruppe von Endsystemen. Die Multicast-Adressen enthalten keine Netz- bzw. Host-ID-Bit. Die IP-Pakete werden an eine ausgewählte Gruppe der Endsysteme weitergeleitet. Um die IP-Pakete an eine Gruppe von Rechnern in einem LAN verteilen zu können, muss eine Multicast-IP-Adresse auf eine Multicast-MAC-Adresse abgebildet werden [Abschnitt 2.8.1].
- **Klasse E** (*Class E*)
  Die Klasse E stellt eine experimentelle Adresse dar, die nicht für den normalen Gebrauch bestimmt ist.

## 2.3.1 Darstellung von IP-Adressen

Jede IP-Adresse ist 32 Bit lang und besteht aus vier Feldern von je 8 Bit Länge, also je viermal 1 Byte. Die einzelnen Byte werden durch Punkte voneinander getrennt. Ein Byte repräsentiert eine Dezimalzahl zwischen 0 und 255. Abb. 2.3-2 zeigt die Darstellungsformen von IP-Adressen. Bei dieser Adressvergabe unterscheidet man drei Klassen von Netzen. Je nach Anzahl der im Netz vorgesehenen Rechner bekommt man eine Adresse einer entsprechenden Klasse zugeteilt.

Beispiele für IP-Adressen

Nachfolgend sind drei Beispiele für IP-Adressen aufgeführt:

```
Klasse A: 00001010 00000000 00000000 00100000 = 10.0.0.64
Klasse B: 10000010 00000011 00000011 00111100 = 130.3.3.60
Klasse C: 11000000 00001001 10010100 10000000 = 192.9.148.128
```

Im ersten Beispiel hat das Netz die feste Identifikation (ID) 10, dort befindet sich ein Endsystem mit der ID 0.0.64, d.h. das Endsystem hat die IP-Adresse 10.0.0.64. Im Beispiel der Klasse B hat das Netz die ID 130.3 und ein Endsystem die ID 3.60, somit die IP-Adresse 130.3.3.60. Das Klasse-C-Beispiel hat die Netz-ID 192.9.148, das Endsystem besitzt die ID 128, also ist die IP-Adresse 192.9.148.128.

Jede IP-Adresse hat somit die Form:

```
w. x. y. z    (z.B. 135.167.25.8)
```

Diese Darstellung von IP-Adressen wird als Dezimalformat (auch punktierte Dezimalnotation bzw. engl. *dotted decimal notation*) bezeichnet. Die Netz-ID wird hierbei durch die fette Markierung hervorgehoben. Zur bitweisen Kalkulation wird eine IP-Adresse im Binärformat dargestellt. Gelegentlich wird auch von der Hexadezimaldarstellung von IP-Adressen Gebrauch gemacht, wie im nachfolgenden Beispiel dargestellt:

| | |
|---|---|
| Dezimalformat: | 135.167.25.11 |
| Binärformat: | 10000111 10100111 00001101 00000111 |
| Hexadezimalformat: | x'87A71911' |

CIDR

Neben dieser klassenbasierten Einteilung von IP-Adressen findet insbesondere bei Internet Service Providern eine bitweise Beschreibung des Netzschemas Verwendung, das

a)

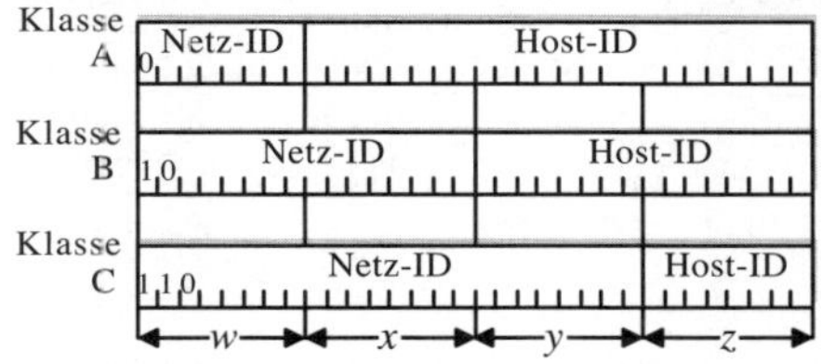


b)

| Klasse | IP-Adresse | Netz-ID | Host-ID |
|---|---|---|---|
| A | *w. x. y. z* | ***w*** | *x. y. z* |
| B | *w. x. y. z* | ***w. x*** | *y. z* |
| C | *w. x. y. z* | ***w. x. y*** | *z* |

**Abb. 2.3-2:** Darstellung von IP-Adressen: a) im Binärformat, b) im Dezimalformat

Grundlage für CIDR (*Classless Inter-Domain Routing*) geworden ist. Auf CIDR wird ausführlich in Abschnitt 2.5.3 eingegangen.

## 2.3.2 Standard-Subnetzmaske

Eine Subnetzmaske (*Subnet Mask*) kann eine Standard-Subnetzmaske (*Default Subnet Mask*) bzw. eine benutzerdefinierte Subnetzmaske darstellen. Wird ein physikalisches Netz nicht auf die Subnetze (Teilnetze) aufgeteilt, so verwendet man in diesem Fall eine Standardmaske. Wird ein physikalisches Netz auf mehrere Subnetze (Teilnetze) aufgeteilt, so muss der Benutzer eine Subnetzmaske definieren. Auf diese Möglichkeit wird später eingegangen. Zunächst wird die Bedeutung einer Standardmaske näher erläutert.

Eine Standard-Subnetzmaske ist eine 32-Bit-Kombination, die verwendet wird, um

- einen Teil der IP-Adresse auszublenden und auf diese Weise die Netz-ID von der Host-ID zu unterscheiden.
- festzustellen, ob der Ziel-Host sich im gleichen oder einem anderen (Remote-) Netz befindet. Jeder Host in einem IP-Netz muss die seinem Netz zugeordnete Subnetzmaske kennen, d.h. entweder
- eine Standardmaske, falls keine Aufteilung des physikalischen Netzes vorgenommen wird, oder
- eine benutzerdefinierte Subnetzmaske, falls das physikalische Netz auf mehrere Subnetze aufgeteilt wird [Abb. 2.4-1].

Die Länge der Standard-Subnetzmaske ist von der Klasse der IP-Adresse abhängig. Dies illustriert Tab.2.3-1. Wie hier ersichtlich ist, werden alle Bit, die zu einer Netz-ID gehören, auf `1` gesetzt. Der Dezimalwert jedes Byte beträgt jeweils `255`. Alle Bit, die zur Host-ID gehören, werden auf `0` gesetzt.

Bit-Arithmetik

Um die Identifikation des Zielnetzes (d.h. die Ziel-Netz-ID) aus einer IP-Adresse 'herauszufiltern', wird eine Operation `Bitwise_AND` für IP-Adresse und Subnetzmaske ausgeführt. Diese Operation erläutert Abb. 2.3-3.

Die Operation `Bitwise_AND` besteht darin, dass jedes einzelne Bit der IP-Adresse mit dem entsprechenden Bit in der Subnetzmaske verglichen wird. Wenn beide Bit `1` sind,

| Adressklasse | Standard-Subnetz-Maske | |
|---|---|---|
| | **Binärnotation** | **Dezimalnotation** |
| **Klasse** A | 11111111 00000000 00000000 00000000 | **255**.0.0.0 |
| **Klasse** B | 11111111 11111111 00000000 00000000 | **255.255**.0.0 |
| **Klasse** C | 11111111 11111111 11111111 00000000 | **255.255.255**.0 |

**Tab. 2.3-1:** Standard-Subnetzmasken von einzelnen Adressklassen

ist das resultierende Bit ebenfalls 1. Wenn eine andere Kombination von Bit vorliegt, ist das resultierende Bit 0.

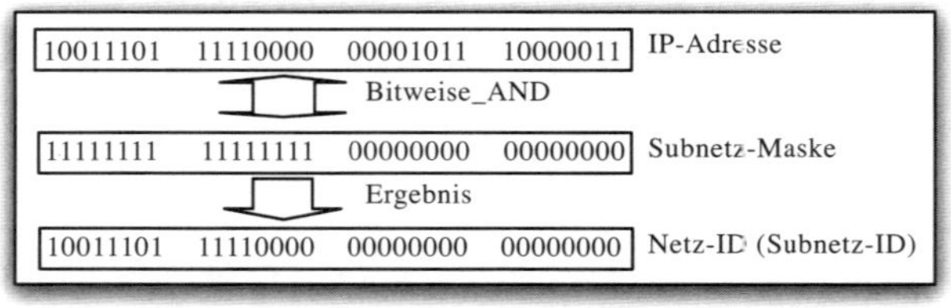


**Abb. 2.3-3:** Herausfiltern der Netz-ID mittels der Operation `Bitwise_AND`

## 2.3.3 Vergabe von IP-Adressen

Bei der Vergabe von IP-Adressen muss vordringlich darauf geachtet werden, dass die Adressen aller in einem physikalischen Netz liegenden Endsysteme (Stationen) sich nur in dem Host-ID-Teil unterscheiden und dass keine IP-Adresse doppelt vorkommt. Für die Nutzung des IP-Adressraums gelten darüber hinaus einige weitere Einschränkungen, auf die nun kurz eingegangen wird. Diese betreffen die Verwendung bestimmter Netz-Adressbereiche sowie die Vergabe lokaler IP-Adressen als Host- bzw. .

Reservierte IP-Adressen

Die IP-Adressen mit den Bitkombinationen 'Alle Bit 0' und 'Alle Bit 1' werden für besondere Zwecke verwendet und dürfen nicht an die Rechner vergeben werden. Tab. 2.3-3 listet die reservierten IP-Adressen gemäß RFC 1700.

| Spezielle IP-Adresse | Bedeutung | Beispieladresse | Beispiel |
|---|---|---|---|
| Alle Bit 0[1)] | Host im Netz | 0.0.0.0 | Keine explizit zugewiesene IP-Adresse |
| (Alle Bit 0, Host-ID)[1)] | Dieser Host im Netz | 0.0.0.143 | Der Host 143 |
| Alle Bit 1[2)] | Lokaler Broadcast | 255.255.255.255 | IP-Broadcast nur im jeweiligen lokalen Subnetz |
| (Netz-ID, Alle Bit 1)[2)] | Broadcast im Netz | 149.11.255.255 | IP-Broadcast im Netz 149.11 |
| (127, beliebig) | Loopback | 127.0.0.1 | Default-IP-Adresse des Loopback-Interfaces |

**Tab. 2.3-2:** Spezielle IP-Adressen und ihre Bedeutung
Diese IP-Adresse kann nur vorkommen: [1)] als Quelladresse, [2)] als Zieladresse

Die hier aufgelisteten speziellen IP-Adressen sind reserviert und dürfen nicht an die Rechner vergeben werden. In einem Netz der Klasse B können daher $2^{16} - 2$ IP-Adressen vergeben werden. Einem Betreiber eines Netzes der Klasse C bleiben $2^8 - 2 = 254$ Adressen, die er seinen im Netz befindlichen Endsystemen zuordnen kann. Generell können unterschieden werden:

- (lokale) IP-Netzadressen,
- (lokale) IP-Broadcast-Adressen,
- Loopback-Adresse sowie

- private IP-Adressbereiche.

Die lokale IP-Netzadresse, z.B. `135.167.0.0`, sollte nicht als Hostadresse verwendet werden. Falls alle Netz- und Host-ID-Bit auf 0 gesetzt sind, wird diese Adresse mit der Bedeutung 'nur dieses Netz' interpretiert. Aktuelle IPv4-Implementierungen entsprechend RFC 1812 lassen dies allerdings zu. Bei benutzerdefinierten Subnetzmasken [Abschnitt 2.4.1] und Class-C-IP-Netzen kommt es vor, dass die Subnetz-ID nicht auf den Wert 0 endet. Eine Host-ID darf nicht der Netz- bzw. Subnetz-Broadcast-Adresse entsprechen. Ein so eingerichteter Rechner würde neben den an ihn gerichteten Unicasts vom ganzen IP-Broadcast betroffen sein! Bei IP-Netzen mit nicht-trivialen Subnetzmasken ist daher besondere Aufmerksamkeit gefordert.

Loopback-Adresse

Auch ohne zugeteilte IP-Adresse kann ein Host eine eigene *Loopback-Adresse* (Schleifenadresse) haben. Hierfür ist der Class-A IP-Adressbereich

```
127.x.y.z (x,y,z = 0, 1, 2, ...)
```

reserviert. Einem Host können daher mehrere Loopback-Adressen nach der Interface-Hierarchie vergeben werden. Die Loopback-Adresse `127.0.0.1` bezeichnet das erste logische Interface, das zweite erhält die IP-Adresse `127.0.0.2` usw.. Durch Überprüfung der zugewiesenen IP-Adressen per *ifconfig* (bzw. *ipconfig* bei Windows) und Ansprechen einer Loopback-Adresse mittels der Kommandos *ping*, kann ein erster rudimentärer Test der Funktionsbereitschaft des TCP/IP Protokollstacks erfolgen.

### Private IPv4-Adressen

Zur Bildung privater IP-Netze innerhalb des Internet sind gemäß RFC 1918/1597 die in Tab. 2.3-3 gezeigten Adressbereiche vorgesehen. Die IP-Adressen aus diesen Bereichen werden als *private IP-Adressen* bezeichnet.

| Class | Netzpräfixnotation[1] | unterste IP-Adresse | oberste IP-Adresse | Anzahl Hosts |
|---|---|---|---|---|
| A | 10.0.0.0/8 | 10.0.0.0 | 10.255.255.255 | 16.777.216 |
| B | 172.16.0.0/12 | 172.16.0.0 | 172.31.255.255 | 1.048.576 |
| C | 192.168.0.0/16 | 192.168.0.0 | 192.168.255.255 | 65.536 |

**Tab. 2.3-3:** Bereiche privat nutzbarer IP-Adressen
[1] Netzpräfixnotation wird in Abschnitt 2.5.1 dargestellt

NAT

Die privaten IP-Adressen können von mehreren Organisationen gemeinsam benutzt werden, ohne dass Konflikte auftreten, da diese IP-Adressen weder im Internet vergeben noch ins Internet geroutet werden. In diesem Zusammenhang wird auch von einem Wiedergebrauch (*reuse*) von IP-Adressen gesprochen. Innerhalb der privaten IP-Adresssphäre lassen sich alle Dienste (wie Domain Name Service) lokal ohne Einschränkungen aufbauen und benutzen. Für die Kommunikation mit dem öffentlichen Bereich des Internet gelten jedoch spezielle Verfahrensweisen, die in den RFC 1631 und 3022 als *Network Address Translation* (NAT) beschrieben sind [Abschnitt 5.2].

NAT und ICMP

Spezielle Anforderungen bei der Nutzung von privaten IP-Adressen stellen sich z.B. im Hinblick auf das Weiterleiten von ICMP- und SNMP-Nachrichten sowie die Nutzung des Domain Name System. Es ergibt sich eine asymmetrische Situation: Einerseits sollen für Client-Applikationen aus dem privaten IP-Netz heraus Server-Applikationen im Internet transparent verfügbar sein. Andererseits gilt, dass für Client-Anwendungen aus dem Internet heraus das private IP-Netz nicht sichtbar (wohl aber erreichbar!) sein darf.

### Reservierte IPv4-Adressen

Der öffentlich verfügbare IPv4-Adressraum wird nicht nur durch die privaten IP-Adressen beschnitten, sondern auch noch durch weitere reservierte IPv4-Adressen bzw. -Netze. Neben den bekannten Loopback-Adressen, sind weitere IPv4-Bereiche von der IANA vorgesehen. IP-Pakete, die diese Adressen enthalten, werden – genauso wie bei den privaten IPv4-Adressen – nicht ins Internet geroutet. Sie sind für spezielle Einsatzgebiete deklariert [Tab. 2.3-4].

| Reservierte IPv4-Netze | Bedeutung | Bereich | RFC |
|---|---|---|---|
| 100.64.0.0/10 | Carrier Grade NAT | 10.64.0.0 - 10.64.63.255 | 6598 |
| 127.0.0.0/24 | IPv4-Loopback-Adressen | 127.0.0.1 - 127.255.255.255 | 1700 |
| 169.254.0.0/16 | IPv4-Auto-Konfiguration[1)] | 169.254.0.0 - 169.254.255.255 | 3927 |
| 192.0.0.0/24 | Spezielle IETF-Adressen | 192.0.0.0 - 192.0.0.255 | 6890 |
| 192.0.0.0/29 | DS-Lite Adressen[2)] | 192.0.0.0 - 192.0.0.8 | 6333 |
| 192.0.0.170/32, 192.0.0.171/32 | NAT64/DNS64 Discovery[2)] | 192.0.0.170 und 192.0.0.171 | 7040 |
| 192.0.2.0/24 | Beispiel- und Testnetz '1' | 192.0.2.0 - 192.0.2.255 | 5737 |
| 192.88.99.0/24 | 6to4 Anycast[2)] | 192.88.99.0 - 192.88.99.255 | 3068 |
| 198.18.0.0/15 | Testnetz für Netzkomponenten | 198.18.0.0 - 198.19.255.255 | 2544 |
| 198.51.100.0/24 | Testnetz '2' | 198.51.100.0 - 198.51.100.255 | 5737 |
| 203.0.113.0/24 | Testnetz '3' | 203.0.113.0 - 203.0.113.255 | 5737 |

**Tab. 2.3-4:** Bereiche reservierter IPv4-Adressen mit deren Bedeutung
DS-Lite: Dual Stack-Lite [Abschnitt 9.3] [1)] Bereich der Autoconf-Adressen [Abschnitt 4.2], [2)] vorgesehen für die IPv6-Migration [Kapitel 9]

### Multihoming

Die Host-ID muss in einem Netz (bzw. einem Subnetz) eindeutig sein. Die Netz-ID identifiziert sämtliche Endsysteme, die sich im gleichen physikalischen Netz befinden. Allen Endsystemen eines physikalischen Netzes ist somit dieselbe Netz-ID zuzuteilen. Falls mehrere Netze über Router miteinander verbunden sind, kann der Router als ein *Multinetz-Endsystem* angesehen werden. Jedem Port (Interface) eines Routers muss eine entsprechende IP-Adresse aus dem angebundenen Netz zugewiesen werden. Systeme mit mehreren, aus unterschiedlichen Subnetzen stammenden IP-Adressen werden als *Multihomed* bezeichnet. In diesem Zusammenhang spricht man auch von *Multihoming* [Abb. 2.3-4a].

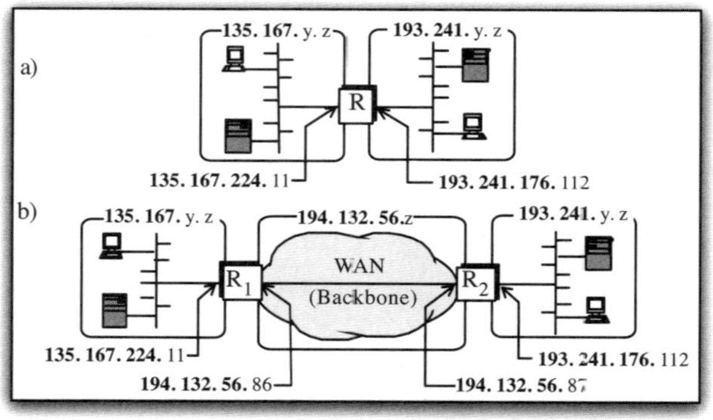


**Abb. 2.3-4:** Router als ein Multinetz-Endsystem bei einer: a) lokalen Vernetzung, b) standortübergreifenden Vernetzung

Subnetz-ID und WAN

Wie in Abb. 2.3-4b zu sehen ist, ist einem WAN auch eine Subnetz-ID zuzuordnen, wenn die lokalen Netze durch Router standortübergreifend über das WAN verbunden sind. Zwischen diesen beiden Routern werden IP-Pakete über das WAN übermittelt, sodass die Router-Ports seitens des WAN durch eindeutige IP-Adressen identifiziert werden. Da sich unterwegs zwischen den beiden Routern im WAN kein Router mehr befindet, muss das ganze WAN aus der Routing-Sicht als ein *Subnetz* gesehen werden. In diesem Falle ist dem WAN (formal!) eine `Netz-ID` zuzuteilen und das WAN stellt nur eine Verbindung für den Datenaustausch zwischen den Routern zur Verfügung.

## 2.4 Bildung von Subnetzen

Was ist ein Subnetz?

Ein Subnetz stellt eine geschlossene Gruppe der Endsysteme (Hosts) dar, und diese Gruppe wird mit einer Subnetz-ID identifiziert. Ein Verbund von Rechnern auf der Data-Link-Schicht, die über ihre MAC-Adressen angesprochen werden können, wird als *Linksegment* bezeichnet. Wird ein Linksegment auf mehrere Teilnetze aufgeteilt, so bezeichnet man diese Teilnetze als *Subnetze*. Ein ganzes physikalisches Netz kann auch als ein 'Sonder'-Subnetz angesehen werden. Die Subnetze entstehen, wenn autonome Netze in mehrere physikalische oder logische Netze aufgeteilt werden. Mehrere physikalische Netze können auch zu einem Subnetz zusammengefasst werden; einer solchen Gruppe von Netzen muss eine gemeinsame Subnetz-ID zugewiesen werden.

Virtuelle LANs

Innerhalb von physikalischen LANs werden oft geschlossene Gruppen von Endsystemen gebildet. Diese Gruppen werden als virtuelle LANs (*Virtual LANs*, *VLANs*) bezeichnet. Ein VLAN kann als ein logisches Subnetz innerhalb eines physikalischen LAN interpretiert werden. Daher muss jedem VLAN auch eine Subnetz-ID zugewiesen werden, worauf Abschnitt 13.3 näher eingeht.

Strukturierung

Die großen IP-Netze müssen aus organisatorischen bzw. politischen Gründen oft auf kleinere Subnetze aufgeteilt werden, was man als *Strukturierung* bezeichnet. Diese Subnetze werden oft IP-Subnetze genannt. Für die Vernetzung einzelner IP-Subnetze miteinander können IP-Router bzw. IP-Switches (d.h. Layer-3-Switches) eingesetzt werden. Das Routing in IP-Netzen wird in Kapitel 9 detailliert erläutert und das Layer-3-Switching in Abschnitt 13.2.3.

IP-Adresse mit Subnetting

Um ein Netz in Subnetze unterteilen zu können, muss jedes Subnetz eine andere *Identifikation* (ID) verwenden. Diese Identifikation wird geschaffen, indem man aus der Host-ID die ersten Bit für die *Subnetz-ID* (SN-ID) nimmt und die restlichen Bit weiterhin als Host-ID nutzt. Abb. 2.4-1 illustriert dies. Für die Markierung von Bit aus den Teilen Netz-ID und Subnetz-ID wird die *benutzerdefinierte Subnetzmaske* verwendet. Eine solche Aufteilung der IP-Adresse wird oft als *Subnetting* bezeichnet.

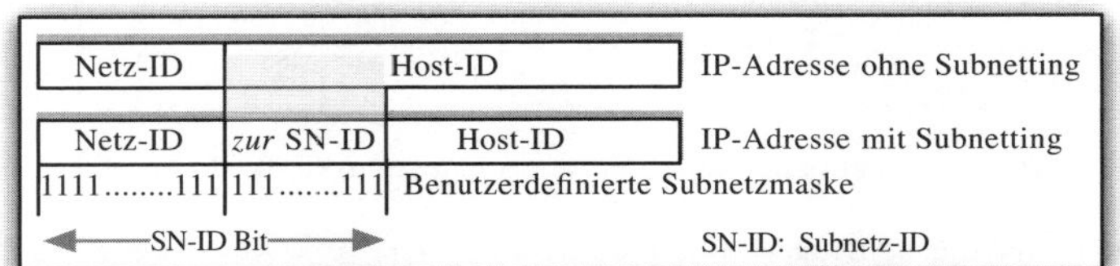


**Abb. 2.4-1:** Aufbau einer IP-Adresse mit Subnetting und benutzerdefinierter Subnetzmaske

**Beispiel**: Aufteilung eines Netzes mit `Netz-ID = 130.3` auf zwei Subnetze (Teilnetze) zeigt Abb. 2.4-2. Wie hier ersichtlich ist, haben die zwei über einen Router verbundenen Subnetze unterschiedliche Subnet-IDs, nämlich `130.3.1.` und `130.3.2.` Die Nummern der Endsysteme können in beiden Subnetzen sogar gleich sein.

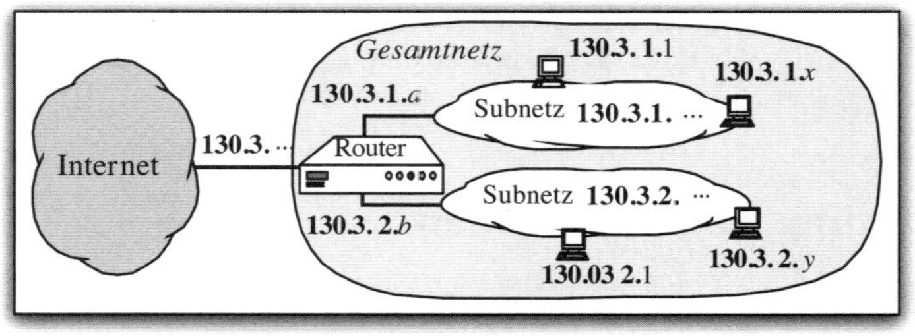


**Abb. 2.4-2:** Beispiel für die Aufteilung eines Netzes auf zwei Subnetze

Vorteile von Subnetting

Die Vorteile von Subnetzen bzw. allgemein *Subnetting* sind vor allem:

- Jeder Abteilung (bzw. Arbeitsgruppe, Organisation) kann ein getrenntes Subnetz zugeordnet werden.
- Unterschiedliche LANs (beispielsweise Ethernet und Gigabit-Ethernet) können als eigene IP-Subnetze definiert und dementsprechend über Router verbunden werden.
- Die Belastung des gesamten Netzes kann reduziert werden, indem man den (Broadcast-) Verkehr zu den einzelnen Subnetzen einschränkt.

## 2.4.1 Bestimmen von Subnetz-IDs und Host-IDs

Benutzerdefinierte Subnetzmaske

Die Festlegung einer benutzerdefinierten Subnetzmaske ist erforderlich, wenn ein physikalisches Netz vom Benutzer in mehrere Subnetze aufgeteilt wird. Bevor eine Subnetzmaske festgelegt wird, ist zuerst folgendes zu ermitteln:

- Die Anzahl der Subnetze und
- die Anzahl der Hosts pro Subnetz.

Festlegung benutzerdefinierter Subnetzmasken

Die Schritte bei der Festlegung der benutzerdefinierten Subnetzmaske für die IP-Adressen der Klasse `C` illustriert Abb. 2.4-3.

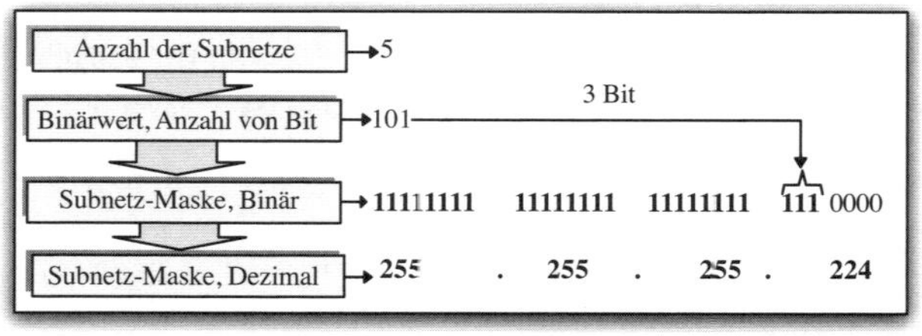


**Abb. 2.4-3:** Festlegung einer benutzerdefinierten Subnetzmaske für IP-Adressen der Klasse C

Hierbei sind folgende Schritte zu unterscheiden:

1. Zunächst ist die Anzahl der Subnetze zu ermitteln und in das Binärformat zu konvertieren.

2. Die Anzahl der Bit, die für die Darstellung der Zahl der Subnetze im Binärformat erforderlich ist, bestimmt die Anzahl von Bit der Subnetz-ID. Werden beispielsweise 5 Subnetze benötigt, beträgt der Binärwert `101`. Die Darstellung von 'fünf' im Binärformat erfordert drei Bit.
3. Sind beispielsweise drei Bit für die Identifikation der Subnetze erforderlich, werden somit die ersten drei Bit der Host-ID durch die Subnetz-ID belegt.
4. Der Dezimalwert für die binäre Kombination `11100000` beträgt `224`. Die Subnetzmaske (dezimal) ist somit `255.255.255.224`.

Beispiel: Subnetting bei Klasse-B Netz

Wie in Abb. 2.4-1 gezeigt wurde, gehören zu den Subnetz-IDs die ersten drei Bit der Host-ID, über die sich die benutzerdefinierte Subnetzmaske erstreckt. Um die Subnetz-IDs zu bestimmen, werden zunächst die möglichen Bitkombinationen von Host-ID-Bit, die durch die Subnetzmaske 'abgedeckt' werden, untersucht und dann in das Dezimalformat konvertiert. Dies illustriert Abb. 2.4-4 falls 3 Bit der Host-ID von der Subnetz-ID belegt sind.

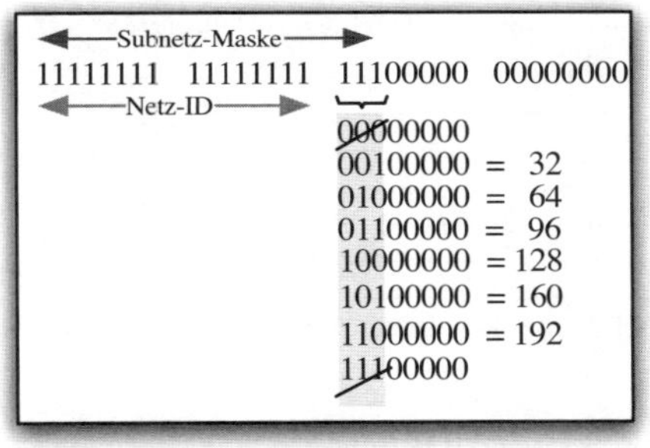


**Abb. 2.4-4:** Bestimmen von Subnetz-IDs bei einer IP-Adresse der Klasse B

Wie hier ersichtlich ist, sind dafür folgende Schritte nötig:

1. Alle möglichen Bitkombinationen aus dem Host-ID-Teil der durch die Subnetzmaske 'belegten' Bit werden ermittelt.
2. Alle Bitkombinationen, die entweder nur `0` oder nur `1` enthalten, sind ungültig.
3. Die Bitkombinationen 'Alle Bit 0' und 'Alle Bit l' sind reservierte IP-Adressen (siehe Tab. 2.3-2).
4. Die verbleibenden gültigen Bitkombinationen des letzten überstrichenen Byte werden als Dezimalwert ausgedrück und stellen jeweils eine Subnetz-ID dar.

Eine Zusammenstellung von Subnetzmasken für die beiden Adressklassen `B` und `C` enthalten die Tab. 2.4-1 und Tab. 2.4-2.

Aus Tab. 2.4-2 ist ersichtlich, dass bei der Verwendung einer IP-Adresse der Klasse `C` maximal 62 Subnetze möglich sind (siehe Abb. 2.4-4). Bei einer IP-Adresse der Klasse `B` [Tab. 2.4-1] lassen sich z.B. maximal 254 Subnetze einrichten, falls die Subnetzmaske sich nur über das dritte Byte erstreckt.

Subnetzmasken über zwei Byte

Falls eine größere Anzahl an Subnetzen eingerichtet werden soll, muss man eine längere Subnetzmaske verwenden, die sich über zwei Byte erstreckt, also unter Verwendung von mehr als 8 Bit [Tab. 2.4-2, graues Feld].

| Anzahl der Subnetze | Anzahl von ersten Host-ID Bit für Subnetzmaske | Subnetzmaske | Max. Anzahl von Hosts im Subnetz |
|---|---|---|---|
| 2 | 1 | 255.255.128.0 | 32766 |
| 4 | 2 | 255.255.192.0 | 16382 |
| 8 | 3 | 255.255.224.0 | 8190 |
| 16 | 4 | 255.255.240.0 | 4094 |
| 32 | 5 | 255.255.248.0 | 2046 |
| 64 | 6 | 255.255.252.0 | 1022 |
| 128 | 7 | 255.255.254.0 | 510 |
| 256 | 8 | 255.255.255.0 | 254 |
| 512 | 9 | 255.255.255.128 | 126 |
| 1024 | 10 | 255.255.255.192 | 62 |
| 2048 | 11 | 255.255.255.224 | 30 |
| 4096 | 12 | 255.255.255.240 | 14 |
| 8192 | 13 | 255.255.255.248 | 6 |
| 16384 | 14 | 255.255.255.248 | 2 |

**Tab. 2.4-1:** Zusammenstellung von Subnetzmasken für die IP-Adressen der Klasse B
Graues Feld: Subnetzmaske erstreckt sich über Byte 3 und 4

| Anzahl der Subnetze | Anzahl von ersten Host-ID Bit für Subnetzmaske | Subnetzmaske | Max. Anzahl von Hosts im Subnetz |
|---|---|---|---|
| 2 | 1 | 255.255.255.128 | 126 |
| 4 | 2 | 255.255.255.192 | 62 |
| 8 | 3 | 255.255.255.224 | 30 |
| 16 | 4 | 255.255.255.240 | 14 |
| 32 | 5 | 255.255.255.248 | 6 |
| 64 | 6 | 255.255.255.252 | 2 |

**Tab. 2.4-2:** Zusammenstellung von Subnetzmasken für die IP-Adressen der Klasse C

Bestimmen von Host-IDs

Nach der Festlegung von Subnetz-IDs müssen die Host-IDs in den einzelnen Subnetzen bestimmt werden. Um Host-IDs innerhalb eines Subnetzes zu bestimmen, muss man zuerst berechnen, wie viele Bit für die Host-ID zur Verfügung stehen. Betrachten wir nun das Beispiel aus Abb. 2.4-4. Falls eine IP-Adresse der Klasse B verwendet wird, in der 16 Bit für die Netz-ID und 3 Bit von der Host-ID für die Subnetz-ID bereits belegt worden sind, bleiben anschließend 13 Bit für die Host-ID. Die maximale Anzahl von Hosts pro Subnetz beträgt daher in diesem Fall $2^{13} - 2$.

Tab. 2.4-3 stellt den gültigen Bereich der Host-IDs bei der Verwendung von IP-Adressen der Klasse B, falls die Subnetz-ID die ersten 3 Bit der Host-ID belegt.

| Host-ID für Subnetz-ID | Dezimalwerte der Subnetz-ID | Erster Wert der Host-ID | Letzter Wert der Host-ID |
|---|---|---|---|
| 00000000 | 0 | ungültig | ungültig |
| 00100000 | 32 | x.y.32.1 | x.y.63.254 |
| 01000000 | 64 | x.y.64.1 | x.y.95.254 |
| 01100000 | 96 | x.y.96.1 | x.y.127.254 |
| 10000000 | 128 | x.y.128.1 | x.y.159.254 |
| 10100000 | 160 | x.y.160.1 | x.y.191.254 |
| 11000000 | 192 | x.y.192.1 | x.y.223.254 |
| 11100000 | 224 | ungültig | ungültig |

**Tab. 2.4-3:** Host-IDs bei der Verwendung von IP-Adressen der Klasse B und der Belegung der ersten 3 Bit der Host-ID für die Subnetz-ID

**Beispiel**: Ein Unternehmen plant eine Verbindung seiner Niederlassungen, die weltweit verteilt sind. Dies umfasst 50 Standorte mit etwa 1000 Subnetzen und im Durchschnitt

500 bis 800 Endsysteme pro Subnetz. Um 1000 Subnetze zu identifizieren, sind mehr als 8 Bit nötig. Um dieses Problem zu lösen, kommen die folgenden beiden Möglichkeiten in Frage:

1. Es können mehrere IP-Adressen der Klasse B verwendet werden. Um die Host-Anforderungen pro Subnetz mit einer Adresse der Klasse B erfüllen zu können, muss eine Subnetzmaske von `255.255.252.0` verwendet werden [Tab. 2.4-2]. Bei dieser Subnetzmaske sind wiederum maximal nur 62 Subnetze möglich. Um 1000 Subnetze einrichten zu können, benötigt man mindestens 17 ($1000/62 \Rightarrow 17$) Adressen der Klasse B. Bei dieser Lösung wäre folglich das ganze Unternehmen im Internet unter 17 Adressen bekannt.
2. Soll dieses Unternehmen unter einer Internet-Adresse nach außen auftreten, kann man eine IP-Adressse der Klasse A verwenden. Eine Subnetzmaske wird über zwei Byte festgelegt. Falls bespielsweise entschieden wird, eine Netz-ID für das ganze Unternehmen als `15.0.0.0` zuzuweisen, kann eine einzige IP-Adresse der Klasse A folgendermaßen strukturiert werden:

| **Netz-ID** | **Subnetzmaske (dezimal)** | **Subnetzmaske (binär)** |
|---|---|---|
| 15.0.0.0 | 255.255.248.0 | 11111111 11111111 11111000 00000000 |

Bei der Verwendung von 13 Bit für die Subnetz-ID innerhalb einer IP-Adresse der Klasse A können maximal $2^{13} - 2 = 8190$ Subnetze eingerichtet werden. Jedes dieser Subnetze kann maximal $2^{11} - 2 = 2046$ Endsysteme enthalten. Damit können die Anforderungen mit Blick auf die Zukunft flexibel erfüllt werden.

## 2.4.2 Zielbestimmung eines IP-Pakets beim Quellrechner

Regel beim Absenden eines IP-Pakets

Beim Absenden jedes IP-Pakets muss im Quellrechner festgelegt werden, ob das Paket für einen Zielrechner in demselben Subnetz oder in einem anderen 'Fremd'-Subnetz bestimmt ist. Falls der Zielrechner sich in einem anderen Subnetz befindet, wird das IP-Paket an einen Router (Gateway) abgeschickt. Allgemein besteht die Funktion eines Routers (genauer: eines IP-Routers) darin, die einzelnen Subnetze miteinander logisch so zu vernetzen, dass die Kommunikation zwischen Rechnern, die zu unterschiedlichen Subnetzen gehören, möglich ist. An dieser Stelle ist hervorzuheben, dass die primäre Funktion eines IP-Routers darin besteht, mehrere IP-Subnetze miteinander zu vernetzen.

In Abb. 2.3-1 wurde die allgemeine Strukturierung von IP-Adressen gezeigt. Falls keine Aufteilung eines physikalischen Netzes vorgenommen wird, kann das ganze physikalische Netz aus Sicht des Internetworking als ein Subnetz gesehen werden. Das Prinzip der Bestimmung des Ziels eines IP-Pakets im Quellrechner, falls das physikalische Netz nicht auf Subnetze aufgeteilt wird, zeigt Abb. 2.4-5a.

Falls das physikalische Netz aufgeteilt wurde, setzt es sich aus einer Anzahl von Subnetzen zusammen. Diese Vernetzung von Subnetzen muss beim Absenden jedes Pakets berücksichtigt werden. In diesem Fall muss zuerst bestimmt werden, ob der Zielrechner zum gleichen Subnetz gehört. Wie Abb. 2.4-5b zeigt, muss hierfür das Paar (Ziel-Netz-ID, Ziel-Subnetz-ID) mit dem Paar (Quell-Netz-ID, Quell-Subnetz-ID) bitweise verglichen werden.

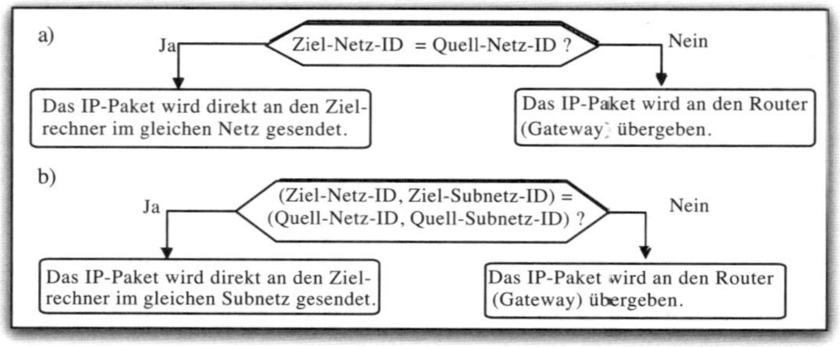


**Abb. 2.4-5:** Bestimmen des Ziels eines IP-Pakets vor seinem Absenden: a) ohne Subnetting, b) mit Subnetting

Subnetzmaske

Die Subnetzmaske unterstützt die in Abb. 2.4-5 dargestellten Entscheidungen. Falls kein Subnetting verwendet wird, handelt es sich um eine *Standard-Subnetzmaske* (genauer gesagt: Netzmaske). Beim Subnetting wird die Subnetzmaske vom Benutzer definiert.

In beiden Fällen kann die in Abb. 2.3-3 dargestellte Operation `Bitwise_AND` verwendet werden. Wie Abb. 2.4-5 zeigt, wird diese Operation vor dem Versand eines IP-Pakets sowohl für die Zieladresse als auch für die Quelladresse mit derselben Subnetzmaske des Quellrechners ausgeführt. Wenn die Ergebnisse identisch sind, weiß man, dass der Zielrechner sich in demselben Netz bzw. Subnetz befindet. In diesem Fall wird das IP-Paket direkt zum Zielrechner geschickt. Wenn die Ergebnisse von `Bitwise_AND` unterschiedlich sind, gehört der Zielrechner zu einem anderen Netz bzw. Subnetz und das IP-Paket wird zuerst an den Router (oft auch *Default Gateway* genannt) gesendet.

### 2.4.3 Adressierungsaspekte in IP-Netzen

In diesem Abschnitt wird auf einige Aspekte der Adressierung in IP-Netzen näher eingegangen. Hierbei wird unter dem Begriff *Subnetz* sowohl ein logisches Subnetz als auch ein ganzes physikalisches Netz verstanden, falls dieses Netz nicht in Teilnetze (Subnetze) aufgeteilt wird.

Sendeprinzip für IP-Pakete

In IP-Netzen gilt folgende Regel:

> Befindet sich der Zielrechner sich im gleichen Subnetz, wird das IP-Paket direkt an den Zielrechner abgeschickt, ansonsten an einen Router (*Default-Gateway*).

Allgemein sind zwei Fälle zu unterscheiden:

- Das Subnetz stellt ein herkömmliches *Shared Medium LAN* dar, d.h. ein verbindungsloses Netz, das nach dem Broadcast-Prinzip funktioniert. In diesem Fall wird das IP-Paket in einen MAC-Frame des LAN eingebettet und dieser MAC-Frame enthält die MAC-Adresse des Ziel-Endsystems, was Abb. 2.4-6a demonstriert.
- Das Subnetz stellt ein leitungsvermittelndes Netz dar, wie z.B. ein WAN (ISDN, ATM- bzw. Frame-Relay-Netz). In diesem Fall muss eine Verbindung zum Ziel-Endsystem für die Übermittlung des IP-Pakets aufgebaut werden. Eine solche Situation veranschaulicht Abb. 2.4-6b.

Eine IP-Adresse ist im Grunde genommen einem Kommunikationspuffer eines Rechners zuzuordnen. Dieser Kommunikationspuffer kann als Zugangsport zur IP-Protokollinstanz im Rechner gesehen werden. Er befindet sich an der Grenze zwischen den Protokollen TCP/UDP und IP, nämlich an der Grenze zwischen den Schichten 3 und 4 im logischen Schichtenmodell des Endsystems. Dies soll in Abb. 2.4-6 zum Ausdruck kommen [Abb. 1.4-5]. Allgemein ist der Transport eines IP-Pakets von Rechner A mit der IP-Adresse $x$ zu Rechner B mit der IP-Adresse $y$ als Übermittlung dieses Pakets von Kommunikationspuffer $x$ im Rechner A zu Kommunikationspuffer $y$ in Rechner B zu interpretieren.

Bedeutung einer IP-Adresse im Rechner

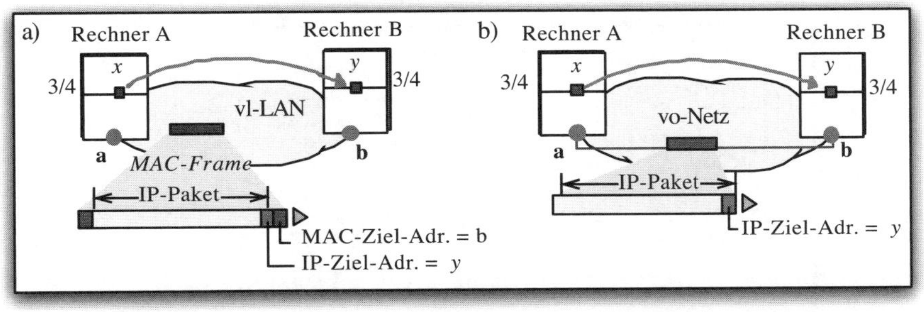


**Abb. 2.4-6:** Übermittlung eines IP-Pakets zum Zielrechner im gleichen Netz:
a) Netz ist ein verbindungsloses LAN, b) Netz ist verbindungsorientiert
vl: verbindungslos, vo: verbindungsorientiert, a, b: Netzadressen, x, y: IP-Adressen

Wie in Abb. 2.4-6a ersichtlich, besteht die Kommunikation in der Übergabe eines IP-Pakets von Kommunikationspuffer $x$ im Quellrechner mit der MAC-Adresse **a** zum Kommunikationspuffer $y$ im Zielrechner mit der MAC-Adresse **b**. Diese Kommunikationspuffer repräsentieren entsprechend Quell- und IP-Zieladressen. Der Quellrechner muss die MAC-Adresse, d.h. die physikalische LAN-Adresse des Zielrechners, im zu sendenden MAC-Frame setzen. Hierfür muss er über eine Tabelle mit den Zuordnungen

Ermittlung von MAC-Adressen mit ARP

*IP-Adresse* $\Rightarrow$ *MAC-Adresse*

verfügen. Die Pflege dieser Tabelle gehört zur Aufgabe des Protokolls ARP (*Address Resolution Protocol*). ARP bietet einen Mechanismus zur Ermittlung der MAC-Adresse für eine IP-Adresse. Abschnitt 2.6.1 geht auf ARP näher ein.

Ist ein Übermittlungsnetz verbindungsorientiert (z.B. Frame-Relay-, ATM-Netz oder ISDN), muss der Quellrechner die physikalische Adresse des Zielrechners kennen, um die gewünschte Verbindung aufzubauen [Abb. 2.4-6b]. Hierfür muss eine Tabelle mit den folgenden Zuordnungen vorhanden sein:

Probleme mit ARP bei verbindungsorientierten Netzen

*IP-Adresse* $\Rightarrow$ *Netzadresse* (z.B. ATM-Adresse)

Da das Protokoll ARP den MAC-Broadcast nutzt, kann es in verbindungsorientierten Netzen nicht eingesetzt werden. Um dieses Problem zu lösen, wird oft eine Tabelle mit den Zuordnungen von physikalischen Adressen zu IP-Adressen in einem zentralen Server zur Verfügung gestellt. Ein solcher Server für die Adressauflösung wird oft als ARP-Server bezeichnet.

Liegt ein IP-Paket in einem Rechner an einem verbindungsorientierten Netz zum Senden vor, so kann dieser Quellrechner die gesuchte physikalische Zieladresse beim ARP-Server

Einsatz von NHRP

abfragen und für die weitere zukünftige Verwendung bei sich speichern. In großen verbindungsorientierten Netzen werden in der Regel mehrere ARP-Server implementiert. Die einzelnen ARP-Server müssen miteinander u.a. die Zuordnungen IP-Adresse ⇒ Netzadresse nach einem Protokoll austauschen können. Die Kommunikation zwischen den einzelnen ARP-Servern erfolgt nach dem Protokoll NHRP (*Next Hop Resolution Protocol*) [RFC 2332].

Übermittlung eines IP-Pakets über mehrere Subnetze

Wenn sich der Zielrechner in einem anderen Subnetz befindet, wird das IP-Paket zur Weiterleitung an den Router abgegeben. Abb. 2.4-7 veranschaulicht die Adressierung des IP-Pakets, falls die verbundenen Subnetze verbindungslose LANs sind.

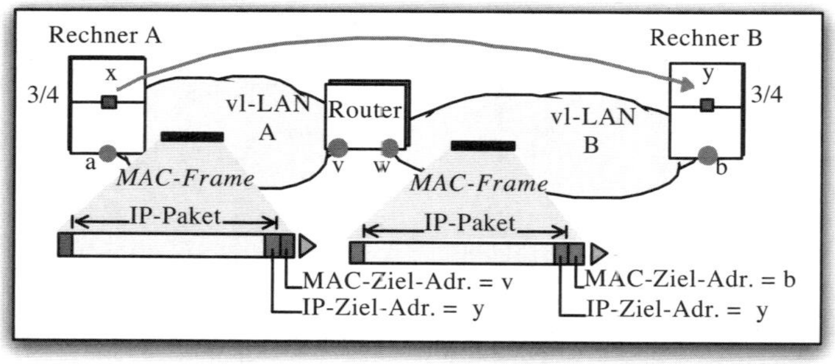


**Abb. 2.4-7:** Übermittlung eines IP-Pakets im Verbund von verbindungslosen LANs
vl: verbindungslos; a, b, v, w: MAC-Adressen; x, y: IP-Adressen

Abb. 2.4-8 illustriert die Übermittlung eines IP-Pakets, falls die verbundenen Subnetze verbindungsorientiert sind. In diesem Fall wird zunächst eine Verbindung über das erste Subnetz zum Router aufgebaut; anschließend baut der Router eine Verbindung über das zweite Subnetz zum Zielrechner auf.

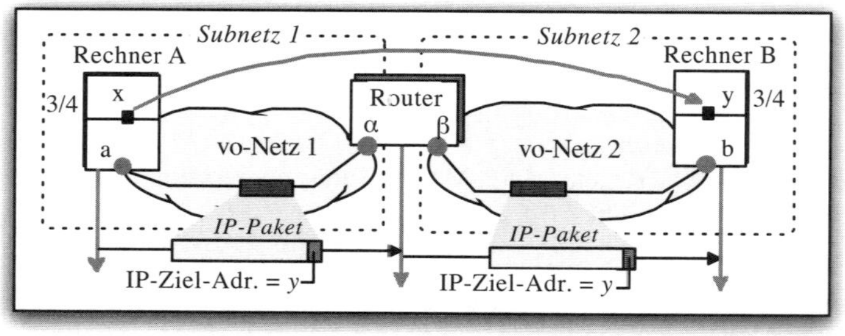


**Abb. 2.4-8:** Übermittlung eines IP-Pakets im Verbund verbindungsorientierter Subnetze
vo: verbindungsorientiert; a, b, $\alpha$, $\beta$: Netzadressen; x, y: IP-Adressen

Die hier dargestellten verbindungsorientierten Subnetze können zwei Teile eines physikalischen Netzes (z.B. eines ATM-Netzes) darstellen. Werden mehrere verbindungsorientierte Subnetze miteinander vernetzt, so können sich mehrere Router auf dem Datenpfad zwischen den kommunizierenden Rechnern, die zu unterschiedlichen Subnetzen gehören, befinden. In einem solchen Fall entstehen große Verzögerungen auf den Ende-zu-Ende-Verbindungen. Da jedes verbindungsorientierte Netz die Switching-Funktion (Vermittlungsfunktion) enthält, versucht man Switching und Routing in einem Netz entsprechend zu integrieren, um die Verzögerungen zu vermeiden. Die Ansätze hierfür sind als MPLS (*Multi-Protocol Label Switching*) [Kapitel 11] bekannt.

## 2.5 Klassenlose IP-Adressierung (VLSM, CIDR)

Nachteile der klassenweisen IP-Adressierung

Um unterschiedlich große Netze zu unterstützen, wurde der Raum der IPv4-Adressen ursprünglich in die drei Klassen A, B und C aufgeteilt [Abb.2.3-1]. Die auf diesen Klassen basierende Vergabe von IP-Adressen bezeichnet man auch als klassenweise IP-Adressierung. Nachteilig bei der *klassenweisen IP-Adressierung* ist jedoch, dass der IP-Adressraum nicht effizient ausgenutzt werden kann. Insbesondere ist keine dieser Adressklassen für mittelgroße Organisationen mit beispielsweise ca. 2000 Rechnern geeignet. Einerseits lassen sich mit einer IP-Adresse der Klasse C nur 254 Rechner adressieren, was für eine Organisation mit ca. 2000 Rechnern zu wenig ist. Mit einer IP-Adresse der Klasse B sind dagegen bis zu 65534 Rechner adressierbar, ein Adressraum, den eine mittlere Organisation nicht ausnutzen kann.

Hat eine Organisation in der Vergangenheit eine IP-Adresse beantragt, so wurde ihr je nach Bedarf eine IP-Adresse der Klasse A, B bzw. C zugewiesen. Dieses Konzept funktionierte lange Zeit. Als das Internet jedoch zum 'Renner' wurde, explodierte der Bedarf an IP-Adressen. Es wurde schnell klar, dass der zunehmende Bedarf mit der klassenweisen IPv4-Adressierung nicht zu bewältigen ist. Es kommt noch hinzu, dass man einer Organisation mit ca. 2000 Rechnern in der Vergangenheit eine IP-Adresse der Klasse B statt mehrerer Adressen der Klasse C zuweisen muss. Das hat zur Verschwendung von IP-Adressen geführt, die IP-Adressen der Klasse B wurden schnell knapp.

Classless IP

Nachdem abzusehen war, dass die IP-Adressen bei der bisherigen klassenweisen Adressierung binnen kurzer Zeit ausgehen, wurde eine fundamentale Veränderung eingeführt: die *klassenlose IP-Adressierung (classless IP)* [RFC 1878].

Bei der klassenlosen IP-Adressierung kann die Grenze in einer IP-Adresse zwischen Netz-ID und Host-ID nicht nur an den 'Byte-Grenzen', sondern an jeder Position innerhalb der IP-Adresse liegen. Die klassenlose IP-Adressierung nutzt eine *Netzpräfixnotation*.

VLSM-Networking

Die klassenlose IP-Adressierung ermöglicht es, Subnetze zu bilden, bei denen die Subnetzmasken unterschiedlich lang sein können. Sie lässt somit innerhalb einer Netzwerkinfrastruktur Subnetze mit variabler Länge von Subnetzmasken zu. Diese Bildung von Subnetzen mit variablen Masken bezeichnet man als *VLSM-Networking* (*Variable Length Subnet Mask*).

CIDR

Durch den Einsatz der klassenlosen IP-Adressierung im öffentlichen Internet können einerseits die IP-Adressen effektiver ausgenutzt und andererseits die Routen zusammengefasst werden, was die Größe der Routing-Tabellen in Internet-Backbone-Routern drastisch reduziert. Der Einsatz der klassenlosen IP-Adressierung im öffentlichen Internet ist unter dem Schlagwort *Classless Inter-Domain Routing* (CIDR) bekannt.

### 2.5.1 Konzept der klassenlosen IP-Adressierung

Bei jeder Klasse A, B und C von IP-Adressen wird die Grenze zwischen Netz-ID und Host-ID an einer anderen Stelle innerhalb der 32-Bitfolge gesetzt [Abb. 2.3-1]. Grundlegende

Eigenschaft der klassenweisen IP-Adressierung ist, dass jede IP-Adresse genau angibt, welcher Teil der IP-Adresse die Netz-ID und welcher die *Host-ID* darstellt. Die ersten Bit einer IP-Adresse, mit denen man die Adressklasse und die *Netz-ID* angibt, kann man als *Netzpräfix* (*Network Prefix*) bezeichnen. Bei Nutzung des Netzpräfixes zur Angabe von IP-Adressen spricht man von *Netzpräfixnotation* (auch kurz NP-Notation). Abb. 2.5-1 illustriert die NP-Notation.

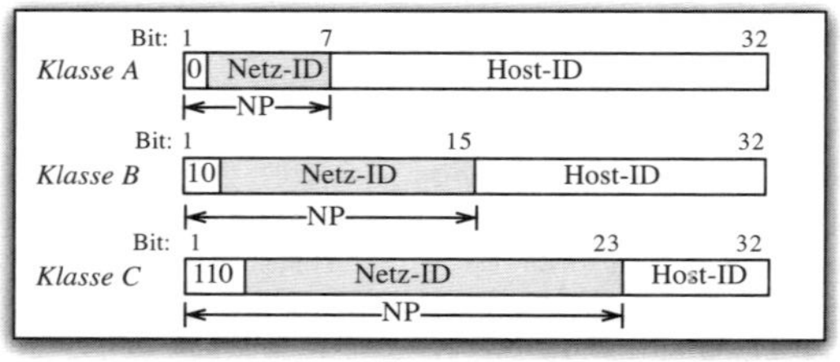


**Abb. 2.5-1:** Klassenweise IP-Adressierung mit Netzpräfixnotation
ID: Identifikation, NP: Netzpräfix

Netzwerkpräfix

Wie hier ersichtlich ist, funktioniert die klassenweise IP-Adressierung mit NP-Notation folgendermaßen:

- *IP-Adressen der Klasse A*
  Jede IP-Adresse der Klasse `A` hat ein Netzpräfix von 8 Bit, bei dem das erste Bit `0` ist und die restlichen sieben Bit die Netz-ID angeben. Dann folgt eine Host-ID mit der Länge von 24 Bit. Nutzt man die NP-Notation bei der IP-Adresse der Klasse `A`, so wird sie als `/8`-Adresse bezeichnet. '`/8`' wird als Schrägstrich acht oder einfach Achter ausgesprochen.
- *IP-Adressen der Klasse B*
  Jede IP-Adresse der Klasse `B` hat ein Netzpräfix von 16-Bit, bei dem die ersten beiden Bit 10 sind und die restlichen 14 Bit die Netz-ID angeben. Dann folgt eine Host-ID von 16 Bit Länge. Die IP-Adressen der Klasse `B` werden auch als `/16`-Adressen bezeichnet.
- *IP-Adressen der Klasse C*
  Jede IP-Adresse der Klasse `C` hat ein Netzpräfix von 24 Bit, bei dem die ersten drei Bit 110 sind und die restlichen 21 Bit die Netz-ID angeben. Dann folgt eine Host-ID von 8 Bit Länge. Die IP-Adressen der Klasse `C` werden auch als `/24`-Adressen bezeichnet.

Die Einteilung in die Klassen `A`, `B` und `C` mit ihren Beschränkungen ist einfach zu verstehen und zu implementieren. Dies ist aber für eine effiziente Belegung des IP-Adressraums nicht sinnvoll. Es fehlt eine Klasse von IP-Adressen, um mittelgroße Organisationen zu unterstützen.

### Erweitertes Netzpräfix

Subnetting durch Erweiterung des Netzpräfixes

Um Subnetze innerhalb eines Netzes bilden zu können, muss jedes Subnetz eine Identifikation (*Subnetz-ID*) erhalten. Sie wird geschaffen, indem man die *Host-ID* in zwei Bereiche aufteilt [Abb. 2.4-1]. Die Bildung der Subnetze bezeichnet man als *Subnetting*. Die 'traditionellen' Router in IP-Netzen benutzen die Subnetz-ID der IP-Zieladresse, um den Datenverkehr in eine Umgebung mit IP-Subnetzen weiterzuleiten. Wie Abb. 2.5-2 zeigt, kann die Netzpräfixnotation auch beim Subnetting verwendet werden. Hierbei wird das *erweiterte Netzpräfix* eingeführt, das sich aus dem Netzpräfix und der Subnetz-ID zusammensetzt. Die Netzpräfixnotation wird beim *Classless Inter-Domain Routing* (CIDR) verwendet [Abschnitt 2.5.3].

Innerhalb einer Netzumgebung mit mehreren Subnetzen benutzen Router das erweiterte Netzpräfix, um den Datenverkehr zwischen den Subnetzen weiterzuleiten. Bei den aktuellen Routing-Protokollen (z.B. RIP-2, OSPFv2) wird statt der Netzmaske die Länge des erweiterten Netzpräfixes verwendet. Sie gibt an, wie lang die ununterbrochene Anzahl 'Einsen' der Netzmaske ist. Dies bedeutet, dass z.B. die IP-Adresse `130.5.5.25` mit der Netzmaske `255.255.255.224` bzw. binär `11111111.11111111.11111111.11100000` auch als `130.5.5.25/27` geschrieben werden kann.

Die '/Präfixlängen'-Darstellung der Subnetzmaske ist kompakter und leichter zu verstehen als das Ausschreiben der Netzmaske in der traditionellen Schreibweise. Abb. 2.5-2 bringt dies zum Ausdruck.

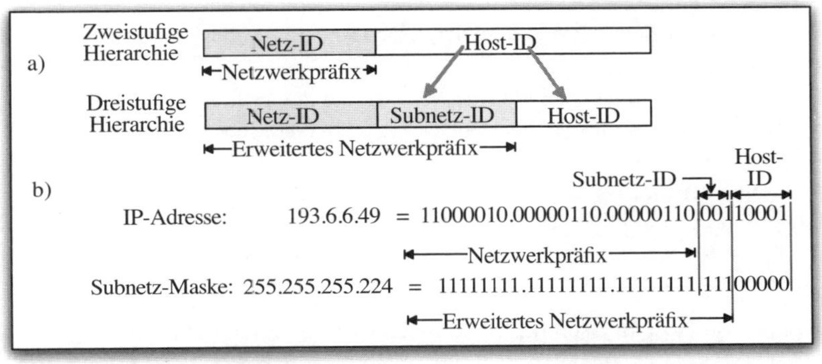


**Abb. 2.5-2:** Illustration der Netzpräfixnotation beim Subnetting: a) Interpretation des erweiterten Netzpräfixes, b) Länge des Netzpräfixes = Länge der Subnetzmaske

Durch die klassenlose IP-Adressierung ist die Grenze zwischen Netzwerk-ID und Host-ID variabel definierbar, d.h. sie kann beliebig innerhalb von 32 Bit-IP-Adressen liegen und eben nicht nur an den Byte-Grenzen. Damit ist eine flexible Vergabe von IP-Adressen möglich.

Bei der klassenlosen IP-Adressierung benötigt man zwei Angaben:

- Netzwerkadresse mit dem zugeteilten Präfix,
- Länge der Subnetzmaske (d.h. Präfixlänge).

Die klassenlose IP-Adressierung verwendet die folgende Notation: Notation

```
<IP-Adresse>/<Präfixlänge>
```

Beim praktischen Einsatz unterscheiden wir zwei Fälle:

1. Es handelt sich um eine *Netzadresse*: Hierbei geben wir immer die komplette Länge IP-Adresse mit den abschließenden 'Nullen' an; unabhängig von der Präfixlänge.

   **Beispiel**: `10.0.0.0/8, 141.23.0.0/12, 192.168.0.0/24`

2. Es handelt es um einen *Hostadresse*: Es wird die volle IP-Adresse dargestellt; die Präfixlänge ist immer '`/32`'.

   **Beispiel**: `10.12.13.1/32, 14.23.1.3/32, 192.168.0.0/32` (!)

Klassenlose IP-Adresse als IP-Adressblock

Eine klassenlose IP-Adresse kann als 'Internet-Vorwahl' eines Netzwerks angesehen werden, da sie lediglich auf das Netzwerk verweist. Somit stellt sie nicht die IP-Adresse eines Rechners, sondern die Adresse eines Netzwerks bzw. eines Subnetzes dar:

> Eine klassenlose IP-Adresse definiert einen zusammenhängenden Bereich routbarer Netzadressen, die als IP-Adressblock bzw. beim CIDR-Einsatz als *CIDR-Block* bezeichnet wird.

**Beispiel**: Betrachten wir die folgenden IP-Adressblöcke näher:

- `192.168.121.0/24`
  In diesem IP-Adressblock bilden die ersten 24 Bit die Netzwerk-ID und die restlichen Bit sind für Host-IDs bestimmt. Dies entspricht vollkommen der Aufteilung bei den IP-Adressen der Klasse C und wird durch die Darstellung aller drei Byte unterstrichen.
- `192.168.121.0/26`
  Die ersten 26 Bit bilden hier die Netzwerk-ID und die restlichen Bit können Host-IDs repräsentieren. Mit diesem Adressblock kann ein Netzwerk mit bis zu $2^{(32-26)} - 2$ Rechnern eingerichtet werden.
- `192.168.121.0/23`
  Die ersten 23 Bit bilden hier die Netzwerk-ID. Die restlichen Bit sind für Host-IDs reserviert. Mit diesem Adressblock kann ein Netzwerk mit bis zu $2^{(32-23)} - 2$ Rechnern versorgt werden.

Der Bereich von Hostadressen im IP-Adressblock wird durch die Präfixlänge bestimmt.

**Beispiel**: Die Subnetz-ID im IP-Adressblock `127.23.0.0/16` ist nicht die gleiche wie im IP-Adressblock `127.23.0.0/24`. Der IP-Adressblock `127.23.0.0/16` stellt den Bereich gültiger Hostadressen von `127.23.0.1` bis `127.23.255.254` dar. Der IP-Adressblock `127.23.0.0/24` hingegen repräsentiert den Bereich gültiger Hostadressen von `127.23.0.1` bis `127.23.0.254`.

### Präfixlänge in Routing-Tabellen

Die Router, insbesondere die Backbone-Router im Internet, wurden im Laufe der letzten Jahre auf die klassenlose IP-Adressierung umgestellt. Dadurch wurde es möglich, eine Route nicht zu einer einzelnen IP-Adresse (zu einem Subnetz), sondern zum IP-Adressblock (zu mehreren Subnetzen) aufzubauen [Abb. 2.5-7]. Somit werden die einzelnen Routen aggregiert [Abschnitt 2.5.2, Abb. 2.5-6], was allerdings den Einsatz eines 'klassenlos-fähigen' Routing-Protokolls voraussetzt (z.B. BGP-4, RIP-2 oder OSPFv2).

Mit der Umstellung der Router auf die klassenlose IP-Adressierung muss eine Modifikation in den Routing-Tabellen vorgenommen werden. Bei der klassenlosen IP-Adressierung muss das Paar (Route, Präfixlänge in der IP-Zieladresse) in der Routing-Tabelle im Router angegeben werden. Wie Abb. 2.5-3 zeigt, unterscheidet dies zwischen der Route zum Subnetz und der Route zu einem gesamten Netz.

All-Zeros Subnet

Ohne Kenntnis der Netzwerk-Maske oder der Präfixlänge kann ein Router nicht zwischen der Route zu dem Subnetz mit der `Subnetz-ID = 0` und der Route zu dem gesamten Netz unterscheiden. Mit der Entwicklung von Routing-Protokollen, die eine Maske oder eine Präfixlänge mit jeder Route angeben, können auch die Subnetze mit Subnetz-ID = 0 eingerichtet werden.

Das IETF-Dokument RFC 950 untersagte früher die Verwendung von Subnetz-IDs, deren Bit nur auf 0 (*All-Zeros subnet*, d.h. Subnetz-ID, die nur Nullen enthält) und auf 1 (*All-*

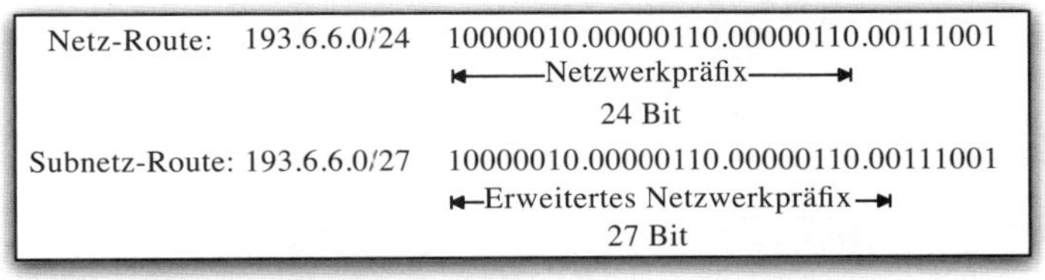


**Abb. 2.5-3:** Bedeutung der Präfixlänge in der IP-Zieladresse

*Ones subnet*, d.h. Subnetz-ID, die nur Einsen enthält) gesetzt werden. Die 'All-Zeros'-Subnetze verursachen bei älteren Routing-Protokollen wie RIP Probleme, die 'All-Ones'-Subnetze stehen in Konflikt mit der IP-Broadcast-Adresse.

Das IETF-Dokument RFC 1812 lässt jedoch bei der klassenlosen IP-Adressierung die 'All-Zeros'- und 'All-Ones'-Subnetze zu. In Netzwerkumgebungen, wo die klassenlose IP-Adressierung verwendet wird, müssen moderne Routing-Protokolle eingesetzt werden, die mit den 'All-Zeros'- und 'All-Ones'-Subnetzen keine Probleme haben. Dies geschieht durch Angabe der Paare (Route, Präfixlänge) in den Routing-Tabellen.

**Bemerkung**: Die 'All-Zeros'- und All-Ones'-Subnetze können bei Rechnern oder Routern, die nur die klassenweise IP-Adressierung unterstützen, einige Probleme verursachen. Sollen 'All-Zeros'- und 'All-Ones'-Subnetze jedoch eingerichtet werden, ist zuerst sicherzustellen, dass diese Subnetze von den beteiligten Rechnern und Routern unterstützt werden. Diese Art der Subnetze wird von Microsoft Betriebssystem ab Windows 2000 unterstützt.

## 2.5.2 VLSM-Nutzung

Subnetze und klassenweise IP-Adressierung

Nicht nur im Internet existiert das Problem einer derartigen Vergabe von IP-Adressen, bei der möglichst alle Adressen belegt werden. Auch innerhalb von Organisationen stellt sich die Frage, wie man den zugewiesenen Adressraum auf die einzelnen Subnetze (Teilorganisationen) effizient verteilen kann. Hierfür kann die klassenlose IP-Adressierung herangezogen werden. Falls die klassenweise IP-Adressierung verwendet wird, können die Netzwerke nur auf solche Subnetze aufgeteilt werden, die nach der Anzahl von adressierbaren Rechnern (Hosts) gleich groß sind. Im Weiteren wird unter *Subnetzgröße* bzw. *Subnetzlänge* die maximale Anzahl von Rechnern verstanden, die man im Subnetz adressieren kann.

**Beispiel**: Nehmen wir an, dass mehrere Subnetze auf der Basis von IP-Adressen der Klasse `C` gebildet werden sollen. Es wurde entschieden, vier Bit für die Subnetz-ID vom Host-ID-Teil 'wegzunehmen' [Abb. 2.4-1]. Somit können 14 Subnetze eingerichtet werden, die (aber!) gleich groß sind. Dass eine Organisation gleich große Subnetze hat, ist ein seltener Fall.

Was ist VLSM?

Mit Hilfe der klassenlosen IP-Adressierung können Subnetze verschiedener Größen eingerichtet werden. Eingerichtet werden dabei Subnetze mit Subnetzmasken variabler Länge (VLSM, *Variable Length Subnet Masks*). Dies führt zu der Situation, dass in einem Netzwerk mehrere Subnetzmasken unterschiedlicher Länge verwendet werden. Die erweiterten Netzpräfixe haben in diesem Fall unterschiedliche Längen [Abb. 2.5-4].

Vorteile von VLSM

Die VLSM-Nutzung hat folgende Vorteile:

- *Rekursive Aufteilung des Adressraums*
  Die Bildung von Subnetzen unterschiedlicher Größe kann in mehreren Schritten erfolgen [Abb. 2.5-5].
- *Bessere Ausnutzung des IP-Adressraums*
  Mehrere Subnetzmasken erlauben die bessere Ausnutzung des einer Organisation zugewiesenen IP-Adressraums.
- *Aggregation von Routen*
  Mehrere Subnetzmasken erlauben das Zusammenfassen (Aggregieren) von Routen. Dies führt zu einer Reduktion der zu übertragenden Routing-Informationen im Backbone-Bereich [Abb. 2.5-6 und Abb. 2.5-7].

### VLSM-Einsatz zur Strukturierung von Netzwerken

Anhand von Beispielen soll nun demonstriert werden, wie mittels VLSM ein Netzwerk in mehreren Schritten strukturiert werden kann. Es ist hier anzumerken, dass im gleichen Schritt das Netzpräfix nicht immer die gleiche Länge haben muss Eine Aufteilung des IP-Adressraums kann in so vielen Schritten wie notwendig durchgeführt werden. Die notwendige Aufteilung des IP-Adressraums illustriert Abb. 2.5-4:

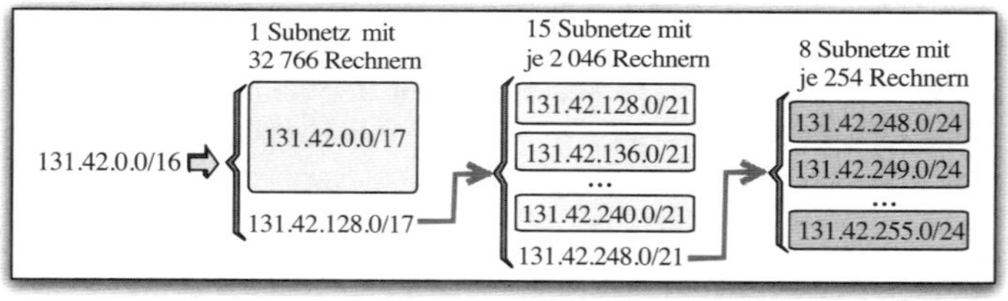


**Abb. 2.5-4:** Beispiel für eine bedarfsgerechte Aufteilung des IP-Adressraums

**Beispiel**: Eine Organisation hat einen IP-Adressblock `131.42.0.0/16` zugewiesen bekommen. Es ist folgende Aufteilung des Netzwerks notwendig: 1 Subnetz mit bis zu 32000 Rechnern, 15 Subnetze mit bis zu 2000 Rechnern und 8 Subnetze mit bis zu 250 Rechnern.

- *Anforderung 1*: 1 Subnetz mit bis zu 32 000 Rechnern
  Hierfür wird der Adressblock `131.42.0.0/16` im ersten Schritt aufgeteilt in `131.42.0.0/17` und `131.42.128.0/17`.
  Jeder dieser Adressblöcke ermöglicht es, bis zu $2^{(32-17)} - 2 = 32766$ Rechner pro Subnetz zu adressieren. Der Adressblock `131.42.0.0/17` wird ausgewählt, um die zweite Anforderung zu erfüllen.
- *Anforderung 2*: 15 Subnetze mit bis zu 2000 Rechnern
  Hierfür wird das Netzpräfix aus dem ersten Schritt um 4 verlängert ($2^4 = 16 > 15$). Somit wird der Adressblock `131.42.128.0/17` in 16 Adressblöcke aufgeteilt:
  `131.42.128.0/21`, `131.42.136.0/21`,..., `131.42.240.0/21`, `131.42.248.0/21`
  Jeder dieser Adressblöcke ermöglicht, bis zu $2^{(32-21)} - 2 = 2046$ Rechner zu adressieren. Die zweite Anforderung wird damit erfüllt.
- *Anforderung 3*: 8 Subnetze mit bis zu 250 Rechnern
  Hierfür wird das Netzpräfix aus dem zweiten Schritt um 3 verlängert ($2^3 = 8$). Somit wird der Adressblock `131.42.248.0/21` in 8 Adressblöcke aufgeteilt:
  `131.42.248.0/24`, `131.42.249.0/24`,..., `131.42.254.0/24`, `131.42.255.0/24`

Jeder dieser Adressblöcke ermöglicht, bis zu $2^{(32-24)} - 2 = 254$ Rechner zu adressieren. Die dritte Anforderung wird damit erfüllt.

**Beispiel**: Einer Organisation wurde die IP-Adresse `142.25/16` zugewiesen und sie plant den VLSM-Einsatz. Den Aufbau ihres Netzwerks zeigt Abb. 2.5-5.

Im ersten Schritt wird die IP-Adresse `142.25.0.0/16` in 16 gleich große Adressblöcke 0, 1, ..., 14, 15 aufgeteilt. Im zweiten Schritt sollen der Adressblock 1 auf 8 und der Adressblock 13 in 16 gleich große Teil-Adressblöcke weiter aufgeteilt werden. Im dritten Schritt soll anschließend Adressblock 13-14 in 8 gleich große Teil-Adressblöcke aufgeteilt werden.

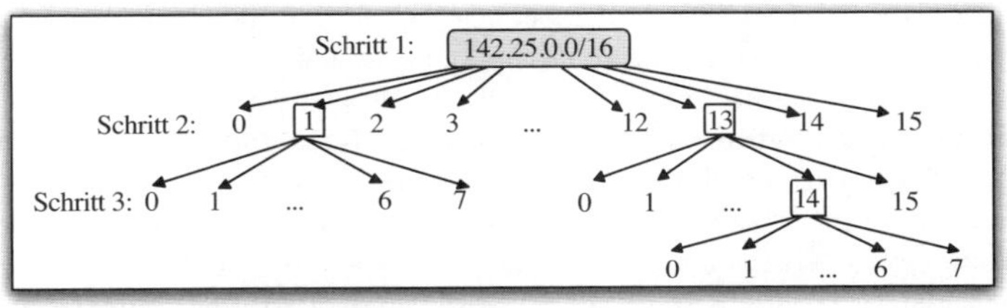


**Abb. 2.5-5:** Beispiel für den VLSM-Einsatz bei der Strukturierung eines Netzwerks

- 16 Subnetze von `142.25.0.0/16`
  Da $16 = 2^4$ ist, sind vier Bit nötig, um 16 Subnetze zu identifizieren. Dies bedeutet, dass das Präfix `/16` um vier Bit verlängert werden muss Somit entstehen folgende 16 Adressblöcke:
  Nr. 0: `142.25.0.0/20`, Nr. 1: `142.25.16.0/20`, Nr. 2: `142.25.32.0/20`, .... ,
  Nr. 13: `142.25.208.0/20`, Nr. 14: `142.25.224.0/20`, Nr. 15: `142.25.240.0/20`.
  Pro Adressblock lassen sich bis zu $2^{(32-20)} - 2 = 4094$ Rechner adressieren.
- 8 Subnetze von Nr. 1: `142.25.16.0/20`
  Da $8 = 2^3$ ist, sind drei Bit nötig, um 8 Subnetze zu identifizieren. Das Präfix `/20` muss um drei Bit verlängert werden. Somit entstehen aus dem Adressblock `142.25.16.0/20` folgende 8 Adressblöcke:
  Nr. 0: `142.25.16.0/23`, Nr. 1: `142.25.18.0/23`, .... , Nr. 6: `142.25.28.0/23`,
  Nr. 7: `142.25.30.0/23`.
  Jeder dieser Adressblöcke adressiert bis zu $2^{(32-23)} - 2 = 510$ Rechner.
- 16 Subnetze von Nr. 13: `142.25.208.0/20`
  Es sind 4 Bit nötig, um 14 Subnetze zu identifizieren. Das Präfix `/20` muss um vier Bit verlängert werden. Somit entstehen aus dem Adressblock `142.25.208.0/20` folgende 16 Adressblöcke:
  Nr. 0: `142.25.208.0/24`, Nr. 1: `142.25.209.0/24`, .... ,
  Nr. 14: `142.25.222.0/24`, Nr. 15: `142.25.223.0/24`.
  Somit sind pro Adressblock bis zu $2^{(32-24)} - 2 = 254$ Rechner adressierbar.
- 8 Subnetze von Nr. 13-14: `142.25.222.0/24`
  Es sind 3 Bit nötig, um 3 Subnetze zu identifizieren, sodass das Präfix `/24` um drei Bit verlängert werden muss Aus dem Adressblock entstehen `142.25.222.0/24` folgende 8 Adressblöcke:
  Nr. 0: `142.25.222.0/27`, Nr. 1: `142.25.222.32.0/27`,
  Nr. 2: `142.25.222.64.0/27`, .... , Nr. 6: `142.25.222.192/27`,
  Nr. 7: `142.25.222.224/27`.
  Ein Adressblock umfasst somit bis $2^{(32-27)} - 2 = 30$ adressierbare Rechner.

### Aggregation von Routen bei der VLSM-Nutzung

VLSM erlaubt eine rekursive Aufteilung des Adressraums einer Organisation, sodass einige Routen zusammengefasst werden können, um die Menge der übertragenen Routing-Information beim Austausch von Routing-Tabellen zwischen den Routern reduzieren zu können. Zuerst wird das ganze Netzwerk in Teil-Netzwerke geteilt. Dann werden einige Teile weiter geteilt usw. Eine derartige Strukturierung der Netzwerke ermöglicht die Aggregation von Routen. Dies wird erreicht, indem die detaillierte Routing-Information über ein Teilnetz vor den außen liegenden Routern anderer Teilnetze verborgen wird.

Vorteile der Aggregation von Routen

Die Vorteile der Aggregation von Routen zeigen folgende Beispiele.

**Beispiel**: Abb. 2.5-6 zeigt, wie Routen bei der Netzwerk-Strukturierung aus Abb. 2.5-4 zusammengefasst werden können. Router *R3* kann durch die Angabe der Route mit dem Netzwerkziel `131.42.248.0/21` acht Subnetze so zusammenfassen, dass sie für die Router *R1* und *R2* nicht sichtbar sind. Ähnlich können die Route zum *R2* mit allen hinter ihm liegenden 15 Subnetzen und die Route zum *R3* mit 'seinen' sechs Subnetzen zu einer Route mit dem Netzwerkziel `131.42.128.0/17` zusammengefasst werden. Da die Netzwerkstrukturierung außerhalb der Organisation unbekannt ist, gibt Router *R1* nach außen (z.B. in das Internet) nur die Route mit dem Netzwerkziel `131.42.0.0/16` bekannt.

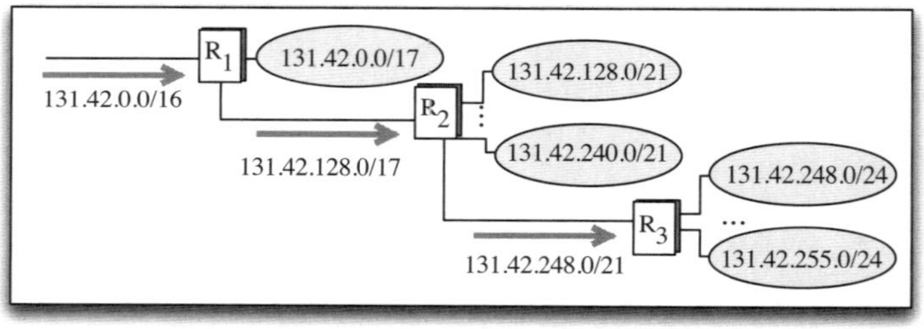


**Abb. 2.5-6:** Bedeutung der Aggregation von Routen
Netzwerk-Strukturierung wie in Abb. 2.5-4

Wie hier zum Ausdruck gebracht wurde, führt die VLSM-Nutzung zur Reduzierung der Größe von Routing-Tabellen.

**Beispiel**: Abb. 2.5-7 zeigt, wie Routen bei der Netzwerk-Strukturierung aus Abb. 2.5-5 zusammengefasst werden können. Router $R_3$ fasst durch die Angabe der Route mit dem Netzwerkziel `142.25.222.0/24` acht Subnetze zusammen. Mit Router $R_2$ werden alle 'hinter ihm liegenden' 16 Subnetze und die Route `142.25.222.0/24` zur Route mit Netzwerkziel `142.25.208.0/20` zusammengefasst. Router $R_1$ fasst durch die Angabe Route `142.25.16.0/20` alle seine acht Subnetze zusammen. Router $R_0$ gibt nach außen nur die Route mit Netzwerkziel `142.25.0.0/16` bekannt.

Die dargestellten Beispiele haben gezeigt, dass der VLSM-Einsatz die Zusammenfassung (Aggregation) on Routen ermöglicht und zur Reduzierung der Routing-Tabellen in Routern führt.

### Voraussetzungen für den effizienten VLSM-Einsatz

Beim VLSM-Einsatz in privaten Netzwerken und bei der Aggregation von Routen ist folgendes zu beachten:

- Beim Routing-Protokoll müssen die Netzpräfixe in den Routen-Ankündigungen übermittelt werden.

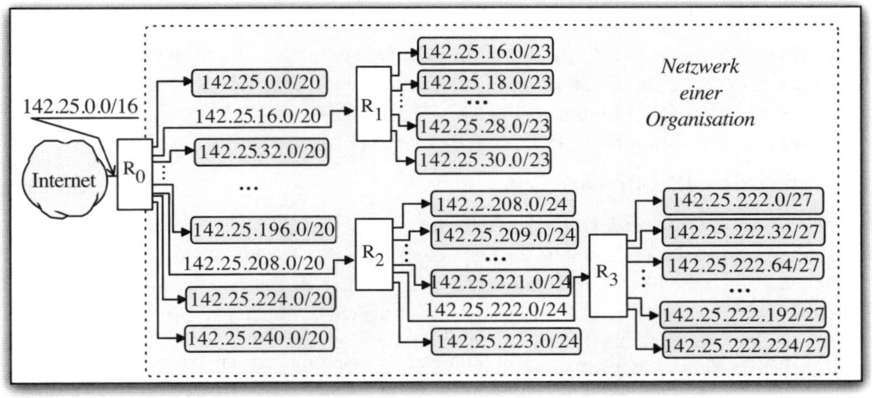


**Abb. 2.5-7:** Aggregation von Routen innerhalb einer Organisation
Netzwerk-Strukturierung wie in Abb. 2.5-5

Die Routing-Protokolle wie RIP-2 und OSPFv2 erlauben den VLSM-Einsatz, indem sie das Netzpräfix oder die entsprechende Netz- bzw. Subnetzwerk-Maske mit der Routen-Ankündigung übertragen. Damit kann jedes Teilnetzwerk mit seinem Netzpräfix (oder seiner Netzwerk-Maske) bekannt gemacht werden.

- Alle Router müssen einen Weiterleitungsalgorithmus implementieren, der auf der längsten möglichen Übereinstimmung basiert [Abschnitt 10.1.3].
  Der VLSM-Einsatz bedeutet, dass es einige Netzwerke geben kann, deren Präfixe sich nur auf den letzten 'Bit-Stellen' unterscheiden. Eine Route mit einem längeren Netzpräfix beschreibt ein kleineres Netzwerk (d.h. mit weniger Rechnern) als eine Route mit einem kürzeren Netzpräfix. Eine Route mit einem längeren Netzpräfix ist daher 'detaillierter' als eine Route mit einem kürzeren Netzpräfix. Wenn ein Router die IP-Pakete weiterleitet, muss er die 'detaillierteste Route' (d.h. die mit dem längsten Netzpräfix) benutzen.
- Adresszuweisungen müssen die Netzwerktopologie berücksichtigen.
  Um hierarchisches Routing zu unterstützen und die Größe von Routing-Tabellen klein zu halten, sollte man die IP-Adressen so zuweisen, dass dabei die Netzwerktopologie berücksichtigt wird. Hierbei sollte man nach Möglichkeit einen Bereich von mehreren Adressgruppen zusammenfassen und einer Region in der Topologie zuweisen, sodass nur eine Route zu diesem Bereich führt. Falls die IP-Adressen nicht unter Berücksichtigung der Netzwerktopologie zugewiesen werden, lässt sich die Zusammenfassung von Adressbereichen nicht erreichen und die Reduzierung der Größe von Routing-Tabellen ist nicht möglich.

## 2.5.3 CIDR-Einsatz

Das rasante Wachstum des Internet hat unter den IETF-Mitgliedern ernsthafte Bedenken ausgelöst, ob das Routing-Konzept im Internet in der herkömmlichen Form mit dessen Wachstum noch Schritt halten kann. Anfang der 90er Jahre waren bereits folgende Probleme abzusehen:

- Der Klasse-B-Adressraum wird bald belegt sein.
- Die Routing-Tabellen im Internet-Backbone können unkontrolliert wachsen.

- Der 32-Bit IPv4-Adressraum ist praktisch ausgeschöpft.

Supernetze

Um diese Probleme in den Griff zu bekommen, wurde das Konzept der Supernetze bzw. des *Classless Inter-Domain Routing* (CIDR) entwickelt. Das CIDR-Konzept wurde offiziell im September 1993 in den RFC 1517, 1518, 1519 und 1520 dargestellt. RFC 1519 wurde inzwischen durch RFC 4632 abgelöst.

Besonderheiten von CIDR

Die wichtigsten CIDR-Besonderheiten sind:

- *CIDR bedeutet klassenlose IP-Adressierung*
  CIDR eliminiert das traditionelle Konzept der Klasse-`A`-, -`B`- und -`C`-Netzwerkadressen und ersetzt es durch die Netzpräfixnotation [Abb. 2.5-2]. Die Router benutzen das Netzpräfix anstelle der ersten drei Bit einer IP-Adresse, um festzustellen, welcher Teil der Adresse die Netzwerknummer und welcher Teil die Rechnernummer ist. Damit kann der IPv4-Adressraum im Internet effizienter vergeben werden.
- *Effiziente Adresszuweisung mit CIDR*
  In einer klassenweisen Umgebung kann man nur `/8`-, `/16`- oder `/24`-Adressbereiche belegen. In einer CIDR-Umgebung hingegen können gerade die benötigten Adressbereiche belegt werden.
- *CIDR bedeutet VLSM-Einsatz im öffentlichen Internet*
  CIDR erlaubt die Vergabe von IP-Adressblöcken einer beliebigen Größe, anstatt der 8-, 16- oder 24-Bit-Netzwerknummern, die durch die Klassen vorgegeben werden. Beim CIDR-Einsatz wird mit jeder Route die Ziel-Subnetzmaske (oder die Länge des Präfixes) bei der Verteilung der Routing-Information durch die Router angegeben. Mit der Präfixlänge wird angezeigt, wie viele Bit der Netzwerkteil der Adresse umfasst. Eine Adresse, die beispielweise 20 Bit Subnetz-ID und 12 Bit Host-ID hat, wird mit einer Präfixlänge von 20 (`/20`) bekannt gegeben. Vorteilhaft ist hierbei, das eine `/20`-IP-Adresse eine Adresse der Klasse `A`, `B` oder `C` sein kann. Die Router, die CIDR unterstützen, interpretieren nicht die ersten drei Bit der IP-Adresse, sondern benutzen ausschließlich das zusammen mit der Route empfangene Längenpräfix.
- *Aggregation von Routen mit CIDR*
  CIDR unterstützt die Aggregation von Routen, sodass mehrere Routen als ein einziger Eintrag in der Routing-Tabelle repräsentiert werden können. Damit kann durch einen einzigen Routing-Eintrag der Verkehr zu vielen verschiedenen Subnetzen angegeben werden [Abb. 2.5-7]. Durch die Aggregation von Routen kann die Menge an Routen in großen IP-Netzen stark reduziert werden.

### Beispiel für CIDR-Adresszuweisung

Angenommen, ein Internet Service Provider (ISP) hat den Adressblock `195.17/16` zugewiesen bekommen. In diesem Adressblock gibt es 65536 ($2^{16}$) IP-Adressen und aus diesem Adressblock soll der Teiladressblock `195.17.16.0/20` anderen Organisationen zugewiesen werden.

Abb. 2.5-8a illustriert die CIDR-Adresszuweisung, falls der Adressblock `195.17.16.0/20` für eine 'klassenweise Umgebung' zugewiesen wird. Dieser kleinere Block enthält 4096 ($2^{32-20}$) Adressen und soll weiter auf 16 Teilblöcke aufgeteilt werden. Für eine Umgebung mit der klassenweisen IP-Adressierung ist der ISP gezwungen, den Adressblock `195.17.16.0/20` auf 16 gleich große `/24`-Blöcke aufzuteilen.

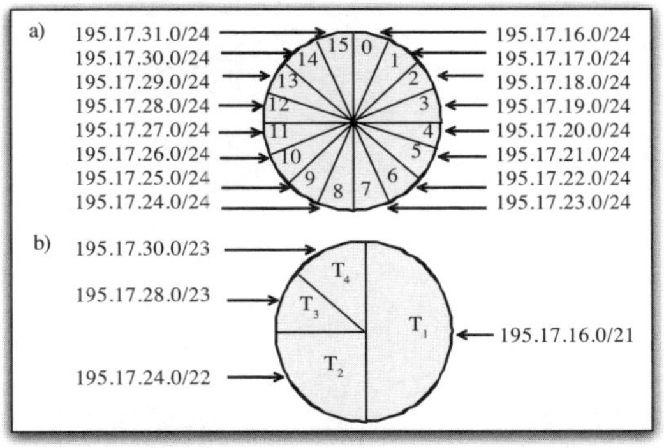


**Abb. 2.5-8:** Beispiel für eine Adresszuweisung nach CIDR: a) für klassenweise Umgebung, b) für klassenlose Umgebung

Abb. 2.5-8b illustriert eine CIDR-Adresszuweisung, wenn der Adressblock `195.17.16/20` für eine 'klassenlose Umgebung' zugewiesen wird. In diesem Fall kann der ISP den Adressraum beliebig und bedarfsgerecht aufteilen. Er kann den Adressraum beispielsweise zunächst halbieren und die Hälfte ($T_1$) der Organisation $A$ zuweisen. Den Rest kann er wieder halbieren und den Teil $T_2$ (d.h. ein Viertel des ursprünglichen Adressraums) der Organisation $B$ zuweisen. Das restliche Viertel kann wiederum in zwei gleiche Teile $T_3$ und $T_4$ geteilt und den Organisationen $C$ und $D$ zugewiesen werden. Jede dieser Organisationen kann anschließend den ihr zugeteilten Adressbereich innerhalb ihres Netzwerks nach eigenem Bedarf verwenden.

## Aggregation von Routen mit CIDR

Ein wichtiger Vorteil von CIDR besteht in der Möglichkeit, das unkontrollierte Wachstum von Routing-Tabellen im Internet-Backbone zu verhindern.

Routing-Domains

Um die Menge der übertragenen Routing-Information zu reduzieren, wird das gesamte Internet in Routing-Domains aufgeteilt. Eine Domain repräsentiert ein entsprechend strukturiertes Netzwerk, das von außen nur durch sein Netzpräfix identifiziert wird. Innerhalb einer Routing-Domain können die 'internen' Subnetze beliebig vernetzt werden. Die Routing-Information über die einzelnen 'internen' Subnetze aus der Domain werden nach außen unsichtbar gemacht. Zur gesamten Routing-Domain führt von außen nur eine aggregierte Route. Über eine aggregierte Route können viele Netzwerke innerhalb einer Routing-Domain erreicht werden. Dies bedeutet, dass ein Weg zu vielen Netzwerkadressen innerhalb der Routing-Domain mittels eines einzigen Eintrags in der Routing-Tabelle eines außerhalb liegenden Routers möglich ist.

Aggregierte Routen

Um die Bedeutung von CIDR zu veranschaulichen, betrachten wir zunächst für eine Internetabindung bei Nutzung der klassenbasierten IP-Adressierung [Abb. 2.5-9].

**Beispiel**: Es wird dem überregionalen ISP_C der IP-Adressblock von `195.0.0.0` bis `195.255.255.0` zugewiesen. $ISP_C$ hat seinerseits zwei Blöcke seiner IP-Adressen an die regionalen Internet Service Provider ISP_A und ISP_B weitergegeben. $ISP_A$ hat den Bereich von `195.31.0.0` bis `195.31.255.0` und $ISP_B$ den Bereich von `195.32.0.0` bis `195.32.255.0` bekommen. Weiterhin haben ISP_A und ISP_B ihren Kunden einen Adressblock aus ihrem jeweiligen Adressbereich zugewiesen.

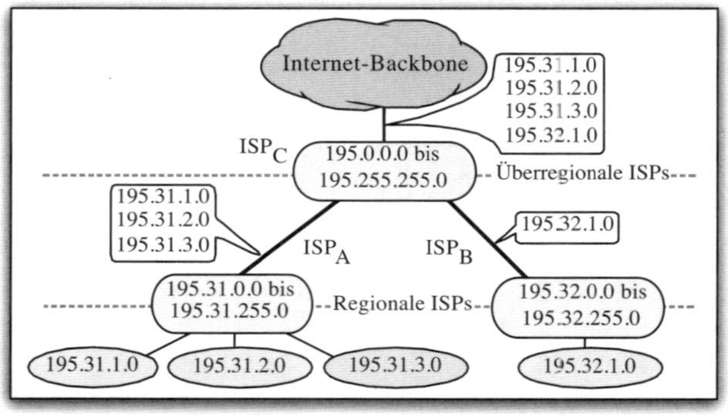


**Abb. 2.5-9:** Internetanbindung bei klassenbasierter IP-Adressierung
ISP: Internet Service Provider

Blatt-Netzwerke

Da die in Abb. 2.5-9 gezeigte Netzstruktur eine Baumstruktur darstellt, werden die Netzwerke von Kunden (als Internet-Nutzer) auch *Blatt-Netzwerke* genannt.

Im dargestellten Fall müssen die regionalen ISP_A und ISP_B alle Blatt-Netzwerke 'nach oben' anzeigen. Der überregionale ISPC muss sämtliche Blatt-Netzwerke aus seinem Bereich der Außenwelt bekannt machen. Jedes dieser Blatt-Netzwerke ist ein potenzielles Internet-Ziel. Daher müssen alle Blatt-Netzwerke in Routing-Tabellen von Routern enthalten sein. Dies führt zum unkontrollierten Wachstum von Routing-Tabellen im Internet-Backbone-Bereich. Die in Abb. 2.5-9 dargestellte Internetanbindung kann beim Einsatz der klassenlosen IP-Adressierung hinsichtlich des Routing 'sehr elegant' realisiert werden. Abb. 2.5-10 illustriert dies.

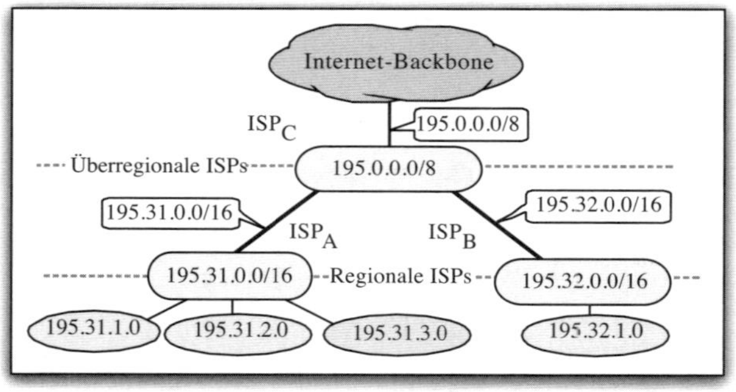


**Abb. 2.5-10:** Internetanbindung bei klassenloser IP-Adressierung und CIDR-Einsatz
ISP: Internet Service Provider

Beim Einsatz von CIDR können die Routen zu den Blatt-Netzwerken bei den regionalen Providern ISP_A und ISP_B zusammengefasst (aggregiert) werden, sodass jeweils nur eine Route nach oben gezeigt wird. Daher zeigt ISP_A nur die aggregierte Route mit dem Netzwerkziel `195.31.0.0/16` und ISP_B nur die Route mit dem Netzwerkziel `195.32.0.0/16` nach oben weiter. Ebenfalls muss der überregionale Provider nach oben nur eine aggregierte Route `195.0.0.0/8` anzeigen. Auf diese Weise lässt sich das Wachstum von Routing-Tabellen im Internet-Backbone verhindern.

Wie hier ersichtlich ist, führt die Aggregation von Routen zu einem echten Effizienzgewinn, falls sie möglichst nahe bei den Blatt-Netzwerken durchgeführt wird, weil die meisten Netzwerke bei den Internet-Nutzern installiert sind. Die Aggregation auf einer höheren Ebene führt natürlich zu einer geringeren Reduzierung von Routen.

**Voraussetzungen für den effizienten CIDR-Einsatz**

CIDR und VLSM sind im Grunde genommen die gleichen Konzepte. Mit ihrer Hilfe kann ein IP-Adressraum bedarfsgerecht in kleinere Teile aufgeteilt werden. VLSM unterscheidet sich von CIDR dadurch, dass die Aufteilung hier nur in dem einer Organisation zugeteilten Adressbereich erfolgt und damit für das öffentliche Internet nicht sichtbar ist. Beim CIDR dagegen kann die flexible Aufteilung eines Adressblocks von der Internet-Registrierung über einen großen ISP, von dort über einen mittleren und kleinen ISP bis zum Netzwerk einer privaten Organisation erfolgen. Der CIDR-Einsatz im öffentlichen Internet hat die gleichen Vorteile wie der VLSM-Einsatz innerhalb von privaten Netzwerk-Infrastrukturen [Abb. 2.5-6, Abb. 2.5-7 und Abb. 2.5-10].

CIDR = VLSM

Genau wie bei VLSM setzt die erfolgreiche Anwendung von CIDR folgendes voraus:

- Beim Routing-Protokoll müssen die Netzpräfixe zusammen mit den Routen-Ankündigungen übermittelt werden. Routing-Protokolle wie RIP-2 und OSPFv2 erlauben den CIDR-Einsatz, indem sie das Netzpräfix bzw. die entsprechende Netzmaske mit den Routen-Ankündigungen übertragen [Abschnitte 10.2.3 und 10.3].
- Alle Router müssen einen Weiterleitungsalgorithmus implementieren, der auf der längsten möglichen Übereinstimmung basiert [Abschnitt 10.1.3].
- CIDR-Adresszuweisungen müssen die Netzwerktopologie berücksichtigen.

Um hierarchisches Routing zu unterstützen und die Größe der Routing-Tabellen möglichst klein zu halten, sollte bei der Zuweisung der IP-Adressen die Internet-Topologie berücksichtigt werden. Ein Bereich von mehreren Adressgruppen soll so zusammengefasst und einer Region (Internet-Routing-Domain) in der Topologie zugewiesen werden, dass eine einzige Route zu diesem Bereich führt (Aggregation von Routen).

## 2.6 Protokolle ARP und RARP

In diesem Abschnitt werden die Protokolle ARP (*Address Resolution Protocol*) und RARP (*Reverse ARP*) kurz dargestellt. Sie können als Hilfsprotokolle bei der Adressierung von IP-Paketen angesehen werden und stehen als Vermittler zwischen der Schicht MAC (*Medium Access Control*) und der Netzwerkschicht. ARP hat die Aufgabe, für eine Zieladresse die korrespondierende MAC-Adresse zu ermitteln. RARP ermöglicht, für eine MAC-Adresse die entsprechende IP-Adresse zu bestimmen. RARP wird vorwiegend von Rechnern ohne Festplatte (z.B. Netzwerk-Computern) genutzt, die als Stationen am LAN dienen und ihre IP-Adresse nicht selbst speichern können. In Routern wird oft eine zusätzliche Lösung für ARP eingesetzt, die man als *Proxy-ARP* bezeichnet. Auf diese Lösung wird ebenfalls im Weiteren eingegangen.

Wozu ARP und RARP?

## 2.6.1 Protokoll ARP

Zwei Adressierungsstufen in IP-Netzen

Wie aus den Abb. 2.4-6 und Abb. 2.4-7 ersichtlich ist, sind in IP-Netzen zwei Adressierungsstufen zu unterscheiden. Einerseits müssen die Hardwarekomponenten (Endsysteme, Router) in jedem Netz eindeutig identifiziert werden. Hierfür verwendet man *'physikalische' Netzadressen*. In *Shared Medium LANs* (SM-LANs) werden die Netzadressen als *MAC-Adressen* bezeichnet [Abb. 1.4-10]. Da diese Adressen unstrukturiert sind und somit keine Lokationshinweise enthalten, werden sie auch als *Nummern von LAN-Adapterkarten* angesehen. Andererseits müssen die Daten in Form von IP-Paketen zwischen zwei Kommunikationspuffern in Endsystemen ausgetauscht werden. Diese Kommunikationspuffer finden sich im logischen LAN-Modell an der Grenze zwischen den Schichten 3 und 4 [Abb. 1.4-10 und Abb. 2.4-6].

Liegt ein IP-Paket in einem Endsystem am LAN zum Senden vor, so wird dieses Paket in einen MAC-Frame eingebettet. Im Header des MAC-Frames ist eine entsprechende MAC-Adresse des Zielsystems enthalten. Somit muss eine Tabelle mit den Zuordnungen

*IP-Adresse ⇒ MAC-Adresse*

in LAN-Endsystemen vorhanden sein.

Das Protokoll ARP [RFC 836] ist ein Hilfsprotokoll zur Ermittlung einer physikalischen Interface-Adresse (MAC-Adresse) für Broadcast-orientete Netzprotokolle wie z.B. IPv4 und Novell IPX, da es selbst Broadcast Data-Linkadressen nutzt. Für Multicast- und Peer-to-Peer Schicht-3 Netzwerkprokolle ist es nicht geeignet, was z.B. auf IPv6 zutrifft.

ARP-Cache

ARP legt eine dynamisch organisierte Adressermittlungs-Tabelle mit IP-Adressen und den zugehörigen MAC-Adressen an [Abb. 2.6-4]. Diese Tabelle wird auch *ARP-Cache* genannt. Abb. 2.6-1 veranschaulicht die Unterstützung der Adressierung mit ARP.

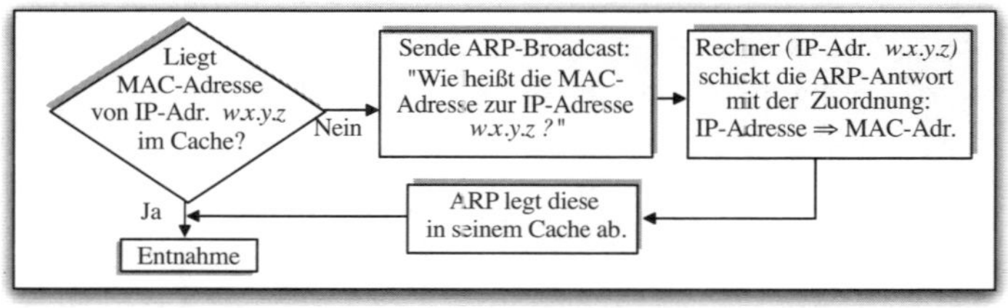


**Abb. 2.6-1:** Unterstützung der Adressierung durch des Protokolls ARP

Wenn das Protokoll IP die Anforderung erhält, ein Paket an eine IP-Adresse im gleichen Subnetz (!) zu senden [Abb. 2.4-6a], sucht es zuerst im ARP-Cache nach der korrespondierenden MAC-Adresse. Falls kein Eintrag vorhanden ist, wird mittels ARP versucht, die gesuchte MAC-Adresse zu finden.

ARP-Request/Reply

Hierfür wird ein `ARP-Request` als ein *MAC-Broadcast* verschickt. In dieser Nachricht werden die restlichen Endsysteme in demselben Subnetz gebeten, die gesuchte Adresszuordnung *IP-Adresse ⇒ MAC-Adresse* zukommen zu lassen [Abb. 2.6-2]. Ein Endsystem schickt immer eine Antwort als `ARP-Reply` (*MAC-Unicast*) mit der gesuchten Zuordnung zurück. Anschließend wird dieses Paar vom ARP in seinem Cache abgelegt.

Die Ermittlung einer MAC-Adresse im Endsystem *A* nach ARP illustriert Abb. 2.6-2. Die Broadcast-Nachricht `ARP-Request` enthält die IP-Adresse der angeforderten MAC-Adresse und wird in allen Endsystemen im LAN gelesen. Sobald ein Endsystem die

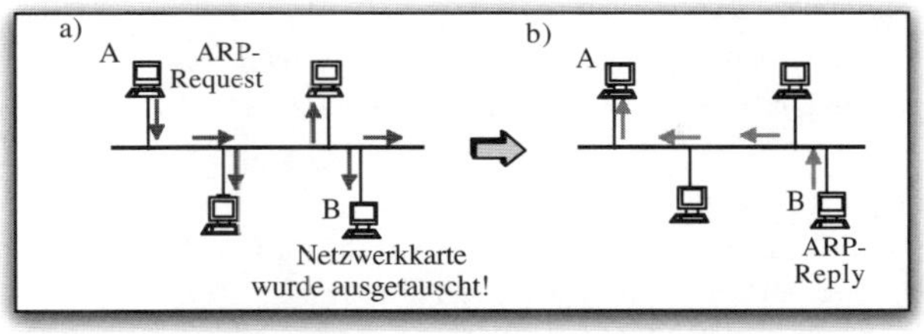


**Abb. 2.6-2:** Ermittlung einer MAC-Adresse nach dem Protokoll ARP: a) Broadcast-Nachricht `ARP-Request`, b) Antwort `ARP-Reply`

eigene IP-Adresse im `ARP-Request` erkennt (hier Endsystem *B*), antwortet es mit einem `ARP-Reply`. Die beim Endsystem *A* eingehende Antwort wird im ARP-Cache vermerkt und steht damit für spätere Übertragungen zu Verfügung. Falls innerhalb einiger Sekunden keine Antwort eingeht, wird die Anforderung wiederholt.

Damit nicht bei jeder Übertragung erneut Anforderungen `ARP-Request` gesendet werden müssen, kopiert auch das Endsystem *B*, das auf `ARP-Request` antwortet, die Zuordnung von IP-Adresse und MAC-Adresse des `ARP-Request`-Absenders (Endsystems *A*) in seinen eigenen ARP-Cache. Bei einer eventuellen Übertragung in Gegenrichtung (von *A* zu *B*) ist es daher nicht mehr nötig, eine ARP-Anforderung vom Endsystem *B* in umgekehrter Richtung zu senden, da die MAC-Adresse der IP-Adresse, der gerade geantwortet wurde, bereits dem Endsystem *B* bekannt ist.

Warum Proxy-ARP?

Den Aufbau von Nachrichten `ARP-Request` und `ARP-Reply` zeigt Abb. 2.6-3. Hier ist hervorzuheben, dass diese Nachrichten direkt in MAC-Frames transportiert werden. Sie werden somit auf dem MAC-Level übermittelt. Folglich kann der `ARP-Request` von Routern nicht weitergeleitet werden, da Router auf dem IP-Level operieren und auf MAC-Broadcast-Nachrichten nicht reagieren. Diese Tatsache ist in einigen Situationen nachteilig. Daher ist eine *Proxy-ARP* Lösung notwendig [Abb. 2.6-5 und Abb. 2.6-6].

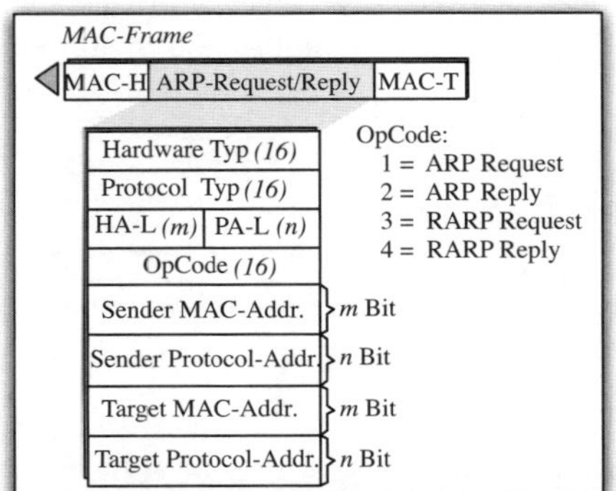


**Abb. 2.6-3:** Aufbau der Nachrichten ARP-Request und -Reply
MAC-H: Header, MAC-T: Trailer, Angaben in Klammern = Anzahl der Byte

Inhalt von ARP-Nachrichten

Die ARP-Nachrichten haben folgende Felder:

- `Hardware Typ`
  Dieses Feld gibt an, von welchem LAN-Typ (z.B. Ethernet) die Nachricht generiert wurde.

- `Protocol Typ`
  Dieses Feld gibt an, von welchem Netzwerkprotokoll die Operation angefordert wurde. Das Protokoll IPv4 hat den Wert `0x0800 (2048)`. ARP unterstützt auch andere Netzwerkprotokolle.
- `HA-L` (*Hardware Address Length*)
  Dieses Feld gibt die Länge der Hardwareadresse (d.h. MAC-Adresse) in Byte an. Normalerweise ist `HA-L = 6` bei einer Ethernet MAC-Adresse.
- `PA-L` (*Protocol Address Length* )
  Dieses Feld gibt die Länge der Protokolladresse, d.h. der IP-Adresse, in Byte an. Bei der IPv4-Adresse ist `PA-L = 4`.
- `Sender MAC Address`
  Hier ist die MAC-Adresse des Absenders enthalten.
- Sender Protocol Address
  Dieses Feld enthält die IP-Adresse des Absenders.
- `Target MAC Address`
  Hier wird die gesuchte MAC-Adresse (in ARP-Reply) angegeben.
- `Target Protocol Address`
  Dieses Feld enthält die IP-Adresse, für die die MAC-Adresse ermittelt wird.

ARP-Caches

Den Aufbau des ARP-Cache zeigt Abb. 2.6-4. In manchen TCP/IP-Implementierungen wird für Einträge im ARP-Cache ein Zeitlimit (*Timeout*) gesetzt. Falls der Eintrag innerhalb dieses Zeitraums (oft 15 Minuten) nicht verwendet wird, wird er gelöscht. Einige Systeme arbeiten wiederum mit einem zeitgesteuerten Aktualisierungsprinzip. Alle 15 Minuten wird dann eine Anforderung `ARP-Request` gesendet, um sicherzustellen, dass die Cache-Einträge dem aktuellen Systemzustand entsprechen. Da MAC-Adressen normalerweise nur verändert werden, wenn eine Adapterkarte bzw. der ganze Rechner ausgetauscht wird, scheint dieses Prinzip ohne große Bedeutung zu sein.

Route-Designator

In den Token-Ring-LANs[1], falls mehrere LANs miteinander vernetzt werden, muss das *Source Routing* in Endsystemen unterstützt werden. Um das Source Routing unterstützen zu können, enthält der ARP-Cache in Endsystemen am Token-Ring eine zusätzliche Spalte mit der Angabe des nächsten Router-Abschnittes `Route-RD` (`RD`: *Route Designator*).

a)

| IP-Adr. | MAC-Adr. | Zeitlimit |
|---|---|---|
| A | x | 5 |
| B | y | permanent |
| ... | ... | ... |
| | | 15 |

b)

| IP-Adr. | MAC-Adr. | Zeitlimit | Next-RD |
|---|---|---|---|
| A | x | 5 | aa |
| B | y | permanent | bb |
| ... | ... | ... | ... |
| | | 15 | |

**Abb. 2.6-4:** ARP-Cache in einem Endsystem: a) am Ethernet-LAN, b) am Token-Ring-LAN

Adress-kollisionen

Probleme mit ARP können vorkommen, falls in einem Netzwerk zwei Stationen die gleiche IP-Adresse besitzen. In einem solchen Fall kann keine exakte Zuordnung zwischen IP-Adresse und MAC-Adresse getroffen werden, d.h. die Daten werden nicht korrekt weitergeleitet oder es wird aufgrund einer nicht identifizierten Verbindung eine Fehlermeldung produziert. In einem gut organisierten Netzwerk ist mit diesem Problem nur ganz selten zu rechnen.

[1] Das Token-Ring Protokoll IEEE 802.5 spielt für die augenblickliche Praxis keine Rolle mehr; die vorgestellte Lösung ist aber didaktisch hilfreich – besonders im Hinblick auf die Lösungsansätze bei WLAN IEEE 802.11 [Abschnitt 12.3].

## 2.6.2 Proxy-ARP

*Proxy-ARP* ist eine Lösung, die bei Routern eingesetzt wird, MAC-Frames mit lokal gültigen Adressen zu versehen, auch dann, wenn

Was ist Proxy-ARP?

- das Ziel-Netzwerk keine MAC-Adressen im eigentlichen Sinne benutzt (z.B. ISDN),
- diese ein anderes Format aufweisen (z.B. beim Übergang zwischen Ethernet und Token Ring), oder
- die MAC-Adresse des Zielsystems nicht bekannt ist.

Im Gegenzug kann einem Proxy-ARP-Router die gleiche Netz-ID bzw. Subnetz-ID unterschiedlichen physikalischen Interfaces zugeordnet werden, um somit Medium-übergreifendes Subnetting zu erzielen. Zunächst wird der Einsatz von Proxy-ARP an zwei Beispielen illustriert, in denen sich eine (Sub)Netz-ID auf mehrere physikalische Netze bezieht.

Shared Medium LAN und ISDN bilden ein Subnetz

Abb. 2.6-5 zeigt das Prinzip, nach dem ein *Shared Medium LAN* (hier beispielsweise Ethernet) so mit dem ISDN (als Beispiel eines verbindungsorientierten Netzes speziell im Hinblick für die Rechnerkommunikation und als Vorläufer der VoIP-Integration) integriert werden kann, dass diese beiden physikalisch unterschiedlichen Netze logisch als ein Subnetz gesehen werden können. Hier sind externe Rechner über das leitungsvermittelnde ISDN an ein Ethernet angebunden. Aus organisatorischen Gründen müssen diese externen Rechner transparent, also mit IP-Adressen des lokalen Subnetzes (d.h. Ethernet), eingebunden werden. Für die Übermittlung der IP-Pakete zwischen den externen Rechnern und dem Router wird das Protokoll PPP (*Point-to-Point Protocol*) verwendet. PPP wird in Abschnitt 10.2.2 dargestellt.

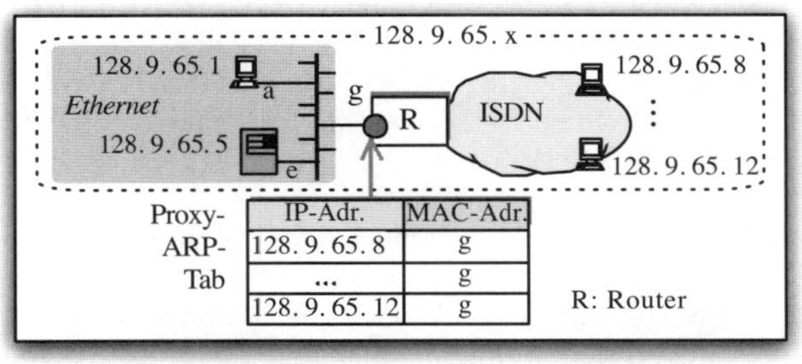


**Abb. 2.6-5:** Einsatz von Proxy-ARP für eine LAN-Erweiterung mit dem ISDN
*b*, *e*, *g*: MAC-Adressen

### Integration von LANs und WANs mittels Proxy-ARP

Proxy-ARP und ISDN

Im Ethernet werden die Endsysteme mit den MAC-Adressen als Hardware-Adressen identifiziert. Außerdem ist das Ethernet ein broadcastorientiertes Netz, während das ISDN ein leitungsvermittelndes Netz darstellt, welches Broadcast nicht unterstützt. Weil ARP ein *broadcastorientiertes Netz* voraussetzt [Abb. 2.6-2a], lässt sich ARP im ISDN nicht realisieren. Um Ethernet und ISDN so zu integrieren, dass sie ein Subnetz bilden, ist die *Proxy-ARP*-Funktion im Router nötig.

Proxy-ARP im Linksegment

Für Rechner im lokalen Linksegment (wie Ethernet in Abb. 2.6-5) bedeutet die Proxy-Funktion beim Übergang zum ISDN, dass die ISDN-Endsysteme unter einer MAC-Adresse *g*, (d.h. der des Ethernert-Ports des Routers) zu erreichen sind. Die Proxy-

ARP-Funktion besteht in diesem Fall darin, dass am Ethernet-Port des Routers eine besondere ARP-Tabelle mit der MAC-Adresse *g* enthalten ist. In dieser Tabelle werden die IP-Adressen von ISDN-Endsystemen eingetragen und ihnen wird die MAC-Adresse *g* des Routers von der Ethernet-Seite zugeordnet. Mit einer solchen ARP-Tabelle wird den Ethernet-Endsystemen 'mitgeteilt', dass die ISDN-Endsysteme unter der MAC-Adresse *g* des Routers zu erreichen sind.

> Proxy-ARP dient im lokalen Linksegment als Vertretung von Endsystemen ohne MAC-Adressen bzw. mit abweichenden MAC-Adressformaten.

Liegt bei einem Ethernet-Endsystem ein IP-Paket, das an ein ISDN-Endsystem z.B. mit der IP-Adresse y gesendet werden soll, so prüft dieses Ethernet-Endsystem zunächst, ob das Ziel sich im gleichen Subnetz befindet [Abb. 2.4-5]. Da dies gerade der Fall ist, wird das IP-Paket in einem MAC-Frame direkt an das Ziel gesendet [Abb. 2.4-6]. Ist die Ziel-MAC-Adresse dem Quell-Endsystem unbekannt, so sendet es nach dem Protokoll ARP eine Broadcast-Nachricht `ARP-Request` an alle Systeme in seinem Subnetz. Diese Broadcast-Nachricht wird auch vom Router empfangen, der mit `ARP-Reply` antwortet, indem der IP-Adresse *y* des ISDN-Endsystems die MAC-Adresse *g* zugeordnet wird. Nach dem Empfang von `ARP-Reply` vermerkt das Quell-Endsystem in seinem ARP-Cache, dass der IP-Adresse *y* die MAC-Adresse *g* entspricht. Im nächsten Schritt wird dann der MAC-Frame direkt an den Router abgeschickt. Der Router leitet gemäß der Routing-Tabelle das empfangene IP-Paket an den ISDN-Port weiter. Für zusätzliche Informationen über die Funktionsweise von Routern sei auf Kapitel 10 verwiesen.

Transparentes Subnetting

Wie man an diesem Beispiel sieht, ist es durch Proxy-ARP-Funktion möglich, mehrere physikalische Netze über einen Router so zu koppeln, dass sie ein heterogenes Netz bzw. Subnetz bilden und damit nur eine (Sub)Netz-ID besitzen. Hierbei ist darauf hinzuweisen, das eine Proxy-ARP-Lösung eine Notlösung (!) für den Fall ist, dass man kein Subnetting realisieren kann. Wäre Subnetting möglich, so sollte man dem Ethernet eine Subnetz-ID und dem ISDN eine weitere Subnetz-ID zuweisen. Bei einer derartigen Lösung ist auch die Proxy-ARP-Funktion im Router nicht nötig.

### Proxy-ARP als Mittler von heterogenen LANs zu einem IP-Subnetz

Unterschiedliche Shared Medium LANs bilden ein Subnetz

Im nächsten Beispiel wird gezeigt, wie unterschiedliche LANs zu vernetzen sind, damit sie ein Subnetz bilden. Die Bedeutung der Proxy-ARP-Funktion ist nun aus Abb. 2.6-6 ersichtlich. In diesem Fall stellen Ethernet und Token-Ring zwei getrennte Broadcast-Netze dar. An dieser Stelle ist hervorzuheben, dass ARP-Nachrichten die Nachrichten der MAC-Schicht sind [Abb. 2.6-3]. Daher können sie über den Router nicht weitergeleitet werden. Dies bedeutet, dass eine Broadcast-Nachricht aus dem Ethernet-Teil das Token-Ring nicht erreichen kann. Umgekehrt können die Broadcast-Nachrichten aus dem Token-Ring die Ethernet-Seite nicht erreichen.

Mit der *Proxy-ARP*-Funktion im Router kann der Effekt erreicht werden, dass die Endsysteme am Ethernet den Eindruck gewinnen, die Token-Ring-Endsysteme wären am Ethernet angeschlossen. Umgekehrt wird den Token-Ring-Endsystemen vorgemacht, dass sich ihre Kommunikationspartner am Token-Ring statt am Ethernet befinden. Eine solche 'Täuschung' ist mittels entsprechender ARP-Tabellen möglich. Eine Tabelle seitens des Ethernet signalisiert den Ethernet-Endsystemen, dass die Token-Ring-Endsysteme unter der MAC-Adresse *g* zu erreichen sind. Dabei handelt es sich um die MAC-Adresse des Ethernet-Ports im Router. Die zweite ARP-Tabelle seitens des Token-Ring-LANs

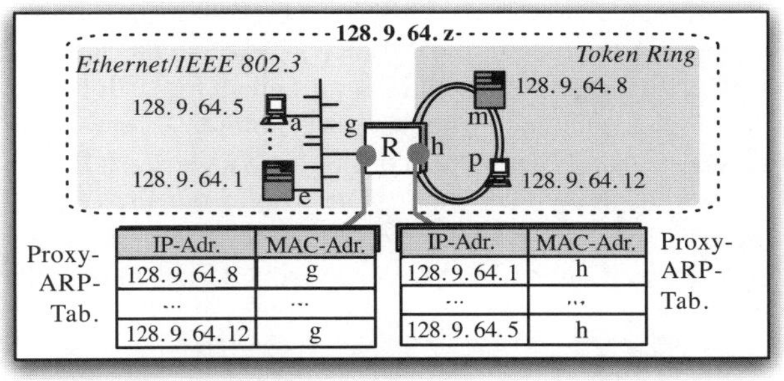


**Abb. 2.6-6:** Unterschiedliche LANs bilden ein Subnetz mittles Proxy-ARP
*b*, *e*, *m*, *p*: MAC-Adressen

signalisiert den Endsystemen am Token-Ring, dass die Ethernet-Endsysteme unter der MAC-Adresse *h* erreichbar sind.

**Beispiel**: Abb. 2.6-7 illustriert die Übermittlung eines IP-Pakets von einem Quellrechner am Ethernet zu einem Zielrechner am Token-Ring. Liegt beim Ethernet-Endsystem mit der IP-Adresse `128.9.64.5` ein IP-Paket vor, das an ein Token-Ring-Endsystem mit der IP-Adresse `128.9.64.8` gesendet werden soll, so prüft dieses LAN-Endsystem zunächst, ob das Ziel sich im gleichen Subnetz befindet. Da dies gerade der Fall ist, muss das IP-Paket in einem MAC-Frame direkt an das Ziel gesendet werden. Ist die Ziel-MAC-Adresse dem Quell-Endsystem unbekannt, so sendet es eine Broadcast-Nachricht `ARP-Request` an alle Systeme in dessen Subnetz. Der Aufbau von `ARP-Request` wurde bereits in Abb. 2.6-3 gezeigt. Diese Nachricht wird auch vom Router mit `ARP-Reply` beantwortet. In `ARP-Reply` wird die MAC-Adresse *g* (d.h. des Ethernet-Ports im Router) der IP-Adresse `128.9.64.8` des Token-Ring-Endsystems zugeordnet. Nach dem Empfang von `ARP-Reply` trägt das Quell-Endsystem am LAN in dessen *ARP-Cache* ein, dass der IP-Adresse `128.9.64.8` die MAC-Adresse *g* entspricht. Somit wird der MAC-Frame im nächsten Schritt an den Router abgeschickt und er leitet das IP-Paket ins Token-Ring-LAN weiter.

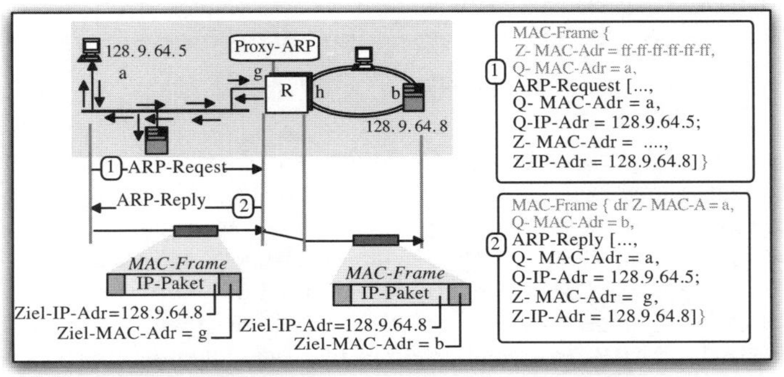


**Abb. 2.6-7:** Verlauf der Proxy-ARP-Funktion bei der Übermittlung eines IP-Pakets
Q: Quelle; Z: Ziel; a, b, g, h: MAC-Adressen

In einigen Fällen kann es sinnvoll sein, Endsysteme, die an verschiedenen LAN-Typen (z.B. Ethernet und Token-Ring bzw. Ethernet und FDDI) angeschlossen sind, als ein

Backend-Anschluss ans Frontend

IP-(Sub-)Netz zu definieren. In diesem Fall stellt die Proxy-ARP-Funktionalität ein geeignetes Instrument zur Kopplung dieser Frontend-Netze an das Hochgeschwindigkeits-Backend-Netz zur Verfügung, wo z.B. ein Host an seinem FDDI-Interface zwei getrennte IP-Adressen in den IP-Netzen *A* und *B* zugewiesen bekommt. Über diese IP-Adressen ist er dann sowohl für Stationen am Ethernet über das IP-Netz A wie auch für Rechner am Token-Ring am IP-Netz *B* transparent erreichbar. Die Router mit Proxy-ARP-Funktionalität gewährleisten hierbei nicht nur die Umsetzung der MAC-Adressen, sondern auch die notwendige Fragmentierung der IP-Pakete entsprechend der maximalen MTU für das jeweilige LAN.

## 2.6.3 Protokoll RARP

Wozu RARP?

Das Protokoll RARP (*Reverse Address Resolution Protocol*) ist für Stationen gedacht, die ihre IP-Adresse nicht selbst speichern können (z.B. Remote-Boot-Stationen ohne Festplatte). RARP ist das Gegenstück zu ARP, d.h. RARP bietet Funktionen, die es ermöglichen, bei einer bekannten MAC-Adresse die zugehörige IP-Adresse zu finden (RFC 903). Bei RARP ist es notwendig, einen speziellen Server festzulegen, in dem eine RARP-Tabelle enthalten ist. Der Server sucht in dieser Tabelle nach der IP-Adresse, die mit der angeforderten MAC-Adresse übereinstimmt und gibt die gesuchte IP-Adresse als `RARP-Reply` bekannt.

RARP-Server

Das RARP-Prinzip setzt voraus, dass mindestens ein Rechner als *RARP-Server* fungiert und dass dieser Server über eine Tabelle verfügt, in der allen MAC-Adressen eine eindeutige IP-Adresse zugeordnet ist. Die Funktionsweise von RARP illustriert Abb. 2.6-8.

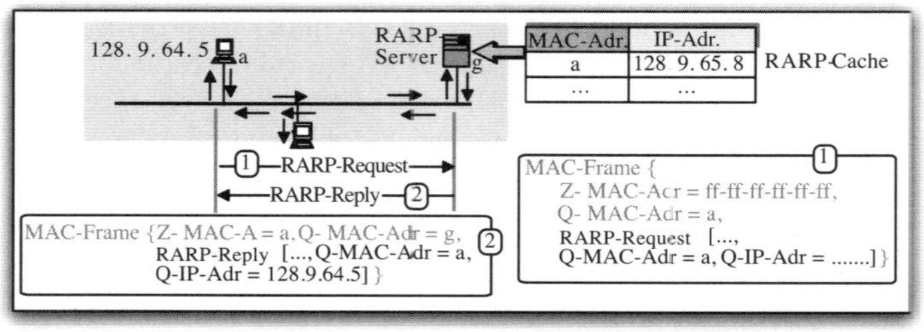


**Abb. 2.6-8:** Veranschaulichung der Funktionsweise von RARP
a, g: MAC-Adressen

Wie aus der Abb. 2.6-3 ersichtlich, ist der Aufbau von RARP-Nachrichten mit dem von ARP-Nachrichten identisch. Bei RARP werden im Feld *Operation* die Werte 3 für `RARP-Request` und 4 für `RARP-Reply` verwendet. Wenn ein `RARP-Request` gesendet wird, kennt das außendende Endsystem nur die eigene MAC-Adresse und kann daher auch nur diese Adresse im MAC-Frame angeben. Im `RARP-Reply` vom Server wird die gesuchte IP-Adresse eingetragen. Zudem werden im `RARP-Reply` auch die IP- und die MAC-Adresse des RARP-Servers mitgeteilt werden, was allerdings nicht erforderlich ist.

# 2.7 Protokoll ICMP

In jedem Netz treten von Zeit zu Zeit Fehler auf, die an die Verursacher oder davon Betroffene gemeldet werden müssen. Diese Aufgabe wird in Netzen mit der Protokollfamilie TCP/IP vom Protokoll ICMP (*Internet Control Message Protocol*) übernommen. Hierfür stellt das ICMP eine Vielzahl von *ICMP-Nachrichten* zur Verfügung. ICMP wurde bereits im Jahr 1981 im RFC 792 spezifiziert, in den RFC 950, 1256 und 4884 wurde dann der Funktionsumfang erweitert.

An dieser Stelle ist hervorzuheben, dass hier ICMP für das Protokoll IP der Version 4, kurz *ICMP für IPv4*, vorgestellt wird. ICMP für IP der Version 6 wird in Abschnitt 7.1 dargestellt. Hervorzuheben ist hier auch, dass einige Nachrichten von ICMP beim Protokoll MIP (*Mobile IP*) verwendet werden [Abschnitt 15.3].

Zu den wichtigsten Aufgaben des Protokolls ICMP gehören u.a.: ICMP-Aufgaben

- Unterstützung der Diagnose:
  - Üblicherweise wird in Netzwerken zum Feststellen der Erreichbarkeit des Kommunikationspartners das Programm *ping* verwendet. Dieses Hilfsprogramm sendet die ICMP-Nachricht `Echo Request` an eine IP-Adresse und wartet auf die ICMP-Nachricht `Echo Reply` als Antwort. Das Programm ping meldet die Anzahl der empfangenen Antworten und die Zeitspanne zwischen Senden der Anfrage und Eingang der Antwort. ping
  - Das Programm *tracert* (bzw. *traceroute*) als weiteres Analysewerkzeug wird zum Verfolgen von Routen eingesetzt. Es sendet `Echo Request` an eine IP-Adresse und analysiert die eingehenden Fehlermeldungen. traceroute
- Unterstützung der Aufzeichnung von Zeitmarken (*Timestamp*) sowie Ausgabe von Fehlermeldungen bei abgelaufenen Timestamps von IP-Paketen.
- Verwaltung von Routing-Tabellen.
- Unterstützung der Flusskontrolle [Abschnitt 1.2.2], um eine Überlastung des Routers bzw. des Zielrechners zu vermeiden (`ICMP Source Quench`).
- Mitwirken bei der Feststellung der maximalen Länge von IP-Paketen, d.h. von MTU (*Maximum Transfer Unit*).

ICMP wird normalerweise als Teil der Schicht 3 betrachtet, aber ausnahmsweise werden die Daten dieses Protokolls in IP-Paketen transportiert. Dies illustriert Abb. 2.7-1. Somit werden die ICMP-Nachrichten wie Daten eines Transportprotokolls in IP-Paketen transportiert, obwohl ICMP kein Transportprotokoll ist, sondern ein Hilfsprotokoll auf Schicht 3. Dem ICMP wurde die Protokollnummer `1` im IP-Header zugeordnet [Tab. 2.1-1].

## 2.7.1 ICMP-Nachrichten

Den Aufbau von ICMP-Nachrichten zeigt Abb. 2.7-1. Da ICMP unterschiedliche Informationen zu transportieren hat, enthalten die ICMP-Nachrichten einen Header, der in allen Nachrichten immer gleich ist. Die Bedeutung von ICMP-Angaben, die direkt nach dem Header folgen, ist von einzelnen Fehlern bzw. Diagnosesituationen abhängig. Für die Struktur des Teils `ICMP Data` bei den einzelnen ICMP-Nachrichtentypen ist auf die Dokumente RFC 792 und RFC 1256 zu verweisen.

ICMP-Header

Die einzelnen Angaben im ICMP-Header sind:

- `Type`
  Diese Angabe dient als Unterscheidung der Bedeutung einzelner ICMP-Nachrichten.
- `Code`
  Eine weitere Unterteilung der Bedeutung der Nachricht innerhalb eines Typs. Beispielsweise in der Nachricht `Destination Unreachable` wird dem Absender eines IP-Pakets mitgeteilt, warum es nicht übermittelt werden konnte; z.B.

  0 = Netz nicht erreichbar,
  1 = Rechner nicht erreichbar,
  2 = Protokoll bzw. Dienst nicht erreichbar,
  3 = Port nicht erreichbar,
  4 = Fragmentierung erforderlich und `DF`-Bit gesetzt.
- `Checksum` (Prüfsumme)
  Dieses Feld enthält eine Prüfsumme, die nur die ICMP-Daten auf Fehler überprüft.

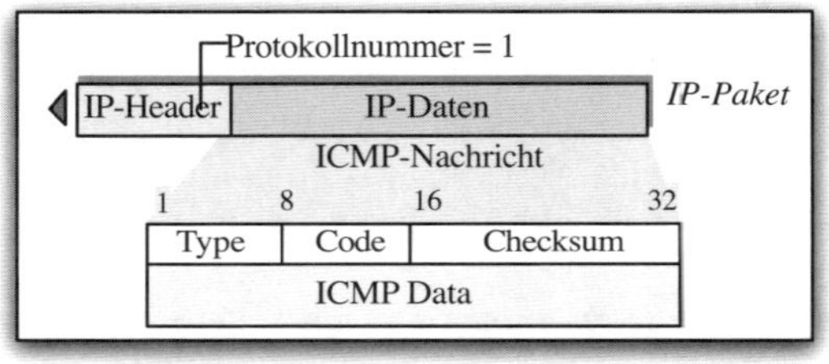


**Abb. 2.7-1:** Aufbau von ICMP-Nachrichten

Fehlermeldungen

Falls eine Fehlermeldung bei einem Rechner in einer ICMP-Nachricht ankommt, so stellt sich die Frage, auf welches IP-Paket und auf welches Protokoll sich die Fehlermeldung bezieht. Abhängig vom Typ (und manchmal auch Code) werden in den ICMP-Nachrichten noch weitere Informationen als ICMP-Daten (Fehler-, Diagnose-Angaben etc.) direkt nach dem Header übermittelt. Die Bedeutung von ICMP-Daten ist von einzelnen Fehler- bzw. Diagnose-Situationen abhängig. Die ICMP-Fehlermeldungen beinhalten neben der Fehlermeldung auch immer den IP-Header und die ersten 64 Bit des diese fehlerhafte Situation verursachenden IP-Pakets.

Empfängt ein Rechner z.B. eine ICMP-Nachricht mit `Type = 3` und `Code = 1` (d.h. Nachricht `Destination Unreachable`), so kann er nach der Angabe Type und Code genau bestimmen, was die Ursache des Fehlers ist. In diesem Fall wird dem Absender eines IP-Pakets mitgeteilt, dass der Zielrechner nicht erreichbar ist. Der Header dieses IP-Pakets und dessen weitere 64 Bit sind in der Nachricht `Destination Unreachable` als `ICMP Data` enthalten.

Für die Struktur des Teils `ICMP Data` bei den einzelnen ICMP-Nachrichtentypen ist auf die Dokumente RFC 792 und RFC 1256 zu verweisen.

ICMP-Nachrichtentypen

Tab. 2.7-1 zeigt eine Auswahl von ICMP-Nachrichten [`http://www.iana.org/assignments/icmp-parameters`].

| Type | Bedeutung der ICMP-Nachricht |
|---|---|
| 0 | `Echo Reply` (Echo-Antwort) |
| 3 | `Destination Unreachable` |
| 4 | `Source Quench` (Senderate reduzieren) |
| 5 | `Redirect` (Route ändern) |
| 8 | `Echo Request` (Echo-Anforderung) |
| 9 | `Router Advertisement` (Router-Bekanntmachung) |
| 10 | `Router Solicitation` (Suche nach einem Router) |
| 11 | `Time Exceeded` (Lebenszeit des IP-Pakets ist überschritten) |
| 12 | `Parameter Problem` (Parameterfehler im IP-Paket) |
| 13 | `Time Stamp Request` (Uhrzeitangabe-Anforderung) |
| 14 | `Time Stamp Reply` (Uhrzeitangabe-Antwort) |
| 15 | `Information Request` (Anforderung der Information) |
| 16 | `Information Reply` (Antwort auf Informationsanforderung) |
| 17 | `Address Mask Request` (Abfrage der Subnetzmaske) |
| 18 | `Address Mask Response` (Antwort auf Abfrage der Subnetzmaske) |

**Tab. 2.7-1:** Typen von ICMP-Nachrichten (Auswahl)

## 2.7.2 ICMP-Fehlermeldungen

Der häufigste Einsatz von ICMP liegt in der Meldung verschiedener Arten von fehlerhaften Situationen. Ein Rechner oder ein Router gibt eine ICMP-Fehlermeldung zurück, wenn er feststellt, dass ein Fehler oder eine außergewöhnliche Situation während der Weiterleitung bzw. der Übergabe an ein Transportprotokoll (TCP oder UDP) eines IP-Pakets aufgetreten ist. Folgende außergewöhnlichen Situationen verursachen eine ICMP-Fehlermeldung:

- *Ziel nicht erreichbar*: Ein IP-Paket kann nicht an den Zielrechner übergeben werden. In diesem Fall wird die ICMP-Nachricht `Destination Unreachable` an den Quellrechner gesendet, um darauf hinzuweisen, dass der Empfänger nicht erreichbar ist. Die Ursachen hierfür sind unterschiedlich. Eventuell existiert der Zielrechner nicht mehr oder es ist kein passendes Protokoll im Zielrechner geladen. Destination Unreachable
- *Zeit überschritten*: Befindet sich ein IP-Paket so lange im Netz, dass die `Time To Live` im IP-Header abgelaufen ist, so wird die Nachricht `Time Exceeded` vom Router, in dem das betreffende IP-Paket 'vernichtet' wurde, an den Quellrechner zurückgeschickt. Time Exceeded
- *Ungültige Parameter*: Ein oder mehrere Parameter im Header des IP-Pakets enthalten ungültige Angaben bzw. unbekannte Parameter. In diesem Fall wird die Nachricht `Parameter Problem` verschickt. Parameter Problem
- *Senderate reduzieren*: Ist ein Rechner nicht in der Lage, die zu schnell ankommenden IP-Pakete rechtzeitig zu verarbeiten, wird die Nachricht `Source Quench` an die Quelle gesendet, damit diese die Sendung von IP-Paketen für einen gewissen Zeitraum unterbricht. Source Quench
  Entsprechend RFC 6633 gilt diese Option als '*deprecated*': IMCP Nachrichten dieses Types werden in der Regel von der Firewall verworfen und finden auch beim vorgesehenen Zielrechner keine Beachtung mehr.
- *Umleitung im Netzwerk*: Bemerkt ein Router, dass es für ein IP-Paket eine bessere Route gibt als über ihn, so kann er dem Quellrechner eine Empfehlung mit der Nachricht `Redirect` geben, weitere IP-Pakete zum gleichen Zielrechner über einen anderen Rou- Redirect

ter zu verschicken. Die IP-Adresse dieses Routers wird im Feld `ICMP-Data` übermittelt [Abb. 2.7-1].

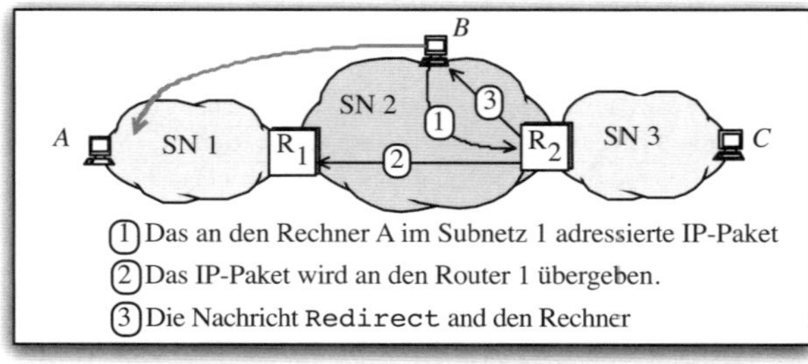


**Abb. 2.7-2:** Beispiel für eine Umleitung im Netzwerk
R: Router, SN: Subnetz

**Beispiel**: Abb. 2.7-2 zeigt ein einfaches Netzwerk, das aus drei Subnetzen besteht. Es ist offensichtlich, dass die kürzeste Route von Rechner *B* zu Rechner *A* über den Router $R_1$ führt. Die kürzeste Route von Rechner *B* zu Rechner *C* verläuft über Router $R_2$. Nehmen wir an, dass Rechner *B* in seiner Router-Liste nur einen Eintrag für den Standard-Router hat (d.h. Router $R_2$). Dann verfügt er über keinen Router zum Subnetz `1` und er sendet daher das an Rechner *A* adressierte IP-Paket an Router $R_2$, um es in das Subnetz `1` zu Rechner *A* weiterzuleiten. $R_2$ stellt aufgrund seiner Routing-Tabelle fest, dass er dieses Paket an Router $R_1$ weiterleiten soll. Er gibt das Paket an $R_1$ weiter und sendet danach eine Nachricht `Redirect` an Rechner *B*. Diese Nachricht enthält die IP-Adresse von Router $R_1$. Dadurch teilt der Router $R_2$ dem Rechner *B* mit, dass er alle Pakete, die in das Subnetz `1` gelangen müssen, besser direkt an $R_1$ übergeben soll. Die darauffolgenden IP-Pakete zu Rechner *A* im Subnetz `1` übergibt Rechner *B* direkt an $R_1$.

## 2.7.3 ICMP-Anfragen

Zusätzlich zu den ICMP-Meldungen, die in den fehlerhaften Situationen generiert werden, gibt es eine Reihe weiterer ICMP-Nachrichten, die für die Anfrage von Informationen und zur Antwort auf eine ICMP-Anfrage verwendet werden können. Hierzu gehören folgende ICMP-Nachrichten:

- `Echo Request/Reply` (*Echo-Funktion*)
  Die häufigsten Anfragemeldungen sind die ICMP-Nachrichten für die Implementierung des Programms ping zum Versenden von Diagnose-Nachrichten. Die Nachrichten `Echo Request/Reply` werden für die Implementierung der Funktion '*Bist Du noch da?*' verwendet. Hierbei sendet das *ping*-Programm ein `Echo Request` zu einem bestimmten Ziel (Rechner bzw. Router). Das Ziel muss auf `Echo Request` mit einem `Echo Reply` antworten. `Echo Request` ist die einzige ICMP-Nachricht, auf die jeder IP-fähige Rechner antworten muss
- `Timestamp Request/Reply` (*Zeitmarkenanfrage*)
  Ein Rechner gibt eine Zeitmarkenanfrage mit `Timestamp Request` ab, um von einem anderen Rechner eine Zeitmarke zu erhalten, die das aktuelle Datum und die Uhrzeit angibt. Ein Rechner, der eine Zeitmarkenanfrage in `Timestamp Request` empfängt, antwortet mit `Timestamp Reply`.

Wie Abb. 2.7-3 zeigt, verwendet man `Timestamp Request` und `Timestamp Reply`, um die Laufzeit eines IP-Pakets über das Netz zu ermitteln.

Bestimmung der Laufzeit

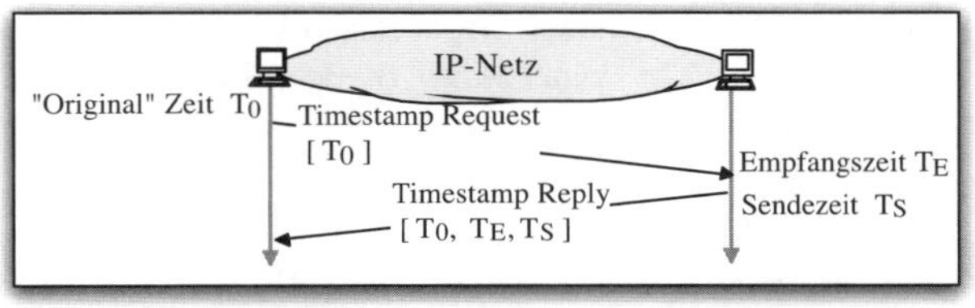


**Abb. 2.7-3:** Bestimmung der Laufzeit eines IP-Pakets

- `Information Request/Reply` (*Informationsanfrage*)
  Diese Nachrichten sollen es einem Rechner ermöglichen, seine IP-Adresse (z.B. von einem Adress-Server) abzufragen. Da die dynamische Vergabe von IP-Adressen heutzutage mit DHCP (*Dynamic Host Configuration Protocol*) gemacht wird, hat diese ICMP-Funktion an Bedeutung verloren.
- `Address Mask Request/Response` (*Abfrage der Subnetzmaske*)
  Diese Nachrichten ermöglichen es einem Rechner, die zu verwendende Subnetzmaske abzufragen [RFC 950]. In einem Subnetz, in dem diese Funktion unterstützt wird, ist/sind ein oder mehrere Rechner als Subnetzmasken-Server gekennzeichnet. Ein Rechner, der seine Subnetzmaske zu ermitteln versucht, sendet eine Abfrage in `Address Mask Request`, auf die ein Subnetzmasken-Server mit der Nachricht `Address Mask Response` antwortet, in der die zu verwendende Subnetzmaske enthalten ist.

Jedem Rechner in einem Subnetz muss die IP-Adresse eines Routers als 'Grenzübergang' zu anderen Subnetzen bekannt sein. Diese Adresse wird üblicherweise bei der IP-Konfiguration eines Rechners als *Default Gateway* angegeben. ICMP stellt zwei Nachrichten zur Verfügung, die es ermöglichen, einen Router zu entdecken. Die Entdeckung des Routers illustriert Abb. 2.7-4.

Entdeckung eines Routers

Diese Nachrichten, die die Entdeckung von Routern in einem Subnetz ermöglichen, sind [RFC 1256]:

- `Router Solicitation` (*Suche nach einem Router*),
- `Router Advertisement` (*Router-Bekanntmachung*).

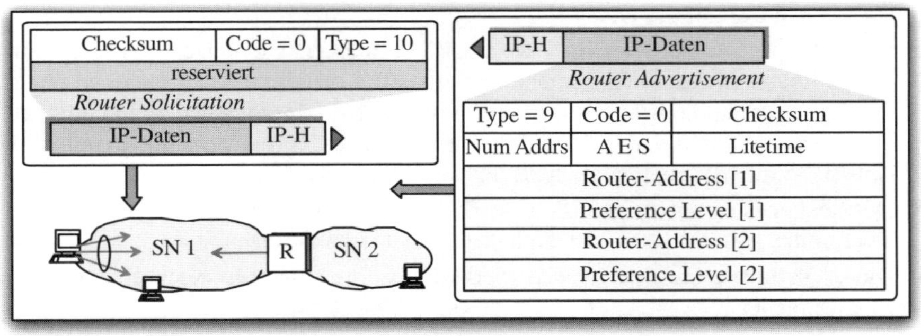


**Abb. 2.7-4:** Prinzip der Entdeckung eines Routers bei ICMP
IP-H: IP-Header, R: Router, SN: Subnetz

Ein Rechner kann während seiner Konfigurationsphase eine Nachricht `Router Solicitation` an alle Systeme (Rechner, Router) in demselben Subnetz verschicken. Diese Nachricht bedeutet *'Ich suche einen Router'* und enthält im IP-Header eine IP-Multicast-Adresse `244.0.0.1` bzw. eine Broadcast-Adresse `255.255.255.255`. Der Router antwortet mit der Nachricht *Router Advertisement*, in der er seine IP-Adresse von diesem physikalischen Port bekannt macht, auf dem `Router Solicitation` empfangen wurde.

Einem physikalischen Port im Router können mehrere IP-Adressen zugeordnet werden, sodass in der Nachricht `Router Advertisement` alle IP-Adressen des entsprechenden Router-Ports enthalten sein können. Diese Eigenschaft spielt eine große Rolle bei sog. Layer-3 Switches, die als Router zwischen den als IP-Subnetzen definierten VLANs fungieren (siehe Abschnitte 13.2.3 und 13.3 sowie 13.4).

## 2.7.4 Pfad-MTU Ermittlung

Eine wichtige Funktion von ICMP ist die Unterstützung der Feststellung der *Maximum Transfer Unit* (MTU) [Abschnitt 2.2.2] für ein entferntes, über Router zu erreichendes IP-Netz. Dieses Verfahren wird als `Path MTU (PMTU) Discovery` bezeichnet und ist laut RFC 1191 in Routern zu unterstützen. Wie Abb. 2.7-5 zeigt, ist hierfür die Nachricht `PMTU Discovery` notwendig.

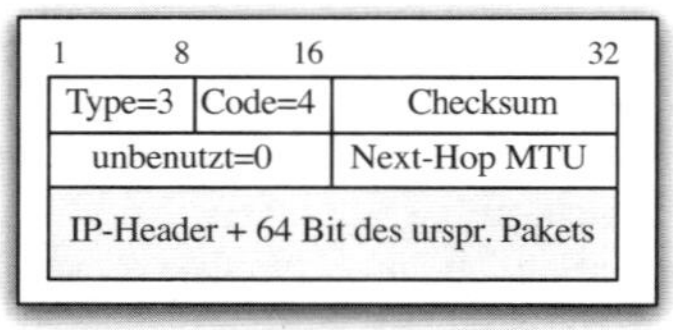


**Abb. 2.7-5:** Aufbau der ICMP-Nachricht `PMTU Discovery`

PMTU Die PMTU wird im Zusammenspiel zwischen IP-Sender und den in der Übertragungsstrecke liegenden Routern entsprechend folgendem Ablauf festgestellt:

1. Die IP-Instanz des Senders generiert zunächst IP-Pakete mit gesetztem *Don't Fragment*-Bit (`DF = 1`) und der maximalen MTU des lokalen Netzes. Diese MTU entspricht in der Regel auch der des in diesem Netz liegenden IP-Interface des *Default Gateway* und somit des ersten Hop.
2. Überschreitet ein erzeugtes IP-Paket die MTU eines Transfernetzes, sodass der zugehörige Router es eigentlich fragmentieren müsste, wird es von diesem verworfen und der Sender erhält die ICMP-Nachricht `Destination Unreachable` mit dem Statuscode *Fragmentation needed* and dem Bit `DF` gesetzt. Ferner fügt der Router gemäß Abb. 2.7-5 die maximal mögliche IP-Paketgröße (in Byte) in die ICMP-Nachricht ein.
3. Der Sender ist somit aufgefordert, seine ursprüngliche MTU auf die nun bekannte Obergrenze zu reduzieren und die Pakete erneut zu übertragen.
4. Dieses Verfahren kann periodisch wiederholt werden, um z.B. wechselnden Routen zu entsprechen.

# 2.8 IP-Multicasting

In diesem Kapitel wurde bislang von der Nutzung von Unicast-IP-Adresssen entsprechend der Klassen A, B und C gesprochen. Die Adressklasse D hingegen beinhaltet *Multicast-IP-Adressen* (*MC-IP-Adressen*) aus dem Adressbereich 224.0.0.0 bis 239.255.255.255, was einem Umfang von ca. 250 Millionen potenzieller Adressen entspricht. Mit einer MC-IP-Adresse wird eine Gruppen von Rechnern in einem IP-Netz adressiert. MC-IP-Adresse

Aufgabe von *IP-Multicasting* ist es, eine Information wie einen Video- oder Audio-Datenstrom – z.B. über das Protokoll RTP (*Real-time Transport Protocol*) – nicht einfach an *n* Teilnehmer von der Quelle aus zu replizieren, sondern über eine bestehende Multicast-Infrastruktur gezielt an *Multicast-Router* (*MC-Router*) in einzelnen IP-Subnetzen zu verteilen. Die MC-Router leiten diese dann an die Empfänger in entsprechenden Multicast-Gruppen in ihren lokalen IP-Subnetzen weiter. Eine derartige Verteilung der Information entlastet das Transportnetz (z.B. Internet), erfordert aber sowohl in den Routern als auch in den Endgeräten zusätzliche Intelligenz. Aufgabe von IP-Multicasting

Mit dem IP-Multicasting sind daher folgende Probleme verbunden: Multicast-Anforderungen

- Abbildung von MC-IP-Adressen auf MC-MAC-Adressen [Abb. 2.8-1].
- *Management von Multicast-Gruppen*: Der Empfänger eines Multicast-IP-Pakets muss einer entsprechenden Multicast-Gruppe (MC-Gruppe) angehören und kann diese zu jeder Zeit beitreten bzw. verlassen. Das Management von MC-Gruppen wird vom IGMP (*Internet Group Management Protocol*) realisiert.
- *Multicast-Routing*: Die Rechner als Mitglieder einer MC-Gruppe können auf mehrere IP-Subnetze verteilt werden. Daher müssen mehrere MC-Router miteinander kooperieren, um das IP-Multicasting über mehrere IP-Subnetze hinweg zu ermöglichen. Abschnitt 10.6 geht darauf näher ein.

Eine Implementierung der Multicast-Infrastruktur stellt das *Multicast Backbone* (*MBone*) dar, das 1992 ins Leben gerufen wurde Das MBone bildet ein logisches Netz im Internet, dessen Router Multicast-Routing unterstützen. Für Näheres über das MBone ist auf [FFZ01] zu verweisen. MBone

## 2.8.1 Multicast-Adressen

Im reservierten Klasse-D-IP-Adressraum für Multicast-Zwecke [Abb. 2.3-1] werden – ähnlich dem generellen IP-Adressraum – *dedizierte MC-IP-Adressen* festgelegt, z.B. für folgende Zwecke: Dedizierte MC-IP-Adressen

- *lokales Multicasting*: 224.0.0.0 bis 224.0.0.255; diese MC-IP-Adressen werden nicht geroutet (d.h. sie sind auf ein IP-Subnetz beschränkt)
- *Source-specific Multicasting* (SSM): 232.0.0.0 bis 232.0.0.255; mittels dieser MC-IP-Adressen kann eine MC-Quelle an mehrere MC-Gruppen verschiedene Daten übermitteln.
- *All-Host-Group* (alle Hosts in diesem IP-Subnetz): 224.0.0.1
- *All-Router-Group* (alle Router in diesem IP-Subnetz): 224.0.0.2
- alle protokollspezifischen Router in diesem IP-Subnetz (Auswahl):

  All OSPF Routers 224.0.0.5

All OSPF Designated Routers 224.0.0.6
All RIP2 Routers 224.0.0.9
All PIM Routers 224.0.0.13

- Applikationsspezifische MC-IP-Adressen (Auswahl):

*Network Time Protocol* (NTP) 224.0.1.1
*Rhwo Daemon* (RhwoD) 224.0.1.3
IETF-1-LOW-AUDIO 224.0.1.10
IETF-1-AUDIO 224.0.1.11
IETF-1-VIDEO 224.0.1.12
IETF-2-LOW-AUDIO 224.0.1.13
IETF-2-AUDIO 224.0.1.14
IETF-2-VIDE0 224.0.1.15

Mehrere MC-IP-Adressen pro Interface

Alle anderen MC-Adressen werden temporär eingesetzt. Kennzeichnend für das IP-Multicasting ist, das einem Interface zusätzlich zu seiner Unicast-IP-Adresse mehrere MC-IP-Adressen zugeordnet werden können. Eine spezifische MC-IP-Adresse steht hierbei für eine Anzahl von Endsystemen, die der gleichen MC-Gruppe angehören. Außerdem gehören alle diese Systeme zur *All-Host-Group*. Für die Endsysteme wiederum ist es leicht, ihren lokalen MC-Router zu ermitteln: Hierzu reicht eine entsprechende IGMP-Nachricht mit der MC-IP-Adresse `224.0.0.2`.

Eine vollständige Auflistung von dedizierten MC-IP-Adressen findet man unter `http://www.iana.org/assignments/multicast-addresses`

Generieren einer *MC-MAC-Adresse*

Beim Versenden von Multicast in einem physikalischen Netzwerk (z.B. im Ethernet) ist eine entsprechende Multicast-MAC-Adresse (*MC-MAC-Adresse*) nötig. Sie wird durch eine Abbildung aus ihr entsprechenden MC-IP-Adresse generiert [Abb. 2.8-1].

G/L-Bit und OUI

Die 48 Bit MAC-Adresse wird unter Verwendung des `G/L`-Bit (*Group/Local*) als Multicast-Adresse gekennzeichnet. Der erste Teil der Adresse stellt den *Organizationally Unique Identifier* (OUI) dar. Dies gilt auch für das Bit 25 (in der hier gezeigten kanonischen Darstellung der MAC-Adresse), das den IP-Multicast-Typ festlegt. Es ist beachtenswert, dass durch diese Einschränkung lediglich 23 Bit zur Abbildung der IP-Adresse auf die MAC-Adresse verfügbar sind. Die höchstwertigen 5 Bit der IP-Adresse werden hierbei verworfen, sodass Adressüberschneidungen prinzipiell auftreten können.

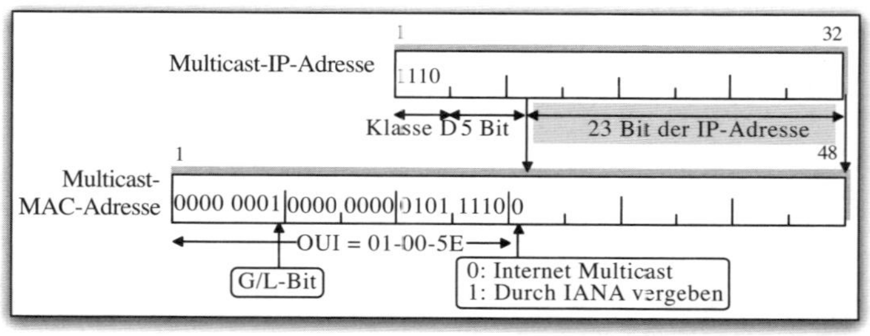


**Abb. 2.8-1:** Abbildung einer Multicast-IP-Adresse auf eine Multicast-MAC-Adresse

Bedeutung von TTL beim IP-Multicasting

Beim IP-Multicasting wird die Angabe `TTL` (`Time To Live`) im IP-Header dazu benutzt, die Reichweite von Multicast einzuschränken. Befindet sich die ganze MC-Gruppe in einem lokalen IP-Subnetz, wird der `TTL`-Wert auf `1` gesetzt. Sind die Mitglieder einer MC-Gruppe auf mehrere IP-Subnetze verteilt, muss der `TTL`-Wert einen höheren Wert haben

(Defaultwerte: 15, 63 oder 127). Die MC-Router entscheiden aufgrund von `TTL`, ob ein MC-IP-Paket weiterzuleiten ist oder nicht. Üblicherweise wird bei jedem Hop TTL um 1 herabgesetzt. Im Gegensatz zum Standard-IP erhält der Multicast-Absender jedoch beim Erreichen des Wertes 0 für `TTL` keine ICMP-Benachrichtigung (`Destination Unreachable`), sondern das MC-IP-Paket wird einfach verworfen.

## 2.8.2 Internet Group Management Protocol

Versionen von IGMP

Wie bereits in Abb. 1.5-1 gezeigt wurde, ist das IGMP (*Internet Group Management Protocol*) ebenso wie das ICMP auf der Schicht 3 angesiedelt und unterstützt das IPv4 sowie Multicast-Routing-Protokolle. IGMP liegt bereits in der Version 3 vor (IGMPv2 in RFC 2236, IGMPv3 in den RFC 3376 sowie 4604). IGMP ist auf allen Rechnern und Routern zu implementieren, die Multicasting unterstützen [RFC 1112].

MLD bei IPv6

> **Bemerkung**: Um das Management von Multicast-Gruppen in Netzen mit IPv6 zu ermöglichen, wurde das Protokoll MLD (*Multicast Listener Discovery*) entwickelt. Es gibt bereits zwei Versionen von MLD, d.h. MLDv1 (1997) und MLDv2 (2004). Der Funktion nach entspricht MLD dem IGMP. Bei MLD werden die Rechner einer Multicast-Gruppe als *Listener* (Zuhörer) bezeichnet. Die Funktionalität von MLDv2 nach RFC 3810 entspricht weitgehend der Funktionalität von IGMPv3.

Aufbau von IGMP-Nachrichten

Abb. 2.8-2 zeigt den Aufbau von IGMP-Nachrichten, die in einem IP-Subnetz zwischen Rechner und MC-Router übermittelt werden.

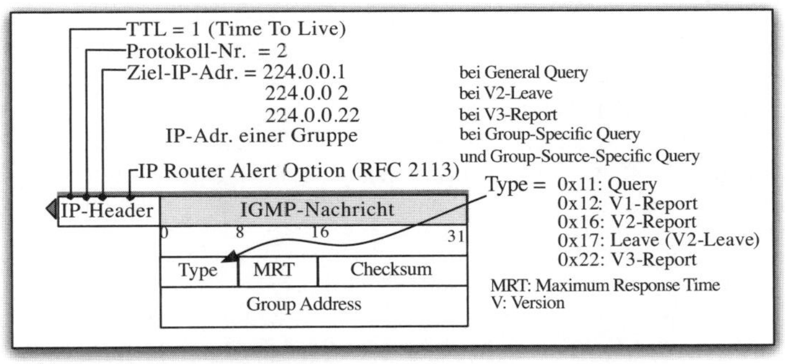


**Abb. 2.8-2:** Aufbau und Typen von Nachrichten beim IGMPv3

Die IGMP-Nachricht wird in ein IP-Paket mit Protokollnummer 2 eingefügt und enthält:

- `Type` als Angabe des Nachrichtentyps: IGMPv3 beinhaltet die Nachrichten:
  - `Membership Query` (kurz `Query`) für die Anfrage:
    Welche Mitglieder gibt es in der gewünschten Gruppe?
  - `Membership Report` (kurz `Report`):
    Man unterscheidet folgende drei Typen: `V1-Report`, `V2-Report` und `V3-Report`.
  - `Leave Group` (kurz `Leave`)
- `Maximum Response Time` (`MRT`):
  Um Kollisionen zu vermeiden, sollte jeder Rechner erst nach einer zufälligen Verzögerung `D` (`Delay`) auf die Nachricht `Query` antworten. Als `MRT` kann der MC-Router angeben, wie lang die Verzögerung `D` sein darf.

- `Checksum`:
  Dient als 16 Bit Prüfsumme der gesamten IGMP-Nachricht.
- `Group Address`:
  Hier wird die IP-Adresse einer MC-Gruppe eingetragen.

Die IGMPv3-Nachrichten `V1-Report` (IGMPv1), `V2-Report` (IGMPv2) und `V2-Leave` (IGMPv2) wurden eingeführt, um die Zusammenarbeit von IGMPv3 mit den vorherigen IGMP-Versionen zu ermöglichen.

Arbeitsweise von IGMP

Jeder MC-Router muss ermitteln, welche MC-Gruppen in jedem an ihn angeschlossenem IP-Subnetz existieren. Hierfür sendet er periodisch (z.B. alle 60 Sekunden) eine Nachricht `Query` in alle an ihn angeschlossenen IP-Subnetze. Falls ein Rechner einer MC-Gruppe eine `Query` erhält, sollte er normalerweise mit einer Nachricht `Report` antworten.

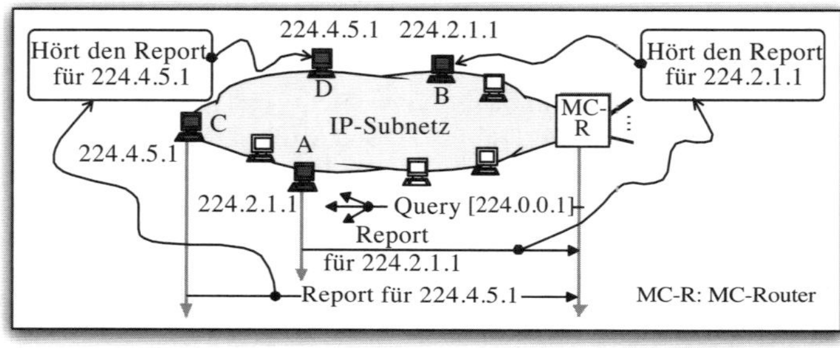


**Abb. 2.8-3:** Überwachung der Existenz von MC-Gruppen beim Einsatz von IGMPv1

**Beispiel 1**: Abb. 2.8-3 illustriert die Überwachung der Existenz von MC-Gruppen bei IGMPv1. Im IP-Subnetz gibt es hier zwei MC-Gruppen entsprechend mit MC-IP-Adressen `224.2.1.1` und `224.4.5.1`. Der MC-Router sendet `Query` mit der MC-Adresse `224.0.0.1`, d.h. an alle Rechner in einem Subnetz. Diese Nachricht hören daher die Rechner beider MC-Gruppen und sie sollen jeweils mit einer Nachricht `Report` dem MC-Router antworten.

Vermeidung von Kollision

Um zu vermeiden, dass alle Rechner zum gleichen Zeitpunkt antworten, was zu einer eventuellen Kollision führen könnte, sollte jeder Rechner erst nach einer zufälligen Verzögerung `D` auf `Query` antworten. Der Wert von `D` wird in jedem Rechner individuell ausgelost; der maximale Wert von `D` beträgt 10 Sekunden. Der erste Rechner, bei dem der Timer `D` auf Null gelaufen ist, sendet `Report` mit der MC-IP-Adresse an seine Gruppe im Feld *Group Address*. `Report` wird auch als Multicast mit `224.0.0.1` als IP-Zieladresse, d.h. an alle Rechner im Subnetz, gesendet. Dies erfahren alle Mitglieder dieser Gruppe und sie brauchen keine weitere Nachricht `Report` zu senden, weil die Existenz der MC-Gruppe bereits mit der ersten Nachricht `Report` dem MC-Router mitgeteilt wurde.

In Abb. 2.8-3 antwortet als erster der Rechner *A* auf `Query` mit der Nachricht `Report`, in der er als *Group Address* die MC-IP-Adresse `224.2.1.1` - also seine MC-Gruppe – angibt. `Report` empfangen auch andere Rechner dieser MC-Gruppe, bei denen der Timer `D` noch nicht abgelaufen ist. Hier empfängt der Rechner *B* `Report` und er braucht nun `Report` an den MC-Router nicht zu senden. Dem MC-Router wurde bereits mit Report vom Rechner *A* mitgeteilt, dass es die MC-Gruppe `224.2.1.1` im Subnetz gibt. Der MC-Router muss nur wissen, dass es diese MC-Gruppe im Subnetz noch gibt und nicht, welche Rechner zu ihr gehören.

Auf die `Query` in Abb. 2.8-3 antwortet auch der Rechner *C* mit `Report` mit der MC-IP-Adresse `224.4.5.1` als `Group Address` und signalisiert damit die Existenz seiner MC-Gruppe dem MC-Router. Diese Report-Nachricht hört auch der Rechner *D* und er braucht nun auch keine weitere Report-Nachricht an den MC-Router zu senden.

Will ein Rechner eine Gruppe verlassen, muss er bei IGMPv1 abwarten, bis der MC-Router zum nächsten Mal eine `Query` gesendet hat, und dann eine `Report`-Nachricht abschicken. Dabei reicht es dem MC-Router zu wissen, dass sich mindestens ein Rechner aus einer bestimmten MC-Gruppe in dem an ihn angeschlossenen IP-Subnetz befindet. welche Rechner zur MC-Gruppe gehören, muss er in diesem Fall nicht wissen.

Erweiterungen bei IGMP

Im Vergleich zu IGMPv1 kann ein Rechner bei IGMPv2 gezielt und selbstständig einem MC-Router durch eine `Leave`-Nachricht mitteilen, dass er eine MC-Gruppe verlassen möchte. IGMPv3 sieht vor, dass Rechner bestimmte MC-Quellen gezielt benennen können, von denen sie die Sendungen empfangen oder blockieren möchten; man spricht hier von *Source Filtering*.

Bei IGMPv3 können die Rechner – als *Anti-Spamming-Maßnahme* – explizit angeben, von welchen MC-Quellen sie die Sendungen empfangen bzw. welche MC-Quellen sie ausschließen möchten. Die gewünschten MC-Quellen können dem MC-Router in einer `INCLUDE`-Liste mitgeteilt werden. Ein Rechner kann auch einem MC-Router mitteilen, von welchen MC-Quellen er keine Sendungen empfangen möchte. Dies kann er in einer `EXCLUDE`-Liste angegeben.

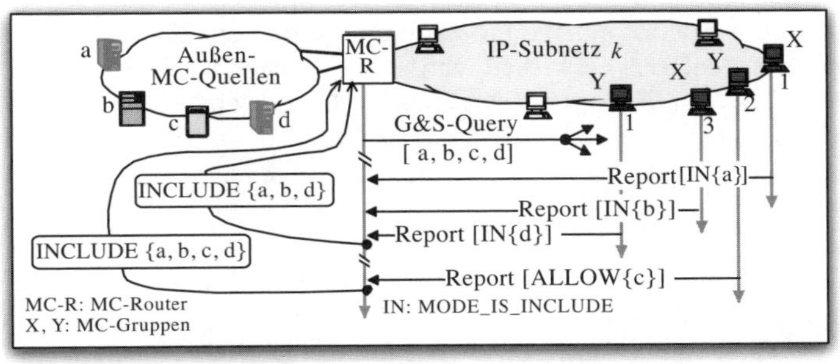


**Abb. 2.8-4:** Beispiel für einem Ablauf von IGMPv3: Filter Mode im MC-Router ist `INCLUDE` `G&S-Query`: *Group-and-Source-Specific-Query*

**Beispiel 2**: Abb. 2.8-4 illustriert einen Ablauf von IGMPv3 für den Filter-Mode `INCLUDE`.

Hier melden die Rechner dem MC-Router, von welchen MC-Quellen sie Sendungen empfangen möchten. Der Rechner *1* der MC-Gruppe *X* sendet die `Report`-Nachricht mit der Angabe `MODE_IS_INCLUDE{a}`, dass er die Sendungen von der MC-Quelle *b* empfängt. Der Rechner *3* der MC-Gruppe *X* empfängt von der MC-Quelle *b*. Der Rechner *1* der MC-Gruppe *Y* teilt mit, dass er die Sendungen von der MC-Quelle *d* empfängt.

Bestimmen des Filter-Mode

Auf der Basis dieser Angaben bestimmt der MC-Router seinen Filter-Mode: Falls der MC-Router keine Report-Nachricht mit `MODE_IS_EXCLUDE` von Rechnern in einem Subnetz empfangen hat, ist sein Filter-Mode `INCLUDE` für dieses Subnetz.

Die MC-Quellen aus den Angaben `MODE_IS_INCLUDE` in allen `Report`-Nachrichten werden auf das Subnetz zugelassen. Der Filter-Mode vom MC-Router in Abb. 2.8-4 ist daher zuerst `INCLUDE{a,b,d}`. Die Liste von für das Subnetz *k* zugelassenen MC-Quellen enthält daher ihre IP-Adressen *a*, *b* und d. Zu einem späteren Zeitpunkt sendet aber der

Rechner *2* der MC-Gruppe *X* die Report-Nachricht mit `AllOW{c}` und signalisiert damit, dass er die Sendungen von der MC-Quelle mit der IP-Adresse c empfangen möchte. Der Filter-Mode vom MC-Router ist nun `INCLUDE{a,b,c,d}` geworden.

Die Internetdienst, wie z.B. das Verteilen von Streaming-Medien und Internet-TV, bei denen die Verwaltung von MC-Gruppen realisiert werden muss, gewinnen ständig an Bedeutung. Mangels Platz konnten hier leider nicht alle Aspekte der Verwaltung von MC-Gruppen durch das Protokoll IGMP dargestellen. Detaillierte Informationen darüber sind zu finden unter der Web-Adresse `http://www.ietf.org/html.charters/magma-charter.html`.

Multicast-Routing

Um die Multicast-Daten über mehrere IP-Subnetze hinweg verteilen zu können, müssen die einzelnen Router miteinander entsprechend kooperieren. Hierbei ist das *Multicast-Routing* (*MC-Routing*) zu realisieren und es ist ein entsprechendes *Multicast-Routing-Protokoll* (*MC-Routing*) notwendig. Auf diese Aspekte wird in Anschnitt 10.6 näher eingegangen. Für Näheres über Multicasting ist z.B. auf die Literatur [Ben07], [GN13] und [WZ02] zu verweisen.

## 2.9 Schlussbemerkungen

IPv4 in RFC 791

Das IPv4 gehört zu den wichtigsten Protokollen und wurde bereits 1980 von der IETF in RFC 760 spezifiziert. 1981 wurde RFC 760 durch RFC 791 abgelöst. Die TCP/IP-Protokollfamilie wurde als einzige Protokollfamilie für das ARPANET übernommen, aus dem später das Internet entwickelt wurde. Das IP nach RFC 791 wird bis heute im Internet und in anderen IP-Netzen eingesetzt. 1998 wurde eine kleine Modifikation von IP vorgenommen, die darin bestand, dass das Feld `ToS` im IP-Header in das Feld `DS` umgewandelt wurde [Abb. 2.2-1], um die sog. *Differentiated Services* zu unterstützen.

Abschließend ist folgendes hervorzuheben:

Vom IPv4 zum IPv6

- Als das Internet zu Beginn der 90er-Jahre bereits große Popularität erreicht hatte und die IP-Adressen immer knapper wurden, befürchtete man, dass eine vollkommen neue Version von IP benötigt würde. Daher veröffentlichte die IETF bereits im Dezember 1995 das neue Internetprotokoll in der Version 6 (IPv6) als RFC 1883. Da die Adressen bei IPv6 128 Bit lang sind, stellt es einen enorm großen Adressraum zur Verfügung. Dem Konzept von IPv6 widmet sich Kapitel 7. Auf die IPv6-Dienstprotokolle geht Kapitel 8 ein und die Migration zu IPv6 beschreibt Kapitel 9.

NAT

- Kurz vor der offiziellen Veröffentlichung von IPv6, wurde im Mai 1994 das erste Konzept für die Nutzung *privater IP-Adressen* unter dem Titel '*The IP Network Address Translator (NAT)*' als RFC 1631 bekannt gemacht. Das NAT-Konzept wurde aber im Laufe der Zeit so weiterentwickelt, dass die privaten IP-Adressen in Netzwerken überall dort verwendet werden können, wo es möglich ist [Abschnitt 5.3]. Dank des NAT-Konzepts wird IPv4 bis heute mit Erfolg eingesetzt.

Ablösung von ARP

- Bei IP werden zusätzliche Funktionen benötigt, die mittels der Protokolle ARP und ICMP zur Verfügung gestellt werden. Mit der Entwicklung von IPv6 werden diese Funktionen von ARP und ICMP entsprechend erweitert. IPv6 verwendet eine modifizierte Variante von ICMP, die als ICMPv6 bezeichnet wird [Abschnitt 8.1]. Bei IPv6 gibt es ARP nicht mehr und das *Neighbor Discovery Protocol* hat die Funktion von ARP bei IPv6 übernommen [Abschnitt 8.2].

IP-Entwicklungen: IPsec und Mobile IP

- Das Hauptziel bei der Entwicklung des IP war es, ein flexibles Protokoll für die Übermittlung der Datenpakete zu liefern. Netzwerksicherheit und Unterstützung mobiler (tragbarer) Rechnern waren damals noch keine relevanten Themen, die aber heute enorm an Bedeutung gewonnen haben. Um die Sicherheit in IP-Netzen zu garantieren, wurden die beiden Bausteine `ESP` (*Encapsulation Security Header*) und `AH` (*Authentication Header*) als *Extension Headers* bei IPv6 entwickelt. `ESP` und `AH` konnte man ebenfalls mit IPv4 verwenden, was zur Entstehung des Protokolls IPsec (*IP Security*) geführt hat. Auf IPsec geht Abschnitt 5.4 ein. Um die Mobilität in IP-Netzen zu unterstützen, wurden IPv4 und IPv6 so erweitert, dass MIPv4 (*Mobile IPv4*) und MIPv6 (*Mobile IPv6*) entstanden sind [Kapitel 15].

Logische Netzwerkstrukturierung

- Ein wichtiges Thema bei der Planung von großen Netzwerken ist die logische Netzwerkstrukturierung. Dies führt zur Bildung von IP-Subnetzen. Hierbei spielt die *klassenlose IP-Adressierung* – im Netzwerkbereich als *VLSM* bezeichnet – eine wichtige Rolle. In diesem Kapitel konnten aber nicht alle Aspekte der logischen Netzwerkstrukturierung ausführlich dargestellt werden, sodass einige Aspekte im Folgenden als Schlussbemerkungen zum Ausdruck gebracht werden sollen.

VLANs als IP-Subnetze

- Beim Design bzw. beim Redesign eines Netzwerks sollte man das Konzept für die Anpassung des Netzwerks an die Organisationsstrukturen im Unternehmen und an die Bedürfnisse von Benutzern erstellen. Eine solche Anpassung erfolgt durch eine entsprechende Bildung isolierter Gruppen von Rechnern. Die Rechner aus einer Gruppe sind untereinander oft über LAN vernetzt, sodass man eine derartige Gruppierung als VLAN (*Virtual LAN*) bezeichnet. Eine isolierte Gruppe von Rechnern wird in der Regel als IP-Subnetz eingerichtet; folglich kann man VLANs auch als IP-Subnetze definieren. Da IP-Subnetze nur über Router untereinander vernetzt werden können, ist es daher die Router-Funktion nötig, um die als IP-Subnetze definierte VLANs untereinander vernetzen zu können.

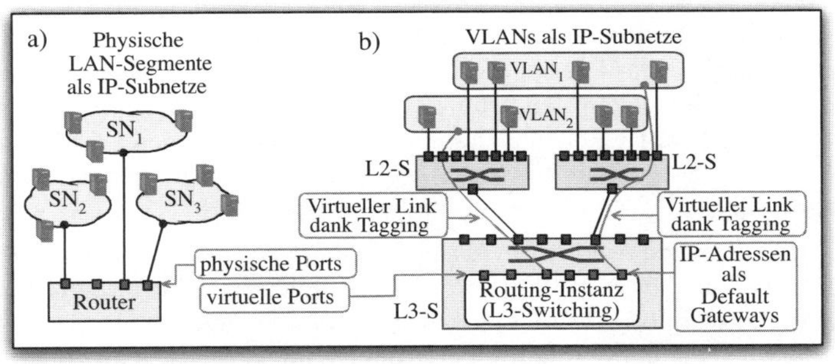


**Abb. 2.9-1:** Anbindung klassischer IP-Subnetze an Router und VLANs an Routing-Instanz im Layer-3-Switch: a) klassisch (alles physisch), physische LAN-Segmente über physische Leitungen an physischen Ports im Router; b) modern (alles virtuell), VLANs über virtuelle Links an virtuellen Ports der Routing-Instanz
Lx-S: Layer-x-Switch, SN: IP-Subnetz

Vernetzung von VLANs über Layer-3-Switches

- Abb. 2.9-1 veranschaulicht die grundlegende Idee der Vernetzung von VLANs. In der Vergangenheit, als noch keine Switches im Einsatz waren und man keine VLANs bilden konnte, wurden die klassischen IP-Subnetze, wie Abb. 2.9-1a zeigt, quasi wie getrennte Netzwerksegmente an physische Ports in Routern angeschlossen. Die Zeiten, als man allein physische Router zur Vernetzung von klassischen IP-Subnetzen installiert hat, sind vorbei und heutzutage wird die Routing-Funktion in modernen Netzwerken vorrangig durch die Layer-3-Switches erbracht (siehe Abschnitt 13.2.3), genauer gesagt durch die *Routing-Instanzen* in Layer-3-Switches. Sie stellen eine Router-Art dar, wobei die Weiterleitung von IP-Paketen auf der Hardware-Ebene durchgeführt wird.

Bedeutung von VLAN Tagging

- In heutigen, modernen Netzwerken findet man besonders in deren inneren Bereichen keine physischen, in Form von Hardware-Komponenten installierten Router mehr, sondern nur am Netzwerkrand, um das Netzwerk an das Internet anzubinden. Im inneren Netzwerkbereich (siehe Abschnitt 13.1.2) verwendet man heutzutage Layer-2-Switches als Access Switches und Multilayer-Switches (d.h. Layer-2/3-Switches) als Distribution oder als Aggregation Switches. Wie Abb. 2.9-1 illustriert, stellt die Funktion *Layer-3-Switching* eine Routing-Instanz in einem Layer-2/3-Switch dar. Falls mehrere als VLANs eingerichtete IP-Subnetze über die Routing-Instanz im Layer-2/3-Switch miteinander verbunden werden sollen, müssen sie an die Routing-Instanz entsprechend angebunden werden. Dies wird über *virtuelle Links* realisiert und ist mithilfe von *VLAN Tagging* möglich. Wie dies genau erfolgen kann, wird im Abschnitt 13.2.4 erläutert.

Adressierung aus den 70er Jahren und heutige Anforderungen

- Wie hier bereits angemerkt wurde, werden im heutigen Internet noch einige Ideen aus den 70er Jahren verwendet – dies betrifft die Struktur von IPv4-Adressen und folglich auch das ganze Adressierungsprinzip. Dieses ermöglicht aus gegenwärtiger Sicht aber keine elegante Strukturierung des Internet, führt zu erheblichem Aufwand beim Routing und erschwert die Mobilität von Rechnern. Damals konnte man sich noch nicht vorstellen, dass das Internet eine so große Durchdringung aufweise würde und dessen 'Hosts' nicht nur kleine tragbare über verschiedene Mobilfunknetze angebundene Rechner (z.B. Laptops, Smartphones) sein würden, sondern als 'Host' auch Haushalte mit Kühlschränken und verschiedenen Sensoren sein können.

Virtualisierung, Cloud Computing

- Durch die heutigen Megatrends, wie z.B. die Virtualisierung von Rechnern und *Cloud Computing*, entstehen neue Anforderungen an das Internet. Die Unterstützung der Mobilität von Rechnern (*Host/Machine Mobility*), insbesondere virtueller Rechner (*Virtual Machine Mobility*) und virtueller Netzwerke (*Virtual Network Mobility*), sowie der Wunsch nach Multihoming, d.h. nach einer flexiblen Möglichkeit, einen Rechner bzw. ein Netzwerk an das Internet parallel über mehrere 'Zugangspunkte' anbinden zu können, sind nur die wichtigsten von ihnen. Welche Bedeutung hat das Multihoming bei der Nutzung mobiler Rechner (Laptops, Tablets) und anderer Endeinrichtungen (wie z.B. Smartphones) und welche Vorteile dabei ergeben sich beim Einsatz von MPTCP (*Multipath TCP*), wird in Abschnitt 6.5 präsentiert.

Verbesserung der Adressierung mit LISP und ILNP

- Um die eben genannten Anforderungen an das Internet erfüllen zu können, ist dringend die 'Modernisierung' dessen Adressierung und folglich auch die Vereinfachung dessen Routing Architektur nötig. Darauf hingewiesen wurde bereits im Oktober 2006 im Report des *Routing and Addressing Workshop* des IAB [RFC 4984]. Um die Adressierung beim Protokoll IP zu verbessern, wurde zwei Protokolle vorgeschlagen:
  - LISP (*Locator/ID Separaction Protocol*) – dessen Entwicklung koordiniert die IETF Working Group *lisp* [`https://datatracker.ietf.org/wg/lisp/charter`],
  - ILNP (*Identifier-Locator Network Protocol*) – diesem Protokoll sind die RFC mit Nummern von 6740 bis 6748 gewidmet [`http://ilnp.cs.st-andrews.ac.uk`].

Vergleicht man ILNP mit LISP so könnte man ILNP als 'kleinen Schritt' und LISP als 'großen Schritt' zur Erweiterung der Funktionalität des Internet bezeichnen. Die Protokolle ILNP und LISP werden in den Abschnitten 13.7.1 und 13.7.2 näher erläutert. An dieser Stelle sei auch auf die abschließende Bemerkungen in Abschnitt 15.6, insbesondere auf Abb. 15.6-1, verwiesen.

# 3 Transportprotokolle TCP, UDP und SCTP

Notwendigkeit der Transportprotokolle

Das Protokoll IP garantiert nicht die zuverlässige Übermittlung von Daten zwischen den Endsystemen. Deshalb sind Funktionen notwendig, um Verluste bzw. Verfälschungen der in Form von IP-Paketen übertragenen Daten zu entdecken und eventuell zu veranlassen, sodass der Quellrechner deren Übermittlung wiederholt. Diese Funktionen gehören der Transportschicht an, die Protokolle dieser Schicht werden *Transportprotokolle* genannt. Die TCP/IP-Protokollfamilie beinhaltet zwei klassische Transportprotokolle: UDP (*User Datagram Protocol*) und TCP (*Transmission Control Protocol*). Seit Oktober 2000 steht SCTP (*Stream Control Transmission Protocol*) als zusätzliches Transportprotokoll zu Verfügung, in dem versucht wurde, die Vorteile von UDP und TCP in Bezug auf die Übermittlung von Daten und Nachrichtenströmen zu vereinen.

Unterschiede zwischen UDP, TCP und SCTP

UDP stellt einen verbindungslosen und unzuverlässigen Dienst dar, mit dem voneinander unabhängige Nachrichten bzw. digitalisierte Echtzeitmedien wie Sprache, Audio und Video zwischen der Datenquelle (dem sendenden Rechner) und dem Datenziel (dem Empfänger) übermittelt werden. Zwischen den Kommunikationspartnern wird beim UDP keinerlei Vereinbarung hinsichtlich des Verlaufs der Kommunikation getroffen. Dagegen sind TCP und SCTP verbindungsorientierte Transportprotokolle. Der *Ablauf* der Kommunikation bei TCP bzw. bei SCTP ist durch das Protokoll geregelt, sodass sich die kommunizierenden Rechner gegenseitig laufend über den *Zustand* der Kommunikation und des Datenaustauschs verständigen. Hierdurch wird zwischen den Kommunikationspartnern eine *virtuelle Verbindung* etabliert und gepflegt.

Überblick über das Kapitel

Nach einer kurzen Erläuterung der Aufgaben der Transportschicht in Abschnitt 3.1 beschreibt Abschnitt 3.2 das Konzept und den Einsatz von UDP. Die an die Anforderungen der Echtzeitkommunikation angepasste und neue Version von UDP wird als *UDP-Lite* bezeichnet, worauf wir ebenfalls eingehen. Die Funktionen von TCP, insbesondere die Fehlerkontrolle und Flusskontrolle, erläutert Abschnitt 3.3 und die Implementierungsaspekte von TCP präsentiert Abschnitt 3.4. Die Überlastkontrolle bei TCP nach dem Prinzip ECN (*Explicit Congestion Notification*) stellt Abschnitt 3.5 dar. Auf das Konzept und den Einsatz von SCTP geht Abschnitt 3.6 ein.

Ziel dieses Kapitels

In diesem Kapitel werden u.a. folgende Fragen beantwortet:

- Welche Aufgaben haben die Transportprotokolle UDP, TCP und SCTP?
- Warum wurde UDP-Lite entwickelt und wann wird es eingesetzt?
- Wie werden die TCP-Pakete aufgebaut und welche Steuerungsangaben enthalten sie?
- Wie wird eine TCP-Verbindung auf- und abgebaut sowie wie verläuft die Fehler- und Flusskontrolle nach TCP?
- Warum ist eine Überlastkontrolle bei TCP notwendig, worin besteht deren Idee und wie kann sie realisiert werden?
- Welche Funktionen stellt das Transportprotokoll SCTP zur Verfügung?

## 3.1 Grundlagen der Transportprotokolle

Wozu Transportschicht?

Wir greifen die bereits in Abschnitt 1.4.2 gezeigte Darstellung des Transports von IP-Paketen auf und betrachten die ersten drei Schichten in einem IP-Netz als *IP-Übermittlungsdienst*. Da dieser Dienst über keine Mechanismen verfügt, um u.a. Verluste der übertragenen Daten zu entdecken und zu veranlassen, dass der Quellrechner die Übermittlung wiederholt, ist die Transportschicht nötig. Damit können bestimmte Mechanismen für die Garantie der zuverlässigen Datenübermittlung zur Verfügung gestellt werden. Abb. 3.1-1 illustriert die Bedeutung der Transportschicht in IP-Netzen und die Aufgabe ihrer Protokolle.

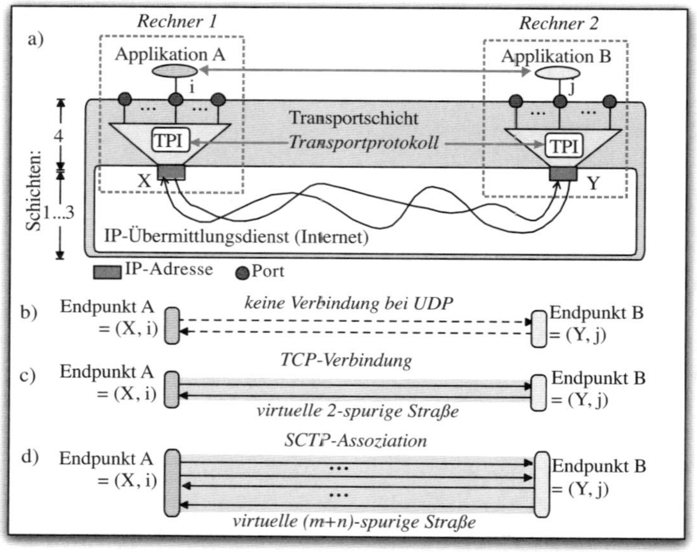


**Abb. 3.1-1:** Bedeutung der Transportschicht in IP-Netzen und ihre Protokolle: a) Logische Interpretation der Transportschicht, b) Kommunikation mit UDP, c) Interpretation einer TCP-Verbindung, d) Interpretation einer SCTP-Assoziation
TPI: Transportprotokollinstanz; X, Y: IP-Adressen; i, j: Ports

Sockets

Wie bereits in Abschnitt 1.4.4 [Abb. 1.4-9] gezeigt wurde, werden die Endpunkte einer Kommunikationsbeziehung als Paar (*IP-Adresse, Portnummer*) dargestellt und *Socket* genannt. Sockets können sowohl die Quelle als auch die Senke von Daten repräsentieren. Falls eine Applikationen die Daten sendet bzw. empfängt, wird sie an einen Port angebunden. Daher kann ein Socket als *Lokationsangabe* einer Applikation – d.h. auf welchem Rechner sie 'läuft' und welchen Port sie nutzt – angesehen werden.

Da mehrere Ports über eine IP-Adresse an das IP-Übermittlungsnetz 'angebunden' werden können, kann eine *Transportprotokollinstanz* als *logischer Multiplexer* angesehen werden [Abb. 1.4-7 und Abb. 1.4-8].

Transport-protokolle

Die wichtigsten Transportprotokolle in IP-Netzen sind:

- **UDP** (*User Datagram Protocol*),
- **TCP** (*Transmission Control Protocol*) und
- **SCTP** (*Stream Control Transmission Protocol*).

UDP ist ein verbindungsloses und unzuverlässiges Transportprotokoll, nach dem hauptsächlich voneinander unabhängige Nachrichten zwischen den kommunizierenden Rechnern ausgetauscht werden, ohne dass eine explizite Vereinbarung hinsichtlich des Ablaufs der Übertragung vorgenommen wird. Es wird daher keine virtuelle (logische) Verbindung zwischen den Kommunikationsinstanzen aufgebaut [Abb. 3.1-1b]. UDP wird in Abschnitt 3.2 näher dargestellt. UDP

TCP ist ein verbindungsorientiertes und zuverlässiges Transportprotokoll. Vor dem eigentlichen Datenaustausch werden Vereinbarungen hinsichtlich des Verlaufs der Kommunikation zwischen den Rechnern getroffen. Zentraler Bestandteil der Vereinbarung sind der Aufbau, die Überwachung der Korrektheit der übertragenen Daten (Byte) und der Abbau einer virtuellen Verbindung, d.h. einer *TCP-Verbindung* [Abb. 3.1-1c], die unabhängig (d.h. vollduplex) für beide Kommunikationsrichtungen erfolgt. TCP

SCTP ist ein neues verbindungsorientiertes Transportprotokoll. Im Gegensatz zu TCP kann sich eine *SCTP-Verbindung*, die auch *SCTP-Assoziation* genannt wird, aus einer Vielzahl von entgegen gerichteten Kommunikationspfaden zusammensetzen [Abb. 3.1-1d]. SCTP wird in Abschnitt 3.5 detaillierter dargestellt. SCTP

Zu berücksichtigen ist hierbei, dass die Protokolle UDP, TCP und SCTP beispielsweise unabhängige Implementierungen der Transportschicht sind, sodass es hier prinzipiell keine Überschneidungen gibt.

Ferner ist zu bedenken, dass alle aktuellen TCP/IP-Implementierungen mehrere IP-Adressen bereitstellen, und zwar die IPv4-Adressen `0.0.0.0` für die IP-Instanz (d.h. den Rechner) selbst [vgl. Tab. 2.3-2], `127.0.0.1` für das erste Netzwerk-Interface und die jeweils zugewiesenen privaten oder offiziellen IP-Adressen. Unterstützt der Rechner gleichzeitig IPv6, kommen noch die entsprechenden IPv6-Adressen hinzu. Mehrere IP-Adressen

Da die Portnummer als Angabe im TCP-, im UDP- und im SCTP-Header 16 Bit lang ist [Abb. 3.2-1, Abb. 3.3-2 und Abb. 3.6-3], kann ein Rechner pro verfügbare IP-Adresse gleichzeitig bis zu 65535 Ports organisieren. Die Ports mit den Nummern 0 bis 1023 können in der Regel nur von privilegierten, systemnahen Anwendungen benutzt werden.

Standardapplikationen (Standarddienste) wie z.B. FTP oder HTTP nutzen *Well-known Ports*, die typischerweise in der Datei `etc/services` deklariert sind. Hierdurch kann ein Client Dienste nicht nur über deren Portnummern, sondern auch über ihre zugeordneten Namen ansprechen. Well-known Ports

Die Ports mit den Nummern im Bereich von 49152 bis 65535 sind frei. Sie können den Applikationen in Rechnern zugeteilt werden und stehen insbesondere für Client-Anwendungen zur Verfügung. Freie Ports

Die Vergabe von Portnummern und deren Zuordnung zu Applikationen wird durch die IANA koordiniert. Viele Portnummern aus dem Bereich zwischen 1024 und 49151 sind als *Registered Ports* vergeben und spezifischen Applikationen zugewiesen. Registered Ports und IANA

Eine aktuelle Auflistung von belegten Portnummern mit der Angabe zu jedem Port, welches Transportprotokoll der Port nutzt (UDP, TCP oder SCTP), findet man bei der IANA. Für weitere Details ist zu verweisen auf die Web-Adresse `http://www.iana.org/assignments/port-numbers`.

## 3.2 Konzept und Einsatz von UDP

Besonderheiten von UDP

Mit UDP wird ein einfacher verbindungsloser, unzuverlässiger Dienst zur Verfügung gestellt. UDP wurde bereits 1980 von der IETF in RFC 768 spezifiziert. Mittels UDP können Anwendungen ihre Daten als selbstständige *UDP-Pakete* senden und empfangen. UDP bietet – ähnlich wie IP – keine zuverlässige Übertragung und keine Flusskontrolle. Ergänzend kann UDP mittels einer Prüfsumme prüfen, ob die Übertragung eines UDP-Pakets fehlerfrei erfolgt ist. Enthält ein UDP-Paket einen Übertragungsfehler, wird es beim Empfänger verworfen, allerdings ohne dass der Absender des Pakets darüber informiert wird. UDP garantiert daher keine zuverlässige Kommunikation. Eine derartige Kommunikation liegt vielen Applikationen zugrunde. Hierzu gehören besonders jene, bei denen einzelne Nachrichten zwischen Rechnern ausgetauscht werden.

Einsatz von UDP

Der wichtigste Einsatz von UDP liegt in der Übermittlung von Netzwerkkonfigurationsnachrichten und unterstützt das

- DHCP (*Dynamic Host Configuration Protocol*) und
- DNS (*Domain Name System*).

Ein weiteres Einsatzgebiet von UDP besteht in der Unterstützung der Echtzeit- und Multimedia-Kommunikation (z.B. Skype):

- UDP wird vom RTP (*Real-time Transport Protocol*) für die Audio- und Video-Übermittlung und vom Signalisierungsprotokoll SIP (*Session Initiation Protocol*) verwendet.
- Bei *Voice over IP* dient UDP als primäres Transportprotokoll [Bad10].

Neben dem Protokoll RADIUS [Abschnitt 14.2] nutzen ferner die Anwendungen TFTP (*Trivial File Transfer Protocol*) und RPC/NFS (*Remote Procedure Call* beim *Network File System*) UDP als Transportprotokoll.

### 3.2.1 Aufbau von UDP-Paketen

Den Aufbau von UDP-Paketen zeigt Abb. 3.2-1. Der UDP-Header enthält folgende Angaben:

- `Source Port` (Quellport)
  Angabe der Nummer des Ports als Kommunikationspuffer der Applikation im Quellrechner [Abb. 3.1-1a].
- `Destination Port` (Zielport)
  Die Nummer des Ports als Identifikation der Applikation im Zielrechner.
- `UDP Length` (UDP-Paketlänge)
  Hier wird die Länge des UDP-Pakets angegeben.
- `Checksum` (Prüfsumme)
  Diese Prüfsumme ermöglicht, sowohl im UDP-Paket als auch in einigen Angaben im IP-Header, die den *IP-Pseudo-Header* bilden, Übertragungsfehler zu entdecken [Abb. 3.2-2].

Mit der Angabe `Source Port` und `Destination Port` im UDP-Header und der Angabe von `Source IP Address` und `Destination IP Address` im IP-Header werden die

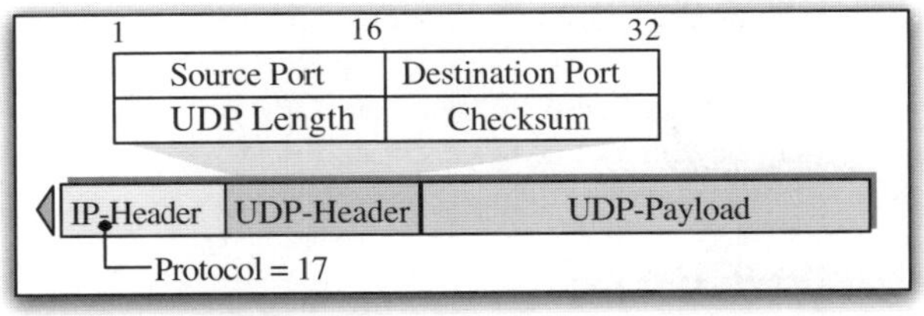


**Abb. 3.2-1:** Aufbau von UDP-Paketen

beiden Endpunkte (d.h. die Sockets) festgelegt, zwischen denen der Datenaustausch stattfindet [Abb. 3.1-1b].

Die Berechnung der Prüfsumme wird in RFC 1071, RFC 1141 und RFC 1624 detailliert spezifiziert, dessen Nutzung in der UDP-Spezifikation RFC 768 jedoch nicht gefordert. UDP-Prüfsumme

Die Prüfsumme im UDP-Header deckt auch einige Angaben im IP-Header ab, die den *IP-Pseudo-Header* bilden. Abb. 3.2-2 zeigt dies. IP-Pseudo-Header

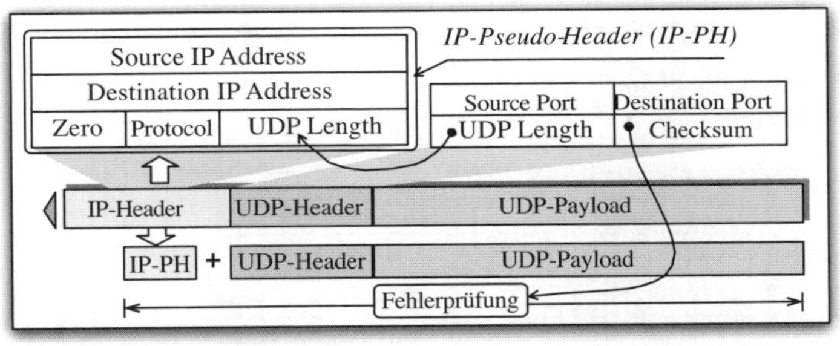


**Abb. 3.2-2:** Prüfsumme im UDP-Header und Angaben im IP-Pseudo-Header (IP-PH)

Die Angaben im IP-Pseudo-Header sind:

- `Source IP Address` (*IP-Quelladresse*), d.h. Quelladresse aus dem IP-Header,
- `Destination IP Address` (*IP-Zieladresse*), d.h. Zieladresse aus dem IP-Header,
- `Zero`: Der Wert `0` wird hier eingetragen.
- `Protocol`: Es wird die Protokollnummer 17 von UDP angegeben [Tab. 2.1-1].
- `UDP Length` (UDP-Paketlänge): Die Länge des UDP-Pakets wird mitgeteilt. Dieser Wert ist aus dem Feld `UDP Length` im UDP-Header übernommen.

Die Konstruktion des IP-Pseudo-Header kann nur als historisch betrachtet werden. Einerseits verstößt sie elementar gegen das Schichtenprinzip für den Kommunikationsablauf, andererseits kann sie keines der angestrebten Ziele wie beispielsweise Identifikation von 'fremden' UDP-Paketen in einer Kommunikationsbeziehung garantieren. Daher wird dieses Konstrukt bereits bei UDP-Lite aufgegeben.

Eine zentrale Einschränkung bei der Kommunikation über UDP besteht in der Notwendigkeit, die maximale Größe der UDP-Pakete auf 512 Byte zu beschränken. Diese Anforderung entstammt nicht der Definition von UDP, sondern hat einen praktischen Hintergrund: RFC 1122 verlangt bei der IP-Kommunikation als minimale Größe des Datenpuffers 576 Byte. Zieht man den (minimal) 20 Byte großen IP-Header ab, bleiben für das UDP-Paket UDP-Paketgröße 512 Byte

556 Byte und abzüglich des UDP-Header (8 Byte) noch maximal 548 Byte für Nutzdaten. Diese historisch festgelegte Größe, die Unabhängigkeit einzelner UDP-Pakete voneinander sowie das Fehlen einer Flusskontrolle (wie bei TCP) führen dazu, dass UDP-Pakete in der Regel auf eine Größe von 512 Byte beschränkt sind.

### 3.2.2 Protokoll UDP-Lite

UDP verwendet man für die Übermittlung von Echtzeitdaten wie z.B. Audio oder Video über das Internet bzw. über andere IP-Netze. Im Gegensatz zur Datenkommunikation haben Bitfehler bei Audio- und Videokommunikation oft nur eine geringe negative Auswirkung auf die Qualität der Kommunikation. Ein Bitfehler bei Voice over IP ist sogar für das menschliche Ohr direkt nicht bemerkbar.

Wozu UDP-Lite?

Um die empfangenen UDP-Pakete mit einzelnen Bitfehlern in Audio- bzw. in Videodaten nicht verwerfen zu müssen und damit die Häufigkeit der Verluste von UDP-Paketen mit Audio- und Videodaten zu reduzieren, war eine Modifikation von UDP nötig. Die UDP-Fehlerkontrolle wurde so verändert, dass nur die Bereiche in UDP-Paketen überprüft werden, in denen Übertragungsbitfehler eine große Auswirkung auf die Qualität der Kommunikation haben. Dies hat zur Entstehung von UDP-Lite geführt [RFC 3828].

UDP-Lite stellt daher eine Modifikation von UDP dar. Abb. 3.2-3 zeigt den Aufbau von UDP-Lite-Paketen.

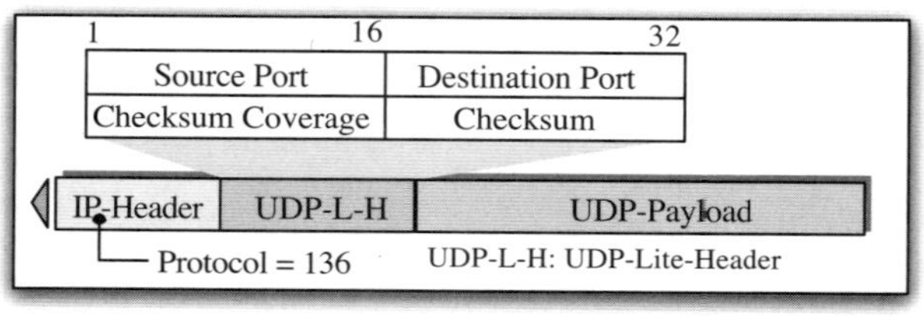


**Abb. 3.2-3:** Aufbau von UDP-Lite-Paketen

Der Header von UDP-Lite hat fast die gleiche Struktur wie der von UDP [Abb. 3.2-1]. Im Unterschied zu UDP enthält der Header von UDP-Lite `Checksum Coverage` anstelle der Angabe `UDP Length`. Die Nummern der *Well-known Ports* sind bei UDP-Lite die gleichen wie bei UDP. Damit können sowohl UDP als auch UDP-Lite die gleichen Applikationen nutzen.

Idee von UDP-Lite

Die Idee von UDP-Lite besteht darin, dass im Header mit `Checksum Coverage` angegeben werden kann, welcher Teil der UDP-Payload bei der Fehlerprüfung berücksichtigt wird. Abb. 3.2-4 illustriert die Idee von UDP-Lite.

Mit `Checksum Coverage` informiert der Sender den Empfänger darüber, welcher Teil von UDP-Payload durch die Prüfsumme (Checksum) abgedeckt wird. `Checksum Coverage` stellt daher die *Reichweite der Prüfsumme* dar.

Falls als UDP-Payload ein RTP-Paket übermittelt wird, kann mit `Checksum Coverage` angegeben werden, dass die Fehlerprüfung beispielsweise nur im RTP-Header stattfinden

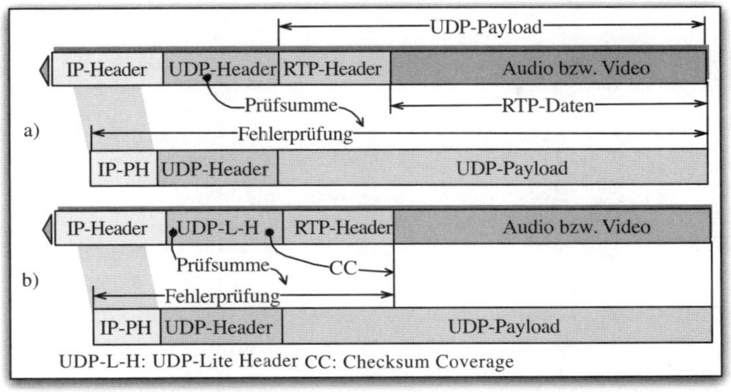


**Abb. 3.2-4:** Überprüfung von Übertragungsbitfehlern: a) bei UDP, b) bei UDP-Lite
IP-PH: IP-Pseudo-Header, RTP: Real-time Transport Protocol

soll. Daher deckt die Prüfsumme in diesem Fall nur den IP-Pseudo-Header, den UDP-Header und den RTP-Header ab.

Der Wert von `Checksum Coverage` wird von der Applikation auf der Sendeseite bestimmt. Diese Angabe besagt, wie viele Byte, beginnend vom ersten Byte im UDP-Lite-Header, die Prüfsumme abdeckt. Der UDP-Lite-Header muss immer mit der Prüfsumme abgedeckt werden. Ist nur der UDP-Lite-Header mit der Prüfsumme abgedeckt, wird als `Checksum Coverage` der Wert 0 eingetragen. Daher ist `Checksum Coverage` entweder gleich 0 oder größer als 8 (d.h. größer als die Anzahl von Byte im UDP-Header). Ein IP-Paket mit `Checksum Coverage` von 1 bis 7 wird einfach verworfen.

Vergleicht man Abb.3.2-2 und Abb.3.2-4, so ist ersichtlich, dass die Angabe `UDP Length` im UDP-Header durch `Checksum Coverage` bei UDP-Lite ersetzt wurde. Dies ist möglich, da die Angabe `UDP Length` im UDP-Header redundant ist und die Länge des UDP-Pakets aus den Angaben im IP-Header (d.h. `UDP Length = Total Length minus Header Length`) berechnet werden kann. Checksum Coverage

Das Feld `Checksum` in UDP-Paketen weist lediglich eine Größe von 16 Bit auf. Dies bedeutet Einschränkungen im Hinblick auf den Umfang der erkannten Bitfehler und der möglichen Korrekturen. Daher ist es sinnvoll, nur diejenigen Daten per `Checksum` zu sichern, die von besonderer Bedeutung sind.

## 3.3 Funktion des Protokolls TCP

TCP ist ein verbindungsorientiertes, zuverlässiges Transportprotokoll, das bereits in RFC 793 spezifiziert wurde und seither ständig weiterentwickelt wird. Seine Bedeutung kommt in Abb. 3.3-1 zum Ausdruck. Überdies wurde hier auch verdeutlicht, dass mittels TCP mehrere Applikationen auf die Dienste von IP gleichzeitig zugreifen können. Daher kann TCP auch als *logischer Multiplexer* von Applikationen angesehen werden.

Im Gegensatz zum UDP-Paket – das als reiner Datencontainer aufgefasst werden kann – beinhalten TCP-Pakete umfangreiche Steuerungsinformationen, die zum geregelten Ablauf der Verbindung eingesetzt werden, aber teilweise auch für die auf TCP aufbauenden TCP als Kontrollprotokoll

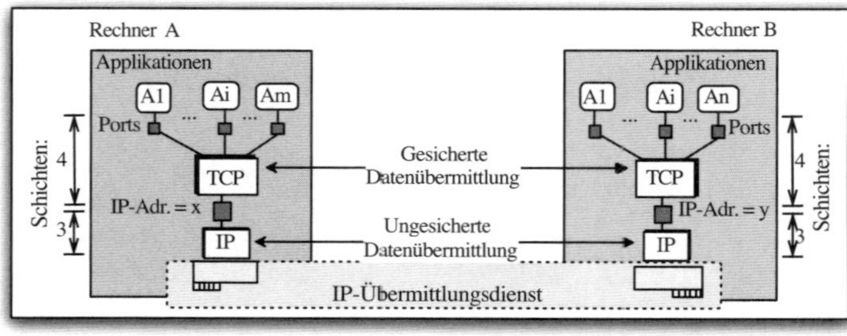


**Abb. 3.3-1:** TCP als Sicherungsprotokoll zwischen zwei entfernten Rechnern

Applikationen genutzt werden können. Die Steuerungsinformationen werden bei Bedarf im TCP-Header im Optionsfeld (`Options`) untergebracht. TCP hat sich im Laufe seiner Entwicklung durch den Einsatz neuer sowie die Umdefinition bestehender Optionen wie ein Chamäleon an veränderte Gegebenheiten angepasst.

TCP-Verbindungen

Die Zuverlässigkeit von TCP wird dadurch gewährleistet, indem sich die TCP-Instanzen gegenseitig über ihren jeweiligen Zustand (*Status*) informieren, also eine *virtuelle Verbindung* unterhalten. Um die Datenübermittlung nach TCP zu gewährleisten, muss daher zunächst eine *TCP-Verbindung* aufgebaut werden. Wenn der Nutzdatenfluss ausschließlich von *A* nach *B* geht, existiert immer auch eine Kontrollverbindung von *B* nach *A*. Typischerweise hat aber auch die Gegenseite etwas mitzuteilen, wodurch auch Nutzdaten von *B* nach *A* übertragen werden. In diesem Fall werden die Kontrollinformationen in den (beidseitigen) Nutzpaketen untergebracht. TCP realisiert eine *Vollduplex-Verbindung* zwischen den Kommunikationspartnern mit einem ausgeklügelten und effizienten *In-Band-Steuerungsverfahren* [Abb. 3.1-1]. Im Vergleich hierzu stellt beispielsweise ICMP für IPv4 [Abschnitt 2.7] einen Out-of-Band-Kontroll- und Fehlermechanismus bereit; bei UDP existiert hingegen gar keiner.

## 3.3.1 Aufbau von TCP-Paketen

Arten von TCP-Paketen

Über eine TCP-Verbindung werden die Daten in Form von festgelegten Datenblöcken – von nun an *TCP-Pakete* bzw. *TCP-PDUs* genannt – ausgetauscht. Typischerweise treten bei einer TCP-Verbindung zwei Arten von Paketen auf:

- TCP-Pakete mit Nutzdaten – als *TCP-Nutzlast* – und mit Steuerungsinformationen im TCP-Header [Abb. 1.4-2]. Zusätzlich zur eigentlichen Übermittlung von Nutzdaten sind Angaben zur Realisierung der Flusskontrolle nach dem *Sliding-Window-Prinzip* [Abb. 3.4-2] im TCP-Header dieser Pakete enthalten.
- TCP-Pakete ausschließlich mit Steuerungsinformationen. Deren Aufgabe ist das Regeln des Auf- und Abbaus von TCP-Verbindungen sowie die Überprüfung ihrer Fortdauer in Form von *Keep-Alives*, falls längere Zeit keine Datenübermittlung erfolgte.

Nummerierung von Byte

Ist eine TCP-Verbindung aufgebaut, besteht die zentrale Aufgabe von TCP darin, die zu übertragenden Daten bzw. Nachrichten vom Quellrechner *byteweise zu nummerieren* und diese in Form von *Datensegmenten* zu übermitteln. Die Nummer des ersten Nutzbyte im TCP-Datencontainer ist die laufende *Sequenznummer* und bezeichnet somit die Anzahl aller gesendeten Nutzdatenbyte der vorigen Segmente (ohne Wiederholungen); eine Methode, die als *Byte-stream* bezeichnet wird [Abb. 3.3-8].

Flusskontrolle

Die Partnerinstanz quittiert die erhaltenen Daten, indem sie als *Quittung* (*Acknowledgement*) den letzten Wert der *Sequenznummer* (`SEQ`) plus 1 – also `SEQ + 1` – zurückgibt [Abb. 3.3-8]. Damit dieser Mechanismus funktioniert, wird vor Beginn einer Übermittlung zwischen den TCP-Instanzen im Quell- und im Zielrechner entsprechend der anliegenden Datenmenge die maximale Segmentgröße vereinbart werden (z.B. 1000 Byte). Diese und weitere Angaben werden im *TCP-Header* eingetragen.

Garantie der Reihenfolge

Die TCP-Instanz im Zielrechner setzt die empfangenen Datensegmente mittels der übertragenen Sequenznummern in der richtigen Reihenfolge in die ursprünglichen Daten zurück. Erreicht ein TCP-Paket den Zielrechner nicht, wird die Wiederholung der Übertragung der fehlenden Datensegmente durch die TCP-Partnerinstanz veranlasst.

TCP-Header

Abb. 3.3-2 zeigt den Aufbau des TCP-Header.

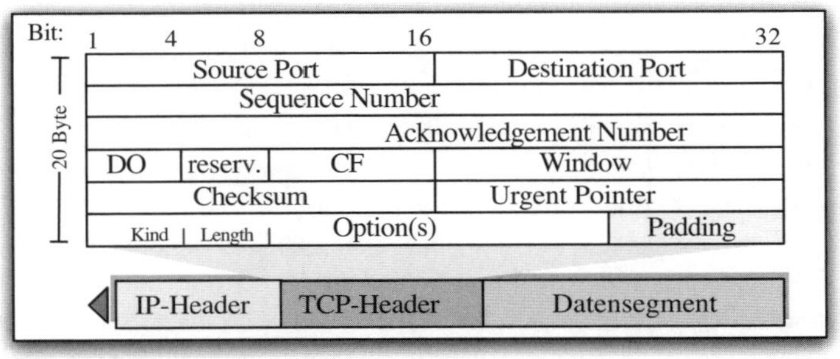


**Abb. 3.3-2:** Aufbau des TCP-Header
CF: Control Flags, DO: Data Offset

Die einzelnen Angaben im TCP-Header haben folgende Bedeutung:

- `Source Port` (Quellport)
  Hier wird die Nummer des Ports der Applikation im Quellrechner angegeben, die die TCP-Verbindung initialisiert hat.
- `Destination Port` (Zielport)
  Hier wird die Nummer des Ports dieser Applikation im Zielrechner angegeben, an die die Daten adressiert sind.
- `Sequence Number` (Sequenznummer)
  Bedeutung von ISN
  Die Sequenznummer bezieht sich auf den Sender und dient diesem zur Byte-weisen Nummerierung der gesendeten Daten. Beim Aufbau der TCP-Verbindung generiert jede TCP-Instanz eine Anfangssequenznummer `ISN` (*Initial Sequence Number*). Diese Nummern werden ausgetauscht und gegenseitig bestätigt [Abb. 3.3-5]. Um die gesendeten TCP-Pakete eindeutig am Zielrechner zu identifizieren, muss der Fall ausgeschlossen werden, dass sich zu einem Zeitpunkt im Netz mehrere Segmente mit der gleichen Sequenznummer befinden. Aus diesem Grund darf sich die Sequenznummer innerhalb der festgelegten *Lebenszeit* (*Time to Live*) für die IP-Pakete nicht wiederholen [Abb. 2.2-1]. Im Quellrechner wird die Sequenznummer immer jeweils um die Anzahl bereits gesendeter Byte erhöht.
  Die `ISN` wird in der Regel nicht von 0 hochgezählt, sondern bei aktuellen TCP-Implementierungen zufällig erzeugt. Hierdurch kann in gewissem Umfang gewährleistet werden, dass ein Kommunikationsendpunkt zum Zeitpunkt der Initialisierung über eine weit-

gehend einmalige ISN verfügt, die somit neben dem Socket (*IP-Adresse, Portnummer*) ein zusätzliches Verbindungsmerkmal darstellt.

- `Acknowledgement Number` (Quittungsnummer)
  Die Quittungsnummer wird vom Empfänger vergeben und dient zur Bestätigung der empfangenen Daten, indem dem Quellrechner mitgeteilt wird, bis zu welchem Byte (*Sequenznummer*) die Daten korrekt empfangen wurden.
- `Data Offset` (Datenabstand)
  Das vier Bit große Feld gibt die Länge des TCP-Header in 32-Bit-Worten an und damit die Stelle, ab der die Daten beginnen. Dieses Feld kann auch als `Header Length` interpretiert werden.
- Reserved (Reserviert)
  Diese drei Bit sind reserviert und üblicherweise auf 0 gesetzt.
- `Control Flags` (Kontrollflags)
  Die Kontrollflags legen fest, welche Felder im Header gültig sind und dienen zur Verbindungssteuerung. Zurzeit sind 9 Bit vorgesehen. Ist das entsprechende Bit gesetzt, gilt Folgendes:
  - `NS` (ECN-nonce Concealment Protection) [RFC 3540]: Unterstützung des ECN-Verfahrens [Abschnitt 3.5] mit einem Nonce-Bit.
  - `CWR` (*Congestion Window Reduced*): Einsatz bei der Überlastkontrolle nach `ECN` (*Explicit Congestion Notification*) [RFC 3168].
  - `ECE` (*ECN-Echo*): Einsatz bei der Überlastkontrolle nach ECN [RFC 3168].
  - `URG`: Der *Urgent Pointer* (Zeiger im Urgent-Feld) ist vorhanden und gültig.
  - `ACK`: Die *Quittungsnummer* ist vorhanden und gültig.
  - `PSH` (*Push-Funktion*): Die Daten sollen sofort an die nächsthöhere Schicht weitergegeben werden, ohne nächste Segmente abzuwarten. UNIX-Implementierungen senden `PSH` immer dann, wenn sie mit dem aktuellen Segment gleichzeitig alle Daten im Sendepuffer übergeben.
  - `RST` (*Reset*): Die TCP-Verbindung soll zurückgesetzt werden.
  - `SYN`: Aufbau einer TCP-Verbindung und ist mit einem `ACK` zu quittieren [Abb. 3.3-4].
  - `FIN`: Einseitiger Abbau einer TCP-Verbindung und das Ende des Datenstroms aus dieser Richtung, das mit einem `ACK` quittiert werden muss [Abb. 3.3-5].

Window für Flusskontrolle

- `Window` (Fenstergröße)
  Diese Angabe dient der Flusskontrolle nach dem Fenstermechanismus [Abb. 3.3-6]. Das Feld `Window` gibt die Fenstergröße an, d.h. wie viele Byte – beginnend ab der Quittungsnummer – der Zielrechner in seinem Aufnahmepuffer noch aufnehmen kann. Empfängt der Quellrechner eine TCP-PDU mit der Fenstergröße gleich 0, muss der Sendevorgang gestoppt werden. Wie die Fenstergröße die Effizienz der Übermittlung beeinflußen kann, ist aus Abb. 3.4-1bersichtlich (Senderblockade).
- `Checksum` (Prüfsumme)
  Diese Prüfsumme erlaubt es, den TCP-Header, die Daten und einen Auszug aus dem IP-Header (u.a. Quell- und IP-Zieladresse), der an die TCP-Instanz zusammen mit den Daten übergeben wird, auf das Vorhandensein von Bitfehlern zu überprüfen. Bei Berechnung der Prüfsumme wird dieses Feld selbst als null angenommen.
- `Urgent Pointer` (Urgent-Zeiger)
  TCP ermöglicht es, wichtige (dringliche) und meist kurze Nachrichten (z.B. Interrupts) den gesendeten normalen Daten hinzuzufügen und an Kommunikationspartner direkt zu übertragen. Damit können außergewöhnliche Zustände signalisiert werden. Derartige Daten

werden als *Urgent-Daten* bezeichnet. Ist der Urgent-Zeiger gültig, d.h. `URG = 1`, so zeigt er auf das Ende von Urgent-Daten im Segment. Diese werden immer direkt im Anschluss an den TCP-Header übertragen. Erst danach folgen normale Daten.

- `Options`
  TCP erlaubt es, `Service-Optionen` anzugeben. Das erste Byte in jeder `Option` legt den *Optionstyp* (*Kind*) fest, das zweite Byte die Länge (*Length*) der entsprechenden Option. Hierdurch können mehrere Optionen zugleich angegeben werden. Der experimentelle RFC 6994 geht noch einen Schritt weiter und erlaubt in den nächsten 2 Byte die Angabe einer *Experimental-ID* (`ExID`).

Das `Options`-Feld ist entsprechend Tab. 3.3-1 zu interpretieren. In den RFCs 1323 und 2018 wurde die Bedeutung des `Options`-Feldes folgendermaßen festgelegt:

| **Options-Type** | **Option-Feldlänge** [Byte] | **Bedeutung** |
|---|---|---|
| 0 | nicht vorgesehen | Ende der Optionsliste |
| 1 | nicht vorgesehen | No-Operation |
| 2 | 4 | Maximum Segment Size (MSS) |
| 3 | 3 | Window Scale (WSopt) |
| 4 | 2 | SACK erlaubt |
| 5 | variabel | SACK |
| 8 | 10 | TimeStamp (TSOpt) |
| 11*) | 6 | Connection Count CC (bei T/TCP) |
| 12*) | 6 | CC.NEW (T/TCP) |
| 13*) | 6 | CC.ECHO (T/TCP) |
| 29 | $\geq 4$ | TCP-Authentication |

**Tab. 3.3-1:** Verwendung möglicher Optionen im `Options`-Feld des TCP-Headers `http://www.iana.org/assignments/tcp-parameters`; *) sind *historische* Optionen, die nicht mehr genutzt werden

– `Maximum Segment Size` (`MSS`): Diese Option wird beim Aufbau einer TCP-Verbindung genutzt. Der Client teilt dem Kommunikationspartner im `<SYN>`-Paket und der Server dies `<SYN,ACK>`-Paket mit. Die gewählte, maximale Segmentgröße hängt von der `MTU` des Links ab, und es gilt:

  `MSS = MTU - IP-Header-Länge - TCP-Header-Länge`

– `Window Scale` (`WSopt`): Mit `WSopt` können die Kommunikationspartner während des Aufbaus einer TCP-Verbindung (also im `SYN`-Paket) festlegen, ob die Größe des 16 Bit `Window` um einen konstanten Skalenfaktor multipliziert wird. Dieser Wert kann unabhängig für den Empfang und das Versenden von Daten ausgehandelt werden. Als Folge dessen wird nun die Fenstergröße von der TCP-Instanz nicht mehr als 16 Bit-, sondern als 32 Bit-Wert aufgefasst. Der maximale Wert für den Skalenfaktor von `WSopt` beträgt 14, was einer neuen oberen Grenze für `Window` von 1 GByte entspricht.

– `Timestamps Option` (`TSopt`):
  Dieses Feld besteht aus den Teilen `Timestamp Wert` (`TSval`) und `Timestamp Echo Reply` (`TSecr`), die jeweils eine Länge von 4 Byte aufweisen. Eingetragen wird hier der *Tickmark*, ein interner Zähler, der pro Millisekunde um eins erhöht wird. `Timestamps Option` kann nur im ersten `SYN`-Paket angezeigt werden, das Feld ist nur bei `ACK`-PDUs erlaubt. Genutzt wird `TSopt` zur besseren Abschätzung der `RTT` (*Round Trip Time*) und zur Realisierung von `PAWS` (*Protect Against Wrapped Sequences*) [RFC 1323].

– Mit RFC 2018 wurde das Verfahren *Selective Acknowledgement* (`SACK`) eingeführt, das sich wesentlich auf das Optionsfeld `SACK` stützt und es zulässt, dieses Feld variabel zu erweitern. Auf dieses Verfahren wird später näher eingegangen.

– Ergänzt werden die Optionen um `Connection Count` (CC) sowie `CC.NEW` und `CC.ECHO`, die bei der Implementierung von *T/TCP* anzutreffen sind [Abschnitt 3.4.4].
– Bei Verwendung von *Multipath TCP* [Abschnitt 6.5] werden noch weitere TCP-`Options` genutzt [Abb. 6.5-6].

- `Padding` (Füllzeichen)
Die Füllzeichen ergänzen die Optionsangaben auf die Länge von 32 Bit.

TCP Timeouts

TCP verhindert den gleichzeitigen Aufbau einer TCP-Verbindung seitens der beiden Instanzen, d.h. nur eine Instanz kann den Aufbau initiieren. Des Weiteren ist es nicht möglich, einen mehrfachen Aufbau einer TCP-Verbindung durch den Sender aufgrund eines *Timeout* des ersten Verbindungsaufbauwunsches zu generieren. Der Datenaustausch zwischen zwei Stationen erfolgt erst nach dem Verbindungsaufbau. Registriert der Sender, dass der Empfänger nach Ablauf eines *Timeout* die übertragenen Daten nicht bestätigt hat, wird eine Wiederholung der nicht-quittierten Segmente gestartet. Aufgrund der Sequenznummer ist es prinzipiell möglich, $2^{32} - 1$ Datenbyte (4 Gigabyte) pro bestehende TCP-Verbindung zu übertragen, innerhalb dessen doppelt übertragene Daten erkannt werden. Bei den meisten Implementierungen ist die Sequenznummer aber als *signed Integer* deklariert, sodass nur die Hälfte, d.h. 2 Gigabyte möglich sind.

TCP-Window

Die Flusskontrolle nach dem Fenstermechanismus (*Window*) erlaubt es einem Empfänger, dem Sender mitzuteilen, wie viel Pufferplatz zum Empfang von Daten zur Verfügung steht. Ist der Empfänger zu einem bestimmten Zeitpunkt der Übertragung einer höheren Belastung ausgesetzt, signalisiert er dies dem Sender über das `Window`-Feld, sodass dieser die Senderate reduzieren kann.

## 3.3.2 Konzept der TCP-Verbindungen

Three-Way Handshake

Eine TCP-Verbindung wird mit dem Ziel aufgebaut, einen zuverlässigen Datenaustausch zwischen den kommunizierenden Anwendungsprozessen in entfernten Rechnern zu gewährleisten. Die TCP-Verbindungen sind vollduplex. Man kann eine TCP-Verbindung als ein Paar von gegenseitig gerichteten unidirektionalen Verbindungen zwischen zwei Sockets interpretieren [Abb. 3.1-1c]. Der Aufbau einer TCP-Verbindung erfolgt immer mittels des *Three-Way Handshake* (*3WHS*)-Verfahrens, das für eine Synchronisation der Kommunikationspartner sorgt und gewährleistet, dass die TCP-Verbindung in jede Richtung korrekt initialisiert wird. An dieser Stelle ist hervorzuheben, dass die Applikation im Quellrechner mit TCP über einen wahlfreien Port kommuniziert, der dynamisch zugewiesen wird.

TCP-Zustandsmodell

Das TCP-Modell geht von einer *Zustandsmaschine* aus. Eine TCP-Instanz befindet sich immer in einem wohldefinierten Zustand. Die Hauptzustände sind `Listen` und (Verbindung-) `Established`. Zwischen diesen stabilen Zuständen gibt es gemäß Abb. 3.3-3 eine Vielzahl zeitlich befristeter (Zwischen-)Zustände. Mittels der Kontroll-Flags `ACK`, `FIN`, `SYN` und ggf. auch `RST` wird zwischen den Kommunikationspartnern der Wechsel zu bzw. der Verbleib in einem Zustand signalisiert.

Fenstermechanismus

Um die Menge der auf einer TCP-Verbindung übertragenen Daten zwischen den kommunizierenden Rechnern entsprechend abzustimmen, was man als Flusskontrolle bezeichnet, kommt der *Fenstermechanismus* (Window) zum Einsatz. Zur effizienten Nutzung des Fenstermechanismus stehen zwei Parameter zur Verfügung, die zwischen den TCP-

Instanzen im Verlauf der Kommunikation dynamisch angepasst werden. Es handelt sich hierbei um: `Windowsize` und `Maximum Segment Size`.

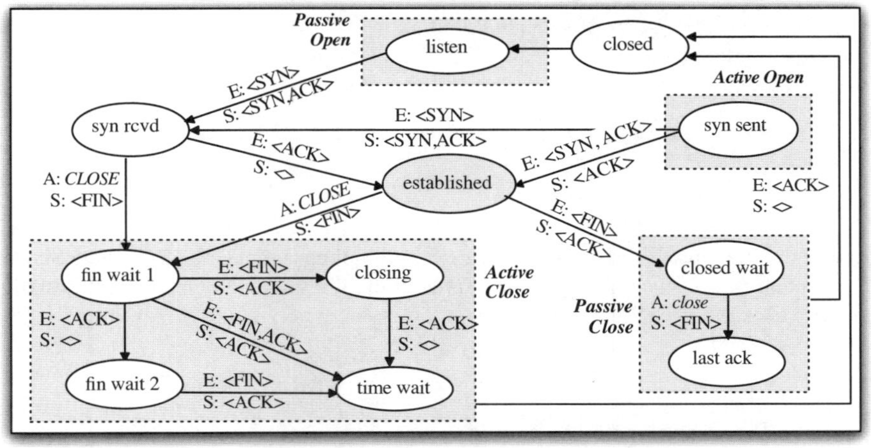


**Abb. 3.3-3:** TCP-Zustandsdiagramm und gestattete Übergänge zwischen den Zuständen
E: Empfänger, S: Sender, A: Applikation

Interpretation von Windowsize

`Windowsize` (`WSIZE`) ist als die Größe des TCP-Empfangspuffers in Byte zu interpretieren. Aufgrund des maximal 16 Bit großen Feldes im TCP-Header kann dieses maximal einen Wert von $2^{16} - 1 = 65535$ Byte (d.h. rund 64 KByte) aufweisen. Moderne TCP-Implementierungen nutzen allerdings die in den TCP-Header vorgesehene Option des *WSopt*, sodass nun Werte bis $2^{30}$, also rund 1 GByte, möglich sind.

`Windowsize` als Konfigurationsparameter der TCP-Implementierung ist üblicherweise auf einen Wert von 4, 8, 16 oder 32 KByte initialisiert. Beim Verbindungsaufbau teilt die TCP-Empfängerinstanz dem Sender ihre *Windowsize* mit, was als *advertised Windowsize* (*advWind*) bezeichnet wird.

Interpretation von Maximum Segment Size

`Maximum Segment Size` (`MSS`) stellt das Gegenstück zu `WSIZE` dar, ist also die Größe des TCP-Sendepuffers für die zu übertragenden Daten. Für übliche TCP-Implementierungen gilt die Ungleichung `MSS < WSIZE`. Die dynamische Aushandlung dieser Parameter zusammen mit der Methode der Bestimmung der *Round Trip Time* (`RTT`) begründet ursächlich das gute Übertragungsverhalten von TCP in sehr unterschiedlichen Übermittlungsnetzen (siehe Abschnitt 3.4.2).

## 3.3.3 Auf- und Abbau von TCP-Verbindungen

Den Aufbau einer TCP-Verbindung zeigt Abb. 3.3-4. Hier soll insbesondere zum Ausdruck gebracht werden, dass eine TCP-Verbindung vollduplex ist und als ein Paar von zwei unidirektionalen logischen Verbindungen gesehen werden kann [Abb. 3.3-1c]. Die Kommunikationspartner befinden sich zum Anfang der Übertragung immer in folgenden Zuständen [Abb. 3.3-3]:

- *Passives Öffnen* (`Listen`): Eine Verbindung tritt in den Empfangsstatus ein, wenn eine Anwendungsinstanz TCP mitteilt, dass sie Verbindungen für eine bestimmte Portnummer annehmen möchte.
- *Aktives Öffnen* (`SYN sent`): Eine Applikation teilt dem TCP mit, dass sie eine Verbindung mit einer bestimmten IP-Adresse und Portnummer eingehen möchte, was mit einer bereits abhörenden Applikation korrespondiert.

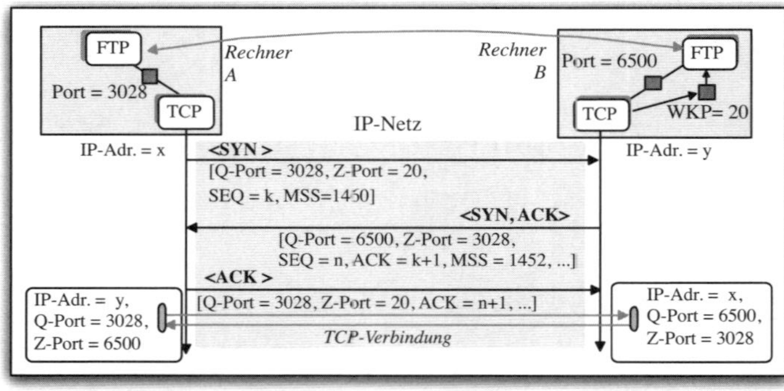


**Abb. 3.3-4:** Beispiel für den Aufbau einer TCP-Verbindung
Q: Quell, Z: Ziel, WKP: Well-known Port

Beispiel: FTP

In Abb. 3.3-4 wird die TCP-Verbindung im Rechner *A* mit der IP-Adresse `x` durch die Applikation FTP initiiert. Hierbei wird ihr für die Zwecke der Kommunikation beispielsweise die Portnummer 3028 zugewiesen. Die TCP-Instanz im Rechner *A* generiert ein TCP-Paket, in dem das Flag `SYN` gesetzt ist. Somit wird dieses Paket hier als `<SYN>`-Paket bezeichnet. Der Verbindungsaufbau beginnt damit, dass jeder der beiden Kommunikationspartner zunächst einen Anfangswert für die jeweilige Sequenznummer wählt. Dieser Anfangswert für eine Verbindung wird als *Initial Sequence Number* (`ISN`) bezeichnet.

<SYN>-Paket

Die TCP-Instanz im Rechner *A* sendet dazu an den Rechner *B* ein `<SYN>`-Paket, in dem u.a. folgende Informationen enthalten sind:

- `SYN`-Flag im TCP-Header wird gesetzt. Damit ist der Name `<SYN>`-Paket zu begründen.
- frei zugeteilte Nummer des Quellports; hierzu werden besonders die Ports[1] zwischen 5000 und 64000 benutzt.
- Zielport als *Well-known Port*, um die richtige Anwendung 'anzusprechen'. Ein *Well-known Port* ist ein Kontaktport (*Contact Port*) einer Applikation und kann als ihr Begrüßungsport angesehen werden.
- `SEQ`: *Sequenznummer* der Quell-TCP-Instanz (hier `SEQ = k`).

Das gesetzte `SYN`-Bit bedeutet, dass die Quell-TCP-Instanz eine Verbindung aufbauen (synchronisieren) möchte. Mit der Angabe des Zielports (als *Well-known Port*) wird die gewünschte Applikation im Rechner *B* gefordert.

Reaktion des Zielrechners auf <SYN>-Paket

Die Ziel-TCP-Instanz befindet sich im *Listenmodus*, sodass sie auf ankommende `<SYN>`-Pakete wartet. Nach dem Empfang eines `<SYN>`-Pakets leitet die Ziel-TCP-Instanz ihrerseits den Verbindungswunsch an die Ziel-Applikation (hier FTP) gemäß der empfangenen Nummer des Zielports weiter. Falls die Applikation im Zielrechner die ankommende TCP-

[1] Ports unter 1000 sind für Server-Anwendungen reserviert; die hohen Portnummern stehen für Client-Anwendungen zur Verfügung.

Verbindung akzeptiert, wird ihr ein Port als Puffer für zu sendende und zu empfangende Daten eingerichtet. Diesem Port wird eine große Nummer (z.B. 6500) zugeteilt. Danach wird eine eigene ISN in Richtung Rechner *A* generiert.

Im zweiten Schritt des Verbindungsaufbaus wird ein TCP-Paket im Rechner B mit folgendem Inhalt an den Rechner *A* zurückgeschickt:

<SYN,ACK>-Paket

- Die beiden Flags SYN und ACK im TCP-Header werden gesetzt, sodass man von einem <SYN,ACK>-Paket spricht.
- Die beiden Quell- und Zielportnummern werden angegeben. Als Quellport wird der neu im Rechner *B* eingerichtete Port 6500 angegeben. Als Zielport wird der Quellport im Rechner *A* eingetragen.
- Die Sequenznummer der Ziel-TCP-Instanz (hier SEQ = n) wird mitgeteilt.

Reaktion auf <SYN,ACK>-Paket

Das ACK-Bit signalisiert, dass die Quittungsnummer (hier kurz ACK) im <SYN,ACK>-Paket von Bedeutung ist. Die *Quittungsnummer* ACK enthält die nächste, von der TCP-Instanz im Rechner *B* erwartete Sequenznummer. Die TCP-Instanz im Rechner *A* bestätigt noch den Empfang des <SYN,ACK>-Pakets mit einem <ACK>-Paket, in dem das ACK-Flag gesetzt wird. Mit der *Quittungsnummer* ACK = n + 1 wird der TCP-Instanz im Rechner *B* bestätigt, dass die nächste Sequenznummer n + 1 erwartet wird.

MSS in <SYN>-Paketen

Zusätzlich teilt Rechner *A* die maximale Größe eines TCP-Segments Rechner *B* mit einem Wert von MSS = 1460 (Byte) mit, wohingegen Rechner *B* in der Gegenrichtung einen Wert von MSS = 1452 Byte vorschlägt, da *B* im TCP-Header noch (nicht gezeigte) Optionen übermittelt.

Aus Abb. 3.3-4 geht außerdem hervor, dass sich eine TCP-Verbindung aus zwei *unidirektionalen Verbindungen* zusammensetzt. Jede dieser gerichteten Verbindungen wird im Quellrechner durch die Angabe der IP-Zieladresse und der Quell- und Zielports eindeutig identifiziert.

Wurde eine TCP-Verbindung aufgebaut, so kann der Datenaustausch zwischen den kommunizierenden Applikationen erfolgen, genauer gesagt zwischen den mit der TCP-Verbindung logisch verbundenen Ports. Bevor wir aber auf die Besonderheiten der Datenübermittlung nach dem Protokoll TCP eingehen, soll zunächst der Abbau einer TCP-Verbindung kurz erläutert werden.

Abbau einer TCP-Verbindung

Den Abbau einer TCP-Verbindung illustriert Abb. 3.3-5. Im Normalfall kann der Abbau von einer der beiden kommunizierenden Applikationen initiiert werden. Da jede TCP-Verbindung sich aus zwei gerichteten Verbindungen zusammensetzt, werden diese gerichteten Verbindungen quasi nacheinander abgebaut. Jede TCP-Instanz koordiniert den Abbau ihrer gerichteten Verbindung zu ihrer Partner-TCP-Instanz und verhindert hierbei den Verlust von übertragenen, aber noch nicht quittierten Daten.

Maximum Segment Lifetime

Der Abbau wird von einer Seite mit einem TCP-Paket initiiert, in dem das FIN-Flag im Header gesetzt wird, sodass man dieses TCP-Paket als <FIN>-Paket bezeichnet. Dies wird von der Gegenseite durch ein <ACK>-Paket mit dem gesetzten ACK-Flag positiv bestätigt. Die positive Bestätigung erfolgt hier durch die Angabe der Quittungsnummer ACK = K + 1, d.h. der empfangenen Sequenznummer SEQ = K plus 1. Damit wird eine gerichtete Verbindung abgebaut. Der Verbindungsabbau in der Gegenrichtung wird mit dem TCP-Paket begonnen, in dem die beiden FIN- und ACK-Flags gesetzt sind, d.h. mit dem <FIN,ACK>-Paket. Nach der Bestätigung dieses <FIN,ACK>-Pakets durch die Gegenseite wird der Abbauprozess beendet.

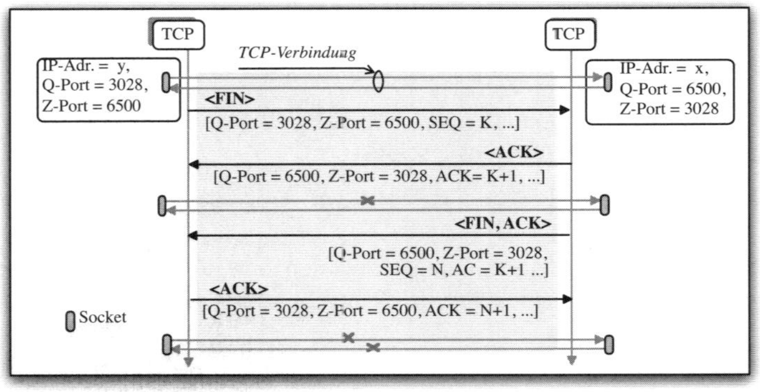


**Abb. 3.3-5:** Beispiel für den Abbau einer TCP-Verbindung

Beim Abbau einer Verbindung tritt u.U. ein zusätzlicher interner *Time-out-Mechanismus* in Kraft. Die TCP-Instanz geht in den Zustand *Active-Close*, versendet ein abschließendes `<ACK>`-Paket und befindet sich dann im Status *Time-Wait* [Abb. 3.3-3]. Dessen Zeitdauer beträgt `2 * MSL` (*Maximum Segment Lifetime*), bevor die TCP-Verbindung letztlich geschlossen wird. TCP-Pakete, die länger als die MSL-Dauer im Netz unterwegs sind, werden verworfen. Der Wert von *MSL* beträgt bei heutigen TCP-Implementierungen in der Regel 120 Sekunden. Anschließend wird der Port freigegeben und steht (mit einer neuen `ISN`) für spätere Verbindungen wieder zur Verfügung.

## 3.3.4 Flusskontrolle bei TCP

Sliding-Window-Prinzip

Bei der Datenkommunikation muss die Menge der übertragenen Daten an die Aufnahmefähigkeit des Empfängers angepasst werden. Sie sollte nicht größer sein als die Datenmenge, die der Empfänger aufnehmen kann. Daher muss die Menge der übertragenen Daten zwischen den kommunizierenden Rechnern entsprechend abgestimmt werden. Diese Abstimmung bezeichnet man oft als *Datenflusskontrolle* (*Flow Control*). Sie erfolgt beim TCP nach dem Prinzip *Sliding Window*. In Abschnitt 1.2.2 wurde bereits das Window-Prinzip (*Fensterprinzip*) bei der Nummerierung nach dem Modulo-8-Verfahren kurz erläutert. Bevor auf die Besonderheiten der Flusskontrolle beim TCP eingegangen wird, soll das allgemeine *Sliding-Window-Prinzip* näher veranschaulicht werden.

Für die Zwecke der Flusskontrolle nach dem Sliding-Window-Prinzip dienen folgende Angaben im TCP-Header:

- *Sequence Number* (Sequenznummer),
- *Acknowledgement Number* (Quittungs- bzw. Bestätigungsnummer),
- *Window* (Fenstergröße).

Sequenznummer

Mit der Sequenznummer `SEQ` werden die zu sendenden Daten fortlaufend byteweise nummeriert. Sie besagt, mit welcher Nummer die Nummerierung der im TCP-Paket gesendeten Byte beginnen soll [Abb. 3.3-8].

Quittungsnummer und `Window`

Mit der Quittungsnummer teilt der Empfänger dem Sender mit, welche Sequenznummer als nächste bei ihm erwartet wird. Hierbei wird die Angabe `Window` wie folgt interpretiert:

- *Seitens des Senders* stellt die Window-Größe (Fenstergröße) bei TCP die maximale Anzahl von Daten in Byte dar, die der Sender absenden darf, ohne auf eine Quittung vom Empfänger warten zu müssen.
- *Seitens des Empfängers* ist `Window` als Anzahl der Daten in Byte zu verstehen, die von diesem auf jeden Fall immer aufgenommen werden können.

Wird die maximale Länge von Datensegmenten in TCP-Paketen festgelegt, so kann die Menge von Daten unterwegs mit den erwähnten drei Parametern (Sequenz- und Quittungsnummer sowie Window) jederzeit kontrolliert werden.

Abb. 3.3-6 veranschaulicht die Flusskontrolle nach dem Sliding-Window-Prinzip mit der `Window-Größe = 4`. Wie hier ersichtlich ist, lässt sich das Window als Sendefenster interpretieren. Flusskontrolle

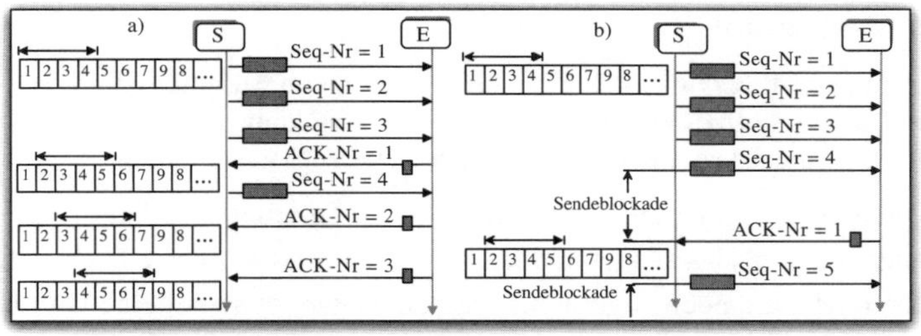


**Abb. 3.3-6:** Sliding-Window-Prinzip bei Window-Größe = 4:
a) fehlerfreie Übertragung, b) Bedeutung der Sende-Blockade
ACK: Quittungsnummer (Acknowledgement Number), Seq-Nr.: Sequenznummern;
E: Empfänger, S: Sender

**Beispiel**: Betrachten wir zunächst das Beispiel in Abb. 3.3-6a. Da die Window-Größe 4 beträgt, darf der Sender nur 4 Byte absenden, ohne auf eine Quittung warten zu müssen. Dies bedeutet, dass er die Byte mit den Nummern 1, 2, 3 und 4 absenden darf. Nach dem Absenden der ersten drei Byte ist eine Quittung eingetroffen, mit der das erste Byte quittiert wird. Dadurch verschiebt sich das Fenster (*Window*) mit den zulässigen Sequenznummern um eine Position nach rechts. Da maximal 4 Byte unterwegs sein dürfen, kann der Sender nun die nächsten Byte mit den Nummern 4 und 5 senden. Nach dem Absenden des Byte mit Sequenznummer 5 wird das Byte mit der Sequenznummer 2 durch den Empfänger positiv quittiert. Dadurch verschiebt sich das Fenster nach rechts um eine Position weiter.

Abb. 3.3-6b zeigt die Situation, in der der Sendeprozess blockiert werden muss (*Sendeblockade*). Sie kommt dann oft vor, wenn einerseits die Verzögerungszeit im Netz groß und andererseits die Window-Größe zu klein ist. Mit großen Verzögerungszeiten ist immer zu rechnen, wenn eine Satellitenstrecke als ein Übertragungsabschnitt eingesetzt wird. Wie hier ersichtlich ist, muss der Sender nach dem Absenden von Byte mit den Sequenznummern 1, 2, 3 und 4 auf eine Quittung warten. Hier wurden die Daten aus dem Sendefenster abgesendet, und deren Empfang wurde noch nicht bestätigt. Bevor einige Byte quittiert werden, darf der Sender keine weiteren Byte senden. Nach dem Eintreffen der Quittung für das Byte mit Sequenznummer 1 verschiebt sich das Sendefenster um eine Position nach rechts. Das Byte mit der Sequenznummer 5 darf nun gesendet werden. Anschließend muss der Sendevorgang wiederum bis zum Eintreffen der nächsten Quittung blockiert werden. Sendeblockade

### 3.3.5 TCP Sliding-Window-Prinzip

Bei TCP erfolgt die Flusskontrolle nach dem *Sliding-Window-Prinzip*. Hierbei legt die Window-Größe die maximale Anzahl von Byte fest, die der Quellrechner absenden darf, ohne auf eine Quittung vom Zielrechner warten zu müssen. Abb. 3.3-7 illustriert die Interpretation von Window bei TCP.

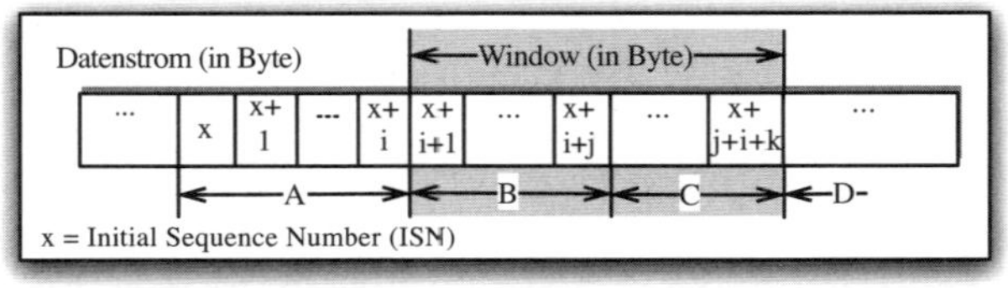


**Abb. 3.3-7:** Interpretation von Window bei TCP

Byte in Flight

Mit dem Parameter *Window* wird bei TCP ein Bereich von Nummern markiert, die den zu sendenden Datenbyte zuzuordnen sind. Dieser Bereich kann als *Sendefenster* angesehen werden. Im Strom der Datenbyte sind vier Bereiche zu unterscheiden:

- *A*: `i` Datenbyte, die abgesendet und bereits positiv quittiert wurden,
- *B*: `j` Datenbyte, die abgesendet und noch nicht quittiert wurden ('*Data in flight*'),
- *C*: `k` Datenbyte, die noch abgesendet werden dürfen, ohne auf eine Quittung warten zu müssen,
- *D*: Datenbyte außerhalb des Sendefensters. Diese Datenbyte dürfen erst dann abgesendet werden, wenn der Empfang von einigen vorher abgeschickten Datenbyte bestätigt wird.

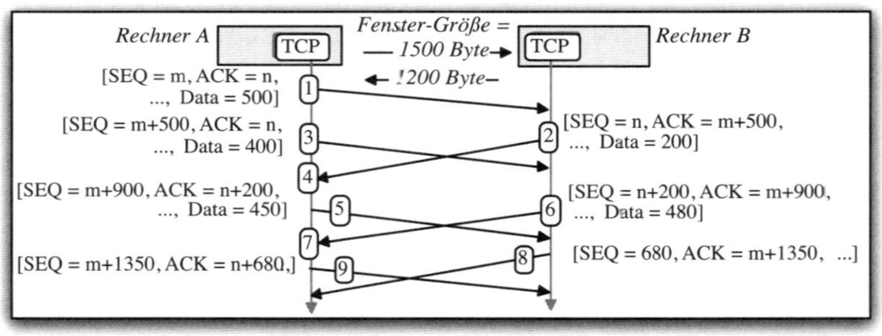


**Abb. 3.3-8:** Beispiel für den TCP-Ablauf bei der fehlerfreien Datenübermittlung
SEQ: Sequenznummer, ACK: Quittungsnummer

Fehlerfreie Datenübermittlung

**Beispiel**: Im Folgenden wird der Datenaustausch nach TCP verdeutlicht und damit auch das Sliding-Window-Prinzip näher erläutert. Abb. 3.3-8 zeigt ein Beispiel für eine fehlerfreie Datenübermittlung. Die hier dargestellten einzelnen Ereignisse sind wie folgt zu interpretieren:

1. Das erste TCP-Paket von Rechner *A* zu Rechner *B* mit der Sequenznummer `SEQ = m`. Dieses Paket enthält die ersten 500 Datenbyte. `SEQ = m` verweist darauf, dass den einzelnen übertragenen Datenbyte die Nummern `m, m+1, ..., m+499` zugeordnet sind.

2. Von Rechner *B* wird mit einem TCP-Paket, in dem 200 Datenbyte enthalten sind und bei dem das `ACK`-Flag gesetzt wurde, bestätigt, dass das erste TCP-Paket von Rechner *A* fehlerfrei aufgenommen wurde und das nächste Datenbyte mit der Nummer `m+500` erwartet wird. `SEQ = n` besagt, dass die Nummern `n, n+1, ..., n+199` den hier übertragenen Datenbyte zuzuordnen sind.
3. Das zweite TCP-Paket von Rechner *A* zu Rechner *B* mit den nächsten 400 Datenbyte und mit `SEQ = m+500`. Somit enthält dieses TCP-Paket die Datenbyte mit den Nummern `m+500, m+501, ..., m+899`. Damit wurden bereits 900 Datenbyte von Rechner *A* abgeschickt und vom Zielrechner *B* noch nicht quittiert. Da die Window-Größe in Richtung zum Rechner *B* 1500 Byte beträgt, können vorerst nur noch `1500 - 900 = 600` Datenbyte abgesendet werden.
4. Nach dem Empfang dieses TCP-Pakets werden 500 Datenbyte vom Zielrechner *B* positiv quittiert. Somit verschiebt sich das Sendefenster im Rechner *A* um 500. Da der Empfang von 400 Byte (das zweite TCP-Paket) noch nicht bestätigt wurde, können noch `1500-400 = 1100` Datenbyte gesendet werden.
5. Das dritte TCP-Paket von Rechner *A* zu Rechner *B* mit `SEQ = m+900` und mit 450 Datenbyte. Dieses Paket enthält die Datenbyte mit den Nummern von `m+900` bis `m+1349`. Somit sind bereits 850 Datenbyte abgeschickt, die noch nicht quittiert wurden. Darüber hinaus können nur noch weitere 650 (d.h. `1500 - 850`) Datenbyte abgesendet werden. Mit diesem TCP-Paket wird dem Rechner *B* auch mitgeteilt, dass die nächsten Datenbyte ab Nummer `n+200` erwartet werden.
6. Rechner *B* quittiert mit einem TCP-Paket, in dem das `ACK`-Flag gesetzt wird, das dritte TCP-Paket von Rechner `A` und sendet zu Rechner *A* die nächsten 480 Datenbyte. Diesen Datenbyte sind die Nummern `n+200, ..., n+679` zuzuordnen.
7. Nach dem Empfang dieses TCP-Pakets werden die an Rechner *A* abgeschickten Datenbyte mit den Nummern `m+900-1` positiv quittiert. Damit verschiebt sich in Rechner *A* das Sendefenster entsprechend.
8. Rechner *B* bestätigt mit einem TCP-Paket, in dem das `ACK`-Flag gesetzt wird, die Datenbyte einschließlich bis zur Nummer `m+1350-1`. Auf diese Weise wurden alle zu Rechner *B* abgeschickten Daten quittiert. Rechner *A* kann nun an Rechner *B* die durch die Window-Größe festgelegte Datenmenge (d.h. 1500 Byte) unmittelbar weitersenden, ohne vorher auf eine positive Quittung von Rechner *B* warten zu müssen.
9. Rechner *A* quittiert mit `ACK = n+680` positiv Rechner *B*, alle Datenbyte bis zur Nummer `n+680-1` empfangen zu haben. Zugleich wird mit `SEQ = m+1350` signalisiert, dass bereits `m+1350` Datenbyte geschickt wurden.

Den Ablauf des Protokolls TCP bei einer fehlerbehafteten Datenübermittlung illustriert Abb. 3.3-9.

Sendeblockade bei der Datenübermittlung

**Beispiel**: Die einzelnen Ereignisse sind hier folgendermaßen zu interpretieren:

1. Das erste TCP-Paket von Rechner *A* zu Rechner *B* mit `SEQ = m` und die ersten 500 Datenbyte. Diesen Datenbyte sind daher die Nummern `m, m+1, ..., m+499` zuzuordnen. Mit `ACK = n` wird dem Rechner *B* mitgeteilt, dass das nächste Datenbyte mit der Nummer *n* von ihm erwartet wird.
2. Das zweite TCP-Paket von Rechner *A* zu Rechner *B* mit den nächsten 500 Datenbyte und mit `SEQ = m+500`. Somit enthält dieses TCP-Paket die Datenbyte mit den Nummern `m+500, ..., m+999`. Mit dem Absenden dieser 200 Datenbyte wurden die Nummern zur Vergabe der zu sendenden Datenbyte 'verbraucht' ($\Rightarrow$ `Window = 1000` Byte). Aus diesem Grund muss der Sendeprozess blockiert werden.

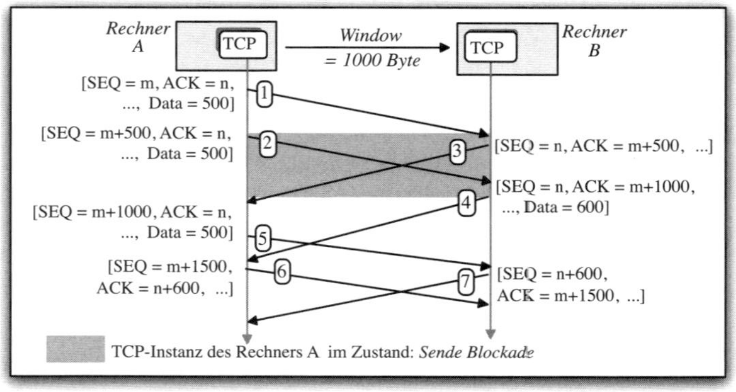


**Abb. 3.3-9:** Beispiel für das TCP-Verhalten bei einer fehlerbehafteten Datenübermittlung

3. Es werden 500 Datenbyte vom Zielrechner *B* positiv quittiert. Damit verschiebt sich das Sendefenster in Rechner *A* entsprechend, sodass weitere 500 Datenbyte gesendet werden dürfen.
4. Rechner *B* sendet 600 Datenbyte und quittiert dem Rechner *A* alle Datenbyte bis einschließlich Nummer `m+1000-1`.
5. Das dritte TCP-Paket von Rechner *A* zu Rechner *B* mit den nächsten 500 Datenbyte und mit der Sequenznummer `SEQ = m+1000`.
6. Rechner *A* quittiert Rechner *B* alle Datenbyte bis einschließlich Nummer `n+600-1`.
7. Rechner *B* quittiert Rechner *A* alle Datenbyte bis einschließlich Nummer `m+1500-1`.

Fehlerbehaftete Datenübermittlung

Da IP zu den unzuverlässigen Protokollen gehört, muss TCP über einen Mechanismen verfügen, der es in die Lage versetzt, mögliche Fehler auf den unteren Protokollschichten (z.B. Verlust von IP-Paketen, Verfälschung der Reihenfolge usw.) zu erkennen und zu beheben. Der von TCP verwendete Mechanismus ist bemerkenswert einfach:

> Ist die Wartezeit für *ein* abgesendetes TCP-Segment überschritten, innerhalb derer eine Bestätigung erfolgen sollte (*Maximum Segment Lifetime*), wird die Übertragung *aller* Datenbyte wiederholt, für die bis dahin noch keine Quittungen vorliegen.

Im Unterschied zu anderen Methoden der Fehlerkontrolle kann hier der Empfänger zu keinem Zeitpunkt eine wiederholte Übertragung erzwingen. Dies liegt zum Teil daran, dass kein Verfahren vorhanden ist, um negativ zu quittieren, sodass keine wiederholte Übertragung einzelner TCP-Pakete direkt veranlasst werden kann. Der Empfänger muss einfach abwarten, bis das von vornherein festgelegte Zeitlimit *MSL* (*Maximum Segment Lifetime*) auf der Sendeseite abgelaufen ist und infolgedessen bestimmte Daten nochmals übertragen werden.

MSL Timer

Das Funktionsweise des MLS-Timer bei TCP zeigt Abb. 3.3-10. Um die Darstellung zu vereinfachen, werden hier nur jene Angaben gezeigt, die nötig sind, um dieses Prinzip zu erläutern.

**Beispiel**: Wie in Abb. 3.3-10 dargestellt, wird der MSL-Timer nach dem Absenden jedes TCP-Segments neu gestartet. Mit diesem *Timer* wird eine maximale Wartezeit (*Timeout*) auf die Quittung angegeben. Kommt innerhalb dieser festgelegten maximalen Wartezeit

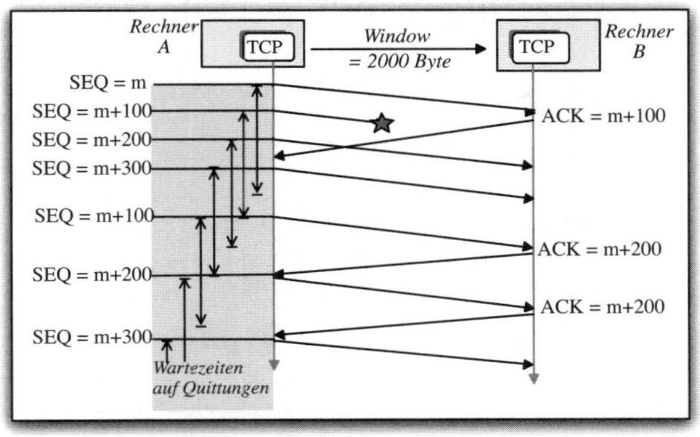


**Abb. 3.3-10:** Gesteuerte Segmentwiederholung über den TCP MLS Timer
ACK: Quittungsnummer, SEQ: Sequenznummer

keine Quittung an, wird die Übertragung des betreffenden TCP-Pakets wiederholt. Darin besteht das eigentliche Prinzip der Fehlerkontrolle bei TCP.

Das TCP-Paket mit der Sequenznummer `m+100` hat den Empfänger nicht erreicht, obwohl die später abgeschickten TCP-Pakete (mit den Sequenznummern `m+200` und `m+300`) dort ankamen. Die TCP-Instanz im Rechner *B* sendet keine Bestätigung für den Empfang des TCP-Pakets mit der Sequenznummer `m+200`, da die Datenbyte mit den Nummern `m+100, ..., m+199` noch nicht empfangen wurden. Das nächste TCP-Paket mit `SEQ = 300` wird ebenfalls nicht bestätigt. Dies hat zur Folge, dass das Zeitlimit für die Übertragung des TCP-Pakets mit der Sequenznummer `x+100` abläuft und dieses Paket infolgedessen erneut übertragen wird.

Der Empfang der TCP-Pakete wird nur dann bestätigt, wenn ihre Reihenfolge vollständig ist. Somit kann die Situation eintreten, dass eine Reihe von TCP-Paketen (soweit die Window-Größe dies zulässt) sogar dann wiederholt übertragen werden muss, wenn sie bereits fehlerfrei beim Zielrechner ankamen. Wie dem Beispiel in Abb. 3.3-10 zu entnehmen ist, betrifft dies in unserem Fall die TCP-Pakete mit den Sequenznummern `m+200` und `m+300`, sie müssen nochmals übertragen werden. Bestätigung

Die maximale Wartezeit auf die Quittung ist ein zentraler Parameter von TCP. Er hängt von der zu erwartenden Verzögerung im Netz ab. Die Verzögerung im Netz kann durch die Messung der Zeit, die bei der Hin- und Rückübertragung zwischen dem Quell- und dem Zielrechner auftritt, festgelegt werden. In der Literatur wird diese Zeit als *Round Trip Time* (`RTT`) bezeichnet. In Weitverkehrsnetzen, in denen auch Satellitenverbindungen eingesetzt werden, kann es einige Sekunden dauern, bis eine Bestätigung ankommt. Round Trip Time

Im Laufe einer Verbindung kann die `RTT` aufgrund der Netzbelastung schwanken. Daher ist es nicht möglich, einen festen Wert für die maximale Wartezeit auf die Quittung einzustellen. Wird ein zu kleiner Wert gewählt, läuft die Wartezeit ab, bevor eine Quittung eingehen kann und das Segment unnötig erneut gesendet. Wird ein zu hoher Wert gewählt, hat dies lange Verzögerungspausen zur Folge, da die gesetzte Zeitspanne abgewartet werden muss, bevor eine wiederholte Übertragung stattfinden kann. Durch den Verlust eines Segments kann der Datendurchsatz erheblich sinken.

## 3.4 Implementierungsaspekte von TCP

TCP wurde in der Vergangenheit den sich ändernden Gegebenheiten der Netze (LANs und WANs) angepasst. Dies betrifft nicht die Protokollparameter, die über die Jahre unverändert geblieben sind, sondern vielmehr die Implementierung der Algorithmen in den TCP-Instanzen, d.h. den *TCP-Stack* als Bestandteil der Kommunikations-Software in Betriebssystemen und Routern. Der TCP-Stack ist so zu optimieren, dass er unter den heute gegebenen Netzen und Anwendungen eine maximale Performance und eine hohe Übertragungssicherheit gewährleistet [RFC 1323, 2001 und 2018].

Die Einsatzgebiete von TCP haben sich durch die Popularität des Internet und den Entwicklungen der lokalen Netze stark erweitert, und es sind insbesondere folgende Netze zu unterstützten:

1. Schnelle LANs wie z.B. Gigabit-Ethernet.
2. DSL-Anbindungen (*Digital Subscriber Line*) von Heimarbeitsplätzen ans Internet mittels PPPoE (*PPP over Ethernet*) [RFC 2516, Abschnitt 10.2.2] und Datenraten bis zu 8 Mbit/s, aber u.U. mit merklichen Verzögerungen bei der Datenübertragung bedingt durch Packet-Interleaving.
3. Ausgedehnte, große Netzstrukturen (WAN) mit unterschiedlichen Übermittlungsnetzen wie ATM oder Frame-Relay und Satellitenverbindungen mit z.T. signifikanten Verzögerungszeiten bei der Übertragung *Long Fat Networks* (LFNs) [RFC 2488].
4. Zu übertragende Datenvolumen, die im Bereich von Gigabyte liegen (z.B. beim Download von Videodateien) und den Bereich der einfach-adressierbaren Sequenznummern bei TCP überschreiten.

### 3.4.1 Klassische TCP-Implementierungen

Für TCP existieren eine Reihe von Implementierungsvorschlägen – konkret die Realisierung des TCP/IP-Stack –, die bekannte Schwächen beheben und zudem die Effizienz steigern sollen [RFC 1122]:

Nagle-Algorithmus

- *Nagle-Algorithmus*
  Er nimmt Bezug auf das Problem, dass die TCP-Instanz auf Anforderung der Anwendungsschicht sehr kleine Segmente sendet. Zur Reduzierung der Netzlast und damit zur Verbesserung des Durchsatzes sollten die pro Verbindung von der Anwendungsschicht ankommenden Daten möglichst konkateniert, d.h. in einem Segment zusammen gesendet werden. Dies hat nicht nur zur Folge, dass der Protokoll-Overhead verringert wird, sondern auch, dass die TCP-Instanz beim Empfänger nicht jedes (kleine) Segment per ACK bestätigen muss, was wiederum Auswirkungen auf die Gesamtlaufzeit hat. In den Nagle-Algorithmus gehen vier Faktoren ein:
  - die *TCP-Haltezeit* für das Zusammenführen von Applikationsdaten in Segmente,
  - der verfügbare *TCP-Pufferbereich* für Applikationsdaten,
  - die *Verzögerungszeiten* im Übermittlungsnetz (z.B. LAN oder WAN),
  - der *Applikationstyp*: In diesem Zusammenhang sind die 'interaktiven' Protokolle wie TELNET, RLOGIN, HTTP und speziell auch X-Windows besonders kritisch, da hier z.T. jedes einzelne Zeichen (Tasteneingabe bzw. Mausklick) für die Bildschirmanzeige 'geechot' wird.

Silly Window Syndrom

- *Silly Window Syndrome*
  Mit diesem Begriff wird der Zustand gekennzeichnet, wenn ein TCP-Empfänger sukzessive mit der Erhöhung des zunächst kleinen internen TCP-Puffers beginnt und dies der sendenden TCP-Instanz durch ein weiteres `<ACK>`-Paket mit der neuen `Windowsize` umgehend mitteilt. Hierdurch kann es vorkommen, dass sich bei der Übertragung großer Datenmengen Sender und Empfänger hinsichtlich von *Windowsize* nicht mehr vernünftig abstimmen und der Sender nur noch sehr kleine Datensegmente übermittelt. Dieser Fehler im Fenstermanagement ist dadurch zu vermeiden, dass der Empfänger mit der Sendung des *ACK-Pakets* wartet, bis er hinlänglich TCP-Puffer allokieren kann. Es ist zu beachten, das dies ein zum *Nagle-Algorithmus* komplementärer Effekt ist.

Zero Window Probe

- *Zero Window Probe*
  Ist eine TCP-Verbindung aufgebaut [Abb. 3.3-4], kann eine TCP-Instanz der anderen durch Setzen von *Windowsize* auf `0` mitteilen, dass sie ihren TCP-Empfangspuffer auf Null reduziert hat. Dies kann z.B. eine Folge davon sein, das die TCP-Instanz die bereits anstehenden Daten nicht mehr an die Applikation weiterreichen kann, was typischerweise der Fall ist, wenn sich in einem Netzwerkdrucker kein Papier mehr befindet. In Anschluss daran ist es nach Ablauf von *Timeout* Aufgabe des Senders, mit einer *Zero Window Probe* festzustellen, ob der Empfänger wieder aufnahmebereit ist. Hintergrund hierfür ist, dass `<ACK>`-Pakete ohne Daten nicht verlässlich übertragen werden. Sollte der Empfänger hierauf nicht antworten, wird der *Retransmission-Algorithmus* in Gang gesetzt.

TCP Keep-Alives

- *TCP Keep-Alives*
  TCP verzichtet in der Regel auf ein *Keep-Alive-Verfahren*, ohne ein solches jedoch ausdrücklich auszuschließen. TCP-Keep-Alive-Informationen werden in *<ACK>-Paketen* mit einem bedeutungsfreien Datenbyte oder völlig ohne Daten eingeschlossen. Sie dürfen aber nur versendet werden, wenn keine anderen regulären Daten zwischen den TCP-Instanzen ausgetauscht werden. Entscheidend ist, das die generierte Sequenznummer [Abb. 3.4-2] dem obersten Wert des Sendefensters abzüglich eines Byte entspricht. Dieser Wert liegt außerhalb des ausgehandelten Sendefensters, was die TCP-Partnerinstanz veranlasst, mit einem `<ACK>`-PDU zu antworten.

## 3.4.2 Abschätzung der Round Trip Time

Eine konzeptionelle Eigenheit von TCP besteht darin, auch ohne positives `ACK` nach einer bestimmten Zeit (*Timeout*) die Daten erneut zu versenden. Hierzu bedient sich TCP einer Abschätzung der *Round Trip Time* (`RTT`), die möglichst präzise erfolgen sollte. Abb. 3.4-1 illustriert die Möglichkeiten der RTT-Abschätzung.

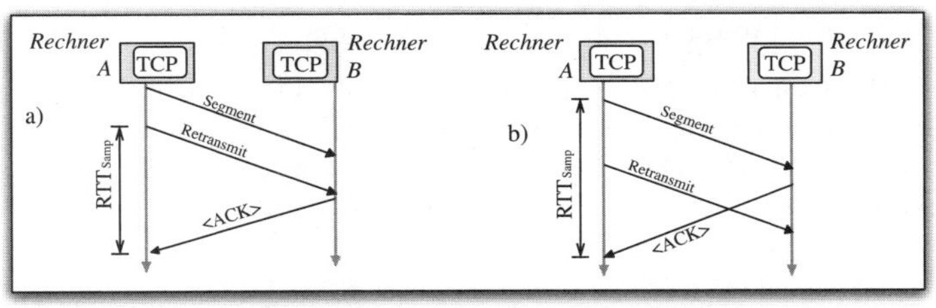


**Abb. 3.4-1:** Abschätzung von RTT nach: a) original TCP-Implementierung, b) Karn/Partridge-Algorithmus

Drei unterschiedliche Methoden für die RTT-Abschätzung sind sowohl in Endstationen als auch in Routern gebräuchlich:

- Die *Originalimplementierung* [Abb. 3.4-1a] sieht vor, RTT für jedes einzelne TCP-Paket zu ermitteln und hieraus ein gewichtetes Mittel rekursiv zu berechnen:

  $$RTT_{Est} = a * RTT_{Est} + (1 - a) * RTT_{Samp}$$

  Hierbei stellt $RTT_{Samp}$ den für ein <ACK>-Paket gemessenen Wert von RTT dar. Da am Anfang $RTT_{Est}$ nicht bestimmt ist, wird $RTT_{Est} = 2s$ angenommen. Hieraus ergibt sich auch eine Abschätzung für Timeout:

  $$Timeout = b * RTT_{Est}$$

  Für die Parameter wird üblicherweise $a = 0,9$ und $b = 2$ angenommen. Problematisch an diesem Ansatz ist, dass sich einerseits ein 'verloren gegangenes' Paket in einer Unterschätzung von RTT auswirkt und damit andererseits keine Korrelation mit ACKs des Empfängers gegeben ist.

Karn/Partridge-Implementierung

- Die *Karn/Partridge-Implementierung* [Abb. 3.4-1b] umgeht die letzte Einschränkung, da erst das ACK-Paket den Datenempfang bestätigt, wobei wiederholte TCP-Pakete nicht in den Algorithmus einbezogen werden. Zudem wird die Dauer von *Timeout* nach jedem Empfang angehoben:

  $$Timeout = 2 * Timeout$$

Jacobsen/Karel-Implementierung

- Die *Jacobsen/Karel-Implementierung* verfeinert den Karn/Partridge-Algorithmus durch Einbeziehen der Varianz in $RTT_{Samp}$, d.h. der Schwankungen dieser Werte:

  $$\delta(RTT) = RTT_{Samp} - RTT_{Est} \quad \text{und} \quad RTT_{Est} = RTT_{Est} + g_0 * \delta(RTT)$$

  Hierbei beträgt der Wert $g_0 = 0,125$. Auch wird die Berechnung des Timeout angepasst. Zunächst wird eine Hilfsgröße definiert:

  $$Abweichung = Abweichung + g_1 * \delta(RTT)$$

  mit $g_1 = 0,25$. Somit wird das neue Timeout berechnet nach:

  $$Timeout = p * RTT_{Est} + q * Abweichung$$

  wobei für $p$ und $q$ die Erfahrungswerte $p = 1$ und $q = 4$ gewählt sind.

TSopt und RTT

Statt dieser heuristischen Verfahren kann die RTT auch über die TCP-Option RTT (*Round Trip Timer*) bestimmt werden. Abb. 3.4-2 illustriert dies.

Der Client setzt zunächst im ersten <SYN>-Paket die Option TSopt und befüllt das 4 Byte große TCP-Feld TSVal mit dem eigenen Zeitstempel (*Tickmark*). Sofern die angesprochene TCP-Instanz TSopt unterstützt, trägt diese wiederum ihre Tickmark im Timestamp des TSecr-Felds des <ACK>-Pakets ein, wobei immer auf das vorausgegangene <SYN>-Paket des Partners Bezug genommen wird.

Aus den gemittelten Werten lässt sich so eine relativ präzise Abschätzung der effektiven Round Trip Time ableiten, sofern statistische Ausreißer eliminiert werden [RFC 1323]. Es ist zu beachten, das die TimeStamp-Option nur einmal – und zwar genau zu

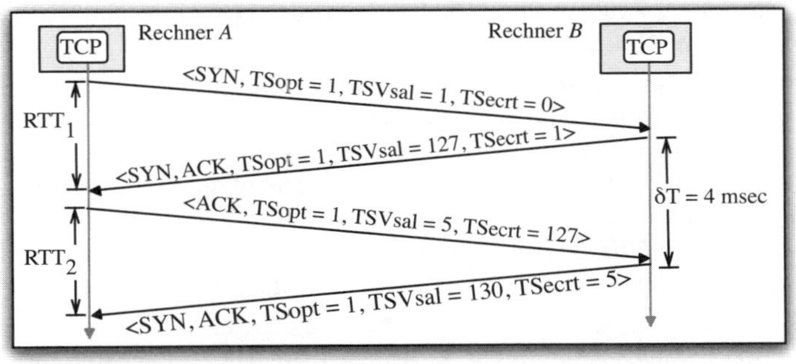


**Abb. 3.4-2:** Bestimmung der Round Trip Time mittels der Option `TSopt`, bei der beide Kommunikationspartner die jeweiligen Werte für `TSVal` und `TSecrt` mitteilen

Beginn der Verbindung – ausgehandelt werden darf und dann bis zum Abschluß der TCP-Konversation benutzt werden muss. Ein Wechsel in den '`TSopt`-Betrieb' während der laufenden TCP-Sitzung ist eigentlich verboten, wird jedoch von z.B. Windows-Betriebssystemen stillschweigend unterstützt. Wollen beide Kommunikationspartner `TSopt` benutzen, ist dies jeweils unabhängig anzuzeigen.

## 3.4.3 Verbesserung der Effizienz von TCP

Das Erkennen und das Beheben möglicher Durchsatzprobleme beinhalten mehrere Aspekte, die den Aufbau der Verbindung, ihre Unterhaltung und die Reaktion auf Fehler betreffen. Um die Effizienz von TCP zu verbessern, wurden folgende Verfahren vorgeschlagen:

TCP Slow Start

- *TCP Slow Start* sagt aus [RFC 1323], dass eine TCP-Instanz die Übermittlung von TCP-Paketen mit einem kleinen *Congestion Window* (`cwnd`) beginnt, i.d.R. `cwnd = 1` Segment (Defaultwert: 536 Byte). Anschließend wird cwnd mit jedem empfangenen `<ACK>`-Paket quadratisch vergrößert, d.h. $cwnd = cwnd * cwnd$ und die Anzahl der übertragenen TCP-Pakete entsprechend erhöht, bis der Empfänger bzw. ein zwischengeschalteter Router Paketverluste signalisiert. Dies teilt dem Sender mit, dass er die Kapazität des Netzwerks bzw. des Empfängers überschritten hat, was eine Reduktion von `cwnd` zur Folge hat.

Congestion Avoidance

- *Congestion Avoidance* [RFC 2581, 2001 sowie 5681] geht von der Annahme aus, dass Datenpakete in Netzen kaum mehr verloren gehen, sondern im Falle von *Timeouts* und doppelt empfangenen `<ACK>`-Paketen (*dACKs*) eine Überlast im Netzwerk aufgetreten ist. Eine TCP-Instanz kann dem vorbeugen, indem sie neben $cwnd$ eine Variable *Slow Start Threshold* ($ssthresh$) nach folgendem Schema nutzt:

  1. Initialisierung: $cwnd = 1$ Segment, $ssthresh$ = max. Windowsize (64 KByte)
  2. Maximale zu sendende Datenmenge: $min(cwnd, advWin)$
  3. Beim Empfang von *dACKs* wird $ssthresh$ neu berechnet:

  $$ssthresh = max(2, min(cwnd/2, advWin))$$

  Falls Timeouts registriert werden, gilt: $cwnd = 1$

4. Beim Empfang eines neuen *ACK-Pakets* wird *cwnd* nach *Slow Start* oder nach *Congestion Avoidance* wieder erhöht.

Fast Retransmit

- *Fast Retransmit* [RFC 2581/2001] geht davon aus, dass mehrere empfangene (double ACK) dACKs den Verlust lediglich eines TCP-Pakets bedeuten, welches neu gesendet werden muss. Falls die Anzahl von *dACKs* einen Schwellenwert überschreitet (z.B. 3 *dACKs*), tritt ein *Fast Retransmit* in Kraft, indem nicht der TCP-Timeout abgewartet wird, sondern sofort das letzte Segment zu wiederholen ist. Im Anschluss geht die TCP-Instanz in ein *Fast Recovery* über, was auf der Annahme basiert, dass ein (noch) anhaltender Datenfluss vorliegt. Es wird die *Congestion Avoidance* statt des *Slow Start* eingesetzt.

Selective Acknowledgement

- *Selective Acknowledgement (SACK)*: Mit dem in RFC 2018 vorgestellten SACK-Verfahren wird dem Problem begegnet, dass mit hoher Wahrscheinlichkeit beim Registrieren von kumulativen *dACKs* nur ein Paket neu übertragen werden muss. *Fast Retransmit* würde hingegen mehrere u.U. fehlerfrei – aber mit Verzögerung – empfangene TCP-Pakete wiederholen. Um dieser Situation zu entgehen, muss der Empfänger dem Sender in einem `<ACK>`-Paket den Beginn und das Ende derjenigen Datenblöcke mitteilen, die er als Letzte zusammenhängend in seinem Empfangsfenster (Datenpuffer) verarbeitet hat. Den Aufbau der *SACK*-Option zeigt Abb. 3.4-3.

  Die *SACK*-Option erweitert das Optionsfeld um bis zu maximal 40 Byte. Wie aus Abb. 3.4-3 ersichtlich ist, können höchstens 4 Blöcke gebildet werden, in denen Informationen über vier unterschiedliche Pufferbereiche einfließen. Wird zusätzlich die Option *Timestamp* eingesetzt, sind lediglich drei Blöcke möglich.

PAWS

- *Protection Against Wrapped Sequence Number*: Ein Problem, das bei der Übertragung großer Datenmengen auftritt, ist der Überlauf des Sequenzzählers `SEQ` (*Sequence Number*) für TCP-Segmente. Wie in Abb. 3.3-2 dargestellt, ist `SEQ` ein 32-Bit-Wert, durch den normalerweise ein TCP-Segment – und damit die maximale Größe einer zu übertragenden Datei – auf maximal 4 GByte beschränkt ist. Ist die Datenmenge größer, muss der Zähler neu von 1 initialisiert werden. Wie soll die TCP-Instanz entscheiden, ob ein eventuell verlorengegangenes und zu wiederholendes TCP-Segment aus der aktuellen 'Runde' oder aus einer früheren stammt? Die Lösung hierfür ist die in Abschnitt 3.3.1 vorgestellte *Timestamp*-Option. Zusätzlich zu `SEQ` enthält das TCP-Segment eine monoton steigende, 4 Byte große Zeitinformation vom Kommunikationspartner, dessen jeweils aktueller Wert zu speichern ist. Ist das Zeitintervall eines 'Uhrticks' nun 1 ms, reicht dies aus, die Datenübertragung über nahezu 25 Tage zu monitoren. Durch den Vergleich des *Timestamp* eines alten und eventuell wiederholten TCP-Pakets mit der aktuell entgegengenommenen Zeitmarke kann das Erstere getrost verworfen werden.

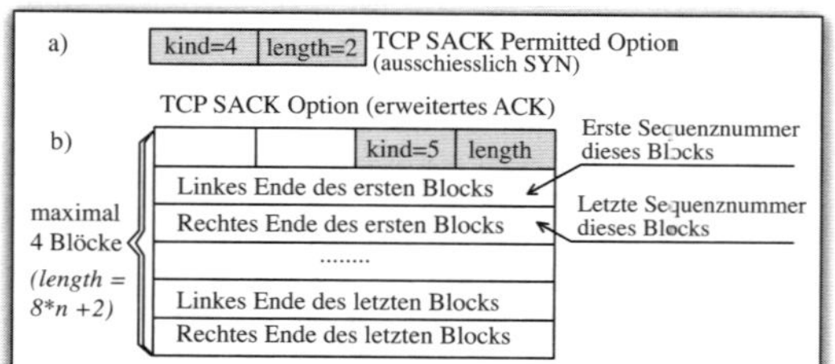


**Abb. 3.4-3:** Aufbau des SACK-Optionsfelds: a) für `<SYN>`-Pakete beim Aushandeln der Option b) bei der Übermittlung fehlerhafter oder fehlender Daten in `<ACK>`-Paketen

Hervorzuheben sind weitere interessante (z.T. experimentelle) Implementierungsvorschläge zur Flusskontrolle wie z.B.:

dACKs

- *dACKs*, d.h. die Erkennung von 'Duplicate ACKs' [RFC 2883], sowie die Ergänzung in Form des
- *Eifel-Algorithmus* für TCP [RFCs 3522 und 4015] für 'verlorene' ACKs zusammen mit dem
- 'New Reno' Fast *Recovery Algorithmus* entsprechend RFCs 3782 und zudem der Einsatz von
- `ECN` (*Explicit Congestion Notification*) [RFCs 3168/2481 und 2884] für TCP.

## 3.4.4 Datendurchsatz beim TCP

Bei der UDP-Übertragung ergibt sich der theoretisch maximale (Nutz-)Datendurchsatz einfach unter Berücksichtigung des Protokoll-Overheads und den Abständen, die die Frames auf der Datensicherungsschicht einhalten müssen, wobei als Faustformel davon ausgegangen werden kann, dass der Protokoll-Overhead etwa 3% ausmacht. Wir bezeichnen den maximal möglichen Durchsatz auf der Schicht 2 auch als *Wirespeed* bzw. *Leitungsdurchsatz*. Hierbei ist zu beachten, dass die 'Leitungsgeschwindigkeit' in der Regel als `Bit/s` angegeben, der 'Datendurchsatz' aber in `Byte/s`.

Beim verbindungsorientierten TCP-Protokoll hängt der Durchsatz von der Bestätigung durch den Empfänger ab. Somit müssen nicht nur die Nutzdaten beim Empfänger angekommen sein, sondern auch die Quittung muss beim Sender angekommen sein. Daher bestimmt die *Round Trip Time* der Nachrichten den Durchsatz bei TCP.

**Bandbreiten-Delay-Produkt**

Maßgeblich für den TCP-Datendurchsatz ist das 'Bandbreiten-Delay'-Produkt. Der maximal erzielbare Durchsatz ergibt sich durch:

```
Durchsatz [KByte/s] = TCP Windowsize [KByte] / RTT [s]
```

Signallaufzeiten

Damit hängt der Datendurchsatz nicht nur von der *Leitungsschwindigkeit* also dem 'Wirespeed' ab, sondern insbesondere auf längeren Strecken merklich von der Laufzeiten der Signale auf der Übertragungsstrecke. Auf Kupfer- und Glasfaserkabel können wir hier von einer physikalischen Signalgeschwindigkeit von rund 200 000 km/s ausgehen; also etwa 2/3 der Lichtgeschwindigkeit. Hinzu kommen noch Verzögerungen in den aktiven Komponenten wie Router und Switches. Deren Einfluss ist unter normalen Umständen zu vernachlässigen, sofern keine Paketverluste, *Congestion* bzw. ein gewolltes *Traffic-Shaping* hinzukommen.

Performance-relevant sind folgende Faktoren:

- Der 'Wirespeed' der Datenverbindung. Hierdurch ist der maximale Datendurchsatz festgelegt.
- Die *Round Trip Time* der Datenpakete, wobei hier die Signallaufzeiten zwischen den kommunizierenden Rechnern, aber auch statistische Ausreißer durch Paketverluste beitragen.
- Die *Windowsize* des Empfängers, die festlegt, wie viele Byte vom Sender verschickt werden können, ohne auf ein `<ACK>`-Paket des Empfängers zu warten. Entsprechend RFC 3390 wird die *initiale Windowsize* gemäß folgender Relation

```
Windowsize = min (4*MSS, max (2*MSS, 4380 bytes)),
```

gewählt, wobei MSS die *Maximum Segment Size* darstellt. Diese entspricht in der Regel dem Wert der MTU, bei Ethernet also typischerweise 1500 Byte.

- Die Größe der zu übertragenden Nachricht.

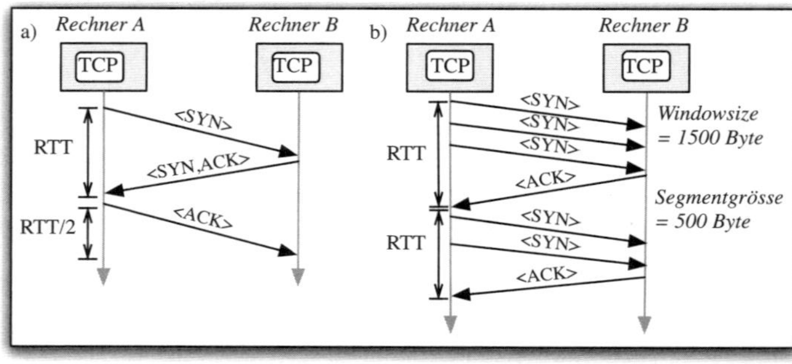


**Abb. 3.4-4:** Einflussgrößen für den TCP-Datendurchsatz a) der 3WHS, b) die Round Trip Time zusammen mit der Windowsize

**Beispiel**: Aus Abb. 3.4-4a ist zu entnehmen, dass bereits der notwendige *Three-Way Handshake* zu einem merklichen Effekt beiträgt, da zunächst die Zeit von `1,5 * RTT` abgewartet werden muss, bevor Nutzdaten gesendet werden können.
Bei dem in Abb. 3.4-4b illustrierten Beispiel wird angenommen, dass der Empfänger *B* eine *Windowsize* von 1500 Byte besitzt. Die zu übertragende Datenmenge beträgt 2500 Byte. Hierbei sendet Rechner *A* drei TCP-Segmente mit jeweils 1500 Byte. Diese kann er in einem Schwung absetzen, da er auf keine `<ACK>`-Pakete warten muss. Der Durchsatz beträgt damit näherungsweise `Windowsize/RTT`. Nach Erhalt des `<ACK>`-Pakets vom Rechner *B* kann die restliche Datenmenge übertragen werden. Obwohl jetzt eine geringe Anzahl Nutzbyte gesendet wurde, muss dennoch praktisch die gleiche `RTT` abgewartet werden.

Die zentrale Stellschraube zur Verbesserung des Datendurchsatzes bei TCP ist die *Windowsize*. Während das Standard-TCP-Fenster von 64 KByte beträgt, kann mittels der *Window Scale* Option dieses Fenster bis zu 1 GByte vergrößert werden. Aktuelle TCP-Implementierungen nehmen ein *Autotuning* der *Windowsize* vor. Hierbei wird zunächst der Wert der `RTT` ermittelt und die *Windowsize* dem Bedarf der zu sendenden Datei angepasst. Ist die Größe der zu übertragenden Datei z.B. 100 MByte, wird auch nur ein Fenster von maximal dieser Größe angefordert. Daraus ergibt sich (vgl. Abb. 3.4-4b), dass der erzielbare Datendurchsatz für kleine Dateien immer schlechter ist als für große, und zwar unabhängig von der 'Leitungsgeschwindigkeit'.

### TCP Fast Open

Aus Abb. 3.4-4 geht hervor, dass das Öffnen einer TCP-Verbindung durch den 3WHS viel Zeit kostet. Dies trifft besonders auf Anwendungen zu, die viele TCP-Verbindungen (auf dem gleichen Server) öffnen. Typische Beispiele sind:

- HTTP-Zugriffe auf Webseiten mit vielen (lokal) eingebetteten Bildern, für deren Download jeweils eine TCP-Session benötigt wird.

- Zugriffe auf Dateien, z.B. auf einen Samba-Server mittels des Protokolls CIFS (*Common Internet File System*), wo pro Verzeichnis und Datei ebenfalls eine TCP-Sitzung verlangt wird.
- Mail-Server per IMAP4 [RFC 3501], bei dem jeder Zugriff auf einen abonnierten Ordner ebenfalls mit einer TCP-Sitzung einhergeht.

Unter der Annahme, dass die TCP-Verbindung mit dem gleichen Server stattfindet, kann der 3WHS durch das *TCP Fast Open* (TCP/FO) Verfahren [`http://tools.ietf.org/html/draft-ietf-tcpm-fastopen-05`] deutlich beschleunigt werden, was aber sowohl vom Client als auch vom Server unterstützt werden muss.

1. Der Client generiert bei der ersten Kommunikation zum Server eine spezielle `<SYN>`-Sequenz, die im TCP Option-Feld einen Cookie-Request beinhaltet (*Fast Open Cookie Request Option*).
2. Der Server generiert hierauf ein Cookie und sendet dies im Folgenden `<SYN,ACK>`-Paket im Option-Feld an den Client, der dieses pro TCP-Verbindung cached.
3. Wird die TCP-Verbindung zum selben Server erneut angefordert, findet ein verkürzter Handshake statt, indem bereits im ersten `<SYN>`-Paket neben dem Cookie Nutzdaten untergebracht werden können, was somit eine RTT-Zeit spart.

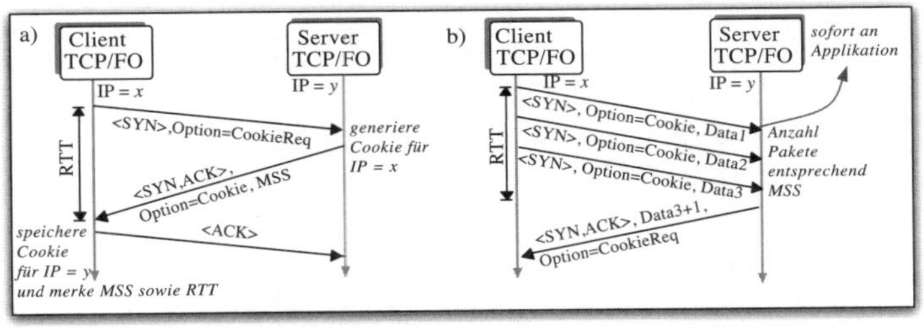


**Abb. 3.4-5:** Ablauf des TCP/FO-Verfahrens: a) Anforderung des FastOpen-Cookies im 3WHS b) TCP FastOpen falls gültiges Cookie vorhanden

Das Cookie *authentisiert* hierbei den Client und ist im Grunde genommen statisch. Server und Client müssen sich das Cookie merken, d.h. im Cache behalten. Allerdings ist die Gültigkeitsdauer des Cookies beschränkt.

Man kann also sagen, dass das übliche TCP-Protokoll mit seiner zustandslosen Verbindungsaufnahme aber zustandsbehaftetem Sitzungsgestaltung nun durch eine zustandsbehafteten Verbindungsaufnahme bei TCP/FO und anschließend eine quasi zustandslose Sitzungsablauf ersetzt wird. Dies erfordert zunächst neue Parameter für den Socket-Aufruf (siehe nächsten Abschnitt) und verlangt, dass die Applikation die Daten bereits vom ersten `<SYN>`-Paket entgegen nehmen kann. Ein weiteres Problem stellen herkömmliche Firewalls dar, die auf dieses TCP-Verhalten nicht vorbereitet sind und die Verbindungsaufnahme unterbinden würden. Sollte die TCP/FO-fähige Applikation dies feststellen (nach *Timeout*), muss sie in den normalen TCP-Modus zurück fallen.

### 3.4.5 TCP Socket-Interface

Die Entwicklung von TCP/IP vollzieht sich in engem Zusammenhang mit der Programmiersprache C und ihrem Einsatz insbesondere unter dem Betriebssystem Unix. Die Socket-Schnittstellen

Implementierung von TCP liegt in Form des TCP-Stacks vor, der sowohl eine Schnittstelle für die Applikation als auch für das darunterliegende IP-Interface bereitstellen muss. Software-technisch wird dies über das Socket-Interface realisiert, was in der Windows-Welt als WinSock-Schnittstelle, in der Unix-Welt als BSD- bzw. Unix-System-V Socket-Schnittstelle gewährleistet wird.

Während für IP und UDP die Realisierung der entsprechenden Schnittstelle relativ einfach gehalten werden kann, verlangt TCP – aufgrund seiner Zustandsmaschine – große Sorgfalt bei der Gestaltung. Zudem verfügt TCP über eine Reihe von optionalen Schaltern, die bei Unix mittels Kernelparameter und bei den Windows-Betriebssystemen über *Registry-Einträge* gesetzt werden können.

TCP-API

Für die aufrufende Anwendung verfügt TCP über eine Programmschnittstelle [RFC 793] für den Auf- und Abbau von Verbindungen sowie die Steuerung der Datenübermittlung. Diese Programmschnittstelle wird TCP-API (*Application Program Interface*) genannt.

Sie beinhaltet folgende Funktionen:

Open

- *Open*: Öffnen von Verbindungen mit den Parametern:
  - Aktives/Passives Öffnen,
  - Entfernter Socket, d.h. Portnummer und IP-Adresse des Kommunikationspartners,
  - Lokaler Port,
  - Wert des Timeouts (optional). Als Rückgabewert an die Applikation dient ein lokaler Verbindungsname, mit dem diese Verbindung referiert werden kann.

Send

- *Send*: Übertragung der Benutzerdaten an den TCP-Sendepuffer und anschließendes Versenden über die TCP-Verbindung. Optional kann das *URG-Bit* bzw. *PSH-Bit* gesetzt werden.

Receive

- *Receive*: Daten aus dem TCP-Empfangspuffer werden an die Applikation weitergegeben.

Close

- *Close*: Beendet die Verbindung, nachdem zuvor alle ausstehenden Daten aus dem TCP-Empfangspuffer zur Applikation übertragen und ein TCP-Paket mit dem FIN-Bit versandt wurde.

State

- *State*: Gibt Statusinformationen über die Verbindung aus wie z.B. lokaler und entfernter Socket, Größe des Sende- und des Empfangsfensters, Zustand der Verbindung und evtl. lokaler Verbindungsname. Diese Informationen können z.B. mittels des Programms *netstat* ausgegeben werden.

Abort

- *Abort*: Sofortiges Unterbrechen des Sende- und Empfangsprozesses und Übermittlung des `RST`-Bit an die Partner-TCP-Instanz.

Das Zeitverhalten der TCP-Instanz wird im Wesentlichen durch die Implementierung und natürlich durch die Reaktionszeiten des Peer-Partners und durch das Netzwerk bestimmt. Ausnahmen entstehen durch den Einsatz folgender Socket-Optionen:

- `TCP_NODELAY`: gibt vor, das die in der TCP-Instanz anstehenden Daten unverzüglich gesendet werden. Hiermit wird der Nagle-Algorithmus außer Kraft gesetzt.
- *LINGER*: Die Socket-Option *LINGER* (Verweilen) ermöglicht der Applikation zu kontrollieren, ob die ausgesandten Daten bei einem TCP-Close auch angekommen sind. Beim Aufruf wird angegeben, ob diese Option benutzt wird und welche Zeitdauer das 'Linker' (d.h. de facto die Blockierung des Sockets) bis zum Empfang der Bestätigung maximal überschreiten soll. Die Implementierung dieser Option ist nicht eindeutig.

- *KEEPALIVE*: Mittels dieser für die TCP-Instanz allgemeingültigen Einstellung kann festgelegt werden, ob überhaupt TCP-Keep-Alives verwendet werden sollen.

TCB

Sowohl für aktiv geöffnete Ports wie auch für Ports, die ein <SYN>-Paket zum Verbindungsaufbau empfangen haben, wird in der Regel ein *TCP Control Block* (TCB) geöffnet, über den die Daten weitergegeben werden und der für den Ablauf der Kommunikation verantwortlich zeichnet.

## 3.4.6 Angriffe gegen den TCP-Stack

Wie in Abb.3.1-1 bereits gezeigt, wird eine TCP-Verbindung durch den Socket im Rechner *A* – z.B. als Client – und den Socket im Rechner *B* – z.B. als Server – festgelegt. Da die Datenübertragung unverschlüsselt erfolgt, kann die Kommunikation jederzeit mit geeigneten technischen Möglichkeiten überwacht bzw. auch verfälscht werden, indem 'irreguläre' Datenpakete eingeschleust werden.

Spoofing

Da die IP-Adresse des Empfängers (Servers) und die Portnummern der Standardapplikation in der Regel über *Portscans* sehr leicht ermittelt werden können (oder einfach auch nur ausprobiert werden), kann ein Serversystem sehr leicht mit unvorhergesehenen Paketen kompromittiert werden (*TCP-Spoofing*). Im ungünstigsten Falle kann dies zu einer Ressourcenblockade bzw. zu einer *Denial of Service-Attacke* (kurz *DoS-Attacke*) führen, durch die u.U. die gesamte TCP-Instanz oder der Rechner selbst blockiert wird.

Zustandstabellen

Daher sollte man vorsichtig vorgehen und nur solche TCP-Pakete akzeptieren, die entsprechende Kriterien erfüllen. TCP-Pakete mit Nutzdaten sind z.B. nur dann sinnvoll, wenn zuvor eine TCP-Verbindung aufgebaut wurde. Zur Kontrolle von TCP-Paketen kann eine Zustandstabelle gepflegt werden, die den Status der einzelnen Verbindungen protokolliert. Das Kontrollieren von TCP-Paketen aufgrund von Zustandsinformationen wird *Stateful Inspection* genannt und ist ein Verfahren, das typischerweise in *Firewalls* eingesetzt wird.

Firewalls

Firewalls überprüfen in der Regel den Inhalt der Daten (z.B. in Form von 'malicious Code' oder Viren) nicht, sondern können bestenfalls die Validität und die Authentizität einer Verbindung feststellen. Die Authentizität wird mittels *TCP-Wrapper* ermittelt, die einen Abgleich zwischen der IP-Adresse des Clients und des Eintrags im DNS (und vice versa) durchführen – in Zeiten sog. NAT'ed Clients ein kaum mehr wirkungsvolles Verfahren. Typischerweise ist es Aufgabe der Applikation, die Authentizität der Verbindung sicherzustellen, teilweise auch mittels vorgeschalteter Programme wie unter Unix der *tcpserver* [`http://cr.yp.to/ucspi-tcp.html`].

Stateful Inspection

Die Validität eines TCP-Pakets ergibt sich aus dem Zustandsdiagramm [Abb. 3.3-3]. Zusätzlich zur Registrierung der jeweiligen Kommunikations-Tupel können als sekundäre Kriterien `ISN` und ggf. `RTT` und bei T/TCP auch `CC` herangezogen werden. Tertiäre Kriterien ergeben sich aufgrund der in TCP-Paketen möglichen Optionen und ihrer Kopplung an die übertragenen Daten.

TCP-Backlog

TCP-Instanzen führen Buch über die Anzahl der Verbindungsversuche, die aktuellen Verbindungen sowie die in Abbau befindlichen Verbindungen. Für die aktuell bestehenden Verbindungen ist bereits ein TCB-Puffer (*TCP Control Block*) reserviert, für die abzubauenden Verbindungen wird er wieder freigegeben; aber für alle neuen Verbindungen muss er erneut allokiert werden. Da die Zeitspanne zwischen dem (empfangenen) ersten <SYN>-Paket (d.h. dem Verbindungsaufbauwunsch) und dem gesendeten <SYN,ACK>-

Paket sowie der ersten Datenübertragung durchaus beträchtlich sein kann ($< 2^n * MSL$), wird dies bei der TCP-Instanz in einem *Backlog-Puffer* protokolliert: Die TCP-Instanz befindet sich im Zustand `SYN-Received`. In diesem Backlog-Puffer werden die *halb offenen Verbindungen* festgehalten. Erfolgt nach dem Absenden des `<SYN,ACK>`-Pakets des Servers keine Reaktion des Clients, wird der Verbindungswunsch nicht abgelehnt, sondern die TCP-Instanz wiederholt die Außendung dieses Pakets in der Regel nach einem Algorithmus, der quadratisch in der Zeit aufgesetzt ist [Abb. 3.4-6].

SYN-Flooding

Durch zu viele offene TCP-Verbindungen kann dieser Puffer überlaufen und so die Arbeitsfähigkeit der TCP-Instanz insgesamt beeinträchtigen. In diesem Zusammenhang spricht man von *SYN-Flooding*. Leider sind besonders Firewalls und LoadBalancer für SYN-Flooding anfällig, da typischerweise Verbindungswünsche für `N` Endsysteme (z.B. `HTTP-Requests`) über lediglich einen oder zwei Firewall-Rechner bzw. den *LoadBalancer* (bzw. deren öffentliche IP-Adressen) abgewickelt werden.

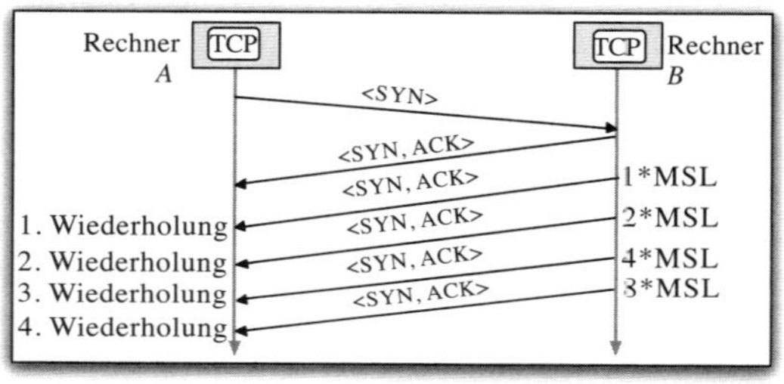


**Abb. 3.4-6:** `SYN`-Attacke mit anschließender Wiederholung der `<SYN,ACK>`-Pakete

SYN-Cookies

Eine Möglichkeit, die Anzahl der offenen TCP-Verbindungen zu kontrollieren, besteht darin, ab einem gewissen Schwellenwert *SYN-Cookies* einzusetzen [`http://cr.yp.to/syncookies.html`, 4987]. Hierbei lehnt die TCP-Instanz bei Überschreitung des Schwellenwerts neue Verbindungen nicht ab, sondern antwortet zunächst mit der Außendung eines SYN-Cookies in einem normalen `<SYN,ACK>`-Paket. Im Gegensatz zu einer normalen Antwort wird die `ISN` nicht zufällig, sondern aus den Werten IP-Adresse, Portnummer, einem Zeitstempel sowie der `MSS` (kryptografisch) als Hashwert gebildet. Zusätzlich wird der TCB erst dann aufgebaut, wenn von der Gegenseite ein `<ACK>`-Paket empfangen wird, dessen Acknowledge-Nummer identisch ist mit dem Wert von `ISN + 1`. Der Charme dieser Lösung besteht darin, dass der Server sich keine `ISN` pro Verbindung merken muss; vielmehr kann die Validität der Verbindung algorithmisch aus dem ersten empfangenen `<ACK>`-Paket berechnet werden.

RST-Angriffe

Gelingt es einem Angreifer, den TCP-Datenverkehr zu belauschen oder einige Steuerungsangaben zu erraten, kann er in bestimmten Situationen mit einer 'brute force'-Attacke die TCP-Verbindung zum Abbruch zwingen, wenn er den Socket – also das Tupel (IP-Adresse, Portnummer) – vom Client sowie die aktuelle Sequenznummer kennt bzw. errät. Mittels dieser Informationen kann ein `<RST>`-Paket zum Server verschickt werden, der daraufhin die Verbindung ebenfalls abbricht [Abb. 3.3-5].

## 3.4.7 Socket Cloning und TCP-Handoff

Weiterschalten von TCP-Verbindungen

Eine TCP-Verbindung kann mit einer 'Telefonverbindung' zwischen Applikationen verglichen werden. In Telefonnetzen wird *Weiterschalten von Verbindungen* als selbstverständlich angenommen. Auch in IP-Netzen ist es manchmal nötig, eine TCP-Verbindung weiter zu schalten. In diesem Zusammenhang spricht man von *TCP-Handoff* und von *Socket Cloning*. Abb. 3.4-7 illustriert dies. Hier greift z.B. der Rechner eines Benutzers aus Deutschland auf den Webserver $S_0$ in den USA zu, der als Eingang zu einem E-Commerce-System mit Streaming-Media dient. Zwischen diesem Rechner und dem Server $S_0$ wird eine TCP-Verbindung aufgebaut. Der Server $S_0$ leitet aber diese Webanfrage (d.h. *HTTP-Request*) zu dem von ihm ausgewählten Server $S_k$ z.B. in Frankfurt weiter, um das Streaming von dort auszuliefern. Dieses Prinzip liegt den *Content Delivery Networks* zugrunde [BRS03].

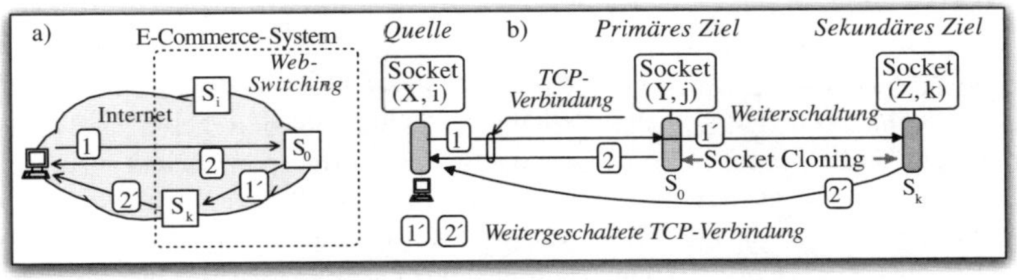


**Abb. 3.4-7:** Handoff als Weiterschaltung einer TCP-Verbindung
Appli.: Applikation; X, Y, Z: IP-Adressen; i, j, k: Portnummern

In diesem Fall wird die TCP-Verbindung zwischen dem Rechner des Benutzers und dem Server $S_0$ (primäres Ziel) zum sekundären Ziel weiter geschaltet. Das Weiterschalten einer TCP-Verbindung zum sekundären Ziel könnte man sich so vorstellen, als ob der Zustand des Sockets, das dem primären Ziel entspricht, an ein anderes Socket übertragen wäre. In Abb. 3.4-6b wurde der Zustand von Socket (`Y,j`) auf Socket (`Z,k`) übertragen. Man könnte sich dies aber auch so vorstellen, als wäre Socket (`Z,k`) mit den Eigenschaften von Socket (`Y,j`) erzeugt (geklont). Daher spricht man hierbei von *Socket Cloning*.

TCP Handoff kommt u.a. in Web-Switching-Systemen vor, die in E-Commerce-Systemen mit dem zeitkritischen Content (z.B. Streaming-Media) eingesetzt werden.

## 3.4.8 MSS Clamping

Beim Aufbau einer TCP-Verbindung wählt der Client eine Segmentgröße `MSS` entsprechend der MTU des sendenden Interfaces – unter Abzug des IP- und TCP-Headers [Abb. 2.2-1, Abb. 3.3-2] – bei Ethernet (und einer MTU von 1500 Byte) mit 1460 Byte, sofern in der Routing-Tabelle kein anderer Wert hinterlegt ist.

Befindet sich der Client in einem per NAT eingerichteten Netzwerk, ist häufig die `MTU-Path-Discovery` [Abschnitt 2.7.4] aufgrund von Firewall-Regeln nicht möglich, sodass die Router die IP-Pakete fragmentieren müssten, sofern das Transitnetzwerk diese IP-Paketgröße nicht unterstützt. IP-Fragmentierung ist aber sowohl aufwändig als auch performance-reduzierend. Einige Router ermöglichen daher, den Wert der MSS im <`SYN`>-Paket mit der MTU des Transfernetzes zu 'verzahnen', was sich als *MSS Clamping* oder – frei übersetzt – als *MSS Klempnern* bezeichnen lässt.

**Beispiel**: Abb. 3.3-8 zeigt das Konzept des *MSS Clamping*: Ein Router, der zwei Netze mit unterschiedlichen MTUs (hier: 1500 und 512 Byte) verbindet, müsste normalerweise die vom Rechner *A* ausgehenden IP-Pakete bei der Übertragung zum Rechner *B* fragmentieren. Zusätzlich zu den Anpassungen der *TimeToLive* und des *CRC* im IPv4-Paket modifiziert

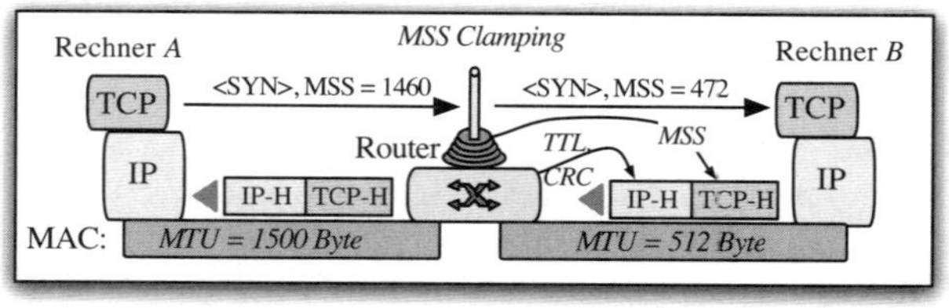


**Abb. 3.4-8:** MSS Clamping beim Aufbau einer TCP-Verbindung
MSS: Maximum Segment Size, MTU: Maximum Transfer Unit, IP-H: IP-Header, TCP-H: TCP-Header

er beim TCP-Verbindungsaufbau im TCP `<SYN>`-Paket den Wert von `MSS` = 1460 Byte, der im `Options`-Feld des TCP-Header hinterlegt ist und reduziert diesen auf 472 Byte. Somit greift der Router auf Informationen der Schicht 4 (Transport) zu und ändert diese, was eigentlich im Widerspruch zum Schichtenmodell ist. Dieses 'Klempnern' ist vor allem dann notwendig, falls ICMP-Nachrichten durch die Firewall blockiert sind. Für die Rechner *A* und *B* ist das MSS Clamping transparent, d.h. wird weder von diesen registriert noch besitzt es Einfluss auf die anschließende Datenübertragung.

## 3.5 Explicit Congestion Notification

Der TCP-Fenstermechanismus stellt eine effiziente Möglichkeit bereit, die zu übertragende Datenrate zwischen Sender und Empfänger abzustimmen, in dem sich die Kommunikationspartner ihren Zustand gegenseitig mitteilen.

Congestion

Kommunikations- und Übertragungsengpässe (*Congestions*) können aber auch auf der Transitstrecke selbst, d.h. in den Routern auftreten. Abgesehen von der Möglichkeit, eine ICMP *Source Quench* Nachricht [Abschnitt 2.7.1] an das sendende System zu übermitteln, kann der Router nicht das Senden der Daten beeinflußen, auch wenn er selbst die Ursache ist. Wie wir bereits in Abschnitt 1.2.3 dargestellt haben, wirken sich Überlastsituationen sowohl hinsichtlich des erzielbaren Durchsatzes als auch im Hinblick auf die Verzögerung der Datenmittlung aus [Abb. 1.2-5]. Ohne eine geeignete Überlastkontrolle kann das Netzwerk praktisch zusammen brechen. Zur Verbesserung dieser Situation wurde ein spezielles Überlastsignalisierungsprotokoll in Form der *Explicit Congestion Notification* (ECN) entwickelt, das in RFC 3168 spezifiziert ist[2].

ECN verwendet zusätzliche Angaben im TCP- als auch im IP-Header in den zu übertragenden IP-Paketen und ist daher wohl der Schicht 3 als auch der Schicht 4 zuzuordnen. Allerdings verlangt ECN, dass die für die Übertragung relevanten Knoten es auch unterstützten, was somit sowohl für die beteiligten Endsysteme als auch die Router gilt. Ein ECN-fähiger Router, über den eine TCP-Verbindung verläuft, kann dem Upstream-Rechner durch eine Verzahnung von IP- und TCP-Informationen *indirekt* signalisieren, dass eine Überlastsituation aufgetreten ist, sodass dieser die Menge der zu sendenden Daten reduzieren kann. Somit verbessert ECN nicht unmittelbar den TCP-Datendurchsatz (dieser ist durch das *Bandbreiten/Delay-Produkt* gegeben [Abschnitt 3.4.4]); bei Einsatz von ECN wird aber die Anzahl der ansonsten zu verwerfenden IP-Pakete verringert.

[2] Ergänzende RFC sind 3540 und 4774 bzw. auch 6040.

### 3.5.1 Anforderungen an ECN-fähige Netzknoten

Beim Routing von zu übertragenden IP-Paketen werden sie in der Regel temporär in einem Router (einem Netzknoten) gepuffert. Der Router organisiert seinen Paketspeicher in Warteschlangen (*Queues*), die z.B. entsprechend den Zieladressen, dem Payload (ICMP, TCP, UDP ...) und ggf. das Flusslabel (ToS/DS bei IPv4 [Abb. 2.2-2], Traffic Class und Flowlabel bei IPv6 [Abb. 7.2-1] 'bedient' werden: *Queue Management* [RFC 2309]. Abb. 3.5-1a zeigt den prinzipiellen Aufbau eines Routers mit Queue Management.

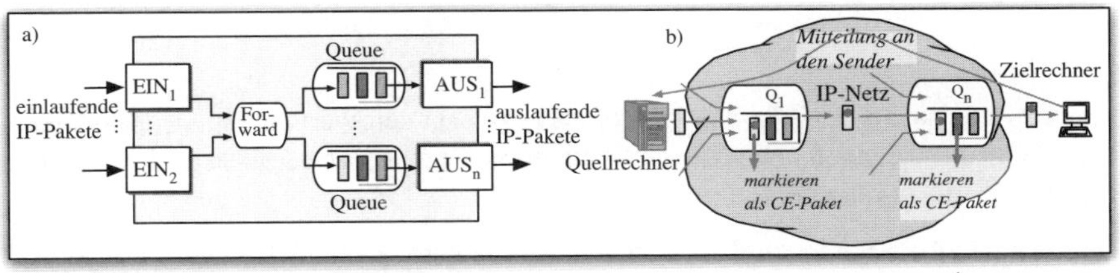


**Abb. 3.5-1:** Router Queue-Management: a) Aufbau eines Router mit AQM, b) markieren von IP-Paketen mit Flag *Congestion Experienced*
AQM: Active Queue Management

**Bemerkung**: Funktional stellt ein Router somit neben den Eingangsports (üblicherweise pro logischer oder physikalischer Schnittstelle) einen *Forwarder* zur Verfügung, der die Pakete an die Ausgangsports weiter leitet. Hierbei genügt es, die Pakete entsprechend der im IP-Header vorliegenden Informationen weiter zu leiten, weshalb auch der Begriff *IP-Switching* gebräuchlich ist, obwohl es sich eigentlich um ein Routing handelt. Die zum Versand bereit stehenden Pakete werden in unterschiedliche Queues eingereiht, die per Ausgangsport (entsprechend der Zieladresse) und Priorität organisiert sind.

FIFO-Queue

Die Queue stellt einen Puffer dar, der Pakete aufnehmen kann, solange hierin noch Platz vorhanden ist. Üblicherweise ist die Queue nach dem *FIFO-Prinzip* (*First-In/First-Out*) organisiert. Ist der Puffer schließlich voll, können die ankommenden Pakete nicht mehr gespeichert werden. Dies hat den gleichen Effekt wie das Verwerfen der Pakete.

AQM

Bei einer Überlastsituation [Abb. 1.2-5] ist die 'Leitung' nahezu vollständig ausgelastet, und entsprechend werden auch die Wartezeiten zum Versenden der IP-Pakete sehr lang. *Aktives Queue Management* (AQM) kommt dann zum Zuge, falls die Länge der Warteschlangen einen definierten Grenzwert überschreitet.

Congestion Experienced CE

Erst in diesem Fall werden die IP-Pakete einer TCP-Verbindung mit dem Flag *Congestion Experienced* (CE) markiert und in die Warteschlange eingereiht [Abb. 3.5-1b]. In der Regel befinden sich auf einer Strecke zwischen Quelle und Ziel mehrere Router mit jeweils eigenen solchen Warteschlangen. Durch Einsatz von ECN kann die mittlere Wartezeit *für alle Pakete in der Queue* reduziert werden, indem die Senderate der IP-Pakete beim Quellrechner bzw. beim vorausgehenden Router mit ECN-Befähigung an den Zustand der Queue angepasst wird.

**Beispiel**: Üblicherweise wird ein Grenzwert $\bar{Q}_{min}$ (für den mittleren Füllstand $\bar{Q}$) der Warteschlange (Queue) definiert, der angibt, ab wann von ECN Gebrauch gemacht wird. In Abb. 3.5-2a ist zunächst das zeitliche Verhalten der ankommenden IP-Pakete zu sehen. Diese füllen den Ausgangspuffer (Queue), dessen Füllstand vom Router beständig überwacht wird. Wird die Grenze $\bar{Q}_{min}$ erreicht kommt ECN zum Zuge. Anstatt aber alle Pakete mit CE zu markieren (vgl. Abb. 3.5-2b), wird zunächst nur jedes n-te Paket

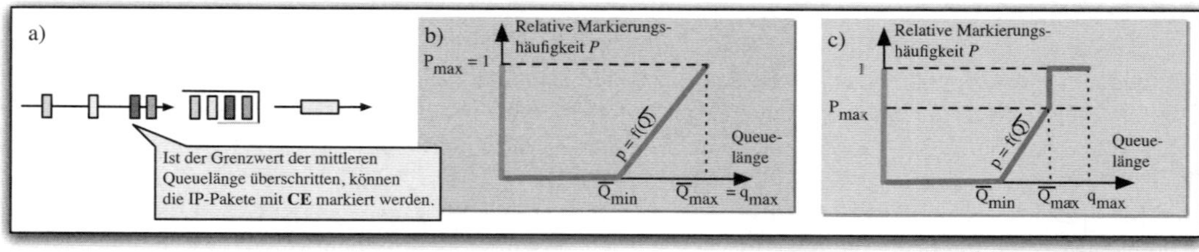


**Abb. 3.5-2:** Aktives Queue Management: a) zeitlicher Verlauf ankommender Pakete, b) AQM mit einem Grenzwert $\bar{Q}_{min}$, c) AQM mit den Grenzwerten $\bar{Q}_{min}$ und $\bar{Q}_{max}$

markiert, wobei der Anteil der markierten Pakete *P* eine lineare Funktion der Länge der Warteschlange ist, die ihren Maximalwert `1` bei einer Länge der Queue von $\bar{Q}_{max}$ erreicht, was der Größe des Puffers $q_{max}$ entspricht.

Im Fall von Abb. 3.5-2c wurde ein anderer Algorithmus verwendet. Der Grenzwert für $\bar{Q}_{max}$ wird kleiner als die tatsächliche Größe des Puffers gewählt (um zusätzlichen Spielraum zu erhalten), und zusätzlich zur linearen Funktion $p(\bar{Q})$ werden ab diesem Grenzwert (der $p_{max}$ entspricht) alle IP-Pakete als `CE` markiert.

RED

Dieses Verhalten von Routern, Überlastsituation quasi präventiv zu vermeiden, wird auch als *Random Early Detection/Discarding* (RED) bezeichnet.

Ursache von Überlastsituationen

Überlastsituation treten Abb. 3.5-2 häufig bei der Kopplung 'großer' Netze über eine Punkt-to-Punkt Verbindung oder aber auch beim Aufbau einer vernetzen IP-Infrastruktur mittels eines VPN auf, sofern das Transitnetzwerk eine zu geringe Bandbreite besitzt, d.h. vor allem da, wo bereits gewisse Engpässe bereits existieren. ECN kann natürlich den Durchsatz einer Verbindung nicht verbessern, aber die bereit stehenden Ressourcen gleichmäßiger und gerechter verteilen.

## 3.5.2 Überlastkontrolle mit ECN

Wann ist der Einsatz von ECN sinnvoll?

Das zentrale Einsatzgebiet von ECN besteht darin, dass ein Router, über den die IP-Pakete übertragen werden, die Überlastsituation bei einer TCP-Verbindung erkennt und mittels ECN diese dem Empfänger (*downstream*) mitteilt, sodass dieser dem Sender die Reduktion der Datenrate bereits der Quelle (*upstream*) nahelegt. Hierzu werden bestimmte ECN-Angaben in IP-Paketen benötigt, die mittels zweier kleiner Erweiterungen sowohl im IP-Header als auch im TCP-Header geschaffen wurden. Um ECN zu nutzen, müssen die Netzwerkkomponenten die ECN-Erweiterungen verstehen und bei Überlastsituationen einsetzen, um Letztere zu signalisieren. Der gemischte Betrieb von Netzknoten mit und ohne ECN-Erweiterung ist hierbei gewährleistet.

Da ECN auf Informationen der Schicht 3 (IP) und Schicht 4 (TCP) angewiesen ist, muss dessen Aktivierung bei den Knoten in der Regel speziell vorgenommen werden. Bei den aktuellen Unix-Betriebssystemen (einschließlich Linux) verfügt der Network-Stack des Kernels bereits über ECN-Erweiterungen[3].

Grundlegende Idee der Überlastvermeidung mit ECN

Abb. 3.5-3 illustriert den prinzipiellen Ablauf der Überlastkontrolle bei ECN. Hierbei wurde angenommen, dass die TCP-Verbindung über einen Router verläuft, der überlastet ist.

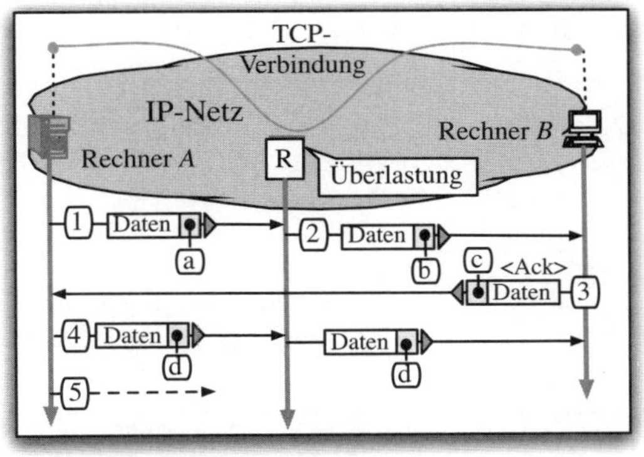


**Abb. 3.5-3:** Idee der Überlastvermeidung mit ECN
R: Router

**Beispiel**: Wie aus Abb. 3.5-3 hervorgeht, sind folgende Schritte zu unterscheiden:

1. Rechner *A* hat ein IP-Paket abgeschickt, in dessen IP-Header mittels der Angabe 'a' signalisiert wird, dass beide Kommunikationspartner (Rechner *A* und *B*) die Überlastkontrolle nach ECN unterstützen, d.h. beide sind ECN-fähig.
2. Das IP-Paket hat der überlastete Router empfangen und will nun diesen Zustand den Rechnern *A* und *B* anzeigen. Hierzu nimmt er einen Eintrag im IP-Header vor, indem er dieses durch Angabe 'b' als CE-Paket (*Congestion Experienced*) markiert und so *B* seinen Überlastzustand signalisiert.
3. Rechner *B* hat das IP-Paket empfangen. Um die in diesem IP-Paket empfangenen Daten zu bestätigen, sendet er ein entsprechendes IP-Paket an Rechner *A*, in dem er im signalisiert, dass das Netz überlastet ist. Dazu macht er die Angabe 'c' nun im TCP-Header. Dieses IP-Paket kann – muss aber nicht – über den überlasteten Router übertragen werden.
4. Nach dem Empfang des Pakets mit der Überlastungsanzeige im TCP-Header halbiert Rechner *A* seine Window-Größe und signalisiert dies Rechner *B* im nächsten übertragenen TCP-Segment. Dafür ergänzt er den TCP-Header um die Angabe 'd'. Hat Rechner *B* das IP-Paket empfangen, haben sich die beiden Rechner darauf verständigt, dass die Window-Größe auf dieser gerichteten TCP-Verbindung reduziert wurde.
5. Rechner *A* muss daraufhin seinen ins Netz gesendeten Datenstrom bewusst drosseln, z.B. nach dem im RFC 5681 spezifizierten Verfahren *Slow start and congestion avoidance algorithm* [Abschnitt 3.4.3]. Dies führt dazu, das die Datenrate des Rechners *A* sofort sinkt und der Router die Möglichkeit hat, die Belastung seines Puffers zu reduzieren. Empfängt der Rechner *A* über eine bestimmte Zeitdauer kein IP-Paket mit der Anzeige *Netz überlastet*, vergrößert er die Window-Größe wieder auf den alten Wert.

In Abb. 3.5-3 wurden die ECN-Angaben im IP- bzw. TCP-Paket beispielhaft als a, b, c und d bezeichnet. Im Weiteren wird gezeigt, um welche realen Angaben es sich handelt und wie sie eingesetzt sind.

[3] Eine Übersicht liefert: `http://www.icir.org/floyd/ecn.html`

### 3.5.3 Signalisierung von ECN in IP- und TCP-Headern

ECN-Angaben im IP-Header

Um den Routern die Möglichkeit zu verschaffen, ihre Überlastung den Endsystemen zu signalisieren, werden bestimmte ECN-Angaben im IP-Header gemacht, was Abb. 3.5-4a für IPv4 und Abb. 3.5-4b für das Protokoll IPv6 illustriert.

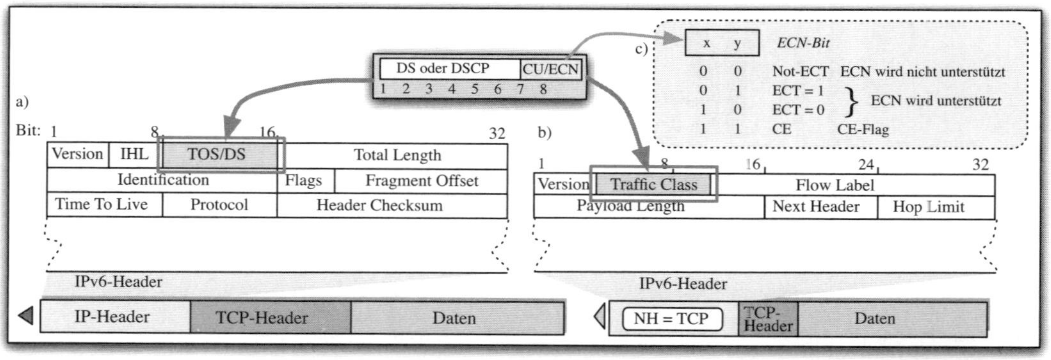


**Abb. 3.5-4:** ECN-Angaben im a) IPv4-Header, b) IPv6-Header und mit c) Interpretation der ECN-Bit

CE: Congestion Experienced, CU: Currently Unused, DS: Differentiated Services (DiffServ), DSCP: Differentiated Services Code Point, ECT: ECN-Capable Transport, IHL: Internet Header Length, ToS: Type of Service

Differentiated Services Code Point

Das 8-Bit-Feld ToS (*Type of Service*) im IP-Header dient seit RFC 791 dazu, Prioritäten an die IP-Pakete vergeben zu können, was zunächst nur hypothetische Bedeutung hatte. Der Bedarf wurde aber in RFC 4594 aufgegriffen und das ToS-Feld umdefiniert, sodass es nun ein 6-Bit-Feld DSCP (*Differentiated Services Code Point*) sowie zwei weitere Bit enthält. Der DSCP-Wert dient zur Festlegung der Priorität des IPv4-Pakets, und die beiden zusätzlichen Bit ermöglichen die Signalisierung von ECN. Daher werden diese zwei Bit auch als *ECN-Feld* bezeichnet. Wie die Bit x und y im ECN-Feld belegt und interpretiert werden, zeigt Abb. 3.5-3c.

Sind beide Bit x und y auf 0 gesetzt, so wird signalisiert, dass ECN nicht unterstützt wird. ECT(0) und ECT(1) können von ECN-fähigen Endsystemen als Zufallswerte eingesetzt werden, mit denen sie sich dem jeweiligen Partner mitteilen. Durch Setzen der Bit x und y auf 1 kann ein Router seine Überlastung den Endsystemen signalisieren. In diesem Fall spricht man von einem *CE-Paket*. Wurde das ECN-Feld von einem Router auf 1 gesetzt, so gilt das IP-Paket bereits als CE-Paket, und dieser Eintrag im ECN-Feld wird von nachfolgenden Routern nicht modifiziert.

ECN-Angaben im TCP-Header

Die ECN-Angaben, die zwischen den Endsystemen – also zwischen den kommunizierenden Rechnern, d.h. den *TCP-Peers* – zu übermitteln sind, werden im TCP-Header eingetragen [Abb. 3.5-5]. Die TCP-Peers zeigen daher an, dass sie ECN-fähig sind. Hat ein Rechner ein IP-Paket empfangen, das bereits ein Router als CE-Paket markierte und durch dass der Router seine Überlastung signalisiert, muss er dies dem Quellrechner mitteilen.

Der sendende Rechner ist darüber zu informieren, dass ein Router überlastet ist. Im Gegenzug teilt der Quellrechner nun auch dem Zielsystem mit, dass er dessen Warnung – d.h. dass ein Router überlastet ist – wahrgenommen und seine Senderate bereits verringert hat. Wie Abb. 3.5-6 illustriert, werden hierfür die beiden Flags ECE (*ECN-Echo*) und CWR (*Congestion Window Reduced*) im TCP-Header verwendet, die Teil der *Control Flags* CF sind.

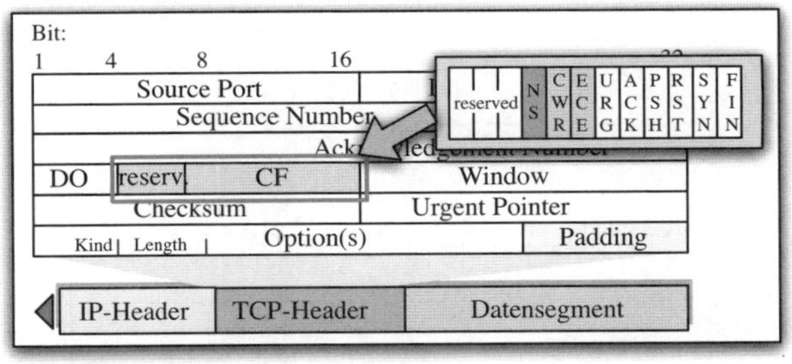


**Abb. 3.5-5:** ECN-Angaben im TCP-Header
ACK: Acknowledgement, CF: Control Flags, CWR: Congestion Window Reduced, DO: Data Offset, ECE: ECN-Echo, FIN: Finish, PSH: Push, RST: Reset, SYN: Synchronize, URG: Urgent Pointer, NS: Nonce Sum

Die Flags ECE und CWR haben folgende Bedeutung:

- **ECE** (*ECN-Echo*)
  Das Flag wird für zwei Zwecke verwendet. Einerseits dient es dazu anzuzeigen, dass ein Rechner ECN-fähig ist. Dies geschieht während des Aufbaus einer TCP-Verbindung mit der Überlastkontrolle (vgl. Abb. 3.5-6). Andererseits zeigt es an, dass das IP-Paket, in dem sich das TCP-Segment befindet, von einem Router als CE-Paket markiert wurde.
- **CWR** (*Congestion Window Reduced*)
  Das Flag wird vom sendenden Rechner – also dem Quellrechner – gesetzt und zeigt an, dass dieser ein TCP-Segment mit gesetztem ECE-Flag im TCP-Header empfangen und infolgedessen die Window-Größe und Senderate bereits reduziert hat [Abb. 3.5-8].
- **NC**: (*Nonce Sum*)
  Die Nonce Sum kann als ergänzende Paritätsinformation für die empfangenen TCP-Segmente mit ECN betrachtet werden.

Hat ein Router das ECN-Feld im IP-Header eines IP-Pakets auf 1 gesetzt, d.h. wenn er das Paket als CE-Paket markiert und damit signalisiert, dass er überlastet ist, weiß nur der Zielrechner dieses CE-Pakets, dass die TCP-Verbindung überlastet ist; der Quellrechner des IP-Pakets besitzt hierüber noch keine Informationen. Hierzu dient das Flag ECE, mit dessen Hilfe der Empfänger dies dem Quellrechner signalisiert.

## 3.5.4 Ablauf des ECN-Verfahrens

Aufbau einer TCP-Verbindung mit der Überlastkontrolle

Um die Überlast während einer TCP-Verbindung zu kontrollieren, müssen die beiden kommunizierenden Rechner sich zunächst hierauf verständigen. Abb. 3.5-6 zeigt den Ablauf des *ECN-setup*. Wie hier ersichtlich ist, erfolgt der Aufbau der TCP-Verbindung nach dem bekannten Prinzip, also dem 3-Way-Handshake-Verfahren, wie es beim TCP normalerweise der Fall ist.

**Beispiel**: Wir betrachten die beiden ECN-fähigen Rechner *A* und *B* in Abb. 3.5-6.

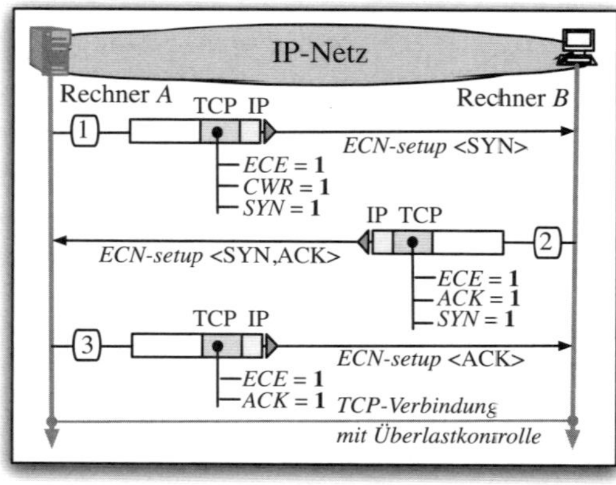


**Abb. 3.5-6:** Aufbau einer TCP-Verbindung mit Überlastkontrolle
ACK: Acknowledgement, CWR: Congestion Window Reduced, ECE: ECN-Echo, SYN: Synchronize

- Der ECN-fähige Rechner *A* initiiert eine TCP-Verbindung zu Rechner *B* mittels eines `<SYN>`-Segments. Im TCP-Header des `<SYN>`-Pakets werden zusätzlich die beiden ECN-Flags, d.h. `ECE` und `CWR`, auf `1` gesetzt. Ein derartiges `<SYN>`-Paket wird *ECN-setup-SYN-Paket* genannt. Die Angaben `ECE = 1` und `CWR = 1` signalisieren Rechner *B*, dass der Quellrechner (hier *A*) ECN-fähig ist.
- Ist Rechner *B* ebenso ECN-fähig, signalisiert er dies Rechner *A* durch Setzen des Flag `ECE` auf `1`. Somit wird das ECN-setup-SYN-Paket mit dem Paket `<SYN,ACK>`, quittiert, in dem ebenfalls im TCP-Header neben `SYN = 1` und `ACK = 1` auch `ECE = 1` gesetzt ist, was als *ECN-setup-SYN-ACK-Paket* bezeichnet wird.
- Den Empfang des *ECN-setup-SYN-ACK-Pakets* bestätigt Rechner *A* mit dem *ECN-setup-ACK-Paket*, d.h. mit einem `<ACK>`-Paket und gesetztem `ECE`-Flag im TCP-Header. Damit wurde eine TCP-Verbindung zwischen den Rechnern *A* und *B* mit der Möglichkeit aufgebaut, im Bedarfsfall der Überlastung des Netzes entgegenzuwirken.

## Entdeckung eines ECN-unfähigen Rechners

Bisher wurde vorausgesetzt, dass die beiden kommunizierenden Rechner ECN-fähig sind. In der Praxis aber ist das nicht immer der Fall. Daher muss der Rechner, der eine TCP-Verbindung mit der Überlastkontrolle initiiert, erkennen können, ob die Router-Interfaces in Zielrichtung ECN unterstützten. Hierbei sendet der Quellrechner zunächst ein *ECN-setup-SYN-Paket* mit den Angaben `ECE = 1` und `CWR = 1`. Damit teilt der die TCP-Verbindung initiierende Rechner mit, dass er ECN-fähig ist.

**Beispiel**: Entsprechend Abb. 3.5-7 belegt der ECN-unfähige Rechner die beiden Flags `ECE = 1` und `CWR = 1` im zurückzusendenden TCP-Paket um. Ist an der CRW-Stelle der Wert `1`, erkennt Rechner *A*, dass Rechner *B* nicht ECN-fähig ist. Ist ein Rechner nicht ECN-fähig, wird zwischen den Rechnern nur eine normale TCP-Verbindung aufgebaut.

## Vermeidung der Überlast auf einer TCP-Verbindung

Die grundlegende Idee der Überlastvermeidung auf einer TCP-Verbindung wurde bereits in Abb. 3.5-4 dargestellt. Dort wurden aber die ECN-Angaben im IP- und TCP-Header

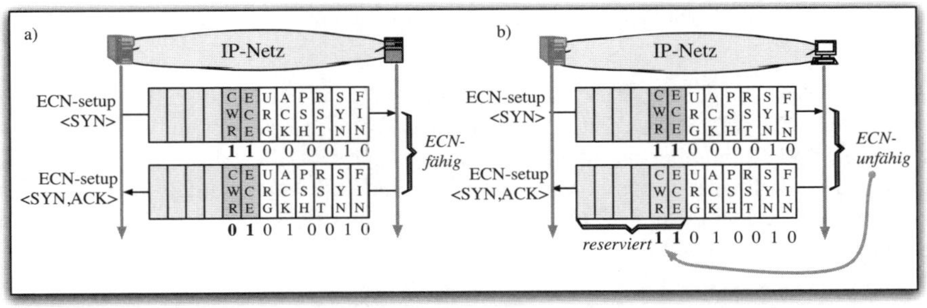


**Abb. 3.5-7:** Feststellung der ECN-Befähigung: a) ECN-fähiger, b) ECN-unfähiger Rechner
ACK: Acknowledgement, CWR: Congestion Window Reduced, ECE: ECN-Echo, FIN: Finish, PSH: Push, RST: Reset, SYN: Synchronize, URG: Urgent Pointer

nur kurz erwähnt, ohne auf die Details einzugehen. Abb. 3.6-8 illustriert die gleiche Situation unter Angabe der ECN-Flags im IP- und TCP-Header.

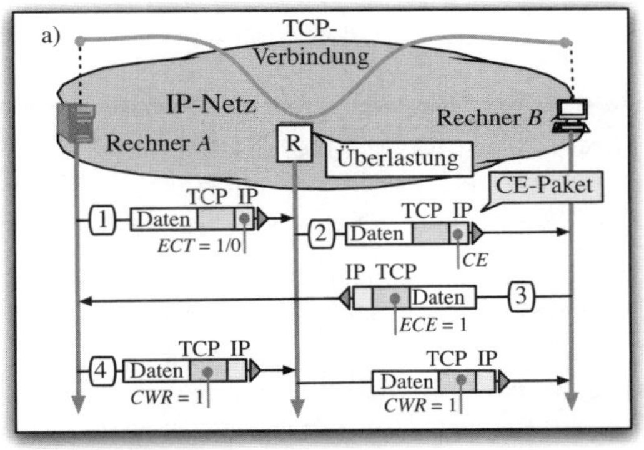


**Abb. 3.5-8:** Vermeiden der Überlast auf einer TCP-Verbindung durch ECN-Signalisierung
R: Router, CE: Congestion Experienced; weitere Abkürzungen siehe Abb. 3.5-7

**Beispiel**: Abb. 3.5-8 illustriert den Ablauf im Falle einer Überlastsituation:

1. Der ECN-fähige Rechner *A* sendet ein IP-Paket, in dem der IP-Header im ECN-Feld die Bitkombination `01` oder `10` enthält. Damit wird auf `ECT(0)` (`ECT=0`) oder `ECT(1)` (ECN-capable Transport; `ECT=1`) verwiesen, also darauf, dass es sich um eine TCP-Verbindung mit ECN-Überlastkontrolle handelt.
2. Ein ECN-fähiger Router, der bereits ausgelastet ist, setzt das ECN-Feld im IP-Header auf `1`. Damit wird das IP-Paket als CE-Paket markiert, und der Router zeigt so an, dass er überlastet ist.
3. Rechner *B* sendet nun ein IP-Paket – entweder mit den Daten oder nur als Quittung (`ACK`) – an Rechner *A*. In diesem IP-Paket signalisiert Rechner *B* Rechner *A*, indem er das `ECE`-Flag (ECN-Echo) im TCP-Header auf `1` gesetzt hat, dass eine Überlastsituation aufgetreten ist.
4. Hat Rechner *A* das IP-Paket mit `ECE = 1` empfangen, erfährt er damit von der Überlastsituation. Er reduziert dann die Window-Größe um die Hälfte, führt den '*Slow start and congestion avoidance algorithm*' aus und setzt im TCP-Header des nächsten abgeschickten IP-Pakets das Flag `CWR` auf `1`. Damit signalisiert Rechner *A* Rechner

*B*, dass er auf dessen Warnung vor der Überlastsituation bereits entsprechend reagiert hat.

ECN mit Nonce Sum

In Abb. 3.5-6 wurde gezeigt, dass die Rückkopplung über eine mögliche Überlastsituation mittels der TCP-<ACK>-Segmente erfolgt, die der Zielrechner dem Quellsystem zukommen lässt. Wie kann aber nun der Zielrechner sicher sein, dass der Quellrechner sich auch an die Spielregeln hält, d.h. eine mögliche Überlastsituation per CE-Paket auch korrekt verarbeitet? Die Lösung bietet die Protokollerweiterung *Robust Explicit Congestion Notification* entsprechend RFC 3540.

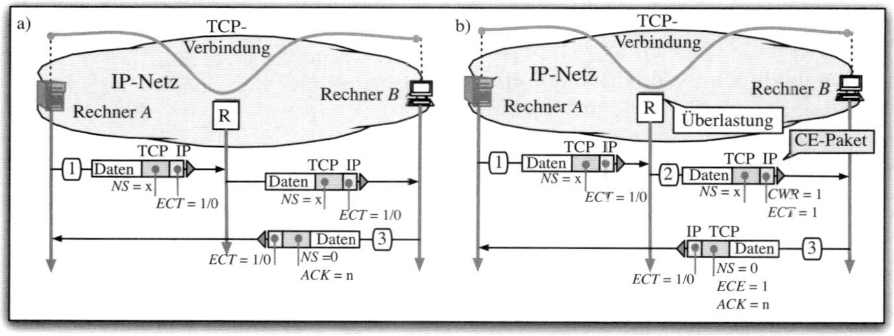


**Abb. 3.5-9:** Robust ECN: a) ohne Überlast, b) bei Überlast
NS: Nonce Sum, CE: Congestion Experienced; weitere Abkürzungen siehe Abb. 3.5-7

**Beispiel**: Hierzu betrachten wir zunächst in Abb. 3.5-9a den Gutfall:

- Der Rechner *A* fügt zu den bereits diskutierten ECN-Bit im IP- und TCP-Header hier noch ein '*Nonce Sum*'-Bit (NS) hinzu, das aus dem Feld 'Reserviert' im TCP-Header entnommen wird [Abb. 3.5-5].
- Wird das IP-Paket fehlerfrei übertragen, ist der Zielrechner angehalten, dieses Bit per XOR mit dem Feld ECT(0) bzw. ECT(1) zu verknüpfen und in den Header des <ACK>-Segments einzubetten. Dieses Verfahren findet iterativ für jedes <ACK>-Paket statt, weshalb auch von einer *Nonce Sum* gesprochen wird.
- Ist die Angabe korrekt, kann der Quellrechner erkennen, dass der TCP-Partner ECN aktiv unterstützt.

Die Interpretation der *Nonce Sum* ändert sich im Fall einer Überlast [Abb. 3.5-9b]:

- Nach dem Versand des IP-Pakets und bei Vorlage einer Überlast ändert der Router die Bedeutung der ECN-Bit im IP-Paket, indem er diese auf '11' setzt (CE-Paket).
- Wertet das Zielsystem diese Information korrekt aus, wird im anschließenden <ACK> das NS-Bit im TCP-Header auf '0' (oder auf den vorigen Wert) gesetzt.

Zwar bietet das 'robuste' ECN nur eine 50% Chance, den Zustand korrekt zu erkennen und verlangt zudem von beiden Systemen neben dem (zufällig gewählten) Anfangswert des NS-Bit auch den Zustand der Verbindungen im Auge zu behalten. Da aber <ACK>-Segmente auch von Paketverlusten betroffen sein können, stellt das robuste ECN einen zusätzlichen – wenn auch nicht starken – Schutz dar.

## 3.6 Konzept und Einsatz von SCTP

Werden IP-Netze auch für die Sprachübermittlung genutzt, so müssen sie mit den öffentlichen TK-Netzen (wie z.B. mit ISDN, Mobilfunknetzen GSM und UMTS) entsprechend integriert werden. Hierfür müssen u.a. die Nachrichten des *Signalisierungssystems Nr. 7* (SS7) über IP-Netze transportiert werden [Bad10]. Diese Integration stellt besondere Anforderungen an das Transportprotokoll innerhalb der Protokollfamilie TCP/IP. TCP und UDP können diese Anforderungen nicht vollständig erfüllen.

Daher wurde u.a. das Transportprotokoll SCTP (*Stream Control Transsmission Protocol*) entwickelt und in RFC 4960 spezifiziert. SCTP ermöglicht eine zuverlässige Übertragung von Nachrichten in mehreren unabhängigen *SCTP-Streams*. Ein Stream kann als eine unidirektionale, virtuelle Verbindung interpretiert werden. Jeder Stream kann hierbei unterschiedliche Segmentgrößen unterstützen, um somit z.B. Bytetrom- oder auch Nachrichten-orientierte Übertragung optimal zu bedienen. Diese Eigenschaft macht SCTP besonders geeignet für einen Mix unterschiedlicher Datenströme für eine Verbindung, wie dies bei WebRTC (*Web Real Time Connection*) der Fall ist. Zweck von SCTP

### 3.6.1 SCTP versus UDP und TCP

SCTP wurde entwickelt, um einige Schwächen der beiden klassischen Transportprotokolle UDP und TCP auszugleichen. Auf diese Schwächen wird nun kurz eingegangen.

UDP ist ein Protokoll, das einen schnellen, verbindungslosen Dienst zur Verfügung stellt. Dadurch ist es zwar für die Übertragung einzelner Nachrichten geeignet, die empfindlich gegenüber Verzögerungen sind; es bietet jedoch keinen zuverlässigen Transportdienst. Sicherung gegen Übertragungsfehler wie das Erkennen duplizierter Nachrichten, das wiederholte Übertragen verloren gegangener Nachrichten, Reihenfolgesicherung und Ähnliches, müssen durch die jeweilige UDP-Anwendung erfolgen. Schwächen vom UDP

TCP realisiert sowohl eine Fehlersicherung als auch eine Flusssteuerung, aber es hat auch eine Reihe von Nachteilen. TCP ist *Bytetrom-orientiert*, sodass die einzelnen zu sendenden Byte nummeriert werden. CP ist nicht effektiv bei der Übermittlung einer Folge von zusammenhängenden Nachrichten. Bei TCP werden alle Nachrichten als Strom von Byte gesehen und die einzelnen Byte fortlaufend nummeriert [Abb. 3.3-7]. Sollte eine Nachricht während der Übertragung verfälscht werden, so ist es bei TCP nicht möglich, nur diese einzige Nachricht wiederholt zu übermitteln. Außerdem macht TCP eine strikte Sicherung der Reihenfolge von Datenbyte. Viele Anwendungen erfordern jedoch lediglich eine teilweise Sicherung der Reihenfolge von Nachrichten. Durch die Sicherung der Reihenfolge bei TCP kann eine unnötige Blockierung bereits angekommener TCP-Pakete durch fehlende Teile von Nachrichten anderer Prozesse oder Transaktionen auftreten. Schwächen vom TCP

SCTP ist ein verbindungsorientiertes und *nachrichtenbasiertes* Protokoll, das eine zuverlässige Übermittlung von Nachrichten in mehreren unabhängigen SCTP-Streams bietet. Innerhalb einer *SCTP-Assoziation* [Abb. 3.5-2], die in etwa einer TCP-Verbindung entspricht, findet eine TCP-ähnliche Flusssteuerung statt. SCTP kann sowohl Nachrichten segmentieren als auch mehrere Nachrichten in den SCTP-Paketen transportieren. Was bringt SCTP?

SCTP versucht, die Vorteile von UDP und TCP in Bezug auf die Übermittlung von Nachrichtenströmen zu vereinen. SCTP erweitert einerseits den UDP-Dienst um Fehler- SCTP vereint die Vorteile von UDP und TCP sicherung und Multiplexing und realisiert andererseits TCP-Konzepte. Somit eignet sich SCTP nicht nur zum Transport von Nachrichtenströmen, sondern kann sich neben UDP und TCP als ein drittes, wichtiges Transportprotokoll für den Transport verschiedener Datenströme etablieren.

## 3.6.2 SCTP-Assoziationen

Was ist eine SCTP-Assoziation?

SCTP ist ein verbindungsorientiertes Transportprotokoll, nach dem eine SCTP-Assoziation zwischen zwei SCTP-Endpunkten aufgebaut wird. Abb. 3.6-1 illustriert eine SCTP-Assoziation. Sie ist als eine Vereinbarung zwischen zwei SCTP-Endpunkten in Bezug auf den Verlauf der Kommunikation zwischen ihnen zu verstehen. Einen SCTP-Endpunkt stellt das folgende Paar dar:

```
SCTP-Endpunkt = (IP-Adresse, SCTP-Portnummer)
```

Ein SCTP-Endpunkt kann auch als ein (*SCTP-*)Socket betrachtet werden. Im Allgemeinen kann ein Endsystem mit SCTP mehrere IP-Adressen besitzen, d.h. es kann ein Multihomed-IP-Endsystem sein.

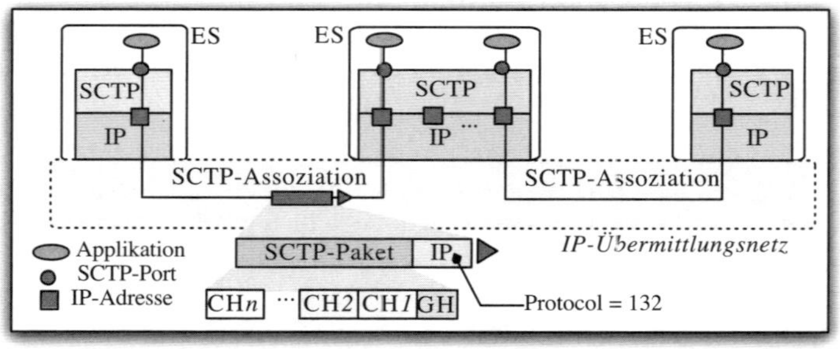


**Abb. 3.6-1:** Veranschaulichung von SCTP-Assozationen
ES: Endsystem, CH n: Chunk n; GH: Gemeinsamer Header

Was ist ein Stream?

Eine SCTP-Assoziation kann als virtuelle SCTP-Verbindung angesehen werden, die sich aus einer Vielzahl von *SCTP-Streams* zusammensetzen kann. Ein Stream kann wiederum als eine unidirektionale, (gerichtete) virtuelle Verbindung interpretiert werden [Abb. 3.6-2], auf der entweder Nachrichten fester Größe oder Datenströme (unbekannter Länge) transportiert werden können.

Mehrere Nachrichten in einem SCTP-Paket

Die Nachrichten und Bytetröme werden in SCTP-Paketen transportiert [Abb. 3.6-3]. Die Nummer des Protokolls SCTP im IP-Header ist 132. Wie aus Abb. 3.6-1 ersichtlich ist, setzt sich ein SCTP-Paket aus einem gemeinsamen Header und einer Reihe von *Chunks* zusammen. Ein Chunk stellt eine Art Container dar und kann eine Signalisierungsnachricht, normale Daten bzw. bestimmte Steuerungsangaben enthalten. In einem SCTP-Paket können somit mehrere Nachrichten bzw. mehrere Datenblöcke aus den unterschiedlichen Datenströmen transportiert werden.

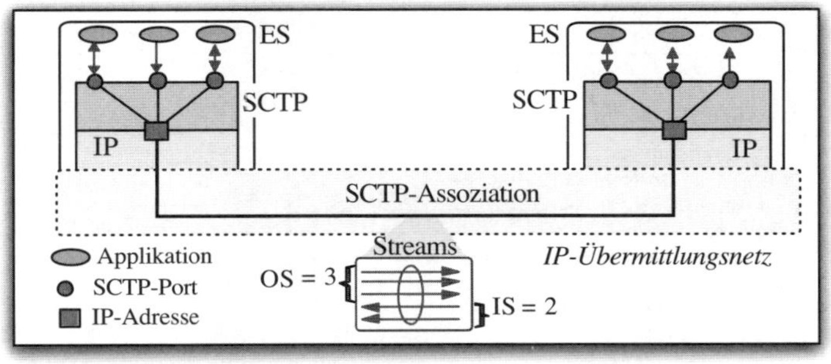


**Abb. 3.6-2:** Mehrere Streams innerhalb einer SCTP-Assoziation
ES: Endsystem, IS: Inbound Stream , OS: Outbound Stream

Über eine SCTP-Assoziation können parallel mehrere SCTP-Streams übermittelt werden. Dies veranschaulicht Abb. 3.6-2. Ein Stream kann eine Folge von zusammenhängenden Nachrichten in eine Richtung darstellen.

Arten von Streams

Man unterscheidet zwischen ausgehenden Streams (*Outbound Streams*) und ankommenden Streams (*Inbound Streams*). Beim Aufbau einer Assoziation gibt die initiierende SCTP-Instanz die Anzahl von Outbound Streams als Parameter OS (Number of Outbound Streams) und die zulässige Anzahl von Inbound Streams als Parameter `MIS` (*Maximum of Inbound Streams*) in der von ihr initiierten Assoziation an.

SCTP-Verbindung als virtuelle Autobahn

Da mehrere Streams innerhalb einer SCTP-Assoziation verlaufen, müssen die einzelnen Streams entsprechend gekennzeichnet werden. Hierfür dient der Parameter *Stream Identifier*. Anders als TCP-Verbindung (vgl. Abb. 3.3-4), die als virtuelle Straße mit zwei entgegen gerichteten Spuren interpretiert werden kann, kann man sich eine SCTP-Verbindung als virtuelle Autobahn mit einer beliebigen Anzahl von Spuren in beiden Richtungen vorstellen.

Die Nachrichten (bzw. andere Daten) werden in *DATA-Chunks* transportiert [Abb. 3.6-5]. Mit dem Parameter *Stream Identifier* im Chunk DATA wird markiert, zu welchem Stream die übertragene Nachricht gehört. Damit ist es möglich, in einem SCTP-Paket mehrere Chunks `DATA` mit den Nachrichten aus verschiedenen Streams zu übermitteln. Dies bezeichnet man beim SCTP als *Chunk Bundling* (*Chunk-Bündelung*).

## 3.6.3 Struktur der SCTP-Pakete

Wie Abb. 3.6-3 illustriert, besteht ein SCTP-Paket aus einem gemeinsamen Header (*Common Header*) und einer Reihe von festgelegten Chunks [Tab. 3.6-1]. Ein Chunk kann als Container für Nachrichten, Daten bzw. SCTP-Steuerungsangaben angesehen werden. Die Anzahl von Chunks und deren Reihenfolge im SCTP-Paket ist nicht festgelegt.

Die Angaben im *Common Header* beinhalten folgende Informationen:

- `Source Port Number`: Angabe des SCTP-Quellports.
  Die Nummer des Quellports und die IP-Quelladresse im IP-Header stellen den ersten Endpunkt der SCTP-Assoziation dar.

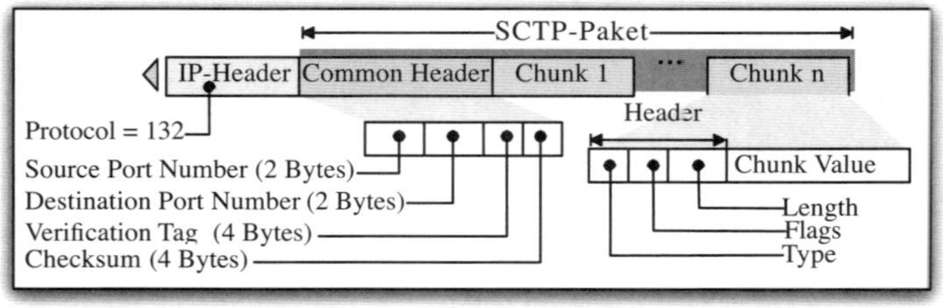


**Abb. 3.6-3:** Struktur der SCTP-Pakete

- `Destination Port Number`: Angabe des SCTP-Zielports.
  Die Nummer des Zielports und die IP-Zieladresse stellen den zweiten Endpunkt der SCTP-Assoziation dar.
- *Verification Tag* (`Veri-Tag`): `Veri-Tag` stellt eine Zufallszahl dar, die dem Empfänger eines SCTP-Pakets die Prüfung ermöglicht, ob das empfangene Paket zur aktuellen Assoziation gehört.
- *Checksum*: Die Prüfsumme dient zur Entdeckung von Bitfehlern im SCTP-Paket.

SCTP-Chunks

Jedes Chunk setzt sich aus einem Header und dem Inhalt zusammen. Die Flags im Header stellen die Bit dar, deren Werte vom Chunk-Typ abhängig sind. Im Feld *Chunk Type* wird die Chunk-ID (Identifikation) angegeben, d.h. welcher Inhalt (Nachrichten/Daten bzw. Steuerungsangaben) das betreffende Chunk hat. Eine Auflistung von ausgewählten Chunks zeigt Tab. 3.6-1.

| Chunk-ID | Bedeutung |
|---|---|
| 0 | Payload Data (`DATA`) |
| 1 | Initiation (`INIT`) |
| 2 | Initiation Acknowledgement (`INIT ACK`) |
| 3 | Selective Acknowledgement (`SACK`) |
| 7 | Shutdown (`SHUTDOWN`) |
| 8 | Shutdown Acknowledgement (`SHUTDOWN ACK`) |
| 10 | State Cookie (`COOKIE ECHO`) |
| 11 | Cookie Acknowledgement (`COOKIE ACK`) |
| 14 | Shutdown Complete (`SHUTDOWN COMPLETE`) |

**Tab. 3.6-1:** Chunk-Typen und ihre IDs

Es gibt zwei Klassen von Chunks. Zu der ersten Klasse gehört das Chunk `DATA` (`Chunk-ID = 0`). Dieses Chunk kann als Container interpretiert werden, in dem sowohl die normalen Daten als auch verschiedene Nachrichten transportiert werden [Abb. 3.6-5]. Zur zweiten Klasse gehören die restlichen Chunks, die zur Realisierung von SCTP-Funktionen dienen, d.h. sie enthalten bestimmte Steuerungsangaben und werden im Weiteren als *Kontrollchunks* bezeichnet.

## 3.6.4 Aufbau und Abbau einer SCTP-Assoziation

Den Aufbau und den Abbau einer SCTP-Assoziation zeigt Abb. 3.6-4. Eine Assoziation wird hier vom SCTP-Endpunkt A initiiert. Dies erfolgt durch das Absenden eines Chunk `INIT`, in dem Folgende Parameter enthalten sind:

- `Initiate Tag` (`I-Tag`),
- `Advertised Receiver Window Credit` (`a_rwnd`),
- `Number of Outbound Streams` (`OS`),
- `Maximum Number of Inbound Streams` (`MIS`),
- `Initial TSN` (`I-TSN`, *Transmission Sequence Number*).

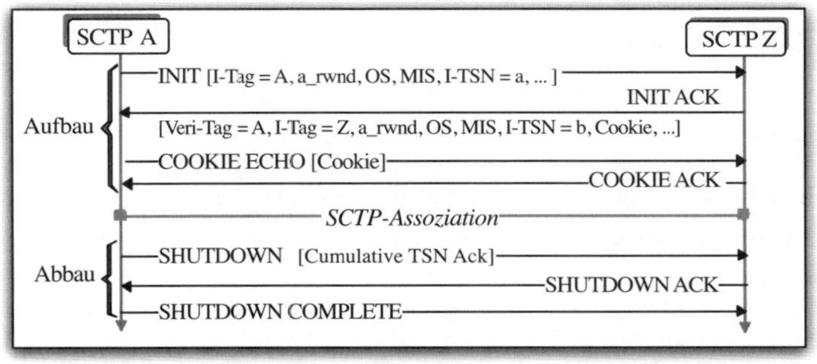


**Abb. 3.6-4:** Aufbau und Abbau einer SCTP-Assoziation

Der Parameter `I-Tag` ist eine Zufallsvariable aus dem Bereich zwischen 1 und 4294967295. Mit dem Parameter `a_rwnd` wird der Gegenseite die Größe des reservierten Speichers in Byte für die Zwischenspeicherung von ankommenden Daten mitgeteilt. Die Anzahl von ausgehenden Streams innerhalb der Assoziation wird mit `OS` angegeben. Die zulässige Anzahl von eingehenden Streams gibt `MIS` an. Gesendete Chunks `DATA` mit Datensegmenten bzw. anderen Nachrichten werden während einer Assoziation fortlaufend nummeriert. Hierfür wird `TSN` im `DATA-DATA` verwendet. Daher gibt jede Seite beim Aufbau einer Assoziation an, mit welcher Nummer (d.h. `I-TSN`) sie die Nummerierung von `DATA-Chunks` beginnt.

Das empfangene Chunk `INIT` wird mit dem Chunk `INIT ACK`, in dem die Parameter `I-Tag`, `a_rwnd`, `OS`, `MIS`, `I-TSN` und *Cookie* enthalten sind, bestätigt. Im `INIT ACK` wird der Wert von `I-Tag` aus `INIT` als `Veri-Tag` im SCTP-Header übermittelt. Dadurch wird sichergestellt, dass `INIT` und `INIT ACK` zur gleichen Assoziation gehören.

Um sich gegen DoS-Angriffe (*Denial of Service*) zu wehren, wird das Cookie-Konzept verwendet. Ein Cookie stellt den Wert einer Hashfunktion dar und muss für eine Assoziation eindeutig sein. RFC 2522 schlägt vor, wie ein Cookie zu berechnen ist. In `INIT ACK` wird ein Cookie übermittelt. Das empfangene Cookie in `INIT ACK` wird im `COOKIE ECHO` zurückgeschickt. Auf diese Art und Weise erfolgt eine gegenseitige Authentisierungdes Kommunikationspartners. `COOKIE ECHO` wird mit `COOKIE ACK` bestätigt. Mit dem Empfang von `COOKIE ACK` wird der Aufbau einer SCTP-Assoziation beendet. Nun kann ein Austausch von Datensegmenten bzw. Nachrichten zwischen den beiden Kommunikationspartnern erfolgen.

Cookie gegen DoS-Angriffe

Abb. 3.6-4 zeigt auch einen normalen Abbau einer SCTP-Assoziation. Der Abbau wird mit dem Chunk `SHUTDOWN` initiiert und von der Gegenseite mit `SHUTDOWN ACK` bestätigt. Der Empfang von `SHUTDOWN ACK` wird anschließend mit `SHUTDOWN COMPLETE` quittiert.

Abbau einer SCTP-Assoziation

### 3.6.5 Daten- und Nachrichtenübermittlung nach SCTP

DATA-Chunk

Die Daten bzw. Nachrichten werden in `DATA-Chunk` transportiert, die als Container dienen. Abb. 3.6-5 zeigt, welche Angaben im Header eines `DATA-Chunk` enthalten sind.

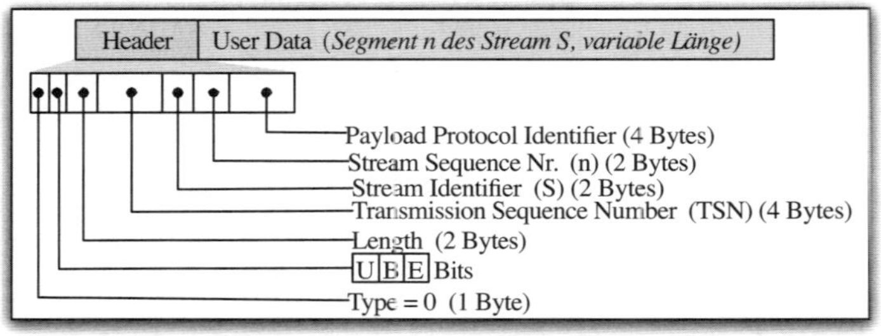


**Abb. 3.6-5:** Aufbau von DATA-Chunks als Container von Nutzdaten
B (E): Beginning (Ending) fragment bit, U: Unordered Chunk

Die innerhalb einer Assoziation gesendeten Chunks werden fortlaufend nummeriert, und die Nummer wird als `TSN` eingetragen. Die Zugehörigkeit eines `DATA-Chunks` zum Stream wird mit dem Parameter `S` (*Stream Identifier*) markiert. Die zu einem Stream gehörenden *DATA-Chunks* werden ebenfalls fortlaufend mit dem Parameter `n` (*Stream Sequence Nr*) nummeriert. Der Teil `User Data` kann eine ganze Nachricht, einen Teil einer Nachricht bzw. normale Daten darstellen.

In einem `DATA-Chunk` können enthalten sein:

- eine vollständige, unnummerierte Nachricht (`U = 1`):
  Um darauf zu verweisen, wird das Bit `U` auf `1` gesetzt. In diesem Fall wird das Feld `Stream Sequence Nr` nicht interpretiert.
- eine vollständige, nummerierte Nachricht bzw. ein Segment aus einer nummerierten Nachricht (`U = 0`):
  In diesem Fall werden die beiden Bit `BE` gemäß der Tab. 3.6-2 interpretiert.

| B | E | Bedeutung |
|---|---|---|
| 1 | 0 | Erstes Segment einer fragmentierten Nachricht |
| 0 | 0 | Inneres Segment einer fragmentierten Nachricht |
| 0 | 1 | Letztes Segment einer fragmentierten Nachricht |
| 1 | 1 | Unfragmentierte Nachricht |

**Tab. 3.6-2:** Interpretation von Bit BE im Chunk-Header
B: Beginning Chunk, E: Ending Chunk

Das Zusammenspiel von Parameter `n` (*Stream Sequence Nr*), `TSN` und dem `BE` Bit veranschaulicht Abb. 3.6-6.

**Beispiel**: Es wurde hier angenommen, dass drei Nachrichten `1`, `i+1` und `i+2` als Stream übermittelt werden. Die lange Nachricht `i+1` wurde hier aufgeteilt und in drei `DATA-Chunks` übermittelt. Alle `DATA-Chunks` werden hier fortlaufend mit dem Parameter `TSN` nummeriert. Die Nachricht `i` wird vollständig in einem `DATA-Chunk` transportiert und sein Header enthält:

- `n = i` (Nachricht `i` in einem Stream),
- `TSN = x` (beispielsweise) und

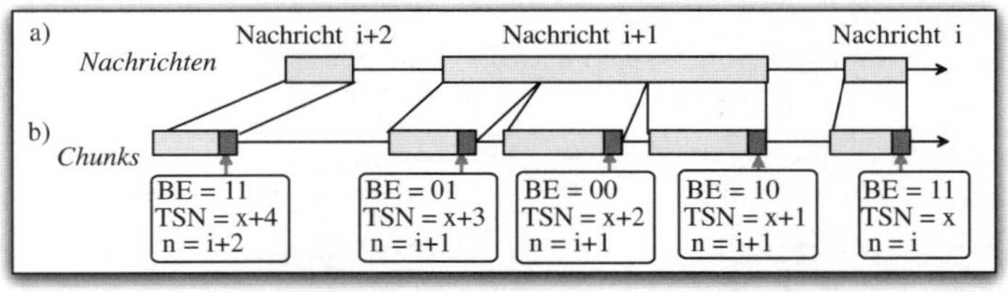


**Abb. 3.6-6:** Bedeutung des Bit BE sowie der Parameter n und TSN: a) die zu übertragenden Nachrichten, b) Folge von DATA-Chunks

- BE = 11 (unfragmentierte Nachricht).

Die Nachricht i+1 wird aufgeteilt und in mehreren DATA-Chunks transportiert. In allen Chunks mit den Segmenten dieser Nachricht ist n = i+1. Das erste Segment wird mit BE = 10 markiert. Das letzte Segment enthält BE = 01. Die inneren Segmente werden mit BE = 00 markiert.

### Selektive Bestätigung von DATA-Chunks

Zur Übermittlung unstrukturierter Daten und Nachrichten dienen folgende Chunks:

- DATA als Container, in dem die Nachrichten eingebettet werden,
- SACK (*Selective Acknowledgement*), mit dem die fehlerfrei empfangenen DATA-Chunks bestätigt werden.

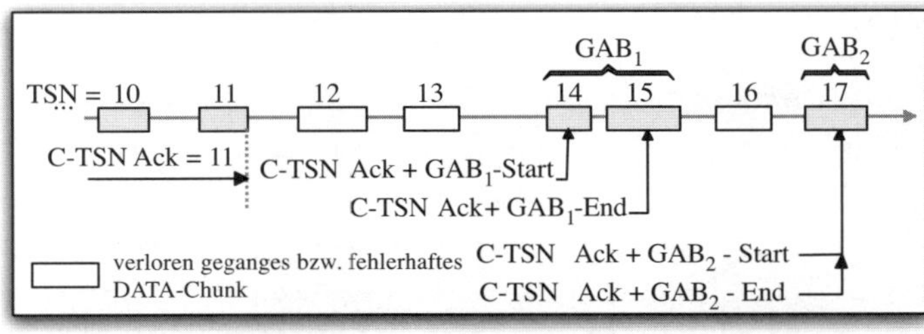


**Abb. 3.6-7:** Interpretation von Parametern: *C-TSN Ack*, *GABi-Start* und *GABi-End*

**Beispiel**: Abb. 3.6-7 illustriert das Prinzip der selektiven Bestätigung von empfangenen DATA-Chunks. Es wurde hier angenommen, dass die Ziel-SCTP-Instanz die Data-Chunks mit den Sequenznummern TSN = 10, TSN = 11, TSN = 14, TSN = 15 und TSN = 17 fehlerfrei empfangen hat. Es ist hervorzuheben, dass es sich hierbei um die DATA-Chunks einer Assoziation mit mehreren Streams handelt. In der Folge von DATA-Chunks sind zwei Lücken (*Gaps*) entstanden. Die erste Lücke ist dadurch aufgetreten, dass die DATA-Chunks mit den Sequenznummern TSN = 12 und TSN = 13 unterwegs verlorengegangen sind bzw. mit Fehlern empfangen und verworfen wurden. Die zweite Lücke entsteht dadurch, dass das fehlerfreie DATA-Chunk mit TSN = 16 noch nicht vorliegt.

Nun soll der Empfang von fehlerfreien Chunks bestätigt werden. Hierfür dient das Kontroll-Chunk SACK mit den folgenden Parametern: SACK Chunk

- `Cumulative TSN Ack` (*C-TSN Ack*)
  Mit *C-TSN Ack* werden alle bis zur ersten Lücke (Gap) empfangenen `DATA-Chunks` bestätigt. In Abb. 3.6-7 ist `C-TSN Ack = 11`.
- `Number of Gap ACK Blocks` (*Number of GABs*)
  Mit diesem Parameter wird die Anzahl der Blöcke (d.h. der lückenlosen Gruppen) von `DATA-Chunks` angegeben. In Abb. 3.6-7 ist `N = 2`.
- `Gap ACK Block # n Start` ($\texttt{GAB}_n\texttt{-Start}$)
  Mit diesem Parameter wird der Beginn des n-ten Blocks (d.h. der n-ten lückenlosen Gruppe) von `DATA-Chunks` folgendermaßen bestimmt:
  Beginn des n-ten Blocks = C-TSN Ack + $\texttt{GAB}_n\texttt{-Start}$
- `Gap ACK Block # n Stop` ($\texttt{GAB}_n\texttt{-Stop}$)
  Dieser Parameter bestimmt das Ende des n-ten Blocks von `DATA-Chunks`:
  Ende des n-ten Blocks = C-TSN Ack + $\texttt{GAB}_n\texttt{-Stop}$
- `Number of Duplicate TSNs` (`X`)
  Mit diesem Parameter wird die Anzahl der Duplikate, d.h. von Chunks `DATA` mit der gleichen Sequenznummer `TSN`, die z.B. wiederholt übermittelt wurden, angegeben. In Abb. 3.6-7 ist X = 0.

### Fehlerfreie SCTP-Übermittlung

Bevor Daten bzw. Nachrichten gesendet werden, muss zuerst eine SCTP-Assoziation aufgebaut werden [Abb. 3.6-4]. Den SCTP-Verlauf bei einer fehlerfreien Übermittlung von Daten illustriert Abb. 3.6-8.

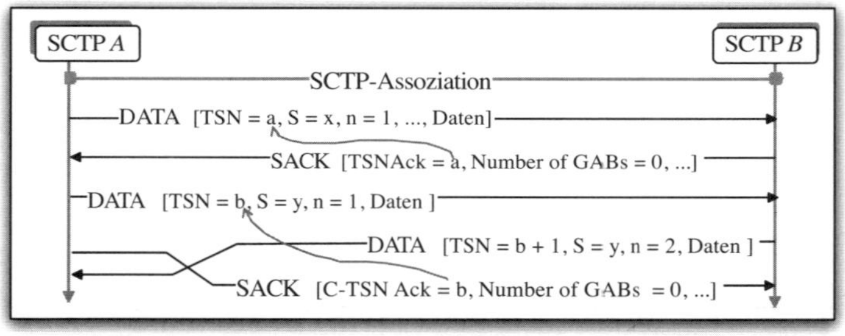


**Abb. 3.6-8:** Fehlerfreie Übermittlung von Daten nach SCTP
GAB: Gap Ack Block [Abb. 3.6-7], n: Stream Sequence Number, S: Stream Identifier, TSN: Transmission Sequence Number, C-TSN Ack: Cumulative TSN Acknowledgement

**Beispiel**: Zunächst sendet der SCTP-Endpunkt *A* ein `Chunk DATA` mit der Sendefolgenummer `TSN = a`. Innerhalb der Assoziation gehört dieses Chunk zu dem Stream `x` (`S = x`), und dessen Folgenummer im Stream `x` ist `1` (`n = 1`). Dieses Chunk `DATA` bestätigt der SCTP-Endpunkt *B* mit `SACK`, in dem u.a. angegeben wird:

- `TSN Ack = a`: Die fehlerfreie Empfang von `DATA` mit `TSN = a` wird bestätigt.
- `Number of GABs = 0`: Damit wird mitgeteilt, dass es keine Lücke in der empfangenen Folge von `DATA-Chunks` gibt (Es handelt sich hierbei nur um ein Chunk `DATA`).

Daraufhin sendet der SCTP-Endpunkt *B* die zwei Chunks `DATA` innerhalb des Streams `y` (`S = y`). Diese Chunks haben die Sendefolgenummern `TSN = b` und `TSN = b+1` innerhalb der Assoziation und die Sequenznummern im Stream `y` entsprechend `n = 1` und `n = 2`. Das erste Chunk `DATA` wurde vom SCTP-Endpunkt *A* bereits mit `SACK` bestätigt. Der Empfang des zweiten Chunk `DATA` bleibt vom SCTP-Endpunkt *B* hier noch unbestätigt.

Bei TCP enthalten die TCP-Pakete mit den Daten auch die Quittungen als `Acknowledgement Number`. Im Gegensatz zum TCP werden in den *DATA-Chunks* keine Quittungen übermittelt. Für die Quittungen werden die Chunks `SACK` verwendet.

### Fehlerhafte SCTP-Übermittlung

Den SCTP-Verlauf bei einer fehlerhaften Übermittlung von Daten zeigt Abb. 3.6-9.

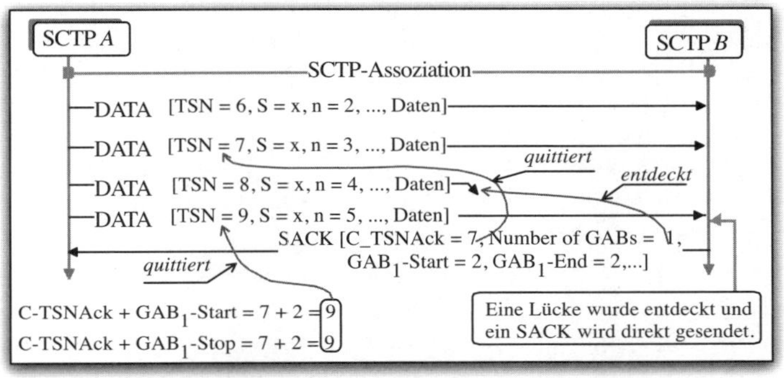


**Abb. 3.6-9:** Fehlerhafte Übermittlung von Daten nach SCTP
GABn-Start: Gap ACK Block # n Start, GABn-End: Gap ACK Block # n End, Weitere Abkürzungen wie in Abb. 3.6-8

**Beispiel**: Der SCTP-Endpunkt *A* sendet hier vier Nachrichten in den `DATA-Chunks` mit den Sendefolgenummern `TSN` von `6` bis `9` innerhalb einer Assoziation. Diese Nachrichten gehören zum Stream `x` und haben innerhalb dieses Streams die Nummern `2`, `3`, `4` und `5`. Das dritte Chunk `DATA` ist unterwegs verloren gegangen. Nach Eintreffen des darauf folgenden Chunk `DATA` entdeckt die Empfangsseite die Lücke (*Gap*) in der empfangenen Folge von `DATA-Chunks`. Als Reaktion darauf sendet sie unmittelbar die Quittung als Chunk `SACK` mit den Angaben:

- `C-TSN Ack = 7`: Damit wird der fehlerfreie Empfang von `DATA`-Chunks bis zur Nummer `TSN = 7` einschließlich bestätigt.
- `Number of GABs = 1`: Damit wird mitgeteilt, dass es eine Lücke in der empfangenen Folge von `DATA`-Chunks gibt (Es handelt sich hierbei um ein Chunk `DATA` mit `TSN = 8`).
- $GAB_1$`-Start = 2`: Mit dieser Angabe wird der Beginn des 1-ten Blocks von `DATA`-Chunks nach der 1-ten Lücke bestimmt [Abb. 3.6-7].
- $GAB_1$`-End = 2`: Damit wird das Ende des 1-ten Blocks von `DATA`-Chunks nach der 1-ten Lücke bestimmt.

Da der 1-te Block von `DATA`-Chunks nach der 1-ten Lücke nur das Chunk mit `TSN = 9` beinhaltet, wird mit `SACK` auch dieses Chunk bestätigt (quittiert). Das verloren gegangene Chunk mit `TSN = 8` muss vom SCTP-Endpunkt *A* wiederholt übertragen werden.

Für detaillierte Informationen über das SCTP ist insbesondere auf die Ergebnisse der IETF-Arbeitsgruppe `sigtran` (Signalling Transport) zu verweisen [`http://www.ietf.org/html.charters/sigtran-charter.html`].

## 3.7 Schlussbemerkungen

In diesem Kapitel wurden die Protokolle UDP, TCP und SCTP der Transportschicht in IP-Netzen in fundierter Form dargestellt. Aus Platzgründen konnten nicht alle Aspekte der Transportprotokolle präsentiert werden. Abschließend ist noch Folgendes hervorzuheben:

Unterstützung der Echtzeitkommunikation

- Das Internet wird zunehmend für die Internet-Telefonie und für die Übermittlung von Streaming-Medien (Audio und Video) unter Einsatz des Protokolls RTP (*Real-time Transport Protocol*) eingesetzt. Dies stellt ganz neue Herausforderungen an die Transportschicht in IP-Netzen, weil man durch die zu erwartende Flut von audiovisuellen Medien zukünftig mit der Überlastung des Internet rechnen muss. Da RTP heute das verbindungslose UDP nutzt und UDP über keine Mechanismen für die Überlastkontrolle (*Congestion Control*) verfügt, ist ein neues verbindungsloses Transportprotokoll nötig, mit dem die Echtzeitkommunikation und die Überlastkontrolle möglich wären.

Neues Protokoll DCCP

- Ein derartiges Transportprotokoll DDCP (*Datagram Congestion Control Protocol*) wurde bereits in RFC 4340 (2006) veröffentlicht. Wie bei UDP werden die DCCP-Pakete ebenso als selbstständige Datagramme unquittiert übermittelt. Im Gegensatz zu TCP kann DCCP aber als *Paketstrom* – und nicht als *Bytestrom* – angesehen werden. Für die Überlastkontrolle nutzt DCCP das Verfahren ECN (*Explicit Congestion Notification*) [RFC 3168], das ursprünglich für TCP entwickelt wurde. Das Konzept für RTP-over-DCCP – als Grundlage für die multimediale Kommunikation über IP-Netze – ist bereits spezifiziert [RFC 5762]. Es ist zu erwarten, dass DCCP zukünftig eine wichtige Rolle spielen wird. Für detaillierte Informationen über die DCCP-Entwicklung ist auf folgende Webseite zu verweisen `http://www.ietf.org/html.charters/dccp-charter.html`

TCP und Mobilität

- Ein Trend bei IP-Netzen ist die Unterstützung der Mobilität über *Multipath TCP*. Dies führt zum Einsatz von TCP in Mobilfunknetzen der sog. 4G (G: Generation). Hier handelt es sich um die Integration von UMTS (*Universal Mobile Telecommunications System*) sowie LTE (*Long Term Evaluation*) und WLANs. In diesen zellularen Netzen muss der *Handover* garantiert werden. Eine bestehende TCP-Verbindung in einem mobilen Rechner darf, falls er eine Zelle verlässt und sich in eine andere hinein bewegt, nicht abgebrochen werden. In diesem Zusammenhang spricht man von *TCP-Handover*. Es sind bereits einige Lösungen bekannt, die die Mobilität innerhalb der Transportschicht mit TCP unterstützen.

TCP over X

- Von großer Bedeutung ist die Anpassung von TCP an spezielle Arten der Übermittlungsnetze (wie z.B. Wireless Networks, Satellitenstrecken). Um die Weiterentwicklung von TCP over X zu verfolgen, ist die Webseite `http://www.ietf.org/html.charters/tsvwg-charter.html` der IETF-Arbeitsgruppe `tsvwg` zu empfehlen.

SCTP bei WebRTC

- WebRTC ist eine richtungsweisende Idee, um eine multimediale Echtzeitkommunikation, d.h. eine Datenkommunikation mit einem Webserver und gleichzeitig eine *audiovisuelle Echtzeitkommunikation* mit Webbrowsern untereinander realisieren zu können, ohne dafür zusätzliche Software-Module installieren zu müssen. Zur Echtzeitkommunikation wird bei WebRTC das Transportprotokoll SCTP zwischen zwei 'kommunizierenden' Webbrowsern genutzt, damit zwischen ihnen mehrere Datenströme parallel übermittelt werden können. Zur Garantie der Sicherheit soll das Sicherheitsprotokoll DTLS eingesetzt werden – also STCP over DTLS.

# 4 Domain Name System (DNS)

Notwendigkeit von DNS

In privaten IP-Netzen und im öffentlichen Internet werden die Rechner durch ihre IP-Adressen angesprochen. Im intuitiven Umgang sind IP-Adressen jedoch nicht 'sprechend' genug. Es ist daher sinnvoll, statt einer IP-Adresse einen Rechner über seinen Namen (d.h. über den *Rechnernamen* bzw. *Hostnamen*) anzusprechen, so wie dies auch im menschlichen Umgang üblich ist. Dies erfordert aber, dass die Zuordnung *Rechnername* ⇒ *IP-Adresse* geregelt werden muss. Um dieses Problem im Internet zu lösen, wurde das *Domain Name System* (DNS) geschaffen. DNS stellt eine verteilte Datenbank dar, die mit ihrem Informationsgehalt das Rückgrat des Internet bildet.

DNS = Deutungshoheit

Im heutigen Verständnis geht es nicht alleine um die Zuordnung eines Hostnamens zu einer IP-Adresse, sondern um das Auffinden eines Dienstes auf Grundlage seines *Namens*. Somit stellt das Auffinden einer IP-Adresse einen Dienst dar, der einer Deutungshoheit über Internet-Ressourcen entspricht. Speziell Hersteller von Browser-Software gehen daher immer mehr dazu über, statt der klassischen Namensauflösung Dienste z.B. die *Google-Suche* in ihre Produkte zu integrieren.

URL und URI

Zum Auffinden einer Internet-Ressource beispielsweise eines Webservers, eines E-Mailservers oder eines VoIP-Servers wird auf einen Bezeichner, den *Universal Resource Name* (URN) bzw. *Universal Resource Locator* (URL) oder auch *Universal Resource Identifier* (URI) zurückgegriffen. Dieses Konzept erlaubt es nicht nur die Ressource selbst zu benennen, sondern auch die Zugriffsmethode zu bestimmen, was z.B. bei SIP (*Session Initiation Protocol*) von Bedeutung ist.

Überblick über das Kapitel

Zunächst wollen wir in Abschnitt 4.1 die prinzipiellen Aufgaben des DNS und die Idee der Namensauflösung präsentieren. Nach der Darstellung der einzelnen Komponenten des DNS-Dienstes in den Abschnitten 4.2, 4.3 und 4.4, den Resource Records, Zonendaten sowie des Aufbaus von DNS-Nachrichten, werden im zweiten Teil, in den Abschnitten 4.5 und 4.7, die heute vorrangig diskutierten Erweiterungen wie ENUM, DynDNS, DNSSEC und DNS für IPv6 erläutert. Ergänzend gehen wir in Abschnitt 4.6 auf die Alternative CurveDNS ein, das die verschlüsselte Übertragung von DNS-Nachrichten ermöglicht. DNS und Internetanbindung [Abschnitt 4.8] stellt einen weiteren Schwerpunkt dieses Kapitels dar, wobei wir auch auf die *DNS-based Authentication of Named Entities* (DANE) eingehen. Abschließend diskutieren wir in Abschnitt 4.9 die Multicast-basierenden DNS-Implementierungen mDNS und LLMNR mit dem Dienst UPnP.

Ziele des Kapitels

In diesem Kapitel werden u.a. folgende Fragen beantwortet:

- Wie funktioniert DNS und welche Aufgaben kann DNS wahrnehmen?
- Wie erfolgt die Ermittlung der IP-Adresse aufgrund des Hostnamens und umgekehrt?
- Welche Informationen als sog. Resource Records enthält DNS und wie werden diese Informationen strukturiert?
- Wie werden die Internetdienste E-Mail und VoIP mit SIP mittels DNS unterstützt?
- Welche Ziele werden mit ENUM, DynDNS sowie DNSSEC und CurveDNS verfolgt?
- Welche Errungenschaften bringt Multicast-DNS mit sich und wie wird dies in lokalen Netzen genutzt ?
- Welche Aufgabe nimmt *Universal Plug'n'Play* (UPnP) wahr ?

## 4.1 Aufgaben des DNS

Bei der bisherigen Darstellung der Kommunikationsprinzipien in IP-Netzen wurde angenommen, dass die IP-Adresse des Zielrechners gegeben ist. Dies ist aber normalerweise nicht der Fall, sondern der Zielrechner wird mittels seines *Hostnamens* adressiert.

Namensauflösung

Die Ermittlung einer IP-Adresse unter Kenntnis des Hostnamens bezeichnet man als *Namensauflösung*. Dies kann im einfachsten Falle lokal über die Konfigurationsdatei `hosts` erfolgen, die sich im Verzeichnis `etc` befindet (`etc/hosts`). Beim Aufruf einer Applikation wie z.B. TELNET wird zunächst der Inhalt der Datei `hosts` gelesen und somit die dem Hostnamen hierin zugeordnete IP-Adresse ermittelt. Für Netze mit nur wenigen Rechnern mag dies hinreichend sein. Für größere Netze und im Internet ist aber ein *Domain Name System* (DNS) nötig.

DNS-Erweiterungen

Die Grundlagen des DNS sind in den RFC 1034 und 1035 spezifiziert, das als offenes sowie verteiltes Informationssystem fungiert. Maßgebliche Ergänzungen erhielt DNS durch DNSSEC zur Sicherstellung der Integrität der Antworten sowie der Möglichkeit dynamischer Updates (DynDNS), die Unterstützung von IPv6 und ferner die beabsichtigte Internationalisierung (IDN). Bei der Realisierung des DNS-Dienstes sind insbesondere folgende Aspekte zu berücksichtigen:

- Wie? Die Verwendung der in den erwähnten RFC vorgeschriebenen Verfahren, z.B. Namensdeklarationen und -konventionen, Resource Records, Caching, Forwarding und anderer. Dies betrifft insbesondere das Prinzip der Namensauflösung sowie anderer im DNS hinterlegten Informationen, das auf der Interaktion von DNS-Client und -Servern beruht.
- Wodurch? Das Nachrichtenprotokoll DNS, mit dessen Hilfe sich Abfragen von DNS-Clients realisieren lassen, das aber auch zur Synchronisation der DNS-Server dient.
- Womit? Den Einsatz und die Konfiguration von DNS-Servern zum Cachen, zum Hinterlegen und zur Proliferation von Resource Records.
- Was? Der gelebten DNS-Wirklichkeit innerhalb des Internet, die Bereitstellung der notwendigen Informationen insbesondere durch den hierarchischen Aufbau des DNS-Namensraums und seine Unterteilung in *Zonen*.

Diese unterschiedliche Sichtweise schlägt sich insbesondere in der DNS-Nomenklatur nieder: Aus der Sicht eines Anwenders (*Resolvers*) geht es in der Regel darum, die IP-Adresse eines Rechners aufgrund seines Hostname zu ermitteln. Innerhalb des DNS-Systems findet dieser Hostname seine Entsprechung im *Full Qualified Domain Name* (FQDN), und beim DNS-Server wird dieser Name als *zonenspezifischer AName* (oder `CName`) hinterlegt

DNS ist die wichtigste und meistbenutzte (Hintergrund-)Anwendung des Internet, da hier sowohl Host- als auch Domaindaten gespeichert sind. Die Sicherstellung der Integrität und Authentizität dieser Daten sowie ihre autorisierte Weitergabe stellt eine große Herausforderung bei seinem Aufsetzen dar. Die Kontrolle über das DNS und speziell über die *Root-Server* [Abb. 4.5-1] ist stets auch mit einer politischen Einflussnahme verbunden. Die Auseinandersetzungen innerhalb des ICANN (speziell bei den neuen Domain-Kennungen wie `.biz`), die Nutzung des reservierten Adressbereichs `in-addr.arpa` und nicht zuletzt die Verwendung von Wildcards bei der Adressauflösung durch die DNS-Betreiberfirma *VeriSign* im Jahr 2004 demonstrieren augenfällig die Bedeutung des DNS für eine funktionierende Internet-Infrastruktur.

### 4.1.1 Namen als Schlüssel zu Internet-Ressourcen

Wir betrachten es heute als selbstverständlich, eine Ressource im Internet, also einen Dienst oder die IP-Adresse eines Zielsystems, einfach per Abfrage ihres Namen auffinden zu können. Hierbei machen wir in der Regel kaum Gedanken, auf welchem Rechner (mit welchem *Hostname*) der Dienst zur Verfügung gestellt wird. Dies wird ermöglicht durch das *Domain Name System* (DNS) als allgemein verfügbarer Internetdienst. Dieser *Dienst* nutzt eine spezielle *Infrastruktur*, basiert auf dem Austausch von *Nachrichten*, aber nicht zuletzt auch ein *Namenskonzept*, die heute so landläufig genutzt werden, dass der Name 'www' bereits synonym für einen Dienst steht.

URI-Adressen

In Ergänzung zu den 'üblichen' DNS-Namen verwenden Internetdienste wie z.B. E-Mail, Internet-Telefonie als VoIP mit SIP [Abschnitt 4.7.3] und WebRTC (*Web Real Time Communication*) eine besondere Form von Adressen: *Uniform Resource Identifier* (URI). Diese besitzen den folgenden generellen Aufbau:

```
service:user@domain
```

Eine URI definiert bei einem Internetdienst `service` das Ziel einer Kommunikationsbeziehung, das in zwei Etappen erreicht wird: zunächst `domain` und anschließend `user` in `domain`.

**Beispiel**: Der Internet-Benutzer Bob hat eine E-Mail-Adresse `mailto:bob@abc.de` und eine als SIP-URI bezeichnete VoIP-Adresse `sip:bob@abc.de`. Es sei hier angemerkt, dass *Bob* die gleiche Adresse für zwei verschiedene Internetdienste nutzt.

URI versus URL

Eine URI stellt somit eine besondere Form von Adressen dar, die die Mobilität von Benutzern innerhalb von 'deren' Domains ermöglicht, ohne an einen speziellen Host gebunden zu sein. Die Adressierung mit URIs besitzt im Vergleich zum Einsatz von URLs (*Uniform Resource Locator*) bei Webanwendungen einen wesentlichen Vorteil: Da im URI `user@domain` der Hostname als Ziel nicht angegeben wird, sondern nur der Domainname, kann der Benutzer jeder beliebige Rechner innerhalb der betreffenden Domain für dessen Kommunikation (z.B. für E-Mail, Internet-Telefonie) nutzen.

Die zu einer Domain eingeschränkte Mobilität wird dadurch erreicht, dass eine zentrale 'Vermittlungsstelle' in der Domain eingerichtet ist:

mailto: user@domain

- Bei *SMTP-E-Mail* wird ein zentraler Mailserver, in der Tat eine virtuelle Poststelle, innerhalb einer Domain eingerichtet, wo zuerst alle an die betreffende Domain adressierten E-Mails empfangen und danach an die Rechner von Benutzern in dieser Domain weiter gesendet werden – bzw. die Rechner von Benutzern können sich die E-Mails selbst abholen. Die Empfänger von E-Mails werden mit E-Mail-Adressen als URIs `mailto:user@domain` adressiert. Im Teil `domain` wird der Name der Domain eingetragen, in der sich der Ziel-Mailserver befindet. Der Teil `user` enthält die Identifikation des Benutzers (dessen Name) innerhalb der Domain.

sip: user@domain

- Bei *VoIP mit SIP* (also bei Internet-Telefonie) wird ein zentraler SIP-Proxy (auch VoIP-Server genannt), als IP-basierte Telefonvermittlungsstelle installiert. Der SIP-Proxy empfängt zuerst die an die betreffenden Domain adressierten VoIP-Anrufe und leitet sie dann direkt an IP-Telefone von Benutzern in dieser Domain weiter. Hierfür werden IP-Telefone mit SIP-URIs in der Form `sip:user@domain` adressiert. Im Teil `domain` wird der Name der Domain eingetragen, in der sich das Ziel einer Telefonverbindung befindet. Der Teil `user` enthält die Identifikation des IP-Telefons eines Benutzers (dessen Name oder Telefonnummer), der das Ziel des Anrufs ist.

### 4.1.2 Organisation des DNS-Namensraums

Das DNS erlaubt eine baumförmige Vernetzung einzelner Nameserver. Die Nameserver im Internet bilden eine weltweit verteilte Datenbank und stellten somit einen *DNS-Datenbaum* dar. Abb. 4.1-1 zeigt das Prinzip der Vernetzung einzelner Nameserver und damit auch den Aufbau des verteilten DNS-Namensraums im Internet.

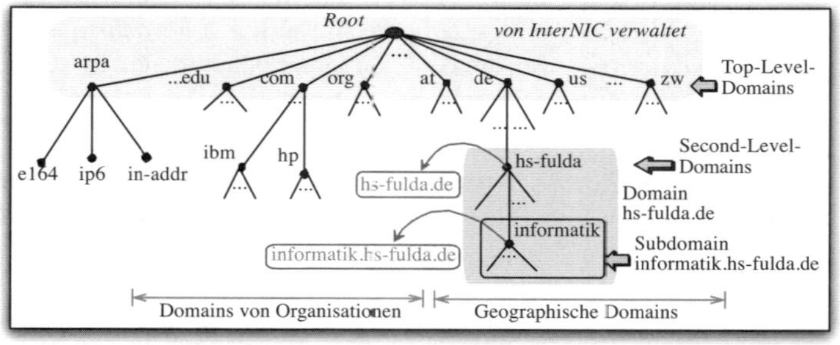


**Abb. 4.1-1:** Aufbau des DNS-Namensraums und die Domain `informatik.hs-fulda.de`

Root, Domains, Subdomains

Der DNS-Baum besitzt ganz oben eine einzige Wurzel, die man einfach *Root* nennt. Die '*Root*' stellt einen logischen Verbund von DNS-Servern dar, die die gleiche DNS-Root-Zone beinhalten. Für den Namen von *Root* ist der ' . ' (Punkt) reserviert. Wie bei jedem anderen Dateisystem kann der DNS-Baum mehrere Abzweigungen haben, die als Knoten (*Nodes*) dargestellt werden. Jeder Knoten des Baumes repräsentiert eine *Domain* (*Domäne*) und stellt einen Teil des DNS-Inventars dar, also wie ein Verzeichnis in einem Dateisystem. Jede Domain (sowie jedes Verzeichnis) kann in weitere Teile untergliedert werden. Diese Teile werden im DNS als *Subdomains* bezeichnet und entsprechen den Unterverzeichnissen eines Dateisystems. Eine Subdomain wird – genau wie ein Unterverzeichnis – als Unterknoten (*Kind/child*) des übergeordneten Knotens (*Elter/parent*) interpretiert. Jeder Knoten des Baumes wird mit einem einfachen Namen versehen. Dieser Name kann bis zu 63 Zeichen lang sein.

Bedeutung des FQDN

Der vollständige Domainname, der sog. *FQDN* (*Full Qualified Domain Name*), besteht aus den Namen einzelner Knoten bis zur *Root* und stellt somit seinen vollständigen DNS-Namen dar. Der Name eines Knotens setzt sich aus den einzelnen Namen des Pfades zusammen, die jeweils durch einen Punkt voneinander getrennt sind. Z.B. setzt sich der Domainname `hs-fulda.de` aus den Namen `hs-fulda` und dem Domain-Suffix `de` zusammen.

Domain Label

Der Punkt ' . ' als Trennzeichen fügt die einzelnen Namensbestandteile, die *Label*, zusammen, die immer hierarchisch von rechts nach links ausgewertet werden. Der FQDN eines Rechners – als Knoten in einer Domain – enthält daher üblicherweise drei Labels:

- den *Hostname* des Rechners (bzw. dessen Alias-Namen),
- den *Namen der Domain* (einschließlich evtl. Subdomains) und
- das *Domain-Suffix*

Häufig wird für den FQDN (*vollständiger Domainname*[1]) auch kurzerhand einfach der Begriff *Domainname* verwandt. Der FQDN wird bei Namensauflösungen immer relativ

[1] Im Folgenden gehen wir recht lax mit den Bezeichnungen *FDQN*, *Namen*, *Domainname*, *Hostname* und gelegentlich auch *Rechnername* um, wobei in der Regel stets der FQDN gemeint ist.

zu Root – d.h. ohne abschließenden Punkt – referenziert. Bei der Deklaration der Namen im DNS-Server, das heißt, bei den *Resource Records* ist aber der abschließende '.' (Punkt) bei einigen Implementierungen zwingend vorgeschrieben.

Delegtions-prinzip

Eines der Hauptziele beim Entwurf von DNS war die Dezentralisierung der Administration. Dieses Ziel wird durch *Delegation* erreicht. Das Delegieren von Domains funktioniert so ähnlich wie das Delegieren in der Arbeit: Ein Projektleiter kann ein großes Projekt in kleinere Aufgaben unterteilen und die Verantwortung für jede dieser Teilaufgaben an verschiedene Mitarbeiter übergeben (delegieren). Auf die gleiche Weise kann eine Organisation, die eine Domain administriert, diese in Subdomains aufteilen. Jede dieser Subdomains kann an andere Organisationen delegiert werden. Dies bedeutet, dass die Organisation, der die Verantwortung dieser Domain übertragen wurde, für die Pflege aller Daten der Subdomain verantwortlich ist. Die Daten der Subdomain können unabhängig geändert und sogar in weitere Subdomains aufgeteilt werden, die sich dann wieder weiter delegieren lassen. Die 'Vater'-Domain enthält nur Zeiger auf die Quellen mit den Daten der Subdomain, sodass Anfragen entsprechend weitergeleitet werden können.

> **Beispiel**: Die Domain `hs-fulda` wird auf mehrere Subdomains aufgeteilt wie z.B. `informatik.fh-fulda.de`. Dies bedeutet, dass die Hochschule Fulda dem Fachbereich Informatik die Verantwortung für die Pflege aller Daten seiner Subdomain `informatik.fh-fulda.de` übergeben hat. Die Verantwortung für die ganze Domain `hs-fulda` unterliegt der Hochschule Fulda [Abb. 4.1-1].

### InterNIC und Top-Level Domains

Aufgaben vom InterNIC

Die oberste Ebene des DNS-Namensraums wird vom InterNIC (*Internet Network Information Center*, `http://www.internic.com`) verwaltet. Die Hauptaufgaben des InterNIC bestehen u.a. in:

- der Zulassung der Domain-Suffixe wie z.B. der neuen Domains `.info`, `.eu` und anderer, die *generic Top Level Domains* (gTLD) genannt werden (vgl. Tab. 4.1-1),
- der Zuteilung des IP-Adressraums und der Akkreditierung der verantwortlichen Organisationen,
- der Verantwortung über die Root-Server als zentrale Knotenstellen im DNS sowie
- der Verantwortung über die `arpa`-Domain.

Die oberste Ebene des Domainnamensraums als *Top-Level-Domains* (TLD) wird in drei Hauptgruppen unterteilt [Abb. 4.1-1]:

- *generic Top Level Domains* (gTLD): Hier gibt der Domainname die Hauptfunktion bzw. -aktivität der Organisation an, was historisch bedingt ist. Die meisten Organisationen in den USA sind in einer solchen Domain vertreten. Hierzu zählen `com`, `edu`, `net`, `org`, `mil` sowie `gov`. gTLD
- *Geographische Domains*: Durch ISO 3166 festgelegte 2-stellige Länderkennzeichen, z.B. `at`: Österreich, `de`: Deutschland, `us`: USA, `zw`: Zimbabwe. TLD
- `arpa`-*Domain*: In dieser Domain wurden u.a. zwei besondere *Second-Level Domains* (SLD) eingerichtet, nämlich `in-addr.arpa` für die Zuordnung von IPv4- und `ip6.arpa` für IPv6-Adressen auf Hostnamen sowie `e164.arpa` für die Zuordnung von Telefonnummern auf Adressen der Internetdienste (z.B. VoIP- Telefonnummer, E-Mail-Adresse, Adresse einer Webseite). SLD

| TLD | Bedeutung | Betreiber der TLD Nameserver |
|---|---|---|
| com | kommerzielle Organisationen wie z.B. IBM (ibm.com); abgeleitet von commerce | VeriSign Global Registry Services |
| edu | Bildungseinrichtungen, z.B. Berkeley University (berkeley.edu) | EDUCAUSE |
| gov | amerikanische Regierungsstellen, z.B. National Science Foundation (nsf.gov) | General Services Administration (.gov Domain Registration) |
| mil | militärische Einrichtungen der Vereinigten Staaten, z.B. army.mil und navy.mil | DoD Network Information Center |
| net | Netzwerk-Organisationen, z.B. National Science Foundation (nsf.net) | VeriSign Global Registry Services |
| org | nicht-kommerzielle Organisationen, z.B. Center for Networked Information | Public Interest Registry (PIR) |
| int | Internationale Organisationen, z.B. NATO (nato.int) | Internet Assigned Numbers Authority |
| info | Vergleichbar .com; mit IDN-Unterstützung | Afilias Limited |
| biz | Vergleichbar .com | NeuStar, Inc. |
| arpa | Technische Domain für inverse Namensauflösung | Internet Assigned Numbers Authority |

**Tab. 4.1-1:** Einige generic Top-Level-Domains (gTLD) in 2013 [`http://www.iana.org/gtld/gtld.html`]

Um den dezentralen Charakter des DNS zu gewährleisten, obliegt die Betreuung der Root-Server nicht direkt dem InterNIC, sondern deren Betrieb ist an Organisationen und Unternehmen delegiert [RFC 1591]:

RIPE

- Regionale TLDs wie z.B. `.eu`, `.de`, `.fr`, werden den lokalen Trägergesellschaften – in Europa dem RIPE (*Réseaux IP Européens*) – zugewiesen. Das RIPE delegiert die nationalen TLDs wiederum an Unterorganisationen wie in Deutschland die DENIC, in Österreich das NIC.AT und in der Schweiz das SWITCH. Die URL `http://www.iana.org/root-whois` gibt auch Auskunft über die Adressen der jeweiligen Root-Server für die Domains und verweist auf Anmeldeformulare für Domain-Anmeldungen.
- Der Betrieb der Nameserver einiger gTLDs wie `.com` und `.net` werden im regelmäßigen Turnus ausgeschrieben und an die Organisationen vergeben, die unter Bewertung der vorgeschlagenen technischen Realisierungen, der Kompetenz sowie der gezahlten 'compensation' am geeignetsten erscheinen.

DNS-Registrare

Aufgabe der nachgeordneten Organisationen – der *DNS-Registrare* – ist es, die technischen und administrativen, aber auch kommerziellen Rahmenbedingungen für den Betrieb eines eigenständigen Asts im Domainnamensraum zu definieren. Mit der Bereitstellung neuer, kommerzieller TLD wie z.B. `.biz` ergab sich die neue Lage, dass auch neue Stimmen in den Chor der DNS-Betreiber aufgenommen werden müssen, die vorrangig die Interessen ihres eigenen Domain-Astes verfolgen. Es hat umfangreicher Konsultationen und Neuregelungen bedurft, um zu einer Regelung zu kommen [`http://blog.icann.org/2011/06/internet-looks-to-singapore-and-icann-41-for-fate-of-new-gtlds/`].

Der beantragenden Organisation bzw. Privatperson, der *Registree* bzw. deren *Trustee*, wird die Nutzung eines Domainname verantwortlich zugesprochen, d.h. delegiert, wobei der Name (und ggf. dessen IP-Adresse) des bzw. der Nameserver des Registrees mit dem Domainnamen in Form eines Nameserver-Eintrags vorgenommen wird. Ein Domainname ist durchaus nicht identisch mit einem IP-Netzwerk, sondern stellt lediglich einen Zweig im virtuellen DNS-Adressraum dar.

Anschließend liegt es im Ermessen des Domain-Eigentümers, die DNS *Resource Records* für die ihm zugeteilte Domain einzurichten und somit für das Benennen der Rechner und anderer Endsysteme in der ihm zugeteilten Domain zu sorgen.

### 4.1.3 Internet Root-Server

Folgt man der URL [`http://root-servers.org`], sind nicht nur die Betreiber und die geographische Lokation der Root-Server diversifiziert, sondern zudem die IPv4/IPv6-Adressen auch auf verschiedene IP-Netzsegmente des Internet verteilt, um die Ausfallsicherheit des *Domain Name System* zu garantieren.

a.root-servers.net ⇒ m.root-servers.net

- Es werden 13 Root-Server unter den generischen Namen *a.root-servers.net* bis *m.root-servers.net* bereit gestellt. Diese Root-Server enthalten prinzipiell die gleichen Informationen über die TLD und gTLD-Zonen in ihrer Zonendatei.
- Die Root-Server sind über eine IPv4- und IPv6-Adresse ansprechbar. Diese Netzwerkadressen können aber im Gegensatz zu den logischen Namen wechseln. Alle *Cache-Server* und *Full-Resolver* besitzen eine Liste der Zuordnung von Root-Server-Namen und ihren IP-Adressen in Form einer *hint*-Datei.
- Die Root-Server sind räumlich und im IP-Adressraum so verteilt, dass genügend Redundanz, aber auch ein schneller Zugriff auf die DNS-Daten gewährleistet ist.
- Um einer Monokultur der DNS-Software vorzubeugen (und hierbei ist besonders der bekannte und fehleranfällige *Berkeley Internet Name Daemon* BIND zu nennen), durch die im Fehlerfall der gesamte DNS-Dienst betroffen ist, werden unterschiedliche Software-Produkte eingesetzt.
- Zudem werden die dreizehn Root-Server von unterschiedlichen Organisationen betrieben.

Root-Server und DNS-Caches

Weil der Namensraum wie ein auf den Kopf gestellter Baum strukturiert ist, kann ein Full-Resolver bzw. Cache-Server eine Abfrage nach jedem beliebigen Namen im DNS-Namensraum über einen Root-Nameserver richten (vgl. Abb. 4.1-3), der diesem dann die Domain-spezifischen Nameserver mitteilen wird. Daher sind die Root-Nameserver für die Namensauflösung von zentraler Bedeutung und müssen eine gemeinsame, konsistente (aber verteilte) Datenbank aufweisen, die beinhaltet, welchen FQDN und welche IP-Adressen die Nameserver der nachgelagerten TLDs besitzen.

Für jede Abfrage auf einen beliebigen Domainnamen kann der Root-Nameserver zumindest die Namen und Adressen des Nameservers zurückgeben, der für die TLD die Verantwortung trägt, in der dieser Domainname liegt. Diese TLD-Nameserver können eine Liste von Nameservern zurückgeben, die für die SLDs verantwortlich sind. Jeder abgefragte Nameserver liefert genaue dieselbe Angaben darüber, wie man der gesuchten Information näher kommt, oder erteilt selbst die gewünschte Antwort.

Root-Server Anycast Adressen

Da die Root-Server mit gleicher IP-Adresse (und gleichem Inhalt) mehrfach im Internet vorhanden sind, findet ein spezielles *Anycast-Routing* Anwendung: Wird die Abfrage für einen Root-Server gestartet, überprüft der verantwortliche Internet-Router die kürzeste IP-Route hierzu. Liegt eine spezielle *Host-Route* hierfür vor, wird diese und nicht die Route für dieses IP-Netz herangezogen: *Anycast-Routing*. Dies stellt nicht nur den kürzesten Weg – und damit im Allgemeinen die schnellste Antwort – für den anfragenden Client sicher, sondern sorgt auch für ein automatisches, geographisches Server-Balancing.

### 4.1.4 Architektur des DNS-Dienstes

Ein Ziel bei der Schaffung des DNS war, dass Antworten auf Anfragen sehr schnell gegeben werden können. Hieran beteiligt sind mehrere Konstruktionsmerkmale:

UDP statt TCP

- Generell wird das verbindungslose Transportprotokoll UDP benutzt und nur in Ausnahmefällen TCP. Hierdurch erspart man sich den Handshake, geht aber auch die Gefahr ein, dass Antworten sehr leicht gefälscht werden können.

Anycasting

- Die Suchpfade sollen möglichst kurz sein und schnell konvergieren, was durch den Aufbau des Systems in einer Baumstruktur (und durch das *Anycasting* für die Root-Server) ermöglicht wird.

Cache-Server Infrastruktur

- Die gefundenen Antworten werden von den DNS-Cache-Servern eine Zeitlang aufbewahrt und stehen anderen Clients zur unmittelbaren Beantwortung späterer, gleicher Anfragen zur Verfügung.

Minimalistische DNS-Nachrichten

- Die Zuordnung von DNS-Abfrage (*Query*) und -Antwort (*Response*) geschieht über ein 16 Bit großes Feld `Identification` in den DNS-Nachrichten [Abschnitt 4.4] und aufgrund der Wiederholung der Abfrage in der Antwortnachricht. Dieses ursprüngliche minimalistische Design erlaubt eine einfache Fälschung von DNS-Nachrichten, worauf wir in Abschnitt 4.6 gezielt eingehen werden.

DNS ist so ausgelegt, dass sich die Benutzer die IP-Adressen von Rechnern nicht merken müssen, sondern ihre Namen verwenden können, um sie zu lokalisieren und um die Verbindungen zu ihnen herzustellen. Obwohl DNS eigentlich für das Internet entwickelt wurde, lässt es sich auch in privaten IP-Netzen einsetzen, wobei auch eine Ankoppelung an das Internet möglich ist. Mittels des DNS ist es möglich, die Hostnamen – im gesamten Internet sowie in den privaten IP-Netzen – so zu verwalten, dass sie weltweit eindeutig sind.

DNS-Komponenten

Bei der Namensauflösung kooperieren in der Regel folgende DNS-Komponenten miteinander:

- ein *Stub-Resolver* als Teil des Betriebssystems bzw. der Anwendung,
- ein konfigurierter *DNS-Forwarder* (z.B. ein WLAN Access Point als Proxy),
- ein *Cache-Server*, der zugleich als *Full-Resolver* fungiert und die
- die Nameserver (als *Content-Server*) kontaktiert, um autoritative Antworten zu erhalten.

Stub-Resolver

Wie in Abb.4.1-2 dargestellt, funktioniert DNS nach dem Client/Server-Prinzip. Der *Stub-Resolver* ist Teil des Betriebssystem (z.B. in Form der *libresolv*-Bibliothek) oder Teil der Client-Software (z.B. des Web-Clients) auf dem Rechner eines Benutzers. Hier wird der bzw. die nächstgelegenen Nameserver konfiguriert, die entweder als *DNS-Forwarder* oder *Cache-Server* fungieren. Queries an die Nameserver sind als *Recursion Desired* (`RD`) gekennzeichnet, d.h. der Stub-Resolver delegiert die Aufgabe der Namensauflösung an die übergeordneten Full-Resolver. Die Antworten, die der Stub-Resolver von dem ihm zugewiesenen DNS-Server erhält, werden entgegen genommen, ohne sie zu interpretieren oder zu validieren.

DNS-Forwarder

Größere (lokale) Netze sind in der Regel so aufgebaut, dass zunächst ein *Forwarder* die DNS-Queries (in Abb. 4.1-2 der Clients **A**, **B** und **C**) entgegen nimmt und diese an die übergeordneten Cache- bzw. Content-Server weiterleitet. Ein Forwarder verhält sich zu seinen Clients als DNS-Server, nimmt aber im Gegensatz zu einem richtigen Cache-

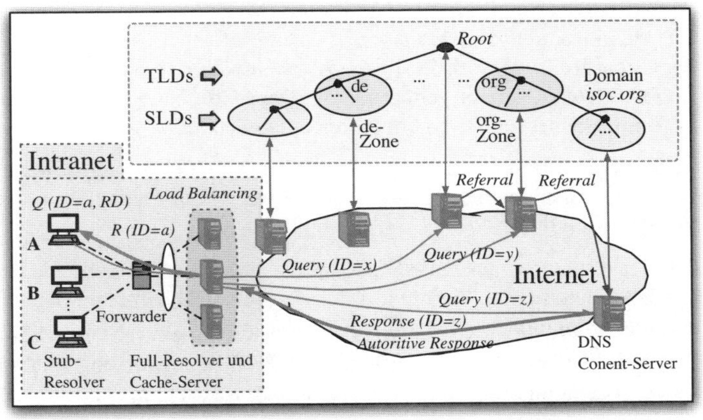


**Abb. 4.1-2:** Client/Server-Komponenten bei DNS und Ablauf der Namensermittlung für einen Rechner aus der Domain `isoc.org`
Q: Query, R: Response, ID: Identification, RD: Recursion Desired

Server keine eigene Auflösung der Anfragen vor – nutzt also keine eigenständige Resolver-Funktion –, sondern dient nur als Vermittler und reicht im Anschluss die Antworten an seine Clients weiter. Zudem verändert der Forwarder die DNS-Nachrichten Query und Response nicht.

DNS-Cache-Server besitzen folgende Aufgaben, die sinnvollerweise auf getrennten (IP-)Instanzen zu realisieren sind [Abb. 4.1-2]:

Cache-Server = Full-Resolver

- In Bezug auf die übergeordneten Nameserver nehmen diese die Rolle des *Full-Resolvers* ein, um zunächst die verantwortlichen Nameserver zu ermitteln und über diese die *autoritativen* IP-Adressen für einen Hostnamen zu beziehen.
- Jeder *Cache-Server* besitzt eine nicht-persistente Datenbank für die ermittelten DNS-Informationen, um sich die bezogenen Antworten für spätere Anfragen zu merken und diese – nun als *nicht-autoritativ* deklariert – an den fragenden Rechner zurück zu geben.
- Für den anfragenden Client verhalten sich die *Cache-Server* wie richtige DNS-Server und geben auf jede Query eine dedizierte Antwort zurück.

Sowohl bei den Cache-Servers als auch bei den Full-Resolver müssen die IP-Adressen der Root-Nameserver vorkonfiguriert sein.

DNS-Amplication

**Beispiel**: Wie in Abb. 4.1-2 gezeigt, werden die DNS-Queries, die der Cache-Server zu bearbeiten hat, bei fehlendem Cache-Eintrag zunächst vom Full-Resolver weiter geleitet, in dem aber nun eine neue DNS-Query mit ebenfalls neuer `Identification` (`ID`) generiert wird. Somit ist es Hauptaufgabe der Cache-Server, die korrekte Quelle der DNS-Information zu ermitteln und die Antworten der nachgefragten DNS-Server zu validieren. Ein DNS ohne Cache-Server ist kaum vorstellbar, da die vielen DNS-Queries der Stub-Resolver die Content-Server überfluten würden. Aus Abb. 4.1-2 wird deutlich, dass für die rekursive Anfrage *Q(ID=a)* des Clients **A** drei folgende Abfragen (*Q(ID=x)*, *Q(ID=y)* und *Q(ID=z)*) der Cache-Server generiert werden. Die bezogene Antwort *R(ID=z)* wird nun als (neue) Antwort *R(ID=a)* an den Client **A** weitergereicht. Diese Vervielfachung der DNS-Queries (bzw. der Antworten) ist als *DNS-Amplification* bekannt geworden.

Content-Server

*Content-Server* besitzen hingegen eine persistente Domainnamen-Information (in Form einer lokalen Datenbank, der *Zonendatei*) auf die zugegriffen wird, um die entsprechenden Anfragen der Clients (d.h. der Full-Resolver) zu beantworten. Für die DNS-Einträge, die zu seiner zugeordneten Domain gehören, liefert der Content-Server eine *autoritative Antwort* und kennzeichnet die DNS-Antworten entsprechend.

Resource Records in Zonendatei

Ein Content-Server liefert nur Antworten, denen Einträge (*Resource Records*) aus seiner lokale Zonendatei entsprechen; er sollte aber nie 'selbst auf eigene Suche gehen' und somit als Resolver fungieren.

Referrals

Befindet sich der per Query gesuchte FQDN jedoch nicht in der Zonendatei, kann der Content-Server in vielen Fällen zumindest den verantwortlichen Nameserver mitteilen, der aufgrund des Domainlabels hierfür in Frage kommt [Abb. 4.1-1]. Die Response enthält dann einen *Referral* als Ankerpunkt für die weitere Suche des Full-Resolvers.

Out-of-Bailliwick

Allerdings kann ein Content-Server durchaus nicht nur Einträge für seine eigene Domäne besitzen, sondern in der Zonendatei können auch Fremdbezüge vorhanden sein. Referenziert der Content-Server diese fremden Einträge, die außerhalb seiner autoritativen Zone liegen, wird dies als *Out-of-Bailliwick*-Antwort bezeichnet.

## 4.1.5 Abfrage von IP-Adressen

Die wichtigste Abfrage an das DNS lautet [Abb. 4.1-2]:

| *Wie lautet die IP-Adresse für einen FQDN bzw. für einen Service?* |
|---|

A-Query

Dies wird als `A-Query` bezeichnet. Beim DNS-Server kann für den in der Abfrage benutzten FQDN entweder unmittelbar eine IP-Adresse als `AName` hinterlegt sein oder aber ein *Alias*, also ein weiterer *Canonical Name* `CName`.

Namensauflösung

Wir wollen uns nun die Auflösung von IP-Adressen aufgrund des bekannten FQDN exemplarisch anschauen.

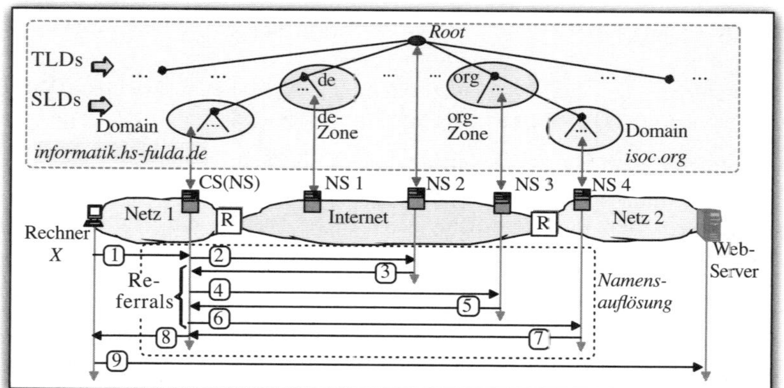


**Abb. 4.1-3:** Ermittlung von IP-Zieladressen mit DNS-Referral-Hilfe
CS: Cache-Server, NS: Nameserver, R: Router

**Beispiel**: In Abb. 4.1-1 wurde angenommen, dass Rechner *X* am Netz 1 (der HS Fulda) eine Webseite unter `http://www.isoc.org` abrufen will. In diesem Fall ist `isoc.org` als Domainname des Zielnetzes zu interpretieren, und `www` ist üblicherweise ein Alias-Name (`CName`) für den Rechner, auf dem der öffentliche Webserver dieses Zielnetzes installiert ist. Da der Zielrechner in diesem Fall nicht im lokalen IP-Netz liegt, kann sein Name auf seine IP-Adresse nicht über den lokalen Nameserver der HS Fulda aufgelöst werden, sondern dessen IP-Adresse ist mittels Verweise – d.h. über sog. *Referrals* – zu ermitteln.

Ermittlung einer IP-Zieladresse

Wie in Abb. 4.1-3 dargestellt, sind folgende Schritte zu unterscheiden:

1. Die Anwendung im Quellrechner (hier z.B. ein Webbrowser) leitet eine Abfrage (*Query*) an den lokalen Cache-Server (*CS*) bzw. DNS-Forwarder:
   Wie lautet die IP-Adresse von Host `www.isoc.org`?
2. Sofern der CS die Antwort nicht in seinem lokalen Cache auffindet, ermittelt er zunächst, welcher Nameserver für die Domain `.com` zuständig ist. Daher leitet der *CS*
3. die Anfrage an einen Root-Server (NS 2), da er aufgrund der Domain-Kennung '`.org`' weiß, dass der gesuchte Rechner nicht über den eigenen Nameserver NS 1 zu ermitteln ist.
4. Der Root-Server NS 2 kennt allerdings nur den verantwortlichen Nameserver für die `.com` TLD und verweist somit auf den NS 3.
5. NS 3 stellt aufgrund eines Datenbankeintrags fest, dass die Domain `isoc.org` verantwortlich vom NS 4 betreut wird, und gibt diese Information an den CS weiter.
6. Der CS, der mittlerweile diese Referrals in seinem Cache registriert hat, sendet die Query an den NS 4 der Domain `isoc.org`.
7. Dieser stellt zunächst aufgrund seiner Zonendatei fest, dass `www.isoc.org` ein Alias ist, und ermittelt den primären Namen (der `AName`). Die dem `AName` zugeordnete IP-Adresse erhält der Resolver in CS von NS 4 und kann somit nun den FQDN – also `www.isoc.org` – mit der IP-Adresse (in unserem Fall `138.81.11.132`) identifizieren.
8. Der lokale CS sendet die gesuchte Zuordnung nun zum Stubresolver des Rechners *X*. Die gesuchte IP-Adresse kann nun der HTTP-Anwendung übergeben werden.
9. Somit war die Namensauflösung, d.h. die Ermittlung der IP-Adresse, erfolgreich, und der Abruf der Webseite unter `http://www.isoc.org` kann erfolgen.

Die IP-Adressen der Root-Nameserver sind bei den Full-Resolvern und Cache-Servern in einer `hint`-Datei eingetragen und müssen gelegentlichen aktualisiert werden. Wären die Root-Nameserver nicht erreichbar, käme jegliche Namensauflösung zum Erliegen.

Negatives Caching/-NXDOMAIN

Nach RFC 2308 lernt ein Cache-Server nicht nur die 'positiven', sondern auch die 'negativen' Antworten: `NXDOMAIN`. Er verzeichnet also in seinem Cache nicht nur eine Liste der mit IP-Adresse identifizierten Nameserver, sondern auch die nicht erreichbaren Domains, für die kein Zonendatei auf den erreichbaren Nameserver-Eintrag existiert.

SERVFAIL

Ein anderer Fall ist zu berücksichtigen, falls ein Content-Server für eine Zone im DNS mit Hostname und IP-Adresse bekannt ist, dieser aber auf die Query eines Cache-Servers bzw. des Full-Resolvers nicht antwortet. In diesem Fall teilt der Cache-Server dies den anfragenden Clients in einer `SERVFAIL`-Antwort mit, ohne allerdings dieses Resultat zu cachen.

Bedeutung von Glue

Die in Nameservern hinterlegten IP-Adressen (als `ANames`) der untergeordneten Nameserver wird als *Glue* (Leim) bezeichnet. Nach der hierarchischen Struktur des DNS-Namensraums und dem Delegationsprinzip sollten disjunkte Bereiche nicht quer referenziert werden bzw. nicht mittels Glue verbunden sein [RFC 1034, 1537 und 1912]. Daher soll der Full-Resolver stets – wie in Abb. 4.1-1 – über die Root-Server den erforderlichen Nameserver ermitteln.

Glueless Delegation

Es existieren jedoch viele Domänen, deren Nameserver nicht in der eigenen TLD liegen, sondern in einer anderen, statt `.de` beispielsweise in `.net`. Als Folge hiervon kann der befragte Nameserver nicht die IP-Adresse des autoritativen Nameservers mitteilen, sondern lediglich dessen FQDN, sodass man von *Glueless Delegation* spricht. Typischerweise ergibt sich dies, wenn der Betreiber des Nameservers hierauf Domains in mehreren TLDs hostet. In diesem Fall muss der Resolver anschließend über die nun bekannte FQDN die IP-Adresse des autoritativen Nameservers ermitteln, bevor mit der eigentlichen Namensauflösung in der gesuchten Domain begonnen wird.

### 4.1.6 Ermittlung des FQDN für eine IP-Adresse

Inverse Auflösung

Gelegentlich kommt es vor, dass ein Benutzer nur über die IP-Adresse eines Rechners verfügt, jedoch den der IP-Adresse zugeordneten Hostnamen benötigt. In diesem Fall wird nach der Zuordnung `IP-Adresse` ⇒ `Hostname` gefragt und man bezeichnet dies als *inverse Namensauflösung*. Die Abbildung von IP-Adressen auf Namen wird benutzt, um Ausgaben zu erzeugen, die für den Anwender einfacher zu lesen und zu interpretieren sind (beispielsweise in Logdateien). Darüber hinaus wird dieses Verfahren auch zur Validierung von DNS-Einträgen sowie zur der Fehlerbehebung in IP-Netzen angewendet. Zusätzlich wird die gleiche Idee beim ENUM-Konzept genutzt, Telefonnummern als URIs über IP-Adressen abzubilden [Abschnitt 4.7.2].

Zur Verwaltung der Zuordnungen von Hostnamen zu IP-Adressen wurde eine besondere Domain `in-addr.arpa` eingerichtet. Die Organisation dieser Domain am Beispiel einer Auflösung illustriert Abb. 4.1-4.

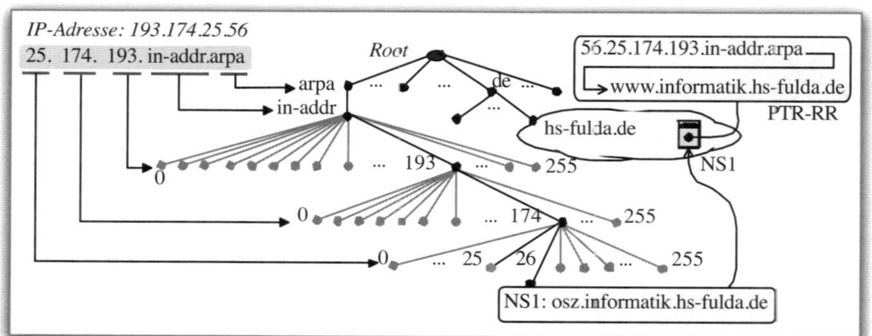


**Abb. 4.1-4:** Beispiel für die Auflösung einer IP-Adresse auf einen Hostnamen
NS: Nameserver, PTR-RR: Pointer Resource Record

in-addr.arpa Domain

Wie hier dargestellt, sind den Knoten in dieser Domain die Nummern zugewiesen worden. Beim Eintragen der Zuordnungen von IP-Adressen zu Hostnamen werden diese Knotennummern entsprechend belegt. Da die Hierarchien von IP-Adressen und Hostnamen 'umgekehrt' sind, muss dies die Organisation der Domain `in-addr.arpa` berücksichtigen.

Die Knoten der Domain `in-addr.arpa` sind invers nach den Angaben ihrer IP-Adressen benannt. Die Domain `in-addr.arpa` kann bis zu ($2^8$) 256 Subdomains besitzen, von denen jede einzelne einem möglichen Wert des letzten Byte einer IP-Adresse entspricht. Jede dieser Subdomains kann wiederum 256 Subdomains aufweisen, die jeweils wiederum mit jedem möglichen Wert des zweiten (von rechts) Oktetts von IP-Adressen übereinstimmen. Aufbau von in-addr.arpa

In `in-addr.arpa` muss (theoretisch!) jedes eigenständige IP-(Sub)Netz unter Angabe seiner verantwortlichen Nameserver eingetragen sein. Inverser IP-Name

> **Beispiel**: Das Class-C-Netz der HS Fulda mit der Adresse `193.174.25.0` beinhaltet im `in-addr.arpa`-Baum einen Eintrag `56.25.174.193.in-addr.arpa` – auch als *inverser IP-Name* bezeichnet – mit dem Verweis auf den Nameserver der HS Fulda. Es ist Aufgabe der hier eingetragenen (lokalen) Nameserver, die inverse Auflösung sowohl für das betreffende Netz als auch für jeden einzelnen Rechner vorzunehmen. Dies erfolgt über den Resource Record `PTR` (*PoinTer*) – den `PTR`-Eintrag – im betreffenden Nameserver. Der Nameserver an der HS Fulda wird nun abgefragt und der Hostname aus dem PTR-Eintrag mit der Zuordnung *inverser IP-Adresse ⇒ Hostname* abgelesen [Abb. 4.1-4].

Wie in Abb. 4.1-4 dargestellt, erfolgt die Ermittlung eines FQDN über eine bekannte IP-Adresse über den Zwischenweg einer `PTR-Query` mittels des inversen IP-Namens (also `56.25.174.193.in-addr.arpa`). Zwar wurde hierfür in RFC 1035 zunächst die `IQUERY` (*inverse Query*) eingeführt, deren Verwendung allerdings heute nicht mehr vorgesehen ist [RFC 3425]. PTR-Query ⇎ Inverse Query

Wird ein lokales IP-Netz an das Internet angeschlossen, sollte man dieses auch in der Domain `in-addr.arpa` eintragen lassen (*Delegation*), um die Abbildung von IP-Adressen auf Hostnamen zu ermöglichen. Diese Aufgabe übernimmt in der Regel der *DNS-Registrar*. Eintrag in in-addr.apra

## 4.1.7 Direkte Abfrage von Resource Records

Wie bereits erwähnt, funktioniert DNS nach dem Client/Server-Prinzip, sodass ein Client eine sog. Query beim Abfragen eines RR an einen Server sendet, und er liefert dem Client den RR-Inhalt in einer Response zurück. In diesem Zusammenhang spricht man von *DNS-Query/Response*.

DNS-Queries dienen zur Abfrage spezifischer Resource Records (z.B. vom Type `A`) und werden über den Stub-Resolver ohne explizites Zutun des Anwenders automatisch für die Namensauflösung gestartet. In der Regel wird hierbei das Bit `RD` (*Recursion Desired*) im Header der DNS-Nachricht gesetzt [Abb. 4.4-1] und damit der Cache-Server beauftragt, die komplexe Namensauflösung vorzunehmen. Beginn der Namensauflösung

Unter den meisten Betriebssystem wird das Programm *nslookup* bzw. *dig* als Full-Resolver angeboten, mit dem nicht nur der zu befragende Nameserver, sondern auch der `Type` der Abfrage explizit ausgewählt werden kann. Hiermit ließe sich z.B. ein Wildcard-Eintrag (vom Type `ANY` [Tab. 4.2-1]) mittels *nslookup* wie folgt testen: Full-Resolver

```
nslookup type = txt *.example.de
```

Gerne wird auch das Programm *dig* eingesetzt, das eine andere Syntax als *nslookup* aufweist. Um z.B. den MX-Record für die Domain `fehcom.de` über die Google DNS-Cache-Server (IP: 8.8.8.8) zu ermitteln, kann Folgendes angegeben werden:

```
dig -t mx fehcom.de @8.8.8.8
```

Unqualifizierte Abfragen

Einen Sonderfall der Namensauflösung stellen *unqualifizierte Abfragen* dar. Bei diesen wird als Domainname lediglich der *Hostname* angegeben; es fehlt sowohl der Domainname als auch das Domain-Suffix. In diesem Fall wird der Hostname durch den lokal konfigurierten Domainnamen einschließlich Suffix ergänzt. Unter den Windows-Betriebssystemen ist diese Default-Einstellung i.d.R. bei der TCP/IP-Grundkonfiguration vorgenommen worden; unter Unix wird dies über den Parameter *Search* in der Datei `etc/resolv.conf` eingestellt. Scheitert die Namensauflösung unter Ergänzung dieser Angaben, wird anschließend der Hostname direkt unter Root ('.') gesucht.

## 4.2 Resource Records

Die *Resource Records* (*RR*) bilden die atomaren Einheiten des DNS. Diese sind auf den Content-Servern persistent hinterlegt und können öffentlich abgefragt werden (*Query*). Zudem bilden sie den Inhalt der DNS-Response-Nachrichten. Die Response-Information wird auf dem Weg vom Content-Server zum Resolver auf vielfältige Weise von den Cache-Servern interpretiert, ergänzt und auch umgeschrieben.

**Bemerkung**: Grundsätzlich muss man unterscheiden zwischen

- den Resource Records in DNS-Nachrichten, dem *Wire-Format* und
- den *persistenten* Resource Records und ihrer Hinterlegung im Nameserver.

Im Folgenden nutzen wir die Notation für persistente RR entsprechend RFC 1035.

Aufbau von RR

Resource Records haben im Allgemeinen folgenden Aufbau [RFC 1035]:

```
NAME [TTL] Class Type RDATA
```

Die einzelnen Komponenten sind hier wie folgt zu interpretieren:

- `Name`: Name des Objekts (z.B. vollständiger Hostname als FQDN), für den der RR bestimmte Information bereit stellt,
- `TTL`: *Time To Live* [Sekunden] maximal Caching-Zeit des RR (optional),
- `Class`: *Klasse* des RR ,
- `Type`: *RR-Typ* als Bedeutung (Funktion) des RR,
- `RDATA`: *Resource Data* als Informationen (z.B. IP-Adresse, vollständiger Domainname als FQDN), die der RR als Ergebnis einer Abfrage liefert.

**Beispiel**:

| Name | [TTL] | Class | Type | RDATA |
|---|---|---|---|---|
| host1.abc.de. | 3600 | IN | A | 172.30.0.7 |
| www.abc.de. | 3600 | IN | CName | host1.abc.de |
| 7.0.30.172.in-addr.arpa. | | IN | PTR | host1.abc.de |
| abc.de. | 8600 | IN | NS | ns1.abc.com |
| test.abc.de. | 1200 | IN | TXT | "DNS-Test" |
| abc.de. | 8600 | IN | MX | 1 mx1.abc.de |

Ein Resource Record (RR) kann als Datensatz angesehen werden, der die Zuordnung Name ⇒ RDATA beschreibt. Hierbei ist Name der Bezeichner des RR, und RDATA stellt den zugewiesenen Inhalt dar, der als Ergebnis einer RR-Abfrage geliefert wird. Es ist hervorzuheben, dass einem Hostname sowohl mehrere (unterschiedliche) IP-Adressen zugeordnet werden können und auch, dass eine IP-Adresse mehrere (generische) Hostnamen (AName) besitzen kann. Die Angabe der optionalen TTL (*Time To Live*) und die Bedeutung des Werts 1 beim MX RR wollen wir später erläutern.

Zuordnung: Name ⇒ RDATA

**Beispiel**: RR vom Typ A mit Name = host1.abc.de. und RDATA = 172.30.0.7 enthält die Zuordnung host1.abc.de ⇒ 172.30.0.7, und diese besagt, dass der Rechner mit dem Namen host1.abc.de die IPv4-Adresse 172.30.0.7 hat. Derselbe Rechner kann aber ebenso unter seinem Alias-Namen www.abc.de angesprochen werden, was die gleiche IP-Adresse liefert.

RR werden nach Class und Type kategorisiert. Ursprünglich war geplant, DNS zur Namensauflösung auch in Nicht-IP-Netzen zu nutzen. Hierfür wurde die *Klasse* (Class) eingeführt. Daher gehört jeder RR zu einer Klasse. Heute ist lediglich die Klasse IN (Class = 1) – die sog. Internet-Klasse – von Bedeutung, sodass die Angabe *Class* überflüssig geworden ist. Es sind noch die Klassen CS (*CSNET*, Class = 2), CH (*Chaosnet*, Class = 3) und HS (*Hesiod*, Class = 4). Sie werden de facto nicht mehr benutzt. Tab. 4.2-1 liefert eine Aufstellung der wichtigsten RR-Typen.

Class

| Type | Wert | Bedeutung | RFC | Type | Wert | Bedeutung | RFC |
|---|---|---|---|---|---|---|---|
| A | 1 | IPv4-Adresse | | OPT[1)] | 41 | OPTion für EDNS | 6891 |
| NS | 2 | Authoritative Name Server | | DS[3)] | 43 | Delegation Signer | 4034 |
| CName | 5 | Canonical Name (Alias) | | SSHFP | 44 | SSH FingerPrint | 4255 |
| SOA | 6 | Start of Zone Authority | | RRSIG[3)] | 46 | RR SIGnature | 4034 |
| WKS | 11 | Well-known Service | | DNSKEY[3)] | 48 | DNS KEY | 4034 |
| PTR | 12 | Domain name PoinTeR | | NESC3[3)] | 50 | NextSeCure3 | 5155 |
| HINFO | 13 | Host INFOrmation | | NESC3PARAM[3)] | 51 | NextSeCure3 Parameter | 5155 |
| MX | 15 | Mail Exchange | | TLSA | 52 | DANE TLSA Record | 6698 |
| TXT | 16 | TeXT string | | SPF | 99 | Sender Policy Framework | 6686 |
| SIG | 24 | Security SIGnature | 2845 | TKEY[1)] | 249 | Transaction Key | 2930 |
| AAAA | 28 | IPv6 Address | 3596 | TSIG[1)] | 250 | Transaction SIGnature | 2845 |
| SRC | 33 | SeRC location | 2052 | IXFR[2)] | 251 | Incremental Zone Transfer | 1995 |
| NAPTR | 35 | Naming Authority PoinTeR | 3403 | AXFR[2)] | 252 | Zonentransfer Request | 5936 |
| CERT[3)] | 37 | CERTificate | 4398 | ANY[2)] | 255 | Wildcard | |

**Tab. 4.2-1:** Die wichtigen RR-Types sowie QTypes entsprechend
http://www.iana.org/assignments/dns-parameters
[1)] Meta-Types, [2)] QTypes, [3)] DNS-Security spezifische RR

## 4.2.1 Taxonomie der Resource Records

Bei den persistenten Resource Records sind folgende *Kategorien* zu unterscheiden, wie wir dies in einigen ausgewählten Beispiele erläutern wollen. Diese Resource Records bilden den Inhalt der Zonendateien.

1. *primär-(selbst-)delegierende* SOA-RR

- Mit dem SOA-RR wird der Beginn einer Zone deklariert, und dieser RR wird als Ankerpunkt des Zonentransfers genutzt.

SOA-Record

DNSKEY-Record

- Zonen, deren RR über DNSSEC beglaubigt sind, enthalten einen `DNSKEY`-RR mit dem öffentlichen Schlüssel der Zone.

2. *primär-deklarierende RR* vom Typ:

A-Record

- `A` mit `NAME` = *Hostname* und `RDATA` = *IPv4-Adresse* liefert die IPv4-Adresse eines Rechners, auch als AName bezeichnet.

AAAA-Record

- `AAAA` mit `NAME` = *Hostname* und `RDATA` = *IPv6-Adresse* liefert die IPv6-Adresse eines Rechners.

PTR-Record

- `PTR` mit `NAME` = *Inverser IP-Name* und `RDATA` = *Hostname* liefert den Namen eines Rechners bei der inversen Auflösung in der Domain `in-addr.arpa` [Abb. 4.1-4].

3. *sekundär-delegierende RR*

NS-Record

- `NS` mit `NAME` = *Domain* und `RDATA` = *Hostname des Nameservers* liefert den Hostnamen eines autoritativen Nameservers in einer Domain. `NS-RR` dienen dazu, den primären Server und alle sekundären Server einer Zone anzugeben. Daher muss mindestens ein `NS-RR` in jeder Zonendatei vorhanden sein [Abb. 4.3-1].

DS-Record

- `DS` mit `NAME` = *Domain der untergeordneten Zone* und `RDATA` mit *Angaben über den Hashwert des Schlüssels* der untergeordneten Zone sowie über das eingesetzte Verfahren (*Delegation Signer*). Die delegierte Zone muss einen `DNSKEY`-RR besitzen, dessen öffentlicher Schlüssel den gleichen Hashwert wie der im `DS`-RR hinterlegte Wert aufweist.

4. *sekundär-deklarierende RR*, die nur in Verbindung mit `A-RR` auftreten können. Hierzu zählen die RR vom Typ:

CName-Record

- `CName` mit `NAME` = *Aliasname* und `RDATA` = (*kanonischer Hostname*) ordnet einem Aliasname für einen Rechner dessen kanonischen Hostnamen zu. Der kanonische Hostname ist derjenige, für den die Zonendetei einen `A-RR` enthält.

MX-Record

- `MX` mit `NAME` = *Domainname* und `RDATA` = *<Priorität, SMTP-Servername>*. `MX` ordnet einen SMTP-Server einer E-Mail-Adresse zu und sagt, wie er bevorzugt werden soll (niedrigere Priorität wird bevorzugt).

5. *autoritative RR*, die ebenfalls einen **A**-RR benötigen, aber sinnvollerweise eine zusätzliche Absicherung per DNSSEC oder DNSCurve brauchen.

SSHFP-Record

- `SSHFP` SSH Fingerprints für Hosts.

TLSA-Record

- `TLSA` *DNS-based Authentication of Named Entities*, mittels derer entweder der *public key* eines Rechners oder dessen *Fingerprint* per DNS verfügbar gemacht wird. Der *public key* kann in Form eines X.509-Zertifikats [Abschnitt 6.2] bereitgestellt werden und erfordert dann die Nutzung von EDNS(0) [Abb. 4.4-3], da die Informationsmenge die möglichen 512 Byte für Standard-UDP-Nachrichten überschreitet.

6. *informative RR* wie beispielsweise:

HINFO-Record

- `HINFO` mit *NAME* = *Hostname* und `RDATA` = *<Hardware, Software>* enthält Information über die Hard- und Software eines Rechners (Hosts). Das Hardware-Feld beschreibt die Hardware (z.B. PC), und das Software-Feld bezeichnet das Betriebsystem des Rechners.

WKS-Record

- `WKS` mit `NAME` = *Hostname* und `RDATA` = *<IP-Adresse, Protokoll+Port>* informiert darüber, welcher Dienst (Protokoll) bei einer IP-Adresse verfügbar ist.

TXT-Record

- `TXT` mit `NAME` = *Hostname* und `RDATA` = (*frei definierbarer Text*) mit dem frei definierbaren Text, was z.B. für *RBL*-Abfragen [Abschnitt 4.7.1] intensiv genutzt wird.

7. *text-semantische RR* wie beispielsweise:

   - SPF mit NAME = *Hostname* und RDATA = <*Ausdruck* >. Hier obliegt es der Applikation, den Ausdruck entsprechend den SPF-Regeln auszuwerten. SPF-Record
   - NAPTR mit den RDATA-Parametern ORDER, PREFERENCE, FLAGS sowie SERVICE mit regulären Ausdrücken [Abschnitt 4.7.2]. NAPTR-Record

**Pseudo Resource Records**
Die DNS-Kommunikation nutzt zusätzlich sog. *Pseudo-Typen* für den Nachrichtenaustausch, die ad hoc gebildet werden und nicht-persistente Informationen beinhalten [RFC 2929]:

- QTypes (*Query-Type*): Typen, die nicht explizit in RR hinterlegt sind, aber abgefragt werden können. Diese werden vor allem zum Zonentransfer eingesetzt.
- *Meta-Type*: Sie werden zwar als RR definiert und übertragen, werden aber beim Server für jede Query (temporär) generiert und dürfen von Resolvern bzw. Proxy-Servern nicht im Cache gehalten werden.

ANY-Type

Ein besonderer Meta-Type RR ist ANY. ANY-Abfragen umfassen in ihrer Antwort *alle* zum abgefragten Namen gehörigen Resource Records. Wird die ANY-Query auf eine Domain angewandt, werden neben dem SOA-Record sämtliche Angaben über NS-, MX- und ggf. SPF-Records ausgegeben. Das Ergebnis der ANY-Responses dürfen von Cache-Servern nur an die Clients durchgereicht, aber nicht im Cache gehalten werden.

## 4.2.2 Resource Records für IPv6

Für die Auflösung von Hostnamen auf IPv6-Adressen wurde zunächst lediglich ein neuer Resource Record AAAA (*Quad-A RR*) vorgesehen und zusätzlich eine neue SLD *ip6.int* für die inverse Auflösung, d.h. von IPv6-Adressen auf Hostnamen, eingerichtet.

A6 vs. AAAA

In RFC 2874 wurde neben dem neuen RR-Typ A6 (der eine '*Bitlabel*'-Repräsentierung der IPv6-Adresse enthält) und einer alternativen SLD ip6.arpa für die inverse Adressauflösung auch ein neuer Alias-Mechanismus propagiert: DNAME. Gegen diese häufig auch als DNSv6 bezeichneten Änderungen des DNS fand ein (begründetes) Aufbegehren statt, sodass die DNS-Operabilität infrage gestellt wurde und aufgrund der Inkompatibilitäten von AAAA-RR und A6-RR zudem die zaghafte Verbreitung von IPv6-Adressen über das DNS unterlaufen wurde.

ip6.int vs. ip6.arpa

Schließlich wurde in RFC 3152 die Nutzung der SLD ip6.arpa favorisiert, da diese neue Domain unter der bewährten TLD *arpa* aufgehoben ist. Ferner bewertete RFC 3364 die unterschiedlichen RR A6 und AAAA, und man empfahl die ausschließliche Nutzung von AAAA-RR für IPv6.

DNS-Ergänzungen für IPv6

Die Bereitstellung von IPv6-Adressen im DNS verlangt die folgenden Ergänzungen:

- Die Beheimatung der inversen IPv6-Namen findet unter der SLD ip6.arpa statt. Der zugeordnete RR-Type hierfür ist PTR (ebenfalls wie bei IPv4).
- Für die Darstellung des *inversen IPv6-Namens* verwendet man das *Nibble-Format*. Aus der IPv6-Adresse

  ```
  2001:638:3f0:c214:18cb:1483:2a47:0032
  ```

  wird daher für den inversen IPv6-Namen die Nibble-Darstellung

`2.3.0.0.7.4.a.2.3.8.4.1.b.c.8.1.4.1.2.c.0.f.3.0.8.3.6.0.1.0.0.2.ipv6.arpa`

Der Zusammenhang von Domainname und IPv6-Adresse wird über den AAAA-RR hergestellt [Tab. 4.1-1].

**Beispiel**: Der Nameserver *ns1* der Domain `abc.de` kann z.B. folgende Resource Records als Zoneneinträge besitzen:

| Name | Class | Type | RDATA |
|---|---|---|---|
| abc.de. | IN | NS | ns1.abc.de |
| ns1.abc.de. | IN | A | 128.154.191.75 |
| ns1.abc.de. | IN | AAAA | 2001:638:3f0:14:18:1483:2a47:32 |
| 75.191.154.128.in-addr.arpa. | IN | PTR | ns1.abc.de |
| 2.3.0.0.7.4.a.2.3.8.4.1.1.8.0.0.4.1.0.0.<br>0.f.3.0.8.3.6.0.1.0.0.2.ipv6.arpa. | IN | PTR | ns1.abc.de |
| abc.de. | IN | MX | 5 smtp01.abc.de |
| smtp01.abc.de. | IN | A | 128.154.191.80 |
| smtp01.abc.de. | IN | AAAA | 2001:638:3f0:c3:29:f484:3baa:1 |
| alfa.abc.de. | IN | AAAA | 2001:638:3f0::107:a01f:e726:2068 |
| 8.6.0.2.6.2.7.e.f.1.0.a.7.0.1.0.0.0.0.0.0.<br>0.f.3.0.8.3.6.0.1.0.0.2.ipv6.arpa. | IN | PTR | alfa.abc.de |
| beta.abc.de. | IN | AAAA | 2001:638:3f0::2024:18cb:1483:2a47 |
| 7.4.a.2.3.8.4.1.b.c.8.1.4.2.0.2.0.0.0.0.<br>0.f.3.0.8.3.6.0.1.0.0.2.ipv6.arpa. | IN | PTR | beta.abc.de |

Nibble-Darstellung

Abb. 4.2-1 illustriert den Aufbau der Domain `ip6.arpa` unter Ablage der inversen IPv6-Namen hierin.

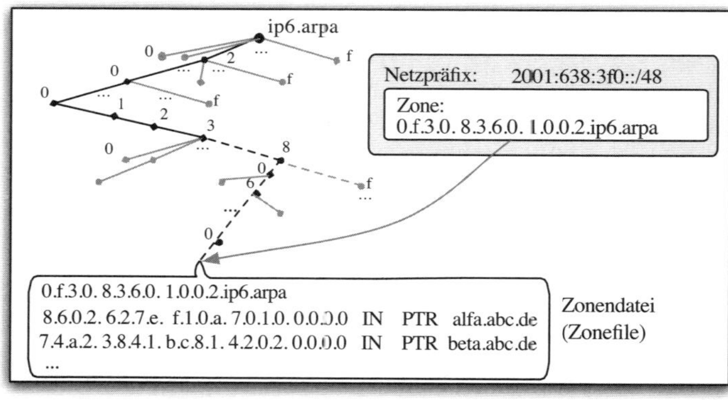


**Abb. 4.2-1:** Domain `ip6.arpa` zur Abbildung des inversen IPv6-Namens für die Rechner `alfa.xyz.abc.de` und `beta.xyz.abc.de`

IPv6 Support für Resolver

Da sich bei IPv6 die Namens- und Adressauflösung der gleichen Verfahren wie bei IPv4 bedient, sind die Anforderungen zur Unterstützung von IPv6 im DNS minimal und beim Stub-Resolver lediglich eine Bewertung der einlaufenden Informationen: Content- und Proxy-Server hingegen können die vorliegenden Informationen transparent weiterreichen.

Häufig wird der Vorschlag gemacht, die IPv6-Rechner über einen dedizierten IPv6-Nameserver (in einer IPv6-Sub-Domain) bekannt zu machen und somit die Adressräume komplett zu trennen. Für die weitere Verbreiterung von IPv6 ist dies jedoch kontraproduktiv, da ja gerade die Anforderung besteht, eine Konvergenz der Netze durchzuführen. Die einzige Ausnahme hierzu liegt dann vor, wenn zunächst eine IPv6-Testphase angedacht ist und zunächst keine IPv6-Adressen per DNS-Lookup nach außen gegeben werden sollen, weil z.B. die Firewall noch nicht entsprechend angepasst wurde. Dies ist dann aber ein Problem des generellen IPv6-Einsatzes und nicht des DNS.

Wie auch bei DNSSEC [Abschnitt 4.5] ist die IPv6-Unterstützung im Wesentlichen durch den Resolver bzw. den Cache-Server bedingt: Die heutigen Implementierungen (wie z.B. *libresolv*) gehen folgendermaßen vor: Implementierungsaspekte

- Werden beim Lookup des `A-RR` sowohl die IPv4-als auch die IPv6-Adresse (in der `Additional Section` [Abb. 4.4-1]) angeboten, hat die IPv6-Adresse Vorrang.
- Werden für einen Domainname bzw. einen Nameserver beide IP-Adressen angeboten, versucht der Resolver, die Verbindung zum Nameserver sowohl über das IPv4- als auch das IPv6-Netz zu erreichen.
- Liegt keine IPv6-Konnektivität vor, läuft diese Query gegen ein (unkritisches) Timeout. Aufgrund des negativen Cachings hat der Cache-Server gelernt, bei allen weiteren Anfragen auf die IPv6-Abfrage zu verzichten (`NXDOMAIN`).
- Für den IPv6-befähigten Stub-Resolver ist der Weg, über den die Namensauflösung erfolgte, sowieso irrelevant. Ob der Stub-Resolver die Information (lokal) über IPv4 oder IPv6 bezieht, hängt davon ab, welche Netzinfrastruktur der Cache-Server unterstützt. Dies ist also keine technische, sondern eine administrative Frage [Abb. 4.7-2].
- Wird vom Cache-Server sowohl eine IPv4- als auch IPv6-Adresse für den nachgefragten Hostnamen angeboten, werden beide Adressen an die aufrufende Applikation weitergereicht. Wie diese dann mit den angebotenen Adressen umgeht, ist natürlich vom DNS-Lookup entkoppelt.

### 4.2.3 Internationalisierung des DNS (IDN)

Domainnamen waren bislang entsprechend RFC 1034 auf die wenigen ASCII-Zeichen (unabhängig von Groß- und Kleinschreibung) beschränkt. Bereits die schreibgetreue Darstellung einer wichtigen Domain wie `das-örtliche.de` scheitert daran. Mit der in RFC 3490 gezeigten Lösung sollte diese Einschränkung aufgehoben werden: Domainname = Kleinbuchstaben

- Es soll daher möglich sein, alle Sprachen und alle kalligrafischen Zeichen im DNS transparent auf Anwenderebene verfügbar zu machen, ohne dass Nameserver und Resolver spezifisch angepasst werden müssen,
- Die vorhandene Beschränkung der Länge eines Labels – als Teil eines Domainnamens – von maximal 63 Zeichen soll durch eine spezifische Kodierung der Sonderzeichen (sog. *Punycode*) gewährleistet werden. Hierbei spricht man vom *Internationalized Domain Name* (IDN), und den Mechanismus, der zum IDN führt, bezeichnet man als IDNA (*Internationalizing Domain Name in Applications*). IDN

Beim IDNA wurde darauf verzichtet, bereits etablierte internationale Zeichenformate aus der Unicode-Zeichenfamilie (UTF-8, UTF-16, UTF-32) zu verwenden. Vielmehr wurde gemäß RFC 3491 ein komplexes Verfahren gewählt, das keine native Erkennung des DNS-Namens zulässt: *IDN Domain-Labels* beginnen mit dem ACE-Präfix (*ASCII Compatible Encoding*) `xn-`, und danach kommt eine Zeichenkette in komprimiertem Format. Als Folge hiervon können z.B. Domains wie `das-oertliche.de` und `das-örtliche.de` existieren, die jeweils auf unterschiedliche Betreiber weisen (sofern keine Markenrechte verletzt werden). Punycode

Risiken infolge von IDN

Um so gravierender sind die Probleme, wenn hebräische bzw. arabische Schriftzeichen verwendet werden:

- Wie soll z.B. die Nachrichtenagentur *Al-Dschasira* im Web gefunden werden können?
- Ein einfacher textueller Zeichenvergleich des Domainnamens mit einer Datenbasis muss komplett neu konzipiert werden[2]. Um zu einem aussagekräftigen Resultat zu kommen, muss sowohl der vom Nameserver bezogene FQDN als auch der in der Datenbank hinterlegte Hostname in UTF-8 übersetzt werden. Dieses Problem stellt sich insbesondere bei der Verifikation des FQDNs über ein X.509-Zertifikat [Abschnitt 6.2].

Die Nutzung unterschiedlicher Schriften beim DNS kann für einen nationalen Anwender eine erhebliche Vereinfachung darstellten, entsprechende Ressourcen sind aber ohne Meta-Verzeichnis kaum mehr auffindbar. Die Kontrolle des DNS-Namensraums geht verloren. Zudem eröffnet die Möglichkeit der Nutzung kalligrafisch nahezu gleicher Zeichen auf Anwenderebene (z.B. griechisch $\alpha$) eine hervorragende Ausgangsbasis für mögliche Phishing-Angriffe.

## 4.3 Zonen und Zonentransfer

Zonen und Domains

Der DNS-Content-Server beinhaltet die Informationen – in Resource Records – des ihm dauerhaft zugeordneten Namensraums. Der ihm autoritativ zugeteilte Namensraum wird als *Zone* bezeichnet. Abb. 4.3-1 veranschaulicht das Domain- und Zonenkonzept. Der Unterschied zwischen einer Zone und einer Domain besteht darin, dass der Nameserver einer Zone nur solche Namen und Daten einer Domain enthält, die in ihre Subdomains nicht delegiert wurden. Eine Zone stellt daher eine autarke Verwaltungseinheit dar.

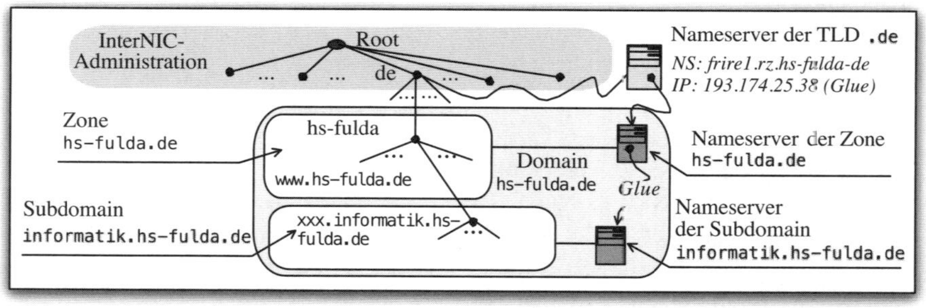


**Abb. 4.3-1:** Domain- und Zonenkonzept und Bedeutung von Glue

Zone vs. Domain

Prinzipiell muss hier unterschieden werden hinsichtlich der *logischen Struktur* im Hinblick auf den DNS-Baum, die *organisatorische Abbildung* in Zonen und die Kennzeichnung des Übergangs zwischen Domains bei der Abfrage. Strukturell gesehen ist jede eigenständige Domain/Zone ein *Apex* im DNS-Baum; für den Content-Server wird eine Zone über den `SOA`-RR deklariert, und der Resolver wird über eine Domain mittels eines `NS-RR` informiert.

[2] RFC 1034 Section 3.1: 'By convention, domain names can be stored with arbitrary case, but domain name comparisons for all present domain functions are done in a case-insensitive manner, assuming an ASCII character set, and a high order zero bit.'

Das Aufteilen einer Domain in Zonen und Subdomains hat den Vorteil, Verwaltungsaufgaben den verschiedenen organisatorischen Gruppen zuordnen zu können. In diesem Beispiel übergibt die Organisation HS Fulda die Verantwortung für die Pflege der Subdomain `informatik.hs-fulda.de` an den Fachbereich Angewandte Informatik. Der Nameserver der Zone `hs-fulda.de` enthält die Verweise auf die untergeordneten Subdomains und den FQDN der verantwortlichen Nameserver (*Delegation*). Wird zusätzlich die IP-Adresse der Nameserver mitgegeben, dient dies als *Glue* (Klebstoff), um die Nameserver untereinander logisch zu verknüpfen. Auf diese Art und Weise ist es möglich, mehrere Nameserver – z.B. ein Nameserver je Subdomain – zur Verwaltung einer Domain zu verwenden.

Zonen, Subdomain und Glue

Um die Verfügbarkeit der Namensauflösung möglichst immer zu garantieren, werden oft aufgesetzt:

Primärer und sekundärer Nameserver

- ein primärer Nameserver (*primary Name Server*) sowie
- ein (oder mehrere) sekundärer Nameserver (*secondary Name Server*), die häufig (wie an der HS Fulda) in unterschiedlichen IP-Netzsegmenten stehen.

Ein sekundärer Nameserver führt ein *Replikat* (Kopie) der Zonendaten, und er kann sie über unterschiedliche Transfermechanismen vom primären Nameserver beziehen. In diesem Zusammenhang spricht man von *Zonentransfer*, und er wird entweder als einfacher Dateiaustausch realisiert wie z.B. per *FTP* bzw. *rsync* oder über die DNS-spezifischen Mechanismen AXFR (*Authoritative Zone Transfer*) oder IXFR (*Incremental Zone Transfer*).

Generell sollten der primäre und der sekundäre Nameserver einer Zone in verschiedenen Subnetzen installiert sein, damit die Abfragen auch dann erfolgreich sind, wenn ein Subnetz nicht erreichbar sein sollte. Für den DNS-Client besteht keine Möglichkeit zu unterscheiden, ob die Antwort vom primären bzw. sekundären Nameserver stammt (vgl. Abb. 4.3-1).

## 4.3.1 Zonendatei

Die einer Zone zugeordneten RR bilden eine *Zonendatei*. Die RR erhalten per Default die `TTL` (maximale Caching-Zeit) sowie die *Klasse* ihrer Zone zugewiesen. Die Zonendatei kann autoritative und nicht- autoritative RR umfassen. Erstere beziehen sich auf Einträge, die vom `SOA`-RR (*Start-of-Authority*) abgeleitet sind, d.h. alle primären RR, die sich direkt auf die Zone beziehen, z.B. auf `www.example.de`.

Nicht-autoritative RR weisen hingegen in der Regel auf hierarchisch untergeordnete Zonen oder aber beliebig in den DNS-Namensraum, um die Auflösung von Adressen von falsch konfigurierten Nameservern zu ermöglichen. Diese RR sollten immer identisch mit den ursprünglichen RR des autoritativen Nameservers eingerichtet sein.

Eine minimale Zonendatei kann zum Beispiel folgendermaßen aufgebaut sein:

Zonendatei

**Erläuterung**: In Tab. 4.3-1 wurden folgende Resource Records genutzt:

- `SOA-Record`: Für die Domain `example.de` als Netz mit der Class-C-Adresse `192.168.0.0` werden folgende Parameter mit einem `SOA`-RR deklariert:
  - Der Domainname (hier: `example.de`);
  - die zugehörige Klasse, die immer `IN` lautet,

| Name | Class | Type | RDATA |
|---|---|---|---|
| example.de. | IN | SOA | hostmaster@example.de ( |
| | | | 1; Serial Number 86400 ); TTL |
| example.de. | IN | NS | ns1.example.com ; ns1, self delegation |
| example.de. | IN | NS | ns2.example.com ; ns2, self delegation |
| ns1.example.com. | IN | A | 192.168.0.10 ; glue |
| ns2.example.com. | IN | A | 192.168.1.10 ; glue |
| example.de. | IN | MX | 10 smtp01.example.com; mx1 |
| example.de. | IN | MX | 10 smtp02.example.com; mx2 |
| smtp01.example.de. | IN | A | 192.168.1.20 |
| smtp02.example.de. | IN | A | 192.168.2.20 |
| www.example.de. | IN | CNAME | server1.example.de |
| server1.example.de. | IN | A | 192.168.1.30 |
| 168.192.in-addr.arpa. | IN | PTR | example.de |
| 20.1.168.192.in-addr.arpa. | IN | PTR | smtp01.example.de |
| 20.2.168.192.in-addr.arpa. | IN | PTR | smtp02.example.de |

**Tab. 4.3-1:** Beispielhafter Aufbau einer Zonendatei

  - die E-Mail-Adresse des Zonen-Administrators,
  - die `Serial Number`, d.h. eine fortlaufende Nummer (nicht-negativer 32-Bit-Wert) der letzten Modifikation der Zonendatei, sowie
  - der Defaultwert `TTL` für diese Zone und aller untergeordneten Zoneneinträge (RR),
- `NS-Records`: Die Nameserver der untergeordneten Zonen werden deklariert, sowie deren IP-Adressen bekannt gegeben (*Glue*).
- `MX-Records`: Ein funktionierender E-Mail-Dienst pro Domain ist notwendig, und es werden die Namen der Mailserver zusammen mit ihren IP-Adressen eingetragen.
- `CName- und AName-Records`: Die Namen der Standardrechner werden benannt.
- `PTR-Records`: Einige Hosts verlangen zusätzlich die Deklaration des *inversen IP-Namens* [Abb. 4.1-4].

**Bemerkung**: Im Gegensatz zu den Beispielen in den DNS-relevanten RFC gibt es a priori keine allgemeine oder verbindliche Syntax für den Aufbau einer Zonendatei. Die hier gezeigten Beispiele sind der BIND4[3]-Syntax entlehnt, die mittlerweile durch die *BIND8/BIND9*-Schreibweise überholt wurde. Zum schnellen Look-up liegt die aktive Zonendatei immer in binärer Form vor, z.B. in Form von Datenbankentabellen in einer relationalen Datenbank oder einer Constant-Database wie bei *djbdns*[4]. Bei vielen Produkten können die RR mittels eines Kommandozeilen-Tools oder komfortabler über eine grafische Applikation eingetragen (sowie automatisch validiert) werden; die kryptische Syntax von BIND wird somit obsolet.

Time To Live

RFC 1034 geht noch von drei TTL-Werten aus (minimaler Wert, Defaultwert und Wert für negatives Caching), was in RFC 2308 mittlerweile in einem einzigen Wert konsolidiert wurde. Die Angabe zu TTL ist ein 32-Bit-Wert, der die Lebensdauer des Eintrags (RR) in Sekunden gegenüber dem Resolver charakterisiert. Aufgrund der Deklaration in RFC 1035 wird der Wert als signed Integer übertragen; genutzt werden kann daher jedoch nur der halbe mögliche Bereich, d.h. $TTL_{max} = 2^{16} - 1 = 2147483641$ Sekunden. Typischerweise beträgt eine `TTL` = 86400 Sekunden, was einem Tag entspricht. Der

[3] BIND ist der vom ISC (Internet System Consortium) entwickelte *Berkeley Internet Name Daemon* [`http://www.isc.org/downloads/bind/`].

[4] *djbdns* ist der von Daniel Bernstein entwickelte, gleichnamige Nameserver [`http://cr.yp.to/djbdns.html`].

Resolver lässt die vom Nameserver übergebenen RR (= Zoneneinträge) maximal `TTL` Sekunden in seinem Cache, bevor er diese verwirft.

`Serial Number` (`SN`) ist nicht für den Resolver, sondern für einen potenziellen Peer-Nameserver relevant, der die Daten per Zonentransfer erhalten soll. Vom Ansatz her sollten größere `SN`-Werte aktuellere Versionen der Zonendaten charakterisieren. SN sollte daher nicht manuell, sondern möglichst automatisch als Integer-Wert $< 2^{32} - 1$ erzeugt werden. Sind die Nameserver hinsichtlich ihrer internen Uhr (z.B. per NTP) abgeglichen, kann als `SN` die Uhrzeit herangezogen und dieser Wert automatisch zur Modifikation des `SOA`-RR genutzt werden. Serial Number

Während pro Zone immer genau ein `SOA`-Eintrag existiert, können `A-RR` (aber auch prinzipiell auch `PTR-RR`) mehrfach vorhanden sein. Dies ist dann notwendig, falls ein Rechner über mehrere IP-Adressen verfügt und unter dem gleichen Namen angesprochen werden soll. Mehrfachdeklaration

Ursprünglich war Reihenfolge und Anordnung der RR in einer Zonendatei irrelevant; mit RFC 2136 (und danach in RFC 2181 verdeutlicht) wurde jedoch *Resource Record Set* (`RRSet`) eingeführt, der alle identischen RR mit gleichem `NAME` und `Type`, aber unterschiedlichen Inhalten `RDATA`, bezeichnet. Dies bezieht sich auf die Organisation der RR in der Zonendatei, was für die Signierung der RR im Rahmen von DNSSEC von Bedeutung ist. Resource Record Set

Unabhängig hiervon ist es sinnvoll, dass der Content-Server bzw. der Cache-Server zur Beantwortung einer Query die RR in einem RRSet per `Type` liefert. Bei der DNS-Abfrage nach dem Typ `NS` oder `MX` kann die Antwort des DNS-Servers, in der alle verfügbaren Nameserver bzw. Mailserver mitgeteilt werden, als ein RRSet aufgefasst werden. Dass ein DNS-Server in einer Antwort nicht nur einen (beliebigen) `NS-RR`, sondern alle bekannten `MX-RR` bei der Abfrage mitteilt, ist durch die vorliegende Redundanz von entscheidender Bedeutung für die Verfügbarkeit von Internetdiensten.

## 4.3.2 Zonentransfer

Ein primärer Nameserver erhält die Daten für die Zonen, über die er die Autorität besitzt, aus Dateien, die auf dem Rechner liegen, auf dem dieser Server-Dienst läuft. Die Dateien, aus denen der primäre Nameserver die Zonendaten liest, werden Zonendateien (oder auch *master file*) genannt. Bei Änderungen an den Zonendaten, z.B. durch Hinzufügen von Einträgen (z.B. Rechner) zur Zone, müssen diese Änderungen auf dem primären Nameserver vorgenommen werden, sodass die neuen Daten in die Zonendatei eingetragen werden. Ein Zonentransfer findet nur zwischen den Nameservern der gleichen Zone statt, d.h. zwischen dem primären und dem sekundären Nameserver, in keinem Fall aber zwischen Nameservern auf unterschiedlichen Ebenen des DNS.

Zur quasi binären Replikation von Zonendaten stehen folgende Protokolle für den Zonentransfer zur Verfügung: Replikationsprotokolle AXFR und IXFR

- Das in RFC 1034 und RFC 1035 vorgestellte AXFR-Protokoll [vgl. `http://cr.yp.to/djbdns/axfr-notes.html`] und das
- IXFR-Verfahren (inkrementeller Zonentransfer) nach RFC 1995.

Hier braucht es zusätzliche Logik, um die eigentlich zu transferierenden RR aus der (binären) Zonendatei zu ermitteln, was der eigentliche Gegenstand der Protokolle `AXFR` und IXFR ist. Dabei wird davon ausgegangen, dass jede Änderung der Zoneninformation auf dem primären Nameserver immer und ausschließlich durch die Änderung der *Serial Number* indiziert wird. Speziell bei BIND muss diese zusätzlich zu den Änderungen der Resource Records der Zonendatei editiert werden [RFC 1982].

SOA-Request

Abb. 4.3-2 illustriert den AXFR- und den IXFR-Zonentransfer von einem Content-Master zu den Slaves, der jeweils vom Slave angestoßen werden muss. Sowohl die AXFR- als auch die IXFR-Zonen-Abfragen können mit einer Query vom Typ SOA (*SOA-Request*) auf UDP-Port 53 beginnen, wobei zunächst die *Serial Number* verglichen wird. Differiert diese, wird die eigentliche Nutzdatenübermittlung der Zonendaten eingeleitet, die dann über TCP stattfindet.

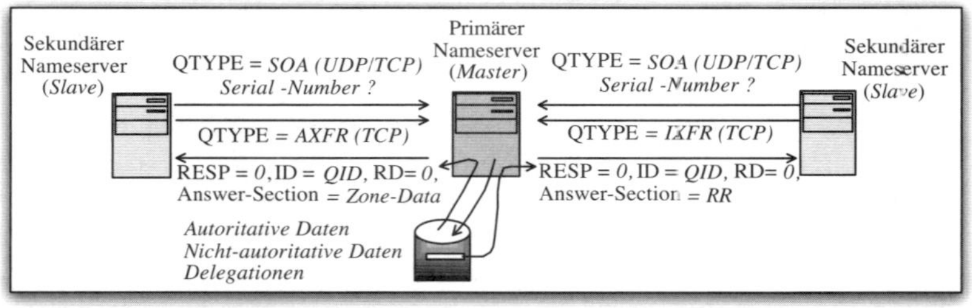


**Abb. 4.3-2:** Ablauf des AXFR- bzw. IXFR-Zonentransfers
QTYPE: Query Type, ID: Identification, RD: Recursion Desired, RR: Resource Record

NOTIFY

Zusätzlich beschreibt RFC 1996 das NOTIFY-Verfahren, das einen primären Nameserver dazu veranlasst, die (eingetragenen) sekundären Nameserver zu benachrichtigen, falls eine Änderung der Zonendatei vorgenommen wurde. Es wird davon ausgegangen, dass anschließend der bzw. die sekundären Nameserver einen AXFR- bzw. IXFR-Request absetzt, um ein Update ihrer eigenen Zonendatei vorzunehmen. Hierbei ist es also notwendig, dass nicht nur die sekundären Nameserver den primären Nameserver als AXFR/IXFR-Server konfiguriert haben, sondern dass auch der Primär-Nameserver über eine Liste seiner sekundären Nameserver verfügt. Ist diese Liste nicht komplett, führt dies zu Inkonsistenzen der verteilten Zonendatei und damit ggf. der Abfragen.

## 4.4 DNS-Nachrichten

Bei normalen Abfragen verwendet DNS das verbindungslose Transportprotokoll UDP. Die Folge ist, dass typische DNS-Antworten nur eine Größe von maximal 512 Byte [Abschnitt 3.2] aufweisen können, was signifikante Einschränkungen mit sich bringt. Eine DNS-Antwort, die nicht vollständig in das 512 Byte große UDP-Paket passt, kann mit dem Flag TC (*TrunCation*) in der DNS-Nachricht gekennzeichnet werden, und dann ist es möglich, die Konversation per TCP fortzusetzen (sofern über die Firewall erlaubt).

Um aber größere DNS-Nachrichten als 512 Byte auch mittels UDP zu transportieren, wurde der Mechanismus EDNS (*Extended DNS*) eingeführt.

Zonentransfer per TCP

Die Datenübermittlung beim *Zonentransfer* zwischen einem Primär- und einem Sekundär-Nameserver in einer Domain findet über eine TCP-Verbindung statt. Danach werden die DNS-Nachrichten in TCP-Paketen übertragen.

## 4.4.1 DNS-Nachrichtenformate

Bei den beiden Protokollen UDP und TCP wird dem DNS die (Server-) Portnummer 53 zugeordnet. Für Abfragen (Queries) sollte hingegen eine zufällig gewählte Portnummer zwischen 1024 und 65535 genutzt werden, was bei einigen Implementierungen nicht der Fall ist. Abb. 4.4-1 illustriert den allgemeinen Aufbau der transportierten DNS-Nachrichten.

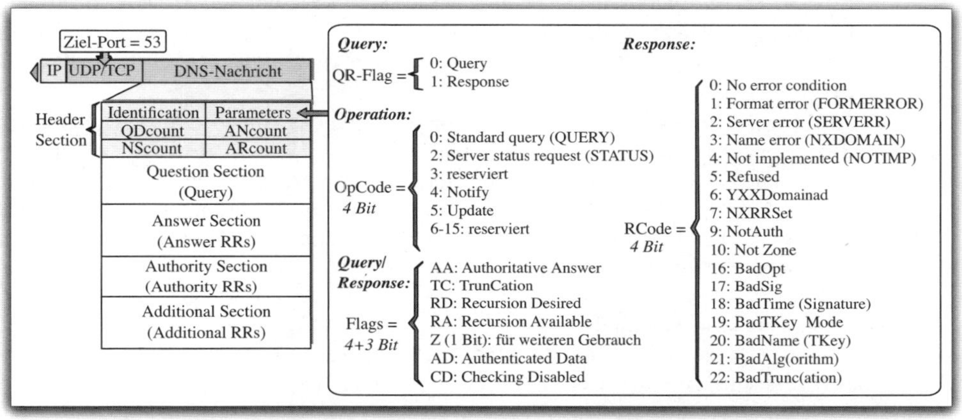


**Abb. 4.4-1:** Aufbau von DNS-Nachrichten – Query und Response

Jede DNS-Nachricht setzt sich gemäß RFC 1035 aus einigen Teilen, die als Sektionen (`Sections`) bezeichnet werden, zusammen. Die einzelnen Teile umfassen:

- `Header Section` (3*4 Byte): Der Header enthält Felder, die angeben, welche anderen Sektionen vorhanden sind, und legt auch mithilfe von verschiedenen Parametern fest, wie eine DNS-Nachricht zu interpretieren ist. Die einzelnen Angaben im Header von DNS-Nachrichten gemäß Abb. 4.4-1 haben folgende Bedeutung: DNS-Header
  - `Identification` (2 Byte): Jede DNS-Abfrage wird durch eine 16-Bit-Zufallszahl indiziert, die auch *Transaction-ID* genannt wird und in der Query und der zugehörigen Response identisch sein muss. Der Resolver hinterlegt diese ID in seinem Cache, um die zugehörigen Antworten zu identifizieren. Da der Nameserver diesen Wert in der Response wiederholt, kann diese vom Client somit immer der richtigen Query zugeordnet werden. Identification
  - `Parameters` (2 Byte): Hier wird mit dem Flag `QR` mitgeteilt, ob die DNS-Nachricht eine Query (Abfrage) oder eine Response (Antwort) darstellt. Die Angabe *Opcode* dient vornehmlich dazu, Standard-Queries von zonenspezifischen Queries zu unterscheiden. Bei den Antworten ist *Rcode* sowie insbesondere das Flag `AA` relevant, ob die Antwort autoritativ ist. Mit dem Flag `TC` wird darauf hingewiesen, dass eine Antwort unvollständig ist. Mit der Einführung von DNSSEC kommt dem Flag `AD` nun ergänzende Bedeutung zu; ebenso dem nachfolgenden Flag `CD` [RFC 2535].
  - `QDCOUNT` (2 Byte): Anzahl der Einträge (d.h. der RR) in *Question Section*.
  - `ANCOUNT` (2 Byte): Anzahl der RR in *Answer Section*.
  - `NSCOUNT` (2 Byte): Anzahl der Nameserver RR in `Authority Section`.
  - `ARCOUNT` (2 Byte): Anzahl der RR in Additional `Information Section`.

Question Section

- `Question Section`: Hier wird eine Abfrage an den Nameserver spezifiziert, d.h. dieser Teil gibt an, was gesucht wird.

Answer Section

- `Answer Section`: Hier wird die Antwort eines Nameservers angegeben. Wurde der verantwortliche Content-Server der Zone direkt befragt, weist dieser die Antwort zusätzlich als autoritativ (`AA`) aus.

Authority Section

- `Authority Section`: Diese Sektion enthält nicht etwa autoritative RR, sondern bei Content-Servern Verweise (*Referrals*) auf den bzw. die Nameserver der nachgefragten Domain. Zusätzlich können Proxy-Server im Falle einer negativen Antwort hier den `SOA`-Record (einschließlich der aktuellen `TTL`) der entsprechenden Domain unterbringen.

Additional Section

- `Additional Section`: Dieser Teil enthält zusätzliche Angaben als RR, die irgendwie zu einer Abfrage bzw. Antwort gehören. Es ist auch möglich, hier nicht DNS-spezifische Informationen zu hinterlegen. Dies kann z.B. zur Übertragung von Nachrichten im sog. *Stealth-Modus* eingesetzt werden, da typischerweise (z.B. beim WLAN) der DNS-Port von Firewalls nicht blockiert und auch keine Filterung auf den Nachrichteninhalt vorgenommen wird.

### Aufbau von Query-Nachrichten

Question Section

Die `Question Section` enthält die Felder, in denen die Anfrage an den Nameserver spezifiziert wird. Abbildung Abb. 4.4-2a zeigt den Aufbau.

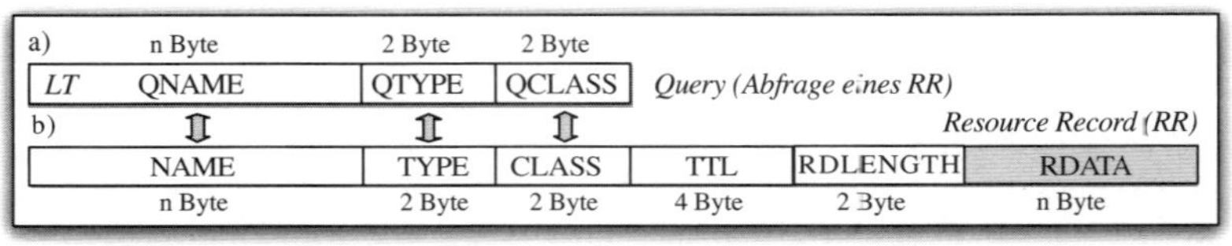


**Abb. 4.4-2:** Spezifikation von: a) Query und b) Ressource Record in DNS-Nachrichten
LT: LabelType

DNS Query-Nachrichten

Für die Spezifikation einer Query dienen folgende Angaben:

- `QNAME`: Angabe von NAME des abgefragten RR; `QNAME` kann aus einer Folge von Labels als Namen – einzelner Knoten bis zur Root – bestehen. Ein Label beginnt jeweils mit einem Byte, das die Label-Länge angibt. `QNAME` wird von einem Byte mit der Länge 'Null' terminiert und kann eine beliebige Länge [in Byte] haben.
  Im ersten Byte des `QNAME` werden die ersten (*least significant*) Bit als `LabelType` bezeichnet und tragen folgende Information:
  - `LabelType = 00`: normale DNS-Nachricht.
  - `LabelType = 11`: komprimierte Nachricht (*Message Compression*).
  - `LabelType = 01` bzw. `0b01`: EDNS0 Nachricht mit zusätzlichem `OPT`-RR in der *Additional Section*.
- `QType`: Angabe von `Type` des abgefragten RR [Tab. 4.2-1].
- `QClass`: Angabe von `Class` der abgefragten RR (typisch `01 = IN`).

### Aufbau von Response-Nachrichten

DNS Response-Nachrichten

In `Answer`, `Authority` und `Additional Section` werden RR übermittelt. Für die Übermittlung eines RR dient folgende Struktur [Abb. 4.4-2b]:

- `NAME`: Äquivalent zum `NAME` im RR.

- `Type`: Angabe des `RR-Types` [Tab. 4.3-1].
- `Class`: Angabe der RR-Klasse.
- `TTL`: Angabe von `TTL` des RR.
- `RDLENGTH`: Länge des nachfolgenden Feldes `RDATA`.
- `RDATA`: Eigentliche Nutzinformation im RR, also entweder ein FQDN, eine IPv4- bzw. IPv6-Adresse oder eine ergänzende Information.

Die Response-Nachrichten besitzen immer die gleiche `Identification` wie die ursprüngliche Query. Zudem wird `Question Section` mit der ursprünglichen Abfrage befüllt. Die `Answer Section` liefert naturgemäß das Ergebnis der Query, während die weiteren Abschnitte folgendermaßen belegt sind:

- Die `Authority Section` verweist auf den FQDN, der der für die Zone autoritative Nameserver wurde.
- Die `Additional Section` liefert zudem die IP-Adressen dieser Nameserver mit.

Diese Angaben werden aber nur vom ursprünglichen Content-Server eingetragen und die Response zugleich als *Authoritive Answer* gekennzeichnet [Abb. 4.4-1], um dem Cache-Server den Aufbau seines Caches zu vereinfachen. Der Cache-Server gibt diese Informationen jedoch in der Regel nicht an den Stub-Resolver weiter, da dieser hiermit sowie nichts anfangen kann.

DNS-Response mit TC=1

Wie erläutert, sind DNS-Nachrichten, die per UDP übertragen werden, auf eine Größe von 521 Byte beschränkt. Während dies für die DNS-Query in der Regel keine Einschränkung darstellt, kann die DNS-Response umfangreicher sein. Der DNS-Server setzt in diesem Fall das Bit `TC=1` (*Trunction*) in der Response-Nachricht und teilt dem Client mit, dass die Antwort unvollständig ist. Der DNS-Client hat nun die Aufgabe, die Query diesmal über TCP zu wiederholen. Die DNS-Query besitzt nun eine neue `Transaction-ID` und wird vom Server anschließend ebenfalls über TCP beantwortet.

Message Compression

Entsprechend RFC 1035 kann DNS zwar eine Komprimierung von Nachrichten vornehmen, in dem Domainnamen in der Nachricht durch 'Zeiger' ersetzt werden. Dieses Verfahren ist aber wenig effizient und zudem aufwendig und wird daher nicht mehr angewandt.

## 4.4.2 DNS-Nachrichten mit EDNS(0)

Die Nutzung von UDP beschränkt die Länge speziell der Antworten auf Größen von weniger als 512 Byte in einer DNS-Nachricht, d.h. die DNS-Antworten dürfen nicht auf mehrere UDP-Pakete verteilt werden. Mittels einer DNS-Erweiterung – bezeichnet als *Extended DNS* (EDNS) – ist es allerdings möglich, über UDP auch größere DNS-Nachrichten im EDNS-Format zu transportieren [RFC 6891], sofern beide Kommunikationspartner dieses Verfahren unterstützen.

Pseudo-RR OPT

Um für DNS-Nachrichten zu markieren, dass es sich um das EDNS-Format handelt, wurde ein *Pseudo-RR* `OPT` (*OPTion*) eingeführt, der als Teil der `Additional Section` in die DNS-Nachricht eingebettet wird. Dieser Pseudo-RR wird nur zwischen Client und Server verwendet und erscheint nie in Zonendateien. Er ist aber wie ein normaler RR strukturiert und ermöglicht folgende Angaben:

- Bereitstellung zusätzlicher *Flags*.

- Rcode (ResponseCode) wird erweitert, und es kann die Länge des UDP-Payload eingetragen werden.
- Mit *Pseudo-RR* OPT unterrichten sich die beiden kommunizierenden DNS-Instanzen gegenseitig über die maximale Länge der DNS-Daten im UDP-Payload.

D0-Flag ⇒ DNSSEC

**Bemerkung**: Der Pseudo-RR OPT ist auch bei DNSSEC nötig, um das D0-Flag unterzubringen. Ist dieses gesetzt, kennzeichnet sich der Absender der Nachricht als DNSSEC-fähig.

Nutzung von EDNS

Beim Einsatz von EDNS ist Folgendes zu berücksichtigen:

- Die maximal mögliche IP-Paketgröße muss zwischen den beteiligten DNS-Partnern mittels MTU-Path-Discovery ermittelt worden sein.
- Bei einer Query wird in der DNS-Nachricht das Feld QNAME [Abb. 4.4-2a] auf '00' gesetzt – damit auf die EDNS-Nutzung verwiesen – und in der Additional Section Type OPT (Type = 41) gesetzt.
- Im Feld Class des Pseudo-RR OPT kann nun die maximale Länge (größer als 512 Byte) als möglichen UDP-Payload angegeben werden.
- In der Antwort des DNS-Server wird ebenfalls mit 01 für die ersten Bit im Feld NAME [Abb. 4.4-2b] des übermittelten RR auf EDNS verwiesen und ein Pseudo-RR OPT in Additional Section gesetzt.

Angaben in Pseudo-RR OPT

Die einzelnen Felder im Pseudo-RR OPT sind wie folgt belegt [Abb. 4.4-3]:

- Name = '00' (*Root*).
- Type = OPT.
- Class = Unterstützte maximale Länge des UDP-Payload (in Bit). Bei den möglichen 16 Bit (*signed Integer*) ergibt dies einen maximalen Payload von 4096 Byte.
- extended RCode (ehemals TTL in Abb. 4.4-1) und den Feldern eRCode und Ver (Version von ENDS0) sowie weiteren Flags, wovon z.Z. lediglich das Bit 17 als D0 (erstes Bit im dritten Byte) von Bedeutung ist.
- RDLENGTH: gibt die Länge des Feldes RDATA an.
- RDATA (variable Länge) = Angabe von Optionen in Form <Code, Length, Data>.

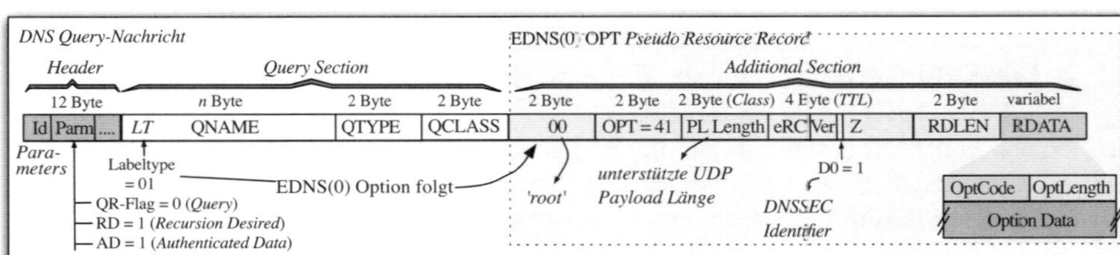


**Abb. 4.4-3:** Aufbau einer DNS-Query mit EDNS(0)-Angabe
OPT: Option, TTL: Time-to-Live, eRC: extended RCode, Ver: Version, Z: Zero

Abb. 4.4-3 zeigt den Aufbau von DNS-Queries mit zusätzlichem EDNS Pseudo-RR. Folgende Felder sind hierbei von Bedeutung:

- Mit der Angabe PL Length kann der Client (aber auch der Server mitteilen), welche maximale UDP-Payload-Länge akzeptiert werden kann.

- Wird im RCode das Bit 16 gesetzt (`DO`), teilt der Client mit, dass er eine DNSSEC-signierte Antwort erwartet.
- In der Regel ist das Feld `RDATA` im EDNS Pseudo-RR nicht gefüllt, also auch die korrespondierende `RDLEN = 0`. Der DNS-Server kann jedoch das Feld `OptCode` nutzen, um Angaben über den zu liefernden Inhalt zu haben.

Mittels des Pseudo-RR `OPT` können einige 'eigenwillige' (und z.T. proprietäre oder auch patentierte) Erweiterungen für das DNS-Protokoll genutzt werden, z.B. um anzuzeigen, dass es sich um 'anstößige' Inhalte handelt. EDNS ist auch besonders deshalb problematisch, da es fordert, dass alle beteiligten DNS-Komponenten (also Stub-Resolver, Proxy-Server und Content-Server) dieses Verfahren auch unterstützen müssen.

## 4.5 DNS Security mit DNSSEC

DNSSEC ist eine Erweiterung von DNS, um die Integrität der DNS-Informationen auch bei möglichen bösartigen Angriffen zu gewährleisten. Mit DNSSEC sollen vor allem die in RFC 3833 dargestellten Sicherheitsschwachstellen beseitigt werden. Die Entwicklung von DNSSEC hat bereits vor mehr als fünfzehn Jahren begonnen, und die Ergebnisse wurden inzwischen in zahlreichen RFC – wie z.B. RFC 2535, 3008, 3090, 3225, 3445, 3655, 3658, 3755, 3757, 3845, 3848 – erfasst, sodass das Konzept von DNSSEC schließlich fast nicht nachvollziehbar war. Um diesem Zustand zu begegnen, hat die IETF im März 2005 die drei RFC 4033, 4034, 4035 sowie zusätzlich RFC 5155 (NSEC3) als Festlegung von heute relevanten Ergebnissen der DNSSEC-Entwicklung veröffentlicht. Die in dieser RFC-Trilogie dargestellte Version von DNSSEC ist unter dem Namen *DNSSECbis* bekannt und wird ergänzt durch RFC 6840.

Mit DNSSEC werden folgende Sicherheitsziele verfolgt: Sicherheitsziele

1. *Sicherstellung der Authentizität*: Stammen die angebotenen DNS-Daten tatsächlich vom autoritativen DNS-(Content)-Server bzw. ist die Partner-DNS-Instanz wirklich der wahre Kommunikationspartner?
2. *Sicherstellung der Nachrichtenintegrität*: Sind die empfangenen DNS-Daten korrekt – d.h. nicht gezielt verfälscht – bzw. handelt es sich wirklich um diese, die vom Content-Server bereitgestellt werden?

   Unter Einbeziehung der Mechanismen `TSIG` bzw. `SIG0` kann auch noch erzielt werden:
3. *Absicherung des Zonen-Transfers*: Wurde der Zonen-Transfer vertraulich zwischen den autorisierten Nameservern durchgeführt?

Trotz des vielversprechenden Namens DNS-'Security' werden die folgenden Schutzziele verfehlt (vgl. Abschnitt 1.6):

I. Die Übermittlung der DNS-Nachrichten zwischen Client und Nameserver erfolgt *nicht vertraulich*; auch bei DNSSEC findet ein unverschlüsselter Datenaustausch statt. Hintergrund hierzu ist, dass die Informationen in den Zonendateien grundsätzlich öffentlich sind und daher auch ihre Übertragung nicht besonders schützenswert ist. Allerdings bietet dies die Möglichkeit, aufgrund der aufgezeichneten DNS-Nachrichten herauszufinden, von welchen IP-Adressen welche Internetdienste per DNS gesucht wurden, also ein *Profiling* vorzunehmen.

II. Durch die Signierung der Zonendaten und das komplexe DNSSEC-Protokoll wird sowohl die *Verfügbarkeit* der DNS-Zonendaten selbst als auch die der Nameserver *herabgesetzt* und zudem werden neue, potenzielle Angriffsmöglichkeiten geöffnet.

Will man Vertraulichkeit bei der DNS-Nachrichtenübertragung gewährleisten, ist man auf andere Protokolle wie z.B. *DNSCurve* angewiesen, das wir im nächsten Abschnitt darstellen.

## 4.5.1 Typische Bedrohungen bei DNS

Die Überlegungen, die als Ausgangspunkte für die Konzeption von DNSSEC dienten, werden nun näher erläutert. Abb. 4.5-1 illustriert einige Angriffsszenarien auf die Nachrichtenübertragung beim DNS-Protokoll, die als Grundlage zur Schaffung der DNSSEC-Erweiterung geführt haben. Um die Sicherheitsziele von DNSSEC erläutern zu können, werden nun die wichtigsten Bedrohungsarten bei DNS kurz vorgestellt.

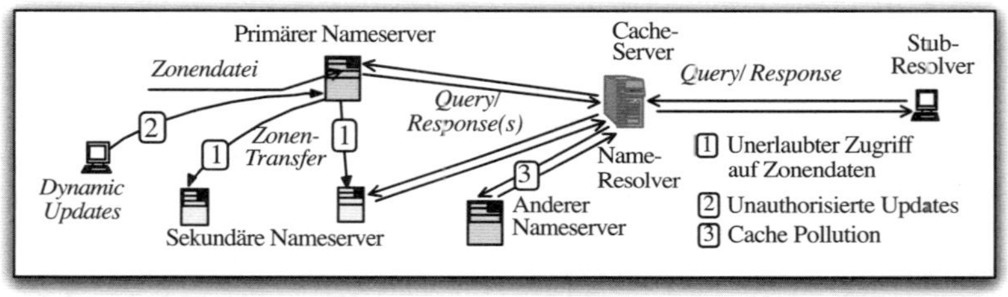


**Abb. 4.5-1:** Typische Bedrohungen bei DNS-Anwendungen

Unautorisierte Updates

- Die Daten können während eines Zonentransfers verfälscht werden. Ein Angreifer – als MitM (*Man-in-the-Middle*) – kann die zwischen primärem und sekundärem Nameserver transportierten DNS-Daten aufzeichnen und gezielt verfälschen. Er kann auch versuchen, den primären Nameserver, in dem er RR fälschen möchte, unter seine Kontrolle zu bringen. Als Folge davon kann er z.B. auf die sicherheitsrelevanten RR zugreifen. Um dies zu verhindern, müssen einerseits die Zonendaten verschlüsselt übertragen werden und andererseits müssen sich die beiden Nameserver – der primäre und der sekundäre – entsprechend gegenseitig authentisieren.

Cache Pollution

- Eine Verminderung der Cache-Pollution (*Poisoning*) von DNS-Informationen erfordert eine durchgängige DNSSEC-Infrastruktur. Solange die DNS-Resolver nicht dazu veranlasst werden, die Information 'offener' Nameserver zu missachten, kann Cache-Pollution nicht unterbunden werden, da natürlich auch ein per DNSSEC abgefragter Nameserver 'vergiftete' DNS-Records beinhalten kann.

IP-Spoofing

- Prinzipiell kann die Kommunikation zwischen Stub-Resolver und Cache auch durch Verschlüsselung geschützt werden, was ein IP-Adress-Spoofing ausschließen würde. Bei einem sorgfältig aufgesetzten externen DNS-Dienst (vgl. Abb. 4.7-2) lässt sich diese Gefahr weitgehend reduzieren; zudem ist jede Art der Verschlüsselung rechenintensiv und damit kostspielig, insbesondere bei asymmetrischen Verfahren.

Cache Poisoning

**Beispiel**: Durch die in RFC 1034 vorgesehene Möglichkeit, Glueless-Domains einzurichten, kann ein Resolver gezielt mit falschen Informationen zum Auffinden von Domainnamen 'gefüttert' werden, was als *Cache Poisoning* bezeichnet wird. Hierbei werden die IP-Adressen von wichtigen Nameservern gefälscht, was beispielsweise mit folgenden DNS-Deklarationen möglich ist:

| Name | Type | RDATA |
|---|---|---|
| www.example.de | NS | ns1.yahoo.com |
| www.example.de | NS | ns2.dca.yahoo.com |
| www.example.de | NS | ns3.europe.yahoo.com |
| ns1.yahoo.com | A | 1.2.3.4 |
| ns2.dca.yahoo.com | A | 1.2.3.4 |
| ns3.europe.yahoo.com | A | 1.2.3.4 |

Besuchern der Webseite `www.example.de` wird eine falsche Delegation der Nameserver von `yahoo` untergeschoben, in dem diese Nameserver per A-Record auf eine gefälschte IP-Adresse zeigen.

Phishing

Ein Resolver, der diese falsche Delegation bei sich cachen würde, leitet im Anschluss alle Webanfragen auf die manipulierten Server um, wodurch der Anwender u.U. zu Eingaben wie z.B. Passwörter oder PIN-Nummern veranlasst würde, was unter dem Begriff *Phishing* bekannt geworden ist. Im heutigen Internet ist es die besondere Aufgabe der Cache- bzw. Proxy-Server, qualifizierte und nicht-kompromittierte Informationen für die Adressauflösung zu beziehen, in dem zum Beispiel von DNSSEC oder DNSCurve Gebrauch gemacht wird.

Vermeidung offener Resolver

Es liegt im Verantwortungsbereich des Proxy-Servers bzw. Full-Resolvers, die Integrität und Authentizität der bezogenen Daten sicherzustellen und diese dem Stub-Resolver zur Verfügung zu stellen. Ferner sollten Proxy-Server nur Antworten für die Clients bereitstellen, die sich im gleichen Netz befinden und somit keine allgemeinen DNS-Dienste für Dritte bieten. *Offene Resolver* können zu DNS-Angriffen mittels sog. *Amplification Attacks* genutzt werden.

**Bemerkung**: Viele Implementierungen wie z.B. der freie Nameserver BIND (*Berkeley Internet Name Daemon*) integrieren die Funktionen eines Content-Servers, eines DNS-Cache, eines Full-Resolvers sowie auch eines Zonentransfer-Clients bzw. -Servers. Solche Nameserver gehen bei der Gewinnung von Daten aus dem DNS mit unterschiedlichen Caching-Strategien vor. Sie können nicht nur die notwendigen Daten aus Zonen liefern, über die sie Autorität besitzen, sondern auch Daten bereitstellen, für die sie nicht verantwortlich sind und u.U. kompromittiert sind. Speziell sollten die Top-Level-Nameserver keine Caching- bzw. Forwarding-Funktion bereitstellen.

Die Missachtung dieser Regel hat in 2006 Anlass zu einer Attacke auf die Root-Server[5] gegeben.

## 4.5.2 Sicherung des Zonentransfers

Zum Sicherstellen des Zonentransfers stehen

- `TSIG` (*Transaction SIGnature*) mit *keyed Message*-Authentisierung [Abschnitt 1.6.4] und
- `SIG0` (*SIGnature*) als asymmetrisches (*private key/public key*) Verfahren

[5] siehe: `http://www.icann.org/en/groups/ssac/dns-ddos-advisory-31mar06-en.pdf`

zur Verfügung, die sowohl für inkrementelle Updates als auch für den regulären Zonentransfer angewendet werden können, wobei hier von TCP und nicht von UDP Gebrauch gemacht wird.

Sowohl TSIG [RFC 2845, 3645] als auch SIG(0) [RFC 2535, 2931] verfolgen das Ziel, die Authentizität des Partners sowie die Integrität der übermittelten DNS-Nachrichten durch eine kryptographische Hashsumme sicherzustellen (*Transaction Security*).

TSIG

Beim TSIG-Verfahren besitzen die beteiligten Nameserver zunächst ein gemeinsames *Shared Secret*. Die Zonendaten werden mittels eines Hashwerts, der das *Shared Secret*, den Zeitstempel und natürlich Nutzdaten entsprechend dem Algorithmus HMAC-MD5 nutzt, gebildet und diese Information – der *Message Authentication Code* MAC – in die Additional Section der DNS-Nachricht eingetragen. Der TSIG-RR wird bei Bedarf gebildet, wenn also der Zonentransfer angefordert wird, und stellt somit einen *Meta-RR* dar. Beim Empfang der DNS-Nachricht kann der Empfänger – bei gemeinsam vorliegendem *Shared Secret* – die Authentizität des Senders sowie die Integrität der übertragenen Zonendaten überprüfen.

**Angaben** in TSIG-RR:
Name = *Hostname* (FQDN), TTL = 0, Class = ANY, Type = 47, RDATA; wobei
RDATA = <Algorithm Name, Time Signed, Fudge, MAC Size, MAC, Original ID, Error, Other Len, Other Data>.

KEY-RR

Da das SIG0-Verfahren das Public/Private-Key-Verfahren nutzt, ist zunächst zu klären, wie der *public key* verteilt wird. Hierzu wurde zunächst für SIG0 in RFC 2535 ein spezieller KEY-RR vorgeschlagen und per DNS bekannt gemacht. Dessen Aufgabe nimmt aber mittlerweile der DNSKEY-RR wahr. Neben dem *public key* selbst ist im KEY-RR auch der verwendete Algorithmus hinterlegt. Der *private key* verbleibt zur Authentisierung der Zonendaten beim Server. Beim SIG0-Verfahren müssen beide Partner diese Voraussetzungen mitbringen, was aber nicht damit gleichzusetzen ist, dass SIG0 auch tatsächlich unterstützt wird.

SIG-RR

SIG0-RR ist ein spezieller SIG-RR (in RFC 2535 bezeichnet diesen als SIG-RR), bei dem die meisten Bit auf 0 gesetzt sind, eben SIG0. Zunächst wird die Query mit einem SIG0-RR in deren Additional Section signiert. Üblicherweise werden in der Query nur bestimmte RR Typen angefordert.

Der antwortende Nameserver hat jetzt die Wahl, entweder die übertragenen RRSets zu signieren oder aber im SIG0-RR nur die Transaktion abzusichern, d.h. sich zu authentisieren. In diesem Fall wird in der Nachricht der Wert von Type Covered = 0 gesetzt.

Im Gegensatz zum TSIG-Verfahren brauchen sich beim SIG(0)-Verfahren die Partner hier nicht gegenseitig zu kennen, sondern der den Zonentransfer anfordernde Client authentisiert sich durch eine signierte Query. Der antwortende Server kann über den *public key* des Anfragers im KEY-RR dessen Authentizität verifizieren.

### 4.5.3 Konzept von DNSSEC

Ziele von DNSSEC

Die zentrale Ziele von DNSSEC sind die

- kryptographische Signierung von Resource Records (in der Zonendatei des DNS-Content-Server) und die

- Bereitstellung von Maßnahmen, diese Signaturen von einem Full-Resolver zu überprüfen.

Authentiziät und Integrität der DNS-Informationen

Werden beide Ziele erreicht, kann der DNS-Client sowohl verifizieren, dass ein Resource Record authentisch von dem Nameserver der betreffenden Zone stammt, als auch, dass der Informationsinhalt unverfälscht übermittelt wurde. Diese *technische Überprüfung* der empfangenen Informationen bedeutet noch lange nicht, dass die Information (z.B. der `RDATA`-Inhalt) auch inhaltlich korrekt ist. Ein kompromittierter Nameserver kann durchaus gültige, aber falsche DNS-Responses erstellen, wenn auch die Hürden sehr viel höher sind als im nicht-geschützten DNS-Betrieb. Zudem findet die Übertragung der DNS-Nachrichten weiterhin auf Grundlage des verbindungslosen UDP-Protokolls statt. Somit gibt es weder eine Gewähr für eine verlustfreie Zustellung noch einen Mechanismus zum erneuten Versenden im Fehlerfall außer auf der Applikationsschicht.

Zur digitalen Signatur der Resource Records wird der *private key* der Zone, *Zone Signing Key* (ZSK) genutzt. Zugleich muss der *public key* der Zone im DNS veröffentlicht werden. Eine geschlossene Vertrauenskette verlangt, dass die Schlüssel wiederum vom übergeordneten Nameserver signiert sind. Dieses Verfahren muss bis zur *Root*-Zone durchgehalten werden.

Dieses Verfahren durchbricht diametral den prinzipiellen *Light-Weight*-Ansatz des DNS, wobei sich Herausforderungen sowohl auf der Server- als auch auf der Client-Seite ergeben:

- Interoperabilität — Das Verfahren muss *interoperabel* zum bisherigen DNS bleiben. Hierdurch ist die bestehende Infrastruktur, d.h. letztlich die RR, gemeinsam mit ihren Signaturen weiterzuführen.
- Kanonisierung der Resource Records — Zur Vermeidung der Signierung jedes einzelnen Resource Record in einer Zonendatei sind *Resource Records Sets* (RRS) zunächst zu *kanonisieren*, d.h. in eine logisch/alphabetische Reihenfolge zu bringen, damit sie anschließend gemeinsam signiert werden können. Im Rahmen von DNSSEC sind *Resource Record Sets* in einer Transaktion gemeinsam zu übertragen.
- Anwachsen der DNS-Antworten — Durch die *ergänzenden Signaturen* und Keys werden die Zonendateien etwa um einen Faktor 3 umfangreicher und zugleich die DNS-Antworten um ein Vielfaches größer. Der DNS-Server muss oft nach EDN0 ausweichen, um die Antwort zu übermitteln.
- Schlüssel-Lebensdauer — Da die *Lebensdauer des Zonenschlüssels* aus Sicherheitsgründen beschränkt werden sollte, ist die Signierung in periodischen Zeiträumen zu wiederholen. Hierdurch ergibt sich für die *Lebensdauer der Resource Records* neben der eigentlichen TTL auch noch die Lebensdauer der Signatur.
- Zonen-Koexistenz — Das Internet 'zerfällt' folglich in Bereiche mit signierten und solche mit unsignierten Zonen. Da untergeordnete Zonen nicht signiert sein müssen, ergibt sich die Frage, wie ein DNSSEC-konformer DNS-Server hiermit umgeht.
- Full-Resolver 'Last' — Die Hauptlast trägt bei DNSSEC trägt jedoch der Full-Resolver. Dieser muss einerseits die entsprechend signierten Resource Records anfordern, ihre Integrität mittels des eingesetzten Hashalgorithums überprüfen und zugleich die Authentizität der vom Content-Server erhaltenen Antwort über die übergeordneten Schlüssel verifizieren – bei jeder Anfrage.
- Stub-Resolver Integration — Die *Integration der Stub-Resolvers* in dieses System ist nicht ganz einfach, da nun entweder der Stub-Resolver oder der Cache-Server für die Überprüfung der DNSSEC-Informationen verantwortlich ist.

### 4.5.4 Funktionale DNS-Erweiterung bei DNSSEC

Die DNS-Erweiterungen zu DNSSEC nach RFC 4034 bestehen darin, dass

- vier neue RR – nämlich DNSKEY, RRSIG, NSEC und DS – eingeführt worden sind,
- der OPT-Header um das DO-Bit angereichert wird und
- der Header der DNS-Nachricht um die AD- und CD-Flags ergänzt werden.

Zunächst wollen wir kurz die DNSSEC-relevanten RR nach RFC 4034 und ihre Bedeutung darstellen:

DNSKEY-RR

- Der DNSKEY-RR dient zur Ablage der öffentlichen Schlüssel (*public key*) der Zone. Der zugehörige *private key* der Zone wird stets geheim gehalten. Dem DNSKEY-RR fallen zwei unterschiedliche Aufgaben zu:
  - *Zone Signing Key* (ZSK): Die RR in der Zone werden mittels des *private key* signiert und können über den *public key* aus DNSKEY-RR verifiziert werden.
  - *Key Signing Key* (KSK): Die Schlüssel der untergeordneten Zonen werden ebenfalls (mit ggf. unterschiedlichen) *private keys* beglaubigt. Sind die verwendeten Schlüssel unterschiedlich, existieren getrennte *DNSKEY*-RR. Hierdurch baut DNSSEC eine *Chain of Trust* auf, die – beginnend bei den Root-Servern – eine durchgehende DNS-Vertrauensinfrastruktur bilden soll.

  **Angaben** im DNSKEY-RR:
  Name = Domainname (Zone), TTL, Class = IN, Type = 48, RDATA; wobei
  RDATA = <Flags, Protocol, Algorithm, *public key*>.
  Es ist immer Protocol = 3. Als Algorithm wird ein *public key*-Algorithmus angegeben. *public key* stellt den öffentlicher Schlüssel der unter Name angegebenen Zone dar.

RRSIG-RR

- Bei DNSSEC wird die Public-Key-Kryptographie verwendet, um die RR mittels der RRSIG-RR (*Resource Record SIGnatur*) zu signieren [Tab. 4.3-1]. Da die Berechnung der digitalen Signatur rechenintensiv ist, sollte sie nicht von jedem einzelnen RR berechnet werden, sondern aus allen RR einer Gruppe mit dem gleichen Typ. In einer Zonendatei kann in jedem *RRSet* dem Typ nach ein RRSIG-RR mit seiner Signatur abgelegt werden. Im Sonderfall, wenn nur ein RR eines Typs in einer Zonendatei vorhanden ist, 'reduziert' sich *RRSet* zu einem RR. Der RRSIG-RR dient zur Authentisierung von RRSet und in Sonderfällen auch von einzelnen RR.

  **Angaben** im RRSIG-RR:
  Name = Hostname (FQDN), TTL, Class = IN, Type = 44, RDATA; wobei
  RDATA = <Type Covered, Algorithm, Labels, Original TTL, Signature Expiration, Signature Inception, Key Tag, Signer's Name, Signature>.
  Type Covered repräsentiert den Type des einzelnen RR bzw. des *RRSet* vom gleichen Type, für den die Signatur berechnet wird. Algorithm benennt das *public key*-Verfahren. Signature stellt die Signatur des im Teil Type Covered angegebenen RR dar.

NSEC3-RR ≠ NSEC-RR

- NSEC3-RR (Next SECure3) dient dazu, dem DNS-Client anzuzeigen, welcher Domainnamen mittels RRSIG-RR *nicht* abgedeckt ist. Das zunächst spezifizierte NSEC2-Verfahren [RFC 4033, 4034, 4035] stellte sich als Security-Desaster heraus.

Durch die Kanonisierung der Einträge in der Zonendatei konnte hiermit ein *Zone Walking* erfolgen, sodass ein potenzieller Interessent die Daten aller untergeordneten Domains einfach abgreifen konnte. Erst mit RFC 5155 und NSEC3 (*Hashed Authenticated Denial of Existence*) wurde dies unterbunden, indem nicht der Name der Zone, sondern dessen Hashwert angegeben wurde. Zone Walking

**Angaben** in NSEC3-RR:
Name = Hostname (FQDN), TTL, Class = IN, Type = 50, RDATA; wobei
RDATA = <Hash Algorithm, Flag, Iterations, Salt-Length, Salt, Hash-Length, Next Hashed Owner Name, Type Bit Maps>

Die Angabe Type Bit Maps teilt mit, welche RR-Typen im nächsten via RRSIG abgesicherten RRSet zu finden sind. Bezieht sich (im Rahmen der *canonical order*) das nächste RRSet auf eine untergeordnete Domain, wird alternativ der zugehörige NS als *Next Domain Name* referenziert. Wird hingegen das letzte signierte RRSet angegeben (und ist somit die Signierung einer Domain komplett), ist der Name der originären Domain zurückzugeben (RFC 4034 nennt sie *Apex*). Hiermit wird dem DNS-Client signalisiert, dass keine weiteren *RRSets* für diese Domain zu erwarten sind. Im Gegensatz zu RFC 1034 umfassen NSEC3-RR auch CName-Records; ferner werden Wildcard RR 'als solche' aufgefasst, d.h. nicht aufgelöst.

- DS-RR (*Delegation Signer*) ist dafür gedacht – vergleichbar dem NS-RR – eine Delegation zum DNSKEY-RR der nachgeordneten Zone darzustellen. Damit die Zuordnung von DS- zu RRSIG-RR nachvollziehbar und eindeutig ist, umfasst der DS-RR die Angaben Key-Tag, den Algorithm sowie einen typischerweise mittels SHA-1 gebildeten Hashwert – als Digest – des untergeordneten DNSKEY-RR. DS-RR

  **Angaben** in DS-RR:
  Name = *Hostname* (FQDN), TTL, Class = IN, Type = 47, RDATA; mit
  RDATA = <Key Tag, Algorithm, Labels, Digest Type, Digest>.

## 4.5.5 Ablauf des DNSSEC-Verfahrens

Will man keine DNSSEC-Insel bilden, ist zunächst Sorge zu tragen, dass der Provider, der den NS-Eintrag für die eigene Zone beheimatet, DNSSEC unterstützt. Wir betrachten im Folgenden die Schritte, die notwendig sind, die eigene Zone zu signieren, und im Weiteren Verlauf, wie der Resolver mit diesen signierten Resource Records umgeht.

### Signierung der Zonendaten

Bei der Signierung einer Zonendatei sind folgende sieben Schritte zur erledigen:

1. Zunächst ist ein *Key Signing Key* (KSK) zu erstellen und festzulegen, KSK
   - welche Länge der RSA-Schlüssel besitzen soll, typischerweise 2048 Bit,
   - welcher Hashalgorithmus für die *Fingerprints* genutzt wird (häufig SHA-256), sowie
   - welche Lebensdauer der Schlüssel besitzen soll (ggf. 1 Jahr),

   sowie darauf zu achten, dass sowohl Schlüsselgenerierung als auch die Aufbewahrung des *private key* sinnvoll geregelt sind.

DS

2. Für diesen KSK ist ein *Fingerprint* zu erstellen, und dieser wird vom Domain-Registrar
   - mit dessen KSK signiert und
   - in Form eines *Delegation Signer* (DS) RR veröffentlicht sowie
   - mittels eines RRSIG-Eintrags beglaubigt,
   - allerdings ohne dass der eigentliche **NS** RR hierin eingeschlossen ist.

| Name | TTL | Type | RDATA |
|---|---|---|---|
| example.de. | 14400 | NS | ns1.example.de |
| example.de. | 14400 | NS | ns2.example.de |
| example.de. | 14400 | DS | 65100 5 ( |
| | | | 1 4fc7376d236fee86Bdc491e0f5f402ab5ec9147) |
| example.de. | 14400 | RRSIG | DS 1 3 14400 ( 20141018041800 20131018041800 |
| | | | 28040 example.de |
| | | | O/d4As9zzkN+fxjshohV1OY/aX38UvDzWA12leLD+uLu |
| | | | WuplV6D3XwWwvvTYnqMHM5kuLnbMEE1KtDml+0tQhA== ) |

ZSK

3. Nun wird der eigene KSK dazu benutzt, *Zone Signing Keys* zu beglaubigen und
4. diese auf dem eigenen DNS-Server zu veröffentlichen:

| Name | TTL | Type | RDATA |
|---|---|---|---|
| example.de. | 7200 | DNSKEY | 256 3 3 ( AQOfy1zMaX1b2qCJjLIZXr ....) |
| | | | ; ZSK key id = 42398 |
| example.de. | 7200 | DNSKEY | 256 3 3 ( AQO3OeR3JpgGm1EfwMDVmz ....) |
| | | | ; ZSK key id = 18140 |
| example.de. | 7200 | DNSKEY | 256 3 5 ( AQP1PstpDYkKzruSFKBIQm ... |
| | | | ... GSNwY3PmHi+b9Vf) |
| | | | ; KSK key id = 65100 |

Key Roll-Over

Der ZSK hat in der Regel eine kürzere wirksame Länge als die KSK, um die kryptographischen Operationen zu beschleunigen. Zudem besitzt der ZSK eine sehr viel kürzere Lebensdauer (von ggf. einem Monat) und muss im Rahmen des *Key Roll-Overs* (vgl. Abb. 4.5-3) periodisch erneuert und die RRSIG-RR neu erzeugt werden. Dies verlangt mehrere ZSK in der Zonendatei.

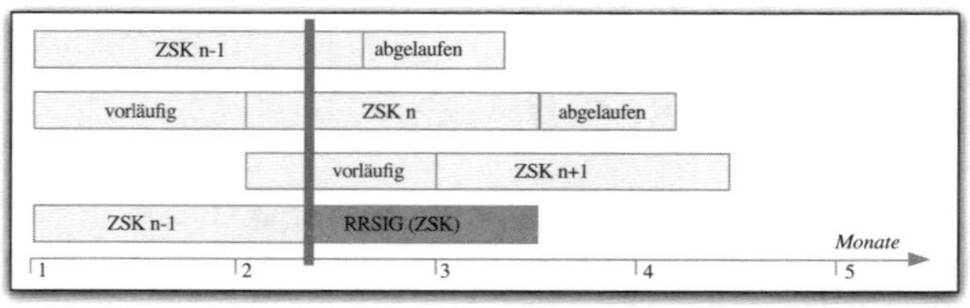


**Abb. 4.5-2:** Key Roll-Over für den ZSK und zur Signierung der Zonendaten
KSK: Key Signing Key, ZSK: Zone Signing Key

Präprozessierung

5. Die Resource Records werden nun 'pre-prozessiert', also *kanonisiert* und in eine alphabetische Reihenfolge gebracht.

RRSIG

6. Anschließend können die Resource Records signiert werden [Abb. 4.5-3]:

| Name | TTL | Type | RDATA |
|---|---|---|---|
| host1.example.de. | 7200 | A | 1.2.3.4 |
| host1.example.de. | 7200 | RRSIG | A 1 3 14400 ( |
| | | | 20130918041800 2013050819041800 ; Gültigkeit |
| | | | 18140 example.de; Keytag + Name |
| | | | AK9adL3gh7VkVLYoan/5CHUO...== ) ; Signatur |

7. Der abschließende Schritt besteht darin, die so gewonnene Zonendatei in ein Binärformat zu überführen, also zu kompilieren und zur Anwendung auf dem Nameserver zu bringen.

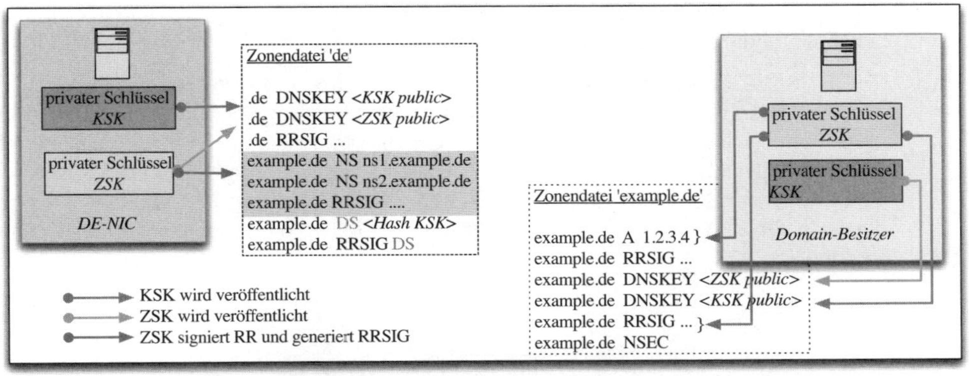


**Abb. 4.5-3:** Trust Chain bei DNSSEC am Beispiel der Domain example.de
KSK: Key Signing Key; ZSK: Zone Signing Key

Es ist durchaus nicht unüblich, dass mehrere Signaturen für die Resource Records mit unterschiedlichen Keys vorliegen, und zwar für den aktuell gültigen `ZSK` *n* und den zukünftigen `ZSK n+1`. Wird zudem Sorge getragen, dass die `TTL` der Signatur kürzer ist als die `TTL` des eigentlichen RR, kann die Validität der Informationen in der Zonendatei gewährleistet werden.

Sub-ordinate Domains

Zonen, die DNSSEC-signierte Resource Records mitbringen, können Delegationen für 'sub-ordinate' Domänen enthalten. Hier sind zwei Szenarien möglich:

- Ist die untergeordnete Zone ebenfalls signiert, dann liegen in der aktuellen Zone vor:
  - der (*unsignierten*) `NS`-Record für die delegierte Domain,
  - ein zugehöriger *Delegation Signer* `DS-RR` für den `NS`-Record,
  - der signierte '*Glue*', d.h. die IP-Adresse des Nameservers.
- Die untergeordnete Zone ist nicht signiert, und es folgt lediglich:
  - der `NS`-Eintrag für die delegierte Domain sowie
  - der *Glue* für den `NS`-Record.

Resolver

Wie kann nun ein DNSSEC-fähiger Resolver feststellen, ob eine nicht-signierte Domain wirklich vom übergeordneten NS delegiert wurde? Die DNS-Nachrichten können ohne Probleme gefälscht werden! Als Lösung ergibt sich, dass der übergeordnete Nameserver nicht nur die signierten Domains mitteilt, sondern auch die nicht signierten Domains (bzw. allgemein alle betroffenen Resource Records), was die `NSEC3-RR` ermöglichen.

### DNSSEC und Resolver

Im normalen DNS ist es die Aufgabe der Cache-Server,

- die Anfragen der Stub-Resolver für eine (rekursive) Namensauflösung (als *Full-Resolver*) durchzuführen,
- die auf Konsistenz überprüften Resource Records (für eine maximal `TTL`-Dauer) in den Cache zu überführen und anschließend
- dem Stub-Resolver im Rahmen seiner Server-Funktion als *nicht-autoritative* Antwort (Bit `AA=0`) zu übermitteln.

Eine gesuchte Domain ohne zugeordneten Nameserver wird durch SERVFAIL gekennzeichnet (und nicht in den Cache übernommen).

iResolver

Ein DNSSEC-fähiger Resolver gemäß RFC 3225 wird *DNSSSEC-aware* oder auch *indicating* Resolver, kurz *iResolver* genannt. Er hat die Aufgabe, die Authentizität der angefragten DNS-Records über den *Trust Chain* zu verifizieren. Hierzu muss der iResolver (vergleichbar der *hint-Datei*) die vertrauenswürdigen Nameserver kennen, die den *Apex* des signierten Domainraums markieren und als *Trust Anchor* fungieren. Da mittlerweile alle Root-Server DNSSEC unterstützen, können diese selbst als *Anker* genutzt werden.

iCache-Server

Ein *indicating* Cache-Server (*iCache-Server*) muss sich nun neben den validierten Resource Records sowohl

- die TTL der Domain bzw. der einzelnen RR als auch
- die Gültigkeitsdauer der Signatur der RRSIG-RR

merken, wobei er auch in der Regel die ermittelten *Trust Chains* in seinem Cache speichert.

Wie geht man aber mit Situationen um, wo die TTL noch gültig, der ZSK aber abgelaufen ist? Wie geht man mit Zonen um, wo RRSIG-RR vorliegen, der ZSK aber nicht zur Verfügung steht? Hierzu klassifiziert der iResolver die Antworten in folgende Kategorien [RFC 4035]:

1. *Secure*: Die empfangenen DNS-Informationen konnten über die gesamte *Trust Chain* erfolgreich kryptographisch verifiziert werden [Abb. 4.5-4].
2. *Insecure*: Es lässt sich nachweisbar keine *Trust Chain* für die Daten feststellen.
3. *Bogus*: Die DNS-Records sind signiert, aber aus unterschiedlichen Gründen konnte keine geschlossene *Trust Chain* ermittelt werden.
4. *Indeterminate*: Für die Query können keine DNSSEC-RR ermittelt werden, d.h. die Zone wurde nicht signiert.

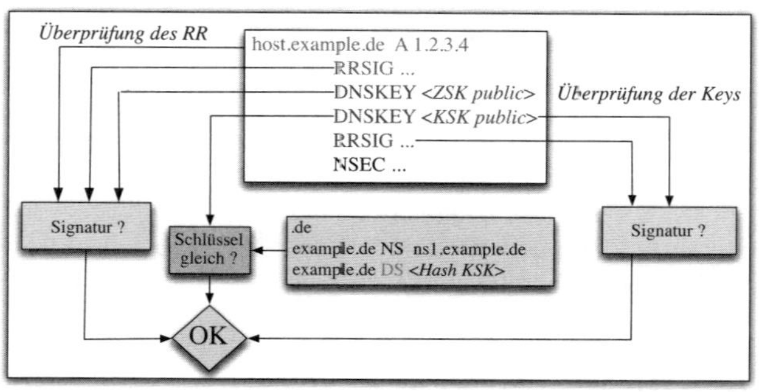


**Abb. 4.5-4:** Erfolgreiche Überprüfung von DNSSEC-Records durch den iResolver
KSK: Key Signing Key; ZSK: Zone Signing Key

iResolver Betriebsmode

Zudem unterstützt ein iResolver mehrere *Betriebsmodi*:

- *Secure Mode*: Es werden nur kryptographisch gesicherte Antworten akzeptiert und ein *BadResult* mit ggf. weiteren Angaben ausgegeben.

- *NoBogus Mode*: Es werden sowohl DNSSEC-gesicherte Antworten als auch die üblichen, nicht-gesicherten Responses zugelassen – nicht hingegen solche, die *Bogus* sind.
- *Permissive Mode*: Alle empfangenen Antworten werden weitergereicht, unabhängig von deren Kategorie.
- *Insecure Mode*: Die Abfragen werden zwar per EDNS(0) DNS-Nachrichten ausgezeichnet, doch wird mittels des gesetzten `CD`-Bit (*Checking Disabled*) dem Nameserver mitgeteilt, dass keine DNSSEC-Informationen benötigt werden.

Hat der iResolver die DNS-Informationen kryptographisch verifiziert (folglich ist diese im Status '*Secure*'), nutzt er das `AD`-Bit in Response-Nachrichten an den Stub-Resolver [Abb.4.5-5], um auch dem DNSSEC-unfähigen Stub-Resolver die Qualität der bezogenen Informationen mitzuteilen.

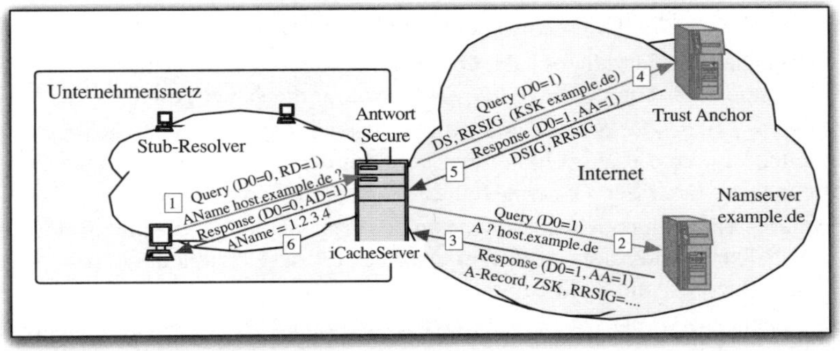


**Abb. 4.5-5:** Weitergabe einer DNSSEC-Response im Status 'Secure' an einen nicht-DNSSEC-fähigen Stub-Resolver

**Beispiel**: Zur Illustration der Weitergabe von DNSSEC-verifizierten Responses an einen nicht-DNSSEC-fähigen Stub-Resolver seien folgende Schritte hervorgehoben:

1. Der Stub-Resolver richtet eine normale DNS-Query mit der Aufforderung *Recursion Desired* an den iCache-Server.
2. Der iCache-Server kontaktiert den für die Zone verantwortlichen Nameserver und stellt mittels des gesetzten `DO`-Bit in der EDNS(0)-Nachricht klar, dass nicht nur der A-Record für `host.example.de`, sondern auch die Signaturen gefordert sind.
3. Der DNSSEC-Nameserver der Domain `example.com` liefert diese Informationen unter Angabe des `A`-Record, des zugehörigen `RRSIG`- und `ZSK`-Records in der EDNS(0)-Nachricht.
4. Der iCache-Server kennt aber auch den übergeordneten Nameserver (in unserem Falle den *Trust Anchor*) und fordert von diesem den für die Domain `example.de` vorliegenden `DS`-Record nebst dem `KSK` des DNS-Servers selbst an.
5. Die DNS-Informationen werden vom übergeordneten Server geliefert – oder liegen bereits im Cache des iCache-Servers – und dienen nun zur Überprüfung der *Trust Chain* (vgl. Abb. 4.5-4).
6. Nach erfolgreicher Überprüfung der vorliegenden Keys und Signaturen wird eine Standard-DNS-Response an den Stub-Resolver generiert, die allerdings nun – im Gegensatz zu nicht-DNSSEC-Antworten – mit dem Flag `AD=1` (*Authentic Data*) gekennzeichnet ist.

## 4.6 Gesicherter Nachrichtentransport mit DNSCurve

Das von Dan J. Bernstein vorgestellte und von Matthew Dempsky in 2010 als Draft `http://tools.ietf.org/search/draft-dempsky-dnscurve-01` formulierte DNSCurve-Verfahren zur Absicherung des DNS-Datenverkehrs geht im Vergleich zu DNSSEC andere Wege, die wir im Folgenden kurz beleuchten möchten:

- Ziel ist eine gesicherte DNS-*Nachrichtenverschlüsselung*, und zwar sowohl der Query als auch der Response.
- DNSCurve sichert hierbei die Kommunikation zwischen einem DNS-Forwarder und DNS-Proxy-Server bzw. von DNS-Proxy-Servern untereinander.
- Als Verschlüsselungsalgorithmus findet Diffie-Hellman zusammen mit der *Elliptic Curve Cryptography* (ECC) Anwendung, beides Voraussetzungen für DNSCurve.
- Die Sicherstellung der Integrität der übertragenen DNS-Nachricht und die Authentizität des Absenders wird durch die *public key*-Kryptografie sicher gestellt.
- Der *public key* des DNS-Servers wird im Gegensatz zu DNSSEC nicht im DNS als spezieller Resource Record hinterlegt, sondern der *public key* ist trivialerweise der Hostname des DNS-Servers, also Teil des A-Records.
- DNSCurve verzichtet auf Änderungen an der bestehenden DNS-Infrastruktur. Lediglich DNS-Server und Name-Resolver müssen DNSCurve 'enabled' werden; neue DNS Resource Records sind nicht gefordert.
- Eine Koexistenz von DNSCurve, DNSSEC und Standard-DNS-Komponenten ist gewährleistet.

Im praktischen Einsatz von DNSCurve werden zwei Komponenten benötigt:

- Ein DNSCurve-Cache bzw. DNSCurve-Proxy, der mit einem
- (inversen) DNSCurve-Forwarder kommuniziert.

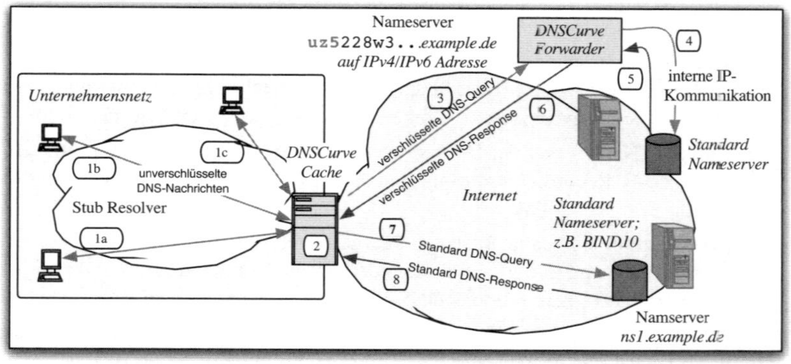


**Abb. 4.6-1:** Zusammenspiel von DNSCurve-Forwarder und DNSCurve-Cache zur Absicherung des DNS-Datenverkehrs

Abb. 4.6-1 illustriert den Ablauf beim DNSCurve-Verfahren:

Ablauf beim DNSCurve

1. Die im Unternehmensnetz befindlichen Stub-Resolver (1a, 1b und 1c) kommunizieren (unverschlüsselt) mit ihrem DNS-Proxy, der zugleich DNS-Cache-Server ist. Diese Situation ist der bei DNSSEC vergleichbar [Abb. 4.5-5].
2. Der DNSCurve-Cache nimmt die Queries der Stub-Resolver entgegen und vermerkt die Antworten in seinem Cache.
3. Kontaktiert er einen DNSCurve-fähigen DNS-Server (erkennbar aufgrund eines 'magic key' im FQDN), verschickt er verschlüsselte Queries.
4. Dieser nimmt die Query entgegen, entschlüsselt sie und stellt sie einem Standard-DNS-Content-Server (z.B. BIND, PowerDNS oder andere) zur Verfügung. Dies geschieht über die gesicherte, interne Kommunikation auf dem Rechner, z.B. über das Loopback-Interface.
   Der eigentliche DNS-Content-Server kann entweder im Stealth-Modus arbeiten oder aber als öffentlicher Server, allerdings dann mit anderer IP-Adresse als der des DNSCurve-Forwarder.
5. Der Content-Server überstellt die Antwort an den DNSCurve-Forwarder,
6. der die Antworten verschlüsselt und an den upstream DNSCurve-Cache verschickt.
7. Ist der DNS-Server nicht DNSCurve-fähig – besitzt also einen 'üblichen' Hostname wie `ns1.example.de` –, arbeitet der DNSCurve-Cache wie ein Standard-DNS-Proxy und
8. cached die (unverschlüsselt) empfangenen DNS-Antworten.

DNSSEC vs. DNSCurve

Das DNSCurve-Verfahren stellt somit eine spezielle Transportverschlüsselung für den DNS-Nachrichtenaustausch dar. Arbeitet das DNSSEC-Verfahren im Grunde genommen statisch (sieht man einmal von der regelmäßigen Neuerstellung der RRSIG-Records ab), findet bei DNSCurve eine *on-the-fly*-Verschlüsselung jeder einzelnen DNS-Nachricht mit ständig wechselnden (symmetrischen) Schlüsseln statt. Die kryptographische Arbeit wird hierbei zwischen Resolver und Server geteilt. Während ein DNSSEC-Server bei der Beantwortung der Fragen kryptographisch keine Arbeit zu leisten braucht, ist diese bei DNSCurve vorhanden und verlangt ein effizientes Verfahren, das Dan Bernstein in großen Teilen selbst entwickelt hat. Dafür schützt DNSCurve die bestehende DNS-Infrastruktur und erlaubt im Gegensatz zu DNSSEC kein *Zone Walking* und ist immun gegen sog. *Amplification Attacks*.

Bei DNSCurve wird wie üblich der DNS-Port 53 benutzt. Um die Nachrichten durch eventuelle 'Deep Packet Inspection'-Firewalls übertragen zu können, lassen sich die Nachrichten in einem Standard-DNS Nachrichtenformat übermitteln; es kann aber auch ein alternatives, effizienteres Stream-Format genutzt werden.

Im Gegensatz zu DNSSEC ist DNSCurve nicht *Zonen-*, sondern *Server*-basierend. Ein *Chain of Trust* im eigentlichen Sinne wird nicht benötigt, wobei durchaus DNSCurve-basierte Nameserver als *Anchor* dienen können.

## 4.6.1 Kryptographisches Konzept von DNSCurve

DNSCurve Hostname = *public key*

Der DNS-Server wird mit einem spezifischen NS-Record bekannt gegeben. Statt des üblichen (trivialen) Namens, z.B. `ns1.example.de`, wird nun der Hostname des DNS-Servers wie folgt gebildet:

- Der Hostname startet immer mit dem 'magic key' uz5 als Präfix.
- Der Hostname wird ergänzt mit einem 51 großen, entsprechend Base-32 umgewandelten 255 Bit langen ECC *public key* des Servers. Beispiel:

```
uz5228w385gfgx6k9bxxr58sztpsltxs9uhwxgn10tbkmmg6pmxx72.example.de
```

  Das Hostname-Label weist genau eine Länge von 54 Byte auf. Das Präfix 'uz5' und die Länge des Hostname-Labels wurden so gewählt, dass praktisch keine Überschneidungen mit Hostnamen existierender DNS-Server vorkommen.
- Dieser FQDN wird als AName des Nameservers im DNS veröffentlicht. Durch den '*magic key*' uz5 erkennt ein DNSCurve-befähigter Resolver, dass nun das DNSCurve Protokoll einzusetzen ist.

Curve25519

Im Gegensatz zum DH-Verfahren mit *diskretem Logarithmus* (vgl. Abschnitt 1.6.6) ist der nach ECC gebildete *public key* sehr viel kürzer und kann daher als Domain-Label genutzt werden. Damit das Verfahren effizient abläuft, wird nun eine spezielle elliptische Kurve eingesetzt, nämlich *Curve25519*, deren Verschlüsselungsstärke äquivalent einem RSA-Schlüssel mit 3000 Bit Länge ist.

DNSCurve-Client

Bei DNSCurve besitzt auch der DNS-Client bzw. Resolver einen ECC *public key*. Im Gegensatz zum DNSCurve-Server wird er jedoch nicht öffentlich gemacht, sondern in der DNS-Nachricht dem Server mitgeteilt. *Public* und *private key* des DNS-Resolvers werden einmalig statisch vor Inbetriebnahme generiert, können aber ggf. periodisch wechseln.

Besonderheiten der DNSCurve-Query

Anfragen von DNSCurve-fähigen Resolvers an den DNSCurve-Server besitzen die folgenden Merkmale:

- Kontaktiert der DNSCurve-Resolver den DNSCurve-Server (oder auch Proxy), erkennt ersterer aufgrund des 'magic keys' dessen Verhalten und entnimmt dem Hostname-Label den *public key* des Servers.
- Der DNSCurve-Resolver generiert ein 96-Bit *Nonce* für diesen DNSCurve-Server. Das Nonce besteht aus zwei Teilen:
  1. einem 64 Bit langen Zähler, der mit jeder zukünftigen DNS-Nachricht für diesen DNS-Server hochgezählt wird (und typischerweise einfach ein *Timestamp* sein kann) und
  2. einer 32-Bit-Zufallszahl, dem *Seed*.
- Die kryptographisch relevanten Informationen werden bei DNSCurve in eine *Cryptobox* gesteckt, die Bestandteil der *NaCl Library* [http://nacl.cace-project.eu/index.html] ist und ebenfalls von Dan Bernstein entwickelt wurde.

Cryptobox

Die *Cryptobox* ist ein hochwertiger Verschlüsselungscontainer, der nach folgenden Prinzipien gebildet wird:

- Die Verschlüsselung erfolgt nach dem XSALSA20-Stromverschlüsselungsalgorithmus, der ein 192 Bit Nonce und einen 256 Bit geheimen Schlüssel benötigt.
- Das Nonce setzt sich aus dem 96 Bit Server- und Client-Nonce zusammen.
- Der *geheime Schlüssel* ist das Ergebnis der ECC-Berechnung auf *Curve25519* (vgl. Abschnitt 1.6.6).
- Ein *Message Authentication Code* (MAC) wird nach dem POLY1305-Verfahren hinzugefügt, das Dan Bernstein Anfang 2005 entwickelt hat. Der Name stammt von der

Primzahl $2^{130} - 5$, die zur Modulo-Berechnung genutzt wird. Im Falle von DNSCurve wird `POLY1306` zusammen mit `XSALSA20` eingesetzt.

Public key authenticators

Die aus der Cryptobox entnommenen Nachrichten sind somit nicht nur *vertraulich* und *unverfälscht* übertragen worden, sondern auch *authentisch*. Sie stammen also (nachweisbar) vom jeweiligen Kommunikationspartner. Dieser kann dies auch nicht *abstreiten*; sie gehorchen also auch dem Kriterium der *None-Repudiation*. Diese kryptographisch zentralen Anforderungen sind zudem so verkapselt, dass sie nur für die jeweiligen Endsysteme nachvollziehbar sind. Es werden also keine Informationen '*ge-leaked*'. Dan Bernstein nennt dies '*public key* authenticators'.

## 4.6.2 DNSCurve-Nachrichtenformate

Die Cryptobox ist vergleichbar einer Binärdatei, enthält also nicht-druckbare Zeichen. Innerhalb von DNS-Nachrichten kann aber nur ein beschränkter Zeichensatz übertragen werden (vgl. Abschnitt 4.2.3). Hierdurch ergibt sich die Notwendigkeit, die Cryptobox mittels des Base-32-Algorithmus in ein Zeichensystem zu überführen, das nur die Zeichen `a` bis `z` sowie `0` bis `9` umfasst.

Bei DNSCurve werden sowohl die Queries als auch die Responses in einer *Cryptobox* zugestellt. Zugleich muss die eingebettete Information kompatibel mit dem DNS-Nachrichtenformat (vgl. Abschnitt 4.4) sein. Hierbei wurden folgende 'Tricks' genutzt:

1. Die Cryptobox wird in einem proprietären Format übertragen, für das es keine Entsprechung gibt, quasi ein eigener 'Pseudo-Type'. Bei DNSCurve ist es das sog. *Stream-Format*.
2. Sowohl Queries als auch Responses werden so aufgebaut, dass sie syntaktisch einem DNS TXT-Record entsprechen. Diese Verfahren ist zwar weniger effizient als das Stream-Format, dafür kann es auch von pingeligen Firewalls durchgelassen werden.

### DNSCurve Stream-Format

Wire-Format

Abb. 4.6-2 illustriert die Struktur von DNSCurve *Stream-Nachrichten* in der sog. Wire-Format-Darstellung. Bemerkenswert hieran ist die Gestaltung des Headers der Nachrichten. Im Vergleich zu Abb. 4.4-1 wird `Identification` durch den Zeichenstring '`Q6`' bei Queries und '`R6`' bei Responses, der Wert für `Parameters` durch '`fn`', `QDcount` durch '`vW`' und `ANcount` entweder durch '`j8`' oder '`J8`' ersetzt.

Diese Parametrierung identifiziert eine DNSCurve-'Stream'-Nachricht. Anschließend wird wie folgt vorgegangen;

- Bei DNSCurve *Queries*
  - kommt zunächst der *public key* des Client mit 32 Byte,
  - gefolgt von dem Client Nonce mit 12 Byte und ferner
  - der Cryptobox mit der eigentlichen Query.
- Bei der DNSCurve Response
  - wird zunächst das Client Nonce,
  - anschließend das Server Nonce und zuletzt
  - die Cryptobox

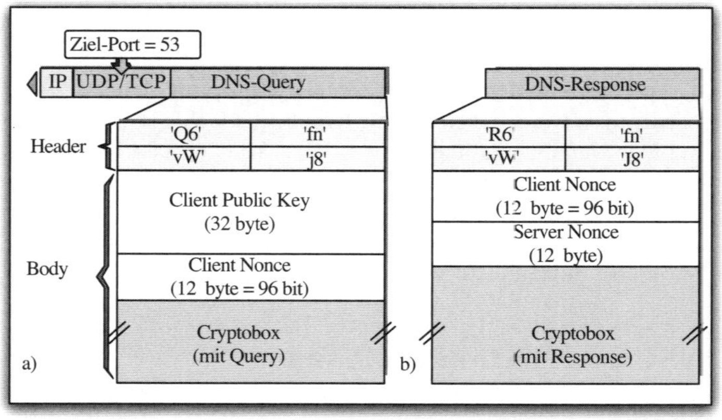


**Abb. 4.6-2:** Aufbau von DNSCurve Query- und Response Stream-Nachrichten
a) DNSCurve-Queries, b) DNSCurve-Responses

in die Response-Nachricht eingefügt.

### DNSCurve TXT-Format

Eine Firewall, die Kenntnisse über den syntaktischen Aufbau eines DNS-Records hat, würde ggf. *Stream-Nachrichten* verwerfen. Daher kann ein weiterer, mit DNS-Nachrichten kompatibler Typ genutzt werden, der den Anschein erweckt, es handle sich um eine DNS `TXT`-Query/Response [Abb. 4.6-3].

Kennzeichnend ist zunächst, dass hierbei der DNS-Nachrichten-Header 'normal' aufgebaut ist. Eine Standard-*Identification* wird genutzt, und es wird ausgesagt, dass es sich um *eine* Query und *eine* (autoritative) Response handelt. Wir beachten, dass in Abb. 4.6-3 die Zahlen-Tuple im Header eine hexadezimale Darstellung der Bit sind, während die Ausdrücke in Hochkomma '`x1a`' ASCII-Repräsentanten darstellen.

DNSCurve Qname

Bei der Query [Abb. 4.6-3a] wird eine 'normale' Labeldarstellung emuliert: der *DNSCurve Qname* [Abb. 4.6-3c]. Hier wird die Tatsache ausgenutzt, dass die Query-Section mehrere Abfragen (Hostnamen) beinhalten kann (vgl. Abb. 4.4-2) , denen jeweils die Länge des Namens vorangestellt wird. Die einzelnen Hostnamen beinhalten somit bei DNSCurve eine kryptographisch geraffte Information. Bemerkenswert ist hier, dass der *public key* des Client, der an das vorrangige Client-Nonce samt Cryptobox folgt, mit dem Präfix 'x1a' eingeleitet wird und insgesamt 54 Byte umfasst (nach Base-32 Encoding).

DNSCurve Response

Die DNSCurve Response [Abb. 4.6-3b] ist äquivalent zur Query aufgebaut, beinhaltet also zunächst die Query in der `Query`-Section, ergänzt durch die üblichen Angaben über `QType` und `QClass`. Der Wert `0xc00c` sagt aus, dass derselbe `QName` vom Client auch verschickt wurde. Es wird immer ein `TTL` von `0` angegeben. Der Rest der `Answer`-Section beinhaltet die eigentliche Antwort unter Einschluss des Server-Nonce und der Cryptobox. Die Länge des gesamten Feldes darf 255 Byte nicht überschreiten.

Im Gegensatz zu DNSSEC-Nachrichten steht hier das Bemühen im Vordergrund, die DNS-Nachrichten so kompakt wie möglich zu halten, um sie über UDP übertragen zu können. `EDNS0` wird bei DNSCurve nicht unmittelbar unterstützt.

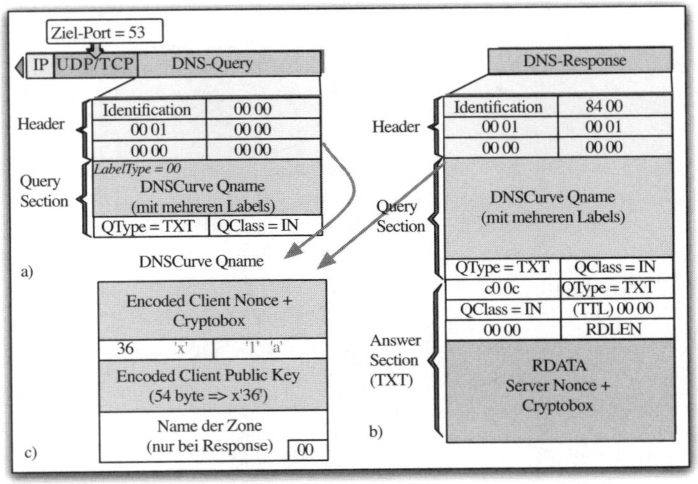


**Abb. 4.6-3:** Aufbau von DNSCurve Query- und Response TXT-Nachrichten
a) DNSCurve-Queries, b) DNSCurve-Responses, c) DNSCurve-Qname Interpretation

In DNSCurve eingebettet Queries/Responses erlauben zwar aufgrund der 'Meta-Data' festzustellen, welcher Resolver mit welchem Server gesprochen hat, der Inhalt der Konversation bleibt aber im Gegensatz zu DNSSEC stets vertraulich.

## 4.7 DNS und Internetdienste

Eine wesentliche Anwendung des DNS besteht in der Unterstützung der Ermittlung der IP-Adressen von Zielrechnern bei der Realisierung verschiedener Internetdienste. Insbesondere zu nennen ist hierbei die Unterstützung der Übermittlung von E-Mail nach dem Protokoll SMTP (*Simple Mail Transport Protocol*). Mit der Einführung der Internet-Telefonie gewinnt das DNS enorm an Bedeutung. Insbesondere können die Telefonnummern für die Adressierung aller Internetdienste verwendet werden. Diese bemerkenswerte Idee wird als ENUM (*Telephone Number URI Mapping*) bezeichnet.

### 4.7.1 DNS und E-Mail nach SMTP

Jede per Internet abgeschickte E-Mail hat eine E-Mail-Adresse des Empfängers (`Mail To:`), die im Allgemeinen folgende Struktur aufweist: E-Mail-Adresse: user@domain

```
user@host.domain.suffix
```

In der E-Mail-Adresse werden die den Ziel-SMTP-Server betreffenden Angaben, d.h. der Teil der Adresse nach dem Symbol `@`, einem DNS `MX`-Lookup unterzogen, wobei zunächst über den `MX-RR` alle ausgewiesenen SMTP-Servers ermittelt werden, um im Weiteren Vorgehen den primär verantwortlichen SMTP-Server zu bestimmen, was als *Canonicali-* Canonicalization

*zation* bezeichnet wird. Daher erfolgt die Ermittlung der IP-Adresse des verantwortlichen Mailservers über den `MX-RR` in der Reihenfolge

> Domainname ⇒ `MX-RR` ⇒ FQDN der Mailserver (Canonicalization) ⇒ `A-RR` ⇒ IP-Adresse.

Zur Identifikation im Internet von SMTP-Servern, die man auch als *Mail Transfer Agent* (MTA) bezeichnet, dienen die `MX-RR` (*Mail eXchange*) [Tab.4.3-1] in der DNS-Datenbank, die das Aufsetzen eines Systems hierarchisch gestaffelter SMTP-Server pro Zone gestatten. In `MX-RR` enthält der Teil `RDATA` zuerst – erste 16 Bit – die *Präferenz* (*Preference*), und dann folgt der `A-Name` des SMTP-MTA. Unter Berücksichtigung der Präferenz mit aller `MX-RR` einer Domain wird die Reihenfolge der E-Mail-Zustellung bestimmt:

**Beispiel**: Nutzung redundanter SMTP-Server mittels `MX`-Records.

| Name | Class | Type | Preference | RDATA |
|---|---|---|---|---|
| example.de | IN | MX | 1 | smtp01.domain.com |
| example.de | IN | MX | 1 | smtp02.domain.com |
| mail.example.de | IN | MX | 20 | smtp03.domain.com |

Die ersten zwei Einträge (jeweils mit der Präferenz 1) für die Domain `example.de` verweisen auf die Hostnamen `SMTP01` und `SMTP02`, auf denen die zentralen SMTP-Server installiert sind. Typischerweise wird dies für das Load-Balancing eingesetzt. Ein SMTP-Client wertet die `MX-RR` nach ihrer Präferenz, wobei der `MX-RR` mit dem niedrigeren Präferenzwert bevorzugt wird, und anschließend in der Empfangsreihenfolge aus. Daher wird in der Regel zunächst jede E-Mail an `SMTP01` in `example.de` adressiert. Ist dieser aber nicht verfügbar oder überlastet, wird `SMTP02` kontaktiert. Der dritte `MX-RR` beinhaltet das explizite Ansprechen von `SMTP03` mit Präferenz 20.

CName und SMTP-Servername

Um eine indirekte Adressierung auszuschließen, verbietet RFC 1123 die Nutzung eines Alias-Namens (`CName`) im `MX-RR` als SMTP-Servername. In der Praxis wird diese Einschränkung aber häufig umgangen. Wie hier das Beispiel zeigt, erlauben die `MX-RR` eine Domain- bzw. Host-bezogene Adressierung. Lediglich Rechner bzw. SMTP-Server, die per `MX-RR` definiert sind, können über E-Mail nach SMTP erreicht werden, sofern der E-Mail-Client nicht zusätzlich den `AName` zur Adressauflösung heranzieht, was aber immer noch gängige Praxis ist.

**Beispiel**: Abb. 4.7-1 zeigt den Ablauf unter idealisierten Bedingungen. Hier gingen wir davon aus, dass der Resolver den für die Domain `xyz.de` verantwortlichen Nameserver `ns1.xyz.de` direkt kontaktiert und dieser sowohl den MX-Record in der `Answer Section` als auch dessen IP-Adresse in der `Additional-Section` mitteilt. Dies muss aber nicht unbedingt immer der Fall sein. Häufig sind auch Situationen gegeben, wo der MX-Record einen `CName` enthält.

Relay Blacklists (RBL)

Eine besondere Anwendung findet das DNS bei der Nutzung sog. *Relay Blacklists* (RBL), die man auch *Realtime Blacklists* nennt. Vor der Annahme einer E-Mail von einem SMTP-Relay mit der IP-Adresse `1.2.3.4` wird ein spezifischer DNS-Lookup bei einem Betreiber solcher Blacklists (z.B. SpamCop) vorgenommen. Diese Betreiber führen Listen von SMTP-Servern, die bekanntermaßen Spam-E-Mails versenden. Für die IP-Adressen dieser SMTP-Server wird unter der eigenen Domain-Kennung ein TXT-RR mit der (umkehrt geschriebenen) IP-Adresse wie folgt gebildet:

`IP 1.2.3.4` ⇒ `4.3.2.1.bl.spamcop.org`

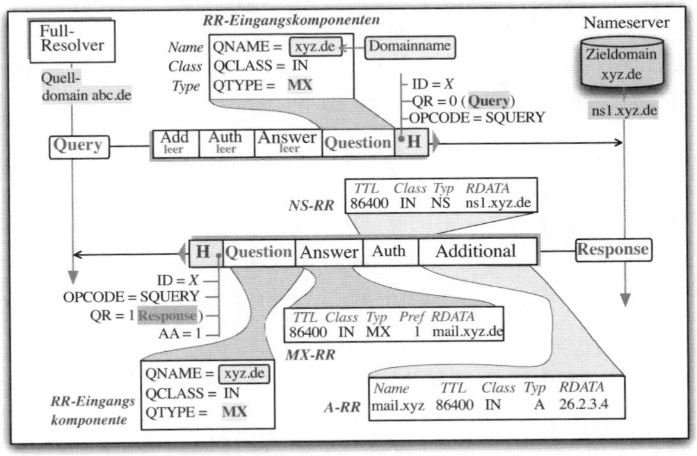


**Abb. 4.7-1:** Ermittlung eines Mailservers für eine Domain

Der DNS-Client des entsprechend instruierten SMTP-Servers überprüft die Existenz dieses Eintrags. Liegt bei der konfigurieren RBL kein Eintrag vor, ist der Sender der E-Mail nicht verzeichnet und kann erlaubt werden.

Sender Policy Framework

Während die RBLs unautorisierte Informationsquellen im DNS über potenzielle Spam-Sender bereitstellen, ermöglicht das *Sender Policy Framework* (SPF) [`http://www.openspf.org/`] einem Betreiber von SMTP-Servern, diese im DNS als autoritative MTAs für die betreffende Domain zu kennzeichnen. Wie die vergleichbaren Ansätze DKIM (*DomainKeys Identified Mail*) gemäß RFC 4871 [`http://www.dkim.org/`] und *DMARC* [`http://dmarc.org/`] stützt sich auch SPF auf den Eintrag entsprechender RR in der Zonendatei.

**Beispiel**: Neben dem `SPF-RR` (`Type = 99` [Tab.4.3-1]), kann auch alternativ ein geeignet aufgebauter `TXT-RR` genutzt werden:

| Name | Class | Type | RDATA |
|---|---|---|---|
| `example.de` | `IN` | `SPF` | `v=spf1 +mx a:mx1.example.de -all` |
| `example.de` | `IN` | `TXT` | `v=spf1 +mx a:mx1.example.de -all` |

Im Gegensatz zum RBL-Verfahren bietet SPF [RFC 4408] (wie der Name bereits sagt) ein komplettes Framework zur Deklaration und zur Auswertung der Angabe `RDATA` in RR. Im gezeigten Beispiel wird mit `v=spf1` zunächst die Version von SPF festgelegt, dann besagt `mx`, dass alle per `MX-RR` gelisteten MTAs für die Domain `example.de` auch sendeberechtigt sind. Dieser Mechanismus wird durch den Qualifier '`+`' ergänzt, der aussagt, wie mit der verbundenen Information umzugehen ist. Das Symbol '`a`' verweist hier darauf, dass der MTA mit dem `AName` `mx1.example.de` ebenfalls autorisiert ist. Mit '`-all`' wird gesagt, dass keine Direktiven mehr folgen, wohl aber noch erklärende Zusätze.

Um die per SPF verfügbaren Direktiven auszulesen und zu verarbeiten, müssen dem SMTP-Server bei SMTP komplexe Auswerteverfahren zur Seite gestellt werden. SPF dient in erster Linie zur Qualifizierung von MTAs; zur Spam-Unterdrückung ist es allerdings kaum geeignet, sofern nicht die Politik verfolgt wird, nur SPF-qualifizierte MTAs als Sender zu akzeptieren.

### 4.7.2 DNS und die ENUM-Domain

Bedeutung von ENUM

Eine völlig neue DNS-Anwendung erschließt sich durch die Möglichkeit, Telefonnummern für die Unterstützung der Adressierung verschiedener Internetdienste (Internet-Telefonie, E-Mail, Webseiten, ...) zu nutzen. Dieser Einsatz wird als ENUM (Telephone Number URI Mapping) bezeichnet. Für die Unterstützung von ENUM muss aber der DNS-Baum um einige 'Zweige' erweitert werden, um eine sog. ENUM-Domain einzurichten [RFC 2915, 2916, 3761]. Hierbei sind folgende Aspekte hervorzuheben:

- *Organisatorisch*: In der Top-Level-Domain `arpa` wird eine besondere `ENUM-Domain` als Second Level Domain e164.arpa eingerichtet. In der `ENUM`-Domain werden spezielle Resource Records, die sog. `NAPTR`-RR, mit Adressen verschiedener Internetdienste (z.B. Adresse des Telefons am Internet, E-Mail-Adresse, ...) abgelegt. Um auf diese RR zuzugreifen, werden aus den Telefonnummern nach dem ITU-T-Standard E.164 (deswegen der Domainname `e164.arpa`) die sog. ENUM-URIs (*Uniform Resource Identifier*) gebildet.

  **Beispiel**: Beispielsweise aus der Telefonnummer `+49 89 761234` hat die ENUM-URI die folgende Struktur: `4.3.2.1.6.7.9.8.9.4.e164.arpa`.

- *Administrativ*: Die Autorität über die Einträge in ENUM-Domain auf nationaler Ebene (also z.B. `.4.9.e164.arpa`) wird an verantwortliche Träger (wie die DENIC in Deutschland) delegiert.

ENUM-URI

Abb. 4.7-2 illustriert die Einbettung der ENUM-Domain in das DNS und die Bedeutung von ENUM-URI. Wie hier ersichtlich ist, wird mit ENUM-URI auf die Lokation des ENUM-spezifischen RR mit den Adressen der Internetdienste verwiesen. Ein derartiger RR wird als `NAPTR`-RR (*Naming Authority PoinTeR*) bezeichnet. ENUM-URI kann daher als 'Adresse' einer Datei mit mehreren `NAPTR`-RR im ENUM-DNS-Raum angesehen werden. Das hier dargestellte Prinzip entspricht weitgehend dem in Abb. 4.6-1 gezeigten Konzept der inversen Auflösung einer IP-Adresse auf einen Hostnamen.

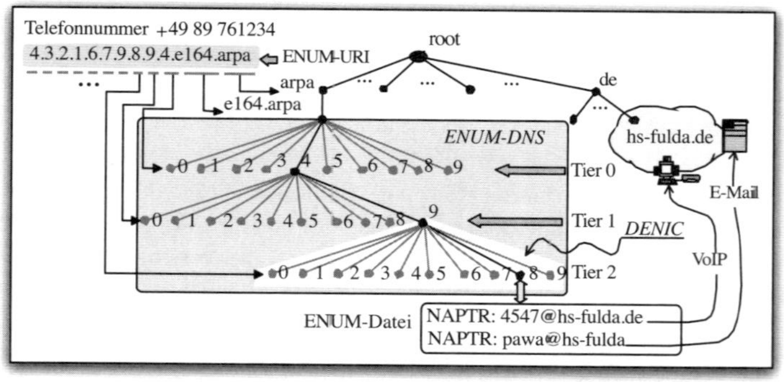


**Abb. 4.7-2:** Aufbau der Domain `e164.arpa` und die Bedeutung von ENUM-URI

Die Verantwortung für die Subdomain `9.4.e164.arpa` der zweiten Ebene des ENUM-Namensraums (*Tier 1*), die den Rufnummern mit der nationalen Vorwahl von Deutschland (49) entspricht, hat die DENIC übernommen.

NAPTR-RR

Mit dem in RFC 2915 vorgestellten und in RFC 3403 und 3404 präziser gefassten `NAPTR`-RR von `Type = 35` wird ein Resource Record eingeführt, der eine flexible Nutzung des Teils `RDATA` [Abschnitt 4.1.4] ermöglicht. Die Flexibilität geht so weit, dass nicht nur konstante Zeichenketten, sondern insbesondere auch sog. *Regular Expressions* genutzt werden können.

Der Teil RDATA im NAPTR-RR weist die folgende Struktur auf:

- ORDER: Reihenfolge, nach der die NAPTR-RR zur Verarbeitung ausgewählt werden sollen. Ein NAPTR-RR mit kleinerem ORDER-Wert wird gegenüber einem anderen NAPTR-RR mit einem größerem ORDER-Wert bevorzugt.
- PREFERENCE: Vergleichbar der Präferenz im MX-RR. Mit REFERENCE wird bei gleichem ORDER-Wert die Präferenz des RR festgelegt.
- FLAGS: Mit FLAG wird angegeben, was ein NAPTR-RR liefert. Es werden z.Zt. Flags A, S, U und P spezifiziert. Der NAPTR-RR liefert bei:
  - A: einen Hostnamen (AName), als Nächster wird A-, oder AAAA-RR abgefragt.
  - S: einen Service), als Nächster wird SRV-RR abgefragt. Mit SRV-RR [RFC 2782] können bestimmte Services in einer Domain angegeben werden.
  - U: einen URI, als Nächster wird die IP-Adresse z.B. eines IP-Telefons, eines Webservers bzw. eines SMTP-Servers abgefragt.
  - P: applikationsspezifische Information.
- SERVICES: Angabe des Dienstes wie z.B. IP-Telefonie (tel+E2U), E-Mail (mailto+E2U). Mit E2U wird hier auf die URI-Auflösung hingewiesen.
- REGEXP: Regulärer Ausdruck, in dem ein 'Name' z.B als URI, Hostname, Domainname im nächsten Schritt mit DNS-Hilfe aufgelöst wird.
- REPLACEMENT: Ersetzungszeichenkette (z.B. Domainname) für den regulären Ausdruck REGEXP; '.' bedeutet keine Ersetzung.

**Beispiel**: Die Rufnummer +4989761234 wird auf den folgenden ENUM-URI 4.3.2.1.6.7.9.8.9.4.e164.arpa abgebildet, unter dem Folgende NAPTR-RR eingetragen sind:

| | ORDER | PREF | FLAG | SERVICE | REGEXP | REPLACEMENT |
|---|---|---|---|---|---|---|
| NAPTR | 10 | 10 | 'u' | 'sip+E2U' | '!^.*$!sip:4547@hs-fulda.de!' | . |
| NAPTR | 102 | 10 | 'u' | 'mailto+E2U' | '!^.*$!mailto:pawa@hs-fulda.de!' | . |

Nach ORDER und PREF werden die Lookups vorgenommen. Zunächst wird 'Internet-Telefonie mit SIP' in Anspruch genommen, sodass zuerst der SIP-URI 4547@hs-fulda.de auf die IP-Adresse des IP-Telefons aufgelöst wird. Sollte die Nutzung dieses Dienstes aus irgendeinem Grund nicht möglich sein, dann soll eine E-Mail gesendet und die Adresse pawa@hs-fulda.de auf die IP-Adresse des SMTP-Servers aufgelöst werden.

### 4.7.3 DNS und VoIP mit SIP

DNS spielt für der Echtzeitkommunikation über IP-Netze besonders bei VoIP mit SIP als Signalisierungsprotokoll eine wichtige Rolle. Wie wir in Abschnitt 6.4.5 näher erläutern [Abb. 6.4-2], muss ein SIP-Proxy in der Domain des Anrufers, um eine Session für VoIP zum Rechner in einer anderen Domain initiieren zu können, zuerst den SIP-Proxy in der Domain des Angerufenen ermitteln. Abb. 4.7-3 illustriert dieses Problem detaillierter.

Was muss ein SIP-Proxy bestimmen?

Der SIP-Proxy aus der Domain abc.de der Anruferin *Alice* muss wissen, welchen Hostnamen der SIP-Proxy in der Domain xyz.de hat, damit er dessen IP-Adresse beim DNS

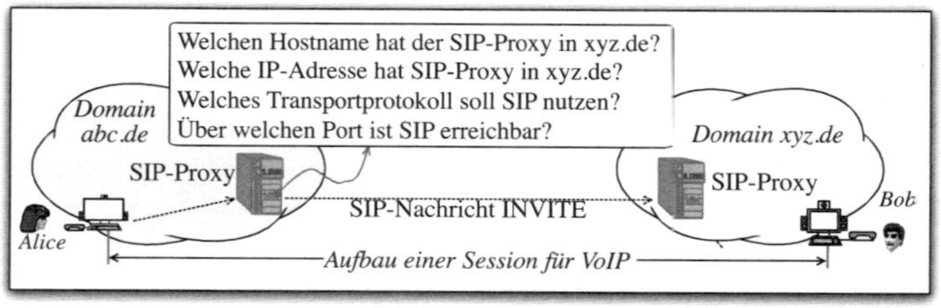


**Abb. 4.7-3:** Problem bei der Ermittlung des SIP-Proxy in einer anderen Domain

abfragen kann. Weil SIP außer UDP auch andere Transportprotokolle wie TCP, SCTP und TLS nutzen kann [Abb. 6.4-1], muss der SIP-Proxy aus der Domain `abc.de` auch ermitteln, welches Transportprotokoll verwendet werden soll. Das in Abb. 4.7-3 gezeigte Problem lässt sich mittels DNS vollständig lösen und ist in RFC 3263 dokumentiert. Falls die SIP-Zieladresse (siehe Abschnitt 6.4) das Transportprotokoll nicht explizit angibt, muss zuerst dieses Protokoll bestimmt werden.

RR vom Typ NAPTR

Der SIP-Proxy einer Domain kann mehrere Transportprotokolle unterstützen. Die entsprechende Information lässt sich in RR vom Typ `NAPTR` [RFC 3403] in der Zonendatei der betreffenden Domain abspeichern. Abb. 4.7-4 zeigt, welche Angaben hierbei für VoIP mit SIP in `NAPTR-RR` in der Domain `xyz.de` enthalten sein können.

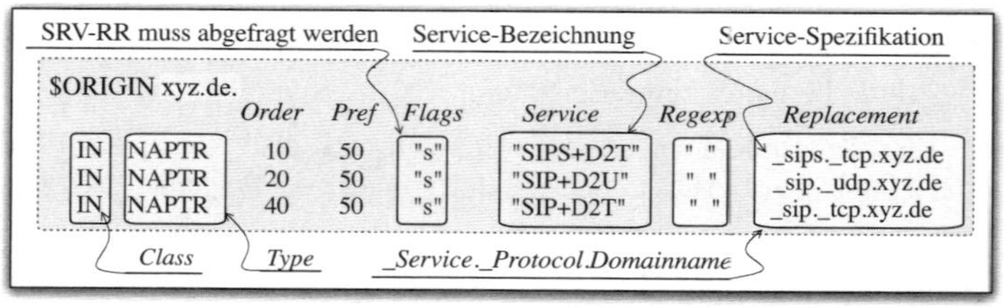


**Abb. 4.7-4:** RR vom Typ NAPTR der Domain xyz.de mit VoIP-betreffenden Angaben

Wie hier aus den RR abzulesen ist [Abb. 4.7-4], kommen in der Domain `xyz.de` die folgenden drei Möglichkeiten in Frage: SIP über UDP, SIP über TCP und SIP über TLS (SIPS). Die Angaben in RR haben folgende Bedeutung:

- `Order` – gibt an, in welcher Reihenfolge die einzelnen RR auszuwählen sind. RR mit kleineren `Order`-Werten werden bevorzugt.
- `Pref` (Preference) – legt die Präferenz des Eintrags bei weiteren RR mit gleicher `Order` fest.
- `Flag` – gibt an, welcher RR als Nächster angefragt werden soll. Es verweist hier darauf, dass im nächsten Schritt eine Query vom Typ `SRV` vorzunehmen ist.

SIP über UDP, TCP, SCTP oder TLS

- `Service` – Angabe eines Dienstes. Dieses Feld kann bei VoIP mit SIP die Form `SIP+D2X` oder `SIPS+D2X` haben, wobei der Buchestabe `X` durch `U`, `T` oder `S` ersetzt wird. Ist `SIP+D2T`, wird das TCP für SIP verwendet. Ist `SIP+D2U`, ist das UDP zu verwenden. Auf SIP über SCTP wird mit `SIP+D2S` verwiesen. SIPS verweist darauf, dass TLS – also ein gesicherter Transportdienst – für SIP über TCP einzusetzen ist.
- `Regexp` (*Regular expression*) – In einem RR mit `Flag` s wird hier ' ' eingetragen.

- Replacement – Die hier angegebene Zeichenkette enthält den Service, das Transportprotokoll und den Domainnamen – also die Service-Spezifikation. Diese Spezifikation ist das Ziel einer NAPTR-Query und wird im nächsten Schritt verwendet, um einen RR vom Typ SRV abzufragen, d.h. eine SRV-Query durchführen zu können.

Nachdem ein RR vom Typ NAPTR abgefragt wurde und damit die Service-Spezifikation bekannt ist, kann nun ein RR vom Typ SRV abgefragt werden, um den Namen des SIP-Proxy in dieser Domain zu ermitteln. Abb.4.7-5 zeigt, welche Angaben SRV-RR enthalten kann [RFC 2782].

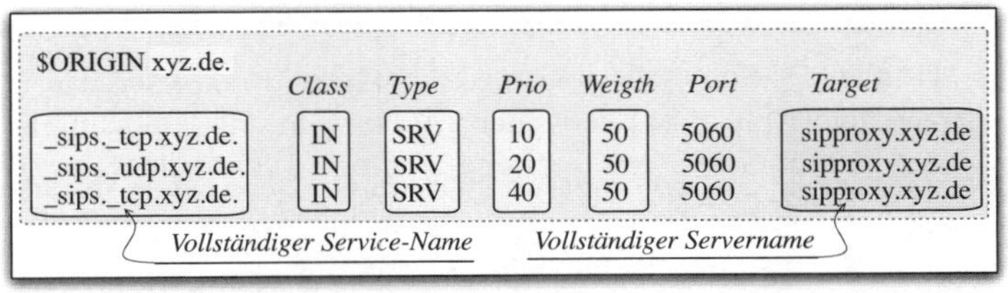


**Abb. 4.7-5:** RR vom Typ SRV der Domain `xyz.de` mit VoIP-betreffenden Angaben

> **Beispiel**: In Abb. 4.7-5 unterstützt der SIP-Proxy in der Domain `xyz.de` als Rechner mit dem vollständigen Rechnernamen `sipproxy.xyz.de` die drei folgenden Möglichkeiten: SIP über UDP (`_sip._udp.xyz.de`), SIP über TCP (`_sip._tcp.xyz.de`) sowie SIP über TLS (`_sips._tcp.xyz.de`).

Die weiteren Angaben in RR sind wie folgt zu interpretieren:

- Prio (Priority) – gibt an, in welcher Reihenfolge die einzelnen RR auszuwählen sind. Niedrigere Werte werden zuerst abgefragt.
- Weight – Haben mehrere RR gleiche Priorität, dann legt Weight ihre Präferenz fest.
- Port – Angabe des Ports von SIP.
- Target – Hier wird der Rechnername des SIP-Proxy angegeben. Diese Angabe wird verwendet, um die IP-Adresse vom zuständigen SIP-Proxy abzufragen.

### 4.7.4 Autoritative DNS-Records: SSHFP und TLSA

Der Inhalt der Zonendatei liegt in der Verantwortung des Domain-Inhabers. Zudem können DNS-Queries mittels DNSSEC kryptographisch signiert werden, was wir bereits kennen gelernt haben. Was liegt also näher, als auch kryptographisch relevante Informationen wie z.B. *public keys* [siehe Abschnitt 1.6] bzw. deren Fingerprints, d.h. den Hashwert des *public key*, in die Zonendatei aufzunehmen, sodass sie quasi von autorisierter Stelle bestätigt werden können?

Dieser Gedanken wurde zunächst für *SSH-Fingerprints* (SSHFP) aufgegriffen und in RFC 4255 und 6594 veröffentlicht. Ziel ist hierbei, dass ein Benutzer, der sich per SSH auf einen Rechner verbunden hat, feststellen kann, ob der vom Rechner präsentierte Host *public key* auch *autorisiert*, d.h. vom Betreiber der Domain auch so vergeben wurde. SSHFP

> **Beispiel**: Wir gehen in Abb. 4.7-6 davon aus, dass für den Rechner mit FQDN `sshost.example.com`, zu dem die SSH-Verbindung aufgenommen werden soll, die IP-Adresse über eine Standard A-Query (oder AAAA-Query im Falle von IPv6) über den

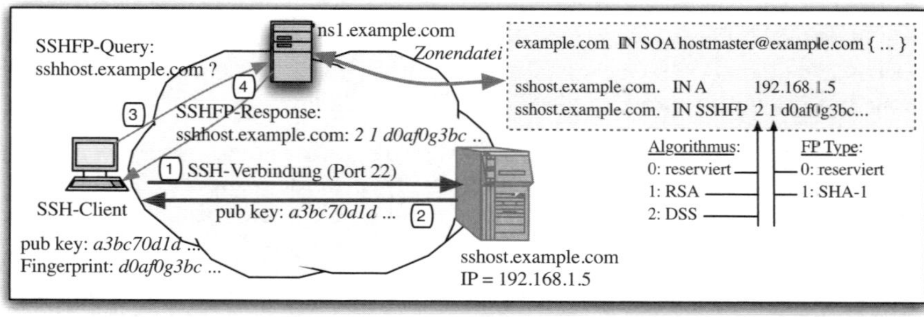


**Abb. 4.7-6:** Ablauf der DNS-Fingerprint-Query bei SSH

Nameserver `ns1.example.com` bereits ermittelt wurde. Der weitere Ablauf erfolgt in den Schritten:

1. Die Verbindung zum SSH-Server (Port 22) für die gegebene IP-Adresse wird aufgebaut und
2. der *public key* des Hosts wird entgegen genommen. Nun ist auch dessen Erzeugungsalgorithmus[6] (RSA bzw. DSS) bekannt, und der Fingerprint wird entsprechend SHA-1 berechnet.
3. Anschließend setzt der SSH-Client eine SSH-Fingerprint-Query über die DNS-Library des Betriebssystems ab und befragt den konfigurierten DNS-Server, ob für den Rechner `sshost.example.com` ein Resource Record vom Typ `SSHFP` vorliegt [Tab. 4.3-1].
4. Liefert der Nameserver eine Response für diese Query und sind beide Fingerprints identisch, handelt es sich um den korrekten Rechner, für den per DNS *autoritative Informationen* vorliegen.

SSHFP mit DNSSEC

Um vor Verfälschungen der DNS-Antworten sicher zu sein, verlangt das SSH-Fingerprint-Verfahren in RFC 4255 den Einsatz von DNSSEC, was aber eine DNSSEC-fähige DNS-Library auf dem Client-Rechner voraussetzt. Zudem wird ein DNSSEC-Nameserver die Antworten für einen Hostname mit zusätzlichen Informationen versehen, die notwendig sind, diese zu überprüfen. Als Teil des *Resource Record Sets* kann zwanglos der SSH-Fingerprint in der `Additional Section` der DNS-Nachricht mit geliefert werden. Hierdurch braucht der (DNSSEC-fähige) Client, der die Anfrage startet, keine zusätzliche Query zur Ermittlung des SSH-Fingerprints abzusetzen.

### DNS-Based Authentication of Named Entities: DANE

Wesentlich ambitionierter als die Bereitstellung von SSH-Fingerprints ist das in RFC 6698 vorgestellte Verfahren, die bei TLS [Abschnitt 6.2] genutzten *public keys* bzw. der Fingerprints per DNS zu autorisieren: Hierbei geht es um nicht weniger als die Ablösung oder zumindest Ersetzung der *Public Key Infrastruktur* (PKI) durch eine DNS-basierte Lösung.

DANE als Alternative zur PKI

Während es sich bei SSHFP quasi um die private Lösung handelt, die SSH-Keys abzusichern, ist DANE der umfassende Versuch, dies öffentlich und auf breiter Front vorzunehmen und hierbei die seit Jahrzehnten bestehende Infrastruktur, die auf X.509-Zertifikaten beruht, gänzlich hinter sich zu lassen[7]. Hintergrund ist, dass das bei der

[6] Hierauf gehen wir in Abschnitt 6.2 bei der Diskussion von TLS genauer ein.
[7] RFC 6698 erwähnt X.509 nur an einer einzigen Stelle.

PKI genutzte Vertrauensmodell durch verschiedene Skandale, aber auch Programmierfehler in den Jahren 2012, 2013 und 2014 stark kompromittiert wurde und durch ein robusteres und zugleich verteiltes Vertrauenssystem abgelöst werden soll. Hierbei dient die DNS-Zoneninformation – speziell falls per DNSSEC in seiner Integrität geschützt – als dezentraler Vertrauensanker.

DANE nutzt die DNS-Infrastruktur, um autoritative Informationen an qualifizierte Clients weiter zu reichen. Wie bei SSHFP muss die Anwendung, die DANE nutzen will, hierauf speziell abgestimmt sein; verlangt wird in jedem Fall die Nutzung von DNSSEC auch beim Client. Die Infrastrukturelemente sind wie folgt:

- Wie auch bei SSHFP wird bei DANE ein spezieller DNS Resource Record benötigt, der `TLSA` genannt wird [Tab. 4.3-1] und in seinem `RDATA` die benötigten Informationen enthält. TLSA-Record
- Statt eines Standard-FQDN setzt DANE auf einen sog. *prefixed Name*[8], der nicht einen Rechner, sondern einen Dienst, ein Transportprotokoll und einen Port ausweist: '`_443._tcp.www.example.com`' Prefixed DNS-Name

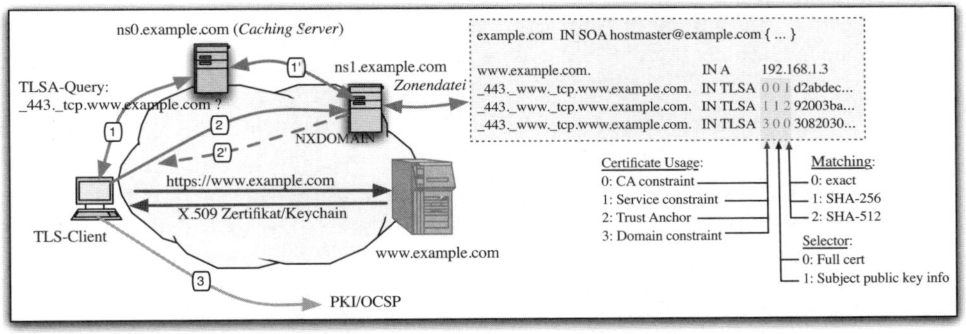


**Abb. 4.7-7:** Abfrage eines TLSA-Records zur Verifikation des *public key* im X.509-Zertifikat einer https-Verbindung

Die Nutzung des DNS zur Validierung der *public keys* in X.509-Zertifikaten, so wie sie bei TLS-geschützten Verbindungen (wie typischerweise `https`) genutzt werden, ist nicht ohne Fallstricke. RFC 6698 versucht diese, durch geeignete Maßnahmen zu vermeiden:

- Im Gegensatz zu der Methode der Überprüfung der SSH-Fingerprints gestattet das DANE-Verfahren unterschiedliche, *dienstspezifische Zertifikate*: Der TLSA-Record ist nicht an den Host, sondern an den Dienst gebunden, den dieser Host zur Verfügung stellt. Der Dienst ist durch das Port und das Transportprotokoll bestimmt. In Abb. 4.7-7 ist der Dienst `https`, der auf dem Port 443 unter Nutzung von TCP angeboten wird (`_443._tcp.www.example.com`). Würde z.B. das E-Mail-Protokoll SMTP entsprechend ausgezeichnet werden, wäre eine geeignete Wahl `_25._tcp.mail.example.com`, sofern der Mailserver `STARTTLS` unterstützt [Abschnitt 6.2.8]. Dienst-spezifische Zertifikate
- Kritisch ist bei DANE, wie der TLS-Client über das DNS an die geforderte Informationen gelangt. Abb. 4.7-7 zeigt zwei Alternativen:

[8] Dies ist der Nomenklatur des mDNS-Dienstes [Abschnitt 4.10] entnommen.

1. In der Regel kontaktiert der TLS-Client zunächst seinen *forwarding* DNS-Server, also z.B. den DNS-Cache-Server. Diese Kommunikation muss kryptographisch gesichert sein (1), z.B. durch IPsec [Abschnitt 5.4]. Dies ist für den TLS-Client aber nicht nachvollziehbar, da der Security-Kontext für den Client nicht überprüft werden kann. Zudem muss der Client dem DNS-Cache-Server (in Abb. 4.7-7 '`ns0.example.com`') vertrauen, dass dieser die TLSA-Records unkompromittiert und authentisiert von '`ns1.example.com`' bezogen hat (1').
2. Daher ist als (2) skizzierte Lösung, d.h. die direkte Kontaktaufnahme mit dem autoritativen DNS-Content-Server, der geeignetere Weg. In diesem Fall ist es allerdings erforderlich, dass das Betriebssystem des TLS-Client über einen DNSSEC-fähigen Full-Resolver verfügt. Nach Ermittlung des autoritativen Nameservers für die Domain ist anschließend der TLSA-Record per DNSSEC anzufordern. Was aber tun, falls dieser `NXDOMAIN` antwortet, also kein Eintrag existiert (2') ?

Koexistenz PKI ⇔ DANE

- Solange die *public keys* (aus den Zertifikaten) der Internetdienste nicht flächendeckend im DNS zur Verfügung stehen, benötigt DANE eine Kompatibilitätsschnittstelle zum üblichen PKI-Dienst. Da X.509-Zertifikate und PKI noch viele Jahre Bestand.hben werden, wurde die benötigte Interoperabilität als Bestandteil der TLSA-Records entworfen, was aus der in Abb. 4.7-7 beispielhaft dargestellten Zonendatei hervorgeht und in Form der `Certificate Usage`, des `Selectors` und des Flags `Matching` als Bestandteil von `RDATA` hervorgeht[9]:

  – `Certificate Usage` ist ein 1 Byte großes Feld, das dem TLS-Client die Verwendung des Zertifikats vorschreibt:

  (0) Das zugehörige Zertifikat kann als Stammzertifikat betrachtet werden.

  (1) Das Zertifikat soll als Host-Zertifikat betrachtet werden; es darf also nur als letztes Zertifikat in einer Zertifikatskette auftreten (die komplett überprüft werden muss). Es ist darüber hinaus für einen Service bindend (vgl. Abb. 4.7-7).

  (2) Bei self-signed Zertifikaten dient ein X.509-Zertifikat mit dieser Zuordnung als 'Trust Anchor', ist also gleich bedeutend mit einem 'privaten' Stammzertifikat.

  (3) Hiermit werden 'Domain-Zertifikate' bezeichnet, die als 'oberste' Zertifikate auftreten, also im Gegensatz zu (1) den Beginn der Zertifikatskette darstellen.

  – `Selector` bezeichnet als 1 Byte-Feld, welche Informationen bzgl. des X.509-Zertifikats zu überprüfen sind. Zwei Möglichkeiten existieren:

  (0) Der Fingerprint umfasst das gesamte X.509-Zertifikat. Da Zertifikate eine beschränkte Lebensdauer besitzen, muss dieser Wert bei jedem Zertifikatswechsel ausgetauscht werden. Es ist aber auch gestattet, mehrere TLSA-Records mit unterschiedlichen Informationen bereitzustellen[10]. Dem TLS-Client fällt die Aufgabe zu, die Angaben zu überprüfen.

  (1) Der Fingerprint der `SubjectPublicKeyInfo` im Zertifikat. Im Gegensatz zum X.509-Zertifikat mit einer beschränkten Gültigkeit kann dessen *public key* konstant bleiben.

  – Der `Matching Type` (1 Byte) sagt dem TLS-Client, wie die übrigen Daten im `RDATA`-Feld zu interpretieren und zu vergleichen sind:

[9] Die notwendige Hintergrundinformation hierzu liefert Abschnitt 6.2.9.

[10] Bei einem Zertifikatswechsel kann sowohl das alte (gültige) als auch neue (gültige) Zertifikat angegeben werden.

(0) Der angegebene Wert in RDATA muss exakt mit den Daten im TLS-Zertifikat übereinstimmen.
(1) Der im RDATA zu findende Wert ist ein SHA-256-Hash.
(2) Die Angabe im RDATA ist ein SHA-512-Hashwert.

- Kann keine Information per DNS über das Zertifikat des Servers (im Beispiel 'www.example.com') bezogen werden, ist beim TLS-Client eine Standardverifikation per PKI durchzuführen. Eine der üblichen Maßnahmen ist hierbei die Überprüfung der Gültigkeit des Zertifikats mittels des *Online Certificate Status Protocol* (OCSP).

## 4.8 Internetanbindung und DNS

Praktisch alle privaten IP-Netze sind.hute mit dem Internet verbunden, um auf die externen Ressourcen im globalen Netz zuzugreifen (z.B. Webanwendungen). Dies erfordert jedoch eine sorgfältige Planung, um potenzielle Sicherheitsrisiken zu vermeiden, die durch das Öffnen des privaten Netzes für 'fremde' Benutzer entstehen können.

Firewall-Einsatz

Eine häufige Schutzmaßnahme ist der Einsatz einer *Firewall*. Darunter versteht man einen Rechner oder Router, der als konfigurierbarer Paketfilter für bestimmte IP-Pakete fungiert. Häufig findet nicht nur eine Firewall Einsatz, sondern es werden eine interne und eine externe Firewall aufgesetzt. Das Netz zwischen beiden Firewalls bezeichnet man als *DeMilitarized Zone* (DMZ). Dort werden die wichtigen aus dem Internet zugänglichen Server untergebracht.

Forwarding Proxy-NS

Abb.4.7-2 zeigt eine Lösung, in der ein Unternehmensnetz in zwei logische Teile aufgeteilt wurde:

- das geschützte interne Unternehmensnetz (Intranet) sowie
- die aus dem Internet kontrolliert zugängliche DMZ.

Das Intranet enthält den internen Nameserver, der ausschließlich für die interne Kommunikation gebraucht wird. Der externe Nameserver ist hingegen öffentlich zugänglich und wird für Abfragen aus dem Internet in Anspruch genommen. Zugleich fungiert der gleiche Rechner als externer *forwarding-only* Nameserver bzw. Proxy.

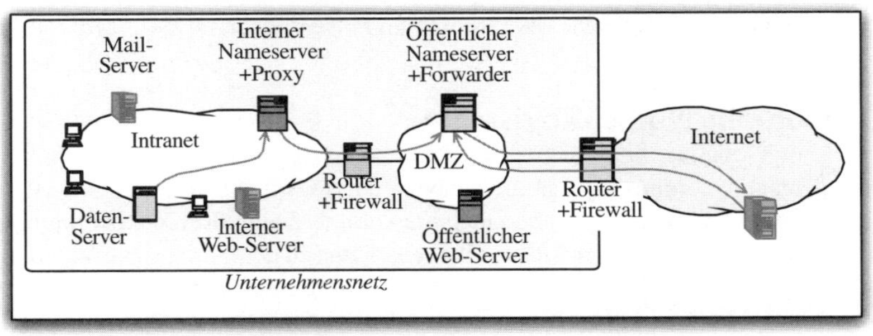


**Abb. 4.8-1:** Einsatz von Nameservern bei der Intranet/Internetanbindung

DNS-Server und Firewall

**Beispiel**: Wie hier zu sehen ist, schützt die Firewall den internen Netzteil gegen Zugriffe durch die 'fremden' Benutzer aus dem Internet, wobei den Rechnern im internen Netzteil der Zugriff auf Ressourcen im Internet gewährt wird. In Abb. 4.8-1 sind die DNS-Dienste für die externen und internen Netzwerke vollständig voneinander getrennt:

Split Horizon

- DNS-Anfragen von internen Rechnern hinsichtlich interner Ressourcen im Intranet werden direkt über den internen Nameserver abgewickelt (und zudem ggf. über den Proxy-Nameserver gecached). Daher wird die Firewall überhaupt nicht einbezogen. Man spricht hierbei vom *Split Horizon*.

Proxy-Nameserver

- DNS-Anfragen bezüglich Adressen im Internet werden zweistufig bearbeitet:
  1. Sie werden zunächst an den internen Proxy-Nameserver – der als *Caching- und Forwarding-Nameserver* fungiert – weitergeleitet. Dieser kontaktiert den *Recursive Resolver*, der sich üblicherweise in der DMZ befindet.
  2. Die Aufgabe dieses *Recursive Resolver* ist nun, die eigentliche Namensauflösung vorzunehmen, wobei die DMZ dessen IP-Adresse per NAT [Abschnitt 5.1] auf eine öffentliche IP-Adresse abbildet. Die IP-Adresse des *Recursive Resolver* sollte nicht öffentlich bekannt sein und wechselt ggf. periodisch[11].

  Zugleich existiert (allerdings nun auf der öffentlich zugänglichen IP-Adresse) der *Content-Nameserver* des Unternehmens, der seinerseits allgemeine DNS-Anfragen aus dem Internet beantwortet.

Firewall

- Die Firewall wird hierbei so eingerichtet, dass keine DNS-Abfragen aus dem Internet ins Intranet gelangen und im Gegenzug nur die Namensauflösung zwischen dem internen und dem externen Proxy-Nameserver gestattet ist. Damit wird zugleich verhindert, dass DNS-Abfragen von Rechnern im Intranet ins Internet gelangen.

Stealth-Server

Ein Content-Nameserver, der nicht über das 'öffentliche' DNS erreichbar ist, z.B. weil er sich in einem privaten Netzteil befindet oder der Zugang über den DNS-Port 53 per Firewall eingeschränkt ist – aber unter Umständen dennoch für die Namensauflösung genutzt werden kann (so man seine Adresse kennt) –, wird *Stealth-Server* genannt. Besitzt ein Stealth-Server eine öffentliche IP-Adresse, kann er durchaus als primärer Nameserver fungieren.

Proxy-Views

Ein spezielles Merkmal geschlossener DNS-Proxies ist es, den Clients spezifische *Views* des DNS-Namensraums zur Verfügung zu stellen. Der z.B. in Abb. 4.7-2 dargestellte, per Firewall abgeschottete interne Proxy greift neben den Daten des öffentlichen DNS auf den privaten DNS-Bereich zu und bietet diese Informationen als View den abfragenden Clients an. Dieses auch als *Split Horizon* bekannte Verfahren bietet sich immer dann an, wenn ein Proxy-Server als Cache der internen und öffentlichen DNS-Information dient.

### 4.8.1 Domain Name Registrare

Aufgabe der nachgeordneten Organisationen – der sog. DNS-Registrare – ist es, die technischen, die administrativen, aber auch die kommerziellen Rahmenbedingungen für den Betrieb eines eigenständigen Domainnamensraums zu definieren sowie einen Inverse-DNS-Eintrag für die registrierten Domainnamen in `in-addr.arpa` bzw. `ip6.apra` sicherzustellen. Hierfür ist ein jährlicher Obolus zu entrichten.

[11] Öffentliche *Recursive Resolver* stellen einen Angriffsvektor für DDoS- und Birthday-Attacken dar, wie im Februar 2014 dem CCC widerfahren ist [`http://www.ccc.de/de/updates/2014/cache-poisoning-attack`]

Der beantragenden Organisation bzw. Privatperson (oder dessen Trustee) wird der Domainname verantwortlich zugesprochen, d.h. an ihn delegiert. Hierbei ist Domainname durchaus nicht identisch mit einem IP-Netzwerk. Typischerweise liegt es im Ermessen des Domain-Eigentümers, die DNS Resource Records für die ihm zugeteilte Domain einzurichten und somit für das Benennen der Rechner und anderer Endsysteme in der ihm zugeteilten Domain zu sorgen. Damit der eigene DNS-Nameserver im DNS-Baum gefunden werden kann, muss er der übergeordneten Instanz mitgeteilt werden.

**Bemerkung**: Die Registrierung von Domainnamen findet heute nicht direkt über IANA statt, sondern über nachgelagerte Organisationen und spezielle DNS-Registrare.

DNS Registrare

Will man eine TLD registrieren, sind die nationalen Registrare heranzuziehen. Für Domainnamen, die in einer öffentlichen gTLD liegen (z.B. `.com`, `.net`), können große internationale Registrare wie *GoDaddy*, *Dotster*, *Register* oder auch *1&1 Internet* genutzt werden. Abhängig davon, welcher Domain-Suffix angefordert wird, findet eine Preisstellung statt, wobei in der Regel eine Domain für ein Jahr geordert wird. Die Bestellung einer Domain ist – wie aus Abb. 4.1-1 ersichtlich – äquivalent mit dem Eintrag eines entsprechenden `NS-RR`, der den FQDN des für die Zone verantwortlichen Nameservers enthält und damit auf ihn verweist.

Arten von Domains

Die Existenz einer Domain ist aber nicht gleichbedeutend mit der Existenz eines IP-Netzes; vielmehr können folgende Arten von Domains unterschieden werden:

- *Vollqualifizierte Domain* mit eigenem IP-Netz und selbstverantwortlich betriebenem Nameserver (z.B. `hs-fulda.de`).
- *Eingeschränkt qualifizierte Domain*; es existiert nur eine oder wenige IP-Adressen für die Domain, an die die Internetdienste (via `CName`) gebunden sind (z.B. `mail.fehcom.de`, `www.fehcom.de`). Typischerweise liegt dieser Fall bei ausgelagerten Root-Servern vor, die von den verschiedenen Betreibern angeboten werden. In der Regel wird dann ein gemeinsamer Nameserver genutzt, der Zonendateien für alle gehosteten Domains besitzt.
- *Temporär genutzte Domains*, die vor allem zum Versand von Werbe-E-Mails – auch von Spam – herangezogen und anschließend wieder gelöscht bzw. freigegeben werden.
- *Unqualifizierte Domains*, bei denen zwar der Name 'bestellt' wurde und somit vergeben ist, die aber absichtlich nicht betrieben, sondern lediglich weiterverkauft werden. Man spricht hierbei von *Domain Grabbing*. (Domain Grabbing)
- *Dynamisch generierte (Sub-)Domains* (d.h. mittels DynDNS), in der Regel mit (periodisch) wechselnden IP-Adressen.

Whois Lookup

Um festzustellen, welche Domainnamen vergeben sind bzw. wer der verantwortliche Betreiber der Domain ist, wird von regionalen Domainnamen-Betreibern (z.B. DENIC) ein sog. *Whois-Lookup-Mechanismus* zur Verfügung gestellt [`http://www.denic.de/de/whois/index.jsp`].

admin-c

Insbesondere werden dort die administrativen, technischen und DNS-Zone-spezifischen Ansprechpartner hinterlegt (Einträge: `admin-c`, `tech-c`, `zone-c`). Hierbei ist zu beachten, dass über den Eintrag `admin-c` die rechtliche Verantwortung für den Betrieb der Domain bekannt gemacht wird.

### 4.8.2 Dynamisches DNS

DynDNS

Ohne Bindung an einen Root-Server-Betreiber, aber in der Regel auch ohne eigenen Domainname, kann beispielsweise der eigene Webserver öffentlich erreichbar gemacht werden, in dem die (teilweise kostenlose) Dienste von Anbietern dynamischer DNS-Registrare genutzt werden, z.B. *DynDNS.org*.

Nach der persönlichen Anmeldung bei einem dieser Dienste sind folgende Schritte notwendig:

- Die eigene Domain (z.B. `mydomain`) wird als Subdomain von `dyndns.org` angemeldet. Teilweise ist hierbei die Nutzung von (virtuellen) Hostnamen oder auch Wildcards möglich, sodass ein typischer FQDN `www.mydomain.dyndns.org` lauten würde.
- Auf dem heimischen Rechner, der in der Regel via DSL über einen anderen Provider am Internet angeschlossen ist, wird ein DynDNS-Client installiert. Dieser Client detektiert die vom Internet-Provider (temporär) vergebene IP-Adresse und meldet diese an den Nameserver z.B. von `DynDNS.org`, wo der konfigurierte FQDN unter der erkannten Adresse (dynamisch) registriert wird. Ferner überprüft der Client die ihm zugewiesene Adresse in regelmäßigen Abständen und sendet ggf. Updates. Hintergrund hierfür ist, dass in der Regel die zugewiesene öffentliche IP-Adresse zeitlich begrenzt vergeben wird und das Lease typischerweise nach 24 Stunden abläuft [Abschnitt 5.2].
- Sofern über den heimischen Router bzw. die Firewall der entsprechende TCP-Port (HTTP: 80) freigeschaltet ist, kann nun der Webserver via NAT vom Internet aus unter der FQDN `www.mydomain.dnydns.org` erreicht werden. Bestehende Verbindungen brechen allerdings beim Wechsel der IP-Adresse durch den Internet-Provider naturgemäß ab.

Das Aufsetzen und Betreiben von DynDNS geschieht ausschließlich auf Basis bestehender und DNS-betreffender RFC. Hierbei ist nur die Bereitstellung des DynDNS-Clients von Bedeutung bzw. die periodische Änderungen der Zonendatei. Allerdings ist bei der Registrierung (bzw. Modifikation oder Löschung) eines Eintrags das DynDNS-Protokoll [RFC 2136] nützlich. Hier kann ein ganzes *Resource Record Set* in einem Schritt konsistent (und atomar) geändert werden.

## 4.9 Multicast-DNS-Dienste

Bei allen bisherigen DNS-Anwendungen werden DNS-Nachrichten immer als Unicast-IP-Pakete verschickt, d.h. sie weisen einen dedizierten Absender und einen eindeutigen Empfänger auf. DNS-Responses beinhalten aber per constructionem *öffentliche* Informationen.

Für ein kleineres IP-Netzwerk, speziell ein Heimnetzwerk, liegt es daher nahe, diese DNS-Responses als Multicast-IP-Nachrichten zu verschicken. Alle Netzwerkkomponenten lernen auf diese Weise die IP-Infrastruktur automatisch und ohne Zutun kennen.

Man kann sogar noch einen Schritt weiter gehen und statt des im Grunde genommen 'passiven' DNS-Dienstes, der dann einen Response gibt, wenn eine Query empfangen wurde, die DNS-Antworten periodisch im Netzwerk verteilen. Aktuell wird diese Aufgabe von zwei unterschiedlichen Implementierungen realisiert:

- *Multicast-DNS* (mDNS), wie dies von der Firma Apple im Rahmen des *Rendezvous-* bzw. *Bonjour*-Protokolls spezifiziert wurde und mittlerweile als RFC 6762 vorliegt und zusammen mit der *DNS based Service Discovery* [RFC 6763] Einsatz findet.
- *Link-Local Multicast Name Resolution* (LLMNR), entwickelt von der Firma Microsoft (und veröffentlicht in RFC 4795), das im Zusammenspiel mit dem UPnP-Protokoll (*Universal Plug-and-Play*) [RFC 6970] eingesetzt wird.

Die Konstruktionsdetails dieser beiden Protokolle wollen wir im letzten Abschnitt dieses Kapitels kurz vorstellen.

## 4.9.1 Multicast-DNS

Das ursprüngliche Ziel von Apple bei der Entwicklung des *Multicast-DNS*-Protokolls war die Ablösung des *AppleTalk*-Protokolls bei gleichzeitiger Beibehaltung der Komfortfunktionen, an die speziell MacOS-Benutzer gewohnt waren [RFC 6760]. Hierbei geht es vor allem um Folgende Fragen:

1. Wie kann ein Rechner im lokalen Netzwerk automatisch eine gültige IP-Adresse beziehen, ohne dass ein DHCP-Server (Abschnitt 5.2) vorhanden sein muss? Die Lösung hierfür ist das *Zeroconf* oder *APIPA*-Protokoll, das wir in Abschnitt 5.1 vorstellen.
2. Sofern IP-Adressen vergeben wurden: Wie muss ein DNS-ähnlicher Dienst beschaffen sein, der die gleiche Leistungen wie der Standard-DNS-Dienst bietet, aber ohne zentrale Content-Server auskommt? Dies ist Gegenstand des mDNS-Dienstes [RFC 6762].
3. Wie können Netzdienste, besonders die Verfügbarkeit von Drucker und Netzwerk-Shares, aber auch z.B. Web-Services bekannt gemacht werden, ohne dass es einer Konfiguration bedarf? Hierfür kann eine *DNS based Service Discovery* DNS-SD gemäß RFC 6763 genutzt werden.

Bei der Autoconfiguration wählt sich ein Rechner nicht nur eine IP-Adresse aus, sondern auch einen Domainname. Im lokalen Linksegment ist dieser Name ein *Full Qualified Domain Name* (FQDN). Während im Regelfall bei der DHCP-Nutzung der DHCP-Server die IP-Adresse des lokalen DNS-Servers mitteilt, über den die DNS-Abfragen abgewickelt werden, steht dieser bei der *stateless*-Zuweisung der IP-Adresse nicht zur Verfügung und ist (zwingend) durch andere Maßnahmen bereit zu stellen:

- *Forwarder*: In einem per *stateless Autoconfiguration* (siehe Abschnitt 5.1) aufgesetzten Netzwerk fällt die Rolle des DNS-Forwarders dem Netzwerk-Gateway zu.
- Der DNS-Resolverdienst auf diesem Gateway ist über folgende *Multicast-Adressen* erreichbar:
  - IPv4: `224.0.0.251` (vgl. Abschnitt 2.8)
  - IPv6: `ff02::fb`
- *Namespace*: Die lokale Domäne trägt den Namen `local`, aber nicht `localdomain`.
- *Protocol*: Jeder Rechner (host) mit einer *Link-Local-Adresse* besitzt auch einen eigenen Domainnamen `host.local`, der den Kommunikationspartnern im Linksegment mitgeteilt wird.

Abb. 4.9-1 zeigt eine typische Situation für den Einsatz von mDNS. Der mDNS-Dienst ist beschränkt auf ein lokales Netzwerk: das *Linksegment*. Multicast-Nachrichten werden

mDNS im Linksegment

über das Default Gateway nicht ins Internet übertragen. Somit können beliebig viele lokale Domains mit identischen Namen (und IP-Adressen) konfliktfrei existieren.

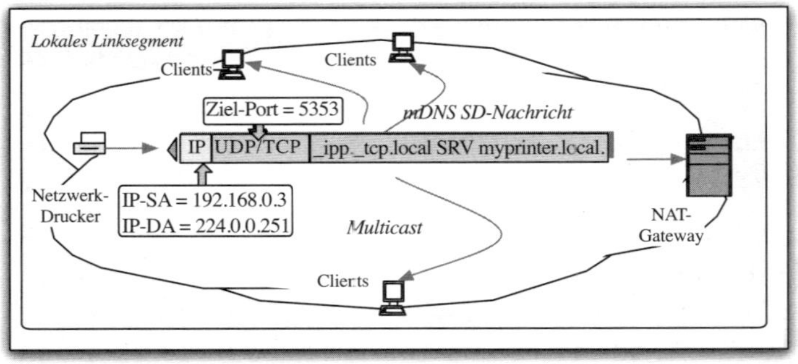


**Abb. 4.9-1:** mDNS SD-Nachricht zur Mitteilung eines Druckerservices im lokalen Linksegment per Multicast an die IP-Adresse 224.0.0.251; die IP-Adresse des Services ergibt sich über dessen IP-DA.
SD: Service Discovery, DA: Destination Address, SA: Source Address

## mDNS-Nachrichten

*Multicast-DNS* (mDNS) nutzt das Standard-DNS-Nachrichtenformat [Abb. 4.5-1], das sich allerdings in folgenden Punkten von üblichen DNS-Nachrichten unterscheidet:

mDNS Port 5353

- Statt des `Port 53` wird nun das mDNS-Port 5353 genutzt. mDNS-Nachrichten können sowohl über UDP als auch über TCP übertragen werden.
- Das bei der `Query` angegebene Feld `Class` (`IN` = *Internet Class*), in dem üblicherweise lediglich der Wert `1` hinterlegt ist, wird bei der `Query` ergänzend genutzt:
  - Ist bei der *Multicast Query* (QM) das erste Bit von `Class` auf `0` gesetzt, handelt es sich um einen `Response`, der als Multicast verschickt wird. Hierdurch erfahren alle Knoten auf dem Linksegment von der Antwort und nehmen diese in eine sog. *Well-known List* auf.
  - Bei einer *Unicast Query* (QU) ist das erste Bit des Felds `Class` auf `1` gesetzt, und die Antwort wird als Unicast an den Fragesteller übermittelt.
- Während bei normalen DNS-Responses in der `Question Section` die Anfrage noch einmal wiederholt wird, bleibt diese bei mDNS-Antworten und gesetztem `QM`-Bit leer.

APIPA Unterstützung

- Zur Mitteilung von geänderten IP-Adressen (*Autoconfiguration*, vgl. Abschnitt 5.3) bzw. einer möglichen Nichterreichbarkeit greift mDNS auf zwei unterschiedliche Antworten zurück:
  - `Flush`: Wird einem Rechner eine neue IP-Adresse zugewiesen, weist er dies in einer (*unsolicited*) sog. mDNS *cache flush* `Response` per Multicast aus. Hierbei wird die `RRCLASS` auf den Wert `0x801` gesetzt und in der `Answer Section` die ungültige IP-Adresse referenziert.
  - `TTL=0`: Bei einem Rechner-Shutdown oder einer voraussichtlichen Adressenänderung kann dies den Partnern durch die Angabe einer `TTL=0` mitgeteilt werden, während bei mDNS üblicherweise ein Wert von `TTL=255` (Sekunden) Einsatz findet.
- Ferner kennt mDNS naturgemäß weder über- noch untergeordnete Domains und nutzt auch keinen *Zonentransfer*.

### mDNS Service Discovery

Damit ein mDNS-Client einen *Service* einem Rechner zuordnen kann, muss der Name des *Service* bekannt sein. Hierzu dient der Dienst *DNS based Service Directory* (DNS-SD):

DNS-SD im Linksegment

- Eine Anwendung kann den Dienst mDNS nutzen und teilt ihren Service den Rechnern im lokalen *Linksegment* per *Multicast* im Segment mit.
- Mehrere Rechner, die den gleichen Dienst anbieten, sind erlaubt; der Client ist aufgefordert, einen auszuwählen.
- Zur Abstimmung der *Servicenamen* sind diese (bei *Apple*) zu registrieren. Eine Liste aktuell genutzter Dienste findet sich unter `http://www.dns-sd.org/ServiceTypes.html`.

SD Servicenamen

Die allgemeine Syntax für den Servicenamen lautet:

```
Service Instance Name = <Instance> . <Service> . <Domain>
```

Der Dienstanbieter teilt diesen in Form eines DNS `TXT`, `WKS` oder `SRV` *Resource Record* RR mit, die folgenden beispielhaften Servicenamen besitzen:

- IPP Druckserver (CUPS): `_ipp._tcp.local`
- Webserver: `_http._tcp.example.de`
- VoIP SIP Server: `_sip._tcp.example.de`

mDNS SRV-RR

Im DNS-SRV Resource Record lassen sich noch weitere Angaben mitteilen, wie das folgende Beispiel zeigt:

```
_sip._tcp.example.de. 86400 IN SRV 0 5 5060 sipserver.example.de.
```

Hierbei ist:

- `Priority`: Die Priorität der Anwendung (je kleiner, umso besser) (0).
- `Weight`: Das relative Gewicht bei gleicher Priorität (5).
- `Port`: Der TCP- oder UDP-Port des Dienstes (5060).

dns-sd.org

Für (m)DNS-SD gibt es weitere Ergänzungen, die zum Teil aber noch experimentellen Charakter besitzen:

- *Port Control Protocol* (PCP) [RFC 6887] beschreibt ein Verfahren, wie ein Host im lokalen Linksegment über das NAT-Gateway einen öffentlich erreichbaren Port anfordern kann, der über ein dynamisches DNS-Mapping als DNS SRV-RR verfügbar gemacht werden kann.
- Sollen lokale Ressourcen wie Drucker über das Linksegment hinaus mitgeteilt werden, bietet das *Hybrid Unicast/Multicast-DNS based Service Discovery* `http://tools.ietf.org/html/draft-cheshire-mdnsext-hybrid` einen Lösungsweg.

Ergänzende Informationen bietet die Webseite `http://www.dns-sd.org/`.

## 4.9.2 Dienstleistungsprotokolle LLMNR und UPnP

Das Microsoft-Protokoll *Link-Local Multicast Name Resolution* (LLMNR) stellt einen *Peer-to-peer-Dienst* zur lokalen Namensauflösung zur Verfügung. Die Implementierung folgt aber nicht dem DNS-Standard, sondern ist in RFC 4795 *Link-Local Multicast Name Resolution* (LLMNR) informativ beschrieben. LLMNR ist daher speziell in der Windows-

Welt vertreten und wird ergänzt um die Protokolle *Simple Service Discovery Protocol* (SSD) sowie *Universal Plug-and-Play* (UPnP), auf die wir kurz eingehen möchten.

### Das LLMNR-Nachrichtenprotokoll

Bei der Übertragung der LLMNR-Nachrichten wird ausschließlich UDP genutzt, wobei dedizierte IP-Zieladressen sowie ein gemeinsamer Port wie folgt festgelegt sind:

- IPv4: Genutzt wird die Multicast-Adresse `224.0.0.252`.
- IPv6: Verwendet wird hier die Adresse `ff02::1:3`.
- Port: `5355` (LLMNR)

LLMNR Nachrichtenformat

Die LLMNR-Rechner sind *autoritativ* für den ihnen zugewiesenen Namen; dieser darf also nicht doppelt vorkommen. LLMNR nutzt beim `Response` ein an DNS angelehntes Nachrichtenformat, wobei folgende Vereinfachungen im Header vorgenommen wurden [Abb. 4.9-2]:

- `ID` Transaction-ID.
- `QR` Query/Response.
- `Opcode` Operational-Code = `LLMNR`
- `Rcode` Return-Code
- `QDCOUNT`, `ANCOUNT`, `NSCOUNT`, `ARCOUNT` Anzahl der Anfragen, Antworten, Nameserver/Authoritive sowie zusätzliche Antworten.

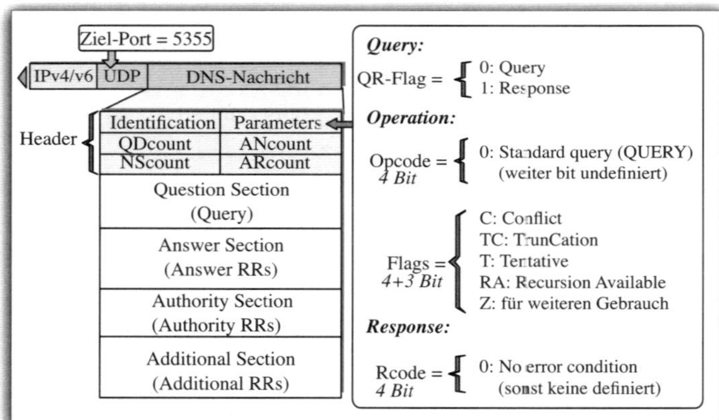


**Abb. 4.9-2:** Aufbau einer LLMNR-Nachricht

### Simple Service Discovery Protokoll – SSDP

Bei der Bekanntmachung von Diensten setzt Microsoft auf das Protokoll SSDP (Simple Service Discovery), das zwei unterschiedliche, aber universelle Nachrichtenformate unterstützt:

- HTTPU: HTTP über UDP und mittels IP-Unicast, sowie
- HTTPMU: HTTP über UDP per IP-Multicast.

SSDP-Adressen

SSDP nutzt folgende Multicast-Adressen und Ports:

- IPv4: `239.255.255.250`

- IPv6: `ff02::c` (link-local), `ff05::c` (site-local), `ff08::c` (organization-local) sowie `ff0e::c` (global).
- Port: Die Dienste werden dem SSDP-Serverport 2869 über UDP bekannt gegeben.

Je nach Aufgabe verwendet SSDP zwei unterschiedliche Nachrichtenformate:

SSDP Nachrichtenformate

- `Announcements` werden als `NOTIFY`-Nachrichten per Multicast mitgeteilt. Diese Nachrichtenform wird auch beim *Shutdown* einer Anwendung eingesetzt.
- `Discover`-Clients können die bestehenden Anwendungen mittels der HTTP-Nachricht `M-SEARCH` in Erfahrung bringen. Die Antworten erfolgen in diesem Fall als *Unicast*.

## Grundlagen von UPnP

Das UPnP-Protokoll (*Universal Plug-and-Play*) definiert zunächst die Infrastruktur, mit denen sich Knoten im Netzwerk verständigen können und untereinander mitteilen, welche Attribute diese haben. Die Weiterentwicklung des Protokolls und die Aufnahme neuer Device-Typen obliegt dem UPnP-Konsortium [`http://www.upnp.org`].

UPnP kennt zwei unterschiedliche Gerätetypen:

UPnP Gerätetypen

- UPnP *enabled* Netzwerkgeräte, wobei hierzu z.B. Mediaserver, Printer und Router gehören. Diese teilen ihre Dienste bzw. ihren Content den
- UPnP *Control Points* (CP) mit, die auf die *UPnP Devices* zugreifen können. Typischerweise ist ein UPnP `CP` ein (Windows) PC oder auch eine netzwerkfähige Fernbedienung.

Das UPnP-Verfahren läuft vollkommen selbstständig und im Hintergrund ab – notwendig ist natürlich ein UPnP fähiges Gerät. Die Schritte im Einzelnen:

Ablauf des UPnP-Verfahrens

1. Zunächst beschafft sich UPnP-Gerät eine lokale IP-Adresse aus dem Netz `169.254/16` gemäß *Zeroconf* bzw. *APIPA*.
2. Anschließend startet die *Discovery*: Per HTTPUM `Notify`-Nachricht teilt das UPnP-Gerät an die Multicast-Adresse `239.255.255.250` und Port `1900`) allen anderen UPnP-Teilnehmern im Netz mit, welchen Gerätetypus (*Notification Type,* `NT`) es besitzt und ob es verfügbar ist (`NTS`). Jedes Gerät im Netz besitzt eine eindeutige Kennung `USN` (*Unique Service Name*), über die es erreicht werden kann. Die HTTPUM-Nachricht sieht beispielsweise folgendermaßen aus:

   ```
   NOTIFY = HTTP/1.1
   Host: 239.255.255.250:1900
   NT: upnp:rootdevice
   NTS:ssdp:alive
   Location:http:/169.254.1.13:2969/upnphost/udhisapi.dll&conetn=uuid:wz11afb..
   USN:uuid:wz11afbf-5bba-43ab-e7df09ag99::upnp:rootdevice
   Cache-control: max-age=1800
   Server: Microsoft-Windows-NT/5.1 UPnP/1.0 UPnP-Device-Host/1.0
   ```

   Die angegebene `Location` (URL) verweist auf eine XML-Datei, in der die spezifischen Geräteattribute beschrieben sind.
3. *Control Points* können gezielt nach Geräten im Netz suchen, die einer bestimmten Geräteklasse zugehörig sind. Beispiel:

   ```
   M-SEARCH * HTTP/1.1
   HOST: 239.255.255.250.1900
   MAN: "ssdp:discover"
   MX: 3
   ```

```
ST: urn:schemas-upnp-org:device:InternetGatewayDevice:1
```

4. UPnP-Geräte, die diesem Muster entsprechen, teilen sich dann per (Unicast) HTTPU dem *Control Point* mit.

Die Gerätekonfiguration ist bei UPnP-Devices nicht unbedingt statisch, sondern kann vom Device bei Bedarf (und abhängig vom Typ) dynamisch erzeugt werden.

## 4.10 Schlussbemerkungen

Die Bereitstellung von Namensdiensten ist eine zentrale Herausforderung für ein funktionierendes Netzwerk. Dieses Problem wurde für die TCP/IP-Protokollfamilie durch die Einführung des *Domain Name System* (DNS) gelöst. DNS kann als universeller Auskunftsdienst im Internet angesehen werden, das nicht nur die Zuordnung eines Hostname zu seiner IP-Adresse ermöglicht, sondern auch das Auffinden von beliebigen Internetressourcen – wie z.B. eines dienstspezifischen Servers (E-Mail-Server, VoIP-Server) bzw. einer Webseite – auf Basis spezieller Bezeichner in Form von URL, URI und URN.

Abschließend sei noch Folgendes hervorgehoben:

Profiling mit URIs

- Im *globalen Internet* stellen aber die Suchmaschinen und hier speziell *Google* ein Meta-Pendant zum DNS dar. Bei einer falsch getippten URL (oder einem nicht-auflösbaren Hostnamen) geben die Browser diese Information sofort an die konfigurierte Suchmaschine weiter. Dies mag zum Komfort des Benutzers beitragen, bringt aber auch die Gefahr des *Daten-Leakage* und des *Profiling* von Benutzern mit sich. Im heutigen Verständnis ist eine IP-Adresse durchaus nicht privat – selbst dann nicht, wenn man auf dem eigenen Rechner zunächst eine nicht-routbare Adresse bezogen hat.

DNS-Namen als Marketing-instrument

- Der DNS-Dienst ist ein *Geschäftsmodell*, was nicht zuletzt die neuen TLDs wie `.biz` beweisen. Möglicherweise hat Amazon zum Zeitpunkt der Veröffentlichung dieses Buches bereits die TLD '.book' übernommen.

DNSSEC als Grundlage authoritiver DNS-Namen

- Das *Spoofing* von Domainnamen kann durch DNSSEC wirksam unterbunden werden. Der Preis ist aber beachtlich, und es ist nicht absehbar, ob DNSSEC hierfür die richtige Lösung bereit stellt.
- *DNSSEC* bietet keine Vertraulichkeit. Wie erläutert, können mitgelesene DNS-Nachrichten durchaus zum *Profiling* benutzt werden. Nicht nur, dass Google eigene öffentliche DNS-Resolver unter der IPv4-Adresse `8.8.8.8` betreibt, mittels des Drafts `http://tools.ietf.org/html/draft-vandergaast-edns-client-ip-01` sollten auch die ursprünglichen IP-Adressen der Clients mit übertragen werden.

DNS-Nachrichten-verschlüsselung mittels DNSCurve

- Lediglich das *DNSCurve*-Protokoll von Dan Bernstein bietet im Ansatz Vertraulichkeit [Til10]. DNSCurve war durchaus dazu gedacht, eine Alternative zu DNSSEC zu sein. An einer radikalen Änderung der DNS-Infrastruktur ist das ICANN aber offensichtlich nicht interessiert, und so werden weiter Workarounds für DNSSEC wie das *DNS Dampening* (`http://lutz.donnerhacke.de/eng/Blog/DNS-Dampening`) diskutiert.

Mulitcast-DNS und APIPA

- *Multicast-DNS* spielt in lokalen Linksegmenten eine wachsende Rolle. Leider gibt es auch hier unterschiedliche Ansätze von den verschiedenen Anbietern. mDNS zusammen mit APIPA scheint aber eine allgemein akzeptierte Grundlage zu werden. Ob UPnP im Hinblick auf die Verschmelzung von TV- und Internetdiensten an Bedeutung gewinnt, bleibt abzuwarten.

# 5 IP-Support-Protokolle

Eine der Grundtendenzen moderner Netzwerkarchitektur besteht darin, die Komplexität der Netzwerkeinrichtung für den Benutzer zu vermindern. Wie von aktuellen mobilen Endgeräten gewohnt, soll der Benutzer weder eine IP-Adresse einrichten müssen noch sich Gedanken darüber machen, ob die Kommunikation über IPv4 oder IPv6 erfolgt. Auch die Tatsache, dass bei IPv4 häufig Rechner oder Smartphones private IPv4-Adressen nutzen, sollte nicht dazu führen, dass Anwender von wichtigen Netzdiensten wie *Skype* oder *Twitter* ausgeschlossen sind. Aus diesem Grund sind zusätzliche 'IP-Supportprotokolle' notwendig und diese werden in diesem Kapitel dargestellt.

Zunächst möchten wir diese ergänzende Lösungen für das IPv4-Protokoll vorstellen. Es sei aber angemerkt, dass das IPv6-Protokoll viele von diesen überflüssig machen wird: Übersicht über das Kapitel

- Heutige Endgeräte sind so 'intelligent', dass sie ihre Netzwerkkonfiguration selbst ermitteln und sich eigenständig IPv4-Adressen zuweisen können. Dies ist Gegenstand der *APIPA*-Anwendung, die wir in Abschnitt 5.1 vorstellen möchten. APIPA
- Häufig ist jedoch zu viel Eigenständigkeit nicht erwünscht, und die Netzwerk-Grundkonfiguration soll allen beteiligten Clients von einem zentralen Punkt aus vorgegeben werden. Dies wird über das *Dynamic Host Configuration Protocol*, kurz DHCP, realisiert, ohne das 'private Netzwerke' kaum machbar wären. Abschnitt 5.2 widmet sich dem Protokoll DHCP, wobei wir dabei auch auf die Aspekte des DHCP-Einsatzes bei ISPs sowie auf PXE eingehen möchten. DHCP
- Die Knappheit an öffentlichen, routbaren IPv4-Adressen führte zum Entstehen der *Network Address Translation* (NAT). Audiovisuelle Echtzeitkommunikation soll auch dann verlässlich funktionieren, wenn sich die Kommunikationspartner in privaten IP-Netzen (*private realms*) befinden. Dies stellt beim Einsatz von NAT die Anwendungen vor einige Hürden, die mittels der Protokolle STUN, TURN und ICE gerade im Hinblick auf den Sitzungsaufbau gelöst werden müssen. Hierüber gibt Abschnitt 5.3 Auskunft. NAT
- Sicherheit im Internet spielt heute eine dominierende Rolle – und hier vor allem die Vertraulichkeit der Kommunikation, die durch Verschlüsselung erzielt werden kann. Das *IPsec* Protokoll bietet hierfür prinzipiell eine – wenn auch komplizierte – Lösung. IPsec-Pakete können 'huckepack' sowohl über IPv4- als auch IPv6-Netze übertragen werden. Abschnitt 5.4 widmet sich den technologischen Grundlagen dieses Protokolls. IPsec

Dieses Kapitel beantwortet u.a. die Fragestellungen: Ziele des Kapitels

- Wie und nach welchem Verfahren können sich Endgeräte automatisch eine gültige IPv4-Adresse zuweisen?
- Wie funktioniert die Vergabe von IPv4-Adressen mittels DHCP?
- Welche Lösungen von NAT gibt es, und zu welchen Problem können sie führen?
- Wie kann die audiovisuelle Kommunikation zwischen Multimedia-Geräten (wie Smartphones und Tablett-PC) erfolgen, die über das Internet mittels NAT verbunden sind?
- Welche Ziele verfolgt IPsec, und wie kann dieses Protokoll zum verschlüsselten und authentisierten Austausch von IP-Paketen genutzt werden?
- Welche Probleme verursacht NAT bei IPsec, und wie können diese bewältigt werden?
- Was ist ein IPsec Tunnel-Mode, und wie lässt sich IPsec auch bei NAT einsetzen?

## 5.1 IPv4-Autoconfiguration

Bislang sind wir davon ausgegangen (vgl. Abb. 1.5-1), dass es eine 1:1 Zuordnung von Netzwerk- und Data-Link-Schicht gibt, bzw. dass zu einer IP-Adresse auch genau eine MAC-Adresse existiert. Wie bereits aufgrund der IP-Loopback-Adresse klargeworden ist, kann diese naive Sichtweise nicht durchgehalten werden, sondern neben physikalischen Interfaces kann IP auch virtuelle und logische Schnittstellen nutzen.

Logische Schnittstellen

Bislang haben wir zwei virtuelle Schnittstellen kennen gelernt, die jede IP-Implementierung besitzt. Diese 'Schnittstellen' sind mit logischen, festen – wir sprechen auch von funktionalen – IP-Adressen versehen [RFC 5735]:

- Die *Loopback-Schnittstelle*, der das komplette IPv4-Netz `127.0.0.0/8` zugewiesen ist und von der in der Regel nur die Adresse `127.0.0.1` genutzt wird. Diese IP-Loopback-Adresse kann nur als Zieladresse für IP-Pakete genutzt werden. Server-Anwendungen können auf diese IP-Adresse binden, und die entsprechenden Dienste können lassen sich daher nur auf dem Rechner selbst (lokal) ansprechen.
- Die (logische) Schnittstelle der TCP/IP-Instanz selbst, der die IP-Adresse `0.0.0.0/32` bzw. das Netz `0.0.0.0/8` mit der Default-Netzmaske `255.0.0.0` zugeteilt ist. Diese Adresse kann von Client-Anwendungen als Quelladresse genutzt werden.

Das Konzept der logischen Schnittstellen [Abb. 5.1-1] wurde in der Praxis der IP-Protokolle immer mehr erweitert und findet heute bei den *Virtual LANs* [Kapitel 13] weite Verbreitung. Im Gegenzug hierzu besitzen viele Rechner heute mehrere physikalische Schnittstellen, z.B. in Form eines Ethernet- und WLAN-Interfaces. In diesen Zusammenhang unterscheiden wir zwischen:

- *Multihomed*: Der Rechner besitzt mehrere (externe) IP-Adressen aus unterschiedlichen Subnetzen.
- *Multilinked*: Auf dem Rechner existieren mehrere physikalische oder logische Interfaces, über die eine IP-Kommunikation (ins Internet) vorgenommen werden kann.

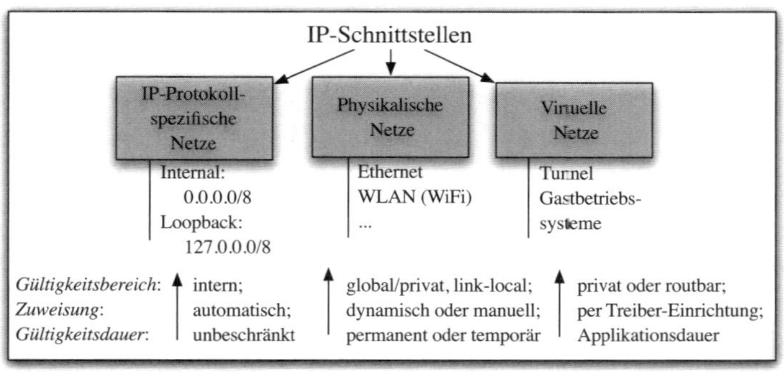


**Abb. 5.1-1:** Taxonomie der IP-Schnittstellen

IPv4-Arbeitsteilung

Beim IPv4-Protokoll gibt es eine strikte Arbeitsteilung:

- Der IPv4-Protokollstack ist für die Verwaltung der IP-Adressen (und ihrer zugehörigen Parameter) zuständig,

- das *Mapping* zwischen IPv4- und den Linkadressen wird über den ARP-Mechanismus geregelt [siehe Abschnitt 2.6], wobei hier der ARP-Cache und sein dynamisches Verhalten maßgeblich ist.
- Für die *automatische Zuweisung* einer IPv4-Adresse ist DHCP vorgesehen; hierbei ist der DHCP-Client in der Regel ein externes Programm.

Linkadressen

Gemeinhin identifizieren wir *Linkadressen* mit den *MAC-Adressen* der Data-Link-Schicht und somit mit physikalischen Netzwerkkomponenten. Tatsächlich lässt sich das Konzept aber auch auf virtuelle Data-Link- und hierbei speziell für Punkt-zu-Punkt-Verbindungen erweitern. Dieser Ansatz wird z.B. bei FireWire- oder USB-Verbindungen genutzt:

Link-Local Adressen

- *MAC-Adressen* werden in der Regel als 48-Bit Adressen dargestellt, obwohl auch ursprünglich kürzere Adressen vorgesehen waren.
- *Link-Local-Adressen* (LLA), die eine virtuellen Endpunkt darstellen, nutzen in der Regel das EUI-64-Format [`http://standards.ieee.org/develop/regauth/tut/eui64.pdf`], das eine 64-Bit-Adresse beschreibt.

Während in der Vergangenheit davon ausgegangen werden konnte, dass unterschiedliche Interfaces unterschiedlichen IP-Netzen zugeordnet werden können, ist dieses Paradigma bei heutiger Nutzung nicht mehr gültig.

Link-ID

Aktuelle Betriebssysteme und TCP/IP-Implementierungen halten diese Informationen in einem Puffer, dem eine sog. *Link-ID* zugeordnet ist; d.h. einer logischen Schnittstellen-Kennung. Die Art dieser Zuordnung wird allerdings von Betriebssystem-zu-Betriebssystem unterschiedlich gehandhabt, wobei zudem dem Ein- und Ausschalten von Schnittstellen (z.B. WLAN-Karte) Rechnung getragen wird. Die Link-ID kann sowohl einem physikalischen als auch einem virtuellen Interface zugeordnet werden.

Konfigurationsparameter eines Interfaces

Pro Interface sind daher die folgenden Informationen vorzuhalten:

1. Die zugehörige *IP-Adresse*,
2. die *Präfixlänge* bzw. die *Subnetz-Maske*,
3. die unterstützte *MTU* des Netzwerks sowie
4. die *Lebensdauer der IP-Adresse* (z.B. DHCP-*Lease-Dauer*) und schließlich
5. die *Link-ID* des Interfaces, auf die die IP-Adresse gebunden ist.

Ergänzend gibt es die folgenden 'übergeordneten' Parameter, die zum Funktionieren des Internetzugangs von Belang sind:

- Die IP-Adressen der *DNS-Forwarder* [Abschnitt 4.1].
- Die *Rangfolge* (*Precedence*) der Interfaces, d.h. über welche Schnittstelle soll ein IP-Paket bevorzugt verschickt werden, sofern mehrfacher Zugang zum Internet geboten wird.

### 5.1.1 Einrichten von IP-Adressen

Alle aktuellen Betriebssysteme (nicht aber notwendigerweise Router und Switches) kennen drei Arten der Zuweisung von IP-Adressen [Tab. 5.1-1]:

Manuelle Einrichtung

1. Die *manuelle Einrichtung* einer IP-Adresse:
   - *Windows*: Über die Systemsteuerung GUI, das Programm `ipv6.exe` oder die sog. *NetShell* `netsh.exe`.
   - *MacOS*: GUI Systemeinstellung – oder temporär über das Kommando `ifconfig`
   - *Linux/Unix*: Über den *Networker* (bei SuSE über *yast*) bzw. temporär über das Kommando `ifconfig`.

DHCP

2. Die *gezielte Anforderung* einer IP-Adresse vom Rechner mittels DHCP. Hierzu ist es notwendig, dass auf dem Rechner ein DHCP-Client läuft, der in der Regel beim Starten des Betriebssystems automatisch hochgefahren wird.
   - *Windows*: Anforderung einer neuen IPv4-Adresse mittels des Kommandos `ipconfig/renew`.
   - *MacOS*: Mittels der GUI 'Netzwerk' und hier über 'Weitere Optionen ...' mit anschließend 'DHCP-Lease erneuern'.
   - *Linux/Unix*: Anforderung über das Kommando `dhclient [interface]`.

APIPA

3. Die *automatische Vergabe* einer sog. Link-Local IPv4-Adresse gemäß RFC 3927. Dieses Verfahren ist Teil des *Automatic Private IP Addressing* (APIPA), was gelegentlich *Autoconf* oder *Zeroconf* genannt wird.

   IPv4LLA

   Hierfür ist der Bereich `169.254.0.0/16` als *IPv4 Link-Local Adressen* reserviert.
   - *Windows*: Wird automatisch aktiv, falls auf einem Interface eine Data-Link-Verbindung erkannt wird, aber keine manuelle IPv4-Adresse eingerichtet wurde und kein DHCP-Server erreichbar ist.
   - *MacOS*: Als Teil des *Bonjour*-Protokolls schon länger im Einsatz.
   - *Linux/Unix*: Der *Autoconf*-Dienst ist über die Avahi-Implementierung verfügbar [`http://avahi.org`].

| **Adressierung** | **Verantwortlich** | **IPv4-Adressbereich** | **Gültigkeit** |
|---|---|---|---|
| Manuell | Administrator | routbare oder private Adressen | unbegrenzt |
| Halbautomatisch | DHCP-Client | üblicherweise private Adressen | Lease-Dauer |
| Automatisch | TCP/IP-Instanz | Link-Local Adressen | befristet |

**Tab. 5.1-1:** Vergabe von IPv4-Adressen, Arten und Verantwortlichkeiten

## 5.1.2 Stateless Autoconfiguration für IPv4 – APIPA

Der IPv4-Adressbereich `169.254.0.0/16` bezeichnet *Link-Local IP-Adressen* (IPv4LL) [RFC 2462], die nicht geroutet werden dürfen und sowohl für die manuelle Konfiguration als auch für die Vergabe per DHCP ausgeschlossen sind. Für ein Linksegment stehen somit mehr als 64.000 IP-Adressen zur Verfügung, was die Gefahr einer zufälligen Adressüberschneidung als gering erscheinen lässt.

Jeder Rechner erhält eine *pseudo-zufällige* IPv4LL-Adresse aus diesem `/16`-Netz, die von der MAC-Adresse abgeleitet ist. Diese gewählte IPv4LL-Adresse wird mittels eines ARP-Broadcasts entsprechend RFC 3927 im lokalen Linksegment mitgeteilt (siehe Abb. 5.1-2):

- *IPv4LL-Generierung*: Der Rechner erkennt, dass er an einem Linksegment angeschlossen ist, aber keine zugewiesene IP-Adresse besitzt und der `DHCP-Request` nicht beantwortet wurde und generiert eine IPv4LL-Adresse im Netz `169.254` mit einer zufällig gewählten *Host-ID*. Die Host-ID wird von der MAC-Adresse der Netzwerkkarte abgeleitet [Abb. 5.1-2a].

- *Claim*: Es wird eine `APR-Probe` abgeschickt, der als Sender-IP-Adresse die `0.0.0.0` sowie als Target-IP die IPv4LL-Adresse beinhaltet [Abb.5.1-2b]. Die `ARP-Probe` ist ein Broadcast auf dem lokalen Linksegment. Claim
- *Announcement*: Erfolgt innerhalb mehrerer Sekunden kein Widerspruch, wird die gewählte IP-Adresse durch ein weiteres, sog *Gratuitous ARP*-Paket mittels eines MAC-Broadcast bestätigt, in dem die IPv4LL-Adresse sowohl als Sender- als auch als Target-Adresse eingetragen ist (2). Alle Teilnehmer im lokalen Linksegment haben nun sowohl die zugewiesene IP-Adresse als auch dessen MAC-Adresse gelernt und in ihrem ARP-Cache verbucht. Announcement
- *Konflikt*: Jeder Rechner mit einer IPv4LL-Adresse muss darauf vorbereitet sein, dass ein anderer Rechner zufällig die gleiche Link-Local-Adresse wählt. Besitzt der keine aktiven TCP-Verbindungen, muss er in diesem Fall eine neuen IP-Adresse wählen und teilt diese mit. Sofern aber seine IP-Adresse von Applikationen aktiv genutzt werden (bestehende TCP-Sockets), kann er diese 'verteidigen', indem unmittelbar nach dem Empfang der Probe ein eigenes `Announcement` verschickt wird (2'). Konflikt

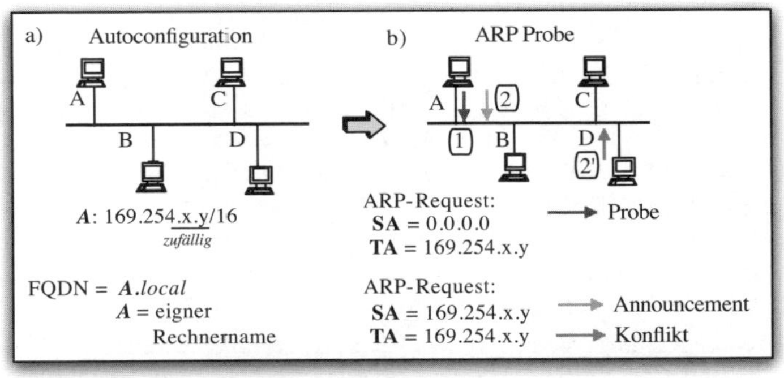


**Abb. 5.1-2:** IPv4-Autoconfiguration mittels ARP-Probe/Announcement
SA: Senderadresse, TA: Target-Adresse

Im Linksegment besitzt nun jeder Rechner eine eigene, eindeutige IPv4LL-Adresse, die allerdings nicht fest vergeben sondern 'zustandslos', also *stateless* ist.

### Multicast-DNS-Nutzung bei APIPA

Im zweiten Teil der IPv4-Autoconfiguration nutzt APIPA das Multicast-DNS-Protokoll:

- Es wird eine mDNS-Nachricht an die Multicast-Adresse `224.0.0.251` verschickt.
- Die *Question-Section* beinhaltet eine `ANY`-Query mit dem Hostnamen des Rechners und der Top-Level-Domain '`local`': *hostname*.`local` [Abb. 5.2-2a].
- Die *Answer Section* bleibt unbesetzt.
- Die *Authority Section* listet die IPv4LL-Adresse als `A`-Record auf.

Somit ist der Rechner im Linksegment mittels seines Hostnamens bekannt gemacht und kann hierüber – auch bei wechselnden IPv4LL-Adressen – angesprochen werden. Üblicherweise teilt der Rechner mittels des mDNS-Dienstes den anderen Teilnehmern am Linksegment nun seine weiteren Freigaben mit, z.B. Drucker oder Netzwerk-Laufwerke [Abschnitt 4.11].

## 5.2 Vergabe von IP-Adressen mit DHCP

BOOTP als DHCP-Vorgänger

Zwar kann das DHCP (*Dynamic Host Configuration Protocol*) als Nachfolger des *BOOT Protocol* angesehen werden, das ursprünglich entwickelt wurde, um Rechner (z.B. PCs) ohne Festplatte als Endsysteme in IP-Netzen zu starten und automatisch zu konfigurieren. Seine heutige Bedeutung liegt jedoch darin,

- Endsysteme bzw. Router, die beispielsweise via DSL oder WLAN am Internet angebunden sind, mit offiziellen IP-Adressen und einigen Konfigurationsparametern auszustatten,
- Rechner in lokalen und internen Netzen (oft) mit privaten (nicht-routing-fähigen) IP-Adressen und einigen Konfigurationsparametern zu versehen.

Zuweisungsregeln

Die Vergabe der IP-Adressen per DHCP erfolgt aus einem Pool von IP-Adressen, die der DHCP-Server verwaltet und diese den Clients nach folgenden Regeln zuweisen kann:

- *Automatische Zuweisung*: Dem Client wird eine IP-Adresse zugewiesen, die dieser während seiner Laufzeit, d.h. vom Start der DHCP-Abfrage bis zum Herunterfahren der TCP/IP-Applikation behält.
- *Temporäre Zuweisung*: Die IP-Adresse bzw. die gesamte IP-Konfiguration wird für einen bestimmten Zeitraum – die sog. *Lease-Dauer* – zugewiesen. Nach Ablauf der Lease-Dauer verfällt die Zuweisung der IP-Adresse für den DHCP-Client. Der DHCP-Server kann die IP-Adresse von da ab an einen anderen Client vergeben, typischerweise im Round-Robin-Verfahren. Hierdurch wird gewährleistet, dass nicht wieder die gleiche IP-Adresse demselben DHCP-Client nach Ablauf der Lease-Zeit zugewiesen wird. Die Lease-Dauer beträgt in DSL-Netzen typischerweise 24 Stunden. bzw. endet um Mitternacht. Es kann aber auch eine beliebig lange (*infinite*) Lease-Dauer gewährt werden, z.B. wenn eine IP-Adresse gemietet ist.
- *Permanente Zuweisung*: Hier führt der DHCP-Server eine Zuweisungstabelle der MAC-Adresse des DHCP-Clients und seiner IP-Adresse. Dies stellt sicher, dass der Client immer die gleiche IP-Adresse zugewiesen bekommt und dass nur Rechner mit bekannten und registrierten MAC-Adressen mit IP-Adressen ausgestattet werden.

Mit DHCP lassen sich vor allem die mit dem manuellen Konfigurieren von IP-Adressen verbundenen Probleme beseitigen. Die erste Version von DHCP wurde bereits Ende 1993 im RFC 1541 veröffentlicht und als Standard im März 1997 durch den RFC 2131 mit einer neuen DHCP-Version abgelöst. Inzwischen wurde RFC 2131 um die RFCs 2132, 3396, 4361 und zuletzt 5494 erweitert. Abb. 5.2-1a zeigt die Aufgabe von DHCP.

DHCP-Client/Server-Prinzip

DHCP funktioniert nach dem Client/Server-Prinzip. Ein *DHCP-Server* ist ein Rechner, in dem die zentralen IP-Konfigurationsparameter für die DHCP-Clients (oft nur innerhalb eines Subnetzes) abgespeichert worden sind. Wird die DHCP-Client-Applikation gestartet, fordert der Client von einem DHCP-Server folgende Information an:

- *Obligatorisch*: Client-IP-Adresse, Lease-Dauer, Identifikation des DHCP-Server, wie dies in RFC 2131 festgeschrieben ist.
- *Optional*[1]: Lokation des Boot-Images mit IP- und Pfadangabe [RFC 2132] sowie die in RFC 2132 festgehaltenen *Vendor Optionen* gemäß RFC 1497, darin unter anderen

[1] Alle DHCP-Optionen finden sich unter `http://www.iana.org/assignments/bootp-dhcp-parameters/bootp-dhcp-parameters.xhtml`.

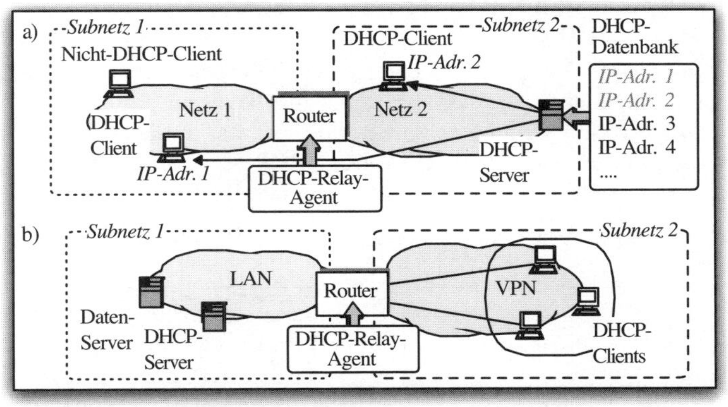


**Abb. 5.2-1:** Protokoll DHCP: a) Veranschaulichung der Funktion,
b) Einsatz beim Remote-Access auf LAN über ein VPN

- die *IP-Parameter* `Subnet-Mask`, `Default Gateway(s)`, `MTU` per Interface, `statische Routen`,
- die *TCP-Parameter* wie `Keepalive` und `TTL`,
- die *DNS-Parameter* `Hostname`, `Domain-Suffix` sowie
- die IP-Adressen externer Server wie Time-, Log- und Dump-Server.

DHCP-Relay-Agenten

Bei DHCP können auch sog. *DHCP-Relay-Agenten* implementiert werden. Ein solcher Agent hat die Aufgabe, DHCP-Nachrichten in andere Subnetze weiterzuleiten, die nicht über einen eigenen DHCP-Server verfügen. Ein Relay-Agent wird entweder in einen IP-Router oder in einen für diesen Zweck konfigurierten Rechner implementiert. Der Einsatz von Relay-Agenten hat den Vorteil, dass nicht für jedes Subnetz ein eigener DHCP-Server zur Verfügung gestellt werden muss. Andererseits besteht die Gefahr, dass beim Ausfall eines DHCP-Servers einige Clients nicht in der Lage sind, am Netzwerkbetrieb teilzunehmen. Es ist deshalb notwendig, immer sowohl redundante DHCP-Server als auch redundante DHCP-Relay-Agenten einzuplanen. Aus diesem Grund lässt DHCP mehrere DHCP-Server sowie mehrere Relay-Agenten zu [Abb. 5.2-3].

DHCP beim Remote-Access

**Beispiel**: Abb. 5.2-1b illustriert den Einsatz von DHCP beim Remote-Access von Filialen auf ein zentrales LAN über ein VPN. Eine Besonderheit dieser Vernetzung besteht einerseits darin, dass die Anzahl der PCs im VPN sehr groß ist (z.B. über 500) und dass sie nur sporadisch auf den zentralen Server im LAN des Unternehmens zugreifen. Andererseits ist es nicht sinnvoll, einen DHCP-Server pro VPN-Insel einzurichten, sodass die Funktion eines DHCP-Relay-Agenten im Router notwendig ist. Das Unternehmen verfügt über einen Pool von IP-Adressen der Klasse `C`. Falls nur zwei Subnetze organisiert werden, d.h. das LAN an der Zentrale als ein Subnetz und die Remote-PCs im VPN als weiteres Subnetz, kann die maximale Anzahl von Hosts in jedem Subnetz nur 126 betragen [Tab. 2.4-2]. In diesem Fall könnte folgende Lösung in Frage kommen: Die 126 IP-Adressen werden als Pool von Adressen im DHCP-Server im LAN für Remote-PCs zur Verfügung gestellt und den einzelnen PCs über das VPN nach Bedarf dynamisch zugewiesen. Da die Remote-PCs nur sporadisch auf das LAN zugreifen und die 'Belegung' der IP-Adresse nicht lange dauert, kann man davon ausgehen, dass alle PCs mit den 62 Adressen zufriedenstellend bedient werden.

### 5.2.1 Aufbau von DHCP-Nachrichten

Zwischen einem DHCP-Client und einem DHCP-Server werden festgelegte DHCP-Nachrichten übermittelt, für die das verbindungslose Transportprotokoll UDP eingesetzt wird. Der DHCP-Client stellt einen Anwendungsprozess auf dem Rechner dar und ist über den *Well-known Port* 68 zu erreichen. Der DHCP-Server ist ein Anwendungsprozess in einem dedizierten Rechner und erreichbar über den *Well-known Port* 67.

Wie Abb. 5.2-2 zeigt, werden diese Portnummern im UDP-Header angegeben.

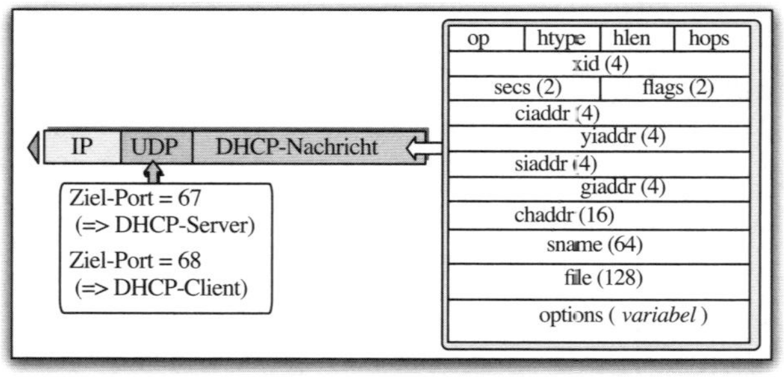


**Abb. 5.2-2:** Struktur von DHCP-Nachrichten (nach RFC 2131)
In Klammern ist die Anzahl der Byte angegeben.

DHCP-Nachrichtenfelder

Die folgenden Felder werden in DHCP-Nachrichten verwendet:

- `op` (1 Byte), Operation: Angabe, ob es sich um eine Anforderung (Request) oder eine Antwort (Reply) handelt.
- `htype` (1 Byte): Angabe des Netztyps gemäß RFC 1340 (z.B. 6 = IEEE 802.x-LAN).
- `hlen` (1 Byte): Länge der Hardware-Adresse, d.h. der physikalischen Netzadresse (6 = MAC-Adresse).
- `hops` (1 Byte). Hier wird die Anzahl von Routern mit der DHCP-Relay-Funktion auf dem Datenpfad zwischen DHCP-Client und -Server angegeben.
- `xid` (4 Byte), Transaktions-ID: Dies ist die Identifikation für die Transaktion zwischen dem Client und dem Server, um den DHCP-Clients im Server die Antworten zu den richtigen Anforderungen (Requests) zuordnen zu können.
- `secs` (*Sekunden*): Wird vom Client ausgefüllt und stellt in Sekunden die Zeit dar, die seit Beginn des Vorgangs abgelaufen ist.
- `flags`: Das höchstwertige Bit dieses Feldes zeigt an, ob ein Client in der Lage ist, die IP-Pakete zu empfangen. Ist dies der Fall, verfügt der Client noch über eine gültige IP-Adresse. Die restlichen Bit dieses Feldes werden z.Z. nur auf 0 gesetzt und sind für zukünftige Zwecke reserviert.
- `ciaddr` (*Client-IP-Adresse*): Wird vom Client angegeben, falls er eine IP-Adresse besitzt.
- `yiaddr` (4 Byte), Your-IP-Adresse: Hier wird die IP-Adresse eingetragen, die der Server dem Client zugewiesen hat.
- `siaddr` (*Server-IP-Adresse*): Hier wird die IP-Adresse des Servers angegeben (z.B. in der Nachricht `DHCP-OFFER`), der bei der nächsten Anforderung benutzt werden soll.
- `giaddr`: IP-Adresse des Routers mit der DHCP-Relay-Funktion.
- `chaddr`: MAC-Adresse des DHCP-Clients.

- `sname` (Server-Name, optional): Ein Client, der den Namen eines Servers kennt, von dem er Konfigurationsparameter haben will, trägt hier diesen Namen ein und stellt somit sicher, dass nur der angegebene Server auf seine Anforderung antwortet.
- `file` (optional): Der File-Name ist ein alphanumerischer String (Zeichenfolge). Diese Angabe ermöglicht es einem DHCP-Client, eine bestimmte Datei zu identifizieren, die er vom Server abrufen will. Der Server ist somit in der Lage, die richtige Datei auszuwählen und sie z.B. mittels des Protokolls FTP dem Client zukommen zu lassen.
- `options` (optional): Zusätzliche bzw. herstellerspezifische Konfigurationsparameter. Dieses Feld enthält die sog. DHCP-Optionen, die in RFC 2132 festgelegt werden.

## 5.2.2 Ablauf beim Protokoll DHCP

Der Einsatz von DHCP zur automatischen Konfiguration von IP-Adressen bedeutet, dass der Benutzer eines Rechners keine IP-Adressen mehr von einem Administrator benötigt. Der DHCP-Server stellt allen DHCP-Clients die erforderlichen Adressen zur Verfügung. Den Ablauf von DHCP bei der Zuweisung der IP-Adresse zu einem Rechner illustriert Abb. 5.2-3. DHCP lässt mehrere DHCP-Server zu. Ein wichtiger Grund dafür ist die Server-Verfügbarkeit(!). Fällt ein Server aus, werden seine Funktionen automatisch von anderen Servern übernommen.

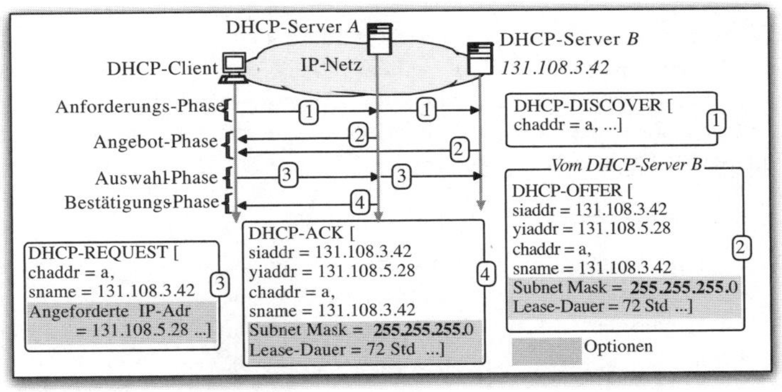


**Abb. 5.2-3:** Phasen bei der Konfiguration eines DHCP-Clients

Um einem Rechner eine IP-Adresse zuzuweisen, sind vier Phasen nötig (*DORA*): DHCP-Phasen

- *Anforderungsphase*
  Der Client sendet die Nachricht `DHCP-DISCOVER` in einem IP-Broadcast-Paket (IP-Zieladresse = `255.255.255.255`) als Anforderung, um von einem Server die benötigten Konfigurationsparameter (IP-Adresse, Subnet Mask etc.) zu bekommen. Die MAC-Adresse des Clients (`chaddr` [Abb. 5.2-2]) muss unbedingt in `DHCP-DISCOVER` angegeben werden. Die Nachricht `DHCP-DISCOVER` als Broadcast wird normalerweise auf das eigene Subnetz eingeschränkt. Sie kann aber über eventuell vorhandene DHCP-Relay-Agenten in die anderen Subnetze weitergeleitet werden. Der Einsatz von DHCP-Relay-Agenten hat dann eine große Bedeutung, wenn nicht alle Subnetze über ihre eigenen DHCP-Server verfügen. Discover
- *Angebotsphase*
  Jeder DHCP-Server kann mit einer Nachricht `DHCP-OFFER` dem Client sein Angebot von Konfigurationsparametern zukommen lassen (in Abb. 5.2-3 wurde nur das Angebot vom Offer

Server *B* gezeigt). Der Server versucht zuerst, dem Client direkt das Angebot zu senden. Aber dies ist nicht immer möglich. Hierbei sind zwei Fälle zu unterscheiden:

(a) Der Client wird gerade initialisiert und verfügt deshalb noch nicht über eine eigene IP-Adresse. In diesem Fall sendet der Server sein Angebot als Broadcast-Nachricht (IP-Adresse `255.255.255.255`). Diese Nachricht `DHCP-OFFER` enthält bereits die MAC-Adresse des betreffenden Clients, sodass nur der 'richtige' Client diese Nachricht lesen darf.

(b) Der Client verfügt bereits über eine IP-Adresse, doch die Lease-Dauer geht zu Ende, sodass er diese Adresse auf die nächste Lease-Periode 'verlängern' möchte. In diesem Fall wird das Angebot vom Server direkt an den Client gesendet.

- *Auswahlphase*
  Request
  In dieser Phase wählt der Client die Konfigurationsparameter des ersten von ihm empfangenen Angebots aus und sendet eine Broadcast-Nachricht `DHCP-REQUEST`, um das ausgewählte Angebot anzufordern. In `DHCP-REQUEST` ist der Name des ausgewählten DHCP-Servers enthalten (im Feld `sname`). Hier kann auch die angebotene IP-Adresse durch der Option `Requested IP Address` (angeforderte IP-Adresse) bestätigt werden. `DHCP-REQUEST` wird als Broadcast verschickt, um allen übrigen DHCP-Servern, die möglicherweise ihre Angebote für den Client reserviert hatten, mitteilen zu können, dass sich der Client für einen anderen Server entschieden hat. Diese übrigen Server können die reservierten Parameter wieder freigeben, um sie anderen Clients anzubieten.
- *Bestätigungsphase*
  Ack
  Der DHCP-Server, der vom Client ausgewählt wurde, antwortet mit der Nachricht `DHCP-ACK`, die alle Konfigurationsparameter für den Client enthält. Nach dem Empfang von `DHCP-ACK` und dem Eintragen von Parametern wird beim Client der Konfigurationsvorgang beendet. In dieser Phase können eventuell noch die weiteren 'verspäteten' Angebote eintreffen. Sie werden nun vom Client einfach ignoriert.

DHCP stellt vier weitere Nachrichten zur Verfügung:

NAK

1. `DHCP-NAK`: Diese Nachricht wird in der Bestätigungsphase verwendet und von einem ausgewählten DHCP-Server an einen Client gesendet, um darauf zu verweisen, dass die in `DHCP-REQUEST` geforderten Konfigurationsparameter abgelehnt wurden. Dies kann dann erfolgen, wenn:
   - ein Client versucht, die Lease-Dauer für seine bisherige IP-Adresse zu verlängern und diese IP-Adresse nicht mehr verfügbar ist.
   - die IP-Adresse ungültig ist, weil der Client in ein anderes Subnetz 'umgezogen' ist.

Release

2. `DHCP-RELEASE`: Mit ihr teilt ein DHCP-Client einem Server mit, dass einige Parameter (z.B. IP-Adresse) nicht mehr benötigt werden. Damit werden diese Parameter freigegeben und stehen anderen Clients zur Verfügung (vgl. Abb. 5.2-1b; dies müssen z.B. die Remote-PCs im VPN tun).

Decline

3. `DHCP-DECLINE`: Damit teilt ein DHCP-Client dem Server mit, das einige 'alte' Parameter (wie z.B. dessen MAC-Adresse) ungültig sind.

Inform

4. `DHCP-INFORM`: Sie ist nur in der neuen Version von DHCP enthalten [RFC 2131]. `DHCP-INFORM` kann ein Client nutzen, dem eine statische IP-Adresse manuell zugeteilt wurde, er jedoch dynamisch zusätzliche Konfigurationsparameter vom DHCP-Server zugeteilt bekommen möchte.

Lease-Erneuerung

Alle DHCP-Clients versuchen, ihre Lease zu erneuern, sobald die Lease-Dauer zu 50 Prozent abgelaufen ist. Um seine Lease zu erneuern, sendet der Client `DHCP-REQUEST` direkt an den DHCP-Server, von dem er zuvor die Konfigurationsparameter erhalten hat. Der DHCP-Server bestätigt dies dem Client mit DHCP-ACK, in der eine neue Lease-Dauer und alle aktualisierten Konfigurationsparameter enthalten sind. Wenn der Client diese Bestätigung erhält, aktualisiert er entsprechend seine Konfigurationsparameter.

Versucht ein Client, seine Lease zu erneuern, der gewünschte DHCP-Server jedoch nicht erreichbar ist, kann der Client die Parameter (IP-Adresse) dennoch weiter verwenden, weil noch 50% der Lease-Dauer verfügbar ist. Konnte die Lease nach Ablauf von 50% der Dauer nicht vom ursprünglichen DHCP-Server erneuert werden, versucht der Client, nach Ablauf von 87,5% der Lease-Dauer, einen anderen DHCP-Server in Anspruch zu nehmen.

Hierfür sendet der Client eine Broadcast-Nachricht `DHCP-REQUEST`. Jeder beliebige DHCP-Server kann darauf antworten:

- mit `DHCP-ACK`, wenn er diese Lease erneuert hat, oder
- mit `DHCP-NAK`, wenn er den DHCP-Client zur Neuinitialisierung und Übernahme einer neuen Lease für eine andere IP-Adresse zwingen will.

Client-Neustart

Wird ein Client neu gestartet, versucht er zuerst, vom ursprünglichen DHCP-Server dieselbe IP-Adresse zu erhalten, indem er `DHCP-REQUEST` verschickt und die zuletzt erhaltende IP-Adresse angibt. Hat er hiermit keinen Erfolg und ist die Lease-Dauer noch nicht zu Ende, kann der Client dieselbe IP-Adresse noch über die verbleibende Lease-Dauer verwenden.

Lease-Ablauf

Ist die Lease-Dauer abgelaufen oder wurde ein `DHCP-NAK` empfangen, muss der DHCP-Client unmittelbar die Nutzung der IP-Adresse einstellen und einen neuen Prozess zur Vergabe von IP-Adressen starten. Ist die Lease bei einem Client abgelaufen, der keine neue Lease erhalten hat, wird die IP-Kommunikation so lange eingestellt, bis ihm eine neue IP-Adresse zugewiesen wurde.

### 5.2.3 Aufgabe von DHCP-Relay-Agents

In großen Netzwerken mit einer Vielzahl von (IP-)Subnetzen wird nicht in jedem Subnetz ein DHCP-Server installiert, sondern ein Server für mehrere Subnetze, sodass eine Nachricht `DISCOVER` von einem DHCP-Client zu einem DHCP-Server über mehrere Router mit Relay-Agents übermittelt wird. Abb. 5.2-4 zeigt einen solchen Fall.

Falls ein DHCP-Client in der Anforderungsphase zulässt, dass dessen Nachricht `DISCOVER`, um einen DHCP-Server entdecken zu können, über mehrere Router mit Relay-Agents übermittelt werden darf, setzt er in `DISCOVER` im Feld `giaddr` alle Bit auf `'0'` . So wird darauf verwiesen, dass kein Router in `giaddr` gezielt adressiert wird, was Abb. 5.2-4 zum Ausdruck bringt.

> **Beispiel**: Hat Router 1 im Subnetz des DHCP-Clients `DISCOVER` empfangen, trägt er die IP-Adresse $p$ des Router-Ports zum Subnetz des Client in `giaddr` ein und markiert im Feld `hops` mit 1, dass er der erste Router auf der Weg zum DHCP-Server ist. Danach leitet er `DISCOVER` an einen anderen Router – hier Router 2 – weiter.
>
> Router 2 ist der letzte Router unterwegs zum DHCP-Server, sodass er den Wert im Feld `hops` um 1 inkrementiert und `DISCOVER` an den DHCP-Server direkt weiterleitet. Das IP-Paket mit `DISCOVER` enthält daher als Quell-IP-Adresse die Adresse $s$ des Routers 2 und als Ziel-IP-Adresse die Adresse $x$ des DHCP-Servers.

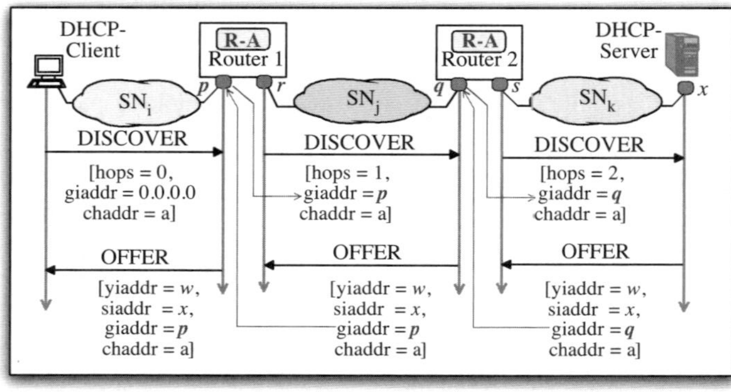


**Abb. 5.2-4:** Zugang zu einem DHCP-Server über mehrere Router mit Relay-Agent-Funktion
R-A: Relay-Agent-Funktion; p, r, q, s: IP-Adressen von Router-Ports, x: IP-Adresse des DHCP-Servers

Der DHCP-Server nimmt nach dem Empfang von `DISCOVER` im Weiteren die folgenden Schritte vor:

- Er reserviert für den DCHP-Client eine IP-Adresse aus seinem Adressenpool,
- generiert eine Nachricht `OFFER` und
  - trägt in `yiaddr` die dem Client zugewiesene IP-Adresse *w* ein,
  - teilt in `siaddr` seine eigene IP-Adresse *x* mit, sowie
  - übernimmt die Inhalte von `giaddr` und `chaddr` aus `DISCOVER`.
- Anschließend sendet Router 1 die `OFFER`-Nachricht direkt zu Router 2, von dem er `DISCOVER` empfangen hat.

Router 2 leitet `OFFER` an Router 1 weiter, die anschließend von diesem ins Subnetz des DHCP-Clients an die in `chaddr` enthaltene MAC-Adresse des betreffenden Client übermittelt wird.

Somit kann ein DHCP-Client eine IP-Adresse von einem DHCP-Server zugewiesen bekommen, der sich nicht in seinem Subnetz befindet, sondern nur von ihm über mehrere Router mit Relay-Agents erreichbar ist.

## 5.2.4 DHCP im Einsatz

DHCP und DNS

Die dynamische Zuweisung einer IP-Adresse für einen Client bringt das Problem mit sich, dass nicht notwendigerweise ein DNS-Eintrag als `A`-RR und `PTR`-RR für diese IP-Adresse vorliegt. Einige Dienst- bzw. Anwendungsprogramme (wie z.B. SSH) prüfen jedoch explizit auf die Existenz der IP-Adresse im DNS. Ohne einen entsprechenden Eintrag wird der DHCP-Client zum IP-Client der 2. Klasse.

Als Nebeneffekt findet eine gewünschte Verbindungsaufnahme entweder stark verzögert statt (bis der Resolver der Server-Anwendung ein `NXDOMAIN` erhält) oder die Verbindungsaufnahme wird gar nicht erst gestattet.

Für den Anbieter (wie z.B ISP) von externen DHCP-Diensten bieten sich hierfür zwei Lösungsmöglichkeiten an:

Lösungen bei ISPs

1. Für die im DHCP-Pool bereitgestellten IP-Adressen werden zusätzlich feste Eintrage im DNS geschaffen wie z.B.

| FQDN | Type | RDATA |
|---|---|---|
| `dhcp_client_1.example.com.` | A | `192.168.2.1` |
| `1.2.168.192.in-addr.arpa.` | PTR | `dhcp_client_1.example.com` |
| `dhcp_client_2.example.com.` | A | `192.168.2.2` |
| `2.2.168.192.in-addr.arpa.` | PTR | `dhcp_client_2.example.com` |

   Diese Möglichkeit eignet sich vor allem in Firmennetze, wo die Anzahl der DHCP-Clients überschaubar ist und die Zuweisung privater IP-Adressen per DHCP erfolgt.

2. Kabelnetz- bzw. DSL-Provider müssen natürlich auch mit ihren DNS-Ressourcen sorgfältiger umgehen. Per DHCP angebundene IP-Clients erhalten in der Regel einen algorithmisch gebildeten DNS `AName` zugewiesen. Der US-amerikanische Anbieter *Verizon* nutzt z.B. folgende Konventionen:

| FQDN | Type | RDATA |
|---|---|---|
| `pool-70-107-162-195.ny325.east.verizon.net.` | A | `70.107.162.195` |

   Hierbei entspricht `pool-70-107-162-195` dem Hostname, `ny325.east` bezeichnet den Einwahlknoten, und `verizon.net` steht für die Provider-Kennung.

DHCP und DynDNS

Ein DNS-Eintrag als `A`-RR und `PTR`-RR wird bei der Vergabe des DHCP-Lease per *DynDNS* automatisch in der entsprechenden Zonendatei für die Subdomain bei `my325.east.verizon.net` eingerichtet. Jeder 'qualifizierte' DSL-Provider achtet zudem darauf, dass neben diesen Client-spezifischen Einträgen auch geeignete RRs für den E-Mail-Verkehr vorhanden sind, also die sog. `MX`- und ggf. `SPF`-RRs [Tab. 4.2-1]. Nur so kann garantiert werden, dass die per DHCP konfigurierten Rechner bzw. die Rechner in den per NAT angebundenen IP-Netzen, als vollwertige Mailsysteme auftreten können.

DHCP und Firewalls

Die Nutzung von DHCP-Diensten in Firmennetzen verlangt die Übermittlung der DHCP-Pakete bis zum DHCP-Server. Wird nicht in jedem Subnetz ein DHCP-Relay eingesetzt, ergibt sich im Umkehrschluss, dass DHCP-Nachrichten – wie auch beim DNS – transparent durch Router und Firewalls durchgereicht werden müssen. Es ist aber sorgsam darauf zu achten, dass DHCP-Nachrichten keinesfalls in das Internet geroutet bzw. durchgelassen werden.

## 5.2.5 DHCP und PXE

PXE

Beim Einschalten des PCs wird der aufmerksame Betrachter die Meldung '*PXE booting* ...' registriert haben. PXE steht für *Preboot Execution Environment*, das aktuell in der Version 2.1 vorliegt und in RFC 4578 als *DHCP Options for the Intel PXE* als Internetprotokoll spezifiziert wurde. PXE wurde von Intel als Teil seines *Management Frameworks* entwickelt, und nun stattet eine zunehmende Anzahl von Netzwerkherstellern ihre Schnittstellen-Karten mit der PXE-Firmware aus, sodass bereits durch die Initialisierung der Netzwerk-Karte ein Boot-Image angefordert werden kann.

Im Vergleich zu den früher üblichen sog. BOOT-PROMs bei Netzwerkkarten kann PXE als standardisiertes Verfahren angesehen werden, das teilweise die Eigenschaften von

BOOTP, DHCP sowie TFTP (*Trivial File Transfer Protocol*) bzw. MFTP (*Multisource File Transfer Protocol*) einschließt.

Im Gegensatz zum üblichen DHCP ist es nun nicht das Betriebssystem, das die IP-Konfiguration anfordert, sondern die Firmware der Netzwerkkarte wie folgt:

1. Der PXE-Request wird mittels BOOTP abgesetzt, und es wird ein Proxy-DHCP-Server gesucht, von dem die Adresse des PXE-Bootservers bezogen wird.
2. Dieser teilt dem PXE-Client mittels NBP (*Network Bootstrap Program*) die Lokation des Boot-Images (z.B. ISO-Image) mit.
3. Das Boot-Image vom Client wird via TFTP (oder ggf. via MFTP) bezogen und ins RAM geladen.
4. Nun kann das übliche DHCP-Verfahren ablaufen, indem für das geladene Betriebssystem eine gültige IP-Konfiguration ermittelt und aktiviert wird.

Kickstart

PXE erlaubt somit nicht nur den Bezug der IP-Konfiguration von einem entfernten Server, sondern darüber hinaus das Laden eines Boot-Images und somit den Komplettstart eines Rechners. Beim *Kickstart-Verfahren* von *Red Hat* wird darüber hinaus eine automatische und Hardware-spezifische Installation des Betriebssystems vorgenommen. Dies vereinfacht die Installationen z.B. von Servern in Datenzentren ungemein und ermöglicht im Fehlerfall einen schnellen Schwenk auf einen nahezu identischen Rechner.

## 5.3 Network Address Translation (NAT)

NAT-Unterstützung im Router

Mittels der heute genutzten privaten IPv4-Adressen [Abschnitt 2.3.3] 'zerfällt' der IPv4-Adressraum einerseits in Inseln nicht-routbarer Adressen und anderseits in die offiziellen IP-Adressen des Internet. Werden in einem Netzwerk private IP-Adressen verwendet, muss die NAT-Funktion im Router an der Grenze zwischen diesem Netzwerk und dem Internet bzw. einem anderen Netzwerk mit offiziellen IP-Adressen implementiert werden. Ein derartiger Router wird *NAT-Router* genannt.

Begriff *Realm*

Bei NAT verwendet man den Begriff *Address Realm* bzw. kurz *Realm*. Ein Realm bezeichnet eine Domäne im Sinne von DNS als Adressbereich, in der die IP-Adressen eindeutig sind, wobei diese IP-Adressen entweder privat oder offiziell sein können. Daher spricht man auch vom privaten bzw. vom offiziellen Realm.

Wie in Kapitel 1 gezeigt wurde [Abb. 1.4-9], ist das Paar (*IP-Adresse*, *Portnummer*), das man auch *Socket* nennt, für die Kommunikation über IP-Netze von zentraler Bedeutung. Bei der Darstellung von NAT wird hier dieses Paar mit (*I, P*) abgekürzt.

NAT Varianten

Folgende Varianten von NAT sind denkbar [RFC 2663]:

- Klassisches NAT als $(I, P) \Rightarrow (I', P)$
  Eine private IP-Adresse (*I*) eines Quellrechners wird vom NAT-Router auf eine offizielle IP-Adresse (*I'*) umgesetzt. Im NAT-Router wird eine Tabelle geführt, in der eingetragen ist, welche offiziellen IP-Adressen welchen privaten IP-Adressen zugeordnet sind.
- *Network Address Port Translation* (NAPT) als $(I, P) \Rightarrow (I', P')$
  Dem ganzen privaten Realm mit *n* privaten IP-Adressen steht nur *eine* offizielle IP-Adresse zur Verfügung, und der NAT-Router muss nun die privaten IP-Adressen auf

eine einzige, offizielle IP-Adresse ($I'$) abbilden. Diese NAT-Variante wird *Network Address Port Translation* (NAPT) bzw. *Port Address Translation* (PAT) genannt. Für NAPT hat sich der Begriff IP-Masquerading etabliert. Bei NAPT wird im Router jedem Paar ($I, P$) ein dedizierter Port ($P'$) im Router zugeordnet.

- *Bidirektionales NAT* (Bidirectional NAT)
  Bei bidirektionalem NAT kann ein Rechner aus einem privaten Realm die TCP-Verbindungen nach außen zu Rechnern mit offiziellen bzw. mit privaten IP-Adressen initiieren und auch die von ihnen initiierten Verbindungen entgegennehmen.

Bei Bedarf kann sich ein Rechner mit einer privaten IP-Adresse aus einem speziellen Server, der in einem Router untergebracht werden kann, eine offizielle IP-Adresse ausleihen. Dieser Ansatz lässt sich über das Protokoll RSIP (*Realm Specific IP*) realisieren [RFC 2694]. Protokoll RSIP

NAT stellt für die heutige Nutzung des auf IPv4 aufgebauten Internet eine tragende Säule dar und ist der entscheidende Schlüssel zur Nutzung des Internet in Privathaushalten. Da man bei der Implementierung von RSIP – im Gegensatz zu NAT – in das Betriebssystem von Rechnern stärker eingreifen muss, hat RSIP in Netzwerken nur experimentelle Bedeutung. RSIP eignet sich allerdings gut für den Einsatz bei der Internet-Telefonie.

## 5.3.1 Klassisches NAT

Vom *klassischen* oder *Basic NAT* spricht man dann, wenn NAT lediglich die Abbildung von IP-Adressen realisiert. Hierbei wird eine Anzahl von m offiziellen IP-Adressen n Rechnern im privaten Realm angeboten, sodass bis zu m Kommunikationsvorgänge nach außen (z.B. in das Internet) gleichzeitig unterstützt werden können. Abb. 5.3-1 illustriert klassisches NAT.

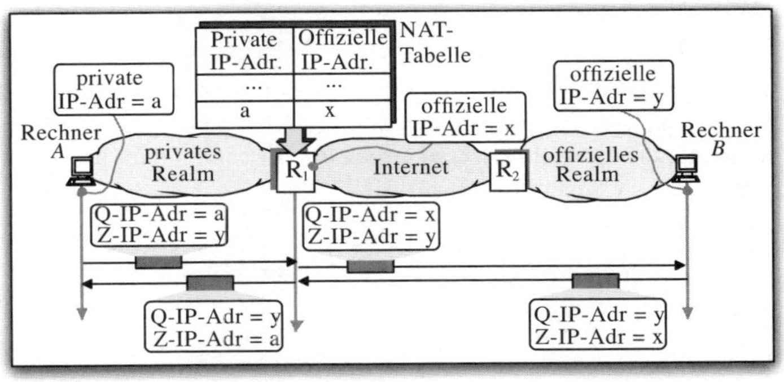


**Abb. 5.3-1:** Veranschaulichung der Funktionsweise des klassischen NAT
R1, R2: Router

**Beispiel**: Falls ein Rechner mit der privaten IP-Adresse a ($I^a$) ein IP-Paket an einen Rechner mit der offiziellen IP-Adresse y übermittelt, wird die private IP-Adresse a im Router am Ausgang vom privaten Realm nach der Zuordnung $I^a \Rightarrow I^x$ in der NAT-Tabelle gegen eine öffentliche IP-Adresse x ($I^x$) ausgetauscht. Der NAT-Router sorgt daher dafür, dass die nach außen 'abgehenden' IP-Pakete mit einer offiziellen Quelladresse versehen werden. Sendet der Rechner mit der IP-Adresse y ein Paket mit der IP-Zieladresse x zurück, d.h. an den Rechner mit der privaten IP-Adresse a, wird die IP-Adresse x im Router gegen die IP-Adresse a ausgetauscht.

Die Zuordnung $I^a \Rightarrow I^x$ in der NAT-Tabelle wird beim Absenden des ersten IP-Pakets nach außen vom Rechner mit der privaten IP-Adresse a eingetragen. Sollte dieser Rechner weitere IP-Pakete an andere Rechner außerhalb des privaten Realm senden, wird ihm die gleiche offizielle IP-Adresse x zugeordnet. Damit gilt die gleiche Zuordnung in der NAT-Tabelle für alle von einem Rechner nach außen gesendeten IP-Pakete.

Dynamische Zuordnung $I^a \Rightarrow I^x$

Die Zuordnung von $I^a \Rightarrow I^x$ in der NAT-Tabelle kann entweder statisch konfiguriert werden, wenn a beispielsweise die IP-Adresse eines Application Layer Gateway (etwa eines Web-Proxy) ist, oder dynamisch. Es stellt sich nun die Frage, wann die Zuordnung $I^a \Rightarrow I^x$ in der NAT-Tabelle aufgebaut bzw. gelöst werden soll. Dies ist aber davon abhängig, ob TCP oder UDP als Transportprotokoll bei der Kommunikation verwendet wird. Beim Einsatz des verbindungsorientierten Protokolls TCP wird die Zuordnung $I^a \Rightarrow I^x$ beim Initiieren der ersten nach außen abgehenden TCP-Verbindung eingetragen und nach dem Abbau der letzten TCP-Verbindung gelöst.

Beim Einsatz des verbindungslosen Transportprotokolls UDP werden aber keine virtuellen Verbindungen aufgebaut. Die Zuordnung $I^a \Rightarrow I^x$ wird beim Absenden des ersten IP-Pakets mit UDP-Daten eingetragen. Danach wird der Verkehr sowohl von außen ankommender als auch nach außen abgehender IP-Pakete, die diese Zuordnung 'nutzen', überwacht. Ist eine bestimmte Zeitdauer (*Timeout*) nach dem letzten IP-Paket mit UDP-Daten abgelaufen, wird die Zuordnung $I^a \Rightarrow I^x$ in der NAT-Tabelle gelöst.

Wurde die Zuordnung $I^a \Rightarrow I^x$ in der NAT-Tabelle gelöscht, steht damit die offizielle IP-Adresse x anderen Rechnern im privaten Realm zur Verfügung.

### 5.3.2 Konzept von NAPT

Bei NAPT (*Network Address Port Translation*), auch als PAT (*Port Address Translation*) bezeichnet, besitzt das private Realm nur eine einzige offizielle IP-Adresse, über die sogar Tausende von Kommunikationsbeziehungen nach außen gleichzeitig verlaufen können. Hierbei werden alle privaten IP-Adressen aus einem privaten Realm im NAT-Router auf diese einzige IP-Adresse abgebildet.

NAPT nutzt die Tatsache, dass die Nummern der Quellports, die im TCP- bzw. UDP-Header im Quellrechner angegeben werden, nur lokale Bedeutung haben. Den Nummern von Quellports werden *obere Werte* aus dem Bereich ($2^{16} - 1024 \sim 64.000$) zugeordnet. Die 'unteren' Nummern von Zielports stellen sog. *Well-known Ports* dar, die als Identifikation der Applikationen dienen. Die Nummer des Quellports ist daher frei wählbar und bestimmt den Port, an den die Daten im Quellrechner zurückgeliefert werden sollen. Und genau dieser Quellport wird vom Router mit NAPT neu vergeben.

Abb. 5.3-2 illustriert das Konzept von NAPT. Hier steht dem privaten Realm nur eine einzige offizielle IP-Adresse x zur Verfügung.

Falls ein Rechner mit der privaten IP-Adresse a ein IP-Paket an einen Rechner mit der offiziellen IP-Adresse y übermittelt, wird die NAPT-Tabelle mit den Zuordnungen $(I^a, P^i) \Rightarrow P^k$ (k: NAT-Port) interpretiert. Der NAT-Port k wird im Datenpaket, das nach außen gesendet wird, als Quellport eingetragen. Gleichzeitig wird die private IP-Adresse a durch die einzige offizielle IP-Adresse x ersetzt, d.h. $(I^a, P^i) \Rightarrow (I^x, P^k)$.

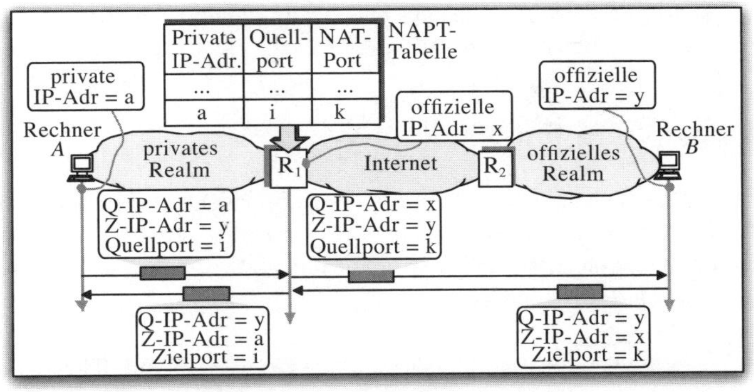


**Abb. 5.3-2:** Illustration der Funktionsweise von NAPT
$R_1, R_2$: Router, Q/Z-IP-Adr: Quell/IP-Zieladresse

Sendet der Rechner mit der offiziellen IP-Adresse `y` ein Paket mit der IP-Zieladresse `x` zurück, d.h. an den Rechner mit der privaten IP-Adresse `a`, ermöglicht es der NAT-Port `k`, das Paar $(I^a, P^i)$, also private IP-Adresse `a` und Quellportnummer `i`, in der NAPT-Tabelle zu bestimmen. Hat der Router das Paar $(I^a, P^i)$ herausgefunden, wird der NAT-Port `k` durch den Quellport `i` ersetzt. Gleichzeitig wird die offizielle IP-Adresse `x` gegen die private IP-Adresse `a` ausgetauscht, d.h. $(I^x, P^k) \Rightarrow (I^a, P^i)$. Die einer privaten IP-Adresse entsprechende Zuordnung in der NAPT-Tabelle wird genau wie beim klassischen NAT beim Initiieren der ersten abgehenden TCP-Verbindung bzw. beim Absenden des ersten IP-Pakets mit UDP-Daten eingetragen. Hat der Rechner mit der privaten IP-Adresse `a` alle abgehenden TCP-Verbindungen abgebaut und sendet bzw. empfängt er über eine bestimmte Zeitdauer keine IP-Pakete mit UDP-Daten, wird die Zuordnung $(I^a, P^i) \Rightarrow P^k$ in der NAPT-Tabelle gelöscht.

Öffentlicher (externer) Socket

Bei NAPT wird ein öffentlicher Socket $(I^x, P^k)$ im NAT-Router dem Socket $(I^a, P^i)$ des Quellrechners, d.h. dessen interner Socket im privaten Realm, zugeordnet und die Verbindung danach über den externen Socket $(I^x, P^k)$ weitergeführt.

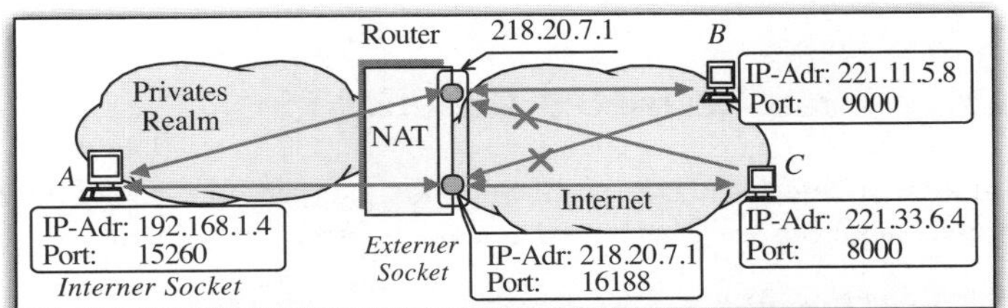


**Abb. 5.3-3:** Veranschaulichung des Prinzips von Symmetric NAT

Symmetric NAT

Sendet der Rechner *A* im privaten Realm IP-Pakete zu unterschiedlichen Rechnern *B* und *C*, so kann der NAT-Router die Kommunikation über einen Port oder über zielrechnerspezifische Ports realisieren. Jeder externe Socket entspricht daher genau einem Ziel im Internet bzw. in einem anderen offiziellen Realm. Somit werden am externen Socket nur die IP-Pakete nicht blockiert, die genau von dem Rechner kommen, der mit diesem externen Socket verbunden ist. Daher wird zusätzlich eine Firewall-Funktion realisiert.

Abb. 5.3-3 illustriert eine solche Lösung. Diese Variante von NAPT bezeichnet man als *Symmetric NAT* bzw. auch als *Symmetric NAPT*.

## 5.3.3 Prinzip von Full Cone NAT

Bei *Full Cone NAT* – auch kürzer *Cone NAT* genannt – handelt es sich um eine Variante von NAPT, die keine Firewall-Funktion realisiert und bei der die Nummer des externen Socket im Router von der IP-Zieladresse unabhängig ist. Abb. 5.3-4 veranschaulicht die Funktionsweise von (Full) Cone NAT.

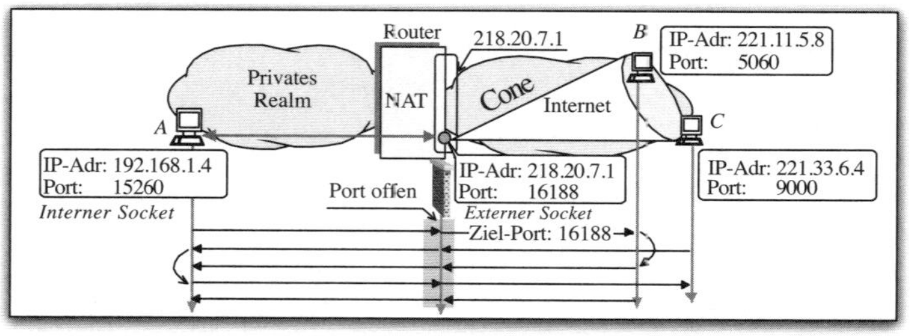


**Abb. 5.3-4:** Die Funktionsweise von (Full) Cone NAT

**Beispiel**: Seitens des Internet als offiziellem Realm wurde hier der externe Socket (`218.20.7.1`, `16188`) dem internen Socket (`192.168.1.4`, `15260`) im Rechner *A* mit der privaten IP-Adresse `192.168.1.4` zugeordnet. Der Rechner *A* kann daher über den externen Port `16188` die IP-Pakete senden und empfangen. Solange die Zuordnung zwischen diesen beiden Sockets besteht, ist der externe Port im Router immer offen. Jeder externe Rechner am Internet kann an den externen Socket (`218.20.7.1`, `16188`) seine IP-Pakete senden, und sie alle werden bei (Full) Cone NAT an den internen Socket von NAT weitergeleitet.

In diesem Fall realisiert NAT *keine Firewall-Funktion*. Die Bezeichnung Full Cone ist darauf zurückzuführen, dass hier im Internet ein Bild entsteht, das an einen vollen Kegel, d.h. Full Cone, erinnert.

## 5.3.4 Prinzip von Restricted Cone NAT

Bei NAT mit einer zusätzlichen Firewall-Funktion, bei der ein externer Socket von der IP-Zieladresse unabhängig ist, kann es sich handeln um:

- *Restricted Cone NAT* bzw.
- *Port Restricted Cone NAT*.

Restricted Cone NAT

Abb. 5.3-5a illustriert die Funktionsweise von *Restricted Cone NAT*.

**Beispiel**: Hier sendet der Rechner *A* mit der privaten IP-Adresse `192.168.1.4` ein IP-Paket an den externen Rechner *X* am Internet. Hierfür wurde der interne Socket (`192.168.1.4`, `15260`) auf den externen Socket (`218.20.7.1`, `16188`) abgebildet. Der externe Rechner *X* kann ein IP-Paket als Antwort an den externen Socket senden, und dieses IP-Paket wird vom Router an den internen Socket im Rechner *A* innerhalb des privaten Realm Weitergeleitet. Hat z.B. der Rechner *Y* aber ein IP-Paket an den externen Socket abgeschickt, ohne vorher von diesem Socket ein IP-Paket empfangen zu haben, wird dieses IP-Paket blockiert und nicht an den internen Socket im Rechner *A* weitergeleitet.

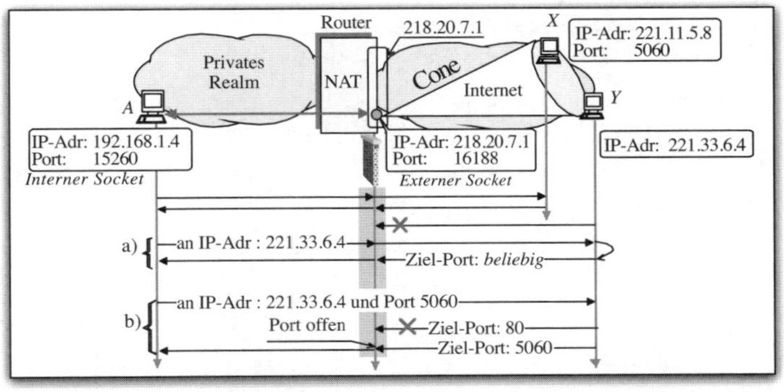


**Abb. 5.3-5:** NAT mit Firewall: a) Restricted Cone NAT, b) Port Restricted Cone NAT

Bei *Restricted Cone NAT* wird ein Paket von einem Rechner nur dann an den internen Socket weitergeleitet, wenn bereits ein IP-Paket an diesen Rechner abgeschickt wurde. Daher werden bei Restricted Cone NAT nur die IP-Pakete von einem vorher 'kontaktierten' Rechner nicht blockiert und damit zum internen Socket weitergeleitet.

Port Restricted Cone NAT

Abb. 5.3-5b illustriert die Funktionsweise von Port Restricted Cone NAT. Bei dieser NAT-Variante können nur IP-Pakete von einem Port eines bestimmten Rechners am Internet in ein privates Realm Weitergeleitet werden.

Bei *Port Restricted Cone NAT* wird ein Paket nur dann von dem Port `j` im externen Rechner *X* nicht blockiert und damit an den internen Socket im Rechner *A* weitergeleitet, falls bereits ein IP-Paket vom Rechner *A* an den Port `j` im Rechner *X* abgeschickt wurde. Daher werden bei Port Restricted Cone NAT nur die IP-Pakete von einem vorher 'kontaktierten' Socket nicht blockiert und damit zum internen Socket in privatem Realm Weitergeleitet.

Man kann daher Restricted Cone NAT als erste Sicherheitsstufe und Port Restricted Cone NAT als zweite Sicherheitsstufe bei der verbindungslosen Kommunikation auf Grundlage des Protokolls UDP interpretieren.

## 5.3.5 NAT und Echtzeitkommunikationsprotokolle

IP-Pakete mit ihrer eingeschossenen Nutzlast, die über einen NAT-Router von einem Realm zum anderen übertragen werden, erfahren Modifikationen sowohl der IP-Quell- und der IP-Zieladresse, als auch der eingetragenen Ports bei UDP und TCP. Diese Änderungen sind zudem nicht statisch, sondern die eingetragenen Werte sind abhängig vom Kommunikationsverlauf.

Dynamisch allokierter NAT-Portpool

NAT-Router verfügen über einen TCP- und UDP-Portpool, den sie zum *Mapping* der ausgehenden Kommunikationsbeziehungen dynamisch nutzen. Ist der Port-Pool zu klein oder erschöpft, können keine NAT-Assoziationen mehr aufgenommen werden. Im Falle eines UDP-Nachrichtenaustauschs ist die Zeitdauer der Gültigkeit in der `State Table` des NAT-Gateways von internen Geräteparametern abhängig [RFC 4787], da ja keine Sitzungsinformation wie bei TCP vorliegt. Als Workaround können hier bei Applikationen UDP-'Keepalive'-Pakete eingesetzt werden, was als 'UDP hole punching' bekannt ist.

Speziell Echtzeit-Clientdienste, die 'hinter' einem NAT-Gateway betrieben werden, den verbindungslosen UDP-Dienst nutzen und hiermit auf einen öffentlichen Server zugreifen, benötigen eine bidirektionale UDP-Verbindung, d.h. einen zweiten Datenstrom *Server* $\Rightarrow$ *Client* hinter dem NAT-Gateway. Dieser kann entweder aufgrund des NAT-Verfahrens oder aufgrund von Firewall-Einstellungen blockiert sein.

Notwendigkeit von STUN, TURN und ICE

NAT verursacht daher große Probleme bei der Übermittlung von audiovisuellen Medien (also bei der Echtzeitkommunikation) insbesondere bei der Nutzung von SIP (*Session Initiation Protocol*) [Abschnitt 6.4] als *Signalisierungsprotokoll* bei VoIP wie auch bei WebRTC (*Web Real-Time Communication*).

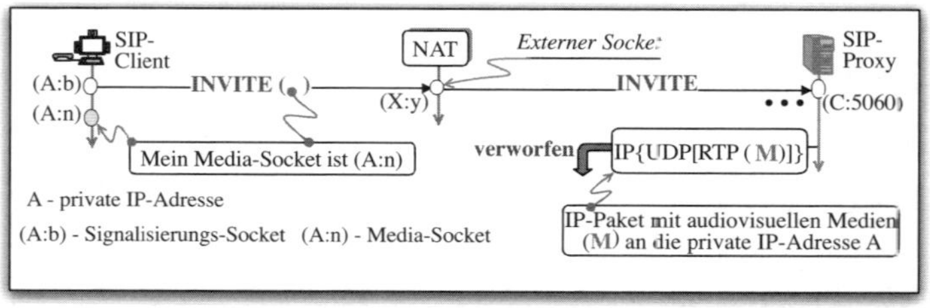


**Abb. 5.3-6:** Das Problem mit SIP bei der Übermittlung audiovisueller Medien

NAT-Probleme bei SIP

**Beispiel**: Probleme mit SIP, wie Abb. 5.3-6 illustriert, werden beim Einsatz von NAT dadurch verursacht, dass der Rechner mit der privaten Adresse `A` bei der Initiierung einer VoIP-Session diese private Adresse `A` im Header der SIP-Nachricht `INVITE` angibt, um zu sagen: "Mein Media-Socket ist `(A:n)`". Dies verursacht Probleme sowohl bei der Signalisierung, d.h. beim Aufbau einer VoIP-Session, als auch bei der Übermittlung von audiovisuellen Medien.

Ende der 90er-Jahre als SIP konzipiert wurde, kannte man nur einfache Lösungen für NAT. Inzwischen wurden NAT um einige Firewall-spezifische Funktionen erweitert, und hierbei ist speziell *Symmetric NAT* zu nennen [Abb.5.3-3]. Diese Erweiterungen von NAT führen aber zu einigen Problemen bei VoIP mit SIP. Um diese zu lösen, wurden sowohl einige NAT-spezifische Erweiterungen im SIP als auch spezielle Protokolle konzipiert:

- Zuerst wurde das Protokoll STUN (*Session Traversal Utilities for NAT*) vorgeschlagen [RFC 3489 bzw. 5389]. Es stellte sich aber bald heraus, dass die Probleme mittels STUN nicht vollständig lösbar sind.
- Daher wurde STUN zu TURN (*Traversal Using Relays around NAT*) [RFC 5766] weiter entwickelt. Mit TURN werden die Probleme zwar gelöst, es entstehen jedoch einige Engpässe.
- Deshalb suchte man weiter nach einer effektiven Lösung, um SIP bei NAT mit Firewalls verwenden zu können. Diese Lösung heißt ICE (*Interactive Connectivity Establishment*) [RFC 5245] und besitzt mittlerweile große Bedeutung bei der audiovisuellen Kommunikation über IP-Netze mit SIP. Vor allem WebRTC setzt ICE voraus [Bad14].

NAT Kommunikations-szenarien

Eine mögliche Lösung muss unterschiedliche NAT-Kommunikationsumgebungen bestimmen können, die sich wie folgt charakterisieren:

- Unbeschränkter Internetzugang mit routbaren IP-Adressen.
- Beschränkter Internetzugang, bei dem der gesamte UDP-Verkehr per Firewall blockiert wird.

- Eingeschränkter Internetzugang; hier können UDP-Pakete nach 'außen' verschickt werden, aber einlaufende müssen an die gleiche IP-Adresse und Port adressiert sein.
- Full-Cone NAT.
- Restricted Cone NAT.
- Symmetrisches bzw. bidirektionales NAT.

Gerade bei der audiovisuelle Kommunikation unter Nutzung privater IP-Adressen bedarf es somit einer zusätzlichen Funktionalität, die durch die Konzepte von STUN, TURN bzw. von ICE erbracht wird. Ergänzend sei das *Middlebox Control Protocol* (MIDCOM) [RFC 3303] erwähnt, das wir aber nicht weiter betrachten wollen.

## 5.3.6 Session Traversal bei NAT

Die *Session Traversal Utilities* [RFC 5389] stellen das Nachfolgeprotokoll für STUN [RFC 3489] dar und erweitern dieses in mehrfacher Hinsicht, in dem es nicht nur UDP, sondern auch TCP unterstützt und sowohl für IPv4 als auch für IPv6 genutzt werden kann.

c-STUN

STUN, genauer gesagt *classic STUN* (c-STUN), ist ein Protokoll zwischen einem STUN-Client, also ein Rechner oder mobiles Endgerät, das für die IP-Telefonie mit SIP dient, und einem STUN-Server, der bei einem ISP bzw. in einem privaten Netzwerkteil mit offiziellen IP-Adressen installiert ist. Daher ist STUN in der Regel ein Dienst, der an einen Dienstanbieter gekoppelt ist. Der STUN-Client selbst ist Teil einer Applikation wie z.B. WebRTC und verlangt eine dedizierten STUN-Server, um den Dienst nutzten so können. Im Falle von c-STUN kann der STUN-Server durch eine DNS SRV-Query festgestellt und sodann die IP-Adresse dieses Servers bezogen werden.

Üblicherweise verwendet STUN für die Übermittlung seiner Nachrichten das verbindungslose Transportprotokoll UDP. Es kann aber auch das verbindungsorientierte TCP (für *STUN over TCP* bzw. für *STUN over TLS*) verwendet werden. Der *Well-Known Port* von STUN hat sowohl bei UDP als auch bei TCP die Nummer 3478.

Der Ablauf der STUN-Kommunikation vollzieht sich in folgenden zwei Schritten:

STUN Binding

- *Discover Prozess*: Hat der Client 'seinen' STUN-Server ausgemacht, schickt er ihm eine sog. `Binding Request` Nachricht [Abb. 5.3-7]. Hierin fordert der Client den STUN-Server aus, die ankommende IP-Adresse und das Port zu protokollieren und mittels einer `Binding Response` Nachricht zurück kommen zu lassen. Hierdurch erfährt der STUN-Client das NAT-*Binding* für die aktuelle Konversation.
  Während in der Regel der STUN-Server die `Binding Response` an den gleiche Port schickt, ist es aber auch möglich, dass der Client der Server auffordert, die Nachricht an ein anderes Port zu versenden, um die Arbeitsweise des NAT-Gateways zu ermitteln. Selbstverständlich besteht die Möglichkeit, dass die `Binding Response`-Nachricht beim Client nicht ankommt, da sie z.B. von der Firewall blockiert wird. In diesem Fall kann keine Verbindung in das öffentliche IP-Netz für die Client-Applikation erfolgen.

STUN-Authentisierung

- *Authentisierung*: Im Weiteren Verlauf kann sich die Client-Applikation gegen den Dienst authentisieren, indem `Username` und `Password` ausgetauscht werden. Auch hierfür sind STUN-Nachrichten vorgesehen. Anstatt über UDP findet dieser Informationsaustausch nun verschlüsselt über TLS statt [Abschnitt 6.2].

Wie aus Abb. 5.3-7 hervorgeht, unterstützt STUN mehrere Nachrichtentypen und besitzt zudem Mechanismen zur Fehlererkennung und Integritätssicherung. Die STUN-

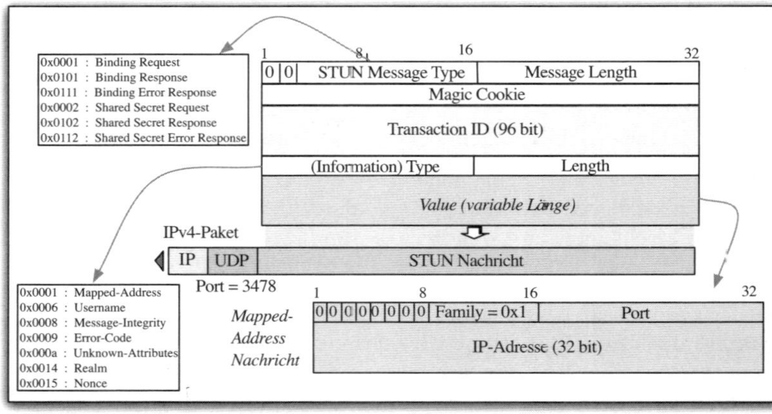


**Abb. 5.3-7:** STUN-Nachrichtenformat [RFC 5389] am Beispiel der IPv4-Adressenermittlung über UDP

Nachrichten können mehrere Informationstypen beinhalten, sofern sie die Größengrenzen von UDP-Paketen nicht überschreiten und sind gemäß RFC 5389 zudem kompatibel mit dem c-STUN-Protokoll entsprechend RFC 3489. Neben der Tatsache, dass sensible Daten mittels TLS übertragen werden, haben insbesondere die Felder `Magic Cookie` und `Transaction ID` die Aufgabe, mögliche Replay- und Spoofing-Attacken wirksam zu unterbinden.

### Notwendigkeit von STUN bei SIP

Um eine audiovisuelle Kommunikation in der in Abb. 5.3-6 gezeigten Situation zwischen einem SIP-Client, der eine private IP-Adresse besitzt, und einem SIP-Proxy mit einer offiziellen IP-Adresse zu ermöglichen, muss der SIP-Proxy die IP-Pakete mit einem audiovisuellen Medium an einen externen Media-Socket mit der offiziellen IP-Adresse `X` senden. Der externe Media-Socket muss mitgeteilt werden, damit er dem SIP-Proxy im SDP-Teil der SIP-Nachricht `INVITE` diesen Media-Socket übermitteln kann.

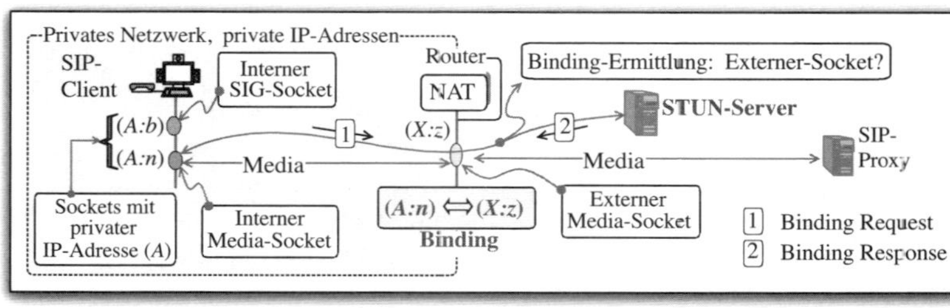


**Abb. 5.3-8:** Notwendigkeit und die grundlegende Idee von STUN
A, X: IP-Adressen; b, n, z: Ports; SIG: Signalisierung

IP-Telefon muss einen STUN-Server kennen

STUN, wie Abb. 5.3-8 verdeutlicht, ermöglicht es, einem als SIP-Client fungierenden Rechner mit einer privaten IP-Adresse den seinem internen (privaten) Socket in der NAT-Instanz im Router zugeordneten externen (offiziellen) Socket selbst zu ermitteln. Mit STUN kann ein Rechner daher das Binding bei NAT kennen lernen. Hierfür muss der Rechner aber zuerst die IP-Adresse eines STUN-Servers kennen. Typischerweise wird der Hostname vom STUN-Server dem Rechner, welcher als SIP-Client und somit als IP-Telefon dient, bei seiner Konfiguration eingetragen. In der Regel können hierbei mehrere STUN-Server angegeben werden, um den Betrieb beim Ausfall eines STUN-Servers weiter zu garantieren. Ist dem Rechner der Hostname des STUN-Servers bekannt, wird mit Hilfe des DNS-Dienstes seine IP-Adresse ermittelt.

Ermittlung von Binding

**Beispiel**: Bevor der als SIP-Client dienende Rechner mit einer privaten IP-Adresse *A* die erste SIP-Nachricht `INVITE` an den SIP-Proxy sendet, ermittelt er [Abb. 5.3-8] zuerst das Binding bei NAT zur Übermittlung des Echtzeitmedia. Hierfür sendet er zuerst eine STUN-Nachricht `Binding Request` (1) vom Quell-Socket (*A:n*), der als Media-Socket verwendet werden soll, an den STUN-Server, um mit dessen Hilfe den externen Media-Socket (*X:z*) und damit die ihm zugewiesene offizielle IP-Adresse *X* zu ermitteln. `Binding Request` wird in einem IP-Paket mit UDP übermittelt. Beim Absenden von `Binding Request` im Router mit NAT wird der interne Socket (*A:n*) durch einen externen (*X:z*) ersetzt. Daraufhin wird die offizielle IP-Adresse *X* als Quelladresse im an den STUN-Server gesendeten IP-Paket eingetragen.

Hat der STUN-Server `Binding Request` empfangen, sendet er als Antwort darauf eine Nachricht `Binding Response` mit der Angabe des externen Socket (*X:z*) im Feld `MAPPED-ADDRESS`. Als Folge ist der externe Socket in `Binding Response` zweifach vorhanden, d.h. einerseits als Adressenangabe in den IP- und UDP-Headern und andererseits als Kopie in `MAPPED-ADDRESS`. An der Grenze zum privaten Netzwerk wird der externe Socket in der NAT-Instanz durch den internen Socket ersetzt. Die Kopie des externen Socket (*X:z*) in `MAPPED-ADDRESS` wird aber durch NAT nicht berührt und an den Rechner mit IP-Telefon – als STUN-Client – weitergeleitet. Dieser Rechner kennt nun sowohl seine offizielle IP-Adresse *X* als auch den externen Port *z* und kann mit der vom Signalisierungs-Socket (*A:b*) abgeschickten Nachricht `INVITE` dem SIP-Proxy mitteilen, dass das betreffende Medium von diesem an den externen Media-Socket (*X:z*) gesendet werden soll. Vom Router mit NAT wird das Medium dann an den internen Media-Socket (*A:n*) weitergeleitet.

Problem mit STUN bei Symmetric NAT

Ein Problem entsteht aber besonders dann noch, falls der SIP-Proxy eine audiovisuelle Session an den SIP-Client mit einer privaten IP-Adresse von außen initiiert. Weil zuvor über den Router mit Symmetric NAT seitens des SIP-Clients kein IP-Paket an den SIP-Proxy abgeschickt worden ist, werden die IP-Pakete vom SIP-Proxy nicht an den internen SIP-Client mit einer privaten IP-Adresse weitergeleitet. Ankommende Anrufe zu einem SIP-Client mit einer privaten IP-Adresse sind mit STUN bei Symmetric NAT nicht möglich. Dieses Problem wird aber mit dem Protokoll TURN behoben.

### Nutzung von TURN

Die grundlegende Idee von TURN (*Traversal Using Relays around NAT*) [RFC 5766] besteht darin, dass im Internet ein TURN-Server installiert wird, der sowohl für die Übermittlung der Signalisierung als auch für die Übermittlung von Echtzeitmedien als Relay-Station dient. Abb. 5.3-9 illustriert diese Idee.

Relay-Station

Zunächst sei hervorzuheben, dass die Kommunikation, also die Abfrage des TURN-Servers, Signalisierung und Übermittlung von Medien, zwischen einem SIP-Client (nun auch als TURN-Client bezeichnet) mit einer privaten IP-Adresse und einem TURN-Server über einen einzigen externen Socket verläuft. Die Kommunikationspartner vom SIP-Client SC*i*, d.h. die Remote SIP-Clients SC*m* und SC*n*, kommunizieren über 'individuelle Sockets' nur mit dem TURN-Server, der zwischen ihnen und dem SIP-Client SC*i* als VoIP-Relay-Station dient. Die Strecke zwischen SC*i* und TURN-Server wird mehrfach genutzt

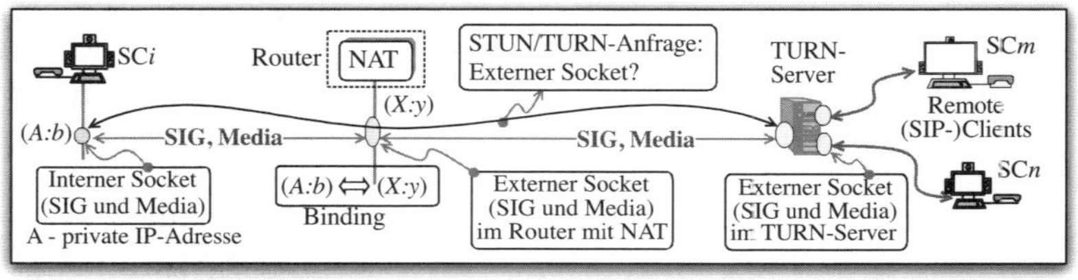


**Abb. 5.3-9:** Die grundlegende Idee von TURN – TURN-Server dient als Relay-Station
A, X: IP-Adressen; b, y: Ports, SC: SIP-Client, SIG: Signalisierung

und stellt somit eine *Multiplexstrecke* dar, auf der SIP-Nachrichten und RTP-Pakete mit Echtzeitmedien in TURN-Nachrichten `Data` übermittelt werden.

Die Systemkonfiguration beim TURN-Einsatz ist der Konfiguration beim STUN-Einsatz ähnlich. Ein SIP-Client als TURN-Client, der sich hinter einem Router mit Symmetric NAT in einem Netzwerk mit privaten IP-Adressen befindet, kommuniziert mit einem externen TURN-Server. Dieser dient als Relay-Station und leitet die IP-Pakete sowohl mit der Signalisierung als auch mit den transportierten Medien zwischen dem SIP-Client mit einer privaten IP-Adresse und seinen externen Kommunikationspartnern weiter.

Besonderheiten von TURN

Der TURN-Server stellt eine Erweiterung des STUN-Servers dar. Daher besteht die Kommunikation zwischen einem SIP-Client mit einer privaten IP-Adresse und dem TURN-Server zuerst darin, dass der SIP-Client eine STUN-Nachricht `Binding Request` an den TURN-Server sendet, um von ihm in `Binding Response` seinen externen Socket im Router seitens des Internet zu erhalten, und dies verläuft genauso wie bei STUN.

TURN verwendet die Nachrichten von STUN. Lediglich einige Nachrichtentypen und spezielle Attribute werden von TURN spezifiziert. Für die Kommunikation zwischen einem SIP-Client als TURN-Client im Netzwerk mit privaten IP-Adressen und dem TURN-Server kann sowohl UDP als auch TCP oder TLS über TCP eingesetzt werden.

### ICE als Lösung des NAT-Problems

ICE (*Interactive Connectivity Establishment*) [RFC 5245] ist ein komplexes Protokoll, nach dem zwischen zwei beliebigen Rechnern über IP-Netze eine Verbindung für die Echtzeitkommunikation beim Einsatz von SIP aufgebaut werden kann. Diese beiden Rechner – bzw. nur einer von ihnen – können private IP-Adressen verwenden und hinter einer NAT-Komponente mit Firewall installiert werden. ICE ist auch ein Rahmenwerk für die Integration von SIP, NAT, STUN und TURN. ICE kann die beiden Transportprotokolle UDP und TCP nutzen.

Bei ICE geht man davon aus, dass ein SIP-Client von einem anderen SIP-Client über mehrere Sockets – bei ICE als Transportadressen bezeichnet – erreicht werden kann. Man kann diese Transportadressen als kandidierende Adressen eines SIP-Clients ansehen; bei ICE tragen sie die Kurzbezeichnung *Candidates*. Abb. 5.3-10 veranschaulicht dies.

Host Candidate

**Beispiel**: Enthält ein SIP-Client eine offizielle IP-Adresse, kann sein Kommunikationspartner die IP-Pakete direkt an ihn übermitteln, genauer gesagt, an seine offizielle IP-Adresse $A$ und den Port $b$ – also an die lokale Transportadresse ($A{:}b$). Eine derartige Transportadresse nennt man bei ICE *Host Candidate*.

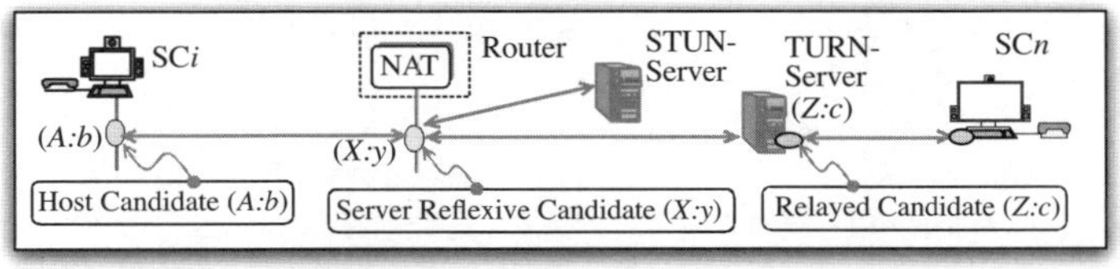


**Abb. 5.3-10:** Mögliche Transportadressen eines SIP-Clients mit einer privaten IP-Adresse
SC: SIP-Client, SIG: Signalisierung

Enthält ein SIP-Client aber eine private IP-Adresse und wird im Router zum Internet kein Symmetric NAT realisiert, kann ihm sein Kommunikationspartner die Daten in IP-Paketen nur über eine Transportadresse auf dem Router übermitteln, beispielsweise über die offizielle IP-Adresse $X$ und den Port $y$ – also über die server-reflexive Transportadresse ($X$:$y$). Eine solche Transportadresse bezeichnet man bei ICE als *Server Reflexive Candidate.* Server Reflexive Candidate

Falls der Rechner eine private IP-Adresse enthält und der Router an der Grenze zum Internet Symmetric NAT realisiert, kann ihm sein Kommunikationspartner die Daten in IP-Paketen nur über eine Transportadresse auf dem TURN-Server übermitteln, der als Relay-Station dient. Beispielsweise ist der SIP-Client in Abb. 5.3-9 über die IP-Adresse $Z$ und den Port $c$ auf dem TURN-Server erreichbar, also über die Relay-Transportadresse ($Z$:$c$). Bei ICE wird eine solche Transportadresse *Relayed Candidate* genannt. Relayed Candidate

ICE ist zwar ein komplexes Protokoll, aber dessen Idee ist relativ einfach (hier sei verwiesen auf [Bad10]). Vor dem Initiieren der ersten Kommunikationsbeziehung erfasst jeder SIP-Client alle Transportadressen, über die er erreichbar ist, d.h., die bei ihm als *Candidates* fungieren können. Man bezeichnet diese Phase als *Gathering*. Idee von ICE

Nach der Erfassung der Candidates werden ihnen Präferenzen zugeordnet, das heißt, sie werden nach festgelegten Prinzipien priorisiert. Danach werden die Candidates mittels des Protokolls SDP [siehe Abschnitt 6.4.7] in Form einiger Zeilen für die Übermittlung an das Ziel beschrieben – also codiert. Beim Initiieren einer Verbindung werden die Candidates dem Ziel-SIP-Client im Body-Teil der SIP-Nachricht `INVITE` übermittelt. Der Ziel-SIP-Client überprüft unter Berücksichtigung eigener Candidates, welche Transportadresse – von den ihm zugeschickten Candidates – die günstigste bzw. effektivste für ihn ist. Daraufhin verläuft die Kommunikation zwischen den beiden kommunizierenden Rechnern über den günstigsten Candidate.

Weitere Informationen über die Protokolle STUN, TURN und ICE und deren Einsatz bei der audiovisuellen Kommunikation findet man in [Bad10].

## 5.3.7 Carrier-Grade NAT

Bislang haben wir die Probleme bei NAT im Wesentlichen aus Perspektive des Anwenders, d.h. des Benutzers in einem privaten IPv4-Netz betrachtet. Das bisher vorgestellte NAT-Verfahren wird vom Router realisiert, der an der Grenze der privaten IPv4-Domain und dem öffentlichen IPv4-Netz angesiedelt ist: dem NAT-Gateway. Zu den bekannten Problemen eines NAT-Gateways zählen: NAT als Benutzerproblem

- IP-Pakete mit verschiedenen ICMP-Nachrichten wie z.B. `Echo Request/ Echo Reply` bzw. `Source Quench` [Abschnitt 2.7.2]. Da diese ICMP-Nachrichten als In- NAT und ICMP halt die IP-Quelladressen übermitteln, müssen die Inhalte bei der NAT-Realisierung entsprechend modifiziert werden.

- UDP/TCP-Pakete mit einer IP-Zieladresse als Teil der Nachricht, bei der diese dann 'transparent' ausgetauscht werden muss, was insbesondere die Neuberechnung der IP `Header Checksum` mit sich bringt.
- IP-Pakete mit IPsec-Header lassen sich über NAT nicht Ende-zu-Ende transparent austauschen, da die Original-IP-Pakete bei IPsec im Tunnel-Mode verschlüsselt übertragen werden. Hierdurch können die darin liegenden Informationen über die IP-Adressen vom NAPT-Router weder gelesen noch ersetzt werden, sodass der Aufbau einer *Security Association* nach IPsec zwischen Rechnern in unterschiedlichen Realms in der Regel nicht möglich ist.

Die bislang eingesetzten Techniken zur Realisierung einer bidirektionalen *NAT Traversal*, z.B. in Form

- *Middlebox Control Protocol* (MIDCOM) [RFC 3303],
- *Simple Traversal of UDP through NAT* (STUN) [RFC 3489 bzw. 5389] sowie
- *Traversal Using Relays around NAT* (TURN) [RFC 5766] und
- *Interactive Connectivity Establishment* (ICE), gemäß RFC 5245

stellen anwendungsspezifische Lösungen dar, die für den jeweils vorhandenen Kontext einen Workaround darstellen. Auch eine NAT-Erweiterung mittels *Application Layer Gateways* Funktionen (ALG) *NAT/ALG* [RFC 2694, 2962] bedient nur einen weiteren Anwendungsfall.

NAT als Carrier-Problem

An der prinzipiellen Problematik der auch für ISPs knappen IPv4-Adressen können sie jedoch nichts ändern:

> Ist das private IPv4-Netz über einen *Internet Service Provider* (ISP) ans Internet angebunden, muss der ISP pro privater IPv4-Realm bzw. Kunde zumindest eine öffentliche, routbare IPv4-Adresse besitzen, die er an diese *provisioniert*.

Wurde dem ISP lediglich ein Class-B Netz zugewiesen, kann er maximal $2^{12}$, also etwa eine Million Kunden versorgen [Tab. 2.3-3], was für große Provider viel zu wenig ist.

CGN

Als mögliche Abhilfe wird in RFC 6888 der Weg diskutiert, die Umsetzung der IPv4-Adressen nicht beim Endanwender, sondern zentral beim ISP vorzunehmen, was als *Carrier Grade NAT* (CGN) bezeichnet wird.

Transfernetz `100.64.0.0/10`

Hierbei werden die Nutzer nicht mehr per routbarer IPv4-Adresse direkt ans Internet angeschlossen, sondern es wird zunächst ein reserviertes IPv4-Transfernetz bereit gestellt: `100.64.0.0/10` [RFC 6598] (vgl. [Tab. 2.3-4]). Dieses Transfernetz kann von allen Providern genutzt werden, verhält sich also quasi wie eine *Provissioning-Domain* pro ISP. Pro Provissioning-Domain können nun 10 Millionen Anwender versorgt werden, was den Anforderungen der großen ISPs gerecht wird. Unter Einsatz des Transfernetzes werden daher die verfügbaren öffentlichen IPv4-Adressen in einem Adresspool für das NAT beim ISP verwaltet und können effizienter eingesetzt werden, was der *IPv4 Address-Exhaustion* entgegenwirkt.

NAT444

**Beispiel**: Abb. 5.3-11 veranschaulicht die Situation eines Providers, der Carrier-Grade NAT einsetzt. Carrier-Grade NAT bringt aber auch erhebliche Nachteile mit sich, die sich wie folgt darstellen:

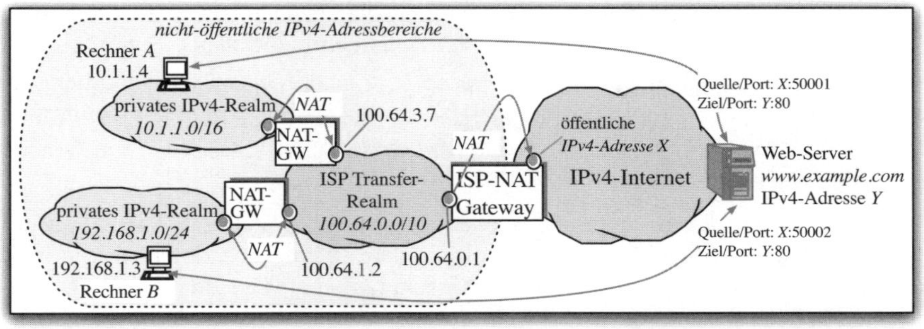


**Abb. 5.3-11:** Aufbau eine Carrier-Grade NAT-Netzwerks mit privaten Realms, dem Transfer-Realm und dem Internet als öffentlichem Realm

- Beim CGN findet ein *double-NAT-ing* statt, was auch als *NAT444* bezeichnet wird.
- Der Einsatz von CGN erfordert das Ausrollen spezieller *Middleboxen* für den Kunden, die die typischen Home-Router ersetzen und zudem Funktionseinschränkungen für den Kunden mit sich bringen.
- Der ISP muss auf den zentralen NAT-Gateway eine umfangreiche *State Table* bereitstellen können, die erhebliche Ressourcen auf dem Rechner benötigt.
- Zumindest entsprechend deutschem Rechts muss der ISP den Behörden bei Bedarf Verbindungsdaten zur Verfügung stellen. Die einfache Zuordnung von privater *IPv4-Adresse* ⇔ *öffentlicher IPv4-Adresse* geht verloren und muss durch aufwändigere Verfahren ersetzt werden.
- Beim Zugriff auf Server im IPv4-Internet ergibt sich nun zusätzlich das Problem, dass viele Anfragen nun scheinbar von einer IPv4-Adresse stammen: derjenigen, die der ISP zentral seinen Nutzern zuweist, beispielsweise beim Zugriff auf die Website `http://www.example.com`. Dies kann zur *Socket-Exhaustion* auf der Server-Seite führen, weil sowohl Rechner *A* als auch *B* (und ggf. Tausende andere) mit gleichen IPv4-Adressen auftreten und beeinträchtigt zudem beim Zielnetz das Filtern von Verbindungen über eine Firewall.
- Durch das ausgelagerte NAT-Gateway beim ISP verliert der Anwender zudem die Möglichkeit, aus dem Internet auf die Ressourcen seines privaten IPv4-Netzes zuzugreifen, wie dies z.B. heute mittels des *DynDNS*-Dienstes [Abschnitt 4.10] trotz wechselnder IPv4-Adressen einfach möglich und populär ist.

Carrier-Grade NAT kann daher bestenfalls als Übergangslösung für einige ISPs betrachtet werden, die unter chronischem IPv4-Mangel leiden und bei denen zudem IPv6 noch nicht in Einsatz gebracht werden kann [RFC 6264].

# 5.4 IP Security Protocol (IPsec)

Das Protokoll IPsec legt u.a. fest wie die zu übertragenden IP-Pakete erweitert werden sollen, um sie vor Verfälschungen und dem Abhören während der Übertragung zu schützen. IPsec versteht sich als Bereitstellung von Sicherheitsmechanismen für die Netzwerkprotokolle IPv4 und IPv6 und wurde ursprünglich in RFC 1825 1995 vorgestellt ('*Security*

*Architecture for the Internet-Protocol*'), um relativ bald dann in RFC 2401 im Wesentlichen in seiner heutigen Ausprägung [RFC 4301] definiert zu werden.

Da IPsec funktional identisch für IPv4 und IPv6 vorliegt, wollen wir – unter Vorgriff auf Kapitel 6 – beide Implementierungen hier diskutieren. IPsec stellt die Basis für den Ausbau von VPNs dar [Abschnitt 12.4] und wird in den TCP/IP-Stacks u.a. von Windows und Linux unterstützt.

IPsec nutzt (wie in Abschnitt 1.6 erläutert) die Methoden der hybriden Verschlüsselung, der Authentisierung und der Integritätsprüfung der übertragenen IP-Pakete wie in Abschnitt 1.6 erläutert, zwischen zwei IP-Knoten, die typischerweise Router oder aber auch normale Benutzersysteme seinen können.

IKE

Um IPsec einsetzen zu können, muss zwischen beiden IP-Knoten zunächst ein Schlüsseltausch [Abb. 1.6-5] und eine Vereinbarung auf gemeinsame kryptographische Verfahren erfolgen. Hierzu benötigt IPsec ein Hilfsprotokoll für den zunächst unverschlüsselten Nachrichtenaustausch, das *Internet Key Exchange* Protokoll IKE [RFC 2409], welches heute in der Version IKEv2bis [RFC 5996] vorliegt.

## 5.4.1 Ziele von IPsec

Ohne entsprechende Sicherheitsmaßnahmen sind die über ein öffentliches IP-Netz (z.B. Internet) übertragenen Daten gefährdet. Dabei kann es sich um einen passiven Angriff, beispielsweise um eine Überwachung der Übertragung, oder um einen aktiven Angriff handeln. Bei einem aktiven Angriff werden die übertragenen IP-Pakete absichtlich verändert oder zerstört. Das IPsec enthält bestimmte Schutzfunktionen, die es ermöglichen, die IP-Pakete vertraulich zu übertragen und Datenmanipulation zu unterbinden. Es bietet folgende Funktionen, um eine sichere Kommunikation zu gewährleisten:

Datenverschlüsselung

- *Garantie der Vertraulichkeit* (Confidentiality)
  Mit dem IPsec kann die Vertraulichkeit während der Übertragung so erreicht werden, dass die Daten unterwegs durch einen Unbefugten nicht interpretiert (abgelesen) werden können. Dies ist möglich durch die Verschlüsselung der Daten vor der Übertragung.

Authentisierung

- *Authentisierung der Datenquelle* (Authentication)
  Oft wird die Identität des Absenders bei der IP-Kommunikation anhand der IP-Quelladresse geprüft. In bestimmten Fällen kann eine IP-Quelladresse durch einen Unbefugten unterwegs vorgetäuscht werden. Bei dieser Art von Fälschung spricht man von *Identitäts-Spoofing*. Ein Unbefugter kann mittels spezieller Programme IP-Pakete erzeugen, in denen eine gültige IP-Quelladresse vorgetäuscht wird. Nachdem sich ein Unbefugter mit einer gültigen IP-Adresse den Zugang zum Netzwerk verschaffen konnte, kann er die Daten abrufen, ändern, umleiten etc. Mit dem IPsec ist es möglich festzustellen, ob die Daten aus der gültigen (wahren) Quelle stammen, sodass die Datenauthentizität sichergestellt werden kann.

Datenintegrität

- *Überprüfung der Datenintegrität* (Integrity)
  Nachdem ein Datenpaket während der Übertragung von einem Unbefugten gelesen wurde, kann er es in einer veränderten Form an den Zielrechner weiterleiten. Damit können die Datenpakete ohne Wissen des Absenders und des Empfängers unterwegs gezielt verändert werden. Mit dem IPsec können die Daten vor unberechtigten Änderungen während der Übertragung geschützt werden. Dadurch wird sichergestellt, dass die empfangenen Daten exakt mit den gesendeten Daten übereinstimmen. Hierfür wird jedem

zu übertragenden IP-Paket eine kryptografische Prüfsequenz (*Signatur*) hinzugefügt. Diese Prüfsequenz wird nach einer *HMAC* (*Hash based Message Authentication Code*)-Operation aus dem IP-Paket beim Einsatz eines gemeinsamen, geheimen Schlüssels errechnet [Abschnitt 1.6.5]. Nur Absender und Empfänger verfügen über den geheimen Schlüssel zur Berechnung dieser Prüfsequenz und Signierung bzw. Validierung der zu übertragenden IP-Pakete.

- *Verhinderung einer Antwort von einem Angreifer*
  Die von einem Angreifer bzw. von einem anderen Unbefugten unterwegs gelesenen IP-Pakete können unterschiedlich missbraucht werden. Sie können beispielsweise verwendet werden, um eine neue Sitzung einzurichten und illegal auf die Daten im Zielrechner zuzugreifen. Mit dem *Anti-Replay-Schutz* bei IPsec wird verhindert, dass man mittels der aus dem IP-Paket ausgelesenen Daten auf die Daten im Zielrechner zugreifen kann. Um den Anti-Replay-Schutz zu realisieren, werden die gesendeten IP-Pakete mit einer Seriennummer und einem beweglichen Nummerierungsfenster versehen.

Anti-Replay-Schutz

IPsec ist als Netzwerk-Dienstleistungsprotokoll zu verstehen, mit dem zwei Benutzungsszenarien realisiert werden können:

- *Ende-zu-Ende*-Verschlüsselung zwischen zwei Endknoten und gegenseitiger Authentisierung, z.B. Anwendungsrechnern.
- *Hop-to-Hop*-Verschlüsselung zwischen zwei IP-Knoten, in der Regel Router, zur Kopplung ganzer Netze.

Da das IPsec-Protokoll die IP-Datenstruktur beibehält, können beide Ansätze über ein (ggf. komplexes) IP-Netz realisiert werden. Allerdings besteht die Notwendigkeit, dass die beiden IP-Knoten Informationen über die Sicherheitsverfahren austauschen, was nicht nur einmalig zu erfolgen hat, sondern z.B. einen regelmäßigen Schlüsselneutausch verlangt. Hierzu ist ein zusätzliches Protokoll notwendig: *Internet Key Exchange* (IKEv2).

## 5.4.2 Erweiterung der IP-Pakete mit IPsec-Angaben

Die grundlegende Idee des IPsec besteht darin, jedes einzelne IP-Paket sowohl vor Verfälschungen unterwegs zu schützen und die Herkunft zu belegen (*Authentizität und Integrität*), aber auch bei Bedarf verschlüsselt zu übertragen (*Vertraulichkeit*). Um dies zu erreichen, werden die zu übertragenden IP-Pakete entsprechend um zusätzliche Angaben erweitert. Diese Erweiterung ist davon abhängig, wie das IPsec zum Schutz der IP-Pakete eingesetzt wird. Dies wird durch die Art und Weise des IPsec-Einsatzes (d.h. durch die *IPsec-Betriebsart*) festgelegt.

Man unterscheidet folgende zwei Betriebsarten des IPsec:

- *Transport-Mode* und
- *Tunnel-Mode*.

Die Prinzipien der Erweiterung der zu übertragenden IP-Pakete mit den IPsec-Angaben zeigt Abb. 5.4-1.

IPsec-Header

Durch den IPsec-Einsatz im Transport-Mode werden die einzelnen Verbindungen zwischen Rechnern geschützt [Abb. 5.4-1b]. Um sichere Verbindungen für ganze Sites zu schaffen, z.B. bei der Verbindung von zwei Standorten eines Unternehmens über ein

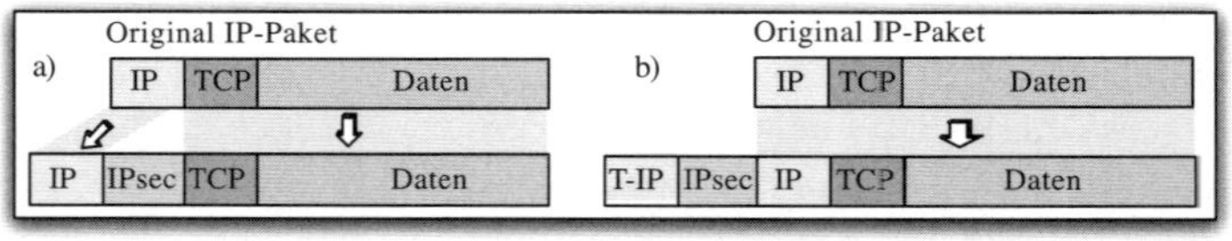


**Abb. 5.4-1:** IPsec-Angaben in IP-Paketen: a) im Transport-Mode, b) im Tunnel-Mode
T-IP: IP-Tunnel-Header

IP-Netz, wird das IPsec im Tunnel-Mode eingesetzt [Abschnitt 12.4.4]. Auf die weiteren Besonderheiten dieser beiden Betriebsarten wird im Weiteren noch näher eingegangen.

Der IPsec-Header kann aus den folgenden IPv6 *Extension Header* [Abb. 7.3-3] gebildet werden:

- *Authentication Header* (`AH`) und
- *Encapsulating Security Payload* (`ESP`).

Bei der Bildung des IPsec-Header kommen folgende Möglichkeiten in Frage:

- *IPsec-Header* = `AH`: IPsec-Header enthält nur den `AH`,
- *IPsec-Header* = `ESP`: IPsec-Header enthält nur die `ESP`,
- *IPsec-Header* = `[AH,ESP]`: IPsec-Header setzt sich aus `AH` und `ESP` in dieser Reihenfolge zusammen.

In welchen Situationen man diese Kombinationen des IPsec-Header verwendet, wird in folgenden Dokumenten näher ausgeführt:

- **Spezifikation des AH**: Die Spezifikation des AH wurde ständig verfeinert. AH wurde zuerst im August 1995 als RFC 1826 spezifiziert. Bereits im November 1998 wurde aber RFC 1826 durch RFC 2402 ersetzt.
- **Spezifikation der ESP**: Ebenso wurde die Spezifikation der ESP ständig verbessert. Die ESP wurde zuerst im August 1995 als RFC 1827 spezifiziert. Dann im November 1998 wurde RFC 1827 durch RFC 2406 abgelöst und dann im Dezember 2005 RFC 2406 wiederum durch RFC 4302.

RFC 4835 beinhaltet die aktuelle Spezifikation für den `AH`- und den `ESP`-Header.

## 5.4.3 Aufbau einer IPsec-Sicherheitsvereinbarung

IPsec kann sowohl bei der Übertragung von Daten mit IPv4 als auch mit IPv6 eingesetzt werden. Im Folgenden wird vor allem auf den IPsec-Einsatz beim IPv4-Protokoll eingegangen, wobei die Abläufe bei IPv6 identisch sind.

Initiator/-Responder

Damit per IPsecc authentisierte bzw. verschlüsselte IP-Pakete zwischen zwei IP-Instanzen verschickt werden können – dem *Initiator* und dem *Responder* –, sind folgende Schritte einzuleiten:

SPD

1. Erstellung einer *Security Policy Database* (SPD) für mit den verfügbaren Sicherheitsvereinbarungen.

IKE

2. Abstimmung der beidseitig verfügbaren IPsec-Parameter mittels des *Internet Key Exchange Protocols V2* (IKEv2) und

3. Etablierung einer *Security Association* (SA) zwischen *Initiator* und Responder, sowie anschließend SA
4. Auswahl eines *Traffic Selector* (TS) für die zu übertragenden IP-Pakete je nach IP-Quell- und -Zieladresse. TS

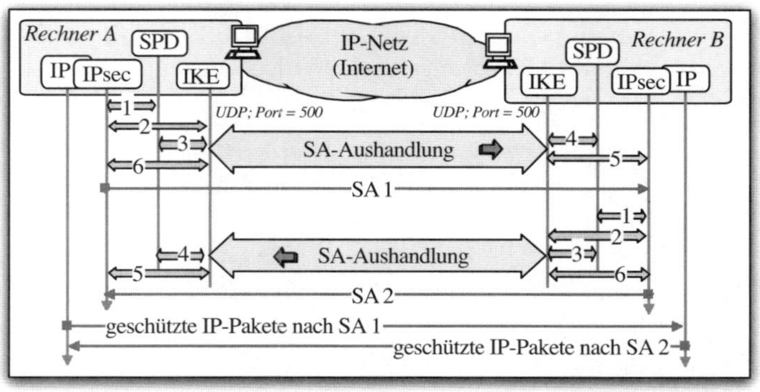


**Abb. 5.4-2:** SA-Aushandlung vor der Übertragung der IP-Pakete
IKE: Internet Key Exchange Module, SPD: Security Policy Database

**Beispiel**: Abb. 5.4-2 veranschaulicht den Prozess bei der SA-Aushandlung entsprechend dem IKEv2-Protokoll.

- Hier wurde angenommen, dass der Rechner *A* eine sichere Kommunikation zum Rechner *B* initiiert. Hierbei kann es sich z.B. um eine nach IPsec geschützte TCP-Verbindung handeln. Da jede TCP-Verbindung sich aus zwei unidirektionalen und entgegen gerichteten virtuellen Verbindungen zusammensetzt, muss für jede Übertragungsrichtung eventuell eine SA ausgehandelt werden.
- Das IPsec-Modul in Rechner *A* ermittelt somit anhand der sog. Filterlisten, die in der SPD abgespeichert sind, ob die zu übertragenden IP-Pakete überhaupt gesichert werden müssen (1). Internet Key Exchange
- Ist dies der Fall, teilt er dem Modul IKE (*Internet Key Exchange*) mit, die Aushandlung von Sicherheitsparametern mit dem Zielrechner *B* zu initialisieren (2).
- Das IKE-Modul in Rechner *A* fragt in der SPD die verfügbaren Sicherheits-Policies ab (3) und übergibt eine entsprechende Anforderung an das IKE-Modul in Rechner *B*.
- Nach dem Eintreffen der Anforderung, eine SA einzurichten, überprüft in Rechner *B* das Modul IKE seine SPD, und stellt fest, welche Sicherheits-Policy Rechner *A* angeboten werden kann (4).
- Daraufhin wird zwischen beiden Rechnern eine Sicherheits-Policy (z.B. Verschlüsselungsart, gemeinsamer Schlüssel, Hashfunktion) ausgehandelt.
- Dies wird den IPsec-Modulen in beiden Rechnern *A* und *B* mitgeteilt (5), (6). Auf diese Weise wurde die erste SA zwischen Rechner $A \Rightarrow B$ ausgehandelt.
- Da die IP-Kommunikation in beide Richtungen stattfindet, ist eine zweite SA in Richtung von Rechner $B \Rightarrow A$ ebenfalls nötig. Wie Abb. 5.4-2 dargestellt, wird sie nach den gleichen Prinzipien ausgehandelt.

Die Sicherungsvereinbarungen beinhalten für das `Protocol`, d.h.

- für den AH-Modus

- die Nutzung von *Extended Sequence Numbers* ESN,
- den *Integrity Check Algorithmus* ICA, üblicherweise auf Grundlage der HMAC-Funktionen mit MD5 oder SHA-1/SHA-2 Hashsummen, sowie alternative mittels eines *Shared Secrets* bei AES im sog. XCBC-Mode [RFC 3566],

- sowie den ESP-Modus
  - den *Encryption Algorithmus* ENC wobei hier von 3DES, AES im CBC-Mode, AES-GCM sowie von IDEA Gebrauch gemacht werden kann und
  - auch hier den *Integrity Check Algorithmus* ICA.

Erste Ansätze zur *Security Architecture for the Internet-Protocol* wurden in RFC 1825 (1995) vorgelegt und das eigentliche IKE-Protokoll in RFC 2409 (November 1998) spezifiziert. Im Dezember 2005 wurde die Version 2 des IKE (IKEv2) als RFC 4306 veröffentlicht.

IKEv2bis

Das ISAKMP wurde zuerst im November 1998 als RFC 2407 vorgestellt. Mit RFC 4306 wurde sie aber abgelöst und ist heute Teil von IKEv2bis gemäß RFC 5996.

**Security Association**

Zentrales Stellglied beim IPsec-Einsatz ist verhandelte Sicherheitsvereinbarung zwischen zwei IP-Adressen: *Security Association* (SA).

SA

Die SA stellt eine Art Vertrag dar, der zwischen beiden Rechnern in Bezug auf die eingesetzten Sicherheitsmaßnahmen für die Übertragung der IP-Pakete ausgehandelt wurde. *Sie bezieht sich auf die Übertragung der IP-Pakete nur in eine Richtung* (d.h. auf eine unidirektionale Verbindung) und kann als eine Sicherheitszuordnung für diese Verbindung angesehen werden. Werden die Daten in beide Richtungen zwischen den kommunizierenden Rechnern gesendet, ist eine SA jeweils für jede Richtung einzeln zu vereinbaren.

PAD

Der Ist-Zustand einer SA wird in der *Peer Association Database* (PAD) abgelegt und ist daher immer auf einen Empfänger (bzw. dessen IP-Adresse) bezogen. Sie kann dargestellt werden als:

[Destination IP Address, SPI (*Security Parameters Index*), Protocol].

Hierbei bezeichnet Protocol die Art der Erweiterung des IP-Pakets mit einem zusätzlichen IPsec-Header, um die zu übertragenden IP-Pakete zu schützen [Abb. 5.4-1]:

Protocol = AH oder ESP oder [AH, ESP].

SPI

Der SPI ist ein 32 Bit *Cookie*, das gegenseitig mitgeteilt wird. Zu Beginn der SA-Aushandlung erzeugt der Inititator ein Cookie und teilt es dem Responder in der Nachricht *Key Exchange* mit, während der SPI des Responders mit '0' besetzt wird [Abb. 5.4-3].

Es ist beachtenswert, dass IPsec mit diesem Konzept im Grunde genommen halb-*verbindungsorientiert* arbeitet:

- die SA ist verbindungsorientiert, während
- die Übertragung der IP-Paketen verbindungslos erfolgt.

Im IPsec-Header des IP-Pakets werden keine direkten Angaben gemacht, nach welchem Verschlüsselungsverfahren und mit welchem Schlüssel das betreffende IP-Paket verschlüsselt wird. Diese Angaben werden jedoch in jedem der beiden kommunizierenden Rechner in einer sog. *Security Policy Database* (SPD) abgespeichert, nachdem diese zuvor im Rahmen des *Internet Key Exchange* abgestimmt wurden. Eine SPD spiegelt in abstrakter

Form die Sicherheitsmaßnahmen eines Rechners wider. Der Parameter `SPI` verweist in jedem geschützten IP-Paket auf die 'Stelle' in der SPD, wo die entsprechenden Informationen über die Sicherheitsparameter, wie z.B. Verschlüsselungsverfahren oder Schlüssel, abgespeichert worden sind, die für das entsprechende IP-Paket eingesetzt werden müssen. `SPI` muss somit in jedem übertragenen und geschützten IP-Paket enthalten sein.

### Security Policy Database

In die *Security Policy Database* (SPD) werden die Vorgaben zum Senden bzw. Empfangen von IPsec-Datenpaketen pro IP-Ziel- bwz. IP-Quelladresse eingetragen. Diese besitzt lediglich lokale Bedeutung für den Rechner und kann gemäß Abb. 5.4-2 als eine Datenbasis für alle Interfaces dienen, über die IP-Pakete verschickt werden. Hierin werden *Traffic Selectors* erstellt, die zunächst statische Bedeutung besitzen:

- **SPD-Secure**: Für welche IP-Quell- und IP-Zieladressen welche Security-Policies (d.h. den Modus wie ESP oder AH sowie Schlüsseltausch-, Authentisierungs-, Verschlüsselungs- und MAC-Verfahren) eingesetzt werden sollen.
- **SPD-Inbound**: Wie mit Inbound-IP-Paketen zu verfahren ist, die eine per IPsec erfasste lokale IP-Adresse betreffen und hier im Speziellen, ob solche Pakete durchzulassen oder zu verwerfen sind.
- **SPD-Outbound**: Was mit Outbound-IP-Paketen zu geschehen ist, deren Ziel eine entfernte IPsec-Adresse ist.

Zunächst sind Einträge in die SPD vorzunehmen, die die Art des Datenverkehrs (z.B. nach der Quell- bzw. IP-Zieladresse, nach der Anwendung etc.) festlegen, der geschützt werden soll und wie dieser zu schützen ist. Zentrales Kriterium ist hierbei die IP-Ziel- und Quelladresse. Es obliegt dem Netzwerkadministrator, die entsprechenden Parameter in der SPD zu definieren.

### Internet Key Exchange

Damit zwei Rechner mittels IPsec vertraulich und ggf. verschlüsselt kommunizieren können, müssen zunächst die Parameter der *Security Association* gegenseitig bekannt gemacht werden.

IKEv2

Zwar können Methoden und Schlüssel im Grunde genommen statisch eingetragen werden, jedoch ist dies bei vielen IP-Knoten kaum praktikabel. Abhilfe schafft hier das *Internet Key Exchange* Protokoll, das nun in der Version 2 (IKEv2bis) vorliegt. Das IKEv2-Nachrichtenformat setzt auf dem ISAKMP (*Internet Security Association and Key Management Protocol*) auf. In IPsec-Knoten ist ein IKE-Dienst implementiert, der somit sowohl die notwendigen Verfahren zum Aushandeln der Sicherheitsrichtlinien als auch zur Erzeugung, Interpretation sowie zum Austausch der ISAKMP-Nachrichten umfasst [Abb. 5.4-2].

ISAKMP Nachrichtenformat

- **Phase 1**: IPsec-Parameter-Aushandlung zwischen den IKE-Instanzen
  - Zu Beginn der SA-Verhandlung sendet der Initiator die ISAKMP-Nachricht `IKE_SA_INIT` an den Responder, der Informationen über die Verschlüsselungs-Algorithmen, Nonces und die Diffie-Hellman-Parameter für den Schlüsseltausch enthält, die dieser bestätigen muss und somit den DH-Exchange abschließt. (Nachricht IKE_SA_INIT)
  - Der nächste Schritt besteht in der Authentisierung, die der Initiator durch die Nachricht `IKE_AUTH` einleitet, in dem er seine Identität und die notwendigen Zertifikate (Nachricht IKE_AUTH)

mitteilt. Teile dieser Nachricht können bereits mit dem gemeinsamen Schlüssel verschlüsselt und gegen Verfälschungen geschützt sein.

- Die Authentisierung kann statt über X.509-Zertifikate und eine PKI [Abschnitt 6.2.7] auch optional auf Grundlage von EAP realisiert werden [Abschnitt 14.1].

IKE-Nachrichten über UDP

- ISAKMP-Nachrichten werden in UDP-Pakete verkapselt und können über IPv4/IPv6 übertragen werden, ohne eine bestehende Security Association vorauszusetzen. Jede Nachricht besitzt eine eindeutige *Message-ID* im Header [Abb. 5.4-3].

Ports 500, 4500

- Es wird der UDP-Port 500 und zusätzlich der UDP-Port 4500 beim Einsatz in einer NAT-Umgebung genutzt.
- In der Regel umfasst ein UDP-Paket mehrere ISAKMP-Nachrichten [Abb. 5.3-3], z.B. die Typen *Key Exchange* (34) und *Identification* (35). Dies verkürzt den Verbindungsaufbau, was auch gelegentlich als *Aggressive Mode* bezeichnet wird.

Nachricht NOTIFY

- Sollte es zu keiner Einigung kommen, wird dies in einer Nachricht `NOTIFY` mit einem qualifizierenden *Error Type* mitgeteilt, so wie in Abb. 5.4-3 angedeutet.

■ **Phase 2**: IPsec-Parameter pro Security Association

SPI

- Bislang haben sich nur die IKE-Instanzen auf allgemeine Parameter für die Verschlüsselung verständigt. Für jede IPsec-Verbindung entsprechend der SPD-Beschreibung werden eigene Schlüssel verhandelt, die nachfolgend als *Child SA* bezeichnet und durch einen *Security Parameters Index* (SPI) geführt werden.

Proposal

- Der Betriebsmode, die kryptographischen Algorithmen und ihre Attribute werden durch Austausch eines *Proposals* als Payload in den ISAKMP-Nachrichten gegenseitig mitgeteilt. Das Proposal bezieht sich auf die IPsec-Modi `AH` und `ESP`, aber auch auf `IKE` selbst, da die zu übertragenden Informationen in der ISAKMP-Nachricht selbst zu schützen sind.
- Die Nachricht `CREATE_CHILD_SA` wird ausgeben, um die IPsec-Parameter für eine neue SA zu initiieren.

Child SA

- `CREATE_CHILD_SA` enthält neue (Diffie-Hellman) *Key Exchange* (KE) Parameter und Nonces für die bestehende SA, in Ergänzung mit *Traffic Selectors* (TS).
- Die Nachrichten zum Aufbau einer *Child SA* werden verschlüsselt übertragen.
- Eine neue *Child SA* oder das Re-Keying für eine *Child SA* wird immer begleitet von einem zugeordneten *Security Parameters Index* (SPI), der quasi ein Repräsentant des aktuellen Security Kontextes ist.

PAD und SAD

- Die Parameter des Security Kontextes des Gegenübers werden lokal in einer *Peer Association Database* (PAD) gehalten, die eigenen in einer *Security Association Database* (SAD).

■ **Phase *Established***: `INFORMATIONAL` Exchange

- Zur Kontrolle einer *Security Association* können Initiator und Responder Nachrichten vom Typ `INFORMATIONAL` austauschen.
- `INFORMATIONAL`-Nachrichten sind kryptographisch geschützt und ermöglichen *Out-of-Band* nicht nur die Feststellung, ob der Peer noch aktiv ist, sondern auch das Löschen einer SA.

Quick-Modus

Abb. 5.4-3 zeigt den Aufbau von ISAKMP-Nachrichten. Nach einem Header kann eine Anzahl von Nachrichten folgen, in denen unterschiedliche Nachrichtentypen (*Payload*) eingebettet werden können. Während bei der Erstellung der SA entsprechend Abb. 5.4-2 diese Nachrichten einzeln, also sequentiell ausgetauscht werden, kann nach bei vorhande-

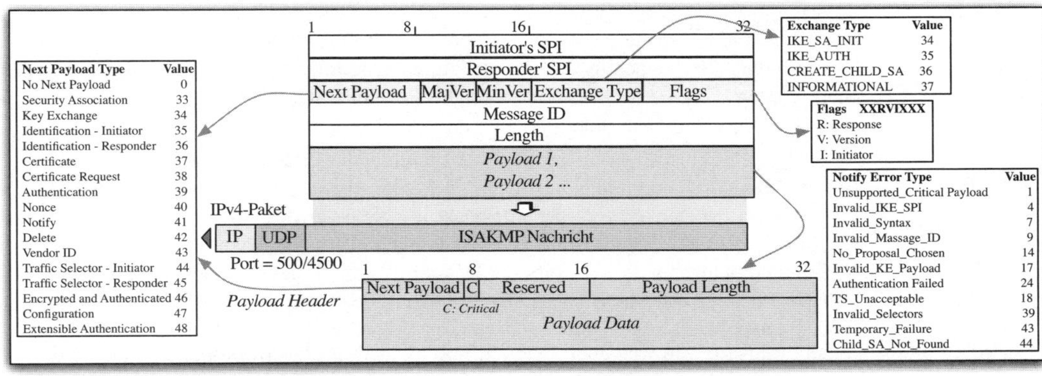


**Abb. 5.4-3:** Aufbau ISAKMP Nachrichten mit einem Auszug der Payload-Typen
SPI: Security Parameters Index, MajVer: Major Version, MinVer: Minor Version

ner IPsec-Übertragung in einen *Quick-Modus* umgeschaltet werden, wo mehrere Typen in einer einzelnen Nachricht untergebracht sind.

## 5.4.4 IPsec im Authentication Mode

Mit dem `AH` können folgende Sicherheitsziele realisiert werden:

- *Authentisierung der Datenquelle*, um feststellen zu können, ob die Daten vom wahren (gültigen) Quellrechner stammen,
- *Datenintegrität*, um eine gezielte Verfälschung von Daten unterwegs zu erkennen,
- *Anti-Replay-Schutz*, um zu verhindern, dass man durch abgelesene Angaben aus dem IP-Header auf die Daten im Zielrechner zugreifen kann.

Die Vertraulichkeit wird mit dem AH jedoch nicht unterstützt, d.h. die Daten werden unverschlüsselt übertragen und können somit unterwegs interpretiert werden. Da das `AH` als ganz normales Protokoll anzusehen ist, wurde ihm die Nummer `51` zugewiesen. Abb. 5.4-4 zeigt die Struktur des AH.

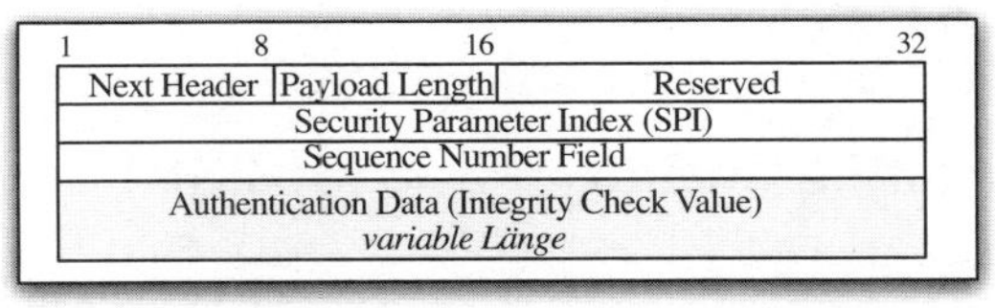


**Abb. 5.4-4:** Aufbau des Authentication Header (`AH`)

Die einzelnen Felder im AH haben folgende Bedeutung:

- `Next Header`: Hier wird der nächste Header (wie z.B. TCP, UDP, ICMP) angegeben, der nach `AH` im IP-Paket folgt. Dieses Feld enthält die gleiche Protokollnummer, die im 'normalen' IP-Header eingetragen wird, um darauf zu verweisen, zu welchem Protokoll (TCP, UDP, ICMP etc.) die im IP-Paket enthaltenen Daten übergeben werden müssen.
- `Payload Length`: Dieses Feld gibt die `AH`-Länge minus 2 in 32-Bit-Worten an.

- `Security Parameters Index` (`SPI`): Mit `SPI` wird auf die 'Stelle' in der Datenbank SPD beim Zielrechner verwiesen, wo die entsprechenden Informationen über die Sicherheitsparameter – wie z.B. Verschlüsselungs- und Authentisierungsverfahren, Schlüssel – abgespeichert worden sind, die für das entsprechende IP-Paket eingesetzt werden müssen. *SPI* kann als eine Identifikationsnummer der SA angesehen werden.
- `Sequence Number`: Hier wird eine Sequenznummer eingetragen, die sich in einer Folge von IP-Paketen nicht wiederholen darf. Damit wird der Anti-Replay-Schutz für die betreffende SA realisiert. Sequence Number gilt quasi als Nummer des IP-Pakets. Der Empfänger überprüft dieses Feld, um feststellen zu können, ob bereits ein Paket für eine SA mit dieser Nummer empfangen wurde. Ist dies der Fall, wird das betreffende Paket verworfen. So kann sich ein Rechner vor einem 'Angreifer' schützen, der bestimmte IP-Pakete wiederholt zu senden versucht.
- `Authentication Data`: In diesem Feld variabler Länge wird die kryptografische Prüfsequenz ICV (*Integrity Check Value*) übertragen. Diese Sequenz ist Resultat einer HMAC-Operation der Nutzdaten mit einem zusätzlichen geheimen Schlüssel [Abschnitt 1.6.2]. Der ICV wird über die Daten und einige Header-Teile des übertragenen Original-IP-Pakets gebildet, um eine mögliche Verfälschung des IP-Pakets zu entdecken. Damit wird zugleich die Authentisierung der Quelle als auch die Sicherstellung der Datenintegrität gewährleistet.

Abb. 5.4-5 zeigt, wie die IP-Pakete im Transport-Mode um den AH erweitert werden können.

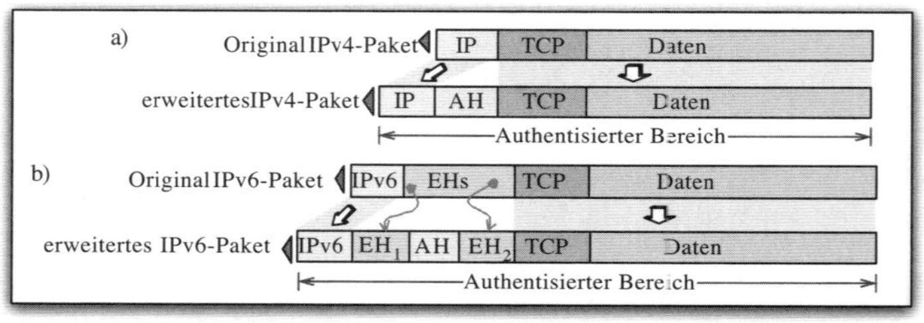


**Abb. 5.4-5:** AH im Transport-Mode in: a) IPv4-Paketen, b) IPv6-Paketen
EH: Extension Header von IPv6

Der `AH` kann eigenständig oder zusammen mit der `ESP` verwendet werden. Beim IPv6 müssen die Extension Header Hop-by-Hop, Routing und Fragment direkt nach dem IPv6-Header, d.h. vor dem `AH`, folgen [Abschnitt 7.3].

## 5.4.5 Encapsulating Security Payload (ESP)

Unter `ESP` ist eigentlich ein Frame zu verstehen, der sich aus einem Header und einem Trailer zusammensetzt. Mit `ESP` können die Sicherheitsziele wie Vertraulichkeit, Authentisierung, Datenintegrität und Anti-Replay-Schutz realisiert werden. Im Gegensatz zum AH-Einsatz wird mit `ESP` die Vertraulichkeit gewährleistet. ESP kann eigenständig oder kombiniert mit `AH` eingesetzt werden. Abb. 5.4-6 zeigt die Struktur des `ESP`-Frames.

ESP-Header

Ein ESP-Frame enthält folgende Angaben:

- `Security Parameters Index` (`SPI`): Dieses 32-Bit-Feld hat die gleiche Bedeutung wie das entsprechende Feld `SPI` im `AH` [Abb. 5.4-4].

- `Sequence Number`: In diesem 32-Bit-Feld wird eine Sequenznummer eingetragen. Sie hat die gleiche Bedeutung wie die Sequenznummer beim AH.
- `Payload Data` beinhaltet
  - im Transport-Mode den Inhalt des eingebetteten IP-Pakets (d.h. das Paket ohne IP-Header [Abb. 5.4-1]),
  - im Tunnel-Mode das ganze IP-Paket.

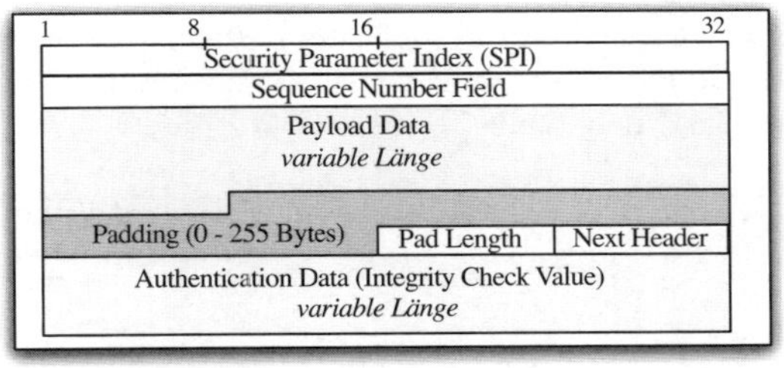


**Abb. 5.4-6:** Aufbau eines ESP-Frames

Den ESP-Trailer bilden folgende Felder: ESP-Trailer

- `Padding`: In diesem Feld sind die Füllzeichen (Fülldaten) enthalten. Da einige Verschlüsselungs- und Authentisierungsverfahren die Daten Blockweise 'bearbeiten', muss eine Vielzahl der Datenblöcke mit konstanter Länge aus den Daten entstehen. Ist dies nicht der Fall, müssen die zu übertragenden Daten um einige Füllzeichen ergänzt werden, sodass eine Vielzahl an Datenblöcken entsteht.
- `Pad Length` (Länge des Padding-Feldes): In diesem 8-Bit-Feld wird die Länge der Fülldaten angegeben. Damit wird dem Empfänger mitgeteilt, wie viele Fülldaten zu den Nutzdaten hinzugefügt wurde, sodass er die Länge der tatsächlichen Nutzdaten herausfinden kann. Diese Angabe wird beim Empfänger zum Verwerfen des Padding-Feldes verwendet.
- `Next Header`: In diesem 8-Bit-Feld wird der nächste Header (z.B. TCP, UDP, ICMP) angegeben, der nach dem ESP-Header im IP-Paket folgt. Dieses Feld hat die gleiche Bedeutung wie das entsprechende Feld beim AH.
- `Authentication Data`: In diesem Feld variabler Länge wird die Prüfsequenz ICV (*Integrity Check Value*) übertragen. Diesem Feld kommt ähnliche Bedeutung wie dem entsprechenden Feld beim AH zu.

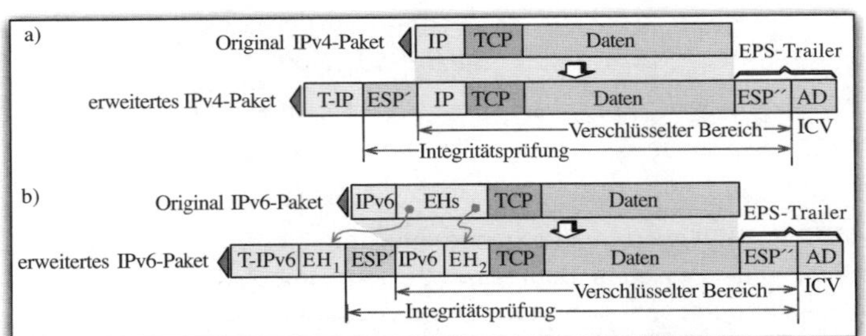


**Abb. 5.4-7:** ESP-Angaben beim Transport-Mode in: a) IPv4-Paketen, b) IPv6-Paketen
AD: Authentication Data als Integrity Check Value (ICV), EH: Extension Header, ESP': ESP-Header, ESP": ESP-Trailer

Abb. 5.4-7 zeigt, wie die IP-Pakete um den ESP-Header und -Trailer im Transport-Mode erweitert werden können. Bei IPv6 müssen die Extension Header `Hop-by-Hop`, `Routing` und `Fragment` unmittelbar dem IPv6-Header, d.h. vor dem ESP-Header, folgen [Abb. 7.3-3].

## 5.4.6 IPsec-Einsatz im Tunnel-Mode

Beim IPsec unterscheidet man zwei Betriebsarten: *Tunnel-Mode* und *Transport-Mode*. Die Erweiterung der IP-Pakete im Transport-Mode mit AH bzw. ESP wurde bereits in Abb. 5.4-5 und Abb. 5.4-7 dargestellt.

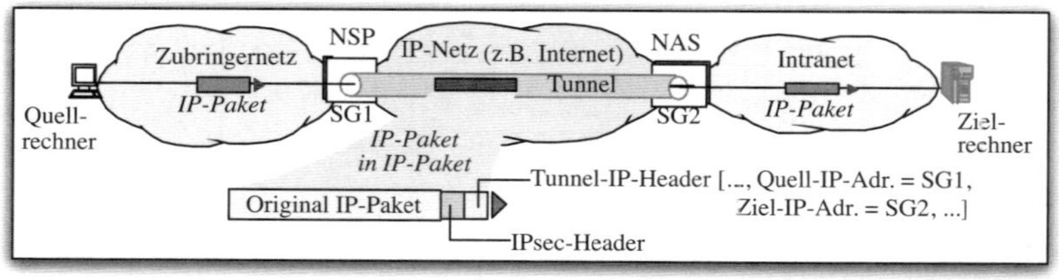


**Abb. 5.4-8:** IPsec-Einsatz im Tunnel-Mode

Security Gateway

Abb. 5.4-8 illustriert den IPsec-Einsatz im Tunnel-Mode zwischen zwei Sicherheits-Gateways (SG, *Security Gateway*) sowohl beim NSP (*Network Service Provider*) als auch im NAS (*Network Access Server*) eines Intranet. Hierbei werden dem zu sendenden IP-Paket zuerst zusätzliche Sicherheitsparameter als AH oder ESP vorangestellt. Das so erweiterte Original-IP-Paket wird nachher noch um einen IP-Tunnel-Header ergänzt, in dem die Quell- und die IP-Zieladresse der beiden Tunnelendpunkte enthalten sind. Der Tunnel-Mode hat den Vorteil, dass Quelle und Ziel der Kommunikation versteckt und nur die Tunnel-Endpunkte bei der Übermittlung über ein IP-Netz sichtbar sind.

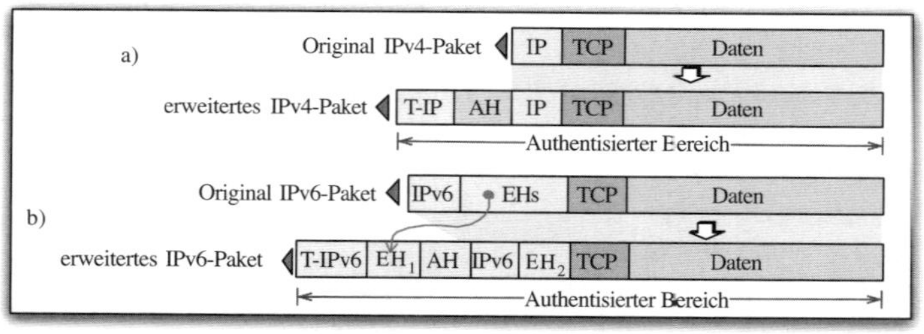


**Abb. 5.4-9:** AH-Angaben im Tunnel-Mode in: a) IPv4-Paketen, b) IPv6-Paketen

Authentication Header

Wie IP-Pakete im Tunnel-Mode um den Header AH erweitert werden, veranschaulicht Abb. 5.4-9. Beim IPv4 werden die Sicherheitsparameter im Tunnel-Mode als Authentication Header (AH) zwischen dem zusätzlichen Tunnel-IP-Header (`T-IP`) und dem Original-IP-Paket eingebettet. Somit kann das gesamte Original-IP-Paket in seiner ursprünglichen Form für die Übermittlung über ein IP-Netz gesichert werden. Da der Tunnel-IP-Header nur die Quell- und die IP-Zieladresse der beiden Tunnel-Endpunkte enthält, sind Quelle und Ziel der Kommunikation versteckt und nur die Tunnel-Endpunkte erkennbar. Bei IPv6 im Tunnel-Mode wird ein AH zwischen dem zusätzlichen Tunnel-IPv6-Header und dem Original-IPv6-Paket eingebettet. Dem AH werden ggf. einige

Extension Header ($EH_1$) wie `Hop-by-Hop`, `Routing` und `Fragment` vorangestellt [Abschnitt 7.3].

Die Erweiterung der IP-Pakete im Tunnel-Mode um die ESP-Angaben zeigt Abb. 5.4-10. Beim IPv4 wird der ESP-Header (`ESP'`) zwischen dem zusätzlichen Tunnel-IP-Header und dem Original-IP-Paket eingebettet. Der ESP-Trailer (`ESP"`) folgt nach dem Original-IP-Paket. Das erweiterte IP-Paket wird mit dem Feld `AD` und einer Prüfsequenz abgeschlossen [Abb. 5.4-6].

Extension Header

Beim IPv6 wird der ESP-Header (`ESP'`) zwischen dem zusätzlichen Tunnel-IPv6-Header und dem Original-IPv6-Paket eingebettet. Der ESP-Trailer (`ESP"`) folgt nach dem Original-IP-Paket. Bei IPv6 im Tunnel-Mode werden einige Extension Header ($EH_1$) wie `Hop-by-Hop`, `Routing` und `Fragment` dem ESP-Header vorangestellt.

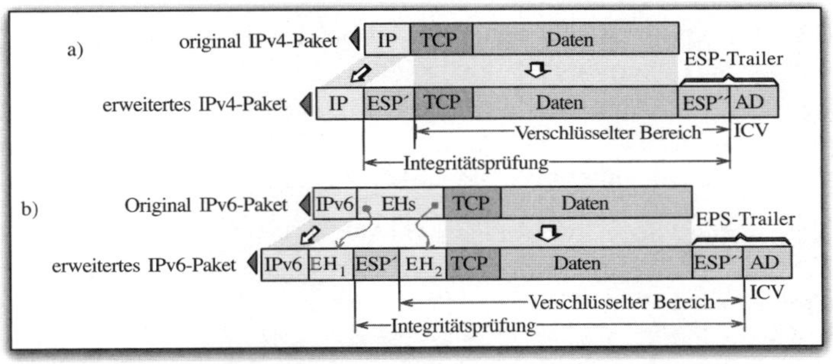


**Abb. 5.4-10:** ESP-Angaben im Tunnel-Mode in: a) IPv4-Paketen, b) IPv6-Paketen
`ESP'`: ESP-Header, `ESP"`: ESP-Trailer, `AD`: Authentication Data als ICV (*Integrity Check Value*)

Abb. 5.4-11 illustriert, wie ein zu übertragendes IPv4-Paket verarbeitet wird, um Vertraulichkeit, Datenintegrität und Authentizität zu erzielen.

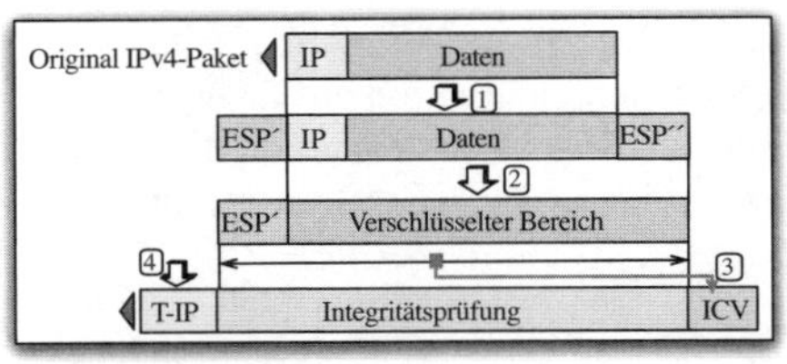


**Abb. 5.4-11:** Schritte bei der Erweiterung eines IPv4-Pakets mit ESP
`AD`: Authentication Data, `T-IP`: Tunnel-IP-Header

Bei der Erweiterung eines IPv4-Pakets mit ESP sind folgende Schritte zu unterscheiden:

IPv4-Pakete mit ESP

1. Das zu übertragende IPv4-Paket wird um den ESP-Header (`ESP'`) und den ESP-Trailer (`ESP"`) erweitert.
2. Der vertrauliche Bereich (Original IP-Paket und `ESP"`) wird nach einem Verschlüsselungsverfahren (z.B. AES) verschlüsselt.
3. Aus dem verschlüsselten Bereich und dem `ESP'` wird die HMAC-Funktion (*Hash based Message Authentication Code*) errechnet und das Ergebnis wird als Prüfsequenz im ESP-Feld `AD` am Ende des Pakets übertragen [Abb. 1.6-3].

### 5.4.7 NAT-Traversal bei IPSec

IPsec schützt bzw. authentisiert nicht nur den Inhalt der Nachrichten, sondern auch die Verbindungsinformationen pro Paket wie IP-Adresse und Portnummer. Bei der Übertragung eine IP-Pakets im IPsec-Informationen über ein NAT-Gateway verliert es sowohl seine *Integrität* als auch und *Authentizität*, da es verändert wird.

Den in Abb. 5.4-8 dargestellten Fall der Kopplung zweier Netzwerke beim IPsec-Einsatz sollte aber auch zwischen *zwei privaten Realms über das Internet* möglich sein. Damit zwei IPsec-fähige Endknoten über ein NAT-Gateway kommunizieren, sind folgende Probleme zu lösen (vgl. RFC 3715):

- *Detection*: Wie kann festgestellt werden, dass die IP-Kommunikation über ein NAT-Gateway erfolgt, und welches NAT-Verfahren wird genutzt?
- *Packeting*: Wie sind IP-Pakete mit IPsec-Angaben so zu gestalten, dass sie ohne Verfälschung per NAT übermittelt werden können?
- *Rekeying*: Das NAT-Gateway kann die zugewiesenen Port-Mappings, d.h. die Zuweisung *interner Socket* ⇔ *externer Socket* [Abb. 5.3-8] bei Bedarf verändern, was die gesicherte Verbindung unterbrechen würde.

NAT-Detection

Liegt der Initiator der Security Association [Abb. 5.4-3] 'hinter' einem NAT-Gateway mit NAPT, wird sowohl die ursprüngliche IP-Adresse als auch das Quellport verändert. Um dies festzustellen, wird eine *NAT-Probe* erzeugt. Nach der Verbindungsaufnahme tauschen beide Partner periodisch spezielle ISAKMP-Nachrichten vom Typ `Notify Payload NAT-D` aus, die lediglich folgende Informationen enthalten:

```
Hash(Cookie-Initiator | Cookie-Responder | IP | Port)
```

Hierbei sind IP und Port die ursprünglichen Quell-IP und -Port des Inititator. Werden diese im Laufe des NAT-Verfahrens geändert, kann der Responder diese durch Vergleich mit den empfangenen IP-Parametern erkennen. Die Cookies dienen dazu, mögliches Spoofing von ISAKMP-Nachrichten zu verhindern.

IPsec ESP-Frame über UDP

Um IP-Pakete mit ESP-Nachrichten über ein NAT-Gateway unbeschadet zu übertragen, kann der Kniff angewendet werden, das IP-Paket mit dem ESP-Frame als Payload in eine UDP-Nachricht einzubetten. Dabei kann UDP sowohl in einem eigenen

- Transport-Mode als auch
- ein einem Tunnel-Mode

zum Einsatz kommen, wie dies aus Abb. 5.4-12 hervorgeht.

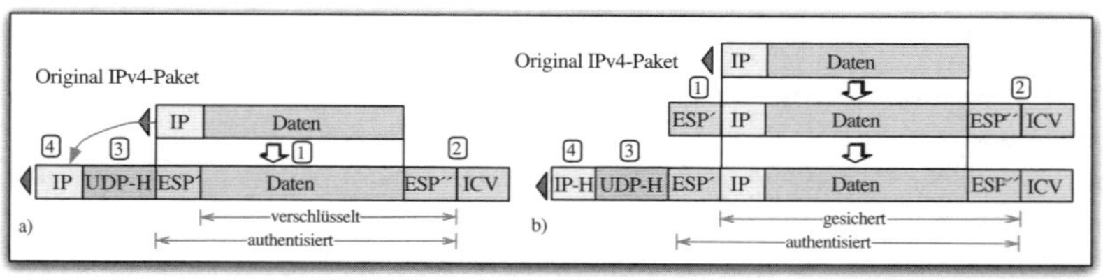


**Abb. 5.4-12:** IPsec Encapsulation in UDP-Nachrichten a) Transport- b) Tunnel-Mode
ICV: Integrity Check Value, ESP': ESP-Header, ESP": ESP-Trailer, IP-H: IP-Header, UDP-H: UDP-Header

**Erläuterung**: Im *Transport-Mode* [Abb. 5.4-12a] werden die (1) ursprünglichen Nutzdaten um einen ESP-Frame ergänzt und (2) der ICV berechnet. Anschließend werden diese Nachrichtenteile in (3) ein UDP-Paket gesteckt und (4) der Original-IP-Header wieder genutzt. Der *Tunnel-Mode* [Abb. 5.4-12b] verlangt, das gesamte ursprüngliche IP-Paket zu transportieren. Hierfür wird dieses zunächst um den (1) ESP-Header, den ESP-Trailer und den (2) ICV ergänzt. Anschließend werden (3) diese Nachrichtenteile in ein UDP-Paket eingebettet und als Letztes (4) ein neuer IP-Header erzeugt.

Bei NAT-Gateways ist gerade die NAT-Port-Mapping Tabelle beim verbindungslosen UDP von häufigen Rekonfigurationen betroffen. Um dies möglichst zu verhindern, wird beim IPsec NAT-Traveral zunächst versucht, entsprechend RFC 3974, *UDP-Keepalive* Pakete periodischen zwischen den IPsec-Knoten auszutauschen. Diese UDP-Pakete enthalten keine eigentlichen Nutzdaten. UDP-Keepalives

Neben IPsec mit ESP-Frames sind über das NAT-Gateway auch ISAKMP-Nachrichten zu übertragen [Abb. 5.4-2]. Hierfür ist UDP-Port 4500 reserviert, wo sowohl als Ziel- als auch Quellport genutzt wird. Da der Quellport – je nach NAT-Gateway – trotzdem geändert werden kann, hat der IKEv2-Responder auch Nachrichten anderer Quellports zu akzeptieren. Generell kann die Nutzung von festen Ports beim NAT-Traversal zu Ambiguitäten führen, d.h. unterschiedliche Rechner im privaten Realm werden auf die gleiche externe IP-Adresse und den identischen Port abgebildet. Um diese Problem zu umgehen, werden in den ISAKMP-Nachrichten Cookies entsprechend Abb. 5.4-3 genutzt. Rekeying

## 5.5 Schlussbemerkungen

In diesem Kapitel haben wir verschiedene Mechanismen vorgestellt, wie IPv4-Adressen bzw. die IPv4-Netzkonfiguration verteilt und genutzt werden. Zudem haben wir die Eigenschaften von IPsec vorgestellt, ein Verfahren, dessen Entwicklung ursprünglich von IPv6 ausging. In diesem Zusammenhang möchten wir noch auf Folgendes hinweisen:

- Das APIPA oder *Zeroconf*-Protokoll ist direkt dem IPv6 entnommen, wo dieses das Standardverfahren zur automatischen Zuweisung von IPv6-Adressen darstellt. APIPA
- APIPA ist ohne *Multicast-DNS* (mDNS) nicht denkbar. mDNS-Nachrichten mit den zur Verfügung stehenden Ressourcen wie z.B. ein SSH-Dienst und Drucker-Dienste werden periodisch ins lokale Linksegment übertragen (vgl. Abschnitt 4.9). Dies mag zwar ungemein praktisch sein; in großen privaten IP-Netzen führt dies aber zu einem erheblichen 'Data-Leakage'. So führt z.B. der *Jailbreak* bei einem Smartphone mit iOS dazu, dass sich der SSH-Dienst per Zeroconf selbst bekannt macht und somit als potentieller Angriffsvektor öffentlich wird. mDNS
- Die Konfiguration von Rechnern in IP-Netzen mittels DHCPv4 ist der Standardweg, um in privaten IPv4-Netzen die Rechner ins Netz einzubeziehen. Es sei hervorgehoben, dass das DHCP ursprünglich hierfür vorgesehen wurde, damit Rechner sich die IP-Adressen aus einem DHCP-Server für eine bestimmte Zeit 'ausleihen' können – also mit der Bibliothek einer Hochschule vergleichbar. Es wurde aber im DHCP-Konzept zugelassen, zusätzliche Angaben in DHCP-Nachrichten – als `options` [Abb. 5.2-2] – zu übermitteln. Dies hat dazu geführt, dass man auf einem DHCP-Server unterschiedliche Konfigurationsangaben 'deponieren' kann und jeder Rechner bzw. jede andere Endeinrichtung (z.B IP-Telefon oder Videotelefon) sich selbst die benötigten Konfigurationsparameter vom DHCP-Server abrufen kann. Dank die- DHCPv4

ser Möglichkeit kann ein DHCP-Server als universeller Konfigurationsserver fungieren – und dies begründet die bei der IANA gezeigte Auflistung von Option Codes [http://www.iana.org/assignments/dhcpv6-parameters].

CGN statt NAT444

- Eine große Herausforderung stellen die knappen IPv4-Adressen für große Netzbetreiber (ISP) dar. Mittels des NAT-Verfahrens wurde hier zwar zunächst Luft geschaffen, die aber immer dünner wird und neue Verfahren, wie das *Carrier-Grade NAT* erfordert, was aber als Kehrseite die Internet-Konnektivität bricht.

IPsec

- IPsec ist immer noch das bevorzugte Protokoll, um auf der Netzwerkschicht eine Verschlüsselung der Inhalte der Datenpakete vorzunehmen und zugleich die Authentizität der Kommunikationspartner sicherzustellen. Seine (logische) Bindung an die *Public Key Infrastructure* macht das Protokoll jedoch schwergewichtig und anfällig sowohl für Fehlkonfiguration als auch für Manipulation.

NTP

- Nicht erwähnt wurde in diesem Kapitel eine häufig zentrale Anforderung, die ein IP-Netz mitbringen muss. Ein *Zeitstempeldienst*, der z.B. in Form des *Network Time Protocol* (NTP) [RFC 5905] vorliegt. Viele – speziell sicherheitskritische Anwendungen – funktionieren nur auf Basis eines korrekten Zeitstempels.

RSVP und RSVP-TE

- Ausgelassen haben wir ferner das *Resource Reservation Protocol* (RSVP) [RFC 2205, Jahr 1997]. Dieses Protokoll wurde, wie es vorher bei dessen Entwicklung vorgesehen, kaum zur Reservierung von Ressourcen in IP-Netzen (z.B. zur QoS-Garantie) verwendet, sondern wurde dieses bald nach seiner Veröffentlichung zum Einsatz als Signalisierungsprotokoll in (G)MPLS-Netzen erweitert [RFC 3209, Jahr 2001]. Diese erweiterte Form des RSVP bezeichnet man als RSVP-TE (*RSVP with Traffic Engineering*). In Abschnitt 11.5 präsentiert das Konzept von RSVP-TE und dessen Einsatz.

MIKEY, SRTP und ZRTP

- Das hier kurz erläuterte Protokoll IKE (*Internet Key Exchange*) verwendet man als *Key-Management-Protokoll* (KMP) hauptsächlich bei der Datenkommunikation. IKE erfüllt jedoch nicht die besonderen Anforderungen der Echtzeitkommunikation – also der audiovisuellen Kommunikation. Der Verlauf des IKE, um den kryptografischen Kontext in kommunizierenden Einrichtungen für eine gesicherte Kommunikation zwischen ihnen zu erzeugen, dauert relativ lang, ist damit zeitaufwendig und folglich eignet sich IKE nicht 'besonders gut' zum Einsatz für die Echtzeitkommunikation. Daher wurde bei der IETF ein anderes KMP namens MIKEY (*Multimedia Internet KEYing*) als RFC 3830 bereits in Jahr 2004 spezifiziert, das speziell für Key-Management (Schlüsselmanagement) bei der multimedialen Kommunikation über IP-Netze konzipiert wurde. Der Funktion nach entspricht MIKEY dem Protokoll IKE beim IPsec. Bei der Echtzeitkommunikation verwendet man als Transportprotokoll das RTC (*Real-time Transport Protocol*) und dessen erweiterte Version, die das MIKEY nutzt und die Sicherheit der Echtzeitkommunikation garantiert, wird als SRTP (*Secure RTP*) bezeichnet. Es sei auch angemerkt, dass in RFC 6189 (Jahr 2011) de facto ein weiteres KMP veröffentlicht wurde, das alternativ zum Einsatz bei der Echtzeitkommunikation genutzt werden kann. Diese RTP-Version trägt die Bezeichnung *Z(immerman)RTP*.

Multicast Security

- Ein wichtiges Problem im Internet ist die Sicherheit von IP-Multicasting [Abschnitt 2.8], d.h. die Garantie der Sicherheit bei der gezielten Verteilung von Informationen – hierbei insbesondere von audiovisuellen Informationen (Internet-Radio, -TV). Wegen des Platzmangels haben wir hier diese Aspekte außer Acht gelassen. Es sei aber darauf hingewiesen, dass verschiedene Konzepte und Protokolle zur Realisierung der IP-Multicasting-Sicherheit unter Regie von Working Group MSEC (*Multicast Security*) bei der IETF entwickelt und in mehreren RFC spezifiziert wurden – darunter auch das erwähnte Protokoll MIKEY [http://www.ietf.org/wg/concluded/msec.html].

# 6 Protokolle der Supportschicht und für Echtzeitkommunikation

Bestand das ursprüngliche Anwendungsziel der TCP/IP-Protokolle primär in der Unterstützung eines Datenaustauschs, so versteht sich heute das Internet als 'Internet der Dinge', über das ganz unterschiedliche Kommunikationsarten – vom Backup in die Cloud über das Internet-Banking bis zur audiovisuellen Echtzeitkommunikation z.B. via WebRTC – abgewickelt werden können. Es bietet sich an, zwischen der Transportschicht und der eigentlichen Anwendung eine logische Schnittstelle in Form der *Application-Support-Protokolle* zu definieren, über die diese Aufgaben realisiert werden können.

SOCKS

Zugang zu unternehmenskritischen Ressourcen in Intranets sollte nur berechtigten Nutzern ermöglicht werden. Dies kann über das Protokoll *SOCKS* gewährleistet werden, das einen qualifizierten und protokollierten Zugriff sowohl auf externe Systeme als auch auf interne Datenquellen ermöglicht, wie wir in Abschnitt 6.1 zeigen.

SSL/TLS

Internet-Banking und die Übertragung vertraulicher Daten über gesicherte virtuelle Transportverbindungen wären unmöglich ohne *Secure Socket Layer* (SSL). Diese liegt aktuell in Form *Transport Layer Security* (TLS) vor und stellt zudem den Prototyp für die Implementierung einer *Public Key Infrastructure* (PKI) mit X.509-Zertifikaten und einem hierarchischen Vertrauensmodell dar. Einen Überblick über TLS/DTLS und X.509-Zertifikate vermittelt Abschnitt 6.2

RTP und RTCP

Die *Echtzeitkommunikation* zwischen Teilnehmern, z.B. ein VoIP-Telefonat, erfordert die zuverlässige Übermittlung der Audio- und Videodatenströme. Hierfür wurde das RTP (*Real-time Transport Protocol*) zusammen mit RTCP (*RT Control Protocol*) bzw. RTCP XR (*RTCP eXtended Report*) entwickelt. Abschnitt 6.3 ist diesen Protokollen gewidmet.

SIP und SDP

Komplexe audiovisuelle Verbindungen lassen sich mit dem *Session Initiation Protocol* (SIP) einrichten und überwachen. Dessen Einsatz sowie die Nutzung von SDP (*Session Description Protocol*) zur Beschreibung von Sessions wird in Abschnitt 6.4 vorgestellt.

Multipath TCP

Mobile Endgeräte sind häufig über mehrere Schnittstellen mit dem Internet verbunden. Wie diese gemeinsam für eine audiovisuelle Kommunikation genutzt werden können, ist Gegenstand von *Multipath TCP*, dessen Einsatz wir in Abschnitt 6.5 besprechen.

Ziel dieses Kapitels

Dieses Kapitel geht u.a. auf folgende Fragestellungen ein:

- Wie kann eine gesicherte Datenübermittlung zwischen Client und Server mittels SSL/TSL realisiert werden und welche Voraussetzungen sind hierfür nötig?
- Was ist eine RTP-Session und welche Angaben sind in RTP-Paketen nötig, um Echtzeitkommunikation zu gewährleisten?
- Wie wird RTCP konzipiert und was kann damit erreicht werden?
- Welchen Betrag leistet SIP zum Auf- und Abbau von Sessions und wie unterstützt es die Mobilität von Benutzern?
- Wie können mittels SDP audiovisuelle Sessions beschrieben werden?
- Wie ist MPTCP konzeptioniert und wie lassen sich mehrere Internetverbindungen mittels MPTCP für eine gemeinsame TCP-Sitzung nutzen?

## 6.1 Konzept und Einsatz von SOCKS

Nicht alle Firmen lassen für die Anwender und Mitarbeiter einen unkontrollierten Zugang auf die internen Ressourcen und Internetdienste zu. NAT-Router und Firewalls stellen zwar die geeigneten technischen Möglichkeiten zur (sicheren) Anbindung des Firmennetzes bzw. (wie in Abschnitt 5.3 dargestellt) eines privaten Realm an das Internet bereit, ermöglichen aber keine Kontrolle des autorisierten Zugriffs. In der Praxis werden daher häufig ALGs eingesetzt wie z.B. Web-Proxies. Aber erst durch einen zentralen SOCKS-Service (kurz SOCKetS) lässt sich dieses Problem umfassend lösen, sofern die Client-Applikation (wie z.B. der Webbrowser) die Einbeziehung eines SOCKS-Dienstes ermöglicht.

Funktionen von SOCKSv5

Das in RFC 1928 vorgelegte Protokoll SOCKSv5 (Version 5) beschreibt einen Dienst, der folgende Funktionen enthält:

- eine flexible und unterschiedliche Methoden nutzende Authentisierung und Autorisierung, die standardmäßig auf TCP-Port 1080 angeboten wird,
- optionale Protokollierung aller Verbindungsversuche und erlaubter Verbindungen,
- Aufbau einer TCP-Verbindung bzw. einer Session über UDP (als UDP-Assoziation bei SOCKS bezeichnet) zum gewünschten Zielsystem vom SOCKS-Server aus sowie
- Weiterreichung einer TCP-Verbindung bzw. einer UDP-Assoziation vom SOCKS-Client über den SOCKS-Server zur Zielapplikation.

Die letzten beiden Punkte treffen naturgemäß nur dann zu, wenn die Client- bzw. Anwenderauthentisierung erfolgreich war. Zur Nutzung des SOCKS-Dienstes müssen die Client-Applikationen *socksifiziert* – also socksfähig – sein. Dies trifft für die heute aktuellen Webbrowser und E-Mail-Clients zu, aber auch für Anwendungen wie z.B. *Secure Shell* (ssh, PuTTY).

Von zunehmender Bedeutung ist SOCKS auch für Streaming-Anwendungen wie IP-Video-Konferenzen und IP-Telefonie. Nicht nur, dass hiermit der Zugriff auf firmeninterne IP-Dienste reguliert werden kann. Im Zusammenspiel mit NAT/NAPT [Abschnitt 5.3] bzw. einer Firewall ergibt sich auch quasi automatisch, dass die IP-Quelladresse die Adresse des SOCKS-Proxy ist, was die Administration sehr vereinfacht. RFC 3089 stellt auch die elegante Möglichkeit vor, mittels eines SOCKS-Gateways IPv4-Netze mit IPv6-Netzen zu koppeln. Abb. 6.1-1 zeigt vier Anwendungsfälle für einen SOCKS-Proxy, bei dem von einem typischen *multi-homing* des SOCKS-Servers Gebrauch gemacht wird.

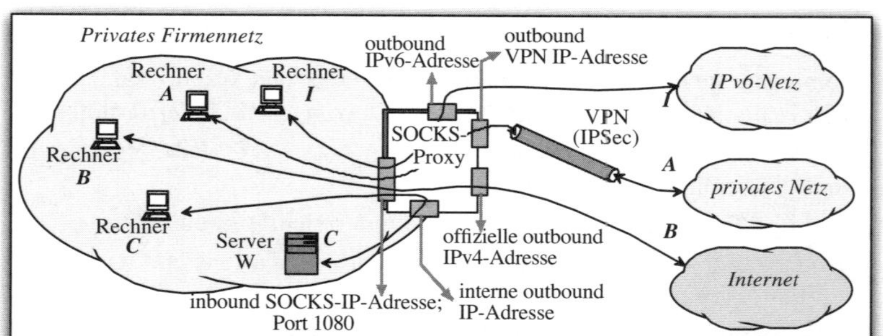


**Abb. 6.1-1:** SOCKS-Anwendung bei einem multi-homed SOCKS-Server

**Beispiel**: Folgende Möglichkeiten ergeben sich:

- Der SOCKS-Proxy fungiert für den Rechner *I* als IPv4/IPv6-Gateway.
- Anwender am Rechner *A* erhalten Zugriff auf ein privates Netz über VPN z.B. auf Basis von IPsec [Abschnitt 5.4].
- Der SOCKS-Proxy ermöglicht dem Rechner *B* die Kommunikation mit dem Internet, und ein Anwender am Rechner *C* erhält dedizierten und autorisierten Zugriff auf eine lokale Firmenanwendung auf dem Server *W*.

## 6.1.1 SOCKS-Ablauf

SOCKS-Elemente

Das SOCKS-Regelwerk besteht aus den folgenden Elementen:

- *Identifizierung* von Clients (mittels IP-Adresse bzw. Domainname),
- *Authentisierung* von Benutzern mittels der Überprüfung Benutzername/Passwort, via GSS-API (*Generic Security Services*) [RFC 1961] und evtl. 'private' Methoden sowie
- *Validierung* des angefragten Verbindungswunschs aufgrund der Client/Benutzer-Information und der vorliegenden SOCKS-Konfigurationsdaten.

In der Praxis wird das SOCKS-Regelwerk aus dem Tupel (Client-Adresse, Benutzername) sowie aus der zugelassenen bzw. unterbundenen Ressource gebildet. Als Ressource kann bei SOCKS eine IPv4-, eine IPv6-Adresse oder ein Domainname eingetragen werden. Dies ermöglicht eine flexible Deklaration, ohne dass SOCKS notwendigerweise auf den DNS-Dienst zurückgreifen muss. Zudem werden erlaubte und abgewiesene Verbindungswünsche protokolliert und damit für eine spätere Auswertung verfügbar gemacht.

Ablauf der Authentisierung

Unabhängig davon, ob der SOCKS-Client das UDP nutzt oder eine TCP-Verbindung zu einem entfernten System aufbauen möchte, kontaktiert er den SOCKS-Server zunächst per TCP. Hierfür steht der Port `1080` zur Verfügung. Wie Abb. 6.1-2a zeigt, verläuft die Authentisierung wie folgt [`http://www.iana.org/assignments/socks-methods`]:

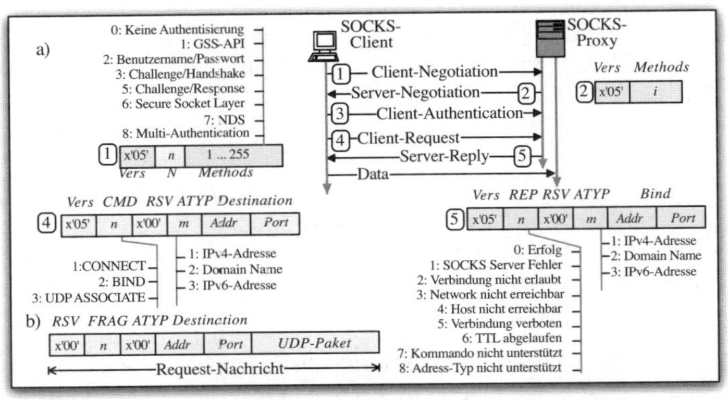


**Abb. 6.1-2:** Client/Benutzerauthentisierung bei SOCKS und Übermittlung der UDP-Pakete:
a) Phasen der Client/Benutzerauthentisierung mittels SOCKS,
b) Einbettung eines ursprünglichen UDP-Pakets in eine Request-Nachricht
`ATYP`: Address type, `FRAG`: Fragment Number, `REP`: Reply, `RSV`: Reserved

Anmeldephase

- *Initiation*: Zunächst sendet der Client eine Client-Negotiation zum Server, indem er die aktuelle Version des SOCKS-Protokolls (Version 5) mitteilt sowie eine oder mehrere Methoden zur Benutzerauthentisierung anbietet.
- *Reply*: Im Rahmen der Server-Negotiation wählt der Server eine gemeinsam unterstützte Methode aus. Sollte keine akzeptabel sein, sendet er ein hexadezimales Symbol `FF`, und die Authentisierung gilt als fehlgeschlagen.
- *Authentication*: Nachdem die Authentisierungsmethode festgelegt wurde, kann die eigentliche Benutzerauthentisierung stattfinden. Sofern eine Benutzerauthentisierung verlangt wird, findet diese in der Regel über die Angabe von *Benutzername/Passwort* statt oder mittels des GSS-API [RFC 1961], sodass z.B. Chipkarten und -leser mit Authentisierungsdaten eingebunden werden können. Beim SOCKS-Server können die Benutzerinformationen auf unterschiedliche Arten vorliegen. In der Praxis werden neben einer lokalen Konfiguration auch spezifische Applikationen wie NIS oder LDAP [Abschnitt 14.3] verwendet, die über eine Schnittstelle SASL oder PAM angesprochen werden. Bei einem positiven Abgleich ist die Authentisierungsphase abgeschlossen.

Request-Phase

- *Request*: Im Anschluss an die erfolgte Authentisierung teilt der SOCKS-Client mit, auf welche Ressource er wie zugreifen möchte. Die Ressource kann entweder über ihren Domainnamen oder über ihre IPv4- bzw. IPv6-Adresse mitgeteilt werden. Der Verbindungstyp, der im Feld `CMD` (*Command*) angegeben wird, beschreibt, ob eine Kommunikation über UDP (als `UDP-ASSOCIATE` bezeichnet) oder eine TCP-Sitzung (`CONNECT`) aufgebaut werden soll oder ob ggf. dem Zielsystem gestattet ist, zusätzlich eine Out-of-Band-TCP-Verbindung zu nutzen (`BIND`), wie dies bei FTP typisch ist.

Connect-Phase

Nach erfolgter Authentisierung obliegt es dem SOCKS-Server, die vom SOCKS-Client angegebene Ressource zu kontaktieren.

- *Connect*: Mittels der vom Client übermittelten Angaben über IP-Adresse und Verbindungstyp baut der Server anschließend die Verbindung zum Zielsystem auf.
- *Replies*: Abgesehen von möglichen Verbindungsfehlern, die dem Client mit Meldungen wie z.B. `Connection Refused` und `TTL Expired` angezeigt werden, bietet der Server dem Client nun über `BND.ADDR` und `BND.PORT` lokale, d.h. auf dem Server vorhandene Ressourcen an, über die die Verbindung abgewickelt werden kann. Von da ab übermittelt der Client die Daten an den Server und an das angegebene (inbound) Tupel (`BND.ADDR`, `BND.PORT`). Der Server leitet nun die Pakete (intern) an eine outbound IP-Adresse weiter, um diese von hier aus zum Zielsystem (`DST.ADDR`, `DST.PORT`) zu transportieren.

Übermittlung der UDP-Pakete

- Um UDP-Pakete transparent und gesichert zu übertragen, kann der Client diese komplett als Teil der Nutzdaten in SOCKS-Nachrichten `Request` einbetten, da hier im Gegensatz zum TCP-Ablauf keine Verbindung zum Zielsystem etabliert werden muss, sondern die Pakete vom SOCKS-Proxy einfach durchgereicht werden können [Abb. 6.1-2b].

Der SOCKS-Server behält nach erfolgter Authentisierung in der Regel das Tupel (Client-Adresse, Benutzername) zumindest so lange in seinem Cache, wie eine auf diesem Tupel ausgehende Verbindung besteht. Hierdurch braucht der Client in der Folge nur noch entsprechende Request-Nachrichten für neue Verbindungswünsche abzusetzen. Abb. 6.1-2a illustriert den Ablauf verschiedener Kommunikationsphasen eines Clients über den SOCKS-Server bis hin zur eigentlichen Datenübermittlung zum SOCKS-Proxy.

### 6.1.2 Gesicherte Verbindungen mit SOCKS

Obwohl die Client/Benutzerauthentisierung in der Regel unverschlüsselt abläuft, erlaubt das SOCKS-Protokoll die Nutzung eines gesicherten Übermittlungstunnels (wie SSH-Tunnel) sowohl zur Sicherung von Daten während der Authentisierungsphase als auch für die spätere Datenaustauschphase, was allerdings implementierungsspezifisch ist. Abb. 6.2-3 illustriert dies.

**Abb. 6.1-3:** Anwendungen des SOCKS-Protokolls: a) Sichere Datenübertragung mittels SOCKS über ein Wireless LAN, b) Nutzung von SSH als SOCKS-Server zur Tunnelung an einen SSH-Server

Ein Szenario, wo Clients in einem privaten Netzwerk über einen gesicherten Kanal mit dem SOCKS-Proxy kommunizieren, während der SOCKS-Server selbst die Verbindung zum Zielsystem unverschlüsselt abwickeln kann oder das Zielsystem beispielsweise per VPN oder IPsec anspricht, zeigt Abb. 6.1-3a. Hierdurch können die Nachteile von NAT teilweise kompensiert werden; zudem lassen sich so auch schwach geschützte firmeninterne Wireless-LAN-Verbindungen einheitlich einbeziehen und absichern.

SOCKS-Kooperation mit SSH

Neben dem von der Firma NEC entwickelten Open Source `sockd` Daemon für UNIX kann auch ein SSH-Client (bzw. auch PuTTY) als SOCKS-Server fungieren. Hierbei wird der SSH-Client zunächst angewiesen, eine sichere Verbindung zu einem entfernten SSH-Dienst aufzubauen. Zugleich nimmt der SSH-Client nun SOCKS-Requests auf einem vorbestimmten Port entgegen, um in der Connect-Phase die Datenpakte des SOCKS-Clients (z.B. eines Webbrowsers) über die bestehende SSH-Verbindung zu tunneln [Abb. 6.1-3b]. Da sich sowohl SOCKS-Applikation und SSH-Client als auch der SOCKS-Server auf dem gleichen Rechner befinden, wird in der Applikation als SOCK-Proxy der vorkonfigurierte Port angegeben. Auf eine Client/Benutzerauthentisierung kann hierbei naturgemäß verzichtet werden. Mit dieser Methode kann ohne viel Aufwand, aber mit recht hoher Sicherheit, z.B. von einem Internet-Café aus, auf die lokalen Ressourcen im Firmennetz zugegriffen werden, sofern der Zugriff auf den SSH-Server vom Internet aus gestattet ist.

## 6.2 Transport Layer Security (TLS)

Mit der beginnenden kommerziellen Nutzung des Internet und speziell vor dem Hintergrund der Notwendigkeit, Webapplikationen zu sichern, wurde von der Firma Netscape das Protokoll SSL (*Secure Socket Layer*) entwickelt, dessen aktuelle Version 3 von der IETF als *Transport Layer Security* (TLS) Version 1.0 in RFC 2246 beschrieben wurde. Mittlerweile liegt mit RFC 5246 die TLS-Version 1.2 vor, die nicht nur neue Verschlüsselungstechniken, sondern auch einige Protokollergänzungen zur ursprünglichen Version mitbringt:

| Major# | Minor# | Protokoll | RFC | Bemerkung |
|---|---|---|---|---|
| 2 | 0 | SSLv2 | (kein) | |
| 3 | 0 | SSLv3 | (kein) | |
| 3 | 1 | TLS 1.0 | 2246 | Grundlagen-RFC |
| | | | 3268 | AES Verschlüsselung hinzugefügt |
| | | | 3746 | Komprimierungsmethoden |
| 3 | 2 | TLS 1.1 | 4346 | Grundlagen-RFC |
| | | | 4366 | Ergänzende Handshake-Optionen |
| | | | 4492 | 'Elliptic Curve Cryptography' (ECC) hinzugefügt |
| | | | 5077 | Session Resumption |
| 3 | 3 | TLS 1.2 | 5246 | IDEA und DES 'deprecated', PRF-Funktion |
| | | | 5288 | Galois Counter Mode (GCM) |
| | | | 5289 | GCM + ECC |
| | | | 5489 | ECDHE + Preshared Keys |
| | | | 5746 | Renegotiation Indication |
| | | | 5878 | Authorized Extensions |
| | | | 6066 | Extension-Definitions |
| | | | 6176 | Aufhebung der Kompatibilität zu SSL 2.0 |
| | | DTLS 1.2 | 6375 | Datagram TLS |
| | | DTLS over SCTP | 6083 | SCTP mit DTLS-Transport |
| | | TLS/DTLS | 6520 | Heartbeat-Extension |

**Tab. 6.2-1:** Entwicklung der SSL/TLS Standards und der betreffenden RFC

Sicherung von Webtransaktionen

TLS befindet sich seit fast 20 Jahren nahezu ohne grundlegende Änderungen im täglichen Einsatz, und der (Web-)Anwender bekommt mit Ausnahme einer Farbänderung der dargestellten URL im Browser-Fenster bzw. eines symbolisch dargestellten, gedrückten Vorhängeschlosses von seinem Einsatz nichts mit. Trotzdem kann er sicher sein, dass seine Daten gesichert, verschlüsselt und somit vertraulich zur Zielanwendung übertragen werden. Daraus wird deutlich, welch großen Wurf Netscape mit SSL vollbracht hat, wobei allerdings in jüngster Zeit mehrere Lücken im TLS-Protokoll zu erheblichen Problemen geführt haben; speziell was die Standardimplementierung betrifft, die in Form von *OpenSSL* vorliegt.

Auf Grundlage des SSL/TLS-Protokolls konnte eine *Public Key Infrastructure* (PKI) aufgebaut werden, deren zentrale Bausteine sog. *Trust Center* bzw. *Certificate Authorities* (CA) darstellen. Diese Infrastruktur wird aber immer stärker unterminiert und deren Schutz- und Vertrauensfunktion ausgehöhlt.

Anwendungs- und Protokollneutralität

TLS stellt sich aus Sicht der Anwendung als sicheres Transportprotokoll und seitens der Transportschicht (TCP/UDP) als Sitzungs- bzw. Anwendungsprotokoll dar[1]. Daher muss TLS sowohl auf Client- als auch auf Anwenderseite implementiert sein. Als Kommunikationspartner werden zwei Systeme unterschieden, nämlich TLS-Client und TLS-Server (im Weiteren kurz Client und Server genannt). Die Unterscheidung beider Systeme ist sehr wichtig, da TLS von ihnen verschiedene Verhaltensweisen fordert. Hinsichtlich der unterliegenden Protokolle bestehen keine weiteren Anforderungen; insbesondere ist TLS neutral gegenüber dem verwendeten Netzwerkprotokoll, kann also ohne Einschränkungen bzw. Änderungen in IPv4- und IPv6-Netzen eingesetzt werden.

Kryptographische Elemente von TLS

Mit TLS wurde das Henne-Ei-Problem für die sichere Datenübermittlung gelöst und damit die folgenden grundlegenden Sicherheitsdienste zusammengeführt:

[1] Den Einsatz von TLS beim *Extensible Authentication Protocol* (EAP) beleuchten wir in Abschnitt 14.1.

- *Private key/Public key-Verfahren*
  Vor dem Datenaustausch wird eine Vereinbarung zwischen Client und Server mittels des *Handshake-Protokolls* (auch als TLS-Verbindung bezeichnet) getroffen. In dieser Vereinbarung wird eine Sicherheits-Suite (*CipherSuite*) festgelegt. Anschließend werden beim *Key Exchange*-Protokoll bestimmte Schlüsselmaterialien übermittelt, die den Client und den Server in die Lage versetzen, einen gemeinsamen und geheimen Schlüssel selbst zu generieren, ohne diesen übertragen zu müssen.
- *Symmetric key Encryption*
  Der bei TLS gebildete symmetrische Schlüssel ist temporär und einmalig, verbleibt aber bei den TLS-Partnern während der Sitzung im Cache. Das symmetrische Verschlüsselungsverfahren nach der ausgewählten *CipherSuite* sorgt für eine effiziente Verschlüsselung der zu übertragenden Daten mit dem gemeinsamen Schlüssel.
- *Message Digest*
  Eine Hashfunktion dient als *Message Digest* dazu, die Integrität der empfangenen Daten zu verifizieren, indem zusätzlich ein geheimes Schlüsselwort als *Salt* hinzugefügt werden kann.
- *Zertifikate und Public Key Infrastructure* (PKI)
  Die Identität der Kommunikationspartner und speziell des TLS-Servers kann mittels X.509-Zertifikaten überprüft und sichergestellt werden.

Neben diesen zentralen Eigenschaften ermöglicht TLS auch noch optional eine Komprimierung der zu übertragenden Daten und sorgt sich – ähnlich TCP – um eine Fragmentierung und Re-Assemblierung der Nutzdaten.

Die heutigen TLS-Implementierungen nutzen in der Regel (unter UNIX) die OpenSSL-Bibliotheksfunktionen [`http://www.openssl.org`], wobei alternativ auch GNU-TLS [`http://www.gnu.org/software/gnutls`] zur Verfügung steht. Unter Windows sind die Funktionen von TLSv2 und TLSv3 Bestandteil von Microsofts *WinSock2* bzw. des *Dot-net*-Frameworks. Direkt oder indirekt entstammen diese Programme den ursprünglichen *SSLeay*-Funktionen von Eric A. Young [`http://www.columbia.edu/~ariel/ssleay`]. Neben den Programmschnittstellen bringen diese Bibliotheken sowohl Digest-Funktionen und kryptografische Funktionen (*crypto*) mit wie auch einen qualifizierten Zufallsgenerator. Der implementierte Umfang dieser Funktionen bestimmt die zur Auswahl stehenden CipherSuites; beispielsweise die Unterstützung von SHA-2. Für den Anwender werden nützliche Programme zu Generierung, Manipulation und Verwaltung der Zertifikate im Rahmen einer *Mini-CA* zur Verfügung gestellt.

TLS-Bibliotheks-funktionen

Mini-CA

## 6.2.1 TLS-Dienste im Schichtenmodell

Mit TLS bzw. DTLS (*Datagram TLS*) wird eine Reihe von Diensten auf der Supportschicht [Abb. 1.5-1] zur Verfügung gestellt, die als Teil des TLS-Record-Protokolls implementiert sind. Hierzu zählen (gemäß Abb. 6.2-1)

- das *Handshake-Protokoll* (gelegentlich auch Sitzungsprotokoll genannt),
- das *Heartbeat-Protokoll*, was speziell für TLS über UDP geschaffen wurde,
- das *Alert-* bzw. *Alarm-Protokoll*,
- das *Cipher-Wechsel-* bzw. *Change-Cipher-Spec-Protokoll* sowie
- das *Applikations-* bzw. *Anwendungsdatenprotokoll*.

Record Layer

Die untere Teilschicht, als *Record Layer Protocol* bezeichnet, stellt die PDUs (*Protocol Data Units*) als Transport-Container zur Verfügung, in denen die Nachrichten der TLS-Hilfsprotokolle und Applikationsdaten (z.B. von HTTP, SMTP, LDAP, ...) eingebettet werden. Da die Daten zusätzlich durch einen MAC geschützt sind, sprechen wir hier von Record-Layer-*Frames* oder auch kurz von *Records*.

Handshake

Das *Handshake-Protokoll* legt die Prinzipien fest, nach denen TLS-Client und TLS-Server gemeinsam die notwendigen Sicherheitsvereinbarungen treffen können. Diese werden im Detail in der `CipherSuite` festgelegt.

Change-Cipher-Spec

Das *Change-Cipher-Spec-Protokoll* ist ein einfaches Protokoll, das nur eine einfache Nachricht `Change-Cipher-Spec` definiert. Mit dieser signalisiert jeder Kommunikationspartner dem anderen, dass er seinen Status gewechselt hat.

Alert-Message

Das *Alert Protocol* wird zum Abbau der bestehenden TLS-Verbindung und zum Signalisieren von fehlerhaften Situationen verwendet.

Heartbeat-Nachrichten

Mit dem *Heartbeat-Protokoll* wurde eine aus der Not geborene Erweiterung von TLS zur Unterstützung des verbindungslosen UDP-Dienstes bei DTLS (siehe Abschnitt 6.2.9) als allgemeiner Bestandteil auch bei TLS (über TCP) eingeführt. Diese sowohl unnötige als auch fehlerbehaftete Ergänzung des TLS-Protokolls (bei OpenSSL 1.0.1) durch ein zusätzliches Nachrichtenprotokoll zwischen Client und Server hat im April 2014 zu einem massiven Datenleck geführt, das das Vertrauen in die TLS-Verschlüsselung stark erschüttert hat.

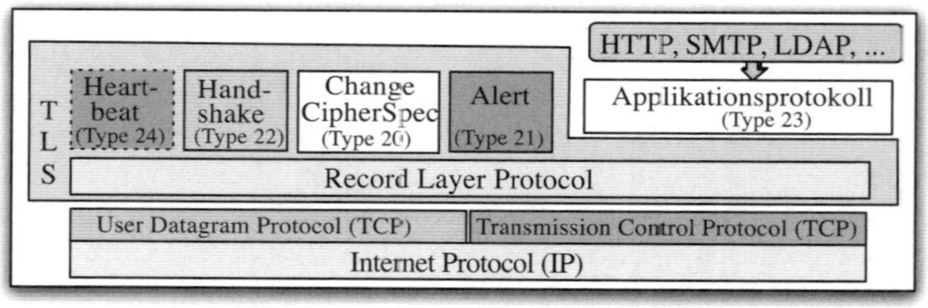


**Abb. 6.2-1:** TLS im Schichtenmodell und TLS-Hilfsprotokolle
HTTP: HyperText Transfer Protocol, LDAP: Lightweight Directory Access Protocol, SMTP: Simple Mail Transport Protocol

## 6.2.2 X.509-Zertifikate

X.509-Zertifikate bieten die Möglichkeit, kryptographische Informationen in einer Struktur zu hinterlegen. Der frühen Etablierung dieses Standards Ende der 80er Jahre ist die Tatsache zu verdanken, dass als Beschreibungssprache *ASN.1* verwendet wird. Jedes Element des X.509-Zertifikats besitzt eine genau definierte sog. `O.ID` (*Object-Identifier*) in einem hierarchischen Schema. Auch die *Attribute*, die einem Element zugewiesen werden können, sind nach der gleichen Methode gekennzeichnet.

1. Aufgabe:

Die vorrangige Aufgabe eines X.509-Zertifikats kann wie folgt charakterisiert werden:

> Ein X.509-Zertifikat bindet dessen Besitzer (*Subject*) – identifiziert durch seinen *Distinguished Name* (DN) – mit seinem *public key*.

Chain of Trust

Zudem kann das Zertifikat durch eine übergeordnete Instanz legitimiert werden, was sich durch eine digitale Signatur des Herausgebers (*Issuer*) realisieren lässt, der ebenfalls über einen DN bekannt gemacht wird. Im X.509-Vertrauensmodell kommen auf den Herausgeber eines Zertifikats, der *Certificate Authority* (CA), vielfältige Aufgaben zu, für die wir auf die Literatur [VMC02] verweisen müssen. Hierdurch lässt sich eine Vertrauenskette (*Chain of Trust*) aufbauen, die zusammen mit einem verbindlichen Regelwerk die *Public Key Infrastructure* (PKI) bildet.

2. Aufgabe:

Daher besteht die weitere zentrale Aufgabe eines X.509-Zertifikats in Folgendem:

> Die *Authentizität* des Besitzers (*Subject*) sowie die *Legitimität* des Zertifikats selbst wird durch die *digitale Signatur* des Herausgebers (*Issuer*) bestätigt.

private key ⇒ key file

Um Zertifikate *aktiv* zu nutzen, ist ein sog. *key file* notwendig, der den *private key* enthält. Der *private key* ist natürlich streng vertraulich zu halten und ist für die *Authentizität* des Besitzers des Zertifikats erforderlich. Zertifikate können aber auch zur Überprüfung der *Legitimität* des Besitzers in Form sog. *Stammzertifikate passiv* genutzt werden. Für Stammzertifikate bleibt der *key file* 'offline' bei der CA (*Certificate Authority*) und ist für die *Verifikation* eines Zertifikats nicht von Belang.

### Der X.509 Datencontainer

X.509-Zertifikate können als Datencontainer verstanden werden, deren Aufbau aktuell in RFC 5280 als Version 3 festgelegt ist. Die zentralen Informationen, die ein Zertifikat beheimatet, sind

- der *Name* (*Identität*) des Besitzers (*Subject*), dargestellt als *Distinguished Name* (DN),
- der *public key* des Besitzers,
- der Name des Herausgebers (*Issuers*), der dieses Zertifikat signiert hat (ebenfalls als DN),
- die *Signatur* des Herausgebers, die die *Legitimität* seiner Ausgabe sicherstellt.

Abb. 6.2-2 zeigt den beispielhaften Aufbau eines X.509-Zertifikats.

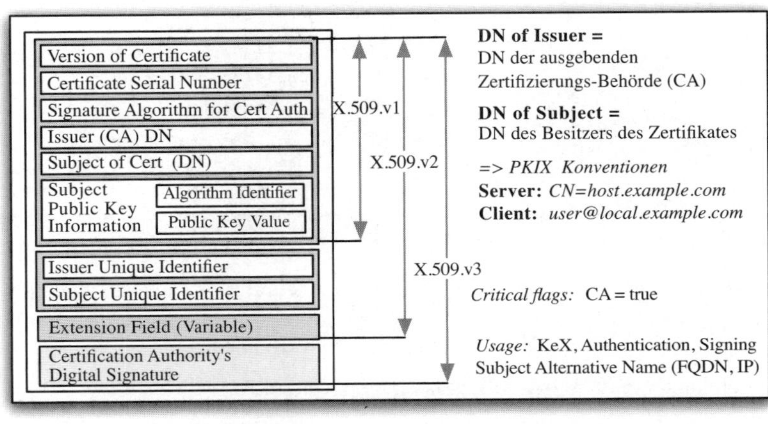


**Abb. 6.2-2:** Aufbau von X.509-Zertifikaten
Auth.: Authenticate, Cert: Certificate, DN: Distinguished Name, PKIX: Public Key Internet Exchange

Zur Validierung eines Zertifikats werden einige technischen Informationen hinzugefügt:

- Die *Serial Number* des Zertifikats, die bei Neuausstellung mit gleichem Besitzer/Herausgeber zu seiner Identifikation dient.
- Die *Gültigkeitsdauer*, ausgedrückt durch den Beginn und das Ende seines Einsatzes.
- Das Verfahren, mit dem der *public key* generiert wurde.
- Der Hashalgorithmus, mit dem die *Signatur* erzeugt wurde.

Zur Identifikation eines X.509-Zertifikats wird der Hashwert des *Subject-DN* benutzt. Um unterschiedliche Versionen des Zertifikats zu kennzeichnen, weil z.B. das letzte Zertifikat abgelaufen war, wird dieser Wert mit einer Nummer als Suffix ergänzt, die hochgezählt wird. Generell werden Zertifikate in 'Schlüsselbünden' organisiert:

Key Store

- Der *Key Store* enthält (unsere) Zertifikate, für die auch ein *private key* vorliegt.

Trust Store

- Der *Trust Store* beinhaltet die Stammzertifikate, denen wir vertrauen. Dies können entweder die Root-Zertifikate auf der obersten Ebene sein oder vertrauenswürdige Zwischenzertifizierungsstellen.

CRL

- Ergänzend können zurückgezogene Zertifikate in einer *Certificate Revocation List* (CRL) geführt werden. Hier werden nicht die einzelnen Zertifikate, sondern nur ihre Identifikation, die *Serial Number* und andere Verwaltungsinformationen bevorratet, nicht aber das eigentliche Zertifikat selbst.

### X.509-Einsatzgebiete

Usage

Im Zertifikat kann verankert werden, für welchen Verwendungszweck (*Usage*) es vom Herausgeber bestimmt ist:

- *Stammzertifikate* [Abb. 6.2-3a] dienen dazu, andere Zertifikate zu signieren. Hierfür wird im X.509-Zertifikat das Flag '`CA=true`' gesetzt, wobei CA für *Certificate Authority* steht.
- *Standardzertifikate* [Abb. 6.2-3a] werden zur Authentisierung für den Besitzer (Server, Client, Person) genutzt und – im Rahmen des TLS-Einsatzes beim RSA-Algorithmus – zur Verschlüsselung des *PreMasterSecret* vom Client zum Server.

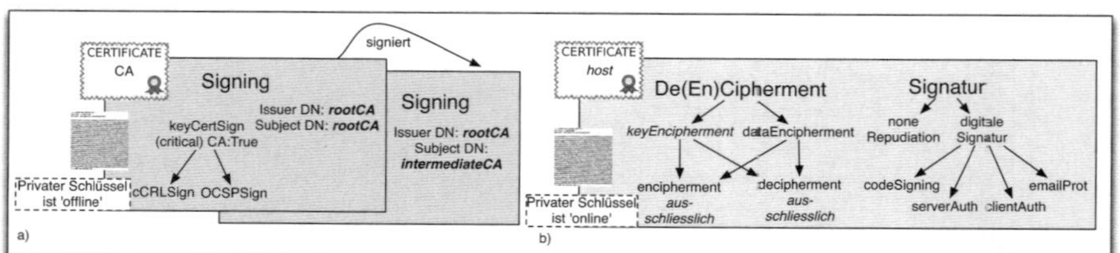


**Abb. 6.2-3:** Einsatzgebiete von X.509-Zertifikaten; a) Stammzertifikate, b) Standardzertifikate

EKU

Diese klassischen Einsatzmerkmale werden erweitert durch eine sog. *Extended Key Usage* (EKU), die es erlaubt, X.509-Zertifikate zur Signierung von Software einzusetzen, so wie es heute bei betriebssystemnahen SW-Produkten üblichen ist.

3. Aufgabe:

Schließlich kann ein X.509-Zertifikat noch eine weitere Aufgabe erfüllen:

> Der *Verwendungszweck* (*Usage*) des X.509v3 Zertifikats kann über die Erweiterungen *Key Usage* sowie *Extended Key Usage* mitgeteilt werden.

X.509-Zertifikate kommen in der Praxis in unterschiedlichen Darstellungsformaten vor. Mittels der `OpenSSL`-Funktionen können diese Zertifikate generiert und in einander überführt werden:

- Bei Anwendungen wie Webservern oder Mail-Servern wird in der Regel vom PEM-Format (`.pem`) Gebrauch gemacht, da die Dateien (Zertifikat und *key file*) in 'Klartext' eingelesen werden. PEM wurde ursprünglich in den RFC 1421, ..., 1424 als *Privacy Enhanced Mail* eingeführt. PEM
- Wird hingegen das Zertifikat bzw. der *key file* in einen 'Schlüsselbund' (binäres Zertifikats-Repository) überführt, ist häufig das DER-Format vorgesehen (Suffix: `.crt`). DER
- Persönliche Zertifikate werden im geschützten PKCS#12-Format übertragen und in den Schlüsselbund eingestellt. PKCS#12

**Öffentliche und private Zertifikate**

In der TLS-Praxis unterscheidet man zwischen privaten, sog. *self-signed-Zertifikaten*, oder 'öffentlich' überprüfbaren Zertifikaten, die entweder mittel- oder unmittelbar von Stammzertifikaten abgeleitet sind. Self-signed-Zertifikate können mit `OpenSSL`-Funktionen sehr einfach selbst erzeugt werden. Self-signed-Zertifikate

Im Internet sind einige Firmen als 'offizielle' Zertifizierungsstellen – die sog. CAs (*Certificate Authorities*) – akkreditiert. Diese Firmen (z.B. VeriSign) besitzen ein besonders geschütztes *Trust Center* (TC). Über eine CA können Einzel- bzw. Firmenzertifikate beantragt bzw. (kostenpflichtig) beglaubigt werden. Die Stammzertifikate dieser Firmen sind typischerweise in den TLS-fähigen Anwendungen wie z.B. dem Microsoft Internet Explorer, Opera oder Firefox Webbrowser, hinterlegt. Certificate Authority und Trust Center

Offizielle Zertifikate müssen über eine CA beglaubigt sein. Hierzu ist von interessierter Seite ein *Certificate Request* zu stellen bzw. ein selbst-generiertes Zertifikat muss zur Beglaubigung vorgelegt und signiert werden. Certificate Request

### 6.2.3 Ablauf des TLS-Verfahrens

Abb. 6.2-4a veranschaulicht den Aufbau einer mittels TLS geschützten TCP-Verbindung. Hierbei tauschen Client und Server zunächst bestimmte Nachrichten nach dem *Handshake-Protokoll* aus. Mehrere Nachrichten vom Client bzw. vom Server können auch als ein Nachrichtenblock in einem Frame vom Record Layer [Abb. 6.2-5b] und damit als ein TCP-Segment an die Gegenseite übermittelt werden.

Der Aufbau einer TLS-Verbindung geschieht typischerweise in folgenden Schritten: Aufbau einer TLS-Verbindung

1. Der Client sendet die Nachricht `ClientHello`, um eine TLS-Verbindung zum Server zu initiieren. Diese Nachricht enthält eine Reihe von `CipherSuite`-Feldern mit Sicherheitsverfahren [Abb. 6.2-6a] als Vorschlagsliste an den Server, die er um die Angaben von seinerseits unterstützten Datenkomprimierungsverfahren ergänzt.
2. Der Server antwortet mit der Nachricht `ServerHello`, in der er im Feld `CipherSuite` dem Client die von ihm ausgewählte `CipherSuite` mitteilt. Optional teilt er dem Client das von ihm bevorzugte Komprimierungsverfahren mit.
3. Der Server übermittelt mit der Nachricht `Certificate` sein eigenes X.509-Zertifikat bzw. zusätzlich die übergeordneten Stammzertifikate. Damit verfügt der Client über Server-Authentisierung

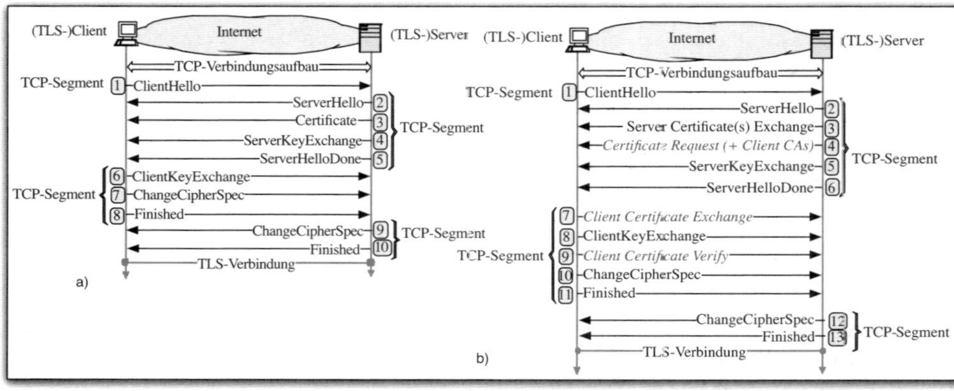


**Abb. 6.2-4:** Aufbau einer TLS-Verbindung: a) Standardverfahren nur mit Server-Zertifikat, b) Anforderung eines Client-Zertifikats

den öffentlichen Schlüssel des Servers und kann zusätzlich die Identität des Servers überprüfen.

4. Ggf. teilt der Server nun dem Client in der Nachricht mit `ServerKey Exchange` ergänzendes 'Schlüsselmaterial' mit, das dieser zur Generierung des *PreMasterSecrets* benötigt.
5. Mit der Nachricht `ServerHelloDone` unterrichtet der Server den Client, dass er mit dem Übertragen seiner Angaben zum einzusetzenden Sicherheitsverfahren, das er in der Nachricht `ServerKey Exchange` angegeben hatte, fertig ist, und erwartet nun die Antwort des Clients.
6. Mit der Nachricht `ClientKey Exchange` sendet der Client sein Schlüsselmaterial, um den gemeinsamen und geheimen Sitzungsschlüssel zu generieren. Dieses Schlüsselmaterial ist vom vereinbarten Sicherheitsverfahren abhängig und wird beim RSA-Verfahren mit dem öffentlichen Schlüssel des Servers verschlüsselt. Nur er ist in der Lage, diesen Teil des Schlüsselmaterials mittels seines privaten Schlüssels zu entschlüsseln.
   Danach generiert der Client für sich den geheimen Sitzungsschlüssel und schaltet seinen Status auf verschlüsselte Sitzung um. Nach dem Empfang der Nachricht `ClientKey Exchange` generiert der Server für sich ebenfalls den geheimen Sitzungsschlüssel und geht ebenfalls in den verschlüsselten Status über.
7. Mit der Nachricht `Change-Cipher-Spec` teilt der Client dem Server mit, dass er alle ausgehandelten Sicherheitsverfahren aktiviert hat. Gleichzeitig wechselt er seinen Status und ist auf die verschlüsselte Sitzung übergegangen.
8. Sofort nach der Nachricht `Change-Cipher-Spec` sendet der Client die Nachricht `Encrypted Handshake Finished`, die den Aufbau der TLS-Verbindung seitens des Clients abschließt.
9. Im Gegenzug teilt nun auch der Server dem Client mittels `Change-Cipher-Spec` mit, dass er ebenfalls alle ausgehandelten Sicherheitsverfahren aktiviert und seinen Status gewechselt hat, d.h. er ist ebenfalls in eine verschlüsselte Sitzung übergegangen.
10. Dies wird abgeschlossen durch die Nachricht `Encrypted Handshake Finished`, mit der der Aufbau der TLS-Verbindung seitens des Servers beendet wird.

Damit wurde eine Vereinbarung zwischen Client und Server hinsichtlich der Unterstützung der Sicherheit mittels einer virtuellen TLS-Verbindung getroffen. Jetzt können die eigentlichen Nutzdaten zwischen Client und Server geschützt übermittelt werden. Das TLS-Record-Protokoll nutzt hierfür die ausgehandelten geheimen Sitzungsschlüssel, fügt die notwendigen Integritätsinformationen hinzu [Abb. 6.2-5] und setzt optional das vereinbarte Komprimierungsverfahren ein.

Gesicherte Datenübertragung

Der Abbau einer TLS-Verbindung wird durch das Absenden einer Nachricht `ClosureAlert` initiiert. Dies kann sowohl seitens des Clients als auch seitens des Servers erfolgen. Die Gegenseite muss den Empfang von `ClosureAlert` mit `ClosureAlert` bestätigen.

Verbindungsabbau

Der hier geschilderte Aufbau einer TLS-Sitzung stellt die übliche Variante dar. Tatsächlich, können sich TLS-Client und -Server auch an frühere TLS-Sitzungen 'erinnern' und ein verkürztes Handshake-Verfahren benutzten. In diesem Fall brauch nicht alle Sitzungs-Parameter neu ausgehandelt werden. Zu diesen gehören:

Session Resumption

- Ein je 28 Byte großer Zufallswert (*Random*) auf beiden Seiten.
- Die *SessionID*, die vom Server vergeben und aus dem Zeitstempel des Clients und des Random-Werts gebildet wird.
- Die ausgehandelte *CipherSuite* am Ende der `Change-Cipher-Spec`-Abstimmung.
- Die sog. *Handshake Extensions*, die der TLS-Client erlaubt.
- Das Flag *Resumable*, das mitteilt, ob eine geschlossene TLS-Sitzung wieder neu aufgenommen werden kann.

### Client-Authentisierung

Gelegentlich wird verlangt, dass sich auch der Client authentisiert und ein Zertifikat vorweisen muss. Zu diesem Zweck kann der Server vom Client ein X.509-Zertifikat anfordern. Jedoch kann der Client – auch wenn er über ein gültiges Zertifikat und *key file* verfügt – niemals ohne Aufforderung dieses dem Server präsentieren. Zur Client-Authentisierung dienen beim `Handshake` folgende zusätzliche Nachrichten [Abb.6.2-4b]:

- `Server Certificate Request`:
  Enhält eine Liste mit den Distinguished Names (DN) der akzeptierten der *Client Certificate Authorities* (CCA), ergänzt um Angaben der gültigen Zertifikatsalgorithmen und den MAC Algorithmen (MD5, SHA).

CCA

- `Client Certificate Exchange`:
  Der Client sendet sein X.509-Zertifikat zum Server, was von einem CA aus der CCA-Liste des Servers signiert worden sein muss
- `Client Certificate Verify`:
  Der Client generiert bei TLS einen Digest (Hashwert) der vorhergegangenen Handshake-Nachrichten, die er mit seinem *private key* signiert. Je nach vereinbartem MAC wird der Hashwert entweder als MD5 oder SHA gebildet. Der Server kann nun aufgrund des im Client-Zertifikat befindlichen *public key* die Nachricht `Certificate Verify` entschlüsseln und somit die Authentizität des Clients verifizieren.

Somit verknüpft das TLS-Protokoll die Client-Authentisierung unmittelbar mit der Zertifikatsverifikation. Der Server muss über ein Stammzertifikat verfügen, gegenüber dem das X.509-Zertifikat des Clients überprüft wird.

## 6.2.4 Record Layer Protocol

TLS stellt im *Handshake Protocol* Mittel zur Verfügung, um die Realisierung der Sicherheit zwischen den Kommunikationspartnern abzustimmen. TLS bietet mit dem *Record Layer Protocol* aber auch einen Transportcontainer, in dem die Nachrichten der höheren Protokollschichten [Abb. 6.2-1] übermittelt werden können. Hierbei ist insbesondere das Protokoll HTTP zu erwähnen. Wie Abb. 6.2-5a zeigt, wird ein Record Layer Header (*RL-Header*) jeder zu übermittelnden Nachricht vorangestellt. Dort wird angegeben, nach welchem Protokoll (z.B. TLS-Handshake, HTTP, ...) eine Nachricht eingebettet wird.

Message Authentication Code

Mittels der vereinbarten Hashfunktion wird aus der zu übermittelnden Nachricht ein *Message Digest* berechnet. Dieser Hashwert dient als MAC (*Message Authentication Code*) dazu, die Integrität der Nutzdaten (kollisionsfrei) zu beschreiben und somit der Gegenseite die Möglichkeit zu verschaffen, über diese Prüfsequenz die Datenintegrität zu verifizieren.

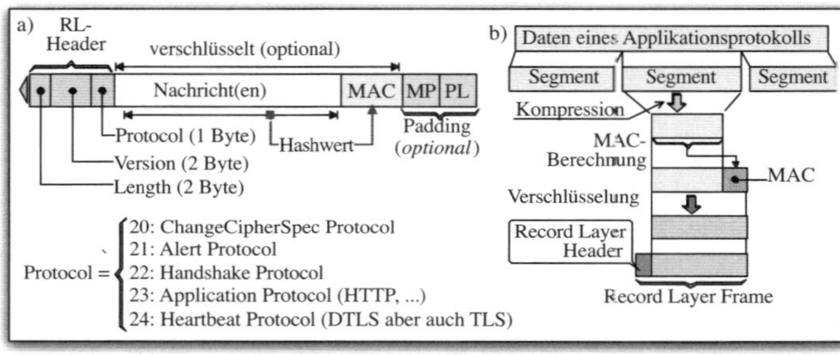


**Abb. 6.2-5:** Transport von Nachrichten in Record Layer Frames (a) und die Bildung eines Record Layer Frames (b)
MAC: Message Authentication Code, MP: Message Padding, PL: Padding Length, RL: Record Layer

Padding

Nach der MAC-Berechnung wird die zu übermittelnde Nachricht zusammen mit dem MAC-Teil verschlüsselt. Das Verschlüsselungsverfahren hierfür wurde zuvor von den Kommunikationspartnern in der Nachrichten `Key Exchange` vereinbart [Abb. 6.2-4]. Da einige Verschlüsselungsverfahren blockweise arbeiten, muss jede Nachricht zusammen mit dem MAC-Teil so lang sein, dass sich immer eine Anzahl von vollen Blöcken (z.B. je 64 Bit wie beim DES) ergibt. Somit muss man in der Regel an das MAC-Teil eine zusätzliche Füllung (sog. *Padding*) anhängen, um eine volle Blocklänge zu erreichen.

Nach der Verschlüsselung wird der RL-Header generiert und die gesamte RL-Frame-Länge im ersten Feld `Length` angezeigt [Abb. 6.2-5a].

Daten in Record Layer Frames

Für die Applikationsdaten stellt TLS die Transportfunktionen bereit, um diese in TLS-Nachrichten zu übertragen. Falls die zu übermittelnden Daten zu lang sind, werden sie zuerst in mehrere (Daten-)Segmente aufgeteilt, wie in Abb. 6.2-5b gezeigt. Sind die Daten kurz, entsteht nur ein Segment. Für jedes Segment wird ein Record Layer Frame erzeugt. Das zu übermittelnde Segment wird zunächst nach dem vereinbarten Verfahren komprimiert. Danach wird der Hashwert, der den MAC-Teil bildet, berechnet. Das komprimierte Segment mit dem MAC-Teil wird verschlüsselt, und für die Übermittlung wird ihm schließlich noch ein Record Layer Header vorangestellt.

## 6.2.5 Cipher Suites

Die beiden kommunizierenden Partner, d.h. TLS-Client und TLS-Server, vereinbaren zu Beginn der TLS-Verbindung zunächst die Prinzipien, nach denen sie die Kommunikation sichern können. Diese Protokollinformationen werden als `CipherSuite` ausgetauscht. Abb. 6.2-6 zeigt den Aufbau der `CipherSuite` bei TLS.

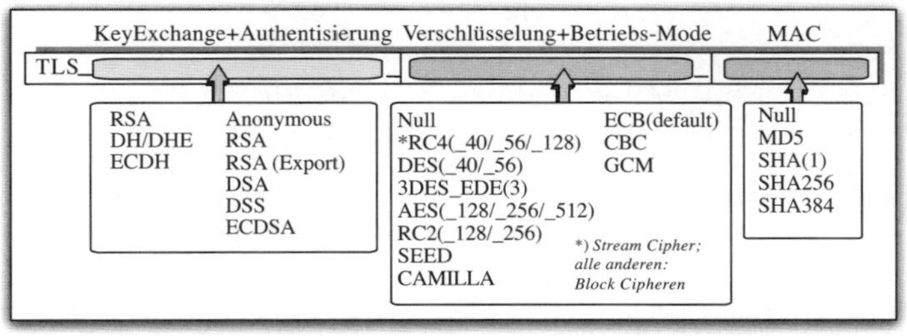


**Abb. 6.2-6:** Aufbau der CipherSuite bei TLS und genutzte kryptographische Verfahren

In der `CipherSuite` sind enthalten:

- ein asymmetrisches Schlüsselaustauschverfahren (*Key Exchange*), das in der Regel Varianten des `RSA`- bzw. `DH`-Verfahrens (DH: *Diffie-Hellman*) mit unterschiedlichen Schlüssellängen beinhaltet, zusammen mit einem

KeX

- ein Authentisierungsverfahren für den Schlüsseltausch, das bei DH auch entfallen kann (*Anonymous DH*),

ADH

- das gewählte symmetrische Verschlüsselungsverfahren (*Encryption*) mit einem gemeinsamen Schlüssel, das entweder blockweise (wie `DES`, `3DES`, `IDEA` bzw. `RC2` sowie `AES`) oder bitweise als Stromverschlüsselungsverfahren (wie `RC4_128` und `RC4_40`) arbeitet; unter Einsatz

Block- oder Stromverschlüsselung

- eines Betriebsmodes, der in der Regel `ECB` ist, aber auch `CBC` bzw. gelegentlich `GCM` (*Galois Counter Mode*) sein kann, und abschließend

Betriebsmode

- die Message-Digest-Methode, die aktuell als `SHA-2` vorliegt, aber auch als `SHA-1` bzw. `MD5` gewählt werden kann.

Eine besondere Rolle spielt die 'Null'-Variante: Bereits beim Aufbau der TLS-Verbindung werden die Daten in Record Layer Frames verpackt. Da hier noch kein explizites Verfahren abgestimmt wurde, findet eine 'Null'-Verschlüsselung und -Sicherung Einsatz.

Null-Verschlüsselung

Bei der Darstellung der `CipherSuite` ist zu berücksichtigen, dass von einer kompakten Form Gebrauch gemacht wird, bei der nicht immer alle Teile explizit aufgeschlüsselt sind. Jeder `CipherSuite` wird ein Wert zugeordnet, der im `CipherSuite`-Feld (2 Byte) von TLS-Nachrichten `ClientHello` und `ServerHello` angegeben wird. Beispielsweise kann der TLS-Client dem TLS-Server bis zu fünf `CipherSuites` in einer Nachricht `ClientHello` vorschlagen, wobei jede `CipherSuite` die in Abb. 6.2-5 dargestellte Struktur aufweist [`http://www.iana.org/assignments/tls-parameters/tls-parameters.xhtml`].

## 6.2.6 Erzeugung der TLS-Schlüssel

Beim Handshake zwischen TLS-Client und -Server findet auf beiden Seiten ein gleichartiges Verfahren zum Erzeugen der finalen Schlüssel statt. Hier müssen wir zwischen zwei zentralen Phasen unterscheiden:

- *Nicht-deterministische Phase*: Hier werden Zufallswerte gebildet, die als Ausgangsmaterial für das *PreMasterSecret* genutzt werden. Damit die Zufälligkeit gewährleistet werden kann, sind geeignete *Entropiequellen* einzubinden.
- *Deterministische Phase*: Ausgehend vom *PreMasterSecret* wird das *MasterSecret* erzeugt, von dem die Übertragungsschlüssel abgeleitet werden.

Im Detail bedeutet dies:

1. *PreMasterSecret*:
   - Beim RSA-Verfahren generiert der Client einen *Initial Seed* mit 48 Byte, bei der die ersten beiden Byte die TLS-Version enthält und die weiteren 46 Byte als Zufallswert gewählt und mit dem *public key* des Servers verschlüsselt zu diesem verschickt werden.
   - Beim DHE-Schlüsseltausch wird der generierte, gemeinsame DH-Schlüssel genutzt, wobei ggf. führende '0' entfernt werden.
2. *MasterSecret*:
   Das *PreMasterSecret*, das Server- und das Client-Random werden zusammengeführt und hieraus gemäß Abb. 6.2-7a das *MasterSecret* gebildet, das immer eine Länge 3*16 Byte, also 384 Bit aufweist.
3. *Schlüsselmaterial*:
   Das *MasterSecret* ist der Ausgangswert für das *Schlüsselmaterial*, das – je nach *CipherSuite* – eine unterschiedliche Länge aufweist. Hierzu wird eine *Pseudo Random Funktion* (PRF) genutzt, die ähnlich wie das Schema in Abb. 6.2-7a vorgeht. Da die Schlüsselzahl und die Länge der Schlüssel je nach Verfahren variieren kann, wird die PRF-Funktion so häufig aufgerufen, bis genügend 'Schlüsselmaterial' gebildet wurde.

   PRF
4. *TLS-Schlüssel*:
   Aus dem gemeinsam erzeugten Schlüsselmaterial werden nun die eigentlichen TLS-Schlüssel entsprechend Abb. 6.2-7b entnommen.

## 6.2.7 Validierung und Verifikation von Zertifikaten

Im Grunde genommen kann TLS unter Nutzung des DH-Verfahrens auf X.509-Zertifikate verzichten. Damit bleiben beide Kommunikationspartner *anonym*, und es besteht die Gefahr von *Man-in-the-Middle*-Angriffen. Daher liegt der Nutzen von X.509-Zertifikaten beim DH-Verfahren in der Authentisierung des TLS-Servers, der sowohl ein Zertifikat als auch notwendigerweise einen dazu passenden privaten Schlüssel in einer Schlüsseldatei (*key file*) parat haben muss.

Damit ein X.509-Zertifikat akzeptiert werden kann, muss es einige Kriterien erfüllen:

1. Das Zertifikat muss *valide* sein: Der Aufbau muss dem X.509-Modell entsprechen; Gültigkeitsdauer und *Usage-Attribute* müssen stimmig sein.

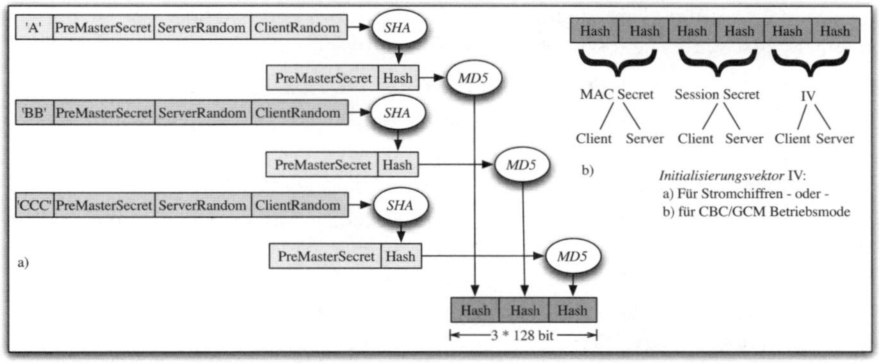


**Abb. 6.2-7:** Das TLS-Schlüsselmaterial; a) Generierung des *MasterSecret* aus Hashwerten in drei Iterationen, b) Nutzung der PRF-Hashwerte als Grundlage der TLS-Schlüssel

2. Das Zertifikat ist *legitimiert*: Der Herausgeber des Zertifikats ist bekannt, und die Signaturprüfung war erfolgreich. Das Zertifikat ist vertrauenswürdig (*trusted*).
3. Das Zertifikat ist *authentisch*: Der Besitzer des Zertifikats verfügt ebenfalls über einen passenden *private key*.
4. Die im Zertifikat hinterlegte Information über den Benutzer, also sein DN oder der *Subject Alternative Name* (SAN) kann extern – z.B. per DNS-Lookup – *verifiziert* werden.

Die ersten drei Punkte finden in der Regel automatisch statt. Ist der Herausgeber des Zertifikats nicht bekannt, wird über das TLS `Alert`-Protokoll eine Fehlernachricht generiert, die beispielsweise bei interaktiver Nutzung an den Browser weiter gereicht wird. Ein Zertifikat ist in der Regel an den Hostnamen des Rechners (also dessen FQDN) gebunden.

Verifikation

Die *Verifikation* eines Zertifikats auf Grundlage von DNS-Informationen wird in der Regel nur bedarfsweise eingesetzt und ist darüber hinaus interpretationswürdig: Welche *Identität* ist im Zertifikat hinterlegt? Zulässig ist für einen TLS-Server ein Domainname oder eine IPv4/IPv6-Adresse; überprüft wird aber häufig die URL.

Validierung

Damit der TLS-Client die *Validität* des *self-signed*-Zertifikats nachvollziehen kann, muss der hier hinterlegte *Canonical Name* bzw. der *Subject Alternative Name* (SAN) lediglich dem FQDN des TLS-Servers entsprechen und die zeitliche Gültigkeit des Zertifikats gewährleistet sein.

Client-Zertifikate sind nicht erforderlich

Obwohl auch der Client ein Zertifikat aufweisen kann, ist deren Verfügbarkeit beim Aufbau einer TLS-Verbindung nicht obligatorisch. Zudem verlangt das 'Ausrollen' von Client-Zertifikaten eine eigene CA.

### Online Überprüfung von Zertifikaten – OCSP

Beim Aufbau beispielsweise einer TLS-Verbindung teilt der Server dem Client sein eigenes Zertifikat – und ggf. als sog. *Certificate Chain* – die Zwischenzertifikate mit. Das eigentliche Stammzertifikat muss jedoch im *Trust Store* des Clients vorhanden sein oder wird – sofern akzeptiert – hinzugefügt. Generell besteht hier das Problem: Ist das Zertifikat des Servers überhaupt noch gültig und nicht zurück gerufen? Ein Überprüfung der (lokalen) CRL genügt nicht, da diese Informationen zum Zeitpunkt der Verbindungsaufnahme bereits veraltet sein können; eine CRL zeigt immer nur den 'vergangenen' Stand.

OCSP

Eine Lösung zu diesem Problem liefert das *Online Certificate Status Protocol* (OCSP) [RFC 2560], das folgende Besonderheiten aufweist:

PKIX

- Im Zertifikat muss die 'private' *PKI Extension* PKIX Erweiterung *Authority Information Access* vorhanden sein.
- Dieses Attribut beinhaltet eine URL, gegenüber der die Abfrage vorgenommen werden kann. Typischerweise ist dies ein LDAP-Verzeichnis (vgl. Abschnitt 14.3).
- Zur Überprüfung des Zertifikatsstatus wird eine Abfrage vorgenommen, die den DN des Zertifikatsbesitzers beinhaltet. Anfrage über LDAP:

```
ldap://ldap.example.com/cn=exampleCA,dc=example,dc=com?cACertificate;binary
```

- Anfrage über das OCSP, das auf dem (unverschlüsselten) HTTP basiert und in Form einer HTML-Nachricht übertragen wird.
- Die Antwort des Herausgebers kann lauten: '`good`', '`revoked`' oder '`unknown`' und ist mittels dessen *private key* signiert.

### 6.2.8 TLS-Ports und STARTTLS

Nutzt ein Applikationsprotokoll (z.B. HTTP) die TLS-Dienste, wird darauf mit dem Buchstaben 'S' am Ende des Protokollnamens verwiesen (z.B. HTTPS). TLS ist für die Applikationen 'transparent'. Trotzdem wird TLS bis dato jedoch nur für eine kleine Anzahl von Anwendungen eingesetzt. Der Grund hierfür besteht darin, dass die per TLS abgesicherte Verbindung einen ergänzenden Server-Port (Portnummer in Klammern) nutzt.

**Bemerkung**: Obwohl z.B. von der IANA auch für die Protokolle TELNET (23) ⇒ TELNETS (992) sowie für FTP (20/21) ⇒ FTPS (989/990) Ports für TLS-Varianten definiert sind, werden in der Praxis im wesentlichen HTTP (80) ⇒ HTTPS (443), LDAP (389) ⇒ LDAPS (636) sowie die E-Mail-Protokolle SMTP (25) ⇒ SMTPS (465), IMAP4 (143) ⇒ IMAP4-TLS (585) und POP3 (110) ⇒ POP3S (995) über TLS genutzt.

STARTTLS/-STLS

Da das Aufsetzen eines zusätzlichen Serverdienstes für die TLS-gesicherte Datenübermittlung im Hinblick auf die Anforderungen an Firewall und NAT häufig nicht gewünscht ist, steht für die wichtigen Protokolle SMTP, POP3/IMAP4 sowie für LDAP mittels *STARTTLS* bzw. *STLS* ein Verfahren bereit, durch das der Server anzeigt, dass er auch auf dem Standard-Port TLS-Dienste anbietet, die der Client bei Bedarf nutzen kann.

Abb. 6.2-8 zeigt das bei E-Mail häufig eingesetzte Verfahren STARTTLS im direkten Vergleich zur Verbindungsaufnahme über den SMTPS-Port 465. Im ersten Fall – in Abb. 6.2-8a – erfolgt die Aufnahme der TLS-Verbindung, bevor die SMTP-Sitzung gestartet wird. Abb.6.2-8b illustriert, dass die TLS-Verbindung in der (E)SMTP-Sitzung mittels des Kommandos `STARTTLS` vom Client initiiert werden kann, sofern der SMTP-Server diese Option anbietet. In beiden Fällen muss sichergestellt werden, dass nach Erreichen einer qualifizierten TLS-Verbindung keinesfalls ein zweites Mal `STARTTLS` gestartet wird. Im Hinblick auf das TLS-Protokoll sind beide Varianten identisch, d.h. sie unterscheiden sich weder im Ablauf noch im Ergebnis.

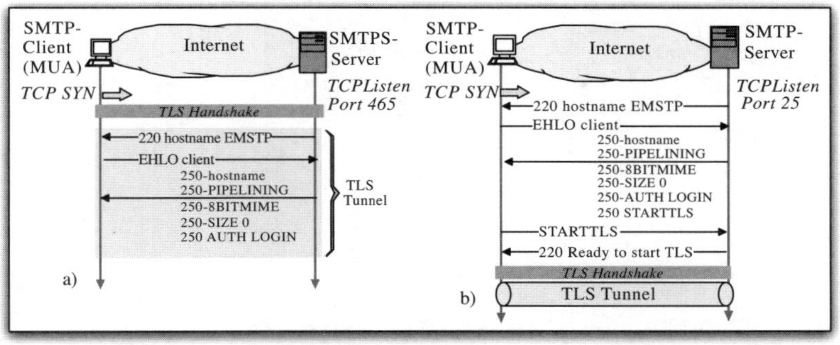


**Abb. 6.2-8:** Nutzung von TLS bei der E-Mail-Übertragung: a) SMTPS über den SMTP-Port 465, b) SMTP über TLS mittels STARTTLS und Standard-Port 25

## 6.2.9 Datagram TLS

Das Konzept von TLS setzt eine zuverlässige Transportverbindung auf Schicht 4 voraus, die bei TCP vorliegt. Mit *Datagram TLS* (DTLS Version 1.2) wird das TLS-Verfahren aber so modifiziert, dass es auch den unzuverlässigen Datagramm-Dienst von UDP nutzen kann [RFC 6347]. Somit können die Sicherungsdienste, die DTLS liefert, auch von verbindungslosen Anwendungen wie SIP genutzt werden, die auf UDP aufbauen.

DTLS-Protokoll-anpassungen

DTLS nimmt folgende Modifikationen am TLS-Verfahren vor[2]:

- Ergänzende `HelloVerifyRequest`-Nachricht beim Handshake zwischen den DTLS-Instanzen.
- Einsatz eines *Timeout-Mechanismus* zum Erkennen verloren gegangener UDP-Pakete und zum Neuversand.
- Aufgrund der prinzipiellen Unzuverlässigkeit von UDP wird auf den Einsatz von *Strom-Chiffren* verzichtet, d.h. diese können nicht ausgehandelt werden.
- Um die Nachteile des unzuverlässigen Datenaustauschs zu kompensieren, werden die DTLS-Nachrichten mit einer *Sequenznummer* (`Message_Seq`) versehen, die während einer *Epoche* – festgelegt durch die `Change-Cipher-Spec`-Nachricht – monoton hochzuzählen ist.

Modifikation des Handshake-Protokolls

Das Handshake-Verfahren sieht bei DTLS nun folgendermaßen aus [Abb. 6.2-9a]:

1. Der Client beginnt den Verbindungsaufbau wie üblich mit einem `ClientHello`, startet aber zusätzlich einen internen Timer, um nach dessen Ablauf die Nachricht eventuell erneut zu versenden. Diese Nachricht enthält ein 'Null'-Cookie.
2. Der Server antwortet nun (zusätzlich) mit einem `HelloVerifyRequest`. Der Inhalt dieser Nachricht ist ein statisches Cookie, das die DTLS-Kommunikation gegen *Denial of Service*-Attacken schützen soll und wie folgt gebildet wird:

   ```
   Cookie = HMAC(Nonce,Client-IP,Client-Parameter)
   ```

3. Nach Empfang der Nachricht `HelloVerifyRequest` beim Client sendet dieser erneut ein `ClientHello`, das das empfangene Cookie enthält.

[2] RFC 6520 wurde als Draft im Juni 2010 eingereicht und bereits im Februar 2012 ohne umfangreiche Diskussion in der Kategorie *Standards Track* veröffentlicht (`https://datatracker.ietf.org/feed/document-changes/rfc6520/`).

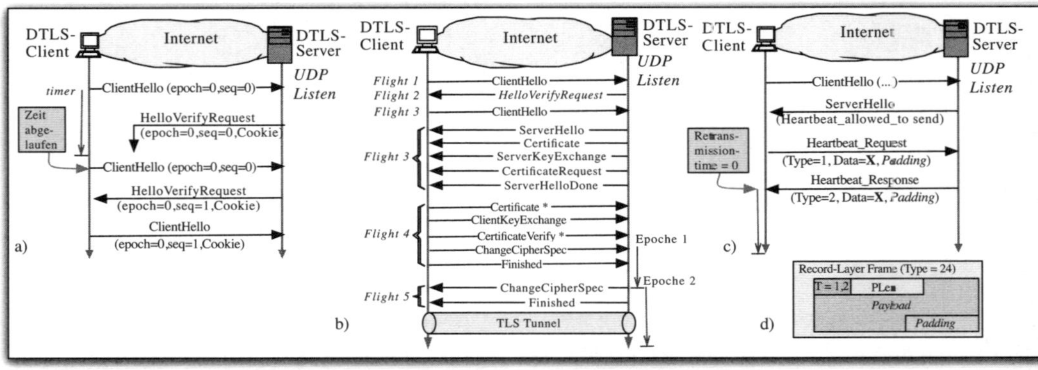


**Abb. 6.2-9:** Ablauf des DTLS-Verfahren: a) Erweiterung des Handshakes durch die `HelloVerifyRequest`-Nachricht unter Mitteilung der *Epoche*, der *Message Sequence* `seq` und des *Cookies*, b) unter Bildung von DTLS 'Flight' Records, c) Illustration des Heartbeat-Verfahrens und d) Aufbau von Heartbeat-Nachrichten PLen: Payload Length

Um Duplikate zu vermeiden bzw. zu erkennen, bekommt zusätzlich jede Nachricht eine *Message SequenceMessage!Sequence* zugewiesen, die auf beiden Seiten fortlaufend erhöht wird. Der weitere Ablauf zur Verhandlung der Cipher-Suite und zum Austausch des Schlüsselmaterials folgt den üblichen TLS-Konventionen.

Heartbeat-Extension

Bei der verbindungslosen Kommunikation (über UDP) kann weder die korrekte Reihenfolge der Pakete garantiert noch festgestellt werden, ob der Kommunikationspartner überhaupt empfangs- und sendebereit ist, und folglich, ob der ausgehandelte Sicherheitskontext überhaupt noch besteht. Um dieses zu testen, wurde das *Heartbeat-Protokoll* in RFC 6520 eingeführt, das nicht nur für DTLS, sondern auch für das übliche TLS-Verfahren eingesetzt werden kann.

- Zunächst kann der Client bzw. der Server signalisieren, dass er die *Heartbeat-Extension* unterstützt [Abb. 6.2-9c]. Hierzu werden beim *Handshake* die *Hello-Nachrichten*
  - `Heartbeat-Mode`: *Peer allowed to send* oder
  - `Heartbeat-Mode`: *Peer not allowed to send*

  ausgetauscht.

Heartbeat-Request/Response

- Hat der Partner die Unterstützung des Heartbeats mitgeteilt, können Heartbeat-Nachrichten nach dem *Handshake* periodisch zwischen beiden Parteien (und zwar in beide Richtungen, sofern erlaubt) ausgetauscht werden:
  - Ein Partner generiert eine `Heartbeat_Request`-Nachricht mit maximaler Länge von 16 kByte und 'beliebigem' Inhalt, der aber nicht zufällig sein muss [Abb. 6.2-9d]. Der Nachrichteninhalt stellt im Grunde genommen ein *Nonce* mit variabler Länge dar und beinhaltet neben dem Nachrichten-*Type* und dem *Payload* die *Länge* des Payload und ein ergänzendes, zufälliges *Padding* von mindestens 16 Byte.
  - Der Peer beantwortet die Nachricht, indem er dessen Payload (mit der angegebenen Länge) um ein eigenes *Padding* ergänzt und als Nachricht `Heartbeat_Response` zurück schickt. Somit bestätigt er sowohl den Empfang der Originalnachricht, und

andererseits werden durch das unterschiedliche Padding *Known-Plaintext-Attacken* erschwert.

- Empfängt der Sender nach einer Timeout-Zeit keine Response-Nachricht, kann er die Verbindung terminieren; bei korrektem Empfang der Response-Nachricht wird der *Retransmission-Timer* wieder auf Null gesetzt.

Liveness Check

Das Heartbeat-Verfahren führt bei der Übertragung über ein NAT-Gateway dazu, dass dieses das UDP-Port-Mapping auch dann aufrecht erhält, falls keine Nutzdaten (vom *Type* 23) fließen. Ein weiteres Einsatzgebiet besteht darin, aufgrund der variablen Größen des Heartbeat-Payloads (von maximal 16 kByte), bei DTLS quasi eine `MTU-Path-Discovery` zu emulieren. Der Einsatz von Heartbeats ist bei TCP (also für TLS) im Grunde überflüssig, und daher ist vorgesehen, dass Request/Response-Nachrichten nur einmalig eingesetzt wird, obwohl der RFC 6520 hierbei widersprüchlich ist und Heartbeat-Nachrichten für einen *Liveliness Check* auch in diesem Fall beschreibt.

Flight Nachrichten

Bei TLS ist es üblich , in einem TCP-Segment mehrere TLS-Nachrichten unterzubringen. UDP (für IPv4) bietet aber nur einen garantierten Platz von 512 Byte Nutzdaten. DTLS unterstützt UDP hierbei mit folgenden Möglichkeiten:

- Sind die DTLS-Nachrichten klein genug, um sie in einem UDP-Paket unterzubringen, spricht man von einem *Flight* [Abb. 6.2-9b], d.h. einer Gruppe von Nachrichten in einem gemeinsamen *DTLS-Record*.
- Während des DTLS-Handshakes können lange Nachrichten über mehrere UDP-Pakete verteilt werden. Hierzu wird ergänzend die Fragmentlänge und ein möglicher Fragment-Offset im DTLS-Frame (dem Record) mitgeteilt. Da die einzelnen Fragmente die (für die gleiche Epoche) gleiche `Message_Seq` besitzen, können diese nun zur ursprünglichen Nachricht zusammengefasst werden.

## 6.3 Protokolle für die Echtzeitkommunikation

Bedeutung von RTP

Die Übermittlung von Audio, auch der Sprache als eine Audioart, und Video über ein IP-Netz verläuft in der Regel zwischen den beteiligten Teilnehmern in Echtzeit. Folglich ist der Einsatz der zuverlässigen Transportprotokolle wie z.B. TCP (*Transmission Control Protocol*) und SCTP (*Stream Control Transmission Protocol*), die speziell für die Datenkommunikation konzipiert wurden, und bei denen man die Quittungen verwendet, um eventuell eine wiederholte Übermittlung von mit Fehlern empfangenen Daten zu veranlassen, nicht mehr möglich. Speziell für die Übermittlung von Audio und Video und zur Unterstützung der audiovisuellen Kommunikation über IP-Netze wurde RTP (*Real-time Transport Protocol*) entwickelt.

RTP wurde ursprünglich im Januar 1996 im RFC 1889 spezifiziert; im Juli 2003 wurde RFC 1889 durch RFC 3550 abgelöst. Es ist hervorzuheben, dass in der Regel das verbindungslose, unzuverlässige Protokoll UDP für den Transport der RTP-Pakete mit Echtzeitmedien verwendet wird [Abb. 6.3-1].

Notwendigkeit von RTCP

Da die Empfangsseite bei RTP keine Quittungen für die empfangenen Echtzeitmedien der Sendeseite senden kann, wird RTCP (*RT Control Protocol*) eingesetzt, um die Kontroll- und Statusinformationen zwischen den kommunizierenden Endeinrichtungen zu übermitteln. Die Übermittlung von audiovisuellen Echtzeitmedien über ein IP-Netz ist nur dann sinnvoll, wenn die Medien in ausreichender Qualität am Ziel empfangen werden.

Es müssen somit bestimmte Netzparameter, die *QoS-Parameter* (*Quality of Service*), die eine Aussage über die Qualität der audiovisuellen Kommunikation liefern, abgeschätzt werden, was mittels des RTCP-Hilfsprotokolls möglich.

Signalisierungsprotokoll SIP und SDP

Bei der Echtzeitkommunikation handelt es sich, allgemein betrachtet, um eine audiovisuelle Kommunikation – d.h. um eine Art Videotelefonie. Daher ist ein Protokoll nötig, um virtuelle Verbindungen bei der Videotelefonie, die sog. Sessions, nicht nur auf- und abbauen zu können, sondern, um ankommende 'Anrufe' den Benutzern auch akustisch/optisch zu signalisieren; man benötigt also hierfür ein *Signalisierungsprotokoll*[3]. SIP ist ein derartiges Protokoll. Um die zu übermittelnden Medien der Gegenseite zu spezifizieren und sich gegenseitig in die Lage zu versetzen, die Art der Codierung von zu übermittelnden Medien Audio und Video zwischen Videotelefonen auszuhandeln, verwendet man bei SIP das Protokoll SDP (*Session Description Protocol*).

## 6.3.1 RTP/RTCP und Transportprotokolle in IP-Netzen

RTP/RTCP als Anwendungsprotokolle

Abb. 6.3-1 veranschaulicht die Einordnung der Protokolle für die audiovisuelle Kommunikation im Schichtenmodell. Wie hier ersichtlich, stellt RTP zwar ein Protokoll für den Transport von Echtzeitmedien dar, dennoch wird es als Anwendung oberhalb der Transportschicht angesiedelt. Wie bereits erwähnt, wird RTCP – parallel zum RTP – für die Überwachung von QoS-Parametern sowie für die Übermittlung von speziellen Angaben zwischen Sender und Empfänger verwendet. RTCP kann somit als integraler Bestandteil von RTP angesehen werden.

SIP nutzt überwiegend UDP

Um eine audiovisuelle Session zwischen Rechnern nicht nur auf- und abzubauen, sondern diese aufrecht zu erhalten, wird das Protokoll SIP verwendet – und dieses stellt hierfür spezielle Nachrichten, die sog. *SIP-Nachrichten*, zur Verfügung.

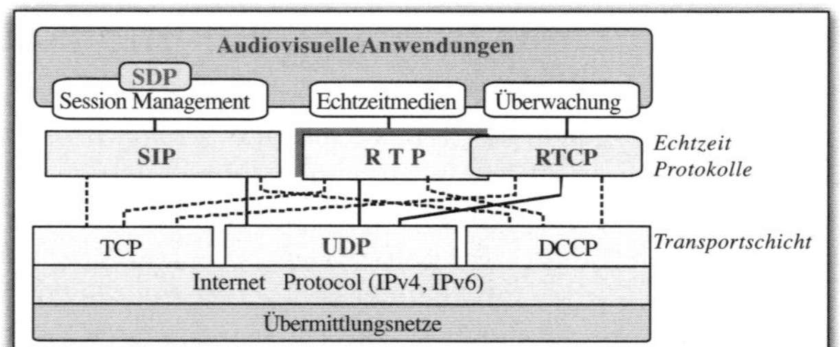


**Abb. 6.3-1:** Protokolle für die audiovisuelle Kommunikation im Schichtenmodell
DCCP: Datagram Congestion Control Protocol, RTP: Real-time Transport Protocol, RTCP: RT Control Protocol, SDP: Session Description Protocol

Für die Übermittlung von SIP-Nachrichten ist ein Transportprotokoll nötig. Da keine großen Datenmengen beim SIP-Verlauf übermittelt werden, sondern relativ kleine Nachrichten, wäre es daher nicht besonders sinnvoll, für die Übermittlung von SIP-Nachrichten das verbindungsorientierte Protokoll TCP einzusetzen, um zuerst eine TCP-Verbindung

[3] Die Echtzeitkommunikation hat ihre Wurzel in der Telefonie, wo die Telefonverbindungen zwischen zwei Telefonen nach einem Protokoll aufgebaut werden müssen. Da hier die ankommenden Anrufe dem angerufenen Teilnehmer akustisch bzw. auch optisch signalisiert werden, spricht man von *Signalisierungsprotokoll*.

für die Übermittlung von einigen, beim Einrichten einer Session benötigten Nachrichten aufbauen zu müssen. Daher wird in der Regel bei SIP das verbindungslose, unzuverlässige Transportprotokoll UDP verwendet; es kann aber auch TCP zum Einsatz kommen.

SIP garantiert Zuverlässigkeit des Transports

Weil SIP in der Regel das unzuverlässige UDP nutzt, verfügt SIP über eigene und einfache Mechanismen zur Fehlerkontrolle (vgl. Abb.6.4-5). Somit ist SIP selbst in der Lage, seine Nachrichten über ein IP-Netz zuverlässig zu übermitteln und notfalls erkennen zu können, wann und welche Nachricht wiederholt gesendet werden muss. Im Gegensatz zum TCP-Einsatz verläuft der Aufbau einer Session mit SIP bei der Nutzung des Protokolls UDP effizienter und viel schneller. Für den Transport von SIP-Nachrichten über IP-Netze können alternativ auch andere Transportprotokolle (darunter DCCP, TCP und sogar auch SCTP) verwendet werden.

Einsatz von SDP

SIP ermöglicht es, dass eine gewünschte Session für die Übermittlung von audiovisuellen Echtzeitmedien – somit quasi ein Anruf – dem angerufenen Teilnehmer zunächst signalisiert und im Erfolgsfall zwischen den Endeinrichtungen der beiden Teilnehmer aufgebaut wird. Da man ein digitalisiertes Echtzeitmedium nach dem Protokoll RTP in IP-Paketen transportiert, wird diese Session auch als *RTP-Kanal* (bzw. *Media-Kanal*) bezeichnet. Jedes digitalisierte Media kann unterschiedlich codiert werden. Somit muss man sicher stellen, dass die beiden kommunizierenden Endeinrichtungen die gleiche Codierungsart, d.h. die gleichen 'Mediaformate', unterstützen können. Um die zu übermittelnden Medien mitzuteilen und die Art ihrer Codierung zwischen den Endeinrichtungen auszuhandeln, wird das Protokoll SDP (*Session Description Protocol*) verwendet und kann daher als Anwendung oberhalb von SIP angesehen werden.

RTP über UDP

Mit RTP werden sog. *RTP-Pakete* gebildet [Abb. 6.3-5], in denen verschiedene Echtzeitmedien als *Payload* enthalten sein können. Die RTP-Pakete werden dann während einer Session unter Nutzung eines Transportprotokolls über IP-Netze transportiert.

RTP über DCCP

Da bei der üblichen Nutzung von UDP keine Überlastkontrolle beim Transport von Echtzeitmedien über IP-Netze möglich ist, wurde das ergänzende verbindungslose Transportprotokoll DCCP (*Datagram Congestion Control Protocol*) entwickelt und in RFC 4340 spezifiziert[4]. RFC 5762 beschreibt den Einsatz von RTP und von RTCP über DCCP.

RTP über TCP

Falls notwendig, können die Echtzeitmedien über eine zuverlässige virtuelle Verbindung über das IP-Netz transportiert werden. Hierfür lässt sich RTP und RTCP über das zuverlässige und verbindungsorientierte Transportprotokoll TCP einsetzen[5] Da TCP eine Ende-zu-Ende-Fehlerkontrolle zur Verfügung stellt, ist die Funktion von RTCP nicht mehr nötig, sodass bei RTP über TCP das Protokoll RTCP 'ausgeschaltet' werden kann. Demzufolge werden dann keine RTCP-Pakete mehr übermittelt. RFC 4571 beschreibt, wie RTP und RTCP über TCP verwenden werden kann (siehe auch RFC 4145 und 4572).

RTP-Port bei UDP, DCCP und TCP

Der offizielle, als *Well-known Port* dienende RTP-Port für die Transportprotokolle UDP, DCCP und TCP hat immer die gleiche Nummer 5004. Diese Portnummer ist aber nicht relevant. In der Praxis wird dem Protokoll RTP (und somit auch dem RTCP) die Nummer des RTP-Ports in den kommunizierenden Rechnern dynamisch zugeordnet. Die beiden Rechner teilen sich ihre Portnummern beim Aufbau einer Session in ihrer Beschreibung nach dem Protokoll SDP mit [Abb. 6.3-6]. Sollte RTP nicht UDP nutzen, sondern TCP

[4] DCCP kann für den Transport von RTP-Paketen mit Echtzeitmedien und von RTCP-Paketen mit Kontrollinformationen verwendet werden.

[5] Mit *RTP over TCP* kann u.a. der Fax-Dienst über das Internet realisiert werden.

oder DCCP, muss darauf in der Beschreibung der initiierten Session explizit hingewiesen werden.

## 6.3.2 Real-time Transport Protocol (RTP)

Das *Real-time Transport Protocol* (RTP) ermöglicht die Übertragung von Echtzeitdaten über das IP-Netz. Haben sich zwei Endeinrichtungen hinsichtlich der Regeln, nach denen das Echtzeitmedium mit RTP-Hilfe übermittelt werden soll, verständigt, so kann dies interpretiert werden, als ob eine *Session* – genauer gesagt eine *RTP-Session* – zwischen ihnen aufgebaut wäre.

### Interpretation einer RTP-Session

Singlemedia-Session

Wie Abb. 6.3-2 illustriert, muss zuerst eine Session aufgebaut werden, um anschließend ein Echtzeitmedium übermitteln zu können. Nach dem Ablauf der Kommunikation ist dann die bestehende Session wieder abzubauen, um (eventuell) die vorher reservierten Netzressourcen freizugeben.

Wie aus Abb. 6.3-2 ersichtlich, enthält eine Session einen *Media-Kanal* (MC) mit dem Protokoll RTP für die Übermittlung eines Echtzeitmedia (z.B. Audio) und einen *Media-Kontrollkanal* MCC (*Media Control Channel*) mit dem Protokoll RTCP für die Übermittlung der Kontroll- und Überwachungsinformationen zwischen den beteiligten Rechnern, sodass die beiden kommunizierenden Rechner die Qualität der Kommunikation zwischen ihnen überwachen können. Der Media-Kanal (MC) kann auch als *RTP-Kanal* bezeichnet werden und dementsprechend der Media-Kontrollkanal (MCC) als *RTCP-Kanal*. Über MC werden die in den IP-Paketen eingekapselten RTP-Pakete mit dem Media übermittelt [Abb. 6.3-4 und Abb. 6.3-5].

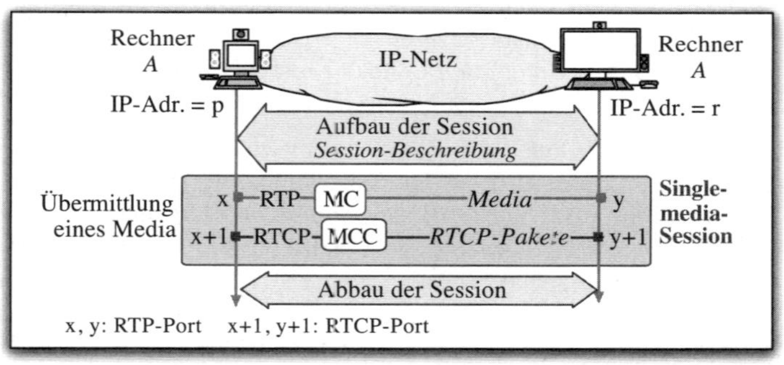


**Abb. 6.3-2:** Phasen bei der Übermittlung eines Echtzeitmedium über ein IP-Netz
MC: Media Channel, MCC: Media Control Channel

MCC als Kontrollkanal

Die Aufgabe von RTCP besteht in der Überwachung der Übermittlung eines Echtzeitmedia über einen Media-Kanal. Parallel zu diesem Kanal wird ein MCC, d.h. ein *Kontrollkanal*, eingerichtet. Über diesen werden die Informationen über den Verlauf der Kommunikation in Form von *RTCP-Paketen* ausgetauscht.

RTP- und RTCP-Ports

Typischerweise hat RTP keine festgelegte Portnummer. Die für RTP empfohlene Zielportnummer ist 5004. Sie wird allerdings kaum verwendet und stattdessen die Portnummer beim Aufbau der RTP-Session (dynamisch) ausgehandelt. In der Regel wird für RTP eine gerade Nummer zugeteilt. Zusätzlich gilt: `RTCP-Port-Nr = RTP-Port-Nr + 1`.

Hervorzuheben ist, dass die in Abb. 6.3-2 gezeigte Session mit nur einem Media-Kanal[6] die Übermittlung nur eines Media erlaubt. Also handelt es sich hier nicht um eine *Multimedia-Session*, sondern um eine *Singlemedia-Session*. Eine Multimedia-Session enthält dagegen in der Regel mehrere Media-Kanäle, d.h, ein Kanal pro Media. Abb. 6.3-3 soll dies näher zum Ausdruck bringen.

Multimedia-Session

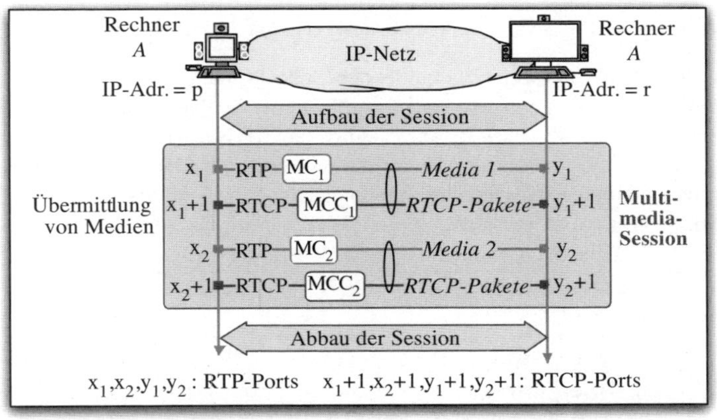


**Abb. 6.3-3:** Illustration einer Multimedia-Session für Übermittlung von zwei Medien
Abkürzungen wie in Abb. 6.3-2

**Beispiel**: Die in Abb. 6.3-3 dargestellte Multimedia-Session setzt sich aus zwei Media-Kanälen $MC_1$ und $MC_2$ zusammen, über die zwei Medien – z.B. Video als Media 1 über $MC_1$ und Audio als Media 2 über $MC_2$ – übermitteln werden. Die Überwachung der Übermittlung von Video über $MC_1$ erfolgt mit RTCP-Hilfe über den Kontrollkanal $MCC_1$. Dementsprechend erfolgt die Überwachung der Übermittlung von Audio über den Kontrollkanal $MCC_2$. Die jeweils beiden Kanäle $MC_1$ und $MCC_1$ sowie $MC_2$ und $MCC_2$ bilden die verbundenen Kanalpaare von einzelnen Medien - also hier von Media 1 und Media 2.

RTP dient als reines Transportprotokoll für die Übermittlung von Echtzeitmedien und stellt daher keine Mechanismen zum Aufbau einer Session bereit. Deshalb ist ein zusätzliches Protokoll nötig, nach dem sich die kommunizierenden Endeinrichtungen auf die Prinzipien der multimedialen Kommunikation verständigen können. Ein derartiges Protokoll wird als *Signalisierungsprotokoll* bezeichnet. Bevor aber eine Kommunikation zustande kommt, müssen sich die beiden Rechner mittels eines Signalisierungsprotokolls (typischerweise SIP) auf das gemeinsame Prinzip der Kodierung der übermittelnden Medien, d.h. die gleichen Medienformate, verständigen.

Notwendigkeit eines Signalisierungsprotokolls

Ein Rechner, der eine Session für die multimediale Kommunikation initiiert, muss in der Lage sein, dem anderen Rechner durch die Übermittlung unterschiedlicher Angaben die von ihm initiierte Session näher zu beschreiben. Die Regeln, nach denen ein System eine Session beschreiben kann, definiert das Protokoll SDP (*Session Description Protocol*) [Abschnitt 6.4.7].

SDP für Beschreibung von Sessions

[6] Ein Media-Kanal kann auch mehrfach ausgenutzt werden, d.h. mehrere Medien können unter bestimmten Voraussetzungen über ihn transportiert werden.

### Schichtenmodell einer Session

Eine Session aus der logischen Sicht kann auch in einem Schichtenmodell veranschaulicht werden. Abb. 6.3-4 zeigt ein solches Schichtenmodell.

Das Transportprotokoll UDP mit den Protokollen der darunter liegenden Schichten 3, 2 und 1 stellt den Protokollen für die Echtzeitkommunikation (die Protokolle RTP, RTCP und SIP) einen unzuverlässigen Transportdienst zur Verfügung. Für die Nutzung dieses Dienstes müssen die Ports für die Protokolle RTP, RTCP und SIP eingerichtet werden.

> **Beispiel**: Wie Abb. 6.3-4 zeigt, verbindet der Media-Kanal (MC) die RTP-Ports in beiden Rechnern *A* und *B*, dementsprechend verbindet der Media-Kontrollkanal (MCC) die RTCP-Ports. Hier soll verdeutlicht werden, dass die SIP-Nachrichten jederzeit zwischen SIP-Ports in beiden Rechnern ausgetauscht werden können. Dadurch ist es möglich, die Eigenschaften einer bereits bestehenden Session während des Verlaufs der Kommunikation zu ändern.

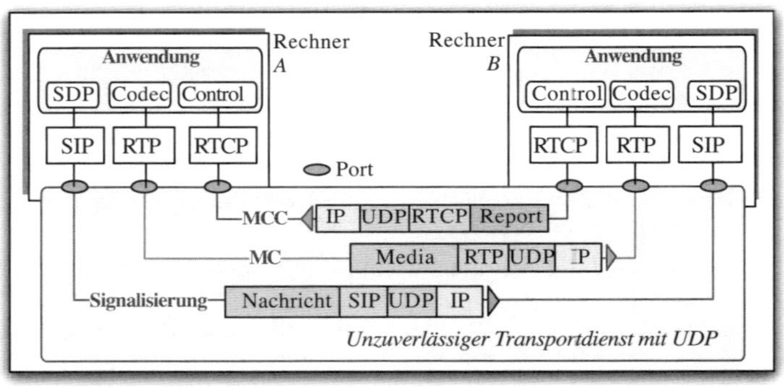


**Abb. 6.3-4:** Schichtenmodell einer Session für die Übermittlung eines Media
MC: Media Channel, MCC: Media Control Channel

Multipoint-Sessions

Eine Multimedia-Session kann aber viel komplexer sein als die in Abb. 6.3-2 bzw. in Abb. 6.3-3 gezeigten Sessions und besonders eine Vielzahl von Media-Kanälen mit unterschiedlichen Eigenschaften enthalten. Bei der Realisierung der Gruppenkommunikation wie z.B. verschiedener Arten von Konferenzen bzw. der verteilten Systeme zur Unterstützung der Teleunterrichts (virtuelle Klassenräume *Virtual Classrooms*) entstehen *Punkt-zu-Mehrpunkt-Sessions*, auch kurz als *Multipoint-Sessions* bezeichnet.

### RTP-Pakete – Aufbau und Einsatz

RTP-Pakete

Ein Echtzeitmedium wird nach RTP als eine Folge von RTP-Paketen übermittelt, und diese werden mit dem vorangestellten UDP-Header in den IP-Paketen [Abb. 6.3-4] transportiert. Jedes RTP-Paket enthält einen *RTP-Header* und einen *Payload-Teil*. Abb. 6.3-5 illustriert dies zusammen mit dem Aufbau des RTP-Headers.

Im UDP-Header werden die RTP-Ports eingetragen, d.h. *RTP-Quellport* im Quellrechner und *RTP-Zielport* im Zielrechner. Zwar wurde empfohlen, den Port 5004 als RTP-Zielport zu nutzen, allerdings wird dieser Port kaum verwendet. Stattdessen werden die RTP-Ports in beiden kommunizierenden Rechnern mithilfe des Protokolls SDP zwischen ihnen vereinbart. Daher werden die RTP-Ports erst beim Aufbau der Session festgelegt, sind also dynamisch. In der Regel wird für RTP eine gerade Nummer `x` und dann für RTCP die ungerade Nummer `x+1` zugeteilt (siehe Abb. 6.3-6).

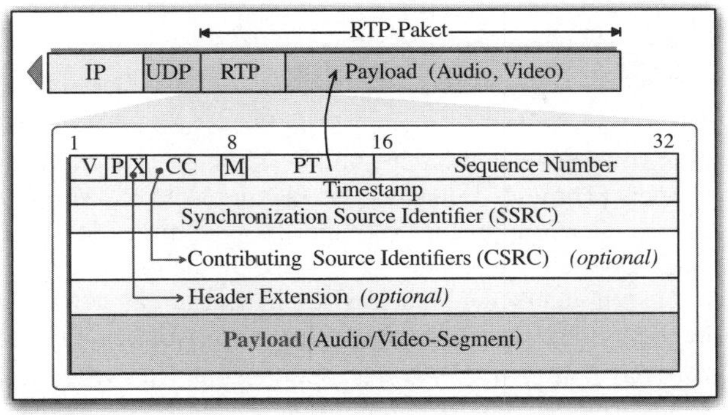


**Abb. 6.3-5:** RTP-Paket im IP-Paket und die Angaben im RTP-Header

Wie Abb. 6.3-5 zu entnehmen ist, enthält der RTP-Header folgende Angaben:

Angaben im RTP-Header

Payload = Media im RTP-Paket

- **PT, Payload Type** (*Nutzlasttyp*), 8 Bit, gibt an, um welches Format es sich beim transportierten Media als Payload im RTP-Paket handelt, d.h., nach welchem Verfahren dieses Media codiert wurde. Im Verlauf einer Session kann das Format geändert werden. Die möglichen Formate verschiedener Echtzeitmedien werden im RFC 3551 festgelegt [Tab. 6.3-1].

Timestamp für Jitter-Ausgleich

- **Timestamp** (*Zeitstempel*), 32 Bit, ist vom Payload-Typ abhängig und gibt an, den Zeitpunkt des Beginns von Payload im RTP-Paket, d.h. den Zeitpunkt der ersten Abtastung des Media-Signals bzw. den Zeitpunkt des ersten Payload-Byte. Dieser Zeitpunkt muss sich nach dem Taktgeber (*Clock*) orientieren. Der Zeitstempel muss als eine diskrete und lineare Funktion in der Zeit verlaufen. Im RTP-Paket `n+1` kann der Zeitstempel `Ts(n+1)` wie folgt [Abb. 6.3-7] berechnet werden:

  $$Ts(1) = A + t_1$$
  $$Ts(n+1) = Ts(n) + \Delta Ts,\ i = 1, 2, \ldots$$

  Hier ist `A` ein Zufallswert, $t_1$ markiert den Zeitpunkt der ersten Abtastung des Media-Signals bzw. den Zeitpunkt des ersten Payload-Byte; oft wird $t_1 = 0$ angenommen. $\Delta Ts$ repräsentiert das Inkrement des Zeitstempels.

  Mehrere aufeinanderfolgende RTP-Pakete können den gleichen Zeitstempel haben, wenn sie logisch zusammengehören (z.B. mehrere Pakete, die zu einem Video-Frame gehören [Abb. 6.3-8]. Der Zeitstempel ist nötig, um die Schwankungen der Übertragungszeit, *Jitter* genannt, von RTP-Paketen beim Empfänger ausgleichen zu können [Abb. 6.3-9]. Bei einer multimedialen Kommunikation werden die einzelnen Medien mithilfe des Zeitstempels miteinander synchronisiert, sodass man von der *Intermedia-Synchronisation* spricht [Abb. 6.3-10].

Entdeckung der Paketverluste

- **Sequence Number** (*Sequenznummer*), 16 Bit: Jedes RTP-Paket wird mit einer Sequenznummer versehen, die es dem Empfänger erlaubt, den Verlust von Paketen festzustellen bzw. die richtige Reihenfolge der Pakete wiederherzustellen, falls sie in einer falschen Reihenfolge angekommen sind. Der Anfangswert der Sequenznummer wird zufällig ausgewählt, um ein unbefugtes Abhören zu erschweren.

  **Bemerkung**: Es gibt zahlreiche theoretische Verfahren, nach denen man mittels des Zeitstempels und der Sequenznummer die Jitter-Werte (d.h. die Schwankungen der

Verzögerungen von RTP-Paketen bei der Übertragung über ein IP-Netz) abschätzen kann. Die Abschätzung von Jitter ist nötig, um die Zeitpunkte zu bestimmen, zu denen die RTP-Pakete an eine Anwendung am Ziel übergeben werden sollen.

- **SSRC** (*Synchronization Source Identifier*): Alle RTP-Pakete einer Quelle sind Teil des gleichen Raums von Sequenznummern und besitzen das gleiche Prinzip der Vergabe des Zeitstempels (Timing). Beispiele von Quellen sind ein Mikrophon, ein Mixer oder eine Kamera. Der Empfänger gruppiert die ankommenden Pakete zwecks der Wiedergabe nach Quellen. Zur Identifikation der Quelle dient SSRC. Zwei verschiedene Quellen müssen unterschiedliche SSRCs haben, um zu gewährleisten, dass der Empfänger die Bitströme aus verschiedenen Quellen unterscheiden kann [Abb. 6.3-12].
- **CSRC** (*Contributing Source Identifiers*) ist optional und wird verwendet, falls Payload nicht direkt vom 'Original'-Sender kommt, sondern von einem Zwischensystem (sog. Mixer) empfangen, verändert und von ihm Weiter gesendet wurde. CSRC ist eine Liste von 'Original'-Quellen der Bitströme, aus denen sich Payload zusammensetzt. CSRC wird von einem Mixer festgelegt. Abb. 6.3-12 illustriert dies.

Die weiteren Angaben im RTP-Header sind:

- **V**, Version, 2 Bit, gibt die verwendete RTP-Version an. Derzeit gilt die im RFC 1889 (Januar 1996) spezifizierte Version 2.
- **P**, Padding, 1 Bit: Falls P = 1 ist, enthält ein RTP-Paket am Ende eine zusätzliche Füllung (Padding), die nicht zur Nutzlast gehört. Das letzte Padding-Byte gibt an, wie viele Padding-Byte ignoriert werden müssen. Die Notwendigkeit, einige Padding-Byte übertragen zu müssen, entsteht, falls ein Verschlüsselungsverfahren eingesetzt wird, das Blöcke einer bestimmten Länge voraussetzt.
- **X**, eXtension, 1 Bit: Falls X = 1 ist, ist eine Header Extension vorhanden. Eine Header Extension stellt oft ein Layload-Header dar.
- **CC**, CSRC Count, 4 Bit, gibt die Anzahl von im Feld CSRC enthaltenen Quell-Identifikatoren an.
- **M**, Marker, 1 Bit: Die Marker-Bedeutung wird durch die transportierte Nutzlast (Profile) bestimmt.
- **Header Extension** ist optional und von variabler Länge. Mittels dieses Feldes kann RTP so erweitert werden, dass es an eine neue Klasse von Anwendungen angepasst werden kann. Die detaillierte Struktur dieses Feldes ist von der übertragenen Nutzlast abhängig.

Komprimierung des RTP/UDP/IP-Headers

Ein IP-Paket mit Audio bzw. Video, wie Abb.6.3-4 zeigt, enthält zuerst einen RTP-Header (mind. 12 Byte), dann einen UDP-Header (8 Byte) und innerhalb der Netzwerkschicht noch den IP-Header (mind. 20 Byte). Somit ist der gesamte RTP/UDP/IP-Header mindestens 40 Byte groß, und deshalb ist oft eine Kompression dieses Headers notwendig. Hierfür stehen die Kompressionsprotokolle CRTP (*Compressed RTP*), spezifiziert in RFC 2508, und ROHC (*RObust Header Compression*), spezifiziert in RFC 3095, zur Verfügung. Eine anschauliche Beschreibung von CRTP findet man in [Bad10].

### Statische und dynamische Payload-Typen

Echtzeitmedia als Payload

Als Payload wird das im RTP-Paket transportierte Segment eines Echtzeitmedia bezeichnet. Bei RTP unterscheidet man zwischen folgenden Arten von Medien: Audio/Sprache, Video und Audio mit Video gemischt (*interleaved*). RFC 3551 enthält z.B. eine Liste mit festgelegten Nummern zur Angabe der *Payload-Typen* (PT). Die PT-Nummern dienen zur Identifikation der einzelnen Audio- und Video-Formate. Der Nummernraum in dieser Liste ist nicht komplett belegt, sodass weitere Nummern an neue Audio- bzw. Videoformate vergeben werden können; Tab. 6.3-1 dient als Beispiel dafür.

Statische bzw. dynamische PT-Nummern

Den bereits 'klassischen' und auch standardisierten Audio- bzw. Video-Formaten sind – durch die Registrierung bei IANA – feste Nummern zugeordnet[7] Man spricht hier von statischen Payload-Typen. Weiteren bei IANA nicht registrierten Payload-Typen werden – beim Aufbau von Sessions – die Nummern aus dem Bereich 96 bis 127 dynamisch zugeteilt, sodass man von *dynamischen PT-Nummern* spricht. Diese Payload-Typen sind mit '*dyn*' gekennzeichnet. Neben der einfachen Erweiterung vorhandener PT-Nummern bieten dynamische PT-Nummern die Möglichkeit, u.a. nicht allgemein bekannte, sondern sogar private Mediaformate zu nutzen. Das Beispiel in diesem Abschnitt [Abb. 6.3-6] soll dies näher erläutern.

PT-Nummern einiger Sprachformate

Eine Auflistung von PT-Nummern einiger Audio/Sprach-Codierungsverfahren enthält Tab. 6.3-1. Es sei hervorgehoben, dass eine Audio/Sprach-Codierung entweder Abtastwert- oder Segment-orientiert sein kann.

| PT-Nr. | Codierungsname | Codierungsart | clock rate [Hz] | Bitrate [kbit/s] |
|---|---|---|---|---|
| 0 | PMC $\mu$-Law | Abtastwert-orientiert | 8000 | 64 |
| 8 | PCM A-Law | Abtastwert-orientiert | 8000 | 64 |
| 12 | QCELP | Segment-orientiert | 8000 | 4.7/6.8 |
| 15 | G728 | Segment-orientiert | 8000 | 16 |
| 18 | G729 | Segment-orientiert | 8000 | 8 |
| dyn | G726-32 | Abtastwert-orientiert | 8000 | 32 |
| dyn | G726-16 | Abtastwert-orientiert | 8000 | 16 |

**Tab. 6.3-1:** Einige Sprach/Audio-Codierungsverfahren und ihre PT-Nummern
PCM: Pulse Code Modulation, QCELP: Qualcomm Code-Excited Linear Prediction

Bei Audio/Sprache stellt *clock rate* – genauer gesagt *timestamp clock rate*, d.h die Zeitstempeltaktrate – die Häufigkeit der Abtastung der Amplitude bei der Digitalisierung des Audiosignals dar und somit die Abtastrate des analogen Signals. Analoge Signale werden 8000-mal in der Sekunde abgetastet, was die Abtastrate 8000 ergibt. Bei hochqualitativem Audio (z.B. Musik) und bei Video ist die Zeitstempeltaktrate viel höher, z.B. 90000 bei MPA (MPEG Audio) mit der PT-Nummer 14.

SDP-Einsatz

Um dynamische PT-Nummern nutzen zu können, müssen sie zwischen den kommunizierenden Rechnern abgestimmt werden, womit die Kompatibilität zwischen ihnen garantiert wird. Wie hierfür das Protokoll SDP [Abschnitt 6.3.4] verwendet wird, zeigt das folgende Beispiel.

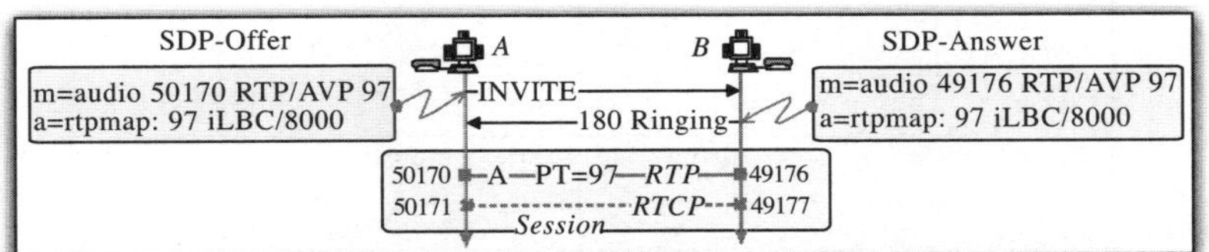


**Abb. 6.3-6:** Abstimmung einer dynamischen PT-Nummer und Angabe von RTP-Portnummern beim Aufbau einer Session
A: Audio(Sprach)-Kanal mit RTP, AVP: Audio/Video Profile

[7] Eine vollständige Aufstellung von PT-Nummern der registrierten Medienformate findet man unter `http://www.iana.org/assignments/rtp-parameters/rtp-parameters.xhtml`.

Abstimmung dynamischer PT-Nummern

**Beispiel**: Abb. 6.3-6 illustriert die Abstimmung einer dynamischen PT-Nummer für das Format iLBC (*internet Low Bitrate Codec*). iLBC hat bei IANA keine feste Identifikation als PT-Nummer. Beim Aufbau einer Session muss ihm daher dynamisch eine PT-Nummer zugewiesen werden. Hierbei kommt SDP zum Einsatz (siehe Abb. 6.4-6 und Abb. 6.4-7), nach dem eine Session beschrieben und damit auch das Sprachformat spezifiziert wird. Für detaillierte Informationen siehe: `http://www.in2eps.com/fo-abnf/tk-fo-abnf-sdp.html`

Hier initiiert Rechner *A* eine Session zu Rechner *B* und teilt ihm im Body-Teil der SIP-Nachricht `INVITE` als `SDP-Offer` folgendes mit:

- Dass er über den RTP-Port `50170` Audio (Sprache) senden und empfangen möchte und diesem Media die `PT-Nummer 97` zugeordnet hat. Er spezifiziert dies nach SDP in der m-Zeile als `m=audio 50170 RTP/AVP 97`.
- In der a-Zeile (Attribut-Zeile) `a=rtpmap 97 iLBC/8000` gibt er an, dass die `PT-Nummer 97` das Format iLBC darstellt und dass die Abtastrate (`clock rate`) [Tab. 6.3-1] `8000` beträgt. Diese Abtastrate wird während der Session verwendet, um den Zeitstempel für die RTP-Pakete zu berechnen [Abb. 6.3-7].

Rechner *B* überprüft nach dem Empfang von `INVITE` zuerst, ob er das Format iLBC unterstützen kann. Hier ist dies der Fall, sodass er dem Rechner *A* im Body-Teil der nächsten an ihn gesendeten SIP-Nachricht `180 Ringing` als `SDP-Answer` u.a. Folgendes mitteilt:

- Er unterstützt das Format iLBC ebenso wie er Audio mit der `PT-Nummer 97` über den RTP-Port `49176` senden und empfangen kann. Dies enthält die `m-Zeile m=audio 49176 RTP/AVP 97`.
- Mit der a-Zeile `a=rtpmap 97 iLBC/8000` bestätigt der Rechner *B* nochmals, dass iLBC die `PT-Nummer 97` hat und dass die Abtastrate `8000` beträgt.

Nach Eintreffen der `SDP-Answer` bei Rechner *A* gilt die Abstimmung des Sprachformats iLBC mit der hier dynamisch zugeteilten `PT-Nummer 97` als abgeschlossen.

### Berechnung der Zeitstempel

Die Art und Weise der Berechnung von `Timestamp` im RTP-Header [Abb. 6.3-5] soll das in Abb. 6.3-7 gezeigte Beispiel einer Audioübermittlung näher erläutern.

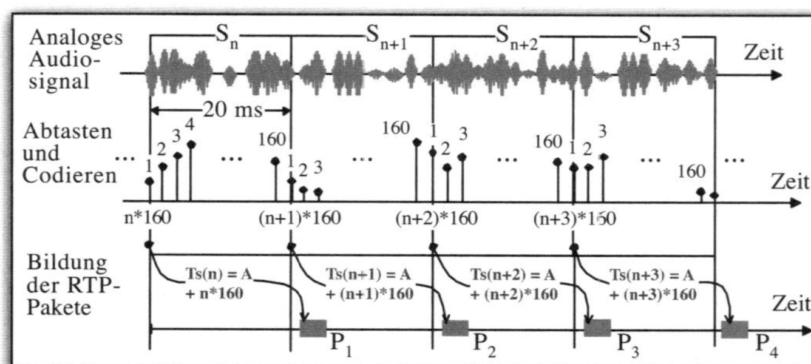


**Abb. 6.3-7:** Berechnung von Timestamp bei der Bildung von RTP-Paketen mit Audio
Pn: RTP-Paket n, Sn: Audio/Video-Segment n, TS: Timestamp

**Beispiel einer Abtastung**: In der Regel werden die Audiosegmente 10, 20 oder 30 ms in einem RTP-Paket übermittelt. Dies betrifft sowohl die Abtastwert- als auch die Segmentorientierte Audiocodierung. Im gezeigten Beispiel ist die Länge des Audiosegments 20 ms, und die Abtastrate des analogen Audiosignals [Tab. 6.3-1] beträgt 8000.

Bei der Abtastrate von 8000 [1/s] beträgt der Zeitabstand zwischen zwei benachbarten Abtastwerten 125 $\mu$s. Daher wird jedes Audiosegment mit der Länge von 20 ms durch 160 Abtastwerte repräsentiert, die entsprechend in eine binäre Folge abgebildet (*codiert*) werden müssen.

Mit dem Zeitstempel sollte es beim Empfänger möglich sein, *die Stelle in der Zeit* der als Payload in RTP-Paketen übermittelten einzelnen Audiosegmente so zu rekonstruieren, dass diese mit ihrer Stelle in der Zeit beim Absenden übereinstimmen sollte. Daher muss der Zeitstempel nicht die reale Zeit angeben, sondern nur relative Zeitabstände in einer Folge von Audiosegmenten. Markiert man beispielsweise den Beginn des ersten Segments mit dem Zeitpunkt 0, könnte man den Zeitpunkt des Beginns des n-ten Segments als `n*160` markieren. Daher könnte man den Wert `n*160` schon im ersten Segment als *Timestamp* angeben.

Um aber mehr Sicherheit der Übermittlung von Echtzeitmedien zu bieten, kam der Vorschlag, den Startwert des Zeitstempels zu verstecken. Daher wird im ersten RTP-Paket eine zufällige Zahl `A` als Zeitstempel angenommen. Um die zeitliche Position der einzelnen Audiosegmente zu markieren, berechnet man den Zeitstempel `Ts(n+1)` des `(n+1)`-ten Audiosegments aus dem Zeitstempel `Ts(n)` des n-ten Audiosegments wie folgt[8]:

```
Ts(n+1) = Ts(n) + ΔTs = A + n*160 + 160, i = 1, 2, ...
```

Wie in Abb. 6.3-7 gezeigt, ist hierbei das Inkrement $\Delta$Ts des Zeitstempels gleich 160; also gleich der Anzahl der Abtastwerte im Zeitraum 20 ms.

Mit dem Zeitstempel in RTP-Paketen werden nur *relative Zeitabstände* angegeben. Da die realen Zeitabstände durch die Zeitstempeltaktrate (`clock rate`), die sowohl der Sender- als auch der Empfängerseite bekannt ist [Tab. 6.3-1], bestimmt werden, können somit auch die realen Zeitabstände zwischen den empfangenen benachbarten RTP-Paketen und insofern auch zwischen Audiosegmenten abgeleitet werden.

### Nutzung von Zeitstempeln – typische Beispiele

Der Zeitstempel im RTP-Header ermöglicht es,

- einen langen Mediendatenblock auf mehrere RTP-Pakete aufzuteilen [Abb. 6.3-8],
- die Schwankungen der Übertragungszeit (sog. *Jitter*) von RTP-Paketen beim Empfänger durch den Einsatz eines Jitter-Ausgleichpuffers auszugleichen. Damit kann die *Isochronität* (auch gelegentlich *Isochronizität* genannt) garantiert werden [Abb. 6.3-9];
- bei multimedialer Kommunikation die einzelnen Medien miteinander zu synchronisieren, d.h. die Intermedia-Synchronisation zu garantieren [Abb. 6.3-10].

Mediendatenblock in mehreren RTP-Paketen

Die RTP-Pakete werden als Nutzlast – in der Regel – in UDP-Paketen transportiert. Die UDP-Pakete sind bei IPv4 auf maximal 512 Byte beschränkt. Deswegen müssen Videosegmente oft auf mehrere RTP-Pakete verteilt werden, um diese Länge nicht zu überschreiten. Der Zeitstempel hat dabei eine wichtige Funktion. Abb. 6.3-8 illustriert die Aufteilung eines langen Mediendatenblocks auf mehrere RTP-Pakete. Der Zeitstempel des Original-Mediendatenblocks wird hierbei einfach in die einzelnen RTP-Pakete ko-

[8] Wäre der Startwert vom Zeitstempel, d.h. der Zeitstempel im ersten RTP-Paket, gleich 0 gewesen, so hätte es ein 'Angreifer' einfacher, das Audio bzw. Video aus den unterwegs aufgenommenen RTP-Paketen zurückzugewinnen.

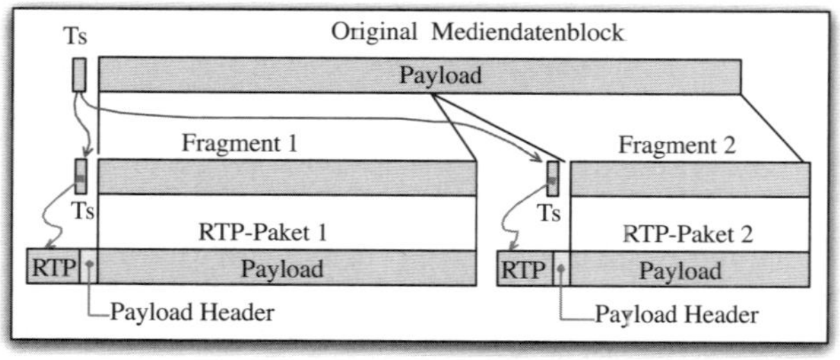


**Abb. 6.3-8:** Langer Medienblock wird auf mehrere RTP-Paket aufgeteilt

piert. Das ist auch selbstverständlich, weil der Zeitstempel den Zeitpunkt des Beginns des langen Original-Mediendatenblocks markiert.

Hier wurde zusätzlich zum Ausdruck gebracht, dass nach dem RTP-Header ein zusätzlicher Header (der sog. *Payload-Header*) vorkommen kann, um Angaben zum Payload machen zu können. Darauf wird im RTP-Header mit dem X-Bit verwiesen [Abb. 6.3-5].

Garantie der Isochronität

Der Zeitstempel wird verwendet, um am Ziel die Schwankungen der Übertragungszeit (*Jitter*) von RTP-Paketen durch den Einsatz eines Jitter-Ausgleichpuffers auszugleichen und somit die Isochronität der Kommunikation zu garantieren, was Abb. 6.3-9 illustriert.

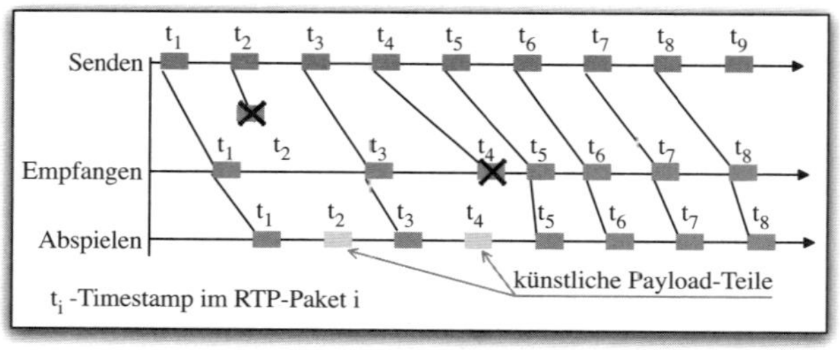


**Abb. 6.3-9:** Garantie der Isochronität mittels Zeitstempel

**Beispiel**: Wie hier zu sehen, sind die Zeitabstände zwischen den empfangenen Paketen nicht so gleichmäßig wie beim Absenden. Außerdem ist das Paket mit dem Zeitstempel `t2` unterwegs verloren gegangen. Das Paket mit dem Zeitstempel `t4` wurde zu spät empfangen, sodass es beim Abspielen des Media nicht verwendet werden konnte. Also wurde es am Ziel einfach verworfen.

Wie Abb. 6.3-9 zeigt, werden diese beiden verlorenen Originale – d.h. die Pakete mit dem Zeitstempel `t2` und `t4` – am Ziel durch künstlich erzeugte Payload-Teile der verlorenen RTP-Pakete ersetzt, um das Media in Echtzeit abspielen zu können.

Intermedia-Synchronisation

Der Zeitstempel wird auch während einer audiovisuellen Kommunikation verwendet, um die einzelnen Medien miteinander zu synchronisieren. Man bezeichnet diese Art der Synchronisation als *Intermedia-Synchronisation*, was in Abb. 6.3-10 näher illustriert ist. Die Synchronisation von Audio und Video bezeichnet man als *Lippensynchronisation*.

### Translator und Mixer

Um das Format eines Medias in ein anderes Format umsetzen zu können, spezifiziert RTP die *Translator-Funktion*. Damit man mehrere transportierte Bitströme (Media) zu einem

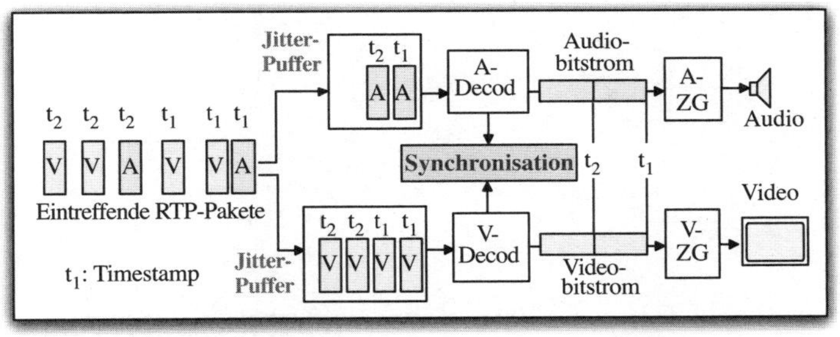


**Abb. 6.3-10:** Einsatz des Zeitstempels für die Intermedia-Synchronisation
A/V-Decod: Audio/Video-Decodierung, A/V-ZG: Audio/Video-Zurückgewinnung

Bitstrom zusammenführen (mischen) kann, wird die *Mixer-Funktion* definiert. Auf diese Funktionen gehen wir nun kurz ein.

Funktion des Translators

Ein Translator ist ein Zwischensystem, das die RTP-Pakete in einem Format empfängt, sie in ein anderes übersetzt und weiterschickt. Abb. 6.3-11 verdeutlicht dies näher. Wie hier ersichtlich ist, wird dabei die Identifikation der Quelle, d.h. der Parameter SSRC im RTP-Header, nicht geändert. Die Sendeseite im Translator ist somit Vertretung einer Quelle.

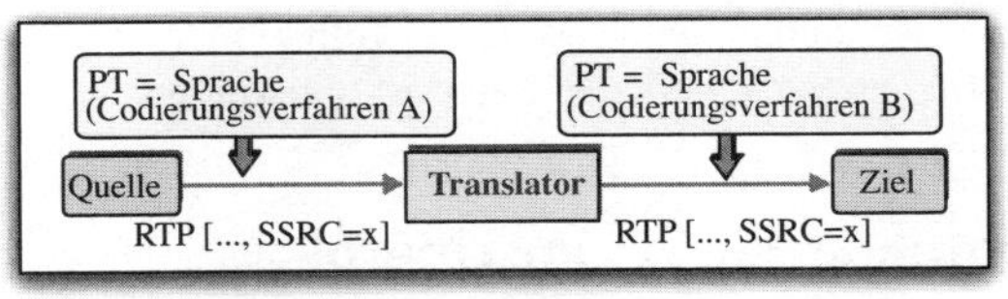


**Abb. 6.3-11:** Veranschaulichung der Funktion des Translators
PT: Payload Type, SSRC: Synchronization SouRCe Identifier

Ein Translator kann eingesetzt werden, um Payload in ein neues Format umzuwandeln, z.B. durch die *Umcodierung* von Audiodaten in ein anderes Format. Hierbei ist allerdings nur ein Bitstrom betroffen.

Vertraulichkeit bei der Sprachkommunikation

Die Translatoren können eingesetzt werden, um die Vertraulichkeit der Sprachkommunikation über ein öffentliches IP-Netz (z.B. Internet) zwischen zwei Standorten eines Unternehmens zu garantieren. Hierfür kann das primäre Sprachformat vor der Übertragung an der Grenze zum öffentlichen IP-Netz gezielt in ein sekundäres Sprachformat, das z.B. ein 'privates' Sprachformat ist, umgewandelt werden. Somit ist die über das IP-Netz übertragene Sprache für 'Fremde' unbrauchbar. Am Ziel muss das sekundäre Sprachformat wiederum in das primäre Sprachformat umgewandelt werden.

Aufgabe eines Mixers

In einigen Fällen kann es sinnvoll sein, die Audio/Video-Bitströme von mehreren Quellen zu kombinieren und als einen gemischten Audio/Video-Bitstrom weiterzuleiten. Diese Aufgabe wird von einem sog. *Mixer* übernommen. Abb.6.3-12 veranschaulicht die Mixer-Funktion. Hier werden die ursprünglichen RTP-Pakete vom Mixer nicht weitergeleitet, sondern es wird ein neues RTP-Paket mit dem gemischten Bitstrom erzeugt.

Da der Mixer selbst eine neue Quelle eines gemischten Bitstroms darstellt, trägt er sich selbst als Quelle (*Synchronization Source*) im RTP-Header jedes RTP-Pakets ein. Um dem Ziel dennoch mitzuteilen, von welchen Quellen die einzelnen ursprünglichen Bitströme

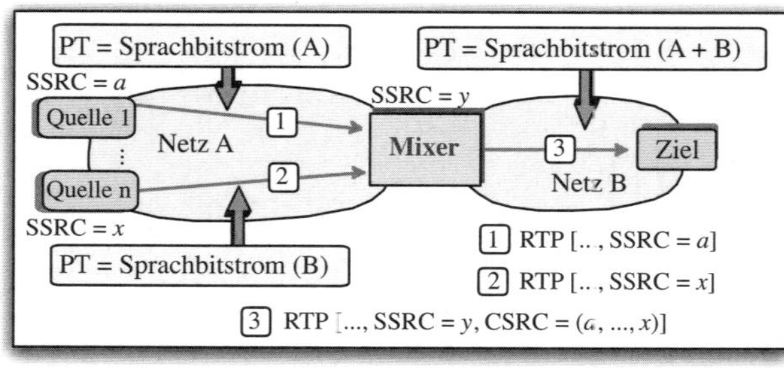


**Abb. 6.3-12:** Mixer-Funktion - Bildung eines gemischten Bitstroms
PT: Payload Type, CSRC: Contributing SouRCe Identifiers,
SSRC: Synchronization SouRCe Identifier

stammen, verwendet der Mixer hierfür CSRC im RTP-Header [Abb. 6.3-5], in dem er eine Liste von Identifikationen (SSRCs) von ursprünglichen Quellen angibt. Damit kann das Ziel erkennen, welche Quellen die einzelnen Bitströme generiert haben. Die Sendeseite im Mixer stellt somit eine Vertretung von auf der CSRC-Liste eingetragenen Quellen dar.

Multiplexen logischer RTP-Kanäle

Ein Mixer kann auch Zeitanpassungen innerhalb der einzelnen Echtzeit-Bitströme vornehmen. Beispielsweise kann er das Mischen von Audio-Bitströmen, die zur gleichen Zeit aufgenommen wurden, durchführen. Es ist sinnvoll, einen Mixer bei Videokonferenzen einzusetzen; insbesondere dann, wenn die Teilnehmer so gruppiert sind, dass die einzelnen Gruppen sich an verschiedenen Standorten befinden.

### 6.3.3 Das Protokoll RTCP im Überblick

RTCP-Nutzung

Das Protokoll RTCP (*Real-time Control Transport Protocol*) wird hauptsächlich zur Überwachung und Bewertung der Qualität der audiovisuellen Kommunikation verwendet. Der Empfänger von Audio/Video sendet beispielsweise periodisch RTCP-Pakete zum Sender, die als Berichte (Reports) angesehen werden können. In diesen werden die Informationen über den aktuellen Zustand des Empfängers selbst und über die aktuelle Qualität der Audio/Video-Empfangs an den Sender geliefert.

RTCP ist in RFC 3550 spezifiziert, d.h. das gleiche Dokument, dass auch RTP beschreibt. Damit kann RTCP sogar als Ergänzung von RTP angesehen werden [Abb. 6.3-1]. RTP wird mit RTCP so erweitert, dass Informationen über den Verlauf der Kommunikation zwischen Sender und Empfänger, insbesondere über die Qualität der Übertragung, ausgetauscht werden können. Zusätzlich ermöglicht RTCP, die Quellen von Bitströmen eindeutig zu identifizieren. Damit können mehrere Quellen (z.B. Audio- und Videoquelle) dem Teilnehmer einer Audio- und Video-Kommunikation zugeordnet werden. RTCP ermöglicht es auch, die Informationen über die Teilnehmer (als sog. *Metadaten*) zu transportieren.

Die wichtigsten Aufgaben von RTCP sind:

Sender und Receiver Reports

- **Überwachung der Übertragungsqualität**: Hierfür werden zwischen Sender und Empfänger laufend Informationen über die Qualität der Übertragung von Echtzeitmedien ausgetauscht. Dies ermöglicht beispielsweise dem Sender, den von ihm generierten Bitstrom an die Netzbedingungen anzupassen (z.B. durch Reduktion der Datenrate bei geringer Qualität der Übertragung) und Fehler einzugrenzen. Für die Realisierung dieser Funktion werden die RTCP-Pakete *Sender Reports* und *Receiver Reports* zwischen Sender und Empfänger periodisch ausgetauscht.

- **Identifikation der Quelle**: Hierfür ermöglicht RTCP, eine eindeutige Identifikation der Quelle von Echtzeitmedien, d.h. einen sog. kanonischen Namen (CNAME) (*Canonical Name*), zu übertragen. Im Gegensatz zur Identifikation über SSRC (*Synchronization Source*) beim RTP, die im Mixer geändert werden kann, bleibt der CNAME immer fest. Für die Realisierung dieser Funktion sendet die Quelle das RTCP-Paket *Source Description*. Source Description
- **Unterstützung der Mehrpunkt-Kommunikation**: Diese Funktion eignet sich besonders für die Überwachung von Konferenzen mit mehreren Teilnehmern, die sowohl Sender als auch Empfänger sein können. Dies lässt sich beispielsweise dazu verwenden, die Namen der Teilnehmer einer Konferenz anzuzeigen. Mit RTCP werden hierfür periodisch Statusinformationen ausgetauscht, um die Teilnehmer untereinander über neu hinzukommende und ausscheidende Teilnehmer zu informieren; z.B. kann die Anzahl der Teilnehmer oder deren Namen angezeigt werden. Dies ist dann nützlich, wenn Teilnehmer ohne vorherige An- oder Abmeldung einer Konferenz beitreten bzw. sie verlassen.

### RTCP-Pakete – deren Typen und Struktur

RTCP stützt sich auf folgende Nachrichtenformate:

- **Sender Report** (SR): Die wichtigsten RTCP-Pakete sind hierbei SR und RR; diese werden zur Überwachung der Kommunikationsqualität benötigt. Das RTCP-Paket SR enthält einen Zeitstempel gemäß dem *Network Time Protocol* (NTP) und beschreibt die Qualität der Übermittlung von Echtzeitmedien aus Sicht eines Senders. Um beispielsweise die Überlast beim Empfänger zu vermeiden, kann dem Empfänger die Sendedatenrate mithilfe des RTCP-Pakets SR mitgeteilt werden. Damit kann sich der Empfänger im Voraus auf die ankommende Datenmenge einstellen. SR-Einsatz
- **Receiver Report** (RR): Die Qualität der Kommunikation wird vor allem durch Empfänger-Reports überwacht. Ein Empfänger-Report beschreibt die Qualität der Übermittlung von Echtzeitmedien (z.B. geschätzte Paketverlust-, Jitter-Werte) aus Sicht eines Empfängers. RR-Einsatz
- **Source Description** (SDES): Die RTCP-Pakete SDES ermöglichen es, die Quellen mit textuellen Namen zu identifizieren. Diese Kennzeichnung der Quelle wird vom Empfänger dazu verwendet, mehrere Bitströme einer Quelle (z.B. Audio und Video), die in getrennten RTP-Sessions übertragen werden, wieder zusammenzuführen. SDES-Einsatz
- Abmeldung (BYE): Das RTCP-Paket BYE dient dazu, das Ende der Teilnahme an einer Kommunikation (also das Verlassen einer Konferenz) anzuzeigen. BYE-Einsatz

RTCP-Pakete beginnen immer mit einem Header und werden dann je nach Pakettyp um spezielle Anteile ergänzt. Das Ende eines RTCP-Pakets liegt immer an einer 32 Bit-Grenze. Durch Hinzufügen von Füllbyte (sog. *Padding*) und durch die Angabe der Länge im Header können mehrere RTCP-Pakete in einem IP-Paket (sog. *Compound Packet*) übermittelt werden, ohne dass einzelne RTCP-Pakete explizit von anderen abgetrennt werden müssen; Abb. 6.3-13 illustriert dies. Struktur der RTCP-Pakete

Jedes RTCP-Paket aus einem IP-Paket kann unabhängig von anderen bearbeitet werden. Die Unterscheidung der Pakete wird unter Angabe des Pakettyps (Feld PT im Header, Abb. 6.3-14 und Abb. 6.3-15) vorgenommen.

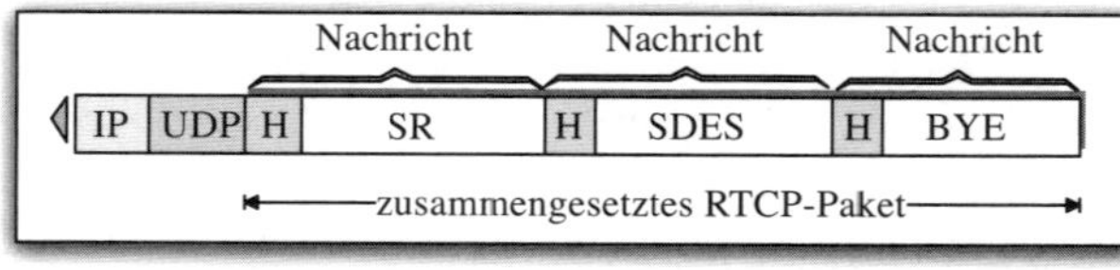


**Abb. 6.3-13:** Mehrere RTCP-Pakete innerhalb eines IP-Pakets
H: Header, SR: Sender Report, SDES: Source Description

Reihenfolge der RTCP-Pakete in einem IP-Paket

Die Reihenfolge der RTCP-Pakete in einem IP-Paket kann im Prinzip beliebig sein. Empfohlen wird aber die folgende Vorgehensweise: Das erste RTCP-Paket innerhalb eines IP-Pakets sollte immer ein Sender oder Receiver Report sein. Andere RTCP-Pakete können dann in beliebiger Folge und auch mehrmals angereiht werden. Falls ein RTCP-Paket BYE übertragen wird, sollte es am Ende stehen.

## Sender Report (SR)

Das RTCP-Paket SR wird periodisch von jedem Sender gesendet, um dem Empfänger die Informationen über die Qualität der Übertragung von Echtzeitmedien mitzuteilen. Abb. 6.3-14 zeigt die Angaben im SR:

- RTCP-Header, der etwa dem RTP-Header entspricht.
- Sender-Information, die einen Überblick über die Aktivität des Senders gibt.
- eventuell mehrere *Report Blocks*, in denen die Statistiken über die Qualität der audiovisuellen Kommunikation übermittelt werden.

Report Blocks

Neben den technischen Informationen wie *Version*, *Padding*, Angabe der *Länge* und *Zähler* enthält der Header des RTCP-Pakets die eindeutige *Identifikation* SSRC (*Synchronization Source*) der Quelle, die diesen Report erzeugt hat.

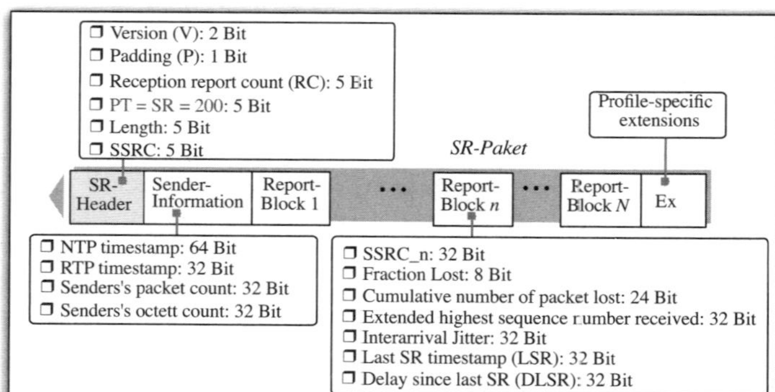


**Abb. 6.3-14:** Angaben im RTCP-Paket Sender Report (SR) - für Näheres siehe [Bad10]

Sender-Information

Hat die Quelle seit dem letzten Absenden eines Sender bzw. Receiver Reports auch einige RTP-Pakete mit einem Echtzeitbitstrom gesendet, so folgt nach dem Header der Block *Sender-Information*. Er enthält den Zeitstempel mit der realen Uhrzeit, zu der der Report versandt wurde, und einen äquivalenten Zeitstempel in der von RTP für diesen Echtzeitbitstrom verwendeten Einheit. Zudem wird die Anzahl der seit Beginn der Kommunikation gesendeten Pakete bzw. Byte angegeben.

Nach dem SR-Header können mehrere *Report Blocks* folgen. Ein Report Block enthält den Prozentsatz und die Anzahl der nicht empfangenen RTP- Pakete, die höchste bereits empfangene Sequenznummer, die Varianz des Zeitintervalls zwischen dem Eintreffen von zwei RTP-Paketen, den Zeitstempel des letzten empfangenen Sender Reports sowie das seitdem verstrichene Zeitintervall. Weitere anwendungsspezifische Felder können in *Profile Specifications* definiert werden.

### Receiver Report (RR)

Das RTCP-Paket RR wird ebenso wie das Paket SR periodisch gesendet. Der Empfänger teilt damit dem Sender Informationen über die Qualität der Übertragung von Echtzeitmedien mit. Abb. 6.3-15 zeigt die Angaben im Paket RR. Wozu RR?

Vergleicht man Abb. 6.3-14 und Abb. 6.3-15, so ist ersichtlich, dass die RTCP-Pakete SR und RR fast die gleiche Struktur haben. Der Unterschied besteht nur darin, dass SR im Vergleich zu RR Sender-Information enthält. Die einzelnen Angaben im Header und im Report Block in SR und RR haben die gleiche Bedeutung. Ein RR kann auch mehrere Report Blocks enthalten. Gleicher Aufbau von SR und RR

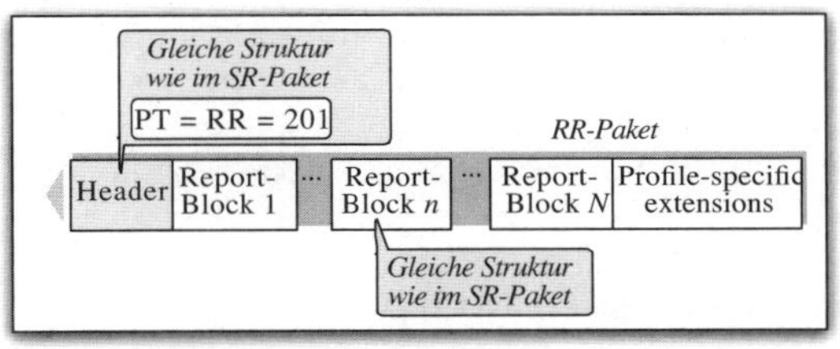


**Abb. 6.3-15:** RTCP-Paket `Receiver Report` (RR)

Für die ausführliche Darstellung von Möglichkeiten der Nutzung von RTCP – u.a. über die Abschätzung von Jitter und von Round-Trip Time sei auf [Bad10] verwiesen.

### RTCP XR – als Erweiterung von RTCP

Die IP-Netze werden zukünftig für die Übermittlung aller Arten von Audio und Video verwendet, insbesondere für VoIP, IP-Videotelefonie und IP TV. Daher, um eine ausreichend hohe Qualität dieser Kommunikation zu garantieren, müssen wichtige qualitätsbezogene technische Parameter in bestimmten Grenzen 'gehalten' werden. Um Qualitätsparameter zu erfassen und dadurch den Verlauf der audiovisuellen Kommunikation überwachen zu können, wurde RTCP um sog. XR-Pakete (*eXtended Reports*) erweitert. Diese Erweiterung von RTCP wird als *RTCP XR* bezeichnet und in RFC 3611 spezifiziert. Notwendigkeit von RTCP XR

RTCP XR liefert verschiedene Report-Blöcke, die sog. *Report Blocks* (RB), zur Erfassung und Übermittlung von qualitätsbezogenen Parametern, um die Qualität der audiovisuellen Kommunikation beurteilen zu können, wie z.B: Was liefert RTCP XR?

- *Loss RLE RB* (RLE: Run Length Encoding) enthält die Angaben über Paketverluste,
- *Duplicate RLE RB* übermittelt die Angaben über Paketduplikate;
- *Statistic Summary RB* enthält verschiedene Statistiken.
- *VoIP Metrics RB* wurde eingeführt, um verschiedene Parameter über die VoIP-Qualität (als VoIP-Metriken bezeichnet) zu übermitteln. In diesem RB ist es u.a. möglich, die Häufungen von Paketverlusten und Paketduplikaten mit Sprache näher zu charakterisieren.

Weil die audiovisuelle Kommunikation über IP-Netze – insbesondere über `Next Generation IP-Networks` – immer mehr an Bedeutung gewinnt, ist RTCP XR zukünftig unabdingbar. Eine fundierte Darstellung von RTCP XR findet man in [Bad10].

## 6.4 Das Protokoll SIP

SIP als Signalisierungsprotokoll

Mit SIP (*Session Initiation Protocol*) ist es möglich, eine Session (Sitzung) für die Übermittlung von Echtzeitmedien, wie Audio oder Video, zwischen kommunizierenden Rechnern über ein IP-Netz aufzubauen. Diese Session kann sogar mehrere logische Kanäle enthalten, über die mehrere Echtzeitmedien mithilfe von RTP (*Real-time Transport Protocol*) parallel transportiert werden. SIP dient daher u.a. als *Signalisierungsprotokoll* bei VoIP und IP-Videotelefonie.

Rasante SIP-Entwicklung

**Bemerkung**: Als SIP im März 1999 in RFC 2543 veröffentlicht wurde, konnten seine Entwickler sich nicht vorstellen, dass es später einer so breiten Palette verschiedener audiovisueller Anwendungen zugrunde liegen würde. Schon Juni 2002 wurde eine erweiterte SIP-Kernspezifikation als RFC 3261 veröffentlicht und seitdem eine Unmenge von Internet-Standards, die SIP betreffen. SIP gehört heute zu den wichtigsten Internetprotokollen. Im Jahr 2014 gab es ca. 230 RFC, die in irgendeiner Form SIP betrafen. Insbesondere RFC 3261 wurde bereits durch ca. 15 RFC erweitert.

### 6.4.1 SIP und Transportprotokolle

Das SIP ist ein Anwendungsprotokoll, das im Schichtenmodell der IP-Netze der Schicht 5 zuzuordnen ist. Abb. 6.4-1 illustriert dies und zeigt auch die Einsatzmöglichkeiten verschiedener Transportprotokolle – der Schicht-4-Protokolle also – für den Transport von SIP-Nachrichten.

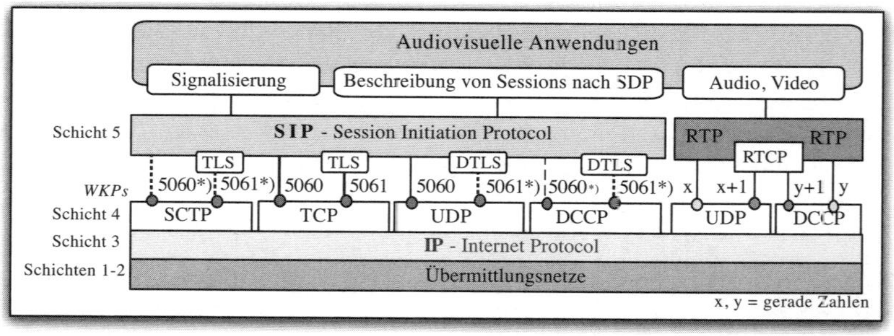


**Abb. 6.4-1:** SIP im Schichtenmodell und der Einsatz verschiedener Transportprotokolle
DCCP: Datagram Congestion Control Protocol, DTLS: Datagram TLS,
SDP: Session Description Protocol, TLS: Transport Layer Security,
WKP: Well-known Port. *) Dieser Port ist noch nicht bei IANA registriert, sondern wird nur in RFC bzw. in Internet-Drafts genannt.

Bei der Entwicklung von SIP war ursprünglich (noch im Jahr 1999) vorgesehen, dass es das unzuverlässige und verbindungslose Transportprotokoll UDP nutzen sollte. Daher verfügt SIP über eigene und einfache Mechanismen, um seine Nachrichten über ein IP-

Netz zuverlässig zu übermitteln. Im Vergleich zum TCP-Einsatz verläuft der Aufbau einer Session bei der Nutzung von UDP effizienter und viel schneller.

SIP über UDP, TCP, SCTP und DCCP

**Bemerkung**: Im Laufe der Zeit stellte sich aber heraus, dass es bei einigen Anwendungen – wie z.B. bei *Unified Messaging* bzw. zwischen verschiedenen VoIP-Anbietern – sinnvoll ist, für das SIP das zuverlässige und verbindungsorientierte Transportprotokoll TCP zu nutzen. Die SIP-Spezifikation in RFC 3261 sieht demzufolge die Nutzung von UDP und TCP vor. Der offizielle Well-known Port von SIP bei UDP und bei TCP ist `5060`. An dieser Stelle ist aber hervorzuheben, dass SIP standardmäßig UDP nutzt. In RFC 4168 wurde der Einsatz des Transportprotokolls SCTP für SIP – also *SIP over SCTP* – spezifiziert. Nach der Veröffentlichung des verbindungslosen Transportprotokolls DCCP (*Datagram Congestion Control Protocol*) mit Unterstützung der Überlastkontrolle im RFC 4340 (März 2006) wurde die Idee verfolgt, *SIP over DCCP* zu ermöglichen. Somit lässt sich SIP heute über alle Transportprotokolle implementieren.

Der bei IANA registrierte Well-known Port von SIP ist sowohl bei UDP als auch bei TCP `5060`. Den Port `5060` auch für SIP über DCCP und über SCTP zu verwenden, ist zwar vorgesehen, aber bei IANA noch nicht registriert.

SIP over TLS als SIPS

Um den Verlauf von SIP vor bösartigen Angriffen zu schützen, kann SIP über das Protokoll TLS (*Transport Layer Security*) auf Dienste der Transportschicht zugreifen. Bei dieser Lösung spricht man auch von SIP over TLS oder SIPS (*SIP Security*). Ursprünglich war vorgesehen, dass das Sicherheitsprotokoll TLS das verbindungsorientierte Transportprotokoll TCP nutzen würde. TLS kann aber ebenso das Transportprotokoll SCTP verwenden. Es ist also zwischen zwei Möglichkeiten für SIPS – als *SIP over TLS* – zu unterscheiden, nämlich

- SIPS über TCP (bereits in RFC 3261 spezifiziert) und
- SIPS über SCTP (siehe hierfür RFC 4168).

**Bemerkung**: Der Well-known Port von SIPS bei TCP ist `5061`. Für SIPS bei SCTP ist der Port `5061` in Internet-Drafts genannt, aber bei IANA noch nicht registriert.

SIP over DTLS – bisher nur als Idee

TLS kann auch (in modifizierten Form) über die verbindungslosen Transportprotokolle UDP und DCCP eingesetzt werden (RFC 4347). Wie SIP über DTLS erfolgen kann, beschreibt lediglich der Internet-Draft `https://tools.ietf.org/html/draft-jennings-sip-dtls-05`. SIP over DTLS kann sowohl beim Einsatz von UDP als auch von DCCP erfolgen. Mit SIP über DTLS und mit DTLS über UDP – was als *SIPS over UDP* zu bezeichnen wäre – entsteht die Möglichkeit, den standardmäßigen SIP-Verlauf über UDP zu sichern. Bisher wurde bei IANA noch kein Well-known Port für SIP mit DTLS über UDP bzw. über DCCP registriert.

### 6.4.2 Eigenschaften des Protokolls SDP

Bei SIP werden ankommende Anrufe bei IP-Videotelefonie signalisiert, und zwischen zwei Videotelefonen wird eine Session für audiovisuelle Kommunikation aufgebaut. Digitalisierte Medien wie Audio/Sprache und Video können unterschiedlich codiert werden. Deshalb muss man sicherstellen, dass die kommunizierenden Videotelefone die gleiche Codierungsart, d.h. die gleichen 'Medienformate' unterstützen. Um die Art der Codierung von Audio und Video zwischen Videotelefonen auszuhandeln, wird das Protokoll SDP (*Session Description Protocol*) verwendet, das als Bestandteil vom SIP angesehen werden kann.

SMTP, HTTP und SIP sind ähnlich

SIP definiert bestimmte Nachrichten für den Auf- und Abbau von Sessions. Da SIP in Anlehnung an andere Internetprotokolle, nämlich SMTP (für Übermittlung von E-Mails) und HTTP (für die Übermittlung von Hypertext), entwickelt wurde, verwendet SIP auch ähnlich wie diese textbasierte Nachrichten. Auch die SIP-Adressen sind ähnlich wie E-Mail-Adressen aufgebaut [Abb. 6.4-3].

Für eine detaillierte Darstellung der Struktur von SIP-Nachrichten möchten wir verweisen auf: `http://www.in2eps.com/fo-sip/tk-fo-sip-ex3261.html`.

Die wichtigsten Besonderheiten von SIP sind:

Request/Response-Prinzip

- SIP funktioniert nach dem *Request/Response-Prinzip*. Ein Rechner – als Initiator der Kommunikation – sendet an einen anderen Rechner (seinen Kommunikationspartner) eine SIP-Nachricht als `Request`. Dieser antwortet dem Initiator mit einer SIP-Nachricht als `Response`. Daher spricht man auch von *SIP-Request* und von *SIP-Response*. Das Request/Response-Prinzip entspricht weitgehend dem Client/Server-Prinzip, sodass man in diesem Zusammenhang von SIP-Client und von SIP-Server spricht. Es sei angemerkt, dass SIP-Server in der Regel als sog. *SIP-Proxy* dient [Abb. 6.4-2].

URI als SIP-Adresse

- Die Teilnehmer werden bei SIP über einen SIP-URI (*Uniform Resource Identifier*) adressiert. Ein SIP-URI (SIP-Adresse) ähnelt einer E-Mail-Adresse [Abb. 6.4-3]. Die Nutzung von URIs zur Adressierung der IP-Telefone hat einen enormen Vorteil: Ein Benutzer kann nämlich in seiner (DNS-)Domain, die sich über die ganze Welt erstrecken kann, wie ein 'Nomade' jeden Rechner als sein IP-Telefon nutzen. Daher spricht man auch von nomadischer Internet-Nutzung (*Roaming*).

Nutzung von DNS

- Dank der Nutzung von URIs zur Adressierung erfolgt die Ermittlung von IP-Adressen bei der IP-Telefone mit SIP über das DNS, was im Vergleich zu VoIP mit H.323 ein unschätzbarer Vorteil ist und entscheidend zur Akzeptanz von SIP beigetragen hat.

SIP und Sicherheit

- Um die Sicherheit der Kommunikation garantieren zu können, wurden mehrere Erweiterungen zu SIP vorgeschlagen (RFC 3329, 4474, 4538, 4916, 5009, 5363 und 6216). SIP ermöglicht u.a. eine gegenseitige Authentisierung kommunizierender Rechner.

Supplementary Services

- Mit SIP lassen sich verschiedene ergänzende Dienstmerkmale – sog. *Supplementary Services* – bei VoIP realisieren. Zu diesen gehören u.a. Anrufumleitung (*Call Transfer*), Anrufweiterleitung (*Call Forwarding*), das Halten einer Verbindung (*Call Hold*). Hierfür wurden verschiedene Erweiterungen von SIP in mehreren RFC spezifiziert. Eine Umleitung der Anrufe - bei 'Besetzt' oder bei Abwesenheit des angerufenen Teilnehmers - ist mit SIP ebenfalls möglich. Für detaillierte Informationen über *Supplementary Services* bei VoIP mit SIP sei verwiesen auf [Bad10].

## 6.4.3 Aufbau von SIP-Adressen

SIP-URI als SIP-Adresse

Um einen Benutzer zu einer audiovisuellen Kommunikation 'einzuladen', muss er entsprechend adressiert werden. Bei SIP erfolgt dies mittels sog. SIP-URIs (*Uniform Resource Identifier*). Ein SIP-URI stellt somit eine SIP-Adresse dar. SIP gehört inzwischen zu den wichtigsten Internetprotokollen und wird nicht nur für VoIP eingesetzt, sondern z.B. auch für *IPTV*, *Presence Services*, *Instant Messaging* und *Collaboration Services*. Dies hat die Struktur von SIP-URI stark beeinflusst.

Wichtige Arten von SIP-URIs

**Beispiele**: Ein SIP-URI kann daher beispielsweise folgende Struktur haben[9]

- `sip:user@domain`
  Beispielsweise stellt `sip:bob@xyz.de` die Adresse des Benutzers `Bob`, genauer gesagt seines IP-Videotelefons, in der Internet-Domain `xyz.de` dar. Ein SIP-URI mit dieser Struktur wird oft verwendet und entspricht vollkommen einer E-Mail-Adresse. Ein SIP-URI dieser Art identifiziert nicht nur einen Benutzer an einem IP-Videotelefon, sondern auch einen Benutzer in einer Internet-Domain. Wie im Weiteren gezeigt wird [Abb. 6.4-2], muss ein sog. SIP-Proxy in der entsprechenden Domain installiert werden, um die Nutzung von SIP-URIs mit dieser Struktur zu ermöglichen.
- `sip:user@hostname`
  Beispielsweise bedeutet `sip:bob@sonne.xyz.de`, dass der Rechner mit dem Hostnamen `sonne` in der Domain `xyz.de` als IP-Videotelefon des Benutzers `Bob` dient. Bei der Nutzung von SIP-URIs mit dieser Struktur entfällt der SIP-Proxy.
- `sip:user@hostname;transport=tcp`
  Mit diesem URI wird zusätzlich im Vergleich zum SIP-URI `sip:bob@sonne.xyz.de` gesagt, dass der Rechner `sonne` in der Domain `xyz.de` für die Übermittlung von SIP-Nachrichten das Transportprotokoll TCP verwendet.
- `sip:phone-number@hostname`
  Beispielsweise besagt `sip:1234@sonne.xyz.de`, dass ein Benutzer mit der Rufnummer `1234` am Rechner mit dem Hostnamen `sonne` in der Domain `xyz.de` erreichbar ist.
- `sip:user@ipv4address`
  Mit `sip:bill@192.0.2.3` wird besagt, dass der Benutzer `Bill` den Rechner mit der IP4-Adresse `192.0.2.3` als sein IP-Videotelefon nutzt. Diese Art von SIP-URIs ist für kleine, 'familiäre' Netzwerke (ohne eigenen DNS-Server) gut geeignet.

Aus diesen Beispielen geht hervor, dass das Adressierungsschema von SIP an das Konzept der Adressierung im Internet angepasst ist und DNS für die Ermittlung der SIP-Zieladressen eingesetzt werden kann.

SIPS-URIs

Wie bereits in Abb. 6.4-1 zum Ausdruck gebracht, kann SIP auch das Protokoll TLS (*Transport Layer Security*) nutzen, sodass ein verbindungsorientiertes Transportprotokoll TCP oder SCTP für den Transport von SIP-Nachrichten eingesetzt wird. Diese SIP-Variante bezeichnet man als SIPS (*SIP Security*). Bei SIPS werden aber die sog. SIPS-URIs verwendet. Ein SIPS-URI hat die gleiche Struktur wie ein SIP-URI, beginnt aber nicht mit `sip:`, sondern immer mit `sips:`.

**Beispiel**: Die SIPS-URIs sind: `sips:bob@xyz.de`, `sips:bob@sonne.xyz.de`, `sips:phone-number@hostname`.

Zwar ist der Aufbau einer SIP-URI und SIPS-URI praktisch gleich, dennoch handelt es sich hier um verschiedene Protokolle, was mit `sip` und `sips` verdeutlicht wird. Die beiden URI-Arten werden u.a. in der ersten Zeile des SIP-Request `INVITE`, mit dem eine VoIP-Verbindung initiiert wird, angegeben.

**Bemerkung**: Im weiteren Verlauf dieses Abschnittes, wo dies zu keinen Missverständnissen führen kann, werden URIs auch in der vereinfachten Form, d.h. ohne '`sip:`' bzw. '`sips:`' im Text bzw. in den Abbildungen geschrieben.

---

[9] Unter `http://www.in2eps.com/fo-abnf/tk-fo-abnf-sipuri.html` findet man detaillierte Informationen über SIP-URIs.

### 6.4.4 Funktion eines SIP-Proxy bei der IP-Videotelefonie

Innerhalb einer Domain werden IP-Videotelefone (kurz Videotelefone) oder andere audiovisuelle Endeinrichtungen oft mit SIP-URIs adressiert, die den folgenden Aufbau besitzen:

```
sip:user@domain
```

Im Teil `domain` wird der vollständige Name (FQDN) der Domain eingetragen, in der sich das Ziel einer initiierten Session befindet. Der Teil `user` enthält die Identifikation des Videotelefons eines Benutzers innerhalb der betreffenden Domain, welches das Ziel des Anrufs ist. Beispielsweise kann der SIP-URI `sip:bob@xyz.de` dem Videotelefon des Benutzers *Bob* in der Domain `xyz.de` als SIP-Adresse zugeteilt werden. Diese Struktur von SIP-URI entspricht der einer E-Mail-Adresse.

Notwendigkeit von Proxies

Wie Abb. 6.4-2 zum Ausdruck bringt, entsteht beim Einsatz von SIP-URIs für die Adressierung eines Videotelefons ein Problem. Und zwar muss ein SIP-URI auf die IP-Adresse des Rechners mit einem Soft-Videotelefon bzw. auf die IP-Adresse eines Videotelefons als separate Hardwarekomponente abgebildet werden. Hierfür muss man einen speziellen Server in der Domain installieren, der in der betreffenden Domain als Vertretung von Rechnern bzw. von anderen Endeinrichtungen, die als Videotelefone fungieren, dient. Diesen speziellen Server bezeichnet man als *SIP-Proxy*, der vor allem bei VoIP mit SIP zum Einsatz kommt. Ein SIP-Proxy z.B. in der Domain `abc.de` dient als Vertreter aller Rechner, die in dieser Domain als Videotelefone mit SIP dienen. Ein SIP-Proxy wird oft in einem SIP-Server untergebracht.

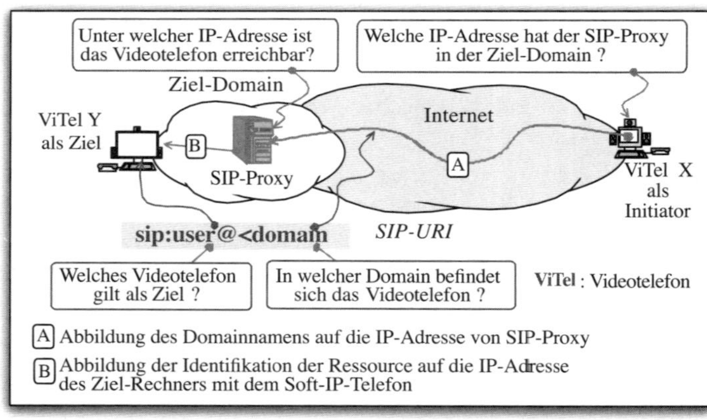


**Abb. 6.4-2:** Einsatz von SIP-URI für die Adressierung bei der IP-Videotelefonie

Ermittlung der IP-Zieladresse

**Beispiel**: Die Ermittlung [Abb. 6.4-2] der IP-Zieladresse eines Rechner mit Videotelefon bei bekannter SIP-URI IP-Adresse wird in zwei Schritten durchgeführt [Abb. 6.4-3] :

[A] Zunächst wird per DNS-Lookup[10] aus dem Namen der Domain in der SIP-URI die IP-Adresse des SIP-Proxy bezogen, sodass der SIP-Proxy quasi als Zwischenstation bei der Kommunikation zwischen Videotelefonen dient.

[B] Anschließend wird über den SIP-Proxy und die Angabe `user` in der SIP-URI die für die Videotelefonie notwendige IP-Adresse des Zielrechners ermittelt, um das Kommunikationsziel zu erreichen.

Domeinweite Benutzermobilität

Die Adressierung von Videotelefonen mit SIP-URIs besitzt – im Vergleich zum Einsatz von URLs (*Uniform Resource Locator*) bei Webanwendungen – einen wesentlichen Vorteil: Da im SIP-URI `sip:user@domain` der Rechnername (*Hostname*) nicht angegeben wird, sondern nur der Domainname und die Identifikation eines Videotelefons, kann sich dieses (also *Soft-Videotelefon*) auf jedem beliebigen Rechner innerhalb der betreffenden Domain befinden. Auf welchem Rechner das Soft-Videotelefon eines Benutzers aktuell installiert ist, kann man im SIP-Proxy bzw. auf einem anderen Server, z.B. auf einem *Location-Server*, entsprechend eintragen. So erreicht man mit SIP bei IP-Videotelefonie eine domainweite Mobilität von Benutzern.

## 6.4.5 Trapezoid-Modell von SIP

Im Allgemeinen verläuft die Signalisierung bei IP-Videotelefonie zwischen zwei Domains nach SIP entlang eines *Trapezoids*, sodass man auch vom *SIP-Trapezoid* spricht und was Abb. 6.4-3 zum Ausdruck bringt.

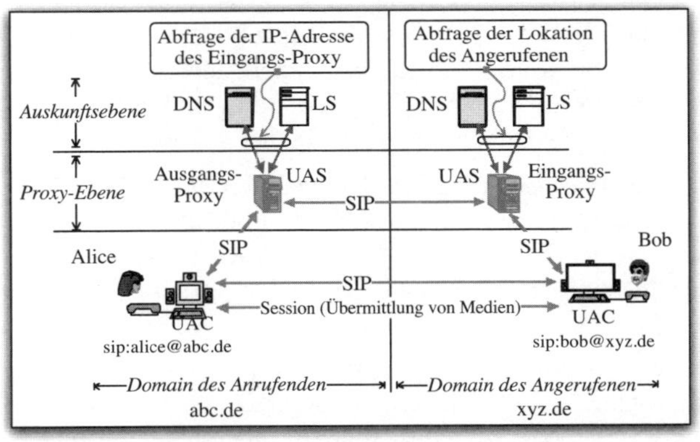


**Abb. 6.4-3:** Darstellung des SIP-Verlaufs in Form eines SIP-Trapezoid-Modells [11]
LS: Location-Server, UA: User Agent, UAC: UA Client, UAS: UA Server

UAC und UAC

Im Trapezoid-Modell des SIP-Verlaufs sind zwei Ebenen hervorzuheben: Proxy-Ebene und Auskunftsebene. Alle Instanzen – wie Videotelefone und Server – mit SIP werden im Allgemeinen *User Agent* (UA) genannt. Ein Agent kann entweder als Client oder als

[10] Die Abbildung vom Namen einer Domain auf die IP-Adresse ihres SIP-Proxy erfolgt im DNS [RFC 2052] mittels des Resource Record (RR) vom Typ SRV (*SeRVer location*). Hierfür wird zuerst der SRV-RR abgefragt, womit man den Hostnamen des SIP-Proxy bestimmt. Danach wird der RR vom Typ A mit der IP-Adresse des SIP-Proxy abgefragt. Dies erfolgt nach dem Schema: Domainname ⇒ SVR-RR ⇒ SIP-Proxy-Name ⇒ A-RR ⇒ IP-Adresse.

[11] In fast allen SIP-betreffenden RFC werden der Anrufer *Alice* und der Angerufene *Bob* genannt. Daher verwenden wir diese Namen auch hier.

Server fungieren. Initiiert ein UA einen Anruf, fungiert er als *User Agent Client* (UAC); empfängt ein UA einen Anruf, dient er als *User Agent Server* (UAS).

Initiieren einer Session mit `INVITE`

Eine neue Session für audiovisuelle Kommunikation wird immer mit der SIP-Nachricht `INVITE` initiiert, in der die SIP-Adresse des Ziels (in Abb. 6.4-3 ist das `sip:bob@xyz.de`) enthalten ist. Mit einem SIP-URI identifiziert man einen Zielrechner am IP-Netz beim Aufbau einer Session zu ihm. Ein Zielrechner am IP-Netz wird aber mit einer IP-Adresse adressiert. Da in der Domain des Angerufenen ein SIP-Proxy eingesetzt wurde und dieser als Eingangs-Proxy dient, d.h. als Vertretung aller Endeinrichtungen mit SIP nach außen hin, muss `INVITE` zuerst an ihn weitergeleitet werden. Hierfür muss aber erst die IP-Adresse des Eingangs-Proxy auf der Basis von SIP-URI `sip:bob@xyz.de` über das DNS gefunden werden.

Ermittlung der IP-Adresse von SIP-Proxy

**Bemerkung**: Um bei DNS die IP-Adresse des SIP-Proxy in der Domain`xyz.de` abzurufen, werden zunächst das Transportprotokoll für SIP und der Name des SIP-Proxy ermittelt (Abschnitt 4.8.3): Eine NAPTR-Query wird gestartet. Danach erfolgt eine `SRV-Query`. Ihr Ergebnis ist der Name (also z.B. `sipproxy.xyz.de`) des SIP-Proxy in `xyz.de`. Daraufhin wird die IP-Adresse des Rechners mit dem Namen `sipproxy.xyz.de` mit einer A-Query abgefragt. Hierfür wird der diesem Rechnernamen entsprechende RR vom Typ A im DNS-Server der Domain `xyz.de` genutzt.

Ausgangs-Proxy

In Abb. 6.4-3 ist der Rechner von *Alice* der Initiator der Session zu *Bob*. Beim Initiieren einer neuen Session zu einem Ziel außerhalb der eigenen Domain wird eine SIP-Nachricht `INVITE` mit dem SIP-URI des Ziels an den SIP-Proxy übergeben; diese SIP-Nachricht muss er weiterleiten. Daher kann man diesen SIP-Proxy als Ausgangs-Proxy betrachten. Hat der Rechner von *Alice* `INVITE` mit dem SIP-URI `sip:bob@xyz.de` an den SIP-Proxy in der Domain `abc.de` abgeschickt und ist diese dort eingetroffen, muss dieser nun `INVITE` an den SIP-Proxy in der Domain `xyz.de` mit dem Rechner von *Bob* übergeben, wozu er zunächst die IP-Adresse des SIP-Proxy in dieser Domain über das DNS ermittelt.

Eingangs-Proxy

Wie Abb. 6.4-3 illustriert, richtet der SIP-Proxy aus der Domain des Anrufenden hierfür eine Anfrage an einen entsprechenden DNS-Server mit dem Namen `xyz.de` der Domain des Angerufenen. Hat der SIP-Proxy aus der Domain des Anrufenden die IP-Adresse vom DNS bereits erhalten, leitet er `INVITE` mit SIP-URI `sip:bob@xyz.de` an den SIP-Proxy in der Domain `xyz.de` weiter.

Location-Server und dessen Bedeutung

Wie bereits hervorgehoben, ermöglicht der Einsatz von SIP-Proxies in einer Domain uneingeschränkte Mobilität innerhalb dieser Domain, sodass z.B. der SIP-URI `sip:bob@xyz.de` (fast) jedem Rechner mit SIP innerhalb der Domain `xyz.de` zugewiesen werden kann. Daher muss der SIP-Proxy der Domain des Angerufenen die IP-Adresse des Rechners, den *Bob* aktuell als SIP-Endeinrichtung nutzt, ermitteln, um die SIP-Nachricht `INVITE` an diesen Rechner übergeben zu können. Um diese Mobilität zu unterstützen, wird ein Location-Server eingesetzt. Bei ihm kann der Eingangs-Proxy die aktuelle Lokation des Angerufenen, in Abb. 6.4-3 die IP-Adresse des Rechners von *Bob*, abfragen und danach `INVITE` an diesen Rechner übergeben.

Hat `INVITE` den Rechner des Angerufenen erreicht und die gewünschte Session kann zustande kommen, wird dies dem Angerufenen akustisch durch Klingeln (*Ringing*) signalisiert und dem Rechner von *Alice* mit der SIP-Nachricht `180 Ringing` angezeigt. Diese Nachricht wird über die beiden SIP-Proxies übermittelt. Nachdem die Session aufgebaut wurde, kann sie direkt zwischen den beiden Rechnern – also von *Alice* und

*Bob* – verlaufen. Die Übermittlung von SIP-Nachrichten kann zwischen diesen Rechnern auch direkt stattfinden. Abb. 6.4-3 bringt dies zum Ausdruck.

## 6.4.6 Unterstützung der Benutzermobilität bei SIP

Von großer Bedeutung bei Videotelefonie ist die *Session-Weiterleitung* (*Session Forwarding*). Sie lässt sich relativ einfach realisieren und bietet die Möglichkeit, alle Sessions für audiovisuelle Kommunikation weltweit und auch mehrfach von einer Domain zu anderen weiterzuleiten. Der Angerufene kann mit einem tragbaren Videotelefon weltweit mobil und trotzdem überall auf der Erdkugel unter der gleichen Rufnummer bzw. SIP URI erreichbar sein. Mobilität dank der Session-Weiterleitung

Wie die Unterstützung der Benutzermobilität bei SIP erfolgen kann, zeigt Abb. 6.4-4. Das in Abb. 6.3-3 dargestellte SIP-Trapezoid-Modell gilt auch hier, wird jedoch beträchtlich erweitert.

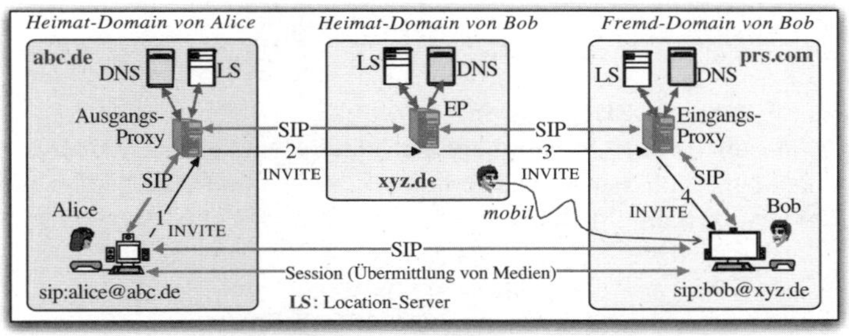


**Abb. 6.4-4:** Benutzermobilität mit SIP - erweitertes SIP-Trapezoid-Modell

> **Beispiel**: In Abb. 6.4-4 ist der Benutzer *Bob* mit dem SIP-URI `sip:bob@xyz.de` in der Domain `xyz.de` registriert (d.h. beheimatet). Die Domain `xyz.de` kann als seine Heimat-Domain angesehen werden. Die Domain `abc.de` ist die Heimat-Domain von *Alice* mit ihrem SIP-URI `sip:alice@abc.de`.
>
> Wie Abb. 6.4-4 zeigt, hat *Bob* seine Heimat-Domain`xyz.de` verlassen und hält sich aktuell in der Fremd-Domain `prs.com` auf. Um hier erreichbar zu sein, hat Bob in seiner Heimat-Domain im SIP-Registrar, der ein integraler Bestandteil des Location-Servers ist, durch die Eintragung des vollständigen Namens der Fremd-Domain die Information hinterlassen, dass er sich in der Domain `prs.com` aufhält. So hat *Bob* ein Session Forwarding vom SIP-Proxy seiner Heimat-Domain `xyz.de` zum SIP-Proxy der Fremd-Domain `prs.com` aktiviert. Eintragung im Registrar
>
> Sollte *Bob* die Fremd-Domain `prs.com` verlassen und in eine andere Fremd-Domain hineingehen, so muss er, um in der neuen Fremd-Domain ebenso erreichbar zu sein, nur die vorher im SIP-Registrar seiner Heimat-Domain eingerichtete *Session Forwarding* durch den Eintrag eines neuen Domainnamens aktualisieren.
>
> Abb. 6.4-4 soll auch die ersten Schritte beim Aufbau einer Session zwischen dem Videotelefon von *Alice* und dem Videotelefon von *Bob* erläutern. Es wurde angenommen, dass die Session des Videotelefons von *Alice* durch das Absenden der SIP-Nachricht `INVITE` mit SIP-URI `sip:bob@xyz.de` von *Bob* an den SIP-Proxy (1) initiiert wird. Der SIP-Proxy ermittelt dann über das DNS die IP-Adresse des SIP-Proxy der Heimat-Domain `xyz.de` von *Bob* und leitet anschließend `INVITE` an diesen SIP-Proxy weiter (2). Session-Weiterleitung

Der SIP-Proxy von *Bobs* Heimat-Domain fragt nun beim Location-Server nach dem 'aktuellen' Rechner von *Bob*. Hat *Bob* in seiner Heimat-Domain bereits die Session-Weiterleitung in die Fremd-Domain `prs.com` eingerichtet, erhält der SIP-Proxy von *Bobs* Heimat-Domain nun den Namen der Fremd-Domain `prs.com`, um die Session dorthin weiterzuleiten. Somit ermittelt der SIP-Proxy von *Bobs* Heimat-Domain über das DNS die IP-Adresse des SIP-Proxy der Domain `prs.com` und übergibt `INVITE` an ihren SIP-Proxy (3).

Hat der SIP-Proxy der Fremd-Domain `prs.com` die Nachricht `INVITE` mit dem SIP-URI `sip:bob@xyz.de` von Bob empfangen, fragt er beim Location-Server nach dem Namen des Rechners, den *Bob* aktuell nutzt, sucht seine IP-Adresse per DNS-Lookup und leitet danach `INVITE` an *Bobs* Rechner. Damit hat die Nachricht `INVITE` das Ziel der Session erreicht und die Beschreibung ihrer Route, d.h. über welche Proxies sie übermittelt wurde, mitgebracht. Somit können die weiteren SIP-Nachrichten zwischen Rechnern von *Bob* und von *Alice* entlang dieser Route übermittelt werden, um den Aufbau der Session fortzusetzen.

Kehrt *Bob* in seine Heimat-Domain zurück, muss er das zuvor im Location-Server eingerichtete *Session Forwarding* nur entsprechend deaktivieren.

### Verlauf einer typischen SIP-Session

Schauen wir uns nun den SIP-Verlauf beim Auf- und Abbau einer Session für die Videotelefonie genauer an. Abb. 6.4-5 illustriert diesen SIP-Verlauf. Die beiden Teilnehmer – *Alice* und *Bob* – nutzen ihre SIP-URIs als ihre Adressen.

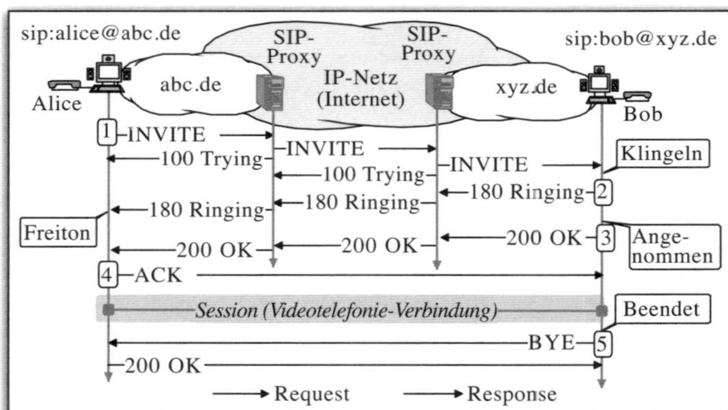


**Abb. 6.4-5:** SIP-Verlauf beim Auf- und Abbau einer Session zwischen zwei Videotelefonen in verschiedenen Domains

Request: `INVITE`

Eine audiovisuelle Session wird immer durch das Absenden einer SIP-Nachricht `INVITE` initiiert. `INVITE` enthält die Beschreibung der initiierten Session nach dem Protokoll SDP [Abb. 6.4-5]. Hierzu gehören u.a. notwendige Angaben, um feststellen zu können, ob die gewünschte Session zustande kommen kann. Dies bedeutet, dass die Kompatibilität beider Seiten überprüft werden muss, wie dies in Abschnitt 6.4.7 näher erläutert ist.

Der SIP-Verlauf beim Auf- und Abbau einer Session erfolgt in diesen Schritten:

Übermittlung von `INVITE`

- *Schritt 1*: Um eine Session zu initiieren, sendet das Videotelefon von *Alice* `INVITE` – als SIP-Request – mit *Bobs* SIP-URI `sip:bob@xyz.de` an den Proxy der Domain abc.de. Dieser Proxy ermittelt nun über das DNS die IP-Adresse des Proxy in der Domain xyz.de [Abb.6.4-2] und leitet INVITE an ihn weiter. Anschließend informiert er das IP-Telefon von *Alice* mit der SIP-Nachricht 100 Trying[12] als *SIP-Response*[13]. Nach dem Empfang von INVITE ermittelt der Proxy in der Domain xyz.de zuerst mittels des Location-Servers [Abb. 6.4-3] den Rechner, den *Bob* aktuell als sein Videotelefon nutzt, und anschließend über das DNS dessen IP-Adresse. Das Videotelefon von *Alice* sendet nun INVITE an das Videotelefon von *Bob* und bestätigt dies dem SIP-Proxy der Domain abc.de mit 100 Trying.

- *Schritt 2*: Falls das angerufene Videotelefon von Bob die ankommende Session annehmen kann, d.h. die beiden Videotelefone kompatibel sind, muss es in diesem Videotelefon klingeln. Damit wird der ankommende Anruf bei ihm akustisch signalisiert. Wenn es klingelt, antwortet das angerufene Videotelefon mit dem SIP-Response 180 Ringing, die zum Videotelefon von *Alice* entlang der Route von INVITE, d.h. über die beiden SIP-Proxies, übermittelt wird. Nach dem Empfang von 180 Ringing beim Videotelefon von *Alice* wird ein Freiton generiert. Somit erfährt *Alice*, dass das Videotelefon von *Bob* nicht besetzt ist. 180 Ringing
- *Schritt 3*: Hat *Bob* den Anruf angenommen, wird der SIP-Response 200 OK (*OKay*) entlang der Route von INVITE an das Videotelefon von Alice gesendet. 200 OK
- *Schritt 4*: Das Videotelefon von *Alice* bestätigt den Empfang von 200 OK mit der Nachricht ACK (*ACKnowledgement*), die einen SIP-Request darstellt. Mit dem Empfang von ACK beim Videotelefon von *Bob* ist der Aufbau der Session abgeschlossen. Die beiden Videotelefone sind nun so verknüpft, als ob zwei logische Kanäle, also einer für die Sprachübermittlung und der andere für die Videoübermittlung, zwischen ihnen aufgebaut wären. Weil die Übermittlung von Audio und Video über diese Kanäle nach dem Protokoll RTP verläuft, werden diese als RTP-Kanäle bezeichnet [Abb. 6.3-3]. ACK
- *Schritt 5*: Die bestehende Session kann von beiden Seiten beendet werden. In Abb.6.4-5 wird der Abbau der Session vom *Bobs* Videotelefon durch Absenden der SIP-Nachricht BYE veranlasst. Hat das Videotelefon von *Alice* BYE empfangen, bestätigt es dies mit 200 OK. Mit dem Empfang von 200 OK beim Videotelefon von *Alice* wird die Session beendet. BYE

Eine Darstellung des SIP-Verlaufs und den Aufbau von SIP-Nachrichten findet man unter: http://www.in2eps.com/fo-sip/tk-fo-sip-ex3261.html

### 6.4.7 Beschreibung von Sessions mittels SDP

Um die Eigenschaften einer audiovisuellen Session zwischen kommunizierenden Rechnern vereinbaren zu können, ist ein Protokoll nötig, nach dem sich die beiden Rechner auf die Modalitäten der Kommunikation verständigen können; SDP (*Session Description Protocol*) ist ein solches Protokoll. Mittels des SDP ist der Initiator der Kommunikation in der Lage, seinem Kommunikationspartner die Eigenschaften der von ihm gewünschten Session genau zu spezifizieren. SDP ist also ein Protokoll für die formale Beschreibung

Was ermöglicht SDP?

[12] Da SIP das unzuverlässige UDP nutzt, werden mit 100 Trying zwei Ziele erreicht: Der Empfänger von 100 Trying wird einerseits darüber informiert, dass seine Nachricht INVITE empfangen wurde (als Ersatz für die fehlende Bestätigung bei UDP), und andererseits, dass die Session durch Absenden von INVITE an den nächsten SIP-Proxy weitergeleitet wurde.

[13] Ob eine SIP-Nachricht als Request oder als Response betrachtet werden soll, erkennt man daran, dass jede Response immer mit einer Nummer beginnt, z.B. 100 Trying, 180 Ringing.

von *Sessions*. Mit SDP können verschiedene Arten von audiovisuellen Sessions – also sowohl *Punkt-zu-Punkt*- als auch *Multipoint-Sessions* – einheitlich und formal beschrieben werden.

Spezifikation von SDP

Die erste Version von SDP wurde im April 1998 in RFC 2327 veröffentlicht. Bereits im Juni 2002 wurde diese SDP-Version durch die Spezifikation in RFC 3266 ergänzt. Da SDP ein Bestandteil von SIP ist, hat die SIP-Weiterentwicklung auch die Entwicklung von SDP vorangetrieben, sodass bereits ca. 60 RFC diversen Erweiterungen von SDP gewidmet sind. Im Juli 2006 wurde die SDP-Spezifikation in RFC 3266 durch die neue Spezifikation in RFC 4566 ersetzt. Unter `http://www.in2eps.com/fo-abnf/tk-fo-abnf-sdp.html` findet man eine kompakte und formale Darstellung von SDP.

### Allgemeines Konzept von SDP

Abb. 6.3-6 veranschaulicht den Einsatz des SDP beim Aufbau einer audiovisuellen Session. Hier können die beiden Rechner nicht nur als IP-Videotelefone dienen, sondern auch als beliebige audiovisuelle Endeinrichtungen, beispielsweise als audiovisuelle Endeinrichtungen am 'Internet der Dinge' (*Internet of Things*).

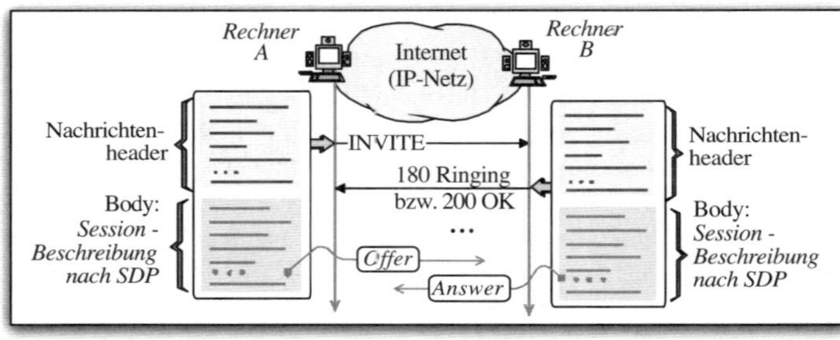


**Abb. 6.4-6:** Typischer SDP-Einsatz – hier beim Initiieren einer neuen Session mit SIP

**Beispiel**: In dem hier gezeigten Beispiel initiiert Rechner *A* durch das Absenden von `INVITE` an Rechner *B* eine Session für IP-Videotelefonie. Dieser SIP-Request setzt sich aus zwei Teilen zusammen. Der erste Teil stellt einen Header in Form mehrerer Zeilen als Header-Felder dar, der nach dem Protokoll SIP aufgebaut wird. Der zweite Teil (auch in Form von mehreren Zeilen) wird nach dem Protokoll SDP strukturiert und als *Message-Body* (kurz *Body*) bezeichnet; hier werden die Eigenschaften der gewünschten Session nach SDP beschrieben[14].

Kann Rechner *B* die ankommende Session annehmen, d.h. er kann die von Rechner *A* geforderten Besonderheiten der Session seinerseits gewährleisten, antwortet Rechner *B* dem Initiator der Session – also Rechner *A* – mit einem SIP-Response `180 Ringing` bzw. `200 OK`. Im Body dieses Response beschreibt Rechner *B* ebenfalls die Session, nun aber seinerseits. Auf diese Weise teilt er dem Initiator der Session mit, also dem Rechner *A*, welche Anforderungen, die sich auf die Eigenschaften/Besonderheiten der Session beziehen, er erfüllen/akzeptieren kann.

Offer-Answer-Modell

Wie Abb. 6.3-6 zeigt, signalisiert Rechner *A* seinem Kommunikationspartner Rechner *B* mit der Offerte (*Offer*), eine Session mit bestimmten Eigenschaften aufbauen zu wollen. Nachdem Rechner *B* überprüft hat, ob er die von Rechner *A* gewünschten Eigenschaften

[14] In einigen SIP-Requests, z.B. in `SUBSCRIBE`, `NOTIFY` bei der Realisierung von Presence Services, enthält der Body-Teil von SIP-Nachrichten im XML-Format oft andere Angaben als Beschreibung einer Session.

der Session erfüllen kann, sendet er dem Rechner *A* eine Antwort (*Answer*), um ihm mitzuteilen, auf welche Art und Weise er seine Anforderungen erfüllen kann. Die Abstimmung von Eigenschaften einer Session verläuft also nach dem Modell: Offerte ⇔ Antwort (*Offer ⇔ Answer*). In diesem Zusammenhang spricht man vom *Offer-Answer-Modell* des Protokolls SDP (siehe hierzu RFC 3264 und 6157).

### Beschreibung einer multimedialen Session

In Abb. 6.4-6 wurde gezeigt, wie sich die Kommunikationspartner beim Aufbau einer multimedialen Session verhalten. Noch ist aber die Frage offen: Welche Angaben, teilen sich die beiden Kommunikationspartner gegenseitig mit, um die Eigenschaften der initiierten Session zu spezifizieren? Abb. 6.4-7 gibt die Antwort darauf.

Wie Abb. 6.4-7 zeigt, muss der Rechner *A* den Aufbau einer audiovisuellen Session mit zwei Medienkanälen $MC_1$, $MC_2$ zum Rechner *B* initiieren. Hierfür sendet er an den Rechner *B* den SIP-Request `INVITE`; in dessen Body beschreibt er als Offer die Eigenschaften der von ihm initiierten Session.

Für die Beschreibung einer Session werden u.a. folgende Angaben gemacht:

- **Initiator der Session**: `Login-Name` des Benutzers, der die Session initiiert.
- **Identifikation der Session**: Jede Session muss eine eindeutige `Identifikation` erhalten, um sie von den anderen Sessions unterscheiden zu können.
- **Name der Session**: Einer Session kann eine Bezeichnung zugeordnet werden, um damit auf das Ziel der Session zu verweisen.
- Die Angaben zur Beschreibung jedes **Media** und somit jedes **Media-Kanals**:
- **RTP-Port** als Endpunkt des Media-Kanals der Session. Falls der RTP-Port die Nummer `x` (`x` ist eine gerade Zahl) hat und der RTCP-Port anders als `x+1` sein soll, muss man dies dem Rechner *B* mitteilen.
- **Media-Typ** gibt an, um welches Media es sich handelt und wie es codiert (in welchem Format also) übermittelt wird. Da jedem bei IANA registrierten Format eines Media[15] eine eindeutige Nummer, als seine Identifikation, zugeordnet wurde, wird als Media-Typ nur die entsprechende Nummer angegeben; diese Nummer wird im RTP-Header als Angabe `PT` übermittelt [Abb. 6.3-5].

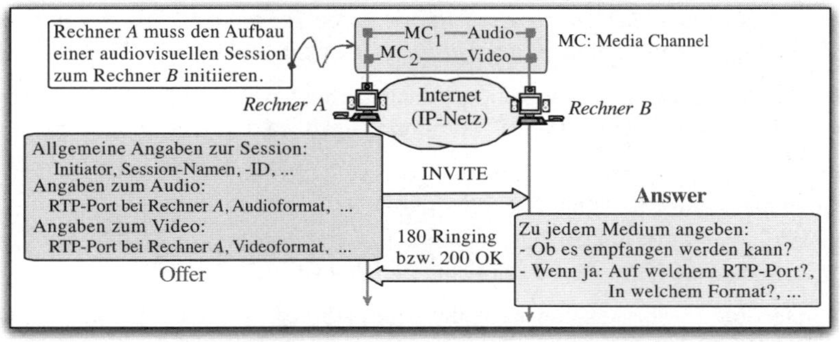


**Abb. 6.4-7:** Austausch von Angaben für die Beschreibung einer multimedialen Session

Modifikation einer Session

Mit SDP ist es auch möglich, eine bestehende Session zu modifizieren, ohne sie unterbrechen zu müssen. Beispiele hierfür sind u.a.:

- Hinzufügen, Entfernen oder Ändern von Parametern eines Media-Kanals,
- Ändern von RTP- und RTCP-Ports etc.

re-INVITE

Beim Aufbau einer Session mit SIP wird eine SDP-Offer im SIP-Request `INVITE` als Body übermittelt [Abb. 6.4-6]. Um eine bestehende Session zu modifizieren und hierfür eine neue SDP-Offer zu übermitteln, kann erneut der SIP-Request `INVITE` gesendet werden, der nun entsprechend identifiziert werden muss, damit er von bereits vorher gesendeten Requests `INVITE` unterschieden werden kann. Dieser erneute Request `INVITE` wird oft als `re-INVITE` bezeichnet. SDP-Offer kann ebenso während einer bestehenden Session in dem SIP-Request `UPDATE` übermittelt werden. Die Requests `re-INVITE` bzw. `UPDATE` werden in der Regel von der Gegenseite mit dem SIP-Response `200 OK` bestätigt, in dem eine *SDP-Answer* enthalten sein kann.

## 6.5 Multipath TCP (MPTCP)

Idee von MPTCP

MPTCP (*Multipath TCP)* beschreibt ein Konzept, nach dem das klassische verbindungsorientierte Transportprotokoll TCP um die Funktionalität *Multipathing*, d.h. um die Fähigkeit, Daten über parallele Paths transportieren zu können, erweitert wird. Zwei Rechner mit MPTCP können untereinander eine virtuelle MPTCP-Verbindung (*MPTCP Connection*) einrichten. Diese wird aus mehreren, über verschiedene Paths verlaufenden, als *Subflows* bezeichneten *TCP-Subverbindungen* gebildet. Die Anzahl von Subflows kann sich sogar während einer bestehenden MPTCP-Verbindung ändern; ein Subflow kann dynamisch hinzugefügt oder entfernt werden. Durch diese Möglichkeiten lässt sich eine beachtliche Verbesserung der Effizienz für die Internet-Kommunikation erzielen.

Use Case von MPTCP

Während Desktop-PCs und speziell natürlich auch Server in der Regel eine feste und im Wesentlichen dauerhafte Anbindung an das lokale Netz besitzen, sind besonders mobile Endgeräte wie Smartphones und Tablets häufig von stark schwankenden Netzanbindungen betroffen. Zudem haben diese Geräte mehrere aktive Interface für den Netzzugang: Eins für das WLAN (bevorzugt) und ein anderes für den Zugang über das Mobilfunknetz UMTS (*Universal Mobile Telecommunications System*) bzw. LTE (*Long Term Evolution*). Mobile Endgeräte sind also nicht nur *Multihomed*, sondern auch *Multilinked*.

Gerade für die Echtzeitkommunikation, so wie sie in den bisherigen Abschnitten dargestellt wurde, besteht der Bedarf, die Anwendung auch dann fortsetzen zu können,

- wenn ein Data-Link abbricht bzw. oder die TCP-Verbindung über IP neu aufgebaut werden muss, um z.B. von einem Provider zum anderen zu wechseln,
- den verfügbaren maximalen Datendurchsatz zu erzielen, falls beide Interfaces gemeinsam auf eine Ressource im Internet zugreifen können.

Die Herausforderung besteht nun darin, die Multipath TCP-Kommunikation so zu konstruieren, um weder für den Client noch für den Server eine Änderung des Socket-Interface notwendig zu machen, sodass der MPTCP-Dienst quasi transparent von den Applikationen genutzt werden kann. Dies wird durch eine zusätzliche *Aggregation-Layer* rea-

[15] Eine Auflistung aller bei IANA registrierten Formate verschiedener Media findet man unter `http://www.iana.org/assignments/sdp-parameters`.

lisiert, die auf der Betriebssystemseite über ein *logisches Interface* bereit gestellt wird [Abb. 6.5-2].

Die Transportschicht mit MPTCP stellt sich für die Applikationsschicht wie eine übliche TCP-Implementierung dar, die über einen Standard-Socket-Aufruf angesprochen werden kann. MPTCP ist eine Erweiterung von TCP, sodass ein Rechner mit MPTCP auch in der Lage ist, über eine klassische TCP-Verbindung zu kommunizieren, sodass sich MPTCP hierbei wie 'normales' TCP verhält. MPTCP kann somit als eine Erweiterung von TCP angesehen werden, um Daten parallel über mehrere Paths zu transportieren.

An der Entwicklung von MPTCP wird schon seit ca. 2009 intensiv gearbeitet, und alle Aktivitäten werden von der Working Group MPTCP der IETF koordiniert. Das Konzept und die Einsatzmöglichkeiten von MPTCP sind bereits in mehreren RFC spezifiziert; dem Konzept von MPTCP widmet sich insbesondere RFC 6824. Eine Implementierung von MPTCP für Linux ist bereits vorhanden [`http://www.multipath-tcp.org/`]. Für BSD-Unix gibt es Studien [`http://caia.swin.edu.au/urp/newtcp/mptcp/`, `http://www.bsdcan.org/2013/schedule/events/400.en.html`].

Entwicklung und Implementierung von MPTCP

Wir wollen nun das Konzept des Protokolls MPTCP erläutern und dessen Bedeutung sowie Einsatzmöglichkeiten aufzeigen. Dabei präsentiert der folgende Abschnitt bildhaft, wie verschiedene, aus parallelen Paths bestehende MPTCP-Verbindungen auf- und abgebaut werden und wie die Übermittlung von Daten über diese Verbindungen erfolgt.

## 6.5.1 Typischer Einsatz von MPTCP

MPTCP bringt große Vorteile in Rechnern bzw. anderen, insbesondere mobilen Endeinrichtungen, die über mehrere Interfaces zur Datenkommunikation verfügen. Abb. 6.5-1 illustriert die Bedeutung von MPTCP in mobilen Endeinrichtungen sowie in Servern in Datacentern. Abb. 6.5-1a zeigt den Einsatz von MPTCP in mobilen Endeinrichtungen, in sog. mobilen Clients, mit zwei Interfaces für den Zugang zum Internet: Ein WLAN-Interface und ein 3G/4G-Interface[16]. In solchen mobilen Endeinrichtungen ist MPTCP von großer Bedeutung, wie wir dies jetzt näher erläutern möchten.

Wann ist MPTCP von Bedeutung?

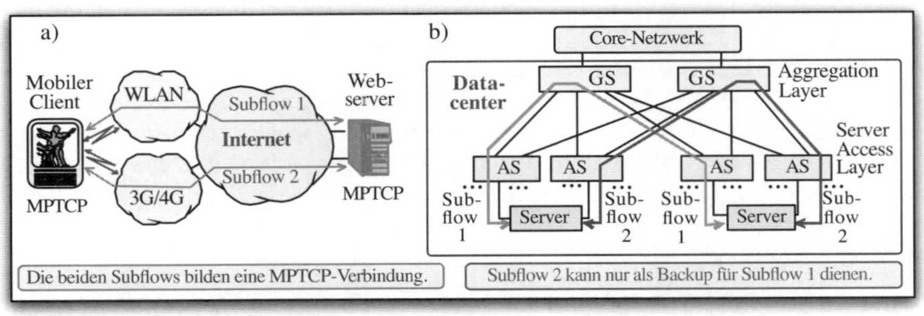


**Abb. 6.5-1:** Einsatz von MPTCP: a) in mobilen Endeinrichtungen, b) in Servern im Datacenter
3/4G: 3te/4te Generation der Mobilfunknetze, WLAN: Wireless Local Area Network

[16] Als 3G bezeichnet man die dritte Generation von Mobilfunknetzen – und dementsprechend als 4G die vierte Generation. Zur 3G gehören die Netzstandards UMTS und HSPA (*High Speed Packet Access*). 4G stellt den Netzstandard LTE dar.

### MPTCP in mobilen Endeinrichtungen

1ter Subflow über WLAN und 2ter über Mobilfunknetz

Ein mobiler Client initiiert eine 'normale' TCP-Verbindung zum Server in der Regel zuerst über ein WLAN – also über den kostengünstigeren Internetzugang. Dabei zeigt der Client dem Server mittels der TCP-Option `MP_CAPABLE` an, dass er MPTCP-fähig ist [Abb. 6.5-7]. Der Server teilt dem Client ebenso mit, dass er MPTCP-fähig ist; MPTCP kann also zum Einsatz kommen. Die 1te TCP-Verbindung über das WLAN wird als *Subflow* angesehen – d.h. als die TCP-Subverbindung einer MPTCP-Verbindung. Danach wird die 2te, vom Client initiierte und über das Mobilfunknetz (3G/4G) verlaufende TCP-Verbindung zum Server aufgebaut und diese stellt den 2ten Subflow dar. Die beiden Subflows werden nun entsprechend 'gebündelt' – und es entsteht auf diese Weise eine MPTCP-Verbindung zwischen Client und Server.

> **Anmerkung**: In der Regel kennt der Client, bevor er eine TCP-Verbindung zum Server initiiert, nur seinen Hostnamen. Aufgrund dessen kann er beim DNS nur die IP-Adresse vom Server abfragen und nicht die Anzahl dessen Internet-Interfaces. Beim Initiieren einer TCP-Verbindung weiß der Client also noch nicht, ob der Server über mehrere Interfaces verfügt. Der Server kann aber dem Client schon während des Aufbaus des 1ten Subflow in der TCP-Option `ADD_ADDR` mitteilen, dass er noch über eine weitere IP-Adresse und somit auch über ein weiteres Interface verfügt.

Nutzung von Subflows

Die folgenden Möglichkeiten kommen in Abb. 6.5-1a in Frage:

- **Load Balancing, paralleler Datentransport**: Die transportierten Daten werden gleichmäßig auf beide Subflows verteilt, was zur Erhöhung der Transportkapazität von Daten führt.
- **Backup-Subflow**: Die Daten werden nur über ein WLAN transportiert, und der über ein Mobilfunknetz G3/G4 verlaufende Subflow dient nur als Backup des anderen Subflow. Eine solche Lösung führt zur Reduzierung der für den Transport von Daten über ein Mobilfunknetz anfallenden Gebühren. Hat der mobile Client den vom WLAN versorgten Bereich verlassen, geht die über WLAN verlaufende TCP-Verbindung 'verloren' und die MPTCP-Verbindung reduziert sich zu einer TCP-Verbindung.

### MPTCP in Datacentern

Lastverteilung im Aggregation Layer

In der Regel werden Server in Datacentern über zwei Ethernet-Interfaces an einen *Access Switch* angeschlossen [Abb. 13.5-2]. Wie Abb. 6.5-1b illustriert, kann zwischen zwei Servern jeweils eine aus zumindest zwei Subflows bestehende MPTCP-Verbindung aufgebaut werden. Auf diese Weise lässt sich Multipathing in Datacentern verwirklichen, ohne komplexe Lösungen auf der Basis von TRILL oder SPB realisieren zu müssen [Abschnitt 13.5]. Eine solche relativ einfache Multipathing-Lösung hat eine große Bedeutung, falls einer dieser beiden Server dem anderen als Backup dienen soll. Mithilfe von MPTCP in Servern innerhalb von Datacentern kann eine gleichmäßige Lastverteilung im *Aggregation Layer* erreicht werden.

### Subflow-Nutzungsstrategien

Mehrere Subflows einer MPTCP-Verbindung kann man unterschiedlich nutzen, und man spricht dabei von *Subflow Policies*, also von *Subflow-Nutzungsstrategien*:

Load Balancing

- **Erhöhung des Durchsatzes** (der Transportkapazität): Die zu transportierende Last wird entsprechend auf mehrere Subflows verteilt, d.h. Load Balancing wird realisiert. Dies ist in Datacentern von großer Bedeutung [Abb. 6.5-1b].

- **Erhöhung der Verfügbarkeit einer Verbindung**: Diese Strategie wird vor allem in mobilen Endeinrichtungen mit zwei Interfaces WLAN und 3G/4G verfolgt [Abb. 6.5-1a]. Eine mobile Endeinrichtung baut zuerst den 1ten Subflow zum Zielrechner über ein WLAN auf und dann einen 2ten Subflow über ein Mobilfunknetz (3G/4G). Der 2te Subflow dient aber nur als Backup für den 1ten, über das WLAN verlaufenden Subflow. Diese Nutzungsweise von Subflows wird zwischen den kommunizierenden Rechnern vereinbart. Hierfür nutzen sie das Flag-Bit `B` in der TCP-Option `MP-JOIN`. Backup-Strategie

  Hat die mobile Endeinrichtung aber das WLAN verlassen, ist der 1te Subflow nicht mehr verfügbar und erst dann kommt der 2te Subflow zum Einsatz. Demzufolge fällt die MPTCP-Verbindung auf eine normalen TCP-Verbindung zurück, aber die mobile Endeinrichtung hat weiterhin Internetzugang. Dank dieser Lösung können mobile Endeinrichtungen mit zwei Interfaces WLAN und 3G/4G flächendeckend Internetzugang haben und dabei auch die Möglichkeit, ein WLAN zu nutzen, um die anfallenden Datentransportkosten zu reduzieren.

- **Minderung der Überlast**: Diese Strategie kann insbesondere in Rechnern mit zwei Interfaces praktiziert werden. Normalerweise werden Daten nur über den 1ten Subflow (also über den 1ten Path) transportiert. Sollte der 1te Subflow aber überlastet sein, dann wird der 2te Subflow dazugeschaltet, um den 1ten zu entlasten. Findet eine Überlastkontrolle nach ECN statt, dann ist diese Strategie einfach realisierbar. Entlastungsstrategie

## 6.5.2 Transportschicht mit MPTCP

Wir möchten jetzt ein vereinfachtes Modell der Rechnerkommunikation beim MPTCP zeigen und hierbei insbesondere die Struktur der Transportschicht mit MPTCP näher erläutern. Abb. 6.5-2 zeigt ein solches Modell[17].

Aufteilung der Transportschicht

Logisch betrachtet wird die Transportschicht in Rechnern mit MPTCP auf zwei Teilschichten aufgeteilt, nämlich auf eine Teilschicht *Multipath Management* (MPM), zu der die MPTCP-Instanzen gehören, und auf eine Teilschicht mit TCP-Instanzen, welche der herkömmlichen Transportschicht mit TCP entspricht.

Applikationen 'sehen' nur TCP

Das zentrale Konstruktionsmerkmal von MPTCP besteht somit darin, dass zwei kommunizierenden Applikationen die Transportschicht als eine normale, klassische Transportschicht 'sehen' und folglich 'glauben', zwischen ihnen verlaufe eine normale TCP-Verbindung. Dies ist dank der oberen Teilschicht MPM mit MPTCP-Instanzen möglich.

### Grundlegende Idee von MPTCP

Um die grundlegende Idee von MPTCP zu erläutern, nehmen wir in Abb. 6.5-2 an, dass eine Client-Applikation im Quellrechner `A` eine Standard-TCP-Verbindung zu einer Server-Applikation auf Zielrechner `B` aufbauen möchte.

Eine 'normale' TCP-Sitzung wird gekennzeichnet durch

- den *Session-Identifier*, gegeben durch den Wert der `ISN` (Abschnitt 3.3.1) sowie
- den *Verbindungs-Identifier* – also den beiden TCP-Socket – der aus den Tupeln `(Source-Port,Sender-IP-Adresse)` und `(Zielport,Ziel-IP-Adresse)` besteht. Da ein Socket entweder über eine IPv4- oder IPv6-Adresse genutzt werden kann, spricht RFC 6824 in diesem Zusammenhang auch von einem *4-Tupel*.

[17] siehe z.B. `http://inl.info.ucl.ac.be/system/files/networking-mptcp.pdf`

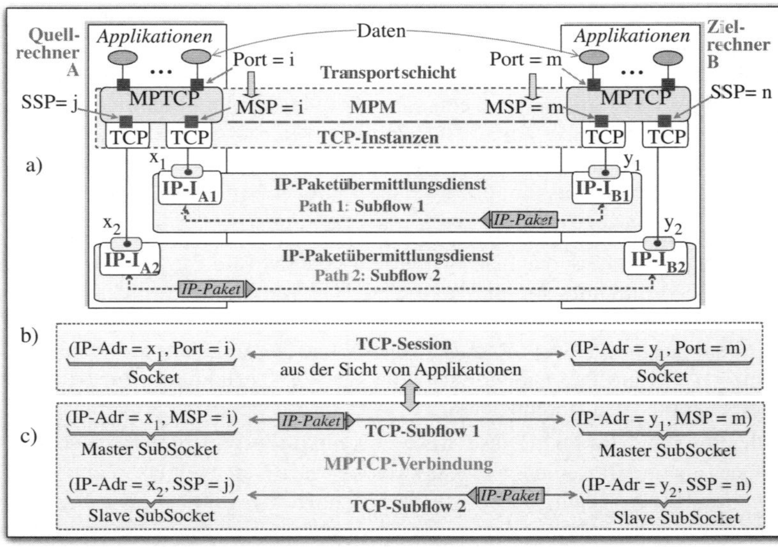


**Abb. 6.5-2:** Rechnerkommunikation mit MPTCP: a) Struktur der Transportschicht mit MPTCP, b) TCP-Sitzung aus der Sicht von Applikationen, c) MPTCP-Verbindung bilden zwei TCP-Subflows
IP-I: IP-Instanz, MPM: Multipath-Management, M/SSP:Master/Slave SubPort

Feststellung der MPTCP-Fähigkeit des Partners

Diese Situation gilt bei einer Verbindungsaufnahme per MPTCP unverändert, nun jedoch für jeden einzelnen Subflow. Daher wird ein zusätzliches, für TCP-Subflows vorhandene Sitzungsmerkmal benötigt, das gleichzeitig genutzt wird, die MPTCP-Fähigkeit des Partners zu bestimmen:

- Sind beide Kommunikationspartner MPTCP-fähig, erzeugen diese bei der TCP-Verbindungsaufnahme einen 64 Bit langen kryptographischen Schlüssel und teilen sich diese in den Nachrichten `<SYN>` bzw. `<SYN,ACK>` in der Option des `MP_CAPABLE` als Key-`A` bzw. Key-`B` gegenseitig mit [Abb. 6.5-7], die beide abschließend in der finalen Nachricht `<ACK>` des *Three-Way-Handshakes* bestätigt werden.
- Hierdurch sind sich die Partner nicht nur sicher, dass sie gegenseitig MPTCP unterstützen und authentisiert sind, sondern auch, dass die notwendigen TCP-Protokollerweiterungen erfolgreich über das IP-Netz übermittelt werden können.

Registrierung der Subflows

Ist die primäre MPTCP-Verbindung initiiert, sodass die 1te TCP-Verbindung über den Path zwischen den IP-Adressen $x_1$ und $y_1$ in diesen Rechnern verläuft, wird die 2te TCP-Verbindung aufgebaut, und diese stellt den Subflow *2* dar. Das notwendige Binden von Subflow und IP-Adresse geschieht über die Mitteilung von `IP Address`. Die kommunizierenden Applikationen registrieren die zwischen ihnen bestehende, zwei Subflows (als TCP-Subverbindungen) enthaltende MPTCP-Verbindung als normale TCP-Verbindung zwischen Socket $(x_1, i)$ im Rechner `A` und Socket $(y_1, m)$ im Rechner `B` (siehe hierzu auch Abb. 6.5-2b und Abb. 6.5-3a).

Es sei hervorgehoben, dass man in diesem Zusammenhang von *Socket*, *Master SubSocket* und von *Slave SubSocket* spricht[18] [Abb. 6.5-2b, Abb. 6.5-2c]. Diese Bezeichnungen basieren auf Folgendem: Normalerweise adressiert ein Socket einen Endpunkt einer Kommunikationsbeziehung, u.a. einer TCP-Verbindung. Dementsprechend adressiert ein SubSocket einen Endpunkt einer TCP-Subverbindung. Da bei MPTCP eine TCP-Subverbindung einen Subflow darstellt, repräsentiert ein SubSocket folglich einen Endpunkt eines Subflows; jeder Subflow verläuft also zwischen zwei SubSockets.

SubSockets adressieren einen Subflow

Die in Abb. 6.5-2 gezeigte MPTCP-Verbindung bilden die zwei folgenden *Subflows* – nämlich: Subflow *1* zwischen Master SubSockets `(x₁,i)` und `(y₁,m)` sowie Subflow *2* zwischen Slave SubSockets `(x₂,j)` und `(y₂,n)`. Diese Subflows können quasi als 'normale' TCP-Verbindungen angesehen werden – und zwar aus folgendem Grund: Die zuerst aufgebaute TCP-Verbindung, also die zwischen den Sockets `(x₁,i)` und `(y₁,m)`, stellt die 1te TCP-Subverbindung des MPTCPs dar – d.h. den Subflow *1*.

Die SubSockets des zuerst aufgebauten Subflow – also des Subflows *1* – nennt man *Master SubSockets*, und als *Slave SubSockets* bezeichnet man die Endpunkte von weiteren, später aufgebauten Subflows. Die Ports in SubSockets nennt man *Subports*, entsprechend *Master Subports* in *Master SubSockets* und *Slave Subports* in *Slave SubSockets*.

Master und Slave SubSockets

### Aufgabe der Teilschicht MPM

Unter Bezug auf Abb. 6.5-2 möchten wird jetzt die Aufgabe der Teilschicht MPM kurz zusammenfassen: Eine Applikation im Quellrechner `A` initiiert (ohne Kenntnis zu besitzen, dass MPTCP zum Einsatz kommt) eine TCP-Verbindung zu einer Applikation im Zielrechner `B`. Für die initiierte TCP-Verbindung wird der Port `i` im Rechner `A` – oberhalb Schicht MPM – bereitgestellt; dieser Port wird als *Master Port* bezeichnet. Danach verläuft die TCP-Verbindung im Rechner `A` über die IP-Instanz `1` mit der IP-Adresse $x_1$ und Interface `1`. Demzufolge stellt der Socket (IP-Adresse $x_1$, Port `i`) den Beginn der im Rechner `A` initiierten TCP-Verbindung dar.

Vom Quellrechner `A` wird nun an den Zielrechner `B` ein TCP-Paket <SYN> gesendet. In diesem TCP-Paket verweist der Quellrechner mit der Option `MP_CAPABLE` darauf, dass er MPTCP-fähig ist [Abb.6.5-7]. Für die 'ankommende' TCP-Verbindung wird im Rechner `B` der Port `m` – oberhalb Schicht MPM – bereitgestellt und ebenso als *Master Port* bezeichnet. Der Zielrechner `B` antwortet dem Quellrechner `A` mit dem TCP-Paket <SYN,ACK> und verweist durch der Option `MP_CAPABLE`, dass auch er MPTCP-fähig ist. Auf diese Weise haben sich die Rechner darüber verständigt, dass beide MPTCP einsetzen können.

Nutzung der Option `MP_CAPABLE` beim Aufbau 1tes Subflows

Nachdem die beiden Rechner den Aufbau der 1ten TCP-Verbindung abgeschlossen und sich während des Aufbaus darüber verständigt haben, dass sie MPTCP-fähig sind, betrachten sie diese TCP-Verbindung als Subflow *1*. Wie Abb. 6.5-2a zum Ausdruck bringt, enthalten die TCP-Instanzen in beiden Rechnern des Subflows *1* de facto 'Kopien' des Master Ports. Nachdem der Subflow *1* eingerichtet wurde, wird die 2te TCP-Verbindung aufgebaut und als Subflow *2* angenommen.

[18] Die Begriffe *Master SubSocket* und *Slave SubSocket* sind entnommen aus: 'MultiPath TCP: From Theory to Practice' [`http://inl.info.ucl.ac.be/system/files/networking-mptcp.pdf`].

### 6.5.3 Multipath-Kommunikation mit MPTCP

Abb. 6.5-3 zeigt ein allgemeines Modell der Kommunikation mit MPTCP. Mit dessen Hilfe möchten wir zum Ausdruck bringen, dass die kommunizierenden Applikationen letztlich eine TCP-Verbindung 'sehen' und nicht, dass ihnen eine aus zwei Subflows bestehende MPTCP-Verbindung bereitgestellt wird. Darüber hinaus wird gezeigt, dass auch jeder Rechner mit nur einem Interface MPTCP-fähig sein kann. Die in Abb. 6.5-3 dargestellten drei Fälle a), b) und c) lassen sich wie folgt charakterisieren [Abb. 6.5-2a]:

a) **Die beiden Rechner verfügen über zwei Interfaces**. Hier ist direkt ersichtlich, dass eine MPTCP-Verbindung ein 'Bündel' von TCP-Subverbindungen – Subflows genannt – darstellt. Es sei hervorgehoben, dass der blau markierte Port oberhalb der MPTCP-Instanz, den die Applikationen 'sehen', und der Master SubPort (MSP) im Subflow 1 die gleiche Nummer haben[19]. Deswegen wurden diese beiden Ports in der gleichen Farbe (blau) dargestellt.

Rechner mit einem Interface MPTCP-fähig

b) **Ein Rechner mit nur einem Interface und TCP über IPv4 oder über IPv6**. Voraussetzung für MPTCP ist lediglich, dass der Rechner über mehrere ansprechbare IP-Adressen verfügt. Hier kann man entweder das Internetprotokoll IPv4 oder IPv6 verwenden. In Abb. 6.5-4 ist das Verhalten von Linux für die Vergabe mehrerer IP-Adressen für ein Interface dargestellt, wobei hierbei vom Konzept *virtueller Interfaces* Gebrauch gemacht wird. Schaut man sich Abb. 6.5-4 zudem genauer an, so stellt man fest, dass die Kommunikationspuffer `send-queue` und `ofo-queue` einzelner Subflows auch oberhalb einer TCP-Instanz entsprechend im Master SubPort und Slave SubPort untergebracht werden können. Die beiden Subflows nutzen hier im Rechner B die Ressourcen (NIC, IP-Instanz und TCP-Instanz) gemeinsam.

MPTCP-Verbindung mit IPv4 und IPv6

c) **Ein Rechner mit nur einem Interface und TCP über IPv4 und IPv6**. Auch ein Rechner mit nur einem Interface und mit den beiden Internetprotokollen IPv4 und IPv6 kann MPTCP-fähig sein. Dabei kann ein Subflow das IPv4 und der andere das IPv6 nutzen. Theoretisch betrachtet können somit die beiden Protokolle IPv4 und IPv6 in einer MPTCP-Verbindung gleichzeitig zum Einsatz kommen.

#### Modell der Rechnerkommunikation mit MPTCP

Zweistufige Datenflusskontrolle

Da TCP ein byte-orientiertes Protokoll ist, d.h. die übertragenen Daten werden bei TCP quasi byteweise nummeriert, muss der Fluss von Daten bei MPTCP auf den beiden Levels der Transportschicht, d.h. auf dem Level MPM und dem Level TCP, kontrolliert werden. Dementsprechend muss bei MPTCP eine *zweistufige Datenflusskontrolle* realisiert werden.

Um dies erläutern zu können, illustriert Abb.6.5-4 ein Modell der Rechnerkommunikation mit MPTCP und soll zum Ausdruck bringen, dass ein Rechner mit einer IP-Adresse auch MPTCP-fähig sein kann (vgl. hierzu Abb. 6.5-3c).

Falls die Übermittlungszeit der Datenblöcke – als *End-to-End Delay* bezeichnet – auf einem Path viel größer als auf einem anderen ist, kann dies, wie Abb. 6.5-5 zeigt, dazu führen, dass die Datenblöcke den Zielrechner nicht in der Reihenfolge erreichen, in der sie am Quellrechner abgeschickt wurden. Um eine solche Situation 'in den Griff' zu bekommen, müssen die Datenblöcke, deren Reihenfolge eventuell unkorrekt ist, zuerst in einem Zwischenempfangspuffer abgespeichert und anschließend in der korrekten Rei-

[19] Die zuerst aufgebaute, also 1te TCP-Verbindung – TCP-Subverbindung 1 – wird Subflow 1 genannt.

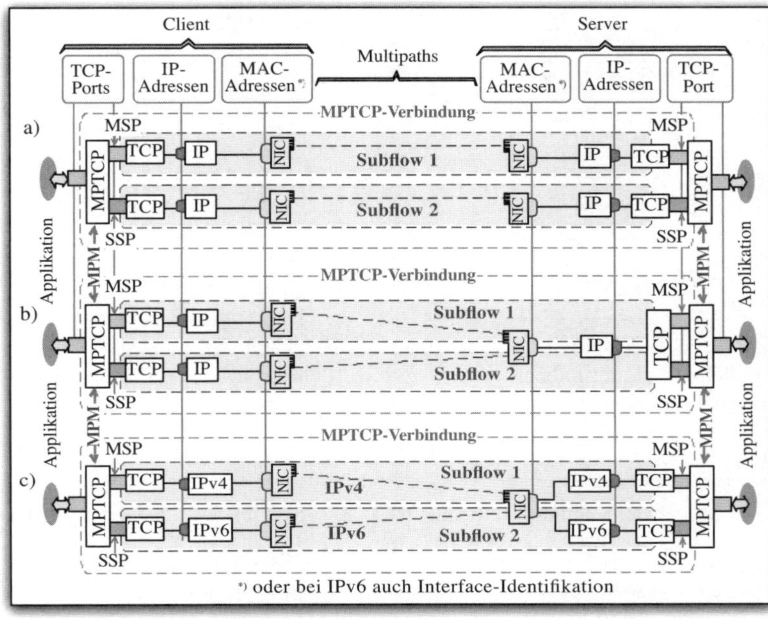


**Abb. 6.5-3:** Kommunikation mit MPTCP: a) beide Rechner mit zwei Interfaces; ein Rechner mit einem Interface und TCP über: b) IPv4 oder IPv6, c) IPv4 und IPv6
MPM: Multipath Management (u.a. Bündelung von Subflows), M/SSP: Master/Slave Sub-Port [Abb. 6.5-2]), NIC: Network Interface Controller (oft Ethernet-Adapterkarte)

henfolge in einen Endempfangspuffer 'verlegt' – und erst dann von dort aus können sie an eine Applikation übergeben werden.

Zwischenempfangspuffer (`ofo-sende-queue`)

Die Datenblöcke zum Senden werden im Quellrechner entsprechend mithilfe eines sog. *Schedulers* auf einzelne Subflows verteilt und in die Sendepuffer `sende-queue` innerhalb der TCP-Instanzen einzelner Subflows eingereiht. Von dort werden die Datenblöcke über verschiedene Paths also folglich über verschiedene Transportwege an den Zielrechner übermittelt. In mehreren Subflows ankommende Datenblöcke werden im Zielrechner in Empfangspuffern innerhalb der TCP-Instanzen einzelner Subflows zwischengespeichert. Da die Datenblöcke in einzelnen IP-Paketen übermittelt werden und unterschiedliche Wege 'laufen' können, ist zu erwarten, dass die Reihenfolge der auf jedem Subflow empfangenen Datenblöcke anders ist als die, in der sie im Quellrechner abgeschickt wurden. Demzufolge können die Datenblöcke in Empfangspuffern von Subflows, also auf dem Level TCP, Warteschlangen in unkorrekten Reihenfolgen bilden – also Warteschlangen vom Typ `ofo-receive-queue`[20].

Endempfangspuffer (`ofo-receive-queue`)

Damit man jede eventuell unkorrekte Reihenfolge der im Zielrechner empfangenen Datenblöcke immer korrigieren kann, sind, wie Abb. 6.5-4 zeigt, auf dem Level MPM zwei Empfangspuffer nötig: Ein Zwischenempfangspuffer mit der Warteschlange `ofo-receive-queue` von Datenblöcken in einer eventuell unkorrekten Reihenfolge und ein Endempfangspuffer mit der Warteschlange `end-receive-queue` von Datenblöcken

[20] Eine ofo-Receive-Queue repräsentiert einen Kommunikationspuffer, in dem Daten in einer – noch – unkorrekten Reihenfolge vorliegen können.

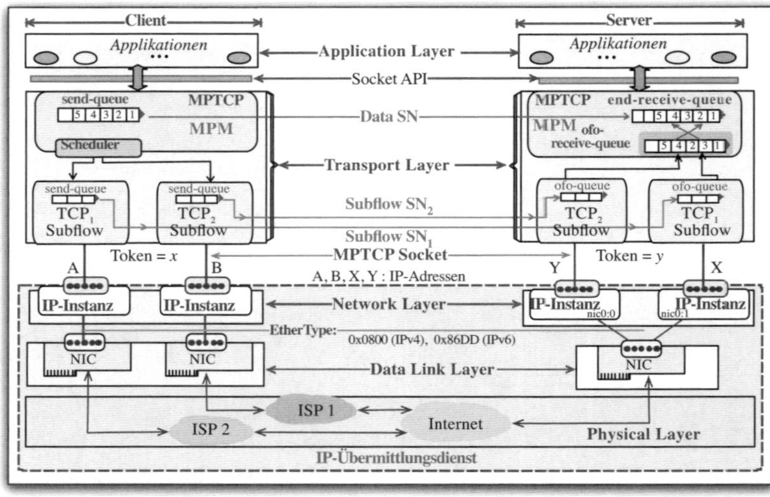


**Abb. 6.5-4:** Modell der Kommunikation mit MPTCP – im Hinblick auf die Datenflusskontrolle
API: Application Programming Interface, D/SSN: Data/Subflow Sequence Number, MPM: Multipath Management (MPTCP Level), ofo: out-of-order (siehe ofo-queue), TPNr: Transportprotokollnummer (TCP-Nummer = 6), NIC: Network Interface Controller
nic0:x: Instanz x des NIC `nic0`

in einer korrekten Reihenfolge. Bevor man aber die Daten an eine Applikation übergibt, werden sie von der Warteschlange `ofo-receive-queue` in die `end-receive-queue` kopiert [Abb. 6.5-5].

### Zweistufige Datenflusskontrolle

Warum zweistufige Datenflusskontrolle?

Bei MPTCP werden – genauso wie bei TCP – Daten zwischen Applikationen in zwei kommunizierenden Rechnern als eine Folge von Byte so übermittelt, dass sie zuerst zu Datenblöcken einer bestimmten Größe zusammengefasst und aus den Datenblöcken dann TCP-Dateneinheiten gebildet werden. Anschließend werden die Dateneinheiten in IP-Paketen eingekapselt und über mehrere Paths einer MPTCP-Verbindung zum Ziel verschickt. Da die Datenblöcke in IP-Paketen über mehrere Paths und sogar auf einem Path über verschiedene Wege zum Ziel laufen können, muss bei MPTCP, wie Abb. 6.5-5 illustriert, eine besondere zweistufige Datenflusskontrolle realisiert werden.

Zweistufige Nummerierung

Um den Datenfluss bei MPTCP kontrollieren zu können, müssen die als Folge von Byte zu übermittelnden Daten zweistufig nummeriert werden. In Abb. 6.5-5 wurde zwecks einer Vereinfachung der Darstellung angenommen, dass die Daten in Blöcken von je 100 Byte übermittelt werden. Die zu übermittelnden Byte werden auf eine besondere Art und Weise fortlaufend nummeriert – sowohl *global* auf dem Level MPM [Abb. 6.5-4] mit `DSN` (*Data Sequence Number*) als auch *lokal* auf dem Level TCP mit `SSN` (*Subflow Sequence Number*). Es sei aber angemerkt, dass die Daten auf jedem Subflow unabhängig von anderen Subflows (also lokal) mit `SSN` fortlaufend nummeriert werden – und zwar wird mit der `SSN` die Nummer des 1ten Byte in jedem Datenblock angegeben (ebenso wie mit der *Sequence Number* bei TCP). Zur Kontrolle der Datenübermittlung auf jedem Subflow dient daher die lokale Nummerierung mit der `SSN`.

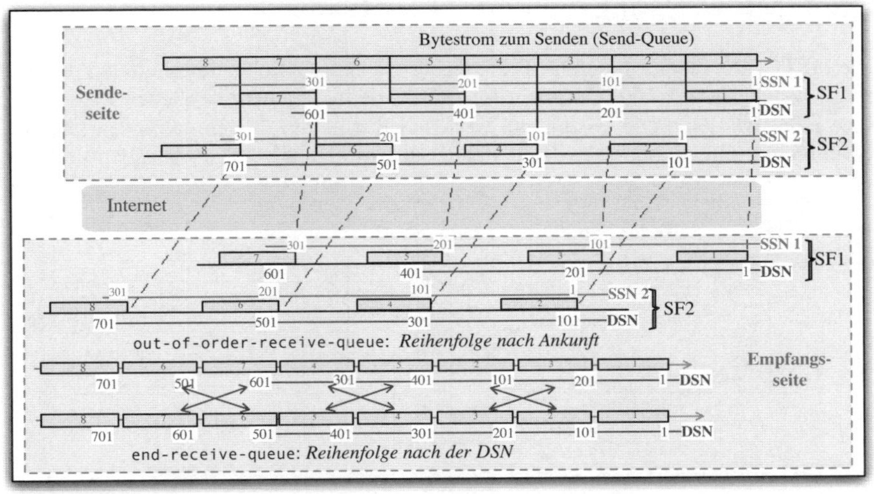


**Abb. 6.5-5:** Bedeutung von DSN (Data SN) und SSN (Subflow SN)
SN: Sequence Number, SSNi: SN auf dem Subflow i (i = 1, 2)

Da jeder Subflow in der Tat eine 'normale' TCP-Verbindung darstellt, entspricht die `SSN` auf einem Subflow vollkommen der *Sequence Number* (`SN`) auf einer TCP-Verbindung. Demzufolge wird, wie Abb. 6.5-9 illustriert, die `SSN` anstelle der `SN` im TCP-Header eingetragen und gibt an, mit welcher Nummer die im betreffenden TCP-Paket übertragenen Datenbyte beginnen.

DSN in jedem TCP-Paket

Wie in Abb. 6.5-8 zum Ausdruck gebracht wurde, muss – um die Reihenfolge von Datenblöcken am Ziel in die richtige Reihenfolge zu 'bringen' – die `DSN` als globale Nummer von Datenbyte auch in jeden TCP-Paket enthalten sein. Die Angabe `DSN` wird in der TCP-Option `DSS` (*Data Sequence Signal*) übermittelt.

Abb. 6.5-5 zeigt zudem, dass die Daten in Blöcken an den Sendepuffer `sende-queue` des Quellrechners übergeben werden. Hierbei soll die globale Nummerierung mit der `DSN` auf dem Level MPM garantieren, dass die im Zielrechner empfangenen Datenblöcke in der korrekten Reihenfolge zum Endempfangspuffer (`end-receive-queue`) eingereiht werden können.

Bestätigung von empfangenen Daten

Entsprechend der zweistufigen Nummerierung der Datenbyte bei der Sendeseite mit `SSN` und `DSN`, sind die empfangenen Datenbyte beim Empfang zweistufig zu bestätigen. Als globale Quittung dient die Angabe `Data ACK` in der TCP-Option `DSS` und als 'lokale' Quittung auf jedem Subflow verwendet man die `Subflow Acknowledgement Number` im TCP-Header [Abb. 6.5-9]. Mit Data `ACK` wird die sog. kumulative `ACK` (Quittung) realisiert, genauso wie mit `ACK` bei TCP. Um die Effizienz des Datentransports zu verbessern, ist empfohlen, mit der `SSN` die sog. *Selective ACKs* nach RFC 2883 zu realisieren [Abschnitt 3.4.3].

### 6.5.4 MPTCP-Angaben im TCP-Header

Die MPTCP-Angaben werden im TCP-Header als TCP-Optionen übermittelt. Abb. 6.5-6 zeigt, welche neuen TCP-Optionen für MPTC definiert und zu welchen Zwecken sie verwendet werden. Die einzelnen, zwischen Rechner `A` (als Initiator einer MPTCP-Verbindung) und Rechner `B` im TCP-Header übermittelten MPTCP-Angaben sind:

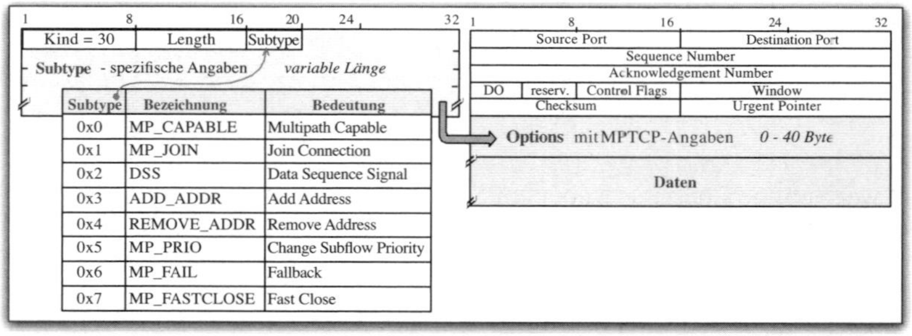


**Abb. 6.5-6:** Typen von TCP-Optionen mit MPTCP-Angaben im TCP-Header
DO: Data Offset (Angabe der Stelle, an der die Daten beginnen)

Aufbau des 1ten Subflow

- `MP_CAPABLE`: Mit dieser Option signalisiert ein Rechner seine MPTCP-Fähigkeit (*Multipath Capable*) [Abb. 6.5-7]. `MP_CAPABLE` wird nur beim Aufbau des 1ten Subflow verwendet und enthält zwei Arten von Angaben: die Angaben, die es dem Quellrechner `A` ermöglichen, zu überprüfen, ob der Zielrechner `B` auch MP-fähig ist, und die Angaben zu Sicherheitszwecken in Form eines 64 Bit-langen Senderschlüssels (Key-`A`) und einer 32 Bit langen Nonce, welche man als Key-`B` bezeichnet[21].

Aufbau von weiteren Subflows

- `MP_JOIN`: Mit dieser Option wird ein weiterer Subflow eingerichtet. `MP_JOIN` wird statt `MP_CAPABLE` beim Aufbau nächster Subflows verwendet [Abb. 6.5-7] und enthält sowohl Angaben zur gegenseitigen Authentisierung beider Rechner, als auch Angaben, die dem Quellrechner `A` beim Aufbau des 2ten Subflow – also de facto beim Aufbau einer MPTCP-Verbindung – ermöglichen, zusätzlich dem Zielrechner `B` die Identifikation der MPTCP-Verbindung als *Token* anzugeben. `MP_JOIN` enthält auch ein Flag-Bit `B` (*Backup-Flag*), damit der Quellrechner `A` dem Zielrechner `B` mitteilen kann, dass der 2te Subflow nur als Backup des 1ten Subflow dienen soll.

Fehler- und Datenflusskontrolle

- `DSS` (*Data Sequence Signal*): In der Option `DSS` werden Angaben zur Fehler- und Datenflusskontrolle übermittelt und zwar: `Data ACK` zur Bestätigung von Daten auf dem `Level Multipath Management` (MPM), `Data Sequence Number` (`DSN`) zur Nummerierung von Datenbyte auf dem Level MPM und `Subflow Sequence Number` (`SSN`) zur Nummerierung von Datenbyte auf dem Level TCP, ergo einem Subflow.

Angabe weiterer IP-Adresse

- `ADD_ADDR`: Mit dieser Option teilt ein Rechner einem anderen Rechner seine weitere IP-Adresse mit, sodass er an ein Interface mit dieser IP-Adresse einen weiteren Subflow initiieren kann [Abb. 6.5-7] .

Entfernen einer IP-Adresse

- `REMOVE_ADDR`: Mit dieser Option gibt ein Rechner einem anderen eine seiner IP-Adressen mit der Aufforderung an, den zu dieser Adresse führenden Subflow aus der zwischen ihnen bestehenden MPTCP-Verbindung zu entfernen.

[21] Die Angaben *Keys* und *Nonces* beim Aufbau des 1ten Subflow sollen u.a. als 'Mittel' gegen verschiedene Spoofing-Angriffe dienen – in der Tat gegen TCP-Spoofing, also gegen eine Vortäuschung des wahren Initiators von nachfolgenden Subflows.

**Beispiel 1**: Zwischen einem Smartphone mit den zwei Interfaces WLAN und 3G/4G und einem Webserver bestand eine MPTCP-Verbindung mit zwei Subflows: Subflow *1* über ein WLAN und Subflow *2* über ein Mobilfunknetz. Der mobile Benutzer hat das WLAN mit seinem Smartphone verlassen. Demzufolge ist der Subflow *1* 'unbrauchbar' und er kann auch über WLAN nicht abgebaut werden. Über die noch aus dem Subflow *2* bestehende, über das Mobilfunknetz verlaufende MPTCP-Verbindung wird der Webserver vom Smartphone mit `REMOVE_ADDR` dazu aufgefordert, den noch zur in `REMOVE_ADDR` angegebenen IP-Adresse des WLAN-Interfaces im Smartphone führenden Subflow aus der MPTCP-Verbindung zu entfernen. Nachdem der Webserver dies 'erledigt' hat, ist aus der MPTCP-Verbindung zum Smartphone eine 'normale', lediglich über das Mobilfunknetz verlaufende TCP-Verbindung geworden.

- `MP_PRIO`: Diese Option kann dann verwendet werden, falls eine MPTCP-Verbindung aus zwei Subflows besteht, wobei ein Subflow nur als Backup-Subflow des anderen 'lasttragenden', regulären Subflow dient. Ist der reguläre Subflow aber abgebrochen, muss dessen Aufgabe der Backup-Subflow übernehmen. Hierfür kann ein Rechner mit der Option `MP_PRIO` dem anderen Rechner mitteilen, dass der Backup-Subflow nun den regulären Subflow ersetzen soll; die Priorität des Backup-Subflow soll folglich geändert werden. Backup-Subflow ist zu verwenden

**Beispiel 2** (in Bezug zu Beispiel 1): Zwischen einem Smartphone und einem Webserver bestand eine MPTCP-Verbindung mit zwei Subflows: Subflow *1* über ein WLAN und Subflow *2* über ein Mobilfunknetz. Der zweite dient nur als Backup des Subflow *1*. Der mobile Benutzer hat mit seinem Smartphone WLAN aber verlassen und demzufolge ist der Subflow *1* über WLAN 'abgebrochen'. Das Smartphone übermittelt an den Webserver nun die Option `MP_PRIO`, um ihm mitzuteilen, dass der Backup-Subflow *2* jetzt als 'lasttragender', regulärer Subflow fungieren soll. Folglich reduziert sich die MPTCP-Verbindung zu einer 'normalen' über das Mobilfunknetz verlaufenden TCP-Verbindung.

- `MP_FAIL`: Während einer MPTCP-Verbindung kann ein Path – und dadurch ein Subflow – gravierend gestört bzw. plötzlich abgebrochen werden[22]. Die MPTCP-Verbindung muss somit in einen vorherigen, noch normalen Zustand zurückgesetzt werden. Man spricht hierbei von *Fallback*. In einer solchen Situation wird der betreffende, also gestörte, Subflow aus der MPTCP-Verbindung 'entfernt' und die 'letzten', noch über den gestörten Subflow abgeschickten, vom Zielrechner noch nicht quittierten Daten müssen folglich über einen intakten Subflow erneut gesendet werden. Mit der `DSN` (*Data Sequence Number*) in der Option `MP_FAIL` signalisiert ein Rechner dem anderen, welche Daten (mit DNS beginnend) wiederholt über einen anderen intakten Subflow gesendet werden müssen. Fallback wird durchgeführt
- `MP_FASTCLOSE`: Diese Option dient dazu, eine ganze, aus mehreren Subflows bestehende MPTCP-Verbindung schnell schließen (beenden) zu können. `MP_FASTCLOSE` würde der Funktion nach dem `<RST>`-Paket entsprechen, d.h. dem TCP-Paket mit dem auf 1 gesetztem `RST`-Flag (Reset-Flag), über den der Abbau einer TCP-Verbindung in Fehlersituationen initiiert wird. MPTCP-Verbindung schnell schließen

[22] Dies kann vorkommen, falls eine MPTCP-spezifsche Option im TCP-Header in einer *Middlebox* verändert bzw. entfernt wird [Abb. 6.5-10].

### 6.5.5 Aufbau einer MPTCP-Verbindung

In Abb. 6.5-7 wird der Aufbau einer MPTCP-Verbindung gezeigt. Der Aufbau des 1ten Subflows [Abb. 3.4-3] folgt den gleichen Prinzipien wie der einer TCP-Verbindung insgesamt.

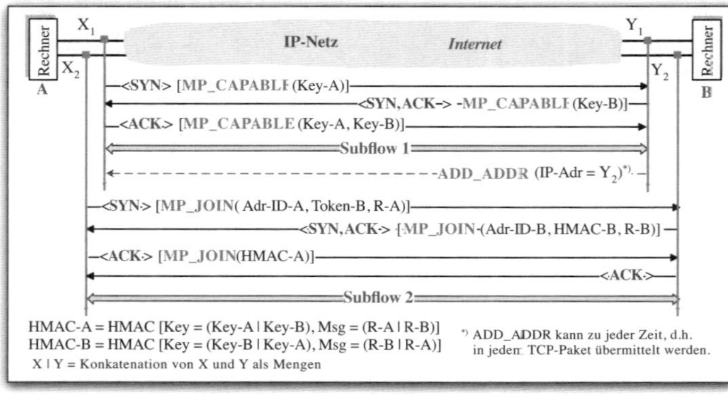


**Abb. 6.5-7:** Aufbau einer MPTCP-Verbindung [RFC 6824]
$X_1$, $X_2$, $Y_1$, $Y_2$: IP-Adressen, HMAC: Hash Message Authentication Code

**Annahme**: Rechner A kennt bereits den Hostnamen www.abc.de des Rechners B und möchte als Quellrechner eine MPTCP-Verbindung zu diesem initiieren. Hierfür fragt Rechner A beim DNS nach der IP-Adresse des Hostnamens www.abc.de und bekommt als Antwort dessen IP-Adresse $Y_1$ eines seiner Interfaces. Der Rechner B hat aber noch ein zweites Interface und demzufolge auch eine ihm entsprechende zweite IP-Adresse $Y_2$. Diese kennt der Rechner A noch nicht.

Aufbau des 1ten Subflow

Um eine MPTCP-Verbindung zu Rechner B zu initiieren, sendet Rechner A – auf dem Interface mit der IP-Adresse $X_1$ – ein TCP-Paket <SYN>. In diesem verweist Rechner A mit der Option MP_CAPABLE darauf, dass er MPTCP-fähig ist und folglich auch darauf, dass er eine MPTCP-Verbindung aufbauen möchte. Der Zielrechner B antwortet dem Rechner A – auf dem Interface mit der IP-Adresse $Y_1$ – mit dem TCP-Paket <SYN,ACK> und verweist mit MP_CAPABLE genauso darauf, dass er MPTCP-fähig ist. Somit haben sich die beiden Rechner darüber verständigt, dass sie beide MPTCP-fähig sind und eine MPTCP-Verbindung zwischen ihnen aufgebaut werden kann. Der Rechner A bestätigt den Empfang des TCP-Pakets <SYN,ACK> mit dem TCP-Paket <ACK>. Nachdem der Rechner B <ACK> empfangen hat, besteht zwischen ihnen bereits eine TCP-Verbindung – und diese wird dann in den 1ten Subflow 'umgewandelt'.

Sicherheitsangaben

In MP_CAPABLE werden die TCP-Verbindungs-Identifier, die sog. *Keys*, zur gegenseitigen Authentisierung übermittelt. Wie Abb. 6.5-7 zeigt, ist in <SYN> nur der Schlüssel des Quellrechners <SYN> (Key-A) und in <SYN,ACK> dementsprechend nur der des Zielrechners B (Key-A) enthalten. Der Quellrechner A übermittelt an den Zielrechner B noch in <ACK>: den eigenen Schlüssel Key-A und den aus <SYN,ACK> kopierten Key-B. Die beim Quellrechner A 'gemachte' Kopie des Key-B soll beim Zielrechner B ein Echo seines Key-B darstellen. Stimmt das Echo des Key-B mit dessen Original beim Rechner B überein, kann dieser sicher sein, dass <ACK> vom wahren Absender kommt, d.h. vom Rechner A. Die beiden Keys beim Aufbau des 1ten Subflow werden als Klartext übermittelt.

Es wurde bereits darauf hingewiesen, dass der Rechner A die 2te IP-Adresse $Y_2$ des Rechners B noch nicht kennt. Das MPTCP wurde so konzipiert, dass der Zielrechner, falls er über mehrere Interfaces und demzufolge über mehrere IP-Adressen verfügt, jede weitere IP-Adresse zu der IP-Adresse, unter der 1te Subflow bei ihm endet, mit der Option ADD_ADDR signalisieren/anzeigen kann. Dies kann er jederzeit 'tun', d.h. während des Aufbaus oder nach dem Aufbau des 1ten Subflow, also in der Praxis mit ADD_ADDR in jedem TCP-Paket. Abb. 6.5-7 bringt dies zum Ausdruck.

Bedeutung der Option ADD_ADDR

Nachdem der Rechner A aus den Angaben in der Option ADD_ADDR 'erfahren' hat, dass der Rechner B noch über die 2te IP-Adresse $Y_2$ verfügt, initiiert Rechner A den 2ten Subflow an diese 2te IP-Adresse. Es sei angemerkt, dass der Aufbau des 2ten Subflow weitgehend nach dem gleichen Schema wie beim 1ten Subflow verläuft.

Aufbau des 2ten Subflow

Folgende Unterschiede sind beim Aufbau des 2ten Subflow [Abb. 6.5-7] hervorzuheben:

Token als Subflow-Identifier

1. MP_JOIN <SYN>-Nachricht: Es wird die Option MP_JOIN verwendet und hierin ein den Subflow identifizierendes *Token* erzeugt, das ausgehend vom Key-B des Empfängerrechners zunächst als SHA-1 Hashwert berechnet und anschließend auf eine Länge von 32 Bit gekürzt wird. Ergänzt wird die Nachricht mit einem *Nonce* sowie mit der Angabe Address ID zur Unterstützung des Verfahrens bei NAT und einigen weitere Flags.
2. MP_JOIN <SYN,ACK>-Nachricht: Der Empfänger versendet in der Nachricht <SYN,ACK> ebenfalls die Option MP_JOIN, generiert aber nun einen HMAC (*Keyed-Hash Message Authentication Code*, vgl. Abschnitt 1.6), der aus den übertragenen Sitzungsschlüsseln sowie der ausgetauschten Nachricht(en) besteht und auf 64 Bit gekürzt wird. Auch hier wird ein *Nonce* mit 32 Bit eingefügt.
3. MP_JOIN <ACK>-Nachricht: Abschließend wird im Handshake wieder ein HMAC wie beim <SYN,ACK> berechnet, nun aber mit der Gesamtlänge von 160 Bit übermittelt.

Dieses Verfahren findet für alle Subflows Anwendung, wobei jeweils das 32 Bit *Token* den Subflow identifiziert. Das Token stellt somit eine Abstraktion des Sockets-Paars dar und ermöglicht die Aufteilung (und Zusammenführung der Subflows) nicht nur über unterschiedliche Links und IP-Adressen, sondern auch unabhängig davon, ob IPv4 oder IPv6 genutzt wird.

### 6.5.6 Anpassung des TCP-Headers für MPTCP

Ein Subflow innerhalb einer MPTCP-Verbindung stellt eine Sonderform einer TCP-Verbindung dar. Beim Transport von Daten über einen Subflow müssen somit einige dem Subflow und somit auch dem MPTCP entsprechenden Angaben im TCP-Header gemacht werden. Abb. 6.5-8 illustriert, um welche Angaben es sich dabei handelt, und zeigt auch, wie der TCP-Header an den MPTCP-Bedarf angepasst werden kann.

Zu Abb. 6.5-8 sei angemerkt, dass die Angaben Source Port, Destination Port, Sequence Number, Acknowledgement Number im TCP-Header nur einen Subflow bei MPTCP betreffen und dadurch anders zu interpretieren sind, nun zwar nun als Subflow Source Port, Subflow Destination Port, Subflow Sequence Number, Subflow Acknowledgement Number.

Dem 'Sender' bei TCP besagt die Angabe Receive Window in einem bei ihm empfangenen TCP-Paket, wie viele Daten (bei TCP in Byte ausgedrückt) er an den 'Emp-

Angabe Receive Window

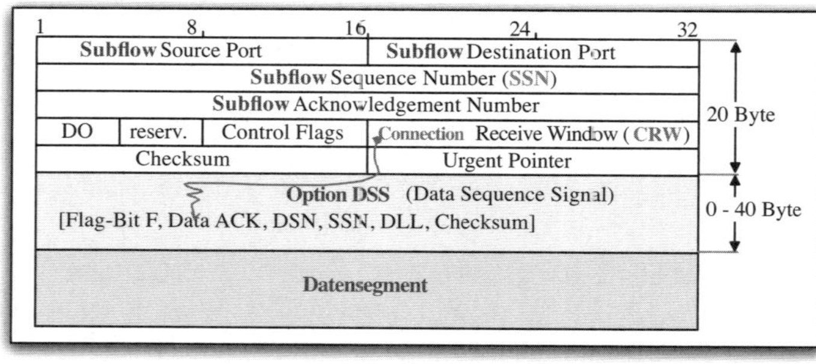


**Abb. 6.5-8:** Aufbau des TCP-Header mit MPTCP-relevanten Angaben
DO: Data Offset, DLL: Data-Level Length, DSN: Data Sequence Number

fänger' abschicken darf, ohne auf eine Quittung von diesem warten zu müssen. Mit `Receive Window` wird der Sender darüber informiert, wie groß der Puffer für die Aufnahme der von ihm kommenden Daten ist. Bei MPTCP bezieht sich die Angabe `Receive Window` auf alle Subflows einer MPTCP-Verbindung. Es handelt sich bei MPTCP um `Connection Receive Window` (CRW), d.h. die Puffergröße für eine MPTCP-Connection/Verbindung.

TCP-Option `DSS`

Abb. 6.5-8 bringt zum Ausdruck, dass im TCP-Header die Option `DSS` (*DataSequence Signal*) enthalten ist und somit die den Datenfluss auf der MPTCP-Verbindung betreffende Angabe `Data ACK` mit `CRW` zusammenhängt. Mit `Data ACK` zeigt der Empfänger dem Sender an, bis zu welchem Byte die Daten auf der MPTCP-Verbindung bei ihm korrekt empfangen wurden. Auf diese Weise erfährt der Sender, dass er an den Empfänger Daten bis zur Byte-Nummer `CRW+(Data ACK)` senden darf und, dass diese bei ihm im Puffer aufgenommen werden. So wird die Datenflusskontrolle auf dem MPTCP-Level (Schicht MPM, [Abb. 6.5-4a]) mittels der Angaben `CRW` und `Data ACK` realisiert [Abb. 6.5-5].

Die TCP-Option `DSS` wird verwendet, um einerseits die auf der MPTCP-Verbindung gesendete Folge von Byte mit einer Sendefolgenummer, als Datensequenznummer (`Data Sequence Number`, `DSN`) bezeichnet, zu nummerieren und andererseits die empfangene Folge von Byte mit einer *Quittungssequenznummer* (*Data Acknowledgement Number*, `Data ACK`) bestätigen/quittieren zu können.

Flag-Bit `F`

Eine besonders wichtige Bedeutung besitzt das Flag-Bit `F` (`Finish`) in der Option `DSS`. Mit `F = 1` wird signalisiert, dass nach dem Ende von Daten ein fiktives Datenbyte `DATA_FIN` [Abb.6.5-9] vorhanden ist und dass damit der Abbau einer MPTCP-Verbindung initiiert wird.

## 6.5.7 Abbau einer MPTCP-Verbindung

Eine MPTCP-Verbindung muss auch abgebaut werden, damit die kommunizierenden Rechner reservierte Ressourcen freigeben können. Der Abbau könnte im Grunde so erfolgen, dass alle zur MPTCP-Verbindung gehörenden Subflows, als 'normale' TCP-Verbindungen, individuell und unabhängig voneinander abgebaut werden. In der Praxis kann aber ein Subflow auf einer MPTCP-Verbindung 'abgebrochen' – quasi 'aufgehängt' – werden, bevor man mit dem Abbau dieser beginnt. Eine solche Situation kommt oft vor, z.B. falls ein Smartphone während einer MPTCP-Verbindung, welche aus einem Subflow über ein WLAN und einem Subflow über ein G3/4G-Mobilfunknetz besteht, das WLAN plötzlich verlässt, ohne den Subflow vorher über ein WLAN abzubauen; folglich wird dieser Subflow dann einfach abgebrochen.

Bedeutung von `DATA_FIN`

Es muss bei MPTCP also möglich sein, eine MPTCP-Verbindung mit einem 'abgebrochenen' Subflow vollständig abbauen zu können. Hierfür wurde das fiktive Datenbyte `DATA_FIN` eingeführt. Mit dessen Hilfe kann ein Rechner den Abbau einer MPTCP-Verbindung, d.h. den Abbau aller Subflows auf einen 'Schlag', initiieren. Das fiktive Databyte `DATA_FIN` bei MPTCP hat im Grunde eine ähnliche Bedeutung wie das Flag-Bit `FIN` bei TCP. Abb. 6.5-9 illustriert den Abbau einer MPTCP-Verbindung – und somit auch die Bedeutung von `DATA_FIN`. Es sei hervorgehoben, dass `DATA_FIN` auf jedem Subflow gesendet werden kann und mit `Data ACK` bestätigt werden muss

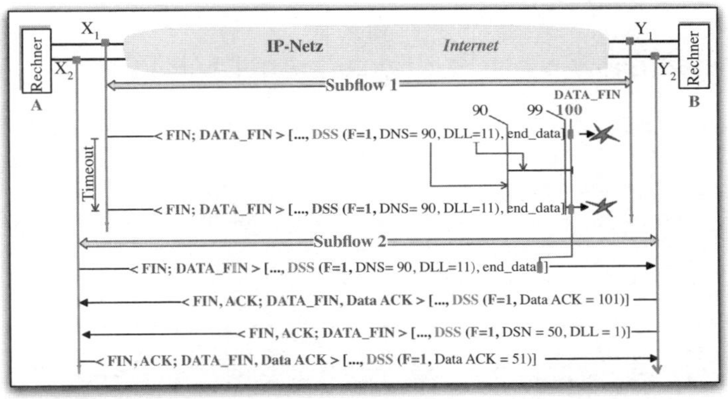


**Abb. 6.5-9:** Abbau einer MPTCP-Verbindung und Bedeutung der Angabe `DATA_FIN`
DSN: Data Sequence Number (globale Datenfolgenummer),
DLL: Data Level-Length (die Länge des Datenblocks [Abb. 6.5-8])

`DATA_FIN` als Punkt am Satzende

**Beispiel**: Der Abbau der MPTCP-Verbindung auf dem Subflow 1 wird mit einem `<FIN;DATA_FIN>`-Paket initiiert, d.h. mit einem TCP-Paket, in dem das Flag-Bit `FIN` (im TCP-Header) und das Flag-Bit `F` in der Option `DSS` auf 1 gesetzt sind, um das Zeichen `DATA_FIN` zu signalisieren. Das Zeichen `DATA_FIN` wird als ein fiktives Byte betrachtet, und dessen Empfang muss vom Zielrechner extra bestätigt werden, um sicher zu gehen, dass alle Daten bei ihm angekommen sind. Daher repräsentiert `DATA_FIN` ein fiktives Byte am Ende aller Daten – wie ein Punkt am Satzende. Im hier gezeigten Beispiel enthält das TCP-Paket den letzten Datenblock *(end-data)*: Dieser beginnt mit dem Datenbyte 90 (Angabe `DSN = 90`) und enthält zusammen mit dem fiktiven Byte `DATA_FIN` 11 Byte (DLL = 11); folglich hat `DATA_FIN` die Nummer 100.

`DATA_FIN` muss bestätigt werden

In Abb. 6.5-9 wird das `<FIN;DATA_FIN>`-Paket nach einem Timeout erneut gesendet. Da der Subflow *1* 'abgebrochen' ist, kommt nach dem *Timeout* keine Antwort und deswegen wird der Abbau der MPTCP-Verbindung auf dem Subflow *2* genauso wie vorher mit `<FIN;DATA_FIN>` initiiert. Die Gegenseite (Rechner `B`) antwortet darauf mit dem `<FIN,ACK;DATA_FIN,Data ACK>`-Paket, d.h. mit dem Paket, in dem zusätzlich das Flag-Bit `ACK` (im TCP-Header) auf 1 gesetzt ist und `Data ACK = 101` in der Option `DSS` enthalten ist [Abb. 6.5-8]. Mit `Data ACK = 101` signalisiert die Gegenseite, dass sie jetzt das Datenbyte mit Nummer 101 erwartet. Auf diese Weise bestätigt sie den Empfang von DATA_FIN. Dadurch ist der Rechner A sicher, dass alle von ihm abgeschickten Daten das Ziel (den Rechner B) erreicht haben und dort auch aufgenommen wurden.

Jede Seite initiiert den Abbau

Genauso wie beim Abbau jeder TCP-Verbindung muss beim Abbau einer MPTCP-Verbindung jede Seite den Abbau initiieren, um sicher sein zu können, dass alle von ihr abgeschickten Daten das Ziel erreicht haben und dort aufgenommen wurden. Daher wird der gleiche Vorgang seitens des Rechners B wiederholt, d.h, das <FIN;DATA_FIN>-Paket wird an den Rechner A geschickt. Da der Rechner B keine Daten mehr zum Senden hat, und das letzte, an den Rechner A geschickte Datenbyte die Nummer 49 aufweist, enthält <FIN;DATA_FIN> die Datensendefolgenummer DSN = 50 und DLL = 1. Die Gegenseite (Rechner A) antwortet darauf mit dem <FIN,ACK;DATA_FIN,Data ACK>-Paket, in dem die Anzeige DATA_FIN mit Data ACK = 51 bestätigt wird. Dadurch erfährt Rechner B, dass alle von ihm abgeschickten Daten den Rechner A erreicht haben und bei ihm aufgenommen wurden.

### 6.5.8 Middleboxen als Störfaktoren bei MPTCP

Was ist eine Middlebox?

MPTCP ist ein Transportprotokoll und operiert innerhalb der Transportschicht (Transport Layer). In Netzwerken werden aber – irgendwo unterwegs, in der Mitte (Middle), zwischen kommunizierenden Rechnern – verschiedene Komponenten (quasi als *Boxen*) mit dem Ziel installiert, besondere und nicht standardmäßige Funktionen zu erbringen. Allgemein werden solche Komponenten, wie z.B. verschiedene Arten von Proxies und Firewalls, als *Middleboxen* bezeichnet [RFC 3234].

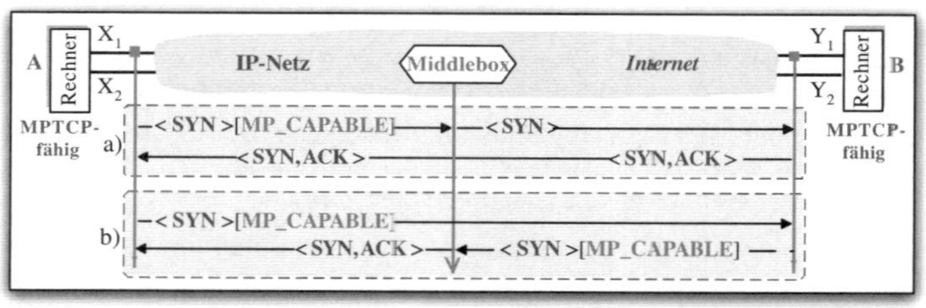


**Abb. 6.5-10:** Middleboxen als Störfaktoren bei MPTCP: Die MPTCP-Fähigkeit wird nicht erkannt: a) des Quellrechners A, b) des Zielrechners B

Eine Middlebox kann innerhalb von nur einer Schicht oder aber auch gleichzeitig innerhalb mehrerer Schichten agieren, beispielsweise innerhalb der Netzwerk-, Transport- und Applikationsschicht. Dabei interpretiert eine Middlebox die Angaben im Header des Protokolls der entsprechenden Schicht. Folglich kann sie auch einige Angaben im Header ändern. Eine innerhalb der Transportschicht agierende Middlebox kann also die Angaben im TCP-Header ändern und demzufolge die Funktion von MPTCP negativ beeinflussen, einschränken etc. Middleboxen gelten daher als Störfaktoren bei MPTCP. Abb. 6.5-10 soll dies näher zum Ausdruck bringen.

**Beispiel einer 'Middlebox-Störung'**: Hier wurde angenommen, dass die beiden Rechner MPTCP-fähig sind und dass die Middlebox die ihr unbekannten TCP-Optionen aus dem TCP-Header entfernt. Dies kann u.a. dazu führen, dass die MPTCP-Fähigkeit eines Rechners nicht erkannt wird; z.B. die des Quellrechners, falls die Middlebox MP_CAPABLE in <SYN> entfernt, oder die des Zielrechners, falls MP_CAPABLE in <SYN,ACK> entfernt wird.

## 6.6 Schlussbemerkungen

In diesem Kapitel haben wir einige *Application-Support-* und *Echtzeitprotokolle* vorgestellt, die für das heutige Internet von herausragender Bedeutung sind und ohne die weder Sicherheit noch Echtzeitkommunikation zu gewährleisten wären.

Ergänzend zum Inhalt dieses Kapitels möchten wir noch auf Folgendes hinweisen:

- Das kurz vorgestellt SOCKS-Protokoll führt zwar gewissermaßen ein Schneewittchen-Dasein; für eine *Benutzerauthentisierung* zum Zugriff auf geschützte Ressourcen ist es jedoch unverzichtbar. Alternativen wie Web-Proxies realisieren im Gegenzug dazu lediglich eine *Client-Autorisierung*, häufig auf Grundlage der IP-Adresse. SOCKS
- Das Mitte der 90-er Jahre erfundene Protokoll *Secure Socket Layer* mit heutigem Nachfolger TLS ist für das bestehende Internet 'Alternativlos'. Die Komplexität des Protokolls macht es jedoch gegen Fehler empfindlich, da sofort der Sicherheitskontext beeinträchtigt wird. Häufiger ist jedoch bestehende übergeordnete Struktur – die *Public Key Infrastructure* – gefährdet und kompromittiert den TLS-Einsatz, der sich auf X.509-Zertifikaten und deren gestaffeltes Vertrauensmodell stützt. SSL/TLS
- Datagram-TLS wird benötigt, wenn der (quasi) Echtzeitdatenstrom über UDP übertragen werden soll und hierbei eine Transportverschlüsselung gefragt ist. Um dies zu realisieren, sind erhebliche Protokollmodifikationen bei TLS notwendig, die – wie gesehen – nicht unkritisch sind. Es stellt sich die Frage, ob diese Art der Transportverschlüsselung überhaupt sinnvoll ist und nicht durch ein geeigneteres – und sichereres – Protokoll wie CurveCP [`http://curvecp.org/`] ersetzt werden sollte. Datagram-TLS
- Eine interessante Entwicklung bahnt sich mit dem Protokoll DANE (*DNS-Based Authentication of Named Entities*) an [RFC 6698], das die Möglichkeit bietet, in Zukunft auf eine separate Public Key Infrastruktur zur verzichten und dafür auf das dezentrale DNS zu setzen. Die DNS-Komponente von DANE haben wir bereits in Abschnitt 4.7 vorgestellt. Problematisch hierbei ist, dass DANE in seiner aktuellen Implementierung auf DNSSEC angewiesen ist und zudem der nutzende (TLS-)Client ein DNS-Fullresolver sein muss, was speziell für mobile Endgeräte kaum in Frage kommt. DANE
- Im Hinblick auf die multimediale Kommunikation muss das Internet mit anderen Netzen für Sprachkommunikation – und insbesondere mit Mobilfunknetzen – integriert werden. Um dies zu erreichen und dabei zusätzliche Möglichkeiten zu verschaffen, innovative multimediale Dienste entwickeln zu können, wurde IMS (*IP Multimedia Subsystem*) entwickelt. Wie Abb. 6.6-1 illustriert, stellt IMS eine Plattform für die Integration der Netze im Hinblick auf die Bereitstellung von IP-basierten, multimedialen Anwendungen dar; wie z.B. von VoIP, IPTV, Collaboration Services. Bedeutung von IMS

  Die Konvergenz der Netze wird so erreicht, dass alle Netze – d.h. die Festnetze PSTN, ISDN, die Mobilfunknetze GSM, UMTS und LTE, WLANs (z.B. Hotspots) und Intranets – an ein IP-Transportnetz angebunden sind. Dieses IP-Transportnetz, kann auch auf Basis des Internet eingerichtet werden. IMS stellt dabei die Signalisierungs- und Kontroll-Plane dar und enthält verschiedene Server, die als CSCF (*Call Session Control Function*) bezeichnet werden. Um die Rechte und Profile von Benutzern zu speichern, wird der Server HSS (*Home Subscriber Server*) eingesetzt.

  Als Signalisierungs- und Steuerungsprotokoll im IMS wird das SIP verwendet. So entspricht beispielsweise Proxy-CSCF der Funktion nach dem SIP-Proxy-Server [Abb. 6.4-2]. Eine wichtige Rolle im IMS spielt das Protokoll *Diameter*, mit dem

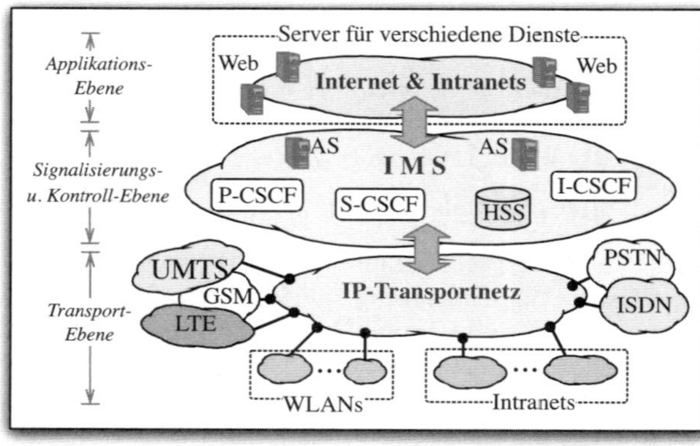


**Abb. 6.6-1:** IMS als einheitliche Plattform für die Integration der Netze und die Bereitstellung IP-basierter Dienste
AS: Applikationsserver, CSCF: Call Session Control Function,
HSS: Home Subscriber Server, I-/P-/S-CSCF: Interrogating-, Proxy- sowie Serving-CSCF
**Anmerkung**: Die hier gezeigten klassischen Netze für Sprachkommunikation PSTN/ISDN besitzen heute nur noch historische Bedeutung.

die Authentifizierung von Benutzern und das Accounting durchgeführt werden. Für eine kompakte Darstellung von IMS sei verwiesen auf [Bad10]. Detaillierte Informationen über IMS findet man z.B. in [PM09] und [FMNORS11].

WebRTC und WS-Protokoll

- Das im Abschnitt 1.1 kurz erläuterte Konzept von WebRTC (*Web Real-Time Communication*) sieht vor, dass ein Webserver quasi als Manager multimedialer Verbindungen (*Sessions*) – in der Tat als Vermittlungsnetzknoten – zwischen Web-Videotelefonen fungieren kann. Um dies zu ermöglichen, müssen Browser und Webserver um spezifische RTC-Funktionen erweitert werden; sie müssen u.a. das in RFC 6455 spezifizierte *WebSocket Protocol* (WS-Protokoll) unterstützen. Ein wichtiges Ziel der Entwicklung des WS-Protokolls war es, die Webserver dazu zu befähigen, die Verbindungen zu Browsern selbst initiieren zu können. Dank der Nutzung des WS-Protokolls können die Webserver zur Unterstützung von WebRTC verwendet werden, als Verbindungsmanager dienen und u.a. multimediale Verbindungen zu Browsern initiieren. Die Ergebnisse von WebRTC-betreffenden Entwicklungen werden beim W3C (*World Wide Web Corsortium*) von der Working Group WebRTC [`http://www.w3.org/2011/04/webrtc-charter.html`] und bei der IETF von der Working Group RTCWEB (*Real-Time Communication in WEB-browsers*) standardisiert [`http://datatracker.ietf.org/wg/rtcweb`].

Multipath TCP

- *Multipath TCP* ist ein Protokoll, das auf die Belange von explizit Multilink-fähigen Endgeräten wie Smartphones und Tabletts zugeschnitten ist und das Roaming von Benutzer – unter Beibehaltung der laufenden Applikation – unterstützt. Hierfür erweitert das Multipath TCP die Transportschicht um das Aggregation- und Multipath-Management. Wie auch bei TLS, soll die hierauf zurückgreifende Applikation dies nicht merken, aber in den Genuss des Dienstes kommen. Aus den Erfahrungen, die in den letzten Jahren mit TLS gemacht wurden, kann dies nicht in vollem Umfang gelingen; speziell wenn gemischte Netzwerk-Protokolle wie IPv4 und IPv6 ins Spiel kommen. Eine sinnvolle Ergänzung des DNS-Dienstes um ggf. geeignete WKS-Records wäre eine geeignete Lösung, die aber die Standards derzeit nicht vorsehen.

# Teil II

# Internet Protocol Version 6

IPv6 is like christmas: for a lot of people it comes as a big surprise.

---

Walter Güldenberg, 2012

# 7 Das Protokoll IPv6

Das massive Wachstum des Internet, die hierbei entstehenden Probleme und neuen Anforderungen haben in den 90er Jahren des letzten Jahrhunderts die Entwicklung eines neuen Internetprotokolls stark vorangetrieben. Insbesondere stößt der Adressraum des klassischen Internetprotokolls IP, das auch als IPv4 (v4 steht für Version 4) bezeichnet wird, aufgrund der Adresslänge von nur 32 Bit an seine Grenzen. Als IPv4 konzipiert wurde, konnte man sich nicht vorstellen, dass das Internet zu einem weltumgreifenden Kommunikationsnetz heranwachsen würde, dessen 'Hosts' nicht nur fast alle tragbaren, an das Internet über Mobilfunknetze angebundenen Endgeräte sein werden, sondern als 'Host' am *Internet of Things* auch diverse Komponenten zur Ansteuerung allgegenwärtiger technischer 'Dinge' kommen können. Zudem besteht für IP-Netze der Bedarf an verbesserter Sicherheit sowie der Unterstützung von Multimedia- und Echtzeitanwendungen.

Notwendigkeit von IPv6

Diese Ziele sollten mit dem neuen Internetprotokoll IPv6 (d.h. in der Version 6) erreicht werden. Zum Lösung dieser Probleme wurde schon Anfang der 90er Jahre ein Entwurf als IPnG (next Generation) gemacht, der im Anschluss in das Protokoll IPv6 mündete. Weil die Versionsnummer 5 bereits vorher für *Stream Protocol* (ST) als eine IP-Variante vergeben wurde, ist somit IPv6 der dedizierte Nachfolger von IPv4.

Mit IPv6 steht ein mächtiges Protokoll zur Verfügung, mit dem sich die Konfiguration und Administration der Netzwerke deutlich vereinfachen lässt, aber ein grundlegendes Verständnis der IPv6-Adressstruktur und der Mechanismen der dynamischen IPv6-Adressvergabe verlangt. Bei IPv6 wurde nicht nur die Länge der Adresse auf 128 Bit erweitert, sondern zugleich auch eine Vielzahl wichtiger Erweiterungen eingeführt. Diese reichen von Sicherheitsfunktionen über mehr Flexibilität bis hin zur Unterstützung von Plug&Play und neuartigen Anwendungen.

IPv6 als mächtiges Protokoll

Nach einer Vorstellung der Neuerungen bei IPv6 in Abschnitt 7.1 gehen die Abschnitte 7.2 und 7.3 auf IPv6-Header und die sog. Erweiterungs-Header ein. Die Nutzung von Options-Headern erläutert Abschnitt 7.4, den Einsatz von IPv6-Jumbogrammen zeigt Abschnitt 7.5. Source Routing illustriert Abschnitt 7.6, und die Fragmentierung langer Pakete präsentiert Abschnitt 7.7. Eine Beschreibung der Adressstrukturen bei IPv6 befindet sich in Abschnitt 7.8. Die Abschnitte 7.9 und 7.10 stellen Unicast-, Multicast- und Anycast-Adressen sowie deren Bedeutung und Einsatz dar. Der Zuweisung von IPv6-Adressen ist der Abschnitt 7.11 gewidmet und das Kapitel wird mit einem Ausblick in Abschnitt 7.12 abgerundet.

Überblick über das Kapitel

In diesem Kapitel werden u.a. folgende Fragen beantwortet:

Ziele dieses Kapitels

- Welche Ziele wurden bei der Entwicklung von IPv6 verfolgt?
- Welche neuen Funktionen bringt IPv6 mit sich?
- Wie sind IPv6-Pakete aufgebaut?
- Wie wird die Route für die Übermittlung der IPv6-Pakete bestimmt?
- Wie ist der IPv6-Adressraum strukturiert?
- Welche Arten von IPv6-Adressen gibt es und für welche Zwecke werden sie genutzt?
- Wie findet die automatische Vergabe von IPv6-Adressen statt?
- Wie können den Rechnern IPv6-Adressen zugewiesen werden?

## 7.1 Neuerungen bei IPv6 gegenüber IPv4

IPv6 wurde mit dem Ziel entwickelt, ein neues Internetprotokoll zur Verfügung zu stellen, das die Nachteile und Schwächen von IPv4 beheben soll. Welche Nachteile und Schwächen hat aber IPv4? Man hört oft nur: Die IPv4-Adressen sind knapp. Die Struktur des IPv4-Headers ist einerseits zu komplex und andererseits wurde noch nicht alles berücksichtigt (z.B. Sicherheitsaspekte). Zudem muss bei IPv4 bei jedem Hop im Router die Header Checksum neu berechnet werden, was bei heutigen Routern häufig nicht mehr vorgenommen wird.

Ziele von IPv6

Die wichtigsten Ziele bei der Entwicklung von IPv6 waren:

- *Vergrößerung und hierarchische Strukturierung des IP-Adressraums*
  Aus diesem Grund haben die IPv6-Adressen die Länge von 128 Bit (sind also 4-mal länger als IPv4-Adressen). wobei die ersten Bit den Gültigkeitsbereich (*Scope*) der IPv6-Adresse, die folgenden Bit zum Routing und die niedrigwertigsten 64 Bit zur Identifikation das Interface vorgesehen sind.
- *Verbesserung der Header-Struktur*
  Die Struktur des Headers der IPv6-Pakete wurde gegenüber dem Header der IPv4-Pakete wesentlich verbessert. Es wurde eine deutlichere Unterteilung zwischen notwendigen und optionalen Angaben vorgenommen. Die optionalen Angaben können nun bedarfsweise in speziellen Headern (sog. *Extension Headers*) übermittelt werden.
- *Gültigkeitsbereich von IPv6-Adressen*
  Jeder IPv6-Adresse wird ein Gültigkeitsbereich (*Scope*) zugesprochen. Den öffentlichen IPv4-Adressen entsprechen bei IPv6 solche mit globalen Scope, die globalen Unicast-Adressen. IPv6 *Unique Local Unicast Addresses* besitzen nur Gültigkeit im lokalen Linksegment und sind somit den privaten IPv4-Adressen [Abb. 7.9-7b] gleichgestellt. Die sog. *Link-Local Unicast Addresses* stellen 'technische' Adressen dar, die zum Ablauf des IPv6-Protokolls im lokalen Linksegment notwendig sind [Abb. 7.9-7a]. Bei IPv6 werden auch spezielle Adresstypen definiert, um verschiedene Fälle zu unterstützen, in denen die beiden Protokolle IPv4 und IPv6 parallel eingesetzt werden [Abschnitt 7.9.5].
- *Autoconfiguration*
  IPv6-fähige Rechner richten ihre Netzwerkkonfiguration pro Interface nach dem Plug-and-Play-Prinzip eigenverantwortlich ein: *Autoconfiguration* [Abschnitt 7.2]. Damit dies unabhängig für jedes Interface und das angeschlossene Linksegment erfolgen kann, muss die IP-Instanz sich nun einen *Interface-Identifier* (Interface-ID) bzw. allgemein ein *Link-Token* merken, was zu Änderungen der Socket-Schnittstelle führt.
- *Verbesserung der Sicherheit*
  Hierfür wurden die beiden Extension Headers *Encapsulation Security Payload* und *Authentication Header* vorgesehen. Es hat sich aber herausgestellt, dass diese beiden Extension Headers auch beim IPv4 eingesetzt werden können. Dies hat zur Entstehung des ergänzenden Protokolls IPsec (*IP Security*) für IPv4 geführt [Abschnitt 5.4].
- *Default Minimum-MTU-Size von 1280 Byte*
  Ein IPv6-Netz verlangt, dass die Data-Link-Schicht in der Lage sein muss, IPv6-Pakete bis zu einer Grösse von 1280 Byte ohne Einschränkungen zu übermitteln [RFC 2460]. Für IPv4 lag dieser Wert bei lediglich 576 Byte. UDP-Nachrichten (wie z.B. bei DNS im Einsatz) können auf IPv6-Netzen daher deutlich größer sein.

Sowohl bei IP4 als auch bei IP6 finden zusätzlich weitere Hilfsprotokolle und Routing-Protokolle Anwendung, sodass man von einer IPv4- bzw. IPv6-Protokollfamilie sprechen kann. Abb. 7.1-1 zeigt die wesentlichen Neuerungen bei IPv6 bei einer Gegenüberstellung der beiden Protokollfamilien auf. Bei der Protokollfamilie von IPv6 wird hier auch angegeben, in welchem IETF-Dokument das entsprechende Protokoll spezifiziert wird.

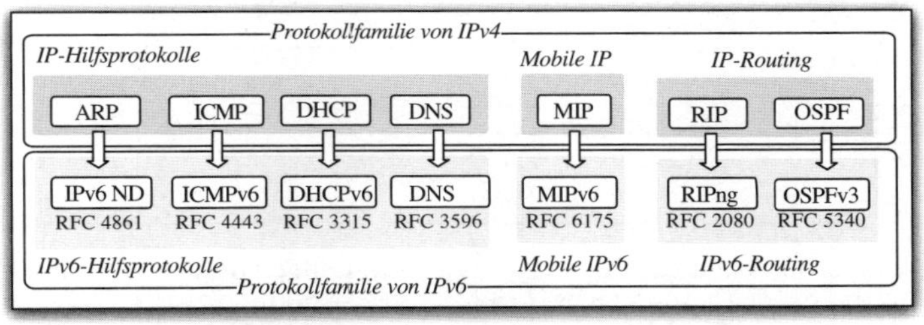


**Abb. 7.1-1:** Gegenüberstellung der Protokollfamilien von IPv4 und von IPv6

Wie hier ersichtlich, lassen sich die Neuerungen bei IPv6 gegenüber IPv4 wie folgt zusammenfassen:

- ARP (*Address Resolution Protocol*) gibt es bei IPv6 nicht mehr. Die Funktionen von ARP hat bei IPv6 das Protokoll NDP (*Neighbor Discovery Protocol*) übernommen. Die wichtigste Aufgabe von NDP ist somit die Ermittlung von MAC-Adressen aufgrund einer vorliegenden IPv6-Adresse [Abschnitt 8.2].
- ICMP (*Internet Control Message Protocol*) wurde für IPv6 modifiziert und trägt die Bezeichnung ICMPv6 [Abschnitt 8.1]. Die ICMPv6-Nachrichten werden u.a. in den Protokollen NDP und MIPv6 verwendet.
- Die dynamische Vergabe von Adressen und die Zuweisung ergänzender Angaben für die Anwendungen erfolgt bei IPv6 nach dem Protokoll DHCPv6 [Abschnitt 8.4], das eine Modifikation von DHCP (*Dynamic Host Configuration Protocol*) darstellt.
- Das DNS (*Domain Name System*) wurde für die Unterstützung von IPv6 entsprechend erweitert, was wir bereits in Abschnitt 4.2 besprochen haben.
- Die Mobilität von Rechnern wird bei IPv4 durch das Protokoll MIP (*Mobile IP*) unterstützt. Die für IPv6 modifizierte Version von MIP trägt die Bezeichnung MIPv6 [Abschnitt 15.4].
- In Netzen mit IPv4 werden die Routing-Protokolle RIP (*Routing Information Protocol*) und OSPF (*Open Shortest Path First*) eingesetzt. Für den Einsatz in Netzen mit IPv6 wurden diese Protokolle entsprechend modifiziert. Man bezeichnet diese Modifikationen als RIPng und OSPFv6 [Kapitel 10].

## 7.2 Header-Struktur bei IPv6

Zu den wichtigsten Zielen bei der Entwicklung von IPv6 zählte einerseits, die recht umfangreiche und nur aufwendig zu bearbeitende Struktur des IPv4-Headers zu vereinfachen und andererseits Flexibilität und Möglichkeiten für zukünftige Erweiterungen zuzulassen.

Abb. 7.2-1 zeigt die Struktur des Header von IPv6. Man beachte, dass einige sog. Erweiterungs-Header (Extension Headers) direkt nach dem IPv6-Header ins Paket ein- Aufbau des IPv6-Headers gebettet werden können [Abb. 7.3-1]. Abb. 7.2-1 illustriert den Fall, in dem keine Erweiterungs-Header im IPv6-Datenpaket enthalten sind.

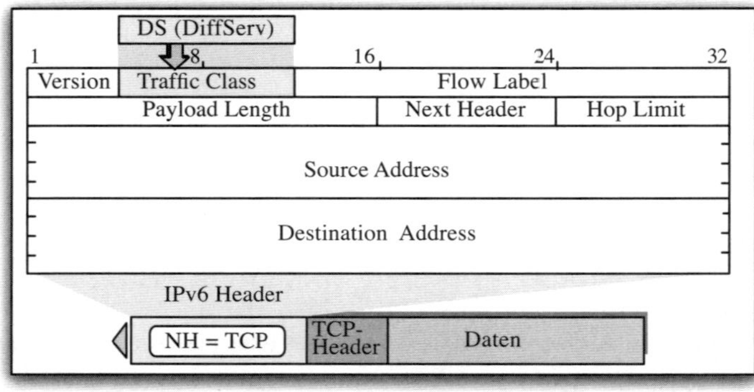


**Abb. 7.2-1:** Struktur des Header von IPv6 (nach RFC 2460) ohne ergänzende Erweiterungs-Header
DS: Differentiated Services, NH: Next Header

Der IPv6-Header stellt eine deutliche Vereinfachung und Erweiterung gegenüber dem IPv4-Header dar. Wie bereits in Abschnitt 2.2 gezeigt, enthält der IPv4-Header zehn Felder, zwei jeweils 32 Bit lange IPv4-Adressen und eventuell ein Feld mit Optionen, das immer bis zur nächsten 32-Bit-Grenze aufgefüllt wird. Diese Konstruktion führt beim IPv4-Header zu einer Länge von 20 Byte ohne Optionen. Die minimale Größe des IPv4-Header ist daher 20 Byte.

128-Bit-IP-Adressen

Im Gegensatz dazu verfügt der IPv6-Header nur über sechs Felder, zwei jeweils 128 Bit lange IPv6-Adressen und keine Optionen. Die Anzahl der Felder wurde auf das Minimum beschränkt, um den Paket-Overhead zu verringern und damit die Effizienz der Übertragung zu verbessern. Trotz viermal so langer Quell- und Ziel-IPv6-Adressen, die allein 24 Byte belegen, ist der IPv6-Header mit 40 Byte nur doppelt so lang wie der IPv4-Header.

Die einzelnen Angaben im IPv6-Header haben folgende Bedeutung:

- `Version` (4 Bit)
  Hier wird die Version des IP-Protokolls angegeben. Für IPv6 enthält dieses Feld die Zahl 6.
- `Traffic Class` (8 Bit)
  Um *Quality of Service* in IPv6-Netzen zu unterstützen, ermöglicht dieses Feld dem Sender bzw. Router von Paketen diesen eine Priorität zu vergeben. Daher kann eine höhere Priorität den IPv6-Paketen mit zeitkritischen Daten (z.B. bei VoIP-Anwendungen) im Vergleich zu den IPv6-Paketen mit 'normalen' Daten zugeordnet werden. Für die Garantie der Kompatibilität mit IPv4 wird hier das Feld `Differentiated Services` nach RFC 2474 eingebettet [Abschnitt 2.2.1].
- `Flow Label` (20 Bit)
  Dieses Feld stellt die zufällig gewählte Identifikationsnummer einer unidirektionalen, virtuellen Ende-zu-Ende-Verbindung (z.B. für eine TCP-Verbindung) dar. Diese Angabe kann dazu genutzt werden, jene Pakete zu kennzeichnen, die eine besondere Behandlung im Übermittlungsnetz benötigen. Die Router unterwegs können alle zu

einer Ende-zu-Ende-Verbindung gehörenden Pakete anhand ihres Flow Label direkt weiterleiten, ohne den Rest des IPv6-Header auswerten zu müssen. Eine derartige Weiterleitung der Pakete könnte beispielsweise ermöglichen, isochrone Bitströme bei der Multimedia-Kommunikation über IPv6-Netze zu übermitteln. `Flow Label` wird näher in RFC 3697 bzw. 6437 spezifiziert. Durch den Einsatz von MPLS [Abschnitt 11.2] ist aber `Flow Label` fast überflüssig geworden.

- `Payload Length` (16 Bit)
  Hier wird angegeben, wie viele Byte (Oktette) nach dem IPv6-Header als Nutzlast (*Payload*) noch folgen. Somit kann diese Angabe als Nutzlastlänge angesehen werden. Da dieses Feld 16 Bit enthält, lassen sich theoretisch maximal $2^{16} = 65536$ Byte als Nutzlast (weitere Steuerungsangaben und Daten) in einem IPv6-Paket transportieren. Eine Nutzlastlänge von 0 verweist auf ein sog. *Jumbo-Paket* [Abschnitt 7.5].
- `Next Header` (8 Bit)
  In diesem Feld wird der Header-Typ angezeigt, der unmittelbar nach dem IPv6-Header folgt. Es handelt sich hierbei
  - entweder um den Header eines nächsthöheren Protokolls – d.h. aus der Schicht 4 (Transportschicht) – wie z.B. TCP bzw. UDP
  - oder um einen *Erweiterungs-Header* (*Extension Header*), der eine Erweiterung des IPv6-Header ermöglicht, um bestimmte zusätzliche Steuerungsangaben über das Netz zu übermitteln [Abb. 7.3-2].

  Das Feld `Next Header` entspricht der Funktion nach dem Feld `Protocol` im IPv4-Header [Abb. 2.2-1].
- `Hop Limit` (8 Bit)
  Dieses Feld gibt die maximale Anzahl von Routern an, die ein Paket durchlaufen darf, bevor es automatisch gelöscht wird. Dies entspricht dem Feld `Time To Live` bei IPv4. Der hier eingetragene Wert wird in jedem durchlaufenen Router um 1 reduziert. Der Router, der den Wert auf 0 setzt, verwirft das betreffende Paket und signalisiert dies der Quelle mit der ICMPv6-Nachricht `Time Exceeded` [Abschnitt 8.1].
- `Source Address` (128 Bit)
  In diesem Feld steht eine IP-Adresse des Quellrechners.
- `Destination Address` (128 Bit)
  Hier wird die Adresse des Empfängers angegeben. Falls `Routing Header` als eine Erweiterung des IPv6-Header existiert, kann hier auch die Adresse einer 'Zwischenstation' (z.B. ein geforderter Router) angegeben werden.

Eine wichtige Besonderheit von IPv6 besteht darin, dass einige zusätzliche Steuerungsangaben in Form von festgelegten *Erweiterungs-Headern* (*Extension Headers*) zwischen dem IPv6-Header und dem TCP/UDP-Header eingebettet werden können.

## 7.3 Erweiterungs-Header

Das Feld `Next Header` im IPv6-Header nimmt eine zentrale Rolle bei der Strukturierung der IPv6-Pakete ein, und mit dessen Hilfe können die Verweise auf die Erweiterungen des IPv6-Header gemacht werden. `Next Header` weist darauf hin, was direkt nach dem IPv6-Header folgt. Es sind hierbei zwei Fälle zu unterscheiden: Entweder folgt

- direkt ein TCP- bzw. UDP-Header mit den dazugehörigen Daten [Abb. 7.2-1] oder
- zuerst ein weiterer *Erweiterungs-Header*, der wiederum ein Feld `Next Header` enthält [Abb.7.3-1]. Nach den Erweiterungs-Headern folgen dann ein TCP- bzw. UDP-Header und anschließend die Daten.

Angabe: Next Header

In einem IPv6-Paket lassen sich beliebig viele Erweiterungs-Header aneinander reihen, bis schließlich der Header des entsprechenden Transportprotokolls (z.B. TCP) beginnt. Das Prinzip einer derartigen Erweiterung des IPv6-Header illustriert Abb. 7.3-1. Ein IPv6-Paket kann keinen, einen oder mehrere Erweiterungs-Header enthalten. Da die einzelnen Erweiterungs-Header beliebige Längen aufweisen können, ist es notwendig, gemäß RFC 6564 die Länge des Headers durch einen 8-Bit-Wert anzugeben [Abb. 7.3-2].

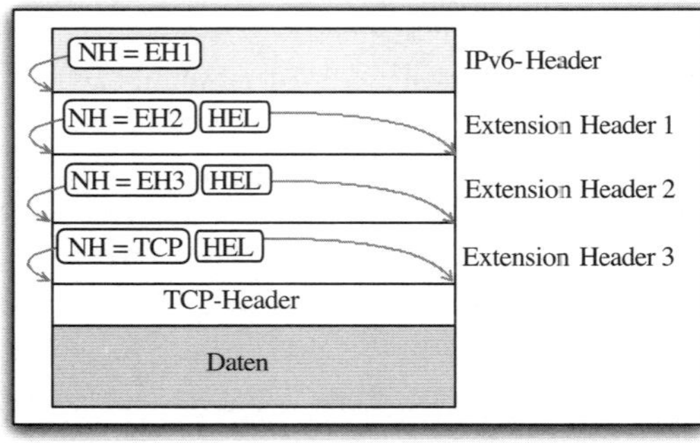


**Abb. 7.3-1:** Prinzip der Erweiterung des IPv6-Header
EH: Extension Header, NH: Next Header, HEL: Hdr Ext Len = Header Extension Length

Routing Header

**Beispiele**: In Abb. 7.3-2a folgt ein Routing Header dem IPv6-Header, in dem wiederum ein Verweis `NH` (`Next Header`) enthalten ist, der auf den TCP-Header verweist. Abb. 7.3-2b zeigt die mehrfache Verschachtelung von Erweiterungs-Headern. Der IPv6-Header verweist zuerst auf den `Routing Header`, dieser wiederum verweist auf den `Fragment Header` und dieser schließlich auf den TCP-Header mit den folgenden Daten.

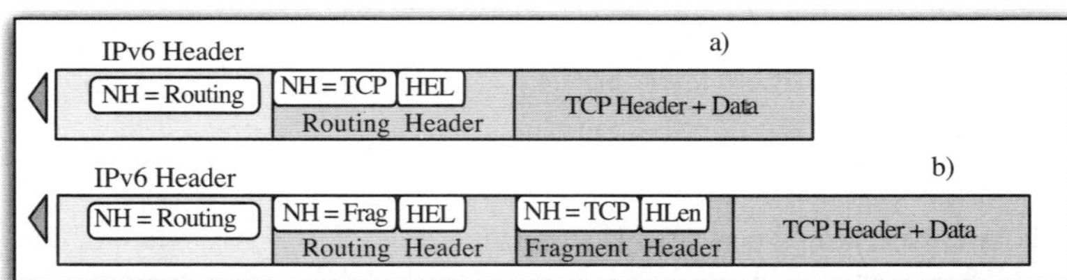


**Abb. 7.3-2:** Beispiel für die Erweiterung des IPv6-Header: a) mit nur einem Erweiterungs-Header, b) mit mehreren verschachtelten Erweiterungs-Headern NH: Next Header, HEL: Header Extension Length

Nach dem IPv6-Header kann im Allgemeinen entweder

- ein Erweiterungs-Header oder
- der Header von TCP bzw. von UDP, eines Routing-Protokolls bzw. eines sonstigen Protokolls (z.B. von IPv4 bei *IPv4 over IPv6* [Abb. 9.7-1]) folgen.

Im Protokoll IPv6 sind folgende Erweiterungs-Header[1] vorgesehen:

- `Hop-by-Hop Options Header`,
- `Routing Header`,
- `Fragment Header`,
- `Destination Options Header`,
- `Authentication Header`,
- `Encapsulation Security Payload`,
- `Mobility Header`.

Jeder Erweiterungs-Header sollte in einem Paket nur einmal enthalten sein. Nur der `Destination Options Header` kann maximal zweimal vorkommen. Werden mehrere Erweiterungs-Header in einem IPv6-Paket eingesetzt, so wird eine festgelegte Reihenfolge vorgeschlagen. Abb. 7.3-3 zeigt sie. Hier wurde ein Sonderfall angenommen, in dem ein IPv6-Paket sämtliche Erweiterungs-Header enthält.

Hop-by-Hop Options Header

Der `Hop-by-Hop Options Header` enthält sog. *Type-Length-Value*-Angaben (kurz *TLV-Angaben*), die als *Optionen* bezeichnet werden. Da diese TLV-Angaben in jedem Router (Zwischensystem) unterwegs interpretiert werden, muss dieser Header direkt nach dem IPv6-Header folgen. Dadurch lässt sich die für Paketvermittlung notwendige Zeit in Routern reduzieren.

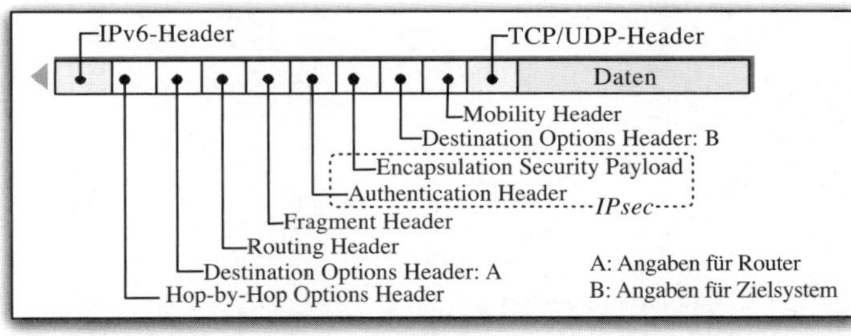


**Abb. 7.3-3:** IPv6-Paket mit allen Erweiterungs-Headern in der vorgeschriebenen Reihenfolge Destination Options Header

Destination Options Header

Der `Destination Options Header` kann in einem IPv6-Paket zweimal vorkommen. Er enthält die TLV-Angaben sowohl für die Router als auch für das Zielsystem. Enthält ein *Destination Options Header* die TLV-Angaben für Router, so folgt dieser Header direkt nach dem `Hop-by-Hop Options Header`. Die TLV-Angaben für das Zielsystem werden in einem anderen `Destination Options Header` transportiert, der möglichst am Ende in der Header-Reihenfolge positioniert werden soll.

Routing Header

Im *Routing Header* (RH) wird eine Liste von Routern bzw. von anderen Zwischensystemen angegeben, die das zu übermittelnde Paket unterwegs 'besuchen' muss [Abb. 7.6-1]. Es gibt bereits mehrere RH-Typen. Mit `RH Type 0` wurde in RFC 2460 zunächst ein IPv6-basiertes Source-Routing vorgeschlagen, aufgrund von Sicherheitsüberlegungen aber [RFC 5095] wieder verworfen. Wir wollen auf das Konzept dennoch in Abschnitt 7.6 eingehen. `RH Type 2` wird bei Mobile IPv6 verwendet [Abschnitt 15.4]. Die RH-Typen 1, 3 und 4 wurden nur in Internet Drafts vorgeschlagen.

[1] Eine Liste kompletter Angaben findet sich unter `http://www.iana.org/assignments/ipv6-parameters/ipv6-parameters.xhtml`.

Fragment Header

Mittels des `Fragment Header` ist es der Quelle von IPv6-Paketen möglich, ein langes Paket (länger als die zulässige *Path-MTU*) auf eine Reihe von Teilpaketen (Fragmenten) aufzuteilen. *Fragment Header* enthält auch die benötigten Steuerungsangaben, um eine Folge von Fragmenten am Zielsystem wieder zu einem langen Paket zusammenzusetzen.

Authentication Header

`Authentication Header` (AH) kann eingesetzt werden, um folgende Sicherheitsdienste zu realisieren[2]:

- *Authentisierung der Datenquelle*, um feststellen zu können, ob die Daten vom wahren (gültigen) Quellrechner stammen.
- *Überprüfung der Datenintegrität*, um eine mögliche Verfälschung der Frames auf dem Übertragungsweg festzustellen.

Encapsulation Security Payload

Unter *Encapsulation Security Payload* (ESP) ist eigentlich ein Frame zu verstehen, das sich aus einem Header und einem Trailer zusammensetzt. Mit ESP können die Sicherheitsdienste *Vertraulichkeit*, *Authentisierung* und *Überprüfung der Datenintegrität* realisiert werden. Im Vergleich zu AH wird mit ESP zusätzlich die Vertraulichkeit durch eine Verschlüsselung gewährleistet. ESP kann eigenständig oder kombiniert mit AH eingesetzt werden

Header-Typen

Eine Zusammenstellung der wichtigsten Header-Typen, die dem IPv6-Header folgen können, enthält Tab. 7.3-1.

| Header-Typ | Name | EH oder PH |
|---|---|---|
| 0 | Hop-by-Hop Options Header | EH |
| 4 | IPv4-Header (IP in IP Encapsulation) | PH |
| 6 | TCP- Header | PH |
| 17 | UDP-Header | PH |
| 43 | Routing Header | EH |
| 44 | Fragment Header | EH |
| 47 | Generic Encapsulation Header [RFC 2743, 2784] | PH |
| 50 | Encapsulation Security Payload | EH |
| 51 | Authentication Header | EH |
| 58 | ICMP für IPv6 | PH |
| 59 | kein nächster Header | |
| 60 | Destination Options Header | EH |
| 89 | OSPF-Header | PH |
| 132 | SCTP-Header | PH |
| 135 | Mobility Header (Mobile IPv6) | EH |
| 136 | UDP-Lite-Header | PH |
| xx | *Protokoll-Header wie bei IPv4* | PH |

**Tab. 7.3-1:** Mögliche Header-Typen nach dem IPv6-Header
EH: Erweiterungs-Header , PH: Protokoll-Header (wie nach dem IPv4-Header), xx: Protokollnummer; gleiche Angabe wie im Feld Protocol des IPv4-Header, [`http://www.iana.org/assignments/ipv6-parameters`] und [`http://www.iana.org/assignments/protocol-numbers`]

Mobility Header

Abschließend sei erwähnt, dass der `Mobility Header` in RFC 3775 zur Übertragung der *Mobility Options* bei *Mobile IPv6* hinzugefügt wurde. Der `Mobility Header` wird als letzter Extension Header im IPv6-Paket übermittelt.

[2] Es hat sich gezeigt, dass die beiden Erweiterungs-Header AH und ESP auch bei IPv4 eingesetzt werden können. Dies hat zur Entstehung des Protokolls IPsec für IPv4 geführt [Abschnitt 5.4].

# 7.4 IPv6-Flexibilität mit Options-Headern

Die grundsätzliche Idee bei der Entwicklung von IPv6 bestand darin, dass der IPv6-Header bei Bedarf mit optionalen Headern, den *Options-Headern*, ergänzt werden kann. Sie ermöglichen, zusätzliche Steuerungsangaben für Zwischen- und Zielsysteme zu übermitteln und damit u.a. das Routing bzw. bestimmte Sicherheitsfunktionen zu unterstützen.

Arten von Options-Header

Es sind zwei Arten von Options-Headern zu unterscheiden:

- `Destination Options Header`
  Dieser Header dient zur Angabe zusätzlicher Steuerungsangaben für den Empfänger des Pakets. Mit Optionen vom Typ 1 werden zusätzliche Steuerinformationen dem Empfänger (z.B. einem Router) des Pakets auf der ersten Zwischenetappe angezeigt. Dagegen sind die Optionen vom `Typ 2` für das endgültige Zielsystem gedacht.
- `Hop-by-Hop Options Header`
  Ein Paket kann auf seinem Weg zum Ziel zusätzliche Informationen für die Zwischenstationen (Hops) enthalten. `Hop-by-Hop Options Header` dient daher zur Übermittlung von Angaben, die von jedem zu passierenden Router bzw. von möglichen Zwischensystemen auf dem Weg zum Datenziel zu beachten sind.

## 7.4.1 Aufbau von Options-Headern

Die beiden Options-Header, d.h. sowohl `Hop-by-Hop Options Header` als auch `Destination Options Header`, weisen die gleiche in Abb. 7.4-1 gezeigte Struktur auf. Sie besitzen eine variable Länge und lassen sich daher flexibel verwenden.

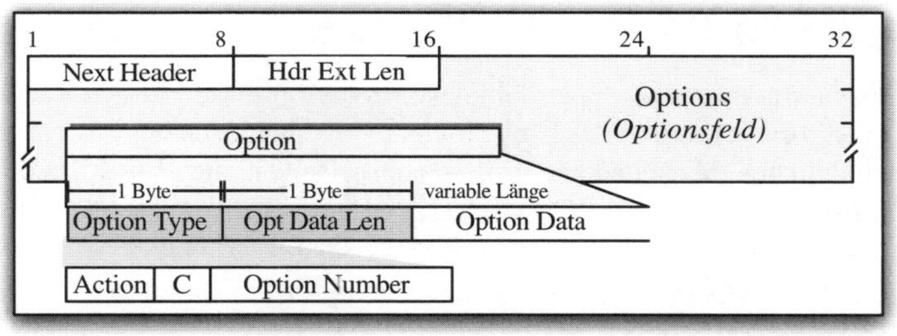


**Abb. 7.4-1:** Struktur von Options-Headern

Angaben im Options-Header

Die einzelnen Felder im Options-Header haben folgende Bedeutung:

- `Next Header`: Hier wird ein Verweis auf den nächsten Header gemacht [Abb. 7.3-1].
- `Hdr Ext Len` (*Header Extension Length*): Dieses 8-Bit-Feld gibt die Länge des Options-Headers an, die immer ein Vielfaches von 8 Byte betragen muss.
- `Options`: Dieses Feld enthält eine Optionsliste mit folgenden Angaben:
  - `Option Type` (Optionstyp),
  - `Opt Data Len` (*Option Data Length*, Länge von Optionsdaten) und
  - `Option Data` (Optionsdaten).

Der Optionstyp ist ein 8-Bit-Wert, dessen zwei höchstwertige Bit `Action` (Aktion) definieren, die ein System ausführen muss, falls es die betreffende Option nicht kennt. Es sind folgende Aktionen vorgesehen:

- `Action = 00` sorgt dafür, dass diese Option übersprungen wird und das betreffende System zur Bearbeitung der nächsten Option übergeht.
- `Action = 01` bestimmt, dass das gesamte Paket verworfen und keine Fehlermeldung an den Absender des Pakets gesendet wird.
- `Action = 10` veranlasst, dass das gesamte Paket verworfen und eine Fehlermeldung (als ICMPv6-Nachricht `Destination Unreachable`) an den Absender gesendet wird, falls es sich bei der Zieladresse um eine Multicast-Adresse handelt.
- `Action = 11` legt fest, dass das gesamte Paket verworfen und eine Fehlermeldung an den Absender gesendet wird, falls es sich bei der Zieladresse um keine Multicast-Adresse handelt.

Das Bit `C` zeigt an, ob die nachfolgenden Optionsdaten auf dem Weg zum Ziel verändert werden dürfen oder nicht:

- `C = 0`: verbietet eine Veränderung von Optionsdaten (z.B. in einem Router).
- `C = 1`: erlaubt die Modifikation von Optionsdaten.

Mit der Festlegung von `Action` kann eine wichtige Angabe in Bezug auf die Übertragung sicherheitsrelevanter Daten erfolgen. Der Absender solcher Daten kann festlegen, ob z.B. im Falle einer technisch bedingten oder bösartig herbeigeführten Unterbrechung einer Route Datenpakete verworfen werden sollen oder nicht.

### 7.4.2 Belegung des Option-Feldes

Das `Option`-Feld [Abb. 7.4-1] innerhalb des `Hop-by-Hop Options Header` bzw. des `Destination Options Header` kann durch die verschiedenen Optionen natürlich auch mit unterschiedlichen Längen belegt werden. Hierbei sind einige Prinzipien der Belegung des Option-Feldes zu beachten: Ein x-Byte-Datenfeld sollte vom Header-Anfang um ein Vielfaches von x Byte platziert werden. Somit kann die Entfernung der Option von Beginn des `Hop-by-Hop Options Header` bzw. des `Destination Options Header` nach einer der folgenden Belegungsregeln vorgenommen werden: (n*4 + 2) Byte, (n*4 + 3) Byte bzw. (n*8 + 2) Byte (n = 0, 1, ...). Die Länge dieser Header sollte immer ein Vielfaches von 8 Byte betragen.

Um die erwähnten Regeln realisieren zu können, werden zwei Fülloptionen (*Padding Options*) definiert:

- Option `Pad1` mit 1-Byte-Länge : Diese Option wird verwendet, um einen 1-Byte-Eintrag im Option-Feld mit 'künstlichen' Daten zu füllen.
- Option `PadN` mit `N`-Byte-Länge: Diese Option wird verwendet, um einen (`N-2`)-Byte-Eintrag im `Option-Feld` mit 0 Byte (`x'00'`) nach Bedarf zu füllen.

Die Belegung des Option-Feldes wird nun anhand von Beispielen näher dargestellt.

**Beispiel 1**: Das Option-Feld soll eine Option `X` mit folgenden zwei Datenfeldern enthalten: Das *erste Datenfeld ist 4 Byte* und das *zweite Datenfeld 8 Byte lang*. Die Belegung des `Option`-Feldes zeigt Abb. 7.4-2 (vgl. auch Abb. 7.4-1).

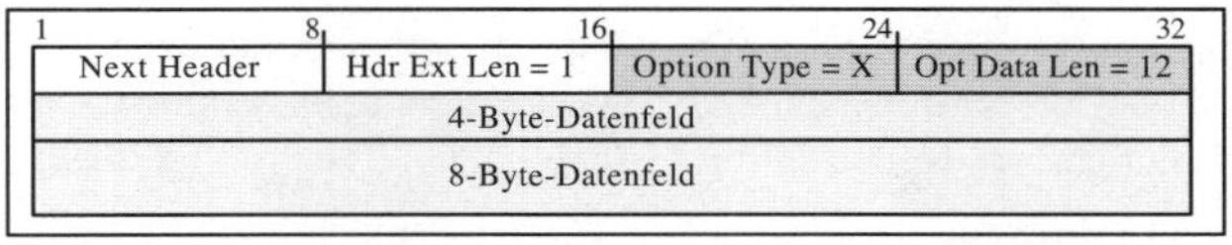


**Abb. 7.4-2:** Belegung des `Option`-Feldes mit einer 12 Byte langen Option [Abb. 7.4-1]

Hier gilt die Belegungsregel (`n*4 + 2`) Byte (`n = 0`), d.h. die Option beginnt in der Entfernung 2 Byte vom Anfang des Headers.

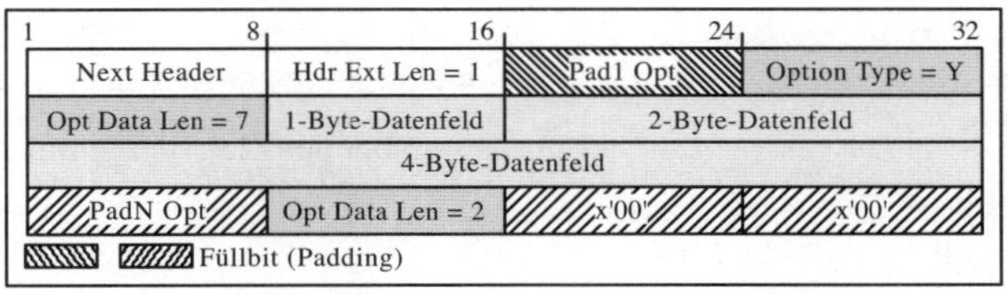


**Abb. 7.4-3:** Belegung des `Option`-Feldes mit 7-Byte langen Options-Angaben

**Beispiel 2**: Das `Option`-Feld soll eine Option `Y` mit folgenden drei Datenfeldern enthalten: Das *erste Datenfeld ist 1 Byte*, das *zweite 2 Byte und das dritte 4 Byte lang*. Die Belegung des `Option`-Feldes in diesem Fall zeigt Abb. 7.4-3. Hier gilt die Belegungsregel (`n*4 + 3`) Byte. Die Option beginnt nach `3` Byte ausgehend von Header-Beginn. Um dies zu erreichen, wird das dritte Byte mit einer Option `Pad1` gefüllt, die keine Steuerungsangaben enthält. Das 4-Byte-Datenfeld beginnt nach `n*4` Byte (`n = 2`) vom Anfang des Headers. Um die gesamte Länge des Option Headers auf ein Vielfaches von `8` Byte zu ergänzen, werden die letzten `4` Byte mit `PadN` gefüllt.

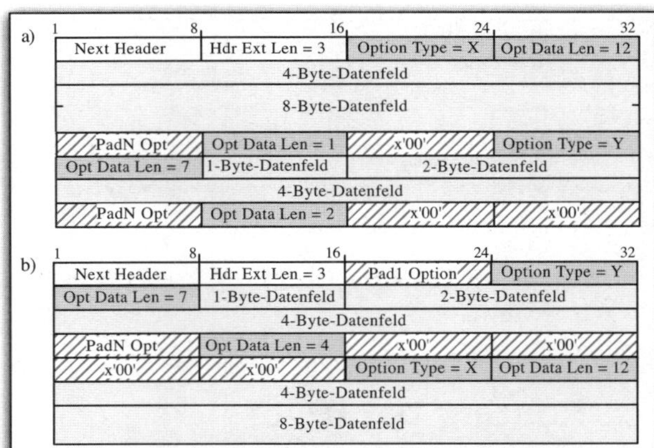


**Abb. 7.4-4:** `Option`-Feld mit mehreren Option-Typen folgender Belegung: a) zuerst Option `X` und dann Option `Y`, b) zuerst Option `Y` und dann Option `X`

**Beispiel 3**: `Hop-by-Hop Options Header` bzw. `Destination Options Header` soll die beiden Optionen `X` und `Y` aus den vorherigen Beispielen 1 und 2 enthalten. Abb. 7.4-4a illustriert den Fall, wenn zuerst Option `X` und dann Option `Y` im `Option`-Feld platziert werden. Es sei vermerkt, dass die letzten vier Byte mit `PadN` gefüllt werden, um die gesamte Gesamtlänge auf ein Vielfaches von `8` Byte zu ergänzen.

Abb. 7.4-4b zeigt die Situation, in der zuerst die Option `Y` und dann die Option `X` im `Option`-Feld platziert wird. Da ein 8-Byte-Datenfeld um ein Vielfaches von 8 Byte von Header-Anfang platziert werden sollte, wird hier die 4. Zeile mit `PadN` gefüllt.

## 7.5 Einsatz von Jumbo Payload

Ebenso wie bei IPv4 stehen auch nur 16 Bit im Feld `Payload Length` des IPv6-Header zur Verfügung [Abb. 7.2-1], um die Länge von Nutzdaten anzugeben. Dadurch können die Nutzdaten nicht mehr als 65.535 Byte betragen. Falls größere Mengen von Nutzdaten in einem IPv6-Paket übertragen werden sollen, kann dies unter Einsatz der sog. *Jumbo Payload Option* im `Hop-by-Hop Options Header` markiert werden [RFC 2675]. Man spricht in diesem Zusammenhang von einem *IPv6-Jumbogram*. Abb. 7.5-1 illustriert die Struktur von `Hop-by-Hop Options Header` mit `Jumbo Payload Option`.

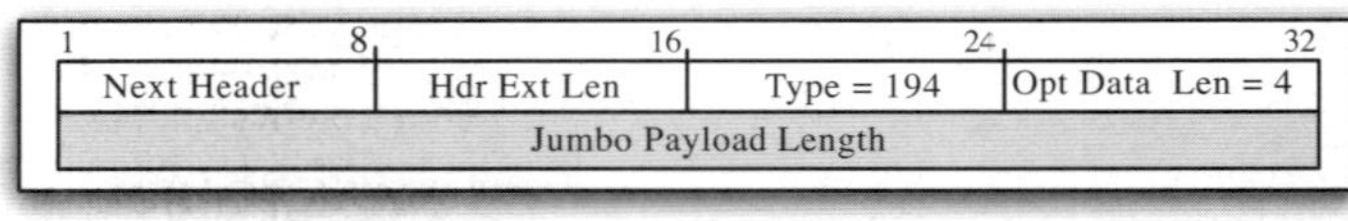


**Abb. 7.5-1:** `Hop-by-Hop Options Header` mit Angabe der Jumbo Payload Length (JPL)

Jumbograms

Vorausgesetzt, die MTU des unterliegenden Netzwerks (wie z.B. Gigabit-Ethernet) ist in der Lage, diese Datenmenge in einem Frame zu transportieren, kann `Hop-by-Hop Options Header` verwendet und die Paketlänge wird als `Jumbo Payload Length` angegeben. Dies veranschaulicht Abb. 7.5-2.

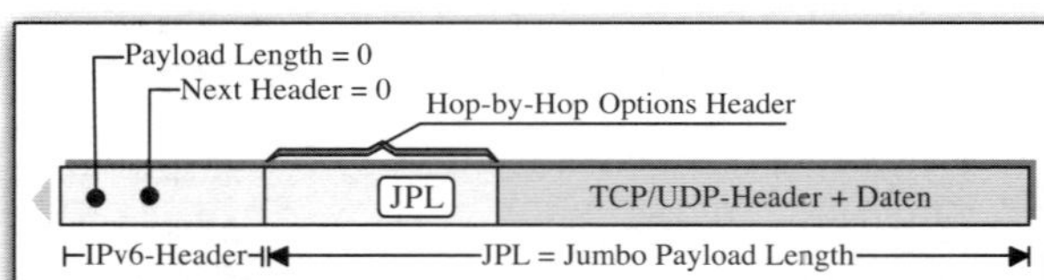


**Abb. 7.5-2:** IPv6-Paket mit Jumbo Payload

Wie hier ersichtlich ist, müssen die Angaben `Payload Length` und `Next Header` im IPv6-Header den Wert `0` enthalten.

## 7.6 Source Routing bei IPv6

Laut RFC 5095 ist der Einsatz von Source Routing in IPv6-Netzen untersagt. Genauer gesagt verbietet es Endsystemen, die Informationen die *Source Routing* Angaben zu beachten, und schlägt hingegen vor, solche IPv6-Pakete an der Firewall auszufiltern. Trotzdem wollen wir auf das Konzept des Source Routing eingehen, d.h. wie ein IPv6 seinen Weg durch das Netz von der Quelle (*Source*) zum Ziel (*Destination*) finden kann. Um ein derartiges Routing zu realisieren, kann der IPv6-Header mit einem `Routing Header` erweitert werden [Abb. 7.3-2]. Abb. 7.6-1a zeigt den Aufbau des `Routing Header`.

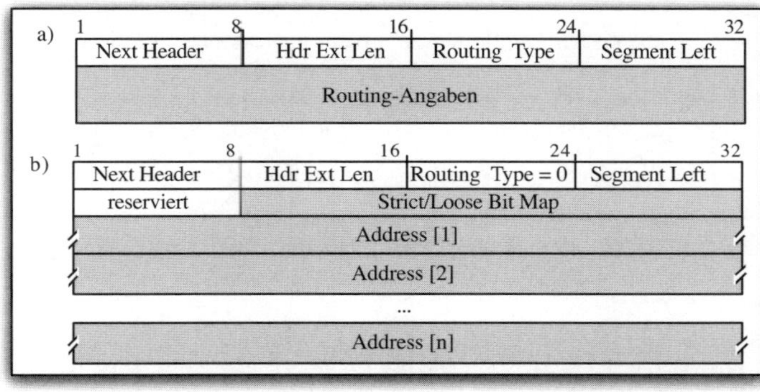


**Abb. 7.6-1:** Aufbau des Routing Header: a) allgemeine Struktur, b) Header mit Routing-Typ 0

Source Routing vom Typ 0

Mit der Angabe `Routing Type` sind unterschiedliche Source-Routing-Varianten möglich. Es wurde nur das `Source Routing` vom Typ 0 (`Routing Type = 0`) festgelegt; der *Routing Type 2* ist für Mobile IPv6 vorgesehen [Abschnitt 14.4]. Die Struktur des `Routing Header` bei diesem Routing-Typ zeigt Abb. 7.6-1b.

Die einzelnen Angaben im Routing Header beim Source Routing vom Typ 0 haben folgende Bedeutung:

- `Segment Left`: Hier wird die Anzahl der restlichen *Routing-Segmente*, die das betreffende Paket bis zum Ziel durchlaufen muss, eingetragen. Ein Routing-Segment ist als Hop bzw. Route-Abschnitt zu sehen.
- `Strict/Loose Bit Map`: Dies ist eine Bitfolge `b0, b1, ..., bi, ..., b23`, in der jedes Bit einem Routing-Segment entspricht, was eine Art *Route-Spezifikation* darstellt. Mittels dieses Felds entsteht die Möglichkeit, eine Teilstrecke einer Route fest vorzuschreiben bzw. deren Auswahl dem Router zu überlassen [Abb. 7.6-2 und Abb.7.6-3]. Mit `bi = 1` wird darauf verwiesen, dass Router *i* ein direkter Nachbar von Router `i-1` ist. Dies bedeutet, dass Router *i-1* das Paket direkt an Router *i* adressieren muss. Der Fall `bi = 0` bedeutet nur, dass Router *i* kein direkter 'Nachbar'-Router ist, sondern Router *i* das nächste Ziel des Pakets darstellt. Router `i-1` leitet das Paket nach seiner Routing-Tabelle zum Router `i` als Ziel weiter.
- `Address [i]`: Angegeben wird die IPv6-Adresse des Routers `i` bzw. des Zielsystems.

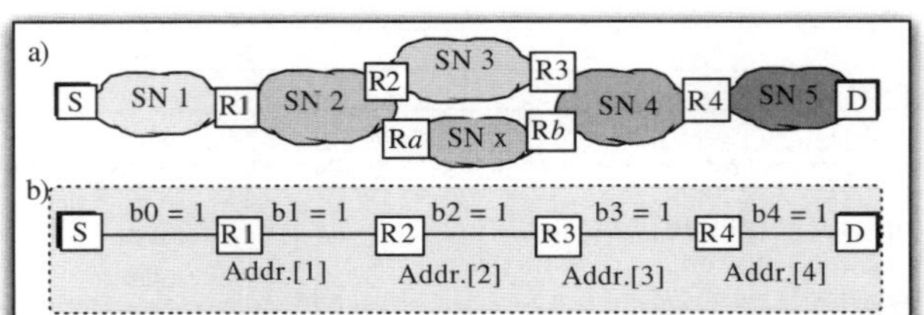


**Abb. 7.6-2:** Vollkommen festgelegte Route bei der Ende-zu-Ende-Kommunikation: a) Verbund von Subnetzen, b) Route mit festgelegten Routing-Abschnitten
S: Source, D: Destination, R: Router, SN: Subnetz

Strict Source Route

**Beispiel**: Abb. 7.6-2 illustriert, wie eine Ende-zu-Ende-Route mittels des Felds `Strict/Loose Bit Map` vollständig vorgeschrieben werden kann: *Strict Source Rou-*

*te*. In diesem Fall ist `bi = 1, i = 1, 2, 3, 4`. Das Feld `Address A[i]` wird vom Router `i` gelesen und enthält die IPv6-Adresse des nächsten Routers `i+1`.

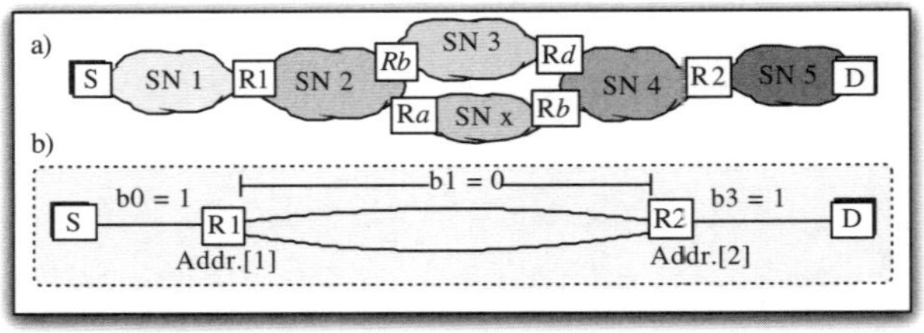


**Abb. 7.6-3:** Teilweise festgelegte Route bei der Ende-zu-Ende-Kommunikation:
a) physikalischer Verbund von Subnetzen,
b) Route mit zwei festgelegten und einem freien Routing-Abschnitt
SS: Source, D: Destination, R: Router, SN: Subnetz

Loose Source Route

**Beispiel**: Abb. 7.6-3 zeigt eine teilweise festgelegte Ende-zu-Ende-Route: *Loose Source Route*. Da `b1 = 0` ist, bedeutet dies, dass der Router *R2* kein direkter Nachbar-Router des Routers *R1* ist. Von *R1* zu *R2* wird das Paket geroutet, d.h. zwischen *R1* und *R2* existiert ein freier (nicht festgelegter) Routing-Abschnitt. Das Feld `Address A[1]` wird von Router `R1` gelesen und als die IPv6-Adresse des nächsten Ziels interpretiert.

## 7.7 Fragmentierung langer IPv6-Pakete

Durch die Verwendung eines `Fragment Headers` kann ein IPv6-Paket, dessen Länge den Wert der möglichen Path-MTU [Abb. 2.7-5] überschreitet, auf eine Reihe zusammenhängender Teile (sog. *Fragment-Pakete*) aufgeteilt werden. Die einzelnen Fragment-Pakete können selbstständig übermittelt werden. Diesen Vorgang bezeichnet man als *Fragmentierung*. Die Fragmentierung von IPv6-Paketen kann nur bei der Quelle dieser Pakete erfolgen. Im Gegensatz dazu kann die Fragmentierung langer IPv4-Pakete auch unterwegs in Routern stattfinden.

Fragment Header

Liegt ein derart langes IPv6-Paket bei der Quelle vor, dass der vereinbarte MTU-Wert überschritten wird, kann dieses Paket als Folge von mehreren und kleineren Fragment-Paketen übermittelt werden. Hierfür wird der Erweiterungs-Header `Fragment Header` verwendet. Dessen Struktur zeigt Abb. 7.7-1.

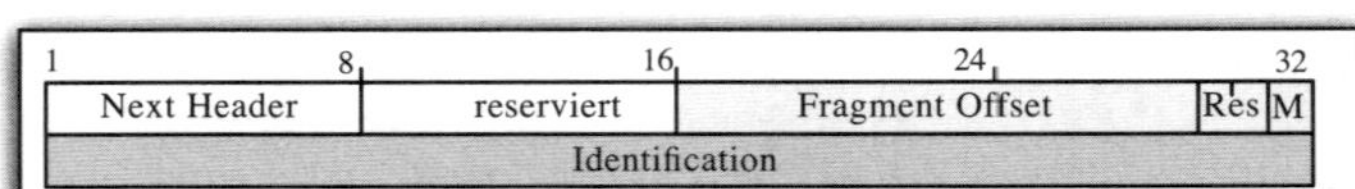


**Abb. 7.7-1:** Struktur des Fragment Header
Res: Reserviert

Die einzelnen Steuerungsangaben im Fragment Header haben folgende Bedeutung:

- `Fragment Offset`: Dieses 13-Bit-Feld gibt den Abstand (*Offset*) des Datensegments in Anzahl von je 8 Byte ab Datenbeginn an.

- `M-Flag`: Mit `M`-Flag wird markiert, ob es sich um das letzte Fragment-Paket handelt. Daher wird das letzte Fragment-Paket mit `M = 0` markiert. In anderen Paketen muss `M = 1` sein.
- `Identification`: Für jedes Paket, das aufgeteilt werden muss, wird eine Identifikation (`Fragment-ID`) generiert.

Die Identifikation des Pakets ist in jedem Fragment-Paket enthalten, wodurch es am Ziel möglich ist, die empfangenen Fragment-Pakete zu sammeln und das 'Originalpaket' zu rekonstruieren. Die Fragmentierung eines langen IPv6-Pakets illustriert Abb. 7.7-2. Fragment-Identifikation

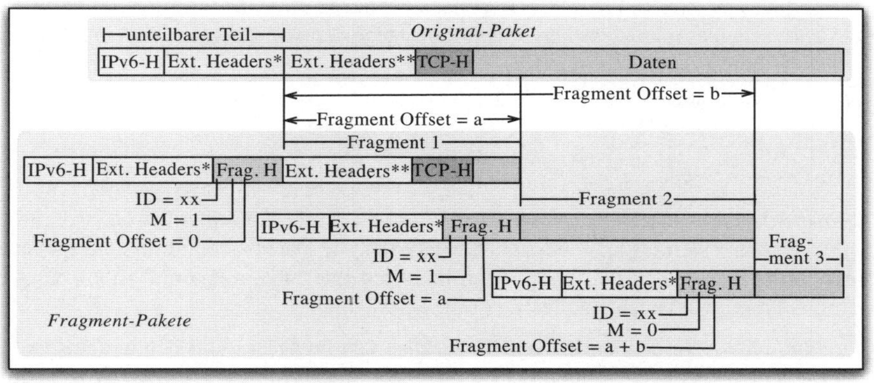


**Abb. 7.7-2:** Fragmentierung eines langen IPv6-Pakets
Ext. Headers*: Extension Headers, die in Routern interpretiert werden,
Ext. Headers**: Extension Headers, die nur im Endsystem interpretiert werden

**Beispiel**: Im Originalpaket wird hier ein Teil (als Extension Header* bezeichnet) besonders hervorgehoben, der von den Routern unterwegs interpretiert wird. Dieser Teil darf nicht aufgeteilt werden, er stellt den unteilbaren Teil (*Unfragmentable Part*) des Pakets dar. Sind im IPv6-Paket ein `Routing Header` oder ein `Hop-by-Hop Options Header` vorhanden, so gehören sie zum unteilbaren Teil des Pakets. Der unteilbare Teil muss in jedem Fragment-Paket vorkommen. Der restliche und teilbare Teil des Pakets kann wiederum auf eine Reihe von Fragmenten aufgeteilt werden. Wie aus Abb. 7.7-2 ersichtlich ist, wird jedem Fragment der unteilbare Teil des Originalpakets und anschließend der Fragment Header vorangestellt.

Für jedes Paket, das aufgeteilt werden muss, wird eine 32 Bit lange Identifikation (`ID`) generiert, die in jedem Fragment-Paket enthalten sein muss. Mit `M`-Flag wird das letzte Fragment-Paket markiert (`M = 0`). In jedem `Fragment Header` wird der Abstand des Fragments (d.h. *Fragment Offset*) in Anzahl von Byte zum unteilbaren Teil des Originalpakets angegeben. Beim ersten Fragment-Paket ist somit `Fragment Offset = 0`. Mittels der Angaben im `Fragment Header` kann das Originalpaket beim Zielsystem wieder zurückgewonnen werden. Fragment Offset

# 7.8 Aufbau von IPv6-Adressen

Bereits Anfang der 90er-Jahre war festzustellen, dass der auf dem Protokoll IPv4 basierende Adressraum bei dem Weiteren rapiden Internet-Wachstum bald zu knapp sein würde.

Einer der Hauptgründe, ein neues Internetprotokoll zu entwickeln, war die Erweiterung der Adressierung. Die Adresslänge in IPv6 wird auf das Vierfache – jeweils 128 Bit für Quell- und Zieladresse – im Vergleich zu der Adresslänge 32 Bit bei IPv4 erweitert. Somit sind $2^{128}$ Adressen bei IPv6 verfügbar. Dies bedeutet die Vergrößerung des Adressraums um den Faktor $2^{96}$.

Interface-ID

Ähnlich wie bei IPv4 identifiziert eine IPv6-Adresse nicht eine ganze Netzwerkkomponente bzw. Endsystem (Rechner, Router, Layer-3-Switch, ...), sondern lediglich *ein* Interface. Beispielsweise werden einem Router, mit dem mehrere Subnetze miteinander verbunden sind, mehrere IPv6-Adressen zugeteilt, und zwar jeweils eine IPv6-Adresse pro Interface zu einem Subnetz. Ein Rechner stellt daher ein *Multihoming-System* dar. Bei IPv6 unterscheidet man zwischen folgenden Kategorien von Adressen (die in Abschnitt 7.9.1 detaillierter dargestellt werden):

- Unicast-Adressen,
- Multicast-Adressen und
- Anycast-Adressen.

Unicast-Adresse

*Unicast-Adressen* verwendet man bei der Punkt-zu-Punkt-Kommunikation. Bei dieser häufigsten Adressierungsart sendet ein Quellsystem die Daten an ein direkt angegebenes Zielsystem. Eine Unicast-Adresse identifiziert ein Interface in einem System. Es gibt mehrere Typen von Unicast-Adressen [Tab. 7.8-2].

Multicast-Adresse

Eine *Multicast-Adresse* identifiziert eine Gruppe von Interfaces, die sich in der Regel in verschiedenen Rechnern befinden. Ein Paket mit einer Multicast-Adresse wird an alle Interfaces einer Multicast-Gruppe quasi parallel übermittelt. Daher kann die Quelladresse eines Pakets nie eine Multicast-Adresse sein.

Anycast-Adresse

Eine *Anycast-Adresse* identifiziert ebenfalls eine Gruppe von Interfaces, die sich in verschiedenen Rechnern befinden, wobei über den Anycast-Automatismus immer das nächstliegende Interface adressiert werden soll. Anycast-Adressen ermöglichen den Versand von Paketen über eine festgelegte Stelle an alle Interfaces aus einer Gruppe. Ein Paket mit einer Anycast-Adresse wird zuerst an ein Interface aus der Gruppe (z.B. einen speziellen – dedizierten – Router) übergeben, der das empfangene Paket im nächsten Schritt an ein weiteres Interface aus dieser Gruppe weiterleiten kann. Anycast-Adressen erlauben es, unterschiedliche Rechner zu einer funktionellen Gruppe zusammenzufassen. Eine Anycast-Adresse kann somit nie die Quelladresse eines Pakets sein.

## 7.8.1 Darstellung von IPv6-Adressen

IPv6-Adresssyntax

Eine IPv6-Adresse wird in 16-Bit-Blöcken dargestellt, wobei jeder 16-Bit-Block in eine aus vier Ziffern bestehende Hexadezimalzahl konvertiert wird und die einzelnen 16-Bit-Blöcke durch Doppelpunkte getrennt sind [Abb. 7.8-1b]:

```
x:x:x:x:x:x:x:x,
```

Eine derartige Darstellung ist als *Doppelpunkt-Hexadezimalnotation* bekannt. IPv6-Adressen weisen hierbei acht Blöcke à 16 Bit bzw. 2 Byte auf, die als 4 hexadezimale Zahlen dargestellt werden. Der Doppelpunkt ist das Trennzeichen für die Blöcke.

Abb.7.8-1 gibt ein Beispiel, wie ausgehend von einer IPv6-Adresse als Binärwert zunächst die Doppelpunkt-Hexadezimalform der Adresse gebildet und anschließend in die sog. *kompaktifizierte* Form überführt wird.

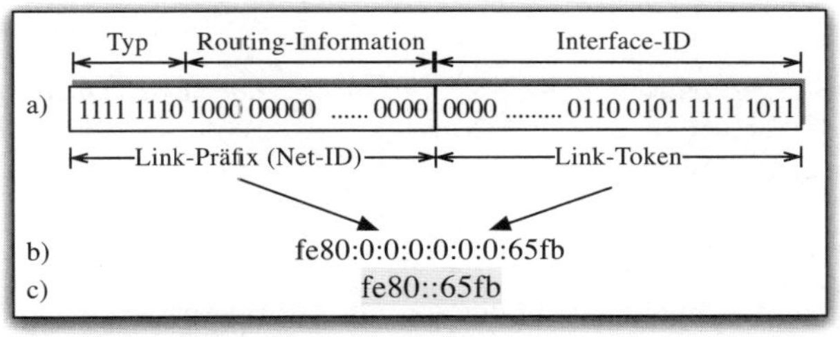


**Abb. 7.8-1:** Beispiel der Darstellung IPv6-LLU-Adressen a) als Binärwert, b) in Doppelpunkt-Hexadezimalnotation und c) als kompaktifizierte IPv6-Adresse

Durch ihre Bitwertigkeit wird eine IPv6-Adresse in unterschiedliche Bereiche eingeteilt:

- Die ersten Bit legen den *Typ* der Adresse fest. Die Anzahl der Bit ist variabel und kann 3 bis 104 Bit betragen [Tab. 7.8-2].
- Anschließend folgen die Bit für *Identifikation des Netzwerks* bzw. die Routing-Informationen; auch diese Angabe ist variabel, aber immer kleiner als 61 Bit.
- Der unterste Teil der IPv6-Adresse ist zur *Identifikation des Interface* vorgesehen. Ist die (Unicast-) IPv6-Adresse einem physikalischen Interface zugewiesen, beträgt dieser immer 64 Bit.

Wir folgen hier der Konvention von RFC 5952 und benutzen Kleinbuchstaben (im Gegensatz zu den früheren Beispielen entsprechend RFC 4291) für die Hexadezimalzeichen als Repräsentanten der Dezimalzahlen 10 bis 15. Hierdurch kann eine IPv6-Adresse von einer MAC-Adressen unterschieden werden, bei der häufig auch das ' : ' als Trennzeichen zwischen den Gruppen eingesetzt wird.

Eine IPv6-Adresse kann also folgendermaßen aussehen:

`adcf:0005:0000:0000:0000:0000:0600:fedc`

IPv6-Adressen Kompaktifizierung

Bei der maschinenbezogenen Nutzung und Darstellung wird von *kompaktifizierten IPv6-Adressen* Gebrauch gemacht, die entsprechend folgender Regeln gebildet werden:

- **Regel 1**: Führende Nullen können weggelassen werden:
  0000 ⇒ 0 ; 0005 ⇒ 5 ; 0600 ⇒ 600
  `adcf:0005:0000:0000:0000:0000:0600:fedc` ⇒
  `adcf:5:0:0:0:0:600:fedc`
- **Regel 2**: Mehrere aufeinander folgende 16 Bit-Null-Werte können 'unterdrückt' werden:
  `adcf:5:0:0:0:0:600:fedc` ⇒ `adcf:5::::600:fedc`
- **Regel 3**: *Ein* Block konsekutiver Doppelpunkte ist durch einen Doppelpunkt zu ersetzen:
  `adcf:5::::600:fedc` ⇒ `adcf:5::600:fedc`

  Hierbei gilt: (a) der längste konsekutive Block ist zu ersetzen, und
  (b) der erste von zwei identisch langen Blöcken wird herangezogen.

Beispiele für IPv6-Adressen

| | Volle Darstellung | Kompakte Darstellung |
|---|---|---|
| **Beispiel 1**: | `adcf:ba56:600:fedc:0:0:0:0` | `adcf:ba56:600:fedc::` |
| | `0:0:0:0:adcf:ba56:600:fedc` | `::adcf:ba56:600:fedc` |
| | `0:0:0:adcf:ba56:0:0:0` | `::adcf:ba6:0:0:0` *oder* `0:0:0:adcf:ba56::0` |
| **Beispiel 2**: | *Volle Darstellung* | *Kompakte Darstellung* |
| | `1080:0:0:0:8:800:200c:417a` | `1080::8:800:200c:417a` |
| | `ff01:0:0:0:0:0:0:101` | `ff01::101` |
| | `0:0:0:0:0:0:0:1` | `::1` |
| | `0:0:0:0:0:0:0:0` | `::` |

Das Symbol '`::`' darf nur an einer Seite der Adresse verwendet werden. Die folgende Darstellung ist daher nicht eindeutig:

`::adcf:ba56::` als `0:0:0:adcf:ba56:0:0:0`

**Bemerkung**: Wird mit einer IPv6-Adresse zusätzlich der Port angegeben, hat sich gemäß RFC 4921 die Schreibweise `[2001:db8::1]:80`, also die IPv6-Adresse in rechteckigen Klammern bewährt.

## IPv6-Adresspräfix

Bedeutung des Adresspräfixes

Die von IPv4 bekannte Unterteilung von IPv4-Adressen [Abb. 2.3-1] wird bei IPv6 aufgegriffen und erweitert, sodass sich verschiedene Typen von IPv6-Adressen definieren lassen. Um welchen Adresstyp es sich handelt, bestimmt das sog. *Adresspräfix*, dass eine variable Länge besitzt und durch die ersten (von links gelesenen) Bit bestimmt wird. Durch den Präfixeinsatz kann der ganze Adressraum flexibel aufgeteilt werden.

IPv6-Adresspräfixe

Wie bei der Bildung der Bereiche (Blöcke) von IPv4-Adressen bei der Nutzung der Präfixlängennotation CIDR [Abschnitt 2.5.3] legt man mit dem Adresspräfix bei IPv6 zugleich einen IPv6-Adressbereich (*Netz-ID*; vgl. Tab. 7.8-2) fest [RFC 4921]:

`IPv6-Adresse/Präfixlänge`

IPv6-Adresse/-Präfixlänge

**Beispiel**: Ein IPv6-Adressbereich mit dem 60 Bit langen Adresspräfix `20010cff0000cd3` (hexadezimal) kann dargestellt werden als

`2001:ceff:0:cd30::/60`

Das bedeutet, dass die ersten 60 Bit als Präfix fest sind und die nachfolgenden 68 Bit beliebig sein können. Bei der Präfixnotation wird die IPv6-Adresse durch die abschließende Angabe von `::` dargestellt.

Die Bildung von IPv6-Adressbereichen wird in Tab. 7.8-1 beispielhaft gezeigt.

| IPv6 Adresspräfix | IPv6 Adressbereich/Adressblock |
|---|---|
| `2000::/3` | 001y yyyy yyyy yyyyy ··· yyyy yyy yyyy |
| `2000::/4` | 2xxx:xxxx:xxxx:xxxx:xxxx:xxxx:xxxx:xxxx |
| `2000::/16` | 2000:xxxx:xxxx:xxxx:xxxx:xxxx:xxxx:xxxx |
| `::/128` | 000:0000:0000:0000:0000:0000:0000:0000 |
| `::/96` | 000:0000:0000:0000:0000:0000:xxxx:xxxx |
| `::ffff/96` | 000:0000:0000:0000:0000:ffff:xxxx:xxxx |

**Tab. 7.8-1:** Bildung der IPv6-Adressbereiche mittels des Adresspräfixes
y=0,1 (Bit), x={0,f} (hexadezimale Ziffer)

## 7.8.2 IPv6-Adressensystematik und -Gültigkeitsbereiche

Bei IPv6 wird mittels des Adresspräfixes angegeben, um welchen Adresstyp es sich handelt. Dieser Zusammenhang wird besonders deutlich, wenn wir statt der üblichen, kompaktifizierten IPv6-Adressen deren Bitmuster betrachten, so wie sie für die Verarbeitung in den IPv6-Systemen relevant sind.

Hieraus ergibt sich die in Tab. 7.8-2 deutlich erkennbare Systematik, wobei die IPv6-Adressen gemäß der Wertigkeit der ersten Bit aufgelistet sind:

| **Typ** | **Netz-ID** | **Präfixlänge** | **Bitmuster** |
|---|---|---|---|
| Multicast | `ff` | /8 | 1111 1111 0000 0000 |
| Solicited-Node MC | `ff02::1:ff` | /104 | 1111 1111 0000 0010 ... 0001 1111 1111 |
| All-Node MC | `ff02::1` | /128 | 1111 1111 0000 0010 0000 ... 0000 0001 |
| All-Router MC | `ff01::2` | /1288 | 1111 1111 0000 0001 0000 ... 0000 0010 |
| Site-local Unicast **SLU** | `fec0` | /10 | 1111 1110 1100 |
| Link-Local Unicast **LLU** | `fe80` | /10 | 1111 1110 1000 |
| Unique-local Unicast **ULA** | `fc00` | /7 | 1111 1100 |
| Well-known Prefix [RFC 6052] | `64:ff9b` | /96 | 0110 0100 1111 1111 1001 1011 ... |
| Teredo Prefix *) | `3ffe:831f` | /32 | 0011 1111 1111 1000 0011 0001 1111 ... |
| 6to4 Adresse (mit IPv4) | 2002:2 | /48 | 0010 0000 0000 0010 0000 0000 0010 ... |
| 6to4 Adresse (ohne IPv4) | 2002 | /16 | 0010 0000 0000 0010 |
| Teredo Prefix [RFC 4380] | 2001 | /12 | 0010 0000 0000 0001 |
| Loopback | `::1` | /128 | 0000 0000 ... 0001 |
| Unspecified | `::` | /128 | 0000 0000 ... 0000 |

**Tab. 7.8-2:** IPv6-Adressen-Systematik gemäß RFC 4291, außer falls explizit angegeben
*) inoffiziell von Microsoft genutzt

- **Multicast-Adressen**: IPv6-Adressen, bei denen die ersten 8 Bit gesetzt sind (`ff00::/8`), bilden den Bereich der Multicast-Adressen.
- **Lokal gültige Unicast-Adressen**: Mit den IPv6-Bereichen `fec0::/10`, `fe80::/10` und `fc00::/7` folgen Adressen, die innerhalb lokaler Linksegmente einzusetzen sind und nicht ins Internet geroutet werden.
- **Funktionale Adressen**: Speziell für die Zusammenführung von IPv4- und IPv6-Netzen sind einige IPv6-Adressbereiche reserviert, die für diese Zwecke genutzt werden können und routbar sind.
- **Global Unicast Adressen**: Der Bereich der `2000::/3` IPv6-Adressen bildet aktuell den Umfang der routbaren Adressen im IPv6-Internet.
- **Host-IPv6-Adressen**: Die IPv6-Loopback-Adresse `::1` und die unspezifizierte Adresse `::` bilden den Abschluss der IPv6-Adressenhierarchie.

Die Aufteilung des IPv6-Adressraums wird von IANA (*Internet Assigned Numbers Authority*) koordiniert und die immer aktuelle Aufteilung findet man unter `http://www.iana.org/assignments/ipv6-address-space/ipv6-address-space.xhtml`.

### Scope von IPv6-Adressen

Der Gültigkeitsbereich, d.h. der *Scope* einer IPv6-Adresse, wird durch ihre Netz-ID festgelegt [Tab. 7.8-2] und kann entsprechend Abb. 7.8-2 in eine lokale Hierarchie eingeteilt werden. Die unspezifische IPv6-Adresse sowie alle LLU-Adressen sind nicht routbar und werden somit auch nicht in die Routing-Tabelle aufgenommen.

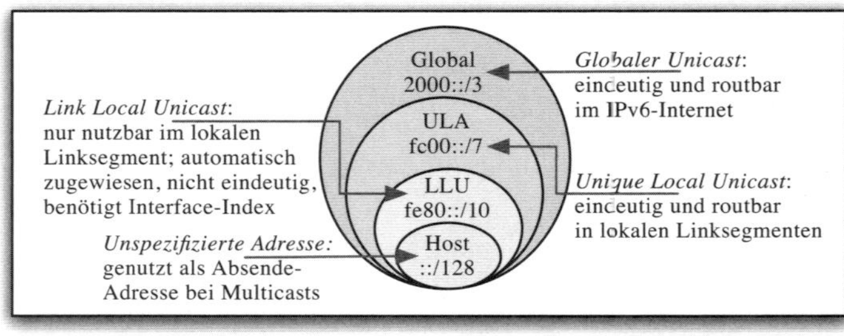


**Abb. 7.8-2:** Veranschaulichung von IPv6-Unicast-Adressen unterschiedlicher Scopes

Neben den Scopes für Unicast-Adressen wird auch für Multicast-Adressen ein erweiterter Scope definiert [Abb. 7.10-1], der deutlich granularer ist als das Unicast-Pendant.

### 7.8.3 Interface-ID in IPv6-Adressen

IPv6-Adresse aus MAC-Adresse

In IPv4-Netzen ist folgendes Problem zu lösen: Ein IP-Paket muss zu einem Rechner im LAN abgeschickt werden. Hierfür wird das IP-Paket in einen MAC-frame (*Media Access Control*) eingebettet. In diesem Frame muss die MAC-Adresse des Zielrechners gesetzt werden. Im IP-Paket ist aber nur die IP-Zieladresse enthalten. Um die richtige MAC-Adresse des Zielrechners (d.h. seine physikalische Adresse) zu ermitteln, wird ARP [Abschnitt 2.6.1] in Anspruch genommen.

ARP hat die Aufgabe, die Zuordnung: *IP-Zieladresse* $\Rightarrow$ *Ziel-MAC-Adresse* zu bestimmen. Auf ARP könnte man verzichten, wenn eine IP-Adresse den Bezug zur entsprechenden physikalischen Adresse hätte. Dieser Ansatz wird bei IPv6-Adressen verfolgt. Als `Interface-ID` in einer IPv6-Adresse [Abb. 7.8-3] kann eine MAC-Adresse verwendet werden. Daher wird die Interface-ID einer IPv6-Adresse für einen Rechner aus dessen *Link-ID* abgeleitet [Abb. 7.8-1], die in der Regel seiner MAC-Adresse entspricht. Zur Ermittlung der MAC-Adresse für IPv6 wird die auf ICMPv6 aufbauende *Neighbor Discovery* [Abschnitt 8.2] genutzt, die die Funktion von ARP ersetzt.

Je nach Implementierung kann die `Interface-ID` einer IPv6-Adresse wie folgt gebildet werden:

- Aus einer *Link-Layer-Adresse* im IEEE-Format EUI-64 (*Extended Unique Identifier*),
- aus einem *zufälliges Bitmuster*, das sich im Laufe der Zeit ändert, um einen gewissen Grad an Anonymität zu bieten,
- als statische bzw. manuell zugewiesene Interface-ID.

Was ist EUI-64?

Bei EUI-64 handelt es sich um das bei IEEE genormte und 64 Bit lange Format für die Adressen von Netzwerkadapterkarten (Interfaces), d.h. für die Link-Layer-Adressen. Daher spricht man auch von *EUI-64-Adressen*. Eine 48 Bit lange MAC-Adresse, die eine physikalische LAN-Adresse darstellt und auch als *IEEE802-Adresse* bezeichnet wird, kann in das EUI-64-Format umgewandelt werden. Abb. 7.8-3 illustriert den Fall. Die

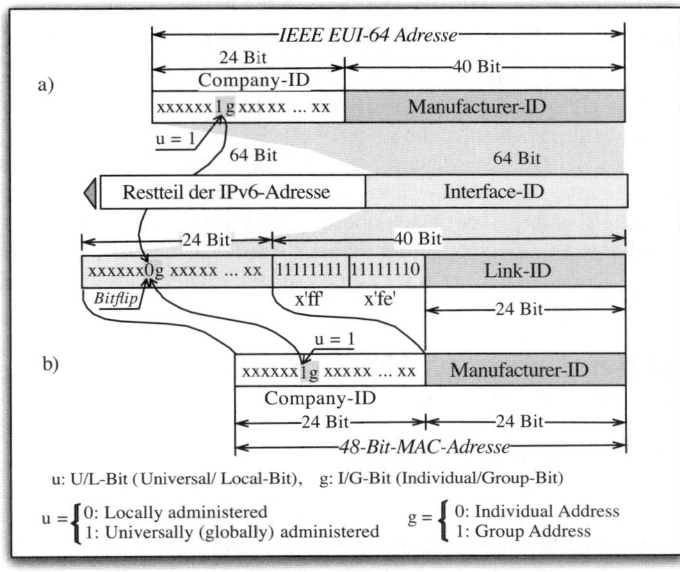


**Abb. 7.8-3:** Interface-ID in einer IPv6-Adresse als: a) EUI-64-Adresse, b) MAC-Adresse

Interface-ID in einer IPv6-Adresse ist entweder eine EUI-64-Adresse oder eine MAC-Adresse.

EUI-64-Adresse ⇒ Interface-ID

Eine EUI-64-Adresse besteht aus einer 24 Bit langen Company ID (Hersteller-ID), die jedem Hersteller von Adapterkarten bei IEEE eindeutig zugeordnet wurde, und aus einer 40 Bit langen, vom Hersteller festgelegten Identifikation der Adapterkarte (`Manufacturer-ID`). In `Company-ID` haben die Bit u und g eine besondere Bedeutung. Mit dem Bit u wird unterschieden, ob es sich um eine universelle (`u = 1`) oder um eine lokale Adresse (`u = 0`), d.h. eine lokal verwaltete (*locally administered*) Adresse handelt. Das Bit g verweist darauf, ob die Adresse eine individuelle Adresse oder eine Gruppenadresse (z.B. Multicast) ist. Wie Abb. 7.8-3a zeigt, werden alle 64 Bit der EUI-64-Adresse als `Interface-ID` übernommen.

Zur Vereinfachung der Administration lokaler IPv6-Adressen wurden entsprechend RFC 4291 beschlossen, das u-Bit zu invertieren; also auf `0` zu setzen. Zudem muss die `Interface-ID` in einer IPv6-Adresse nur innerhalb einer privaten Netzstruktur [Abb. 7.9-4] eindeutig sein, d.h. besitzt in der Tat nur eine lokale Bedeutung hat.

MAC-Adresse ⇒ Link-Token

Im Gegensatz zur EUI-64-Adresse ist die `Manufacturer-ID` in 48 Bit MAC-Adressen nur 24 Bit lang. Wie Abb. 7.8-3b zeigt, wird die MAC-Adresse zunächst als *Link-Token* aufbereitet: Der Teil `Company-ID` wird zuerst untergebracht und hierbei das Bit u auf `0` gesetzt, Danach folgen zwei Füllbyte `x'ff'` und `x'fe'`. Anschließend wird die `Manufacturer-ID` (als *Link-ID*) eingetragen.

Aus Abb.7.8-3b geht hervor, dass IPv6-Adressen, die direkt aus MAC-Adressen abgeleitet sind, immer die Füllbyte `x'ff'` und `x'fe'` besitzen und hierüber identifizierbar sind.

Link-ID vs. Link-Token

Der für die Bildung der IPv6-Adresse entscheidende Teil der MAC-Adresse ist aber der untere Teil, d.h. die ersten 24 Bit, die auf MAC-Level als `Manufacturer ID`, bei der

IPv6-Nutzung allgemein als *Link-ID* bezeichnet wird. Die Link-ID ist somit der eindeutige Teil des Link-Tokens der IPv6-Adresse, der die niedrigwertigsten 64 Bit umfasst (vgl. RFC 7136).

Beeinträchtigung der Sicherheit

Wie Abb. 7.8-3 zeigt, kann die IPv6-Adresse eines Rechners aus seiner MAC-Adresse eindeutig generiert werden. Daher hat der Rechner mit der gleichen MAC-Adresse, was beim Server in der Regel der Fall ist, immer die gleiche IPv6-Adresse. Da der Datenverkehr im Internet mitgeschnitten werden kann, führt die eben erwähnte Tatsache zur Beeinträchtigung der Sicherheit[3] während der Datenübertragung über öffentliche IP-Netze (wie dem Internet). Um diesen Missbrauch zu unterbinden, wurden zusätzliche Erweiterungen, die sog. *Privacy Extensions*, zunächst in RFC 3041 nachträglich eingeführt [Abschnitt 7.11].

### 7.8.4 Interface-Index bei Link-Local IPv6-Adressen

Scope-Id

Als Besonderheit bei *Link-Local Unicast-Adressen* ist zu verzeichnen, dass diese Adressen nicht eindeutig sein müssen: Auf unterschiedlichen Linksegmenten kann dieselbe IPv6-LLU-Adresse durchaus mehrfach verwendet werden. So bekommt das Loopback-Interface zusätzlich zur `::1/128` IPv6-Adresse auch noch die LLU-Adresse `fe80::1/10` automatisch zugewiesen und kann darüber angesprochen werden.

Interface-Index = Scope-Id

Zur Bindung einer IPv6-Adresse auf ein Interface wird dieses durch einen *Interface-Index* (*Interface-Idx*) beschrieben. Diese auch als *Scope-Id* bezeichnete Kennung wird normalerweise vom Betriebssystem einem Interface zugewiesen, sobald dieses aktiv wird – bei physikalischen Schnittstellen, sofern ein *Link* vorliegt.

Da (auf der gleichen Netzkomponente) auch ein physikalisches Interface die gleiche LLU aufweisen kann, ist es beim Versenden von IPv6-Paketen notwendig, den Interface-Index bzw. die *Scope-Id* beim Aufbau des Sockets mitzuteilen, was auch in der Regel über seinen symbolischen Namen wie `lo0` bzw. `eth0` erfolgen kann.

> **Beispiel**: Ein Rechner unter Linux kann z.B. die IPv6-LLU-Adresse aus Abb.7.8-1 mittels des Hilfskommandos *ping* wie folgt ansprechen:
>
> `ping6 -I eth0 fe80::65fb` bzw.
> `ping6 fe80::65fb%eth0`
>
> sofern das Ethernet-Interface die Bezeichnung `eth0` trägt. Bei MacOS wird das lokale Ethernet-Interface `en0` z.B. wie folgt mit einer SLU-Adresse versehen:
>
> ```
> ifconfig en0
> inet6 fe80::abc:8ff:fea1:65fb%en0 prefixlen 64 scopeid 0x4
> ```
>
> Hierbei steht '`scopeid 0x4`' für das vierte Interface der Rechners; das Loopback-Interface '`lo`' besitzt '`scopeid 0x1`'.

Bei routbaren IPv6-Adressen ist dies nicht notwendig, da die Zuordnung des Interfaces automatisch über die Routing-Tabelle erfolgt.

[3] Dies gilt auch im Falle von IPsec, da die Authentisierung des Kommunikationspartners über dessen IPv6-Adresse erfolgt.

## 7.9 Unicast-Adressen bei IPv6

Die Unicast-Adressen werden für normale Punkt-zu-Punkt-Kommunikation verwendet. Unter den Unicast-Adressen sind wiederum folgende Adresstypen zu unterscheiden:

Arten von Unicast-Adressen

- **Globale Unicast-Adressen** (*Global Unicast Addresses*)
  Die Bezeichnung global besagt, dass diese Art von IPv6-Adressen weltweite Gültigkeit hat. Diese IPv6-Adressen haben das 3 Bit lange Präfix `001` [Tab. 7.8-2], sodass man hier auch vom Adressbereich `2000::/3` spricht. Die globalen Unicast-Adressen sind mit öffentlichen IPv4-Adressen vergleichbar. Auf diese IPv6-Adressen geht Abschnitt 7.9.1 detailliert ein.
- **Lokale Unicast-Adressen**
  Es handelt sich hierbei um Unicast-Adressen von nur lokaler Bedeutung. Zu dieser Klasse gehören:
  - *Link-Local Unicast Addresses* LLU sowie
  - *Unique Local Unicast Addresses* ULA und
  - *Site-Local Unicast Addresses* SLU.

  SLU-Adressen sind aber laut RFC 3879 nicht mehr einzusetzen, und daher gehen wir im Weiteren hierauf auch nicht näher ein.
- **IPv4-Kompatibilitätsadressen**
  Diese Unicast-Adressen wurden eingeführt, um die Migration zum IPv6-Einsatz und insbesondere den Fall zu unterstützen, wenn die beiden Protokolle IPv4 und IPv6 in einem Netz implementiert werden sollen. Die IPv4-Kompatibilitätsadressen werden in Abschnitt 7.9.4 besprochen.
- **Spezielle IPv6-Adressen**
  - *Loopback-IPv6-Adresse*
    Diese Adresse ist `0:0:0:0:0:0:0:1` bzw. kurz `::1/128`. Sie entspricht der Loopback-Adresse `127.0.0.1` von IPv4 und wird in IPv6-Paketen genutzt, die zwischen den Programmen innerhalb eines Rechners (z.B. beim Testen) ausgetauscht werden. Mittels dieser Adresse kann daher ein Rechner die IPv6-Pakete an sich selbst senden. An die Loopback-Adresse gerichtete Pakete werden nie nach außen weitergeleitet. Somit kann diese Adresse weder Quell- noch Zieladresse in IPv6-Paketen sein, die einen Rechner bzw. einen Router verlassen.
  - *Nicht spezifizierte Adresse* (*Unspecified Address*)
    Diese Adresse ist `0:0:0:0:0:0:0:0` bzw. kurz `::/128` und entspricht der nicht spezifizierten Adresse `0.0.0.0` von IPv4. Sie zeigt an, dass keine Adresse vorhanden ist. Die nicht spezifizierte Adresse wird nie einem Interface zugewiesen bzw. als Zieladresse verwendet. Sie wird aber in den Fällen als Quelladresse für IPv6-Pakete verwendet, wo versucht wird, die Eindeutigkeit einer vorläufigen IP-Adresse zu bestätigen.

> *Link-Local-Adressen* (LLU) dienen IPv6 zum korrekten Protokollablauf. Sie sind nicht für allgemeine Kommunikationszwecke zu benutzen. In privaten IPv6-Netzen sind hierfür die *Unique-Local-Adressen* (ULA) vorgesehen.

### 7.9.1 Globale Unicast-Adressen

Die globalen Unicast-Adressen (*Global Unicast Addresses*) von IPv6 sind mit öffentlichen IPv4-Adressen vergleichbar und im gesamten IPv6-Internet eindeutig. Den Aufbau von globalen Unicast-Adressen zeigt Abb. 7.9-1. Abb. 7.9-1a veranschaulicht die allgemeine Struktur einer globalen Unicast-Adresse, wie sie in RFC 3587 definiert ist. Abb. 7.9-1b zeigt die Struktur von globalen Unicast-Adressen, die zurzeit von der IANA zugewiesen sind. Diese IPv6-Adressen haben das Präfix `001` (binär) bzw. `2000::/3` (hexadezimal), und man bezeichnet sie auch als `2000::/3`-Adressen. Das Adresspräfix für momentan zugewiesene globale IPv6-Adressen lautet daher `2000::/3`.

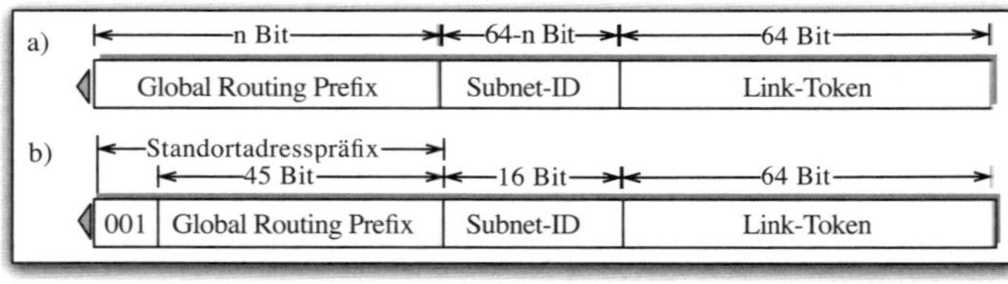


**Abb. 7.9-1:** Aufbau von globalen Unicast-Adressen: a) allgemeine Struktur (nach RFC 3587), b) Adressen mit Präfix 2000::/3

Die weiteren Angaben in globalen Unicast-Adressen sind:

- `Global Routing Prefix` (GRP)
  GRP kann hierarchisch strukturiert werden und wird verwendet, um die Route zu einer bestimmten Organisation anzugeben. Auf die Bedeutung von GRP wird im Weiteren näher eingegangen [Abb. 7.9-3, Abb. 7.9-4].
- `Subnet-ID`
  Als Subnet-ID wird die Identifikation eines Subnetzes innerhalb einer Organisation angegeben. `Subnet-ID` kann weiter strukturiert werden, um eine Subnetz-Hierarchie innerhalb eines physikalisch großen Netzes adressieren zu können, sodass man daher von privater Struktur sprechen kann.
- `Link-Token` bzw. `Interface-ID`
  Der Link-Token dient zur Zuordnung des physikalischen oder logischen Interfaces zur IPv6-Adresse (im Linksegment); kann also quasi als 'logische Netzadresse' eines Ports interpretiert werden [Abb. 7.9-4]. Wurde der Link-Token aus der MAC-Adresse abgeleitet, spricht man auch von einer *Interface-ID*.

Reservierte globale IPv6-Adressen

Der Adressraum für globale IPv6-Adressen wird von der IANA vorgegeben[4] und umfasst neben den eigentlichen routbaren IPv6-Adressen auch solche, die für Testzwecke reserviert sind. Insbesondere ist das Netz `2001:db8::/32` für Dokumentationszwecke, z.B. innerhalb dieses Buches vorgesehen und somit nicht vergeben bzw. allgemein nutzbar.

**Exkurs: Routing-Probleme bei IPv4-Adressen**

Nachteil von IPv4-Adressen

Eines der größten Probleme bei IPv4 ist der Umfang von Routing-Tabellen in großen Netzen und die damit verbundenen Leistungseinbußen. Dies ergibt sich aus der klassenbasierten Aufteilung der IPv4-Adressen, was jedoch durch die Einführung von *Classless*

[4] siehe: `http://www.iana.org/assignments/ipv6-unicast-address-assignments/ipv6-unicast-address-assignments.xhtml` und `http://www.iana.org/assignments/ipv6-address-space/ipv6-address-space.xhtml`

*Inter-Domain Routing* (CIDR) abgemildert werden konnte [Abschnitt 2.5.3]. Die Struktur von IPv4-Adressen wurde bereits in Abb. 2.3-1 dargestellt.

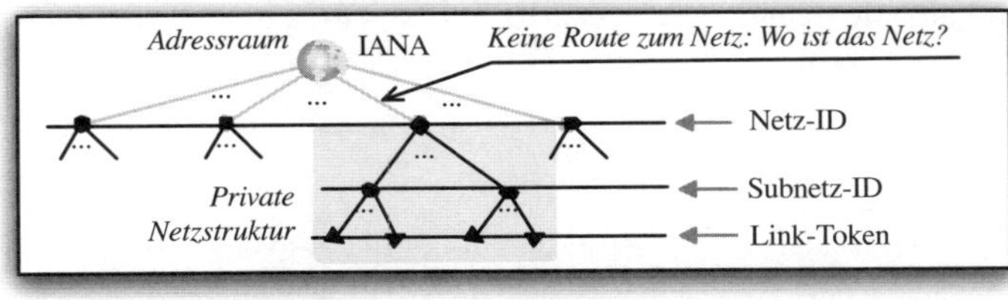


**Abb. 7.9-2:** Aufteilung des Adressraums bei IPv4-Adressen

Bei IPv4-Adressen wird der ganze Adressraum direkt auf die einzelnen Netze aufgeteilt. Wie Abb. 7.9-2 zeigt, haben IPv4-Adressen den Nachteil, dass sie keine Hierarchie in dem Sinne bilden, dass es möglich wäre, hieraus auf die geographische Lokation eines Netzes zu schließen bzw. unmittelbar aus der IP-Adresse eine Route abzuleiten. Dies hat eine negative Auswirkung auf das Routing und führt zum überproportionalen Anwachsen der Routing-Tabellen im Internet.

## Global Routing Prefix GRP bei IPv6

*Global Unicast Addresses* mit dem Präfix `2000::/3` entsprechen den sog. *Aggregatable Global Unicast Addresses* (*AGU-Adressen*), die vorher in RFC 2374 spezifiziert wurden. RFC 3587 ersetzt RFC 2374

In AGU-Adressen wurde das Präfix, das dem GRP entspricht, vorher auf TLA (*Top Level Aggregator*) und NLA (`Next Level Aggregator`) aufgeteilt. Dies hat sich aber im Laufe der Zeit als zu starr und zu wenig flexibel erwiesen. Nach RFC 3587 wurde die hierarchische TLA/NLA-Struktur von AGU-Adressen durch GRP ersetzt. Daher hat die TLA/NLA-Struktur heute nur eine historische Bedeutung. GRP kann aber hierarchisch flexibler strukturiert werden. Um die Bedeutung von GRP zu verdeutlichen, soll nun der Nachteil von IPv4-Adressen näher erläutert werden.

Bedeutung des Routing-Präfixes bei IPv6

Durch eine mehrstufige Strukturierung von globalen Unicast-Adressen lässt sich das Anwachsen der Routing-Tabellen in noch akzeptablen Grenzen halten und damit auch die Verzögerung der Pakete im Internet. Dem eben geschilderten Problem versucht man bei IPv6 durch eine hierarchische Strukturierung des globalen Routing-Präfixes (*GRP*) zu begegnen. Abb. 7.9-3 bringt dies zum Ausdruck.

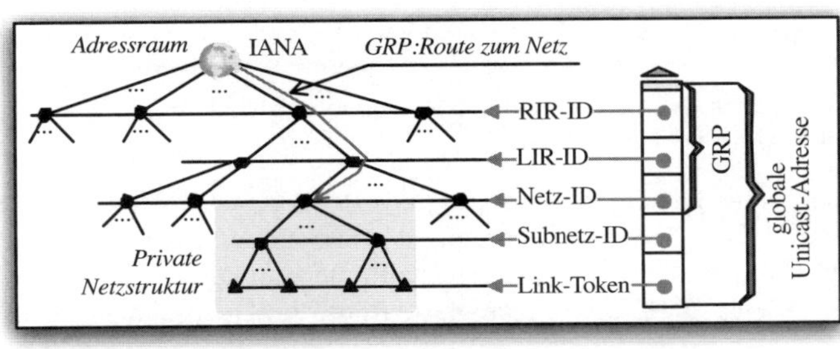


**Abb. 7.9-3:** Bedeutung von GRP (*Global Routing Prefix*) in IPv6-Adressen
RIR: Regional Internet Registry, LIR: Local Internet Registry

Mittels der hierarchischen Struktur von GRP, d.h. durch die Aufteilung auf `RIR-ID`, `LIR-ID` und `Netz-ID` lässt sich die öffentliche Internetstruktur recht gut gliedern. `GRP` stellt also eine Route dar, die einer Organisation zugewiesen ist. Durch die weitere Strukturierung von globalen Unicast-Adressen, d.h. durch die Angabe von *Subnetz-ID* lässt sich die private Netzstruktur einer Organisation hierarchisch strukturieren.

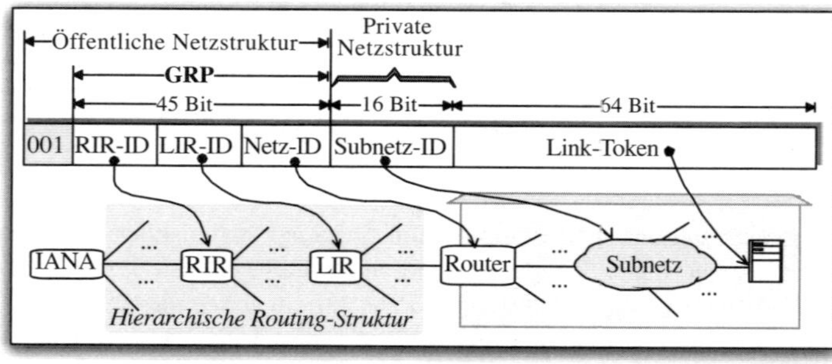


**Abb. 7.9-4:** Prinzip der Strukturierung von GRP (*Global Routing Prefix*)
Abkürzungen wie in Abb. 7.9-3

**Strukturierung von GRP** Abb. 7.9-4 zeigt, wie GRP eine hierarchische Routing-Struktur schafft. Mittels GRP wird somit eine bestimmten Organisation festgelegt.

Die Kombination aus dem festen Präfix `001` und dem aus 45 Bit bestehenden GRP kann als *Standortadresspräfix* angesehen werden und verweist auf den Standort einer Organisation. Nach GRP leiten die Router im IPv6-Internet den Datenverkehr an den Router am Eingang zu einer Organisation weiter. Aufgrund der so strukturierten globalen Unicast-Adressen lässt sich Routing im IPv6-Internet sehr vereinfachen. Wie in Abb. 7.9-4 ersichtlich ist, verweist die Subnetz-ID auf das entsprechende Subnetz am Standort einer Organisation. Mit dem Link-Token wird eine Schnittstelle (ein Port) im Subnetz gekennzeichnet.

**Aggregation von Routen** GRP ermöglicht auch die Aggregation von Routen. Das in Abb.7.9-5 dargestellte Beispiel soll dies näher erläutern.

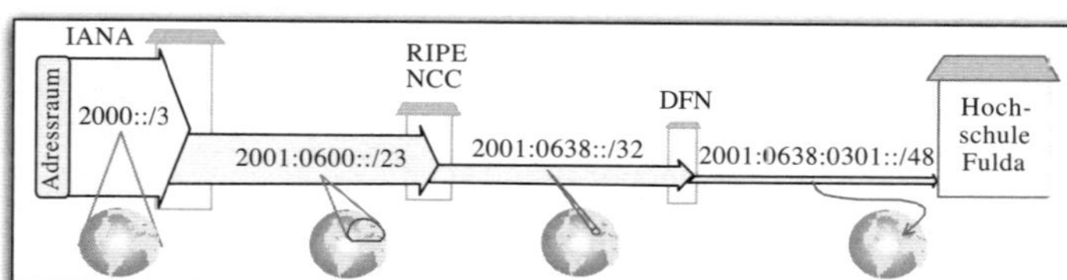


**Abb. 7.9-5:** Beispiel für die Aggregation von Routen mittels GRP
DFN: Deutsches Forschungsnetz

Das IPv6-Adresspräfix kann hier auch als aggregierte Route wie folgt interpretiert werden:

| | |
|---|---|
| `2001:0600::/23` | aggregierte Route für den Bereich des RIPE NCC |
| `2001:0638::/32` | aggregierte Route zum DFN |
| `2001:0638:0504::/48` | aggregierte Route zur Hochschule Fulda. |

## 7.9.2 Vergabe globaler IPv6-Adressen

Die IPv6-Adressen werden nach einer Hierarchie vergeben. An oberster Stelle befindet sich die IANA. Danach folgen Institutionen, die man als RIR (*Regional Internet Registry*) bezeichnet und die jeweils Gebiete in der Größenordnung eines Erdteils versorgen. Seit 2005 gibt es folgende RIRs:

RIR

- APNIC (*Asia Pacific Network Information Centre*) koordiniert die Vergabe im asiatisch-pazifischen Raum [`http://apnic.net`].
- ARIN (*American Registry for Internet Numbers*) koordiniert die Vergabe im nordamerikanischen Raum [`http://www.arin.net`].
- RIPE NCC (*RIPE Network Coordination Centre*) als Koordinationszentrum von RIPE (*Réseaux IP Européens*) ist zuständig für Europa, Zentralasien und Nahost [`http://ripe.net`].
- LACNIC (*Latin American and Caribbean Internet Addresses Registry*) koordiniert die Vergabe im lateinamerikanischen und im karibischen Raum [`http://lacnic.net`].
- AfriNIC (*African Network Information Centre*) ist zuständig für den afrikanischen Raum [`http://www.afrinic.net`].

LIR

Bei RIRs können nun entsprechend qualifizierte Institutionen bzw. ISPs, die man als LIR (*Local Internet Registry*) bezeichnet, in den entsprechenden Regionen eigene IPv6-Adressblöcke beantragen, sofern sie die technischen und administrativen Bedingungen erfüllen und einen Bedarf nachweisen können. LIRs vergeben ihre Adressräume weiter an Unternehmen bzw. andere Institutionen, die als 'Endverbraucher' gelten [Abb. 7.9-5].

NIR

In einem Land kann zusätzlich eine nationale Registratur NIR (*National Internet Registry*) eingerichtet werden. Diese kann zwischen RIRs und LIRs fungieren. Unter `http://www.ripe.net/membership/indices` findet man eine Auflistung von LIRs in den einzelnen Ländern innerhalb des Versorgungsbereichs von RIPE NCC.

Provisionierung von IPv6-Adressen

Die in RFC 3177 spezifizierte Richtlinie schlägt für die Vergabe von IPv6-Adressen an 'Endverbraucher' folgende IPv6-Adresspräfixe vor:

- */48-Präfix* als Normalfall für kleine und große Unternehmen. Dies sollte die Neustrukturierung und den Wechsel von ISPs vereinfachen. Große Unternehmen können ebenfalls ein /47-Präfix bzw. ein kürzeres Präfix erhalten.
- */64-Präfix*, wenn genau ein Subnetz benötigt wird, z.B. für ein LAN.
- */128-Präfix*, wenn genau eine Adresse für ein einzelnes Gerät benötigt wird.

Der aktuelle RFC 6177 ist hingegen deutlich weniger restriktiv und verweist zudem auf die Verwendung der (bislang nicht genutzten) *Unique Local Unicast Addresses* (ULA). Zudem wird die Vergabe einzelner IPv6-Adressen (`/128`) nicht mehr empfohlen.

## 7.9.3 Unicast-Adressen von lokaler Bedeutung

Nachdem die *Site-Local Unicast* (SLU) Adressen keine Anwendung mehr finden sollen [RFC 3879], sind bei IPv6 aktuell zwei Arten von Unicast-Adressen im Einsatz, die lokale Bedeutung haben. Es handelt sich hierbei um

- *Link-Local Unicast Addresses* [RFC 4291] und

- *Unique Local Unicast Addresses* gemäß RFC 4193.

### LLU-Adressen

Wie Abb. 7.9-6a zeigt, handelt es sich bei *Link-Local Unicast Address* – im Weiteren kurz LLU-Adresse genannt – um eine unstrukturierte Adresse mit dem Präfix `fe80::/10`. Da LLU-Adressen keine Identifikation von Subnetzen enthalten, können sie nur innerhalb 'isolierter' IPv6-Subnetze, die man auch als *Linksegmente* bezeichnet [Abb. 7.1-1], verwendet werden. LLU-Adressen werden von Routern nicht weitergeleitet, sodass Pakete mit LLU-Adressen nicht ins Internet geschickt werden können.

LLU-Adresse

Für die LLU-Adressen gelten folgende Besonderheiten:

- LLU-Adressen stellen bei IPv6 quasi 'technische' Adressen dar, die zum Ablauf des Protokolls unbedingt notwendig sind.
- LLU-Adressen erhalten immer die Netzpräfixlänge `/64` zugewiesen; sie sind also 'unstrukturiert'.
- Zwar können LLU-Adressen prinzipiell auch für die eigentliche IPv6-Datenkommunikation genutzt werden; dies sollte jedoch vermieden werden.
- LLU-Adressen verlangen zusätzlich die Angabe des Interface-Index bei der Verbindungsaufnahme (in betriebssystemspezifischer Syntax), dessen Angabe bei Client-Applikationen häufig nicht vorgesehen ist.

### ULA-Adressen

ULA-Adresse

Wie aus Abb. 7.9-6b ersichtlich, beinhalten *Unique Local Unicast Addresses* (tautologisch ULA-Adressen genannt) eine `Subnet-ID` und werden mit dem Präfix `fc00::/7` gekennzeichnet. Somit können ULA-Adressen mittels ihrer *Subnetz-ID* für lokales Routing genutzt werden, allerdings sind diese nur innerhalb einer Gruppe von IPv6-Subnetzen innerhalb eines 'isolierten' Standorts (*Site*) verwendbar. ULA-Adressen werden im Gegensatz zu LLU-Adressen nicht automatisch vergeben und ermöglichen es – innerhalb einer nicht an das globale Internet angeschlossenen Organisation –, eindeutige Adressen zu vergeben, ohne dafür global eindeutige Adressen verwenden zu müssen.

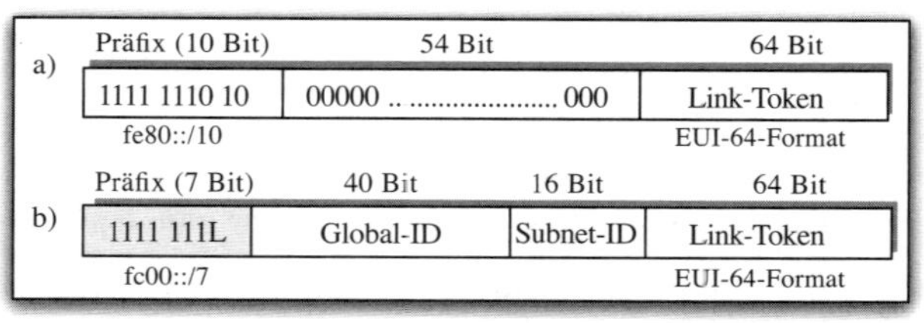


**Abb. 7.9-6:** Struktur der Unicast-Adressen von lokalen Bedeutung:
a) Link-Local Address, b) Unique Local Address
L = 1 für lokalen Präfix; der Wert 0 ist derzeit nicht vorgesehen

ULA-Adressen als lokale IPv6-Firmenadressen

Die lokal routbaren ULA-Adressen sind daher im Gegensatz zu LLU-Adressen geeignet, als IPv6-Adressen in einem firmeneigenen DNS zu fungieren. Im Hinblick auf die Anwendungen, wie z.B. HTTP können sie von den Clients wie 'globale' IPv6-Adressen genutzt werden; benötigen also keine Angabe des Interface-Index. Die bei den ULA-Adressen verfügbare 40-Bit lange *Global-ID* [Abb. 7.9-6] sollte als Firmen-Kennung und die 16-Bit *Subnet-ID* als Site-Kennung genutzt werden. Hierbei sollte die Global-ID 'zufällig' gewählt werden, z.B. als *Hash* des Firmennamens, um mögliche Kollisionen mit einem späteren 'Merge' von ULA-Adressräumen zu vermeiden [RFC 4193]. Da IPv6-Pakete mit ULA-Adressen niemals in Internet geroutet werden können, besitzen sie die gleiche 'Sicherheit' wie private IPv6-Adressen. Rechner, die zusätzlich vom Internet aus erreichbar sein sollen, erhalten zusätzlich eine global routbare IPv6-Adresse zugewiesen.

### 7.9.4 IPv4-Kompatibilitätsadressen

Um die Migration zum Einsatz von IPv6 zu unterstützen und damit auch die Koexistenz von IPv4 und IPv6 in verschiedenen Netzstrukturen zu ermöglichen [Kapitel 9], werden mehrere IPv6-Adresstypen definiert, die *IPv4-Kompatibilitätsadressen* darstellen. Es handelt sich hierbei um [Tab. 7.8-2]:

- IPv6-Adressen mit eingekapselten IPv4-Adressen,
- 6to4-Adressen,
- NAT64-Adressen,
- ISATAP-Adressen (*Intra-Site Automatic Tunnel Addressing Protocol*),
- Teredo-Adressen.

Es wurden folgende drei Typen von IPv6-Adressen mit eingekapselten IPv4-Adressen definiert [RFC 2765]: IPv6-Adressen mit eingekapselten IPv4-Adressen

- *IPv4-compatible IPv6-Addresses* (IPv4-kompatible IPv6-Adressen),
- *IPv4-mapped IPv6-Addresses* (IPv4-Adressen im IPv6-Format),
- *IPv4-translated IPv6-Addresses*.

Die Struktur dieser IPv6-Adressen zeigt Abb. 7.9-7. Wie hier ersichtlich, ergänzen diese Adresstypen eine 32 Bit lange 'alte' IPv4-Adresse zur vollen Länge der IPv6-Adresse. Daher werden sie durch einen 96 Bit langen Präfix gekennzeichnet.

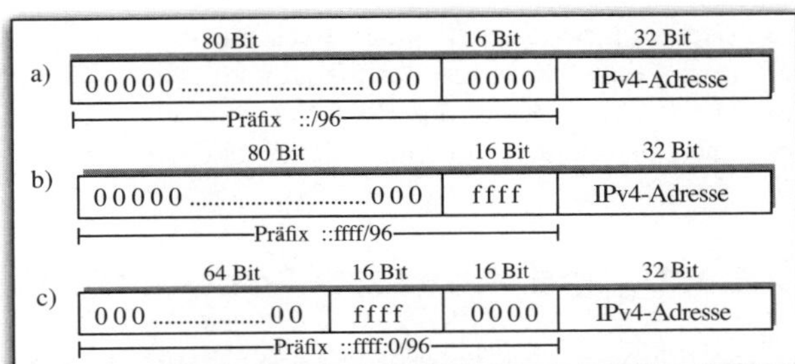


**Abb. 7.9-7:** Struktur von IPv6-Adressen mit eingekapselten IPv4-Adressen:
a) IPv4-compatible IPv6-Address, b) IPv4-mapped IPv6-Address
c) IPv4-translated IPv6-Address

Die *IPv4-compatible IPv6-Address* hat das Präfix `::/96` und wird dargestellt als `0:0:0:0:0:0:w.x.y.z` oder kurz `::w.x.y.z`. Hier ist `w.x.y.z` eine offizielle IPv4-Adresse. Dieses Adressenformat ist laut RFC 4291 *deprecated* und wird nicht mehr gebraucht. IPv4-compatible Address

Die *IPv4-mapped IPv6-Address* hat das Präfix `::ffff:0:0/96` und wird dargestellt als `0:0:0:0:0:ffff:w.x.y.z` oder `::ffff:w.x.x.z`. Eine solche IPv6-Adresse nutzt IPv4-mapped IPv6-Address ein Dual-Stack-Rechner *intern*, um IPv4-Adressen einheitlich auf IPv6-Adressen abzubilden. Dies bezieht sich sowohl auf einlaufende IPv4-Pakete mit externen IPv4-Adressen als auch für die eigene IPv4-Adresse eines Interfaces.

IPv4-translated IPv6-Address

Die *IPv4-translated IPv6-Address* hat das Präfix `::ffff:0/96` und wird geschrieben als `0:0:0:0:0:ffff:0:w.x.y.z` oder `::ffff:0:w.x.y.z`. Diese IPv6-Adresse verwendet man auch bei der Integration der IPv4- und IPv6-Netzen mittels *Stateless IP/ICMP Translation* (SIIT) IPv4 ⇔ IPv6 [Abschnitt 9.7]. IPv4-translated IPv6-Address nutzt einen IPv6-only-Rechner im IPv6-Netz als Quelladresse beim Absenden eines IPv6-Pakets an einen IPv4-only-Rechner im IPv4-Netz [Abb. 9.7-2].

6to4-Adresse

Ein Konzept für die Migration zum Einsatz von IPv6 wird als *6to4* bezeichnet [RFC 3056]. Bei 6to4 handelt es sich um ein Konzept, nach dem die Netzwerke mit IPv6 als *6to4-Sites* über ein IPv4-Netz, das als Backbone dient, verbunden werden können. Über ein IPv4-Backbone werden die IPv6-Pakete zwischen jeweils zwei 6to4-Routern in IPv4-Paketen transportiert. Bei 6to4 verwendet man spezielle IPv6-Adressen, die sog. *6to4-Adressen* [Abb. 9.4-2], die als automatische Tunnel-Adressen betrachtet werden können. Auch das 6to4-Konzept gilt mittlerweile als überholt, auch wenn Abschnitt 9.4 noch darauf eingeht.

NAT64-Adressen

Ein weiterer IPv6-Adressentyp sind die *NAT64 IPv4-embedded IPv6-Adressen* [Abb. 9.8-2]. Sie stellen ein Superset von 6to4-Adressen dar und werden in Abschnitt 9.8 vorgestellt.

ISATAP-Adresse

Von einiger Bedeutung ist die Möglichkeit, IPv6 in einem Netz mit nur IPv4 so einzusetzen, dass die bestehende Netzinfrastruktur mit IPv4 weiter betrieben werden kann. Hierbei sind die IPv4-only-Rechner um entsprechende IPv6-Dienstprogramme zu erweitern. Um dies zu ermöglichen, wurde das Protokoll ISATAP (*Intra-Site Automatic Tunnel Addressing Protocol*) entwickelt [RFC 4215]. ISATAP ermöglicht die Kommunikation nach IPv6 über ein IPv4-Netz. Bei ISATAP wird die *ISATAP-Adresse* [Abb. 9.5-2] definiert. Sie kann von einem IPv4-only-Rechner aus seiner IPv4-Adresse automatisch generiert werden. Das Konzept von ISATAP wird in Abschnitt 9.5 dargestellt.

Teredo-Adresse

Um IPv6 in einem Netz mit privaten IPv4-Adressen einzusetzen, wurde ein Konzept unter dem Namen *Teredo* entwickelt. Ein Rechner, der als Teredo-Client fungiert, kann sich mittels eines *Teredo-Servers* über das IPv4-Netzwerk eine *Teredo-Adresse* selbst generieren. Teredo kann auf Windows-Rechner (ab XP) und bei Linux eingesetzt werden.

## 7.10 Multicast- und Anycast-Adressen bei IPv6

Bedeutung der Multicast-Adresse

Eine Multicast-Adresse (MC-Adresse) bei IPv6 identifiziert eine Gruppe von Interfaces. Ein Paket, das an eine MC-Adresse gesendet werden soll, wird von allen Interfaces, die zur gleichen Multicast-Gruppe gehören, in Empfang genommen, von den anderen IP-Knoten im Netz aber verworfen. Bei IPv6 gibt es keine Broadcast-Adressen mehr, stattdessen wird diese Funktion durch spezielle MC-Adressen erfüllt. Die Broadcast-Adresse wird bei IPv6 durch die MC-Adresse *All-Nodes* ersetzt. MC-Adressen dürfen nicht als Quelladressen erscheinen. Der Aufbau einer IPv6-MC-Adresse ist in Abb. 7.10-1 illustriert.

Die einzelnen Angaben haben hier folgende Bedeutung:

- `Präfix`: Dieses Feld enthält `1111 1111`, d.h. das Präfix `ff00::/8` [Tab. 7.8-2].

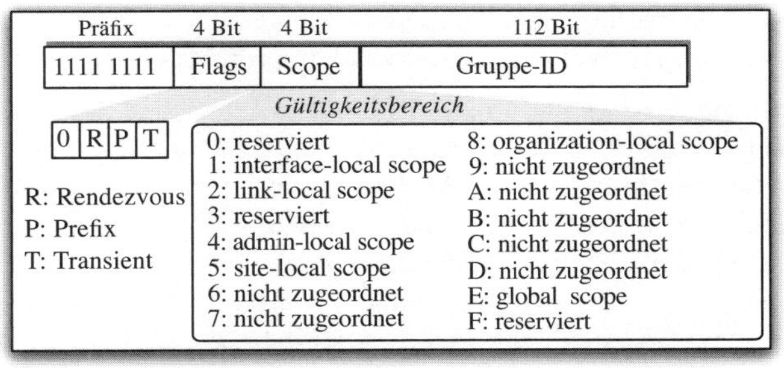


**Abb. 7.10-1:** Aufbau einer IPv6-Multicast-Adresse (nach RFC 4291, 3413)

- Das erste Bit ist reserviert und muss auf `0` gesetzt werden.
- *Transient-Bit*: Das Bit `T` hat folgende Bedeutung:
  - `T = 0`: eine ständig von IANA zugeordnete (d.h. well-known) Multicast-Adresse,
  - `T = 1`: eine temporär zugeordnete Multicast-Adresse.
- *Prefix-Bit*: Das (gesetzte) Bit `P` teilt mit, ob es sich um eine *source-specific* Multicast-Adresse (SSM) aus dem Bereich `ff3x::/32` handelt, was `T = 1` voraussetzt. In der Regel gilt: `P = 0`.
- Mittels des *Rendezvous-Bit* `R = 1` können Multicast-Router als sog. *Rendezvous Points* (RP) adressiert werden. Auch hier gilt `T = 1` und `P = 1`, sodass die resultierende Multicast-Adresse mit dem Präfix `ff70::/12` erkenntlich ist.
- `Scope`: Hier wird der Gültigkeitsbereich eines Multicast-Pakets angegeben [Abb. 7.10-1]. Die Bedeutung einzelner Angaben in diesem Feld zeigt Abb. 7.10-1. Die häufigsten Scope-Werte sind 1 (schnittstellenlokal), 2 (link-lokal) und 5 (standortlokal). Es ist zu beachten, dass der *Scope* abweichend von dem von Unicast-Adressen aufgefasst wird.
- `Group-ID` (Gruppen-ID): Mit `Group-ID` wird eine Multicast-Gruppe in einem Bereich eindeutig bestimmt. `Group-ID` kann einer Gruppe permanent oder vorübergehend zugewiesen werden. Permanent zugewiesene Gruppen-IDs sind vom Gültigkeitsbereich unabhängig. Dagegen sind vorübergehende Gruppen-IDs nur in einem spezifischen Bereich relevant.

Um alle Rechner im schnittstellenlokalen bzw. im link-lokalen Bereich zu adressieren, wurden folgende Multicast-Adressen definiert:

- `ff01::1`: Alle Rechner im schnittstellenlokalen Bereich, d.h. alle Rechner, die über eine Schnittstelle auf diesem Linksegment direkt erreichbar sind.
- `ff02::1`: Alle Rechner im link-lokalen Bereich, d.h. alle Rechner im gleichen IPv6-Subnetz. Diese Multicast-Adresse entspricht der lokalen IPv4-Broadcast-Adresse, bei der alle Bit von Host-ID auf 1 gesetzt sind [Tab. 2.3-2].

Um alle Router für schnittstellenlokale, link-lokale und standortlokale Bereiche zu adressieren, wurden folgende Adressen definiert:

- `ff01::2` (alle Router im schnittstellenlokalen Bereich),
- `ff02::2` (alle Router im verbindungslokalen Bereich),
- `ff05::2` (alle Router im standortlokalen Bereich).

Die Multicast-Adressen von genereller Bedeutung werden bei IANA registriert [`http://www.iana.org/assignments/ipv6-multicast-addresses`].

Protokoll MLD

Bei IPv4 verwenden Rechner und Router das Protokoll IGMP (*Internet Group Management Protocol*) [Abschnitt 2.8.2], um die Mitgliedschaften in MC-Gruppen (MC: Multicast) eines Subnetzes zu verwalten. Bei IPv6 wird die Verwaltung von MC-Gruppen mittels des Protokolls MLD (*Multicast Listener Discovery*) durchgeführt. MLD verwendet ICMPv6-Nachrichten. Es gibt bereits zwei Versionen von MLD. Die erste Version MLDv1 wurde in RFC 2710 spezifiziert, und die zweite Version MLDv2 beschreibt RFC 3810 bzw. RFC 4604. Der Funktionsumfang von MLDv2 enspricht weitgehend dem von IGMPv3.

Aufgabe von MLD

Bei MLD werden die Rechner einer MC-Gruppe als *Listener* (Zuhörer) bezeichnet. Die Listener werden von einem Router periodisch mit der Nachricht `Query` gefragt, zu welchen MC-Gruppen sie gehören. Möchte ein Rechner einer MC-Gruppe beitreten, so kann er dies einem Router mit der Nachricht `Report` mitteilen. Verlässt ein Rechner eine MC-Gruppe, meldet er dies dem Router mit der Nachricht `Done`. Bei MLDv2 ist es auch möglich, die Sendungen nur von bestimmten MC-Quellen auf einzelne IPv6-Subnetze zuzulassen und damit 'lästige' MC-Quellen auszuschließen.

## 7.10.1 Automatische Multicast-Adressen

Ein zentrales Konzept von IPv6 sieht vor, einem Interface nicht nur eine Unicast-Adresse, sondern auch funktionale Multicast-Adressen automatisch zuzuordnen, die ausschließlich zum Empfang von IPv6-Paketen dienen; also nie als Quelladresse. Abb. 7.10-2 illustriert die Vorgänge, die sie z.B. bei Linux üblich sind und folgende Multicast-Adressen automatische generiert:

- Jedes aktive Interface erhält zunächst die `All-Node`-Multicast-Adresse `ff02::1` zugesprochen.
- Ist der *mDNS-Dienst* aktiv (vgl. Abschnitt 4.9), wird dem Interface zusätzlich die Multicast-Adresse `ff02::fb` zugefügt.
- Ausgehend von der Interface-ID der IPv6-Adresse – besser gesagt dem *Link-Token* – wird die *Solicitate-Node Multicast-Adresse* (SNMA) gebildet, die das Interface repräsentiert und für den Ablauf der *Neighbor Discovery* und der *Duplicate Address Detection* benötigt wird.

Wie aus Abb. 7.10-2 erkennbar, gilt dieses Vorgehen nicht nur für die physikalischen Schnittstellen wie Ethernet, sondern ganz allgemein, d.h. auch im Besonderen für das Loopback-Interface. Die Betriebssysteme realisieren dies sehr unterschiedlich.

> **Beispiel**: Unix-BSD-Systeme generieren für das Loopback-Interface nicht nur die bekannte Adresse `::1/128`, sondern auch die LLU-Adresse `fe80::1/64` und weisen auch dem Loopback-Interface die *All-Node*-Multicast-Adresse zu, was mittels des Kommandos *netstat -g* überprüft werden kann. Zudem kann `::1/128` sowohl als Ziel- als auch als Quelladresse genutzt werden.

SNMA

Eine hervorgehobene Rolle spielt die *Solicited-Node Multicast-Adresse* (SNMA). Sie besteht aus dem Präfix `ff02::1:ff00::/104` und den letzten 24 Bit des Link-Token [RFC 3512/2373]. Diese Multicast-Adresse wird verwendet, um die MAC-Adresse für

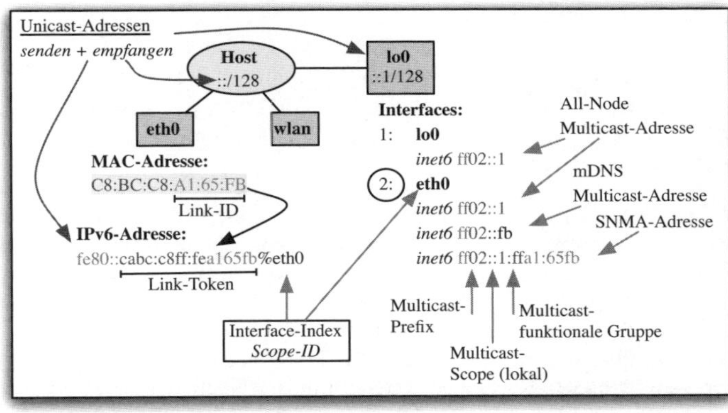


**Abb. 7.10-2:** Dynamische Zuweisung von Multicast-Adressen für das Ethernet- und Loopback-Interface
eth0: Ethernet Interface, lo0: Loopback Interface

eine bekannte IPv6-Adresse zu ermitteln, was dem Einsatz von ARP bei IPv4 [Abb. 8.2-1] entspricht.

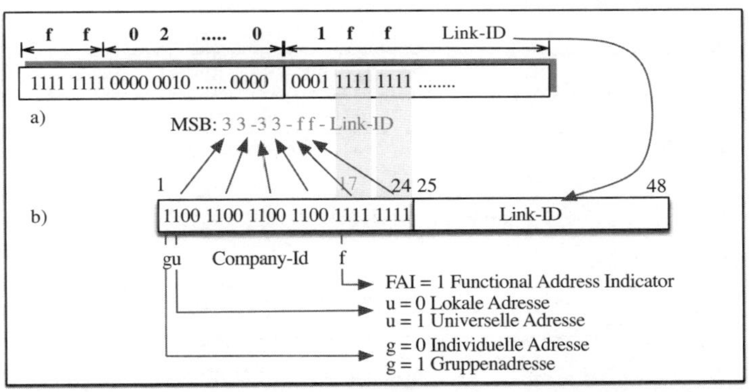


**Abb. 7.10-3:** Zusammenhang zwischen IPv6- und Ethernet Multicast-Adresse
a) IPv6-SNMA-Multicast, b) Umsetzung in Ethernet-Multicast-Adresse
MSB: Most Significant Bit (first)

## Bildung von MAC-Multicast-Adressen

Den Zusammenhang zwischen einer IPv6-Multicast-Adressen und einer MAC-Multicast-Adresse für Ethernet illustriert Abb. 7.10-3 am Beispiel einer SNMA-Adresse.

Wir sehen, dass die `Link-ID` bei IPv6-Adressen der den untersten 24 Bit der `Interface-ID` auf der MAC-Schicht entspricht. Sind die IPv6 *Privacy Extensions* im Einsatz, sprechen wir generell von einem `Link-Token` statt `Interface-ID`. Somit entspricht die `Link-ID` nicht mehr der ursprünglichen `Manufacturer-ID` (vgl. Abb. 7.9-6). Der obere Teil, d.h. die ersten 24 Bit der MAC-Multicast-Adresse wird eingeleitet durch die Bitfolge '`33-33-ff`', was gemäß RFC 2464 bzw. RFC 7042 die Ethernet-Kennung für IPv6-Multicasts darstellt.

## 7.10.2 Anycast-Adressen

Gelegentlich kann es von Vorteil sein, einer Application, die die identischen Daten auf unterschiedlichen Rechnern bereitstellt, die gleiche IP-Adresse zuzuweisen und die somit eine *funktionale Gruppe* bilden. Dies ist z.B. der Fall bei den DNS Root-Servern im Internet [Abschnitt 4.1].

Dieses Konzept lässt sich nahtlos auf IPv6 übertragen: Eine Unicast-Adresse, die identisch auf mehreren Rechnern (bzw. Interfaces) eingesetzt wird, ist automatisch eine Anycast-Adresse. Zur einfachen Verwaltung von Anycast-Adressen macht RFC 2526 folgenden Vorschlag [Abb. 7.10-4a]:

1. IPv6-Anycast-Adressen besitzen ein übliches /64-Bit Subnet-Präfix für Unicast-Adressen, z.B. `2001:db8::/64`.
2. Für IPv6-Adressen mit einem EUI-64-Link-Token folgt für die nächsten 57 Bit die Bitsequenz: `1111110111...111`, wobei das Bit '`0`' hier den Wert von '`u = 0`' repräsentiert; es handelt sich also um eine lokale Adresse [Abb. 7.9-6].
3. Die letzten 7 Bit sind für die Anycast-ID, d.h. die Charakterisierung der Anycast-Gruppe vorgesehen.

Dieses Schema ist auch für beliebige andere IPv6-Adressen verwendbar, wie in Abb. 7.10-4b dargestellt.

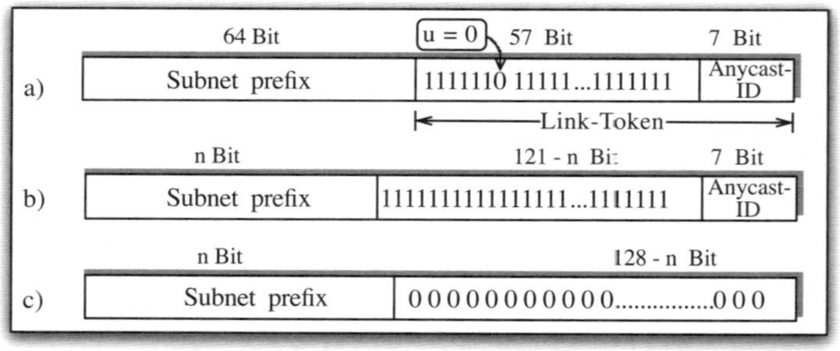


**Abb. 7.10-4:** Anycast-Adressen: a) Struktur nach RFC 2526, b) Anycast-Adresse, c) Subnet Router

Anycast-Adressen stammen daher aus demselben Adressraum wie Unicast-Adressen und sind 'optisch' von Unicast-Adressen nicht zu unterscheiden. Deswegen muss einem Router explizit mitgeteilt werden, dass es sich auf seinem Interface um eine Anycast-Adresse handelt. Bezüglich des Routings stellt eine Anycast-Adresse eine Host-Route dar [Abschnitt 10.1.3].

Subnet Router

Eine spezielle Anycast-Adresse ist *Subnet Router*, die von Routern unterstützt werden muss. Ihre Aufbau zeigt Abb. 7.10-2c. Diese Anycast-Adresse besteht aus der Unicast-Adresse des Router-Interface, bei der die Bit im Teil `Link-Token` auf Null gesetzt werden.

**Beispiel**: Mittels einer Anycast-Adresse kann man einen Dienst (z.B. DNS, VoIP-Server) auf mehreren Servern zur Verfügung stellen. Alle diese Server sind mit derselben Anycast-Adresse konfiguriert. Schickt nun ein Rechner ein Paket mit dieser Anycast-Adresse als IPv6-Zieladresse ab, so wird das Paket zum am nächsten gelegenen Server geroutet. Dieser kann aber das empfangene Paket an einen 'besser geeigneten' Server weiterleiten.

# 7.11 Zuweisung von IPv6-Unicast-Adressen

IPv6 (und mittlerweile auch IPv4) unterstützt drei Arten der Zuweisung einer IP-Adresse zu einem Interface in folgender Rangfolge:

1. Funktions-spezifische Adresszuweisung: *Funktionelle IPv6-Adressen*
   Das bekannteste Beispiel hierfür ist die *Loopback-Adress* (IPv6: `::1/128`). *Funktions-spezifische Adressen* sind in der Regel mit einem *logischen oder virtuellen Interface* verknüpft und die Zuweisung einer Adresse findet entweder von der IP-Instanz selbst ober über einen Treiber statt. Ob und welcher Link-Token dem logischen Interface zugewiesen wird, ist abhängig vom jeweiligen Link-Layer-Protokoll.
2. Manuelle Adressenzuweisung: *Manuelle IPv6-Adressen*
   Hier muss die IPv6-Adresse samt Präfixlänge dem Interface mitgeteilt werden, wobei IPv6 generell von einem `/64`-Präfix ausgeht. Bei IPv6 wird hierbei von der kompaktifizierten *Doppelpunkt-Hexadezimalnotation* Gebrauch gemacht werden.
   Diese Zuweisung ist dann vonnöten, wenn Netzwerkkomponenten – wie Router und Server – eindeutige und permanente IP-Adressen erhalten sollen. Gleiches gilt für Sonderfälle wie das Einrichten von Tunneln, die über spezielle Interfaces realisiert werden. Die so eingerichteten IPv6-Adressen sind 'fix', also *statisch*.
3. Gesteuerte Zuweisung per DHCPv6: *Zugewiesene IPv6-Adressen*
   Das Protokoll *DHCPv6* bei IPv6 erfüllt bzgl. der Adressenkonfiguration die gleichen Anforderungen wie bei IPv4. Die Lebensdauer der zugewiesenen IPv6-Adresse wird hierbei durch die *Lease-Dauer* bestimmt. In Ergänzung hierzu erlaubt DHCPv6 den Clients auch, *zustandslose* IPv6-Adressen zu nutzen [Abschnitt 8.4].
4. Automatische Adresszuweisung: *Automatische IPv6-Adressen*
   *Stateless Address Autoconfiguration* (SLAAC) ist das Standardverfahren bei IPv6. Die Gültigkeit der Netzkonfiguration ist zeitlich beschränkt, was im besonderen Maße auch für die IPv6-Adresse gilt.

Die automatische Zuweisung von IPv6-Adressen findet immer dann statt, wenn das Interface verbunden ist, falls z.B. bei Ethernet ein 'Link' vorliegt. Um die Gültigkeit der eigenen IPv6-Adresse zu bestimmen und die im Linksegment vorliegende IPv6-Konfiguration kennen zu lernen, stützt sich das SLAAC-Verfahren auf die dynamischen Mechanismen:

- *Neighbor Discovery Protocol* (ND), mit dessen Hilfe Konflikte im Rahmen der *Duplicate Address Detection* (DAD) aufgelöst werden können, sowie
- *Router Advertisement Protocol* (RA), das zur Feststellung der IPv6-Router im Linksegment und der Bezug der Konfigurationsdaten dient.

Hierbei wird das Hilfsprotokoll ICMPv6 eingesetzt, das das Verfahren der *Stateless Address Autoconfiguration* unterstützt und somit für IPv6 unverzichtbar ist. Das Protokoll ICMPv6 und seine zentralen Funktionen für die SLAAC wollen wir im nächsten Kapitel näher besprechen.

## 7.11.1 Privacy Extensions

Die *Privacy Extensions* für IPv6-Adressen haben ihren Ursprung in der Kritik, dass es sich auf Grundlage der Kopplung von IPv6- und MAC-Adresse im Falle von *stateless Adressen* im Grunde genommen bei IPv6 nicht mehr um logische, sondern um Hardware-spezifische Adressen handelt. Hierdurch kann bei Kenntnis einer IPv6-Adresse jederzeit auf den Rechner – und damit im Grunde genommen auf den Besitzer des Geräts – zurück geschlossen werden.

Mittels der in RFC 4941 vorgeschlagenen *Privacy Extensions* kommt dem dynamischen Verhalten von IPv6-Adressen eine besondere Bedeutung zu: Die 'Lebensdauer' einer IPv6-Adresse wird begrenzt; es werden periodisch neue Adressen gebildet und die älteren verworfen. Bei den meisten Betriebssystemen kann diese Eigenschaft optional aktiviert werden; bei Windows ist dies die Vorgabe, wobei der Trend in Richtung *Privacy Extensions* geht.

Temporäre IPv6-Adressen

- Temporäre IPv6-Adressen werden zunächst ausgehend von der vorliegenden MAC-Adresse gebildet, indem zusätzlich eine Zufallszahl als *Salt* herangezogen und der MD5-Hash von beiden als *Digest* gebildet wird.
- Von diesem Digest werden die ersten 64 Bit entnommen und hierbei das u-Bit auf '0' gesetzt (vgl. Abb. 7.8-3).
- Anschließend wird mittels *Duplicate Address Detection* (DAD) [Abschnitt 8.2] überprüft, ob eine sinnvolle, d.h. nicht bereits vergebene Adresse mit diesem *Link-Token* vorliegt.
- Hieraus wird gemäß Abschnitt 7.8.2 die IPv6-Adresse gebildet. Die obersten 64 Bit des Digest werden als *Seed* für die nächste Iteration genutzt.

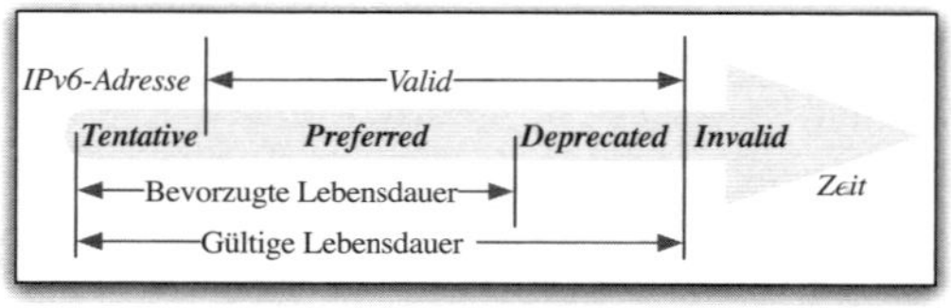


**Abb. 7.11-1:** Gültigkeitsdauer und Zustände von stateless IPv6-Adressen

SLAAC State Engine

Die Bildung einer SLAAC-IPv6-Adresse ist in Form einer *State Engine* implementiert. Wir unterscheiden folgende Zustände [Abb. 7.11-1]:

- Die IPv6-Adresse ist *tentative*. Sie muss daraufhin überprüft werden, ob nicht ggf. andere identische IPv6-Adressen im Linksegment existieren, was mithilfe der *Duplicate Address Detection* (DAD) vorgenommen wird. Zur Überprüfung dieses Zustands wird die SNMA-Adresse herangezogen [Abb. 7.10-2].
- Die IPv6-Adresse ist *valid*, d.h. die Adresse ist einmalig im Linksegment und somit gültig. Allerdings kann ihre Lebensdauer von IPv6-Adressen in diesem Status bereits abgelaufen sein, und sie werden daher nicht mehr zum Senden verwendet (z.B. weil beispielsweise die Lease-Zeit abgelaufen ist). Somit sind diese Adressen im Zustand *deprecated*, ansonsten im Zustand *preferred*.
- Die eigene IPv6-Adresse wurde bereits im Linksegment vergeben: Diese wird somit *invalid*, da *duplicate*.

Welche Mechanismen bei IPv6 zur Überprüfung des Zustandes einer IPv6-Adresse eingesetzt werden, ist Gegenstand des Abschnitts 8.3.

## 7.11.2 Auswahl der 'richtigen' IPv6-Quelladresse

Beim Einsatz von IPv6 wird auf ein Netzwerk-Interface eine respektable Anzahl von Unicast- und Multicast-IPv6-Adressen unterschiedlicher Scopes gebunden: LLU und ggf. mehrere globale IPv6-Adressen sowie eine Anzahl von Multicast-Adressen. Hierbei ergibt sich mitunter das Problem, welche von den verfügbaren Quelladressen die 'richtige' ist, um mit einem IPv6-fähigen Netzwerkpartner zu kommunizieren. Dieses Problem wird im RFC 6724 aufgegriffen.

**Beispiel**: Bei Aufbau einer Verbindung zu einem Kommunikationspartner stehen zwei gültige IPv6-Adressen per Privacy Extension zur Verfügung. Gemäß Abb. 7.11-1 ist die Adresse im Zustand *preferred* zu nutzen.

Generell kann die IPv6-Adresse benutzt werden, wo Ziel- und Quelladresse das längste passende Präfix besitzen. RFC 6724 gibt hierzu eine Hilfestellung [Tab. 7.11-1], die besagt, dass für eine IPv6-Zieladresse aus einem bestimmten Bereich (z.B. `2001::x`) zunächst festgestellt wird, welches *Label* sie besitzt (in diesem Fall 2). Als Folge wird dann ebenfalls die IPv6-Quelladresse aus diesem Bereich gewählt. Policy-Table

| Prefix | Precedence | Label |
|---|---|---|
| `::1/128` | 50 | 0 |
| `::/0` | 40 | 1 |
| `::ffff:0:0/96` | 35 | 4 |
| `2002::/16` | 30 | 2 |
| `2001::/32` | 5 | 5 |
| `fc00::/7` | 3 | 13 |
| `::/96` | 1 | 3 |
| `fec0::/10` | 1 | 11 |
| `3ffe::/16` | 1 | 12 |

**Tab. 7.11-1:** Vorschläge zur Auswahl der IPv6-Quelladresse gemäß RFC 6724

Durch den Wert der *Precedence* besitzt diese *Policy-Tabelle* eine ähnliche Bedeutung wie eine Routing-Tabelle zum Erreichen von Endsystemen. Die mit `::/96` aufgelisteten Bereiche stellen die IPv4-mapped IPv6-Adressen dar. Endsysteme sind angehalten, IPv4-Quelladressen immer in der Form von IPv4-mapped IPv6-Adressen auszuwerten. Durch die *Precedence* von `1` wird deutlich gemacht, dass im Falle von gültigen IPv4- als auch IPv6-Adresse die Verbindungsaufnahme auf Grundlage der IPv6-Adresse der Vorzug einzuräumen ist. Die Umsetzung dieser Vorschläge entsprechend RFC 6724 ist erst in den aktuellen Betriebssystemversionen zu finden.

**Bemerkung**: Unter MacOS X Mavericks kann z.B. die *Policy-Table* mittels des proprietären Kommandos *nettop -n -m route* ausgegeben werden.

Ein anderes Problem ergibt sich aus dem Sachverhalt, dass IPv4 und IPv6 in der Regel auf dem gleichen Rechner und dem gleichen Interface koexistieren: *Dual Stack*. Welche von diesen ist beim Aufbau einer Datenverbindung zu bevorzugen?

In der Regel nutzen wir nicht IPv4/IPv6-Adressen zur Kommunikation, sondern verlassen uns beim initialen Verbindungsaufbau auf die Antworten, die uns das DNS gibt. DNS liefert sowohl IPv4 als auch IPv6 als Zieladresse zurück. Zwar ist heute IPv6 das bevorzugte Protokoll, wie soll aber mit Fällen umgegangen werden, bei denen IPv4 eine bessere *Connectivity* bietet? Antworten hierfür liefert *Happy Eyeball* in RFC 6555.

## 7.12 Schlussbemerkungen

In diesem Kapitel konnten wir die zentralen Aspekte des IPv6-Protokolls darstellen. In der Praxis mindestens genauso wichtig ist das dynamische Verhalten des Protokolls, das durch die *Autoconfiguration* der IPv6-Parameter gekennzeichnet ist. Das hierfür vorgesehene *Neighbor Discovery Protocol* (NDP) und auch das Protokoll DHCPv6 werden im nächsten Kapitel dargestellt.

Abschließend ist noch Folgendes hervorzuheben:

IPv4- und IPv6-Adressierung

- Ein wichtiges Ziel bei der Entwicklung von IPv6 war die Verbesserung der IP-Headerstruktur und die Vergrößerung des Adressraums sowie die Einführung verschiedener Arten von IPv6-Adressen.

LLU-Adresse an Interface gebunden

- Für den Anwender von IPv6 ist das unterschiedliche Verhalten von Link Local und globalen IPv6-Adressen überraschend. Will man LLU-Adressen nutzen, muss immer das Interface angeben werden, über den das IPv6-Paket zugestellt werden soll.

Einsatz von ULA-Adressen

- Im heutigen Verständnis sollten LLU-Adressen ausschließlich für die interne Kommunikation der IPv6-Rechnern untereinander genutzt werden und nicht zum eigentlichen Datenaustausch. Hierfür steht mittels der ULA-Adressen ein geeigneter, entsprechend den privaten IPv4-Adressen äquivalenter Mechanismus zur Verfügung.

KAME-Projekt

- Den Anstoß zur Implementierung von IPv6 auf Endsystemen hat das KAME-Projekt `http://www.kame.net/` gegeben. Ausgehend von dieser Referenzimplementierung wurde zunächst der IPv6-Stack bei Unix-BSD-Systemen entwickelt, der sich auch bei *MacOS X*-Rechnern findet. Linux hat dem gegenüber ein etwas anderes Verständnis von IPv6, speziell was die Bindung zum Interface betrifft. Daher sind auch die Hilfsprogramme *ping* und *netstat* mit unterschiedlicher Syntax versehen, und es steht zusätzlich das Programm *ip* zur Verfügung.
  Microsoft hat IPv6-Unterstützung ab Windows XP bereit gestellt, und dies ist nun das Default-Netzwerkprotokoll bei den aktuellen Versionen. Auch hier gilt, dass Microsoft eine eigenständige Version des IPv6-Protokolls implementiert hat, was sich nicht zuletzt aufgrund des Programms *netsh* belegen lässt.
  Für Anwendungen gilt, dass diese speziell *IPv6-enabled* sein müssen, was aber immer noch nicht durchgehend der Fall ist.

IPv6 und Privatsphäre

- Da die Interface-ID in der IPv6-Adresse u.a. die Identifikation (ID) eines Endgeräts (z.B. eines Smartphons) enthalten kann, verweist dieser Teil unmittelbar auf den Anwender, der dieses Endgerät nutzt. Die Verwendung solcher IPv6-Adressen kann zum Verlust der Privatsphäre führen. Bereits 2001 wurden im RFC 3041 die ersten Lösungen zum Schutz der Privatsphäre, als *Privacy Extensions*, präsentiert. Diese wurden weiterentwickelt und in RFC 4941 veröffentlicht; sie sehen vor, dass in einer IPv6-Adresse eine Zufallszahl anstelle der wahren Interface-ID eingetragen werden kann. Da die Zuordnung *Interface-ID* $\Rightarrow$ *Zufallszahl* nur eine kurze Zeit lang gilt, sind die Rückschlüsse auf den Anwender fast unmöglich. Diese Zufallszahl muss aber innerhalb des Netzwerks einmalig sein.
  Somit muss die Einmaligkeit jeder IPv6-Adresse in Form einer einer Zufallszahl im Netzwerk gewährleistet werden. Diese als *Duplicate Address Detection* (DAD) bezeichnete Aufgabe kann in kleinen Netzwerken mit IPv6 relativ einfach gelöst werden. In großen Netzwerken kann die DAD-Funktion im Router an der Grenze zum Internet zentral – ähnlich wie jede NAT-Funktion – als *Privacy Protection Function* realisiert werden, um die Privatsphäre der Anwender im Netzwerk zu schützen.

# 8 IPv6-Support-Protokolle ICMPv6, NDP und DHCPv6

Automatische Konfiguration

Die bei der Entwicklung von IPv6 verfolgten Ziele bestanden nicht nur in der Erweiterung des Adressraums und der Schaffung zusätzlicher Funktionalität durch die Einführung von sog. Erweiterungs-Headern, sondern auch hinsichtlich der Unterstützung einer automatischen IPv6-Konfiguration von Rechnern. IPv6 bietet daher umfangreiche Unterstützung für die sog. Plug&Play-Konfiguration von Rechnern in IPv6-Netzen. Hierfür stehen *Neighbor Discovery Protocol* (NDP) und *Dynamic Host Configuration Protocol for IPv6* (DHCPv6) zur Verfügung.

NDP kann einerseits als funktionaler Teil von ICMPv6 und andererseits als Ersatz für das Protokoll ARP bei IPv6 angesehen werden. Demzufolge kommt ARP als Hilfsprotokoll nur bei IPv4 zum Einsatz. Dem DHCPv6 werden ähnliche Aufgaben wie dem in Abschnitt 5.2 dargestellten DHCP für IPv4 zugewiesen.

Arten der automatischen Konfiguration

DHCPv6 funktioniert nach dem Client/Server-Prinzip. Bei der automatischen Konfiguration von Rechnern nach DHCPv6 ist mindestens ein Server als *Konfigurationsserver* notwendig. Daher ist diese Art der automatischen Adresskonfiguration serverbasiert und wird als *Stateful Autoconfiguration* bezeichnet. Für die *Stateless Address Autoconfiguration* müssen zusätzliche Protokollelemente bereit gestellt werden, die wir hier als NDP und RA/RS (*Router Advertisement / Router Solicitation*) kennenlernen werden.

Überblick über das Kapitel

Dieses Kapitel stellt die Möglichkeiten der Unterstützung automatischer Konfiguration von Rechnern mit IPv6 umfassend dar und erläutert die Funktionsweise von ICMPv6 und DHCPv6. Zunächst wird in Abschnitt 8.1 das Protokoll ICMPv6 beschreiben, ohne das IPv6-Netze nicht einsatzbereit sind. Es folgen in Abschnitt 8.2 die komplexen Aufgaben, die das NDP realisieren muss, wie z.B. Ermittlung von Linkadressen, Bekanntmachung von Router-Parametern. Die Unterstützung der *Stateless Autoconfiguration* von Rechnern in IPv6-Netzen wird in Abschnitt 8.3 dargestellt. Den Grundlagen und dem Einsatz von DHCPv6 ist der Abschnitt 8.4 gewidmet. Einige Bemerkungen in Abschnitt 8.5 schließen dieses Kapitel ab.

Ziel dieses Kapitels

In diesem Kapitel werden u.a. folgende Fragen beantwortet:

- Welche Aufgaben fallen beim IPv6-Einsatz dem Protokoll ICMPv6 zu?
- Wie sind ICMPv6-Pakete im einzelnen aufgebaut?
- Welche Funktionen liefert NDP, um die automatische Konfiguration von Rechnern mit IPv6 zu unterstützen?
- Warum lässt sich das Protokoll ARP bei IPv6 nicht mehr einsetzen und wie ermittelt ein IPv6-Rechner die MAC-Adresse des Kommunikationspartners?
- Wie erhält ein IPv6-Rechner Informationen über die vorhandenen Router in seinem Linksegment?
- Wie bekommt ein IPv6-Rechner seine Netzkonfiguration zugewiesen?
- Welche Dienste stellt DHCPv6 zur Verfügung und wie funktioniert es?

# 8.1 Nachrichten des Protokolls ICMPv6

ICMPv6 versus ICMPv4

Das Hilfsprotokoll ICMP (*Internet Control Message Protocol*) für IPv4 (kurz ICMPv4) wurde in Abschnitt 2.7 dargestellt. Die Hauptaufgabe von ICMPv4 liegt in der Übertragung von Fehlermeldungen und Diagnoseinformationen. Für IPv6 ist ICMP ebenfalls nötig. Die Aufgabe von ICMP für IPv6 (ICMPv6) ist umfangreicher als die von ICMPv4. Die Funktionen von ICMPv6 umfassen sowohl die Übertragung von Fehlermeldungen und Diagnoseinformationen (z.B. Programm *ping*) wie auch die Unterstützung der automatischen Rechnerkonfiguration. ICMPv6 ist im RFC 4443/2463 spezifiziert. Den Aufbau von ICMPv6-Nachrichten zeigt Abb. 8.1-1.

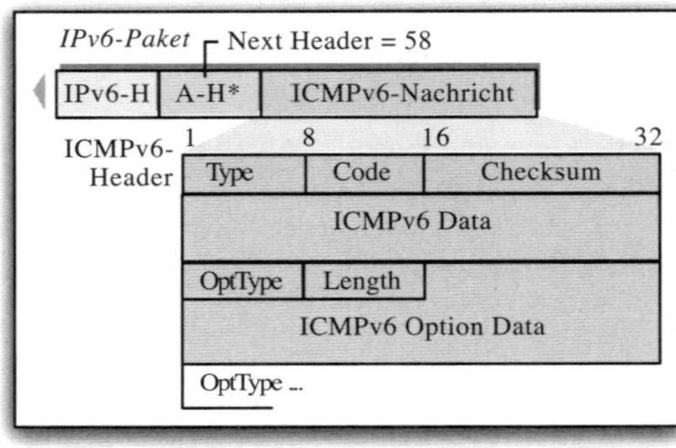


**Abb. 8.1-1:** Aufbau von ICMPv6-Nachrichten
A-H: Authentication-Header, * nach Bedarf; OptType: Option-Type

ICMPv6-Header

Eine eingekapselte ICMPv6-Nachricht wird mit `Next Header = 58` im vorangestellten Header identifiziert, d.h. entweder im IPv6- oder im Authentication Header, der bei Bedarf hinzugefügt wird. Die Angaben im ICMPv6-Header haben die gleiche Bedeutung wie im ICMPv4-Header [Abb. 2.7-1].

Die einzelnen Angaben im ICMPv6-Header sind:

- `Type`: Hier wird der Typ (die Funktion) der Nachricht angegeben.
- `Code`: Hier wird eine weitere Unterteilung des Nachrichtentyps gemacht.
- `Checksum`: Dieses Feld enthält eine Prüfsumme, mit der die ICMPv6-Daten auf eventuelle Fehler überprüft werden können.

In Ergänzung zu den Nachrichten-Haupttypen werden häufig weitere Optionen – die ebenfalls als Typen enummeriert sind – in eine gemeinsame ICMPv6-Nachricht eingebettet, die der Hauptnachricht folgen (in Abb. 8.1-1 als *Option Types* (`OptType`) dargestellt). Sie sind u.a. in RFC 4861, RFC 4443 sowie RFC 6275 spezifiziert, die die ursprünglichen RFC 2461, RFC 2463 und RFC 3775 abgelöst haben.

ICMPv6-Nachrichten

Es werden aktuell vor allem folgende ICMPv6-Nachrichtentypen genutzt:

- Nachrichten für die Fehlermeldungen [RFC 4443]
  - Type = 1: `Destination Unreachable` (Ziel ist unerreichbar)
    Hier gibt es keine grundlegenden Änderungen gegenüber dem ICMPv4. Diese Nachricht wird oft von Routern gesendet, um mitzuteilen, dass ein Paket sein Ziel nicht

erreichen kann. Die Ursachen können hier sehr vielfältig sein, z.B. existiert das Zielsystem nicht, das Netz ist überlastet etc.

- Type = 2: `Packet Too Big` (Paket zu groß)
  Diese Nachricht wird gesendet, wenn ein IPv6-Paket nicht weitergeleitet werden konnte, weil es zu groß war und nicht fragmentiert werden durfte. Diese Nachricht wird verwendet, um die zulässige Paketlänge (MTU) auf einem Datenpfad zu ermitteln. Dieser Prozess wird als *Path MTU-Discovery* bezeichnet [Abschnitt 2.7.4].
- Type = 3: `Time Exceeded` (Zeit überschritten)
  Befindet sich ein IPv6-Paket zu lange im Netz, d.h. der Parameter `Hop Limit` im IPv6-Header hat in einem Router den Zustand 0 erreicht, so sendet dieser Router eine ICMPv6-Nachricht `Time Exceeded` an das Quellsystem zurück.
- Type = 4: `Parameter Problem` (Ungültige Parameter)
  Ist ein Problem bei der Auswertung des IPv6-Header bzw. eines Erweiterungs-Header in einem Paket aufgetreten, das auf fehlerhafte bzw. unbekannte Parameter zurückzuführen ist, wird diese Nachricht an die Quelle des Pakets gesendet.

■ Request/Reply-Nachrichten (Echo-Funktion)

Echo Request/Reply

- Type = 128: `Echo Request` (Echo wird verlangt)
  Das bekannteste Programm, das auf dem ICMP basiert, ist das Programm *ping* zum Versenden von Diagnosemeldungen. ping kann durch das Absenden von `Echo Request` ein Echo von einem angegebenen System anfordern. `Echo Request` ist die einzige ICMP-Nachricht, auf die jeder IP-fähige Rechner antworten muss
- Type = 129: *Echo Reply* als Antwort auf `Echo Request`

■ Nachrichten für die Verwaltung von Multicast-Gruppen

MLD

Das Protokoll MLD für die Verwaltung von Multicast-Gruppen verwendet folgende ICMPv6-Nachrichten [RFC 2710 und 3810]:

- Type = 130: `Multicast Listener Query`,
- Type = 131: `Multicast Listener Report`,
- Type = 132: `Multicast Listener Done`,
- Type = 143: `Version 2 Multicast Listener Report`.

■ Nachrichten für `Neighbour Discovery` und automatische IPv6-Adresskonfiguration

ND

ICMPv6 wird auch bei der automatischen Adresskonfiguration verwendet. Dieses Prinzip der Konfiguration wird als *Stateless Address Autoconfiguration* (bzw. kurz SLAAC) bezeichnet. Hierfür dienen folgende ICMPv6-Nachrichten [RFC 4861]:

- Type = 133: `Router Solicitation`,
- Type = 134: *Router Advertisement*,
- Type = 135: `Neighbor Solicitation`,
- Type = 136: `Neighbor Advertisement`,
- Type = 137: `Redirect`,

Der Einsatz dieser Nachrichtentypen wird in Abschnitt 8.2 vorgestellt.

■ Unterstützung von Router Renumbering

Router Renumbering

Die automatische Rekonfiguration des Präfixes von globalen Unicast-Adressen wird als *Router Renumbering* bezeichnet. Diese Funktion sieht vor, dass insbesondere beim ISP-Wechsel das Netzpräfix 'schmerzlos' gewechselt werden kann. Hierfür wurde die ICMPv6-Nachricht vorgesehen [RFC 2894]:

– Type = 138: `Router Renumbering`.

MIPv6

- Unterstützung der Mobilität fürs Protokoll MIPv6
  ICMPv6 nutzt man auch für die Unterstützung der Mobilität bei IPv6, d.h. beim Protokoll *Mobile IPv6* (MIPv6). Hierfür dienen folgende Nachrichten [RFC 6275]:
  – Type = 144: `Home Agent Address Discovery Request`,
  – Type = 145: `Home Agent Address Discovery Reply`,
  – Type = 146: `Mobile Prefix Solicitation`,
  – Type = 147: `Mobile Prefix Advertisement`.

  Auf diese Nachrichten wird in Abschnitt 15.4.4 näher eingegangen.

SeND

- Nachrichten für die `Secure Neighbor Discovery` (SeND)
  – Type = 148: `Certificate Path Solicitation`
  – Type = 149: `Certificate Path Advertisement`

  Das SeND-Protokoll wird in Abschnitt 8.3 vorgestellt.

Eine aktuelle Auflistung aller ICMPv6-Nachrichtentypen und ihrer Parametern findet man unter: `http://www.iana.org/assignments/icmpv6-parameters`

## 8.2 Das Neighbor Discovery Protokoll

Link und Linkadresse

Beim Einsatz von IPv6 bestehen keinerlei Einschränkungen bezüglich der Art des physikalischen Netzes. Somit kann IPv6 sowohl in den klassischen *Shared Medium* LANs (verbindungslose Netze) als auch in verbindungsorientierten Netzen (wie z.B. ISDN, Frame-Relay-, ATM- und WDM-Netze) eingesetzt werden. Um NDP vom physikalischen Netztyp unabhängig darstellen zu können, werden die Begriffe *Link* und *Linkadresse* verwendet. Die Bedeutung dieser Begriffe verdeutlicht Abb. 8.2-1. Für den Ablauf der Neighbor Discovery werden in der Regel IPv6-Adressen mit *Local Scope* und somit LLU-Adressen eingesetzt [Abb. 7.9-6a].

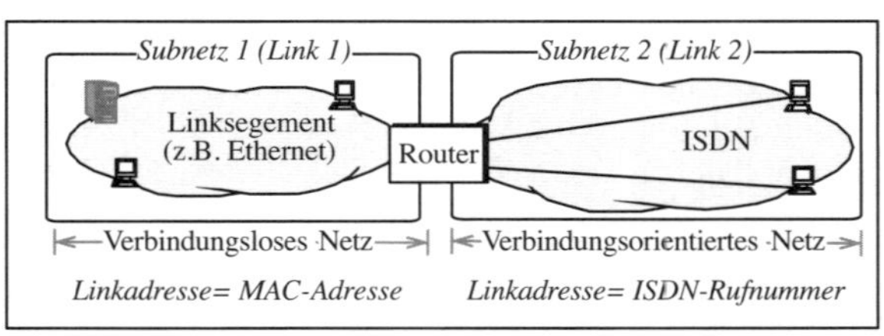


**Abb. 8.2-1:** Die Begriffe Link und Linkadresse beim Verbund eines verbindungslosen Netzes mit einem verbindungsorientierten Netz

Linksegment

Unter einem *Link* ist ein LAN-basiertes Subnetz bzw. eine (physikalische oder logische) Verbindung in einem verbindungsorientierten Netz zu verstehen. Eine *Linkadresse* repräsentiert eine physikalische Netzadresse für einen Link. Eine MAC-Adresse stellt beispielsweise eine Linkadresse in einem LAN dar. Eine Linkadresse im ISDN ist die Rufnummer des Teilnehmers.

Ziele von NDP

Die bei IPv6 notwendige *Neighbor Discovery* (ND) verfolgt im Gegensatz zum Protokoll ARP bei IPv4 umfangreichere Ziele:

1. Vorrangiges Ziel des *Neighbor Discovery Protocol* (kurz NDP) [RFC 4861] ist es, die physikalischen Netzadressen (*Linkadressen*) der Kommunikationspartner zu ermitteln und in einen *Neighbor-Cache* zu überführen. Diese Funktion ist äquivalent der des ARP.
2. Neben den Informationen über die *Nachbarschaften* lassen sich mittels des *Router Advertisement Protocol* (RA) sowohl die gültigen *Netzpräfixe* als auch die *Default Router* feststellen; der IPv6-Client erhält also Auskunft über die Schicht-3-Konfiguration seines Netzsegments.
3. Das NDP dient auch als Hilfsprotokoll für die automatische, zustandslose IPv6-Adresskonfiguration der Rechner selbst, was als *Stateless Automatic Address Configuration* (SLAAC) bekannt geworden ist.

Aufgaben und Nachrichtentypen bei NDP

NDP ist ein funktionaler Teil des Protokolls ICMPv6, für dessen Realisierung ICMPv6 eigene Nachrichtentypen bereitstellt:

- `Neighbor Advertisement/Neighbor Solicitation`
- `Router Advertisement/Router Solicitation`

Mithilfe dieser Nachrichtentypen kann NDP folgende Aufgaben realisieren:

Router Discovery

- Router finden (*Router Discovery*)
  Beim Absenden jedes IPv6-Pakets muss im Quellrechner zuerst festgelegt werden, ob das Ziel des Pakets im gleichen Subnetz (Link) oder in einem anderen 'Remote'-Subnetz ist. Falls das Ziel sich in einem anderen Subnetz befindet, wird das IP-Paket an einen Router (Gateway) übermittelt. Dies wurde bereits in Abb. 2.4-5, Abb. 2.4-7 und Abb. 2.4-8 beim Einsatz von IPv4 veranschaulicht. Die IP-Adresse des Routers muss daher bei der Konfiguration jedes Rechners festgelegt werden. Um sie nicht in jedem IPv6-Rechner manuell angeben zu müssen, macht NDP die am lokalen Subnetz angeschlossenen Router ausfindig und bestimmt somit auch ihre IPv6-Adressen.

Prefix Discovery

- Linkpräfix-Erkennung (*Prefix Discovery*)
  NDP setzt voraus, dass jede IPv6-Adresse sich aus Linkpräfix und Link-Token zusammensetzt. Wie Abb. 8.2-2aillustriert, stellt der Link-Token eine Linkadresse dar. Abb. 8.2-2b zeigt, wie die *Unique Local Unicast Address* (ULA) auf Linkpräfix und Link-Token 'aufgeteilt' wird. Mit dem *Linkpräfix* wird das Subnetz – also das Linksegment – eindeutig identifiziert.

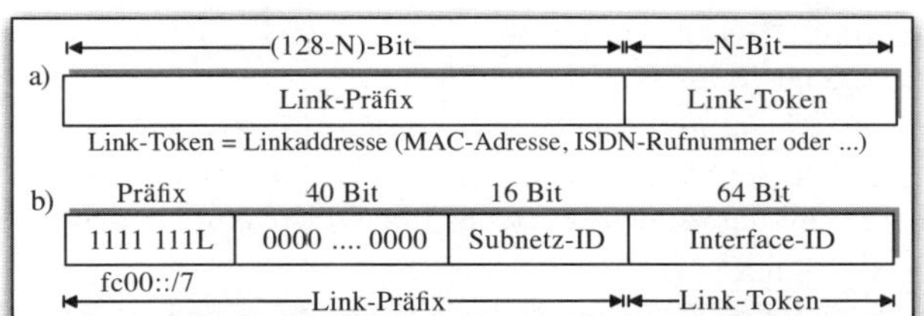


**Abb. 8.2-2:** IPv6-Adresse bei NDP: a) Struktur, b) Unique Local Unicast Address (ULA)

Linkpräfix

Alle Rechner mit demselben Linkpräfix befinden sich immer im gleichen Subnetz, d.h. ein Quellrechner kann aufgrund des Linkpräfixes einer IPv6-Zieladresse feststellen, ob sich der Zielrechner im gleichen Subnetz befindet oder nicht. Die Rechner, die sich nicht am selben Subnetz befinden, können daher nur über einen Router erreicht werden.

Parameter Discovery

- Ermittlung von Link-Parametern (*Parameter Discovery*)
  Durch Einsatz von NDP sind die Rechner in der Lage, einige link-spezifische Parameter wie die MTU-Größe bzw. andere Parameter wie z.B. den maximalen Wert *Hop Limit* selbst zu erlernen [Abb. 7.2-1]. Während der Installation von Rechnern mit IPv4 bislang einige Parametern zu konfigurieren waren, können daher die Rechner mit IPv6 automatisch konfiguriert werden.

Address Resolution

- Ermittlung von Linkadressen (*Address Resolution*)
  Die Bedeutung dieser Funktion illustriert Abb. 8.2-3.

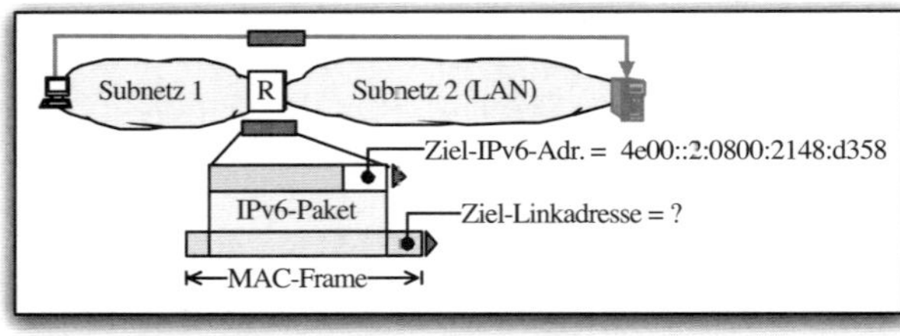


**Abb. 8.2-3:** Notwendigkeit der Ermittlung von Linkadressen

Ermittlung der MAC-Adresse

Der letzte Router auf jedem Datenpfad hat manchmal folgendes Problem zu lösen: Er erhält ein IP-Paket, in dem er die IP-Zieladresse ablesen kann. Für das Absenden des Pakets an den Zielrechner muss der Router aber noch die physikalische Netzadresse des Zielrechners kennen (z.B. MAC-Adresse in einem LAN). Die physikalische Netzadresse als *Link-ID* kann in einer IPv6-Adresse enthalten sein [Abb. 7.9-6]. Würde der Router die Zielnetzadresse aus der IPv6-Adresse (als ) ableiten, so hat man keine Sicherheit, dass diese Netzadresse noch aktuell ist. Handelt es sich um einen Rechner im LAN, in dem die Adapterkarte gerade ausgetauscht wurde, oder ist die IPv6 *Privacy Extension* im Einsatz, so braucht der *Link-Token* in der IPv6-Adresse des beim Router vorliegenden Pakets nicht mehr aktuell zu sein. Ein ähnliches Problem entsteht, falls ein Rechner am einem verbindungsorientierten Subnetz umgezogen ist.

NDP ermöglicht es daher, im Zuge der Verbindungsaufnahme die 'aktuelle' Linkadresse des Zielrechners für eine bekannte IPv6-Adresse zu ermitteln. Diese Funktion entspricht der Funktion des Protokolls ARP bei IPv4.

NUD

- Entdeckung der Unerreichbarkeit von Nachbarn (*Neighbor Unreachability Detection*)
  Unter Einsatz von NDP kann ein Rechner feststellen, ob ein anderer Rechner an seinem Subnetz (Link) noch erreichbar ist oder nicht.

DAD

- Entdeckung von Adressduplikaten (*Duplicate Address Detection*)
  NDP ermöglicht es, die Einmaligkeit von Adressen innerhalb eines Subnetzes festzustellen. Hierfür wird die Eindeutigkeit des Link-Tokens im lokalen Subnetz überprüft.

Redirect

- Umadressierungsfunktion (*Redirect Function*)
  Falls ein Rechner *A* eine Zieladresse falsch interpretiert und ein Paket beispielsweise an einen Router abgeschickt hat, statt es an den Zielrechner im gleichen Subnetz direkt abzusenden, kann der Router das betreffende Paket umadressieren, d.h. es zum Zielrechner im gleichen Subnetz umleiten und gleichzeitig den Quellrechner *A* mittels einer Redirect-Nachricht darauf hinweisen, dass das Ziel sich im gleichen Subnetz befindet.

## 8.2.1 Bestimmen des Ziels eines IPv6-Pakets

Das Bestimmen des Ziels eines Pakets beim Quellrechner in einem IPv4-Netz wurde im Abschnitt 2.4.3 dargestellt. Da jede IPv4-Adresse sich aus Subnetz-ID und Host-ID zusammensetzt, war es möglich, mithilfe einer Operation `Bitwise_AND` im Quellrechner festzustellen, ob der Zielrechner sich im gleichen oder in einem anderen Subnetz befindet [Abb. 2.4-5]. In einem IPv6-Netz können aber den einzelnen Rechnern unterschiedliche Arten von IPv6-Adressen zugeordnet werden, sodass dies ein komplexeres Verfahren beim Absenden eines IPv6-Pakets verlangt. Hierfür wird NDP verwendet. Um NDP zu unterstützen, muss ein IPv6-Rechner bestimmte Parameter und Adresszuordnungen erlernen und speichern. Diese Informationen werden im IPv6-Rechner in verschiedenen Caches abgespeichert. Abb. 8.2-4 zeigt diese Caches.

Problem bei IPv6 im Vergleich zu IPv4

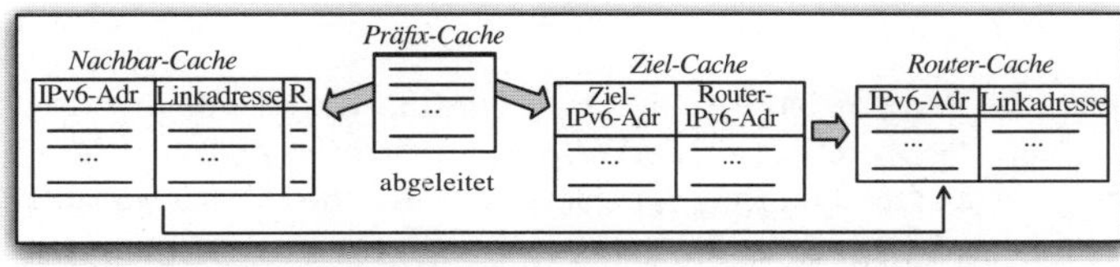


**Abb. 8.2-4:** Caches von NDP in einem IPv6-Rechner

Die einzelnen Caches von NDP sind:

NDP-Caches

- **Präfix-Cache** (*Prefix List*)
  Dieser Cache enthält die Liste von Linkpräfixes [Abb. 8.2-2], die im Subnetz gelten, d.h. von den Endsystemen, die am gleichen Subnetz angeschlossen sind. Falls alle Rechner in einem Subnetz nur IPv6-Adressen von lokaler Bedeutung besitzen, stellt das Linkpräfix die Subnetz-ID dar [Abb. 8.2-2b]. Die Linkpräfixe können die Rechner aus den von Routern erhaltenen ICMPv6-Nachrichten `Router Advertisement` [Abb. 8.2-11] ermitteln. Jeder Eintrag im Präfix-Cache enthält zusätzlich eine Zeitangabe, wie lange der betreffende Linkpräfix gültig ist.
- **Nachbar-Cache** (*Neighbor Cache*)
  Als Nachbar eines Rechners wird jedes System (Rechner, Router) im gleichen Subnetz bezeichnet. Der Nachbar-Cache entspricht dem ARP-Cache bei IPv4 [Abb. 2.6-1]. In diesem Cache werden die Zuordnungen *IPv6-Adresse ⇒ Linkadresse* von Nachbarn abgespeichert. Bei jedem Eintrag wird mit dem Flag-Bit `R` (*R=IsRouter*) markiert, ob es sich hierbei um einen Router (`R=1`) oder einen Rechner handelt. Aus diesem Cache wird der Inhalt der aktiven MAC-Adressen der IPv6-Nachbarn bezogen.
- **Router-Cache**
  Dieser Cache enthält die Zuordnungen *Router-IPv6-Adresse ⇒ Linkadresse* für alle am lokalen Subnetz angeschlossenen Router.
- **Ziel-Cache** (*Destination Cache*)
  Er enthält die Zuordnungen *IPv6-Zieladresse ⇒ Router-IPv6-Adresse*. Mithilfe dieser Angaben wird ein ausgewählter Router für jedes Ziel in einem anderen Subnetz zugeordnet. Dieser Cache ermöglicht den Einsatz mehrerer Router in einem Subnetz.

Die erwähnten Caches werden beim Absenden jedes IPv6-Pakets gelesen. Den Ablauf von NDP beim Absenden des IPv6-Pakets illustriert Abb. 8.2-5.

NDP-Ablauf beim Absenden jedes Pakets

Die einzelnen Schritte beim Absenden jedes IPv6-Pakets sind:

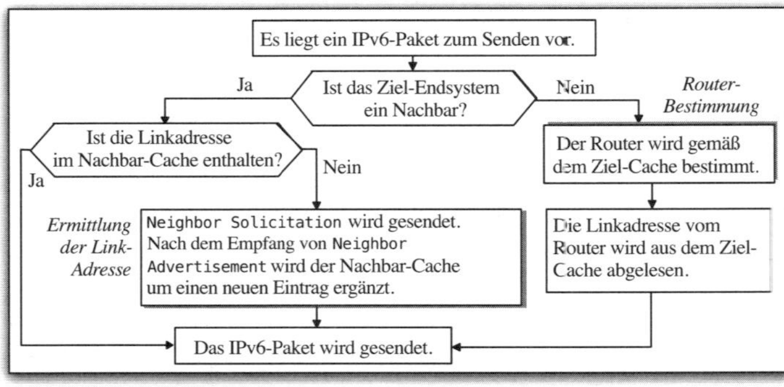


**Abb. 8.2-5:** Verlauf von NDP in einem Rechner beim Absenden jedes IPv6-Pakets

1. Zuerst wird die IPv6-Zieladresse mit den im Präfix-Cache enthaltenen Linkpräfixes verglichen, um festzustellen, ob der Zielrechner sich im gleichen Subnetz befindet. Dies entspricht der Durchführung der Operation `Bitwise_AND` in einem IPv4-Rechner [Abb. 2.4-5].
2. Falls sich der Zielrechner im gleichen Subnetz befindet, wird der Nachbar-Cache gelesen, um die Linkadresse des Zielrechners zu bestimmen. Enthält der Nachbar-Cache einen Eintrag mit dieser IPv6-Zieladresse, wird die Linkadresse entnommen und das Paket dorthin gesendet.
3. Ist die gesuchte Linkadresse im Nachbar-Cache nicht enthalten, wird eine ICMPv6-Nachricht `Neighbor Solicitation` (`NS`) gesendet, um diese Adresse zu ermitteln [Abb. 8.2-9]. Mit dieser Nachricht wird der Zielrechner gebeten, seine Linkadresse bekannt zu geben. Ist der entsprechende Zielrechner am gleichen Subnetz angeschlossen und intakt, sendet er seine Linkadresse in der ICMPv6-Nachricht `Neighbor Advertisement`. Diese Linkadresse wird nun im Nachbar-Cache abgespeichert und anschließend das wartende Paket abgeschickt. Dieser Vorgang bei der Ermittlung einer Linkadresse entspricht dem Ablauf von ARP [Abb. 2.6-2].
4. Im einem (broadcast-orientierten) LAN wird eine ICMPv6-Nachricht NS mit einer *Solicited-Node Multicast Address* (SNMA) versendet. Ist ein Subnetz ein verbindungsorientiertes Netz (z.B. ATM-Netz), muss zur Beantwortung dieser Anfragen ein Multicast-Server eingesetzt werden. Für die Realisierung von IP-Multicast in verbindungsorientierten Netzen kann das MARS-Konzept (*Multicast Address Resolution Server*) verwendet werden.
5. Falls sich der Zielrechner in einem anderen Subnetz befindet, wird der Ziel-Cache gelesen, um einen Router zu bestimmen, an den das vorliegende Paket übergeben werden soll. Hierbei wird dem Ziel-Cache zuerst die Router-IPv6-Adresse entnommen und danach aus dem Router-Cache die Linkadresse des Routers abgelesen. Anschließend wird das Paket an den ausgewählten Router übergeben.

## 8.2.2 Ermittlung von Linkadressen

ICMPv6-Nachrichten `NS` und `NA`

Die Notwendigkeit der Ermittlung von Linkadressen wurde bereits in Abb. 8.2-3 dargestellt. Für die Lösung dieses Problems werden vom ICMPv6-Protokoll diese Nachrichten verwendet:

- `Neighbor Solicitation` (NS) und
- `Neighbor Advertisement` (NA)

`NS` wird von einem Rechner gesendet, um ein anderes (bzw. mehrere) Rechner im gleichen Subnetz anzusprechen. Da alle Rechner in einem Subnetz (Link) als Nachbarn gelten, lässt sich damit der Name `Neighbor Solicitation` (Nachbar-Ansprechen) begründen. Der angesprochene Rechner antwortet mit `NA`. Mit dieser Nachricht werden u.a. seine Adressen bekannt gemacht. Daher auch der Name *Neighbor Solicitation* (*Nachbar-Bekanntmachung*).

Bereits in Abb. 8.1-1 wurde gezeigt, wie die ICMPv6-Nachrichten `NS` und `NA` in den IPv6-Paketen transportiert werden. Ihren allgemeinen Aufbau zeigt Abb. 8.2-6; wobei ihre Nutzung im Weiteren näher dargestellt wird.

Inhalte von `NS` und `NA`

`NS` und `NA` enthalten die IPv6-Zieladresse (*Target IPv6 Address*) und bestimmte Optionen. Die einzelnen Bit `R`, `S` und `O` in NA-Nachrichten haben folgende Bedeutung:

- `R` (*Router Flag*): Mit diesem Bit wird markiert (`R=1`), falls der Absender ein Router ist.
- `S` (*Solicited Flag*): Mit diesem Bit wird markiert (`S=1`), dass `NA` die Antwort des ausgewählten Zielrechners auf die Anforderung `NS` darstellt.
- `O` (*Override Flag*): Falls dieses Bit auf 1 gesetzt ist, soll ein entsprechender Eintrag im Nachbar-Cache überschrieben (d.h. modifiziert) werden.

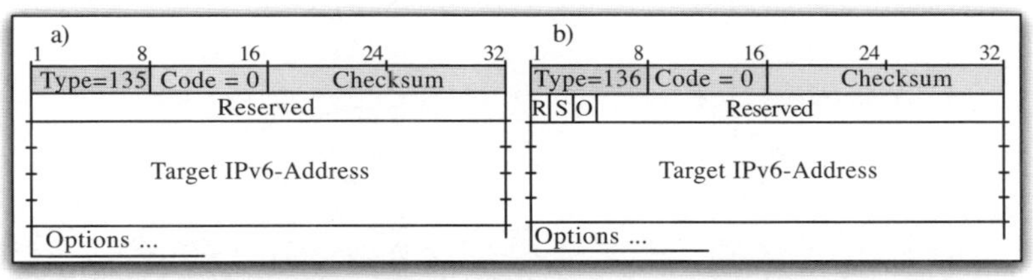


**Abb. 8.2-6:** ICMPv6-Nachrichten für die Ermittlung von Linkadressen:
a) `NS` (`Neighbor Solicitation`, b) `NA` (`Neighbor Advertisement`)

Aufbau von `Options`

In den ICMPv6-Nachrichten können nach Bedarf zusätzliche Steuerungsangaben in Form von Options übermittelt werden. Dies soll anhand von Beispielen verdeutlicht werden [Abb. 8.2-8, Abb. 8.2-10, Abb. 8.2-11 und Abb. 8.2-13]. Der allgemeine Aufbau von Options und deren Arten zeigt Abb. 8.2-7.

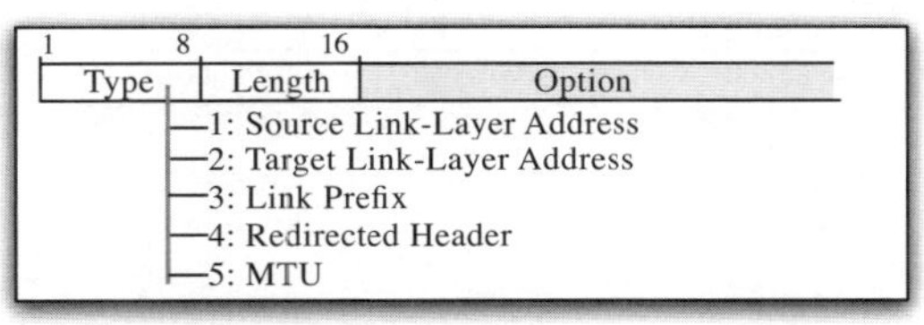


**Abb. 8.2-7:** Aufbau von `Options` in ICMPv6-Nachrichten [RFC 4861]

Typen von Options

Das Feld `Type` verweist auf die Bedeutung der Option. Im Feld `Length` wird die Länge der `Option` angegeben. Im Wesentlichen werden die folgenden fünf Options-Typen genutzt[1]:

[1] Eine vollständige Übersicht aller Options findet sich unter `http://www.iana.org/assignments/icmpv6-parameters/icmpv6-parameters.xhtml`.

- `Source Link-Layer Address` für die Angabe der Linkadresse eines Quellrechners.
- `Target Link-Layer Address` für die Angabe der Linkadresse eines Zielrechners.
- `Linkpräfix`: Mit dieser Option wird ein Linkpräfix bekannt gegeben [Abb. 8.2-2b].
- `Redirected Header`: Ein Router kann ein IPv6-Paket, das an ihn zur Weiterleitung übergeben wurde, an einen anderen Router 'umleiten'. Danach teilt er dies dem Quellrechner mit der ICMPv6-Nachricht Redirect mit, in der er dem Quellrechner auch den Header des 'umgeleiteten' IPv6-Pakets in Form der Option Redirected Header übergeben kann.
- `MTU` (*Message Transfer Unit*): Mithilfe dieser Option kann die maximale Länge der IP-Pakete bekannt gemacht werden.

Ermittlung einer Linkadresse

**Beispiel**: Den Ablauf von NDP bei der Ermittlung einer Linkadresse (z.B. einer MAC-Adresse in einem LAN) illustriert Abb. 8.2-8. Um eine Linkadresse für eine vorliegende IPv6-Zieladresse zu ermitteln, sendet der Quellrechner die Nachricht `Neighbor Solicitation` (`NS`) an die SNMA-Adresse des Zielrechners und teilt hierin seine `Source Link-Layer-Address` als Option mit. Da die IPv6-Quelladresse im IPv6-Paket ebenfalls enthalten ist, kann der Zielrechner in seinem Nachbar-Cache zusätzlich die Zuordnung IPv6-Addresse ⇒ Linkadresse neu eintragen bzw. modifizieren. Der Zielrechner antwortet mit `Neighbor Advertisement` (`NA`), in der die gesuchte Linkadresse als Option `Target Link-Layer Address` eingetragen wird. Nach dem Empfang von `NA` beim Quellrechner trägt er die Zuordnung *IPv6-Adresse ⇒ Linkadresse* in seinem Nachbar-Cache ein [Abb. 8.2-4]. Damit hat der Quellrechner die gesuchte Ziel-Linkadresse ermittelt.

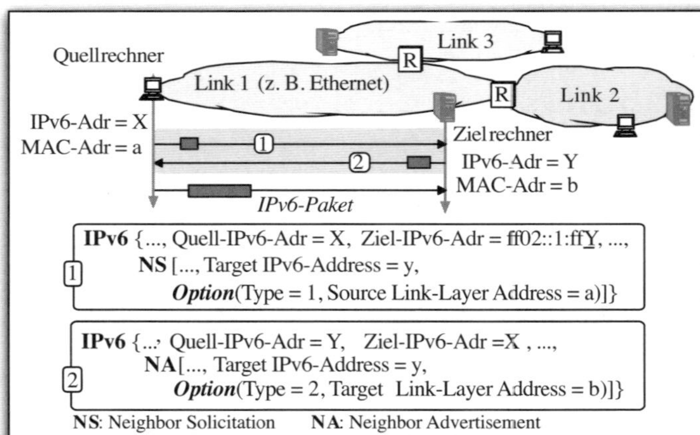


**Abb. 8.2-8:** Verlauf von NDP bei der Ermittlung einer Linkadresse
`ff02::1:ffY` ist die SNMA-Adresse, die die Link-ID von `Y` beinhaltet

Neighbor Unreachable Detection

Wie auch bei IPv4 ist die Gültigkeit des Eintrags im *Neighbor Cache* beschränkt. Vergleichbar den Zuständen der eigenen IPv6-Adresse, wird auch hier für den Status eines Eintrags im Cache eine *State Engine* benutzt, die folgende Zustände umfassen kann (vgl. Abb. 8.2-8):

- *Incomplete*: Die Adressenauflösung wird für eine Adresse `(IPv6=Y,MAC=b)` gerade vorgenommen.
- *Reachable*: Das Paar `(IPv6=Y,MAC=b)` liegt im Cache vor und der Eintrag ist gültig.

- *Stale*: Die Gültigkeit eines Cache-Eintrages ist abgelaufen, aber der Kommunikationspartner ist immer möglicherweise noch über die gespeicherte MAC-Adresse erreichbar.
- *Delay*: Die Gültigkeit des Cache-Eintrages ist abgelaufen. Im Gegensatz zum `Stale` Zustand wurde aber ein IPv6 Paket an den Kommunikationspartner gesendet, durch das die MAC-Adresse verifiziert werden kann.
- *Probe*: Ein Unicast-Paket `NS` wurde an diese Adresse versandt, ohne aber bislang eine Antwort `NA` erhalten zu haben.

Zur Feststellung, ob eine IPv6-Adresse noch aktiv ist, wird im Gegensatz zu Abb. 8.2-8 nun eine NS-Nachrichten mit der *Unicast-* (`Y`) statt der SNMA-Adresse (`ff02::1:ffY`) an das Zielsystem verschickt. Ist diese IPv6-Adresse noch aktiv (vgl. Abschnitt 7.11), antwortet das Zielsystem mit einer `NA`-Nachricht als Unicast an den fragenden Rechner, wobei ggf. nun die aktuelle IPv6-Adresse mitgeteilt wird.

### 8.2.3 Router Advertisement/Solicitation

NDP stellt die Mechanismen zur Verfügung, die es den Rechnern in einem Subnetz ermöglichen, die im gleichen Subnetz vorhandenen Router zu entdecken, anzusprechen und deren Parameter zu ermitteln. Hierfür werden die folgenden Nachrichten vom ICMPv6-Protokoll eingesetzt:

- `Router Solicitation` (`RS`) und
- `Router Advertisement` (`RA`).

Abb. 8.2-9 zeigt die Struktur von RS und RA.

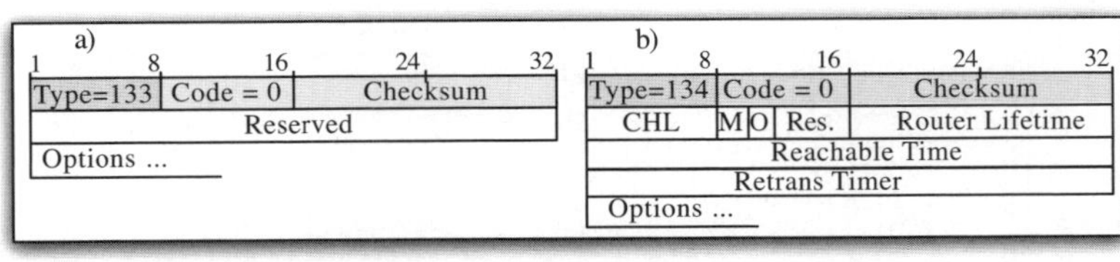


**Abb. 8.2-9:** ICMPv6-Nachrichten Type 133 und 134: a) `Router Solicitation`, b) `Router Advertisement`
CHL: Current Hop Limit, Res.: Reserved, M: Managed Address, O: Other stateful information

Die einzelnen Angaben in `Router Advertisement` haben folgende Bedeutung:

- `CHL` (*Current Hop Limit*): Hier wird das `Hop Limit` angegeben, das in den im Nachhinein gesendeten IPv6-Paketen eingetragen werden soll [Abb. 6.2-1].
- `M` (*Managed Address Configuration*): Falls `M = 1`, bedeutet dies, dass der Rechner eine *Stateful Autoconfiguration* (d.h. serverbasierte Autoconfiguration mit DHCPv6) [Abschnitt 8.4] zusätzlich zu einer *Stateless Autoconfiguration* [Abschnitt 8.3] nutzen kann.
- `O` (*Other Stateful Configuration*): Das `O = 1` bedeutet, dass der Rechner eine *Stateful Autoconfiguration* unterstützt. Hierzu gehören andere Netzwerkparameter wie die Angaben zu Time-Server und Web-Proxy.
- `Router Lifetime`: Hier wird die Lebensdauer des Routers in Sekunden angegeben. Der Wert 0 bedeutet, dass der Router kein *Default Router* ist.

- `Reachable Time`: Hier wird die Erreichbarkeitszeit des Rechners in Millisekunden angegeben. Nach Ablauf dieser Zeit wird geprüft, ob der betreffende Rechner noch erreichbar ist.
- `Retrans Timer`: Hier wird die Zeit in Millisekunden angegeben, die seit dem Absenden der letzten `Neighbor Solicitation` abgelaufen ist.

Es ist zu bemerken, dass `RS` der Funktion nach der `NS` entspricht, und `RA` entspricht wiederum der `NA` [Abb. 8.2-6]. Der auffordernde Rechner versendet die `RS`-Nachrichten ausgehend von seiner LLU-Adresse an die `All-Router Multicast-Adresse`, während die Antwort als `RA`-Nachricht an seine Unicast-Adresse gerichtet ist [Abb. 8.2-10].

Router Solicitation

**Beispiel**: Abb. 8.2-10 illustriert das Prinzip der Entdeckung von Routern. Rechnern mit der Nachricht `Router Solicitation` können IPv6-fähige Router auffordern, ihre Parameter bekannt zu machen. Um zunächst festzustellen, welche Router am Link vorhanden sind, sendet ein Rechner eine Nachricht `RS` in einem IPv6-Paket mit der Multicast-Adresse `ff2::2` (alle Router am Link). Daher werden alle Router im gleichen Subnetz mit `RS` angesprochen. Im IPv6-Paket mit `RS` sind die IPv6-Quelladresse (`X`) und die Quell-Linkadresse (*b*) als eine Option (`Typ = 1`) enthalten. Jeder Router sendet die Antwort direkt an den anfordernden Rechner als Nachricht `RA`, in der dessen Link- und IP-Adressen und auch andere Parameter (`Präfix`, `MTU`) enthalten sind. Auf diese Weise können die neu angeschlossenen Rechner die aktiven Router am Link kennenlernen.

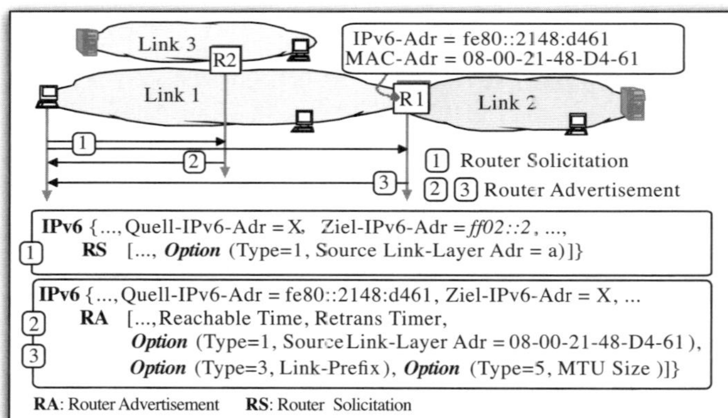


**Abb. 8.2-10:** Entdeckung der Routern im Linksegment durch einen Rechner

IPv6 erlaubt mehrere Default Gateways

Beim Vergleich von IPv4 und IPv6 ist darauf zu verweisen, dass die Implementierungen von IPv4 oft pro Subnetz nur einen Router (als Gateway nach außen) zulassen. Bei der Installation der Protokollfamilie TCP/IP mit IPv4 muss die IPv4-Adresse des Routers (*Default Gateway*) angegeben werden. Die Angabe der Linkadresse (d.h. MAC-Adresse) ist nicht notwendig, weil sie über das Protokoll ARP ermittelt wird [Abb. 2.6-1] und [Abb.2.6-2]. Ein neu angeschlossener IPv6-Rechner ist nach den in Abb.8.2-10 dargestellten Prinzipien in der Lage, alle Router zu identifizieren und deren Adressen zu ermitteln. Bei IPv6 können mehrere Router (als Gateways nach außen) in einem Subnetz eingesetzt werden. Die Router-Adressen werden im Router-Cache gespeichert [Abb. 8.2-4].

## 8.2.4 Unsolicited Router Advertisements

Aktive Router

Zusätzlich zur Aufforderung durch die Endknoten, teilen IPv6-fähige Router periodisch ihre Parameter mittels `Unsolicited Router Advertisement` Nachrichten im Linksegement mit.

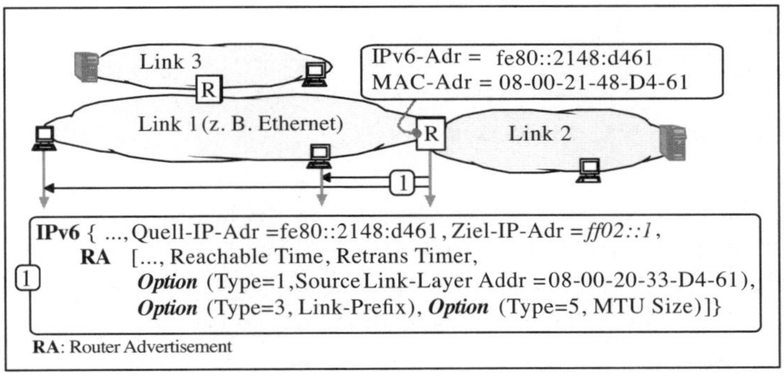


**Abb. 8.2-11:** Bekanntmachung von Parameter durch einen Router

**Beispiel**: Abb. 8.2-11 illustriert die Bekanntmachung von Parametern durch einen Router: Jeder Router sendet periodisch die Nachrichten `Router Advertisement` (`RA`) an alle Rechner im gleichen Link. Diese Nachrichten werden in IPv6-Paketen mit der Multicast-Adresse `ff02::1` (alle Rechner im Link) als IPv6-Zieladresse gesendet. Wird ein Router von einem Rechner mit `Router Solicitation` (`RS`) aufgefordert, ihm seine Parameter zukommen zu lassen, sendet er die Nachricht `RA` direkt an den anfordernden Rechner. Als Quelladresse enthalten die Nachrichten `RS` und `RA` immer jeweils die LLU-Adresse des Absenders

`RA` enthält als Option (`Type = 3`) das Linkpräfix für den Link (Subnetz), auf dem `RA` gesendet wurde. Die Rechner mit dem gleichen Präfix befinden sich an einem gemeinsamen Link, d.h. ein Rechner kann durch das Vergleichen des Präfixes der eigenen Adresse mit dem Präfix der Adresse eines anderen Rechners feststellen, ob sich dieser Rechner am gleichen Link befindet oder nicht. Die Rechner mit den anderen Präfixen in der IPv6-Adresse sind nicht am selben Link angeschlossen und daher nur über einen Router erreichbar.

In der Nachricht `RA` kann auch der `MTU`-Wert angegeben werden.

## 8.2.5 IPv6-Paket-Umleitung

Bedeutung der Redirect-Funktion

Sind mehrere Router in einem Subnetz als Gateways nach außen vorhanden, so entsteht das folgende Problem beim Aussenden eines Pakets: Welches ist der am besten geeignete Router zur Weiterleitung des Pakets ins Ziel-Subnetz?

Die Antwort auf diese Frage ist im Ziel-Cache des Quellrechners enthalten [Abb. 8.2-4]. Ein Router kann ein ihm zur Weiterleitung übergebenes IPv6-Paket an einen Rechner bzw. an einen anderen Router 'umleiten'. Das wird als *Redirect-Funktion* bezeichnet. Mithilfe der Redirect-Funktion können die Zuordnungen im Ziel-Cache erlernt werden. Hierfür wird die ICMPv6-Nachricht `Redirect` verwendet, deren Aufbau Abb. 8.2-12 zeigt.

Die einzelnen Angaben in `Redirect` haben folgende Bedeutung:

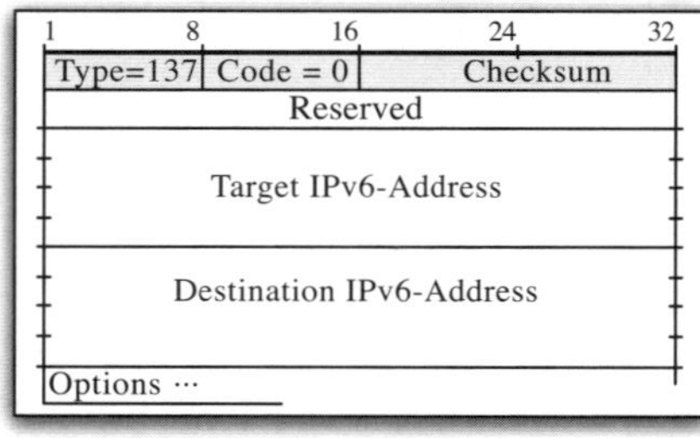


**Abb. 8.2-12:** ICMPv6-Nachricht `Redirect`

- `Target IPv6-Address`: Hier trägt ein Router die IPv6-Adresse eines anderen Routers ein, an den ein IPv6-Paket mit der IPv6-Zieladresse `X` umgeleitet wurde, wobei der andere Router als 'besser' für die unter der IPv6-Zileadresse `X` gesendeten Pakete gilt.
- `Destination IPv6-Address`: Die IP-Zieladresse des Pakets, das umgeleitet wurde.

Redirect

**Beispiel**: Den Ablauf von NDP bei der Realisierung der Redirect-Funktion illustriert Abb. 8.2-13. Der Quellrechner mit IPv6-Adresse `X` und MAC-Adresse a hat ein IPv6-Paket an Router `R1` mit MAC-Adresse *c* zur Weiterleitung übergeben. `R1` hat nach der Routing-Tabelle festgestellt, dass `R2` für die Weiterleitung dieses Pakets 'besser' geeignet ist. Somit leitet `R1` das 'Original'-Paket an `R2` um, der dieses an den Zielrechner mit der MAC-Adresse *b* weiterleitet.

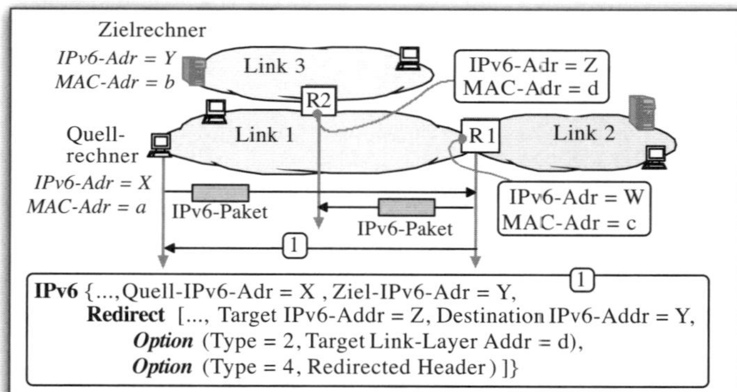


**Abb. 8.2-13:** Veranschaulichung der Redirect-Funktion

Zusätzlich sendet `R1` eine Nachricht `Redirect` an den Quellrechner, um ihm mitzuteilen, dass Pakete mit der IPv6-Zieladresse `Y` an `R2` mit MAC-Adresse *d* zur Weiterleitung übergeben werden sollen. Die MAC-Adresse von `R2` wird als Option in `Redirect` angegeben. In `Redirect` kann auch der IPv6-Header des umgeleiteten Pakets enthalten sein.

Mit der ICMPv6-Nachricht `Redirect` wird die Zuordnung *IPv6-Zieladresse* ⇒ *Linkadresse* (MAC-Adresse) dem Quellrechner mitgeteilt, sodass er seinen Ziel-Cache entsprechend modifizieren kann [Abb. 8.2-4].

# 8.3 Stateless Address Autoconfiguration (SLAAC)

Die bevorzugte Möglichkeit der Adressvergabe bei IPv6 besteht darin, eine automatische Adresskonfiguration ohne Konfigurationsserver zu realisieren, d.h. serverlos. Diese Art der automatischen Adresskonfiguration wird als *Stateless Address Autoconfiguration* bzw. kurz als SLAAC bezeichnet [RFC 4862].

SLAAC ermöglicht einem Rechner, den Link-Token seiner IPv6-Adresse [Abb. 7.8-1] selbst zu generieren und zu überprüfen, ob diese Adresse im Linksegment eindeutig, d.h. nicht doppelt vorhanden ist. SLAAC ist somit auf ein Subnetz eingeschränkt. Obwohl SLAAC vor allem für LLU-Adressen zum Zuge kommt, ist der zugrundeliegende Mechanismus genauso for ULA und globale IPv6-Adressen geeignet. Bedeutung von SLAAC

Abb. 8.3-1 illustriert SLAAC am Beispiel eines Rechners im LAN.

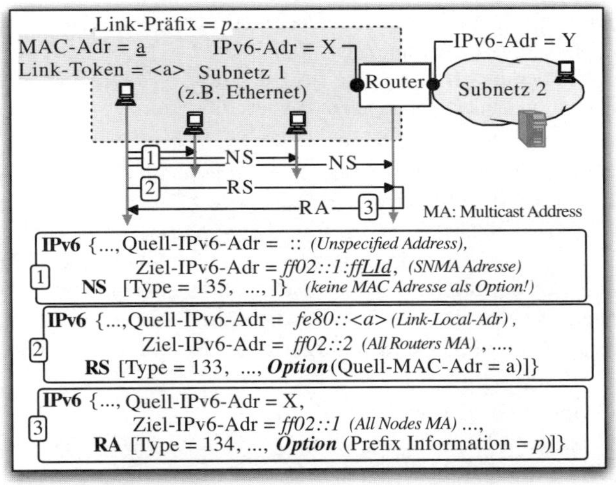


**Abb. 8.3-1:** Allgemeines Prinzip der Stateless Address Autoconfiguration (SLAAC)
*LId*: Link-ID, `NS`: Neighbor Solicitation, `RS`: Router Solicitation, `RA`: Router Advertisement

Im Ablauf des SLAAC-Verfahrens sind folgende Schritte zu unterscheiden:

1. Bekanntmachung der Linkadresse und Überprüfung ihrer Einmaligkeit DAD-Prozess
   - Ein Rechner im LAN enthält eine Netzwerkkarte, in der eine (herstellerspezifische) MAC-Adresse fest abgespeichert wird. Es kann sich aber auch um eine lokal administrierte MAC-Adresse handeln.
   - Diese MAC-Adresse muss im lokalen Subnetz eindeutig sein, sodass der Rechner zuerst überprüfen muss, ob dies der Fall ist.
   - Hierfür generiert er selbst eine provisorische IPv6-Adresse. Im Falle einer LLU-Adresse setzt diese sich aus dem Präfix `fe80::/64` und seiner zusammen [Abb. 7.9-6a], wobei Letztere zunächst ausgehend von der MAC-Adresse gebildet wird [Abb. 7.8-3]. Link-ID = 24 Bit des Link-Token
   - Diese Adresse ist vorläufig und der Rechner muss noch überprüfen, ob sie im Subnetz einmalig ist. Daher führt er einen DAD-Prozess (*Duplicate Address Detection*) durch.

- Anschließend sendet der Rechner (in Abb. 8.3-1 mit `MAC = a`) eine ICMPv6-Nachricht `Neighbor Solicitation` (`NS`). Das IPv6-Paket mit `NS` enthält die `Solicited-Node Multicast Address` (SNMA) als IP-Zieladresse. Die SNMA besteht aus dem Präfix `ff02::1:ff/104` und aus den letzten 24 Bit des Link-Token, also der Link-ID.

  Die SNMA-Zieladresse ist somit unabhängig vom gewählten IPv6-Präfix und repräsentiert die Schnittstelle des Rechners. Als Quelladresse wird '`::`' genutzt, also die unspezifizierte IPv6-Adresse.

  **Beispiel**: Die LLU-Adresse ist `fe80::307:c5ff:feb6:4e6a`. Der in Abb. 8.3-1 aus der MAC-Adresse a gemäß Abb. 7.8-3 gebildete Link-Token hat den Wert `307:c5ff:feb6:4e6a`. Die untersten 24 Bit ergeben die Link-Id mit `b6:4e6a`. Hieraus wird die SNMA abgeleitet, also `ff02:0:0:0:0:1:ffb6:4e6a` bzw. in kompaktifizierter Form `ff02::1:ffb6:4e6a`. `NS` ist eine auf das lokale Subnetz eingeschränkte Multicast-Nachricht, um die Einmaligkeit der eigenen MAC-Adresse zu überprüfen. Mit `NS` werden somit lediglich Systeme (Rechner, Router) mit gleicher SNMA-Adresse angesprochen. `NS` enthält die Option `Source Link-Layer Address`, in der die MAC-Adresse des Quellrechners angegeben wird, die auf die Einmaligkeit im Link (Subnetz) gerade überprüft wird.

Adress-kollisionen

- *Reaktion auf doppelte IPv6-Adresse*
  Falls ein anderer Rechner bereits eine IPv6-Adresse mit dem in `NS` enthaltenen Link-ID (als Teil seines Link-Tokens, z.B. seiner MAC-Adresse) besitzt, antwortet er mit einer ICMPv6-Nachricht `Neighbor Advertisement` (`NA`), die per `All-Node Multicast` an alle Rechner im Linksegment verschickt werden. Damit kann nicht nur der Rechner, der die NS-Probe verschickt hat, sich eine neue Adresse konfigurieren (indem der Schritt 1 wiederholt wird), sondern auch alle Stationen in Linksegment registrieren die fälschlich aufgetauchte Kombination von IPv6- und MAC-Adresse.
- *Lokale Gültigkeit der IPv6-Adresse*
  Im Gutfall ist somit Einmaligkeit seiner gewählten Link-ID überprüft. Wenn keine Nachricht `NA` ankommt, bedeutet dies, dass die Link-ID im Linksegment einmalig ist und verwendet werden darf und somit ist die zugehörige IPv6-Adresse gültig. Damit ist der Schritt 1 abgeschlossen.

Präfixermittlung

2. Herausfinden von Routern und Präfix-Abfrage
   Nach Prüfung der Einmaligkeit der Linkadresse (hier MAC-Adresse) muss der Rechner herausfinden, welche Router im Subnetz (am Link) vorhanden sind und welche Präfixe gelten. Hierfür nutzt er die ICMPv6-Nachricht `Router Solicitation` (`RS`). Sie wird in einem IPv6-Paket mit `ff02::2` (*All-Router Multicast Address*) als IPv6-Zieladresse, d.h. an alle Router am Link, verschickt. In `RS` wird die Quell-MAC-Adresse als Option `Source Link-Layer Address` [Abb. 8.2-7] angegeben, die in Schritt 1 auf die Einmaligkeit überprüft wurde.

Router Advertisement

3. Übernahme der Netzwerkparameter
   Existiert mindestens ein Router im Subnetz, sendet er die ICMPv6-Nachricht `Router Advertisement` (`RA`) mit der Präfixangabe als Option `Prefix Information`. `RA` wird in einem IPv6-Paket mit `ff02::1` (*All-Nodes Multicast Address*) als IPv6-Zieladresse, d.h. an alle Rechner am Link, gesendet, sodass das 'gefragte' Linkpräfix im ganzen Link (Subnetz) bekannt gemacht wird. Zugleich lernt dieser Rechner, der diese Bekanntmachung initiiert hat, auch das Präfix $p$ kennen. Aus dem Präfix $p$ und

seiner Link-ID LId (hier als Teil der MAC-Adresse) kann sich der Rechner die (globale) IPv6-Adresse (p,a) selbst generieren.

### 8.3.1 SLAAC und Router Advertisements

Das Verfahren der *Stateless Address Autoconfiguration* (SLAAC) stützt sich auf die folgenden ICMPv6-Nachrichten:

- `NA/NS` zur *Duplicate Address Detection* DAD sowie
- `RA/RS` für die *Prefix Discovery*.

Beim Start eines Netzwerk-Interfaces sendet der Rechner automatisch die Nachrichten `Neighbour Solicitation` und `Router Solicitation` aus und erwartet entsprechende `Router Advertisements`.

Router Advertisements

Bei den *Router Advertisements* sind drei Fälle möglich:

1. Die RA-Nachricht beinhaltet das `M`-Flag und fordert somit den Rechner auf, seine IPv6-Konfiguration über einen DHCPv6-Server zu beziehen, was im nächsten Abschnitt erläutert ist.
2. Der Router, unter Unix z.B. in Form des *Router Advertisement Daemon* RADVD, sendet Basisinformation an den Client. Diese beinhalten lediglich das *Netzpräfix* und ggf. das *Default Gateway*. Der RADVD-Router agiert nicht im eigentlichen Sinne als (Forwarding-)Router, sondern ist nur für die Verteilung der Netzwerkinformation zuständig. RADVD
3. Der Router teilt dem Client eine erweiterte Netzwerkkonfiguration mit. In der RA-Nachricht [Abb. 8.2-9] werden nun zusätzliche Optionen eingebettet:
   - RA Option-Type 24: Die LLU-Adressen der zuständigen Router im Linksegment, einschließlich ihrer Präferenz und die Gültigkeitsdauer der Router-Information [RFC 4191]. Der Client hat aufgrund dieser Informationen seine Routing-Tabelle zu modifizieren [Abb. 8.2-4]. Router-Liste
   - RA Option-Type 3: Eine Liste aller Präfixe, die im lokalen Linksegment direkt erreichbar sind: *On-Link Prefix* OLP [RFC 5942]. Diese sind mittels des `L`-Bit gekennzeichnet. Der Client ergänzt daraufhin seine *Präfixliste* [Abb. 8.2-4]. OLP
   - RA Option-Type 5: Die Größe der MTU für das aktuelle Linksegment. MTU
   - RA Option-Type 25: Die IP-Adressen der rekursiven DNS-Resolver (vgl. Abschnitt 4.1.4) und die DNS Namens-Suchliste RFC 6106. RDNSS

In der gängigen IPv6-Praxis werden alle Router Advertisements als `All-Node Multicasts` verschickt. Hierbei ist zu beachten, dass neben diesen *angeforderten* `Router Advertisements` auch entsprechend Abschnitt 8.2.4 periodisch `Unsolicited Router Advertisements` als Multicast-Nachrichten in das Linksegment versendet werden.

Rechner, die das SLAAC-Verfahren unterstützen, können sich gegen die Zuweisung neuer Netzwerkparameter nicht wehren. Dies kann im ungünstigsten Fall zu einem Überlauf der lokalen Konfigurationstabelle führen, wie dies in [GH12] geschildert ist. Aktuelle Systeme beschränken daher den Eintrag hier auf eine sinnvolle Anzahl von konfigurierbaren IPv6-Adressen.

Ein 'böswilliger' Router kann somit quasi die IPv6-Netzkonfiguration im Linksegment vorgeben. Neben der Möglichkeit Multicasts einzuschränken, liegt mittels der *Secure Neighbor Discovery* SeND ein kryptographisch geschütztes Verfahren vor, das wir kurz vorstellen wollen.

### 8.3.2 SeND – Secure Neighbor Discovery

Genauso wie das ARP-Protokoll [Abschnitt 2.6.1] ist das ICMPv6-Protokoll – welches ARP für IPv6 ablöst – gefährdet gegenüber *Spoofing* und *Hijacking*: ICMPv6-Pakete können gefälscht und beliebige Pakete in das Linksegment, speziell als Multicast, injiziert werden.

SeND ≠ IPsec

Mittels der in RFC 3971 vorgestellten *Secure Neighbor Discovery* (SeND) ist es jedoch möglich, ICMPv6-Nachrichten zu signieren. Digitale Signaturen verlangen ein *public key/private key*-Verfahren, was ebenso für SeND gilt. Alle Rechner, die mittels SeND `NS/NA` sowie `RS/RA`-Nachrichten austauschen, müssen daher zuvor mit den notwendigen Schlüsseln ausgestattet werden. Dies verkompliziert die Neighbor-Discovery und das SLAAC-Verfahren, und zudem sind nur wenige Betriebssysteme in der Lage, entsprechende SeND-Nachrichten zu erzeugen und zu verarbeiten. Zudem existiert mit IPsec [Abschnitt 5.4] bereits ein konkurrierendes Konzept: Der Authentication Header lässt sich auch bei ICMPv6 nutzen (vgl. Abb. 8.1-1).

Das Konzept von SeND sieht vor, bei `NS/NA`- und `RS/RA`-Nachrichten zu deren kryptographischer Absicherung ergänzende Nachrichtenoptionen einzufügen [Abb. 8.3-2]:

CGA

- Option-Type 11: *Cryptographically Generated Addresses* (CGA)
  Entsprechend RFC 3972 wird Feld CGA in Abb. 8.3-2a gebildet aus
  - dem 128 Bit langen *SHA-1 Hash* des Link-Tokens,
  - einem *Collision Count* für die gewählte IPv6-Adresse,
  - dem *Subnet-Präfix* mit 64 Bit,
  - dem *public key* des Senders, der 1024 oder 2048 Bit lang ist, sowie
  - einem *Extension-Feld*, das aber z.Z. nicht definiert ist.
- Option-Type 12: *RSA-Signatur* der Nachricht [Abb. 8.3-2b] und
- Option-Type 13: *Time-Stamp* [Abb. 8.3-2c] zur Erkennung/Vermeidung von Replay-Attacken.
- Option-Type 14: *Nonce*: Ein Zufallswert, der die *Advertisements* eindeutig macht [Abb. 8.3-2d].

Eins der Probleme, die sich mit dem Einsatz von *public key* Kryptographie ergibt ist die Bereitstellung von Infrastruktur für das Vertrauensmodell. Bei SeND ist hierfür folgende Hierarchie vorgesehen:

Trust Chain

1. Oberste Autorität besitzt der *Trust Anchor*, der im Grunde die gleiche Funktion wie eine *Certificate Authority* CA besitzt. Er realisiert folgende Aufgaben:
   - *Autorisierung*: Bereitstellung von qualifizierten X.509-Zertifikaten (mit ergänzenden *private key*-Dateien) an die beteiligten Hosts und Router. Diese Zertifikate müssen 'manuell' verteilt werden (*Deployment*).

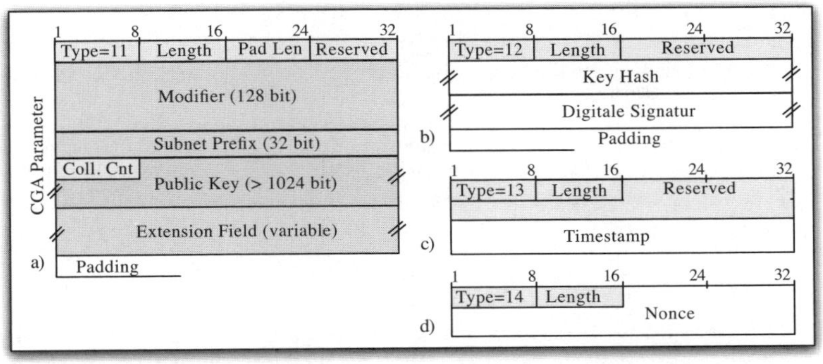


**Abb. 8.3-2:** Aufbau der SeND Nachrichtentypen a) CGA, b) RSA Digital Signature und c) Timestamp sowie d) Nonce
Pad Len: Padding Length, Coll. Cnt: Collision Count

- *Legitimierung*: Abfragen an den Trust Anchor, ob ein Teilnehmer im SeND ein qualifiziertes Zertifikat besitzt. Um dies zu erzielen, sind zwei zusätzliche ICMPv6 Nachrichtentypen definiert: `Certificate Path Solicitation` (CPS) (Type 148) und `Certificate Path Advertisement` (CPA) (Type 149) vorgesehen [Abb. 8.3-4], die diese Informationen auch über das lokale Linksegment hinaus übertragen.

2. Die beteiligten Router werden durch das X.509-Attribut `IPAddressExtension` [RFC 3971] gekennzeichnet, in dem mitgeteilt wird, welche IPv6-Präfixe sie mitteilen dürfen. Wird dies mit `::/0` angegeben, sind alle erlaubt.
3. Router und Hosts werden über ihre IPv6-Adresse qualifiziert, die als `Subject Alternative Name` im X.509-Zertifikat angegeben ist (vgl. Abschnitt 6.2).

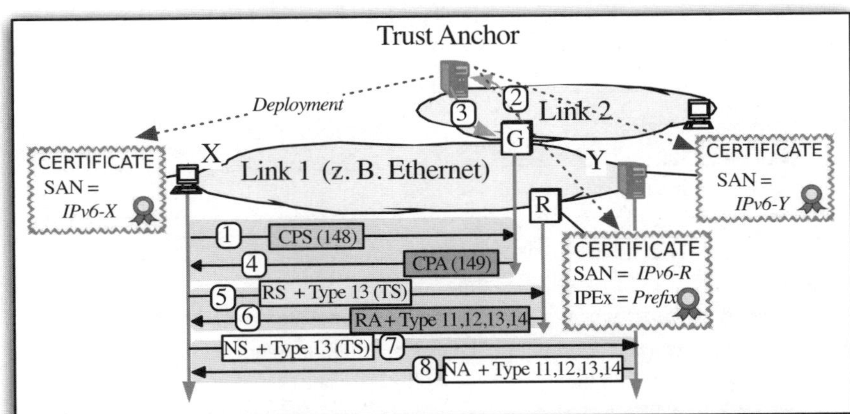


**Abb. 8.3-3:** Prinzipieller Ablauf des SeND-Verfahrens in drei Abschnitten
CPS: Certificate Path Solicitation, CPA: Certificate Path Advertisement, RS: Router Solicitation, RA: Router Advertisement, NS: Neighbor Solicitation, NA: Neighbor Advertisement, G: Gateway, R: Router, TS: Timestamp, SAN: Subject Alternative Name, IPEx: IP-Extensions

Authorization Delegation Discovery (ADD)

**Beispiel**: Wie in Abb.8.3-3 gezeigt, verfügt jede SeND-fähige IPv6-Komponente zunächst über ein qualifiziertes X.509-Zertifikat und einen ergänzenden Keyfile, der zum Signieren aller SeND-Nachrichten dient. Der SeND-Prozess beinhaltet anschließend folgende Schritte:

CPS

1. Der Knoten muss sich (nach der Aktivierung) Kenntnisse über die *Trust Chain* verschaffen. Hierzu dient die Nachricht `Certificate Path Solicitation` (CPS), die als `All-Router-Multicast` verschickt wird und als Quelladresse die LLU- oder aber die *unspecified* Adresse (' : : ') nutzt.

Trust Anchor

2. In der Regel ist ein Router als *Trust Anchor* vorgesehen. An diesen sind die CPS-Nachrichten von allen anderen Routern weiter zu leiten.

CPA

3. Die Antwort wird als `Certificate Path Advertisement` (CPA) formuliert. Hierbei ist vorgesehen, dass als Zieladresse entweder die *Link-scoped All-Node Multicast* oder aber die SNMA-Adresse des Absenders (die aus der LLU-Senderadresse extrahiert werden muss) fungiert.
4. Die Antwort wird vom Router am Linksegment an den abfragenden Host, bzw. (per `All-Node Multicast`) an alle weiter geleitet.
5. Nun kann der Host beginnen, seine Netzwerkinformation per `Router Solicitation` zu ermitteln. Die ICMPv6-Nachrichten werden mit einem *Timestamp* versehen.
6. Der antwortende Router fügt in seinem signierten `Router Advertisements` zusätzlich zur CGA-IPv6-Adresse einen *Timestamp* und ein *Nonce* hinzu, um *Spoofing* zu verhindern.
7. `NS`-Nachrichten sind ebenfalls durch einen *Timestamp* gekennzeichnet. Hierdurch erkennt jeder potenziell SeND-fähige Nachbar, dass auch er entsprechend mit
8. NA-Nachrichten unter Einschluss von *CGA*, *Timestamp* und *Nonce* antworten sollte.

Durch die Kenntnis des *Trust Chains* kann die Authentizität der Antworten überprüft werden. Das *Nonce* und der *Timestamp* sorgen dafür, dass Antworten nicht einfach gefälscht werden können.

Den Aufbau der IMCPv6-Nachrichten vom Typ `Certifcate Path Solicitation` und `Certificate Path Advertisement` zeigt Abb. 8.2-4:

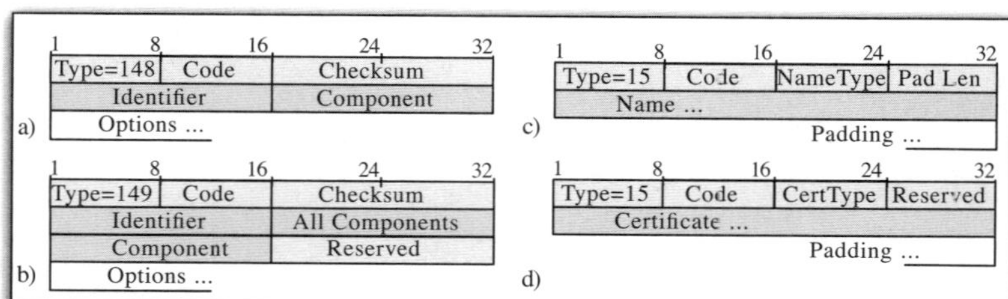


**Abb. 8.3-4:** Aufbau von a) CPS- und b) CPA-Nachrichten und den ergänzenden Angaben über c) den Namen und d) das X.509-Zertifikat

Aus der Darstellung [Abb. 8.3-4] wird auch klar, dass die Nutzung eines *Trust Anchors* jenseits des lokalen Linksegments nicht trivial ist. Sowohl Neighbor- als auch Router Soliciation-/Advertisement-Nachrichten nutzen das Konzept von LLU-Nachrichten. Wie dies mit ULA und global routbaren IPv6-Adressen im Hinblick auf Tab. 7.11-1 funktionieren soll, bleibt zu klären.

# 8.4 Konzept und Einsatz von DHCPv6

Mit *Stateless Autoconfiguration* [Abschnitt 8.3] ist es möglich, den Rechnern innerhalb eines Linksegements neben den IPv6-Adressen nur begrenzte Informationen über ihre IP-Konfiguration zuzuweisen. Um den Rechnern in großen Netzen sowohl die IPv6-Adressen automatisch zuzuweisen als auch ihnen zusätzlich weitere Konfigurationsparameter (z.B. Router-Adresse, DNS-Server-Name,...) zu liefern, wurde das Konfigurationsprotokoll DHCPv6 konzipiert [RFC 3315]. DHCPv6 entspricht weitgehend dem DHCP für IPv4 [Abschnitt 4.2], das wir zur besseren Unterscheidung in diesem Abschnitt als DHCPv4 bezeichnen werden. Wozu DHCPv6?

DHCPv6 funktioniert genau wie DHCPv4 nach dem Client/Server-Prinzip, sodass man von einem *DHCPv6-Client* und einem *DHCPv6-Server* spricht. Ein wesentlicher Unterschied zum bekannten DHCPv4 besteht darin, dass DCHPv6 zwei Betriebsmodi anbietet: Stateful oder stateless DHCPv6?

- **Stateful DHCPv6** mit expliziter Zuweisung der IPv6-Adresse an die Clients [RFC 3315]. Hierbei muss sich der DHCPv6-Server den Zustand merken, welche IPv6-Adresse er an welchen Client vergeben hat: *stateful*.
- **Stateless DHCPv6** mit der Möglichkeit, dass sich die Clients den Link-Token ihrer IPv6-Adresse wie bislang (stateless) selbst wählen [RFC 3736] und ihnen nur die Netzwerkkonfiguration mitgeteilt wird. Der DHCPv6-Server besitzt hier keine (aktive) Konfigurationsdatenbank, in der der Zustand der einzelne Clients bzw. deren IPv6-Adresse gehalten wird.

Da bei der automatischen Konfiguration nach DHCP mindestens ein DHCPv6-Server als Konfigurationsserver notwendig ist, bezeichnet man diese Art der automatischen Adresskonfiguration als *serverbasiert*. In RFC 3315 wird sie *Stateful Autoconfiguration* genannt.

Für den Transport von DHCPv6-Nachrichten wird UDP eingesetzt. Für DHCPv6 sind die beiden *Well-known Ports* 546 und 547 reserviert, die als Zielport im UDP-Header angegeben werden. Ein DHCPv6-Server bzw. ein DHCPv6-Relay wird über den Zielport 547 angesprochen. Jeder DHCPv6-Client ist über den Zielport 546 zu erreichen. DHCPv6-Ports

## 8.4.1 Client/Relay/Server-Architektur bei DHCPv6

DHCPv6 funktioniert wie DHCPv4 nach dem Client/Server-Prinzip. Abb. 8.4-1 illustriert den Einsatz von DHCPv6. Ein Rechner, in dem bestimmte Konfigurationsparameter für andere Rechner abgespeichert worden sind, fungiert als *DHCPv6-Server*. Die Rechner, die auf den DHCPv6-Server zugreifen, um Konfigurationsangaben abzufragen, nennt man *DHCPv6-Clients*. Ein DHCPv6-Server kann die Clients in mehreren Subnetzen (Linksegmenten) mit Konfigurationsparametern 'versorgen'.

> **Beispiel**: In Abb. 8.4-1 können die DHCPv6-Server so konfiguriert werden, dass die Clients im Subnetz *1* die Konfigurationsparameter von DHCPv6-Servern (d.h. in den Subnetzen *1* und *2*) beziehen können. Beim Ausfall eines Servers stehen diesen Clients somit noch andere Server zur Verfügung.

Um einen DHCPv6-Server im Netz zu finden, sendet der DHCPv6-Client eine DHCPv6-Nachricht `SOLICIT` in einem IPv6-Paket, in dem als Zieladresse eine spezielle Multicast-Adresse gesetzt wird. Um ein IPv6-Paket mit einer derartigen Multicast-Adresse in ein anderes Subnetz weiterzuleiten, muss ein Router eine zusätzliche Funktion enthalten. Discovery

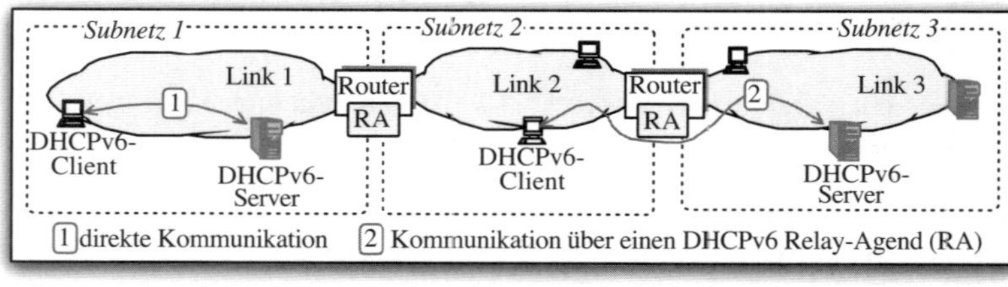


**Abb. 8.4-1:** Beispiel für den Einsatz von DHCPv6

Daher nennt man diese Funktion *(DHCPv6-)Relay*. Der Einsatz eines Relays hat den Vorteil, dass nicht für jedes Subnetz ein eigener DHCPv6-Server zur Verfügung gestellt werden muss

DHCPv6-Relay

In einem Subnetz können sowohl mehrere DHCPv6-Server als auch mehrere DHCPv6-Relays implementiert werden. Wird in einem Subnetz (z.B. in Subnetz *1*, Abb. 8.4-1) kein DHCPv6-Server implementiert, so können die Clients in diesem Subnetz die Konfigurationsparameter aus einem DHCPv6-Server in einem anderen Subnetz beziehen. Im Router kann (nicht muss) ein DHCPv6-Relay implementiert werden. Das Relay stellt somit für alle Clients in einem Subnetz ohne DHCPv6-Server die Vertretung eines DHCPv6-Servers aus einem anderen Subnetz dar. Seine Aufgabe besteht darin, die Anforderungen von Clients an Server in anderen Subnetzen weiterzuleiten, wie es auch bei DHCPv4 üblich ist.

Bedeutung von DUID

Jeder DHCPv6-Client und jeder DHCPv6-Server muss im Netzwerk eindeutig identifiziert werden. Hierfür wird `DUID` (*DHCP Unique IDentifier*) verwendet.

Es werden folgende drei `DUID`-Typen definiert [RFC 3315]:

- LLU-Adresse plus Zeit (*Link-layer-address plus time*),
- Vendor-spezifische `DUID`,
- LLU-Adresse.

`DUID` vom Typ *Link-Layer-IPv6-Adresse* plus Zeit enthält u.a. die Link-Layer-IPv6-Adresse und den Zeitpunkt, zu dem diese Adresse generiert wurde. Jeder Client übermittelt seine `DUID` im Nachrichtenteil `OPTION_CLIENTID`. Ähnlich wird `DUID` vom Server in `OPTION_SERVERID` angegeben.

Assoziation-ID zwischen Client und Server

Ein Client kann mehrere Interfaces (physikalische Ports) besitzen, und jedem Interface kann eine IPv6-Adresse zugeordnet werden. Ein Client kann daher über mehrere Interfaces mit einem Server kommunizieren. Aus Server-Sicht handelt es sich hierbei um mehrere Assoziationen, die eindeutig identifiziert werden müssen. Hierfür wurde `Identity Association` (`IA`) eingeführt, und jedem Interface wird eine eindeutige IA-Identifikation, kurz `IAID`, zugeordnet.

Da die IPv6-Adressen den Interfaces zugewiesen werden, kann es sich hierbei um eine temporäre (vorläufige) Adresse (*temporary address*) bzw. um eine dauerhafte Adresse (*Non-temporary Address*) handeln. Bei DHCPv6 unterscheidet man daher zwischen zwei Arten von IA:

- `IA-NA` (*IA for Non-temporary Address*) und
- `IA-TA` (*IA for Temporary Address*).

Für die Übermittlung jeder Art von `IA` sind in DHCPv6-Nachrichten die Optionen `OPTION_IA_NA` und `OPTION_IA_TA` vorgesehen.

Vergleicht man die Abb.5.2-1 und Abb.8.4-1, ist erkennbar, dass der Einsatz von DHCPv4 und von DHCPv6 auf den ersten Blick vollkommen identisch ist. Die Funktionalität von DHCPv6 ist aber deutlich umfangreicher, was besonders auch die DHCPv6-Nachrichten betrifft, die wir nun im Detail betrachten wollen.

## 8.4.2 Aufbau von DHCPv6-Nachrichten

Zwischen (DHCPv6-)Client und (DHCPv6-)Server sowie zwischen Relays und Server werden *DHCPv6-Nachrichten* übermittelt. Der Aufbau der zwischen Client und Server ausgetauschten DHCPv6-Nachrichten unterscheidet sich in der Struktur von Nachrichten, die zwischen Relay und Server übermittelt werden. Abb. 8.4-2 zeigt beide Typen von DHCPv6-Nachrichten.

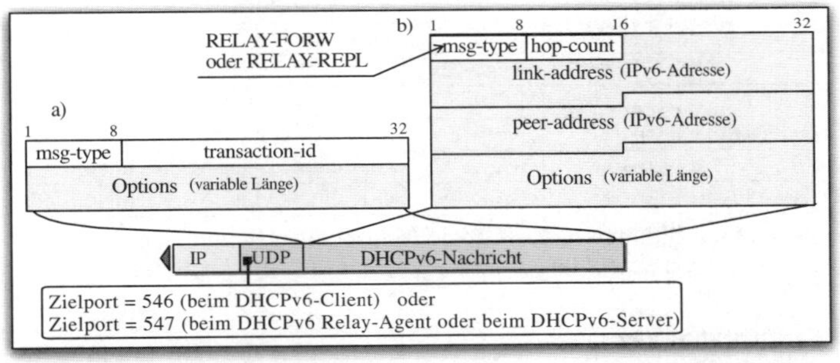


**Abb. 8.4-2:** Aufbau von DHCPv6-Nachrichten zwischen: a) DHCPv6-Client und -Server, b) DHCPv6-Relay und -Server
msg-type: Message-Type (Nachrichtentyp)

DHCPv6-Nachrichten, die zwischen Client und Server ausgetauscht werden, enthalten folgende Angaben: Client-/Server-DHCPv6-Nachrichten

- `msg-type` (`message-type`, 8 Bit): Hier wird der Typ der Nachricht eingetragen. Eine Auflistung von DHCPv6-Nachrichtentypen findet sich Tab. 8.4-1.
- `transaction-id` (id: identification, 16 Bit): Eine zusammenhängende Folge von DHCPv6-Nachrichten zwischen Client und Server stellt eine Transaktion dar. In diesem Feld wird ihre Identifikation eingetragen. Mit `transaction-id` kann der Client bzw. der Server in einer Nachricht angeben, auf welche vorherige Nachricht sich diese Nachricht bezieht. Daher dient `transaction-id` als 'in Bezug auf'.
- `Options`: Jede DHCPv6-Nachricht enthält in der Regel mehrere weitere Angaben, die als Optionen variabler Länge übermittelt werden hierin übermittelt werden.

Zwischen Relay und Server werden nur zwei Nachrichtentypen übermittelt: `RELAY-FORW`(arding) und `RELAY-REPL`(y). Diese Nachrichten enthalten: Relay/Server DHCPv6-Nachrichten

- `msg-type` (message-type, 8 Bit): Diese Angabe hat die gleiche Bedeutung wie in anderen DHCPv6-Nachrichten.
- `hop-count` (8 Bit): Hierin ist die Anzahl der DHCPv6-Relays eingetragen, über die eine Nachricht auf dem Weg zwischen Client und Server übermittelt wurde. Diese

Angabe hat die gleiche Bedeutung wie `Time To Live` (TTL) im Header von IPv4 bzw. `Hop Limit` im Header von IPv6.

- `link-address` (128 Bit): Eintrag für eine globale oder eine ULA-Adresse, sodass der Server das Linksegment, in dem sich der Client befindet, identifizieren kann.
- `peer-address` (128 Bit): Hier wird die IPv6-Adresse des Clients bzw. des Router-Interfaces eingetragen, von dem die Nachricht empfangen wurde.
- `Options`: Diese Angabe hat die gleiche Bedeutung wie in anderen DHCPv6-Nachrichten.

| **DHCPv6-Nachricht** | **msg-Type** | **von ⇒ an** | **Nachrichtenfunktion** |
|---|---|---|---|
| SOLICIT | 1 | C ⇒ S | Suche nach einem Agent bzw. Server |
| ADVERTISE | 2 | C ⇐ S | Antwort auf SOLICIT |
| REQUEST | 3 | C ⇒ S | Client fordert einige Konfigurationsparameter |
| CONFIRM | 4 | C ⇐ S | Bestätigung vom Server |
| RENEW | 5 | C ⇒ S | Client will eine Adresse erneuern |
| REBIND | 6 | C ⇒ S | Client will eine Adresse aktualisieren |
| REPLY*) | 7 | C ⇐ S | Antwort auf SOLICIT, REQUEST, RENEW und REBIND |
| RELEASE | 8 | C ⇒ S | Client will eine IP-Adresse abgeben |
| DECLINE | 9 | C ⇒ S | Angebotene Adresse ist belegt |
| RECONFIGURE | 10 | C ⇐ S | Angebot von neuen Parametern |
| INFORMATION-REQUEST*) | 11 | C ⇒ S | Abruf von Parametern |
| RELAY-FORW*) | 12 | RA ⇒ S | Weiterleitung einer Nachricht vom Client |
| RELAY-REPL(y)*) | 13 | RA ⇐ S | Weiterleitung einer Nachricht vom Server |

**Tab. 8.4-1:** Zusammenstellung von DHCPv6-Nachrichten. Die mit *) bezeichneten Nachrichten sind für stateless DHCPv6-Server verbindlich; die anderen sind optional.
C: Client, RA: Relay, S: Server

Optionen in DHCPv6-Nachrichten

Um weitere Parameterangaben in DHCPv6-Nachrichten zu übermitteln, wurde ein Feld vorgesehen, das mehrere *Optionen* enthalten kann. Wie Abb.8.4-3 zeigt, kann eine Option als eine kleine Nachricht angesehen werden, in der die Angaben gemacht werden, die ein bestimmtes Problem (wie z.B. Client- bzw. Server-ID, Authentisierungsparameter etc.) betreffen.

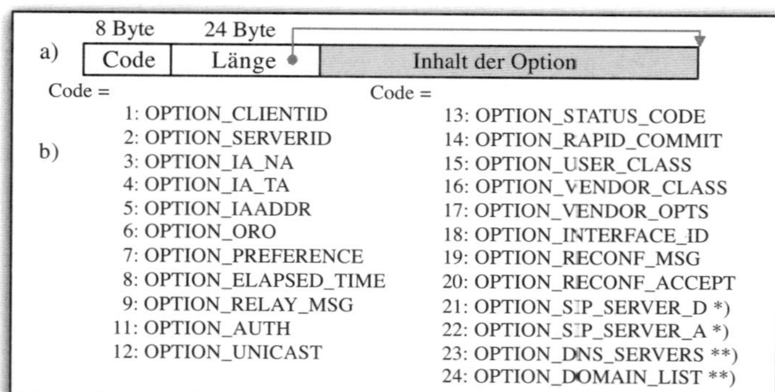


**Abb. 8.4-3:** Optionen in DHCPv6-Nachrichten: a) Struktur des Option-Felds, b) Typen von Options nach RFC 3315, *) RFC 3319, **) RFC 3646

Um DHCPv6 für die Unterstützung verschiedener Netzwerkdienste effektiv einsetzen zu können, wurden in den RFC 3319, 3646 und 3898 weitere Optionen spezifiziert. Unter `http://www.bind9.net/dhcpv6-parameters` findet man deren Aufstellung.

### 8.4.3 Ablauf von DHCPv6 im stateful Mode

Am Anfang des *stateful* DHCPv6-Ablaufs steht die *Discovery*, d.h. der DHCPv6-Client sucht einen DCHPv6-Server bzw. -Relay:

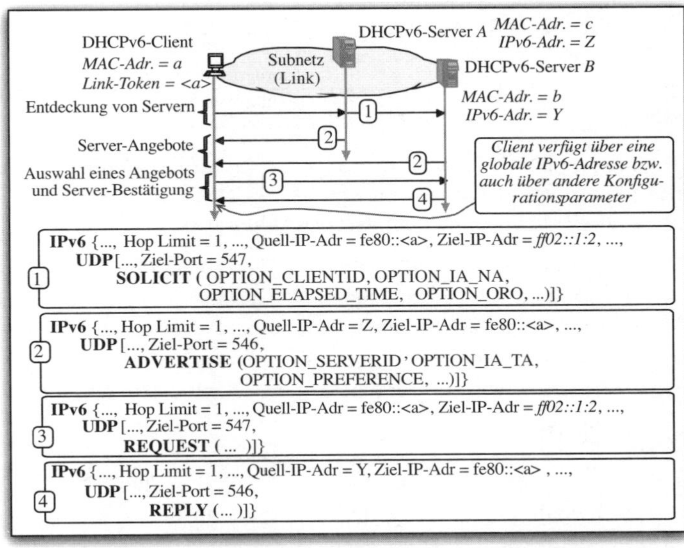


**Abb. 8.4-4:** Typischer Ablauf von DHCPv6 bei der Zuweisung einer IPv6-Adresse

- Der Client erkennt einen aktiven Link für ein Interface, weist sich zunächst per SLAAC eine LLU-Adresse für das Interface zu und verifiziert diese per DAD. SLAAC
- Zur Feststellung der IPv6-Konfiguration seines Linksegments sendet der Client eine `Router Solicitation` aus.
- Der Router im Linksegment antwortet mit einem `Router Advertisement` unter Angabe des Flags 'm' (*Managed*) und ggf '`O`' (vgl. Abschnitt 8.3.1).

Nun beginnt das eigentliche DHCPv6-Verfahren [Abb. 8.4-4]:

1. Der DHCPv6-Client sendet eine Nachricht `SOLICIT`. Sie wird in ein IPv6-Paket eingebettet, in dem als IPv6-Zieladresse die Multicast-Adresse `ff02::1:2` (`All_DHCP_Relay_Agents_and_Servers`) eingetragen wird. Als IPv6-Quelladresse wird die selbst-generierte LLU-Adresse verwendet. Die Nachricht `SOLICIT` muss folgende Optionen enthalten: Solicitation
   - `OPTION_CLIENTID` mit eigener Identifikation,
   - `OPTION_IA_NA` mit der Identifikation der Assoziation für eine dauerhafte Adresse (*Non-temporary Address*) bzw. `OPTION_IA_TA`, falls der Client aber eine temporäre Adresse (*Temporary Address*) benötigt,

– OPTION_ELAPSED_TIME mit der Angabe, wie lange die Transaktion dauern soll.

SOLICIT kann zusätzlich OPTION_ORO (*Option Request Option*) enthalten, sodass der Client angeben kann, welche weiteren Konfigurationsparameter (z.B. Angaben über DNS) er beziehen möchte.

Abweichend hiervon starten manche DHCPv6-Implementierungen die *Discovery* unabhängig vom Empfang der Router Advertisement mit gesetztem 'm'-Flag.

Für den DHCPv6-Server stellt sich die Situation wie folgt dar:

- Der DHCPv6-Server ist auf die Multicast-Adressen ff05::1:3 (All_DHCP_Servers) bzw. ff02::1:2 (All_DHCP_Relay_Agents_and_Servers) gebunden und befindet sich im *Listening*-Mode.
- Beim Empfang der SOLICIT-Nachricht von einem Client wird zunächst anhand von DUID überprüft, ob der Client berechtigt ist, eine Adresse zu beziehen.

Advertisement

2. Der DCHPv6-Server bzw. -Relay antwortet mit der Nachricht ADVERTISE an die LLU-Adresse des Clients, um diesem dessen Konfigurationsdaten zukommen zu lassen. Die Nachricht ADVERTISE enthält u.a. folgende Optionen:
   - OPTION_SERVERID mit der Identifikation DUID des Servers,
   - OPTION_IA_NA mit einer angebotenen dauerhaften IPv6-Adresse bzw. OPTION_IA_TA mit einer angebotenen temporären Adresse,
   - OPTION_PREFERENCE mit der Präferenz des Servers. Diese kann als Priorität des Servers angesehen werden, aufgrund dessen der Client einen Server auswählt.

Nun ist wieder der DCHPv6-Client gefragt:

- Hierbei nutzt der Client die Präferenzangabe in OPTION_PREFERENCE in der Nachricht ADVERTISE zur Bestimmung eines DHPCv6-Servers. In Abb. 8.4-5 wählt der Client den Server *B* mit dem besten Angebot aus.
- In der Regel ist dies der Server mit der höchsten Präferenz bzw. mit den geeigneten Adressoptionen.

Request

3. Ein DCHPv6-REQUEST wird an den bevorzugten Server in einer Nachricht übermittelt, in dem als IPv6-Zieladresse die Multicast-Adresse ff02::1:2 (All_DHCP_Relay_Agents_and_Servers) eingetragen wird. Damit kann der Client allen übrigen Servern, die möglicherweise Angebote für ihn reserviert hatten, mitteilen, dass er sich für einen anderen Server (hier Server *B*) entschieden hat. Diese übrigen Server (hier nur Server *A*) können dann die reservierten Adressen wieder freigeben, um sie anderen Clients anzubieten. Als IPv6-Quelladresse in der REQUEST-Nachricht ist die LLU-Adresse des Clients eingetragen.

Der DHCPv6-Server bestätigt dies, und der Client ist konfiguriert:

Reply

4. Der Server (in Abb. 8.4-4: *B*), der vom Client ausgewählt wurde, antwortet mit der Nachricht REPLY, die als Bestätigung von REQUEST dient.

- Nach dem Empfang von REPLY und nach dem Eintragen von Parametern wird beim Client der Konfigurationsvorgang beendet. Falls noch weitere 'verspätete' Angebote weiterer Server eintreffen, werden sie vom Client einfach ignoriert.

- Das ganze IPv6-Netzwerk stellt ein Subnetz (Linksegment) dar, und weil der Verkehr zu einem Subnetz eingeschränkt ist, wird `Hop Limit = 1` im IPv6-Header eingetragen [Abb. 7.2-1].

## 8.4.4 Verlängerung der Ausleihe einer IPv6-Adresse

Gültigkeitsdauer einer IPv6-Adresse

Die IPv6-Adresse und andere Konfigurationsparameter, die einem DHCPv6-Client von einem DHCPv6-Server zugeteilt wurden, haben eine bestimmte Gültigkeitsdauer (Lebensdauer). Um sie zu spezifizieren, werden bei DHCPv6 die Parameter `T1` und `T2` verwendet:

- `T1` bestimmt die Zeitdauer, nach der ein Client die Gültigkeitsdauer seiner Adresse und anderer Konfigurationsparameter beim Server, von dem er diese Adresse erhalten hat, verlängern soll.
- `T2` ist die Zeitdauer, nach der ein Client die Gültigkeitsdauer seiner Adresse und anderer Konfigurationsparameter bei einem anderen Server verlängern soll, d.h. nicht bei dem, von dem er diese Adresse erhalten hat.

Die Parameter `T1` und `T2` werden vom Client zum Server in `OPTION_IA_NA` (*NA: Non-temporary Address*) innerhalb der Nachricht `SOLICIT` übermittelt. Daher werden die Werte von `T1` und `T2` vom Client dem Server vorgeschlagen. Diese Werte bestimmt aber der Server. Er kann sie ändern bzw. akzeptieren.

Verlängerung der Gültigkeitsdauer einer Adresse

Hat ein DHCPv6-Client von einem DHCPv6-Server eine IPv6-Adresse und andere Konfigurationsparameter erhalten, muss er diese Ausleihe beim Server nach dem Ablauf der Zeit `T1` (Gültigkeitsdauer) erneuern. Abb. 8.4-5 illustriert den Ablauf von DHCPv6 bei Verlängerung der Ausleihe einer IPv6-Adresse.

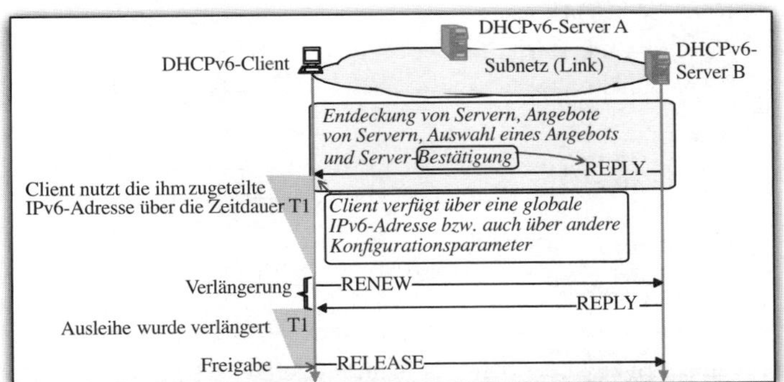


**Abb. 8.4-5:** DHCPv6-Ablauf bei Verlängerung der Ausleihe und Freigabe einer IPv6-Adresse

Um die Ausleihe einer IPv6-Adresse nach dem Ablauf der Zeit `T1` zu verlängern, sendet der Client an den Server die Nachricht `RENEW`(al). Die Verlängerung der Ausleihe bestätigt der Server mit `REPLY`. Damit darf der Client die ihm zugeteilte IPv6-Adresse weiter nutzen. Falls der Client die IPv6-Adresse nicht mehr benötigt, kann er sie freigeben. Dies teilt er dem Server durch das Absenden der Nachricht `RELEASE` mit.

Für den Fall, dass der Server z.B. ausgefallen ist und daher auf `RENEW` dem Client keine Antwort sendet, kann der DHCPv6-Client versuchen, die Gültigkeitsdauer der ihm zugeteilten IPv6-Adresse und von Konfigurationsparametern bei einem anderen DHCPv6-Server zu verlängern. Hierfür verschickt der Client die Nachricht REBIND, in der er seine IPv6-Adresse und Konfigurationsparameter in OPTION_IA_NA angibt.

### 8.4.5 Schnelle Umadressierung mit DHCPv6

Rekonfiguration von DHCPv6-Clients

Im Vergleich zu DHCPv4 wurde bei DHCPv6 eine neue Funktion eingeführt. Falls einige Konfigurationsparameter geändert wurden, kann ein DHCPv6-Server seine DHCPv6-Clients mit der Nachricht RECONFIGURE auffordern, neue IPv6-Adressen bzw. neue Konfigurationsparameter bei ihm zu beantragen. Dadurch ist eine schnelle Umadressierung in einem IPv6-Netz möglich, ohne vorher die Gültigkeitsdauer der Adressen zu verändern. Ein Client kann die neuen Adressen bzw. Konfigurationsparameter mit der Nachricht INFORMATION-REQUEST vom Server anfordern.

Prefix Delegation

Aufgrund der DHCPv6 *Prefix Delagation* kann das Präfix für ein kleines Netzwerk von einem ISP zugewiesen werden. Das Präfix kann als Vorwahl eines Netzwerks seitens des Internet angesehen werden [Abb. 7.9-4]. Eine derartige Möglichkeit ist für öffentliche WLANs, die *Hotspots*, mit IPv6 von großer Bedeutung. Man spricht in diesem Zusammenhang von *Prefix Delegation*. Hierfür werden in RFC 3633 zwei zusätzliche Optionen für DHCPv6 – nämlich OPTION_IA_PD und OPTION_IAPREFIX – spezifiziert.

Die Bedeutung von Prefix Delegation bringt Abb. 8.4-6 zum Ausdruck. Ein öffentliches WLAN wird typischerweise über einen Router an einen ISP angebunden. Da der Router seitens des WLAN ein Präfix vom Router bei ISP anfordern kann, wird er als *Requesting Router* (*RR*) bezeichnet. Dagegen stellt der Router bei ISP einen *Delegating Router* (*DR*) dar.

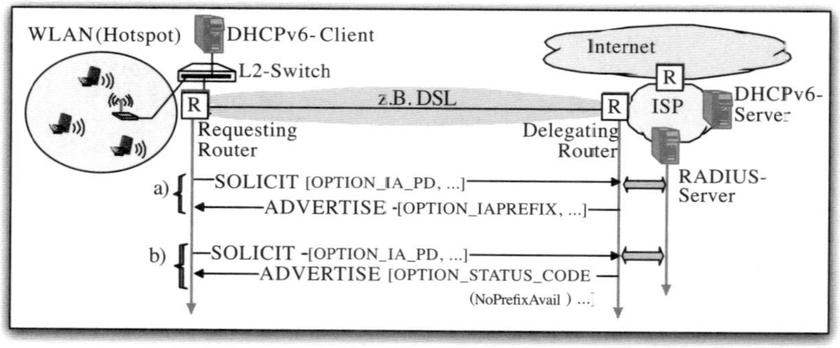


**Abb. 8.4-6:** Präfixzuteilung: a) erfolgreich, b) nicht erfolgreich (abgesagt)
DSL: Digital Subscriber Line, R: Router

Möchte RR vom ISP ein (Netzwerk-)Präfix erhalten, übermittelt er die Nachricht SOLICIT an DR. In SOLICIT ist OPTION_IA_PD enthalten. Diese Option entspricht vollkommen der Option OPTION_IA_NA in der Nachricht SOLICIT, die ein DHCPv6-Client an einen DHCPv6-Server übermittelt [Abb. 8.4-4].

Der DR beim ISP kann über das RADIUS-Protokoll [Abschnitt 13.2] beim RADIUS-Server abfragen, ob RR berechtigt ist, ein Präfix zu erhalten. Ist das der Fall [Abb. 8.4-6a], übermittelt er die Nachricht ADVERTISE an RR. Diese Nachricht enthält OPTION_IAPREFIX mit dem zugewiesenen Präfix.

Ist RR nicht berechtigt, ein Präfix zu erhalten, so bekommt er eine Absage [Abb.8.4-6b]. In diesem Fall übermittelt der DR an RR die Nachricht `ADVERTISE`, in der `OPTION_STATUS` enthalten ist. In dieser Option wird durch die Angabe `NoPrefixAvail` mitgeteilt, dass kein Präfix für ihn verfügbar ist.

## 8.4.6 Ablauf von DHCPv6 im stateless Mode

Das bislang vorgestellte DHCPv6-Verfahren im stateful Mode entspricht 1:1 dem Ablauf bei DHCPv4. Neben der manuellen und der automatischen Zuweisung einer stateless IPv6-Adresse ist dies die dritte Möglichkeit IPv6-Adressen zuzuweisen. Allerdings besteht im Hinblick zu IPv4 ein grundlegender Unterschied: Der mögliche Adressraum für IPv6-Adressen[2] beträgt $2^{64}$ [Tab. 7.8-2] und im Vergleich zu maximal $2^{24}$ (privater) IPv4-Adressen [Tab. 2.3-3]!

Für dem DHCPv6-Server muss sich hierbei auf eine sinnvolle Auswahl eines Adressbereichs beschränken. Zudem muss er diese Adressen den Clients zuweisen und sich deren Zuweisung merken. Problematisch ist zudem die Reaktion auf potenziell doppelt vergebene IPv6-Adressen in einem Linksegment, die der Client per DAD feststellt, von dem der DCHPv6-Server aber nichts erfährt.

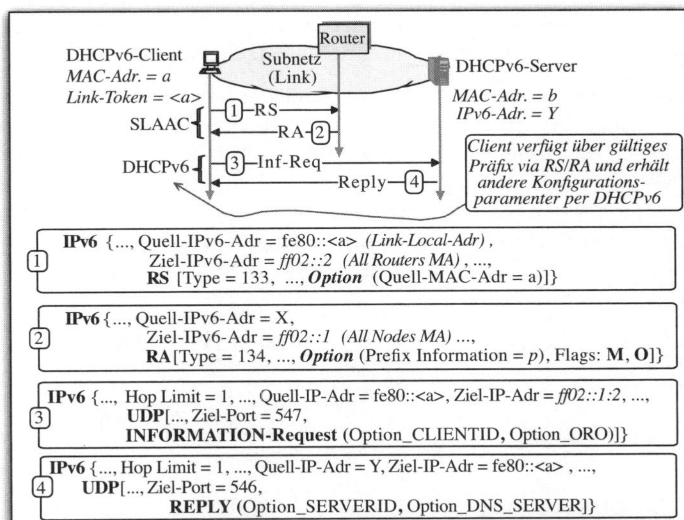


**Abb. 8.4-7:** Beispiel für den Ablauf des stateless DHCPv6
Inf-Req: INFORMATION-Request, RS/RA: Router Solicitation/Advertisement

Für IPv6 bietet sich daher ein *stateless* DHCPv6 an [Abb. 8.4-7]:

1. Der Client wählt sich sein *Link-Token* per SLAAC selbst.
2. Mittels `RS/RA`-Nachrichten werden die IPv6-Netzwerkparameter wie IPv6-Präfix und Default Gateway bezogen. Zudem wird beim `Router Advertisement` über das Flag

[2] Für die IPv6-Link-ID sind mindestens 64 Bit bereit zu stellen.

'M' mitgeteilt, dass der Client einen DHCPv6-Server kontaktieren soll und dass bei gesetzter Option 'O' weitere Konfigurationsdaten zur Verfügung stehen.

3. Mittels DHCPv6 werden anschließend weitere Applikationsparameter wie DNS-Server und SIP-Gateway mitgeteilt.

Hierdurch wird eine klare Trennung zwischen der Netzkonfiguration sowie anwendungsspezifischen Konfigurationsparametern erzielt. Für Letztere stehen umfangreiche DHCPv6-Optionen bereit[3], die über die in Abb. 8.4-3 vorgestellten weit hinaus gehen. Zudem wird der Betrieb eines DHCPv6-Servers wesentlich vereinfacht.

## 8.4.7 Einsatz von DHCPv6-Relays

Bei der Darstellung des Ablaufs von DHCPv6 in Abb. 8.4-4 und Abb. 8.4-5 wurde davon ausgegangen, dass ein DHCPv6-Server im Subnetz vorhanden ist. DHCPv6 lässt zu, dass ein DHCPv6-Server nicht in jedem Subnetz vorhanden sein muss. Eine solche Situation ist in der Praxis zu erwarten, sodass einige DHCPv6-Relays [Abb.8.4-1] eingesetzt werden müssen.

Abb. 8.4-8 zeigt den Ablauf von DHCPv6 beim Einsatz von DHCPv6-Relays. Die Clients im Subnetz *1* wurden hier so konfiguriert, dass sie die Konfigurationsparameter zuerst vom Server im Subnetz 2 beziehen. Fällt der Router zwischen Subnetz *1* und Subnetz *2* aus, können sie die Parameter vom Server in Subnetz *2* abrufen.

Das Flag S in ADVERTISE

Um die DHCPv6-Server bzw. ein -Relay zu finden, sendet der DHCPv6-Client immer die Nachricht SOLICIT. Als Antwort darauf sendet jedes DHCPv6-Relay direkt an den Client jeweils die Nachricht ADVERTISE zurück, um sich bei ihm vorzustellen. In dieser Nachricht wird das Flag S auf 1 gesetzt, um den Client darauf hinzuweisen, dass er nur einen Server vertritt, d.h. dass er einerseits die Client-Anforderungen an den Server übermittelt und andererseits die Server-Antworten nur weiterleitet. Im Beispiel wurde das Relay (vom Subnetz *2*) vom Client ausgewählt.

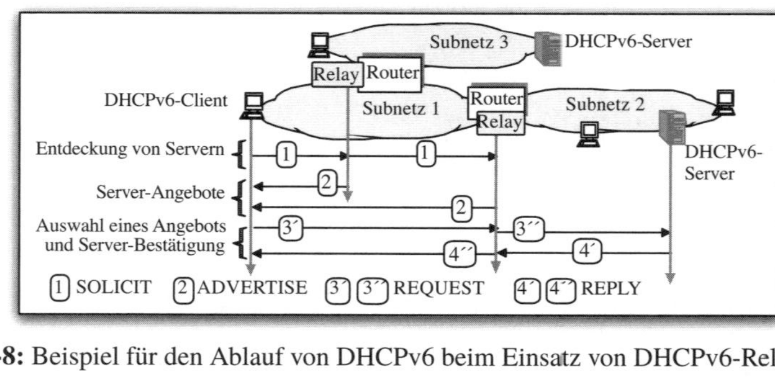


**Abb. 8.4-8:** Beispiel für den Ablauf von DHCPv6 beim Einsatz von DHCPv6-Relays

Beim Ausfall eines DHCPv6-Servers besteht die Gefahr, dass einige Clients keine globale IPv6-Adresse erhalten und nicht in der Lage sind, am Netzwerkbetrieb teilzunehmen. Da DHCPv6 den Einsatz von Relays ermöglicht, können mehrere Server auf mehrere Subnetze so verteilt werden, dass sie als ein redundant ausgelegter Server fungieren. So kann ein Client im Notfall auf einen redundanten DHCPv6-Server zugreifen. Daher ist

[3] siehe: http://www.bind9.net/dhcpv6-parameters

es immer erforderlich, sowohl redundante DHCPv6-Server als auch redundante Relays einzuplanen. Bei DHCPv6 gelten die gleichen Prinzipien wie bei DHCPv4 [Abschnitt 5.2].

### Kommunikation zwischen Relay und Server

Übermittlung vom Relay zum Server

Das DHCPv6-Relay in einem Subnetz hat die Aufgabe, die DHCPv6-Nachrichten eines Clients in ein anderes Subnetz weiterzuleiten. Dadurch ist es nicht notwendig, dass ein DHCPv6-Server in jedem Subnetz eingerichtet werden muss. Bei der Übermittlung von Nachrichten zwischen Relay und Server muss man aber zwischen der Richtung von Relay zu Server und der Richtung von Server zu Relay unterscheiden.

Abb. 8.4-9 illustriert das Prinzip der Übermittlung von DHCPv6-Nachrichten zwischen Relay und DHCPv6-Server.

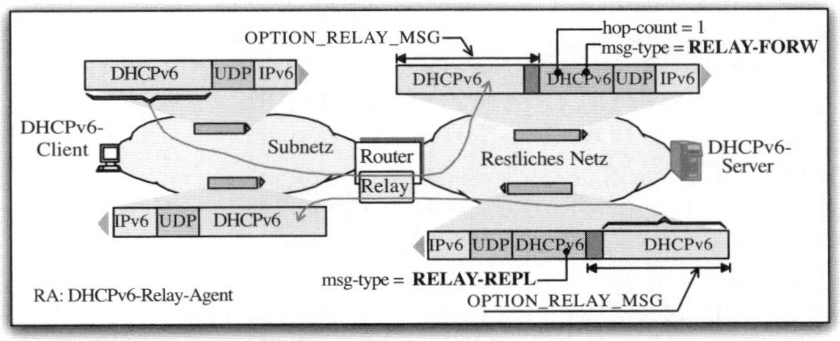


**Abb. 8.4-9:** Übermittlung von Nachrichten zwischen Relay und DHCPv6-Server

Vom Relay zum Server werden nur die DHCPv6-Nachrichten `RELAY-FORW`(arding) transportiert, die als Container für die anderen DHCPv6-Nachrichten dienen, die normalerweise zwischen Client und Server ohne Beteiligung des Relays übermittelt werden. Wie aus Abb. 8.4-9 ersichtlich, wird eine DHCPv6-Nachricht von Client zu Server als `OPTION_RELAY_MSG` in der Nachricht `RELAY-FORW` übermittelt, die beim Relay generiert wurde. Die ganze Nachricht vom Client zum Server wird als Inhalt von `OPTION_RELAY_MSG` transportiert.

Übermittlung vom Server zum Relay

Vom Server zum Relay werden nur die Nachrichten `RELAY-REPL`(y) übermittelt. Diese dienen ebenfalls als Container für die anderen Nachrichten, die zwischen Client und Server ausgetauscht werden. Eine Nachricht von Server zu Client wird als Inhalt in `OPTION_RELAY_MSG` der Nachricht `RELAY-REPL` zuerst zum Relay an der Grenze zum Subnetz, in dem sich der Client befindet, transportiert. Beim Relay wird die Nachricht vom Server zum Client aus `OPTION_RELAY_MSG` herausgenommen und als selbstständige Nachricht zum Client weitergeleitet.

Falls die Kommunikation zwischen Client und Server über mehrere Relay verläuft, werden zwischen den jeweils benachbarten Relay nur die Nachrichten `RELAY-FORW` und `RELAY-REPL` übermittelt. Diese dienen als Container für die anderen DHCPv6-Nachrichten.

## 8.5 Schlussbemerkungen

Ziel dieses Kapitel war es, die Möglichkeiten der Unterstützung automatischer Konfiguration von Rechnern mit IPv6 darzustellen und Funktionsweise der Protokolle ICMPv6, NDP und DHCPv6 zu erläutern.

Hinsichtlich des Einsatzes von NDP und DHCPv6 ist abschließend Folgendes hervorzuheben:

NDP statt ARP

- Das NDP wurde für die Unterstützung der automatischen Konfiguration von Rechnern und zur Bestimmung von physikalischen Netzadressen eingeführt. Beim IPv6 gibt es das ARP nicht mehr. Seine Funktion hat das NDP übernommen. Da das NDP die Nachrichten des Protokolls ICMPv6 verwendet, kann es als Ergänzung zu ICMPv6 angesehen werden.

RADVD Stealth-Mode

- Eine zentrale Rolle bei IPv6 spielen die Router, die für die Netzwerkkonfiguration verantwortlich sind. Die Router in Form eines RADVD (*Router Advertisement Daemon*) können quasi im *Stealth-Mode* – d.h. ohne globale IPv6-Adresse – betrieben werden, was im Übrigen auch für DHCPv6-Server gilt.

DHCPv6 ergänzt NDP

- Das DHCPv6 – hauptsächlich zur Unterstützung der automatischen Konfiguration von Rechnern mit IPv6 konzipiert – kann auch als Ergänzung zum NDP angesehen werden. Bei der Entwicklung vom DHCPv6 standen allgemeine Konfigurationsprobleme sowie die Durchführung von dynamischen DNS-Updates im Vordergrund. Im Gegensatz zum NDP bietet das DHCPv6 die Möglichkeit, Adressen und andere Konfigurationsparameter aus einem zentralen DHCPv6-Server zu verwalten.

DNS-Konfiguration

- Bei der Weitergabe von DNS-Information wie die IP-Adressen der DNS-Server und die Namenssuchlisten, stehen DHCPv6 und RA (*Router Advertisement*) in Konkurrenz. Nach bestehender Lehrmeinung gehört aber DNS der Anwendungsschicht an und die Weitergabe der Konfigurationsparameter sollte per Applikationsprotokoll DHCPv6 und nicht auf der Netzwerkschicht mittels ICMPv6 erfolgen.

Schnelle Autoconfiguration

- Das DHCPv6 lässt eine schnelle (*rapid*) Autoconfiguration zu. Bei der schnellen Autoconfiguration fordert der Client die Konfigurationsparameter mit der Nachricht `REQUEST` mit der Option `OPTION_RAPID_COMMIT` an, und der Server antwortet ihm direkt mit `REPLY`. Dadurch wird der Client für den Netzwerkbetrieb schneller konfiguriert. Ein weiterer Vorteil hierbei ist die kleinere Netzwerkbelastung.

DHCPv6 als universelles Konfigurationsprotokoll

- Im Gegensatz zum DHCP wurde das DHCPv6 von Anfang an nicht nur als Protokoll zur automatischen Vergabe von IPv6-Adressen konzipiert, sondern als universelles Konfigurationsprotokoll, mittels dessen die IPv6-fähigen Rechner die Möglichkeit bekommen, auf DHCPv6-Servern 'abgelegten' Konfigurationsparameter unterschiedlicher Art abzufragen. Jeder DHCPv6-Server kann daher als universeller Konfigurationsserver fungieren und die Konfigurationsparameter werden in DHCPv6-Nachrichten als Optionen zwischen Rechnern und DHCPv6-Server übermittelt. Unter [`http://www.iana.org/assignments/dhcpv6-parameters`] findet man eine Aufstellung von DHCPv6-Optionen mit der Angabe zu jeder, in welchem RFC sie spezifiziert wurde.

Authentisierung

- Zur Erhöhung der Sicherheit im Netzwerk, unterstützt DHCPv6 auch die Authentisierung. Die hierfür notwendigen Angaben werden in der Option `OPTION_AUTH` übermittelt. Damit kann der Empfänger einer DHCPv6-Nachricht überprüfen, ob der Absender der Nachricht der erwartete Kommunikationspartner ist.

# 9 Migration zum IPv6-Einsatz

Koexistenz von IPv4 und IPv6

Die Umstellung aller Rechner, in denen das herkömmliche Internetprotokoll IPv4 verwendet wird, auf das neue Protokoll IPv6 kann nicht auf einen Schlag geschehen. Dazu sind weltweit viel zu viele Rechner mit IPv4 installiert. Der Schlüssel zur Einführung von IPv6 liegt in der langfristigen und kostengünstigen Migration. Es muss mit einer Übergangszeit gerechnet werden, während der IPv4 und IPv6 parallel eingesetzt werden. Daher benötigt man bestimmte Ansätze und Systemlösungen, um die Integration von IPv4- und IPv6-Netzen zu ermöglichen. Nahezu alle aktuellen IT-Systeme unterstützten sowohl IPv4 als auch IPv6, weshalb man an dieser Stelle von *Dual-Stack-Systemen* spricht. Die Umstellung von IPv4 auf IPv6 ist also nicht mehr in erster Linie ein technisches Problem der Systeme wie Rechner, Server und Router, sondern mehr ein organisatorisches, d.h. ob und wie ein *IPv4-Netz* durch ein *IPv6-Netz* ergänzt oder abgelöst werden soll.

Überblick über das Kapitel

Dieses Kapitel gibt einen Überblick über verschiedene Ansätze und Systemlösungen, um die Koexistenz von IPv4 und IPv6 in verschiedenen Netzstrukturen zu ermöglichen. Nach einem Überblick über die unterschiedlichen Strategien zur Koexistenz von IPv4- und IPv6-Netzen in Abschnitt 9.1 widmet sich Abschnitt 9.2 der Darstellung verschiedener Dual-Stack-Technologien, über die IPv4 und IPv6 gemeinsam genutzt werden können. Die Möglichkeiten der Übermittlung von IPv6-Paketen speziell über IPv4-Netze, d.h. das *Tunneling*, werden in Abschnitt 9.3 besprochen. Auf das Konzept von *6to4* geht Abschnitt 9.4 ein. Abschnitt 9.5 erläutert die IPv6-Kommunikation über IPv4-Netze mit ISATAP. Die Übermittlung von IPv6-Paketen in IPv4-Netzen mit NAT nach dem als *Teredo* bezeichneten Verfahren erläutert Abschnitt 9.6. Die Integration der IPv4- und IPv6-Netze mithilfe der Translation *IPv4* $\Leftrightarrow$ *IPv6* wird in Abschnitt 9.7 dargestellt. Schließlich runden wir das Thema mit der Darstellung der aktuellen NAT64 und DNS64 Vorschläge in Abschnitt 9.8 ab, um die prinzipiellen Lösungen und Probleme nochmals kurz in den Schlussbemerkungen aufzugreifen.

Ziel dieses Kapitels

In diesem Kapitel werden u.a. folgende Fragen beantwortet:

- Wie kann man sich die beiden Protokolle IPv4 und IPv6 in einem Rechner bzw. in einem Router vorstellen?
- Welche Bedeutung hat der *Dual-Stack-Betrieb* von IPv4 und IPv6 für die bestehenden Netze?
- Welche Möglichkeiten der Koexistenz von IPv4 und IPv6 gibt es?
- Wie kann die Kommunikation nach IPv6 über IPv4-Netze realisiert werden?
- Wie kann der Zugang zum IPv6-Internet bereits heute erfolgen?
- Wie lassen sich die sog. *IPv6-Sites* über IPv4-Netze vernetzen?
- Wie können die Rechner in IPv6-Netzen auf das bestehende IPv4-Internet zugreifen?
- Welche Möglichkeiten bringt der Einsatz von IPv6 in Netzwerken mit privaten IPv4-Adressen und mit NAT?
- Wie erfolgt die Translation *IPv4* $\Leftrightarrow$ *IPv6* und was ermöglicht sie?
- Welche Lösungen für die Koexistenz von IPv4 und IPv6 liefert NAT64 mit seinem *stateful Address Mapping* und warum wird hierzu DNS64 benötigt?

## 9.1 Arten der Koexistenz von IPv6 und IPv4

Sieht man von einer kleinen Minderheit alter Rechner und Router ab, die nur das Protokoll IPv4 unterstützen, so sind alle aktuellen Systeme heute mit IPv4 und IPv6 ausgestattet: Sie sind also *Dual-Stack*-Systeme.

Um eine Vorstellung über die Protokollarchitektur eines Dual-Stack-Rechners und eines Dual-Stack-Routers zu vermitteln, zeigt Abb.9.1-1 die beiden Protokolle IPv4 und IPv6 im Schichtenmodell. Die hier dargestellte Struktur kann als allgemeine Protokollarchitektur eines Dual-Stack-Rechners angesehen werden. Man findet sie z.B. in einem Server unter Linux mit Kernel 3.2 vor, der als Dual-Stack-Rechner bzw. als Dual-Stack-Router dienen kann.

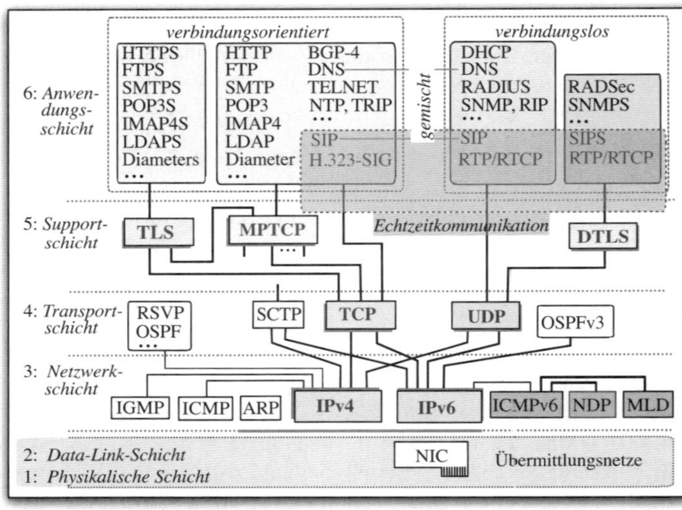


**Abb. 9.1-1:** Die Protokollfamilien IPv4 und IPv6 im Schichtenmodell
NIC: Network Interface Controller (Adapterkarte).
Für Erläuterung von Abkürzungen sei auf das Abkürzungsverzeichnis verwiesen.

Es wurde hier angenommen, dass die Anbindung an die untersten Schichten (d.h. die physikalische Schicht und die Data-Link-Schicht) mithilfe Netzwerk-Adapterkarte realisiert werden, z.B. in einem Rechner am Ethernet also mir einer Ethernet-Adapterkarte.

Netzwerkschicht

Innerhalb der Netzwerkschicht werden die beiden Internetprotokolle IPv4 und IPv6 mit ihren Hilfsprotokollen angesiedelt. Wie hier ersichtlich ist, wird ARP (*Address Resolution Protocol*), das von IPv4 verwendet wird, bei IPv6 durch NDP (*Neighbor Discovery Protocol*) ersetzt. IGMP (*Internet Group Management Protocol*) wird bei IPv6 durch MLD-Protokoll (*Multicast Listener Discovery*) ersetzt. ICMP (*Internet Control Message Protocol*) wird bei IPv6 zu ICMPv6 erweitert.

Transportschicht

Die Transportschicht in Abb.9.1-1 enthält die gleichen Transportprotokolle wie die Transportschicht in Abb. 1.5-1. Das Routing-Protokoll OSPF (*Open Shortest Path First*) ist der Transportschicht zuzuordnen. Die Version OSPFv3 bringt Unterstützung für IPv6 mit und wird daher auch OSPFv6 genannt.

Die Applikationsschicht in Abb. 9.1-1 enthält im Vergleich zur Darstellung in Abb. 1.5-1 auch einige Supportprotokolle von IPv6 wie z.B. DHCPv6 (*Dynamic Host Configuration Protocol*), DNS (*Domain Name System*) und IPv6-Routing-Protokolle wie BGPv6 (*Border Gateway Protocol*) sowie RIPng (*Routing Information Protocol next generation*). Applikationsschicht

Unterstützt ein System (z.B. Rechner, Router) IPv4 und IPv6, muss ihm sowohl eine IPv4- als auch eine IPv6-Adresse zugeteilt werden.

### Hauptmerkmale der Koexistenz von IPv4 und IPv6

Die Koexistenz von IPv4 und IPv6 hat unterschiedliche Aspekte, deren Hauptmerkmale die folgenden sind:

1. Kommunikation von IPv4- und IPv6-Rechnern untereinander; hierfür wird eine Protokollumsetzung (*Protocol Translation* , PT) benötigt. IPv4 ⇔ IPv6
2. IPv6-Kommunikation über ein IPv4-Transitnetz, zum Beispiel durch Kopplung von IPv6-Sites über das IPv4-Internet. IPv6 bietet durch den Protokoll-Type 41 (`Proto 41`, vgl. Tab. 2.7-1) hierfür eine Möglichkeit, was generell als *6in4* bezeichnet wird. IPv6 ⇌ IPv4 ⇌ IPv6
3. IPv4-Kommunikation über IPv6-Netze, was dann Relevanz bekommt, sollte das IPv4-Internet 'abgeschaltet' werden. IPv4 ⇌ IPv6 ⇌ IPv4

Im Hinblick auf den unterschiedlichen Charakter von IPv6- und IPv4-Adressen ergeben sich folgende Anforderungen:

- Öffentliche IPv4-Adressen lassen sich auf globale IPv6-Adressen statisch abbilden; wir sprechen in diesem Zusammenhang von einem *Stateful Mapping*. Stateful Mapping
- Private IPv4-Adressen mit ständig wechselnden IPv4-Adressen, bedingt durch den NAT-Einsatz, benötigen ein dynamisches Verfahren, also ein *Stateless Mapping*. Stateless Mapping
  Häufig wird dies durch algorithmische Verfahren realisiert. Hierbei wird ausgenutzt, dass sich 32 Bit lange IPv4-Adressen in IPv6-Adressen zusammen mit einem 'Verwendungszweck' einbetten lassen. Hierbei sprechen wir dann auch von einem *Automatischen Mapping*.

In den vergangenen Jahren wurden viele verschiedenartige Ansätze diskutiert (vgl. RFC 7059), vorgeschlagen und wieder verworfen. Nach längerer Zeit haben sich aber einige Konzepte herauskristallisiert, deren Zusammenhang Abb.9.1-2 illustriert. Die Koexistenz von IPv6 und IPv6 verlangt aber Lösungen folgender Probleme:

- Zuordnung von IPv4- auf IPv6-Adressen und damit eine gegenseitige logische Adressierbarkeit der Rechner untereinander.
- Einbeziehung privater IPv4-Adressen, die in der Regel per NAT/PAT auf öffentliche IPv4-Adressen abgebildet werden.
- 'Tunneling' von IPv4/IPv6-Paketen über das jeweils andere Transitnetz und unter Einbeziehung des Einflusses von NAT-Gateways.
- Unterstützung nicht nur für die 'Core'-Protokolle IPv4 und IPv6, sondern auch der Hilfsprotokolle wie ICMP und ggf. IGMP sowie MLD.

Für die Koexistenz von IPv4 und IPv6 kommen folgende Lösungsansätze in Betracht: Migrationstechnologien

1. **Dual-Stack-Betrieb**: Einsatz von Systemkomponenten, z.B. Rechner oder Router im Netzwerk, die in der Lage sind, beide Protokolle zu nutzen.
2. **Tunneling**: In der Regel wird hier IPv6 über ein anderes, verbindungsloses Protokoll 'getunnelt'. Konkret haben es hier mit der Verkapselung (*Encapsulation*) von IPv6-

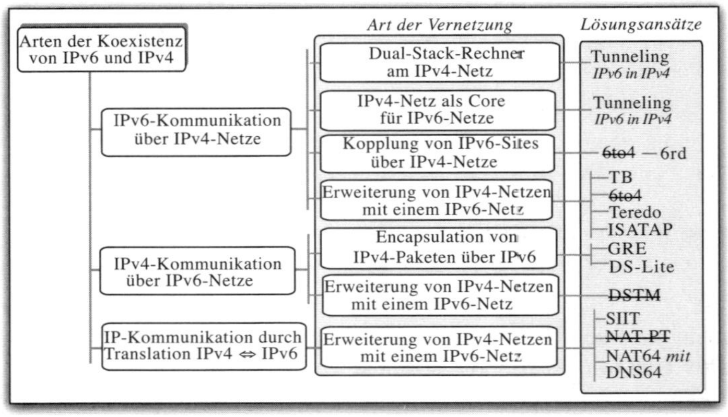


**Abb. 9.1-2:** Zusammenstellung der Ansätze für die Koexistenz von IPv6 und IPv4
6to4: 6to4 Transition Mechanism, DSTM: Dual-Stack Transiton Mechanism, ISATAP: Intra-Site Automatic Tunnel Addressing Protocol, NAT-PT: Network Address Translation - Protocol Translation, SIIT: Stateless IP/ICMP Translation Algorithm, GRE: Generic Routing Encapsulation, 6rd: IPv6 Rapid Deployment; TB: Tunnel-Broker, Teredo: Tunneling IPv6 over UDP through NATs; *die durchgestrichen Verfahren sind nicht mehr aktuell*

Paketen in andere, z.B. IPv4- oder auch UDP-Pakete zu tun. Das Tunneling-Verfahren kann allerdings auch für IPv4-Pakete als Payload in IPv6-Paketen realisiert werden.

GRE

In Ergänzung kann für beide Einsatzgebiete des Tunneling alternativ das *Generic Routing Encapsulation* (GRE) [RFC 2784] genutzt werden.

3. **Protokoll-Translation**: Wir nutzen die 'Gleichartigkeit' der Protokolle IPv4 und IPv6 und tauschen 'nur' den IP-Header samt Adressen aus, wobei die Hilfsprotokolle wie ICMP speziell zu behandeln sind.
4. **Middleboxen**: Unter einer Middleboxen werden spezielle Router verstanden, die beim Anwender im LAN angesiedelt sind und den Zugang zum ISP realisieren. Daher werde sie auch als *Customer Premises Equipment*(CPE) bezeichnet. Diese nehmen an diesem zentralen Punkt

   - eine *6to4-Translation* vor, was Gegenstand des *6to4 Rapid Deloyment* 6rd ist, wie in RFC 5569/5969 spezifiziert. Hierbei haben wir es mit einer *4in6-Encapsulation* zu tun und zugleich mit einem NAT, das nun nicht beim Nutzer, sondern beim ISP stattfindet, wofür auch die Bezeichnung *Carrier-Grade NAT* (CGN) verwendet wird. Alternativ kann
   - ein *4in6-Tunneling* vorgenommen werden, so wie dies *Dual-Stack Lite* (DS-Lite) [RFC 6333] vorsieht,

5. **Application-Level-Gateways (ALG)**: Für einige Protokolle wie z.B. HTTP bietet sich der Einsatz von ALGs an, um älteren Systemen Zugang zum IPv6-Netz zu verschaffen. Ein Dual-Stack HTTP-Proxy kann z.B. einem Rechner, der nur per IPv4 angeschlossen ist, auch Zugang zu IPv6-Web-Quellen bieten. ALGs implementieren daher ein *Dual-Stack-Gateway*.

Arten der Koexistenz

Beschränken wir uns für die Koexistenz von IPv4 und IPv6 auf eine Kopplung auf den Schichten 3 und 4, so kommen folgende Arten der Netzanbindung in Frage:

- *IPv6-Kommunikation über IPv4-Netze*: Es handelt sich hier um die Kopplung von Rechnern mit IPv6 über IPv4-Netze bzw. um die Erweiterung der IPv4-Netze mit IPv6-Netzen. In diesem Fall unterscheidet man zwischen den folgenden Vernetzungsarten:
  - Einsatz von Dual-Stack-Rechnern an einem IPv4-Netz: Dies ist durch das IPv6-in-IPv4-Tunneling möglich [Abb. 9.1-3b].
  - *IPv4-Netz als Core-Netzwerk bzw. als Transitnetz für IPv6-Netze*: Dies ist ebenfalls durch das IPv6-in-IPv4-Tunneling möglich [Abb. 9.3-4].
  - *Kopplung von IPv6-Sites über IPv4-Netze*: In einem IPv4-Netz können einige 'Inseln' mit nur IPv6-Systemkomponenten eingerichtet werden. Solche IPv6-Inseln werden als *IPv6-Sites* bezeichnet. Die Kopplung von IPv6-Sites über IPv4-Netze ermöglicht das Konzept *6to4*, das mittlerweile 'historisch'[1] ist [RFC 3964] und durch das Protokoll *6rd* [RFC 5569] abgelöst wurde.
  - *Erweiterung eines IPv4-Netzes mit einem IPv6-Netz*: Ein IPv4-Netz kann 'räumlich' mit einem IPv6-Netz erweitert werden. Um dies ist zu erreichen, stehen die Konzepte *Tunnel-Broker* [Abschnitt 9.3.3], *ISATAP* [Abschnitt 9.5] und *Teredo* [Abschnitt 9.6] zur Verfügung.
- *IPv4-Kommunikation über IPv6-Netze*: Es handelt sich hier um den Einsatz von Dual-Stack-Rechnern in einem IPv4-Netz bzw. um eine räumliche Erweiterung eines IPv4-Netzes mit einem IPv6-Netz. Für diese Art der Kommunikation wurde der Vorschlag 'Dual Stack IPv6 Dominant Transition Mechanism (DSTM)'[2] gemacht, der aber nicht mehr aktuell ist. Wir werden daher *DSTM* nicht weiter berücksichtigen. Statt dessen wird vom *Generic Routing Encapsulation* (GRE) RFC 2784 Gebrauch gemacht, was häufig auch als '`Proto 47`'-Encapsulation bezeichnet wird.
- *IP-Kommunikation durch Translation*: Zwischen einem IPv4-Netz und einem IPv6-Netz kann ein Router eingesetzt werden, in dem der IPv4-Header auf den IPv6-Header und umgekehrt umgesetzt werden kann. Es handelt sich daher um eine *Translation IPv4 ⇔ IPv6* [Abschnitt 9.7]. Man kann in diesem Fall von einer *IP-Kommunikation* zwischen IPv4-Rechner und IPv6-Rechner sprechen. Für die Unterstützung dieser Art der Kommunikation stehen *SIIT* [Abschnitt 9.8] und früher auch *NAT-PT* zur Verfügung. NAT-PT wurde aber aufgrund vieler Interoperabilitätsprobleme nicht mehr empfohlen [RFC 4966] und wir gehen daher nicht weiter darauf ein.
  Der Nachfolger von NAT-PT ist *NAT64* [RFC 6144, 6146], das mit *DNS64* [RFC 6147] sinnvoll ins DNS integriert ist.

Wir wollen nun zunächst die prinzipiellen Aspekte der Technologien zur Sicherstellung der Koexistenz beider Netzprotokolle vorstellen, bevor wir diese in den nächsten Abschnitten im Einzelnen beleuchten.

## 9.1.1 IPv6-Kommunikation über IPv4-Netze

Solange noch keine flächendeckende IPv6-Infrastruktur von den ISPs bereit gestellt wird, kann die bestehende IPv4-Netzinfrastruktur zur Unterstützung der IPv6-Kommunikation verwendet werden. In der ersten Phase der Migration zum Einsatz von IPv6 fungieren die bestehenden IPv4-Netze als *Transitnetze*. Abb. 9.1-3 zeigt eine Zusammenstellung

---

[1] `http://tools.ietf.org/html/draft-ietf-v6ops-6to4-to-historic-04`

[2] `http://tools.ietf.org/search/draft-bound-dstm-exp-04`

von Lösungen, bei denen IPv4-Netze als Transitnetze für die Unterstützung der IPv6-Kommunikation dienen.

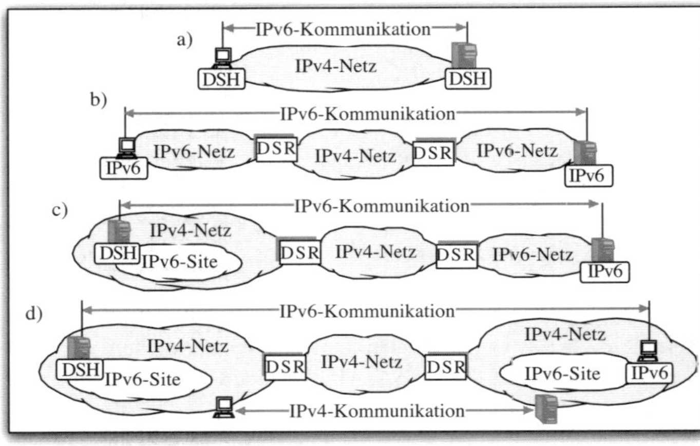


**Abb. 9.1-3:** IPv4-Netze als Transitnetze für die Unterstützung der IPv6-Kommunikation: a) Dual-Stack-Rechner am IPv4-Netz, b) IPv4-Netz als Transitnetz für IPv6-Netze, c) IPv4-Netz als Zubringer zum IPv6-Netz, d) Vernetzung von IPv6-Sites
DSH: Dual-Stack-Host, DSR: Dual-Stack-Router

IPv4-Netz als Transitnetz

Dient ein IPv4-Netz als Transitnetz bei der IPv6-Kommunikation, so kann es sich um folgende Vernetzungsarten handeln:

a. Einsatz von Dual-Stack-Rechnern (-Hosts) am IPv4-Netz [Abb. 9.1-3a]
Für die IPv6-Kommunikation zwischen zwei Dual-Stack-Rechnern am IPv4-Netz wird ein IPv6-in-IPv4-Tunnel aufgebaut [Abb. 9.1-3b], worauf Abschnitt 9.2.2 eingeht.

b. Ein IPv4-Netz fungiert als Transitnetz für IPv6-Netze [Abb. 9.1-3b]
Um die IPv6-Kommunikation bei dieser Vernetzungsart zu ermöglichen, wird ebenfalls das IPv6-in-IPv4-Tunneling eingesetzt. Abschnitt 9.3 präsentiert dies näher.

IPv6-Insel als IPv6-Site

c. Ein IPv4-Netz dient als Zubringer zum IPv6-Netz [Abb. 9.1-3c]
In einem IPv4-Netz kann eine 'IPv6-Insel' eingerichtet werden. Sie wird auch IPv6-Site genannt. Ein IPv4-Netz kann dann für Rechner aus der IPv6-Site als Zubringer zu einem IPv6-Netz dienen. Um dies zu ermöglichen, steht das in Abschnitt 9.4 dargestellte Konzept *6rd* zur Verfügung.

d. Vernetzung von IPv6-Sites über IPv4-Netze [Abb. 9.1-3d]
Diese Vernetzungsart ist auch mittels von 6rd möglich. Dies wird in Abschnitt 9.4 detailliert dargestellt.

Dual-Stack-Betrieb

Wird ein IPv4-Netz um ein IPv6-Netz bzw. um eine IPv6-Site erweitert [Abb. 9.1-4], so handelt es sich um die IPv6-Kommunikation zwischen einem Dual-Stack-Rechner am IPv4-Netz, und es kommen die folgenden Möglichkeiten in Betracht:

- Ein IPv6-Rechner in einem IPv6-Netz [Abb. 9.1-4a]:
  Diese IPv6-Kommunikation wird durch das IPv6-in-IPv4-Tunneling realisiert [Abschnitt 9.3].
- Ein IPv6-Rechner in einer IPv6-Site [Abb. 9.1-4b]:
  Diese IPv6-Kommunikation ermöglicht das Konzept 6to4 [Abschnitt 9.4].

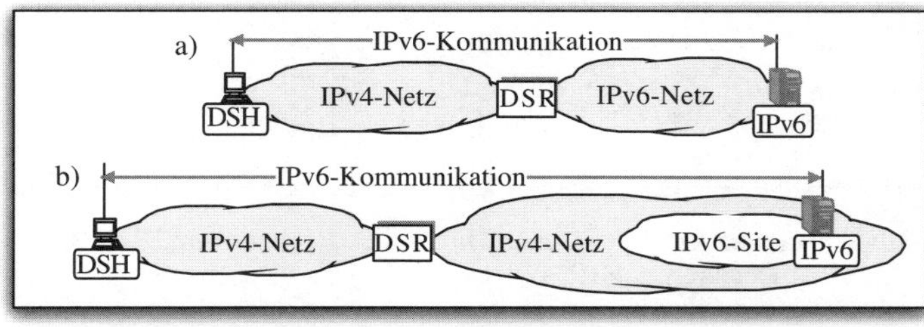


**Abb. 9.1-4:** IPv6-Kommunikation zwischen Dual-Stack-Rechner am IPv4-Netz und: a) IPv6-Rechner in einem IPv6-Netz, b) IPv6-Rechner in einer IPv6-Site
Abkürzungen wie in Abb. 9.1-3

#### IPv6 in IPv4-Encapsulation

Bei der Nutzung von IPv4-Netzen für den Transit von IPv6-Paketen ergibt sich die Anforderung, den IPv6-Unicast- und Multicast-Datenverkehr über IPv4-Netze (transparent) transportieren zu können. Hierfür sind im wesentlichen drei Mechanismen in Gebrauch:

- *Protocol 41 Encapsulation*: Hierbei wird dem zu übertragenden IPv6-Paket unmittelbar ein IPv4-Header voranstellt und die Nutzlast mit dem Protocol-Typ 41 bezeichnet. Hierdurch ist die Nutzlast der IPv4-Pakete als 'IPv6' gekennzeichnet, und diese können von einem Dual-Stack-Host am Ziel entpackt und weiterverarbeitet werden. Dies ist die grundlegende Idee der Lösungen *6to4* und *6in4*. Auch der alte Standard *6over4* [RFC 2529] nutzt diese Art der Verkapselung. Proto 41
- *Protocol 47 Encapsulation*: Es wird der *Generic Encapsulation Routing* (GRE)-Mechanismus genutzt, sodass das IPv6-Paket zunächst mit einem GRE-Header ergänzt und anschließend das Gesamtpaket durch den notwendigen IPv4-Header vervollständigt wird. Den Einsatz von GRE stellen wir in Abschnitt 12.4 vor. Proto 47
- *UDP Encapsulation*: Nach diesem Konzept wird ein IPv6-Datenpaket zunächst in ein UDP-Paket eingekapselt. Hierbei kann eine beliebige Portnummer gewählt werden, die allerdings beim NAT-Einsatz eventuell geändert wird, wie bei Teredo [Abschnitt 9.6] üblich. Abschließend ist das UDP-Paket in einem IPv4-Paket verkapselt. UDP
- *AYIYA*: Das *Anything-in-Anything*-Konzept geht noch einen Schritt weiter und steckt das IPv6-Paket nicht nur in ein UDP-Datagramm, sondern stellt diesem einen AYIYA-Header voraus, der Informationen über die Netzwerkadressierung trägt. Das IPv4-Paket trägt nun als Nutzlast ein UDP-Datagramm mit hinzugefügten AYIYA-Header und abschließend das IPv6-Datenpaket [Abb. 9.3-6]. AYIYA

### 9.1.2 IPv4-Kommunikation über IPv6-Netze

Bedeutung von IPv4 über IPv6

Es sollte möglich sein, dass Rechner in IPv6-Netzen auf die Ressourcen im IPv4-Internet zugreifen können. Dafür muss in Rechnern im IPv6-Netz zusätzlich IPv4 installiert werden. Daher ist der Betrieb von Dual-Stack-Rechnern im IPv6-Netz von großer Bedeutung – genauso wie die Möglichkeit, dass sie die IPv4-Kommunikation zu Rechnern

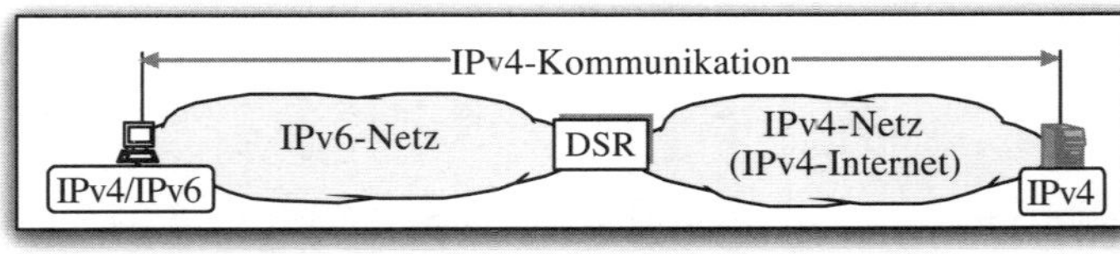


**Abb. 9.1-5:** IPv4-Kommunikation zwischen Dual-Stack-Rechnern im IPv6-Netz und IPv4-Rechnern am IPv4-Netz
DSR: Dual-Stack-Router

in IPv4-Netzen initiieren können. Wie Abb. 9.1-5 zeigt, handelt es sich hier um die IPv4-Kommunikation über ein IPv6-Netz, also um eine Art von *IPv4 over IPv6*.

Um IPv4 über IPv6 zu unterstützen, wurde das Konzept DSTM (*Dual Stack Transition Mechanism*) entwickelt. Dieses Verfahren kann bestenfalls dazu genutzt werden, alte Rechner mit lediglich einem IPv4-Netzwerkstack mit einem Dual-Stack-Rechner kommunizieren zu lassen. Diese Voraussetzung ist mittlerweile entfallen und ließe sich zudem durch eine *Protokoll-Translation* genau so gut realisieren.

### 9.1.3 IP-Kommunikation durch Translation IPv4 ⇔ IPv6

Auch die Kommunikation zwischen IPv4-Rechnern im IPv4-Netz und IPv6-Rechnern im IPv6-Netz ist möglich. Hierfür ist eine *Translation IPv4 ⇔ IPv6* in einem Router zwischen diesen beiden Netzen notwendig. Abb. 9.1-6 illustriert diesen Ansatz.

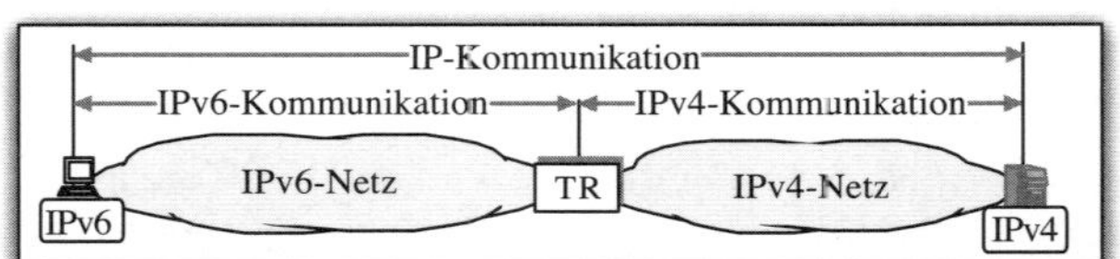


**Abb. 9.1-6:** IP-Kommunikation durch die Translation IPv4 ⇔ IPv6 im Router
TR: Translation Router

Die Translation *IPv4 ⇔ IPv6* ist Bestandteil des Konzepts *SIIT* (*Stateless IP/ICMP Translation Algorithm*) und dem aktuellen Ansatz *NAT64* mit *DNS64* (vgl. Abschnitt 9.8).

## 9.2 Dual-Stack-Verfahren

Dual-Stack-Rechner und -Router

Netzwerkkomponenten mit den beiden Protokollstacks IPv4 und IPv6 bezeichnet man als *Dual-Stack-Rechner* (*Dual-Stack-Host*) und *Dual-Stack-Router*. Beim Einsatz von Dual-Stack-Systemen wollen wir zwischen der direkten IPv4/IPv6-Kopplung auf Rechnerbasis und der Anbindung über einen Dual-Stack-Router unterscheiden, ein Verfahren das von *Dual-Stack Lite* (DS-Lite) genutzt wird.

## 9.2.1 Dual-Stack-Rechner in einem LAN-Segment

Den Einsatz von IPv4 und IPv6 in einem physikalischen LAN-Segment illustriert Abb. 9.1-2. Zwischen IPv4-Rechnern findet die Kommunikation nach IPv4 und zwischen IPv6-Rechnern nach IPv6 statt. Hier wird das ganze Netzwerk in zwei logische 'Netzwerkteile' aufgeteilt, sodass IPv4-Rechner einen IPv4-Netzwerkteil und entsprechend IPv6-Rechner einen IPv6-Netzwerkteil bilden.

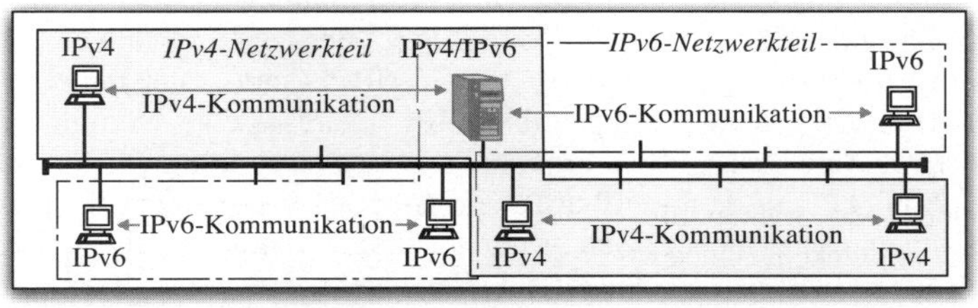


**Abb. 9.2-1:** Paralleler Einsatz von IPv4 und IPv6 in einem LAN-Segment

Ein Dual-Stack-Rechner mit IPv4 und IPv6 kann sowohl nach IPv4 mit IPv4-Rechnern als auch nach IPv6 mit IPv6-Rechnern kommunizieren. Jeder Dual-Stack-Rechner ist daher gleichzeitig aktiver Knoten sowohl im IPv4- als auch im IPv6-Netz. In der in Abb. 9.1-2 gezeigten Situation können den IPv6-Rechnern beliebige Unicast-IPv6-Adressen zugeteilt werden.

## 9.2.2 Betrieb von Dual-Stack-Rechnern in IPv4-Netzen

Dual-Stack-Rechner = IPv4/IPv6-Rechner

Sollen neue IPv6-Applikationen in einem IPv4-Netz eingesetzt werden, müssen einige IPv4-Rechner um IPv6 erweitert werden. Sie werden damit zu Dual-Stack-Rechnern umgerüstet, die man auch als *IPv4/IPv6-Rechner* bezeichnet. Ein IPv4-Netz kann somit als *Transitnetz* für die IPv6-Kommunikation zwischen den derart erweiterten Rechnern eingesetzt werden. Abb. 9.2-2a zeigt ein Beispiel, in dem zwei Ethernet-Segmente über einen Router miteinander verbunden sind. Da der Router nur IPv4 unterstützt, handelt es sich hierbei um ein 'reines' IPv4-Netz. Werden an diesem Netz auch die Dual-Stack-Rechner angeschlossen, stellt sich die Frage: Wie erfolgt die IPv6-Kommunikation zwischen ihnen? Die Antwort gibt Abb. 9.2-2b.

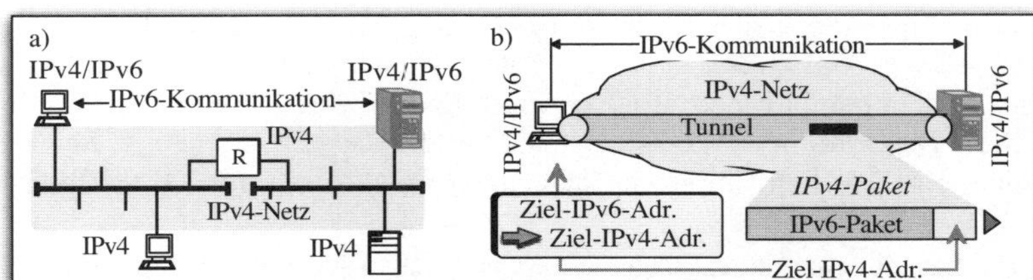


**Abb. 9.2-2:** IPv6-Kommunikation zwischen Dual-Stack-Rechnern am IPv4-Netz: a) physikalische Konfiguration, b) Prinzip der IPv6-Kommunikation
R: Router

Logischer IPv6-in-IPv4-Tunnel

Bei der IPv6-Kommunikation zwischen IPv4/IPv6-Rechnern über ein IPv4-Netz werden die IPv6-Pakete in IPv4-Pakete eingebettet und als Nutzlast transportiert. Auf diese Art und Weise entsteht ein logischer *IPv6-in-IPv4-Tunnel* über das IPv4-Netz als Transitnetz zwischen den beteiligten IPv4/IPv6-Rechnern. Beginn und Ende des Tunnels über ein IPv4-Netz bestimmen die IPv4-Adressen. Da Datenquelle und -senke bei der IPv6-Kommunikation durch die IPv6-Adressen festgelegt werden, muss der Quellrechner eine Adressermittlungstabelle besitzen, die folgende Zuordnung beschreibt:

*IPv6-Zieladresse* $\Rightarrow$ *IPv4-Zieladresse*

IPv4-compatible IPv6-Adressen

Ursprünglich war vorgesehen, für ein *automatisches Tunneling* spezielle, *IPv4-kompatible IPv6-Adressen* zu nutzen Abb. 7.9-7a. Diese besitzen das allgemeine Format `::IPv4-Adresse/96` (mit den letzten 32 Bit als IPv4-Adresse). Hierbei verlangt entsprechend RFC 4291, dass die zugeordnete IPv4-Adresse eine öffentliche, d.h. keine private IPv4-Adresse ist. Dies ermöglicht zwar das Routing der Pakete im IPv4-Netzwerk [Abb. 9.2-2a], da aber IPv6-Pakete mit IPv4-kompatiblen IPv6-Adressen in IPv6-Netzwerken weiter nicht geroutet werden können, sind diese Adressen gemäß RFC 4291 *deprecated* und sollen nicht mehr eingesetzt werden.

### 9.2.3 Dual-Stack Lite

Dual-Stack Lite (kurz *DS-Lite*) [RFC 6333] ist keine IPv6-Migration im eigentlichen Sinne, sondern bietet viel mehr für den *Internet Service Provider* (ISP) die Möglichkeit, seine IPv4-Kundennetze über ein IPv6-Transitnetz an das IPv4-Internet anzubinden und die notwendige Umsetzung privater IPv4-Adressen auf öffentliche an einer zentralen Stelle, dem *Address Family Transition Router* (AFTR) vorzunehmen, der zugleich NAT-Funktionen bereit stellt.

Der Name DS-Lite ist dem Umstand zu verdanken, dass im Kundennetz nun lediglich eine Netzwerkkomponenten, das *Customer Premises Equipment* (CPE) – also der Heim-Router beim Kunden –, die geforderte Dual-Stack-Funktion aufweist, die auch nur in Richtung zum ISP genutzt wird.

DS-Lite Komponenten

Bei Dual-Stack Lite kommen folgende Funktionsgruppen zum Einsatz:

- Das CPE, das neben den Routing-Diensten (als Default-Gateway im Kundennetz)
  - auf der LAN-, d.h. Client-Seite einen DHCPv4-Server für das interne Kundennetz bereit stellt, und hier die üblichen privaten IPv4-Adressen vergibt. Zugleich bietet das CPE DNS-Resolver- bzw. Proxydienste an (siehe Abschnitt 4.1.4).
  - Auf der WAN-Seite (dem IPv6-*B4-Interface* siehe Abb. 9.2-3) erfolgt die notwendige *4in6-Encapsulation* in das Netz des ISP. Die notwendigen Konfigurationsdaten erhält der CPE per DHCPv6 vom Provider, d.h. er besitzt einen DHCPv6-Client. Dies wird in RFC 6333 auch als *Provisionierung* bezeichnet. Zur Vereinfachung der IPv4/IPv6-Umsetzung lautet die IPv4-Adresse *jedes* B4-Interfaces immer `192.0.0.2`.
- Der ISP betreibt ein oder mehrere Gateways ins IPv4-Netz, deren Aufgabe es ist,
  - die IPv4- aus den IPv6-Paketen zu entnehmen (*Decapsulation*) bzw. die aus dem IPv4-Internet kommenden Pakete in IPv6-Datagramme zu verpacken (*Encapsulation*) und über den IPv6-Tunnel zum Kunden weiterzuleiten sowie
  - an dieser zentralen Stelle die NAT-Funktion für die IPv4-Adressen in beide Richtungen vorzunehmen (was auch als *NAT44* bezeichnet wird). Für das NAT44-Gateway

wird die reservierte Adresse `192.0.0.1` genutzt, wobei aber auch die übrigen aus dem Netz `192.0.0.0/29` verfügbaren Adressen herangezogen werden können.

**Beispiel**: Wir betrachten die Situation, die sich aus Abb. 9.2-3 ergibt. Die Gateway-Komponenten CPE und AFTR/NAT44 wurden bereits vorgestellt. Wir sehen, dass die Adressen `192.0.0.1` und `192.0.0.2` praktisch nur symbolische Bedeutung im IPv6-Transitnetz haben: Sowohl das Routing im ISP-Netz als auch die Zuordnung einer öffentlichen IPv4-Adresse kann auf Grundlage der IPv6-Adresse des CPE erfolgen. Als *IPv4-Quelladresse* wird immer `192.0.0.2` genutzt. Wie bisher sind alle IPv4-Knoten im Kunden-LAN (mit unterschiedlichen privaten Adressen aus dem Netz `192.168.1.0/24`) immer auf eine öffentliche IPv4-Adresse abgebildet (hier: `9.254.253.252`) – mit allen bekannten Nachteilen.

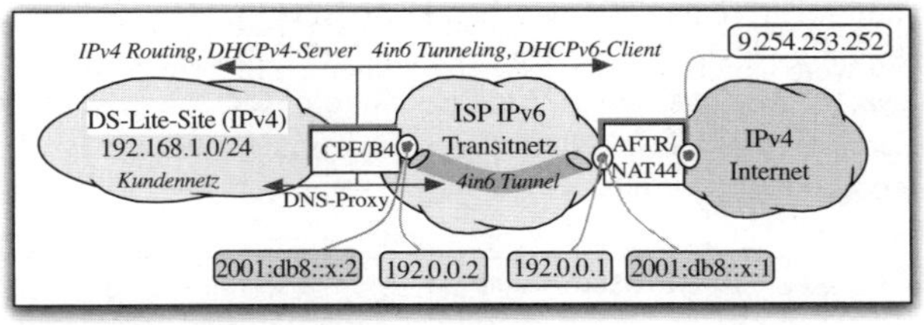


**Abb. 9.2-3:** Grundlegende Idee des Einsatzes von DS-Lite
AFTR: Address Family Transition Router, B4: IPv4-Bridge,
CPE: Customer Premises Equipment

Der AFTR realisiert also beim ISP die Zuordnung

AFTR-Adressen-Zuordnung

*öffentliche IPv4-Adresse ⇔ (provisionierte) IPv6-Adresse*

mittels einer internen Tabelle, wobei ansonsten (nach Entnahme des IPv4-Pakets aus dem IPv6-Paket im ISP-Netzwerk) das NAT-Verfahren gemäß RFC 1918 vorgenommen wird, was wir bereits in Abschnitt 5.3 beschrieben haben. Die Auslagerung der NAT-Funktion weg vom Kundenrouter und hin zu einer zentralen Instanz erlaubt zunächst eine ökonomischere Ausnutzung der verfügbaren öffentlichen IPv4-Adressen, was aktuell auch als *Carrier-Grade NAT* (CGN) diskutiert wird (vgl. Abschnitt 5.3.7).

# 9.3 Tunneling-Protokolle: IPv6 über X

IPv6-in-IPv4-Tunneling wird in der Regel verwendet, um die IPv6-Kommunikation über ein IPv4-Netz in folgenden Situationen zu realisieren:

- bei einer Erweiterung eines IPv4-Netzes um ein IPv6-Netz bzw.
- bei einer Kopplung der IPv6-Netze über ein IPv4-Netz.

Die Einsatzmöglichkeiten des IPv6-in-IPv4-Tunnelings werden nun im Detail dargestellt.

## 9.3.1 Erweiterung eines IPv4-Netzes um ein IPv6-Netz

Bei der Erweiterung eines IPv4-Netzes um ein IPv6-Netz sind die Fälle zu unterscheiden:

- *Im IPv4-Netz werden ausschließlich IPv4-Rechner installiert*: In diesem Fall [Abb. 9.1-6] kann die Kommunikation zwischen IPv4-Rechnern im IPv4-Netz und IPv6-Rechnern im IPv6-Netz auch erreicht werden. Hierfür muss die Translation *IPv4 ⇔ IPv6* vom Router vorgenommen werden. Darauf geht Abschnitt 9.7 näher ein.
- *Im IPv4-Netz sind einige Dual-Stack-Rechner vorhanden*: In diesem Fall [Abb. 9.1-4a] kann die IPv6-Kommunikation zwischen Dual-Stack-Rechnern im IPv4-Netz und IPv6-Rechnern im IPv6-Netz stattfinden.

Einsatz von IPv4/IPv6-Routern

Die Übermittlung der IPv6-Pakete vom Dual-Stack-Rechner (IPv4/IPv6-Rechner) im IPv4-Netz zum IPv6-Rechner im IPv6-Netz illustriert Abb. 9.3-1a. Hier werden die IPv6-Pakete für die Übermittlung über das IPv4-Netz in IPv4-Pakete eingebettet. Auf diese Weise entsteht ein IPv6-in-IPv4-Tunnel zwischen IPv4/IPv6-Rechner im IPv4-Netz und -Router. Es können mehrere Router zwischen IPv4-Netz und IPv6-Netz vorhanden sein, sodass der Quellrechner über eine Adresstabelle mit den Zuordnungen *IPv6-Zieladresse ⇒ IPv4-Routeradresse* verfügen muss. Existiert nur ein Router zwischen den beiden Netzen, reduziert sich diese Tabelle zu einer Zuordnung, in der nur eine IPv4-Routeradresse allen IPv6-Zieladressen zugeordnet wird.

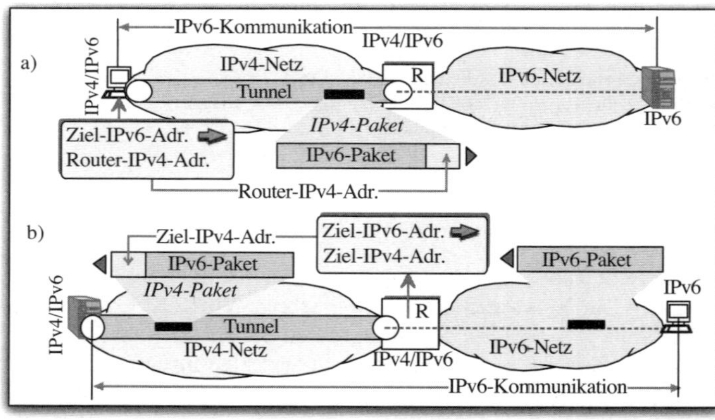


**Abb. 9.3-1:** IPv6-Kommunikation bei Erweiterung eines IPv4-Netzes mit einem IPv6-Netz; Tunnel führt: a) zu einem Router, b) zu einem Dual-Stack-Rechner im IPv4-Netz

IPv6-in-IPv4-Tunnel

Abb. 9.3-1b zeigt die umgekehrte Situation, in der die Datenquelle ein IPv6-Rechner im IPv6-Netz ist. Hier werden die IPv6-Pakete zuerst an den Router übermittelt. Danach werden sie im Router in IPv4-Pakete eingebettet und über das IPv4-Netz transportiert. Diesmal wird der IPv6-in-IPv4-Tunnel vom Router initiiert, sodass der Router über die Adressermittlungstabelle mit den Zuordnungen *IPv6-Zieladresse ⇒ IPv4-Zieladresse* verfügen muss.

Im Allgemeinen ist bei IPv6-in-IPv4-Tunneling zu differenzieren zwischen

- einem konfigurierbaren Tunneling und
- einem automatischen Tunneling.

Konfigurierbares Tunneling

Wird ein IPv6-in-IPv4-Tunnel zu einem Router aufgebaut, ist die IPv6-Adresse vom Tunnelende anders als die IPv6-Zieladresse des über den Tunnel übertragenen Pakets. Hier ist die IPv6-Adresse vom Tunnelende aufgrund der Information zu bestimmen, die nur während der Konfiguration angegeben werden kann. Kommen mehrere Router in

Frage, muss der richtige Router bei der Konfiguration festgelegt werden. Wird der Tunnel zu einem Router aufgebaut, spricht man von *konfigurierbarem Tunneling* [Abb. 9.3-2]. Diese Art der Kopplung wird über einen *Tunnel-Broker* realisiert (vgl. Abschnitt 9.3.3).

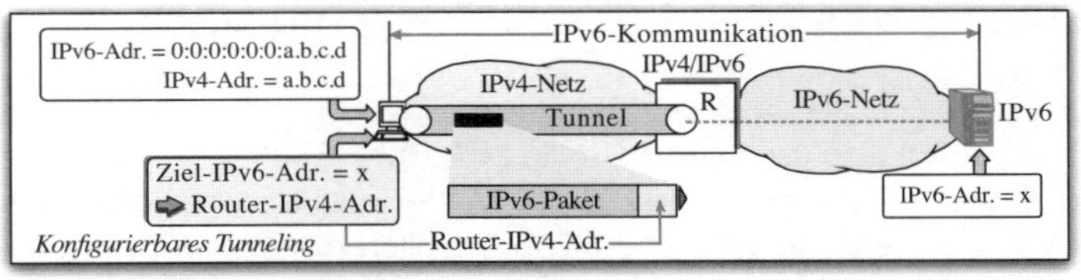


**Abb. 9.3-2:** Konfigurierbares IPv6-in-IPv4-Tunneling

Automatisches Tunneling

Führt ein IPv6-in-IPv4-Tunnel zu einem Rechner und ist die IPv6-Zieladresse des über den Tunnel übertragenen IPv6-Pakets IPv4-kompatibel, lässt sich das Tunnelende aus der IPv4-kompatiblen IPv6-Adresse ableiten [Abb. 7.9-7a]. Man spricht in diesem Fall von *automatischem Tunneling*, was Abb. 9.3-3 veranschaulicht. Die erwähnte Adressermittlungstabelle ist hierbei nicht nötig. Wie wir bereits in Abschnitt 9.2.2 erwähnt haben, können IPv4-kompatible IPv6-Adressen nicht für öffentliche Netzstrukturen genutzt werden, da sie nicht routbar sind, und deren Einsatz ist daher *deprecated*.

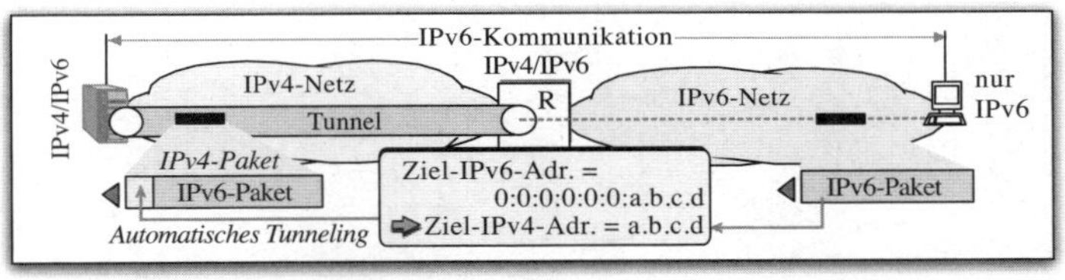


**Abb. 9.3-3:** Automatisches IPv6-in-IPv4-Tunneling

## 9.3.2 Kopplung der IPv6-Netze über ein IPv4-Netz

6in4-Tunnel

Ein IPv4-Netz kann als Transitnetz für die Kopplung der IPv6-Netze eingesetzt werden. Abb. 9.3-4 zeigt das Prinzip der IPv6-Kommunikation über ein IPv4-Transitnetz. Hier werden die IPv6-Pakete in IPv4-Pakete eingebettet und als Nutzlast zwischen den beteiligten Routern transportiert. Hierdurch entsteht ein IPv6-in-IPv4-Tunnel (*6in4-Tunnel*) zwischen diesen Routern.

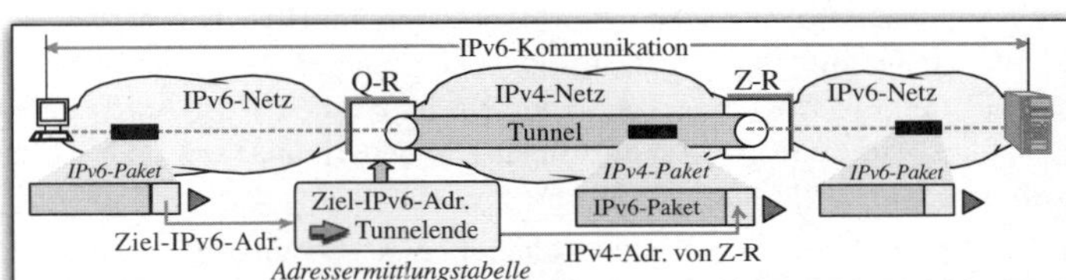


**Abb. 9.3-4:** IPv6-Kommunikation über ein IPv4-Transitnetz
Q-R: Quellrouter, Z-R: Zielrouter

IPv4-Transitnetz

Beginn und Ende dieses Tunnels bestimmen die IPv4-Adressen der Quell- und Zielrouter. Da Datenquelle und -senke bei der IPv6-Kommunikation durch die IPv6-Adressen festgelegt sind, muss im Quellrouter eine Adressermittlungstabelle mit der Zuordnung *IPv6-Zieladresse ⇒ Tunnelende* (IPv4-Adresse des Zielrouters) enthalten sein.

### 9.3.3 Zugang zum IPv6-Internet über Tunnel-Broker

Stellt der *Internet Service Provider* (ISP) keine direkte Ankopplung an das IPv6-Internet bereit, kann dies mittels eines Tunnel-Brokers [RFC 3053] über IPv4-Internet erfolgen. Ein Tunnel-Broker (TB) kann als *virtueller IPv6-ISP* angesehen werden und muss über eine IPv4-Adresse erreichbar sein. Abb. 9.3-5 illustriert das Konzept von TB.

Tunnel-Server als Ziel des Tunnels

Ein Dual-Stack-Rechner eines Benutzers, der auf das IPv6-Internet zugreifen möchte, muss sich zuerst bei einem TB registrieren lassen. Dieser Rechner wird danach als DS-Client dieses TB fungieren. Bei der Registrierung kann z.B. das Protokoll RADIUS [Abschnitt 14.2] eingesetzt werden, sodass der Benutzer entsprechend authentisiert werden kann. Der TB bestimmt einen *Tunnel Server* (TS), über den der Zugang eines Clients zum IPv6-Internet erfolgen wird. TS ist eine entsprechende Software auf einem Dual-Stack-Router zwischen IPv4- und IPv6-Internet. Über den TB wird ein IPv6-in-IPv4-Tunnel zwischen Client und TS eingerichtet, verwaltet und abgebaut.

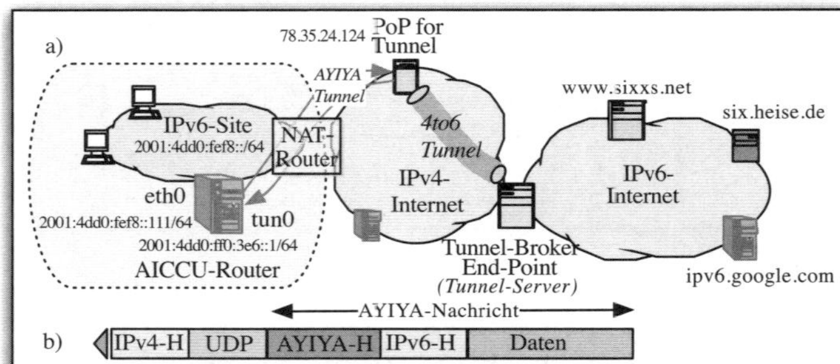


**Abb. 9.3-5:** Einsatz von SixXS als Tunnel-Broker (TB) beim Zugang zum IPv6-Internet; a) Tunnel-Infrastruktur, b) prinzipieller Aufbau von AYIYA-Paketen
eth0: Ethernet-Interface, tun0: Tunneling-Interface,
IPv4-H: IPv4-Header, IPv6-H: IPv6-Header, AYIYA-H: AYIYA-Header

SixXS Tunnel

**Beispiel SixXs**: Einen der bekanntesten Tunnel-Broker stellt SixXS (`http://www.sixxs.net`) dar, dessen Konzept wir nun beleuchten möchten [Abb. 9.3-5]:

Tunnel-PoP

- Bei SixXS müssen wir den Zugang zum IPv4- und zum IPv6-Internet unterscheiden. SixXS bietet keinen direkten IPv6-Zugang, sondern nutzt unterschiedliche ISPs (z.B. NetCologne), um die Kopplung vorzunehmen, über deren IPv4-Adressbereiche der Zugang erfolgt. Dies entspricht dem Eingang in den Tunnel, wodurch wir auch von einem *Tunnel Point-of-Presence* (PoP) sprechen.

AICCU

- Der SixXS-Anwender bekommt einen offiziellen IPv6-Adressbereich zugeteilt, der z.B. per `Router Advertisements` im lokalen (privaten) Netz zu verteilen ist. Hierdurch werden die IPv6-fähigen Rechner automatisch Teil des offiziellen IPv6-Internet. Ein Rechner im Intranet fungiert als Router, indem hier ein AICCU (*Automatic IPv6 Connectivity Client Utility*) genannter Routing-Client eingerichtet wird. Dieser erhält zusätzlich zur IPv4-Adresse des Tunnel-PoP eine Punkt-zu-Punkt IPv6-Adresse zur

Kommunikation mit dem TB-Endpunkt sowie weitere Angaben zur Identifikation des Tunnels und seines Benutzers.

- Um IPv6-Pakete transparent über ein NAT-Gateway (vgl. Abschnitt 5.3) zu übertragen, werden diese in ein spezielles Nachrichtenformat *Anything-in-Anything* (AYIYA) verpackt [Abb. 9.3-6]. Hierdurch wird nicht nur die gesicherte Übertragung der IPv6-Pakete über das IPv4-Netz zum PoP gewährleistet, sondern es können auch notwendige Steuerungs- und Authentisierungsinformationen für den Tunnelbetrieb mitgegeben werden. Aufgrund des AYIYA-Formats spielt die Art der NAT-Ankopplung ans Internet keine Rolle, d.h. AYIYA kommt mit allen NAT-Varianten zurecht. AYIYA
- Am Tunnel-PoP erfolgt die Umsetzung des AYIYA-Pakets in ein `Proto-41` IPv4-Datenpaket, das das IPv6-Datagramm als Nutzlast enthält. Da die benutzten IPv6-Adressen global routbar sind, kann das IPv6-Paket vom Tunnel-Broker am Endpunkt nun ausgepackt und dem IPv6-Netz übergeben werden.
- Zur Verwaltung und zum Management der Tunnel wird ein *Tunnel Information and Control Protocol* (TIC) eingesetzt. Ein zentraler Baustein für den Tunnel ist dessen *Tunnel-Id*. Die Tunnel-Id, der Endpunkt für die IPv6-Konnektivität sowie die Benutzerkennung (und Passwort) sind die maßgeblichen Parameter. TIC Tunnel-Id
- Das Endpunkt des Tunnels im Intranet wird in der Regel durch ein virtuelles Interface (z.B. `gif`) auf dem AICCU-Router realisiert. Allerdings kann die Anbindung auch unmittelbar über den NAT-Router erfolgen (z.B. über eine *Fritz!Box*). Virtuelles Interface

In `http://tools.ietf.org/html/draft-massar-v6ops-ayiya-02` ist das Format des AYIYA-Headers definiert. Im Grunde genommen bietet AYIYA einen zusätzlichen Header, der mit dem IPv6 Erweiterungs-Header vergleichbar ist. Folgende Informationen können mitgegeben werden [Abb. 9.3-6]: AYIYA-Header

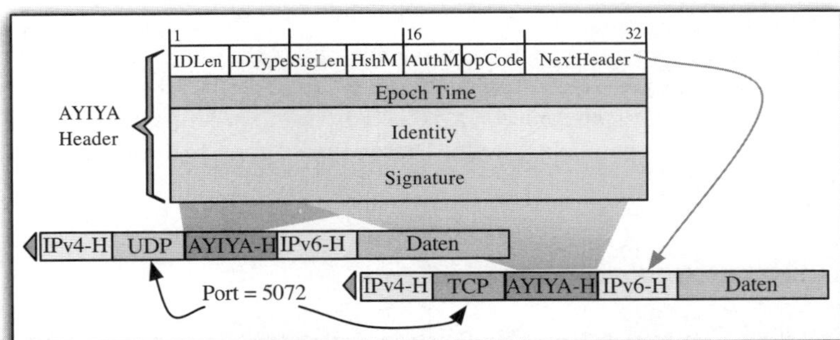


**Abb. 9.3-6:** Aufbau eines AYIYA-Header und Einsatz bei UDP und TCP
HashM: HashMet, AuthM: AuthMet; weitere Abkürzungen siehe [Abb. 9.3-5]

- `Identity`: Mittels der Felder `Identity` und ergänzend `IDLen` sowie `IDType` wird festgehalten, wer der 'Besitzer' des Tunnels ist. Ein 'Tunnel' wird einem Besitzer zugeordnet und hängt nicht von der IPv4-Adresse ab, vom dem aus der Tunnelaufbau erfolgt.
  Die Authentisierung des Besitzers kann über unterschiedliche Mechanismen erfolgen. Bei SixXS wird üblicherweise ein *Shared Secret* (`0x1`) genutzt, es kann aber auch ein *public/private Key* Verfahren (`0x2`) eingesetzt werden sowie keine Authentisierung (`0x0`).

- `Signature`: Der AYIYA-Payload wird durch einen *keyed Hash* gesichert und im Feld `Signature` festgehalten. Welcher Algorithmus genutzt wird, legt das Feld `HashMet` fest. Neben den Standard-Hashverfahren wie MD5 (`0x1`) und SHA1 (`0x2`) wird auch ein Null-Hash unterstützt.
- Die Angabe des `OpCodes` legt fest, welchen Zweck das AYIYA-Paket verfolgt. Üblich ist das `Forward (0x1)` über den Tunnel. Neben der *Heartbeat-Funktion* (`0x0`) können auch weitere Operationen wie `Echo Request/Response` und `Query Request/Response` zum Auf- bzw. Abbau des Tunnels genutzt werden. Eine Spezialfunktion dient zur Übertragung des 'Tagesmottos' `MOTD (0x5)`.
- Das Feld `Epoc Time` dient zum Schutz vor möglichen Replay-Attacken der AYIYA-Pakete im IPv4-Internet. Ein Tunnel kann nur dann erfolgreich aufgebaut werden, wenn AICCU-Client und der Tunnel-PoP (annähernd) über die gleiche Zeit verfügen.

AYIYA-Nachrichten können sowohl über UDP, als auch TCP und STCP übertragen werden, wobei hier jeweils der Port 5072 genutzt wird.

TIC

Maßgeblich für den Auf- und Abbau des Tunnels ist das *Tunnel Information and Control Protocol* (TIC). Dieses ist ein SMTP-ähnliches Protokoll, das Nachrichten zwischen Tunnel-Client und Tunnel-Broker austauscht. Hierfür ist Port 3874 vorgesehen. Die hierbei verschickten Authentisierungsinformationen werden niemals im Klartext, sondern über ein *Challenge/Response-Verfahren* ausgetauscht. Zudem kann optional die Verbindung mittels TLS [Abschnitt 6.2] verschlüsselt werden.

## 9.4 Von 6to4 nach 6rd

Bei 6to4 handelt es sich um ein Konzept [RFC 3056, 5969], nach dem die Netzwerke mitIPv6-Inseln, die man als *6to4-Sites* bezeichnet, über ein IPv4-Netz verbunden werden können. Über das IPv4-Netz werden die IPv6-Pakete in IPv4-Paketen transportiert. Logisch gesehen ist das nichts anderes, als ob ein IPv6-in-IPv4-Tunnel [Abb. 9.3-1] zwischen zwei *6to4-Routern* aufgebaut wäre. Dieser Tunnel kann nach Bedarf automatisch eingerichtet werden.

### 9.4.1 Bedeutung von 6to4

Die Bedeutung von 6to4 bringt Abb. 9.4-1 zum Ausdruck. Bei 6to4 verwendet man spezielle IPv6-Adressen, die man *6to4-Adressen* nennt [Abb. 9.4-2]. Jede 6to4-Adresse beginnt mit dem Präfix `2002::/16`. Einen Rechner, der eine 6to4-Adresse besitzt, nennt man *6to4-Host* (bzw. *6to4-Rechner*). Ein 6to4-Host stellt einen Dual-Stack-Rechner dar (wie z.B. FreeBSD 10).

6to4-Hosts

Die 6to4-Hosts, die über einen 6to4-Router an ein IPv4-Netz angeschlossen sind, bilden ein *6to4-Netzwerk*, das als *6to4-Site* bezeichnet wird. Eine 6to4-Site kann sich aus mehreren IPv6-Subnetzen zusammensetzen. Jeder 6to4-Router besitzt eine offizielle IPv4-Adresse seitens des IPv4-Transitnetzes. Die 6to4-Adressen von Rechnern, die über einen 6to4-Router an das IPv4-Transitnetz angeschlossen sind, haben das gleiche Präfix mit der Länge von 48 Bit. Dieses Präfix enthält die IPv4-Adresse des 6to4-Routers in der hexadezimalen Form [Abb. 9.4-2]. Alle Rechner, die z.B. über den 6to4-Router mit der IPv4-Adresse `192.1.2.3` an das IPv4-Netz angeschlossen sind, enthalten in ihren

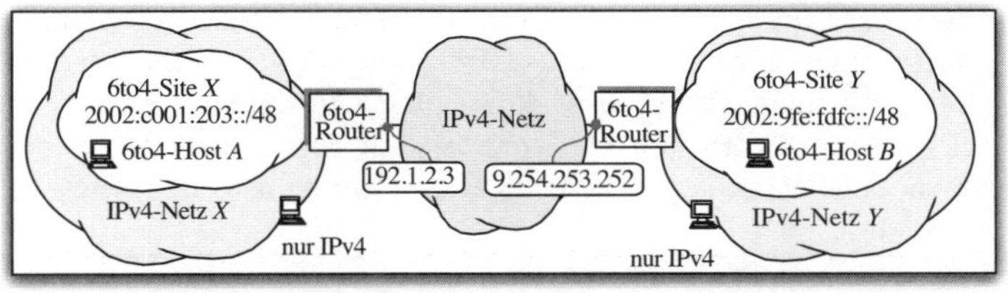


**Abb. 9.4-1:** Kopplung der IPv6-Netze über ein IPv4-Netz nach 6to4

IPv6-Adressen das Präfix `2002:c001:203::/48`. Dieses Präfix kann als 'Vorwahl' zu der 6to4-Site angesehen werden.

## 9.4.2 Aufbau von 6to4-Adressen

Der Kern des Konzepts von 6to4 ist die Struktur von 6to4-Adressen, wie in Abb. 9.4-2 zu sehen ist.

Eine 6to4-Adresse enthält folgende drei Teile:

- Ein 48 Bit langes *Präfix* `2002:wwxx.yyzz::/48`, das sich aus dem 16 Bit langen Präfix `2002:/16` und aus der IPv4-Adresse `W.X.Y.Z` des 6to4-Routers in hexadezimaler Form zusammensetzt. Dieses Präfix bestimmt die Route zur 6to4-Site, die über den 6to4-Router mit der IPv4-Adresse `W.X.Y.Z` an ein IPv4-Netz angebunden ist [Abb. 9.4-1].
- Eine *Subnetz-ID* als Identifikation eines Subnetzes innerhalb der 6to4-Site.
- Der *Link-Token* für das Interfaces: Hier wird üblicherweise die *Link-ID* eingetragen.

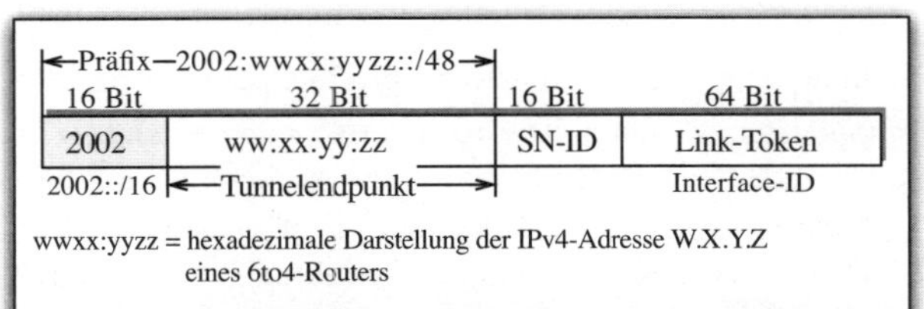


**Abb. 9.4-2:** Aufbau von 6to4-Adressen
SN-ID: Subnetz-ID, ID: Identification

**Beispiel**: Die IPv4-Adresse des 6to4-Routers ist `157.60.91.123`. Die IPv6-Adresse des Rechners mit der MAC-Adresse `08-00-20-AE-FD-7E` im Subnetz z.B. mit `ID = 4` lautet daher `2002:9d3c:5b7b:4:800:20ae:fd7e`.

## 9.4.3 IPv6-Kommunikation über IPv4-Netz

Bei der Vernetzung von 6to4-Sites über ein IPv4-Netz müssen die IPv6-Pakete über das IPv4-Netz in IPv4-Paketen eingekapselt übertragen werden. Dadurch entsteht – logisch gesehen – ein IPv6-in-IPv4-Tunnel zwischen den beiden 6to4-Routern. Abb. 9.4-3 illustriert dies.

Liegt beim Rechner *A* in der 6to4-Site *X* ein IPv6-Paket vor, das an Rechner *B* in 6to4-Site *Y* gesendet werden muss, wird dieses IPv6-Paket zuerst innerhalb 6to4-Site *X* nach den IPv6-Routing-Prinzipien zum 6to4-Router $R_X$ übermittelt. Bei $R_X$ wird dem zu sendenden IPv6-Paket ein IPv4-Header vorangestellt. Die Angabe `Protocol = 41` im IPv4-Header verweist darauf, dass der IPv6-Header direkt nach dem IPv4-Header folgt.

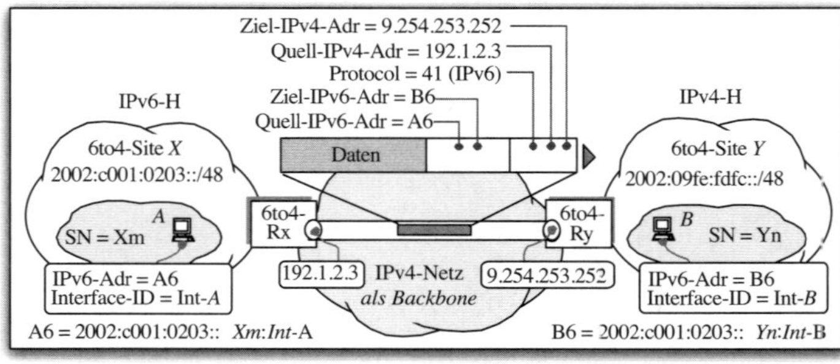


**Abb. 9.4-3:** Prinzip der Kommunikation nach 6to4
IPv4- bzw. IPv6-H: IPv4- bzw. IPv6-Header, 6to4-R: 6to4-Router

Automatisches IPv6-in-IPv4-Tunneling

Die IPv4-Adressen, die im IPv4-Header gesetzt werden müssen, sind im Präfix von ihnen entsprechenden IPv6-Adressen enthalten. Daher werden sie von IPv6-Adressen abgeleitet, sodass der Tunnel über das IPv4-Netz quasi automatisch entsteht. Man spricht hier auch vom *automatischen Tunneling*. Hat der 6to4-Zielrouter $R_Y$ das IPv4-Paket mit einem eingekapselten IPv6-Paket empfangen, verwirft er den IPv4-Header und leitet das IPv6-Paket danach zum IPv6-Zielrechner *B* in der 6to4-Site *Y* nach den IPv6-Routing-Prinzipien weiter.

Kommunikation bei 6to4

Bei 6to4 können 6to4-Relay-Router zum Einsatz kommen, die zwischen den IPv4- und IPv6-Netzen installiert werden. Im IPv6-Netz sind nur Rechner mit IPv6 enthalten. Wie aus Abb. 9.4-4 ersichtlich, ergeben sich die folgenden Möglichkeiten der Kommunikation:

1. IPv6-Kommunikation zwischen 6to4-Rechnern in einer 6to4-Site.
2. IPv6-Kommunikation zwischen 6to4-Rechnern in verschiedenen 6to4-Sites. Diese Kommunikation verläuft nach den in Abb. 9.4-3 gezeigten Prinzipien.
3. IPv6-Kommunikation zwischen 6to4-Rechnern in einer 6to4-Site und IPv6-Rechnern in einem IPv6-Netz. Diese Kommunikation verläuft ebenfalls nach den in Abb. 9.4-3 dargestellten Abläufen.

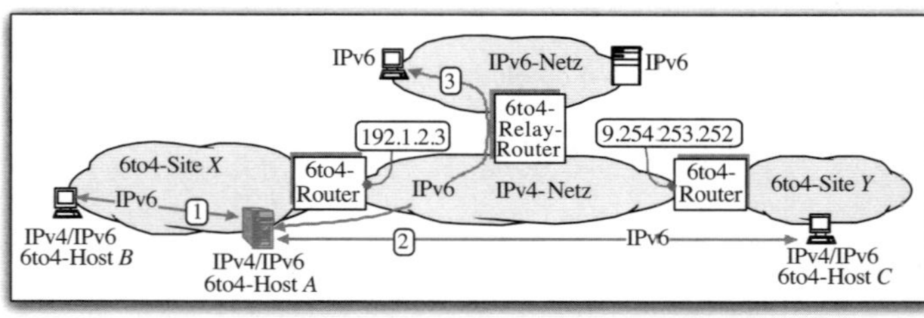


**Abb. 9.4-4:** Illustration von Möglichkeiten der IPv6-Kommunikation nach 6to4

Damit die in Abb. 9.4-4 eingesetzten 6to4-Router untereinander kommunizieren können, muss eine IPv6-Route zwischen diesen bekannt sein (siehe Kapitel 10). Eine unzureichende Routenwahl führt zu verringertem Datendurchsatz und schlechteren Antwortzeiten.

6to4 Anycast-Adressen

Ergänzend können 6to4-Router mit *Anycast-Adressen* ausgestattet werden [Tab. 2.3-4 und RFC 3068], über die 6to4-Router automatisch ihren nächsten Relay-Router auffinden können. Hierzu ist für das IPv4-Netz der Anycast-Bereich `192.88.99/24` vorgesehen, bei dem die IPv4-Adresse `192.88.99.1` immer auf den nächstgelegenen 6to4-Relay-Router verweist. Im IPv6-Netz steht diese Adresse als 2002:c058:6301::, d.h. mit einem '0' Host-Identifier zur Verfügung.

6to4 Public Relays

Abb. 9.4-5 zeigt ein Szenario, in dem ein IPv6-Netz über mehrere 6to4-Relay-Router über das IPv4-Internet von unterschiedlichen IPv6-Sites aus erreichbar ist. Die Site *X* und *Y* können jeweils die kürzeste Anbindung zum IPv6-Netz wählen, die alle unter der gleichen (Anycast-) IPv4-Adresse erreichbar sind.

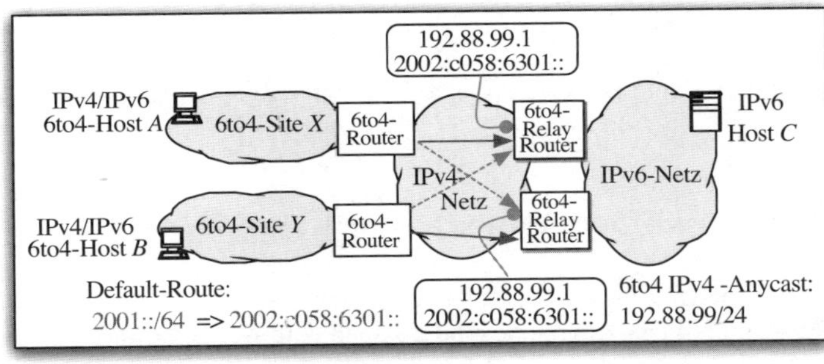


**Abb. 9.4-5:** Einsatz von 6to4-Anycast-Adressen bei der Anbindung des IPv6-Internet von unterschiedlichen IPv6-Sites über IPv4

## 9.4.4 Probleme bei 6to4 mit NAT

In einem IPv4-Netz können auch private IPv4-Adresse verwendet werden. Daher hat der 6to4-Quellrouter seitens des IPv4-Netzes ebenfalls eine private IPv4-Adresse. Im 6to4-Router muss somit die Funktion NAT [Abschnitt 5.3] installiert werden, damit die private IPv4-Adresse des 6to4-Routers auf eine offizielle IPv4-Adresse umgesetzt wird. Abb. 9.4-6 zeigt eine derartige Situation. Hier wurde die private IPv4-Adresse `10.0.0.1` auf die offizielle IPv4-Adresse `192.1.2.3` umgesetzt [Abb. 9.4-2]. Hat ein 6to4-Router eine private IPv4-Adresse, entsteht das in Abb. 9.4-6 dargestellte Problem.

**Beispiel**: Wie Abb. 9.4-6 zeigt, ist die private IPv4-Adresse `10.0.0.1` des 6to4-Routers im Präfix `2002:a00:1::/48` der Site *X* und dadurch auch in IPv6-Adressen von IPv6-Rechnern der Site *X* enthalten. Die an Rechner *B* aus Site *Y* gesendeten IPv6-Pakete erreichen ihn trotzdem. Sollte der IPv6-Rechner *B* dem IPv6-Rechner *A* in Site *X* aber antworten, wird die IPv4-Adresse des 6to4-Routers der Site *X* aus der IPv6-Quelladresse im empfangenen IPv6-Paket abgeleitet. Dem an Rechner *A* in Site *X* gesendeten IPv6-Paket wird ein IPv4-Header mit der privaten IPv4-Adresse des 6to4-Routers der Site *X* im 6to4-Router der Site *Y* vorangestellt. Da dieses IPv4-Paket mit dem IPv6-Paket als IPv4-Zieladresse eine private Adresse enthält, kann es über das IPv4-Netz nicht übermittelt werden.

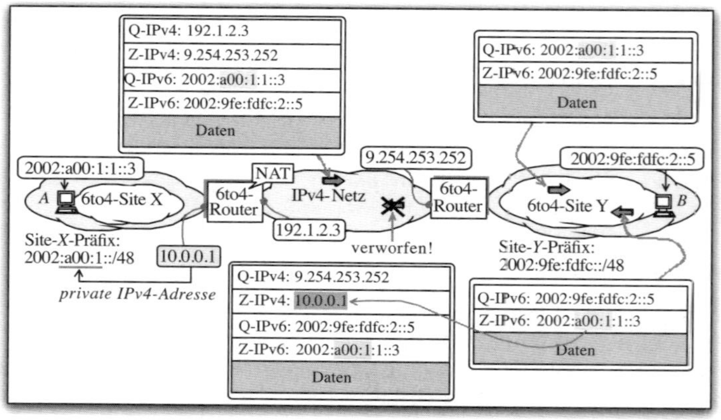


**Abb. 9.4-6:** Problem mit dem Einsatz von privaten IPv4-Adressen bei 6to4

In Konsequenz darf einem 6to4-Router also keine private IPv4-Adresse zugeordnet werden darf.

### 9.4.5 IPv6 Rapid Deployment – 6rd

Für die ISPs stellt sich mitunter die Anforderung, nicht nur ein Kundennetz im klassischen Sinne per IPv4 und NAT anzubinden, sondern auch dem Kunden globale IPv6-Adressen bereit zu stellen, un zugleich die IPv6-Pakete über das bestehende IPv4-Netz des Providers zu tunneln.

Die Vergabe von IPv6-Adressen nach dem 6to4-Schema (wie in Abb. 9.4-2 dargestellt) löst das Problem nicht, da der zugewiesene Adressbereich `2002::/16` nicht routbar ist (vgl. Abb. 7.9-1). d.h. diese Adresse ist im eigentliche Sinne nur für den Provider nutzbar. Daraus ergibt sich die paradoxe Situation, dass eine 6to4-Site zwar ohne Probleme mit dem IPv4-Netz kommunizieren kann und auch mit anderen 6to4-Sites, die am gleichen Provider angebunden sind, aber die generelle Konnektivität mit dem IPv6-Internet ist nicht gewährleistet. Das Protokoll 6rd [RFC 5569] nutzt zwar prinzipiell das 6to4-Tunneling, modifiziert jedoch die resultierende Struktur der 6to4-Adressen [Abb. 9.4-2] und bildet die so geschaffene Struktur auf die üblichen routbaren IPv6-Adressen ab [Abb. 9.4-7]:

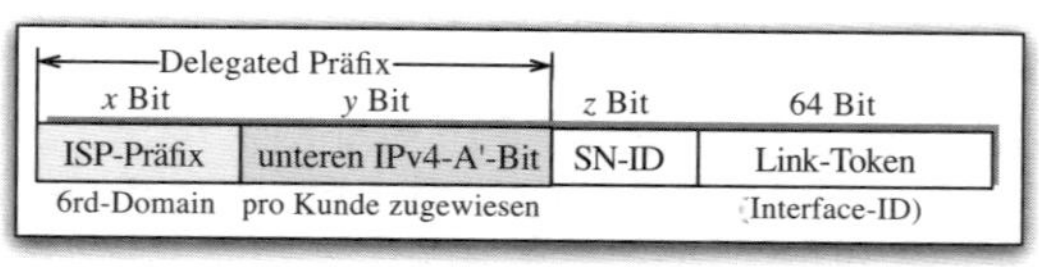


**Abb. 9.4-7:** Addressenstruktur der 6rd-Adressen
'A'-Bit: Adressen-Bit, ISP: Internet Service Provider, SN-ID: Subnetz-ID

6rd IPv6-Tunneladressen

- Es findet nicht das gemeinsame `2002::/16` 6to4-Standardpräfix Verwendung; statt dessen kann jeder ISP sein(e) ihm zugewiesene(n) ISP-Präfix(e) verwenden, z.B. `2001:db8::/32` (das ist in diesem Fall das IPv6-Beispielpräfix).
  Jedes ISP-Präfix stellt eine eigene 6rd Routing-Domain dar, in der spezifische Regeln für die Address-Translation aufzustellen sind.

- Statt der Angabe des Tunnelendpunkts [Abb.9.4-2] – die Tunnel-ID als embedded IPv4-Adresse in der 6to4-Adresse – wird dem Kundenrouter (CPE) ein *IPv4-Netzbereich* zugewiesen: Bildung von 6rd-Adressen
  - Da eine IPv4-Adresse 32 Bit umfasst, wäre zusammen mit dem ISP-Präfix für den Kunden nur noch die Zuweisung einer `/64` IPv6-Adresse, also einer Hostadresse möglich.
  - Allerdings kann der ISP die verwendete IPv4-Adresse verkürzen. Wird den Kunden in einer 6rd-Domain beispielsweise der Bereich der privaten IPv4-Adressse `10.100.100.0/24` für die interne Vergabe zugewiesen, reicht es aus, in der 6rd-Adresse nur die relevanten untersten 16 Bit der IPv4-Netz-ID (also Dezimal '100.100', als Bitsequenz '`0110 0100 0110 0100`' bzw. Hexadezimal `x'6464'`) für die Tunnel-ID anzugeben. Dies bedingt, dass sowohl in der 6rd-Routing-Domain als auch auf dem Kunden-Router ein A-priori Vergabe des oberen Teils der IPv4-Adresse vorgenommen wurde.
  - Alle 6rd-Adressen werden somit aus den zugewiesenen IPv4-Adressen algorithmisch gebildet und beinhalten das globale Routing-Präfix des ISP, sind also 'normale' IPv6-, statt 64rd-Adressen.
  - Durch die Verkürzung der Tunnel-ID-Adresse kann dem Kunden ein üblicher Bereich routbarer IPv6-Adressen zugewiesen werden. Im diesem Beispiel wäre also noch Platz für eine 16 Bit Subnetz-ID, die in Abb. 9.4-8 als `x'100'` gewählt wurde.

Somit sind 6rd IPv6-Adressen, wie in RFC 5969 spezifiziert, global im ganzen IPv6 routbar. Somit stellt 6rd quasi einen Parallelbetrieb von routbaren IPv6-Adressen und privaten IPv4-Adressen sicher, bei der der ISP die vollständige Verantwortung für deren Vergabe und Weiterleitung der Pakete trägt.

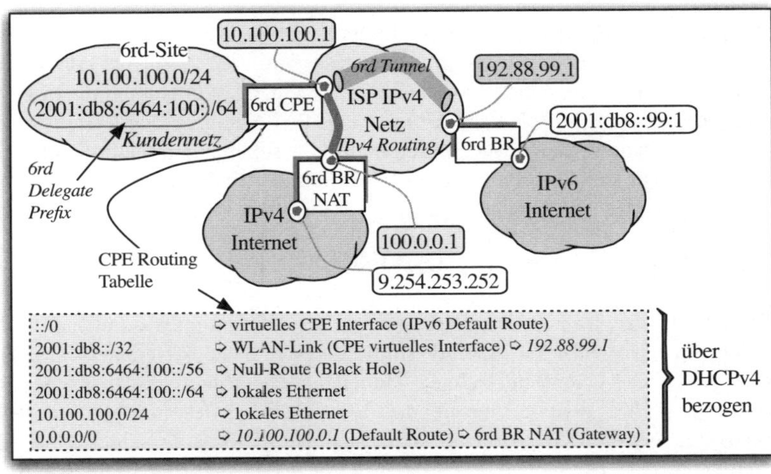


**Abb. 9.4-8:** Aufbau eines 6rd-Netzes beim ISP
BR: Border Router, CPE: Customer Premises Equipment,
ISP: Internet Service Provider, NAT: Network Address Translation

**Beispiel**: Abb. 9.4-8 zeigt den schematischen Aufbau eines 6rd-Netzes. Zentrale Komponenten sind der Kundenrouter (CPE) und die 6rd Boundary-Router (6rd BR), von denen zumindest jeweils einer für das En- bzw. Decapsulation von IPv6-Paketen in und vom

ISP IPv4-Tunnel benötigt wird (und per *6to4 Anycast* erreichbar ist), und ein anderer als Gateway zum IPv4-Internet fungiert und NAT-Dienste realisiert.

Delegated Präfix

Abb. 9.4-8 liefert ein Beispiel für die Vergabe von IPv6-Adressen mittels des *Delegated Präfix* (hier: `2001:db8:6464:100::/56`) und der Zuweisung von privaten IPv4-Adressen. Zentrale Schaltstelle im Kundennetz ist der Kundenrouter, hier 6rd CPE (*Customer Premises Equipment*) genannt. Dieser erhält per DCHPv4 zusätzliche Informationen zugewiesen, nach denen er seine Routing-Tabelle gestaltet.

Modifikation von DHCPv4

Im Gegensatz zu 6to4 benötigt 6rd spezielle Kundenrouter, die auf die neue Adressvergabe eingestellt sind. Dies verlangt auch ein modifiziertes DHCPv4 Verfahren mit der Ergänzung '`OPTION_6RD`', wie aus dem delegierten IPv6-Präfix die eigene, zugewiesene IPv4-Adresse gebildet werden kann. Ergänzend ist zu erwähnen, dass bei 6rd nicht nur private, sondern auch routbare IPv4-Adressen vergeben werden können.

6rd und Middleboxen

6rd ist somit ebenfalls ein Fallbeispiel, für dessen Funktionieren spezielle *Middleboxen* als Router notwendig sind, die nur im Kontext des ISP nutzbar sind. Diese Entwicklung ist nicht unumstritten, erhöht sie nicht nur die Abhängigkeit vom ISP, sondern vermindert auch die Transparenz der Netze. Wir dargestellt, wird bei 6rd der ursprüngliche Ansatz von 6to4 mittels eines automatischen Tunnelings aufgrund definierter Adressen quasi umgekehrt und in den Verantwortungsbereich des Providers verlegt. Zudem wird die für private IPv4-Adressen notwendige Address-Translation auf routbare Adressen aus der Site des Kunden entfernt und ebenfalls dem Provider zugewiesen, sodass wir in diesem Zusammenhang von *Carrier-Grade NAT* (CGN) sprechen können.

## 9.5 IPv6 over IPv4 mit ISATAP

Für die Unterstützung der IPv6-Kommunikation über ein IPv4-Netz kann ISATAP (*Intra-Site Automatic Tunnel Addressing Protocol*) eingesetzt werden [RFC 5214, ursprünglich: 4214]. Nach ISATAP werden die IPv6-Pakete für die Übermittlung über ein IPv4-Netz in IPv4-Pakete eingebettet. Mittels ISATAP kann ein IPv4-Netz mit einem IPv6-Netz auch so vernetzt werden, dass die IPv6-Kommunikation zwischen einem Dual-Stack-Rechner im IPv4-Netz und einem IPv6-Rechner im IPv6-Netz stattfinden kann.

### 9.5.1 Kommunikation mit ISATAP

ISATAP-Rechner = Dual-Stack-Rechner

ISATAP ist ein Konzept für die Realisierung der IPv6-Kommunikation über IPv4-Netze. Ein Rechner im IPv4-Netz mit ISATAP stellt einen Dual-Stack-Rechner dar und wird als ISATAP-Rechner (-Client) bezeichnet. Dementsprechend wird ein Dual-Stack-Router mit ISATAP als ISATAP-Router bezeichnet. Eine wichtige Besonderheit von ISATAP ist, dass ein Rechner eine *ISATAP-Adresse* für sich automatisch aus seiner IPv4-Adresse generieren kann. Daher brauchen den Rechnern mit IPv4 keine IPv6-Adressen zugeteilt werden.

**Bemerkung**: Ein Rechner beispielsweise unter Windows XP bzw. unter Linux (Kernel 2.4 und höher) kann als ISATAP-Client fungieren. Ein Windows-2008-Server kann z.B. als ISATAP-Client und als ISATAP-Router konfiguriert werden.

Wie Abb. 9.5-1 darstellt, sind die folgenden Möglichkeiten der IPv6-Kommunikation mittels ISATAP zu unterscheiden: Möglichkeiten der Kommunikation

a. IPv6-Kommunikation zwischen ISATAP-Rechnern im IPv4-Netz,
b. IPv6-Kommunikation zwischen ISATAP-Rechnern im IPv4-Netz und Rechnern im IPv6-Netz,
c. IPv6-Kommunikation zwischen ISATAP-Rechnern in einem IPv4-Netz und 6to4-Rechnern in einem anderen IPv4-Netz.

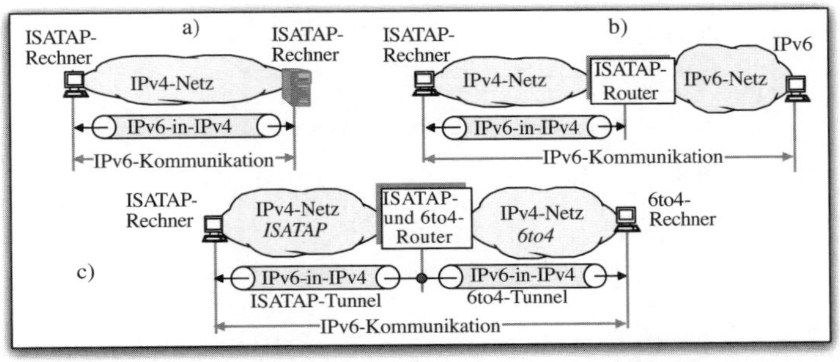


**Abb. 9.5-1:** IPv6-Kommunikation mit ISATAP über: a) IPv4-Netz, b) Verbund: IPv4-Netz und IPv6-Netz, c) Verbund: IPv4-Netz und IPv4-Netz

Bei der IPv6-Kommunikation zwischen ISATAP-Rechnern im IPv4-Netz (Fall a) werden IPv6-Pakete als Nutzlast in IPv4-Paketen übermittelt [Abb. 9.5-3], sodass man hier vom IPv6-in-IPv4-Tunnel spricht. Ein derartiger Tunnel kann vom ISATAP-Rechner im IPv4-Netz zum ISATAP-Router an der Grenze zum IPv6-Netz führen (Fall b). Der ISATAP-Router nimmt die IPv6-Pakete aus den IPv4-Paketen heraus und übermittelt sie an den Zielrechner im IPv6-Netz. Setzt man ISATAP in einem IPv4-Netz ein und verwendet in einem anderen IPv4-Netz das Konzept 6to4 (Fall c), so ist die IPv6-Kommunikation zwischen ISATAP-Rechnern in einem IPv4-Netz und 6to4-Rechnern in einem anderen IPv4-Netz möglich. In diesem Fall kommen spezielle ISATAP-Adressen mit dem 6to4-Präfix zum Einsatz [Abb. 9.5-2b].

## 9.5.2 Struktur und Bedeutung von ISATAP-Adressen

Der Ansatz des ISATAP-Konzepts besteht darin, eine funktionale EUI-64 Link-Layer-Adresse als Link-ID bzw. Link-Token zu bilden, von der eine IPv6-ISATAP-Adresse abgeleitet wird. Aus diesem Grund findet die ISATAP-Kommunikation über ein virtuelles Interface statt.

Kern des ISATAP-Konzepts ist die automatische Bildung von ISATAP-Adressen, wie in Abb. 9.5-2 dargestellt: Virtuelle ISATAP-Adressen

- Abb.9.5-2a zeigt, wie zunächst aufgrund der vorliegenden IPv4-Adresse ein Link-Token gebildet wird. Hierbei spielt das u-Bit eine herausragende Rolle:
  - Handelt es sich um eine private IPv4-Adresse, dann gilt u=0, und die Link-Lokal ISATAP-Adresse wird gemäß Abb. 9.5-2b generiert.
  - Ist die IPv4 routbar, kann das u-Bit auf 1 gesetzt werden, und die ISATAP-Adresse wird zusätzlich durch die Subnetz-Id '0200' erweitert [Abb. 9.5-2c].

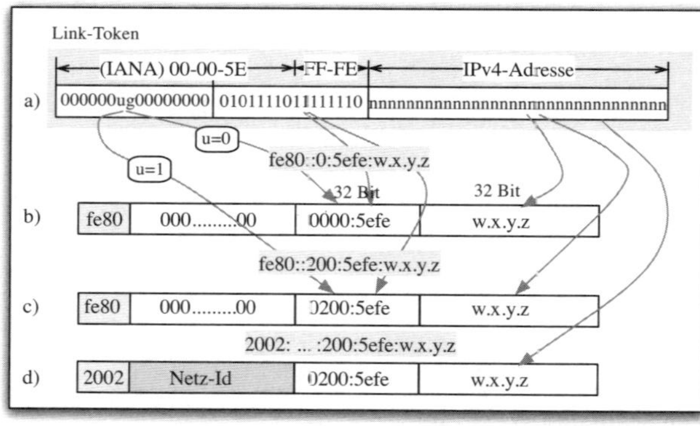


**Abb. 9.5-2:** Generierung und Aufbau von ISATAP-Adressen: a) Bildung des Link-Token aufgrund der IPv4-Adresse, b) Link-Local-ISATAP-Adresse mit Präfix `fe80::/64` und privater IP-Adresse, b) Link-Local-ISATAP-Adresse mit eingebetteter privater IP-Adresse, b) globale ISATAP-Adresse mit 6to4-Präfix-Kennung

- Während es sich bei Abb. 9.5-2b und Abb. 9.5-2c um *Link-Local-Adressen* handelt, kann eine ISATAP-Adresse auch ein globales Präfix besitzen, wie Abb. 9.5-2d zeigt.
- Für die ISATAP-Unicast-Adresse braucht keine korrespondierende SNMA-Multicast-Adresse generiert zu werden; ebenso entfällt der DAD, da die ISATAP-Adresse per constructionem einmalig ist (vgl. Abschnitt 7.10.1).

**Beispiel**: Hat ein Rechner die IPv4-Adresse `10.17.1.23`, kann er sich die folgende ISATAP-Adresse generieren: `fe80::0000:5efe:10.17.1.23` bzw. kürzer geschrieben als `fe80::5efe:10.17.1.23`. ISATAP-Adressen werden in der Regel als Mischform von hexadezimaler und punkt-dezimaler Schreibweise dargestellt.

ISATAP-Adressen von nicht lokaler Bedeutung

Eine ISATAP-Adresse kann statt des Präfixes `fe80::/64` auch ein anderes Präfix enthalten, sodass sie von einer anderen (d.h. nicht lokalen) Bedeutung sein kann. Wichtig ist der Fall, wenn eine ISATAP-Adresse statt `fe80::/64` das 6to4-Präfix enthält [Abschnitt 9.4.2]. Diesen Fall illustriert Abb. 9.5-2d. Solche ISATAP-Adressen haben globale Bedeutung und werden bei der Unterstützung der IPv6-Kommunikation eingesetzt, falls diese über zwei IPv4-Netze verläuft, wo ISATAP in einem Netz und 6to4 im anderen verwendet wird.

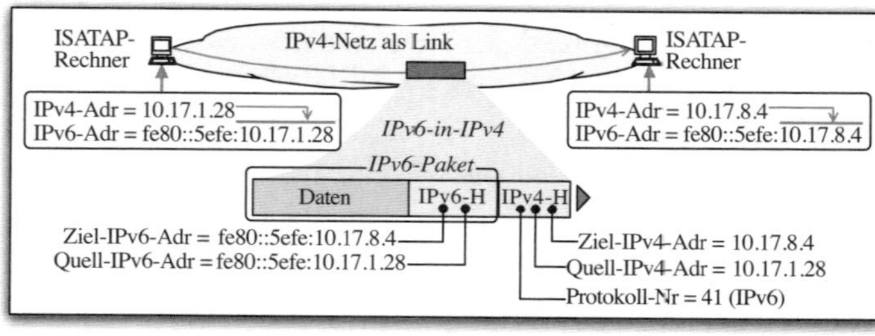


**Abb. 9.5-3:** IPv6-Kommunikation zwischen ISATAP-Rechnern über ein IPv4-Subnetz

IPv6-in-IPv4 bei ISATAP

Zwischen ISATAP-Rechnern in einem IPv4-Netz werden die IPv6-Pakte in IPv4-Pakete (per `Protokoll-ID = 41`) eingekapselt und übermittelt (siehe Abb. 9.5-3). Also kommt hier IPv6-in-IPv4-Tunneling zum Einsatz. Hierbei werden die IPv6-Adressen von ISATAP-Rechnern aus seinen IPv4-Adressen abgeleitet [Abb. 9.5-2]. Dass ein ISATAP-Rechner aus seiner IPv4-Adresse eine LL-ISATAP-Adresse für sich automatisch generieren kann, ist ein wichtiger Vorteil. Mit der LL-ISATAP-Adresse kann der ISATAP-Rechner aber die IPv6-Kommunikation zu einem anderen ISATAP-Rechner nur innerhalb desselben IPv4-Subnetzes abwickeln.

## 9.5.3 Funktionsweise von ISATAP

Abfrage des Präfixes

Zur IPv6-Kommunikation über die Grenze eines IPv4-Subnetzes hinaus, d.h. über Router, braucht ein ISATAP-Rechner eine globale IPv6-Adresse. Um diese zu generieren, muss er von einem Router ein globales Präfix erhalten. Hierfür benötigt der ISATAP-Rechner aber die IPv4-Adresse eines ISATAP-Routers, was in Abb. 9.5-4 dargestellt ist.

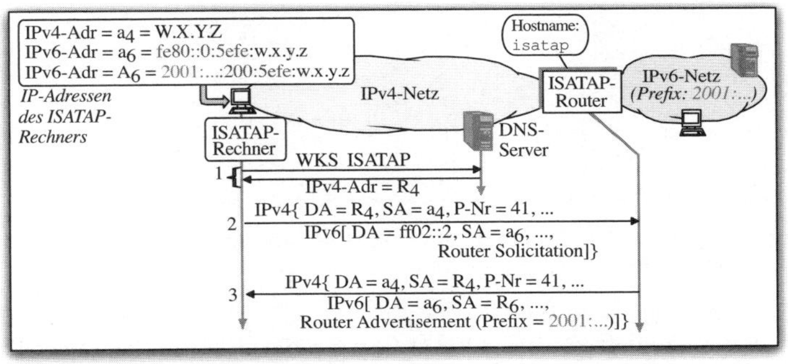


**Abb. 9.5-4:** ISATAP-Verlauf bei der Abfrage des Präfixes durch einen ISATAP-Rechner
DA: Destination Address, SA: Source Address, P-Nr: Protokoll-Nr.,
$R_4$: IPv4-Adresse des Routers, WKS: Well-known Service

isatap-Rechner

Der ISATAP-Router wird als Host `isatap` in der DNS-Zonendatei eingetragen. Daher muss der ISATAP-Rechner zuerst den Hostnamen `isatap` auf seine IPv4-Adresse über das (lokale) DNS auflösen, um ein globales Präfix vom Router abzufragen.

Zur Ermittlung des Präfix geht ISATAP in folgenden Schritten vor:

1. Die IPv4-Adresse vom Host `isatap`, d.h. vom ISATAP-Router, wird beim DNS-Server abgefragt. Hierbei wird ein sog. `WKS-RR` (*Resource Record*) abgerufen [Tab. 4.2-1]. Handelt es sich beim IPv4-Netz z.B. um die Domain `abc.de`, so wird beim DNS-Server die IPv4-Adresse vom Host `isatap.abc.de` abgefragt.
2. Der ISATAP-Rechner sendet an den ISATAP-Router, der IPv4 und IPv6 unterstützt, ein IPv6-Paket mit der Nachricht `Router Solicitation` von ICMPv6 [Abschnitt 8.2]. Da der ISATAP-Rechner die IPv6-Adresse vom ISATAP-Router nicht kennt, wird als IPv6-Zieladresse im IPv6-Header die Multicast-Adresse `ff02::2` (*alle Router im link-lokalen Bereich*) gesetzt. Als Ziel-IPv4-Adresse im IPv4-Header wird die IPv4-Adresse vom ISATAP-Router eingetragen. Diese IPv4-Adresse wurde in Schritt 1 bereits beim DNS-Server abgefragt. Die Protokoll-Nr. `41` im IPv4-Header verweist darauf, dass danach direkt der IPv6-Header folgt.
3. Der ISATAP-Router antwortet dem ISATAP-Rechner mit der ICMPv6-Nachricht `Router Advertisement`. Diese enthält das globale Präfix.

Hat der ISATAP-Rechner ein globales Präfix erhalten, z.B. das 6to4-Präfix [Abb. 9.5-2b] vom ISATAP-Router, kann er eine globale IPv6-Adresse generieren und die IPv6-Kommunikation nach außen initiieren.

### Abfrage des Präfixes bei einem 6to4-Router

ISATAP und ein 6to4-Router

Ein wichtiger Vorteil von ISATAP ist auch, dass ein Router mit der Unterstützung von 6to4, d.h. ein sog. *6to4-Router*, bei ISATAP eingesetzt werden kann. In diesem Router kann ein ISATAP-Tunnel auf einen 6to4-Tunnel und umgekehrt abgebildet werden [Abb. 9.5-1c]. Der ISATAP-Rechner kann beim 6to4-Router das 6to4-Präfix abfragen, um damit selbst eine ISATAP-Adresse zu generieren. Abb. 9.5-5 illustriert eine derartige Abfrage. Der Verlauf dieser Abfrage entspricht dem in Abb. 9.5-4.

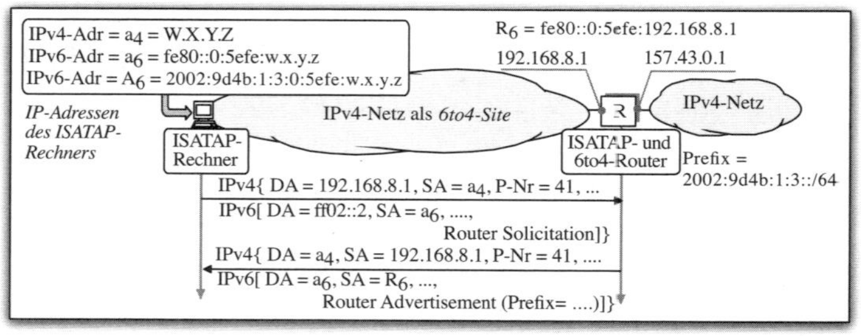


**Abb. 9.5-5:** Abfrage des Präfixes durch einen ISATAP-Rechner bei einem 6to4-Router Abkürzungen wie in Abb. 9.5-4

Hat der ISATAP-Rechner das globale Präfix `2002:9d4b:1:3::/64` erhalten, so setzt es sich aus dem 16 Bit langen Präfix `2002::/16`, aus der IPv4-Adresse `157.43.0.1` (hexadezimal `9d4b:01 = 9d4b:1`) des 6to4-Routers und der Subnetz-ID 3 zusammen [vgl. Abb. 9.4-2]. Da das Präfix `2002:9d4b:1:3::/64` das 6to4-Präfix `2002:9d4b::/48` enthält, kann der ISATAP-Rechner für sich eine globale IPv6-Adresse mit 6to4-Präfix generieren und damit die IPv6-Kommunikation über die Grenze der 6to4-Site hinaus initiieren.

### Kommunikation zwischen ISATAP-Rechnern über 6to4-Sites

ISATAP kann als ergänzende Lösung zu 6to4 dienen. Dies illustriert Abb. 9.5-6 am Beispiel der Übermittlung eines IPv6-Pakets zwischen ISATAP-Rechnern in einem Verbund von 6to4-Sites über das IPv4-Internet [Abb. 9.4-1].

Hier verfügen die beiden Rechner *A* und *B* über ISATAP-Adressen $A_6$ und $B_6$ mit 6to4-Präfixen [Abb. 9.5-2b], die als globale IPv6-Adressen dienen. Das IPv6-Paket mit der IPv6-Zieladresse $B_6$ und der IPv6-Quelladresse $A_6$ wird in IPv4-Paketen eingekapselt übermittelt. Man kann sich diese Kommunikation so vorstellen, als ob das IPv6-Paket über die 6to4-Site *X* in einem ISATAP-Tunnel, dann über das IPv4-Internet in einem 6to4-Tunnel und über die 6to4-Site *Y* wiederum in einem ISATAP-Tunnel übermittelt werden würde [Abb. 9.5-1c].

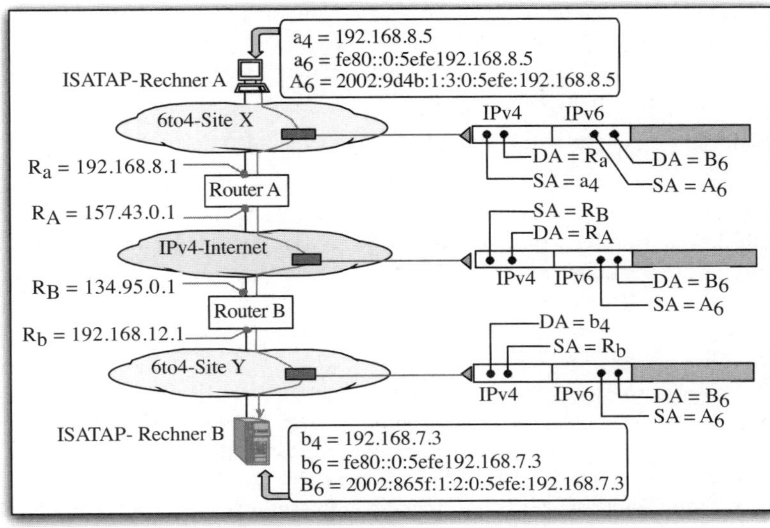


**Abb. 9.5-6:** Beispiel für eine Koexistenz von ISATAP und 6to4
$a_6$, $b_6$: Link-Local-ISATAP-Adressen, $A_6$, $B_6$: globale ISATAP-Adressen, DA: Destination Address, SA: Source Address

# 9.6 IPv6 in IPv4-Netzen mit NAT (Teredo)

Besonderheiten von Teredo

Teredo stellt ein Konzept dar [RFC 4380], nach dem *einzelne* Dual-Stack-Rechner [Abb. 9.1-1] in einem IPv4-Netz mit privaten IPv4-Adressen, die durch die NAT-Funktion vom IPv4-Internet getrennt sind, die IPv6-Kommunikation über das IPv4-Internet zu einem Rechner in einem IPv6-Netz initiieren können. Abb. 9.6-1 veranschaulicht die Bedeutung von Teredo. Bei Teredo werden den Rechnern im IPv4-Netz keine IPv6-Adressen zugeordnet, stattdessen kann sich jeder Rechner als *Teredo-Client* selbst eine IPv6-Adresse mittels eines *Teredo-Servers* generieren.

Um NAT an der Grenze zum IPv4-Internet passieren zu können, werden die IPv6-Pakete als UDP-Daten in IPv4-Pakete eingekapselt übermittelt. Die IPv6-Pakete werden dann in einem *Teredo-Relay* an der Grenze zum IPv6-Netz aus den IPv4-Paketen herausgenommen und an entsprechende Rechner im IPv6-Netz weitergeleitet.

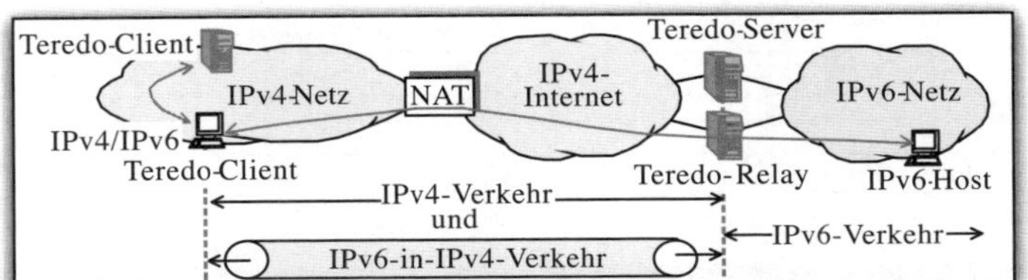


**Abb. 9.6-1:** Komponenten der Teredo-Systemarchitektur

*Teredo navalis* ist der zoologische Name für den Schiffsbohrwurm. Wie in Abb. 9.6-1 ersichtlich ist, bohrt sich Teredo hier nicht durch hölzerne Schiffe, sondern durch eine NAT-Komponente. Teredo wurde von Microsoft spezifiziert um für Windows XP-Rechner in einer NAT-Umgebung die Möglichkeit des IPv6-Zugriffs zu realisieren und die Windows-IPv6-Implementierung in großer Fläche zu testen. Teredo war daher auf Windows XP-Systemen per Default aktiv.

Funktionelle Komponenten

Bei Teredo werden folgende funktionelle Komponenten definiert:

- Ein *Teredo-Client* ist ein Dual-Stack-Rechner, der die Pakete zu anderen Teredo-Clients im gleichen IPv4-Netz bzw. zu Rechnern im IPv6-Netz über das IPv4-Internet übermitteln kann. Bei der Konfiguration wird ihm ein Teredo-Server eingetragen (z.B. `http://teredo.ipv6.microsoft.com` von Microsoft). Der Teredo-Client kommuniziert dann mit dem Teredo-Server, um ein Adresspräfix zu bestimmen und danach für sich eine globale IPv6-Adresse, die sog. *Teredo-Adresse* [Abb. 9.6-2], selbst zu generieren.
- Ein *Teredo-Server* stellt eine Applikation auf einem Dual-Stack-Rechner dar, der mit dem IPv4-Internet und dem IPv6-Netz verbunden ist. Der Teredo-Server besitzt seitens des IPv4-Internet zwei Interfaces (primär und sekundär), also zwei IPv4-Adressen, und wird über den Well-known Port 3544 angesprochen. Die Aufgabe des Teredo-Servers ist es, Teredo-Clients bei der Ermittlung des Adresspräfixes und bei der Initiierung der Kommunikation zu IPv6-Hosts zu unterstützen.
- Ein *Teredo-Relay* ist eine Applikation auf einem Dual-Stack-Router und leitet die IPv6-Pakete von Teredo-Clients an IPv6-Hosts weiter. Ein Teredo-Relay wird über den *Well-known Port* 3544 angesprochen.

Teredo-Client unter Windows XP

Ein Teredo-Client ist z.B. für Rechner unter Windows XP verfügbar. Um Teredo zu unterstützen, stellt Microsoft Teredo-Server zur Verfügung (`http://teredo.ipv6.microsoft.com`). Das Teredo-Protokoll ist auch für andere Betriebssysteme, wie z.B. Linux verfügbar, nur dass man dann von *Miredo* spricht [`http://www.remlab.net/miredo/`].

### 9.6.1 Teredo-Adresse und -Pakete

IPv6-Adressen bei Teredo

Bei Teredo ist jeder Dual-Stack-Rechner im IPv4-Netz mittels eines Teredo-Servers in der Lage, eine globale Teredo-Adresse für sich selbst automatisch zu generieren. Für den ersten Zugriff auf einen Teredo-Server verwendet ein Teredo-Client aber eine Toredo-Link-Local-Adresse. Abb. 9.6-2 zeigt die Struktur von IPv6-Adressen bei Teredo.

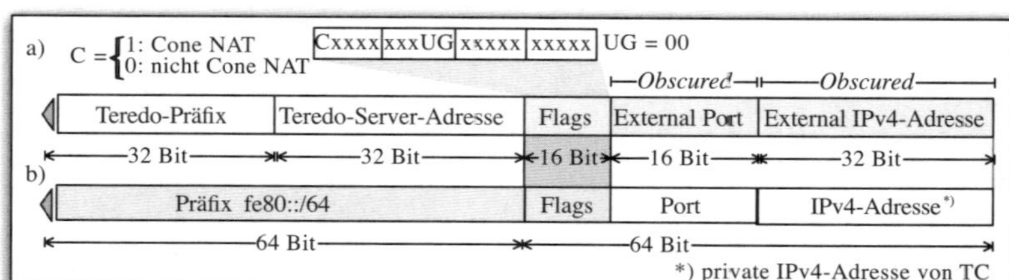


**Abb. 9.6-2:** Strukturen von: a) globaler Teredo-Adresse, b) Link-Local-Adresse bei Teredo
C: Cone-Bit, EUI: Extended Unique Identifier, TC: Teredo-Client

Jede Teredo-Adresse enthält:

- *Teredo-Präfix*: `3ffe:831f::/32` bei globaler Teredo-Adresse bzw. `fe80::/64` bei Link-Local-Adresse.
- *Teredo-Server-Adresse* bei der globalen Teredo-Adresse: Das ist die öffentliche IPv4-Adresse des Teredo-Servers.
- *Flags*: Das sind 16 Bit, die für sog. *Teredo-Flags* reserviert sind. Das einzige zurzeit definierte Flag ist das erste Bit, das als `Cone-Flag` (`C-Flag`) bezeichnet wird. `Cone-Flag` wird gesetzt, wenn NAT am Zugang zum IPv4-Internet eine *Cone NAT* [Abb. 5.3-4] ist. Ob es sich bei NAT um eine Cone NAT handelt oder nicht, wird zu Beginn der Kommunikation über eine *Qualifikationsprozedur* ermittelt [Abb. 9.6-6].
- *Verborgener externer Port* (*Obscured External Port*): Bei der Übermittlung des ersten Pakets mit der ICMPv6-Nachricht `Router Solicitation` (RS) vom Teredo-Client zum Teredo-Server wird der UDP-Quellport dieses Paket von NAT auf einen externen (external) UDP-Port abgebildet. Man spricht hierbei vom *mapped Port*. Der gesamte Teredo-Verkehr für den Client verläuft danach über den gleichen externen Port. Der mapped Port wird dem Teredo-Client vom Teredo-Server im Paket mit der ICMPv6-Nachricht `Router Advertisement` (RA) mitgeteilt, die eine Antwort auf RS darstellt [Abb. 9.6-5].
  Die Nummer des mapped Ports wird durch die `XOR`-Operation mit dem Wert `x'ffff'` verborgen und in der verborgenen Form in der Teredo-Adresse eingetragen. Durch das Verbergen des mapped Ports verhindert man, dass NAT diesen Port übersetzt.
- *Verborgene externe Adresse* (*Obscured External Address*): Bei der Übermittlung des ersten Pakets mit RS vom Teredo-Client zum Teredo-Server wird die private IPv4-Adresse des Clients von NAT auf eine offizielle IPv4-Adresse, die sog. externe (*external*) IPv4-Adresse, abgebildet. Man bezeichnet diese externe IPv4-Adresse als mapped IPv4-Adresse, und sie wird als Quelladresse des Clients dienen. Wie beim mapped Port wird die *mapped IPv4-Adresse* dem Teredo-Client vom Teredo-Server in RA mitgeteilt [Abb. 9.6-5]. Die mapped IPv4-Adresse wird durch die XOR-Operation mit dem Wert `x'ffffffff'` zuerst verborgen und dann in die Teredo-Adresse eingetragen. Durch das Verbergen der mapped IPv4-Adresse verhindert man, dass NAT sie übersetzt.

  **Beispiel**: Die verborgene Version der mapped IPv4-Adresse `131.107.0.1` im hexadezimalen Format lautet `7C94FFFE`:

```
131.107.0.1    = 10000011   01101011   00000000   00000001
FF FF FF FF    = 11111111   11111111   11111111   11111111
XOR            = 7C         94         FF         FE
```

Abb. 9.6-3 illustriert die Angaben in einer globalen Teredo-Adresse.

Bedeutung von Angaben in einer Teredo-Adresse

Der Teredo-Client besitzt hier die mapped IPv4-Adresse `131.107.0.1` und den mapped Port 8192. Sein Teredo-Server ist unter der öffentlichen IPv4-Adresse `206.73.119.1` erreichbar. Ihre hexadezimale Form ist `CE497601`. Der Teredo-Client hat bereits ermittelt [Abb. 9.6-5], dass er sich hinter Cone NAT befindet. Dies wird mit dem auf 1 gesetzten Cone-Flag in seiner IPv6-Adresse signalisiert. Die Flag-Bit sind: `1000 0000 0000 000` (`x'8000'`).

### Teredo-Pakete

Bei Teredo werden folgende Arten von Paketen verwendet:

- Teredo-Datenpakete,

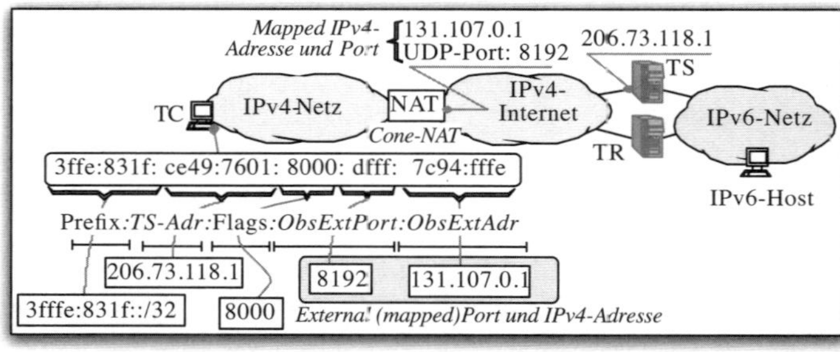


**Abb. 9.6-3:** Veranschaulichung von Angaben in einer globalen Teredo-Adresse
TC: Teredo-Client, TS: Teredo-Server, Obs: Obscured

- Teredo-Bubble-Pakete und
- Teredo-Datenpakete bzw. -Bubble-Pakete mit Indikatoren.

Abb. 9.6-4a zeigt die Struktur der Teredo-Datenpakete.

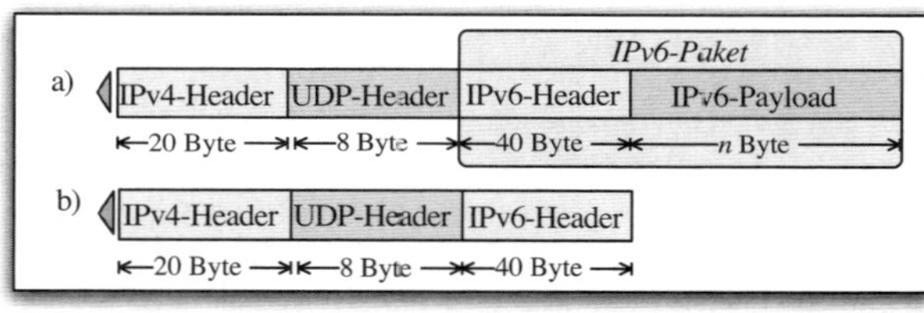


**Abb. 9.6-4:** Teredo-Pakete: a) Datenpaket, b) Bubble-Paket

Die einzelnen Header im Teredo-Datenpaket enthalten u.a. folgende Abgaben:

- Der IPv4-Header enthält die IPv4-Quell- und Zieladresse der Tunnelendpunkte [Abb. 9.6-1]. Die private IPv4-Quelladresse wird durch NAT übersetzt.
- Der UDP-Header enthält den Quell- und den Zielport für den Teredo-Verkehr. Der Quellport kann durch NAT übersetzt werden.
- Der IPv6-Header enthält die IPv6-Quelladresse und -Zieladresse.

Ein Teredo-Bubble-Paket [Abb. 9.6-4b] wird verschickt, um eine NAT-Zuordnung zu erfragen. Es enthält ein IPv6-Paket ohne IPv6-Payload, also nur einen IPv6-Header bei dem das Feld Next-Header mit dem Wert 59 vorliegt. Dies signalisiert, dass es keinen IPv6-Payload gibt.

Teredo-Pakete mit Indikatoren

Als *Indikatoren* werden bei Teredo solche Header bezeichnet, die man verwendet, um mapped Port und mapped IPv4-Adresse sowie Informationen zur Authentisierung zu übermitteln. Diese Header können sowohl in Datenpaketen als auch in Bubble-Paketen nach dem UDP-Header und vor dem IPv6-Header enthalten sein. Man unterscheidet zwischen *Authentication Indicator* und *Origin Indicator* (OI). Der *Origin Indicator* enthält die mapped IPv4-Adresse und den mapped Port des Teredo-Clients. Diese Angaben sendet der Teredo-Server dem Client, wenn der Teredo-Server eine Nachricht *Router Advertisement* (RA) an den Teredo-Client übermittelt [Abb. 9.6-6].

## 9.6.2 Bestimmung der Art von NAT

Wie bereits in Abschnitt 5.3 dargestellt wurde, gibt es verschiedene Arten von NAT. Um eine Teredo-Adresse für sich zu generieren, muss der Teredo-Client zuerst ermitteln, hinter welcher Art von NAT er sich befindet [Abschnitt 5.3]. Dies erfolgt mithilfe einer sog. *Qualifikationsprozedur* (*Qualification Procedure*). Der Verlauf dieser Prozedur wird nun veranschaulicht.

Um den Teredo-Client für die Kommunikation vorzubereiten, muss der Teredo-Server (z.B. `teredo.ipv6.microsoft.com`) bei ihm eingetragen werden, sodass er für sich eine Teredo-Adresse generieren kann. Zuerst muss der Teredo-Client aber mittels der Qualifikationsprozedur [Abb. 9.6-5] bestimmen, hinter welcher Art von NAT er sich befindet. Qualifikationsprozedur

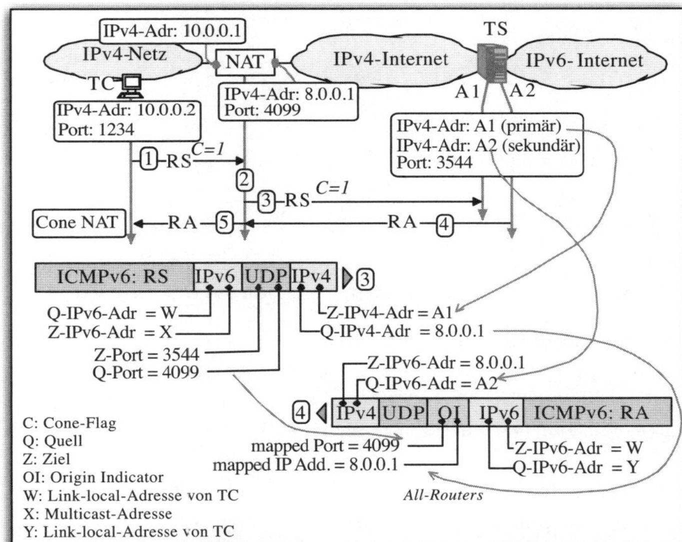


**Abb. 9.6-5:** Verlauf der Qualifikationsprozedur; Teredo-Client hinter Cone NAT
TC/S: Teredo-Client/Server, RS: Router Solicitation, RA: Router Advertisement

**Beispiel**: Teredo-Client hinter einem Cone NAT:

1. Zu Beginn sendet der Teredo-Client eine ICMPv6-Nachricht `Router Solicitation` (RS) an den Teredo-Server. Als IPv6-Quelladresse im IPv6-Header verwendet der Client seine Link-Local-Adresse mit dem auf 1 gesetzten `Cone-Flag`.
2. Bei NAT wird dem Paar (private IPv4-Adresse: `10.0.0.2`, Port: `1234`) aus der Link-Local-Adresse [Abb. 9.6-2b] das Paar (offizielle IPv4-Adresse: `8.0.0.1`, Port: `4099`) zugeordnet und der Eintrag in der Mapping-Tabelle gespeichert.
3. Danach wird RS an den Teredo-Server weitergeleitet.
4. Der Teredo-Server antwortet mit einer ICMPv6-Nachricht `Router Advertisement` (RA). Da der Client in RS das Cone-Flag auf 1 gesetzt hat, sendet der Teredo-Server RA über das Interface mit seiner *sekundären* IPv4-Adresse.
5. Wenn der RA in diesem Fall von NAT an den Teredo-Client weitergeleitet wird, bedeutet dies, dass der Teredo-Client sich hinter (Full) Cone NAT befindet. Mit der

Nachricht RA teilt der Teredo-Server dem Client in `Origin Indicator` die mapped IPv4-Adresse und den mapped Port mit. Diese Angaben benötigt der Client, um seine Teredo-Adresse zu generieren [Abb. 9.6-3].

Wird RA von NAT nicht an den Teredo-Client weitergeleitet, bedeutet dies, dass der Teredo-Client sich entweder hinter Restricted Cone NAT oder Symmetric NAT befindet [Abb. 9.6-6].

Allgemeiner Verlauf der Qualifikationsprozedur

Abb. 9.6-6 illustriert den allgemeinen Verlauf der Qualifikationsprozedur.

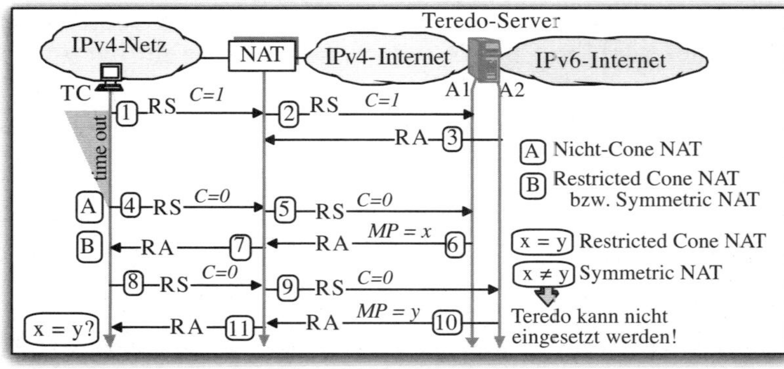


**Abb. 9.6-6:** Allgemeiner Verlauf der Qualifikationsprozedur
MP: Mapped Port, RA: Router Advertisement, RS: Router Solicitation

1. Der Teredo-Client sendet RS an den Teredo-Server.
2. Die IPv6-Quelladresse im IPv6-Header ist die Link-Local-Adresse [Abb. 9.6-2b] des Clients mit dem auf 1 gesetzten Cone-Flag (`C = 1`). NAT speichert eine entsprechende Zuordnung in der Mapping-Tabelle, und danach leitet die ICMPv6-Nachricht RS an den Teredo-Server weiter.
3. Der Teredo-Server antwortet mit RA.
4. Da in RS das Cone-Flag auf 1 gesetzt war, sendet der Teredo-Server RA über seine sekundäre IPv4-Adresse. Da NAT jetzt ein Nicht-Cone NAT ist, wird RA von NAT an den Teredo-Client nicht weitergeleitet. Der Teredo-Client wartet aber eine festgelegte Zeit (Timeout) ab und sendet danach eine weitere Nachricht RS über seine Link-Local-Adresse, aber diesmal mit dem auf 0 gesetzten Cone-Flag (`C = 0`).
5. NAT leitet RS an den Teredo-Server weiter.
6. Der Teredo-Server antwortet auf RS mit RA.
7. Da `C = 0` in RS war, sendet der Teredo-Server RA von der gleichen IPv4-Adresse aus, die in RS als Ziel angegeben war (d.h. seiner primären IPv4-Adresse). Das IPv4-Paket mit RA enthält den Origin Indicator mit der mapped IPv4-Adresse und dem mapped Port (MP = x). Diese Angaben benötigt der Client für die Generierung seiner Teredo-Adresse. NAT leitet RA an den Teredo-Client weiter.
8. Nach dem Empfang von RA stellt der Client daher fest, dass er sich entweder hinter Restricted Cone NAT oder hinter Symmetric NAT befindet. Um sicherzustellen, dass sich der Teredo-Client nicht hinter einem Symmetric NAT befindet, sendet er an den Teredo-Server eine weitere Nachricht RS mit dem auf 0 gesetzten Cone-Flag.
9. Als Ziel-IPv4-Adresse enthält diese Nachricht aber die sekundäre IPv4-Adresse des Teredo-Servers. NAT leitet RS an den Teredo-Client weiter.

10. Da `C = 0` in RS war, antwortet der Teredo-Server mit RA von der gleichen IPv4-Adresse aus, die in RS als Ziel angegeben war (d.h. seiner sekundären IPv4-Adresse). RA enthält `Origin Indicator` mit der mapped IPv4-Adresse und dem mapped Port (`MP = y`).
11. Der Teredo-Client vergleicht die mapped Ports (`x` und `y`) aus den letzten beiden RA-Nachrichten. Wenn sie sich unterscheiden, dann ordnet NAT die gleiche interne Adresse und Portnummer zu unterschiedlichen externen (mapped) Ports zu [Abb. 5.3-3]. Dadurch kann der Client feststellen, dass er sich hinter Symmetric NAT befindet. In diesem Fall lässt sich das Konzept von Teredo nicht einsetzen.

## 9.7 Protokoll-Translation: IPv4 ⇔ IPv6

Die Kommunikation zwischen IPv4-Rechner am IPv4-Netz und IPv6-Rechner am IPv6-Netz ist auch aufgrund der Translation *IPv4 ⇔ IPv6* gewährleistet. Sie kann in einem Router zwischen diesen beiden Netzen stattfinden. Hierfür gab es zwei Konzepte, die auf Grundlage von Translation eine Integration der IPv4- und IPv6-Netze ermöglichen sollen:

- SIIT (*Stateless IP/ICMP Translation Algorithm* ) [RFC 2765] und
- NAT-PT (*Network Address Translation* – `Protocol Translation`) [RFC 2766].

Das NAT-PT-Verfahren ist aber aufgrund von Inkompatibilitäten mit der bestehenden Infrastruktur in RFC 4966 in den Status 'historic' gesetzt worden und wird daher auch nicht weiter besprochen.

Das in RFC 2765 eingeführte Verfahren SIIT, das aktuell in RFC 6145 allgemein als '*IP/ICMP Translation Algorithm*' bezeichnet wird, hat daher besondere Bedeutung für die Koexistenz von IPv4- und IPv6-Netzen, da hier die wichtigen IPv4-mapped IPv6- sowie die IPv4-translated IPv6-Adressen exemplarisch genutzt werden.

### 9.7.1 Stateless IPv4/IPv4 Translation (SIIT)

SIIT beschreibt die zustandslose Translationen *IPv4 ⇔ IPv6* und *ICMPv4 ⇔ ICMPv6*. Was ist SIIT? Das Wort *zustandslos* verweist darauf, dass der Header jedes IP-Pakets ohne Berücksichtigung des Zustands der Session zwischen den kommunizierenden Rechnern übersetzt wird. Damit wird die Session nicht beeinflusst. Mithilfe von SIIT ist es möglich, eine IPv6-Domain mit einer IPv4-Domain so zu vernetzen, dass die Kommunikation zwischen einem IPv6-Rechner aus einer IPv6-Domain und einem IPv4-Rechner aus einer IPv4-Domain stattfinden kann. Um dies zu erreichen, muss der Rechner mit IPv6 nur eine besondere IPv6-Adresse besitzen, die man als *IPv4-translated IPv6-Adresse* bezeichnet [Abb. 7.9-7c]. Abb. 9.7-1 illustriert die Bedeutung von SIIT.

Da die Kommunikation innerhalb des IPv4-Netzes nach IPv4 und innerhalb des IPv6-Netzes nach IPv6 erfolgt, muss die Translation *IPv4 ⇔ IPv6* vom Router an der Grenze zwischen diesen beiden Netzen vorgenommen werden. Hierbei handelt es sich im Grunde genommen um eine entsprechende Header-Translation zwischen IPv4 und IPv6.

Um die in Abb. 9.7-1 dargestellte IP-Kommunikation zu ermöglichen, muss der Router auch die Translation *ICMPv4 ⇔ ICMPv6* realisieren, was mittels SIIT beschreiben wird.

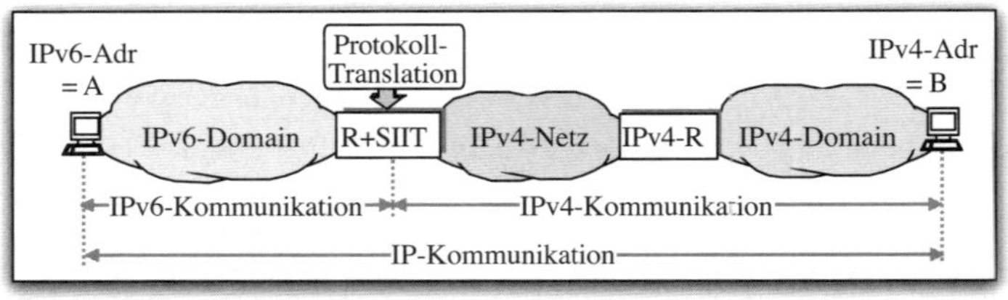


**Abb. 9.7-1:** Integration der IPv4- und IPv6-Netze auf Grundlage von SIIT
R+SIIT: Router mit SIIT

## 9.7.2 Adressierung bei SIIT

Spezielle IPv6-Adressen

SIIT verwendet IPv4-mapped IPv6-Adressen und IPv4-translated IPv6-Adressen. Die Struktur dieser IPv6-Adressen wurde in Abschnitt 7.9.4 gezeigt [Abb. 7.9-7]. IPv4-mapped IPv6-Address hat das Format `::ffff:a.b.c.d`, wobei `a.b.c.d` eine IPv4-Adresse ist. Eine derartige IPv6-Adresse hat das Präfix `::ffff::/96` und wird von einem IPv6-only-Rechner im IPv6-Netz verwendet, um einen IPv6-only-Rechner im IPv4-Netz als Ziel anzugeben [Abb. 9.7-2].

Eine IPv4-translated IPv6-Adresse hat das Format `::ffff:0:w.x.y.z`, wobei `w.x.y.z` eine IPv4-Adresse ist. Diese IPv6-Adresse hat das Präfix `::ffff:0/96` und wird verwendet, um eine IPv6-Quelladresse im IPv6-Header aus einer IPv4-Adresse zu generieren. Die Präfixe `::ffff/96` und `::ffff:0/96` in diesen beiden IPv6-Adresstypen sollen garantieren, dass die Prüfsumme im TCP- bzw. UDP-Header nach der Translation des IP-Header nicht neu berechnet werden muss.

Prinzip der Adressierung

Abb. 9.7-2 illustriert die Adressierung bei SIIT. Der IPv6-Rechner im IPv6-Netz hat eine IPv4-translated IPv6-Adresse. Die Zieladresse im IPv6-Paket mit dem Ziel im IPv4-Netz ist eine IPv4-mapped IPv6-Adresse mit dem Präfix `::ffff/96`. Dieses Präfix sagt dem Router, dass es sich um ein Paket handelt, das in das IPv4-Netz weitergeleitet und SIIT angewandt werden muss. Die IPv4-Adressen `X4` und `Y4` werden im Router aus den Ziel- und IPv6-Quelladressen 'herausgenommen' und als IPv4-Ziel- Quelladressen im – in das IPv4-Netz – zu sendenden IPv4-Paket verwendet. Darin besteht u.a. die Bedeutung von IPv4-mapped und IPv4-translated IPv6-Adressen.

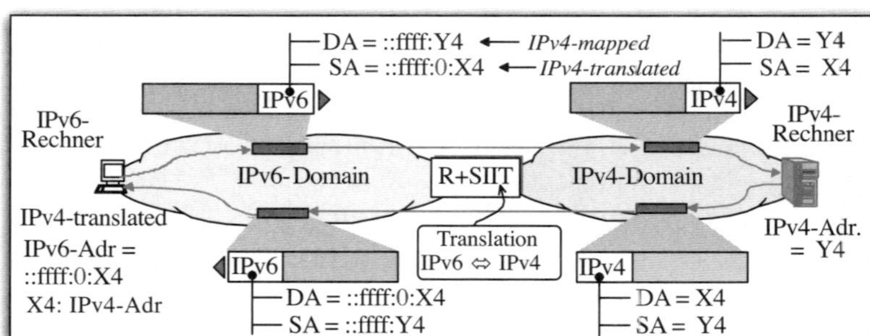


**Abb. 9.7-2:** Veranschaulichung des Adressierungsprinzips beim Einsatz von SIIT
DA: Destination Address, SA: Source Address, R+SIIT: Router mit SIIT

Das seitens des IPv4-Netzes empfangene IPv4-Paket enthält nur die IPv4-Adressen. Wie Abb. 9.7-2 zeigt, werden die IPv6-Adressen im Router wie folgt gebildet:

- Aus der IPv4-Zieladresse `X4` entsteht die IPv6-Zieladresse als IPv4-translated IPv6-Adresse `::ffff:0:X4`.
- Aus der IPv4-Quelladresse `Y4` entsteht die IPv6-Quelladresse als IPv4-mapped IPv6-Adresse `::ffff:Y4`.

Betrachtet man die Adressierung bei SIIT, so sieht man seitens des IPv4-Netzes das IPv6-Netz als ein Netz mit nur IPv4-Adressen. Die Voraussetzung für SIIT ist, dass ein IPv6-Rechner, der mit einem IPv4-Rechner die IP-Pakete tauschen möchte, für die Dauer der Kommunikation eine offizielle IPv4-Adresse zugewiesen bekommt. Aus dieser IPv4-Adresse kann er eine IPv4-translated IPv6-Adresse generieren.

## 9.7.3 Translation IPv4 ⇔ IPv6

Situationen bei der Translation

Bei der Vernetzung eines IPv6-Netzes mit einem IPv4-Netz entstehen die in Abb. 9.7-3 dargestellten Situationen. Bei der Übermittlung eines IPv4-Pakets in das IPv6-Netz sind folgende zwei Fälle zu unterscheiden:

- Fall 1: Ein IPv4-Paket wird in ein IPv6-Paket gewandelt. Mittels einer Translation *IPv4-Header ⇒ IPv6-Header* findet die Umsetzung statt.
- Fall 2: Das IPv4-Paket war zu lang und wurde auf der IPv4-Seite aufgeteilt. In diesem Fall ist das IPv4-Paket ein IPv4-Teilpaket. Daher muss im Router ein Erweiterungs-Header `Fragment Header` im IPv6-Paket hinzugefügt werden. Eine Translation in Form *IPv4-Header ⇒ (IPv6-Header + Fragment Header)* wird vorgenommen, damit die einzelnen IPv4-Teilpakete zu einem vollständigen IPv4-Paket zusammengesetzt werden können.

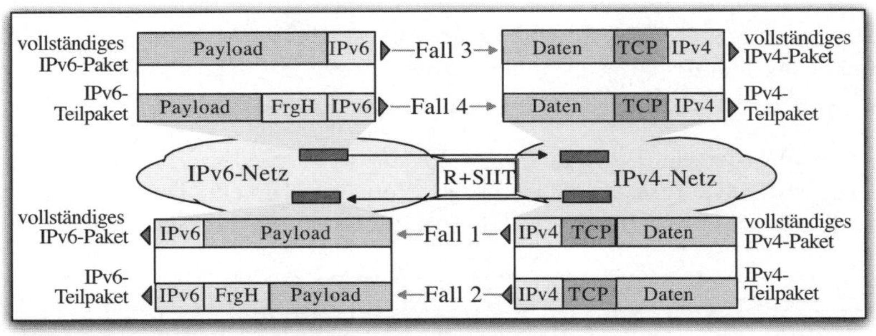


**Abb. 9.7-3:** Situationen bei der Translation IPv4 ⇔ IPv6
R+SIIT: Router mit SIIT; FrgH: Fragment Header

Bei der Übermittlung eines IPv6-Pakets in das IPv4-Netz kommen noch folgende zwei Fälle hinzu:

- Fall 3: Ein IPv6-Paket wird in ein IPv4-Paket gewandelt. Es ist eine Translation *IPv6-Header ⇒ IPv4-Header* durchzuführen.
- Fall 4: Ein IPv6-Paket enthält einen `Fragment Header` (d.h. es ist ein Teilpaket) und wird auf ein IPv4-Teilpaket umgesetzt. Somit findet eine Translation *(IPv6-Header + Fragment Header) ⇒ IPv4-Header* statt.

Bei der Translation *IPv4 ⇔ IPv6* müssen diese Fälle berücksichtigt werden.

IPv4 ⇒ IPv6; Fall 1

Abb. 9.7-4 veranschaulicht die Translation *IPv4-Header ⇒ IPv6-Header*, falls das IPv4-Paket auf der IPv4-Seite nicht aufgeteilt wurde, d.h. es ist vollständig und somit kein Teilpaket. Diese Translation entspricht dem Fall 1 in Abb. 9.7-3 bei der Übermittlung eines IPv4-Pakets in das IPv6-Netz.

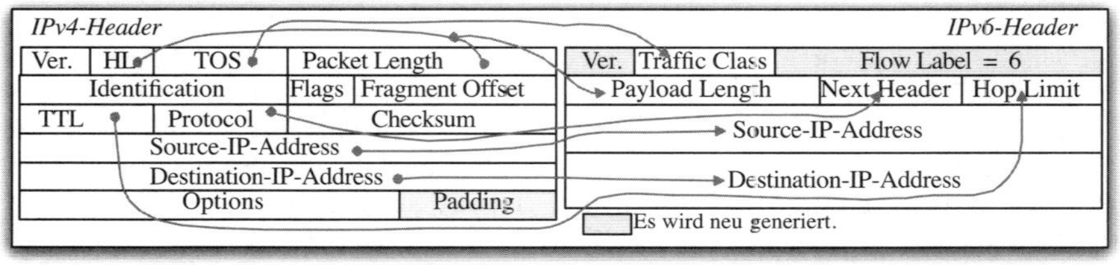


**Abb. 9.7-4:** Translation IPv4-Header ⇒ IPv6-Header; Fall 1 in Abb. 9.7-3
Ver.: Version, HL: Header Length, ToS: Type of Service, TTL: Time to Live

Aus einem IPv4-Header entsteht ein IPv6-Header wie folgt:

- `Version`: Hier wird 6 angegeben.
- `Traffic Class`: Das Feld `ToS` aus dem IPv4-Header wird übernommen.
- `Flow Label`: Es wird immer `6` eingetragen.
- `Payload Length`: Die Differenz `Packet Length - Header Length` aus dem IPv4-Header wird verwendet.
- `Next Header`: Die Angabe `Protocol` aus dem IPv4-Header wird übernommen.
- `Hop Limit`: Da der Translator auch ein Router ist, wird `TTL` aus dem IPv4-Header genommen und hier der Wert `TTL - 1` eingetragen.
- `Source Address`: Die IPv4-mapped IPv6-Adresse mit der IPv4-Quelladresse aus dem IPv4-Header wird eingetragen [Abb. 7.9-7b].
- `Destination Address`: Es wird die IPv4-translated IPv6-Adresse mit der Ziel-IPv4-Adresse aus dem IPv4-Header genutzt [Abb. 7.9-7c].
- `Options` des IPv4-Headers werden ignoriert und nicht ins IPv6-Paket übertragen.

IPv4 ⇒ IPv6; Fall 2

Abb. 9.7-5 illustriert die Translation *IPv4-Header ⇒ IPv6-Header*, falls das IPv4-Paket auf der IPv4-Seite aufgeteilt wurde, d.h. ein Teilpaket darstellt. Diese Translation entspricht dem Fall 2 in Abb. 9.7-3 bei der Übermittlung eines IPv4-Pakets in das IPv6-Netz.

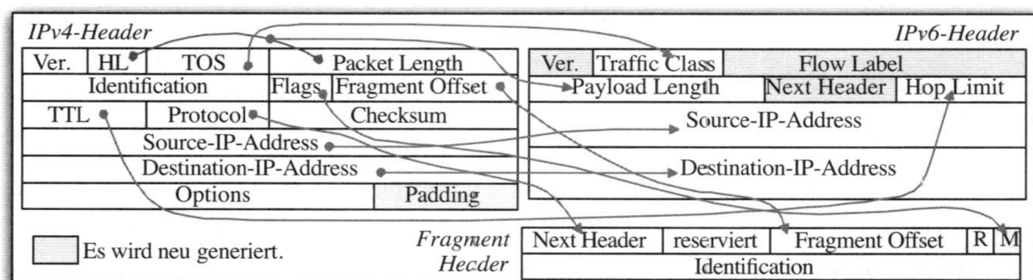


**Abb. 9.7-5:** Translation IPv4-Header ⇒ IPv6-Header; Fall 2 in Abb. 9.7-3
M: More Fragments, R: Reserved, weitere Abkürzungen wie in Abb. 9.7-4

Sofern auf IPv6-Seite ein `Fragment Header` im IPv6-Paket enthalten sein muss, sind folgende Modifikationen im Vergleich zur Translation in Abb. 9.7-4 notwendig:

- `Payload Length`: Der Wert `Packet Length - Header Length + 8` wird berechnet und eingetragen. `Packet Length` und `Header Length` sind die Angaben aus dem IPv4-Header. Die Zahl 8 ist die Länge von `Fragment Header`.
- `Next Header`: Zur Identifikation des `Fragment Header` wird hier 44 referenziert.

Der `Fragment Header` wird gebildet entsprechend:

- `Next Header`: Die Angabe `Protocol` aus dem IPv4-Header erscheint hier.
- `Fragment Offset`: Der `Fragment Offset` aus dem IPv4-Header wird genutzt.
- `M-Bit` (*More Fragment Bit*): Das `M-Bit` aus dem Feld `Flags` im IPv4-Header wird übernommen.
- `Identification`: Die `Identification` aus dem IPv4-Header wird genutzt, indem die oberen 16 Bit auf 0 gesetzt werden.

Die Translation *IPv6-Header ⇒ IPv4-Header*, falls das IPv6-Paket auf der IPv6-Seite nicht aufgeteilt wurde, zeigt Abb. 9.7-6. Hier enthält das IPv6-Paket keinen `Fragment Header`. Diese Translation entspricht dem Fall 3 in Abb. 9.7-3. IPv6 ⇒ IPv4; Fall 3

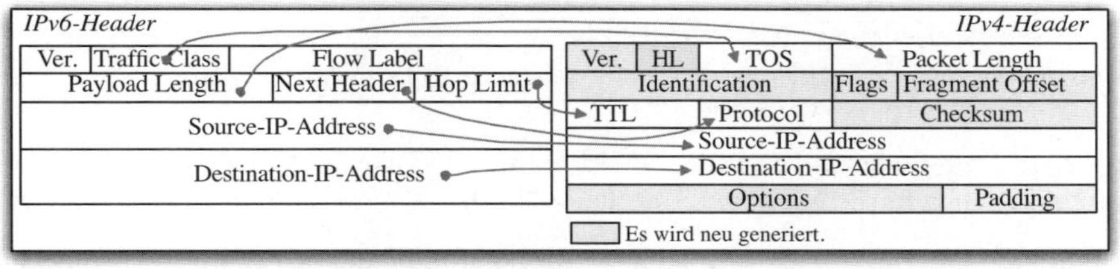


**Abb. 9.7-6:** Translation IPv6-Header ⇒ IPv4-Header; Fall 3 in Abb. 9.7-3
Abkürzungen wie in Abb. 9.7-4

Aus einem IPv6-Header entsteht ein IPv4-Header wie folgt:

- `Version`: Der Wert 4 wird angegeben.
- `Header Length`: Die IPv4-Header-Länge wird eingetragen. Falls keine Optionen hinzugefügt werden, enthält der Header 5*32-Bit-Worte und der Wert `5` wird genutzt.
- `Type of Service` (`ToS`): `Traffic Class` wird aus dem IPv6-Header übernommen.
- `Packet Length`: Das Ergebnis von `Payload Length + Header Length` wird eingetragen. Hier stellt `Header Length` die Länge des IPv4-Header dar, und `Payload Length` wird aus dem IPv6-Header übernommen.
- `Identification`: Da das IPv4-Paket kein Teilpaket ist, wird hier `0` eingetragen.
- `Flags`: Die resultierenden Bit werden wie folgt gesetzt:
  - `MF = 0` (`MF`: *More Fragments*); das letzte Paket aus einer Folge.
  - `DF = 1` (`DF`: *Don't Fragment*); Paket darf nicht aufgeteilt werden.
- `Fragment Offset`: Es wird der Wert `0` eingetragen.
- `TTL`: Da der SIIT-Translator auch ein Router ist, wird `Hop Limit` aus dem IPv6-Header genommen und hier der Wert `Hop Limit - 1` eingefügt.
- `Protocol`: Die `ID` des `Next Header` aus dem IPv6-Header wird übernommen.

- `Checksum`: Diese Prüfsumme wird nach Erzeugung des IPv4-Header neu berechnet.
- `Source IP Address`: Die IPv4-Adresse aus der IPv4-translated IPv6-Adresse [Abb. 7.9-7c] im Feld `Source IP Address` des IPv6-Header wird übernommen.
- `Destination IP Address`: Die IPv4-Adresse aus der IPv4-mapped IPv6-Adresse [Abb. 7.9-7b] im Feld `Destination IP Address` des IPv6-Header wird eingesetzt.

IPv6-Optionen (als Teil der Erweiterungs-Header) werden ignoriert.

IPv6 ⇒ IPv4; Fall4

Die Translation *IPv6-Header ⇒ IPv4-Header*, falls das IPv6-Paket auf der IPv6-Seite aufgeteilt wurde, zeigt Abb. 9.7-7. Hier enthält das IPv6-Paket einen `Fragment Header`. Die beiden IPv6-Header, d.h. Basis-IPv6-Header und `Fragment Header`, müssen auf einen IPv4-Header übersetzt werden. Dies entspricht dem Fall 4 in Abb. 9.7-3.

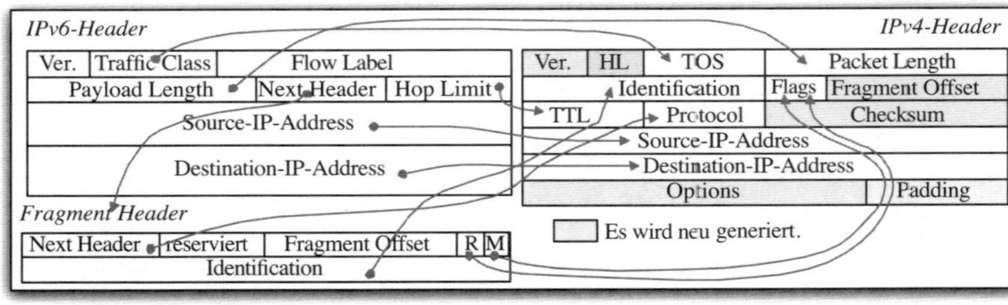


**Abb. 9.7-7:** Translation IPv6-Header ⇒ IPv4-Header; Fall 4 in Abb. 9.7-3
Abkürzungen wie in Abb. 9.7-4

Falls auf IPv6-Seite ein `Fragment Header` im IPv6-Paket enthalten ist, sind folgende Modifikationen im Vergleich zur Translation in Abb. 9.7-7 notwendig:

- `Packet Length`: Der Wert von `Payload Length + Header Length - 8` berechnet und eingesetzt. `Header Length` stellt die Länge des IPv4-Header dar. `Payload Length` wird aus dem IPv6-Header übernommen, und Minus 8 ist hier wegen des `Fragment Header`.
- `Identification`: Verwendung finden die unteren 16 Bit aus dem Feld `Identification` im `Fragment Header`.
- `Flags`: Die Bit sind wie folgt gesetzt:
  - `MF = 0` (`MF`: *More Fragments*); als `MF`-Bit entsprechend dem `M`-Bit des `Fragment Header`.
  - `DF = 0` (`DF`: *Don't Fragment*).
- `Fragment Offset`: Der Wert des `Fragment Offset` aus dem `Fragment Header` wird übernommen.
- `Protocol`: Der `Next Header` folgt aus der ID des `Fragment Header`.

### 9.7.4 Translation ICMPv4 ⇔ ICMPv6

Die ICMPv4-Nachrichten werden bei SIIT auf die ICMPv6-Nachrichten umgesetzt. Tab. 9.7-1 zeigt die Zuordnung der ICMPv4- auf ICMPv6-Nachrichten.

| ICMPv4-Nachricht | ⇒ | ICMPv6-Nachricht |
|---|---|---|
| `Echo Request/Reply` (Typen 8, 0) | ⇒ | `Echo Request/Reply` (Typ 128 und 129) |
| `Redirect` (Typ 1) | ⇒ | Wird verworfen |
| `Source Quench` (Typ 4) | ⇒ | Wird verworfen |
| `Destination Unreachable` (Typ 3) | ⇒ | `Destination Unreachable` (Typ 1) |
| `Time Exceeded` (Typ 11) | ⇒ | `Time Exceeded` (Typ 3) Code-Feld unverändert |
| `Parameter Problem` (Typ 12) | ⇒ | `Parameter Problem` (Typ 4) |
| `Timestamp Request/Reply` (Typen 13, 14) | ⇒ | Wird verworfen |
| `Address Mask Request/Reply` (Typen 17, 18) | ⇒ | Wird verworfen |

**Tab. 9.7-1:** ICMPv4-Nachricht ⇒ ICMPv6-Nachricht

Die Nachrichten `Timestamp Request/Reply` sowie `Address Mask Request/Reply` werden bei ICMPv6 nicht definiert. Somit können diese auf keine ICMPv6-Nachrichten umgesetzt werden. Sie werden an der Grenze zum IPv6-Netz einfach ignoriert.

ICMPv6 wurde im Vergleich zu ICMPv4 um einige Nachrichten für die Unterstützung der Multicast-Kommunikation und der automatischen Adresskonfiguration erweitert. Nur ICMPv6-Nachrichten für `Echo-Request/Reply` sowie für Fehlermeldungen können daher auf entsprechende ICMPv4-Nachrichten abgebildet werden. Jene ICMPv6-Nachrichten, denen keine ICMPv4-Nachricht entspricht, werden am Übergang zum IPv4-Netz verworfen. Tab. 9.7-2 illustriert die Umsetzung von ICMPv6- auf ICMPv4-Nachrichten.

Translation ICMPv6 ⇒ ICMPv4

| ICMPv6-Nachricht | ⇒ | ICMPv4-Nachricht |
|---|---|---|
| `Echo Request/Reply` (Typen 128, 129) | ⇒ | `Echo Request/Reply` (Typ 8 und 0) |
| `Destination Unreachable` (Typ 1) | ⇒ | `Destination Unreachable` (Typ 3), Code = 4 |
| `Time Exceeded` (Typ 3) | ⇒ | Falls Code = 4: `Time Exceeded` (Typ 11) |
| `Parameter Problem` (Typ 4) | ⇒ | `Destination Unreachable` (Typ 1); andere Codes: `Parameter Problem` (Typ 12) |
| `Group Membership Messages` (Typen 130, 131, 132) | ⇒ | Werden verworfen |
| `Router-Solicitation/ -Advertisement` (Typen 133, 134) | ⇒ | Werden verworfen |
| `Neighbor-Solicitation/ -Advertisement` (Typen 135, 136) | ⇒ | Werden verworfen |
| `Redirect` (Typ 137) | ⇒ | Wird verworfen |

**Tab. 9.7-2:** ICMPv6-Nachricht ⇒ ICMPv4-Nachricht

## 9.8 NAT64 und DNS64

Nach den vielen Ansätzen der Koexistenz von IPv4 und IPv6 und den unterschiedlichen Tunneling-Varianten hat sich im Jahr 2011 die *Protocol Translation* (PT) nach NAT64 als derzeit aktuelles *Framework* für ein *stateful Adressmapping* herausgeschält. Wie bereits in Tab. 7.8-2 dargestellt, ist der IPv6-Adressenbereich `64:ff9b::/96` als 'Well-known

Prefix' reserviert und dient zum Einbetten der 32 Bit IPv4-Adressen in IPv6-Adressen. Bei NAT64 geht es aber um mehr als nur eine Umsetzung von Adressen [RFC 6144]:

1. Die Abbildung von IPv4-Adressen durch Ergänzung des *'Well-known Prefix'* `64:ff9b::/96` wird in RFC 6052 beschrieben.
2. Die *Protocol Translation* zwischen dem IPv4- und dem IPv6-Header ist Gegenstand von RFC 6145, wobei auch ICMP mit eingeschlossen ist. Hierbei wird im Wesentlichen vom SIIT-Mechanismus Gebrauch gemacht, wie wir dies in Abschnitt 9.7.1 vorstellten.
3. Das Regelwerk für das NAT-ing, das festschreibt, wie die Umsetzung für TCP, UDP bzw. ICMP zu erfolgen hat. In Konsequenz wird in RFC 6146 eine *NAT64 State Machine* vorgestellt.
4. Die Nutzung von DNS (hier *DNS64* genannt) zur Ermittlung der jeweils gültigen IPv4- bzw. IPv6-Adresse auf Grundlage eines DNS A bzw. AAA Lookups (vgl. Abschnitt 4.3), entsprechend RFC 6147.

## 9.8.1 NAT64-Arbeitsmodell

Die bislang diskutierten – spezifischen – Tunnel- und Translation-Mechanismen zwischen IPv4 und IPv6 werden bei NAT64 erfasst und systematisiert, wobei es hier immer um die Kopplung einer IPv4- mit einer IPv6-Domain geht. Wie aus Abb. 9.8-1 entnommen werden kann, beinhaltet NAT64 nicht nur einen *Translator* (XLAT), sondern auch einen DNS64-Proxy als zentrales Bindeglied, der ebenfalls Übersetzungsfunktionen – nun aber für DNS A- bzw. AAAA-Queries – bereit stellt. In allen Fällen geht NAT64 davon aus, dass die jeweiligen Kommunikationspartner quasi nur ihr eigenes Protokoll nutzen und demzufolge keine Dual-Stack-Funktionen vorliegen. NAT64 unterstützt sowohl eine *stateless* als auch *stateful* Adressenumsetzung zwischen den Domains:

Stateless Translation

- *Stateless Translation*: Die Abbildung einer IPv4- auf eine IPv6-Adresse geschieht automatisch bzw. algorithmisch.

Stateful Translation

- *Stateful Translation*: Die Abbildung der Adressen geschieht über eine definierte (manuelle) Übersetzungstabelle.

Hierdurch lassen sich in der IPv6-Domain ULA- und in der IPv4-Domain private IPv4-Adressen nutzen.

**Beispielszenarien**:

- *Kommunikation von IPv6-Rechnern aus der IPv6-Domain mit dem IPv4-Internet*: Die Umsetzung von IPv4- auf IPv6-Adressen (und umgekehrt) kann sowohl stateless (also automatisch bzw. algorithmisch) oder stateful vorgenommen werden.
- *Kommunikation eines Rechners aus dem IPv4-Internet mit der IPv6-Domain*: Zwar könnte von einer Adressenumsetzungstabelle Gebrauch gemacht werden, aber es empfiehlt sich eine IPv4-translated IPv6-Adressen [Abb. 7.9-7c] im 'stateless Modus'.
- *Kommunikation vom IPv6-Internet zu einem (privaten) IPv4-Netz*: Da hier private IPv4-Adressen genutzt werden, muss die Übersetzung stateful erfolgen.
- *Kommunikation von einem (privaten) IPv4-Netz mit dem IPv6-Internet*: Hierfür bietet 6to4 keine geeignete Lösung; sinnvoll und notwendig wäre der Einsatz eines *Application Layer Gateways* (ALG) in diesem Fall.

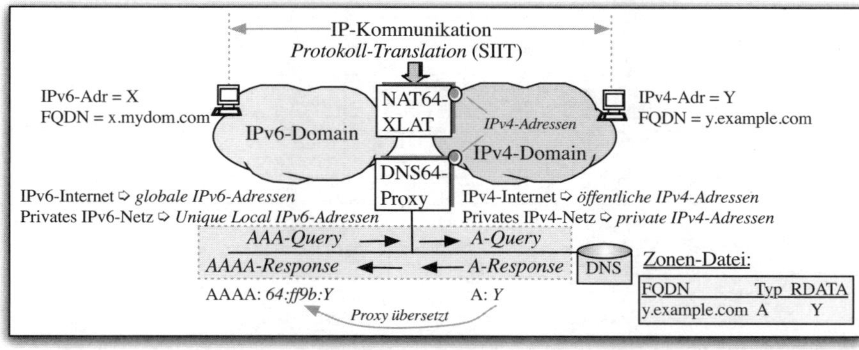


**Abb. 9.8-1:** Konzept der IPv4/IPv6-Translation mit NAT64 und DNS64

- *Kommunikation zwischen einem (privaten) IPv6-Netzwerk und einem (privaten) IPv6-Domain*: Dieses Szenario ist in der Regel innerhalb einer Organisation anzutreffen, die die Hoheit über die vergebenen Adressen besitzt, wobei hier ULA bzw. private IPv4-Adressen vergeben sind. Sowohl stateless als auch stateful Umsetzungen sind möglich.
- *Kommunikation zwischen dem IPv6-Internet und dem IPv4-Internet*: Da in beiden Fällen globale IPv6- bzw. öffentliche IPv4-Adressen genutzt werden, kann im Prinzip eine 1:1 Abbildung erfolgen, sofern die Anzahl der Rechner (= IP-Adressen) im IPv6-Internet klein bleibt.

## 9.8.2 NAT64-IPv6-Adressen

Unterschiedliche Arten der Einbettung einer IPv4-Adresse in eine 128 Bit IPv6-Adresse haben wir bereits entsprechend Abb. 7.9-7 kennen gelernt. NAT64 beschert uns ein weiteres IPv6-Adressenformat: *IPv4-embedded IPv6-Adressen*.

Ausgehend vom 'Well-known Prefix' aus Tab. 7.8-2 `64:ff9b/96` werden mehrere Arten von IPv4-embedded IPv6-Adressen zugelassen, so wie in Abb. 9.8-2 dargestellt. Neben dem 'Well-known Prefix' können nun auch globale IPv6-Adressen – mit unterschiedlich langen Präfixen – quasi als Träger von IPv4-embedded Adressen fungieren, wodurch die Kopplung von IPv4-Netzen an das IPv6-Internet problemlos möglich ist. Hierdurch ergibt sich aber die Anforderung, ggf. die IPv4-Adresse zu splitten und zwar auf einen Teil, der in der Netz-ID untergebracht wird und ein weiteren Teil im Link-Token der IPv6-Adresse. IPv4-embedded IPv6-Adressen

Um die Kompatibilität mit 'üblichen' IPv6-Adressen zu gewährleisten, werden die höchsten 8 Bit der Link-ID ausgenommen und auf den Wert '0' gesetzt, d.h. stehen für die Einbettung der IPv4-Adresse nicht zur Verfügung (*unused*). Zudem können IPv6-Adressen mit diesen Bit auf Null gesetzt und so als IPv4-embedded IPv6-Adressen erkannt werden. Unused Bit

Die Verwendung der Suffix-Bit ist z.Z. noch nicht geklärt; aktuelle Implementierungen sollen aber auch hier den Wert '0' vorsehen. Alternativ kann bei Bedarf hier eine Portnummer eingetragen werden. Auch ist es möglich, dieses Feld zur Hinterlegung einer *Checksumme* zu nutzen (vgl. Abschnitt 1.6.3). Im Allgemeinen werden die IPv4-embedded IPv6-Adressen in Hexadezimaldarstellung geschrieben. Das resultierende Format einer Suffix-Bit

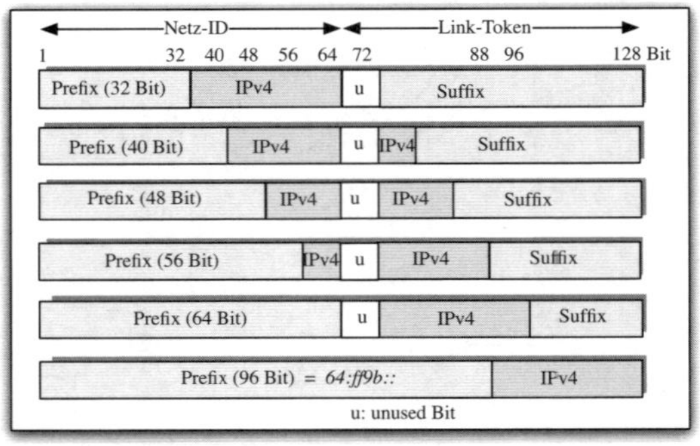


**Abb. 9.8-2:** Aufbau von IPv4-embedded IPv6-Adressen unterschiedlicher Präfixlängen

IPv4-embedded IPv6-Adressen ist abhängig von der Präfixlänge der IPv6-Adresse. Für die eingebettete IPv4-Adresse `192.0.2.33` ergibt sich beispielsweise

`2001:db8:/32 + 192.0.2.33` ⇒ `2001:db8:c000:221::`

und beim Präfix

`2001:db8:122::/48 +192.0.2.33` ⇒ `2001:db8:122:c000:2:2100::`.

Beträgt die Präfixlänge jedoch `/96` wie beim 'Well-known Prefix', wird die IPv4-Adresse nun allerdings in der Standardversion, d.h. als 'dotted-decimal' Adresse dargestellt:

`192.0.2.33` ⇒ `64:ff9b::192.0.2.33`.

## 9.8.3 NAT64 Stateful Translation

Der NAT64-XLAT-Proxy [Abb. 9.8-1] besitzt zwei unterschiedliche Konfigurationsinformationen, die als *Binding Information Base* (BIB) und *Session State Table* bezeichnet werden. Hierin werden die statischen und dynamischen Merkmale der höheren Protokolle – also TCP, UDP aber auch ICMP – hinterlegt.

Binding Information Base

- Die *Binding Information Base* (BIB) für TCP und UDP beinhaltet das Mapping von *upstream* und *downstream* TCP/UDP-Sockets, also das Paar (`IP-Adresse, Portnummer`), z.B. (`IPv6=x, Port=a`) ⇒ (`IPv4=y, Port=b`) für jede Richtung. Bei ICMP müssen die Nachrichtentypen abgebildet werden, was aus Tab. 9.7-1 und Tab. 9.7-2 entnommen werden kann.

Session Table Entry

- Ein *Session Table Entry* (STE) beschreibt den dynamischen Zustand einer TCP-Verbindung, wie in Abb. 9.8-3 darstellt ist, d.h. bezieht sich immer auf die bidirektionale Verbindung. Beim TCP-Protokoll triggert ein <SYN> die Erzeugung eines Eintrags hierin (und der *stateful* verwaltet werden muss), bei UCP ist es das erste einlaufende Paket für einen externen Socket, und bei ICMP ist es typischerweise eine Query (identifizierbar nach dem Typ).

NAT64 versus NAT44

Das NAT64-XLAT-Proxy arbeitet also ganz vergleichbar wie ein Standard-NAT-Proxy [RFC 5245] für IPv4 (auch als *NAT44* bezeichnet) – mit allen seinen Nachteilen wie z.B. dass IPsec nicht unterstützt werden kann. Auf der IPv6-Seite können dem NAT64-Gateway mehrere IPv6-Präfixe zugeteilt sein. Für jedes Präfix ist eine eigene *Binding*

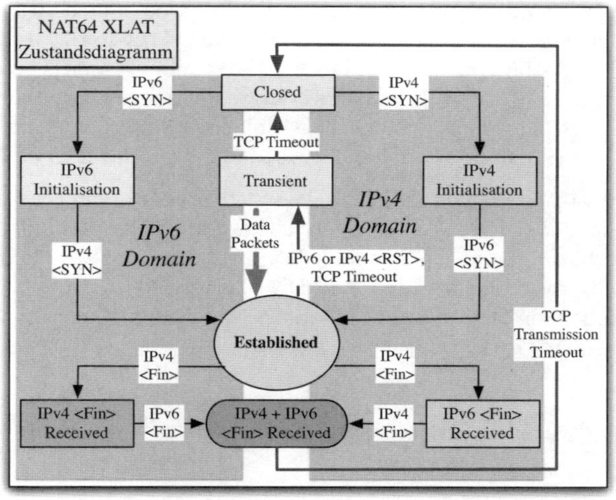


**Abb. 9.8-3:** Vereinfachte NAT64-XLAT State Engine

*Information Base* zu unterhalten. Was es jedoch von einem NAT44-Proxy unterscheidet, ist seine Interaktion mit dem DNS, das wir nun vorstellen wollen.

## 9.8.4 DNS-Integration bei NAT64

Ein zentrales Stellglied bei NAT64 stellt der DNS-Proxy dar, der hier – je nach Sichtweise – als DNS64 oder DNS46 bezeichnet wird. Ebenso wie das NAT64-XLAT-Proxy besitzt der DNS64-Proxy eine IPv6-Adresse in Richtung des IPv6-Netzes und eine IPv4-Adresse für die IPv4-Domain.

- Die Arbeitsweise aus Richtung IPv6-Netz zum IPv4-Netz (auch als DNS64 bezeichnet) ist bereits in Abb. 9.8-1 dargestellt: Der DNS64-Proxy kann wie folgt vorgehen: DNS64-Proxy

  1. Zunächst wird für jeden FQDN (in Abb. 7.8-1 für `x.example.com`) eine normale DNS `AAAA-Query` vorgenommen. Dies geschieht über eine Standard-DNS-Nachricht, in UDP eingekapselt und per IPv6 verschickt. Liegt nun ein Antwort vor, ist der Host IPv6-fähig und spielt für die NAT64-Übersetzung keine Rolle.
  2. Parallel hierzu wird eine DNS `A-Query` gestartet. Diese wird über den Proxy (nun als *Resolver* im IPv4-Netz tätig) per IPv4 versandt. Die Antwort wird entgegen genommen (sofern vorhanden), das Ergebnis, d.h. die ermittelte IPv4-Adresse aber nun algorithmisch in eine NAT64-Adresse umgeformt [Abb. 7.8-2], wobei vom bekannten (konfigurierten) Präfix auf der IPv6-Seite Gebrauch gemacht wird. Diese so 'synthetisierte' Antwort wird dem anfragenden Host im IPv6-Netz mitgeteilt.

  Aufgrund seiner Routing-Tabelle adressiert dieser nun den Zielrechner über das NAT64-Gateway und dort findet die entsprechende Translation von IPv6 nach IPv4 (und umgekehrt) statt.

- Die Abfragen eines IPv4-Hosts für einen FQDN (respektive dessen IP-Adresse) im IPv6-Netz ist aktuell in RFC 6147 nicht geklärt.

Domain ipv4only.arpa

Damit ein Rechner in der IPv6-Domain feststellen kann, ob der DNS64-Proxy *DNS64-enabled* ist, kann eine spezielle `A`-Query auf den Namen `'ipv4only.arpa'` vorgenommen werden. Diese Abfrage wird vom DNS64-Proxy niemals weiter geleitet, sondern immer mit `Präfix::192.0.0.170` beantwortet, wobei der gewählte Präfix neben dem 'Well-known Prefix' `64:ff9b::/96` ein provisioniertes Präfix sein kann. Hierfür sind die IPv4-Adressen `192.0.0.170` und `192.0.0.171` entsprechend RFC 7050 reserviert.

Das gewählte IPv4-Adressenformat in der DNS-Antwort entspricht aber laut RFC 7050 immer dem in Abb.9.8-2 unten gezeigten Format, besitzt also eine `/96` Präfixlänge. Ergänzend ergeben sich Anforderungen für andere DNS-Abfragen, wie z.B. `Pointer`-Queries. Neben dem Sachverhalt, dass im RFC öfters DNS-Server und -Resolver verwechselt werden, ist der Einsatz von DNSSEC [Abschnitt 4.8] noch offen. Daher ist der Status von RFC 6147 nicht ohne Grund 'rejected'[3].

## 9.9 Schlussbemerkungen

Migration statt 'Revolution'

In diesem Kapitel wurde gezeigt, dass es mehrere Ansätze für die Koexistenz von IPv4 und IPv6 in einer Netzwerkinfrastruktur gibt [Abb. 9.2-1], die teilweise inkohärente und inkompatible Lösungen beinhalten. Die meisten dieser Lösungsrezepte sollten sich aber aufgrund der Durchdringung des IPv6-Protokolls in der Praxis (die bei den Endgeräten – vom Smartphone bis zum PC – längst statt gefunden hat) selbst überflüssig machen.

Zugriff auf IPv4-Internetdienste

- Die Einführung von IPv6 ist nur dann sinnvoll, wenn die Rechner in IPv6-Netzen auf die Webdienste im herkömmlichen IPv4-Internet zugreifen können. Daher ist eine Lösung nötig, mit der die Rechner in IPv6-Netzen Kommunikationsbeziehungen zu den Rechnern in IPv4-Netzen aufbauen können.

IPv6 = Dual Stack

- Einige vorgeschlagene Lösung DSTM und NAT-PT haben sich als obsolet herausgestellt, da alle heutigen IPv6-Implementierungen Dual-Stack sind.

Zugriff auf IPv6-Internetdienste

- In kleinen Netzwerken werden oft private IPv4-Adressen verwendet, und der Einsatz von Firewalls ist ein Muss. Daher ist eine Lösung nötig, nach der Rechner aus kleinen Netzwerken auf das IPv6-Internet zugreifen können. Dies ist u.a. durch den Einsatz von Teredo möglich. Teredo ist bereits für Rechner mit Windows XP und mit Linux verfügbar. Die Teredo-Software für Linux-Rechner [`http://www.simphalempin.com/dev/miredo`] wird als *Miredo* bezeichnet.

AYIYA für kleinere Netzwerke

- Während Teredo für die Anbindung einzelner Rechner an das IPv6-Netz ausreichend sein kann, bietet sich mit AYIYA (*Anything-in-Anything*) ein Konzept an, das die Kopplung (kleinerer) privater Netze ans IPv6-Internet transparent und bereits auf dem NAT-Router realisieren kann.

Middleboxen

- Die Verwendung von *Middleboxen* als Bindeglied für eine IPv4-Domain beim Kunden und dem IPv6-Internet – oder umkehrt – zur Bereitstellung einer IPv6-Konnektivität beim Kunden unter Nutzung des IPv4 ISP-Netzwerks mit der Möglichkeit, *Carrier-Grade NAT* CGN anzubieten, besitzt bei Internet-Providern große Popularität, bricht aber zum Großteil die Anforderung einer transparenten Provider-Internetanbindung.

NAT64 + DNS64

- NAT64 mit DNS64 ist die aktuelle technische Lösung – allerdings mit dem Mangel, dass DNS64 quasi nur in einer Richtung funktioniert.

[3] siehe: `http://www.rfc-editor.org/errata_search.php?rfc=6147`

# Teil III

# Internet Routing Architektur

Die Frage, ob Computer denken können, ist in etwa so relevant wie die Frage, ob U-Boote schwimmen können.

Edsgar Dijkstra, 2008

# 10 Routing in IP-Netzen

Router-Funktion

Ein *Router*, genauer gesagt ein *IP-Router*, ist ein Kopplungselement, das mehrere IP-Subnetze auf Basis unterschiedlicher Netztypen wie LANs und WANs innerhalb der Netzwerkschicht (Schicht 3) miteinander verbinden kann. Weil das Protokoll IP in dieser Schicht angesiedelt ist, muss der Router in der Lage sein, die IP-Zieladressen zu interpretieren. Die Routing-Verfahren sind daher in der Regel davon abhängig, ob das Protokoll IPv4 oder IPv6 eingesetzt wird. Durch die unterschiedliche Struktur und Vergabepraxis von routbaren IPv4- und IPv6-Adressen sind bei den Internet-Routern infolgedessen unterschiedliche Routing-Informationen für die beiden Protokolle IPv4 und IPv6 notwendig.

Was ist ein Routing-Protokoll?

Die Router bestimmen nach protokollspezifischen Verfahren (*Routing-Protokoll*), die zur Übertragung der IP-Pakete möglichen Übermittlungspfade (die *Routen*) und leiten dementsprechend die empfangenen IP-Pakete weiter. Die Weiterleitung der IP-Pakete in Routern nennt man *Routing*. Es gibt mehrere Routing-Verfahren, nach denen die Router die optimalen Routen bestimmen und in Form von Routing-Tabellen bei sich speichern. Hierfür müssen die Router die *Routing-Informationen* untereinander austauschen. Die Regeln, nach denen dieser Austausch erfolgt und die Routen bestimmt werden, bezeichnet man als *Routing-Protokoll*.

Überblick über das Kapitel

Dieses Kapitel vermittelt eine Darstellung der Routing-Grundlagen und -Protokolle. Die Routing-Grundlagen werden in Abschnitt 10.1 diskutiert. Ein Routing-Protokoll kann vom Netzzustand entweder *abhängig* oder *unabhängig* sein. Somit unterschiedet man zwischen *zustandsunabhängigen* und *zustandsabhängigen* Routing-Protokollen. Dem zustandsunabhängigen Protokoll RIP wird Abschnitt 10.2 gewidmet, dem zustandsabhängigen Protokoll OSPF Abschnitt 10.3. Das IP-Netz einer administrativen Organisation bzw. einer Firma bildet ein *autonomes System*. Zwischen autonomen Systemen wird das Routing-Protokoll BGP-4 eingesetzt, auf das in Abschnitt 10.4 eingegangen wird. Wie eine redundante Router-Auslegung erfolgen kann, sodass ein virtueller Router entsteht, erläutert Abschnitt 10.5. Dem Multicast-Routing widmet sich Abschnitt 10.6. Schlussbemerkungen in Abschnitt 10.7 runden das Kapitel ab.

Ziel dieses Kapitels

In diesem Kapitel werden u.a. folgende Fragen beantwortet:

- Welche Aufgabe haben die Router und wie funktionieren sie?
- Wie werden die IP-Pakete über ein Netz übermittelt, das sich aus mehreren IP-Subnetzen zusammensetzt?
- Welche Prinzipien liegen den Routing-Protokollen zugrunde?
- Wie verlaufen die Routing-Protokolle RIP und OSPF und wie erstellen die Router ihre Routing-Tabellen nach diesen Protokollen?
- Welche Erweiterungen der Protokolle RIP und OSPF sind für IPv6 notwendig?
- Wie kann das Routing zwischen autonomen Systemen durch Einsatz von BGP-4 realisiert werden?
- Wie können insbesondere die IPv4-Router am Internetzugang, z.B. mittels der Protokolle VRRP und HSRP redundant ausgelegt werden?
- Nach welchen Prinzipien wird Multicast-Routing in IP-Netzen realisiert?
- Worin unterscheidet sich Intra- und Inter-Domain Multicast-Routing?

## 10.1 Routing-Grundlagen

Routing-prinzipien nach *Dijkstra*

Mit Routern kann man Vernetzungen realisieren, in denen die *optimalen Wege* (*Routen*) für die Datenübermittlung nach verschiedenen Kriterien bestimmt werden. Dieses Problem wurde von *Edsger Dijkstra* 1959 [Dij59] allgemein beschrieben und wird üblicherweise heute in *Graphenform* dargestellt. Seine Erkenntnisse stellen eine wesentliche Grundlage der Informatik und der Rechnernetze dar. Als Kriterien für optimale Routen können Auslastung, Durchsatz, Gebühren und Übertragungszeit in Betracht kommen. Bei einer Änderung der Lage im Netz (z.B. Leitungsunterbrechung, Router-Ausfall) ermöglichen die Router, auf eine alternative Route umzuschalten.

In diesem Abschnitt werden die Grundbegriffe des Routing in IP-Netzen kurz erläutert. Der Prozess der Weiterleitung eines IP-Pakets auf Basis seiner IP-Zieladresse wird als *IP-Routing* (bzw. auch kurz *Routing*) bezeichnet.

### 10.1.1 Grundlegende Aufgaben von Routern

Was ist ein Router?

Ein Router ist ein Kopplungselement zwischen zwei bzw. mehreren Netzen, der die IP-Pakete auf Basis von IP-Zieladressen von einem Netz ins andere weiterleitet. Ein Router wird manchmal auch als *Gateway* bezeichnet. Die wichtigsten Einsatzgebiete von Routern in IP-Netzen sind:

- lokale Vernetzung der IP-Subnetze auf Basis von LANs,
- Erweiterung eines LANs mit einem WAN,
- standortübergreifende Vernetzung von IP-Subnetzen über ein WAN.

Im Allgemeinen gilt folgende Aussage:

> Mit einem Router werden (logische) IP-Subnetze miteinander gekoppelt, unabhängig von den Kommunikationsprotokollen der unteren Schichten.

#### Lokale Vernetzung der IP-Subnetze

Die Grundsätze der Vernetzung der IP-Subnetze auf Basis von LANs illustriert Abb. 10.1-1. Die Prinzipien der Übermittlung von IP-Paketen in LANs werden in Abschnitt 12.1 näher dargestellt, IP-Pakete werden bei LANs in *MAC-Frames* übertragen [Abb. 12.1-2].

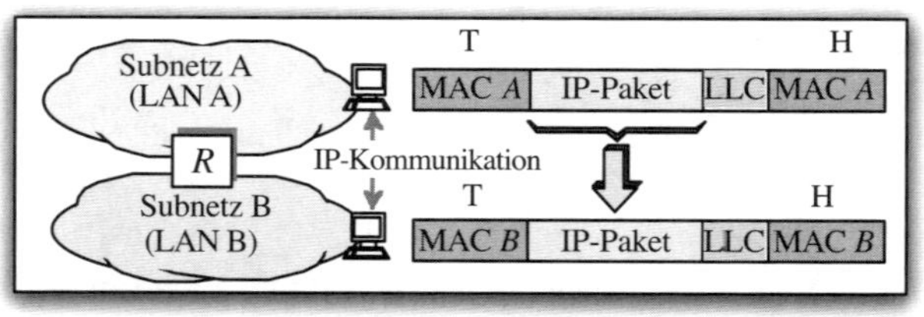


**Abb. 10.1-1:** Prinzip der lokalen Vernetzung von IP-Subnetzen mit Router-Hilfe
H (T): Header (Trailer) vom MAC-Frame, LLC: Logical Link Control, MAC: Media Access Control, R: Router

Wie in Abb. 10.1-1 ersichtlich ist, leitet der Router bei der IP-Kommunikation zwischen zwei LANs nur die IP-Pakete von einem IP-Subnetz ins andere weiter. Hierbei wird das

IP-Paket aus dem vom LAN A empfangenen MAC-Frame 'herausgenommen' und in den zum LAN B zu sendenden MAC-Frame eingebettet.

Dies bedeutet, dass die Kopplung von LANs mittels Router innerhalb der Netzwerkschicht (Schicht 3) stattfindet. Deshalb ist es möglich, dass die beiden LANs unterschiedliche Zugriffsverfahren (MAC) verwenden. Hierbei kann es sich um LANs unterschiedlicher Typen (z.B. IEEE 802.3/Ethernet und Token-Ring) handeln, in denen unterschiedliche Mediumzugriffsverfahren verwendet werden. Vernetzung unterschiedlicher LANs

### LAN-Erweiterung mit einem WAN

Wie Abb. 10.1-2 zeigt, sind bei der Erweiterung eines LAN mit einem WAN mittels Router folgende zwei Fälle zu unterscheiden:

- Die Rechner am WAN bilden ein anderes IP-Subnetz.
- Die Rechner am LAN und am WAN bilden ein einziges IP-Subnetz.

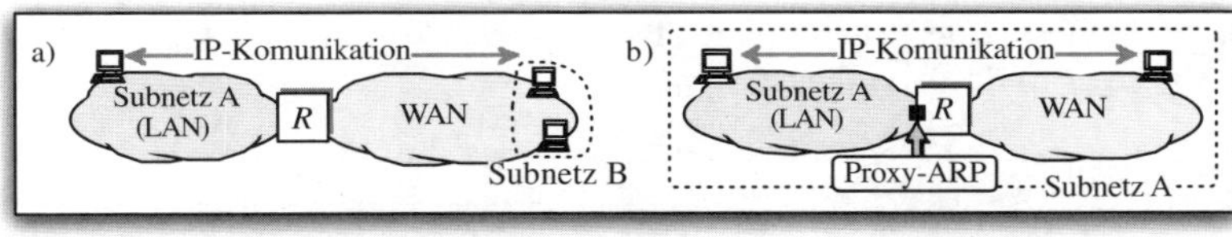


**Abb. 10.1-2:** Erweiterung eines LAN mit einem WAN; Rechner am LAN und WAN bilden: a) verschiedene IP-Subnetze, b) ein einziges IP-Subnetz

Falls die Rechner am WAN ein IP-Subnetz bilden, handelt es sich um eine 'klassische' Vernetzung von IP-Subnetzen. Hier besteht die Aufgabe eines Routers in der Weiterleitung der IP-Pakete aus einem Subnetz ins andere.

Falls die Rechner am LAN und die Rechner am WAN ein einziges IP-Subnetz bilden, muss der Router seitens des LAN die Funktion *Proxy-ARP* (*Address Resolution Protocol*) unterstützen [Abschnitt 2.6.2]. Die Aufgabe des Routers besteht in diesem Fall in der Weiterleitung der IP-Pakete aus dem LAN ins WAN und auch umgekehrt. Einsatz des Proxy-ARP

In Abb. 10.1-2 wurden keine Voraussetzungen hinsichtlich des WAN angenommen. In diesem Fall kann das WAN kann ein Frame-Relay- oder ein ATM-Netz sein[1].

Die wichtigste Voraussetzung dabei ist, dass der Rechner am LAN mit dem Rechner am WAN kommunizieren kann. Hierfür müssen sie das Protokoll IP verwenden.

Abb. 10.1-3 veranschaulicht die LAN-Erweiterung mit einem WAN.

Bei der IP-Kommunikation zwischen einem Rechner am LAN und einem anderen am WAN leitet der Router nur die IP-Pakete vom LAN ins WAN und umgekehrt. Beispielsweise wird bei der Übermittlung eines IP-Pakets in 'WAN-Richtung' das IP-Paket aus dem empfangenen MAC-Frame herausgenommen und in den zu sendenden WAN-Frame eingebettet. Wird als WAN das ISDN eingesetzt, verwendet man oft das Protokoll PPP (*Point-to-Point Protocol*) [Abschnitt 12.2.2]. In diesem Fall werden die IP-Pakete in den PPP-Frames übertragen. PPP wird auch zukünftig bei der direkten Übertragung der IP-Pakete über WANs auf Basis von WDM (*Wavelength Division Multiplexing*) eingesetzt. *PPP*-Bedeutung

[1] Frame-Relay aber auch ATM-Netze stellen alte und kaum mehr benutzte Netztechnologien dar; werden aber in Folgendem häufig als Beispielinfrastruktur für den Routereinsatz genutzt.

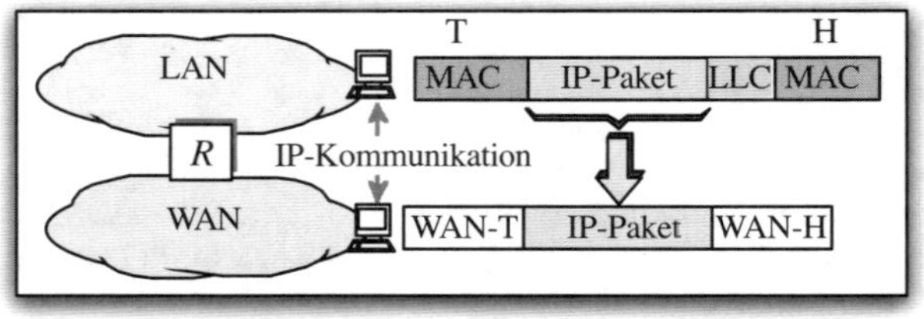


**Abb. 10.1-3:** Prinzip der LAN-Erweiterung mit einem WAN
WAN-H (T): WAN-Header (Trailer), weitere Abkürzungen wie in Abb. 10.1-1

Somit können Gigabit-LANs mit WDM-basierten WANs nach dem hier dargestellten Prinzip räumlich uneingeschränkt erweitert werden.

### Vernetzung der IP-Subnetze über ein WAN

Um die IP-Subnetze standortübergreifend über ein WAN zu vernetzen, sind zwei Router nötig. Abb. 10.1-4 illustriert dies.

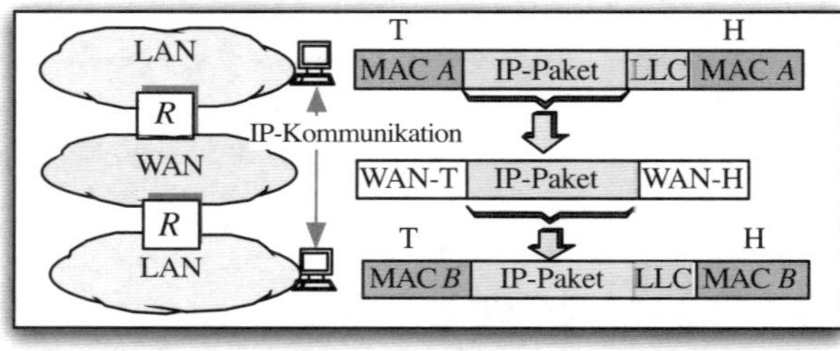


**Abb. 10.1-4:** Prinzip der Vernetzung der IP-Subnetze über ein WAN
WAN-H (T): WAN-Header (Trailer), weitere Abkürzungen wie in Abb. 10.1-1

Bei der Übermittlung eines IP-Pakets vom LAN zum WAN wird das IP-Paket im Router aus dem empfangenen MAC-Frame herausgenommen und in das zu sendende WAN-Frame eingebettet. Der umgekehrte Vorgang findet im Router bei der Übermittlung in Gegenrichtung statt: Bei der Übermittlung vom WAN zum LAN wird das IP-Paket aus dem empfangenen WAN-Frame herausgenommen und in den zu sendenden MAC-Frame des LAN eingebettet.

## 10.1.2 Adressierung beim Router-Einsatz

Beim Internetworking ist zwischen zwei Adresstypen zu unterscheiden, was Abb. 10.1-5 näher zum Ausdruck bringen soll. Um die Rechner als Hardware-Komponenten adressieren zu können, sind dafür sog. *physikalische Adressen* notwendig.

MAC-Adresse

Die MAC-Adressen in LANs sind physikalische Adressen. Ein LAN ist ein Broadcast-Netz, sodass jeder MAC-Frame in jedem Rechner empfangen werden kann, wenn die MAC-Adresse des Rechners mit der Ziel-MAC-Adresse im Frame übereinstimmt. Die MAC-Adresse trifft aber keine Aussage darüber, wo sich der Zielrechner befindet.

Ein WAN ist kein Broadcast-Netz, sodass eine physikalische WAN-Adresse eindeutig die Stelle bestimmt, wo der Zielrechner angeschlossen ist. Aus diesem Grund wird die physi-

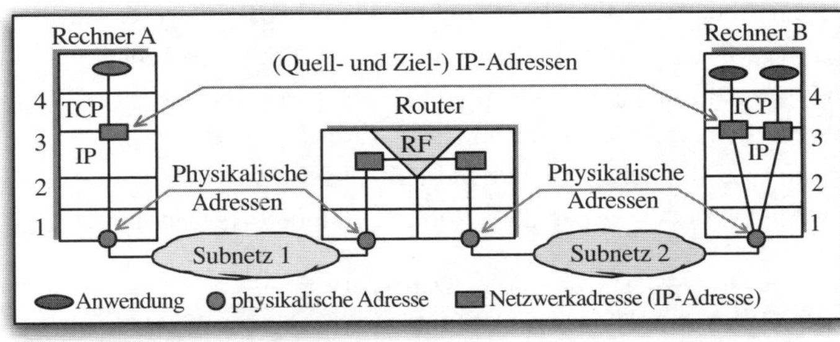


**Abb. 10.1-5:** Zweistufige Adressierung beim Internetworking
RF: Routing-Funktion

kalische Adresse im WAN oft in Standards als SNPA (*Subnetwork Point of Attachment*) bezeichnet, d.h. sie definiert eindeutig den Anschlusspunkt des Rechners am WAN.

Interpretation von IP-Adressen

Sowohl in LANs als auch in WANs müssen die Software-Einheiten ebenfalls adressiert werden. Dafür sind die logischen Adressen vorgesehen, die *IP-Adressen*. Das sind die Adressen innerhalb der Netzwerkschicht, die als Zugangspunkte zu den Netzdiensten angesehen werden können. Abb. 10.1-5 demonstriert insbesondere, dass

- die Routing-Funktion innerhalb der Netzwerkschicht (Schicht 3) angesiedelt ist, und dass
- jeder Port im Router eine IP-Adresse besitzen muss.

## Schichtenmodell für die Vernetzung mit Routern

Abb. 10.1-6 zeigt das Schichtenmodell für die Vernetzung von IP-Subnetzen beim Einsatz eines Routers. Der Quellrechner sendet den Frame gezielt an den Router, indem er die physikalische Router-Adresse angibt. Sind im Subnetz mehrere Router vorhanden, muss der Quellrechner entscheiden, an welchen Router das Paket geschickt werden soll. Dies bedeutet, dass der Quellrechner – ebenso wie jeder Router – über gewisse *Routing-Informationen* (*RI*) verfügen muss. Deshalb muss jeder Rechner entsprechend konfiguriert werden, um mit dem Router zusammenarbeiten zu können.

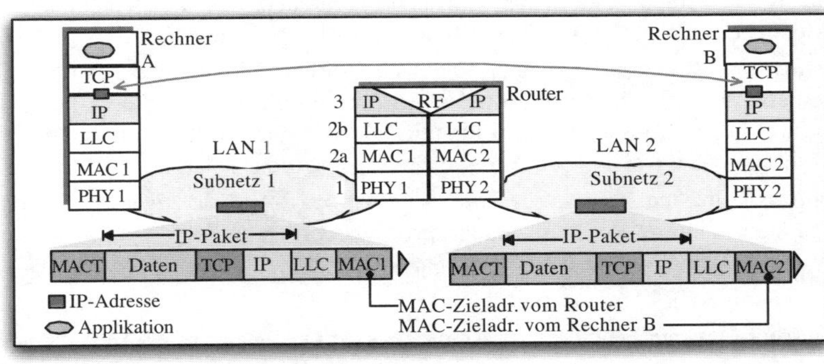


**Abb. 10.1-6:** Router wird direkt physikalisch adressiert
LLC: Logical Link Control, MAC: Media Access Control, MACT: MAC-Trailer, PHY: Physikalische Schicht, ES: Endsystem

In Abb. 10.1-6 soll insbesondere hervorgehoben werden, dass

- Router werden über ihre Linkadresse auf dem jeweiligen Interface angesprochen,
- die Aufgabe der Router in der Weiterleitung der IP-Pakete besteht,
- die IP-Kommunikation als Austausch von IP-Paketen zwischen zwei IP-Endsystemen und unterschiedlichen IP-Adressen angesehen werden kann,
- bei denen die LLC-Teilschichten in den beiden LANs unterschiedlich sein können,
- sowie verschiedene LAN-Typen über Router gekoppelt werden können.

### Beispiel für die Übermittlung eines IP-Pakets

Abb. 10.1-7 illustriert die Adressierung bei der Vernetzung von LANs über WANs beim Router-Einsatz. Hier ist das Prinzip der Weiterleitung von IP-Paketen entlang einer Route zwischen IP-Quelladresse (`V,v`) und IP-Zieladresse (`W,w`) ersichtlich. Die dargestellten LANs (d.h. LAN 1, 2, 3 und 4) repräsentieren verschiedene IP-Subnetze.

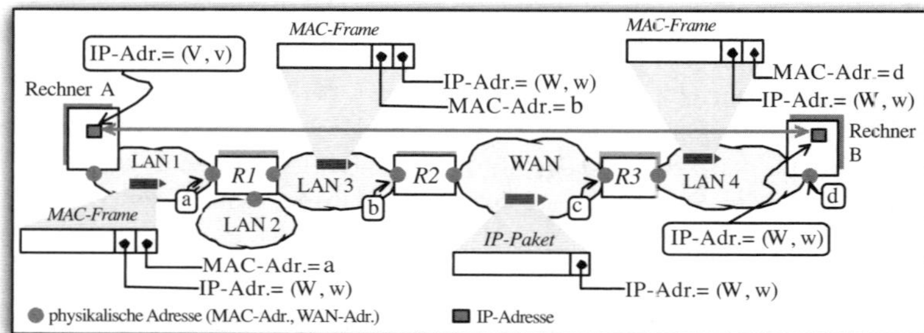


**Abb. 10.1-7:** Adressierungsaspekte beim Router-Einsatz zur LAN-Kopplung über WANs
a, b, c, d: physikalische Adressen; V, W: Subnetz-IDs, v, w: Host-IDs

Besonderheiten der Adressierung

Hierbei ist auf Folgendes zu achten:

- Jeder Quellrechner muss entscheiden, ob das zu sendende IP-Paket in sein Subnetz oder über einen Router in ein fremdes Subnetz übermittelt werden soll. Hierfür werden die Subnetz-IDs in der Ziel- und IP-Quelladresse miteinander verglichen [Abschnitt 2.4.2]. Stimmen sie überein, wird das entsprechende IP-Paket ins eigene Subnetz geschickt und die physikalische Adresse (d.h. die MAC-Adresse) des Zielrechners im MAC-Frame mit dem IP-Paket eingetragen. Sind diese Subnetz-IDs unterschiedlich, wird im abzusendenden Paket die physikalische Router-Adresse angegeben.
- Jeder Router besitzt pro Port eine physikalische Adresse. Verbindet der Port den Router mit einem WAN, stellt die physikalische Adresse eine WAN-Adresse (z.B. ISDN-Rufnummer) dar. Verbindet der Port den Router mit einem LAN, stellt die mit diesem Port verbundene physikalische Adresse eine MAC-Adresse dar.
- Jeder physikalischen Adresse des Routers wird eine IP-Adresse zugeordnet, sodass ein Router über mehrere IP-Adressen angesprochen werden kann.
- Die Ermittlung von physikalischen Router-Adressen zu den IP-Adressen erfolgt durch das Protokoll ARP [Abschnitt 2.6.1].

  **Bemerkung**: Entsprechend Abb. 10.1-7 gilt, dass der Quellrechner im LAN `1` das an den Rechner `B` im LAN `4` adressierte IP-Paket direkt an den Router *R1* sendet. *R1* interpretiert die IP-Zieladresse und sendet das IP-Paket gezielt zum benachbarten Router *R2* weiter. Hierfür muss er die MAC-Adresse von *R2* kennen.

Wie in Abschnitt 10.1.3 gezeigt, ist die IP-Zieladresse des nächsten Routers in der Routing-Tabelle jedes Routers enthalten [Abb. 10.1-9]. Auf Basis der IP-Adresse des nächsten Routers wird dessen physikalische Adresse (d.h. in diesem Fall die MAC-Adresse) per ARP ermittelt, und so erlernt Router *R1* die MAC-Adresse von *R2*.

Router *R2* übermittelt das IP-Paket über ein WAN an Router *R3*. Das IP-Paket wird in einen entsprechenden WAN-Frame [Abb. 10.1-3] eingebettet. In Abb. 10.1-7 wurde der WAN-Frame außer Acht gelassen. Falls die beiden WAN-Router *R2* und *R3* in der Lage sein sollen, eine Verbindung nach Bedarf aufzubauen, müssen sie über eine Tabelle verfügen mit der Zuordnung

`Subnetz-ID` ⇒ `physikalische WAN-Adresse`.

Router *R3* ist der letzte Router unterwegs zum Zielrechner. Er muss auf Basis der IP-Zieladresse die MAC-Adresse (d.h. die physikalische LAN-Adresse) des Zielrechners mittels ARP ermitteln.

Hier ist hervorzuheben, dass die in den Paketen enthaltene IP-Zieladresse (`W,w`) in allen Frames – 'unterwegs' – unverändert bleibt.

### 10.1.3 Routing-Tabelle

Ein Router hat die Aufgabe, ein empfangenes IP-Paket auf optimale Weise in einem Verbund von mehreren Netzen weiterzuleiten. Hierfür enthält er eine Tabelle mit den Angaben zur Weiterleitung von empfangenen IP-Paketen. Diese Tabelle wird *Routing-Tabelle* genannt und im Weiteren kurz als *RT* bezeichnet. Abb. 10.1-8 illustriert das Routing-Prinzip bei der Vernetzung von mehreren IP-Subnetzen.

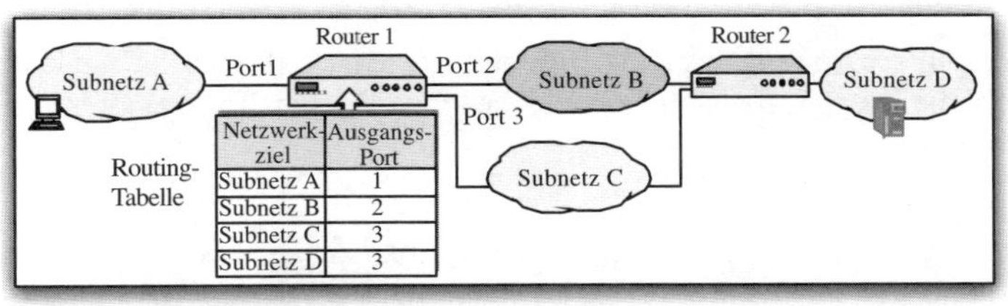


**Abb. 10.1-8:** Veranschaulichung des Routing

Ein Router muss eigentlich nur die Subnetz-Identifikation (Subnetz-ID) in der IP-Zieladresse im zu sendenden IP-Paket interpretieren. Jedem Subnetz wird hier eine Zeile in der RT zugeordnet, in der angegeben wird, über welchen Port, d.h. in welches Subnetz, ein Paket abgeschickt werden soll. Ein Paket enthält die IP-Zieladresse, die den Ort der Rechners im Netz eindeutig bestimmt. Aus dieser IP-Adresse ist das Subnetz eindeutig erkennbar.

Abb. 10.1-8 zeigt eine sehr vereinfachte RT, in der nur die Ausgangsports angegeben wurden. Hierbei kann Router 1 ankommende IP-Pakete aus dem Subnetz `A`, die ins Subnetz `D` weitergeleitet werden sollen, ins Subnetz `B` (WAN) oder ins Subnetz *C* (LAN) abschicken. Die beste Route führt aber über das Subnetz C, sodass das IP-Paket über den Port 3 abgeschickt werden soll. Eine RT nach einem Routing-Protokoll enthält normalerweise noch zusätzliche Angaben wie z.B. die Routen-Qualität (Kosten, Übertragungsdauer) oder die

Zeitspanne seit der letzten Aktualisierung der Route. Diese Angaben sind in Abb. 10.1-8 außer Acht gelassen [Abb. 10.1-9].

Zusammenarbeit von Routern

In kleinen Netzen kann eine RT manuell angegeben werden. Ist das Netz groß, in dem mehrere LANs und WANs miteinander verbunden sind, werden die Routing-Tabellen in der Regel durch den Router selbst erstellt und später nach Bedarf auch selbst modifiziert. Um diese Aufgabe zu erfüllen, müssen die Router die 'Lage' im Netz kennen. Hierfür arbeiten alle Router zusammen, um sich gegenseitig helfen zu können, und jeder Router ist für die eigene Umgebung verantwortlich, d.h. er muss die Netzwerkziele, die über ihn erreichbar sind, allen 'Nachbar'-Routern mitteilen. Die Nachbar-Router fassen dann eigene Angaben mit den Mitteilungen von anderen Nachbar-Routern zusammen und geben diese Zusammenfassung weiter. Dieser Austausch von Daten, genauer gesagt der *Routing-Information* (RI), führt dazu, dass alle Router nach einer gewissen Zeit die Lage im Netz 'beherrschen'. Der Austausch der RI erfolgt nach einem entsprechenden *Routing-Protokoll*.

### Aufbau einer Routing-Tabelle

Das Ergebnis des Austauschs der RI zwischen Routern ist die Routing-Tabelle in jedem Router. Abb. 10.1-9 zeigt die allgemeine Struktur einer Routing-Tabelle.

| Netzwerk-ziel | Subnetz-maske | Nächster Router | Ausgangs-Port | Metrik |
|---|---|---|---|---|
| — | — | — | — | — |
| — | — | — | — | — |
| ... | ... | ... | ... | ... |

**Abb. 10.1-9:** Allgemeine Struktur einer Routing-Tabelle

Spezifikation einer Route

Jeder Eintrag in der Routing-Tabelle beschreibt eine Route, d.h. jede Zeile in der Routing-Tabelle stellt die Beschreibung einer Route dar. Eine Route wird durch folgende Angaben spezifiziert:

- `Netzwerkziel`
  `Netzwerkziel` repräsentiert das Ziel der Route und kann ein Subnetz bzw. ein Rechner (d.h. Host) sein.

Subnetz-Route

  - Ist das Ziel ein Subnetz, spricht man von *Subnetz-Route* (auch Netzwerk-Route genannt), und `Netzwerkziel` ist die Subnetz-ID des Ziel-Subnetzes.

Host-Route

  - Ist das Ziel ein Rechner, spricht man von *Host-Route*, und `Netzwerkziel` ist hier die IP-Adresse des Zielrechners.

- `Subnetzmaske`
  Sie wird verwendet, um die Subnetz-ID-Bit zu bestimmen. Die Nutzung der Subnetzmaske wurde in Abschnitt 2.4.2 erklärt. Handelt es sich um eine Host-Route, ist `Subnetzmaske` gleich `255.255.255.255`.

  **Bemerkung**: Bei VLSM bzw. bei CIDR kann die Länge des Netzpräfix in dieser Spalte angegeben werden. Ist das Netzwerkziel ein Rechner, beträgt die Länge des Netzpräfixes für IPv4 32 Bit und bei IPv6 128 Bit.

- `Nächster Router`
  Diese Spalte wird auch als *Gateway* bzw. `Next Hop` bezeichnet. Sie enthält die IP-Adresse des nächsten Routers unterwegs zum Netzwerkziel.

- `Ausgangs-Port`
  Diese Spalte wird auch als *Interface* bezeichnet. Sie enthält die Angabe des Router-Ausgangsports, über den das zu sendende IP-Paket abgeschickt werden muss. Hier wird oft die IP-Adresse des Ausgangs-Port angegeben.
- `Metrik`
  Diese Spalte enthält die 'Kosten' der Route. Beim Routing-Protokoll RIP [Abschnitt 10.2] wird hier die Anzahl der *Hop* (d.h. die Anzahl von Routern zum Ziel) angegeben. Beim Routing-Protokoll OSPF [Abschnitt 10.3] kann diese Spalte auch andere Parameter enthalten.

### Bestimmung der besten Route

Route mit der längsten Übereinstimmung

Um die Route für die Weiterleitung eines IP-Pakets zu bestimmen, wird folgender Prozess durchgeführt:

1. Für jeden Eintrag in der Routing-Tabelle wird die Operation `Bitwise_AND` zwischen der IP-Zieladresse im Paket und der Spalte Subnetzmaske ausgeführt und mit dem Inhalt der Spalte Netzwerkziel verglichen. Stimmt das Ergebnis überein, gilt der entsprechende Eintrag als eine 'eventuelle' Route.
2. Die Liste von allen eventuellen Routen wird erstellt, und aus dieser Liste wird die Route mit der längsten Übereinstimmung ausgewählt, d.h. die Route, die den meisten Bit der IP-Zieladresse im Paket entspricht.
   - Falls sich mehrere Routen beim Vergleich mit gleicher Länge ergeben, wird die Route mit dem niedrigsten Wert in der Spalte `Metrik` als die 'beste Route' ausgewählt.
   - Falls es mehrere Routen gibt, die als *beste Routen* gelten, kann der Router die geeignete Route aus den besten Routen nach dem Zufallsprinzip auswählen.

Arten von Routen

Im Allgemeinen sind folgende Arten von Routen zu unterscheiden:

- *Direkte Routen*: Routen zu den Subnetzen, die direkt 'erreichbar' sind. Bei diesen Routen ist die Spalte `Nächster Router` leer.
- *Indirekte Routen*: Routen zu den Subnetzen, die über andere Router 'erreichbar' sind. Bei diesen Routen enthält die Spalte `Nächster Router` die IP-Adresse des nächsten Routers, d.h. eines benachbarten Routers, an den die IP-Pakete auf dieser Route weitergeleitet werden müssen.
- *Host-Routen*: Das sind die Routen zu den einzelnen Rechnern (d.h. zu den einzelnen Hosts). Bei den Host-Routen enthält die Spalte `Netzwerkziel` die IP-Hostadresse und die IPv4-Netzmaske lautet `255.255.255.255` bzw. die Netzpräfix-Länge ist 32 oder 128 Bit bei IPv6.
- *Standard-Route* (*Default Route*): Falls keine 'bessere' Route zum Absenden eines Pakets in der Routing-Tabelle enthalten ist, wird die Standard-Route zum Absenden des betreffenden Pakets verwendet:
  - Bei IPv4 lautet das Netzwerkziel der Standard-Route `0.0.0.0` mit der Netzmaske `0.0.0.0` bzw. `0.0.0.0/32`.
  - Bei IPv6 ist dies die unspezifizierte Adresse `::/128`.

  Jede IP-Zieladresse, die mit `0.0.0.0` bzw. `::` durch die Operation `Bitwise_AND` verknüpft wird, ergibt entweder wieder `0.0.0.0` oder `::`. Damit erzeugt der Eintrag in der Routing-Tabelle – der der Standard-Route entspricht – für jede IP-Zieladresse immer eine Übereinstimmung. Gibt es keine 'bessere' Route, wird die Standard-Route zum Absenden des vorliegenden IP-Pakets verwendet, d.h. *das IP-Paket wird an einen von vornherein festgelegten Router (den sog. Standard-Router) weitergeleitet.*

### 10.1.4 Routing-Verfahren

Wie bereits erwähnt wurde, besteht die Routing-Aufgabe in der Bestimmung der günstigsten Route (Datenpfad) für den Transport von Daten zum Zielrechner (Empfänger) durch das Netz. Die günstigste Route wird nach festgelegten Kriterien ausgewählt. Denkbare Kriterien sind z.B. Routen-Länge, -Kosten, -Qualität und Verzögerungszeit auf der Route. In Abb. 10.1-10 sind die wichtigsten Komponenten eines Routing-Verfahrens zusammengestellt.

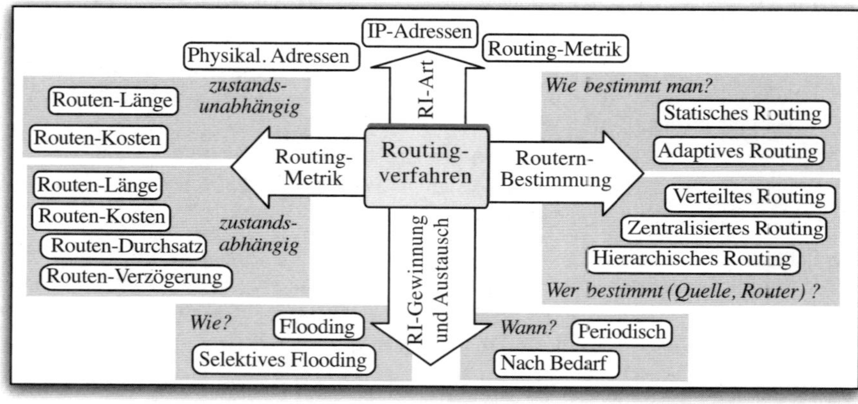


**Abb. 10.1-10:** Komponenten eines Routing-Verfahrens
RI: Routing-Information

Ein Routing-Verfahren wird durch vier Hauptkomponenten bestimmt: die Art der Routing-Information, die Art und Weise der Routen-Bestimmung, die Kriterien für die Routen-Bestimmung und die Strategie für die Gewinnung und den Austausch der Routing-Information.

Routing-Information

Unter der *Routing-Information* (RI) versteht man alle Informationsarten, die dazu dienen, die Routing-Entscheidungen zu unterstützen. Eine komprimierte Form der RI stellt die Routing-Tabelle dar, die eine Basis für die Weiterleitung von Paketen bildet [Abb. 10.1-9]. Um eine endgültige Routing-Tabelle zu erstellen, ist eine zusätzliche RI notwendig. Hierzu gehört insbesondere die Information über die Topologie der Vernetzung, d.h. welche Subnetze vorhanden und wie sie untereinander gekoppelt sind. Um eine Route zu bestimmen, sind auch die Listen von erreichbaren IP-Adressen und von physikalischen Adressen notwendig. Eine besondere Art der RI sind die Informationen über den Zustand und die Qualität einzelner Subnetze, die für die Berechnung von *Routing-Metriken* dienen.

Routing-Metrik

Unter *Routing-Metrik* versteht man ein Maß für die Qualität der Route. Eine Metrik kann sich z.B. auf Routen-Länge, -Kosten oder -Durchsatz beziehen. Bei den Routing-Metriken sind zwei Kategorien zu unterscheiden:

- *zustandsunabhängige* Routing-Metriken und
- *zustandsabhängige* Routing-Metriken.

Verarbeitung von IP-Paketen in Routern

Um die Routeraufgabe besser zu veranschaulichen, illustriert Abb. 10.1-11 die 'Bearbeitung' eines empfangenen IP-Pakets in einem Router. Sie findet innerhalb der Netzwerkschicht statt.

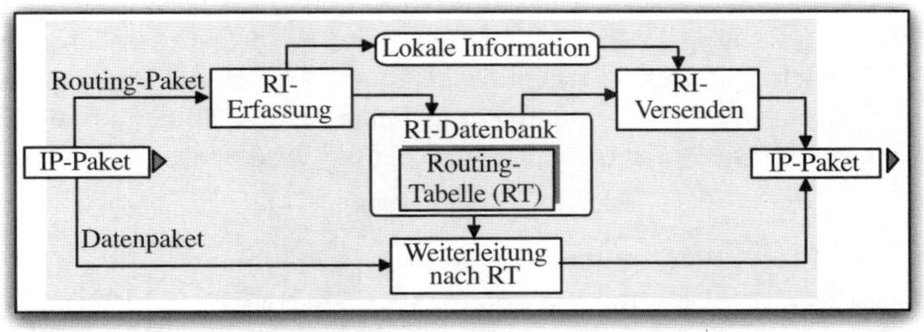


**Abb. 10.1-11:** Bearbeitung eines IP-Pakets im Router
RI: Routing Information, RT: Routing-Tabelle

Zunächst muss unterschieden werden, ob es sich um ein Routing-Paket oder um ein Datenpaket handelt. Ist ein empfangenes IP-Paket ein Routing-Paket, d.h. ein Paket mit Routing-Information (RI), wird die in ihm enthaltene RI interpretiert, die vorhandene RI in der RI-Datenbank entsprechend modifiziert und nach dem Routing-Protokoll zu einem gegebenen Zeitpunkt an andere Router verschickt. Enthält das empfangene Paket Nutzdaten, wird es nach der Routing-Tabelle weitergeleitet.

### Routing-Arten

Distance Vector Routing

Die Routing-Protokolle, die eine *zustandsunabhängige Routing-Metrik* (z.B. Routen-Länge) als Maß für die Qualität der Route bei der Routen-Auswahl verwenden, werden als *zustandsunabhängige Routing-Protokolle* bezeichnet. Am häufigsten wird als Routing-Metrik die Routen-Länge angenommen. In diesem Fall spricht man vom *Distance Vector Routing*. Die Länge der Route wird in Anzahl von Hops angegeben. Ein *Hop* ist ein '*Sprung aus einem Router*', sodass die Anzahl von Hops angibt, wie oft ein Paket von Router zu Router weiter geleitet wurde. Diese ist in der Regel gleich der Anzahl von Subnetzen, die auf dem Weg zum Ziel liegen, wobei auch eine Standleitung zwischen zwei Routern als ein Subnetz zu zählen ist. Damit ist die Routen-Länge in Hops von einem Router zu einem Subnetz, an das er angeschlossen ist, gleich 1.

Die Hop-Anzahl als Routing-Metrik verwendet u.a. das Routing-Protokoll RIP (*Routing Information Protocol*) [Abschnitt 10.2].

Link State Routing

Nach modernen Routing-Protokollen wird der Netzzustand bei der Routen-Auswahl berücksichtigt, d.h. die Routing-Metriken sind somit zustandsabhängig. Derartige Routing-Strategien bezeichnet man als *Link State Routing* (*LS-Routing*). Zu den LS-Protokollen gehört das Routing-Protokoll OSPF (*Open Shortest Path First*) [Abschnitt 10.3].

Ein wichtiger Aspekt bei den Routing-Protokollen ist die Bestimmung der Route. Hierbei gilt es zunächst zu überlegen, wie man die Route bestimmen kann. Generell sind zwei Fälle zu unterscheiden:

Statisches Routing

- *Statisches Routing*
  Eine Route kann auf Dauer festgelegt werden. Dazu zählt man eine definierte Standard-Route (die sog. *Default Route*), die bei der Routerkonfiguration eingegeben wird. Diese Strategie bezeichnet man als *statisches Routing*. In diesem Fall verursachen Änderungen und Ausfälle im Netz eine Umkonfiguration des Routers. Dies ist also sehr

unflexibel und betreuungsintensiv. Somit ist statisches Routing nur bei kleinen Netzen und bei einer festen Netztopologie sinnvoll.

Dynamisches Routing

- *Dynamisches Routing, adaptives Routing*
  Wird die Routing-Information während des Betriebs im Netz ermittelt und zur Aktualisierung von Routing-Entscheidungen verwendet, spricht man von *dynamischem Routing*. Die wichtigste Besonderheit dieser Routing-Art ist die Berücksichtigung des aktuellen Netzzustands. Hierbei findet eine Adaption von Routen an die aktuelle Lage im Netz statt. Eine derartige Routing-Strategie wird auch als *adaptives Routing* bezeichnet.

Source Routing

Es stellt sich die Frage: Wer bestimmt die Routen? Sie können sowohl in Endsystemen als auch in den Routern bestimmt werden. Werden die Routen von Endsystemen durch Sammlung der Routing-Informationen bis zum Zielsystem bestimmt, spricht man von *Source Routing* (*Quellen-Routing*). Hierbei müssen die einzelnen Pakete die vollständige Routen-Angabe aufnehmen. Die Übertragung dieser Angabe in jedem Paket vergrößert die Paketlänge enorm, sodass diese Routing-Strategie sich nicht durchsetzen konnte.

Verteiltes bzw. zentralisiertes Routing

Entscheiden die einzelnen Router über die Weiterleitung der Pakete aufgrund von Routing-Tabellen, handelt es sich um *verteiltes Routing*. Die Routen können auch an einer zentralen Stelle im Netz errechnet und dann an alle Router verschickt werden. Diese Routing-Strategie stellt *zentralisiertes Routing* dar. Sie ist nicht ausreichend flexibel und wird daher in der Praxis nicht realisiert. Eine wichtige Komponente jedes Routing-Verfahrens ist die Art und Weise, wie die Routing-Information (RI) gewonnen und zwischen den Routern ausgetauscht wird. In älteren Routing-Protokollen wird die RI zwischen Routern in festgelegten Zeitintervallen ausgetauscht. Nach den neuen Routing-Protokollen wird die RI nach Bedarf verschickt. Der Bedarf entsteht dann, wenn z.B. bestimmte Veränderungen der Route bekannt gegeben werden müssen.

Verteilung der Routing-Information

Wie die RI ausgetauscht werden kann, ist ein separates Problem. Jeder Router sendet die eigene RI oft an alle Nachbar-Router. Diese RI-Verteilung wird als *Flooding* bezeichnet. Um das Netz mit der RI nicht zu stark zu belasten, wird ein *selektives Flooding* realisiert. Hierbei versuchen die Router, die RI nur an einige ausgewählte Nachbar-Router zu senden. Ein Beispiel dafür wäre das Konzept *Split Horizon* beim Protokoll RIP [Abb. 10.2-3]. Bei diesem Konzept wird verhindert, dass die RI in die Richtung zurückgeschickt wird, aus der sie bereits empfangen wurde.

### Link State Routing

Die neuen Routing-Protokolle, wie z.B. OSPF realisieren das LS-Routing (*Link State*). Abb. 10.1-12 stellt die Hauptfunktionen dieser Protokolle vor.

`Hello`-Pakete

Wird ein Router an ein Subnetz angeschlossen, muss er sich den anderen Routern im Netz vorstellen und sie auch kennenlernen. Hierfür werden spezielle Pakete verwendet, die man auch als `Hello`-Pakete bezeichnet. Um sich den anderen Routern vorzustellen, sendet ein neuer Router im Netz immer ein `Hello`-Paket als Broadcast-Nachricht, in der er die eigene Kennung und die eigenen Adressen (physikalische Adresse und IP-Adresse) den anderen Routern bekannt gibt. Die Nachbar-Router antworten darauf mit entsprechenden `Hello`-Paketen, sodass der neue Router sie kennenlernen kann. Aufgrund von `Hello`-Paketen modifiziert jeder Router die RI in seiner RI-Datenbank.

`LSA`-Pakete

Jeder Router muss die eigene RI weitergeben. Damit konstruiert er ein entsprechendes Paket mit dieser RI, das die Adressen und Verbindungen zu allen Nachbar-Routern mit der

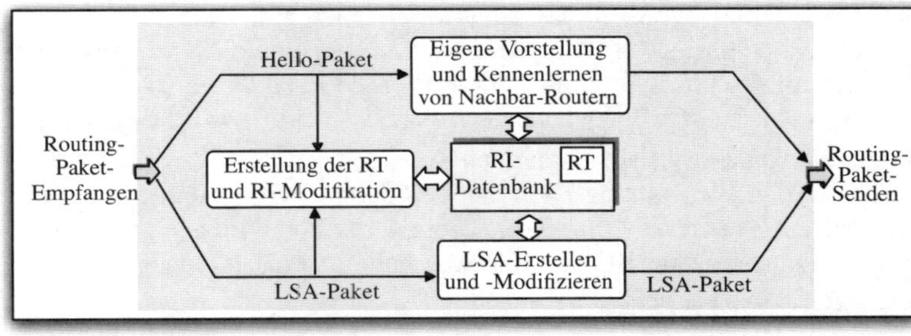


**Abb. 10.1-12:** Illustration von Hauptfunktionen der LS-Routing-Protokolle
LSA: Link State Advertisement, RI: Routing-Information, RT: Routing-Tabelle

Angabe der Metriken der jeweiligen Verbindungen enthält. Bei OSPF wird ein solches Paket als LSA-Paket (*Link State Advertisement* ) bezeichnet.

Die LSA-Pakete werden verschickt, wenn eine Veränderung auftritt, die das Routing beeinflussen kann. Jeder Router verschickt eigene LSA-Pakete an seine Nachbar-Router und empfängt auch deren LSA-Pakete. Durch den Austausch von LSA-Paketen kann sich jeder Router ein Bild von der Netztopologie verschaffen. Damit kann er für sich eine Routing-Tabelle erstellen, die er benötigt, um die empfangenen IP-Pakete weiterzuleiten.

## 10.1.5 Inter-/Intra-Domain-Protokolle

Eine Besonderheit der IP-Netze ist, dass sie im Allgemeinen eine mehrstufige hierarchische Struktur besitzen können. Abb. 10.1-13 illustriert dies. Ein IP-Netz kann aus mehreren *Autonomen Systemen* (AS) bestehen, die miteinander und mit dem Internet verbunden werden können. Das AS der Telekom im Internet-Verbund trägt beispielsweise die Nummer 3.3.2.0.

Autonomes System (AS)

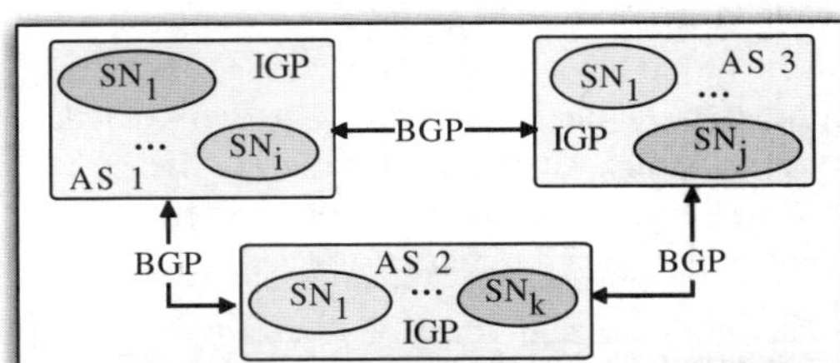


**Abb. 10.1-13:** Routing-Protokolle in hierarchischen IP-Netzen
AS: Autonomes System, SN: Subnetz

Ein AS kann ein Verbund von LANs und WANs sein, für den die Kontrolle über die Konfiguration, die Adressierung und die Namenskonventionen bei einer Verwaltungsautorität (z.B. einer Firma oder einer Universität) liegt. Daher wird ein AS auch als *Routing-Domain* bezeichnet. Die innerhalb eines AS getroffenen Entscheidungen sollen keine Auswirkungen auf den restlichen Netzteil haben. Um die Daten in einem Verbund von autonomen Systemen effektiv zu transportieren, werden folgende Klassen der Routing-Protokolle eingesetzt:

AS als Routing-Domain

Intra-Domain-Protokolle

- AS-internes Routing-Protokoll IGP (*Interior Gateway Protocol*)
  IGP ist ein Name für jedes Routing-Protokoll, das in einem AS verwendet wird. Als IGP werden oft RIP (*Routing Information Protocol*) und OSPF (*Open Shortest Path First*) eingesetzt. Diese werden auch als *Intra-Domain-Protokolle* bezeichnet.

Inter-Domain-Protokolle

- Routing-Protokolle zwischen autonomen Systemen
  Zur Realisierung von Routing zwischen den autonomen Systemen dient das Protokoll BGP (*Border Gateway Protocol*). Dieses Protokoll wird auch als *Inter-Domain-Protokoll* bezeichnet. Auf BGP wird in Abschnitt 10.4 näher eingegangen.

## 10.2 Routing Information Protocol (RIP)

Das RIP ist ein sog. *Distanzvektor-Routing-Protokoll*. Dies bedeutet, dass die Entfernung zum Ziel in der Anzahl von Hops angegeben wird. Das Wort *Distanzvektor* verweist darauf, dass die Routing-Information zwischen den Routern in Form von *Distanzvektoren* ausgetauscht wird [Abb. 10.2-2].

Versionen von RIP

Das RIP-Protokoll war der erste Ansatz für ein eigenständiges Routing-Verfahren und wurde unabhängig von IP entwickelt. Daher gibt es folgende Varianten:

- Die Ursprünge für RIP liegen im XNS (*Xerox Network Services*).
- RIP wurde für das Protokoll IPX (*Internetwork Packet eXchange*) portiert.
- RIP-Version 1 (RIP-1) für IPv4 [RFC 1058].
- RIP-Version 2 (RIP-2) für IPv4 [RFC 2453].
- RIPng [RFC 2080], das Unterstützung für IPv6 aufweist

RIP ist zwar einfach und wird oft eingesetzt, doch hat es einige konzeptionelle Schwächen, die aus seinem ursprünglichen LAN-orientierten Konzept resultieren. Der RIP-Einsatz in standortübergreifenden IP-Netzen über WANs ist mit großen Problemen verbunden. Daher eignet sich das RIP hauptsächlich für kleine bis mittelgroße IP-Netze.

Metrik in Hops

Das RIP verwendet die Anzahl von Hops als Entfernungsmaß (*Metrik*) für die in der Routing-Tabelle gespeicherten Routen. Dabei ist ein Hop als Sprung von einem Router ins Subnetz zu interpretieren. Ist die Anzahl von Hops zwischen dem Router a und einem Netzwerkziel gleich `x`, so ist die Anzahl der Router auf dieser Strecke gleich `x-1`. Die Anzahl von Hops entspricht daher der Anzahl von Routern, die bis zum Erreichen des gewünschten Netzwerks unterwegs durchquert werden müssen.

Hoplimit

Beim RIP wird die maximale Anzahl von Hops (*Hop Limit*) auf 15 begrenzt. Dies bedeutet, dass höchstens 15 Router zwischen Quelle und Ziel eines IP-Pakets liegen dürfen. Ein Zielrechner in IP-Netzen, der um 16 oder mehr Hops vom Quellrechner entfernt ist, gilt als nicht erreichbar. Jeder RIP-Router macht den Inhalt seiner Routing-Tabelle alle 30 Sekunden in allen an ihn angeschlossenen Subnetzen bekannt. Der Inhalt der Routing-Tabelle wird beim RIP-1 als Broadcast auf MAC-Ebene und beim RIP-2 als Multicast im Subnetz gesendet. Dies kann besonders beim Einsatz von WAN-Verbindungen zu Problemen führen, wo erhebliche Anteile der Übertragungskapazität im WAN zur Weiterleitung von RIP-Nachrichten verwendet werden müssen. Somit lässt sich RIP-basiertes Routing in großen IP-Netzen mit WAN-Anteilen nicht leicht einsetzen.

Fähigkeiten von RIP

Die Hop-Anzahl bildet das einzige Kriterium zur Ermittlung der besten Route, d.h. je weniger Hops zum Netzwerkziel in einer Route vorhanden sind, desto besser ist diese

Route. Da Leitungskapazität und Kosten nicht in die Berechnung der Route beim RIP eingehen, sind die Fähigkeiten des RIP sehr beschränkt. Weitere Nachteile des RIP sind, dass lediglich eine aktive Route zwischen zwei Netzwerken genutzt werden kann und Aktualisierungen von Routing-Tabellen bei lokalen Topologie-Änderungen mittels Broadcast-Frames im Netz verteilt werden und damit dieses unnötig belasten.

Der wichtige Vorteil des RIP ist die große Verfügbarkeit, denn fast jeder Rechner ist in der Lage, das RIP zu verarbeiten. Einem Systemadministrator, der ein großes und standortübergreifendes Netzwerk mit WAN-Anteilen zu verwalten hat, sind leistungsfähigere Protokolle wie OSPF zu empfehlen.

## 10.2.1 Erlernen von Routing-Tabellen beim RIP

Die einzelnen RIP-Router werden in keiner Weise miteinander synchronisiert. Jeder Router versendet den Inhalt seiner Routing-Tabelle in alle an ihn angeschlossenen Subnetze. Empfängt ein Router eine RIP-Nachricht, so modifiziert er seine Routing-Tabelle entsprechend [Abb. 10.2-1].

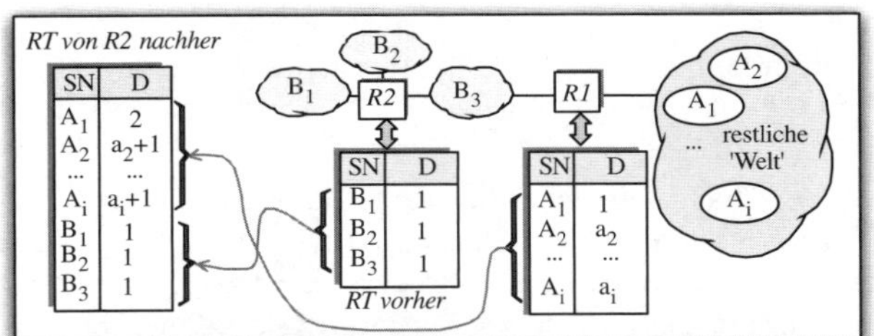


**Abb. 10.2-1:** Modifikation einer RIP-Routing-Tabelle
R1, R2: Router, SN: Subnetz, D: Distanz (Metrik, Hop-Anzahl)

**Beispiel**: Hier wurde angenommen, dass der Router *R2* neu konfiguriert wurde und dass er nur lokal angeschlossene Subnetze kennt. Die IP-Adressen dieser lokalen Subnetze $B_1$, $B_2$ und $B_3$ wurden manuell in seine Routing-Tabelle eingetragen. Der Nachbar-Router *R1* kennt die Ziele auf der restlichen 'Welt'. *R1* macht den Inhalt seiner Routing-Tabelle auf dem Subnetz $B_3$ mittels einer bzw. mehrerer RIP-Nachricht/en bekannt [Abb. 10.2-7 und Abb. 10.2-9]. Da *R2* ebenfalls am Subnetz $B_3$ angeschlossen ist, empfängt er den Inhalt der Routing-Tabelle von *R1* und modifiziert seine Routing-Tabelle entsprechend. Diese Modifikation besteht darin, dass *R2* seine Routing-Tabelle um die neuen (von *R1* erlernten) Subnetze $A_1$, $A_2$, ..., $A_i$ erweitert und die Entfernung zu diesen Subnetzen einträgt. Die Entfernungen zu den Subnetzen $A_1$, $A_2$, ..., $A_i$ von *R2* sind $a_1+1$, $a_2+1$, ..., $a_i+1$. Dies bedeutet, dass diese Subnetze von *R2* um einen Hop weiter als von *R1* liegen.

### Beispiel für einen RIP-Ablauf

Um den RIP-Ablauf zu verdeutlichen, wird nun ein autonomes IP-System betrachtet, das sich aus vier Subnetzen a, b, c und d zusammensetzt [Abb. 10.2-2].

Der RIP-Auflauf lässt sich in fünf Schritten darstellen, in denen die Änderungen in den Routing-Tabellen der einzelnen Router vollzogen werden. Die Routing-Tabellen beinhalten in den Spalten (von links nach rechts): Ziel-Subnetz, Nachbar-Router (als Port-Angabe) und die Metrik als Hop-Anzahl. Hierbei sind die Timer außer Acht gelassen [Abb. 10.2-8]. Distanzvektor

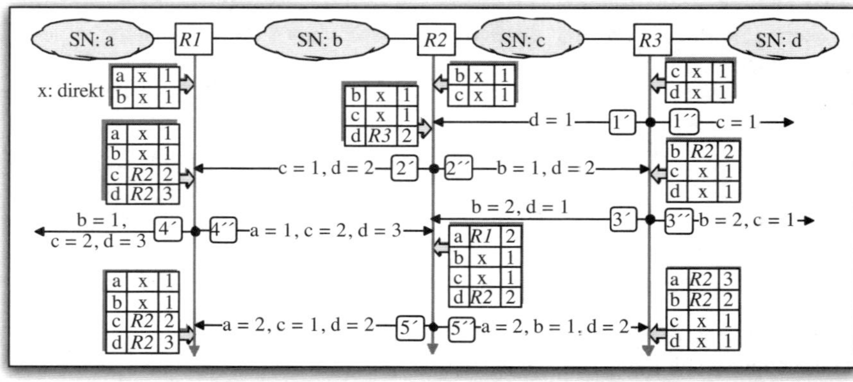


**Abb. 10.2-2:** Beispiel für einen RIP-Ablauf
a, b, c, d: Subnetz-ID, R1, R2, R3: Router, SN: Subnetz

- *1. Schritt*: *R3* verschickt als erster Router seine Routing-Information. Hierbei macht *R3* im Subnetz c nur das Subnetz d bekannt, sodass dessen Nachricht (1') den Distanzvektor mit nur einem Element d = 1 enthält. *R3* macht im Subnetz d mit der RIP-Nachricht (1") nur das Subnetz c bekannt. *R2* modifiziert seine Routing-Tabelle entsprechend Abb. 10.2-1.
- *2. Schritt*: *R2* verschickt seine modifizierte Routing-Tabelle in die Subnetze b und c. Hierbei sendet *R2* in Subnetz b eine Nachricht (2') mit dem Distanzvektor (c=1,d=2). Damit lernt *R1* die Subnetze c und d kennen. In das Subnetz c sendet *R2* eine Nachricht (2") mit dem Distanzvektor (b=1,d=2). So lernt *R3* Subnetz b kennen. *R1* und *R3* modifizieren ihre Routing-Tabellen entsprechend. *R1* hat bereits seine Routing-Tabelle vollständig erlernt.
- *3. Schritt*: *R3* verschickt seine Routing-Information in die Subnetze c und d. Er sendet in Subnetz c eine Nachricht (3') mit dem Distanzvektor (b=2,d=1) und in Subnetz d eine Nachricht (3") mit dem Distanzvektor (b=2,c=1).
- *4. Schritt*: *R1* versendet seine Routing-Information in die Subnetze a und b. Nach dem vierten Schritt hat *R2* seine Routing-Tabelle vollständig erlernt.
- *5. Schritt*: *R2* übermittelt seine Routing-Information in die Subnetze b und c. Nach diesem Schritt hat *R3* das Subnetz a kennengelernt. Seine Routing-Tabelle ist daher vollständig.

Konvergenzzeit

Die hier dargestellten fünf Schritte bestimmen die sog. *Konvergenzzeit* von Routing-Tabellen. Darunter wird jene Zeit verstanden, die nötig ist, bis alle Router die aktuelle Struktur der Vernetzung kennengelernt haben. Werden die Inhalte von Routing-Tabellen in Zeitintervallen von 30 Sekunden verschickt, beträgt die benötigte Zeit (d.h. die Konvergenzzeit) um die Routing-Tabellen vollständig zu erlernen hier maximal 2,5 Minuten.

### Reduzierung der Konvergenzzeit

Es stellt sich nun die Frage, wie viel Zeit ein Router benötigt, um in seiner Routing-Tabelle die aktuellsten Routen-Angaben zu allen Subnetzen zu erlernen. Dafür muss die Routing-Tabelle oft mehrfach modifiziert werden. Somit sind mehrere Modifikationsschritte notwendig, und die Anzahl dieser Schritte bestimmt die Konvergenzzeit. Der Grenzwert 15 als maximale Hop-Zahl wurde u.a. eingeführt, um die Konvergenzzeit in sinnvollen Grenzen zu halten. Wie bereits erwähnt, wird die Routing-Information in Abständen von 30 Sekunden verschickt. Wäre die maximale Hop-Anzahl nicht auf 15 beschränkt, könnte die Konvergenzzeit zu lange dauern. In einer zu langen Periode kann es vorkommen, dass einige Routen nicht mehr aktuell sind.

Um die Konvergenzzeit zu reduzieren, werden beim RIP folgende Methoden angewandt:

- *Split-Horizon-Methode* (geteilter Horizont),
- *Split-Horizon-Methode mit Poison-Reverse* (geteilter Horizont mit 'vergiftetem' Rückweg),
- ausgelöste Routen-Aktualisierungen (*triggered updates*).

Split-Horizon

Bei der *Split-Horizon-Methode* handelt es sich um die Routen-Ankündigungen, die periodisch alle 30 Sekunden gesendet werden. Hierbei darf ein Router aber keine Subnetze auf dem Subnetz ankündigen, die er bereits aus diesem Subnetz erlernt hat. Anders ausgedrückt: Jeder Router kündigt auf einem Subnetz (d.h. über einen Port) nur jene Subnetze an, die er ausschließlich über andere Subnetze (d.h. über andere Ports) kennengelernt hat. Die in RIP-Nachrichten gesendeten Angaben enthalten nur die Subnetze, die sich jenseits des benachbarten Routers in entgegengesetzter Richtung befinden [Abb. 10.2-3].

Split-Horizon mit Poison-Reverse

Die *Split-Horizon-Methode mit Poison-Reverse* unterscheidet sich von der einfachen Split-Horizon-Methode dadurch, dass alle Subnetze angekündigt werden. Die Subnetze aber, die aus einer bestimmten Richtung erlernt wurden, werden mit der 'Entfernungsangabe' 16 Hops in diese Richtung angekündigt und somit beim RIP als nicht erreichbar interpretiert [Abb. 10.2-6]. In einigen Fällen besitzt diese Methode jedoch einige Vorteile gegenüber dem einfachen Split-Horizon-Prinzip.

Triggered-Router Aktualisierung

Durch *ausgelöste Routeraktualisierungen* kann ein RIP-Router die Änderungen in seiner Routing-Tabelle direkt ankündigen und muss nicht bis zur nächsten regelmäßigen Ankündigung (d.h. bis zum Ablauf des Timers 30 s) warten. Auslöser der Aktualisierung kann eine Metrikänderung in einem Eintrag der Routing-Tabelle sein. Über eine ausgelöste Aktualisierung lassen sich z.B. jene Subnetze, die nicht mehr verfügbar werden, mit der 'Entfernung' 16 Hops ankündigen. Ausgelöste Aktualisierungen verbessern zwar die Konvergenzzeit, aber dies geschieht auf Kosten des zusätzlichen Broadcastverkehrs.

### Beispiel für einen RIP-Ablauf mit Split-Horizon

Den RIP-Ablauf beim Einsatz der Split-Horizon-Methode illustriert Abb. 10.2-3. Die Routing-Tabellen beinhalten hier folgende Spalten (von links nach rechts): Ziel-Subnetz, Nachbar-Router (bzw. dass ein Subnetz direkt erreichbar ist) und Hop-Anzahl. Es handelt sich hier um den gleichen Fall, der bereits in Abb. 10.2-2 dargestellt wurde.

- *1. Schritt*: Zunächst sendet *R3* als erster Router seine Ankündigungen. Er sendet eine Nachricht (`1'`) mit `d=1` in das Subnetz `c`. *R3* kündigt damit im Subnetz `c` das Subnetz `d` an und *R2* modifiziert dann entsprechend Abb. 10.2-1 seine Routing-Tabelle. Mit der Nachricht (`1"`) macht *R3* im Subnetz `d` das Subnetz `c` bekannt.
- *2. Schritt*: Im Weiteren verschickt *R2* den Inhalt seiner modifizierten Routing-Tabelle in Subnetze `b` und `c`. Hier sendet er in das Subnetz `b` eine Nachricht (`2'`) mit dem Distanzvektor (`c=1,d=2`). Damit lernt *R1* die Subnetze `c` und `d` kennen. In das Subnetz `c` sendet *R2* eine Nachricht (`2"`) nur mit `b=1`. Damit lernt *R3* das Subnetz `b` kennen. *R1* hat bereits alle Subnetze erlernt.
- *3. Schritt*: Sodann übermittelt *R1* seine Ankündigungen in die Subnetze `a` und `b`. Er sendet in Subnetz `a` eine Nachricht (`3'`) mit dem Distanzvektor (`b=1,c=2,d=3`) und in

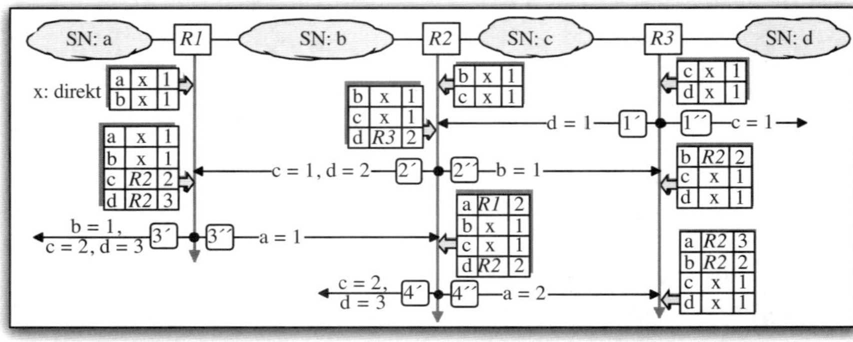

**Abb. 10.2-3:** Beispiel für einen RIP-Ablauf mit der Split-Horizon-Methode
a, b, c, d: Subnetz-ID, R1, R2, R3: Router, SN: Subnetz

Subnetz c eine Nachricht (3") nur mit a=1. So lernt *R2* Subnetz a kennen und dessen Routing-Tabelle ist bereits vollständig.

- *4. Schritt*: Abschließend versendet *R2* seine Ankündigungen in die Subnetze b und c. Somit lernt *R3* auch das Subnetz a

Vergleicht man die Abb. 10.2-2 und Abb. 10.2-3, stellt man fest, dass die Split-Horizon-Methode folgende Vorteile hat:

- Verringerung der Konvergenzzeit,
- Reduktion der Angaben in RIP-Nachrichten ('kleinere' Distanzvektoren).

Die Split-Horizon-Methode hat einen weiteren wichtigen Vorteil, der mit dem sog. *Count-to-Infinity-Problem* zusammenhängt.

### Count-to-Infinity-Problem

Da die einzelnen Router miteinander nicht synchronisiert sind, entsteht beim RIP das *Count-to-Infinity-Problem* (Zählung bis unendlich). In einigen Situationen kommt es deswegen zu falschen Einträgen 'Hop-Anzahl' in den Routing-Tabellen. Wenn die Router in ihren Routing-Tabellen Routen hinzufügen, die von anderen Routern erlernt wurden, behalten sie zu jedem bekannten Netzwerkziel nur die optimale Route. Außerdem ersetzen sie fälschlicherweise eine Route mit einer niedrigeren Hop-Anzahl durch eine Route mit einer höheren Hop-Anzahl, falls diese beiden Routen vom selben Router angekündigt wurden. Dieses falsche Ersetzen ist die Ursache für das Count-to-Infinity-Problem.

Abb. 10.2-4 illustriert das *Count-to-Infinity-Problem* beim RIP. Die Routing-Tabellen enthalten hier folgende Spalten (von links nach rechts): *Ziel-Subnetz*, *Nachbar-Router bzw. Markierung*, dass ein *Subnetz direkt erreichbar* ist, sowie die *Hop-Anzahl*.

Bedeutung der Hop-Anzahl 16

**Beispiel**: Hier wurde angenommen, dass die Verbindung von Router *R2* zum Subnetz c ausgefallen ist. *R2* trägt in seiner Routing-Tabelle den Zustand 'Subnetz c nicht erreichbar' ein, indem er als Hop-Anzahl den Wert 16 angibt. Beim RIP bedeutet die Hop-Anzahl von 16 gerade 'unendlich'.

Bevor *R2* den neuen Zustand seiner Routing-Tabelle ankündigen kann, empfängt er eine Ankündigung (1) von *R1*. Sie enthält eine Route zu dem über 2 Hops entfernt liegenden Subnetz c. Da die Entfernung von 2 Hops kürzer als 16 Hops ist, ersetzt *R2* die Hop-

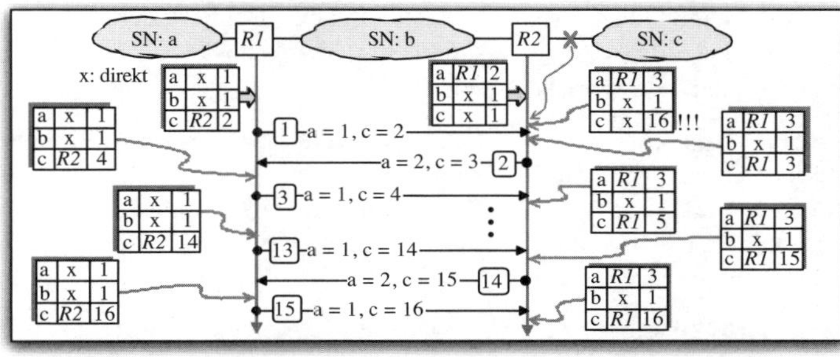

**Abb. 10.2-4:** Veranschaulichung des Count-to-Infinity-Problems
a, b, c: Subnetz-ID; R1, R2: Router; SN: Subnetz

Anzahl bei ihm für das Subnetz c und ändert sie von 16 auf 3. Nachdem *R2* später seine neuen Routen angekündigt hat (2), bemerkt *R1*, dass das Subnetz c über *R2* in der Entfernung von 3 Hops liegt. Da die Route zum Subnetz c bei ihm ursprünglich von *R2* erlernt wurde, aktualisiert *R1* die Route zum Subnetz c, sodass er die Hop-Anzahl auf 4 setzt. *R1* verschickt später den Inhalt seiner Routing-Tabelle (3), und *R2* ändert die Hop-Anzahl zum Subnetz c von 3 auf 5.

Es ist anzumerken, dass zwischen *R1* und *R2* eine 'Schleife' entstanden ist. Infolgedessen senden sich *R1* und *R2* ständig falsche Routing-Angaben. Wie aus Abb. 10.2-4 ersichtlich, dauert ein derartiger Prozess so lange, bis die Hop-Anzahl in den Routing-Tabellen von *R1* und *R2* den Wert 16 erreicht hat. Ist die Hop-Anzahl in der Routing-Tabelle eines Routers gleich 16, bedeutet dies, dass ein entsprechendes Subnetz von diesem Router nicht erreichbar ist.

Mit diesem Beispiel wurde erläutert, welche Bedeutung die Hop-Anzahl 16 beim RIP hat.

Split-Horizon-Methode

Das Count-to-Infinity-Problem tritt beim RIP mit der Split-Horizon-Methode nicht auf, was in Abb. 10.2-5 zum Ausdruck kommen soll. Bei dieser Methode handelt es sich um Routerankündigungen, die periodisch alle 30 Sekunden gesendet werden. Kein Router darf diese Subnetze auf einem Subnetz ankündigen, wenn er sie bereits über dieses Subnetz erlernt hat. Es wurde hier die gleiche Situation angenommen, die bereits in Abb. 10.2-4 zu einer 'logischen Schleife' zwischen zwei benachbarten Routern geführt hat.

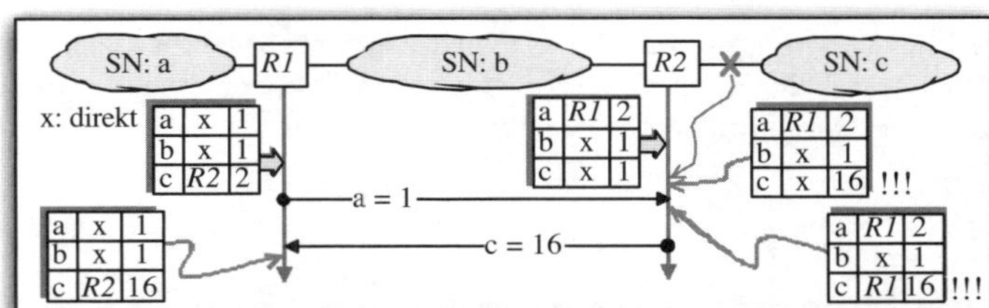

**Abb. 10.2-5:** Split-Horizon-Methode und Ausfalll eines Netzwerks
a, b, c: Subnetz-ID; R1, R2 Router; SN: Subnetz

**Beispiel**: Ist die Verbindung von *R2* zum Subnetz c ausgefallen, trägt *R2* in seiner Routing-Tabelle den Zustand 'Subnetz c nicht erreichbar' ein, indem er als Hop-Anzahl den Wert 16 angibt. Bevor *R2* den neuen Zustand seiner Routing-Tabelle ankündigen kann, empfängt er aber eine Ankündigung (`a=1`) von *R1*. Sie kündigt eine Route zu dem über 1 Hop von *R1* entfernt liegenden Subnetz `a` an. Das Subnetz `a` liegt von *R2* um 2 Hops entfernt. *R2* braucht seine Routing-Tabelle nicht zu modifizieren.

Vergleicht man Abb. 10.2-4 und Abb. 10.2-5, können die folgenden Unterschied identifiziert werden: Da hier die Split-Horizon-Methode angewandt wird, sendet *R1* in das Subnetz `b` keine Ankündigung (`c=2`). Das Subnetz `c` hat *R1* vorher über das Subnetz `b` erlernt. Dadurch entsteht keine 'logische Schleife' zwischen *R1* und *R2*, wie dies in Abb. 10.2-4 der Fall war.

Nachdem *R2* die Ankündigung (`c=16`) in das Subnetz `b` verschickt hat, modifiziert *R1* seine Routing-Tabelle. Er trägt den Zustand 'Subnetz `c` nicht erreichbar' ein, indem er als Hop-Anzahl den Wert `16` angibt. Damit ist der aktuelle Netzwerkzustand beiden Routern bekannt.

Split-Horizon-Methode mit Poison-Reverse

Das Count-to-Infinity-Problem tritt auch beim Einsatz der *Split-Horizon-Methode mit Poison-Reverse* nicht auf, wie Abb. 10.2-6 zeigt, in der der gleiche Fall wie in Abb. 10.2-4 angenommen wurde. Bei der Split-Horizon-Methode mit Poison-Reverse werden im Vergleich zur einfachen Split-Horizon-Methode alle Subnetze angekündigt, jedoch werden jene Subnetze, die aus einer bestimmten Richtung erlernt wurden, mit der 'Entfernungsangabe' 16 Hops in diese Richtung, d.h. als 'nicht erreichbar', angekündigt.

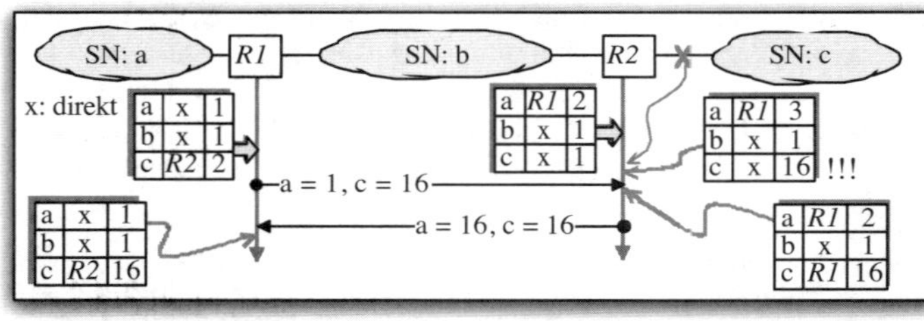


**Abb. 10.2-6:** Netzwerkausfall und Split-Horizon-Methode mit Poison-Reserve
a, b, c: Subnetz-ID; R1, R2: Router; SN: Subnetz

**Vergleich**: Der Unterschied zwischen Abb. 10.2-5 und Abb. 10.2-6 ist dadurch zu erklären, dass *R1* in das Subnetz `b` den Distanzvektor (`a=1,c=16`) sendet. Da *R1* das Subnetz `c` über das Subnetz `b` erlernt hat, kündigt er das Subnetz `c` im Subnetz `b` mit der Hop-Anzahl `16` an. Das verhindert das Entstehen 'logischer Schleife' zwischen *R1* und *R2*, wie dies in Abb. 10.2-4 der Fall war.

Nachdem *R2* den Distanzvektor (`a=16,c=16`) in das Subnetz `b` verschickt hat, modifiziert *R1* seine Routing-Tabelle. Er trägt in ihr den Zustand 'Subnetz `c` nicht erreichbar' ein, indem er als Hop-Anzahl den Wert `16` angibt.

## 10.2.2 Besonderheiten des RIP-1

Da die Subnetzmasken in RIP-1-Nachrichten nicht übermittelt werden, kann nur eine Subnetzmaske pro Netzwerk verwendet werden. Beim RIP-1 müssen daher die Subnetzmasken innerhalb des gesamten Netzwerks gleich sein. Das RIP-1 wird hauptsächlich in kleinen und mittelgroßen Netzwerken eingesetzt.

### Struktur von RIP-1-Nachrichten

Für die Übermittlung von RIP-1-Nachrichten wird das Transportprotokoll UDP verwendet. Die RIP-1-Nachrichten werden über den Port 520 sowohl gesendet als auch empfangen. Beim Versenden einer RIP-Nachricht auf ein Subnetz wird die IP-Broadcastadresse im IP-Header als IP-Zieladresse genutzt [Abb. 2.8-1].

Abb. 10.2-7 zeigt den Aufbau von RIP-1-Nachrichten.

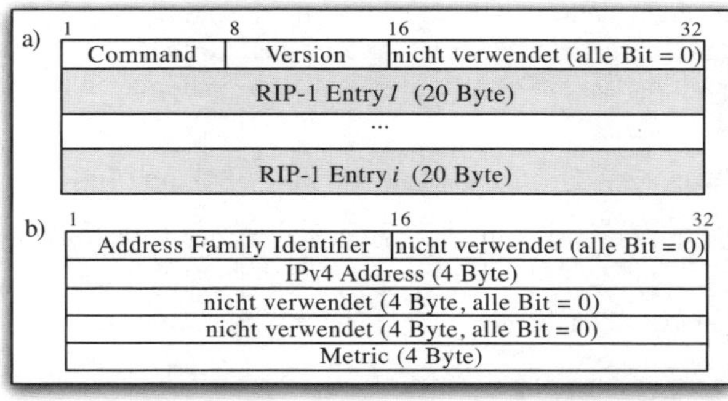


**Abb. 10.2-7:** RIP-1-Nachricht: a) allgemeine Struktur, b) RIP-1-Eintrag

Wie aus Abb. 10.2-7a hervorgeht, setzt sich jede RIP-1-Nachricht aus einem Header und einer Vielzahl von RIP-1-Einträgen zusammen. In einem RIP-1-Eintrag (*RIP-1 Entry*) wird ein Subnetz angekündigt. Eine RIP-1-Nachricht darf maximal 25 Einträge mit je 20 Byte enthalten. Sollen mehr als 25 Subnetze über einen Router-Port angekündigt werden, muss der Router über diesen Port mehrere Nachrichten verschicken.

Der Header in RIP-1-Nachrichten enthält die Felder: Header-Inhalt

- `Command` (1 Byte); hier wird angegeben:
  - `x'01'`: Es handelt sich um einen RIP-`Request` (Anforderung),
  - `x'02'`: Es handelt sich um eine RIP-`Response` (Antwort).
- `Version` (1 Byte); Angabe der RIP-Version, die bei RIP-1 den Wert `x'01'` enthält.

Die `Request`-Nachrichten werden bei der Initialisierung eines Routers gesendet. Beim Start kündigt der RIP-Router in allen lokal angeschlossenen Subnetzen die ihm bekannten Subnetze an. Der initialisierende Router sendet außerdem in alle angeschlossenen Subnetze einen allgemeinen `RIP-Request`. Dabei handelt es sich um eine besondere Nachricht, mit der alle benachbarten Router aufgefordert werden, ihm die Inhalte ihrer Routing-Tabellen in Form von Unicast-Nachrichten zukommen zu lassen. Auf der Basis dieser Antworten wird die Routing-Tabelle des initialisierenden Routers aufgebaut. `Request`-Nachrichten

Eine Antwort kann als Reaktion auf eine Anfrage oder als regelmäßige bzw. ausgelöste Router-Ankündigung gesendet werden.

Ein RIP-1-Eintrag kann als 20-Byte-Behälter angesehen werden, der folgende Angaben übermittelt [Abb. 10.2-7b]: RIP-1-Eintrag

- `Address Family Identifier` (kurz `AFI`): Das RIP wurde ursprünglich für das Routing in heterogenen Netzen konzipiert, wo unterschiedliche Adressierungsarten verwendet werden können. Hier wird markiert, um welche Adressierungsart es sich handelt. Handelt es sich um die IP-Adressierung, so steht hier der Wert 2.

- `IPv4 Address`: In diesem Feld wird das Netzwerkziel angegeben. Dabei kann es sich um eine klassenlose Netzwerkkennung, eine Subnetzkennung, eine IP-Adresse (für eine Host-Route) oder um `0.0.0.0` (für die Standard-Route) handeln. Bei einem RIP-Request wird als IPv4-Adresse `0.0.0.0` angegeben.
- `Metrik`: Hier wird die Hop-Anzahl zum Netzwerkziel angegeben. Dieser Wert beschreibt die Anzahl von Hops von dem Router, der diese RIP-Nachricht abgeschickt hat, die benötigt werden, um das betreffende Netzwerkziel zu erreichen. In diesem Feld ist der zugelassene Höchstwert 16. Nach dem RIP sind maximal 15 Hops zwischen einem Router und einem Subnetz zulässig. Der Wert 16 hat eine besondere Bedeutung. Er weist darauf hin, dass ein betreffendes Netzwerkziel für einen Router unerreichbar ist [Abb. 10.2-5].

Die maximale Länge einer RIP-1-Nachricht (ohne UDP- und IP-Header) beträgt 512 Byte. Wenn der RIP-Router eine vollständige Liste aller Subnetze und aller möglichen Wege zu diesen Netzwerkzielen speichert, kann die Routing-Tabelle so viele Einträge enthalten, dass diese in mehreren RIP-Nachrichten gesendet werden müssen. In einer einzigen RIP-Nachricht können nur 25 Einträge gesendet werden.

### Routing-Tabelle beim RIP-1

Das RIP-1 wurde für die Netzwerke mit der klassenbasierten IP-Adressierung konzipiert, bei der die Netzwerkkennung (Netzwerk-ID) aus den Werten der ersten drei Bit der IP-Zieladresse bestimmt werden kann. In RIP-1-Nachrichten wird die Netzmaske (bzw. Subnetzmaske) nicht übermittelt. Die allgemeine Struktur der Routing-Tabelle beim RIP-1 zeigt Abb. 10.2-8 .

| Netzwerk-ziel | Weiterleitungsadr. (Ausgangsport) | Next Hop | Metrik | Timer |
|---|---|---|---|---|
| — | — | — | — | — |
| — | — | — | — | — |
| ... | ... | ... | ... | ... |

**Abb. 10.2-8:** Allgemeine Struktur der Routing-Tabelle beim RIP-1

Aufbau der Routing-Tabelle

Die einzelnen Spalten in der Routing-Tabelle haben folgende Bedeutung:

- Die erste Spalte enthält die Netzwerkziele als Netzwerk- bzw. Subnetz-IDs.
- Jedem physikalischen Port im Router muss eine IP-Adresse zugeordnet werden. In der zweiten Spalte wird die IP-Adresse des Ausgangsports angegeben, über den das betreffende Paket abgesendet werden soll. Ist ein Router-Port ein LAN-Port (d.h. mit einer LAN-Adapterkarte), wird ein IP-Paket über diesen Port in einem MAC-Frame gesendet. Auf der Basis der IP-Adresse des physikalischen LAN-Ports wird die MAC-Quelladresse für den MAC-Frame mit dem IP-Paket bestimmt. Hier kommt das Protokoll ARP zum Einsatz [Abschnitt 2.6.1].
- Die dritte Spalte `Next Hop` enthält die IP-Adresse des nächsten Routers, falls das IP-Paket zu einem 'entfernten' Ziel gesendet wird, bzw. die Identifikation eines lokalen Subnetzes, zu dem das IP-Paket direkt übergeben wird.
- Die vierte Spalte enthält die `Metrik` als Entfernung in Hops zum Ziel.
- In der letzten Spalte (`Timer`) wird die Zeitspanne seit der letzten Aktualisierung der Tabelle angegeben.

Die Bedeutung der Timer-Spalte soll nun kurz erläutert werden. Fällt ein Router aufgrund eines Stromausfalls oder eines Hardware- bzw. Softwarefehlers aus, besitzt er keine Möglichkeit, benachbarten Routern mitzuteilen, dass die über ihn erreichbaren Netzwerkziele nicht mehr verfügbar sind. Um die Einträge mit nicht erreichbaren Zielen in Routing-Tabellen zu verhindern, besitzt jede vom RIP erlernte Route standardmäßig eine maximale Lebensdauer von 3 Minuten. Wird eine Route in der Routing-Tabelle innerhalb von 3 Minuten nicht aktualisiert, wird ihre Hop-Anzahl auf 16 gesetzt. Diese Route wird schließlich aus den Routing-Tabellen entfernt, nachdem die so veränderte Routing-Tabelle verschickt wurde. Deshalb dauert es nach dem Ausfall eines Routers 3 Minuten, bis die benachbarten Router die von dem ausgefallenen Router erlernten Routen als 'nicht erreichbar' markieren. Router Timer

### Schwächen des RIP-1

Das RIP-l wurde bereits im Jahre 1988 entwickelt, um in LAN-basierten IP-Netzwerken dynamisches Routing zu ermöglichen. Die LAN-Technologien wie Ethernet und Token-Ring unterstützen den Broadcast-Verkehr auf der MAC-Ebene, sodass ein einzelnes Paket von mehreren Rechnern empfangen und verarbeitet werden kann. Das RIP nutzt daher diese LAN-Eigenschaft.

Die wesentlichen Schwächen des RIP-l sind:

- Routerankündigungen als Broadcast auf der MAC-Ebene
  In Netzwerken ist die Unterstützung von Broadcasts auf MAC-Ebene nicht wünschenswert, weil dies zu großer Belastung des Netzwerks führt.
- Silent-RIP-Rechner
  Da die Routerankündigungen beim RIP-1 als MAC-Broadcast versendet werden, ist es möglich, sog. *Silent-RIP-Rechner* zu installieren. Ein Silent-RIP-Rechner verarbeitet RIP-Ankündigungen, kündigt jedoch seine eigenen Routen nicht an. Silent-RIP-Rechner
- Keine CIDR-Unterstützung
  Das RIP-l wurde zu einer Zeit entwickelt, als die IP-Netzwerke ausschließlich Netzwerk- und Subnetz-IDs verwendeten, also nur die klassenbasierte IP-Adressierung nutzten. Heute sind dagegen der Einsatz von CIDR (*Classless Inter-Domain Routing*) und die Bildung der Subnetze mit Masken variabler Länge für die bessere Ausnutzung des IP-Adressraums nahezu unumgänglich.
- Subnetzmaske wird in RIP-1-Nachrichten nicht übermittelt
  RIP-l wurde für klassenbasierte IP-Netzwerke entwickelt, in denen die Netzwerk-ID aus den Werten der ersten drei Bit der IP-Adresse bestimmt werden kann. Da die Subnetzmaske nicht übermittelt wird, muss der Router einfache Annahmen über die Subnetzmasken selbst machen. Bei jeder Route, die in einer RIP-1-Nachricht enthalten ist, kann der Router bei der Bestimmung der Subnetzmaske wie folgt vorgehen:
  - Wenn die Netzwerk-ID zu einer Netzwerkklasse A, B oder C passt, wird von der standardmäßig klassenbasierten Subnetzmaske ausgegangen.
  - Wenn die Netzwerk-ID zu keiner Netzwerkklasse A, B oder C passt, so kann man wie folgt vorgehen:
    - ▷ Wenn die Netzwerk-ID zu der Subnetzmaske der Schnittstelle passt, auf der gerade die RIP-1-Nachricht empfangen wurde, so kann von der Subnetzmaske dieser Schnittstelle ausgegangen werden.

▷ Wenn die Netzwerk-ID nicht zur Subnetzmaske der Schnittstelle passt, auf der die RIP-1-Nachricht empfangen wird, kann davon ausgegangen werden, dass es sich um eine Host-Route mit der Subnetzmaske `255.255.255.255` handelt.

### 10.2.3 Routing-Protokoll RIP-2

Das Routing-Protokoll RIP Version 2 für IP (kurz RIP-2) stellt eine Weiterentwicklung des RIP-1 dar. RIP-2 ist wie RIP-1 ein Distanzvektor-Protokoll. RIP-2 wurde in RFC 2453 spezifiziert.

Ziele des RIP-2

Mit der Entwicklung des RIP-2 wurde versucht, einige Schwächen des RIP-1 zu beheben, um folgende Ziele zu erreichen:

- das Verkehrsaufkommen durch Versenden von Routen-Ankündigungen zu reduzieren,
- die Bildung von Subnetzen mit Masken variabler Länge und damit die Einsparung von IP-Adressen zu ermöglichen,
- die Router vor böswillig konfigurierten Nachbar-Routern zu schützen,
- die Abwärtskompatibilität mit RIP-1 zu gewährleisten.

Besonderheiten des RIP-2

Die wichtigen Besonderheiten des RIP-2 sind:

- Das *Erlernen von Routing-Tabellen* erfolgt beim RIP-2 nach den gleichen Prinzipien wie beim RIP-1 [Abb. 10.2-1 und Abb. 10.2-2].
- *Maximale Hop-Anzahl ist 15*: Beim RIP-2 (wie beim RIP-1) ist die maximale Anzahl von Hops auf 15 begrenzt. Hop-Anzahl 16 auf einer Route bedeutet, dass das Netzwerkziel nicht erreichbar ist.
- *Count-to-Infinity-Problem*: Beim RIP-2 können die Methoden Split-Horizon, Split-Horizon mit Poison-Reserve und ausgelöste Router-Aktualisierungen zum Vermeiden des Count-to-Infinity-Problems [Abb. 10.2-4] und auch zum Verringern der Konvergenzzeit eingesetzt werden [Abb. 10.2-5 und Abb. 10.2-6].
- *Routen-Ankündigungen als IP-Multicast*: Beim RIP-2 werden die Routen-Ankündigungen nicht mehr als MAC-Broadcast versendet, sondern für das Versenden von Routen-Ankündigungen wird die IP-Multicast-Adresse `224.0.0.9` im IP-Header als IP-Zieladresse gesetzt. Alle Nicht-RIP-Rechner werden somit von Routen-Ankündigungen nicht beeinträchtigt.
- *Übermittlung von Subnetzmasken*: In RIP-2-Nachrichten wird die Subnetzmaske zusammen mit dem Netzwerkziel übermittelt. RIP-2 kann somit in VLSM-Umgebungen (*Variable Length Subnet Mask*) eingesetzt werden [Abschnitt 2.5.2].
- *Authentisierung*: Das RIP-2 ermöglicht die Authentisierung, um den Ursprung eingehender Routen-Ankündigungen zu überprüfen. Hierbei kann die Authentisierung durch Übermittlung des Kennworts bzw. durch eine Prüfsequenz MD5 (*Message Digest 5*) erfolgen.
- *Abwärtskompatibilität von RIP-2 mit RIP-1*: Die RIP-2-Nachrichten werden so strukturiert, dass ein RIP-1-Router einige Felder der RIP-2-Nachricht verarbeiten kann. Wenn ein RIP-1-Router eine RIP-2-Nachricht empfängt, verwirft er sie nicht, sondern verarbeitet nur die RIP-1-relevanten Felder. Die RIP-2-Router können daher auch mit den RIP-1-Routern zusammenarbeiten. Ein RIP-2-Router sendet eine `Response` nach RIP-1 auf ein `Request` vom RIP-1-Router.

Aufbau von RIP-2-Nachrichten

Für die Übermittlung von RIP-2-Nachrichten wird das Transportprotokoll UDP verwendet. Somit kann RIP-2 im Schichtenmodell wie RIP-1 der Schicht 5 zugeordnet werden. RIP-2-Nachrichten werden ebenfalls wie das RIP-1 über den Port 520 sowohl gesendet als auch empfangen. Somit kann der Port 520 als RIP-1/RIP-2-Port angesehen werden. Beim Versenden einer RIP-2-Nachricht auf ein Subnetz wird die IP-Multicast-Adresse `224.0.0.9` im IP-Header als IP-Zieladresse genutzt. Abb. 10.2-9 zeigt die Struktur von RIP-2-Nachrichten.

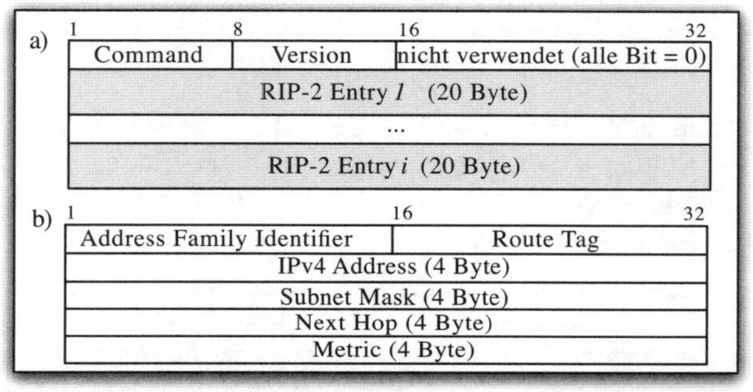


**Abb. 10.2-9:** RIP-2-Nachrichten: a) allgemeine Struktur, b) RIP-2 Entry (RIP-2-Eintrag)

Jede RIP-2-Nachricht setzt sich aus einem Header und einer Vielzahl von RIP-2-Einträgen zusammen. Mit einem RIP-2-Eintrag (RIP-2 Entry) kann ein Router nur eine Route ankündigen.

Header-Inhalt

Der Header einer RIP-2-Nachricht enthält nur diese Angaben:

- `Command` (1 Byte): Hier wird angegeben, ob es sich um einen Request (`x'01'`) oder um eine Response (`x'02'`) handelt. Somit hat dieses Feld die gleiche Bedeutung wie beim RIP-1.
- `Version` (1 Byte): Hier wird die RIP-Version angegeben (`x'02'`).

Um sicherzustellen, dass die RIP-1-Router auch RIP-2-Nachrichten verarbeiten können, bleibt beim RIP-2 die Struktur von RIP-1-Nachrichten erhalten [Abb. 10.2-7]. Das RIP-2 nutzt diese Felder im RIP-Eintrag, die RIP-1 nicht verwendet. Die Felder `Command`, `Address Family Identifier`, `IPv4 Address` und `Metric` werden wie bei RIP-1 verwendet.

Mit einem RIP-Eintrag wird eine Route angegeben. Eine RIP-2-Nachricht darf maximal 25 Einträge mit je 20 Byte enthalten. Sollen mehr als 25 Routen angekündigt werden, muss der Router mehrere Nachrichten senden.

**Vergleich**: Der Unterschied zwischem einem RIP-1-Eintrag [Abb. 10.2-7b] und einem RIP-2-Eintrag [Abb. 10.2-9b] besteht vor allem darin, dass alle Felder, die beim RIP-1 nicht verwendet wurden, nun beim RIP-2 genutzt werden. Da ein RIP-Eintrag eine Route beschreibt, können zusätzliche Routen-Angaben bei RIP-2-gemacht werden.

Hierfür dienen folgende Felder im RIP-2-Eintrag:

- `Route Tag`: In diesem Feld kann die Routen-Markierung (`Routen-Tag`) angegeben werden. Die Möglichkeit wurde eingeführt, um zwischen RIP-basierten Routen (`internal RIP routes`) und Nicht-RIP-basierten Routen (`external RIP routes`) unterscheiden zu können. `Route Tag` kommt dann zum Einsatz, wenn die Kommunikation zwischen einem RIP-2-Router und einem BGP-Router (`Border Gateway Protocol`) unterstützt werden muss.

- `Subnet Mask`: Dieses Feld enthält die Subnetzmaske des Netzwerkziels im Feld `IPv4 Address`. Dadurch kann das RIP-2 in VLSM-Umgebungen eingesetzt werden. Daher ermöglicht das RIP-2 auch die CIDR-Unterstützung.
- `Next Hop`: Unter Verwendung dieses Felds kann ein Router eine Host-Route (d.h. eine Route direkt zu einem Rechner) ankündigen. Hier wird die IP-Adresse des Host eingetragen. Andere Router, die eine Ankündigung in diesem Netzwerk empfangen, leiten die an den Host gerichteten Pakete direkt an diesen und nicht an den Router weiter.

Authentisierung bei RIP-2

Um die Information für die Authentisierung beim RIP-2 zu übermitteln, verwendet man den ersten RIP-2-Eintrag in der RIP-2-Nachricht. Dieser Eintrag wird verwendet, um die restlichen Einträge überprüfen zu können. Den RIP-2-Eintrag mit Angaben für die Authentisierung zeigt Abb. 10.2-10 .

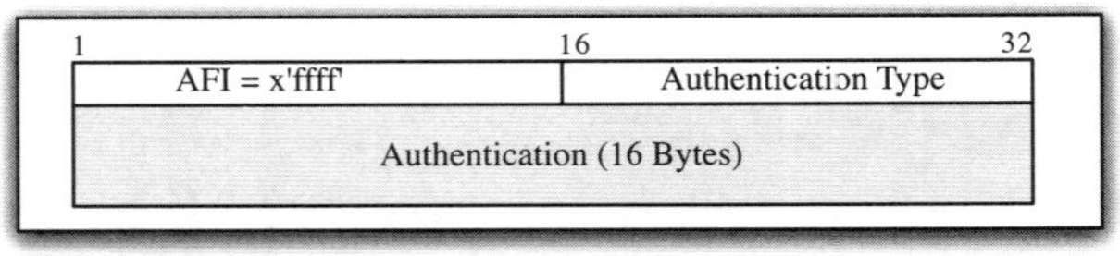


**Abb. 10.2-10:** RIP-2-Eintrag mit Angaben für die Authentisierung
AFI: Address Family Identifier

Als Indikator für einen RIP-2-Eintrag mit Authentisierungsangaben enthält das Feld `Address Family Identifier` den Wert `x'ffff'`. Das Feld, in dem normalerweise *Route Tag* angegeben wird, enthält nun `Authentication Type` und zeigt das verwendete Verfahren für die Authentisierung an. Die einfache Authentisierung mit der Angabe eines Kennworts wird hier mit dem Wert `x'0001'` angezeigt. In den nächsten 16 Byte werden die Angaben für die Authentisierung (z.B. Kennwort, MD5-Prüfsequenz) gemacht.

## 10.2.4 RIP für das Protokoll IPv6 (RIPng)

RIPng als RIPv6

Das RIP für IPv6 stellt eine Anpassung des RIP-2 an die Eigenschaften von IPv6 dar, insbesondere an die IPv6-Adressierung, dar. Da es sich beim IPv6 um 'IP next generation' (kurz IPng) handelt, bezeichnet man das RIP für IPv6 als *RIPng* bzw. als *RIPv6*. RIPng ist genauso wie das RIP-1 und das RIP-2 ein Distanzvektor-Protokoll. RIPng wird in RFC 2080 spezifiziert.

Besonderheiten des RIPng

Die wichtigsten Besonderheiten des RIPng sind:

- Das *Erlernen von Routing-Tabellen* erfolgt beim RIPng nach den gleichen Prinzipien wie beim RIP-1 und beim RIP-2 [Abb. 10.2-1 und Abb. 10.2-2].
- *Maximale Hop-Anzahl ist 15*: Auch beim RIPng ist die maximale Anzahl von Hops auf 15 begrenzt. Die Hop-Anzahl 16 auf einer Route weist darauf hin, dass das Netzwerkziel nicht erreichbar ist.
- *Count-to-Infinity-Problem*: Beim RIPng kommt auch das Count-to-Infinity-Problem vor [Abb. 10.2-4]. Um es zu vermeiden, kommen die gleichen Methoden wie beim

RIP-1 und beim RIP-2 infrage, d.h. Split-Horizon, Split-Horizon mit Poison-Reserve und ausgelöste Routen-Aktualisierungen.

- *Übermittlung von Subnetzmasken*: In RIPng-Nachrichten wird die Präfixlänge übermittelt. Da das Präfix die Subnetzmaske bestimmt, kann das RIPng in Netzwerken eingesetzt werden, in denen Subnetze mit unterschiedlichen Präfixlängen vorkommen.
- *Übermittlung von Next-Hop-Angaben*: Der Einsatz des IPv6 lässt mehrere Router in einem Subnetz zu [Abschnitt 8.1.1]. Mit dieser Angabe bei der Route ist es möglich, den nächsten Router direkt zu adressieren.

Hervorzuheben ist, dass die Next-Hop-Angabe auch in den RIP-2-Nachrichten gemacht wird. Im Gegensatz zum RIPng dient sie beim RIP-2 zur Realisierung sog. Host-Routen, d.h. direkter Routen zu den Endsystemen.

Struktur von RIPng-Nachrichten

Für die Übermittlung von RIPng-Nachrichten wird UDP verwendet. Sie werden über den UDP-Port 521 sowohl gesendet als auch empfangen. Abb. 10.2-11 zeigt die Struktur der RIPng-Nachricht. Sie setzt sich aus einem Header und einer Vielzahl von Einträgen zusammen. Jeder dieser Einträge stellt ein Feld dar, in dem eine Route aus der Routing-Tabelle übermittelt werden kann. Somit bezeichnet man den Eintrag als RTE (*Routing Table Entry*). Beim RIPng wird der Aufbau der Nachrichten von RIP-1 bzw. RIP-2 übernommen [Abb. 10.2-7 und Abb. 10.2-9].

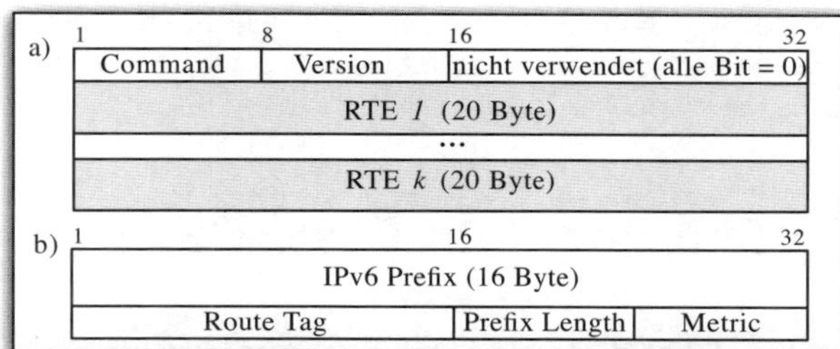


**Abb. 10.2-11:** RIPng-Nachricht: a) allgemeine Struktur, b) RTE-Aufbau
RTE: Routing Table Entry Header

Folgende Angaben bilden den Header in den RIPng-Nachrichten:

- `Command` (1Byte): Hier wird angegeben, ob es sich um Request (x'01') bzw. um Response (x'02') handelt. Daher hat dieses Feld die gleiche Bedeutung wie bei RIP-1 und RIP-2.
- `Version` (1 Byte): Hier wird die RIPng-Version angegeben (x'01').

Eintrag RTE

Mit einem Eintrag RTE wird eine Route angegeben. Wie aus Abb. 10.2-11b ersichtlich, wird jede Route beim RIPng durch die Angabe folgender Komponenten spezifiziert:

- *Netzwerkziel*: Das Ziel wird durch die IPv6-Zieladresse und das Präfix dieser Adresse festgelegt [Abb. 8.2-2]. Die IPv6-Zieladresse wird im Feld `IPv6 Prefix` eingetragen. Das Präfix wird durch die Angabe der Präfixlänge im Feld `Prefix Length` (1 Byte) aus der IPv6-Adresse herausgefiltert.
- *Entfernung zum Netzwerkziel* (auch als *Metrik* bezeichnet): Die Entfernung zum Ziel in Anzahl von Hops wird im RTE-Feld `Metric` angegeben.

Das RIPng ermöglicht die Markierung von Routen. Hierfür steht das RTE-Feld `Route Tag` (2 Byte) zur Verfügung. Ein `Route Tag` stellt eine Identifikation der Route dar und kommt dann zum Einsatz, wenn die Kommunikation zwischen einem RIPng-Router und einem BGP-Router (*Border Gateway Protocol*) unterstützt werden muss.

> **Bemerkung**: `Prefix Length` in RTE von RIPng-Nachrichten entspricht der Angabe `Subnetz Mask` in RIP-2-Nachrichten. Somit ist es auch möglich, beim RIPng-Einsatz die Subnetze mit variablen Masken (d.h. VLSM-Networking) im privaten Bereich zu bilden.

Für die Übermittlung von Host-Routen (d.h. von Routen zu Endsystemen) beim RIPng dient ein spezieller RTE `Next Hop`, wie in Abb. 10.2-12 gezeigt.

**Abb. 10.2-12:** Eintrag `Next Hop` beim RIPng

Wie hier zu erkennen, verwendet man im RTE-Feld `Metric` die Angabe `x'ff'`, um anzuzeigen, dass es sich um einen RTE `Next Hop` handelt. In diesem RTE wird die Route zu einem Host (Zielrechner) angegeben. Genauer gesagt wird hier die IPv6-Adresse des Zielrechners eingetragen.

Die maximale Anzahl von RTEs, die in einer RIPng-Nachricht enthalten sein können, wird im Voraus nicht eingeschränkt. Sie ergibt sich aus der Begrenzung der maximalen Länge des UDP-Payloads von 512 Byte.

## 10.3 Open Shortest Path First (OSPF)

Besonderheiten von OSPF

OSPF (*Open Shortest Path First*) ist das Routing-Protokoll innerhalb von sog.*autonomen Systemen* (AS), d.h. es ist ein *Interior Gateway Protocol* (IGP) [Abb. 10.1-13]. Im Unterschied zum RIP, das ein nur entfernungsorientiertes Routing-Protokoll ist, gehört OSPF zur Klasse der zustandsorientierten Routing-Protokolle. Bei OSPF wird der Zustand von Verbindungen (Links) berücksichtigt, sodass man vom *Link State Routing Protocol* spricht [Abb. 10.1-12]. Die Routing-Information bei OSPF wird im Gegensatz zum RIP direkt in IP-Pakete eingebettet, d.h. ohne ein Transportprotokoll zu nutzen, wie dies beim RIP der Fall war. Hierfür wurde die Protokollnummer 89 dem OSPF im Header des IP-Pakets zugewiesen. Daher ist OSPF im Schichtenmodell der Schicht 4 zuzuordnen. Die Routing-Information bei OSPF wird zwischen Routern in Form von *OSPF-Paketen* übermittelt. Diese entsprechen den RIP-Nachrichten.

Versionen von OSPF

Bei OSPF ist zu unterschieden zwischen

- OSPF für IPv4 und
- OSPF für IPv6.

Die aktuelle Spezifikation von OSPF für IPv4, d.h. die OSPF Version 2 (kurz *OSPFv2*), wird in RFC 2328 dargestellt. OSPF für IPv6 wird seit einiger Zeit als *OSPFv3* bezeichnet. Auf OSPFv3 geht Anschnitt 10.3.6 kurz ein. Da man IPv6 'Protocol Next Generation' nannte, wurde OSPF für IPv6 vorher auch als OSPFng bezeichnet. Im Weiteren wird unter der Abkürzung OSPF ausschließlich OSPF für IPv4 verstanden. Die OSPF-Beschreibung betrifft hier OSPFv2.

## 10.3.1 Funktionsweise von OSPF

Bei OSPF muss jeder Router für sich selbst eine Routing-Tabelle erstellen. Hierfür muss er die Routing-Information (RI) jedes anderen Routers in seiner RI-Datenbank speichern [Abb. 10.1-11]. Die RI bei OSPF betrifft den Zustand von Verbindungen und wird als sog. *Verbindungszustand-Bekanntmachung*, kurz *LSA* (*Link State Advertisement*), zwischen den benachbarten Routern ausgetauscht. Die RI-Datenbank im Router bei OSPF wird als *Verbindungszustand-Datenbank* bzw. als LSDB (*Link State Database*) bezeichnet. LSA

Um eine Routing-Tabelle zu erstellen, baut jeder Router – aufgrund der Einträge in seiner LSDB – um sich einen *überspannenden Baum* auf, in dem er selbst die Wurzel (Root) darstellt und die Verzweigungen des Baums die billigsten Wege zu allen möglichen Zielen (Subnetzen, Routern) repräsentieren. Einen solchen Baum bezeichnet man als *SPF-Baum* (*Shortest Path First*). Auf Basis des SPF-Baums wird die Routing-Tabelle erstellt [Tab. 10.3-1]. SPF-Baum

Bei der Erstellung der Routing-Tabelle ist von jedem Router folgendes zu realisieren: Erstellung der Routing-Tabelle

1. Erstellen der LSDB,
2. Aufbau des SPF-Baums (*Shortest Path First*),
3. Berechnen der Einträge in der Routing-Tabelle.

Anhand eines Beispiels, das zur Verdeutlichung der OSPF-Grundprinzipien vereinfacht wurde, werden die einzelnen Schritte bei OSPF kurz erläutert. Hierbei werden jedoch nicht alle OSPF-Möglichkeiten gezeigt.

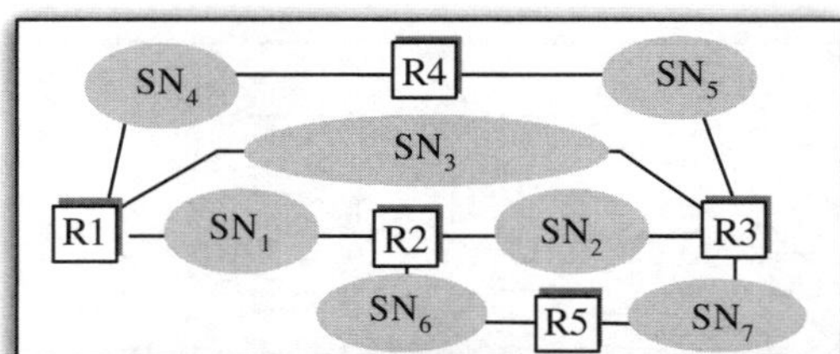


**Abb. 10.3-1:** Ausgangssituation beim Beispiel für den OSPF-Einsatz
R: Router, SN: Subnetz

**Beispiel:** Hier wird das in Abb. 10.3-1 gezeigte Netzwerk, das eine Vernetzung mehrerer Subnetze darstellt, betrachtet und angenommen, dass dieses Netzwerk ein autonomes System (AS) im Sinne von OSPF bildet.

***Erstellen der LSDB***

Um OSPF einzusetzen, müssen die Kosten den einzelnen Ausgangsports in Routern vom Netzwerkmanager zugewiesen werden. Bei der Zuordnung von Kosten können unterschiedliche Faktoren (z.B. die Belastung von Subnetzen, Übertragungsrate, Verzögerungen etc.) berücksichtigt werden. Abb. 10.3-2a zeigt das Netzwerk aus Abb. 10.3-1 mit den für die Router-Ports zugewiesenen Kosten. Es ist zu bemerken, dass immer nur der 'Eingang' in ein Subnetz gewisse Kosten verursacht. Aus OSPF-Sicht stellt ein Netzwerk eine Verbindungsmöglichkeit (Link) zwischen zwei benachbarten Routern dar; dazu wurden die einzelnen Subnetze $SN_1$, ..., $SN_7$ in Abb. 10.3-2a durch die Links $a_1$, ..., $a_7$ ersetzt. Schritt 1

Die Router verteilen die Routing-Information in Form sog. LSAs (*Link State Advertisements*). Die LSDB ist eine Datenbank mit LSAs aller Router eines AS und wird durch den

a)

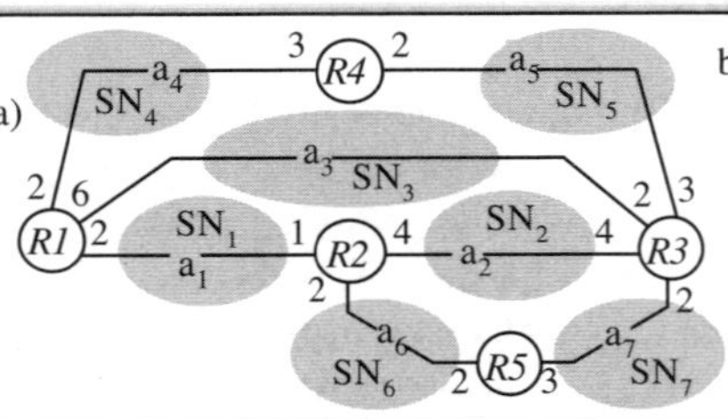


b)

| Router | Angeschlossene Subnetze mit Kosten |
|---|---|
| *R1* | $SN_1 = 2$, $SN_3 = 6$, $SN_4 = 2$ |
| *R2* | $SN_1 = 1$, $SN_2 = 4$, $SN_6 = 2$ |
| *R3* | $SN_2 = 4$, $SN_3 = 2$, $SN_5 = 3$, $SN_7 = 2$ |
| *R4* | $SN_4 = 3$, $SN_5 = 2$ |
| *R5* | $SN_6 = 2$, $SN_7 = 3$ |

**Abb. 10.3-2:** Beispiel für den OSPF-Einsatz: a) Netzwerk aus OSPF-Sicht, b) Inhalt der LSDB
a: Link, R: Router, SN: Subnetz

fortlaufenden Austausch von LSAs zwischen benachbarten Routern erstellt. Jeder Router ist also mit seinem Nachbarn synchronisiert. Zur Erstellung der LSDB muss jeder Router von jedem anderen Router im AS eine gültige LSA empfangen.

Jeder Router sendet anfangs eine LSA, die seine eigene Konfiguration enthält. Die von einem anderen Router empfangene LSA übermittelt er an die benachbarten Router. Auf diese Weise überflutet eine LSA eines bestimmten Routers das gesamte AS, sodass jeder andere Router diese LSA enthält. Um LSAs in LSDBs verfolgen zu können, wird jedem Router eine im AS eindeutige Router-ID zugewiesen, die aus 32 Bit besteht. Wenn jeder Router bereits eine LSA von jedem anderen Router besitzt, enthalten alle Router die in Abb. 10.3-2b dargestellte LSDB. Im nächsten Schritt baut jeder Router einen SPF-Baum auf.

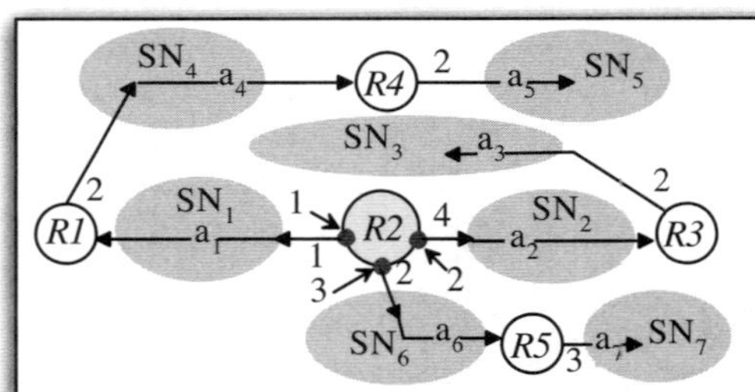


**Abb. 10.3-3:** SPF-Baum von Router *R2*
a: Link, R: Router, SN: Subnetz

***Aufbau des SPF-Baums***

Schritt 2

Im Weiteren wird nur der SPF-Baum vom Router *R2* betrachtet. Nach der Ermittlung der Pfade mit den geringsten Kosten von R2 zu allen Zielen (d.h. hier allen Subnetzen) entsteht der in Abb. 10.3-3 gezeigte SPF-Baum. Die Berechnung des SPF-Baums erfolgt in Routern nach dem *Dijkstra-Algorithmus*.

Der SPF-Baum von *R2* zeigt die Pfade mit den geringsten Kosten zu allen Routern und Subnetzen. *R2* kann hier als Baum-Stamm angesehen werden. Im nächsten Schritt berechnet *R2* die Einträge seiner Routing-Tabelle.

| Netzwerkziel | Weiterleitung | Ausgangsport | Metrik |
|---|---|---|---|
| $SN_1$ | direkt | 1 | 1 |
| $SN_2$ | direkt | 2 | 4 |
| $SN_3$ | R3 | 2 | 6 |
| $SN_4$ | R1 | 1 | 3 |
| $SN_5$ | R1 | 1 | 5 |
| $SN_6$ | direkt | 3 | 2 |
| $SN_7$ | R5 | 2 | 6 |

**Tab. 10.3-1:** Routing-Tabelle von Router *R2*
R: Router, SN: Subnetz

***Berechnen von Einträgen der Routing-Tabelle***

Tab. 10.3-1 stellt die Routing-Tabelle von Router *R2* dar, die auf Basis des in Abb. 10.3-3 gezeigten SPF-Baums entsteht. Schritt 3

Die Spalte *Weiterleitung* gibt an, ob das Ziel direkt erreichbar ist bzw. zu welchem benachbarten Router die IP-Pakete weitergeleitet werden sollen, um das betreffende Netzwerkziel zu erreichen. In der Spalte *Ausgangsport* wird der Router-Port angegeben, an den die IP-Pakete für das betreffende *Netzwerkziel* zum Absenden übergeben werden sollen. Die Spalte *Metrik* enthält die gesamten Kosten auf dem Pfad zum Netzwerkziel.

## 10.3.2 Nachbarschaften zwischen Routern

Um den Zustand zu erreichen, in dem alle Router die LSDB mit den gleichen Inhalten besitzen, müssen die Router beim OSPF-Einsatz entsprechend miteinander 'synchronisiert' werden. Dabei muss nicht jeder Router mit jedem anderen Router im AS synchronisiert werden, vielmehr genügt es, wenn jeder Router sich mit seinen Nachbarn synchronisiert.

Adjacency

Die Beziehung zwischen benachbarten Routern zum Zweck der Synchronisation der LSDB wird als *Nachbarschaft* (*Adjacency*) bezeichnet. Die Nachbarschaften sind für die Ermittlung der richtigen Einträge in der LSDB erforderlich. Auf dieser Grundlage baut jeder Router für sich einen SPF-Baum und berechnet danach die Inhalte seiner Routing-Tabelle. Die Pflege von Nachbarschaften stellt eines der Hauptprobleme beim OSPF-Einsatz in IP-Netzen dar.

### Bildung einer Nachbarschaft

Hello-Pakete

Bei der Initialisierung sendet ein Router regelmäßig (per Default alle 10 Sekunden) ein OSPF-Paket `Hello` mit seiner Router-ID sowie Informationen über seine Routerkonfiguration und einer Liste der ihm bekannten, benachbarten Router. Anfangs ist die Liste der benachbarten Router leer. Der initialisierende Router wartet auch auf `Hello`-Pakete von benachbarten Routern. Aus den eingehenden `Hello`-Paketen bestimmt er den bzw. die Router, mit denen eine Nachbarschaft aufgebaut werden soll. Am Anfang der Nachbarschaft geben die beteiligten Router den Inhalt ihrer LSDBs durch die Übermittlung von Paketen `Database Description` bekannt. Dies stellt einen LSDB-Austauschprozess dar, in dem die beiden benachbarten Router eine Master/Slave-Beziehung bilden. Der Inhalt der LSDB jedes Routers wird immer von dessen benachbartem Router bestätigt.

Link State Request

Jeder Router vergleicht seine LSAs mit denen seines Nachbarn und stellt fest, welche LSAs zur Synchronisation der LSDB vom Nachbarn angefordert werden müssen. Die fehlenden oder jüngeren LSAs werden anschließend mit den Paketen `Link State Request` angefordert. Als Antwort darauf werden die Pakete `Link State Update` gesendet und ihr Empfang bestätigt. Wenn alle Pakete `Link State Request` bedient wurden, besteht eine vollständige Synchronisation zwischen LSDBs benachbarter Router, und damit wurde eine Nachbarschaft gebildet.

Danach teilt jeder benachbarte Router in regelmäßig gesendeten `Hello`-Paketen seinen Nachbarn mit, dass er noch im Netzwerk aktiv ist. Falls ein `Hello`-Paket von einem benachbarten Router innerhalb eines festgelegten Zeitraums (standardmässig 40 Sekunden) nicht ankommt, wird dieser Router für ausgefallen erklärt.

Link State Update

Erkennt ein Router ein Ereignis, dass z.B. eine Verbindung bzw. ein Router ausgefallen ist, aktualisiert er zuerst seine LSDB und sendet anschließend die Nachricht `Link State Update` mit der geänderten LSDB an die Nachbarn, mit denen er Beziehungen unterhält. Der Empfang des Pakets `Link State Update` wird mit `Link State Acknowledgement` bestätigt.

**Bemerkung**: Wird OSPF in broadcastorientierten LANs eingesetzt, verwendet man einen *designierten Router*, um die LSDBs einzelner Routern zu synchronisieren. In diesem Fall bauen die Router die Nachbarschaften mit dem designierten Router auf [Abb. 10.3-5].

Während des Aufbaus einer Nachbarschaft befinden sich die benachbarten Router in bestimmten Zuständen. Tab. 10.3-2 stellt diese Zustände in der Reihenfolge ihres Auftretens dar.

| Router-Zustand | Beschreibung |
|---|---|
| `Down` (Aus) | Anfangszustand. Vom Nachbar-Router wurden noch keine Informationen empfangen. |
| `Attempt` (Versuch) | Trotz Kontaktversuchen wurden keine Informationen vom Nachbarn empfangen. |
| `Init` (Initialisierung) | `Hello` wurde vom Nachbarn empfangen, doch der Router wird nicht in der Nachbarschaftsliste in `Hello` des benachbarten Routers angezeigt. |
| `2-Way` | Es wurde `Hello` vom Nachbarn empfangen, und der Router wird in der Nachbarschaftsliste in `Hello` des benachbarten Routers angezeigt. |
| `ExStart` (AustStart) | Es werden Master- und Slave-Rollen für den LSDB-Austauschprozess ausgehandelt. Dies stellt die erste Phase der Nachbarschaft dar. |
| `Exchange` | Der Router sendet `Database Description` an seinen Nachbarn. |
| `Loading` | In Paketen `Link State Request` an den Nachbarn werden fehlende oder jüngere LSAs angefordert. |
| `Full` (Voll) | Die LSDBs der benachbarten Router sind synchronisiert. Es besteht eine vollständige Nachbarschaft. |

**Tab. 10.3-2:** Zustände benachbarter Router

Unterschiedliche Netzwerktypen bei OSPF

Die OSPF-Pakete werden direkt in IP-Pakete eingebettet. Die IP-Zieladresse im IP-Header ist vom Netzwerktyp abhängig. Daher muss der Netzwerktyp bei der Konfigurierung jedes Router-Ports (Router-Interface) angegeben werden. Dabei kommt einer der folgenden Netzwerktypen in Frage:

- Broadcast-Netzwerke
  Dies ist ein Netzwerk auf der Basis eines herkömmlichen LAN (wie z..B. Ethernet), d.h. eines broadcast-orientierten Netzes. In diesem Fall wird ein von einem Router gesendetes Paket von allen an das Netzwerk angeschlossenen Routern empfangen. In 'Broadcast-Netzen' gesendete OSPF-Pakete verwenden IP-Multicast-Adressen.
- Punkt-zu-Punkt-Verbindungen
  Hier handelt es sich um ein 'Netzwerk' (genauer gesagt um eine Punkt-zu-Punkt-

Verbindung), das nur zwei Router verbindet. Dazu gehören u.a. Verbindungen über Standleitungen. In diesem Fall verwenden die gesendeten OSPF-Pakete die IP-Multicast-Adresse.

- NBMA-Netze (*Non-Broadcast Multiple Access*)
  Zu dieser Klasse gehören vor allem die optischen WDM-Netzwerke. In diesem Fall wird ein designierter Router eingesetzt.

Bei der Initialisierung eines neuen Routers in einem IP-Netzwerk müssen die LSAs des neuen Routers an alle anderen Router übermittelt werden. Nach dem Empfang der LSAs vom neuen Router muss jeder andere Router im Netzwerk die LSDB modifizieren, den SPF-Baum (nach dem Dijkstra-Algorithmus) für sich neu berechnen und neue Einträge in die Routing-Tabelle hinzufügen. Abb. 10.3-4 illustriert das Hinzufügen eines neuen Routers.

Hinzufügen eines Routers

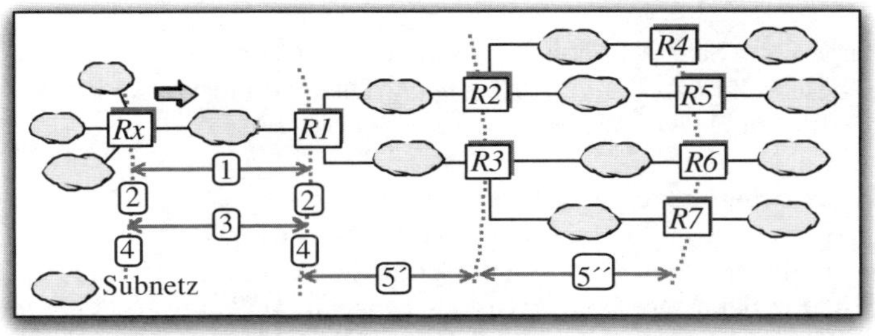


**Abb. 10.3-4:** Hinzufügen eines neuen Routers
R: Router

Das Hinzufügen eines 'neuen' Routers führt zu den folgenden Schritten:

1. *Der neue Router Rx lernt die benachbarten Router kennen*: *Rx* sendet ein `Hello`-Paket [Abb. 10.3-15]. Der benachbarte Router *R1* antwortet ebenfalls mit dem `Hello`-Paket. Die beiden Router *Rx* und *R1* möchten nun eine Nachbarschaft aufbauen.

   Hello Protocol

2. *Der neue Router Rx erstellt für sich die LSDB*: Router *Rx* muss sich die LSDB erstellen. Hierfür tauschen *Rx* und *R1* die Pakete `Database Description` (DD) aus [Abb. 10.3-15]. Das `DD`-Paket von *Rx* enthält nur die eigene Routing-Information, d.h. die eigene Beschreibung. In den `DD`-Paketen übermittelt *R1* die LSDB, in der die Routing-Information anderer Router außer *R1* enthalten ist [Abb. 10.3-2b].

   Exchange Protocol

3. *Synchronisation der LSDB*: Der neue Router *Rx* fordert mit dem Paket `LS-Request` (Link State) [Abb. 10.3-16] vom benachbarten Router *R1* bestimmte LSAs (z.B. jene, die ihm noch fehlen). Router *R1* sendet die angeforderten LSAs in den Paketen `LS-Update` [Abb. 10.3-17]. Der benachbarte Router *R1* aktualisiert ebenfalls seine LSDB, sodass er mit dem Paket `LS-Request` vom neuen Router *Rx* bestimmte LSAs fordert. Router *Rx* sendet die von *R1* angeforderten LSAs in den Paketen `LS-Update`. So haben die beiden Router *Rx* und *R1*, d.h. der neue Router und sein Nachbar, ihre LSDB synchronisiert. Nun besitzen sie eine aktuelle LSDB.
4. *Der neue Router erstellt die Routing-Tabelle; der Nachbar-Router aktualisiert seine Routing-Tabelle*: Da die beiden Router *Rx* und *R1* bereits die aktuellen LSDBs besitzen, berechnen sie ihre jeweiligen SPF-Bäume. Dann erstellt der neue Router *Rx* für sich die Routing-Tabelle und sein Nachbar-Router *R1* aktualisiert seine Routing-Tabelle.

In der Routing-Tabelle bei *R1* werden neue Netzwerkziele hinzugefügt, die über den neuen Router *Rx* erreichbar sind.

Flooding Protocol

5. *Verteilung der Änderungen im Netz*: Nachdem *R1* mit dem neuen Router *Rx* synchronisiert ist, verteilt *R1* mit `LS-Update` die Änderungen im Netz an alle Nachbar-Router (*R2* und *R3*), mit denen er eine Nachbarschaft unterhält (5' in Abb. 10.3-4). `LS-Update` enthält die von *Rx* erlernten LSAs. Nach Empfang der LSAs von *R1* aktualisieren seine Nachbar-Router *R2* und *R3* ihre LSDBs, berechnen ihre SPF-Bäume und aktualisieren ihre Routing-Tabellen. *R2* und *R3* verteilen die Änderungen per `LS-Update` an alle Router, mit denen sie eine Nachbarschaft unterhalten, d.h. an *R4*, *R5*, *R5* und *R7* (5" in Abb. 10.3-4). Diese Router aktualisieren ihre LSDBs, berechnen ihre SPF-Bäume und aktualisieren danach ihre Routing-Tabellen.

**Bemerkung**: Hat ein Router ein Paket `LS-Update` empfangen, so bestätigt er es mit dem Paket `LS-Ack` [Abb. 10.3-16c].

Der hier dargestellte Schritt 1 verläuft nach dem *Hello Protocol*. Den Verlauf der Schritte 2 und 3 beschreibt das *Exchange Protocol*. Die Art und Weise der Verteilung von Änderungen im Netz legt das *Flooding Protocol* fest.

### Einsatz eines designierten Routers

Designierter Router als LSA-Verteiler

Um die Netze mit der Übermittlung von Routing-Information (RI) nicht zu stark zu belasten, wird bei OSPF ein Router ausgewählt, der für die Verteilung der RI in Form von LSAs zuständig ist. Ein derartiger Router wird als *Designierter Router* (DR) bezeichnet. Ein DR wird in Broadcast-Netzwerken (herkömmliche LANs) und in NBMA-Netzen (z.B. optische WDM-Netze) eingesetzt. Da der DR für die Verteilung von LSAs zuständig ist, müssen die Nicht-DR-Router untereinander nicht direkt kommunizieren. Abb. 10.3-5 veranschaulicht das Konzept der LSA-Übermittlung unter Nutzung eines DR.

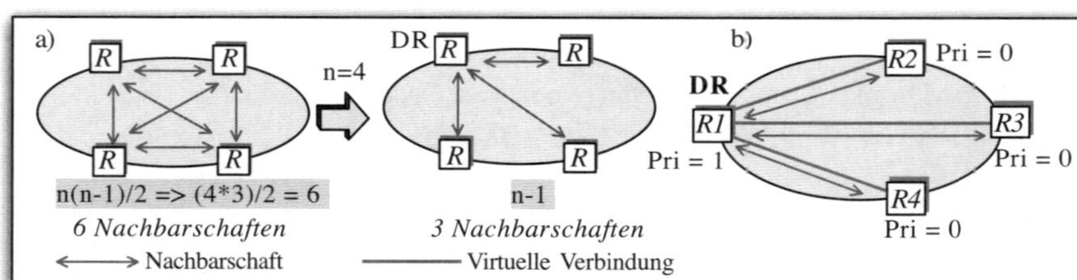


**Abb. 10.3-5:** Designierter Router (DR): a) in Broadsact-Netzwerken, b) in NBMA-Netzen
Pri: Priorität, R: Router

Backup-DR

Gleichzeitig wird ein Backup-DR bestimmt, der die Aufgabe hat, nach dem Ausfall des DRs dessen Funktionen zu übernehmen. Sind die designierten Router bestimmt, werden die Nachbarschaften (Verbindungen vom DR zu anderen Routern) definiert, über die der DR die RI aus seiner LSDB an alle Router weitergeben kann. Die Bedeutung des designierten Routers in Broadcast-Netzwerken ist aus Abb. 10.3-5a ersichtlich. Sind an einem Netzwerk mehrere Router angeschlossen, müssen die Nachbarschaften zwischen allen Routern aufgebaut werden. Sind an einem Netzwerk `n` Router angeschlossen, müssen daher `n*(n-1)/2` Nachbarschaften aufgebaut werden. Wenn die Anzahl `n` groß ist, würde dies zu einem großen Zeitaufwand führen. Beim Einsatz eines DR reduziert sich die Anzahl von Nachbarschaften. Bei n Routern am Broadcast-Netzwerk müssen nur `n-1` Nachbarschaften aufgebaut werden, falls ein Router als DR dient.

Die Bedeutung des designierten Routers in NBMA-Netzen illustriert Abb. 10.3-5b. Hier müssen die permanenten virtuellen Verbindungen zwischen dem DR und den anderen Routern für die Unterstützung von Nachbarschaften aufgebaut werden. Jede Nachbarschaft verlangt eine separate virtuelle Verbindung. Über die Auswahl von beiden designierten Routern entscheidet die Router-Priorität. Der DR besitzt die höchste Priorität. Bevor der DR ausgewählt wird, müssen sich alle Router gegenseitig kennenlernen. Durch den DR-Einsatz werden die einzelnen Router innerhalb eines autonomen Systems miteinander synchronisiert. Dadurch entstehen keine Schleifen zwischen den Routern bei der Übermittlung von LSAs.

**Bemerkung**: Beim RIP wird kein designierter Router eingesetzt, somit verteilen die einzelnen Router ihre Routing-Information vollkommen unabhängig voneinander. Dadurch entsteht beim RIP das Count-to-Infinity-Problem. [Abb. 10.2-4]

## 10.3.3 OSPF-Einsatz in großen Netzwerken

Die Routing-Information bei OSPF wird in Form von festgelegten OSPF-Paketen zwischen den Routern ausgetauscht. Diese Pakete werden als *Verbindungszustand-Bekanntmachungen* oder kurz *LSAs* (*Link State Advertisements*) bezeichnet. In einem sehr großen autonomen System (AS) mit einer hohen Anzahl von Netzwerken muss jeder Router die Routing-Information in Form von LSAs jedes anderen Routers in seiner LSDB speichern [Abb. 10.3-2b]. Somit besitzen alle Router umfangreiche LSDBs. Die Berechnung von Routen in einem sehr großen autonomen System kann einen beträchtlichen Aufwand erfordern. Außerdem kann die entstehende Routing-Tabelle sehr groß sein, da sie zu jedem Netzwerk im autonomen System eine Route enthalten muss.

### Aufteilung großer Netzwerke auf OSPF-Bereiche

OSPF-Bereich

Um die Größe der LSDB in Routern und den Aufwand für die Berechnung von Routen zu reduzieren sowie die Größe von Routing-Tabellen zu verringern, werden autonome Systeme in *Bereiche* (*Areas*) aufgeteilt. Abb. 10.3-6 veranschaulicht dies.

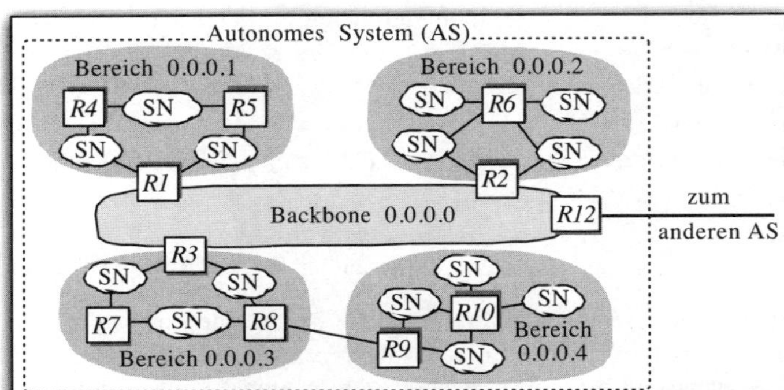


**Abb. 10.3-6:** Struktur eines autonomen Systems nach OSPF
R: Router, SN: Subnetz

Bereichs-ID

Werden autonome Systeme in Bereiche aufgeteilt, entsteht eine Hierarchie von Systemen, die hierarchisches Routing verlangt. OSPF unterstützt das hierarchische Routing. Die Bereiche innerhalb eines AS werden durch eine 32 Bit große *Bereichs-ID* (*Identifica-*

*tion*) in punktierter Dezimalschreibweise identifiziert (z.B. `0.0.0.1`, `0.0.3.1`). Eine Bereichs-ID hängt weder mit einer IP-Adresse noch mit einer IP-Netzwerk- bzw. Subnetz-ID zusammen. Wenn jedoch das Netzwerk innerhalb eines Bereichs eine Subnetz-ID besitzt, kann die Bereichs-ID so festgelegt werden, dass sie für eine einfachere Verwaltung die Netzwerk-ID widerspiegelt. Enthält ein Bereich beispielsweise ein IP-Netzwerk `15.7.0.0/16`, so kann `15.7.0.0` als Bereichs-ID festgelegt werden.

Backbone-Bereich

Ein AS, ob in Bereiche unterteilt oder nicht, besitzt immer mindestens einen Bereich, der als *Backbone-Bereich* (bzw. kurz *Backbone*) bezeichnet wird. Für den Backbone ist die Bereichs-ID `0.0.0.0` reserviert. Der Backbone wird auch als *Bereich* `0` bezeichnet.

Link-State-Domäne

Um die Größe der LSDB so klein wie möglich zu halten, enthält die LSDB in den Routern eines Bereichs ausschließlich die LSAs der Router aus diesem Bereich. Dies bedeutet, dass die LSAs aus einem Bereich nur unter den Routern verteilt sind, die zu diesem Bereich gehören, jedoch nicht an Router, die sich außerhalb dieses Bereichs befinden. Jeder Bereich bildet daher eine eigene Link-State-Domäne mit eigener LSDB. Ist ein Router mit mehreren Bereichen verbunden, besitzt er mehrere LSDBs. Hierbei enthält eine LSDB nur die LSAs aus einem Bereich.

AS-Routing

Mit der Einteilung autonomer Systeme in Bereiche existieren drei Ebenen, in denen Routing stattfindet:

- Routing in einzelnen Bereichen (*Intra-Area-Routing*),
- Routing zwischen Bereichen (*Inter-Area-Routing*),
- Routing zwischen *autonomen Systemen*.

In diesem Zusammenhang sind vier Routertypen zu unterscheiden:

- Interner Router (*Internal Router*)
  Er hat nur Nachbar-Router innerhalb eines Bereichs. Jeder interne Router besitzt genau eine LSDB, in denen die LSAs aus dem betreffenden Bereich enthalten sind. *R4*, *R5*, *R5*, *R7* und *R10* in Abb. 10.3-6 sind interne Router.
- Bereichsgrenzen-Router, kurz ABR (*Area Border Router*)
  ABR besitzen Nachbar-Router auch in anderen Bereichen. Über ABR wird die Routing-Information zwischen den einzelnen Bereichen ausgetauscht. Ein ABR besitzt eine LSDB für jeden Bereich, mit dem er verbunden ist. *R1*, *R2*, *R3*, *R8* und *R9* in Abb. 10.3-6 sind ABR.
- Backbone-Router
  Router mit mindestens einem Interface zum Backbone-Bereich. *R1*, *R2* und *R3* in Abb. 10.3-6 sind Backbone-Router.
- AS-Grenzen-Router, kurz ASBR (*AS Boundary Router*)
  Er verbindet die autonomen Systeme miteinander. *R12* in Abb. 10.4-6 ist ein ASBR.

Die Aufteilung eines AS auf mehrere Bereiche bedarf der Auswahl eines Routers innerhalb jedes Bereichs, der für den bereichsübergreifenden Datenverkehr verantwortlich ist. Dieser Router stellt einen Bereichsgrenzen-Router dar, der für jeden Bereich die Routing-Information in Form einer Topologie-Datenbank enthält [Abb. 10.3-12].

Die Aufteilung eines großen AS auf mehrere Bereiche hat folgende Vorteile:

- *Die Größe der LSDB verringert sich*: Bei der Aufteilung eines AS auf mehrere Bereiche enthält eine LSDB [Abb. 10.3-2b] die LSAs von Routern aus nur einem Bereich.

- *Die Größe der Routing-Tabellen wird reduziert*: Die Routing-Tabelle jedes internen Routers in einem Bereich enthält nur die 'detaillierten Routen' zu den einzelnen Netzwerkzielen im betreffenden Bereich. Netzwerkziele, die außerhalb dieses Bereichs liegen, werden durch die aggregierten Routen angezeigt [Abb. 2.5-6 und Abb. 2.6-7].

  **Beispiel:** Abb. 10.3-7 zeigt eine vereinfachte Struktur des in Abb. 10.3-6 dargestellten AS. Man verwendet hier das VLSM-Konzept [Abb. 2.5-4 und Abb. 2.5-6], sodass die Strukturierung des gesamten Netzwerks nach außen verborgen wird.

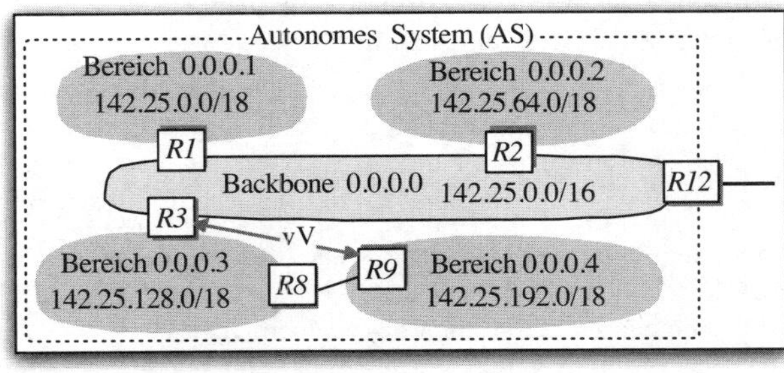


**Abb. 10.3-7:** LSM und Aufteilung eines AS in mehrere Bereiche
vV: virtuelle Verbindung

Der AS-Grenzen-Router *R12* macht hier die Route `142.25.0.0/16` zum ganzen AS bekannt. Jeder ABR (*Area Border Router*) fasst alle Netzwerkziele in seinem Bereich so, dass eine aggregierte Route zu seinem Bereich führt. Somit macht *R1* die aggregierte Route `142.25.0.0/18` im Backbone bekannt. *R2* macht die aggregierte Route `142.25.64.0/18` zum Bereich `0.0.0.2` bekannt. *R3* gibt zwei aggregierte Routen nach außen bekannt, d.h. die Route `142.25.128.0/18` zum Bereich `0.0.0.3` und `142.25.192.0/18` zum Bereich `0.0.0.4`. Um die aggregierte Route zum Bereich `0.0.0.4` zu ermöglichen, wird *R3* als ABR direkt mit *R9*, der als ABR des Bereichs `0.0.0.4` gilt, über eine virtuelle Verbindung verbunden.

Durch die Zusammenfassung von Routen (d.h. durch die aggregierten Routen) bleibt die Topologie (die Netzwerke und deren Pfadkosten) eines Bereichs dem übrigen AS-Teil verborgen. Durch die Nutzung aggregierter Routen können die Routing-Tabellen verringert werden.

### Bereichsübergreifendes Routing

Das Routing innerhalb eines Bereichs erfolgt durch die internen Router nach der Route der geringsten Kosten zu Subnetzen bzw. zu bestimmten Rechnern. Da die Routen innerhalb eines Bereichs nicht aggregiert werden, besitzt jeder Router zu jedem Subnetz in seinem Bereich bzw. seinen Bereichen eine Route in seiner Routing-Tabelle.

Um die Routing-Information in Form von LSAs zwischen den Routern zu übermitteln, muss jeder Router eine Identifikation, d.h. eine *Router-ID*, haben. Die Router-ID bezeichnet den Router im AS und nicht die IP-Adresse eines seiner Interfaces (Ports). Die Router-ID wird nicht als IP-Zieladresse zum Senden von Informationen an einen anderen Router verwendet. In der Branche herrscht normalerweise die Übereinkunft, als Router-ID die größte oder die kleinste der den Router-Interfaces zugewiesenen IP-Adressen zu verwenden. Da die IP-Adressen eindeutig sind, wird somit sichergestellt, dass die Router-IDs ebenfalls eindeutig sind. Router-ID

Routing-Verlauf

Das Routing zwischen den Bereichen innerhalb eines AS verläuft wie folgt:

1. Ein interner Router im Quellbereich leitet ein IP-Paket gemäß der Route mit den geringsten Kosten an den Backbone-Router des Quellbereichs weiter.
2. Der Backbone-Router des Quellbereichs leitet das IP-Paket gemäß der Route mit den geringsten Kosten zum nächsten Backbone-Router weiter, der mit dem Zielbereich verbunden ist.
3. Der Backbone-Router des Zielbereichs leitet das IP-Paket gemäß der Route zu einem internen Router weiter. Dieser interne Router kann nach Bedarf das IP-Paket an einen internen Router im Zielbereich weiterleiten.

**Beispiel**: Betrachten wir in Abb. 10.3-7 die Weiterleitung eines IP-Pakets vom Quellrechner im Bereich `0.0.0.1` zum Zielrechner im Bereich `0.0.0.2`.

Das IP-Paket wird in diesem Fall zuerst über die Router des Quellbereichs `0.0.0.1` an den Router *R1*, d.h. an den Backbone-Router des Quellbereichs, weitergeleitet. Anschließend erfolgt die Weiterleitung vom Backbone-Router des Quellbereichs `0.0.0.1` an den Backbone-Router des Zielbereichs `0.0.0.2`, d.h. an den Router *R2*. Schließlich wird das IP-Paket über *R2* zu einem internen Router des Zielbereichs `0.0.0.2` weitergeleitet, der entweder das IP-Paket direkt an den Zielrechner oder an einen anderen internen Router weiterleitet.

Transitbereich

Einige Bereiche lassen sich so konfigurieren, dass sie keine Backbone-Anbindung haben, d.h. dass sie keinen Backbone-Router besitzen. Um die Routen zu einem Bereich ohne Backbone-Anbindung aggregieren zu können, kann eine virtuelle Verbindung zwischen einem ABR dieses Bereichs und einem 'fremden' Backbone-Router eingerichtet werden. Der als Backbone-Zubringer genutzte Nicht-Backbone-Bereich wird als Transitbereich bezeichnet. Jeder Transitbereich muss mit dem Backbone verbunden sein.

Virtuelle Nachbarschaft

Eine virtuelle Verbindung über den Transitbereich stellt eine logische Verbindung dar, die den Pfad mit den geringsten Kosten zwischen dem ABR des verbundenen Nicht-Backbone-Bereichs und dem Backbone-Router des Transitbereichs verwendet. Über die virtuelle Verbindung wird eine virtuelle Nachbarschaft gebildet, und die Routing-Informationen werden in Form von LSAs ausgetauscht.

**Beispiel**: Betrachten wir das AS in der Abb. 10.3-7. Der Bereich `0.0.0.3` ist hier der Transitbereich für den Bereich `0.0.0.4`. Zwischen den Routern *R3* und *R9* wird eine virtuelle Nachbarschaft aufgebaut, um zwischen ihnen die Routing-Information auszutauschen.

### AS-übergreifendes Routing

Externe Routen

Der AS-übergreifende Datenverkehr wird über einen AS-Grenzen-Router, kurz ASBR (*AS Boundary Router*), bzw. über mehrere ASBRs nach außen weitergeleitet. Eine Route, die zu einem Netzwerkziel außerhalb eines AS führt, wird als externe Route bezeichnet. Eine *externe Route* ist definiert als beliebige Route, die sich nicht vollständig innerhalb eines OSPF-AS befindet. Abb. 10.3-8 illustriert dies.

Externe Routen werden durch einen oder mehrere ASBRs erlernt und im gesamten AS bekanntgemacht. Der ASBR kündigt die Verfügbarkeit externer Routen mit einer Reihe von LSAs für die externen Routen an. Diese LSAs werden als Flut von OSPF-Paketen im gesamten AS (ausgenommen sog. *Stub-Bereich*) gesendet. Die LSAs für die externen Routen gehen immer in die Berechnung von SPF-Bäumen und Routing-Tabellen ein. Der Datenverkehr zu externen Netzwerkzielen wird innerhalb des AS gemäß den Routen mit den geringsten Kosten an den ASBR weitergeleitet.

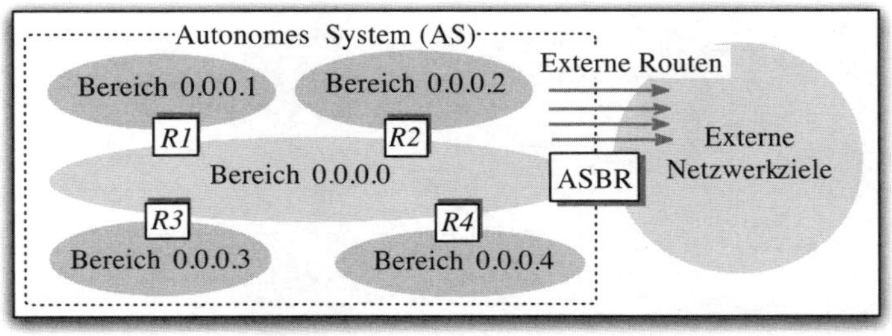


**Abb. 10.3-8:** Veranschaulichung von externen Routen eines autonomen Systems

Um die Menge der als Flut von OSPF-Paketen in Bereiche gesendeten Routing-Informationen noch weiter zu verringern, kann bei OSPF ein Bereich als *Stub-Bereich* (*Stub Area*) eingerichtet werden. Ein Stub-Bereich kann einen oder mehrere ABR haben, aber die externen Netzwerkziele (d.h. die Ziele in anderen autonomen Systemen) können nur über einen ABR erreicht werden. Stub Area

Außerhalb des AS liegende Routen werden nicht als Flut von OSPF-Paketen in einen Stub-Bereich gesendet oder dort verbreitet. Das Routing auf alle außerhalb des AS liegenden Netzwerke in einem Stub-Bereich erfolgt über eine Standardroute (Zieladresse `0.0.0.0` mit der Netzmaske `0.0.0.0`). Somit erfolgt das Routing zu allen Netzwerkzielen außerhalb des AS auf Grundlage eines einzigen Eintrags in der Routing-Tabelle von Routern in einem Stub-Bereich.

**Beispiel**: Betrachten wir das Netzwerk aus Abb. 10.3-7. Alle Bereiche können hier als Stub-Bereiche eingerichtet werden. Ist z.B. der Bereich `0.0.0.2` als Stub-Bereich konfiguriert, erfolgt der gesamte externe Datenverkehr über einen einzigen ABR, d.h. über Router *R2*. Dieser kündigt eine Standardroute zur Verteilung innerhalb des Bereichs `0.0.0.2` an, anstatt die außerhalb des AS liegenden Netzwerkziele als Flut von OSPF-Paketen im Bereich `0.0.0.2` bekanntzumachen.

### Beispiel für einen OSPF-Einsatz

Abb. 10.3-9 zeigt ein autonomes System (eine Organisation), das sich in drei Bereiche aufteilt. Anhand dieses autonomen Systems wird OSPF im Weiteren näher erläutert. *R1*, *R4*, *R7* und *R8* sind interne Router und besitzen somit keine Verbindung bzw. Informationen über die Topologie von anderen Bereichen. *R2*, *R3*, *R5* und *R5* sind ABR (*Area Border Router*) und realisieren das Routing zwischen den einzelnen Bereichen. *R5* und *R5* sind zusätzlich zuständig für die Bestimmung von Routen für die Daten, deren Ziel außerhalb des autonomen Systems liegt.

Den einzelnen Ausgangsports der Router wurden bestimmte Kosten zugewiesen. Somit verursacht die Verbindung über das WAN natürlich höhere Kosten (20) als eine Kopplung über LANs. Hierbei ist zu beachten, dass immer nur die Kosten von einem Router zu einem Subnetz erfasst werden. Dies bedeutet, dass nur der 'Eingang' in ein Subnetz gewisse Kosten verursacht. Verbindungen von einem Netz zu einem Router werden mit dem Kostenwert 0 belegt und somit nicht angezeigt. Bestehen zwei Verbindungen zu einem Subnetz, wird immer der Pfad mit den niedrigeren Kosten verwendet. Sind die Kosten der Pfade gleich, wird der Datenstrom über diese Pfade gleich verteilt. Route-Kosten

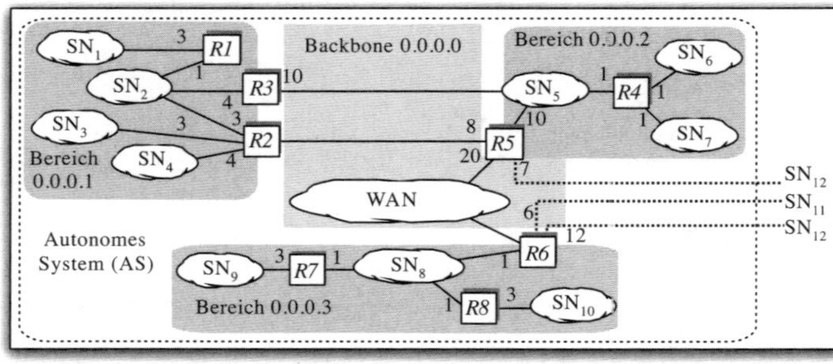


**Abb. 10.3-9:** Autonomes System mit drei Standortbereichen
SN: Subnetz

Verschiedene Metriken

Die Kosten für die Ausgangsports müssen vom Netzwerkmanager in allen Routern entsprechend eingestellt werden. Der Manager hat die Möglichkeit, bis zu 8 verschiedene Kostenarten (auch als Metriken bezeichnet) zu definieren. Die Metrik wird aufgrund der Angaben im Feld `ToS` (*Type of Service*) in OSPF-Paketen `Router-LSA` festgelegt. Werden mehrere Metriken unterstützt, muss jeder Router für jede Metrik einen SPF-Baum erstellen. Dies bedeutet, dass jede Metrik in jedem Router eine eigene Routing-Tabelle haben muss.

a)

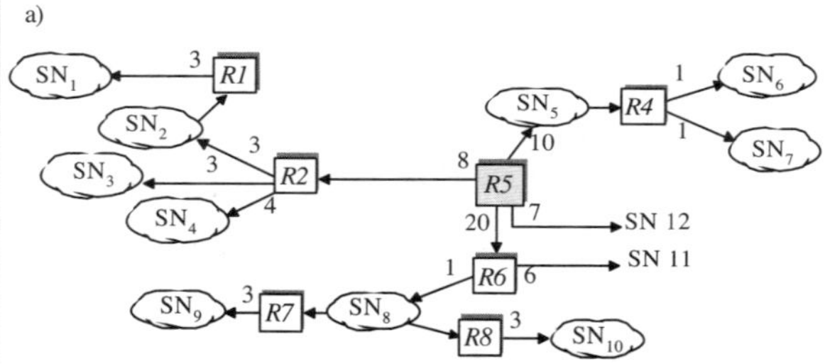


b)

| | Netzwerkziel | Weiterleitung | Metrik |
|---|---|---|---|
| innerhalb AS | $SN_1$ | *R2* | 14 |
| | $SN_2$ | *R2* | 11 |
| | $SN_3$ | *R2* | 11 |
| | $SN_4$ | *R2* | 12 |
| | $SN_5$ | --- | 10 |
| | $SN_6$ | *R4* | 11 |
| | $SN_7$ | *R4* | 11 |
| | $SN_8$ | *R6* | 21 |
| | $SN_9$ | *R6* | 24 |
| | $SN_{10}$ | *R6* | 24 |
| außerhalb AS | $SN_{11}$ | *R6* | 26 |
| | $SN_{12}$ | --- | 7 |

**Abb. 10.3-10:** SPF-Baum für den Router *R5* (a) und dessen Routing-Tabelle (b)

Jeder Router muss für sich selbst eine Routing-Tabelle erstellen. Zu diesem Zweck baut er um sich – aufgrund der Eintragungen in seiner RI-Datenbank – einen überspannenden Baum auf, in dem er selbst die Wurzel (*Root*) darstellt und die Verzweigungen des Baums die billigsten Wege zu allen möglichen Zielobjekten (Subnetze, Router) sind. Ein solcher Baum wird als SPF-Baum (*Shortest Path First*) bezeichnet [Abb. 10.3-3]. In Abb. 10.3-10 ist der errechnete SPF-Baum für den Router *R5* gezeigt. Üblicherweise werden die Verbindungen und die Kosten zu den einzelnen Objekten (Subnetzen, Router) mit Richtungspfeilen dargestellt.

Da der Router *R5* in diesem Fall ein Bereichs- und AS-Grenzen-Router (d.h. ein ABR und ein ASBR) ist, muss er eine Routing-Tabelle verwalten, in der zwei Teile enthalten sind:

- ein Teil mit Netzwerkzielen und Kosten innerhalb des autonomen Systems,
- ein Teil mit Netzwerkzielen und Kosten außerhalb des autonomen Systems.

Ein AS-Grenzen-Router kennt daher die Netzwerkziele außerhalb des autonomen Systems. Den SPF-Baum und die Routing-Tabelle von Router *R5* zeigt Abb. 10.3-10.

Wie bereits erwähnt, haben die ABR (d.h. die Bereichsgrenzen-Router) die Aufgabe, die über die Bereichsgrenzen hinweg erreichbaren Netzwerkziele ihrem eigenen Bereich bekannt zu geben, jedoch nur mit den entsprechenden Kosten und ohne die zugehörigen Topologie-Informationen. Das Beispiel illustriert die in Abb. 10.3-11a dargestellte Information über die 'Innen'- und die 'Außen'-Netztopologie für den Bereich `0.0.0.1`.

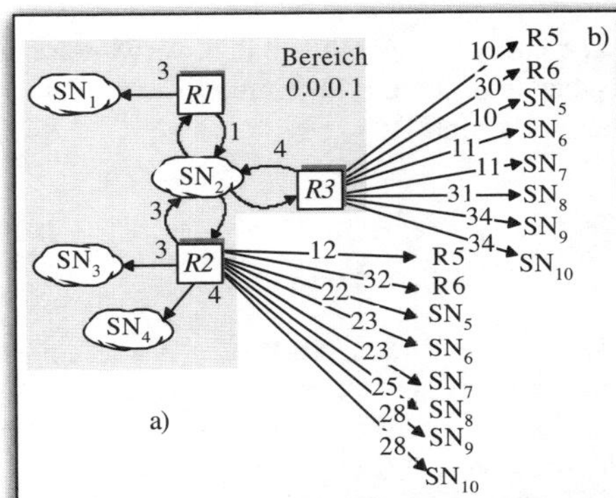


b)

| Netzwerkziel im Bereich 0.0.0.1 | Kosten über R2 | Kosten über R3 |
|---|---|---|
| $SN_1$ | 6 | 7 |
| $SN_2$ | 3 | 4 |
| $SN_3$ | 3 | 7 |
| $SN_4$ | 4 | 8 |

c)

| Netzwerkziel ausserhalb des Bereichs 0.0.0.1 | Kosten |
|---|---|
| *R5* | 12 |
| *R6* | 32 |
| $SN_5$ | 22 |
| $SN_6$ | 23 |
| $SN_7$ | 23 |
| $SN_8$ | 25 |
| $SN_9$ | 28 |
| $SN_{10}$ | 28 |

**Abb. 10.3-11:** Information über die Netztopologie des Bereichs 0.0.0.1: a) 'Außen'-LSDB, b) 'Innen'-Netztopologie, c) 'Außen'-Topologie

Die Tabelle in Abb. 10.3-11b enthält die Informationen über erreichbare Ziele im Bereich `0.0.0.1`. Diese werden an die übrigen Bereiche in Form von LSAs weitergeleitet. Die Tabelle in Abb. 10.3-11c enthält die 'Außen'-Ziele und die möglichen Kosten, d.h. die Ziele, die außerhalb des Bereichs `0.0.0.1` erreichbar sind. In dieser Tabelle fehlen die Informationen über die Erreichbarkeit von Subnetz 11 und Subnetz 12, denn diese Netze gehören nicht mehr zum autonomen System. Die entsprechenden Routing-Informationen über die Verbindungen zu Subnetz 11 und Subnetz 12 werden somit von den ausgewählten Routern *R5* und *R5* verwaltet, d.h. in den AS-Grenz-Routern (ASBR).

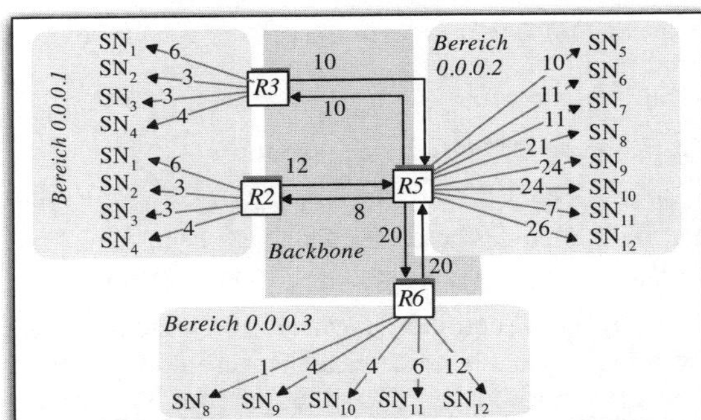


**Abb. 10.3-12:** Bereichsübergreifende Topologiedatenbank

In diesem Zusammenhang stellt sich die Frage, wie die Netzwerkziele in den einzelnen Bereichen über ABR (Bereichsgrenzen-Router) von der Außenwelt erreichbar sind. Da die Routing-Informationen über erreichbare Netzwerkziele innerhalb des Bereichs in einer bereichsübergreifenden Topologie-Datenbank und somit von allen ABR gelesen werden, können sie die Übertragungskosten zu allen Netzwerkzielen außerhalb ihres eigenen Bereichs berechnen und die Kosten in die bereichsübergreifende Topologie-Datenbank eintragen. Abb. 10.3-12 zeigt eine solche Datenbank, die sich aus dem Beispiel ergibt.

## 10.3.4 OSPF-Nachrichten

Um Routing-Tabellen in den Routern nach OSPF zu erstellen und zu verwalten, müssen entsprechende OSPF-Nachrichten[2] zwischen den Routern übermittelt werden. Bei OSPF werden die folgenden OSPF-Nachrichtentypen genutzt:

- `Hello`-Nachrichten,
- `Database Description`-Nachrichten sowie
- `Link State`-Informationen.

Um sich gegenseitig kennenzulernen, nutzen die Router die `Hello`-Nachricht. Diese Nachricht kommt vor allem beim Hinzufügen eines neuen Routers zum Einsatz. Die weiteren OSPF-Nachrichtentypen werden hauptsächlich beim Aufbau von Nachbarschaften und beim Versenden von *Link State Advertisements* (LSA) genutzt.

Aufbau von OSPF-Paketen

Jede OSPF-Nachricht setzt sich aus einem OSPF-Header und einem Datenteil zusammen. Im Weiteren werden die Pakete nur von OSPFv2 dargestellt. Den Aufbau von OSPF-Paketen illustriert Abb. 10.3-13.

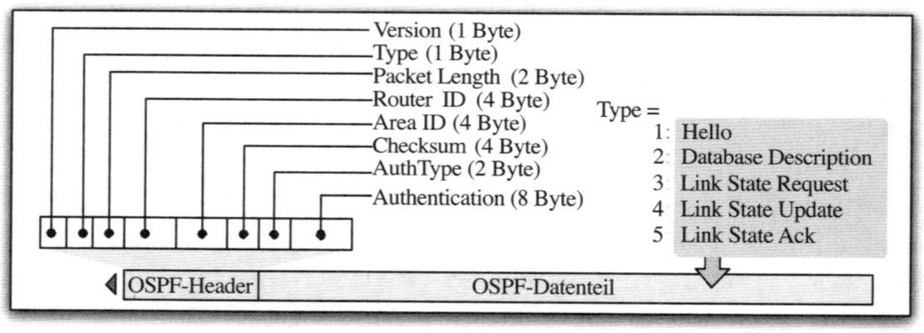


**Abb. 10.3-13:** Aufbau von OSPF-Paketen (genauer gesagt: von OSPFv2-Paketen)

OSPF-Header

Die Angaben im OSPF-Header sind:

- `Version`: Die Version von OSPF (d.h. die Version 2).
- `Type` (Nachrichtentyp): Der Typ (d.h. die Bedeutung) des OSPF-Pakets.
- `Packet Length`: die Länge des gesamten Pakets in Byte.
- *Router-ID*: Die Identifikation (ID) des Routers, der das OSPF-Paket abgeschickt hat,
- `Area-ID` (Bereich-ID): Die Identifikation genau des Bereichs, in dem das OSPF-Paket erzeugt wurde. Wird ein Paket über eine virtuelle Verbindung (über mehrere Bereiche) gesendet, erhält es die Identifikation `0.0.0.0`, d.h. die Identifikation des Backbone-Bereichs [Abb. 10.3-7].
- `Checksum`: Diese Prüfsumme über den Paketinhalt – mit Ausnahme des Feldes `Authentication` – soll es ermöglichen, Fehler im Paket zu entdecken.

[2] OSPF-Nachrichten werden auch als OSPF-*Pakete* bezeichnet.

- `AuthType` (Authentication Type): Hier wird angezeigt, welche Art der Authentisierung (Passwort, kryptografische Summe etc.) man verwendet.
- `Authentication`: In diesem Feld werden die Authentisierungsangaben gemacht.

## Hello-Paket

Das `Hello`-Paket wird für die Unterstützung folgender Funktionen verwendet:

- um die benachbarten Router bei der Initialisierung eines neuen Routers bzw. beim Aufbau einer Nachbarschaft anzusprechen,
- um zu prüfen, ob die Verbindungen intakt sind,
- um sowohl einen *designierten Router* (`DR`) als auch einen *Backup-DR* zu bestimmen.

Wie Abb. 10.3-14 zeigt, enthält das `Hello`-Paket u.a. Zeitangaben über die Länge des Intervalls (`Hello Interval`), in dem 'Hellos' gesendet werden müssen, und die Zeit, nach der ein Router seinen Nachbarn als ausgefallen erklären sollte (`RouterDeadInterval`), nachdem von ihm keine `Hello`-Pakete mehr eingehen.

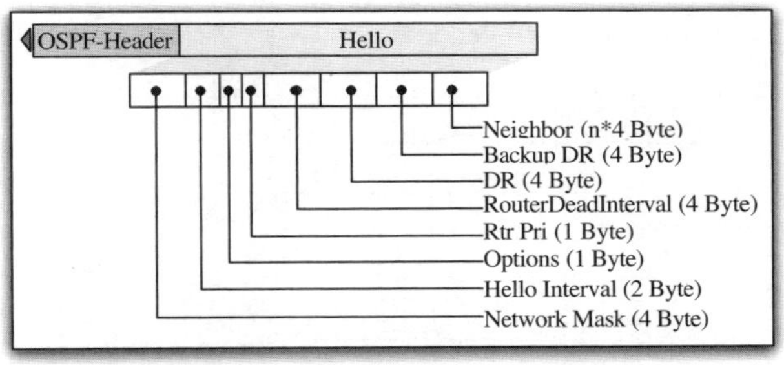


**Abb. 10.3-14:** Angaben im `Hello`-Paket

Die einzelnen Angaben im `Hello`-Paket sind: Angaben in `Hello`-Paketen

- `Network Mask` (Netzmaske): Dieses Feld wird für das Subnetting verwendet; hier wird die Netzmaske (bzw. Subnetzmaske) dieses Router-Interface (Schnittstelle) angegeben, über das das `Hello`-Paket abgeschickt wurde.
- `Hello Interval`: Das Zeitintervall zwischen den regelmäßig gesendeten Hello-Paketen in Sekunden. Standardmäßig beträgt das `Hello`-Intervall 10 Sekunden.
- `Options`: Mittels einzelner Bit in diesem Byte werden einige Routerbesonderheiten angegeben (z.B. ob der Router über dieses Interface, über das das `Hello`-Paket abgeschickt wurde, die AS-externen LSAs senden und empfangen kann).
- `RtrPri` (*Router Priority*): Hier wird die Router-Priorität angegeben; sie ist bei der Auswahl des designierten Routers von Bedeutung.
- `RouterDeadInterval` (Ausfallentdeckungsintervall): Die Anzahl von Sekunden, bis der Router einen Nachbar-Router als ausgefallen (tot) erklärt.
- `DR` (*Designated Router*): Falls der Router, der das `Hello`-Paket abgeschickt hat, ein designierter Router ist, wird hier die IP-Adresse des Interface angegeben, über das dieses Paket gesendet wurde. Gegebenenfalls wird mit `0.0.0.0` angezeigt, dass es sich um keinen designierten Router handelt.
- `Backup DR` (*Backup Designated Router*, Backup-DR): Falls der Router, der das `Hello`-Paket abgeschickt hat, ein Backup-DR ist, wird hier die IP-Adresse des Interface angege-

ben, über das das Paket gesendet wurde. Gegebenenfalls wird mit `0.0.0.0` angezeigt, dass es sich um keinen Backup-DR handelt.

- `Neighbors` (benachbarte Router): Es werden die IDs jener Router angegeben, von denen der 'Absender'-Router des `Hello`-Pakets gültige `Hello`-Pakete empfangen hat.

### Paket Database Description

Exchange Protocol

Falls zwei benachbarte Router bereits eine Nachbarschaft aufgebaut haben [Abschnitt 10.3.2], müssen sie ihre LSDBs synchronisieren (d.h. ständig abgleichen). Hierfür wird das *Exchange Protocol* verwendet. Dieses Protokoll funktioniert nach dem Anfrage/Antwort-Prinzip, wobei zuerst festgelegt wird, welcher Router als Master fungiert und welcher ein Slave ist. Danach werden die Beschreibungen von LSDBs zwischen diesen Routern ausgetauscht. Hierbei werden die LSDB-Inhalte in Paketen `Database Description` (`DD`) übermittelt. Der Master-Router fordert die LSDB-Inhalte an und antwortet darauf durch das Absenden eines bzw. mehrerer Pakete/s `DD`.

Wie Abb. 10.3-15 zeigt, setzt sich das `DD`-Paket aus einem OSPF-Header und einem `DD`-Teil zusammen. Der `DD`-Teil enthält bestimmte Steuerungsangaben und die LSDB-'Beschreibung' in Form von LSA-Headern.

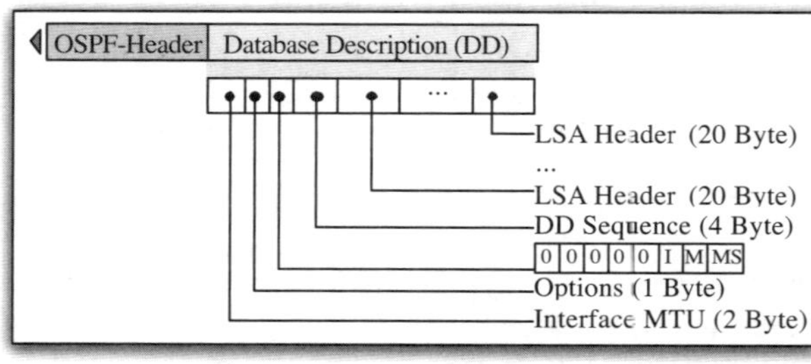


**Abb. 10.3-15:** Aufbau des Pakets `Database Description` (`DD`)

Der DD-Teil enthält folgende Angaben:

- `Interface MTU`: Hier wird angezeigt, wie groß ein IP-Paket ohne Fragmentierung sein darf, das über das betreffende Router-Interface gesendet wird.
- `Options`: Einige Bit in diesem Feld werden verwendet, um bestimmte Routerbesonderheiten anzuzeigen.
- `I-Bit` (*Init Bit*): Falls `I = 1` ist, wird damit angezeigt, dass dieses `DD`-Paket das erste innerhalb der Folge von `DD`-Paketen ist.
- `M-Bit` (*More Bit*): Mit `M = 1` wird darauf verwiesen, dass nach diesem `DD`-Paket noch weitere `DD`-Pakete aus einer Folge kommen.
- `MS-Bit` (*Master/Slave Bit*): Mit `MS = 1` zeigt der 'Absender'-Router an, dass er der Master-Router während des LSDB-Abgleichprozesses ist.
- `DD Sequence Number`: Die gesendeten `DD`-Pakete werden fortlaufend nummeriert. Hier wird die Sequenznummer des `DD`-Pakets angegeben. Die Anfangsnummer ist eindeutig zu wählen.
- `LSA-Header` (*Link State Advertisement*): Die LSDB-'Beschreibung' wird in LSA-Headern übermittelt. Den Aufbau des LSA-Header zeigt Abb. 10.3-18.

### Link-State-Pakete

Bei OSPF werden sog. *Link-State-Pakete* definiert, um die Routing-Information in Form von LSAs zwischen den benachbarten Routern zu tauschen. Hierzu gehören folgende OSPF-Pakete:

- `Link State Request` (`LS-Request`),
- `Link State Update` (`LS-Update`),
- `Link State Ack` (LS-Ack, *Acknowledgement*).

Ein Router kann die veraltete Routing-Information in Form von LSAs von seinen benachbarten Routern mit einem Paket `LS-Request` anfordern. Dieses Paket kann mit dem Paket `LS-Update` beantwortet werden. Hat sich beispielsweise die Routing-Tabelle in einem Router verändert, sendet er die aktuelle Routing-Information als LSAs in `LS-Update` an die benachbarten Router. Sie bestätigen ihm den Empfang von 'aktuellen' LSAs mit `LS-Ack`.

Den Aufbau des Pakets `LS-Request` zeigt Abb. 10.3-16a. `LS-Request` setzt sich aus dem OSPF-Header und einem `LS-Request`-Teil zusammen. Im `LS-Request`-Teil können mehrere LS-Anforderungen enthalten sein, und mit ihnen wird angezeigt, welche LSAs der Router haben möchte. LS-Request

Die LS-Anforderung enthält folgende Angaben:

- `LS Type`: Mitteilung des LS-Typs [Abb. 10.3-18].
- `Link State ID`: Hier wird die LS-Identifikation (LS-ID) angegeben. Sie ist vom LS-Typ abhängig. Zum Beispiel stellt die IP-Adresse eines Interface in einem designierten Router die Identifikation eines LSA, also eines *Network-States* dar.
- `Advertising Router`: Die Identifikation des Quell-Routers von LSA. Beim Einsatz eines designierten Routers wäre hier dessen Identifikation enthalten.

Die Veränderungen der Routing-Information werden in Form von LSAs in den Paketen `LS-Update` übermittelt. Diese Pakete werden auch als Antworten auf die Pakete LS-Request gesendet. Wie aus der Abb. 10.3-16b ersichtlich, enthält das Paket `LS-Update` den OSPF-Header und einen `LS-Update`-Teil mit mehreren LSAs. LS-Update

Im `LS-Update`-Teil wird im Feld #LSA die im Paket enthaltene Anzahl von LSAs angegeben und in den anschließenden LSA-Feldern die Daten übermittelt. Die Strukturierung der LSA-Daten ist in Abb. 10.3-16c dargestellt.

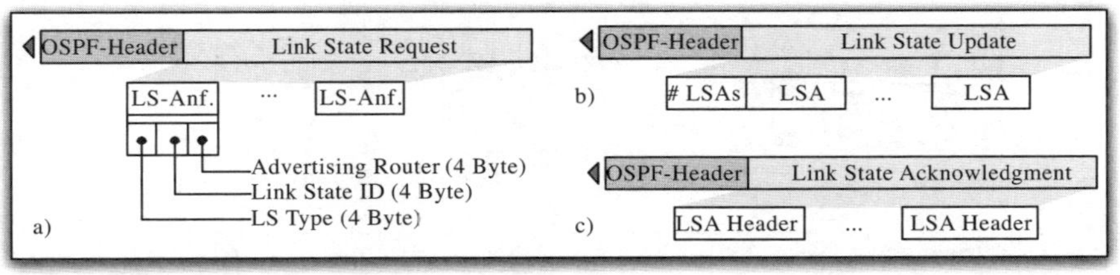


**Abb. 10.3-16:** Aufbau von (a) `Link State Request`- und (b) `Link State Update`-und (c) `Link State Ack`- Paketen

Um das Verteilen von LSAs zuverlässig zu gestalten, werden die in den Paketen `LS-Update` übertragenen LSAs durch ein LS-Ack quittiert. Den Aufbau des Pakets `LS-Ack zeigt` Abb. 10.3-16c. LS-Ack

Der Empfang von LSA im Paket `LS-Update` bei einem Router wird von ihm mit dem Paket `LS-Ack` bestätigt. `LS-Ack` enthält die Liste von Headern dieser LSAs, deren Empfang bestätigt wird.

### LSA-Typen und -Angaben

Die Routing-Information nach OSPF wird in Form von LSAs (*Link State Advertisements*) zwischen den Routern so verteilt, dass sich jeder Router innerhalb eines Bereichs eine Datenbank mit der Routing-Information, d.h. eine LSDB, erstellen kann. Die LSDB enthält diese LSAs, die den 'Zustand' des Bereichs aus OSPF-Sicht beschreiben [Abb. 10.3-2b]. Wird ein autonomes System (AS) nicht in Bereiche aufgeteilt, stellt das ganze AS einen Bereich dar.

Die *Router-LSAs* beschreiben die aktiven Router-Interfaces und Verbindungen, über die der Router an den Bereich gebunden ist. Bei der Beschreibung des Router-Interface wird u.a. angegeben,

- um welche 'Link'-Art es sich handelt (z.B. Point-to-Point, Virtual Link),
- welche Metrikarten (d.h. Arten von Kosten) der Router unterstützt.

Die Router-LSAs werden nur innerhalb des betreffenden Bereichs verteilt. Im Allgemeinen definiert OSPF folgende LSA-Typen:

| LSA Type | Beschreibung |
|---|---|
| 1 | Router-LSA |
| 2 | Network-LSA |
| 3 | Summary-LSA (IP Network) |
| 4 | Summary-LSA (ASBR) |
| 5 | AS-external-LSA |

**Tab. 10.3-3:** Typen von Link State Advertisements (LSA)

Network-LSAs

*Network-LSAs* verwendet man, um broadcast-orientierte Netze (genauer gesagt Subnetze) im Hinblick auf das Routing zu beschreiben. Im Network-LSA eines broadcast-orientierten Subnetzes wird angegeben:

- `Subnetzmaske`,
- `ID` (*Identifikation*) des designierten Routers,
- `IDs` aller Router, die am Subnetz 'angeschlossen' sind.

Abb. 10.3-17 illustriert die Bedeutung von LSAs der Typen 3, 4 und 5.

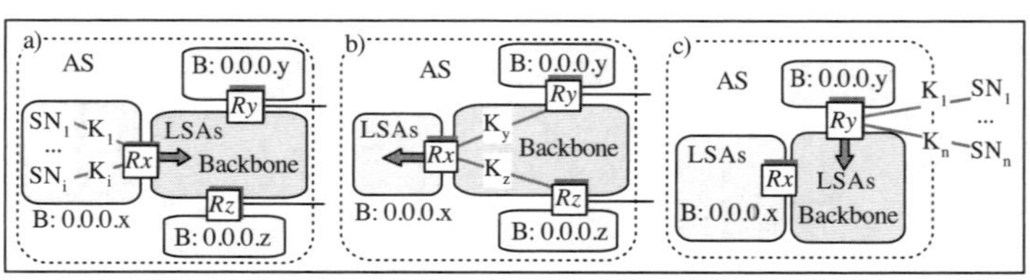


**Abb. 10.3-17:** Bedeutung von Network-LSAs: a) Typ 3, b) Typ 4, c) Typ 5 AS: Autonomes System, B: Bereich, K: Kosten, SN: Subnetz

**Beispiele**: Eine Network-LSA vom Typ 3 (*Summary-LSA*, *IP-Network*) wird vom Bereichgrenzen-Router (d.h. ABR) verwendet, um die erreichbaren Netzwerkziele mit den Kosten in 'seinem' Bereich im Backbone-Bereich ankündigen zu können. In Abb.10.3-17a macht der ABR *Rx* im Backbone-Bereich die im Bereich `0.0.0.x` erreichbaren Subnetze bekannt. In einer LSA kann nur ein Netzwerkziel (eine IP-Adresse) angegeben werden.

Daher müssen für die Bekanntmachung mehrerer Ziele auch mehrere LSAs übermittelt werden [Abb. 10.3-16b].

Eine Network-LSA vom Typ 4 (*Summary-LSA, ASBR*) wird vom ABR generiert, um die AS-Grenzen-Router (d.h. ASBRs) und die mit ihnen verbundenen Kosten in 'seinem' Bereich bekanntzumachen. In Abb. 10.3-17b macht der ABR *Rx* die beiden ASBRs *Ry* und *Rz* im Bereich `0.0.0.x` bekannt. In einer LSA kann nur ein ASBR angegeben werden.

Eine Network-LSA vom Typ 5 (*AS-external-LSA*) wird vom ASBR generiert, um die außerhalb des eigenen AS liegenden Netzwerkziele mit ihren Kosten in 'seinem' AS bekannt zu machen. In Abb. 10.3-17c macht der ASBR *Ry* im eigenen AS die über ihn erreichbare 'AS-Außen'-Netzwerkziele bekannt.

Wie aus Abb. 10.3-18 ersichtlich, setzt sich jede LSA aus einem LSA-Header und aus LSA-Daten zusammen.

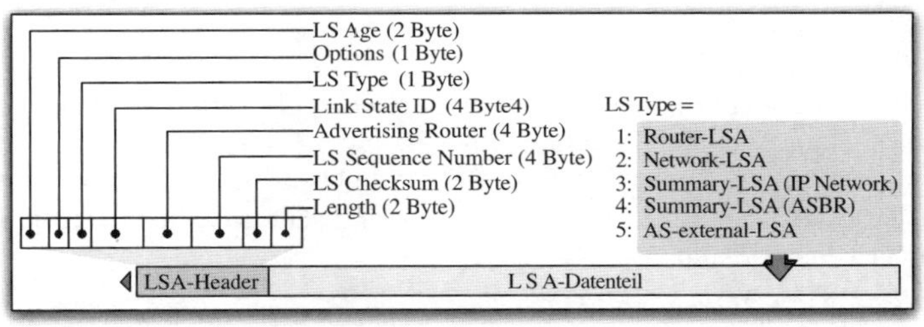


**Abb. 10.3-18:** Struktur von LSAs (Link State Advertisements)

Die einzelnen Angaben im LSA-Header sind: LSA-Header

- `LSA Age`: Die Angabe der Zeit (in Sekunden), die seit der LSA-Generierung vergangen ist.
- `Options`: Dieses Feld enthält die festgelegten Bit (z.B. `E`, `MC`, `N/P`, ...), mit denen einige Routerbesonderheiten angegeben werden. Ist hier beispielsweise `E = 1`, bedeutet dies, dass der Advertising-Router einen 'external link' hat, d.h. ein Interface zu einem anderen AS besitzt.
- `Link State ID` (`LS-ID`): Die `LS-ID` ist vom *LSA-Typ* [Tab. 10.3-3] abhängig und hat folgende Bedeutung:
  - *LSA-Typ 1*: LS-ID = ID des Routers, der die LSA generiert hat,
  - *LSA-Typ 2*: LS-ID = IP-Adresse des Interface des designierten Routers,
  - *LSA-Typ 3*: LS-ID = IP-Adresse des Netzwerkziels,
  - *LSA-Typ 4*: LS-ID = ID des Routers (ASBR), der die LSA gesendet hat,
  - *LSA-Typ 5*: LS-ID = IP-Adresse des Netzwerkziels.
- `Advertising Router`: Hier wird die ID des Routers angegeben, der die LSA generiert hat.
- `LS Sequence Number`: Hier werden die gesendeten LSAs fortlaufend nummeriert.
- `LS Checksum`: Hier ist eine Prüfsequenz enthalten, mit der die ganze LSA ohne Feld LS Age überprüft wird.
- `Length`: Die LSA-Länge in Byte.

### 10.3.5 Besonderheiten von OSPFv2

Die OSPF-Besonderheiten sind u. a.:

- *Schleifenlose Routen*
  Der designierte Router führt zur Synchronisation von einzelnen Routern innerhalb eines Bereichs. Dadurch entstehen keine logischen Schleifen bei der Berechnung von Routen, und somit tritt das Count-to-Infinity-Problem bei OSPF nicht auf, wie dies beim RIP der Fall war.
- *Schnellere Konvergenz als beim RIP*
  OSPF kann die Änderungen der Topologie schneller erkennen und übermitteln als RIP.
- *VLSM- bzw. CIDR-Unterstützung*
  Bei OSPF wird die Präfixlänge (d.h. die Länge der Subnetzmaske) übermittelt. Dadurch ist die VLSM- bzw. CIDR-Unterstützung mit der Aggregation von Routen möglich.
- *Skalierbarkeit großer IP-Netze*
  Bei OSPF werden autonome Systeme in Bereiche aufgeteilt. Dadurch lässt sich die Größe von Routing-Tabellen verringern. Zu einem Bereich kann eine aggregierte Route führen, die alle Routen zu den einzelnen Netzwerkzielen innerhalb des Bereichs zusammenfasst. Dadurch ist OSPF für große und sehr große IP-Netze geeignet, die beliebig erweiterbar sind.
- *Unterstützung der Authentisierung*
  Der Informationsaustausch auf OSPF-Routen lässt sich authentisieren.
- *Kompatibilität zum OSPFv1*

### 10.3.6 OSPF für IPv6 (OSPFv3)

OSPF für das Protokoll IPv6 stellt eine an die IPv6-Besonderheiten angepasste Form des OSPFv2 für IPv4 dar und wird in RFC 5340 (ursprünglich RFC 2740) beschrieben. OSPF für IPv6 wird seit einiger Zeit als *OSPFv3* bezeichnet. Da IPv6 als *IP Next Generation* angesehen werden kann, wird manchmal auch die Abkürzung *OSPFng* für das OSPF für IPv6 verwendet.

Besonderheiten von OSPFv3

Die wichtigsten Besonderheiten von OSPFv3 sind:

- *Begriff Link bei OSPv3*
  Bei OSPFv3 wird der Begriff Link für ein Subnetz bzw. ein Netz verwendet. Damit trifft die einheitliche Beschreibung von OSPFv3 sowohl für broadcast-orientierte LANs als auch für verbindungsorientierte WANs zu.
- *OSPFv3 wird über IPv6 angeordnet*
  Die OSPFv3-Pakete werden direkt in die IP-Pakete eingebettet. Somit ist OSPFv3 der Schicht 4 im Schichtenmodell zuzuordnen.
- *OSPFv3 eignet sich für große Netze*
  OSPFv3 wurde (genauso wie OSPFv2) insbesondere für den Einsatz in großen Netzen konzipiert, die in eine Vielzahl von autonomen Systemen aufgeteilt werden können.
- *OSPFv3-Pakete*
  Um die Routing-Information in Form von LSAs (*Link State Advertisements*) zu übermitteln, verwendet OSPFv3 (ebenfalls wie OSPFv2) folgende Nachrichten: `Hello`,

`Database Description`, `Link State Request`, `Link State Update` und `Link State Acknowledgement`. Diese Pakete für OSPFv2 wurden in Abschnitt 10.3.4 beschrieben.

- *Link State Database (LSDB) und die Routing-Tabelle (RT)*
  LSDB und RT werden bei OSPFv3 identisch aufgebaut wie LSDB und RT beim OSPFv2 [Abschnitt 10.3.1].
- *Bildung von Nachbarschaften*
  Bei OSPFv3 werden die Nachbarschaften zwischen den benachbarten Routern nach den gleichen Prinzipien gebildet wie bei OSPFv2.
- *Einsatz eines designierten Routers*
  Bei OSPFv3 wird (wie bei OSPFv2) ein designierter Router für die Verteilung der Routing-Information in Broadcast-Netzwerken und in NBMA-Netzen eingesetzt.
- *Erstellung der Routing-Tabelle bei OSPFv3*
  Die Routing-Tabelle bei OSPFv3 wird nach den gleichen Prinzipien wie bei OSPFv2 erstellt [Abschnitt 10.3.1], d.h. die Berechnung des SPF-Baums erfolgt bei OSPFv3 nach dem *Algorithmus von Dijkstra*.

## 10.4 Border Gateway Protocol (BGP-4)

Was ist BGP?

Das BGP (*Border Gateway Protocol*) ist ein Protokoll zum Austausch der Routing-Information (RI) zwischen autonomen Systemen [Abb. 10.1-13]. Es wurde im Jahre 1989 eingeführt und inzwischen mehrfach verbessert. Die aktuelle BGP-Version 4 (kurz BGP-4) ist seit 1994 im Einsatz. Die letzte Spezifikation des BGP-4 enthält RFC 4271 (Jan. 2006). Damit wurde RFC 1771 mit der Spezifikation des BGP-4 aus dem Jahr 1995 abgelöst. Das Wesentliche beim BGP-4 ist die Unterstützung von CIDR (*Classless Inter-Domain Routing*). Hierfür wird das Netzpräfix übermittelt. In diesem Abschnitt wird nur BGP-4 dargestellt, sodass manchmal kurz BGP statt BGP-4 geschrieben wird.

### 10.4.1 Grundlagen des BGP-4

BGP nutzt TCP

BGP verwendet TCP als Transportprotokoll über den Port 1710. Damit wird sichergestellt, dass die Verantwortung für die Zuverlässigkeit der Übermittlung von BGP-Nachrichten vom TCP übernommen wird und nicht im BGP implementiert werden muss. Zwischen zwei benachbarten BGP-Routern wird daher für den Austausch der RI eine TCP-Verbindung aufgebaut. Die beiden benachbarten Router werden daher als Peers bzw. als *BGP-Sprecher* (*BGP Speaker*) bezeichnet. Die Verbindung zwischen *Peers* nennt man auch *Peer-Verbindung*.

Obwohl das BGP hauptsächlich für den Einsatz zwischen autonomen Systemen (AS) konzipiert wurde, kann es auch innerhalb eines AS für die Kommunikation zwischen zwei *AS Border Router* (ASBR) eingesetzt werden [Abb. 10.3-8]. Somit kann eine Peer-Verbindung sowohl innerhalb eines AS als auch zwischen unterschiedlichen AS aufgebaut werden. Deshalb bezeichnet man das BGP als *internes* (IBGP) bzw. als *externes BGP* (EBGP). Die Peer-Verbindung zwischen zwei Routern, die zu verschiedenen AS gehören, nennt man *external Link*, die Peer-Verbindung innerhalb eines AS *internal Link*. Abb. 10.4-1 illustriert die beiden BGP-Varianten.

**Abb. 10.4-1:** Externes und internes BGP
AS: Autonomes System, R: Router

Die Peers sind hier die Router *R1* und *R2*, *R3* und *R4* sowie *R2* und *R3*. Die Peers *R1* und *R2* sowie *R3* und *R4* sind direkt (physikalisch) verbunden. Dagegen sind *R2* und *R3*, die IBGP realisieren, (nur) logisch miteinander verbunden.

Routing Information Base

Die Routing-Information im BGP-Router wird in einer speziellen Datenbank abgespeichert, der RIB (*Routing Information Base*). Zur Gestaltung des Routing-Prozesses setzt sich die RIB aus verschiedenen Teilen zusammen, deren Aufbau Abb. 10.4-2 zeigt.

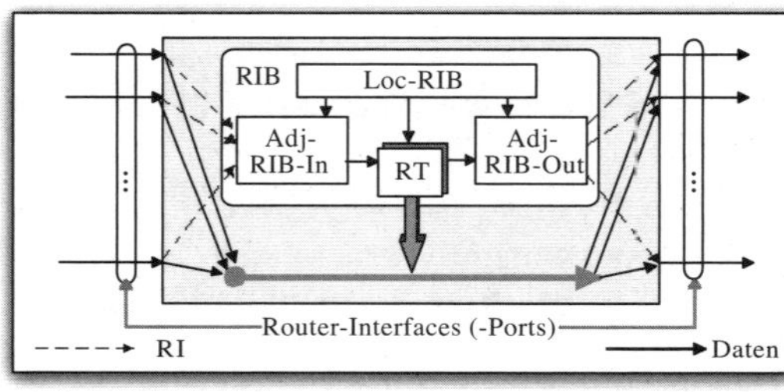


**Abb. 10.4-2:** Struktur der RIB (Routing Information Base) beim BGP
Adj: Adjacent, RT: Routing-Tabelle, In: Input, Loc: Local, Out: Output

Den Kern der RIB bildet die Routing-Tabelle, in der die einzelnen Routen aufgelistet werden. Jeder BGP-Router verfügt über eigene Angaben (Konfigurationsparameter), die für das Routing dienen können; sie werden im Loc-RIB gespeichert. Die empfangenen Routing-Informationen (in den Nachrichten `UPDATE`, [Abb. 10.4-6]) von Nachbar-Routern werden in *Adj-RIB-In* (Eingangs-RIB) abgespeichert. Unter Berücksichtigung von Angaben in Loc-RIB verwendet der Router diese Routing-Informationen, um die Routing-Tabelle zu aktualisieren. Die Routen-Änderungen, die der Router an seine Nachbarn weiterleiten muss, speichert er in *Adj-RIB-Out* (Ausgangs-RIB) ab.

## 10.4.2 Funktionsweise des BGP-4

Ein *AS Border Router* (ASBR) macht mittels des BGP die Routen zu seinem AS bekannt. Hierfür muss sowohl jedes AS als auch jeder ASBR eine Identifikation haben. Der Verlauf des BGP-4 wird nun anhand des Beispiels in Abb. 10.4-3 näher erklärt. Die Router *R1* und *R2* sind BGP-Peers. Die Routing-Information zwischen ihnen wird in BGP-Nachrichten ausgetauscht. Die BGP-Peers bauen hierfür zuerst eine TCP-Verbindung; dies bedeutet, dass jeder zu übertragenden BGP-Nachricht ein TCP-Header vorangestellt wird.

`OPEN`

Nachdem die TCP-Verbindung zwischen BGP-Peers aufgebaut wurde, wird eine BGP-Nachbarschaft zwischen ihnen 'geknüpft'. Diese kann als gegenseitige Bereitschaft, die

Routing-Information zu tauschen, angesehen werden. Um eine Nachbarschaft aufzubauen, sendet jeder Router eine BGP-Nachricht `OPEN`, in der die Identifikation `MyAS` des eigenen autonomen Systems und des 'Absender'-Routers als `BGP Identifier` (`BGP-ID`) angegeben wird. Die Nachricht `OPEN` wird von der Gegenseite mit `KEEPALIVE` bestätigt. Während des Aufbaus der Nachbarschaft stellen sich die beiden Router gegenseitig vor.

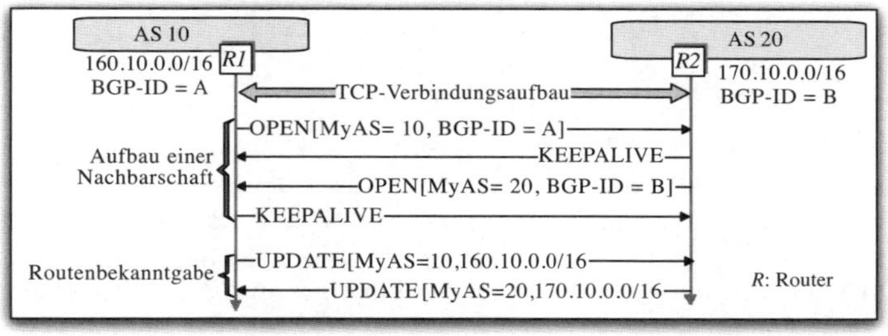


**Abb. 10.4-3:** Beispiel für einen Verlauf des BGP

Nach dem Aufbau der Nachbarschaft kündigen die BGP-Peers die Routen zu ihren autonomen Systemen mittels Nachrichten `UPDATE` an. Der Name `UPDATE` kommt daher, dass es sich im Lauf der Zeit überwiegend um die Aktualisierungen (Updates) von Routing-Tabellen handelt. Wie in Abb. 10.4-3 ersichtlich ist, enthält `UPDATE` die Identifikation des Quell-AS (als `MyAS`) und die Angabe der aggregierten Route zum AS. `UPDATE`

Hat sich die Lage im AS geändert, weil z.B. ein Subnetz plötzlich nicht erreichbar ist oder eine bessere Route zur Verfügung steht, informiert ein BGP-Router seinen Nachbarn darüber, dass die ungültig gewordene Route zurückgezogen und eventuell durch die neue Route ersetzt bzw. vollkommen entfernt werden soll. Die ungültig gewordenen Routen werden in `UPDATE` angegeben.

## 10.4.3 BGP-4-Nachrichten

Jede BGP-Nachricht setzt sich aus einem 19 Byte langen BGP-Header und einem Nachrichtenteil zusammen [Abb. 10.4-4]. Die BGP-Nachrichten können maximal 4096 Byte haben. `KEEPALIVE` als kleinste Nachricht besteht lediglich aus dem BGP-Header und ist nur 19 Byte lang.

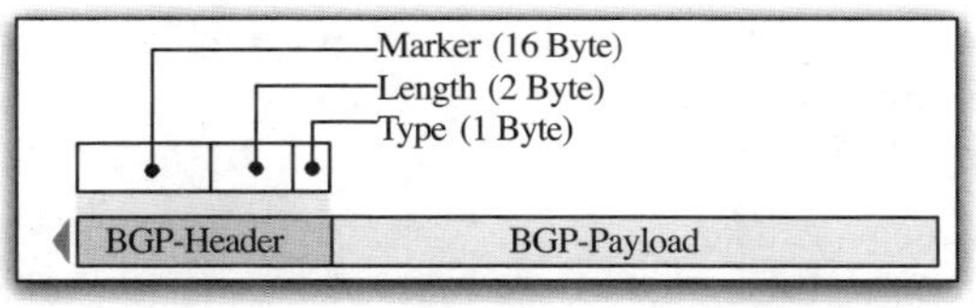


**Abb. 10.4-4:** Aufbau von BGP-4-Nachrichten

Der BGP-Header umfasst folgende Angaben:

- `Marker`: Dieses Feld soll zuerst nach RFC 1771 zur gegenseitigen Authentisierung der BGP-Peers während der Nachbarschaft dienen. Dies wurde aber in RFC 4271 abgelehnt, und alle `Marker`-Bit sind auf 1 zu setzen.
- `Length`: Hier wird die Länge der BGP-Nachricht (inkl. Header) in Byte angegeben.

- `Type`: Hier wird der Typ (d.h. die Bedeutung) der BGP-Nachricht eingetragen. Folgende Nachrichtentypen sind zu unterscheiden [Tab. 10.4-1]:

| Type | BGP-4-Nachricht |
|---|---|
| 1 | OPEN |
| 2 | UPDATE |
| 3 | NOTIFICATION |
| 4 | KEEPALIVE |
| 5 | ROUTE-REFRESH [RFC 2918] |

**Tab. 10.4-1:** Type-Angaben bei BGP-4-Nachrichten

Nachricht OPEN

Eine wichtige Funktion des BGP besteht im Aufbau von Nachbarschaften zwischen BGP-Peers. Dies ist die Voraussetzung für den Austausch der Routing-Information. Falls bereits eine TCP-Verbindung zwischen BGP-Peers besteht, kann die Nachbarschaft per Nachrichten `OPEN` aufgebaut werden [Abb. 10.4-3]. Die Struktur der Nachricht `OPEN` zeigt Abb. 10.4-5 .

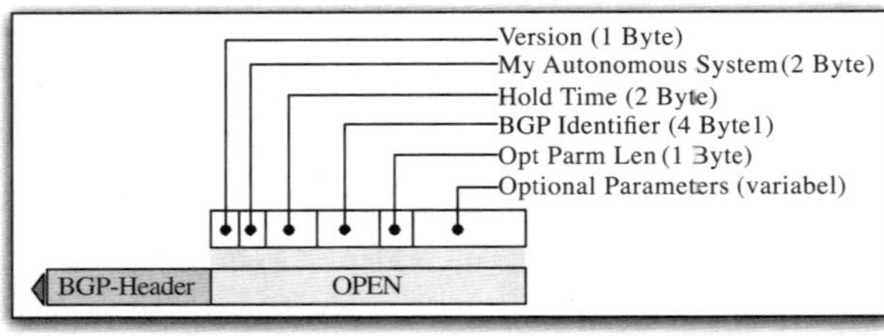


**Abb. 10.4-5:** Struktur von BGP-4-Nachrichten `OPEN`

Die Angaben innerhalb der Nachricht `OPEN` haben folgende Bedeutung:

- `Version` (des BGP): Dieses Feld enthält 4, d.h. es handelt sich um das BGP-4.
- `My Autonomous System` (`MyAS`): Identifikation (Nummer) des Quell-AS.
- `Hold Time`: Das ist die maximale Wartezeit auf eine neue `KEEPALIVE` bzw. ein `UPDATE` vom BGP-Peer. Nach Ablauf dieser Zeit wird der Peer für ausgefallen erklärt.
- `BGP Identifier`: Hier wird die Identifikation des 'Absender'-Routers angegeben. Somit handelt es sich um die Router-ID.
- `Opt Parm Len` (*Optional Parameters Length*): Hier wird die Länge von optionalen Parametern angezeigt. Der Wert `0` weist darauf hin, dass keine optionalen Parameter vorhanden sind.
- `Optional Parameters`: Angabe von optionalen Parametern. Jeder von ihnen wird als Triplet dargestellt:
  `<Parametertyp (1 Byte),Parameterlänge (1 Byte),Parameterwert>`

Nachricht UPDATE

Nach der Übermittlung der Nachricht `OPEN` werden zunächst die gesamten Routing-Informationen mittels Nachrichten `UPDATE` zwischen den BGP-Peers ausgetauscht. Die Änderungen, die im Laufe der Zeit im Netz auftreten (z.B. ein neues Subnetz wurde eingerichtet), werden durch die Übermittlung von `UPDATE` bekannt gemacht.

Die Nachricht `UPDATE` beinhaltet aus den folgenden Angaben [Abb. 10.4-6]:

- `Unfeasible Route Length`: Die Länge des nächsten Felds `Withdraw Routes` (in Byte) mit den ungültig gewordenen (zurückgezogenen) Routen wird gezeigt.

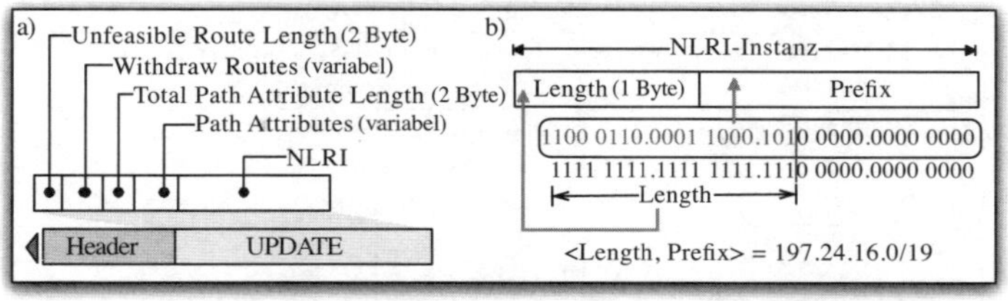


**Abb. 10.4-6:** BGP-Nachricht `UPDATE`: a) Struktur der Nachricht, b) NLRI-Interpretation

- `Withdraw Routes`: Hier werden die ungültig gewordenen Routen aufgelistet. Diese Routen müssen aus der Routing-Tabelle entfernt werden. `Withdraw Routes` werden durch das Tupel `<Länge,Präfix>` repräsentiert. `<17,131.42.128.0>` bedeutet beispielsweise, dass die Route `131.42.128.0/17` (im CIDR-Format, [Abb. 2.5-2]) zurückgezogen werden soll.
- `Total Path Attribute Length`: Die Länge des Felds `Path Attributes`.
- `Path Attributes` (*Pfad-Attribute*): In diesem Feld werden die zusätzlichen Informationen über Pfade (d.h. über BGP-Routen) angegeben.
- `NLRI` (*Network Layer Reachability Information*): Das NLRI-Feld enthält eine Liste der Netzwerkziele (im CIDR-Format), über die ein Router seinen BGP-Peer informieren möchte. Das NLRI-Feld besteht aus mehreren NLRI-Instanzen der Form `<Length, Prefix>`. Wie Abb. 10.4-6b zeigt, gibt `Length` die Anzahl der Bit an, die zur Netzmaske (bzw. Subnetzmaske) gehören.

Nachricht `KEEPALIVE`

Die BGP-Nachricht `KEEPALIVE` besteht nur aus einem 19 Byte langen Header [Abb. 10.4-4] und enthält keine weiteren Angaben. `KEEPALIVE` wird u.a. als eine Bestätigung verwendet [Abb. 10.4-3]. Falls keine neuen Routing-Informationen (keine Veränderungen) vorliegen, werden die Nachrichten `KEEPALIVE` periodisch zwischen BGP-Peers gesendet, um der Gegenseite die Funktionsbereitschaft zu signalisieren. Dadurch lässt sich feststellen, ob der Peer erreichbar ist.

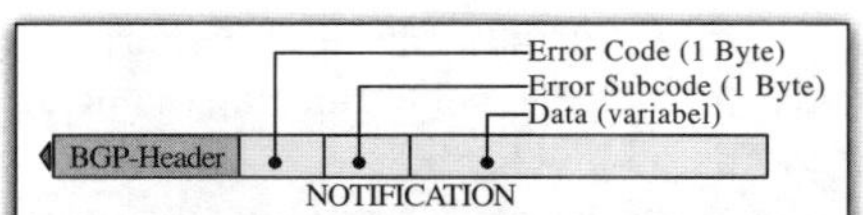


**Abb. 10.4-7:** BGP-Nachricht `NOTIFICATION`

Nachricht `NOTIFICATION`

Ein Router sendet eine Nachricht `NOTIFICATION`, um seinem Peer (Nachbar-Router) eine Fehlermeldung zu signalisieren. Sie wird immer nach der Entdeckung eines Fehlers verschickt und kann zum Abbruch der Peer-Verbindung (Nachbarschaft) führen. Möchte ein Router die Verbindung abbauen, sendet er `NOTIFICATION`, in der er gleichzeitig den Grund für den Abbau der Verbindung angibt. Wie Abb. 10.4-7 zeigt, besteht `NOTIFICATION` aus der Fehlerangabe (`Error Code`, `Error Subcode`) und aus einem variablen Feld `Data`, in dem der Fehler gegebenenfalls weiter beschrieben werden kann.

| Error Code | Error Subcode (z.B.) |
|---|---|
| 1: Message Header Error | 1: Connection not Synchronized<br>2: Bad Message Length, ... |
| 2: OPEN Message Error | 1: Unsupported Version Number<br>2: Bad Peer AS<br>3: Bad BGP Identifier, ... |
| 3: UPDATE Message Error | 1: Malformed Attribute List<br>2: Unrecognized Well-known Attribute, ... |
| 4: Hold Timer Expired | Kein Error Subcode |
| 5: Finte State Machine Error | Kein Error Subcode |
| 5: Cease (Beenden) | Kein Error Subcode |

**Tab. 10.4-2:** Beispiele für den Fehler-Code in der BGP-Nachricht NOTIFICATION

Error Code verweist auf den Fehlertyp. Mit Error Subcode wird der Fehler entsprechend [Tab. 10.4-2] näher spezifiziert.

Path-Attribute

Um die Eigenschaften von BGP-Routen, die sog. *Paths* (Pfade), näher zu spezifizieren, werden die Path-Attribute in BGP-Nachrichten UPDATE übermittelt. Tab. 10.4-3 liefert eine Auflistung möglicher Path-Attribute.

| Name | TC | Bedeutung |
|---|---|---|
| ORIGIN | 1 | Wer hat den Pfad initiiert? |
| AS_PATH | 2 | Festlegung des Pfads als Sequenz von AS-IDs |
| NEXT_HOP | 3 | IP-Adresse des nächsten BGP-Nachbar-Routers auf dem Pfad |
| MULTI_EXIT_DISC | 4 | Welcher Pfad für ankommenden Traffic soll ausgewählt werden? |
| LOCAL_PREF | 5 | Welcher Pfad soll für ausgehenden Traffic ausgewählt werden? |
| ATOMIC_AGGREGATE | 6 | Hinweis auf aggregierte Route, z.B. falls eine Route unsichtbar ist |
| AGGREGATOR | 7 | Wo wurde die BGP-Route aggregiert? |
| COMMUNITY | 8 | RFC 1991; Zugehörigkeit zu einer Community in mehreren AS |

**Tab. 10.4-3:** Mögliche Path-Attribute in BGP-Nachrichten UPDATE
TC: Type Code

Attribut-Kategorien

Folgende Attribut-Kategorien sind zu unterscheiden:

- *Well-known mandatory*: Die Attribute dieser Kategorie müssen in der Nachricht UPDATE vorhanden und in allen Implementierungen erkannt sein. Zu diesen Attributen gehören ORIGIN, AS_PATH und NEXT_HOP.
- *Well-known discretionary*: Die Attribute dieser Kategorie müssen von allen Implementierungen erkannt werden und können optional in UPDATE enthalten sein. Hierzu gehören LOCAL_PREF und ATOMIC_AGGREGATE.
- *Optional transitive*: Es handelt sich um optionale Attribute. Falls sie durch eine Implementierung nicht erkannt werden, sollten sie nicht ignoriert, sondern eventuell an andere BGP-Router weitergeleitet werden. Die Attribute AGGREGATOR und COMUNITIES gehören zu dieser Kategorie.
- *Optional non-transitive*: Es handelt sich um ein optionales Attribut MULTI_EXIT_DISC. Falls es durch eine Implementierung nicht erkannt wird, sollte es ignoriert und nicht weitergeleitet werden.

Abb. 10.4-8 zeigt die Struktur der Path-Attribute. Das erste Byte mit Flags beschreibt die Attribut-Kategorie, im zweiten Byte wird Type Code [Tab. 10.4-3], daher der Attributtyp, angegeben.

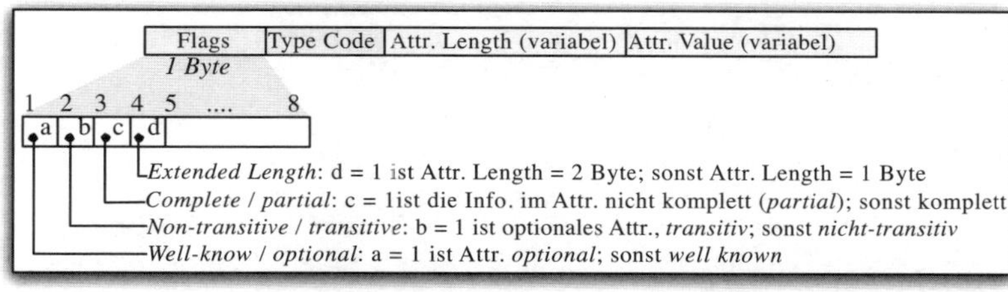


**Abb. 10.4-8:** Aubau der Path-Attribute in BGP-Nachrichten `UPDATE`

Die Nutzung der Path-Attribute wird nun an einigen Beispielen näher erläutert.

Nutzung von `AS_PATH`

**Beispiel 1**: Abb. 10.4-9 illustriert die Bedeutung des Path-Attributs `AS_PATH`. Dieses Attribut beschreibt den Pfad (*Path*), d.h. eine BGP-Route, und ermöglicht zudem *Loops* (Schleifen) entlang der Route zu entdecken. Der Pfad zu einem AS enthält die aggregierte Route zu diesem AS und die Angabe von `Identifikationen` (IDs) der AS, über die der Pfad verläuft.

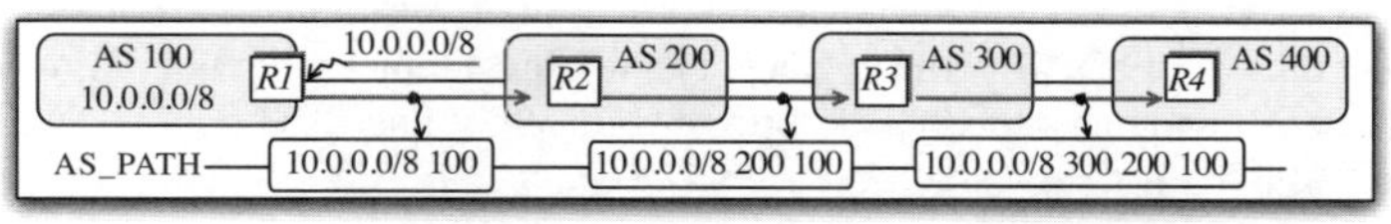


**Abb. 10.4-9:** Illustration der Bedeutung des Path-Attributs `AS_PATH`

Den Pfad zum AS 100 kündigt der Router *R1* daher dem Router *R2* aus AS 200 als `10.0.0.0/8 100` an. *R2* kündigt dann den Pfad zum AS 100 dem Router *R3* aus AS 300 als `10.0.0.0/8 200 100` an. *R3* kündigt danach den Pfad dem Router *R4* aus AS 400 als `10.0.0.0/8 300 200 100` an usw. Verläuft der Pfad über ein Transit-AS, wird, wie hier ersichtlich, die Identifikation dieses AS den bereits in `AS_PATH` enthaltenen `AS-IDs` vorangestellt.

Nutzung von NEXT_HOP

**Beispiel 2**: Mit dem Path-Attribut `NEXT_HOP` wird die IP-Adresse des BGP-Routers angegeben, der auf dem Pfad am nächsten ist. Abb. 10.4-10 illustriert dies.

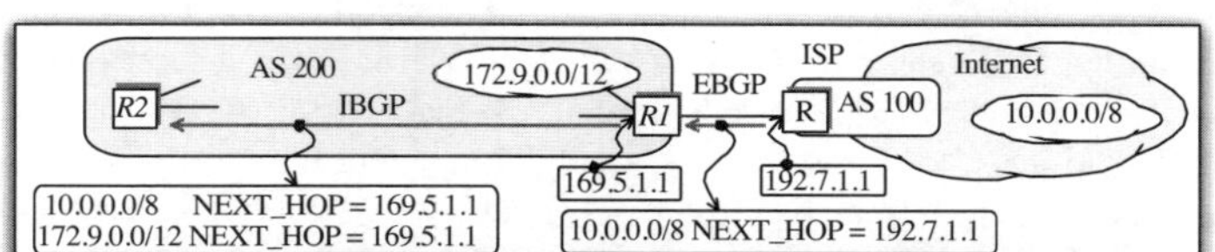


**Abb. 10.4-10:** Veranschaulichung der Bedeutung des Path-Attributs `NEXT_HOP`

Hier kündigt der Router *R* beim Internet Service Provider (ISP) dem AS-Border-Router *R1* einer Institution an, dass der nächste Sprung (`NEXT_HOP`) vom *R1* zum Ziel `10.0.0.0/8` an die IP-Adresse `192.7.1.1` erfolgen muss. *R1* kündigt danach dem AS-internen Router *R2* u.a. an, dass der nächste Sprung von ihm zum Ziel `10.0.0.0/8` an `169.5.1.1` erfolgen muss.

Nutzung von `MULTI_EXIT_DISC`

**Beispiel 3**: Wie Abb. 10.4-11 illustriert, erlaubt das Path-Attribut `MULTI_EXIT_DISC` (kurz `MED`), den in ein AS *eingehenden* Datenverkehr auf mehrere Router zu verteilen.

`MED` stellt die Kosten (Metrik) eines Pfadabschnitts dar. Der Router *R1* teilt dem Router *R* beim ISP mit, dass die Kosten über ihn zu den Zielen `128.7.1.0/18` und `128.7.2.0/18`

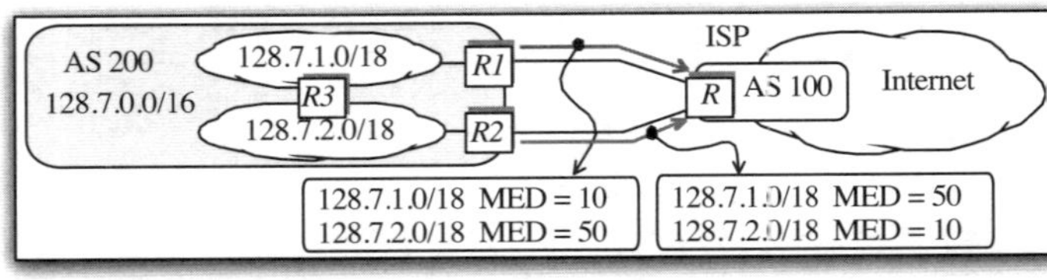


**Abb. 10.4-11:** Beispiel für die Nutzung des Path-Attributs `MULTI_EXIT_DISC` (`MED`)

entsprechend `10` und `50` betragen. *R2* teilt *R* aber mit, dass die Kosten zu den Zielen `128.7.1.0/18` und `128.7.2.0/18` über ihn entsprechend `50` und `10` betragen. Dadurch wird der Datenverkehr von *R* zum Ziel `128.7.1.0/18` so verteilt, dass ca. (50/60)∗100% über *R1* und ca. (10/60)∗100% über *R2* verläuft. Der Datenverkehr von *R* zu `128.7.2.0/18` wird aber so verteilt, dass ca. (50/60)∗100% über *R2* und ca. (10/60)∗100% über *R1* geführt wird.

Nutzung von LOCAL_PREF

**Beispiel 4**: Das Path-Attribut `LOCAL_PREF` (Local Preference) ermöglicht es, den aus einem AS *ausgehenden Datenverkehr* entsprechend zu verteilen. Abb. 10.4-12 veranschaulicht dies näher. Der Internetzugang bei einer Institution erfolgt über ISPa und ISPb. Hier hat die Anbindung über ISPa die Bitrate von 155 Mbit/s (SDH-Schnittstelle STM-1) und über ISPb die Bitrate von 2 Mbit/s (PDH-Schnittstelle E1).

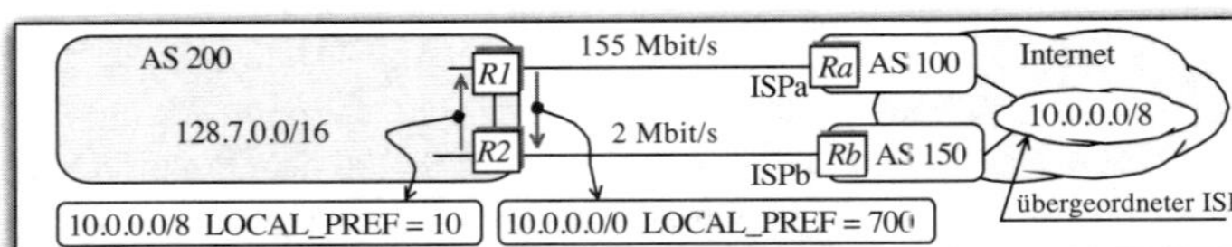


**Abb. 10.4-12:** Beispiel für die Nutzung des Path-Attributs `LOCAL_PREF`

`LOCAL_PREF` wird nur innerhalb eines AS zwischen BGP-Routern (IGBP [Abb. 10.4-1]) übermittelt. Der Router *R1* aus dem AS 200 teilt dem Router *R2* im gleichen AS mit, dass er den Datenverkehr zum Ziel `10.0.0.0/8` über *R1* mit der Präferenz `700` leiten soll. Dagegen teilt *R2* dem *R1* mit, dass er den Datenverkehr zum Ziel `10.0.0.0/8` über *R2* mit der Präferenz nur `10` leiten soll. Dadurch soll der Datenverkehr vom AS 200 zum Ziel `10.0.0.0/8` so verteilt werden, dass ca. (700/710)*100% über *R1* und ca. (10/710)*100% über *R2* verläuft. Da 10/700 ungefähr dem Verhältnis der Bitrate von Internetanbindungen (d.h. 2/155) entspricht, soll der Datenverkehr dementsprechend beim Internet-Zugriff verteilt werden.

Nutzung von AGGREGATOR

**Beispiel 5**: Bei der Aggregation von Pfaden können einige Angaben nicht mehr ersichtlich sein. Wie Abb. 10.4-13 zeigt, enthält der aggregierte Pfad `10.0.0.0/16` in sich die Pfade `10.0.5.0/24` und `10.0.10.0/24`, die aus dem aggregierten Pfad nicht direkt ersichtlich sind.

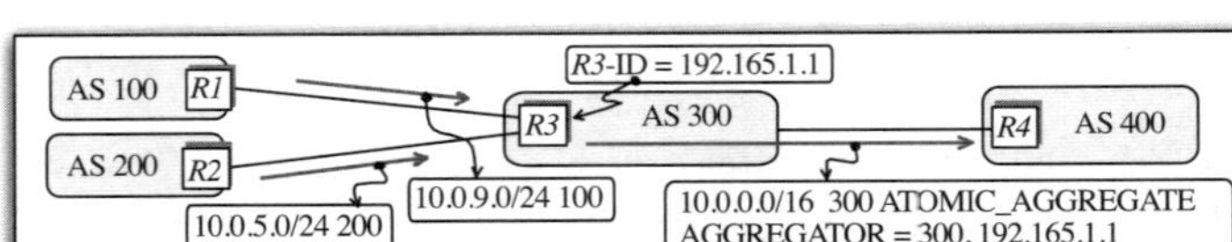


**Abb. 10.4-13:** Nutzung der Path-Attribute `AGGREGATOR` und `ATOMIC_AGGREGATE`

Das Path-Attribut `AGGREGATOR = 300,192.165.1.1` gibt an, welcher Router (hier `192.165.1.1`) in welchem AS (hier 300) den aggregierten Pfad erzeugt hat. *R3* aus dem AS 300 als Aggregator kündigt den aggregierten Pfad *R4* aus dem AS 400 als `10.0.0.0/16 300 ATOMIC_AGGREGATE` an.

### 10.4.4 Multiprotocol Extensions for BGP-4 (MP-BGP)

Um BGP u.a. in Netzen mit IPv6 und in Virtual Private Networks (VPN) auf Basis der MPLS-Netze zu verwenden, wurde BGP so erweitert, dass man die nicht IPv4-konformen Routen übermitteln kann. Diese so erweiterte BGP-Version spezifiziert RFC 4760/2858, und sie wird als *MP-BGP* bezeichnet. Die Routen bei MP-BGP, ebenso wie bei BGP, werden zwischen jeweils zwei BGP-Routern in den Nachrichten `UPDATE` als Angabe `NLRI` übermittelt. Bei MP-BGP werden zwei neue Attribute `MP-REACH_NLRI` und `MP-UNREACH_NLRI` definiert. Dadurch ist MP-BGP ein wichtiges Routing-Protokoll in VPNs auf Basis der MPLS-Netze geworden. MP-BGP dient auch als Routing-Protokoll zwischen IPv6-Domains [RFC 2545], was auch als *BPGv6* bezeichnet wird. Zudem kann MP-BGP auch für die Label Distribution in MPLS-Netzen verwendet werden [RFC 3107].

Nachbarschaft bei MP-BGP

Abb. 10.4-14 zeigt den Aufbau einer Nachbarschaft zwischen BGP-Peers bei MP-BGP. Die Nachricht `OPEN` enthält im Vergleich zu BGP [Abb. 10.4-3] den Parameter `Capability Option` (`CO`), in dem angegeben wird, dass nun MP-BGP im Einsatz ist und wofür es dienen soll. Sind die beiden Peers kompatibel, wird die Nachricht `OPEN` von der Gegenseite mit `KEEPALIVE` bestätigt [Abb. 10.4-14a]. Hat der Peer nach der Angabe in `Capability Option` festgestellt, dass er die geforderte Option nicht unterstützt, antwortet er mit der Nachricht `NOTIFICATION`, in der er die Ursache (`Error Code,Error Subcode`) für die 'Absage' der Nachbarschaft angibt [Abb. 10.4-14b].

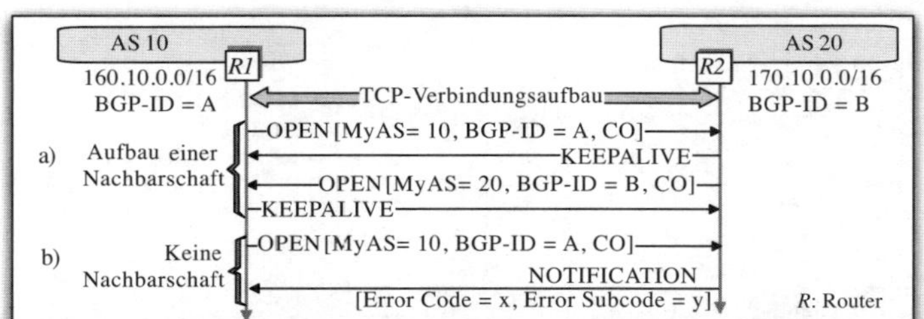


**Abb. 10.4-14:** Nachbarschaft zwischen BGP-Peers beim Einsatz von MP-BGP: a) Aufbau einer Nachbarschaft, b) Nachbarschaft ist nicht möglich

Parameter `Capability Option`

Bei MP-BGP kann eine Nachbarschaft zwischen zwei Peers nur dann geknüpft werden, wenn sie zueinander kompatibel sind. Mit dem Parameter `Capability Option` lässt sich dies überprüfen. Seine Struktur zeigt Abb. 10.4-15.

`AFI` und `SAFI`

`AFI` (*Address Family Identifier*) gibt an, welche Art von IP-Adressen in der Angabe von Routen enthalten ist, z.B.:

- `AFI = 1`: IPv4-Adresse,
- `AFI = 2`: IPv6-Adresse.

`SAFI` (*Sub-AFI*, *Subsequent AFI*) gibt die Anwendungsart an; z.B.:

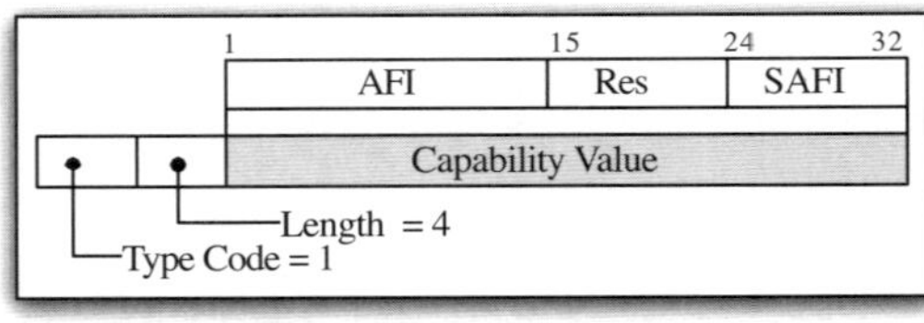


**Abb. 10.4-15:** Parameter `Capability Option` in der Nachricht OPEN
AFI: Address Family Identifier, SAFI: Subsequent AFI

- `SAFI = 1`: Weiterleitung als Unicast,
- `SAFI = 4`: Label Distribution bei MPLS [Abschnitt 11.2],
- `SAFI = 64`: Virtual Private LAN Service [Abschnitt 11.2.2],
- `SAFI = 128`: MPLS-labeled VPN Address [Abschnitt 11.2.1].

Bei MP-BGP kann eine Nachbarschaft zwischen zwei Peers nur dann geknüpft werden, wenn sie MP-BGP mit den gleichen Werten von `AFI` und `SAFI` unterstützen. Ist dies der Fall, sind die beiden zueinander kompatibel.

Path-Attribute beim MP-BGP

Die wesentliche Erweiterung vom BGP-4 zum MP-BGP besteht darin, dass folgende zwei NLRI-Attribute für die Nachricht `UPDATE` spezifiziert wurden:

- `MP_REACH_NLRI` für die Angabe von neuen (aktuellen) Routen,
- `MP_UNREACH_NLRI` für die Angabe von ungültig gewordenen Routen.

In diesen beiden Attributen können die Routen in IPv4-, IPv6-, Multicast-Adressen oder in VPN-IPv4-Adressen [Abb. 10.4-18c] angegeben werden.

Im Feld `NLRI` von `MP_REACH_NLRI` können die aktuellen (neuen) Routen angegeben werden. Abb. 10.4-16a zeigt die Struktur von `MP_REACH_NLRI`.

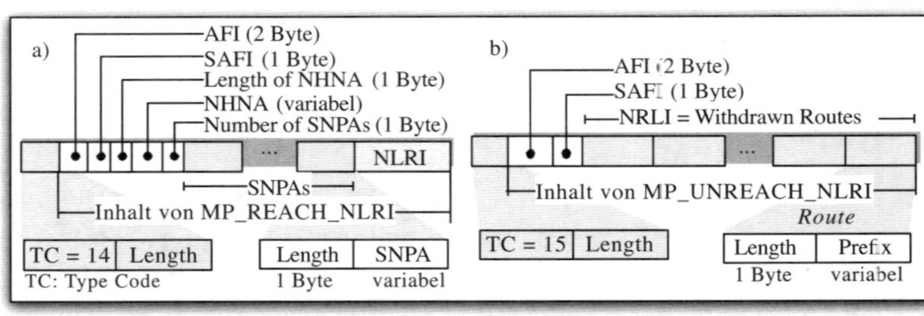


**Abb. 10.4-16:** Path-Attribute beim MP-BGP: a) `MP_REACH_NLRI`, b) `MP_UNREACH_NLRI`

`MP_REACH_NLRI`

`MP_REACH_NLRI` enthält folgende Angaben:

- `AFI` (*Address Family Identifier*): Art der IP-Adressen in der Spezifikation von Routen,
- `SAFI` (*Subsequent AFI*): Art der Nutzung von Angaben in `NLRI`,
- `Length of NHNA` (*Next Hop Network Address*): Länge (in Byte) der IP-Adresse des BGP-Peer, d.h. 4 bei der IPv4-Adresse bzw. 16 bei der IPv6-Adresse,
- `NHNA`: IPv4- bzw. IPv6-Adresse des BGP-Peer,
- `Number of SNPA` (*Subnetwork Point of Attachment*): Anzahl von Layer-2-Adressen (z.B. MAC-Adresse), über die der BGP-Peer zu erreichen ist,

- SNPA: Layer-2-Adresse des BGP-Peer,
- NLRI (*Network Layer Reachability Information*): NLRI kann eine Liste neuer Routen in der CIDR-Notation enthalten, über die ein Router seine Peers informieren möchte.

Die Änderungen im Netz, die während des Netzbetriebs auftreten (z.B. wurde ein neues Subnetz eingerichtet) und dazu führen, dass einige Routen ungültig geworden sind, müssen entsprechend bekannt gemacht werden. Bei MP-BGP dient hierfür das Path Attribut MP_UNREACH_NLRI. Als Inhalt dieses Attributs können die Routen in der Nachricht UPDATE angegeben werden, die als ungültig gelten, also jene, die gelöscht werden sollen. Die Struktur von MP_UNREACH_NLRI zeigt Abb. 10.4-16b. Dieses Attribut kann eine Liste der Routen in der CIDR-Notation enthalten, die aus einer Routing-Tabelle 'gestrichen' werden sollen. AFI und SAFI haben hier die gleiche Bedeutung wie im Attribut MP_UNREACH_NLRI. MP_UNREACH_-NLRI

### IPv6 Inter-Domain Routing

Das MP-BGP kann zwischen zwei IPv6-Domains eingesetzt werden, sodass diese sich die Netzwerkziele gegenseitig bekannt machen können. In diesem Fall spricht man von *IPv6 Inter-Domain Routing* [RFC 2545]. Abb. 10.4-17 illustriert einen derartigen Einsatz des MP-BGP.

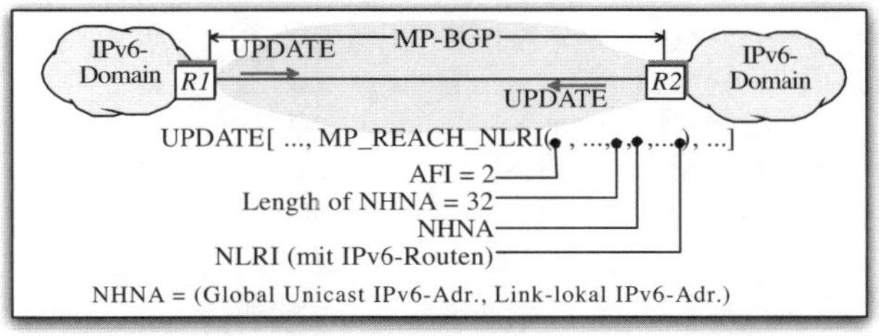


**Abb. 10.4-17:** IPv6 Inter-Domain Routing mit dem MP-BGP

Unter Einsatz des Attributs MP_REACH_NLRI in der Nachricht UPDATE teilen sich die beiden Router ihre IPv6-Adressen und Netzwerkziele in ihren IPv6-Domains mit. Hierbei werden ihre IPv6-Adressen als NHNA übermittelt. Die Netzwerkziele werden im Feld NLRI eingetragen. Enthält NHNA die Global-Unicast-IPv6-Adresse, so wird der Parameter Length of NHNA auf 16 gesetzt. Falls NHNA sowohl die Global-Unicast-IPv6-Adresse als auch die LLU-Adresse angibt, wird Length of NHNA auf 32 festgelegt. So können sich die beiden BGP-Peers ihre Adressen mitteilen. Da es sich um die IPv6-Adressen handelt, wird mit AFI = 2 darauf verwiesen.

### Einsatz des MP-BGP in BGP/MPLS IPv4-VPNs

Ein *BGP/MPLS IPv4-VPN* bildet mehrere IPv4-Netzwerke, die über ein MPLS-Netz durch emulierte Standleitungen miteinander vernetzt sind [Abschnitt X.2.3]. Abb. 10.4-18a illustriert dies. Die Netzwerke an den einzelnen Standorten eines VPN werden über sog. CE (*Customer Edge*) an die Router im MPLS-Netz eines Providers angeschlossen. Die Router am Rande des MPLS-Netzes werden als PE (*Provider Edge*) bezeichnet. Ein PE kann die Routingziele vom CE mittels des RIP-2 bzw. von OSPF erlernen. Die PEs an beiden Enden einer emulierten Standleitung tauschen die Routingziele untereinander durch der Nachricht UPDATE des Protokolls BGP aus. BGP/MPLS IPv4-VPN

Mit AFI = 1 und SAFI = 128 wird darauf verwiesen, dass es sich hier um IPv4-VPN handelt [Abb. 10.4-18b]. Eine Route im Feld NLRI wird durch eine sog. *VPN-IPv4-*

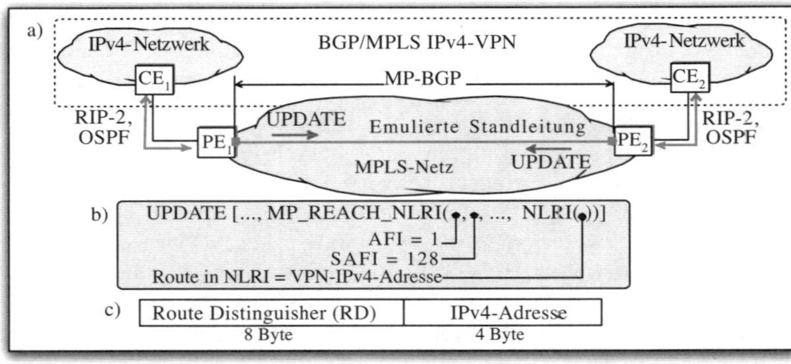


**Abb. 10.4-18:** Einsatz des MP-BGP im BGP/MPLS IPv4-VPN: a) Struktur der Vernetzung, b) Angaben in `MP_REACH_NLRI`, c) Struktur der VPN-IPv4-Adresse

*Adresse* angegeben, die in RFC 2547 spezifiziert wird. Ihre Struktur zeigt Abb. 10.4-18c und sie setzt sich aus einem *Route Distinguisher* und einer IPv4-Adresse zusammen.

BGP/MPLS IPv6-VPN

Über ein MPLS-Netz können auch mehrere IPv6-Netzwerke so vernetzt werden, dass sie ein sog. *BGP/MPLS IPv6-VPN* bilden. Ein derartiges IPv6-VPN wurde in RFC 4659 spezifiziert, und es funktioniert nach den gleichen Prinzipien wie ein IPv4-VPN. Mit `AFI = 2` und `SAFI = 128` wird in diesem Fall darauf verwiesen, dass es sich um BGP/MPLS IPv6-VPN handelt. Eine Route in NLRI wird durch eine *VPN-IPv6-Adresse* festgelegt. Derartige IPv6-Adressen werden in RFC 4659 definiert.

## 10.5 Redundante Auslegung von Routern

Eine wichtige Anforderung bei der Planung eines komplexen Netzwerks ist die Gewährleistung seiner Ausfall- und Betriebssicherheit. Die Netzwerkplaner sind immer darauf bedacht, sog. *Single Points of Failure* zu vermeiden. Dazu gehören vor allem zentrale Netzwerkkomponenten wie Router. Diese sollen in bestimmten Situationen redundant ausgelegt werden.

Während bei IPv6 durch das *Router Advertisement Protocol* bereits per constructionem Router-Redundanzen vorgesehen sind, bedarf es bei IPv4 ergänzender Anstrengungen, redundante Router so aufzubauen, dass sie sich gegenseitig ergänzen und eine funktionierende Einheit bilden. Somit ist ein Protokoll nötig, mit dem ein Router einen anderen über seinen Zustand informieren kann. Hierfür stehen folgende Protokolle zur Verfügung:

- VRRP (*Virtual Router Redundancy Protocol*) [RFC 3768] und
- HSRP (*Hot Standby Routing Protocol*) [RFC 2281].

Virtueller Router

Diese Protokolle ermöglichen es, mehrere Router als virtuelle Router (*Virtual Router*, VR) einzurichten. Daher stellen sowohl VRRP als auch HSRP ein *VR-Protokoll* (kurz *VRP*) dar.

## 10.5.1 Konzept des virtuellen Routers

Bedeutung von Default Router

IP-Netzwerke bestehen in der Regel aus mehreren IP-Subnetzen, die über Router miteinander vernetzt werden. Falls ein Quellrechner ein IP-Paket zu einem Zielrechner in einem anderen IP-Subnetz sendet, muss er das IP-Paket an einen ihm zugeordneten Router zur Weiterleitung ins andere IP-Subnetz übergeben. Ein derartiger Router wird als *Default Router* oder als *Default Gateway* bezeichnet.

In der Praxis werden die Default Router in der Regel den Rechnern statisch zugeordnet und oft manuell bei ihrer Konfiguration eingetragen. In diesem Fall wirkt sich der Ausfall eines Default Routers besonders stark aus. Infolgedessen ist kein Rechner innerhalb eines IP-Subnetzes mehr in der Lage, mit Rechnern in anderen IP-Subnetzen Daten auszutauschen, und die Rechner werden dadurch komplett von der 'Außenwelt' abgeschnitten. Aus diesem Grund sollten in 'wichtigen IP-Subnetzen' mehrere Default Router eingesetzt werden.

Abb. 10.5-1a veranschaulicht den Einsatz von zwei Routern als Default Router. Hier wurde angenommen, dass bei der Konfiguration von Rechnern die Möglichkeit besteht, mehrere Default Router bei ihnen einzutragen.

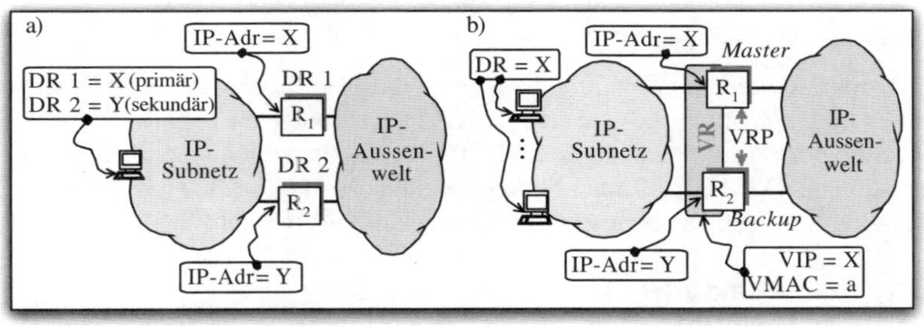


**Abb. 10.5-1:** Redundante Router: a) Default Router ohne VRP, b) Virtueller Router mit VRP
DR: Default Router; R: Router, VMAC: Virtuelle MAC-Adresse, VIP: Virtuelle IP-Adresse
VRP: Virtual Router Protocol (d.h. VRRP bzw. HSRP)

Redundante Router ohne VRP

Ohne Einsatz eines VRP sind dem Rechner zwei Default Router bekannt, die er als *primär* und *sekundär* interpretiert. Eine derartige Lösung kommt nur dann in Betracht, wenn das Betriebssystem die Möglichkeit bietet, bei der Rechnerkonfiguration mehrere Default Router anzugeben. Eine solche Lösung schützt nur ungenügend vor einem Totalausfall, denn das Netzwerkbetriebssystem prüft in der Regel lediglich beim Start (Booten des Rechners), ob der primäre Default Router verfügbar ist. Ist er nicht verfügbar, wird anschließend geprüft, ob der nächste eingestellte (d.h. sekundäre) Router erreichbar ist. Ist dies der Fall, wird der sekundäre Router verwendet. Dieser Test wird allerdings nur beim Booten des Rechners durchgeführt.

Redundante Router als VR

Falls mehrere Router in einem 'wichtigen' IP-Subnetz als Default Router dienen, sollten sie als *virtuelle Router* (*VR*) eingerichtet werden. Dies ist mittels eines VRP, d.h. entweder über VRRP oder über HSRP, möglich. Falls zwei physikalische Router nach außen als VR wirken sollen, müssen eine *virtuelle IP-Adresse* (kurz VIP) und eine *virtuelle MAC-Adresse* (VMAC) dem VR zugeordnet werden. Abb. 10.5-1b illustriert das Prinzip der redundanten Auslegung von Routern, sodass diese als VR nach außen wirken. Hier fungiert $R_1$ als *Master-Router*; er ist aktuell für die Weiterleitung aller IP-Pakete zuständig, die an die VIP übergeben werden. Der Master-Router übernimmt die Rolle des Default

Routers. Sollte der Master-Router aber ausfallen, übernimmt automatisch der bis dahin als Backup arbeitende Router seine Funktion.

VMAC-Aufbau

VMAC wird wie folgt aufgebaut:

- VMAC bei VRRP: `00-00-5E-00-01-`*`VRID`*
  Die Oktette `00-00-5E` stellen hier den OUI (*Organizationally Unique Identifier*) dar. Die Oktette `00-01` kennzeichnen das VRRP. Das Oktett *VRID* dient als Identifikation von VR.
- VMAC bei HSRP: `00-00-0C-07-AC-`$xy$ und bei HSRPv2: `00-00-0C-9F-F0-`$xy$
  *xy* repräsentiert als (hexadezimale) Nummer den virtuellen Router. In Netzen wie Token Ring, bei denen hauptsächlich lokal-administrierte MAC-Adressen benutzt werden, kann ein zusätzliche Group-Identifier zur Bezeichnung der sog. *Standby Group* genutzt werden. Ein Verbund von Routern, die einen VR bilden, bezeichnet man bei HSRP als *Standby Group*.

IP-Adresse des Master-Routers als VIP

**Beispiel**: In Abb. 10.5-1b wurde die IP-Adresse `X` des Master-Routers (d.h. von $R_1$) als virtuelle IP-Adresse (`VIP = X`) angenommen. Fällt $R_1$ aus, ist der Backup-Router $R_2$ weiterhin unter `VIP = X` ansprechbar und übernimmt direkt den Datentransport. Die Rechner bemerken also in diesem Fall nichts vom Ausfall eines Routers. Sie sprechen weiterhin wie gewohnt ihren Default Router über die `VIP = X` an.

Kooperation von Routern

Wie die beiden Router 'kooperieren', regelt ein VRP. Hierbei sendet der Master-Router regelmäßig sog. `Advertisements`, um dem Backup-Router die eigene Funktionsfähigkeit (*Ich lebe noch!*) zu signalisieren. Wichtig ist, dass eine derartige Kooperation von Routern, die einen virtuellen Router bilden, für die normalen Rechner nicht zu bemerken ist. Das heißt, die Rechner 'glauben', sie hätten es immer mit demselben Router zu tun.

### Virtueller Router und ARP

Will ein Rechner ein IP-Paket zum ersten Mal an einen Rechner in einem anderen IP-Subnetz übermitteln, so sendet er normalerweise zunächst einen `ARP-Request` [Abb. 2.6-2] mit der IP-Adresse des Default Routers als Broadcast-Nachricht auf dem MAC-Level, um seine MAC-Adresse zu ermitteln. Danach sendet der Rechner das IP-Paket mit dem Ziel im fremden Subnetz direkt an diese MAC-Adresse, d.h. direkt an den Default Router.

VR-Antwort auf `ARP-Request` mit VMAC

Im Normalfall (also ohne redundante Router-Auslegung) antwortet der entsprechende Router auf einen `ARP-Request` mit seiner physikalischen MAC-Adresse. Unterstützt dieser Router jedoch das VR-Protokoll, antwortet er mit seiner *virtuellen MAC-Adresse* (VMAC) anstatt mit seiner physikalischen MAC-Adresse. Somit darf der Backup-Router aus einem VR auf keinen Fall mit seiner physikalischen MAC-Adresse auf einen `ARP-Request` antworten.

Die Tatsache, dass ein Router aus einem VR immer mit der virtuellen MAC-Adresse auf den `ARP-Request` antwortet, hat folgenden Vorteil:

Wenn der Master-Router ausfällt und der Backup-Router für ihn einspringt, bleibt dies für die Rechner vollkommen transparent, da beide Router sowohl die gleiche VIP als auch die gleiche VMAC verwenden. Somit sendet der Rechner weiterhin alle IP-Pakete in fremde IP-Subnetze an die gleiche VMAC. Welcher Router tatsächlich gerade Master-Router ist und als Default Router dient, spielt für die Rechner daher keine Rolle.

### Lastverteilung mit virtuellen Routern

Die Lösung in Abb. 10.5-1b hat den Nachteil, dass der Backup-Router $R_2$ nur als passive Redundanz dient. Das heißt, er hat nichts zu tun, solange der Master-Router $R_1$ einwandfrei funktioniert. Für die Praxis wäre aber der Fall interessanter, in dem beide Router gleichzeitig aktiv sind. Dies lässt sich dadurch erreichen, indem man mehrere virtuelle Router definiert und die Lastverteilung (*Load Sharing*) auf mehrere Router verteilt. Abb. 10.5-2 zeigt eine derartige Lösung. Hier ist hervorzuheben, dass jeder Router gleichzeitig zu mehreren virtuellen Routern gehört.

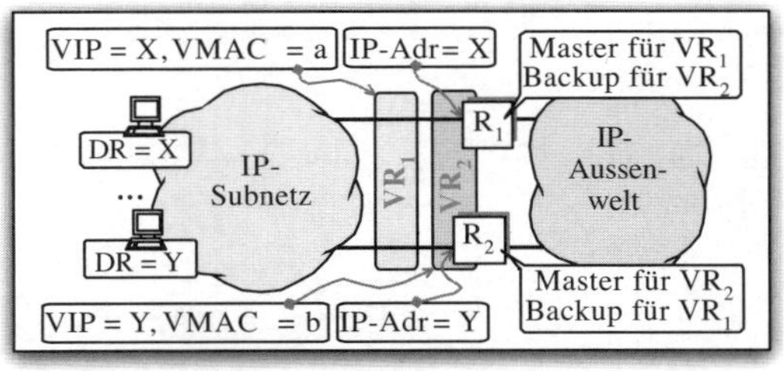


**Abb. 10.5-2:** Lastverteilung mit virtuellen Routern
Abkürzungen wie in Abb. 10.5-1

Aufgabe von Routern

**Beispiel**: Um eine Lastverteilung zu erzielen, sind die virtuellen Router $VR_1$ und $VR_2$ entsprechend zu konfigurieren: $R_1$ fungiert als Master für $VR_1$ mit `VIP = X` und als Backup-Router für $VR_2$. $R_2$ hingegen ist Master für $VR_2$ mit `VIP = Y` und Backup-Router für $VR_1$.

Die einzelnen Rechner im IP-Subnetz müssen daher so konfiguriert werden, dass ein Teil von ihnen als Default Router (`DR`) die `VIP = X` eingetragen hat und der andere Teil die `VIP = Y`. Dies bedeutet, dass der Router $R_1$ im Normalfall für alle Rechner mit dem Eintrag `DR = X` und der Router $R_2$ für alle Rechner mit dem Eintrag `DR = Y` als Default Gateway fungiert. Dadurch erreicht man eine Lastverteilung.

Wie ergänzen sich die Router?

Da $R_2$ als Backup-Router für $VR_1$ dient, würde er bei einem Ausfall von $R_1$ zusätzlich dessen Master-Aufgabe für $VR_1$ übernehmen. Damit wäre $R_2$ dann Master-Router für die beiden virtuellen Router und dadurch Default Router für alle Rechner im IP-Subnetz. Umgekehrt dient $R_1$ als Backup-Router für $VR_2$ und würde beim Ausfall von $R_2$ ebenfalls dessen Master-Aufgabe für $VR_2$ übernehmen. Damit wäre er dann Master-Router für die beiden virtuellen Router und gleichzeitig Default Router für alle Rechner im IP-Subnetz. Fällt einer der beiden Router $R_1$ oder $R_2$ aus, geht zwar der Vorteil der Lastverteilung verloren, aber das Netzwerk bleibt weiterhin funktionsfähig.

## 10.5.2 Funktionsweise von VRRP

VRRP in der Schicht 4

Ein VR-Protokoll ist das VRRP (*Virtual Router Redundancy Protocol*. Das VRRP wurde in RFC 3768 spezifiziert und sorgt dafür, dass mehrere Router als virtueller Router eingesetzt werden können. Beim VRRP tauschen die Router die `VRRP-Advertisements` miteinander aus; im Normalbetrieb sendet diese lediglich der Master-Router. Sie werden direkt in den IP-Paketen transportiert, sodass das VRRP der Schicht 4 im OSI-Modell zuzuordnen ist [Abb. 10.5-3].

Funktionen des VRRP

Das VRRP unterstützt u.a. folgende Funktionen:

- Auswahl eines Master-Routers,
- Entdeckung eines Ausfalls des Master-Routers.

### Aufbau von VRRP-Advertisement

Abb. 10.5-3 zeigt den Aufbau von Advertisement. Hier ist Folgendes hervorzuheben:

- VRRP-Router kommunizieren über die Multicast-Adresse `224.0.0.18` miteinander.
- `TTL` im IP-Header wird auf `255` gesetzt. Diese Maßnahme dient dazu, die aus fremden Netzwerken eingeschleusten IP-Pakete zu erkennen.
- Das VRRP hat die Protokollnummer 112.

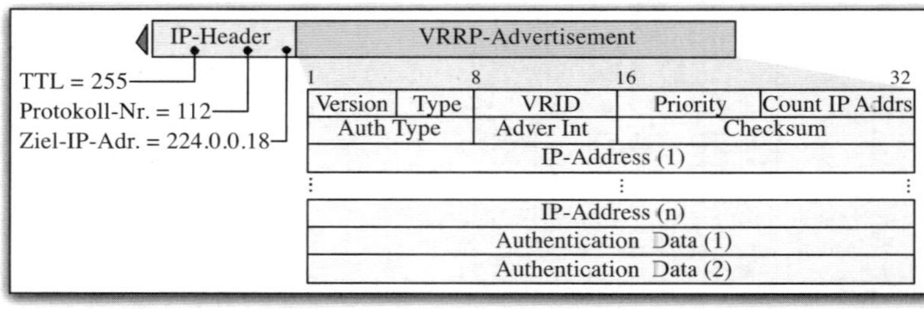


**Abb. 10.5-3:** Aufbau von VRRP-Advertisement

Die Angaben in VRRP-Advertisement haben folgende Bedeutung:

- `Version`: Dieses Feld gibt die Version des VRRP an. Aktuell gilt die Version 2.
- `Type`: Typ des VRRP-Pakets; zurzeit ist nur Typ 1 (`Advertisement`) definiert.
- `VRID` (*Virtual Router Identifier*) als Identifikation des virtuellen Routers.
- `Priority`: Hier wird die Priorität des Routers definiert. Ein Router, dessen IP-Adresse mit der virtuellen IP-Adresse übereinstimmt, erhält die Priorität `255` und wird damit automatisch zum Master-Router. Die Priorität `0` in einem `Advertisement` signalisiert, dass der aktuelle Master-Router den Betrieb einstellt (z.B. beim Herunterfahren) und bewirkt, dass der Backup-Router mit der höchsten Priorität sofort die Master-Funktionen übernimmt.
- `Count IP Addrs`: Die Anzahl der IP-Adressen in `VRRP-Advertisement`.
- `Auth Type` (*Authentication Type*): Das VRRP sollte in verschiedenen Netzwerkumgebungen funktionieren, in denen auch unterschiedliche Sicherheitsrichtlinien gelten. Daher können beim VRRP verschiedene Methoden zur gegenseitigen Authentisierung der Router zum Einsatz kommen. Hier wird die verwendete Authentisierungsmethode angegeben.
- `Advert Int` (*Advertisement Interval*): Hier wird angegeben, in welchen Zeitabständen die Advertisements verschickt werden. Standardmäßig ist 1s definiert.
- `Checksum`, um zu ermitteln, ob `Advertisement` korrekt übertragen wurde.
- `IP Address(es)`: Eine oder mehrere IP-Adresse/n, die mit dem Virtuellen Router verknüpft ist/sind, deren Anzahl im Feld `Count IP Addrs` angegeben wird.
- `Authentication Data`: Hier werden die Angaben zur Authentisierung gemacht.

### Auswahl des Master-Routers

Bei der Entscheidung, welcher Router als Master fungiert, werden mehrere Faktoren und Parameter berücksichtigt, die zwischen Routern in `Advertisement` ausgetauscht werden. Zuerst wird überprüft, ob die virtuelle IP-Adresse (VIP) bereits von einem tatsächlichen Router-Port verwendet wird. Ist dies der Fall, wird die Priorität 255 diesem Router zugewiesen, wodurch er automatisch zum Master wird. Priorität entscheidet

Wird als VIP eine zusätzliche IP-Adresse verwendet, die keinem Router-Port zugeordnet ist, entscheidet die Priorität der einzelnen Router, wer zum Master ausgewählt werden soll. Dabei gilt folgende Regel: Der Router mit der höchsten Priorität wird zum Master-Router ausgewählt. Haben zwei Router die gleiche Priorität, dann wird der Router mit der höheren IP-Adresse als Master-Router ausgewählt.

### Entdeckung eines Ausfalls des Master-Routers

Normalerweise sendet der Master-Router `Advertisement` in von vornherein festgelegten Intervallen, um den Backup-Routern zu signalisieren, dass er noch intakt ist. Solange `Advertisement` gesendet wird, bleiben die Backup-Router im Backup-Zustand. Fällt der Master-Router jedoch aus, empfangen die Backup-Router kein `Advertisement` mehr. In diesem Fall spricht man von *Master-Down*. Beim Ausfall des Master-Routers übernimmt der Backup-Router mit der höchsten Priorität dessen Funktion. Üblicherweise geschieht dies nach 3 hintereinander ausbleibenden `Advertisements`.

Jeder *Master-Down*-Fall wird von Backup-Routern über den Wert des sogenannten `Master_Down_Timer` erkannt, der den maximalen Wert von `3*Advertisement_Interval (3*AdvIn)` erreichen kann. `AdvIn` ist das Intervall, mit dem der Master-Router Advertisement sendet (typisch `AdvIn = 1s`). Hat ein Backup-Router innerhalb von `3*AdvIn` kein `Advertisement` empfangen, geht er davon aus, dass der Master-Router ausgefallen ist und ein neuer Master-Router ausgewählt werden muss. Da der Backup-Router mit der höchsten Priorität am schnellsten den Ausfall des Master-Routers erkennen muss, wird hierfür das sog. `Master_Down_Interval` wie folgt definiert: Master-Down

`Master_Down_Interval = 3*AdvIn + Skew_Time`,

wobei: `Skew_Time = (256-Priority)/256`,
`Priority` = Priorität des Backup-Routers.

Der Backup-Router mit der höchsten Priorität entdeckt aufgrund von `Skew_Time` den Ausfall am schnellsten.

**Beispiel**: *Unerwarteter Ausfall des Master-Routers.* In Abb. 10.5-4 wurde angenommen, dass der Master-Router unerwartet ausgefallen ist. Wie viel Zeit brauchen nun die Backup-Router, um diesen Ausfall zu bemerken?

Ist der Master-Router ausgefallen, haben die Backup-Router innerhalb der Zeitperiode `3*AdvIn` kein `Advertisement` vom ihm empfangen. Jeder Backup-Router rechnet nun für sich `Master_Down_Interval` wie folgt aus:

- R2: `Skew_Time = (256 - 200)/256 = 56/256 s`
  `Master_Down_Interval = (3*1) + 56/256 = 3 + 56/256 = 3,21875 s`
- R3: `Skew_Time = (256 - 100)/256 = 156/256 s`,
  `Master_Down_Interval = (3*1) + 156/256 = 3+156/256 = 3,609375 s`

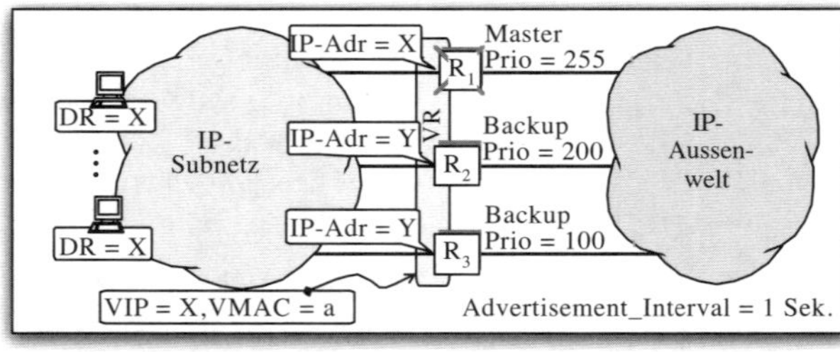


**Abb. 10.5-4:** Unerwarteter Ausfall des Master-Routers
Abkürzungen wie in Abb. 10.5-1

In diesem Fall entdeckt $R_2$ dank der höheren Priorität und der daraus resultierenden kürzeren `Skew_Time` den Ausfall des Master-Routers am schnellsten. Er geht in den Master-Zustand über und sendet `Advertisement`. Damit teilt er den restlichen Backup-Routern (in diesem Fall nur $R_3$) mit, dass er jetzt die Rolle des Master-Routers übernommen hat.

Sollte `Advertisement` vom $R_2$ nicht rechtzeitig beim $R_3$ (d.h. vor dem Ablauf seines `Master_Down_Interval`) eintreffen, würde $R_3$ ebenfalls ein `Advertisement` senden. Falls zwei oder mehr Backup-Router gleichzeitig ein `Advertisement` senden, mit dem sie sich als neuer Master-Router melden, gewinnt der Router mit der höchsten Priorität. Im dargestellten Beispiel bleibt folglich $R_2$ Master-Router, und $R_3$ wird wieder zum Backup-Router zurückgestuft.

## 10.5.3 Idee und Einsatz des HSRP

Besonderheiten des HSRP

Das HSRP (*Hot Standby Routing Protocol*) sorgt dafür, dass mehrere Router als virtueller Router (VR) eingesetzt werden können. Das HSRP wurde von der Firma Cisco entwickelt und ist in RFC 2281 spezifiziert. Ein Verbund von Routern, die einen VR bilden, bezeichnet man bei HSRP als *Standby Group*. Die Router aus einer Standby Group tauschen miteinander entsprechende HSRP-Nachrichten aus, sodass sie sich über ihre Zustände informieren und dadurch gegenseitig überwachen können.

Normalerweise ist nur ein Router in einer Standby Group zu jedem Zeitpunkt aktiv, die anderen sind passiv. Der aktive Router (*Active Router*) fungiert als Master-Router und ist für die Weiterleitung von IP-Paketen verantwortlich, die an die VIP übergeben werden. Der aktive Router antwortet außerdem auf die ARP-Anfragen (*Welche MAC-Adresse entspricht der VIP?*). Als aktiver Router fungiert der Router aus einer Standby Group, der die höchste Priorität hat. Die passiven Router nennt man *Standby Router*, sie dienen nur als Backup-Router. Alle Router einer Standby Group arbeiten so zusammen, dass sie für alle Rechner wie ein einziger verfügbarer Router erscheinen.

Nachrichten beim HSRP

Das HSRP definiert folgende drei Nachrichtentypen, die von jedem Router einer Standby Group gesendet werden können:

- `Hello`: Jeder intakte Router verschickt diese Nachricht, um anzuzeigen, dass er als aktiver bzw. als passiver Router fungieren kann. `Hello` enthält die Router-Priorität und die Information über den Router-Zustand.
- `Coup`: Diese Nachricht wird von einem Standby Router gesendet, wenn er die Funktion des aktiven Routers übernimmt.

- `Resign`: Sie wird von einem Standby Router gesendet, falls er die Funktion des aktiven Routers nicht wahrnehmen kann bzw. darf.

HSRP in der Schicht 5

Abb. 10.5-5 illustriert, wie HSRP-Nachrichten aufgebaut sind.

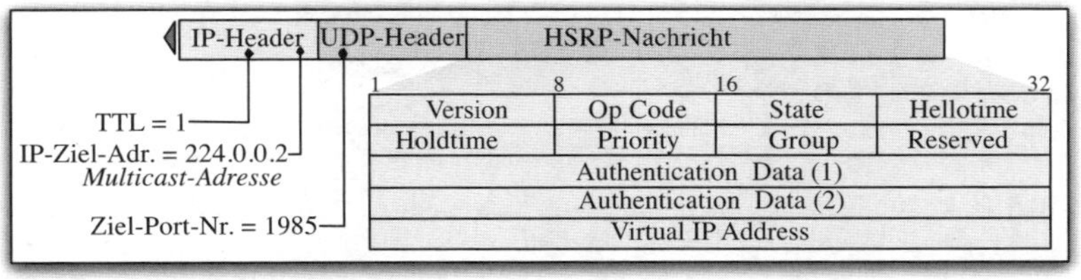


**Abb. 10.5-5:** Aufbau von HSRP-Nachrichten

Die Angaben in HSRP-Nachrichten haben folgende Bedeutung:

- `Version`: Dieses Feld enthält die HSRP-Version. Hier wird `0` angegeben.
- `Op Code`: Angabe des Nachrichtentyps wie folgt: `0: Hello`, `1: Coup`, `2: Resign`.
- `State`: Router-Zustand, z.B.: `0: Initial`, `8: Standby`, `16: Active` (Master-Router).
- `Hellotime`: Angabe, in welchen Zeitabständen ein Router `Hello` sendet.
- `Holdtime`: Hier wird die Gültigkeitsdauer der `Hello`-Nachricht angegeben.
- `Priority` als Priorität des Routers.
- `Group`: Diese Angabe dient als Identifikation des virtuellen Routers.
- `Authentication Data`: Dieses Feld enthält eine Zeichenfolge, die als Passwort dient.
- `Virtual IP Address`: Hier wird die virtuelle IP-Adresse (VIP) eingetragen.

Multigroup HSRP

In der Praxis ist es oft notwendig, z.B. für die Lastverteilung [Abb. 10.5-2], mehrere virtuelle Router in einem Netzwerk einzurichten. HSRP bietet die Möglichkeit, einen Router mehreren Standby Groups zuzuordnen, sodass er an mehreren virtuellen Routern 'beteiligt' ist. Man spricht in diesem Zusammenhang von MHSRP (*Multigroup HSRP*).

Redundante Internetanbindung

Von großer Bedeutung ist eine hohe Verfügbarkeit der Internetanbindung. Man kann sie durch eine redundante Internetanbindung und eine Kombination der Funktionalität der Protokolle HSRP und BGP [Abschnitt 10.4] erreichen. Die folgenden Beispiele illustrieren dies.

**Beispiel 1:** Abb. 10.5-6 zeigt eine redundante Internetanbindung über zwei ISPs. Hier wird der gesamte Datenverkehr, d.h. der ausgehende und der ankommende, über den Master-Router $R_1$ weitergeleitet. $R_2$ dient nur als Backup-Router. Um den Datenverkehr vom Internet nur über $R_1$ zu führen, muss der BGP-Pfad `AS_PATH` manipuliert werden. Dies erreicht man in einigen Routern (z.B. der Firma Cisco) mit dem Kommando `as-path prepend`, mit dem ein Pfad künstlich verlängert werden kann.

Hier sieht der Router beim übergeordneten $ISP_1$ (AS 600) den Pfad zum $R_2$ im AS 100 mit der Länge von 3 Hops, d.h. 300, 100, 100. Dies ist die Folge der künstlichen Verlängerung des Pfads mit dem Kommando `as-path prepend 100` im $R_2$.

Der Router beim $ISP_1$ sieht aber die Route zum $R_1$ im AS 100 mit der Länge von 2 Hops, d.h. 200, 100. Somit wird der Datenverkehr vom AS 600 ($ISP_1$) und damit auch vom Internet über das AS 200 ($ISP_2$) zum $R_1$ im AS 100 geführt.

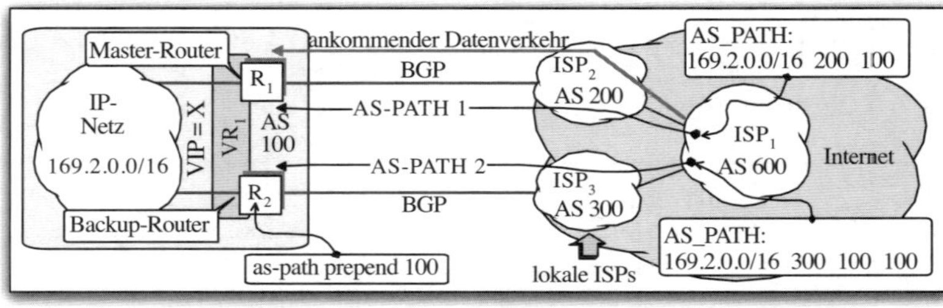


**Abb. 10.5-6:** Redundante Internetanbindung: ausgehender und ankommender Datenverkehr verläuft nur über den Master-Router
AS: Autonomes System, R: Router, VIP: Virtuelle IP-Adresse, VR: Virtueller Router

**Beispiel 2:** Im vorherigen Beispiel hat $R_1$ als einziger Router sowohl den ausgehenden als auch den ankommenden Datenverkehr weitergeleitet. Man kann R1, der im virtuellen Router aktiv ist, für den ankommenden Datenverkehr vom Internet 'sperren', und zwar mit dem Kommando `as-path prepend 100` beim $R_1$. Abb. 10.5-7 illustriert eine derartige Lösung.

Hier sieht der Router im AS 600 den BGP-Pfad zum $R_1$ im AS 100 mit der Länge von 3 Hops, d.h. 200, 100, 100. Dies ist die Folge der künstlichen Verlängerung des Pfads mit dem Kommando `as-path prepend 100` im $R_1$.

Der Router im AS 600 sieht den Pfad zum $R_2$ im AS 100 mit der Länge von nur 2 Hops, d.h. 300, 100. Der Datenverkehr wird somit vom AS 600 ($ISP_1$) über das AS 300 ($ISP_3$) zum $R_2$ im AS 100 geführt.

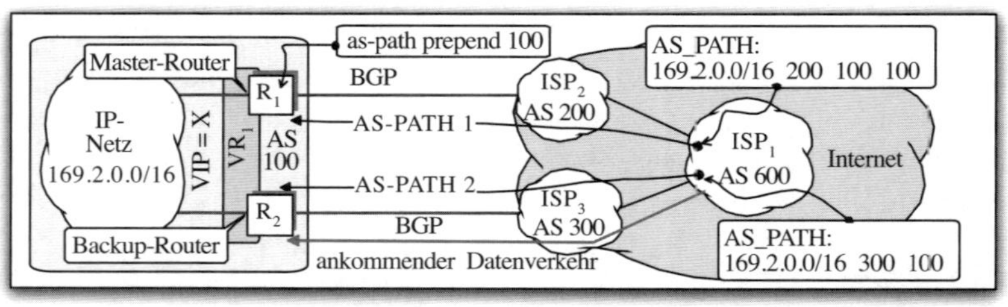


**Abb. 10.5-7:** Redundante Internetanbindung: ausgehender Datenverkehr verläuft über den Master-Router und ankommender Datenverkehr verläuft über den Backup-Router
Abkürzungen wie in Abb. 10.5-6

**Bemerkung**: Für die in den Abb. 10.5-6 und Abb. 10.5-7 dargestellte Führung des ankommenden Internet-Datenverkehrs muss auch der DNS-Server im AS 100 entsprechend konfiguriert werden.

## 10.6 Multicast Routing-Protokolle

Bedeutung von IGMP und MLD

Bei den Internetdiensten, die auf dem Multicasting basieren, können die Rechner als Mitglieder einer Multicast-Gruppe (MC-Gruppe) auf mehrere IP-Subnetze verteilt werden. Jeder Router muss daher wissen, welche Rechner zu welchen MC-Gruppen in den an ihn angeschlossenen Subnetzen gehören. Dies kann er über des IGMP (*Internet Group Mana-*

*gement Protocol*) bei IPv4 bzw. MLD (*Multicast Listener Discovery*) bei IPv6 erfassen. Mit dem IGMP bzw. dem MLD kann sich ein Rechner dynamisch in eine MC-Gruppe einschreiben bzw. diese verlassen [Abschnitt 2.8.2]. Gehören die Rechner einer MC-Gruppe aber zu verschiedenen Subnetzen, müssen die Router auch multicast-fähig sein; man spricht dann von Multicast-Routern (MC-Routern). Abb. 10.6-1 bringt dies zum Ausdruck.

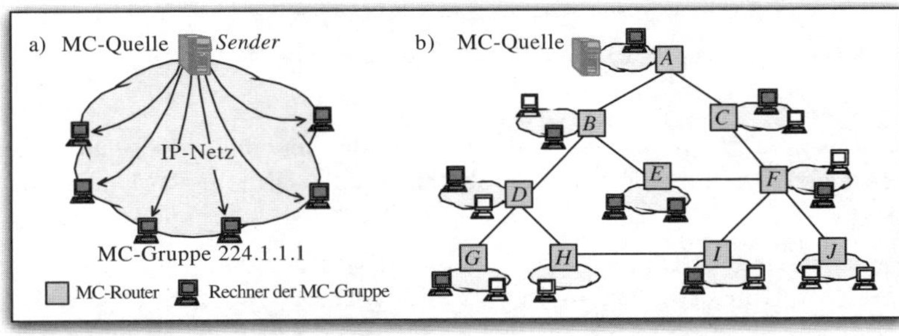


**Abb. 10.6-1:** MC-Gruppe: a) logische Sicht, b) physikalische Verteilung von Rechnern

Multicast-Routing (MC-Routing) ermöglicht die Weiterleitung von MC-IP-Paketen an Rechner, die zu einer auf mehrere IP-Subnetze verteilten Multicast-Gruppe gehören. Die MC-Router müssen sich somit untereinander koordinieren, um die MC-IP-Pakete für eine bestimmte MC-Gruppe von Rechnern als Empfänger von einer bzw. mehreren MC-Quelle(n) in einem IP-Netz zu verteilen. Wie eine solche Koordination zwischen mehreren MC-Routern verläuft, beschreibt ein *Multicast-Routing-Protokoll* (kurz *MC-Routing-Protokoll*).

Ziel von MC-Routing

Folgende MC-Routing-Protokolle sind z.B. als Internet-Standards spezifiziert:

Welche MC-Routing-Protokolle gibt es?

- DVMRP (*Distance Vector Multicast Routing Protocol*) [RFC 1075],
- MOSPF (*Multicast OSPF*) [RFC 1584],
- PIM (*Protocol Independent Multicast*) als:
  - PIM-SM (*PIM-Sparse Mode*) [RFC 4601],
  - PIM-DM (*PIM-Dense Mode*) [RFC 3973],
- CBT (*Core Based Trees*) [RFC 2189, RFC 2201],
- MSDP (*Multicast Source Discovery Protocol*) [RFC 3618] und
- BGMP (*Border Gateway Multicast Protocol*) [RFC 3913].

In der Praxis sind die MC-Routing-Protokolle PIM und MSDP von großer Bedeutung. Auf sie wird im Weiteren näher eingegangen.

### 10.6.1 Einige Aspekte von MC-Routing

Wie bei Unicast-Routing unterscheidet man auch bei MC-Routing zwischen

Arten von MC-Routing

- *Intra-Domain-MC-Routing* und
- *Inter-Domain-MC-Routing*.

Abb. 10.6-2 stellt diese beiden Arten von MC-Routing dar.

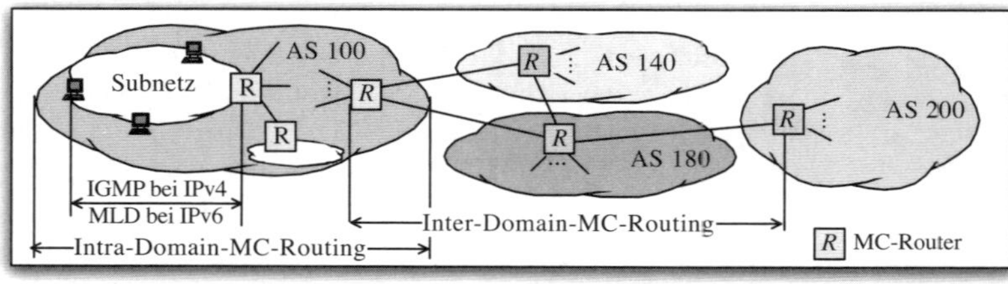


**Abb. 10.6-2:** Intra-Domain-MC-Routing versus Inter-Domain-MC-Routing

Intra-Domain-MC-Routing

Als *Intra-Domain-MC-Routing* wird das MC-Routing innerhalb eines autonomen Systems verstanden. Hierfür eignen sich die Protokolle PIM-DM, PIM-SM, CBT und MOSPF.

Inter-Domain-MC-Routing

Als *Inter-Domain-MC-Routing* bezeichnet man das MC-Routing zwischen autonomen Systemen (AS). Um dieses MC-Routing zu ermöglichen, wurden die Protokolle MSDP und BGMP entwickelt. Sind die Rechner als Mitglieder einer MC-Gruppe auf mehrere autonome Systeme verteilt, kann das PIM-SM im Verbund mit dem MSDP eingesetzt werden. Hierbei verwendet man das MSDP, um eine MC-Quelle über die Grenze eines autonomen Systems hinaus bekannt zu machen.

Abb. 10.6-2 zeigt auch, dass das IGMP und das MLD die Protokolle für die Kommunikation zwischen Rechnern und einem MC-Router innerhalb eines Subnetzes darstellen.

Scoping als Begrenzung der MC-Reichweite

Um das Internet vor der Überflutung durch MC-IP-Pakete zu schützen, darf nicht jede Quelle die MC-Daten weltweit versenden. Häufig muss die Reichweite von Multicast aus einer Quelle begrenzt werden. In diesem Zusammenhang spricht man von *Scoping* als Begrenzung der Reichweite von Multicast. Hierfür gibt es bei IPv4-Multicasting folgende zwei Ansätze:

- *TTL Scoping* und
- *Administrative Scoping*

TTL Scoping

Beim *TTL Scoping* bestimmt der TTL-Wert im IP-Header [Abb. 2.2-1] die Reichweite des MC-IP-Pakets. Abb. 10.6-3a demonstriert dies. Wurde beispielsweise ein MC-IP-Paket von einer Quelle mit `TTL = 32` abgeschickt, kann es nur innerhalb eines Standorts (Site) versendet werden. Die MC-IP-Pakete z.B. mit `TTL = 64` können nur innerhalb eines Kontinents (z.B. Westeuropa) verteilt werden. Um die MC-Reichweite zu kontrollieren, müssen die MC-Router entsprechend konfiguriert werden. Hierfür wird jedem physikalischen Port ein TTL-Grenzwert zugeordnet [Abb. 10.6-3b]. Ein empfangenes MC-IP-Paket wird nur dann über einen Ausgangsport weitergeleitet, wenn der TTL-Wert in einem empfangenen MC-IP-Paket größer als der TTL-Grenzwert des Ports ist.

Administratives Scoping

Nach RFC 2365 sind die Adressen von `239.0.0.0` bis `239.255.255.255` für Scoping reserviert; man bezeichnet dies als *administratives Scoping*. Eine administrative Multicast-Zone beim IPv4 wird von einer Gruppe von Routern definiert, die eine Region innerhalb eines Netzwerks umfassen. Beispielsweise wird der Adressbereich `239.255.0.0/16` für den lokalen Bereich (*Local Scope*) bestimmt und der Adressbereich `239.192.0.0/14` für eine ganze Organisation (*Organisation Local Scope*).

Es gilt hervorzuheben, dass es durch Scoping möglich ist, MC-Adressen in verschiedenen Bereichen mehrfach zu nutzen.

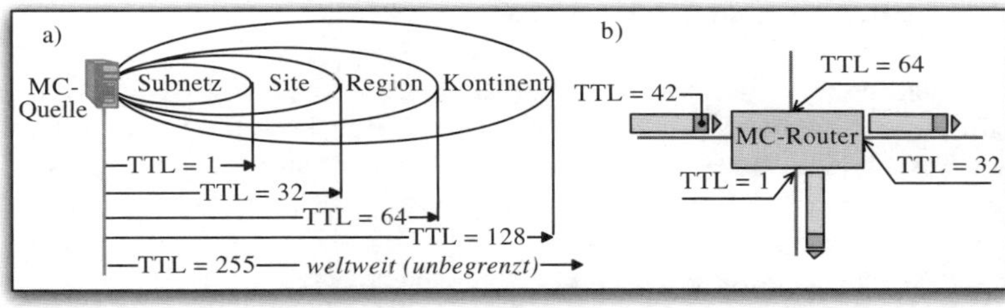


**Abb. 10.6-3:** Prinzip von TTL Scoping: a) MC-Reichweite und TTL im von der MC-Quelle abgeschickten IP-Paket, b) Behandlung des MC-IP-Pakets im MC-Router

**Bemerkung:** Die Reichweite von IPv6-Multicasting wird durch vier Scope-Bit in MC-IPv6-Adressen bestimmt [Abb. 7.10-1].

Um das Multicasting zu unterstützen, müssen sowohl Rechner als auch Router MC-fähig sein. Entsprechend muss ihre Software erweitert werden. Daher sind nicht alle IP-Netze MC-fähig. Oft ist es nötig, mehrere MC-Inseln über ein nicht MC-fähiges IP-Netz zu vernetzen. In diesem Fall müssen die IP-Pakete mit MC-IP-Zieladressen über ein nicht MC-fähiges IP-Netz übermittelt werden. Hierfür wird ein zusätzlicher IP-Header den zu übermittelnden MC-IP-Paketen vorangestellt, sodass man auch von *IP-in-IP-Encapsulation* spricht. Abb. 10.6-4 illustriert eine derartige Encapsulation.

MC über nicht MC-fähiges IP-Netz

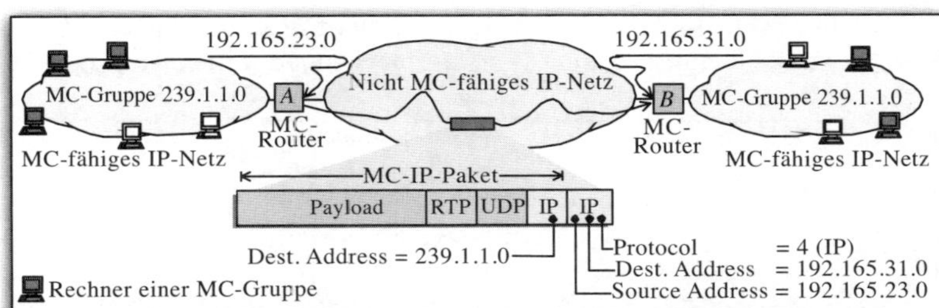


**Abb. 10.6-4:** Übermittlung der MC-IP-Pakete über ein nicht MC-fähiges IP-Netz

Der zusätzliche IP-Header, der dem MC-IP-Paket vorangestellt wird, gibt u.a. an, von welchem Quell-MC-Router das Paket abgeschickt wurde und zu welchem Ziel-MC-Router es übermittelt wird. Außerdem wird als `Protocol = 4` angegeben [Tab. 2.2-2], dass ein IP-Paket direkt nach diesem IP-Header folgt. Die derartige Übermittlung eines MC-IP-Pakets könnte man so interpretieren, als ob das MC-IP-Paket in einem Tunnel übermittelt wäre. Daher spricht man auch von *IP-in-IP-Tunnel* bzw. von *IP-in-IP-Tunneling*.

IP-in-IP-Tunneling

Um Multicast über ein nicht MC-fähiges IP-Netz zu übermitteln, kann auch *Generic Routing Encapsulation* (GRE) verwendet werden. Bei GRE wird dem MC-IP-Paket zuerst ein GRE-Header und dann ein zusätzlicher IP-Header mit der Angabe `Protocol Type = 47` [RFC 2784] vorangestellt. Damit wird im ersten IP-Header auf den GRE-Header hingewiesen. Im GRE-Header wird danach mit der Angabe `Protocol Type = 2048` (Ethernet-Type) darauf verwiesen, dass ein MC-IP-Paket als GRE-Payload folgt. Da es sich bei `Protocol Type` im GRE-Header um die gleiche Angabe handelt, die im Feld `Type` von Ethernet-Frames eingetragen wird, kann das nicht MC-fähige IP-Netz mit GRE aus der funktionellen Sicht als eine Nachbildung von Ethernet angesehen werden.

Einsatz des GRE-Header

## 10.6.2 Aufgaben von MC-Routing

Die Kernfunktion von Multicast-Routing (MC-Routing) ist die Verteilung von MC-IP-Paketen in einem Verbund mehrerer IP-Subnetze. Hierfür wird zuerst ein Baum von Verbindungen für jede MC-Gruppe erstellt, der alle MC-Router mit angeschlossenen MC-Rechnern als Mitglieder der MC-Gruppe erfasst. Einen solchen Baum bezeichnet man als *MC-Verteilbaum* (*Multicast Distribution Tree*) bzw. kurz *Verteilbaum*. Bei MC-Routing werden daher folgende zwei Hauptfunktionen realisiert:

- *Erstellung und Verwaltung der Verteilbäume* und
- *Verteilung von MC-IP-Paketen*, auch *MC-Forwarding* genannt.

Arten der Verteilbäume

In einer MC-Gruppe können mehrere Rechner als MC-Quellen fungieren. In diesem Fall kann ein Verteilbaum für jede MC-Quelle erstellt werden, also ein *quellbasierter Verteilbaum* (*Source Tree*). Für alle MC-Quellen einer MC-Gruppe kann aber auch ein *gemeinsamer Verteilbaum* (*Shared Tree*) erstellt werden. Abb. 10.6-5 illustriert solche Verteilbäume für die MC-Gruppe aus Abb. 10.6-1b.

Quellbasierter Verteilbaum

Im quellbasierten Verteilbaum stellt der *designierte Router* (DR) im IP-Subnetz der MC-Quelle die *Baumwurzel* (*Root*) dar und die *Äste* im Verteilbaum repräsentieren die *Routenabschnitte* zu den einzelnen MC-Routern, über die alle Mitglieder der MC-Gruppe erreicht werden können. Hier handelt es sich um die Wege mit minimalen Kosten zu den einzelnen MC-Routern. Um diese zu überprüfen, zeigt Abb. 10.6-5a auch die Kosten einzelner Leitungen. Ein quellbasierter Verteilbaum ist daher ein Baum mit minimalen Gesamtkosten. Er ist auch ein Baum mit kürzesten Pfaden (Routen), d.h. ein *Shortest Path Tree* (SPT), der nach dem *Algorithmus von Dijkstra* ermittelt werden kann [Abb. 10.3-3].

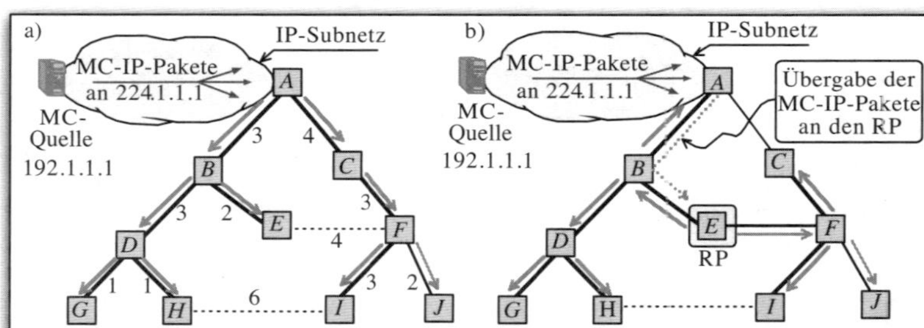


**Abb. 10.6-5:** Verteilbäume für die MC-Gruppe aus Abb. 10.6-1b: a) quellbasierter Verteilbaum als Shortest Path Tree, b) gemeinsamer Verteilbaum
RP: Rendezvous Point

Notation `(S,G)`

Für einen quellbasierten Verteilbaum wird die Notation `(S,G)` verwendet. Mit `S` bezeichnet man die MC-Quelle (Source) und mit `G` die MC-Gruppe. Der in Abb. 10.6-5a gezeigte Verteilbaum kann kurz als `(192.1.1.1,224.1.1.1)` bezeichnet werden.

Gemeinsamer Verteilbaum

Für eine MC-Gruppe kann auch ein gemeinsamer Verteilbaum erstellt werden. Hierfür wird ein MC-Router als Baumwurzel ausgewählt, der *Rendezvous Point* (*RP*) genannt wird. Ein RP ist somit ein Zentrumsknoten innerhalb einer MC-Gruppe. Die Äste im Verteilbaum stellen die Routenabschnitte zu den einzelnen Routern dar, über die alle Mitglieder der MC-Gruppe erreicht werden können. Berücksichtigt man die Verbindungskosten, sollte der gemeinsame Verteilbaum möglichst minimale Gesamtkosten aufweisen.

Bei der Nutzung eines gemeinsamen Verteilbaums müssen die MC-IP-Pakete von der MC-Quelle zum RP transportiert werden; in der Regel werden sie als Payload in Unicast-IP-Paketen von der MC-Quelle direkt zum RP übermittelt. Hier handelt es sich deshalb um die in Abb. 10.6-4 dargestellte *IP-in-IP-Encapsulation.* Die Übermittlung der MC-IP-Pakete von der Quelle zum RP erfolgt somit in einem IP-in-IP-Tunnel. IP-in-IP-Tunnel von MC-Quelle zum RP

Für einen gemeinsamen Verteilbaum für die MC-Gruppe `G` wird die Notation `(*,G)` verwendet. Mit '`*`' verweist man darauf, dass der Verteilbaum für alle MC-Quellen aus der MC-Gruppe `G` gilt. Der in Abb. 10.6-5b gezeigte Verteilbaum kann kurz als `(*,224.1.1.1)` bezeichnet werden. Notation (*,G)

Bei MC-Routing wird angenommen, dass ein neues Mitglied zu jedem Zeitpunkt zu einer MC-Gruppe hinzukommen kann und dass ein Mitglied eine MC-Gruppe zu jedem Zeitpunkt verlassen kann. Dies führt dazu, dass die Verteilbäume ständig aktualisiert – also verwaltet – werden. Hierbei werden die Begriffe *Pruning* und *Grafting* verwendet.

Wenn ein bzw. mehrere Mitglied(er) eine MC-Gruppe verlassen hat (haben), kann der Fall auftreten, dass die MC-IP-Pakete nicht mehr zu einem bestimmten MC-Router gesendet werden müssen. Ist dieser MC-Router ein Blatt im Verteilbaum, kann der Ast im Baum zu diesem Blatt 'abgeschnitten' werden. Man spricht in diesem Fall von *Pruning.* Pruning

Wenn ein bzw. mehrere Mitglied(er) zu einer MC-Gruppe zukommt(en), kann dies dazu führen, dass die MC-IP-Pakete zu einem neuen MC-Router gesendet werden müssen. Hierfür muss der Verteilbaum entsprechend erweitert werden. Man spricht in diesem Fall von *Grafting.* Daher kann Grafting als Gegenteil von Pruning angesehen werden. Grafting

Um MC-IP-Pakete an Rechner einer MC-Gruppe zu verteilen, wird das Prinzip RPF (*Reverse Path Forwarding*) verwendet. Abb. 10.6-6 illustriert dieses Prinzip. Hier hat der MC-Router ein MC-IP-Paket von der MC-Quelle `S` mit der IP-Adresse `151.1.2.14` empfangen und muss es weiterleiten. Multicast Forwarding

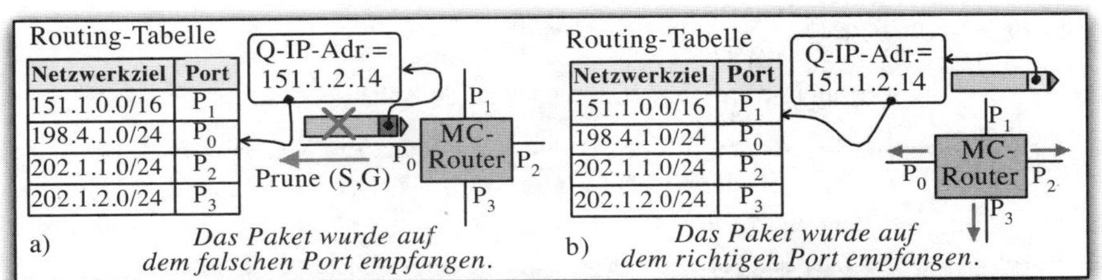


**Abb. 10.6-6:** Multicast Forwarding nach dem RPF-Prinzip
Q-IP-Adr: IP-Quelladresse

Das RPF-Prinzip besteht darin, dass der MC-Router sich die MC-Quelle `S` und den physikalischen Port (Interface) merkt, über den ein MC-IP-Paket an die MC-Gruppe `G` empfangen wurde. Die Regel für Multicast Forwarding (MC-Forwarding) von der MC-Quelle `S` an die MC-Gruppe `G` – in Anlehnung an das Protokoll PIM-SM – lautet wie folgt: RPF-Prinzip

> **Regel 1**: Gehört der physikalische Port, über den ein MC-IP-Paket an die MC-Gruppe `G` empfangen wurde, zur optimalen Route (zum kürzesten Pfad) zur MC-Quelle `S`, wird dieses MC-IP-Paket über alle anderen Ports weitergeleitet, auf denen vorher keine Nachricht `Prune(S,G)` empfangen wurde.

**Regel 2**: Gehört der Port aber nicht zur optimalen Route zur MC-Quelle `S`, wird das empfangene MC-IP-Paket nicht weitergeleitet, sondern eine Nachricht `Prune(S,G)` über diesen Port an den Upstream-Router gesendet, sodass er an diesen Port zukünftig keine weiteren MC-IP-Pakete an die MC-Gruppe `G` sendet. Bei der Weiterleitung wird hierbei auch auf Scoping geachtet [Abb. 10.6-3].

Mit einer Nachricht `Prune(S,G)` teilt ein MC-Router seinem benachbarten MC-Router mit, dass dieser an ihn keine von der Quelle `S` an die Gruppe `G` adressierten MC-IP-Pakete senden soll.

Vorteil und Nachteil von RPF

Der Vorteil von RPF ist, dass keine speziellen MC-Routing-Tabellen außer herkömmlichen Routing-Tabellen in MC-Routern erforderlich sind. Der Nachteil von RPF besteht darin, dass die Weiterleitung von MC-IP-Paketen nicht zielorientiert ist und dass ein Empfänger dasselbe MC-IP-Paket mehrfach erhalten kann.

### Aufbau und Nutzung des quellbasierten Verteilbaums

Durch das Versenden von `Prune`-Nachrichten beim MC-Forwarding nach RPF kann ein quellbasierter Verteilbaum aufgebaut werden. Abb. 10.6-7a zeigt dies in Anlehnung an das Protokoll PIM-SM.

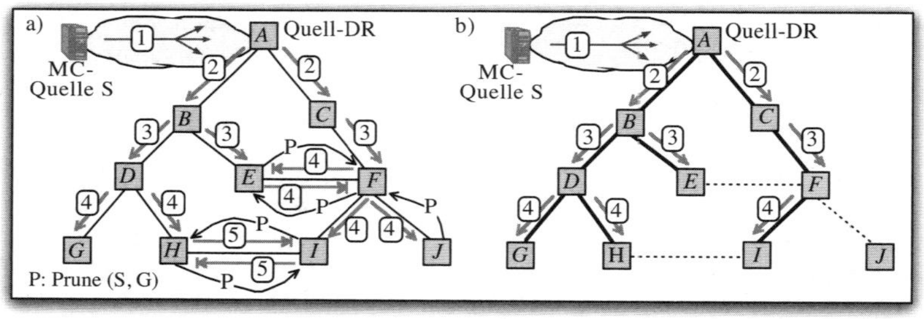


**Abb. 10.6-7:** Quellbasierter Verteilbaum: a) Aufbau, b) Nutzung

Aufbau des Verteilbaums der Quelle S

Beim MC-Forwarding sind in Abb. 10.6-7a folgende Schritte zu unterscheiden:

1. Die MC-Quelle `S` sendet in ihrem lokalen IP-Subnetz ein MC-IP-Paket. Der Router *A*, der als designierter Router (DR) fungiert, empfängt dieses IP-Paket.
2. Der Router *A* – als Quell-DR – leitet das empfangene MC-IP-Paket über alle anderen Ports weiter, und die Router *B* sowie *C* empfangen dieses MC-IP-Paket.
3. Die Router *B* und *C* senden das MC-IP-Paket nach dem RPF-Prinzip weiter. In diesem Schritt empfangen die Router *D*, *E* und *F* das MC-IP-Paket.
4. Der Router *D* leitet das MC-IP-Paket nach dem RPF-Prinzip weiter, und jetzt empfangen die Router *G* und *H* dieses Paket.

Sperre: $E \Rightarrow F$

In Schritt 4 leitet auch der Router *E* das MC-IP-Paket über den anderen Port zum Router *F* weiter. Der Router *F* stellt fest, dass sein Port in der Richtung zu *E* nicht auf der optimalen (kürzesten) Route zur MC-Quelle `S` liegt. Deswegen wird das von *E* empfangene MC-IP-Paket nicht weitergeleitet, sondern verworfen. Der Router *F* sendet daraufhin die Nachricht `Prune(S,G)` über diesen Port an den Router *E*, um ihm mitzuteilen, dass er an diesen Port zukünftig keine weiteren von der Quelle `S` an die Gruppe `G` adressierten MC-IP-Pakete senden soll. Dies soll dazu führen, dass die Leitung in Richtung von *E* zu *F* für Forwarding der MC-IP-Pakete von der Quelle `S` an die Gruppe `G` gesperrt wird.

Ebenfalls in Schritt 4 leitet der Router $F$ das empfangene MC-IP-Paket nach dem RPF-Prinzip weiter. Der Router $E$ empfängt u.a. dieses Paket und er stellt fest, dass sein Port in der Richtung zu $F$ nicht auf der kürzesten Route zur Quelle S liegt. Daher wird das von $F$ empfangene MC-IP-Paket nicht weitergeleitet, sondern verworfen. Der Router $E$ sendet danach über diesen Port die Nachricht `Prune(S,G)` an den Router $F$, um ihm mitzuteilen, dass er an diesen Port zukünftig keine weiteren, von der Quelle S an die Gruppe G adressierten MC-IP-Pakete sendet. Daher wird die Leitung auch in Richtung von $F$ zu $E$ für die MC-IP-Pakete von der Quelle S an die Gruppe G gesperrt. Somit ist jetzt die Leitung zwischen $E$ und $F$ in beide Richtungen gesperrt. $E \perp F$ (gesperrt)

5. Der Router H leitet das empfangene MC-IP-Paket nach dem RPF-Prinzip weiter. Der Router $I$ empfängt dieses Paket und stellt fest, dass sein Port in Richtung $H$ nicht auf der kürzesten Route zur Quelle S liegt. Daher wird das vom Router $I$ empfangene MC-IP-Paket nicht weitergeleitet, sondern verworfen. Der Router $I$ sendet die Nachricht `Prune(S,G)` an den Router $H$, sodass er zukünftig an ihn keine an die Gruppe G adressierten MC-IP-Pakete sendet. Daher wird die Leitung in Richtung von $H$ zu $I$ gesperrt. Sperre: $H \Rightarrow I$

   In diesem Schritt leitet ebenfalls der Router $I$ das MC-IP-Paket nach dem RPF-Prinzip weiter. Der Router $H$ empfängt dieses Paket und stellt fest, dass sein Port in der Richtung zu $I$ nicht auf der kürzesten Route zur Quelle S liegt. Der Router $H$ sendet die Nachricht `Prune(S,G)` an den Router $I$, sodass er zukünftig an ihn keine von der Quelle S an die Gruppe G adressierten MC-IP-Pakete sendet. Daher wird die Leitung in Richtung von $I$ zu $H$ gesperrt. Die Leitung zwischen $I$ und $H$ ist nun in beide Richtungen gesperrt. $H \perp I$ (gesperrt)

Schließt man in der in Abb. 10.6-7a dargestellten Vernetzung die in den Schritten 4 und 5 gesperrten Leitungen, d.h. zwischen den Routern $E$ und $F$ sowie zwischen $H$ und $I$, aus, entsteht die in Abb. 10.6-7b gezeigte Baumstruktur. Sie stellt den optimalen Verteilbaum für die MC-Quelle S dar.

Eine Besonderheit des quellbasierten Verteilbaums besteht darin, dass die Wege von der MC-Quelle zu den einzelnen MC-Routern die kürzesten sind. Daher empfängt jeder Router die MC-Pakete von seinem Upstream-Router nur auf dem Port, der auf der kürzesten (optimalen) Route zur MC-Quelle liegt. Dies bedeutet, dass jeder Router die empfangenen MC-Pakete nur auf die Ports weiterleitet, die zum quellbasierten Verteilbaum gehören.

Abb. 10.6-7b veranschaulicht das MC-Forwarding im quellbasierten Verteilbaum, dessen Aufbau in Abb. 10.6-7a gezeigt wurde. Nutzung des quellbasierten Verteilbaums

Das Forwarding eines MC-IP-Pakets verläuft hier in folgenden Schritten:

1. Die MC-Quelle S sendet in ihrem lokalen IP-Subnetz ein MC-IP-Paket. Dieses IP-Paket wird vom MC-Router $A$ empfangen, der als designierter Router (DR) in diesem IP-Subnetz dient.
2. Der Router $A$ leitet das empfangene MC-IP-Paket nach dem RPF-Prinzip weiter, und die Router $B$ und $C$ empfangen dieses Paket.
3. Die Router $B$ und $C$ senden das MC-IP-Paket nach dem RPF-Prinzip weiter, und in diesem Schritt empfangen die Router $D$, $E$ und $F$ dieses Paket.
4. Die Router $D$ und $F$ senden das MC-IP-Paket nach dem RPF-Prinzip weiter, und die Router $G$, $H$ und $I$ empfangen dieses Paket.

In diesen vier Schritten wurde das MC-IP-Paket an alle MC-Router verteilt, über die sämtliche Mitglieder der MC-Gruppe erreicht werden können. Diese MC-Router dienen als *designierte Router* und versenden dann das empfangene MC-IP-Paket in ihren lokalen IP-Subnetzen weiter.

## 10.6.3 Intra-Domain-MC-Routing mit PIM-SM

PIM-SM (*Protocol Independent Multicast – Sparse Mode*) gilt heute als das wichtigste MC-Routing-Protokoll [RFC 4601]. Die Verteilung der MC-IP-Pakete erfolgt beim PIM-SM nach dem im vorigen Abschnitt dargestellten RPF-Prinzip. Beim PIM-SM werden die MC-IP-Pakete zuerst nach dem für alle MC-Quellen gemeinsamen Verteilbaum verteilt, sodass sie von einem MC-Quellrouter an einen gemeinsamen Quellverteilrouter (sog. *Rendezvous Point*) übergeben werden müssen. Da die Verteilung der MC-IP-Pakete nach dem quellbasierten Verteilbaum, in dem der MC-Quellrouter die Wurzel des Verteilbaums darstellt, in der Regel effektiver verläuft, wird im Verlauf des PIM-SM auf die Nutzung des quellbasierten Verteilbaums umgeschaltet. PIM-SM kann bei den beiden Internetprotokollen IPv4 und IPv6 eingesetzt werden.

#### Besonderheiten der MC-Forwarding

Beim PIM-SM wird vorausgesetzt, dass die Mitglieder einer MC-Gruppe innerhalb eines autonomen Systems verteilt sind. Daher ist das PIM-SM ein Inter-Domain-Routing-Protokoll. Mit *Protocol Independent* (PI) wird darauf hingewiesen, dass das PIM-SM vom 'normalen' Routing-Protokoll unabhängig ist. Daher kann das PIM-SM (theoretisch) bei allen Routing-Protokollen – also sowohl beim RIP als auch bei OSPF – eingesetzt werden. Mit *Sparse Mode* (SM) wird zum Ausdruck gebracht, dass das PIM-SM sich insbesondere für jene Fälle eignet, wo die Mitglieder einer MC-Gruppe 'dünn' auf mehrere IP-Subnetze verteilt sind.

Phasen beim Verlauf des PIM-SM

Beim Verlauf von PIM-SM unterscheidet man drei Phasen:

1. *Nutzung des gemeinsamen MC-Verteilbaums*
   Für die MC-Unterstützung muss in jedem IP-Subnetz ein *designierter Router* (DR) ausgewählt werden, der für das Management von MC-Gruppen zuständig ist. Die Kommunikation zwischen DR und Rechnern aus dem IP-Subnetz, das an einem physikalischen Port von DR angeschlossen ist, erfolgt nach dem Protokoll IGMP (*Internet Group Management Protocol*).

   Register-Phase

   Beim PIM-SM beginnt der DR im IP-Subnetz der MC-Quelle (also der *Quell-DR*), zuerst die MC-IP-Pakete über den gemeinsamen Verteilbaum zu versenden. Dieser Verteilbaum wird auch *RP-Baum*, kurz *RPT* (*Rendezvous Point Tree*), genannt. Bevor ein Quell-DR aber mit dem MC-Versenden über den RPT beginnt, muss er beim Router, der als *Rendezvous Point* (*RP*) dient, registriert werden. Der RP stellt die Wurzel des RPT dar [Abb. 10.6-5b] und verteilt die MC-IP-Pakete über ihn. Der Quell-DR muss daher die MC-IP-Pakete an den RP übergeben. Hierfür verwendet er die Nachricht `Register`. In einer Nachricht `Register` wird jeweils ein MC-IP-Paket transportiert [Abb. 10.6-12]. Die Übergabe der MC-IP-Pakete an den RP in den Nachrichten `Register` wird als *Register-Phase* bezeichnet.

Register-Stop

2. *Übergang zur Nutzung des quellbasierten MC-Verteilbaums*
   Die Nutzung des RPT kann dazu führen, dass die MC-Verteilung einer bestimmten MC-Quelle nicht optimal verläuft. Da nur der Verteilbaum der MC-Quelle den op-

timalen Verlauf der Verteilung ihrer MC-IP-Pakete garantiert, wurde das PIM-SM so konzipiert, dass während der MC-Verteilung schrittweise zur Nutzung des quellbasierten MC-Verteilbaums übergegangen wird. Diese Übergangsphase nennt man *Register-Stop*.

3. *Nutzung des quellbasierten MC-Verteilbaums*
   Nach der Durchführung der Phase Register-Stop erfolgt die Verteilung der MC-IP-Pakete einer bestimmten MC-Quelle nach ihrem Verteilbaum.

### Nutzung des gemeinsamen Verteilbaums

Abb. 10.6-8 illustriert die ersten drei Schritte beim MC-Forwarding an die Gruppe `G` und bei der Nutzung des gemeinsamen Verteilbaums `(*,G)` mit dem RP als Baumwurzel. Der Router *E* dient hier als RP.

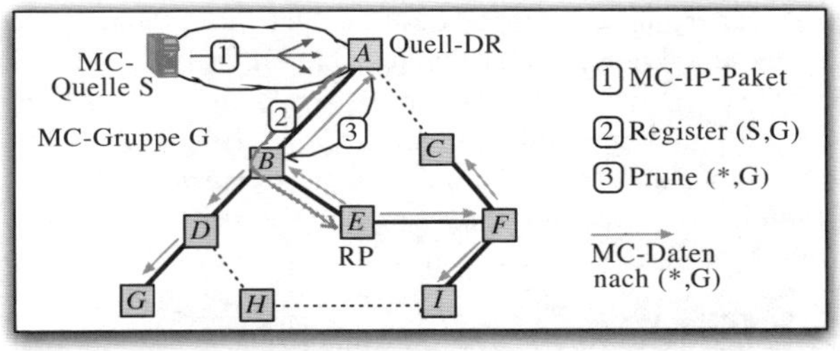


**Abb. 10.6-8:** Nutzung des gemeinsamen MC-Verteilbaums `(*,G)`
RP: Rendezvous Point

Die in Abb. 10.6-8 dargestellten Schritte sind wie folgt zu interpretieren:

1. Die MC-Quelle S beginnt, die MC-IP-Pakete an die MC-Gruppe `G` zu senden. Diese Pakete empfängt der designierte Router *A*. Da die Mitglieder der Gruppe `G` auf mehrere Subnetze verteilt sind, übernimmt er die MC-Verteilung und dient daher als Quell-DR.
2. Der Quell-DR übergibt zuerst die MC-IP-Pakete zur Verteilung an den RP (Router *E*). Hierfür kapselt er jeweils ein MC-IP-Paket in eine Nachricht `Register` ein und sendet diese Nachrichten an den RP. Dieser nimmt die MC-IP-Pakete aus den Nachrichten `Register` heraus und verteilt sie nach dem RPF-Prinzip im gemeinsamen Baum `(*,G)`.
3. Das erste MC-IP-Paket an die Gruppe `G`, das vom RP verteilt wurde, empfängt auch der Quell-DR *A* vom Router *B*. Er stellt aber fest, dass sein Port zu *B* nicht auf der kürzesten Route zur Quelle `S` liegt. Daher wird dieses Paket vom Quell-DR *A* verworfen, und er sendet die Nachricht `Prune(*,G)` an den Router *B*. Damit signalisiert er dem Router *B*, dass er ihm zukünftig keine an die Gruppe `G` adressierten MC-IP-Pakete von der Quelle `S` mehr senden soll. Dadurch wird die Leitung in Richtung *B* zu *A* für die Übermittlung weiterer MC-IP-Pakete von der Quelle `S` an die Gruppe `G` – also für die Verteilung vom RP im gemeinsamen Verteilbaum – gesperrt. Sperre: $B \Rightarrow A$

### Übergang zur Nutzung des quellbasierten Verteilbaums

Die ersten drei Schritte beim MC-Forwarding an die Gruppe `G` wurden bereits in Abb. 10.6-8 dargestellt. Abb. 10.6-9 zeigt die Schritte 4 und 5.

4. Die Übermittlung der MC-IP-Pakete vom Quell-DR *A* an den RP in den Nachrichten `Register` und die weitere MC-Verteilung nach dem gemeinsamen Verteilbaum `(*,G)` RP schließt sich an den Verteilbaum `(S,G)` an

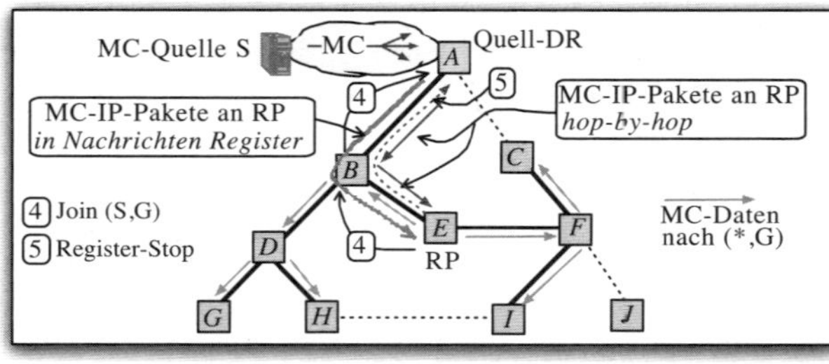


**Abb. 10.6-9:** Schritte beim Übergang zur Nutzung des Verteilbaums der MC-Quelle S
RP: Rendezvous Point

ist uneffektiv. Daher initiiert der RP den Übergang zur Nutzung des quellbasierten Verteilbaums `(S,G)`, d.h. des Verteilbaums vom Quell-DR *A*. Hierfür sendet der RP die Nachricht `Join(S,G)` an den Quell-DR *A*. Damit möchte sich der RP an den quellbasierten Verteilbaum `(S,G)` als Mitglied der Gruppe `G` anschließen.
`Join(S,G)` wird nach dem Hop-by-Hop-Prinzip entlang der besten Route an den Quell-DR *A* übermittelt und veranlasst unterwegs die Router, die `Join(S,G)` empfangen haben (in Abb. 10.6-9 die Router *B* und *A*), dazu, auf die Nutzung des quellbasierten Verteilbaum `(S,G)` umzuschalten. Hat `Join(S,G)` den Quell-DR *A* erreicht, werden ab jetzt die MC-IP-Pakete von der Quelle `S` an die Gruppe `G` zwischen dem Quell-DR *A* und dem RP nach dem Hop-by-Hop-Prinzip über den quellbasierten Verteilbaum `(S,G)` übermittelt.
Daher können nun die von der Quelle `S` an die Gruppe `G` adressierten MC-IP-Pakete den RP über zwei verschiedene Wege erreichen, d.h. sowohl in Nachrichten `Register` nach dem Tunneling-Prinzip als auch nach dem Hop-by-Hop-Prinzip über den quellbasierten Verteilbaum `(S,G)`. Daher wird der RP zwei Kopien eines MC-IP-Pakets empfangen.

Nachricht `Register-Stop`

5. Empfängt der RP zwei Kopien eines MC-IP-Pakets, verwirft er die Kopie, die in der Nachricht `Register` angekommen ist und sendet an den Quell-DR *A* die Nachricht `Register-Stop`. Damit signalisiert der RP dem Quell-DR *A*, dass er die Übermittlung von Nachrichten `Register` ab jetzt stoppen soll.

Nach Schritt 5 werden die von der Quelle `S` an die Gruppe `G` adressierten MC-IP-Pakete an den RP über den quellbasierten Verteilbaum `(S,G)` übermittelt und von dort nach dem gemeinsamen Verteilbaum `(*,G)` verteilt.

`Null-Register`

Der Quell-DR *A* muss sicher sein, dass die von der Quelle `S` an die Gruppe `G` adressierten und nach dem quellbasierten Verteilbaum `(S,G)` an den RP gesendeten MC-IP-Pakete beim ihm korrekt ankommen. Daher sendet der Quell-DR in bestimmten Zeitabständen eine sog. `Null-Register`-Nachricht an den RP, um Bestätigung zu erhalten, dass die von der Quelle `S` an die Gruppe `G` adressierten MC-IP-Pakete bei ihm korrekt ankommen. Ist dies der Fall, wird `Null-Register` vom RP mit `Register-Stop` bestätigt. Empfängt der Quell-DR vom RP innerhalb einer festgelegten Zeit jedoch keine Nachricht `Register-Stop`, beginnt der Quell-DR wieder, die MC-IP-Pakete an den RP in den Nachrichten `Register` zu übermitteln.

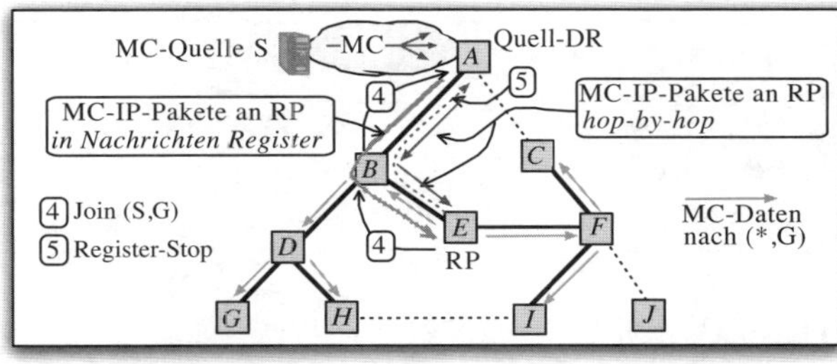


**Abb. 10.6-10:** Anbindung eines neuen MC-Routers während des Übergangs zur Nutzung des Verteilbaums `(S,G)`
RP: Rendezvous Point

### Aufnahme eines neuen MC-Routers

Während des Übergangs zur Nutzung des Verteilbaums `(S,G)` kann ein neuer MC-Router in eine bestehende MC-Gruppe aufgenommen werden, was Abb. 10.6-10 illustriert.

Nach dem in Abb. 10.6-9 gezeigten Schritt 5 verläuft Schritt 6 [Abb. 10.6-10] wie folgt:

6. Im lokalen IP-Subnetz vom Router *J* wurde ein neues Mitglied der MC-Gruppe `G` auf Grundlage des Protokolls IGMP registriert. Um die von der Quelle `S` an die Gruppe *G* adressierten MC-IP-Pakete an dieses neue Mitglied zu liefern, muss der Router *J* sich an den Verteilbaum `(S,G)` anschließen. Hierfür sendet er die Nachricht `Join(S,G)` an den Quell-DR. Diese Nachricht wird über den Verteilbaum `(S,G)` übermittelt.

In Abb. 10.6-10 empfängt der Router *B* zwei Kopien des von der Quelle `S` an die Gruppe `G` adressierten MC-IP-Pakets, d.h. eine Kopie vom Router *A* (über den quellbasierten Verteilbaum `(S,G)`) und eine Kopie vom Router *E*, d.h. vom RP, über den gemeinsamen Verteilbaum `(*,G)`.

In dieser Situation werden die von der Quelle `S` an die Gruppe `G` adressierten MC-IP-Pakete vom Router *B* zum Router *E*, also an den RP, übermittelt, um diese erst von dort an die Router *G* und *H* zu verteilen. Es wäre aber effektiver, wenn der Router *B* diese MC-IP-Pakete selbst über den Router *D* an die Router *G* und *H* verteilen würde. Dies kann durch Pruning erreicht werden.

### Pruning beim PIM-SM

Ein MC-Router, der zwei Kopien jedes von der Quelle `S` an die Gruppe `G` adressierten MC-IP-Pakets empfängt, d.h. eine Kopie vom Quell-DR nach dem quellbasierten Verteilbaum `(S,G)` und eine Kopie vom RP nach dem gemeinsamen Verteilbaum `(*,G)`, kann mit einer Nachricht `Prune(S,G,rtp)` seinem Upstream-Router im gemeinsamen Verteilbaum `(*,G)` mitteilen, dass dieser ihm keine MC-IP-Pakete mehr senden soll. Abb. 10.6-11 illustriert, wie dies erfolgen kann. Man spricht hierbei von *Pruning*.

Nach Schritt 6 [Abb. 10.6-10] verläuft Schritt 7 in Abb. 10.6-11 folgendermaßen:

Sperre: $E \Rightarrow B$, $E \Rightarrow F$ und $F \Rightarrow C$

7. Der Router *B* empfängt zwei Kopien jedes von der Quelle `S` an die Gruppe `G` adressierten MC-IP-Pakets, d.h. eine Kopie vom Quell-DR *A* über den quellbasierten Verteilbaum `(S,G)` und eine Kopie vom RP über den gemeinsamen Verteilbaum `(*,G)`. Mit der Nachricht `Prune(S,G,rtp)` teilt der Router *B* seinem Upstream-Router *E* im gemeinsamen Verteilbaum `(*,G)` mit, dass dieser ihm keine von der Quelle `S` an die Gruppe `G` adressierten MC-IP-Pakete mehr senden soll. Daher wird die Leitung in der

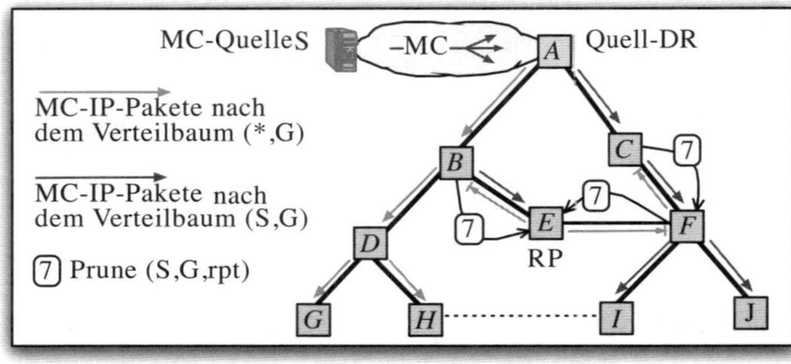


**Abb. 10.6-11:** Pruning beim Übergang zur Nutzung des Verteilbaums `(S,G)`
RP: Rendezvous Point, rpt: RP tree (gemeinsamer Verteilbaum)

Richtung von *E* zu *B* für diese MC-IP-Pakete gesperrt. Logisch gesehen wird der Ast von *E* zu *B* im gemeinsamen Verteilbaum `(*,G)` abgeschnitten.

Die Router *F* und *C* empfangen ebenfalls zwei Kopien jedes von der Quelle `S` an die Gruppe `G` adressierten MC-IP-Pakets. Mit Nachrichten `Prune(S,G,rtp)` teilen sie ihren Upstream-Routern mit (d.h. der Router *F* informiert den Router *E* und der Router *C* den Router *F*), dass sie ihnen keine von der Quelle `S` an die Gruppe `G` adressierten MC-IP-Pakete mehr senden sollen. Daher werden die Äste von *E* zu *F* und von *F* zu *C* im gemeinsamen Verteilbaum `(*,G)` entfernt.

Da die Äste von *F* zu *I* und von *F* zu *J* sowohl zum gemeinsamen als auch zum quellbasierten Verteilbaum gehören, leitet Router *F* nach Schritt 7 die vom Router *C* empfangenen und an die Gruppe `G` adressierten MC-IP-Pakete an die Router *I* und *J* weiter.

Mit dem in Abb. 10.6-11 gezeigten Schritt 7 wurde der Übergang zur Nutzung des quellbasierten Verteilbaums beendet. Wie das MC-Forwarding der von der Quelle `S` an die Gruppe `G` adressierten MC-IP-Pakete entlang der Äste des quellbasierten Verteilbaums `(S,G)` verläuft, zeigt Abb. 10.6-7b.

### Struktur von PIM-Nachrichten

Wie Abb. 10.6-12 zeigt, enthält eine PIM-Nachricht einen Header, in dem `PIM-Version`, `Type` und `Checksum` enthalten sind. `Checksum` ermöglicht es, die Übertragungsfehler in der PIM-Nachricht zu entdecken. Im Feld `Type` wird die Bedeutung der Nachricht angegeben; z.B. besagt `Type = 1`, dass es sich um die Nachricht `Register` handelt.

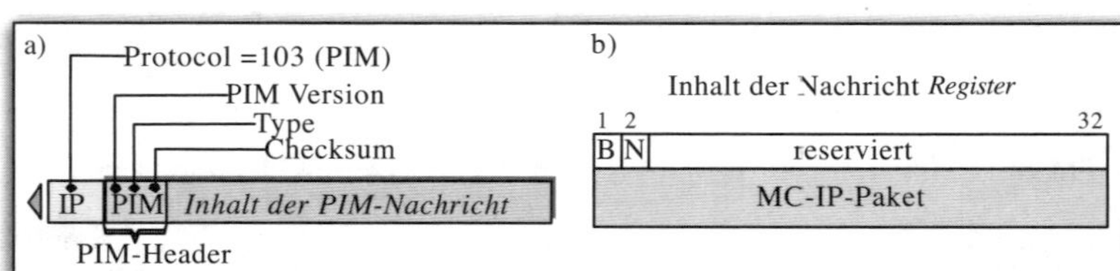


**Abb. 10.6-12:** PIM-Nachricht: a) Struktur, b) Inhalt der Nachricht `Register`

Die Nachricht `Register` enthält das vollständige MC-IP-Paket. Die Bit `B` und `N` haben hier folgende Bedeutung:

- Bit `B` (*Border Bit*): `B = 1`, falls Quell-DR der Border-Router einer PIM-Domain ist.
- Bit `N` (*Null-Register Bit*): `N = 1`, falls dies eine sog. `Null-Register-Nachricht` darstellt, d.h. eine Nachricht `Register` mit einem MC-IP-Paket ohne Daten. Der Quell-DR sendet `Null-Register` an den RP, nachdem er bereits von ihm `Register-Stop` empfangen hat und selbst zur Nutzung des quellbasierten Verteilbaums übergegangen ist, um zu prüfen, ob der RP seine MC-IP-Pakete empfängt.

## 10.6.4 Inter-Domain-MC-Routing mit MSDP

Eine Besonderheit der IP-Netze ist, dass sie aus mehreren autonomen Systemen (AS) bestehen, die entsprechend miteinander und mit dem Internet verbunden sind. Das MC-Routing in einem AS verläuft nach dem PIM-SM, daher wird ein AS mit PIM-SM als *PIM-Domain* bezeichnet. Es ist ein zusätzliches Protokoll nötig, um MC-Quellen über die Grenzen von PIM-SM-Domains hinaus bekannt zu machen und damit die MC-Dienste im Verbund von mehreren Domains anbieten zu können. Hierfür wurde MSDP (*Multicast Source Discovery Protocol*) konzipiert [RFC 3618 und 4611].

### Grundkonzept von MSDP

MSDP als Ergänzung zum PIM-SM

Das MSDP ist ein Protokoll, um mehrere PIM-Domains miteinander so zu verbinden, dass eine MC-Quelle aus einer PIM-Domain in anderen Domains bekannt gemacht werden kann und die MC-IP-Pakete aus dieser Quelle an die Empfänger in anderen Domains verteilt werden können. Der Funktion nach kann das MSDP als Ergänzung zum PIM-SM angesehen werden. Mittels des MSDP kann das PIM-SM über die Grenze eines autonomen Systems hinaus benutzt werden.

In jeder PIM-Domain ist ein *Rendezvous Point* (RP) vorhanden, über den die MC-Verteilung in der Domain initiiert wird. Das MSDP ist das Protokoll zwischen zwei RPs, die in der Regel zu verschiedenen autonomen Systemen gehören. Abb. 10.6-13 illustriert die Hauptaufgabe des MSDP. Hier sind die Rechner aus der MC-Gruppe `G` auf mehrere autonome Systeme verteilt.

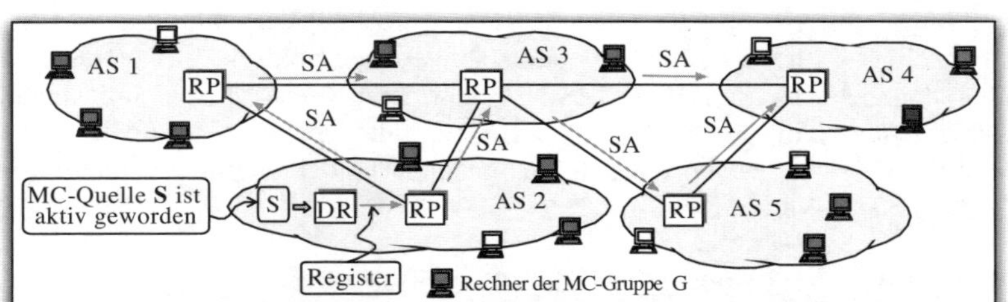


**Abb. 10.6-13:** Bekanntmachung einer MC-Quelle in anderen autonomen Systemen mit MSDP
AS: Autonomes System, DR: Designierter Router, RP: Rendezvous Point, SA: Source-Active

MSDP nutzt TCP

Mit dem MSDP kann ein RP aus einer PIM-Domain eine TCP-Verbindungen zu den RPs in anderen Domains aufbauen. Nachdem der RP von einer neuen MC-Quelle in seiner Domain erfahren hat, sendet er die MSDP-Nachricht `Source-Active` (`SA`) an die RPs in anderen Domains, um ihnen die neue MC-Quelle bekannt zu machen. So werden die RPs über die neue Quelle und deren IP-Adresse informiert.

Bekanntmachung der neuen MC-Quelle

**Beispiel**: Wie Abb. 10.6-13 zeigt, ist die MC-Quelle S im AS 2 aus der MC-Gruppe G aktiv geworden. Der ihr zugeordnete designierte Router sendet das erste MC-IP-Paket in der PIM-Nachricht Register an den RP. Dieser nimmt das MC-IP-Paket aus der Nachricht Register heraus und verschickt es nach dem gemeinsamen MC-Verteilbaum im AS 2 weiter. Daher erreicht dieses MC-IP-Paket bereits im AS 2 die Mitglieder der MC-Gruppe G. Da die Mitglieder der MC-Gruppe G aber auf mehrere autonome Systeme verteilt sind, sendet der RP aus dem AS 2 die MSDP-Nachricht SA mit dem MC-IP-Paket an seine benachbarten RPs, und diese verteilen danach SA an die RPs in anderen autonomen Systemen mit den Mitgliedern der MC-Gruppe G.
Auf diese Weise werden die RPs in allen anderen autonomen Systemen, in denen sich nur die Rechner der MC-Gruppe G befinden, darüber informiert, dass die MC-Quelle S im AS 2 aktiv geworden ist. Darüber hinaus erhalten die RPs die IP-Adresse dieser MC-Quelle und gleichzeitig das erste MC-IP-Paket, um es an die Mitglieder der MC-Gruppe G in anderen autonomen Systemen zu verteilen.
Die weiteren an die MC-Gruppe G adressierten MC-IP-Pakete werden ebenfalls als MSDP-Nachrichten SA vom RP aus dem autonomen System mit der MC-Quelle an die RPs in anderen autonomen Systemen zur Verteilung an die Rechner der MC-Gruppe G übergeben. Die MC-IP-Pakete werden im autonomen System nach dem PIM-SM verteilt. Daher erreichen die an die Gruppe G adressierten MC-IP-Pakete von einer MC-Quelle in einem autonomen System alle Rechner der MC-Gruppe G in anderen autonomen Systemen.

Um zu verhindern, dass ein RP eine Nachricht SA mit einem MC-IP-Paket nicht zurück zu jenem RP sendet, von dem er bereits diese Nachricht erhalten hat, spezifiziert das MSDP bestimmte Regeln, nach denen die RPs die empfangenen Nachrichten SA an die anderen RPs weiterleiten müssen. Diese Regeln entsprechen weitgehend dem RPF-Prinzip [Abb. 10.6-6], das bei den anderen MC-Routing-Protokollen verwendet wird.

Verknüpfung einer Nachbarschaft

Da das MSDP das verbindungsorientierte Transportprotokoll TCP nutzt, um seine Nachrichten zu übermitteln, muss zuerst eine TCP-Verbindung zwischen den benachbarten RPs aufgebaut werden, bevor eine MSDP-Nachricht SA gesendet wird. Wurde eine TCP-Verbindung zwischen zwei RPs aufgebaut, bedeutet dies, dass eine *Nachbarschaft* zwischen ihnen geknüpft wurde.

Überwachung der Nachbarschaft

Falls vorläufig keine Nachrichten SA vom RP, der die TCP-Verbindung initiiert hat, an seinen benachbarten RP übermittelt werden, sendet er periodisch (in der Regel alle 60 Sekunden) dem benachbarten RP die MSDP-Nachrichten KeepAlive. Damit signalisiert er, dass er weiterhin die Nachbarschaft aufrechterhalten möchte. Wenn ein RP keine Nachricht SA oder KeepAlive von seinem benachbarten RP empfangen hat, initiiert er den Abbau der TCP-Verbindung.

### Bildung von MC-Gruppen in autonomen Systemen

MC-Gruppe über die AS-Grenze hinaus

Bevor MC-IP-Pakete an eine MC-Gruppe verteilt werden, müssen die Rechner erfasst werden, die zu dieser MC-Gruppe gehören. Innerhalb eines IP-Subnetzes kann ein Rechner sich mit IGMP-Hilfe dynamisch in eine MC-Gruppe einschreiben bzw. einen Router darüber informieren, dass er eine bestimmte MC-Gruppe verlassen möchte. Durch PIM-SM kann eine MC-Gruppe nur über die Grenze eines IP-Subnetzes hinaus gebildet werden. Um eine MC-Gruppe aber über die Grenze eines autonomen Systems hinaus einrichten zu können, kommt das MSDP zum Einsatz. Abb. 10.6-14 illustriert dies näher.

**Beispiel**: Hier teilen einige Rechner in lokalen IP-Subnetzen, die an die Router *E*, *F*, *I* und *J* angeschlossen sind, über IGMP diesen Routern mit, dass sie sich an die MC-Gruppe G anschließen möchten. Die Router *E*, *F*, *I* und *J* fungieren in diesen IP-Subnetzen als de-

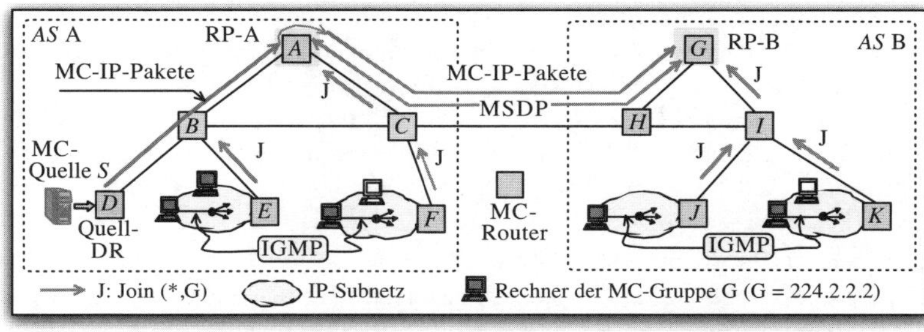


**Abb. 10.6-14:** Beispiel für die Bildung einer AS-übergreifenden MC-Gruppe
AS: Autonomes System, DR: Designierter Router, RP: Rendezvous Point

dizierte Router und melden dies den zentralen MC-Verteilungsstellen – also den RPs – in ihren autonomen Systemen an. Hierfür senden sie die entsprechenden PIM-Nachrichten `Join(*,G)` an RP-A und RP-B. Das Symbol '*' weist darauf hin, dass es sich hier um einen gemeinsamen MC-Verteilbaum mit dem RP an der Spitze handelt. Haben die Nachrichten `Join(*,G)` die RP-A und RP-B erreicht, werden die Router *E*, *F*, *I* und *J* an die gemeinsamen Verteilbäume, in denen RP-A und RP-B an der Spitze stehen, angebunden. Wie in Abb. 10.6-14 zu sehen ist, werden die MC-IP-Pakete von der Quelle `S` im AS `A` an den RP-A übergeben. Dies erfolgt in den PIM-Nachrichten `Register`. Der RP im AS `A` hat u.a. die Aufgabe, die empfangenen MC-IP-Pakete aus den Nachrichten `Register` herauszunehmen, in die MSDP-Nachrichten `SA` (`Source-Active`) einzubetten und sie an die RPs in benachbarten autonomen Systemen zu senden. So werden die an die Gruppe `G` adressierten MC-IP-Pakete an die RPs in verschiedenen autonomen Systemen zur Verteilung übergeben.

MC-IP-Pakete aus `Register` in `SA` kopiert

## MC-Verteilung über gemeinsame Bäume

Nach dem PIM-SM beginnt die Verteilung der MC-IP-Pakete zuerst nach dem gemeinsamen Verteilbaum, der für alle MC-Quellen einer MC-Gruppe eingerichtet wurde und in dem ein RP an der Spitze als Baumwurzel steht. Ist eine MC-Gruppe aber auf mehrere autonomen Systeme verteilt, werden die MC-IP-Pakete in den einzelnen AS zuerst nach den gemeinsamen Verteilbäumen übermittelt, in denen die RPs der einzelnen autonomen Systeme als Baumwurzel fungieren, was Abb. 10.6-15 veranschaulicht.

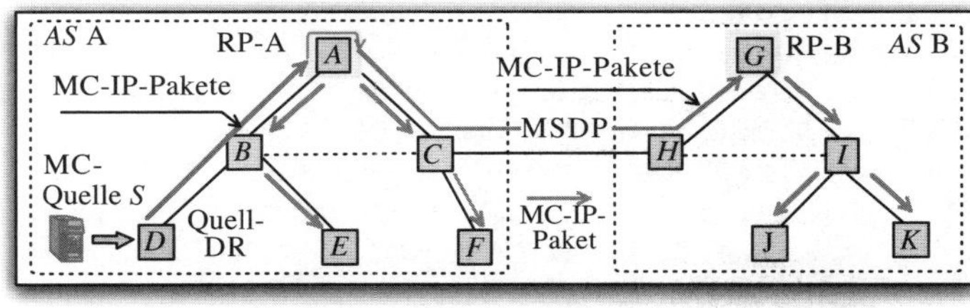


**Abb. 10.6-15:** MC-Verteilung über gemeinsame Bäume

**Beispiel**: Hier werden die MC-IP-Pakete von der MC-Quelle `S` im AS `A` in den PIM-Nachrichten `Register` vom designierten Router *D* an den RP-A übergeben. Der RP-A übergibt im nächsten Schritt die MC-IP-Pakete in den MSDP-Nachrichten `SA` (`Source-Active`) an den RP im AS `B`. Im AS `A` werden die MC-IP-Pakete über den gemeinsamen Verteilbaum mit RP-A an der Spitze verteilt, d.h. zuerst vom RP-A an die

Bedeutung von `SA`

Router *B* und *C* und dann von *B* an *E* und von *C* an *F*. Im AS B werden die MC-IP-Pakete auch über den gemeinsamen Verteilbaum, in dem RP-B an der Spitze steht, verteilt, d.h. zuerst vom RP-B an den Router *I* und dann von ihm an *J* und *K*.
Die Router *E*, *F*, *J* und *K* haben die Aufgabe, die empfangenen, an die Gruppe G adressierten MC-IP-Pakete in den an sie 'angeschlossenen' IP-Subnetzen zu verschicken. Dies wurde hier außer Acht gelassen.

### Anbindung von RPs an den Verteilbaum der MC-Quelle

Übergang zur Nutzung des Verteilbaums (S,G)

Die Verteilung der an eine MC-Gruppe adressierten MC-IP-Pakete nach dem gemeinsamen Verteilbaum, in dem ein RP an der Spitze als Baumwurzel steht, ist mit einem zusätzlichem Aufwand (wie z.B. Übergabe von MC-IP-Paketen an den RP) verbunden. Daher initiiert der RP im autonomen System mit der MC-Quelle im Laufe des PIM-SM-Verlaufs den Übergang zur Nutzung des quellbasierten Verteilbaums. Hierfür muss sich der RP an den Verteilbaum der Quelle anschließen. Ein RP eines autonomen Systems ohne MC-Quelle kann sich ebenfalls an den MC-Verteilbaum der MC-Quelle, die in einem fremden autonomen System aktiv ist, anschließen. Abb. 10.6-16 illustriert, wie die Anbindung von RPs an den Verteilbaum der MC-Quelle erfolgen kann.

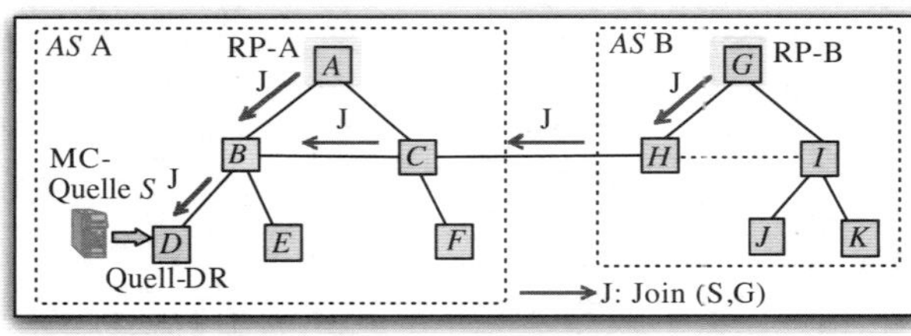


**Abb. 10.6-16:** Anbindung von RPs an den Verteilbaum der MC-Quelle

Anbindung von RPs an (S,G)

**Beispiel**: Um zu vermeiden, dass die MC-IP-Pakete vom designierten Router *D* an den RP-A in den PIM-Nachrichten `Register` übergeben werden müssen, muss sich der RP-A an den Verteilbaum der Quelle S, in dem der Quell-DR *D* an der Spitze steht, anschließen. Deswegen sendet der RP-A die PIM-Nachricht `Join(S,G)` an den Quell-DR *D*. Dadurch werden die MC-IP-Pakete vom Router *D* an den RP-A auf dem kürzesten Weg und nach dem Hop-by-Hop-Prinzip übermittelt.
Damit die MC-IP-Pakete an den RP-B im AS B nicht in den MSDP-Nachrichten SA durch den RP-A übermittelt werden müssen, sondern direkt vom designierten Router *D* auf dem kürzesten Weg, muss sich der RP-B ebenfalls an den Verteilbaum der Quelle S anschließen. Dies erfolgt auch dadurch, indem der RP-B – also der RP aus einem fremden AS – die PIM-Nachricht `Join(S,G)` an den designierten Router *D* sendet.

Verteilbaum (S,G) über mehrere automome Systeme

Nachdem der designierte Router *D* im AS A die PIM-Nachrichten `Join(S,G)` von RP-A und RP-B empfangen hat, wird er die an die Gruppe G adressierten MC-IP-Pakete auf dem kürzesten Weg an die beiden RPs senden. Abb. 10.6-17 soll dies näher verdeutlichen.
Wie hier ersichtlich, kann der RP-B im AS B als Blatt im Verteilbaum des designierten Routers der MC-Quelle S angesehen werden. An den RP-B werden nun die an die Gruppe G adressierten MC-IP-Pakete auf dem kürzesten Weg und nach dem Hop-by-Hop-Prinzip übermittelt. Der RP-B steht an der Spitze des gemeinsamen Verteilbaums im AS B und verteilt die vom designierten Router *D* empfangenen MC-IP-Pakete nach dem gemeinsamen Verteilbaum weiter.

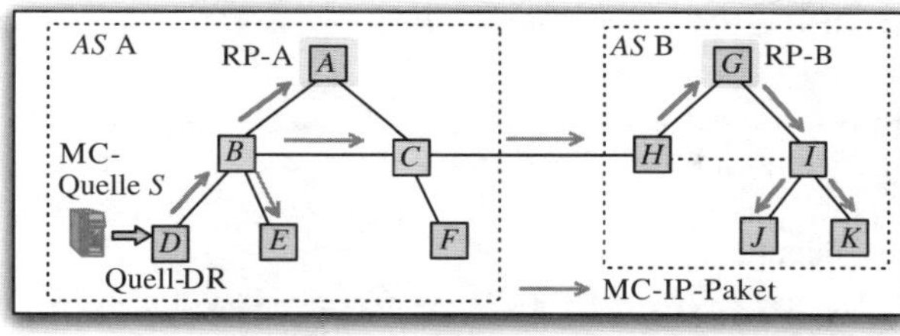


**Abb. 10.6-17:** MC-Verteilung über den Verteilbaum der MC-Quelle

## 10.7 Schlussbemerkungen

Das Routing in IP-Netzen ist ein sehr umfangreiches Gebiet. Daher war es das Ziel dieses Kapitels, diese Problematik in komprimierten Form darzustellen. Aufgrund des begrenzten Umfangs konnten hier nicht alle Routing-Protokolle präsentiert und keine technischen Systemlösungen vorgestellt werden. Insbesondere wurde auf die Darstellung einiger MC-Routing-Protokolle, die in der Praxis keine große Rolle spielen, sondern mehr historische bzw. theoretische Bedeutung haben, verzichtet. Abschließend ist noch Folgendes hervorzuheben:

- IP-Netze nach dem MPLS [Abschnitt 11.2] sind innerhalb der Netzwerkschicht verbindungsorientiert. Dementsprechend wurden die netzzustandsabhängigen Routing-Protokolle OSPF und IS-IS für den Einsatz in MPLS-Netzen entsprechend erweitert. Hervorzuheben sind folgende Erweiterungen von OSPF und IS-IS für die Unterstützung von *Traffic Engineering* (TE) in MPLS-Netzen [Abschnitt 11.4]:
  - OSPF-TE [RFC 3630] als Erweiterung von OSPF und
  - IS-IS-TE [RFC 3784], eine Erweiterung von IS-IS.

  Für Näheres über das IS-IS sei auf [BHK94] verwiesen.
- Da GMPLS [Abschnitt 11.3] das Konzept für den Einsatz von MPLS in WDM- und in SDH-Netzen darstellt, sind auch die IP-Netze nach GMPLS innerhalb der Netzwerkschicht verbindungsorientiert. Daher wurden OSPF-TE und IS-IS-TE auch für TE-Unterstützung in GMPLS-Netzen erweitert [Abschnitt 11.4.5]. Es handelt sich um:
  - GMPLS OSPF-TE [RFC 3473] als Erweiterung von OSPF-TE und
  - GMPLS IS-IS-TE [RFC 4205] als Erweiterung von IS-IS-TE.
- Um den Umfang dieses Buches nicht zu sprengen, konnten hier nicht alle MC-Routing-Protokolle dargestellt werden. Da die Protokolle PIM-SM und MSDP in der Praxis die wichtigste Rolle spielen, wurden die Prinzipien von MC-Routing anhand dieser Protokolle präsentiert. Zu erwähnen sind noch folgende MC-Routing-Protokolle: Multicast Routing
  - Das DVMRP (*Distance Vector Multicast Routing Protocol*) ist ein Intra-Domain MC-Routing-Protokoll und stützt sich zur Übertragung der Routing-Information auf das Protokoll IGMP. Das DVMRP setzt das Unicast-Routing-Protokoll RIP [Abschnitt 10.2] voraus. Die erste Version des DVMRP wurde in RFC 1075 (1988) spezifiziert. Inzwischen wurde die Version 3 des DVMRP entwickelt und nur als [`http://tools.ietf.org/html/draft-ietf-idmr-dvmrp-v3-11`] veröf-

fentlicht. DVMRP war das erste MC-Routing-Protokoll und spielt heute kaum mehr eine Rolle.

- Das MOSPF (*Multicast OSPF*) [RFC 1584] ist ein Intra-Domain MC-Routing-Protokoll und stellt eine Erweiterung des Unicast-Routing-Protokolls OSPF [Abschnitt 10.3] um ein zusätzliches *Link State Advertisement* dar. MOSPF hat in der Praxis keine Bedeutung.
- Das CBT (*Core Based Trees*) [RFC 2189 und 2201] ist ein MC-Routing-Protokoll und wird ähnlich wie das PIM konzipiert. Das CBT ist vom eingesetzten Unicast-Routing-Protokoll unabhängig und kann nicht nur in einer Routing-Domain benutzt werden, sondern erlaubt den Aufbau der Verteilbäume auch über mehrere Domains hinweg.
- Das PIM-DM (*PIM-Dense Mode*) [RFC 3973] ist vom Unicast-Routing-Protokoll unabhängig und setzt im Gegensatz zu seinem 'Bruder' PIM-SM [Abschnitt 10.6.3] voraus, dass ein MC-Router viele Mitglieder einer MC-Gruppe in den an ihn angeschlossenen IP-Subnetzen hat, d.h. die MC-Empfängern sind 'dicht' (dense) auf einem Gebiet verteilt. Daher verwendet das PIM-DM das Flooding im Verbund mit dem RPF-Prinzip [Abb. 10.6-6]. Ein großer Unterschied zum PIM-SM besteht darin, dass kein Rendezvous Point (RP) beim PIM-DM eingesetzt wird.
- Das BGMP (*Border Gateway Multicast Protocol*) [RFC 3913] ist ein Inter-Domain MC-Routing-Protokoll und wurde in Anlehnung an BGP-4 entwickelt. Der Funktion nach entspricht das BGMP dem MSDP. Das BGMP kann sowohl beim IPv4 als auch beim IPv6 eingesetzt werden.

Multicast Routing mit PIM-SM beim IPv6

- Wegen des Platzmangels haben wir hier die Multicast Routing-Protokolle nur für IPv4 präsentiert. Das in RFC 4601 spezifizierte und hier dargestellte Multicast Routing-Protokoll PIM-SM kann auch beim IPv6 eingesetzt werden und RFC 4601 beschreibt auch die Besonderheiten dessen Einsatzes beim IPv6.

Mobile Ad Hoc Notworks

- Eine Art von drahtlosen IP-Netzen stellen *Mobile Ad Hoc Notworks* (MANET) dar. Unter MANET versteht man eine Gruppe von mobilen Stationen (wie z.B. Laptops, Autos), die spontan (ad hoc) und ohne irgendwelche feste Einrichtung miteinander kommunizieren können. Eines der größten Probleme in derartigen Netzen ist das Routing. Die herkömmlichen Routing-Protokolle eignen sich nicht dafür, weil keine Router im klassischen Sinne in MANET eingesetzt werden. Jede Station im MANET muss zusätzlich einige Funktionen vom Router übernehmen. Es gibt bereits mehrere Routing-Konzepte für MANET.

  Hierbei ist u.a. hervorzuheben (siehe [Bou09], [Fri13], [Lan08] und [LMH12]):

  - *Table-driven Protokolle*: OLSR (*Optimized Link State Routing Protocol*) [RFC 3626], TBRPF (*Topology dissemination Based on Reverse-Path Forwarding routing protocol*) [RFC 3684], DSDV-Routing-Protokoll (*Destination-Sequenced Distance-Vector*), Babel Routing Protocol (RFC 6126), WRP (*Wireless Routing Protocol*), CGSR (*Clusterhead Gateway Switch Routing*).
  - *On-Demand Protokolle*: AODV-Routing (*Ad-Hoc On-demand Distance Vector*) [RFC 3561], ABP (*Associativity-Based Routing*), DSR (*Dynamic Source Routing*), TORA (*Temporally-Ordered Routing Algorithm*).

# 11 Verbindungsorientierte IP-Netze mit MPLS und GMPLS

Schwäche klassischer IP-Netze

In klassischen IP-Netzen werden die IP-Pakete unabhängig voneinander über das Übermittlungsnetz transportiert, sodass einzelne IP-Pakete auf einer virtuellen Verbindung oft über unterschiedliche, zwischen kommunizierenden Rechnern verlaufenden, Routen übermittelt werden. Handelt es sich um eine weite Übermittlungsstrecke, sind die Routen oft unterschiedlich lang. Somit sind die Übermittlungszeiten der IP-Pakete nicht gleich, sondern stark schwankend, was sich bei der Übermittlung von Echtzeitmedien wie z.B. bei Voice over IP, negativ auf die Qualität der Kommunikation auswirkt.

Bedeutung von MPLS und GMPLS

Diese Schwäche klassischer IP-Netze kann 'beseitigt' werden, indem man vor der Übermittlung der IP-Pakete auf einer virtuellen Verbindung zuerst eine optimale Route zum Ziel findet und danach alle IP-Pakete im 'Gänsemarsch' über sie übermittelt. Dieser Ansatz wird als MPLS (*Multi-Protocol Label Switching*) bezeichnet. MPLS ermöglicht die Konvergenz unterschiedlicher Netze. Um MPLS in SDH- und WDM-Netzen einsetzen zu können, wurde MPLS zum GMPLS (*Generalized MPLS*) erweitert. Die neue Generation der IP-Weitverkehrsnetze basiert auf (G)MPLS.

Bedeutung von Traffic Engineering

In IP-Netzen, die auf den Konzepten MPLS und GMPLS basieren, müssen zusätzliche Funktionen implementiert werden, um eine individuell unterschiedliche Behandlung einzelner IP-Paketströme und die effektive Ausnutzung von Netzressourcen zu ermöglichen – und man spricht in diesem Zusammenhang von *Traffic Engineering*. Darunter versteht man alle Funktionen und Verfahren, die notwendig sind, um den Datenverkehr hinsichtlich Lastverteilung, Quality of Service und Zuverlässigkeit optimal zu gestalten.

Überblick über das Kapitel

Dieses Kapitel stellt die Konzepte und Protokolle für den Aufbau einer neuen Generation der IP-Netze in Weitverkehrsbereichen dar. Abschnitt 11.1 schildert die Wege zur neuen Generation der IP-Netze. Das Konzept von MPLS wird in Abschnitt 11.2 erläutert. Abschnitt 11.3 beschreibt das Konzept von GMPLS auf Basis der SDH- und WDM-Netze. Den Prinzipien von *Traffic Engineering* in (G)MPLS-Netzen widmet sich Abschnitt 11.4. Die Signalisierung in (G)MPLS-Netzen stellt Abschnitt 11.5 dar. Abschließende Bemerkungen in Abschnitt 11.6 runden dieses Kapitel ab.

Ziel dieses Kapitels

In diesem Kapitel werden u.a. folgende Fragen beantwortet:

- Worin bestehen die Konzepte MPLS und GMPLS und welche neuen Möglichkeiten für die IP-Kommunikation entstehen?
- Welche Aufgaben hat Traffic Engineering in IP-Weitverkehrsnetzen?
- Wie werden (G)MPLS-Netze aufgebaut und wie wird die IP-Kommunikation über sie realisiert?
- Wie kann die IP-Kommunikation über optische Netze erfolgen?
- Wie können virtuelle Datenpfade über (G)MPLS-Netze dynamisch eingerichtet werden?
- Wie erfolgt die Signalisierung in (G)MPLS-Netzen?

## 11.1 Weg zu neuer Generation der IP-Netze

Gigabit-IP-Netze

Durch die rasche Entwicklung und Verbreitung lokaler Netzwerke haben sich die Möglichkeiten der Rechnerkommunikation dramatisch verändert. Der zunehmende Bandbreitenbedarf, der vor allem durch die Einführung neuer webbasierter und multimedialer Applikationen entsteht, zwingt immer mehr Unternehmen zu einer Entscheidung für ein zukunftssicheres Netzwerk, dessen Übertragungsbitrate im Gigabit-Bereich liegt. Die heutigen Anforderungen u.a. an die Integration der Sprach- und Datenkommunikation führen zur Konvergenz von Netztechniken für *Gigabit Networking* wie GE (*Gigabit Ethernet*), 10GE, 40GE und 100 GE sowie SDH (*Synchronous Digital Hierarchy*) [Wil99] mit optischen Netzen auf Basis von WDM (*Wavelength Division Multiplexing*) [KW02]. Der Trend geht heute eindeutig auch zum IP-Einsatz in allen Netztechniken zur Übertragung von Daten und Echtzeitmedien wie Sprache/Audio und Video.

MPLS- und GMPLS-Netze

Um IP-Pakete auf eine einheitliche Art und Weise über alle Netztypen wie z.B. Ethernet, SDH- und WDM-Netze transportieren zu können, wurden die Konzepte MPLS und GMPLS entwickelt. Diese neuen IP-Netze auf Basis von MPLS bzw. von GMPLS, die man auch als *(G)MPLS-Netze* bezeichnet, sind nicht mehr verbindungslos, sondern verbindungsorientiert und stellen Multiplane-Architekturen dar.

Notwendigkeit von Traffic Engineering

Weil die (G)MPLS-Netze verbindungsorientiert sind, müssen zusätzliche Konzepte und Verfahren implementiert werden, die eine individuell unterschiedliche Behandlung einzelner Verkehrsströme und die effektive Ausnutzung von Netzressourcen ermöglichen. In diesem Zusammenhang spricht man von *Traffic Engineering* (TE).

### 11.1.1 Notwendigkeit von (G)MPLS

Klassische IP-Netze = verbindungslos

Die klassischen IP-Netze funktionieren nach dem *Datagram-Prinzip*, sodass die einzelnen IP-Pakete unabhängig voneinander über das Übermittlungsnetz transportiert werden, ohne hierfür vorher eine virtuelle Verbindung aufzubauen. Daher sind klassische IP-Netze *verbindungslos*. Die Folge davon ist, dass die einzelnen IP-Pakete bei der Übermittlung eines Echtzeitmediums wie z.B. der Sprache über unterschiedliche Wege transportiert werden. Abb. 11.1-1a illustriert dies.

Negative Effekte in klassischen IP-WANs

Handelt es sich bei einer virtuellen Verbindung um eine weite Strecke, sind die statistischen Schwankungen der Übermittlungszeiten der übertragenen IP-Pakete – die man als *Jitter* bezeichnet – sehr beträchtlich und auch breit gestreut. Um diese Schwankungen der Übermittlungszeit auszugleichen, müssen empfangene IP-Pakete in einem sog. *Jitter-Ausgleichspuffer* entsprechend lang zwischengespeichert werden. Falls die Zwischenspeicherungszeit im Jitter-Ausgleichspuffer zu kurz ist, führt sie zur Steigerung der Paketverlustrate. Dadurch, dass einzelne IP-Pakete auf einer virtuellen Verbindung in klassischen IP-Netzen unterschiedliche physikalische Wege zurücklegen können, ist dies bei der Übermittlung von Echtzeitmedien ein großer Nachteil.

IP-Pakete im 'Gänsemarsch' nach MPLS

Eine Lösung zur Beseitigung dieses Nachteils besteht darin, vor der Übermittlung der IP-Pakete auf einer virtuellen Verbindung zunächst eine optimale Route zum Ziel zu finden, danach eine virtuelle Verbindung aufzubauen und über diese Route alle IP-Pakete quasi im 'Gänsemarsch' zu übermitteln. Diese Idee hat zur Entwicklung von MPLS geführt. Die Vorteile einer MPLS-basierten Lösung sind offensichtlich: Die Reihenfolge von IP-Paketen auf einer virtuellen Verbindung wird garantiert, und alle IP-Pakete legen

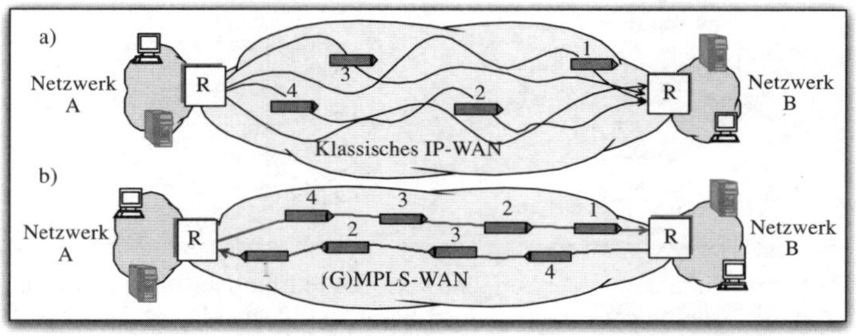


**Abb. 11.1-1:** Verbindungslose versus verbindungsorientierte IP-Paketübermittlung:
a) Verbindungslose Paketübermittlung im klassischen IP-WAN,
b) Verbindungsorientierte Paketübermittlung im (G)MPLS-WAN

den gleichen physikalischen Weg über das Übermittlungsnetz zurück, sodass auch die Jitter-Werte sehr stark reduziert werden. Abb. 11.1-1b illustriert dies.

IP über klassisches SDH und WDM nach GMPLS

Die Attraktivität von MPLS besteht vor allem darin, dass die Netzwerke auf Ethernet-Basis und die Frame-Relay- und ATM-Netze sich fast ohne Erweiterung für MPLS-Unterstützung – also für eine einheitliche Art und Weise der IP-Paketübermittlung – einsetzen lassen. Wenn MPLS modifiziert wird, kann es auch in optischen Netzen auf Basis der WDM-Technik und der SDH (*Synchronous Digital Hierarchy*) zum Einsatz kommen. Das Konzept, nach dem das MPLS-Prinzip in SDH-Netzen und in optischen Transportnetzen mit der WDM-Technik eingesetzt werden kann, wird als GMPLS (*Generalized MPLS*) bezeichnet. (G)MPLS-Netze stellen daher eine neue Generation der IP-Weitverkehrsnetze dar.

## 11.1.2 Bedeutung von Traffic Engineering in IP-Netzen

In MPLS-Netzen müssen zusätzliche Konzepte und Verfahren als Erweiterungen zu MPLS implementiert werden, die eine individuell unterschiedliche Behandlung einzelner Verkehrsströme und eine effektive Ausnutzung von Netzressourcen ermöglichen. Diese Erweiterungen werden als *MPLS Traffic Engineering* (MPLS TE) bezeichnet und können als zusätzlicher Dienst in MPLS-Netzen angesehen werden.

Aufgabe von TE

*Traffic Engineering* (TE) hat sich zu einer der wichtigsten Aufgaben im Bereich der Administration von großen IP-Netzen entwickelt. Die Aufgabe von TE besteht darin, in Abhängigkeit von der vorhandenen Netzstruktur und den verfügbaren Netzressourcen (insbesondere von der Bandbreite einzelner Leitungen) die besten Übermittlungswege durch das Transportnetz eines Netzproviders für die vorgegebenen Datenverkehrsströme zu finden. Abb. 11.1-2 illustriert die Aufgabe von TE.

TE ermöglicht den Netzbetreibern u.a., die verfügbaren Netzressourcen sinnvoller und gezielter zu verteilen. Falls ein neuer Verkehrsstrom mit einer hohen Priorität über ein Transportnetz geführt werden muss, in dem bereits mehrere Verkehrsströme verlaufen, so muss die Möglichkeit gegeben werden, einige bereits laufende Verkehrsströme mit einer niedrigeren Priorität bei Bedarf dynamisch auf andere physikalische Strecken zu verlegen. Ein Verkehrsstrom mit einer hohen Priorität kann also andere Verkehrsströme mit niedrigeren Prioritäten aus einer Leitung verdrängen.

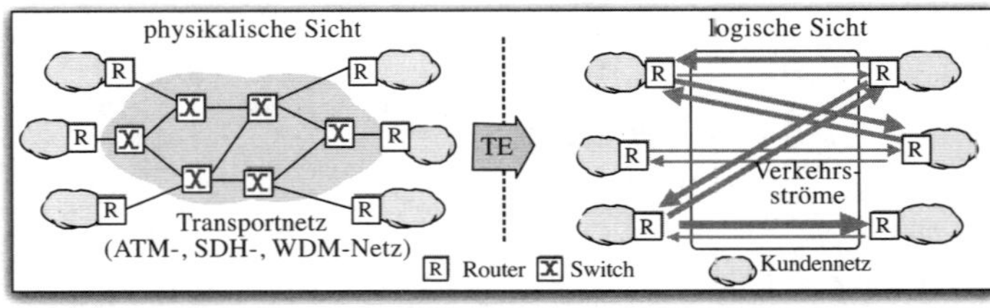


**Abb. 11.1-2:** Veranschaulichung der Aufgabe von Traffic Engineering in (G)MPLS-Netzen
ATM: Asynchronous Transfer Mode, SDH: Synchronous Digital Hierarchy,
WDM: Wavelength Division Multiplexing

Schritte bei TE

MPLS TE wird im Allgemeinen in folgenden beiden Schritten durchgeführt:

1. Zuerst werden die (Daten-)Verkehrsströme ermittelt, die zwischen den einzelnen Kundennetzen verlaufen und die über ein vorhandenes Transportnetz geführt werden. Hierbei sind im Besonderen noch die QoS-Anforderungen (*Quality of Service*) einzelner Verkehrsströme zu berücksichtigen.
2. Sind die einzelnen Verkehrsströme und ihre Charakteristika bekannt, können ihre optimalen Wege durch das Transportnetz bestimmt werden. Hierbei sind optimale Routen bei in einem Netz gegebenen Randbedingungen zu ermitteln.

Routing-Probleme

Da die Leitungen (Links) im Transportnetz über eine begrenzte Bandbreite verfügen, kann nur eine bestimmte Anzahl der Verkehrsströme über eine Leitung gleichzeitig und dauerhaft verlaufen. Dies muss u.a. bei der Ermittlung der Route für jeden Verkehrsstrom berücksichtigt werden. Man spricht hierbei von *Constraint-Based Routing*. Herkömmliche Routing-Protokolle sind für den Einsatz in (G)MPLS-Netzen entsprechend zu modifizieren.

Fehler- und Ausfalltoleranz

Eine Kernaufgabe des TE besteht in der Gewährleistung der Fehler- und Ausfalltoleranz, sodass bestimmte Maßnahmen realisiert werden müssen, um fehlerhafte Situationen und Ausfälle von Systemkomponenten entdecken und neue Wege bestimmen zu können. Eine fehlerhafte Situation bzw. der Ausfall einer Systemkomponente führt zum *Re-Routing*.

Re-Routing

Unter *Re-Routing* versteht man die automatische Bereitstellung einer neuen Verbindung, nachdem eine fehlerhafte Situation auf der alten Verbindung aufgetreten ist bzw. nachdem die alte Verbindung von einer neuen Verbindung aus einer Leitung verdrängt wurde. Dies kann dann zustande kommen, wenn die *Setup-Priorität* der neuen Verbindung höher ist als die *Holding-Priorität* der alten Verbindung. Die alte und verdrängte Verbindung muss entsprechend umgeleitet werden. Die Verdrängung einer Verbindung aus einem Link wird als *Preemption der Verbindung* bezeichnet.

Fast Re-Routing in (G)MPLS-Netzen

Re-Routing muss sehr schnell durchgeführt werden. Um dies zu erreichen, sind dedizierte Umleitungen im Netz im Voraus einzuplanen. In diesem Fall spricht man bei TE in (G)MPLS-Netzen von *Fast Re-Routing* (FRR). Mithilfe von FRR realisiert man *Link Protection* (Link-Absicherung) und *Node Protection* (Knotenabsicherung).

Link und Node Protection

Unter *Link Protection* sind alle Maßnahmen zu verstehen, die dazu führen, dass der Ausfall einer Übertragungsstrecke, d.h. eines Link, schnell kompensiert werden kann. Hierfür kann bereits im Voraus eine Ersatzstrecke eingerichtet werden. Unter *Node Protection* versteht man alle notwendigen Maßnahmen, einen ausgefallenen Netzknoten (Node) schnell zu ersetzen. Wie auch bei *Link Protection* wird hierfür eine Ersatzstrecke eingerichtet.

### 11.1.3 Multiplane-Architekturen moderner IP-Netze

(G)MPLS-Netze als NGN

(G)MPLS-Netze können als *New Generation IP-Networks* (NGN) angesehen werden, in denen die Sprach-, Daten- und Videokommunikation gleichermaßen möglich ist. Da die Echtzeitdatenströme (Sprache, Video) in guter Qualität übermittelt werden sollen, müssen NGNs verbindungsorientiert sein. Um Ende-zu-Ende-Verbindungen für die Verkehrsströme über ein NGN dynamisch aufbauen und verschiedene Dienstmerkmale unterstützen zu können, ist die *Outband-Signalisierung* (wie im ISDN) nötig. Dies bedeutet, dass NGNs eine *Control Plane* enthalten müssen. Abb. 11.1-3 illustriert die dadurch entstehende *Multiplane-Architektur*.

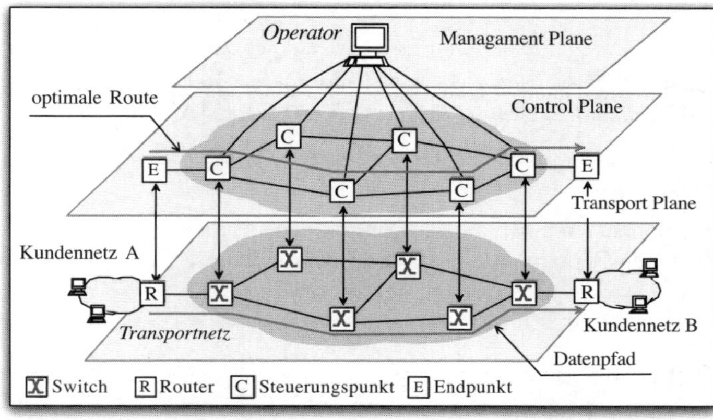


**Abb. 11.1-3:** Multiplane-Architektur der (G)MPLS-Netze als New Generation IP-Networks

Transport Plane

Ein NGN stellt ein physikalisches Transportnetz dar, das um eine Control Plane und eine Management Plane erweitert wurde. Hierfür werden die Switches als Knoten im Transportnetz um zusätzliche Routing- und Signalisierungsfunktionen erweitert. Das physikalische Transportnetz wird als *Transport Plane* bezeichnet und kann sowohl ein Ethernet, ein ATM-, ein SDH- oder ein WDM-Netz bzw. sowie ein beliebiger Verbund davon sein.

Control Plane

Die Control Plane stellt ein logisches Routing- und Signalisierungsnetz dar. Ein Steuerungspunkt als Knoten in der Control Plane hat die Aufgabe, Routing und Signalisierung zu unterstützen. Daher besteht eine Aufgabe der Control Plane in der Ermittlung der optimalen Route für den Verlauf jedes *Datenpfades* über das Transportnetz. Ein Datenpfad stellt eine virtuelle Ende-zu-Ende-Verbindung dar und wird auch in (G)MPLS-Netzen als LSP (*Label Switched Path*) bezeichnet. Die Control Plane hat auch die Aufgabe, die *Signalisierung* zu unterstützen. Das bedeutet, sie muss den Auf- und Abbau von LSPs über das Transportnetz steuern. Abb. 11.1-4 listet die Aufgaben der Control Plane auf.

Innerhalb der Control Plane wird das Management von Netzressourcen realisiert. Die Netzknoten in der Control Plane müssen daher u.a. in der Lage sein, ihre benachbarten Knoten zu entdecken und verfügbare Netzressourcen zu inventarisieren. Die benachbarten Knoten müssen sich auch über die verfügbaren Netzressourcen (wie z.B. genutzte

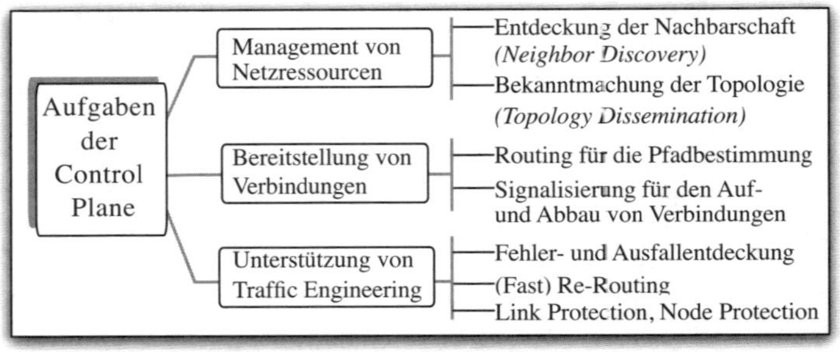


**Abb. 11.1-4:** Aufgabe der Control Plane in IP-Netzen mit (G)MPLS

Wellenlängen in WDM-Netzen) gegenseitig informieren. Bei GMPLS kommt hierfür das Protokoll LMP (*Link Management Protocol*) zum Einsatz [Abschnitt 11.3.5].

Zu den Aufgaben der Control Plane gehört auch die Unterstützung von Traffic Engineering [Abschnitt 11.4].

Management Plane

Die Systemkomponenten innerhalb der Control Plane werden über ein Netzmanagementsystem durch einen Operator konfiguriert. Man ordnet diese Funktion der *Management Plane* zu.

## 11.1.4 Schritte zu einem LSP

Um einen LSP als Datenpfad über ein Transportnetz aufzubauen, sind in der Regel die in Abb. 11.1-5 gezeigten Schritte nötig.

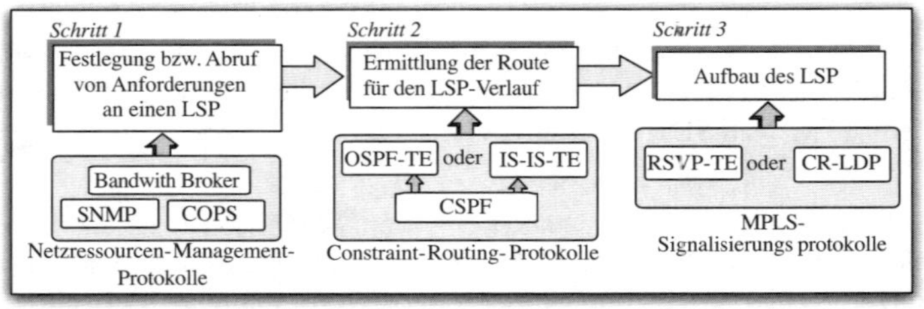


**Abb. 11.1-5:** Schritte zu einem LSP

Im ersten Schritt werden die Anforderungen an den neuen LSP in Form von bestimmten Regeln (*Policies*) spezifiziert. Diese Regeln werden manchmal von vornherein festgelegt, sodass sie beim Ausbau eines neuen LSP nur aus einem speziellen Server abgerufen werden müssen. Hierbei können die Protokolle SNMP (*Simple Network Management Protocol*) und COPS (*Common Open Policy Service*) [RFC 2748] bzw. das Konzept von *Bandwidth Broker* zum Einsatz kommen. Als *Bandwidth Broker* wird ein spezieller Server bezeichnet, der bestimmte Regeln enthält, die per COPS abgerufen werden können.

Constraint-Routing

Im zweiten Schritt erfolgt die Ermittlung der Route innerhalb der Control Plane, um den Verlauf des LSP zu bestimmen. Der LSP wird dann über die Netzknoten im Transportnetz verlaufen, die entlang dieser Route liegen. Bei der Ermittlung der Route müssen Einschränkungen berücksichtigt werden, die sich aus den Anforderungen an den LSP ergeben. Daher spricht man von *Constraint-Based Routing* bzw. *Constraint-Routing*. Hierfür können als Routing-Protokoll eingesetzt werden:

- OSPF-TE (*OSPF-Traffic Engineering*), das eine Erweiterung des Routing-Protokolls OSPF (*Open Shortest Path First*) [Abschnitt 10.3] für die Unterstützung von TE in MPLS-Netzen darstellt,
- IS-IS-TE (*Intermediate System to Intermediate System – Traffic Engineering*) als eine Erweiterung des Routing-Protokolls IS-IS [BHK94].

Die beiden Constraint-Routing-Protokolle basieren auf dem Algorithmus CSPF (*Constrained Shortest Path First*).

Signalisierungsprotokolle

Wurde die Route für den Verlauf des LSP festgelegt, kann mit dem LSP-Aufbau begonnen werden. Da die Route bereits vorliegt, wird sie als *explizite Route* bezeichnet. Für den Aufbau eines LSP entlang einer Route kommen folgende Signalisierungsprotokolle infrage:

- RSVP-TE (*RSVP with Traffic Engineering*): Dieses Protokoll ist eine Erweiterung des Protokolls RSVP (*Resource Reservation Protocol*) für TE [RFC 3473, 4872, 7260].
- CR-LDP (*Constraint-Routing LDP*: Es handelt sich hier um eine erweiterte Version des Protokolls LDP (*Label Distribution Protocol*) [RFC 3214, 3472, 3480].

# 11.2 Multi-Protocol Label Switching (MPLS)

Das *Multi-Protocol Label Switching* (MPLS) stellt ein Verfahren dar, um IP-Pakete u.a. in Ethernet sowie in Frame-Relay- und ATM-Netzen effektiv übermitteln zu können. Nach dem MPLS wird jedem zu übertragenden Paket ein Label vorangestellt. Anhand der Label können IP-Pakete in Netzknoten effizient weitergeleitet werden, ohne dabei den komplexen IP-Header auswerten zu müssen.

**Bemerkung**: *Multi-Protocol* beim MPLS deutet darauf hin, dass mittels MPLS die Daten nach den verschiedenen Protokollen der Schicht 3 übermittelt werden können. Da das IP de facto zum Standardprotokoll geworden ist, haben die anderen Schicht-3-Protokolle ihre Bedeutung verloren. Daher betrifft MPLS nur IP.

## 11.2.1 Multiplane-Architektur der MPLS-Netze

Das MPLS ist ein Konzept, nach dem ein physikalisches Transportnetz, das ein Switching-Netz darstellt, um eine Control Plane als logisches Routing- und Signalisierungsnetz ergänzt wird. Abb. 11.2-1 illustriert die Multiplane-Architektur eines MPLS-Netzes auf FR- bzw. ATM-Basis. Die Knoten, d.h. die Switches im Transportnetz, das ein *MPLS-Switching-Netz* ist, werden um Routing- und Signalisierungsfunktionen erweitert. Die in Abb. 11.2-1 dargestellte Architektur entspricht somit der Architektur in Abb. 11.1-3.

E-LSRs und C-LSRs als Control Plane

Bei MPLS werden zwei Arten von *Label Switching Routern* (LSR) definiert, nämlich *Edge-LSR* (*E-LSR*) am Rande und *Core-LSR* (*C-LSR*) im Kernbereich des Netzes. Die Router sind über permanente logische Verbindungen so vernetzt, dass sie ein logisches Netz bilden, in dem die C-LSR als Knoten und die E-LSR als Endkomponenten dienen. Ein solches Netz stellt ein zusätzliches logisches Routing- und Signalisierungsnetz

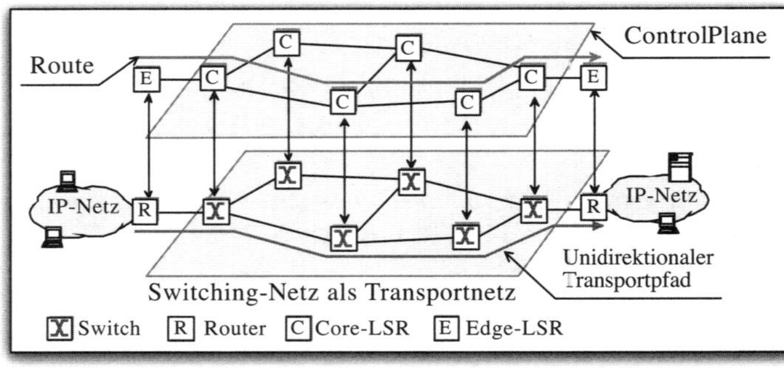


**Abb. 11.2-1:** Multiplane-Architektur des MPLS-Netzes auf FR- bzw. ATM-Basis
ATM: Asynchronous Transfer Mode, FR: Frame Relay

oberhalb des physikalischen Transportnetzes dar. Die E-LSR klassifizieren die zu übertragenden IP-Pakete und versehen sie mit Labeln. Die Netzknoten leiten die IP-Pakete anhand der Label weiter. Die Label-Informationen werden nach dem Protokoll LDP (*Label Distribution Protocol*) ausgetauscht.

LSP als unidirektionale Verbindung

Die Router am Transportnetz können als Endsysteme[1] angesehen werden. Über diese haben die angeschlossenen Intranets den Zugang zum MPLS-Netz. Um Router als Endsysteme am Transportnetz miteinander zu verbinden, werden die LSPs (*Label Switched Paths*) aufgebaut. Ein LSP stellt beim MPLS eine unidirektionale Ende-zu-Ende-Verbindung über das Transportnetz dar und kann als Datenpfad angesehen werden. Um den Datenverkehr zwischen zwei Routern in beide Richtungen zu übermitteln, sind zwei entgegen gerichtete LSPs nötig.

Ein LSP kann automatisch so bestimmt werden, dass zuerst eine Route über das MPLS-Routing-Netz zwischen den kommunizierenden E-LSRs mithilfe eines Routing-Protokolls ermittelt wird. Dann verläuft der LSP über diese Switches (d.h. im MPLS-Switching-Netz), deren LSR sich auf der Route innerhalb des Routing-Netzes befinden.

Ethernet als Link

Als *Link* (d.h. Übertragungsstrecke) zwischen zwei benachbarten Knoten im Transportnetz kann auch ein Ethernet dienen. Abb. 11.2-2 zeigt dies.

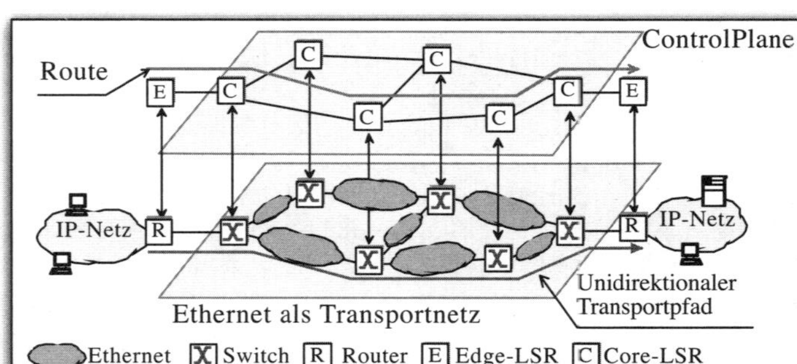


**Abb. 11.2-2:** Architektur von MPLS-Netzen auf Ethernet-Basis

[1] Customer Premises Equipment (CPE)

Über einen Ethernet-Link werden die IP-Pakete in Ethernet-Frames – also in *MAC-Frames* – übermittelt. Jedem IP-Paket wird ein Label vorangestellt, das im MPLS-Header enthalten ist. Der MPLS-Header wird nach dem MAC-Header und vor dem IP-Header im MAC-Frame eingebettet.

Die Idee des MPLS besteht darin, dass zuerst ein Datenpfad als virtuelle Verbindung über das IP-Netz zwischen den kommunizierenden Rechnern für die Übermittlung der IP-Pakete aufgebaut wird. Dadurch werden die einzelnen IP-Pakete über die gleichen Netzknoten übermittelt. Dieses Prinzip entspricht vollkommen den virtuellen Verbindungen in klassischen verbindungsorientierten Netzen mit Paketvermittlung (wie z.B. X.25-, FR- bzw. ATM-Netze [Bad97]).

Gleiche Idee wie in X.25-, FR- bzw. ATM-Netzen

Um IP-Pakete genauso wie z.B. Pakete in einem Frame-Relay- bzw. ATM-Netz übermitteln zu können, müssen sie um eine spezielle Angabe ergänzt werden, die der Angabe eines logischen Kanals entspricht. Beim MPLS wird hierfür jedem zu übertragenden IP-Paket ein Zusatzfeld mit einem Label vorangestellt. Das Label kann als Identifikation des IP-Pakets angesehen werden. Anhand der Label können die IP-Pakete in den Netzknoten effizient nach den gleichen Prinzipien wie in FR- bzw. ATM-Netzen weitergeleitet werden, ohne dass dabei der komplexe IP-Header ausgewertet werden muss

Im Allgemeinen stellt MPLS ein Konzept für eine verteilte Integration von Routing (Layer 3) und Layer-2-Switching dar. Bei MPLS unterscheidet man zwischen zwei Netz-Layern:

Integration von Routing und Switching

- MPLS-Routing-Netz auf Layer 3 und
- MPLS-Switching-Netz auf Layer 2.

## 11.2.2 MPLS als Integration von Routing und Switching

Die Integration von Routing und Switching beim MPLS illustriert Abb. 11.2-3. Jeder Knoten im Netz enthält zwei Funktionskomponenten:

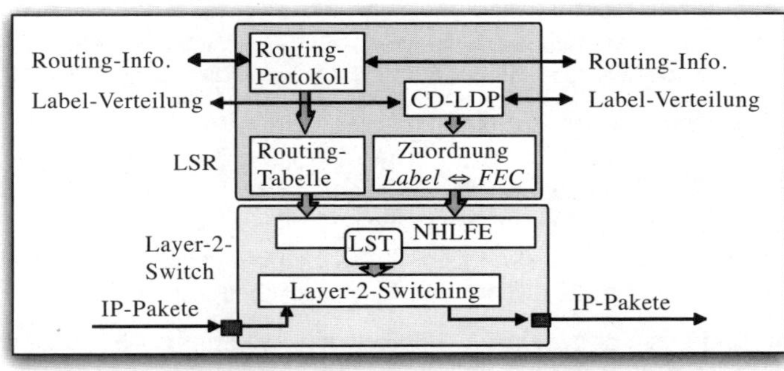


**Abb. 11.2-3:** Integration von Routing und Switching im Netzknoten beim MPLS
FEC: Forwarding Equivalence Class, CR-LDP: Constraint-Routing Label Distribution

- einen Layer-2-Switch, wo die Weiterleitung der IP-Pakete auf Basis einer *Label-Switching-Tabelle* (LST) stattfindet, und
- ein Router-Modul mit MPLS-Unterstützung, das einen LSR darstellt.

Der LSR unterstützt hauptsächlich die Routing-Funktion. Zusätzlich realisiert er die Verteilung der Label-Informationen innerhalb des logischen MPLS-Routing-Netzes nach dem Protokoll CD-LDP [Abschnitt 11.5.3].

Bedeutung von FEC

Am Eingang zum Netz wird zuerst jedes zu übertragende IP-Paket eines Datenstroms einer bestimmten Klasse, die man FEC (*Forwarding Equivalence Class*) nennt, zugeordnet und jeder FEC wiederum ein Label zugewiesen. Somit kann ein Label als FEC-ID (*Identifikation*) bzw. als *Verkehrsstrom-ID* angesehen werden.

Was enthält die LST?

Die Routing-Tabelle und die Tabelle mit den Zuordnungen Label ⇔ FEC dienen als 'Basis'-Informationen für die Instanz NHLFE (`Next Hop Label Forwarding Entry`). Sie enthält sämtliche Angaben, die man benötigt, um IP-Pakete nach MPLS weiterzuleiten. Den Kern von NHLFE bildet die *Label-Switching-Tabelle* (*LST*), in der angegeben wird, wie die einzelnen IP-Pakete im Switch weitergeleitet werden sollen. Wie in Abb. 11.2-7 gezeigt wird, ist es sinnvoll, dass jedem Eingangs-Interface im Switch eine LST zugeordnet wird. Die LST eines Interface enthält die Angaben, wie die an diesem Interface empfangenen IP-Pakete weitergeleitet werden müssen.

## 11.2.3 Logisches Modell des MPLS

Nach MPLS können mehrere Verkehrsströme als unterschiedliche Klassen der IP-Pakete über eine physikalische Leitung parallel übertragen werden. Das MPLS-Konzept lässt sich daher in Form des in Abb. 11.2-4 dargestellten logischen Modells veranschaulichen.

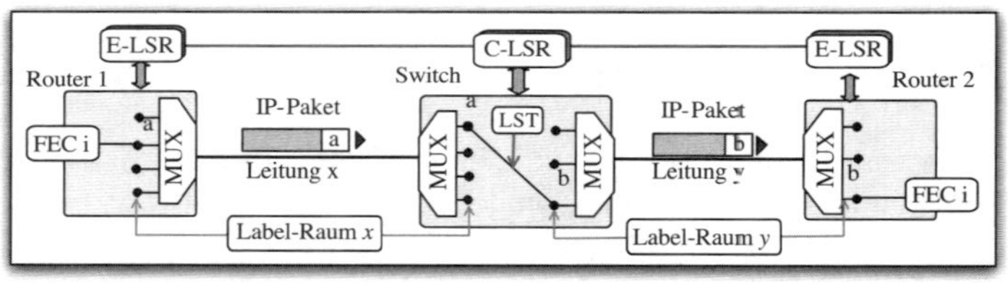


**Abb. 11.2-4:** Kopplung von Multiplexübertragungsstrecken als logisches Modell von MPLS
FEC: Forwarding Equivalence Class, LST: Label Switching Table, MUX: Multiplexer

Label-Raum pro Leitung

Die Datenübertragung über eine physikalische Leitung nach MPLS kann als eine Multiplexübertragungsstrecke interpretiert werden. Die Ports im Multiplexer stellen Sende/Empfangs-Puffer im Speicher dar und werden mittels der Label identifiziert. Die beiden verbundenen Multiplexer müssen immer die gleiche Anzahl von Ports aufweisen. Im E-LSR und im C-LSR wird somit jeder Leitung eine Anzahl von Labeln zugeordnet, die als *Label-Raum* pro physikalisches Interface angesehen werden kann.

Da einer Klasse der zu übertragenden IP-Pakete ein Label im E-LSR zugeordnet wird, bedeutet dies, dass Pakete derselben Klasse im E-LSR zum Absenden immer am gleichen Port vor dem Multiplexer abgespeichert werden. Das Label, das einer Klasse von IP-Paketen zugeordnet wurde, dient also als Identifikation dieses Ports im Multiplexer, in dem die IP-Pakete dieser Klasse zum Absenden abgespeichert werden. In Abb. 11.2-4 wurde z.B. das Label a der Klasse FEC *i* zugeordnet. Somit wird das Label a jedem zu übertragenden IP-Paket der Klasse FEC *i* vorangestellt. Die Pakete dieser Klasse werden am Eingangs-Port a vor dem Absenden im E-LSR abgespeichert und nach dem Empfangen im C-LSR im Ausgangs-Port zwischengespeichert.

Nach MPLS können mehrere Klassen von IP-Paketen – also mehrere Verkehrsströme – parallel über eine physikalische Leitung übertragen werden. Hierbei wird jede Klasse mit einem Label markiert. Daher kann eine physikalische Leitung auf eine Vielzahl von logischen Kanälen aufgeteilt werden, und das Label stellt hierbei die Identifikation eines logischen Kanals dar. Dies entspricht weitgehend dem klassischen X.25-Konzept.

Interpretation der Label

Beim MPLS wird ein Label als FEC-ID (d.h. Verkehrsstrom-ID) jedem zu übertragenden IP-Paket entsprechend vorangestellt. Die Interpretation der Label ist aber von der Art des Transportnetzes abhängig, was Abb. 11.2-5 zeigt.

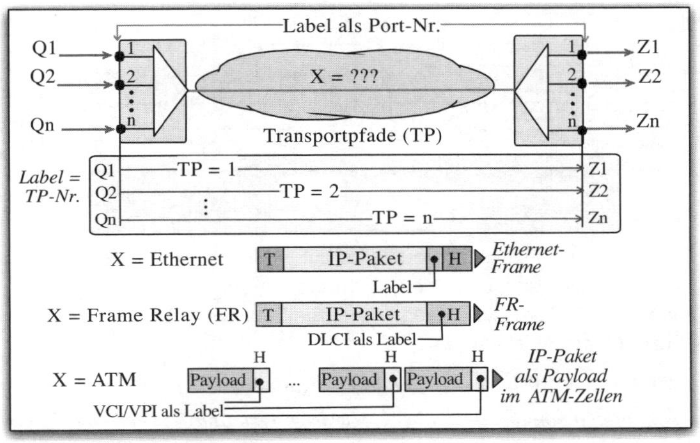


**Abb. 11.2-5:** Label beim MPLS in Abhängigkeit vom Transportnetz
H: Header, T: Trailer, Q: Quelle, Z: Ziel

Wie hier ersichtlich, wird beim MPLS jedem zu übertragenden IP-Paket ein Label vorangestellt:

- In FR-Netzen verwendet man als Label DLCI (*Data-Link Connection Identifier*) im Header von FR-Frames mit den IP-Paketen.
- In ATM-Netzen dient als Label VPI/VCI (*Virtual Path Identifier/Virtual Circuit Identifier*) im Header von ATM-Zellen.
- Fungiert ein Ethernet als Link, wird ein *MPLS-Header* mit einem Label im Ethernet-Frame vor dem IP-Header eingebettet.

Beim MPLS wird immer ein Label vor dem IP-Paket im Transportnetz, also in der Transport Plane, übermittelt. Dies ist bei GMPLS aber nicht der Fall [Abschnitt 11.3]. Genau darin besteht der große Unterschied zwischen MPLS und GMPLS.

## 11.2.4 Prinzip des Label-Switching

Das Prinzip des Label-Switching besteht darin [Abb. 11.2-4], dass ein empfangenes IP-Paket (z.B. aus der Leitung $x$ und mit dem Label a) mit einem (im Allgemeinen) anderen Label auf eine andere Leitung (z.B. auf die Leitung $y$ und mit dem Label b) weitergeleitet wird.

Aufgabe von Label-Switching

Die Aufgabe von Label-Switching ist es, virtuelle Verbindungen als *Label Switched Path* (*LSP*) durch die Kopplung der logischen Kanäle in Switchen zu realisieren. Hierfür müssen die Label-Werte mittels einer Label-Switching-Tabelle (LST) umgesetzt werden, sodass eine korrekte Verknüpfung der logischen Kanäle in IP-Netzknoten erfolgen kann. Wie Abb. 11.2-6 zum Ausdruck bringt, stellt ein LSP eine Kette von logischen Kanälen in den einzelnen, unterwegs liegenden physikalischen Leitungen dar. Hierbei wird ein logischer Kanal mit einem Label identifiziert. Daher wird das IP-Paket z.B. mit Label *b* vom Port a im Router A zum Port a im Switch übermittelt.

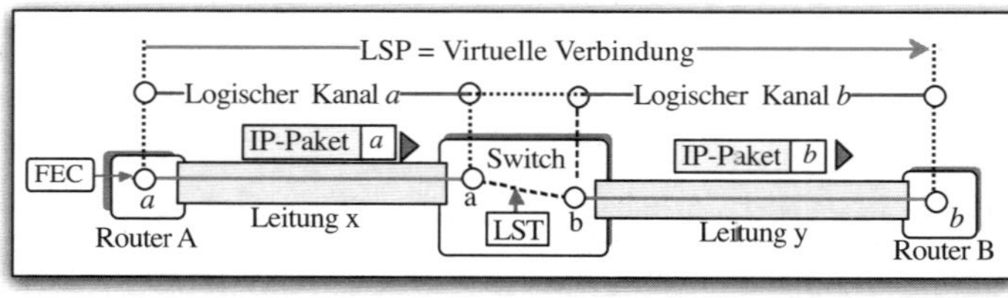


**Abb. 11.2-6:** Veranschaulichung eines LSP (*Label Switched Path*)

Nach der LST im Switch werden zuerst eine physikalische Ausgangsleitung für das Absenden des IP-Pakets und dann ein Port bestimmt, an dem diese Ausgangsleitung anliegt. Dem zu sendenden IP-Paket wird danach eventuell ein neuer Label-Wert, der dem neuen Ausgangs-Port entspricht, vorangestellt.

In einem Switch mit MPLS wird folgende Zuordnung realisiert:

*(Eingangsleitung, ankommendes Label) ⇒ (Ausgangsleitung, abgehendes Label)*

Damit hat jeder MPLS-Switch folgende Funktionen zu erfüllen:

Raumvermittlung

- *Raumvermittlung: Eingangsleitung ⇒ Ausgangsleitung*: Darunter versteht man die Übergabe eines IP-Pakets von einer physikalischen Eingangsleitung an eine andere physikalische Ausgangsleitung.

Label Swapping

- *Label-Umsetzung: ankommendes Label ⇒ abgehendes Label*: Für jedes empfangene IP-Paket muss das Label entsprechend der LST für das zu sendende Paket neu festgelegt werden. Die Label-Umsetzung bezeichnet man als *Label Swapping*.

Zwischenspeicherung

- *Zwischenspeicherung der IP-Pakete*: Es kann vorkommen, dass einige Pakete zwischengespeichert werden müssen, weil die Ausgangsleitung vorläufig durch die Übertragung von früher angekommenen Paketen belegt ist.

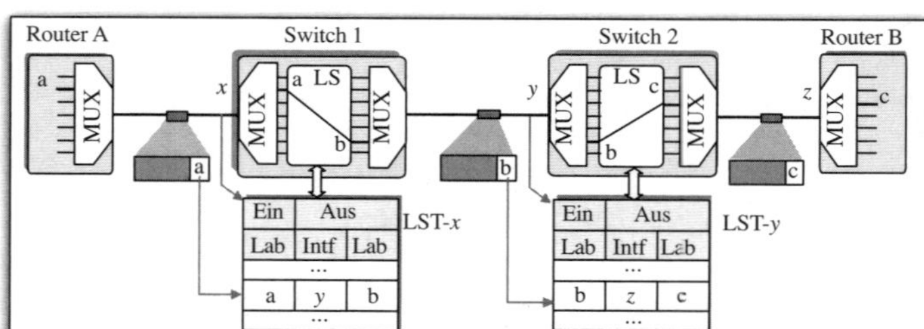


**Abb. 11.2-7:** Übermittlung von IP-Paketen über einen LSP (vgl. Abb. 10.3-6)
Ein-L: Eingangsleitung, Intf: Interface (Leitung), LS: Label Switching, LST-x: Label Switching Tabelle des Eingangs-Interface x

**Beispiel**: Abb. 11.2-7 veranschaulicht die Übermittlung der IP-Pakete über einen LSP vom Router A zu Router B. Jeder Eingangsleitung im Switch wird eine LST zugeordnet, in der die Ausgangsleitung und das abgehende Label für jedes angekommene Label angegeben wird. Die Aufgabe von Label Switching besteht in der 'Übergabe' eines empfangenen IP-Pakets vom Port an der Eingangsleitung zum Port an der Ausgangsleitung.

Lokale Bedeutung von Label

Dieses Beispiel soll einerseits zum Ausdruck bringen, dass ein Label im Allgemeinen nur lokale Bedeutung hat, d.h. nur mit einer physikalischen Leitung verbunden ist. Auch ist es möglich, dass das Label in allen auf dem LSP liegenden Switches nicht verändert wird. In einem solchen Fall wird den IP-Paketen auf allen Leitungen das gleiche Label vorangestellt. Andererseits soll hervorgehoben werden, dass die Übermittlung der IP-Pakete über einen bereits bestehenden LSP nur auf den vorangestellten Labeln basiert.

## 11.2.5 Logische Struktur der MPLS-Netze

Interpretation des LSP

Ein MPLS-Switching-Netz lässt sich als Geflecht logischer Kanäle verstehen. Wie Abb. 11.2-8 illustriert, stellt eine virtuelle Ende-zu-Ende-Verbindung im MPLS-Switching-Netz einen LSP dar, der eine geordnete Kette von logischen Kanälen innerhalb von physikalischen Leitungen bildet. Hierbei werden die logischen Kanäle über ihre Label identifiziert. Mit einer Leitung ist immer ein Label-Raum verbunden [Abb. 11.2-4]. Über einen LSP wird daher eine Klasse FEC (*Forwarding Equivalence Class*) von IP-Paketen übermittelt.

Beim MPLS werden über einen LSP die IP-Pakete nur in eine Richtung transportiert [Abb. 11.2-7]. Für eine virtuelle Vollduplexverbindung sind zwei entgegen gerichtete LSPs nötig.

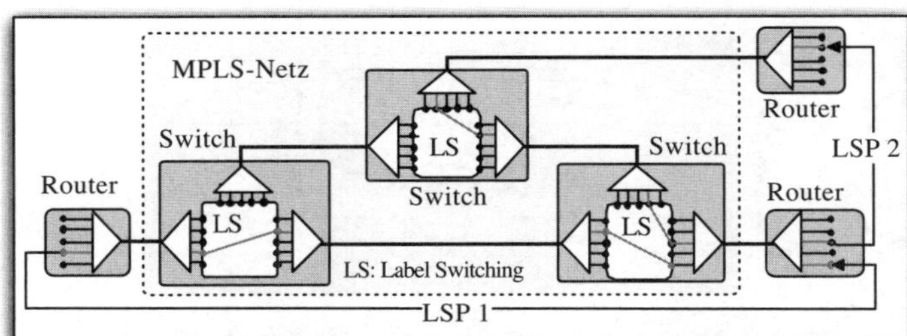


**Abb. 11.2-8:** Logische Struktur eines MPLS-Netzes

**Bemerkung**: Eine Vollduplex-TCP-Verbindung setzt sich aus zwei entgegengerichteten, unidirektionalen TCP-Teilverbindungen zusammen. Daher kann jede von ihnen auf der Basis eines LSP eingerichtet werden. Für eine Vollduplex-TCP-Verbindung sind daher zwei LSPs nötig.

Da die IP-Pakete auf einem LSP immer über die gleiche 'virtuelle Übertragungsstrecke' laufen, wird die Reihenfolge der übermittelten IP-Pakete im MPLS-Netz nicht verändert. Dies ist ein großer Vorteil im Vergleich zu den klassischen IP-Netzen, die verbindungslos sind [Abb. 11.1-1a].

### 11.2.6 Bildung der Klassen von IP-Paketen und MPLS-Einsatz

Im Quell-E-LSR [Abb. 11.2-4] werden die zu übertragenden IP-Pakete klassifiziert, einem Verkehrsstrom zugeordnet und als FEC (*Forwarding Equivalence Class*) interpretiert. Jede FEC wird wiederum über einen LSP im Netz übermittelt. Da FECs nach unterschiedlichen Kriterien gebildet werden können, ergibt sich dadurch ein breites Spektrum von MPLS-Einsatzmöglichkeiten. Beispielsweise kommen folgende Kriterien für die Zuordnung von IP-Paketen zu FECs im Quell-E-LSR in Frage:

Bildung von FECs

- *FEC = alle IP-Pakete zu einem Zielsubnetz*
  In diesem Fall wird ein LSP aufgebaut, um die IP-Pakete von einem IP-Subnetz zu einem anderen zu übermitteln Abb. 11.2-9]. Zwei entgegengerichtete LSPs entsprächen einer virtuellen Vollduplex-Standleitung zwischen den Subnetzen.
- *FEC = alle IP-Pakete zu einem Zielrechner*
  Hier wird ein LSP aufgebaut, um die IP-Pakete an einen Zielrechner zu übermitteln.
- FEC = alle IP-Pakete zwischen zwei Routern, über die zwei Standorte eines Unternehmens angeschlossen sind

Werden bei einer derartigen Zuordnung der IP-Pakete zur FEC zwei entgegen gerichtete LSPs über ein MPLS-Netz aufgebaut, so könnte man diese LSPs mit einer virtuellen Standleitung zwischen zwei Standorten eines Unternehmens vergleichen. Über diese virtuelle Standleitung kann ein virtuelles privates Netz auf IP-Basis aufgebaut werden.

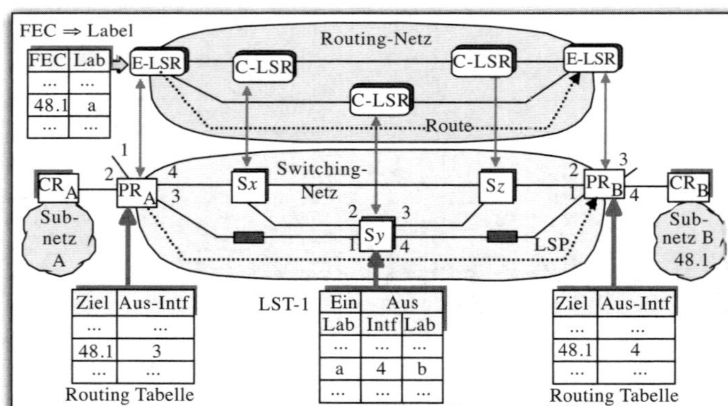


**Abb. 11.2-9:** Kopplung der IP-Subnetze über ein MPLS-Netz
Aus: Ausgang, CR: Customer Router, Ein: Eingang, Intf: Interface, Lab: Label, PR: Provider Router, S: Switch

#### Beispiel für einen MPLS-Einsatz

Abb. 11.2-9 illustriert den MPLS-Einsatz für die Kopplung von IP-Subnetzen. Hier wird nur die Übermittlung der IP-Pakete von Subnetz A zu Subnetz B veranschaulicht. In diesem Fall dient die Identifikation (ID) des Zielsubnetzes im Quell-E-LSR des Routers $PR_A$ als Kriterium für die Zuordnung der IP-Pakete zur FEC. Somit bilden hier alle IP-Pakete, die von Subnetz A zu Subnetz B mit der Subnetz-ID = 48.1 übermittelt werden, eine FEC. Dieser FEC (IP-Pakete mit der Zielsubnetz-ID = 48.1) wird das Label a im Quell-E-LSR zugewiesen.

Nach MPLS muss ein LSP vom $PR_A$ zum $PR_B$ eingerichtet werden. Um den optimalen Verlauf des LSP zu finden, bestimmt der Quell-E-LSR anhand eines Routing-Protokolls (z.B. OSPF) die Route über das MPLS-Routing-Netz zum Ziel-E-LSR. Die optimale Route führt nur über den C-LSR, der im Switch *Sy* des Switching-Netzes enthalten ist. Somit führt der LSP vom $PR_A$ zum $PR_B$ über den Switch *Sy*.

Der Router $PR_A$ realisiert normalerweise die Routing-Funktion. Nach der Routing-Tabelle werden die IP-Pakete mit der Ziel-Subnetz-ID = 48.1 im $PR_A$ zum Ausgangs-Interface 3 geleitet. Da diese IP-Pakete eine Klasse bilden, der das Label a zugeordnet wurde, werden sie an den Multiplexer-Port a des Ausgangs-Interface 3 übergeben. Beim Absenden zum Switch *Sy* wird diesen IP-Paketen das Label a vorangestellt.

Switch *Sy* empfängt die IP-Pakete mit Label a vom $PR_A$ auf dem Eingangs-Interface 1. Nach der LST dieses Interface im Switch *Sy* werden diese Pakete vom Eingangs-Interface 1 an das Ausgangs-Interface 4 übergeben. Zusätzlich wird den IP-Paketen das Label b vorangestellt, als ob diese IP-Pakete vor dem Interface 4 im Port mit der Identifikation b abgespeichert würden. Der Ziel-Router $PR_B$ empfängt die IP-Pakete mit Label b auf dem Interface 1. Er leitet diese IP-Pakete zum IP-Subnetz B (ohne Label) nach der Routing-Tabelle zum Ausgangs-Interface 4 weiter. Die Router mit E-LSR unterstützen daher das MPLS und realisieren das Routing.

## 11.2.7 MPLS und die Hierarchie von Netzen

Heutzutage wird versucht, die Netzhierarchien 'flach' zu halten, d.h. Technologiebrüche möglichst zu vermeiden, wie dies in der Vergangenheit beim Einsatz von ATM (*Asynchronous Transfer Mode*) häufig anzutreffen war.

Als Beispiel für eine zweistufige Hierarchie dient Abb. 11.2-10. Hier wird das optische WDM-Netz als Backbone eingesetzt, das mittels SDH beim Anbieter in logische Kanäle eingeteilt wird.

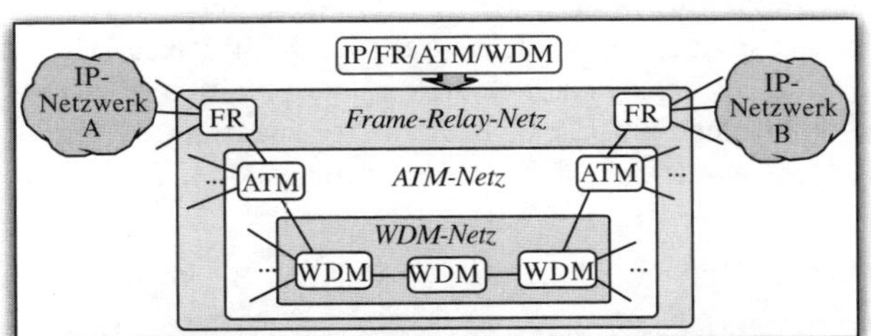


**Abb. 11.2-10:** Beispiel für eine hierarchische Netzstruktur IP/FR/WDM

Die Netztypen wie SDH- bzw. WDM-Netze können auch verschiedenen Netzanbietern gehören, sodass sie unterschiedliche administrative Domänen bilden. Falls in einer derartigen Netzstruktur MPLS unterstützt werden soll, ist es sinnvoll bzw. manchmal auch notwendig, den zu übertragenden IP-Paketen mehrere Label voranzustellen. Abb. 11.2-11 zeigt, wie ein Transportpfad als LSP über die in Abb. 11.2-10 dargestellte Hierarchie der Netze eingerichtet werden kann.

MPLS Tunneling

Falls IP-Pakete über ein solches hierarchisch strukturiertes Netz, das sich aus den unterschiedlichsten Netztypen zusammensetzt, übermittelt werden, dient das innere Netz

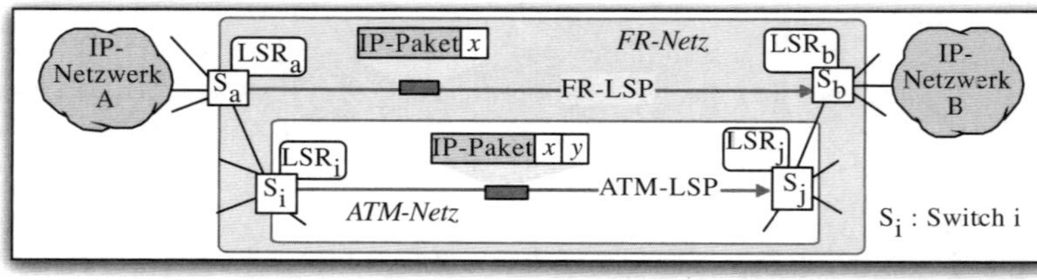


**Abb. 11.2-11:** IP über die hierarchische Netzstruktur FR mit MPLS

als reines Transitnetz. Für die Übermittlung von Daten über ein Transitnetz verwendet man das sog. *Encapsulation/Decapsulation-Verfahren*. Logisch gesehen wird hierbei ein Tunnel über ein Transitnetz aufgebaut. Man spricht daher auch von *Tunneling*.

Wird ein Label-Stack den zu übertragenden IP-Paketen vorangestellt, so handelt es sich um den Transport der IP-Pakete über ein Netz, das aus einem hierarchisch strukturierten Backbone besteht. Dies zeigt Abb. 11.2-12.

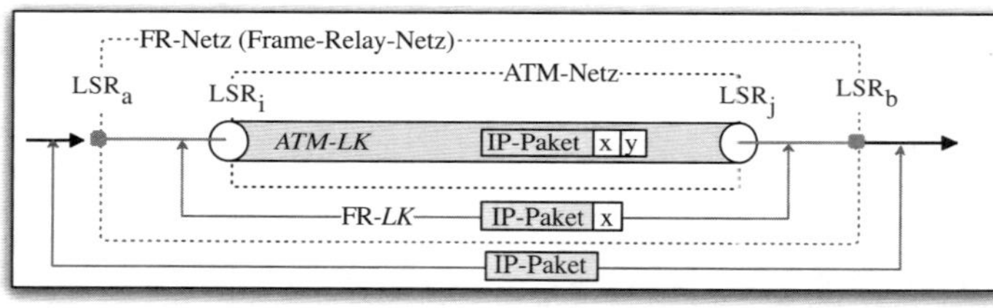


**Abb. 11.2-12:** Tunneling beim MPLS über die hierarchische Netzstruktur FR/ATM
LK: Logischer Kanal, LSR: Label Switching Router, x, y, z: Label

Tunneling-Prinzip

Wie hier zum Ausdruck kommt, verwendet man bei der Übermittlung der IP-Pakete nach MPLS über ein hierarchisch strukturiertes Transitnetz das *Tunneling-Prinzip*. Abb. 11.2-12 zeigt eine Situation, in der die IP-Pakete über ein FR-Netz transportiert werden. Dieses Netz stellt ein reines Transitnetz für die IP-Pakete dar. Aus MPLS-Sicht sind LSR$_a$ und LSR$_b$ als benachbarte Router zu interpretieren. Sie sind mit einem logischen Kanal verbunden und müssen sich auf einen gemeinsamen Label-Raum verständigen [Abb. 11.2-4]. Den über das FR-Netz zu übertragenden IP-Paketen wird das Label x vorangestellt.

Transitnetze

Die Übermittlung im FR-Netz erfolgt über einen ATM-Backbone (d.h. wiederum über ein Transitnetz), sodass LSR$_i$ und LSR$_j$ benachbarte Router sind. Sie sind mit einem logischen Kanal verbunden und müssen ebenfalls einen gemeinsamen Label-Raum vereinbaren. Den über das ATM-Netz zu übertragenden und bereits mit einem Label etikettierten IP-Paketen wird das zweite Label y vorangestellt.

Das hier dargestellte hierarchische Tunneling kann auch für den Aufbau von hierarchisch strukturierten *Virtual Private Networks* (VPN) verwendet werden [Abb. 11.2-16].

Label-Stack

Wird ein IP-Paket über mehrere Transitnetze nach MPLS übermittelt, werden ihm (logisch gesehen) mehrere Label vorangestellt; man spricht somit von einem *Label-Stack*. Wie Abb. 11.2-13a zeigt, besteht ein Label-Stack aus einer bestimmten Anzahl von Label-Einträgen (*Label Entries*). Logisch gesehen wird ein Label-Stack den IP-Paketen dann vorangestellt, wenn sie über eine hierarchische Struktur von Transitnetzen transportiert werden [Abb. 11.2-11].

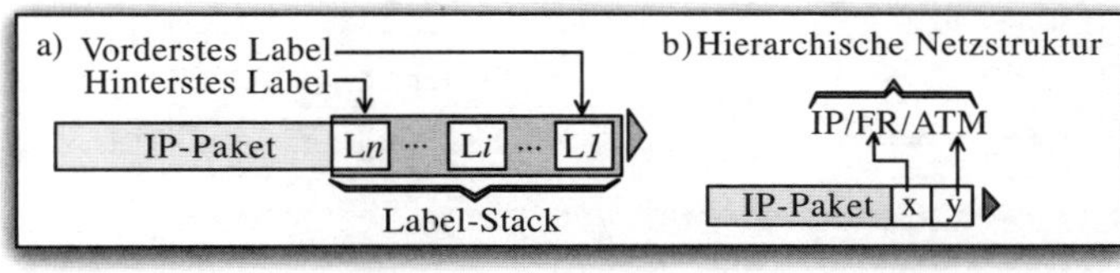


**Abb. 11.2-13:** Label-Stack: a) allgemeine Struktur, b) in der Netzstruktur FR/ATM
FR: Frame Relay, WDM: Wavelength Division Multiplexing

Es besteht ein Zusammenhang zwischen der Hierarchie der Netze und der Label-Stack-Struktur. Dies bringt Abb. 11.2-13b zum Ausdruck. Hier wurde die Netzstruktur aus Abb. 11.2-11 angenommen. Somit erfolgt die Weiterleitung des IP-Pakets innerhalb der untersten Netzhierarchie (d.h. im ATM-Netz) anhand des ersten Labels *y*. Dagegen erfolgt die Weiterleitung des IP-Pakets innerhalb der obersten Netzhierarchie (d.h. im FR-Netz) aufgrund des zweiten Labels *x*.

## 11.2.8 MPLS und verschiedene Übermittlungsnetze

MPLS kann für die Übermittlung von IP-Paketen über verschiedene Netze eingesetzt werden. Die MPLS-Standards sehen vor, dass folgende Netztypen für die MPLS-Unterstützung eingesetzt werden können[2]:

- Frame-Relay-Netze,
- ATM-Netze,
- herkömmliche LANs (Ethernet) [Abschnitt 12.1] und
- PPP-Verbindungen (Point-to-Point Protocol) [Abschnitt 12.2].

Arten von Labeln

Für die Realisierung von MPLS über unterschiedliche Netztypen wurden daher folgende Arten von Labeln eingeführt: *FR-Label* (Frame Relay), *ATM-Label* und *Generic-Label*.

Ein FR-Label repräsentiert einen DLCI-Wert (*Data-Link Connection Identifier* im FR-Header), d.h. die Identifikation eines logischen Kanals in FR-Netzen. Ähnlich repräsentiert ein ATM-Label einen VPI/VCI-Wert im ATM-Header. Für die MPLS-Realisierung in LAN-Verbundsystemen und über PPP-Verbindungen dienen *Generic Labels*. Für die Übermittlung von Generic Labels wurde der MPLS-Header eingeführt. Abb. 11.2-14 zeigt, wie die MPLS-Angaben in den einzelnen Netztypen transportiert werden.

Bei der Übertragung der IP-Pakete nach MPLS über FR-Netze wird der Label-Wert im DLCI-Feld des FR-Header angegeben. In diesem Fall gilt: `Label = DLCI`. Somit lassen sich die FR-Netze für die Übermittlung der IP-Pakete nach MPLS relativ einfach adaptieren. Bei der Übertragung der IP-Pakete nach MPLS über ATM-Netze wird der Label-Wert im *VPI/VCI*-Feld des ATM-Header angegeben. Auf diese Weise können ATM-Netze einfach erweitert werden, um MPLS zu unterstützen.

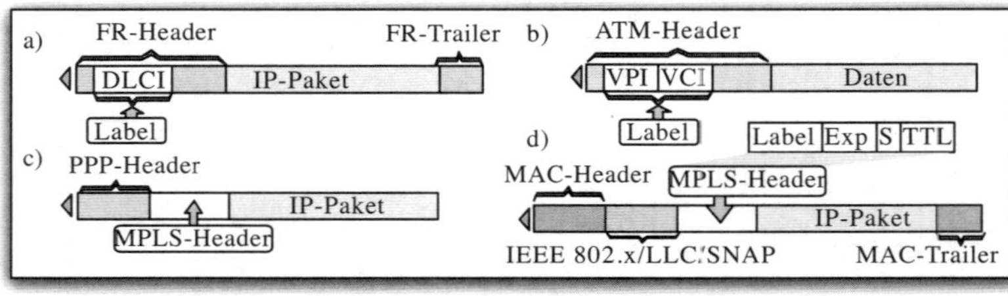


**Abb. 11.2-14:** Übermittlung der MPLS-Angaben über: a) FR-Netze, b) ATM-Netze, c) PPP-Verbindungen, d) herkömmliche LANs
DLCI: Data-Link Connection Identifier, LLC: Logical Link Control, SNAP: Subnetwork Access Protocol, VCI: Virtual Connection Identifier, VPI: Virtual Path Identifier

Shim-Header

Das Generic-Label beim MPLS über LANs bzw. über PPP-Verbindungen wird im MPLS-Header angegeben, den man auch als Shim-Header bezeichnet. Bei MPLS über PPP-Verbindungen wird der MPLS-Header nach dem PPP-Header und vor dem IP-Paket eingekapselt. In LANs nach IEEE 802.x wird der MPLS-Header nach dem LLC/SNAP-Header [Abb. 12.1-5] und vor dem IP-Paket transportiert; bei Ethernet V2 LANs wird das Label nach dem Feld *EtherType* eingefügt.

Der MPLS-Header ist 4 Byte lang und setzt sich aus folgenden Feldern zusammen:

- `Label`: In diesem Feld (20 Bit) wird der Label-Wert angegeben.
- `Exp` (*Experimental*): Die Nutzung dieses Feldes (3 Bit) ist zur Zeit noch offen. Bei einigen MPLS-Lösungen wird es für die Unterstützung von Quality of Service eingesetzt. In diesem Fall werden hier die *Class of Service*- bzw. *Priority*-Angaben gemacht.
- `S` (*Bottom of Stack*): In diesem 1-Bit-Feld markiert man, ob dieser Label-Eintrag der hinterste Eintrag im Stack ist.
- `TTL` (*Time To Live*): In diesem Feld (8 Bit) wird der `TTL`-Wert aus dem IP-Header eingetragen. Der TTL-Wert wird in jedem Switch unterwegs um `1` verringert.

## 11.2.9 Virtual Private Networks mit MPLS

Mit MPLS können virtuelle private Netze (*Virtual Private Network*, VPN) eingerichtet werden. In diesem Zusammenhang spricht man auch von *MPLS-VPN*. Wie Abb. 11.2-15 illustriert, handelt es sich hierbei oft um eine standortübergreifende Vernetzung der Unternehmensnetze.

MPLS-VPNs

**Beispiel**: Beim Aufbau eines VPN über ein IP-Netz werden den zu übertragenden IP-Paketen mehrere Label vorangestellt. Abb.11.2-16 illustriert das Prinzip der VPN-Bildung. Man verwendet hier das Label $x$ (d.h. das hintere Label) als VPN-Identifikation. Der Eingangs-E-LSR (sog. *Ingress* E-LSR) im Edge-Router PR beim Netz-Provider klassifiziert die zu übermittelnden IP-Pakete. In diesem Fall wird allen IP-Paketen vom Router $PR_A$ eine Klasse FEC zugeordnet. Da das ganze IP-Netz nun als Transitnetz dient, wird ein Tunnel zum Ausgangs-E-LSR (sog. *Egress* E-LSR) aufgebaut. Somit fungieren Eingangs- und Ausgangs-E-LSR als benachbarte Router. So gesehen besteht zwischen den Routern ein logischer Kanal, für den sie sich auf einen Label-Raum verständigen müssen. Das

[2] Der Aufbau von Frame-Relay- und ATM-Netzen ist in der zweiten Auflage dieses Buches genauer beschrieben, vgl. auch [Bad97].

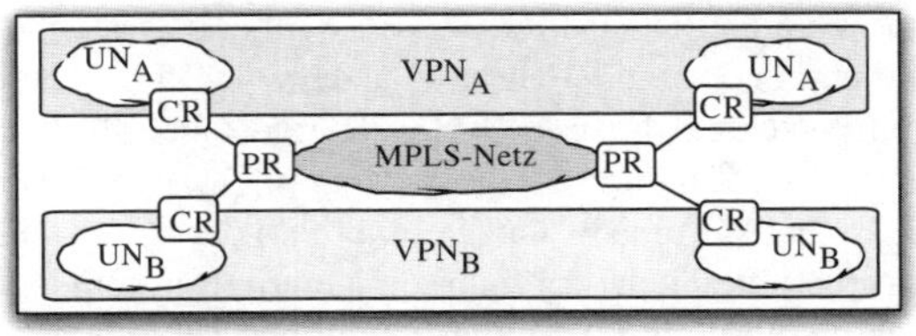


**Abb. 11.2-15:** VPN als eine standortübergreifende Vernetzung
CR: Customer Router, PR: Provider Router, UN: Unternehmensnetz

Label $x$, das den IP-Paketen von Router $PR_A$ vorangestellt wird, gehört u.a. zu diesem Raum.

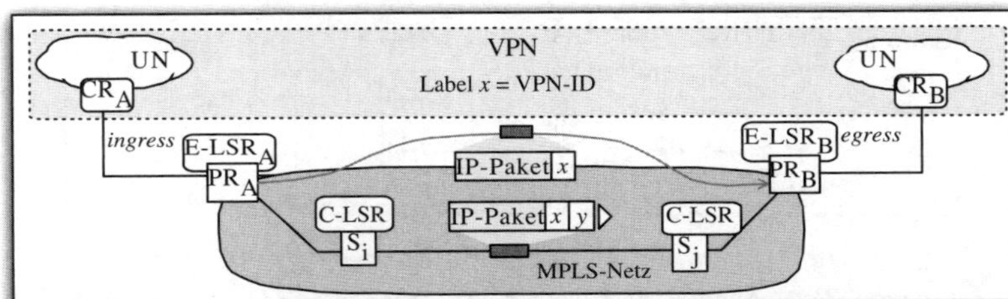


**Abb. 11.2-16:** Prinzip der Realisierung eines VPN auf Basis eines MPLS-Netzes
CR: Customer Router, PR: Provider Router, UN: Unternehmensnetz

Zur Übermittlung der zum VPN gehörenden (d.h. bereits mit dem Label $x$ etikettierten) IP-Pakete über das MPLS-Netz wird den Paketen im Eingangs-E-LSR das zweite Label $y$ vorangestellt. Die Übermittlung der IP-Pakete erfolgt nun anhand des vorderen Labels $y$.

Im Ausgangs-E-LSR wird das vordere Label $y$ vom IP-Paket 'abgeschnitten'. Nach dem hinteren Label $x$ werden die IP-Pakete im Ausgangs-E-LSR zum richtigen Unternehmensnetz (d.h. zum $CR_B$) weitergeleitet.

# 11.3 Konzept von GMPLS

IP über SDH und WDM mit GMPLS

MPLS ermöglicht die Konvergenz von Ethernet mit Frame-Relay- und mit ATM-Netzen auf eine elegante Art und Weise. Ein Verbund dieser Netzarten kann daher ein MPLS-Netz darstellen, in dem die IP-Kommunikation verbindungsorientiert ist und die Übermittlung von IP-Paketen im 'Gänsemarsch' verläuft [Abb. 11.1-1b]. In MPLS-Netzen müssen auch zusätzliche Konzepte und Verfahren als Erweiterungen zum MPLS implementiert werden, die eine individuell unterschiedliche Behandlung einzelner Verkehrsströme und effektive Ausnutzung von Netzressourcen ermöglichen. Wie bereits in Abschnitt 11.1.2 gezeigt wurde, nennt man diese Erweiterungen MPLS-TE (*Traffic Engineering*). Eine Verallgemeinerung von MPLS und MPLS-TE, sodass man die IP-Pakete nach dem MPLS-Prinzip auch in SDH-Netzen [Wil99] sowie in optischen Transportnetzen auf Basis der WDM-Technik [KW02] übermitteln kann, wird als *Generalized MPLS* (GMPLS) bezeichnet. GMPLS wurde von der IETF entwickelt und bereits in mehreren RFCs spezifiziert [RFC 3945].

Control Plane bei GMPLS

GMPLS ist zwar eine Verallgemeinerung von MPLS, aber es besteht ein gravierender Unterschied zwischen ihnen in der Signalisierung. Jedem GMPLS-Netz auf Basis der SDH- bzw. WDM-Transportnetze liegt die in Abb.11.1-3 dargestellte Multiplane-Architektur zugrunde. Das Prinzip von Routing und Signalisierung in GMPLS-Netzen soll Abb. 11.3-1 näher erläutern. Die Signalisierungsinstanzen innerhalb der Control Plane, die zu jeweils zwei benachbarten Netzknoten gehören, müssen dauerhaft miteinander vernetzt werden. Mithilfe eines Protokolls wird ein Label zwischen ihnen vereinbart.

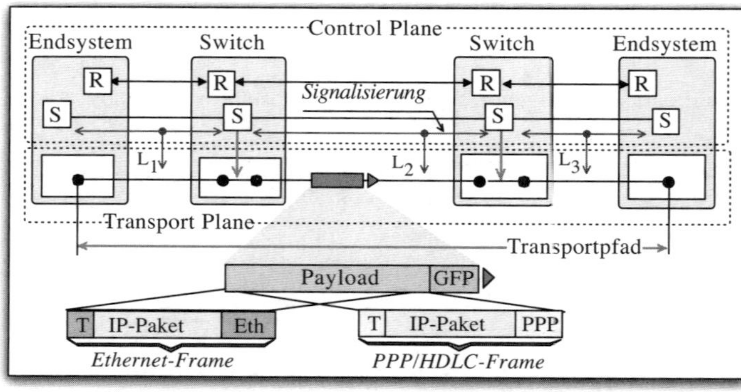


**Abb. 11.3-1:** Signalisierung in GMPLS-Netzen auf Basis der SDH- bzw. WDM-Netze
Eth: Ethernet, PPP: Point-to-Point Protocol, HDLC: High-Level Data-Link Control; L: SDH- bzw. WDM-Link, R: Routing-Instanz, S: Signalisierungsinstanz

Label-Bedeutung beim GMPLS

Wie Abb. 11.3-4 und Abb. 11.3-5 zeigen, dient ein Label als Identifikation eines Zeitschlitzes auf einem SDH-Link bzw. einer Wellenlänge auf einem WDM-Link. Daher müssen die Signalisierungsinstanzen in benachbarten Switches vereinbaren,

- welcher Zeitschlitz auf dem SDH-Link bzw.
- welche Wellenlänge auf dem WDM-Link

zwischen ihnen für die Übermittlung von IP-Paketen verwendet werden soll. Wie in Abb. 11.3-4 und Abb. 11.3-5 auch gezeigt wird, kann ein Label als Nummer des Ports in den jeweils mit einem Link verbundenen Multiplexern interpretiert werden.

Bedeutung von GFC

Für die Übermittlung der IP-Pakete über SDH und optische Netze mit der WDM-Technik wurde von der ITU-T ein Framing-Protokoll, das sog. GFP (*Generic Framing Procedure*), entwickelt. GFP ist auch bei GMPLS von großer Bedeutung. Wie Abb. 11.3-1 illustriert, werden IP-Pakete über SDH- bzw. über WDM-Links entweder in Ethernet-Frames oder in PPP/HDLC-Frames eingekapselt und als Payload (Nutzlast) in GFP-Frames transportiert. Hier ist hervorzuheben, dass in GFP-Frames, die über ein SDH- bzw. über ein SDH-Link übermittelt werden, keine Label-Angaben enthalten sind.

## 11.3.1 Vom MPLS über MP$\lambda$S zum GMPLS

Vom MPLS zum MP$\lambda$S

Um die IP-Kommunikation in optischen WDM-Netzen zu unterstützen, wurde zunächst vorgeschlagen, MPLS mit einer kleinen Modifikation zu übernehmen. Hierbei wurden die Label zur Identifikation von Wellenlängen also von Lambdas ($\lambda$) verwendet. Damit ist MP$\lambda$S entstanden. Beim MP$\lambda$S stellt das Label de facto die Identifikation einer Lichtwelle dar, d.h. Label = $\lambda$ (Wellenlänge). Dies bringt Abb. 11.3-2 zum Ausdruck. Ein WDM-

Netzknoten – im Vergleich zu einem MPLS-Netzknoten – arbeitet anstelle von Labeln mit Wellenlängen, also mit Lambdas [Abb. 11.3-3].

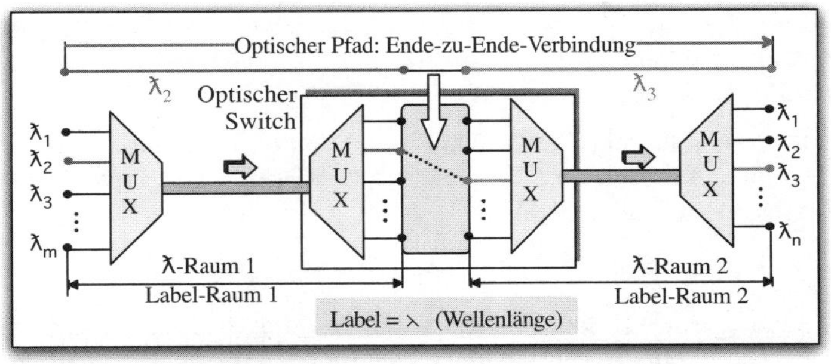


**Abb. 11.3-2:** Ende-zu-Ende-Verbindung als optischer Pfad nach MP$\lambda$S

Vom MP$\lambda$S zum GMPLS

Weiterhin wurde aber nach einem Konzept gesucht, um die IP-Kommunikation auf die gleiche Art und Weise in SDH-Netzen zu unterstützen. Aus diesen Überlegungen und aus MP$\lambda$S ist GMPLS entstanden. GMPLS stellt eine Verallgemeinerung von MPLS dar. Bei GMPLS – wie auch bei MPLS – wird ein physikalisches Switching-Netz als Transportnetz um eine Control Plane als logisches Routing- und Signalisierungsnetz ergänzt. Dies führt zu einer Multiplane-Architektur, die bereits in Abb. 11.1-3 gezeigt wurde.

Im Gegensatz zum MPLS handelt es sich beim GMPLS aber um ein Switching-Netz, das auf Basis eines SDH-Netzes, eines optischen WDM-Netzes bzw. eines Verbunds dieser beiden Netzarten aufgebaut wird.

## 11.3.2 Struktur optischer Switches bei GMPLS

Die allgemeine Struktur eines Switches in WDM-Netzen, die beim GMPLS angenommen wird, zeigt Abb. 11.3-3. Über eine Glasfaser (Fiber) werden mehrere optische Datensignale mit verschiedenen Wellenlängen (Lambdas) parallel übermittelt. Eine Wellenlänge kann aus Sicht der Switching-Funktion als *Port* angesehen werden. Mehrere Glasfasern werden in der Regel in einem LWL-Kabel untergebracht, sodass man von *Fiber Bundle* spricht.

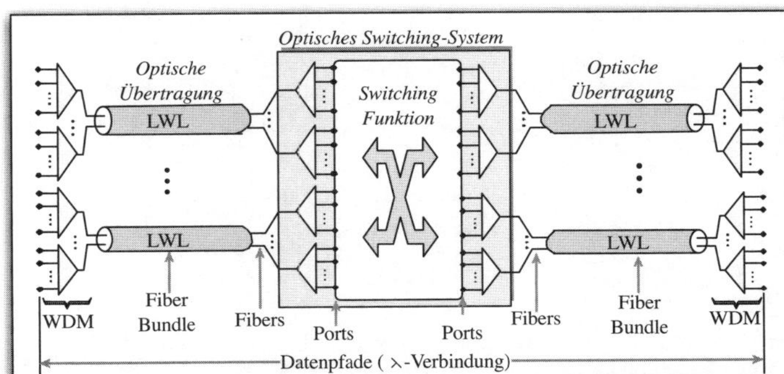


**Abb. 11.3-3:** Allgemeine Struktur eines optischen Switches beim GMPLS

Ein Port stellt das Ende bzw. den Beginn eines logischen Kanals dar, der mithilfe einer Wellenlänge realisiert wird. Ein Port, der als Beginn eines logischen Kanals dient, kann als *Eingangsport* bezeichnet werden. Dementsprechend ist ein Port, der das Ende eines logischen Kanals bildet, als *Ausgangsport* zu bezeichnen. Jeder Port repräsentiert eine Wellenlänge, also ein Lambda ($\lambda$). Es ist hierbei hervorzuheben, dass die Identifikation von $\lambda$ beim GMPLS ein Label darstellt.

Switching als Abbildung

Anschaulich gesehen besteht die Switching-Funktion darin, einen Ausgangsport einer Glasfaser mit einem Eingangsport einer anderen Glasfaser zu verknüpfen. Mit Switching wird daher folgende Abbildung realisiert:

*Eingang*: Fiber$_i$, $\lambda_x \Rightarrow$ *Ausgang*: Fiber$_j$, $\lambda_y$

Arten von Switches

Die Realisierung dieser Abbildung ist davon abhängig, ob es sich um einen OEO-Switch (*Optical-Electrical-Optical*) oder um einen OOO-Switch (*Optical-Optical-Optical*) handelt. In OEO-Switches werden die empfangenen optischen Signale (O) zuerst in elektrische Signale (E) umgesetzt und danach in der elektrischen Form weitergeleitet (vermittelt). Nach ihrer Vermittlung werden sie wiederum für die Übertragung in optische Signale umgewandelt. In OOO-Switches werden die empfangenen optischen Signale nicht in elektrische Signale umgewandelt, sondern in ihrer optischen Form vermittelt. OOO-Switches werden als *photonische Switches* bezeichnet. Für das Switching in OOO-Switches verwendet man sehr komplexe Mikrospiegelsysteme [KW02].

Ein Datenpfad als *$\lambda$-Verbindung* über einen optischen Switch kann im Allgemeinen dargestellt werden als folgendes Paar:

$\lambda$-Verbindung = [(Fiber$_i$, $\lambda_x$), (Fiber$_j$, $\lambda_y$)]

## 11.3.3 Interpretation der Label

Label beim WDM

Abb. 11.3-4 illustriert eine WDM-Übertragungsstrecke. Hier dienen die einzelnen Wellenlängen als Datenträger und werden den einzelnen Ports in den Multiplexern zugeordnet. Um GMPLS zu realisieren, werden die Ports in den Multiplexern und damit auch die einzelnen Wellenlängen $\lambda_1$, ..., $\lambda_n$ über ihre Label identifiziert.

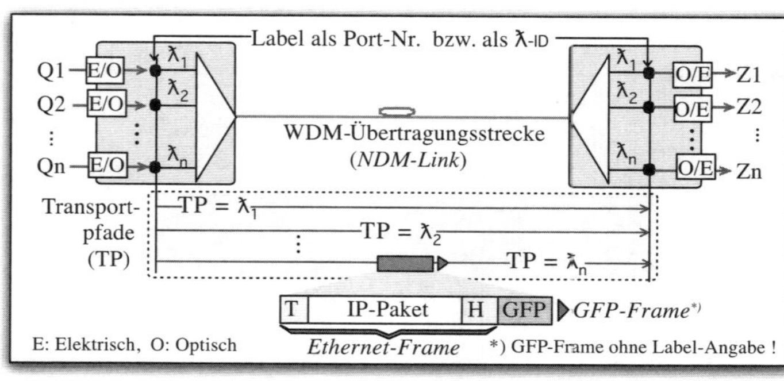


**Abb. 11.3-4:** Interpretation der Label auf einer WDM-Übertragungsstrecke
Q: Quelle, Z: Ziel

LSP

Eine Wellenlänge kann für einen LSP (*Label Switched Path*) dauerhaft bzw. für eine bestimmte Dauer reserviert werden. Über eine WDM-Übertragungsstrecke können mehrere LSPs eingerichtet werden. Über einen LSP können die IP-Pakete als Payload in GFP-Frames transportiert werden.

SDH (*Synchronous Digital Hierarchy*) stellt ein Zeitmultiplexverfahren dar, mit dem es möglich ist, flexible Übertragungssysteme auf Basis von optischen Leitungen zu realisieren, um hohe Übertragungsraten zur Verfügung zu stellen. Eine SDH-Übertragungsstrecke kann als Multiplexstrecke logisch dargestellt werden. Dies bringt Abb. 11.3-5 zum Ausdruck.

Label bei SDH

Da die Zeitschlitze im Zeitrahmen mit den zu übertragenden Datenströmen, die an einzelnen Ports im Multiplexer eintreffen, belegt werden, kann ein Zeitschlitz einem Port im Multiplexer zugeordnet werden. Um GMPLS zu realisieren, werden die Ports in Multiplexern und damit auch die einzelnen Zeitschlitze $\tau_1$, $\tau_2$, ..., $\tau_3$ in den synchronen Zeitrahmen über ihre Label identifiziert.

Ein Zeitschlitz mit einer bestimmten Länge kann für einen LSP dauerhaft bzw. für eine bestimmte Zeitspanne reserviert werden. Über eine SDH-Übertragungsstrecke können mehrere LSPs verlaufen. Über einen LSP können die IP-Pakete als Payload in GFP-Frames transportiert werden.

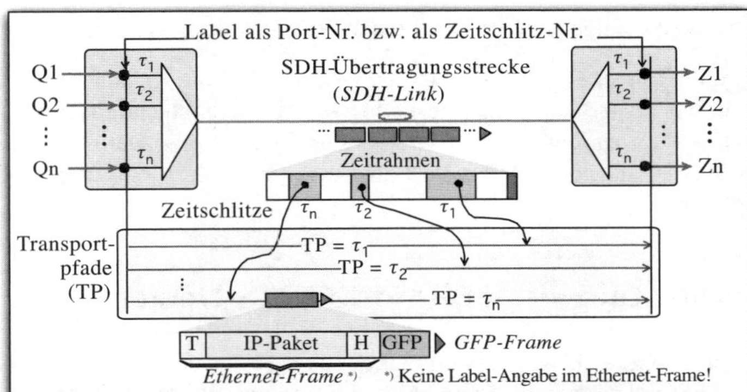


**Abb. 11.3-5:** Interpretation der Label auf einer SDH-Übertragungsstrecke
Q: Quelle, Z: Ziel

## 11.3.4 Interpretation des Transportpfads

Abb. 11.3-6 illustriert die Interpretation des Transportpfads, d.h. des LSP (*Label Switched Path*), im GMPLS-Netz auf Basis der SDH- und WDM-Transportnetze. Hier verläuft der LSP über die Links $L_1$, $L_2$, ..., $L_6$. Wie bereits in Abb. 11.3-4 und Abb. 11.3-5 gezeigt wurde, stellt ein Link sowohl in einem SDH-Netz als auch in einem optischen WDM-Netz eine Multiplexstrecke dar, die eine Anzahl von logischen Kanälen zur Verfügung stellt.

Zeitschlitz als logischer Kanal bei der SDH

Jede Übertragungsstrecke bei der SDH stellt ein Zeitmultiplexsystem dar, das eine Anzahl von Zeitschlitzen (*time slots*) für die Übertragung zur Verfügung stellt. Daher kann ein Zeitschlitz auf jeder Multiplexstrecke im SDH-Netz als logischer Kanal angesehen werden. Der logische Kanal $x$ kann als Verknüpfung von Ports mit der Nummer $x$ in den

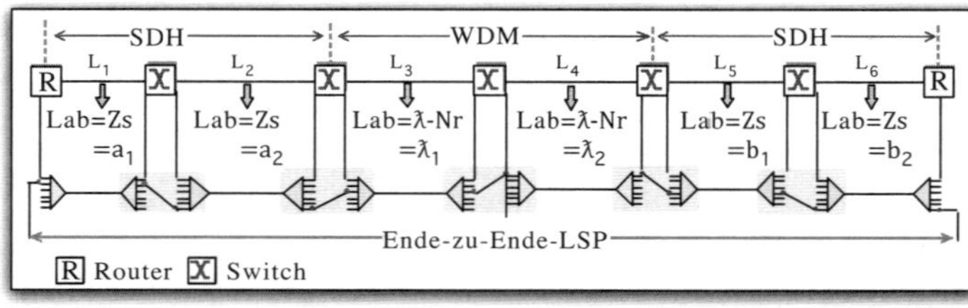


**Abb. 11.3-6:** Interpretation des Transportpfads (LSP) im GMPLS-Netz
$L_i$: Link i (Übermittlungsstrecke i), Lab: Label, Zs: Zeitschlitz (time slot)

beiden über den Link verbundenen Multiplexern angesehen werden: *Die Nummer des Zeitschlitzes und damit auch des logischen Kanals kann als Label angegeben werden.*

Der LSP verläuft über eine Reihe von Multiplexstrecken, sodass er eine geordnete Kette von logischen Kanälen auf den einzelnen Multiplexstrecken darstellt. Ein logischer Kanal wird gebildet:

- durch einen Zeitschlitz auf einer SDH-Multiplexstrecke bzw.
- durch eine Wellenlänge (Lambda) auf einer WDM-Multiplexstrecke.

λ als logischer Kanal bei WDM

Jede Übertragungsstrecke im optischen WDM-Netz stellt eine Anzahl von Wellenlängen (d.h. von Lambdas) zur Verfügung, die als logische Kanäle interpretiert werden können: *Die Nummer der Wellenlänge (von λ) wird als Label angegeben.* Der LSP in Abb. 11.3-6 kann daher als die geordnete Reihe der Label $a_1$, $a_2$, $\lambda_1$, $\lambda_2$, $b_1$, $b_2$ in einzelnen Links spezifiziert werden.

## 11.3.5 Bedeutung des LMP in GMPLS-Netzen

Wo wird das LMP eingesetzt?

Wie bereits in Abschnitt 11.1.3 erwähnt wurde, ist das Management von Netzressourcen eine der Aufgaben der Control Plane [Abb. 11.1-3]. In WDM-Netzen handelt es sich hierbei um die Erfassung von zur Verfügung stehenden Wellenlängen auf den WDM-Übertragungsstrecken. Da man in der englischen Literatur eine Übertragungsstrecke als Link bezeichnet, wird eine WDM-Übertragungsstrecke kurz *WDM-Link* genannt. In diesem Zusammenhang wird auch vom Management von *WDM-Links* gesprochen. Um diese Funktion zu unterstützen, steht das Protokoll LMP (*Link Management Protocol*) zur Verfügung [RFC 4204, 4209]. Abb. 11.3-7 illustriert den Einsatz des LMP in WDM-Netzen. Das LMP wird zwischen den benachbarten Knoten in optischen Netzen, die man *Cross-Connect-Systeme* (kurz OXCs) nennt, verwendet. Das LMP wird in GMPLS-Netzen eingesetzt an der Schnittstelle:

- NNI (*Node-Node Interface*) zwischen benachbarten OXCs, die als Netzknoten in GMPLS-Netzen fungieren,
- UNI (*User Network Interface*) zwischen einem Endsystem und einem OXC als Zugangsnetzknoten.

Notwendigkeit des LMP

Da oft über 100 Wellenlängen in einer Faser als Datenträger genutzt werden und ca. 100 Fasern in einem LWL-Kabel enthalten sein können, wird ein Protokoll zwischen den benachbarten OXCs benötigt, mit dessen Hilfe sie sich u.a. gegenseitig über verfügbare Wellenlängen (λs) in den einzelnen optischen Fasern informieren können [Abb. 11.3-8].

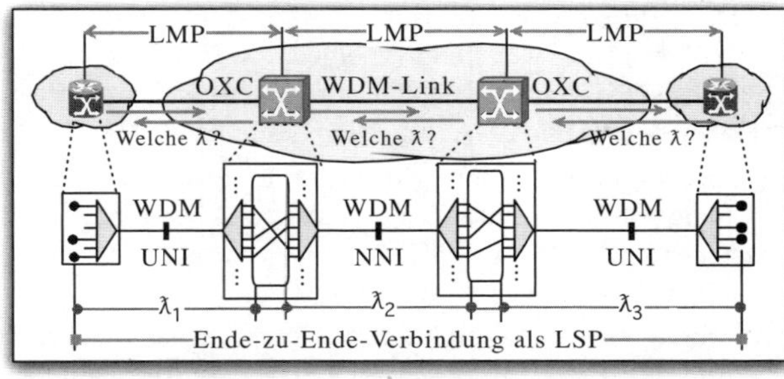


**Abb. 11.3-7:** Illustration der Notwendigkeit des LMP in WDM-Netzen

Mithilfe des LMP können sich benachbarte OXCs u.a. mitteilen, welche Wellenlänge auf einer WDM-Übertragungsstrecke zwischen ihnen verwendet wird und wie die einzelnen Wellenlängen in beiden OXCs identifiziert werden. Zudem kann man mit dem LMP auch Data-Links testen, bestimmte fehlerhafte Situationen in den optischen IP-Netzen entdecken und sie auch lokalisieren.

Funktionen des LMP

Sind OXCs in einem GMPLS-Netz vom Typ OOO, d.h. verlaufen über diese OXCs nur optische Signale, kann *keine* Steuerung über optische Links zwischen OXCs übermittelt werden. Wie Abb. 11.3-8 zeigt, ist ein *externes IP-Netz* notwendig, über das ein Steuerkanal bzw. mehrere Steuerkanäle aufgebaut werden können, um die Steuerung zwischen OXCs zu übermitteln.

Besonderheiten des LMP

Da ein Steuerkanal außerhalb von optischen Fasern verläuft, handelt es sich um einen externen bidirektionalen Kanal (d.h. Out-of-Fiber). Daher spricht man auch vom *Out-of-Fiber-Steuerkanal*. Über einen externen Steuerkanal kann eine Vielzahl von Data-Links zwischen benachbarten OXCs mit LMP-Hilfe angesteuert und verwaltet werden. Bei Bedarf können mehrere Out-of-Fiber-Steuerkanäle zwischen zwei OXCs eingerichtet werden.

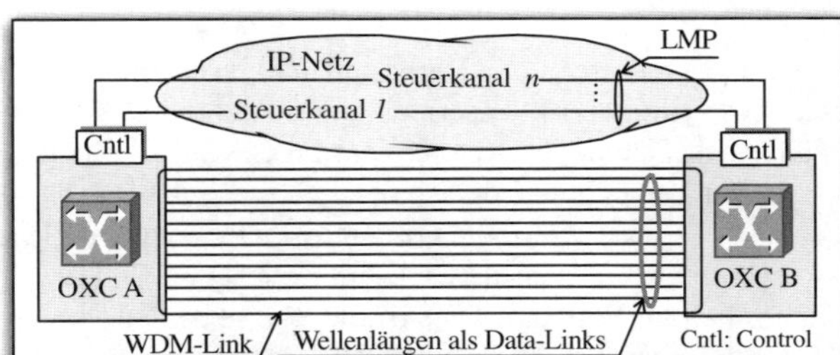


**Abb. 11.3-8:** LMP und Out-of-Fiber-Steuerkanäle

Die LMP-Aufgaben beinhalten unter anderem:

LMP-Funktionen in optischen IP-Netzen

- *Control Channel Management* (Management des Steuerkanals): Für die Übermittlung von LMP-Nachrichten zwischen OXCs muss ein Steuerkanal aufgebaut werden. Das LMP stellt die Nachrichten für den Auf- und Abbau eines Steuerkanals zur Verfügung.
- *Authentication* (Authentisierung): Beim Aufbau eines Steuerkanals können sich die beteiligten OXCs – bei Bedarf – gegenseitig authentisieren.

- *Link Connectivity Verification* (Überprüfen der Konnektivität): Mit dieser Funktion ist es möglich zu überprüfen, welche Ports eines OXC mit welchen Ports eines anderen OXC verbunden sind. Damit lässt sich feststellen, welche Data-Links zwischen benachbarten OXCs es gibt und ob sie funktionsfähig sind [Abb. 11.3-9a].
- *Link Property Correlation* (Zuordnung der Link-Eigenschaft): Mit dieser Funktion kann eine Zuordnung von Data-Links zu TE-Links zwischen jeweils zwei benachbarten OXCs vereinbart werden [Abb. 11.3-9b].
- *Fault Management* (Fehlerhandhabung): Das LMP stellt einige Mechanismen zur Verfügung, um bestimmte fehlerhafte Situationen (Defekte) zu entdecken und lokalisieren.

Die LMP-Funktionen *Link Connectivity Verification* und *Link Property Correlation* möchten wir jetzt näher darstellen. Abb. 11.3-9a soll die LMP-Funktion *Link Connectivity Verification* näher zum Ausdruck bringen.

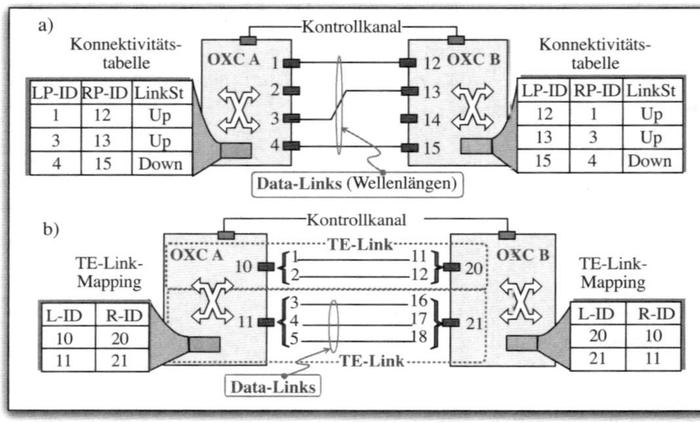


**Abb. 11.3-9:** LMP-Funktionen: a) Link Connectivity Verification, b) Link Property Correlation
ID: Identification, LinkSt: Link-Status, L/R-ID: Local/Remote ID, LP-ID: Local Port ID, RP-ID: Remote Port ID

Link Connectivity Verification

Zu einem OXC werden mehrere LWL-Kabel mit mehreren optischen Fasern geführt. Ein LWL-Kabel kann sogar über 100 Fasern enthalten und in jeder Faser können ebenso über 100 Wellenlängen als Datenträger verwendet werden. Eine Wellenlänge stellt hierbei einen sog. *Data-Link* zur Verfügung. Logisch gesehen verbindet ein Data-Link zwei Ports in den benachbarten OXCs. Die derartigen Ports müssen in jedem OXC verwaltet werden. Somit müssen sie entsprechend identifiziert (nummeriert) werden und hierfür benötigt jeder Port eine Identifikation (Port-ID). Die Art und Weise der Bezeichnung von Ports in verschiedenen OXCs kann aber durchaus unterschiedlich sein. Die benachbarten OXCs müssen sich daher gemeinsam verständigen, welcher Port in jedem OXC mit welchem Port bei seinem benachbarten OXC verbunden ist. Dies bezeichnet man als *Überprüfung der Konnektivität* (*Link Connectivity Verification*) zwischen benachbarten OXCs.

Als Ergebnis der Durchführung von Link Connectivity Verification entsteht eine sog. *Konnektivitätstabelle* in jedem von beiden benachbarten OXCs. Wie in Abb. 11.3-9a ersichtlich ist, enthält die Konnektivitätstabelle von OXC A die Angaben, welcher Port beim OXC A mit welchem Port beim OXC B verbinden ist, d.h. welche Data-Links zwischen OXC A und OXC B es gibt, und welche von ihnen intakt (Up) sind und welche nicht (Down).

Abb. 11.3-9b zeigt die Bedeutung der LMP-Funktion *Link Property Correlation*. Über optische IP-Netze werden die sog. *TE-Verbindungen*, die bestimmte QoS-Anforderungen erfüllen, zur Verfügung gestellt. Eine TE-Verbindung stellt eine Kette von *TE-Links* zwischen zwei OXCs dar und ein TE-Link kann sich aus mehreren Data-Links (als Wellenlängen) zusammensetzen. Die benachbarten OXCs müssen daher in der Lage sein, sich gegenseitig zu verständigen, welche Data-Links zu den einzelnen TE-Links zugeordnet werden müssen. Hierfür stellt LMP die Funktion *Link Property Correlation* zur Verfügung. Bei der Durchführung dieser Funktion baut jeder der beiden OXCs für sich eine Tabelle auf, in der enthalten ist, welcher lokale TE-Port (Interface) mit welchen Remote-TE-Ports bei den benachbarten OXCs verbunden ist. Die beiden OXCs müssen auch entsprechende Eintragungen pflegen, in denen angegeben wird, welche Data-Links zu welchen TE-Links gehören.

Link Property Correlation

# 11.4 Traffic Engineering in (G)MPLS-Netzen

Sowohl in MPLS-Netzen als auch in GMPLS-Netzen müssen zusätzliche Konzepte und Verfahren implementiert werden, die eine individuell unterschiedliche Behandlung einzelner Verkehrsströme und die effektive Ausnutzung von Netzressourcen ermöglichen. Diese Erweiterungen werden als *Traffic Engineering* (TE) bezeichnet. Das TE definiert die Funktionen und die Verfahren, die notwendig sind, um den Datenverkehr hinsichtlich Lastverteilung, Quality of Service und Zuverlässigkeit optimal zu gestalten. Es kann auch als zusätzlicher Dienst in (G)MPLS-Netzen angesehen werden. In diesem Zusammenhang spricht man auch von *MPLS TE* bzw. *GMPLS TE*.

Notwendigkeit von Traffic Engineering

## 11.4.1 Traffic Trunks und LSPs

Um den Verlauf der Verkehrsströme in MPLS-Netzen effektiv zu gestalten und zu regeln, wurden bei MPLS-TE die Begriffe *Traffic Flow* und *Traffic Trunk* eingeführt. Die Bedeutung dieser Begriffe illustriert Abb. 11.4-1.

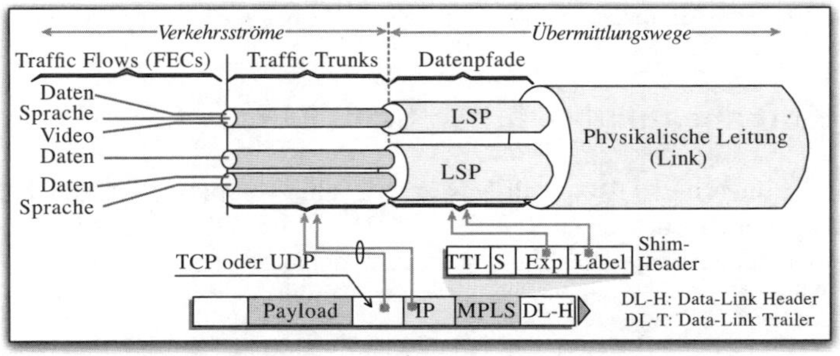


**Abb. 11.4-1:** Strukturierung der Verkehrsströme nach MPLS-TE
FEC: Forwarding Equivalence Class, LSP: Label Switched Path, TTL: Time To Live

Beim MPLS werden die zu übertragenden IP-Pakete zuerst entsprechend klassifiziert. Eine Klasse von IP-Paketen wird als FEC (*Forwarding Equivalence Class*) bezeichnet und kann nach verschiedenen Angaben im IP- bzw. TCP/UDP-Header (z.B. nach der IP-Quell- und IP-Zieladresse bzw. nach der IP-Zieladresse und der Zielportnummer) gebildet

Traffic Flow

werden. Eine Klasse von IP-Paketen bildet einen *Traffic Flow*. Es ist hervorzuheben, dass es sich beim Traffic Flow beim MPLS um einen *unidirektionalen Verkehrsstrom* handelt.

Mehrere FECs über einen LSP

Mehrere Traffic Flows können zu einem Traffic Trunk aggregiert werden. Da Traffic Flows unidirektionale Verkehrsströme sind, stellt jeder Traffic Trunk ebenfalls einen aggregierten unidirektionalen Verkehrsstrom dar. Eine Ende-zu-Ende-Verbindung über das MPLS-Transportnetz stellt einen LSP dar. Über eine physikalische Leitung werden in der Regel mehrere LSPs geführt. Über einen LSP können somit die IP-Pakete aus mehreren Traffic Trunks und damit auch von mehreren FECs transportiert werden.

Wie Abb. 11.4-1 zeigt, kann ein Label als Identifikation eines LSP angesehen werden. Das Label wird im MPLS-Header angegeben und dem IP-Paket 'vorangestellt'. Dies bedeutet, dass das gleiche Label allen IP-Paketen vorangestellt wird, die über einen LSP transportiert werden. Das Label hat nur lokale Bedeutung, d.h. innerhalb eines Link [Abb. 11.2-7]. Dem gleichen LSP kann auf einem anderen Link ein anderes Label zugeordnet werden.

CoS-Angabe im Feld Exp

Um die Traffic Trunks innerhalb eines LSP zu unterscheiden, wird das Feld Exp im MPLS-Header benutzt. Jeder Traffic Trunk stellt in der Regel den gesamten Datenverkehr eines Kunden dar und wird nach den von vornherein festgelegten Regeln im Transportnetz eines Netzanbieters behandelt. Damit wird jeder Traffic Trunk einer bestimmten Dienstklasse (*Class of Service*, CoS) zugeordnet. Das Feld Exp im MPLS-Header war ursprünglich für experimentelle Zwecke vorgesehen. Im Laufe der Zeit hat sich aber herausgestellt, dass es sinnvoll ist, dieses Feld für die CoS-Angabe, also de facto für die Identifikation von *Traffic Trunks*, zu verwenden.

Bidirektionale Traffic Trunks

Beim MPLS werden Traffic Flows und Traffic Trunks als unidirektional betrachtet. Daher werden LSPs für die Übermittlung dieser Verkehrsströme auch als unidirektionale Ende-zu-Ende-Verbindungen eingerichtet. Sollte es sich aber um einen bidirektionalen Verkehrsstrom handeln, kann man ihn als eine Zusammensetzung aus zwei unidirektionalen Verkehrsströmen betrachten. Für ihre Übermittlung müssen daher zwei entgegen gerichtete LSPs voneinander getrennt aufgebaut werden, wofür zwei separate Vorgänge nötig sind.

**Bemerkung**: Beim GMPLS werden sowohl unidirektionale als auch bidirektionale Verkehrsströme definiert. Daher können LSPs beim GMPLS auch bidirektional sein. Der Aufbau eines bidirektionalen LSP kann hier als ein Vorgang betrachtet werden.

## 11.4.2 Aufgaben und Schritte beim MPLS-TE

Das Traffic Engineering (TE) in MPLS-Netzen ist eine komplexe Aufgabe, bei der mehrere Schritte zu unterscheiden sind. Abb. 11.4-2 zeigt sie. Die zu übertragenden Datenströme werden zuerst entsprechend klassifiziert und Traffic Flows als FECs gebildet. Die einzelnen Traffic Flows können danach zu Traffic Trunks aggregiert werden [Abb. 11.4-1].

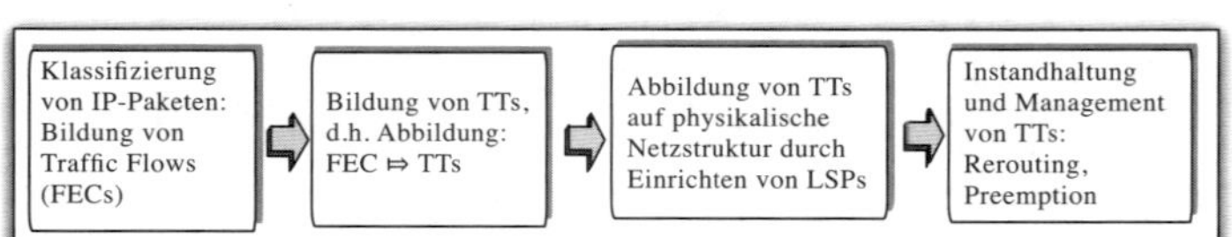


**Abb. 11.4-2:** Aufgaben und Schritte beim Traffic Engineering in MPLS-Netzen
FEC: Forwarding Equivalence Class, LSP: Label Switched Path, TT: Traffic Trunk

Ermittlung von Routen

Im nächsten Schritt wird die Kernaufgabe von MPLS-TE durchgeführt. Sie besteht darin, den Verlauf von Traffic Trunks über das physikalische Transportnetz zu bestimmen. Da Traffic Trunks über LSPs als MPLS-Verbindungen transportiert werden, müssen die optimalen Routen für den Verlauf von LSPs ermittelt werden. Bei der Ermittlung von Routen müssen verschiedene Einschränkungen (z.B. die begrenzte Bandbreite von Leitungen) berücksichtigt werden. Daher handelt es sich hierbei um *Constraint-based Routing*. Für die Ermittlung von Routen kann der Algorithmus CSPF (*Constrained Shortest Path First*) verwendet werden.

Eine wichtige Aufgabe von MPLS-TE sind die Instandhaltung und das Management von Traffic Trunks. Hierzu zählen folgende zwei Funktionen:

Preemption

- Jedem Traffic Trunk werden zwei Prioritäten zugewiesen, nämlich *Setup-Priorität* und *Holding-Priorität*. Soll ein neuer Traffic Trunk `A` über das Transportnetz verlaufen, so kann er auf einem Link einen anderen bereits verlaufenden Traffic Trunk `B` aus diesem Link verdrängen. Dies ist der Fall, wenn die Setup-Priorität von Traffic Trunk `A` höher ist als die Holding-Priorität von Traffic Trunk `B`. Eine derartige Verdrängung nennt man *Preemption*.

Re-Routing

- Ein Traffic Trunk kann aus einem Link verdrängt werden. Dies führt dazu, dass dieser Traffic Trunk entsprechend auf eine andere Übermittlungsstrecke im Transportnetz umgeleitet werden muss. Diesen Vorgang nennt man *Re-Routing*.

### 11.4.3 Routing beim Traffic Engineering

Das Routing in klassischen IP-Netzen bezieht sich nur auf die Ermittlung von Routern für die Übermittlung einzelner IP-Pakete und stellt *zielbasiertes* Routing dar. Das wichtigste Kriterium, nach dem eine Route für jedes IP-Paket zum Ziel bestimmt wird, ist die Entfernung zum Ziel. Als Maß für die Entfernung wird die Anzahl der *Hop* angenommen, wobei ein Hop eine Übermittlungsstrecke repräsentiert [Abschnitt 10.1.3].

Explizites Routing

Im Gegensatz zu klassischen IP-Netzen werden beim Routing beim MPLS-TE nicht die Routen für die Übermittlung einzelner IP-Pakete, sondern die Routen für die Übermittlung einzelner Traffic Trunks ermittelt. Hierfür müssen dauerhafte LSPs im Transportnetz eingerichtet werden. Wie bereits in Abb. 11.4-1 gezeigt wurde, können im Allgemeinen auch mehrere Traffic Trunks über einen LSP verlaufen.

In MPLS-Netzen müssen außer der Entfernung zusätzliche Kriterien bei der Bestimmung des Verlaufs von LSPs berücksichtigt werden. Daher spricht man von *explizitem Routing*. Eines dieser Kriterien ist die effektive Ausnutzung von Netzressourcen. Dies lässt sich u.a. durch eine sinnvolle Verteilung des Datenverkehrs auf alle Leitungen erreichen. Am Beispiel einer fischförmigen Netzstruktur bringt Abb. 11.4-3b dies zum Ausdruck.

Da es sich bei LSPs um die dauerhafte Übermittlung von Traffic Trunks handelt, würde herkömmliches Routing in MPLS-Netzen dazu führen, dass einige Leitungen dauerhaft überlastet sind und die anderen wiederum dauerhaft unbenutzt bleiben. Einen solchen Fall illustriert Abb. 11.4-3a. Hier verlaufen `LSP1` und `LSP2` nach den kürzesten Routen.

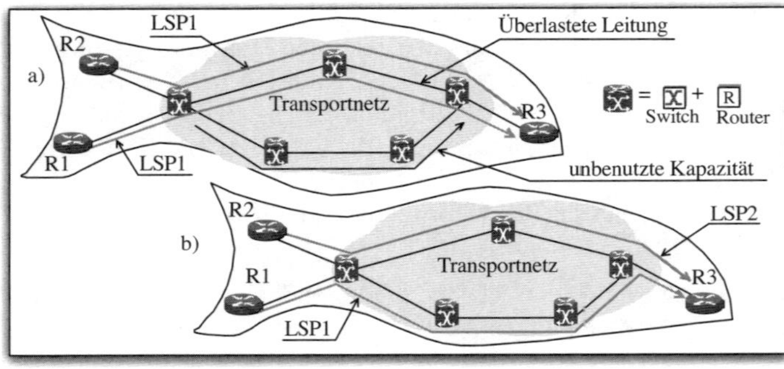


**Abb. 11.4-3:** Routing Probleme beim Traffic Engineering (TE): a) zielbasiertes Routing, b) explizites Routing

## 11.4.4 Attribute von Traffic Trunks

Die Eigenschaften von Traffic Trunks werden mithilfe verschiedener Attribute spezifiziert. Wie Abb. 11.4-4 zeigt, können mehrere Klassen der Attribute jedem Traffic Trunk zugeordnet werden.

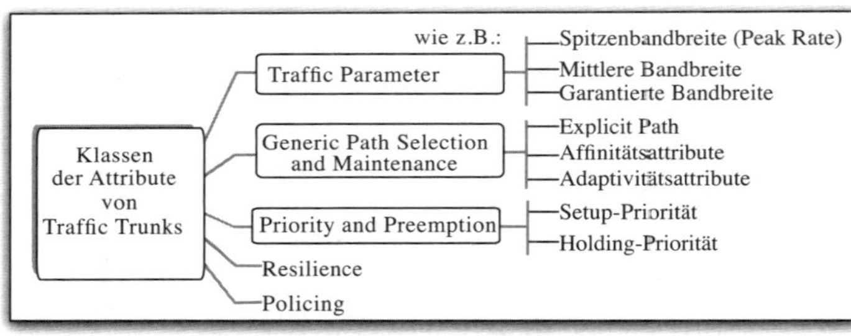


**Abb. 11.4-4:** Klassen der Attribute von Traffic Trunks

Mit den Attributen der Klasse *Traffic Parameter* werden die Anforderungen von Traffic Trunks an die Bandbreite spezifiziert. Die Attribute der Klasse *Generic Path Selection and Maintenance* legen u.a. fest, ob der Verlauf eines Traffic Trunk durch den Netzoperator angegeben wird (Explicit Path) und wie sich die Veränderungen des Netzzustands auf den Verlauf des Traffic Trunk auswirken sollen (*Adaptivitätsattribute*).

Priority and Preemption

Zu den Attributen der Klasse *Priority and Preemption* gehören die Setup-Priorität und die Holding-Priorität. Ihre Werte liegen im Bereich zwischen 0 und 7, wobei 0 die höchste und 7 die niedrigste Priorität ist. Mit Setup-Priorität wird festgelegt, ob ein Traffic Trunk A während seines Einrichtens einen bereits verlaufenden Traffic Trunk B verdrängen darf. Ist die Setup-Priorität von Trunk A höher als die Holding-Priorität von Trunk B, wird Trunk B aus einem Link durch Trunk A verdrängt (*Preemption*). Die Priorität des Traffic Trunk bestimmt daher die Priorität des LSP, über den dieses Traffic Trunk verläuft.

Als Preemption-Attribut wird angegeben,

Preemption-Attribute

- ob ein Traffic Trunk aus einem Link verdrängt werden darf (d.h. verdrängbar, *preemptable*) oder nicht (d.h. unverdrängbar, *non-preemptable*),

- ob ein Traffic Trunk einen anderen Traffic Trunk aus einem Link verdrängen darf (d.h. *preemptor enabled*) oder nicht (d.h. *non-preemptor*).

Die Attribute der Klasse *Resilience* besagen, was mit einem Traffic Trunk in fehlerhaften Situationen bzw. nach bestimmten Ausfällen passieren soll. Resilience

Mit Attributen der Klasse *Policing* werden die Aktionen spezifiziert, die in anderen Situationen vorkommen, z.B. falls die Parameter von Traffic Trunk nicht mit dem Vertrag zwischen Kunden und Netzanbieter konform sind. Policing

Beim Traffic Engineering müssen bestimmte Vorgaben bei der Festlegung des Verlaufs des Traffic Trunk berücksichtigt werden. Insbesondere sind hierbei folgende zwei Arten von Vorgaben von großer Bedeutung: Affinitätsattribute

- Einige Traffic Trunks sollen nur über bestimmte Links geführt werden.
- Einige Links sollen für bestimmte Traffic Trunks ausgeschlossen werden.

Um die derartigen Vorgaben bei der Bestimmung der Route für den Verlauf eines Traffic Trunk zu berücksichtigen, werden sowohl den Traffic Trunks als auch den physikalischen Links die *Affinitätsattribute* zugeordnet. Der Begriff *Affinität* bezeichnet die Fähigkeit (Neigung), etwas an sich zu binden bzw. eine Beziehung einzugehen.

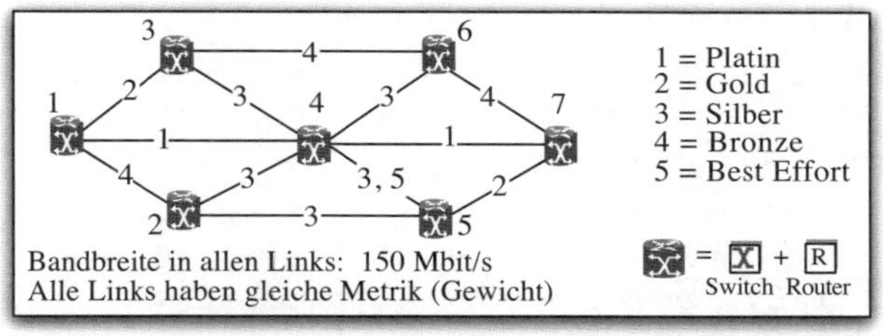


**Abb. 11.4-5:** Zuordnung der Affinitätsattribute zu den Links in einem Transportnetz

**Beispiel**: Abb. 11.4-5 zeigt die Zuordnung der Affinitätsattribute in einem Transportnetz. Die einzelnen Links erfüllen hier die QoS-Anforderungen sehr unterschiedlich. Sie können daher verschiedenen Classes of Service (CoS) zugeordnet werden. Einer CoS kann eine Farbe zugeordnet werden, sodass man auch von der Link-Farbe (Link Color) spricht. Ein Link einer CoS mit einer bestimmten Farbe stellt eine bestimmte QoS-Stufe (Platin, Gold, ...) zu Verfügung, sodass er nur bestimmte Traffic Trunks an sich binden kann. Dieses Prinzip heißt *Link-Affinität* (*Link Affinity*).

Die Affinitätsattribute können auch einem Traffic Trunk zugeordnet werden. Sie besagen u.a, über welche Links ein neuer LSP für die Übermittlung des betreffenden Traffic Trunk verlaufen soll bzw. welche Links hierbei ausgeschlossen werden müssen. Bei der Bestimmung des LSP-Verlaufs für einen Traffic Trunk werden die Affinitätsattribute des Traffic Trunk mit den Affinitätsattributen einzelner Links entsprechend miteinander verglichen.

## 11.4.5 Constraint-based Routing

Die Ermittlung der Route für den Verlauf jedes LSP erfolgt nach dem Algorithmus CSPF (*Constrained Shortest Path First*). Abb. 11.4-6 zeigt die Schritte beim CSFP. Eine Link-Farbe (*Link Color*) stellt hier eine Klasse von Links mit einer bestimmten *Class of Service* (CoS) dar.

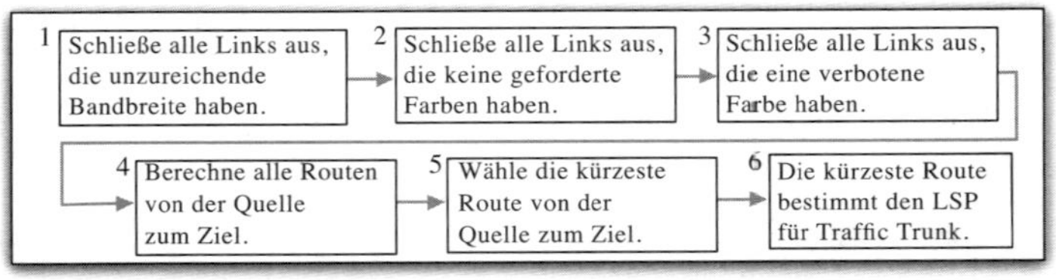


**Abb. 11.4-6:** Hauptschritte beim Ablauf des Algorithmus CSPF

Müssen mehrere LSPs mit verschiedenen Setup-Prioritäten ausgebaut werden, so beginnt man mit der Ermittlung der Route für den Verlauf des LSP mit der höchsten Setup-Priorität.

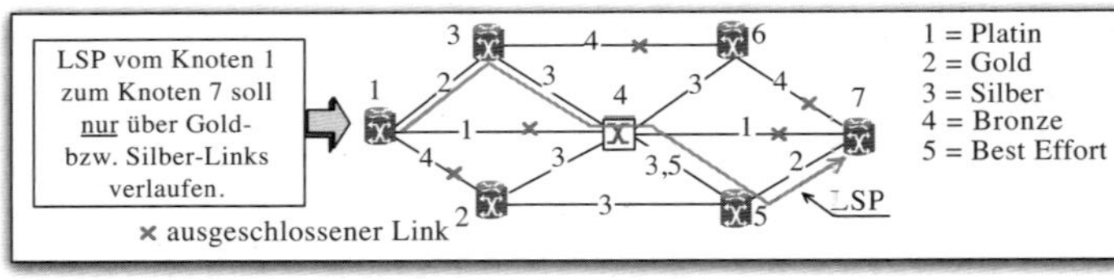


**Abb. 11.4-7:** LSP soll nur Gold- bzw. Silber-Links nutzen

LSP nutzt nur Gold- und Silber-Links

**Beispiel**: Ein neuer LSP für einen Traffic Trunk soll im Transportnetz in Abb. 11.4-7 nur über Gold- und Silber-Links verlaufen. Verwendet man den Algorithmus CSFP, so ergibt sich der gezeigte Verlauf des LSP.

Hier haben alle Links eine ausreichende Bandbreite (Schritt 1). Die gestrichenen Links werden in den Schritten 2 und 3 ausgeschlossen. Es gibt nur eine Route zwischen den Netzknoten 1 und 7, bei der die gestellten Anforderungen erfüllt werden. Diese wird für den LSP-Verlauf genommen.

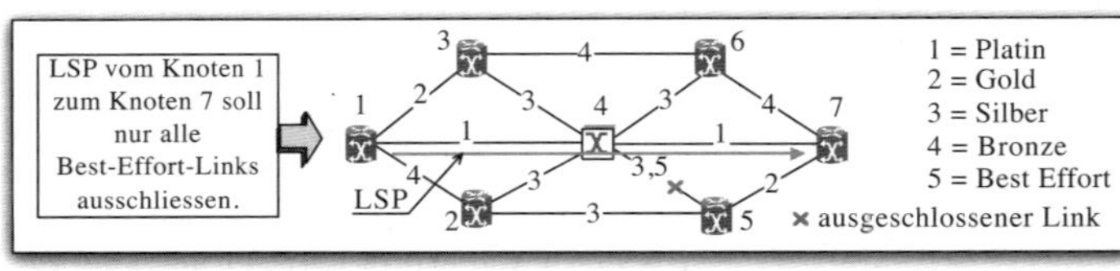


**Abb. 11.4-8:** LSP soll alle Best-Effort-Links ausschließen

LSP ohne Best-Effort-Links

**Beispiel**: Ein neuer LSP für einen Traffic Trunk soll im Transportnetz in Abb. 11.4-8 nur alle Best-Effort-Links ausschließen. Nach CSPF ergibt sich der gezeigte Verlauf von LSP. Es handelt sich hier um die kürzeste Route zwischen den Netzknoten 1 und 7.

Routing-Protokolle für TE

Die Routing-Protokolle in (G)MPLS-Netzen müssen Traffic Engineering unterstützen. Hierfür kommen folgende Protokolle in Frage:

- OSPF-TE (*Open Shortest Path First - Traffic Engineering*): Es handelt sich um eine Erweiterung des herkömmlichen Routing-Protokolls OSPF [Abschnitt 10.3] für den Einsatz in MPLS-Netzen,
- GMPLS OSPF-TE als Erweiterung von OSPF-TE für den Einsatz in GMPLS-Netzen [RFC 3630, 4203 und 5786],

- IS-IS-TE (*Intermediate System to Intermediate System - Extensions for Traffic Engineering*) als Erweiterung des klassischen Routing-Protokolls IS-IS für den Einsatz in MPLS-Netzen [RFC 5305],
- GMPLS IS-IS-TE als Erweiterung von IS-IS-TE für den Einsatz in GMPLS-Netzen [RFC 5307].

### 11.4.6 Re-Routing und Preemption

Bedeutung von Re-Routing

Unter *Re-Routing* versteht man die automatische Bereitstellung eines neuen LSP, nachdem eine fehlerhafte Situation auf dem alten LSP aufgetreten ist bzw. der alte LSP von einem neuen Traffic Trunk aus einem Link verdrängt wurde. Dies kann dann zustande kommen, wenn die Setup-Priorität des neuen LSP höher ist als die Holding-Priorität des alten LSP. Der alte und verdrängte LSP muss entsprechend umgeleitet werden. Die Verdrängung eines Traffic Trunks aus einem Link bezeichnet man als *Preemption*.

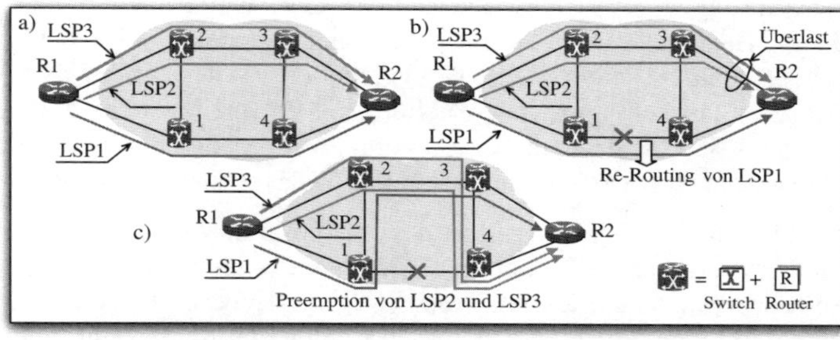


**Abb. 11.4-9:** Beispiel für Re-Routing und Preemption: a) Ausgangssituation, b) Re-Routing von LSP1 nach einem Link-Ausfall, c) LSP1 hat LSP2 und LSP3 aus einem Link verdrängt

**Beispiel**: Abb. 11.4-9a illustriert die Situation, wo drei LSPs über ein Transportnetz verlaufen. Nach dem Ausfall des Link zwischen den Netzknoten 1 und 4 wurde das LSP1 auf eine andere Übertragungsstrecke umgeleitet. Dies bedeutet Re-Routing von LSP1. Wie Abb. 11.4-9b zeigt, führt diese Umleitung zur Überlastung des Link vom Netzknoten 3 zum Router 2.

Da die Setup-Priorität des LSP1 höher ist als die Holding-Priorität von LSP2 und LSP3, werden LSP2 und LSP3 aus dem überlasteten Link verdrängt (Preemption). Diese beiden LSPs werden nun auf andere Übertragungsstrecken umgeleitet [Abb. 11.4-9c]. Eine Preemption führt somit zum Re-Routing.

## 11.5 Signalisierung in (G)MPLS-Netzen

Signalisierungs-protokolle

Wie bereits im vorigen Abschnitt erwähnt wurde, gehört zur Aufgabe der ControlPlane in (G)MPLS-Netzen auch die Bereitstellung der Transportpfade (LSPs). Um einen Transportpfad mit bestimmten Eigenschaften dynamisch nach Bedarf einrichten zu können, ist ein Signalisierungsprotokoll innerhalb der Control Plane nötig. Als derartiges Protokoll kann dienen:

- RSVP-TE (*RSVP with Traffic Engineering*) [RFC 3209] für den Aufbau und den Abbau von LSPs über MPLS-Netze. RSVP-TE [RFC 2205] stellt eine erweiterte Version des Protokolls RSVP (*Resource Reservation Protocol*) dar.
- GMPLS RSVP-TE [RFC 3473] für den Aufbau und den Abbau von LSPs über GMPLS-Netze. Es handelt sich hier um eine Erweiterung von RSVP-TE.
- CR-LDP (*Constraint-Routing LDP*) [RFCs 3212, 3468] für den Aufbau und den Abbau von LSPs über MPLS-Netze. Das ist eine Erweiterung des Protokolls LDP (*Label Distribution Protocol*) [RFC 5036].
- GMPLS CR-LDP [RFC 3472, 4201] als Erweiterung von CR-LDP für den Einsatz in GMPLS-Netzen.

## 11.5.1 Einsatz des RSVP-TE

Das RSVP-TE ist eine Erweiterung des RSVP. Um das RSVP-TE näher erklären zu können, wird nun kurz auf das RSVP eingegangen. Das RSVP wurde ursprünglich entwickelt, um vor allem die Bandbreite in IP-Netzen zu reservieren, sodass die von der Anwendung geforderte Dienstqualität (*Quality of Service*) garantiert werden kann. Das RSVP hat in der Praxis zunächst fast kaum Akzeptanz gefunden. Mit der Entwicklung der (G)MPLS-Netze wurde das RSVP aber wieder entdeckt und mit zusätzlichen Erweiterungen als Signalisierungsprotokoll RSVP-TE eingesetzt, um LSPs dynamisch aufbauen zu können.

Funktionsweise des RSVP

Beim RSVP liegt die Tatsache zugrunde, dass die gesamte Zwischenspeicherungszeit der IP-Pakete vor den Leitungen auf einer virtuellen Verbindung durch die Reservierung der Bandbreite von einzelnen Leitungen unterwegs verringert werden kann. Diese Reservierung kann mit dem RSVP vorgenommen werden, und sie bezieht sich immer nur auf eine unidirektionale virtuelle Verbindung. Für eine Vollduplex-Verbindung sind zwei Reservierungen erforderlich, d.h. eine für jede Kommunikationsrichtung.

TB-Modell als RSVP-Grundlage

Die gesamte Zwischenspeicherungszeit auf einer unidirektionalen virtuellen Verbindung kann dadurch kontrolliert werden, dass die zu dieser Verbindung gehörenden IP-Pakete in den einzelnen Routern unterwegs nach einer von vornherein festgelegten Regel gesendet werden. Diese Regel basiert auf dem sog. *Token-Bucket-Modell* (kurz *TB-Modell*) und liegt dem *Scheduler* beim RSVP zugrunde. Abb. 11.5-1 zeigt den Einsatz des TB-Modells. Nach diesem Modell kontrolliert der Scheduler beim RSVP die gesamte Zwischenspeicherungszeit auf einer unidirektionalen, virtuellen Verbindung, um z.B. eine geforderte Bandbreite zu garantieren.

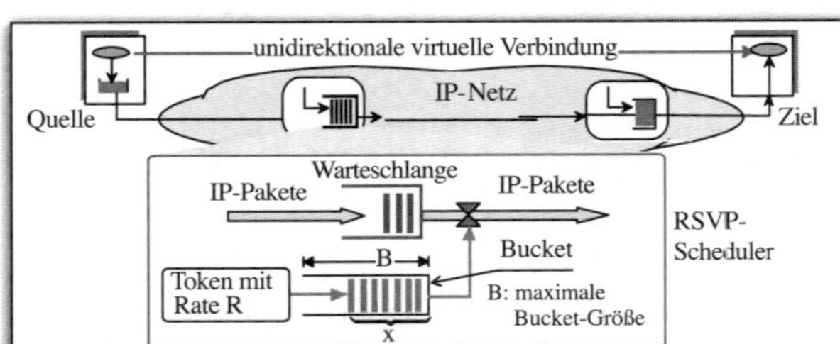


**Abb. 11.5-1:** Paket-Scheduler nach dem Token-Bucket-Modell

Das TB-Modell wird durch die folgenden Parameter näher beschrieben:

*R* als *Token-Rate* [Byte/s] und *B* als maximale *Bucket-Größe* [Byte]

Der Parameter R stellt die vom Netz unterstützte (garantierte) Datenrate einer virtuellen Verbindung dar und kann daher als garantierte Bandbreite für diese Verbindung angesehen werden. Ein Token stellt eine Dateneinheit dar. Beim RSVP wird angenommen: *Token = Byte*.

Funktionsweise des Schedulers

Das TB-Modell beschreibt das Verhalten beim Senden der IP-Pakete auf einer unidirektionalen, virtuellen Verbindung. Der Behälter (Bucket) wird mit der Rate von `R` Byte pro Sekunde gefüllt. Die Variable `x` beschreibt den aktuellen Zustand von Bucket in Byte und besagt, wieviel Byte man zu jeder Zeit senden darf. Somit darf ein IP-Paket nur dann gesendet werden, wenn der Bucket genügend Byte enthält. Die Funktionsweise des Schedulers beim Senden eines IP-Pakets mit der Länge von `a` Byte lässt sich wie folgt beschreiben:

- Ist `a < x`, wird das IP-Paket gesendet und der Inhalt des Bucket um `a` reduziert.
- Ist `x < a`, bzw. `x = 0`, muss das IP-Paket so lange warten, bis der Zustand `x` den Wert `a` erreicht hat. Erst dann wird das IP-Paket gesendet und der Inhalt von Bucket um `a` reduziert.

Nach dem TB-Modell dürften nicht mehr als `R * T + B` [Byte] während eines Zeitintervalls `T` auf der virtuellen Verbindung gesendet werden. Somit gibt der Parameter `B` an, um wie viele Byte die mittlere Datenmenge zusätzlich gemäß der garantierten Datenrate `R` bei einem unregelmäßigen (burst-artigen) Datenverkehr überschritten werden darf.

Um bestimmte Netzressourcen wie z.B. die Bandbreite von Leitungen reservieren zu können, definiert das RSVP mehrere Nachrichten. Wie Abb. 11.5-3 zeigt, enthält jede Nachricht einen Header und eine Anzahl von festgelegten Objekten als Parameter. Die einzelnen Nachrichten unterscheiden sich voneinander durch die Zusammensetzung von Objekten und durch die Inhalte dieser Objekte.

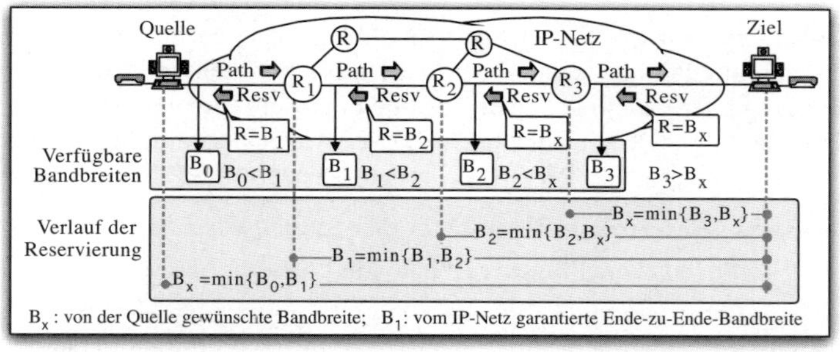


**Abb. 11.5-2:** Aufbau einer Punkt-zu-Punkt-Verbindung mit garantierter Bandbreite

Verbindung mit garantierter Bandbreite

**Beispiel**: Abb. 11.5-2 illustriert den Aufbau einer unidirektionalen virtuellen Verbindung mit einer garantierten Bandbreite. Die Quelle initiiert hier eine Verbindung zum ausgewählten Ziel durch das Absenden der RSVP-Nachricht `Path`, in der angegeben wird, welche Bandbreite diese Verbindung haben soll. `Path` wird nach den herkömmlichen Routing-Prinzipien über das IP-Netz übermittelt. Jeder Router unterwegs analysiert `Path` und kann eventuell über einen externen Policy-Server überprüfen, ob diese Reservierung zulässig ist.

Ermittlung optimaler Routen mit `Path`

Vor dem Absenden der Nachricht `Path` trägt jeder Absender (Quelle, Router) seine IP-Adresse als Objekt `RSVP Hop` in der Nachricht `Path` ein. Hat `Path` das Ziel erreicht, enthält sie somit die zu diesem Zeitpunkt optimale Route von der Quelle zum Ziel. Diese `Path`-Route, als Folge von IP-Adressen von ihren Absendern (in Abb. 11.5-2: Quelle, $R_1$, $R_2$ und $R_3$), wird den Verlauf der virtuellen Verbindung bestimmen. Sie wird beim Ziel in die RSVP-Nachricht `Resv` (Reservierung) kopiert, die das Ziel als Antwort auf `Path` zur Quelle zurücksendet.

Reservierung der Bandbreite mit `Resv`

Die eigentliche Reservierung der gewünschten Bandbreite $B_x$ beginnt durch das Absenden der Nachricht `Resv` vom Ziel an die Quelle. Da `Resv` die Route von `Path` in sich enthält, wird sie auf der gleichen Route wie `Path`, jedoch in umgekehrter Richtung übermittelt. Der Router $R_i$ auf der `Resv`-Route (in Abb. 11.5-2: $R_3$, $R_2$, $R_1$ und Quelle) überprüft, ob er die in `Resv` gewünschte Bandbreite auf der Leitung, über die `Resv` empfangen wurde, garantieren kann. Die Bandbreite wird als Parameter `R` Abb. 11.5-1] angegeben. Beim Router $R_i$ kommen zwei Fälle in Frage:

1. Die verfügbare Bandbreite $B_i$ ist größer als `R` in `Resv`: In diesem Fall reserviert $R_i$ die Bandbreite `R` und leitet danach den Parameter `R` ohne Veränderungen weiter.
2. Die verfügbare Bandbreite $B_i$ ist kleiner als `R` in `Resv`: In diesem Fall wird nur die Bandbreite $B_i$ vom Router $R_i$ garantiert. $R_i$ ersetzt den Wert `R` in `Resv` durch $B_i$ und leitet `Resv` mit `R =` $B_i$ weiter.

Ende-zu-Ende-Bandbreite

Hat die Quelle `Resv` empfangen, verfügt sie über die Ende-zu-Ende-Bandbreite, die auf der unidirektionalen virtuellen Verbindung, die nach der `Path`-Route verläuft, von allen Routern unterwegs garantiert wird. Diese Bandbreite stellt den kleinsten Wert aus den verfügbaren Bandbreiten in den einzelnen Leitungen auf der `Path`-Route und aus der gewünschten Bandbreite $B_x$ dar. In Abb. 11.5-2 wird die Ende-zu-Ende-Bandbreite durch den kleinsten Wert aus $B_0$, $B_1$, $B_2$, $B_3$ sowie $B_x$ bestimmt.

Optimierung der Route

Da sich die optimale Route im IP-Netz ändern kann, wird der in Abb. 11.5-2 dargestellte Vorgang (d.h. das Absenden von `Path`- und `Resv`-Nachrichten) in bestimmten Zeitabständen periodisch wiederholt. Dies dient dem Zweck, den Verlauf der Route zu optimieren und die Reservierung der Bandbreite aufzufrischen.

RSVP-Nachrichten

Die RSVP-Nachrichten werden nach dem in Abb. 11.5-3 gezeigten Prinzip aufgebaut. Jede Nachricht enthält einen Header, der in allen Nachrichtentypen die gleiche Struktur hat. Somit bezeichnet man ihn als gemeinsamen Header (*Common Header*). Nach dem Common Header folgt eine Anzahl von Objekten für die Übermittlung von verschiedenen Angaben und Parametern. Bei RSVP-TE werden folgende RSVP-Nachrichten verwendet:

- `Path` und `Resv` (*Reservation Request*) für den Aufbau von LSPs,
- `PathTear` (*Path Teardown*) für den Abbau von LSPs,
- `Resv` und `ResvConf` (*Reservation Confirmation*) für die Reservierung der Bandbreite,
- `PathErr` (*Path Error*) und `ResvErr` (*Reservation Error*) für die Fehlermeldungen.

Die einzelnen RSVP-Nachrichtentypen unterscheiden sich voneinander durch die Zusammensetzung von Objekten und durch die Inhalte dieser Objekte. Für die Übermittlung von RSVP-Nachrichten wird ihnen ein IP-Header vorangestellt. Daher ist RSVP-TE ein Protokoll der Schicht 4, und seine Protokollnummer ist 46. `RSVP Checksum` deckt die ganze RSVP-Nachricht ab. Über diese Prüfsumme kann man Bitfehler in der ganzen Nachricht entdecken. Das Feld `SEND_TTL` enthält den TTL-Wert aus dem IP-Header.

RSVP-TE-Objekte

Um RSVT-TE zu realisieren, wurden zusätzliche RSVP-Objekte, die sog. *RSVP-TE-Objekte* für die Übermittlung von Parametern spezifiziert. Sie werden genauso wie RSVP-Objekte aufgebaut (strukturiert) [Abb. 11.5-3].

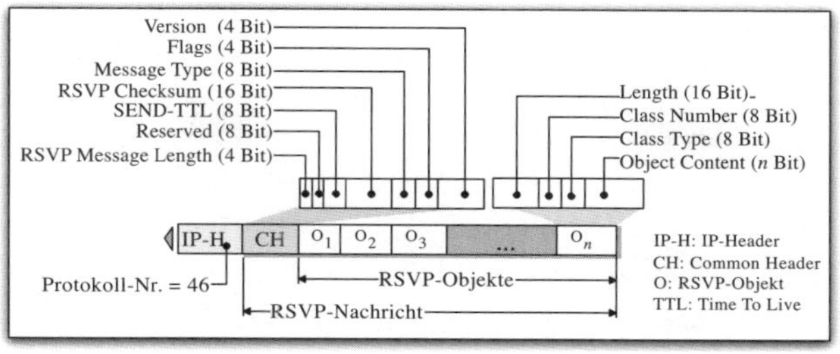


**Abb. 11.5-3:** Struktur von RSVP-Nachrichten und -Objekten

## RSVP-TE als Signalisierungsprotokoll in MPLS-Netzen

Aufbau eines LSP

Abb. 11.5-4 illustriert den Aufbau eines LSP. Der Aufbau wird mit dem Absenden einer RSVP-Nachricht `Path` mit dem Objekt `LABEL_REQUEST` durch den Quell-Router initiiert. Diese Nachricht wird zuerst nach einer ausgewählten bzw. von vornherein festgelegten Route, die den LSP bestimmt, zum Zielrouter übermittelt. Beim RSVP-TE unterscheidet man zwischen einem *Downstream-Router* und einem *Upstream-Router*. Als Downstream-Router wird der nächste Router in LSP-Richtung, d.h. in Richtung des Datenflusses, bezeichnet. Der nächste Router in Gegenrichtung zum LSP, d.h. in Gegenrichtung zum Datenfluss, ist ein Upstream-Router.

Ein Downstream-Router reserviert zuerst ein Label nach dem Empfang der Nachricht `Path` und wartet auf die Nachricht `Resv`, die als Antwort auf die Nachricht `Path` in Gegenrichtung gesendet wird. Hat der Ziel-Router auch die Nachricht `Path` empfangen, antwortet er darauf mit der Nachricht `Resv`. Sie enthält das Objekt *LABEL* mit dem zugewiesenen Label. Dieses Label bezieht sich auf die Strecke zu dem nächsten Upstream-Router und dient als Identifikation des logischen Kanals auf dieser Strecke [Abb. 11.2-4]. Daher wird das Label durch den Downstream-Router bestimmt, und er übermittelt es seinem Upstream-Router in der Nachricht `Resv`. Hat der Quell-Router die Nachricht `Path` empfangen, wird damit der Aufbau eines LSP abgeschlossen.

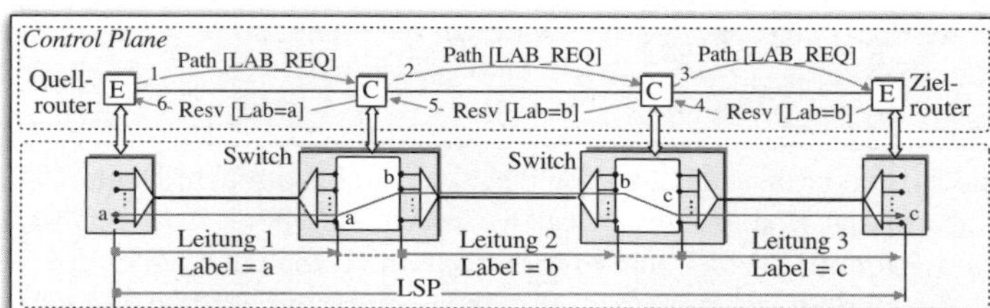


**Abb. 11.5-4:** Schritte beim Aufbau eines LSP mithilfe des RSVP-TE
C: Core-LSR (Label Switching Router), E: Edge-LSR,
LAB: LABEL, LAB_REQ: LABEL_REQUEST

Abbau eines LSP

Für den Abbau eines LSP werden die RSVP-Nachrichten `PathTear` und `ResvTear` (Tear: *Teardown*) verwendet. Üblicherweise wird der Vorgang vom Quell-Router initiiert. Ein Router kann sofort nach Empfang von `PathTear` die Ressourcen freigeben, danach mit `ResvTear` seinem benachbarten Router antworten und anschließend `PathTear` entlang LSP weiterleiten.

Explizites Routing mit dem RSVP-TE

Um die Sicherheit zu garantieren bzw. bestimmte Netze in Anspruch zu nehmen, ist es wünschenswert, dass ein LSP über eine bestimmte Route verläuft. Daher sollte es möglich sein, den Verlauf eines LSP von vornherein vollkommen oder teilweise festlegen zu können. Hierfür definiert das RSVP-TE das Objekt EXPLICITE_ROUTE (kurz ERO), um den Verlauf des LSP zu bestimmen. Man spricht hierbei von explizitem Routing und unterscheidet zwei Fälle:

- *Strict explicit Route* (genau festgelegte Route) und
- *Loose explicit Route* (teilweise festgelegte Route).

Strict explicit Route

Abb. 11.5-5a illustriert eine genau festgelegte Route. Hier erhält ERO beim Quell-Router die vollständige Liste von Routern, über die die gewünschte Route verlaufen soll. Jeweils zwei benachbarte Router auf dieser Liste sind miteinander über eine entsprechende Leitung verbunden. Der gewünschte LSP verläuft daher über das Transportnetz entlang dieser Route [Abb. 11.2-1]. Genauer gesagt enthält ERO eine Liste von IP-Adressen von Ports entsprechender Router. ERO wird in der RSVP-Nachricht Path übermittelt.

Loose explicit Route

Eine teilweise festgelegte Route veranschaulicht Abb. 11.5-5b. ERO erhält nur eine Liste von einigen Routern, über die die Route verlaufen soll. Jeweils zwei benachbarte Router auf dieser Liste müssen in diesem Fall nicht miteinander über eine entsprechende Leitung verbunden werden. Die Route zwischen jeweils zwei benachbarten Routern aus der ERO-Liste kann über andere Router verlaufen, die nach einem Routing-Protokoll bestimmt werden.

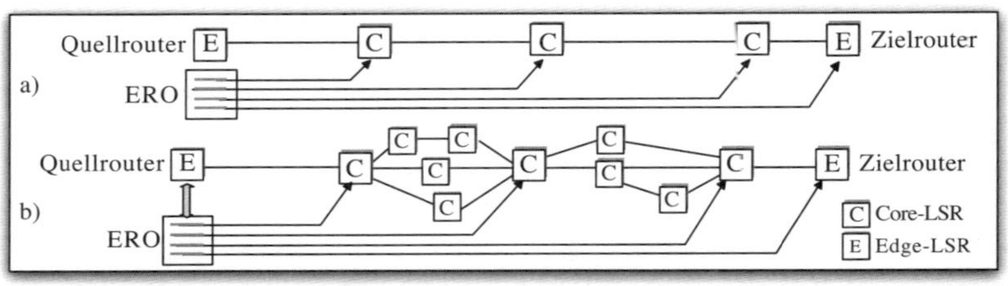


**Abb. 11.5-5:** Beispiel für explizites Routing: a) Strict explicit Route, a) Loose explicit Route
C: Core-LSR (Label Switching Router), E: Edge-LSR, C-LSR: Core LSR,
E-LSR: Edge LSR, LSR: Label Switching Router

LSP über mehrere Provider-Netze

Mit einer teilweise festgelegten Route besteht die Möglichkeit, den Verlauf des LSP über mehrere und vornherein festgelegte Provider-Netze zu bestimmen. Beim RSVP-TE kann ERO einen abstrakten Router (sog. *Abstract-Node*) enthalten. Abstract-Node stellt die Identifikation (Nummer) eines autonomen Systems (AS) dar. Unter AS wird ein IP-Netz(werk) verstanden, das von einer administrativen Einheit verwaltet wird. Ein Netz eines Netzanbieters ist ein AS.

Durch eine Abstract-Node kann ein LSP definiert werden, der von vornherein über bestimmte Provider-Netze verläuft. Abb. 11.5-6 zeigt diese Möglichkeit. Es handelt sich hier um eine teilweise festgelegte Route, die nur über bestimmte autonome Systeme verlaufen muss. Jeweils zwei benachbarte Router auf der ERO-Liste sind hier die Border-Router in benachbarten autonomen Systemen.

### Fast Re-Routing mit dem RSVP-TE

Für die Unterstützung von Fast Re-Routing [Abschnitt 11.4.6] wird das RSVP-TE um die Objekte FAST_REROUTE und DETOUR erweitert. Diese Objekte werden nur in der

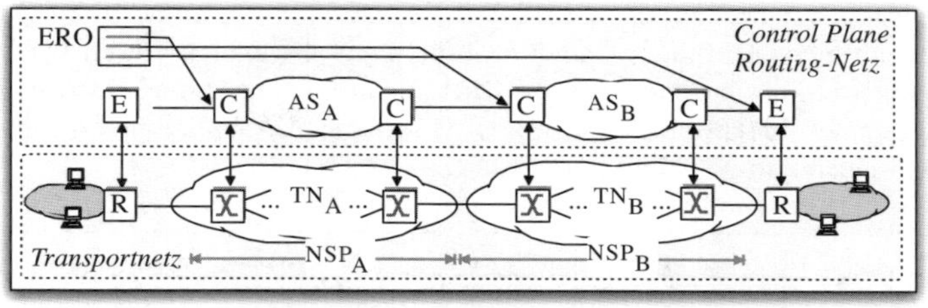


**Abb. 11.5-6:** Automomes System als abstrakter Router (Abstract-Node)
AS: autonomes System, NSP: Network Service Provider, R: Router, TN: Transportnetz, weitere Abkürzungen wie in Abb. 11.5-5

RSVP-Nachricht `Path` transportiert. `FAST_REROUTE` spezifiziert die Anforderungen des Backup-LSP an Links, über die er verlaufen soll bzw. darf. Der Backup-LSP, der als Umleitung für einen ausgefallenen Link bzw. MPLS-Router dient, wird als *Detour LSP* bezeichnet. Das Objekt `DETOUR` enthält die Identifikation von Detour LSP.

Durch das Fast Re-Routing können die Link-Absicherung (*Link Protection*) und die Router-Absicherung (*Node Protection*) schnell erfolgen. Beispielsweise kann ein LSP aus einem ausgefallenen Link auf einen Backup-LSP schnell, d.h. im Zeitintervall bis ca. 50 ms, umgeleitet werden.

## 11.5.2 Einsatz des GMPLS RSVP-TE

Besonderheiten des GMPLS RSVP-TE

Das GMPLS RSVP-TE stellt eine Erweiterung des RSVP-TE dar, um LSPs als Transportpfade in GMPLS-Netzen dynamisch einrichten zu können. Um die RSVP-Nachrichten `Path` und `Resv` auch zum Aufbau von LSPs in GMPLS-Netzen zu nutzen, werden bei GMPLS RSVP-TE spezielle RSVP-TE-Objekte eingeführt. Mit ihnen kann ein geforderter LSP spezifiziert werden. Zu den Informationen über den LSP gehören u.a. die Angaben, welche Netze (z.B. Ethernet, SDH-, WDM-Netze) über den LSP vernetzt werden sollen und welche Art von Switching (z.B. Paket-, TDM-, Lambda-Switching) gefordert wird.

Ein GMPLS-Netz stellt ein physikalisches Transportnetz (wie z.B. SDH-, WDM-Netz) dar, das um ein logisches Routing- und Signalisierungsnetz, das eine Control Plane bildet, erweitert wird [Abb. 11.1-3]. Um einen LSP dynamisch über ein Transportnetz einzurichten, wird zuerst eine Route innerhalb der Control Plane ausgewählt. Danach wird ein LSP mithilfe des GMPLS RSVP-TE über das Transportnetz entlang dieser Route eingerichtet. Der LSP verläuft über diese Switches innerhalb des Transportnetzes, deren Router auf der ausgewählten Route 'liegen'.

Bidirektionaler LSP

Es ist hervorzuheben, dass LSPs über GMPLS-Netze in der Regel bidirektionale Datenpfade sind. Abb. 11.5-7 bringt dies näher zum Ausdruck. Ein bidirektionaler LSP in einem GMPLS-Netz setzt sich daher aus zwei entgegengerichteten unidirektionalen LSPs zusammen, man spricht hierbei von Downstream- und Upstream-Richtung. Man unterscheidet auch zwischen *Upstream-Knoten* und *Downstream-Knoten*. Als Upstream-Knoten wird der Knoten verstanden, der sich auf dem bidirektionalen LSP näher beim Endsystem befindet, das diesen LSP initiiert hat. Der Datenfluss von diesem Endsystem wird als *Downstream* und der Datenfluss in Gegenrichtung als *Upstream* bezeichnet.

Die wichtigsten Nachrichten des GMPLS RSVP-TE sind `Path` und `Resv`. Sie werden verwendet, um einen LSP aufzubauen und ihn auch abzubauen. `Path` wird immer in Downstream-Richtung gesendet. `Resv` wird nur in Gegenrichtung, also in Upstream-Richtung gesendet. In Abb. 11.5-7a ist `C` der Downstream-Nachbarknoten vom Knoten `B` und `B` ist der Upstream-Nachbarknoten von `C`.

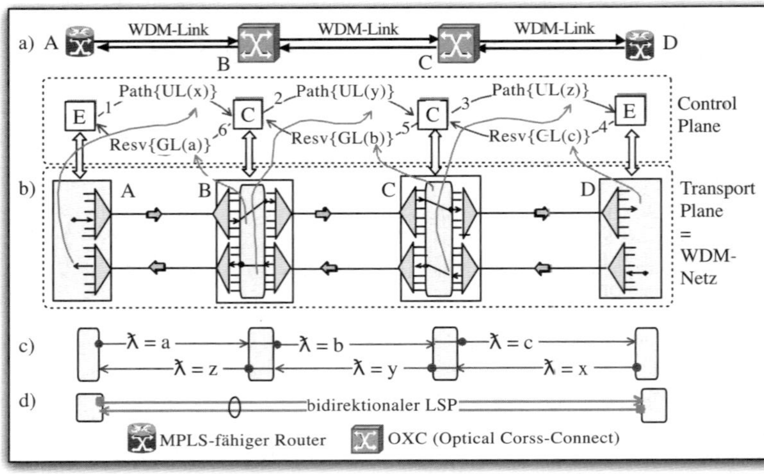


**Abb. 11.5-7:** Bidirektionaler LSP: a) physikalische Vernetzungsstruktur, b) Schritte beim Einrichten eines dynamischen LSP, c) der LSP als Kette von Lambdas, d) der LSP als virtuelle 2-spurige Straße
a, b, c: Downstream-Label; x, y, z: Upstream-Label

Aufbau des LSP

**Beispiel**: Abb. 11.5-7 zeigt, wie ein bidirektionaler LSP als Kette von Wellenlängen (also von $\lambda$s) eingerichtet und wie diese integriert werden kann. Wie Abb. 11.5-7b zeigt, wird der Aufbau eines LSP vom Router `A` mit einer Nachricht `Path` über den Steuerkanal im Signalisierungsnetz [Abb. 11.3-8] initiiert. `Path` wird entlang der bereits ausgewählten Route übermittelt. `Path` enthält ein Objekt `UPSTREAM_LABEL` (kurz `UL`). In diesem Objekt ist das *Upstream-Label* jedes Knotens enthalten. Das Upstream-Label stellt die Wellenlänge $\lambda$ dar, die als Datenträger in Upstream-Richtung zum Absender von `UL` von seinem Nachbarknoten verwendet werden soll. Jeder Absender von `UL` sagt also seinem Downstream-Nachbarknoten, welche Wellenlänge er von ihm empfangen möchte. Hat das Zielsystem `Path` bereits empfangen, wird damit ein unidirektionaler Downstream-LSP eingerichtet.

Das Zielsystem antwortet dem Quellsystem, also dem Initiator des LSP, auf `Path` mit `Resv` mit dem Objekt `GENERALIZED_LABEL` (kurz `GL`). In `GL` ist das *Downstream-Label* jedes Knotens enthalten. Das Downstream-Label stellt die Wellenlänge $\lambda$ dar, die in Downstream-Richtung zum Absender von `GL` von seinem Upstream-Nachbarknoten verwendet werden soll.

Abb. 11.5-7c und Abb. 11.5-7d verdeutlichen, dass ein LSP über ein WDM-Netz durch eine Kette von Wellenlängen gebildet wird. Die einzelnen Wellenlängen werden über ihre Label identifiziert. Ein bidirektionaler LSP kann daher als virtuelle, zweispurige Straße über ein WDM-Netz angesehen werden.

Abbau des LSP

Um einen LSP abzubauen, sendet z.B. ein Router `A` die Nachricht `Resv` mit dem Objekt `ADMIN_STATUS`, in dem das Bit `D` auf 1 gesetzt wird, um anzuzeigen, dass der Abbau fortgesetzt werden soll. Der Router `D` antwortet mit `PathTear`. Hat `PathTear` den Router `A` erreicht, wurde damit der LSP abgebaut.

### 11.5.3 Einsatz des CR-LDP

Das CR-LDP (*Constraint-Routing LDP*) stellt eine Erweiterung des Protokolls LDP (*Label Distribution Protocol*) dar. Das LDP ist ein Protokoll, nach dem ein LSP in einem MPLS-Netz (aber nur theoretisch!) aufgebaut werden kann. Da in realen Situationen immer bestimmte Einschränkungen vorliegen (z.B. eine physikalische Leitung hat nur eine begrenzte Bandbreite), wurde das LDP zum CR-LDP erweitert. Das CR-LDP wird in MPLS-Netzen eingesetzt, um LSPs einzurichten, an die bestimmte Anforderungen gestellt werden können.

LDP-Sitzung

Das LDP definiert die Nachrichten, die man in MPLS-Netzen verwendet kann, um die Labels zwischen den LSRs zu verteilen. Für die Übermittlung der Label zwischen zwei LSRs wird eine gesonderte logische Verbindung (sog. LDP-*Sitzung*) aufgebaut. Das LDP ist ein Protokoll zwischen jeweils zwei LSRs (*Label Switching Routers*) – siehe Abb. 11.5-8.

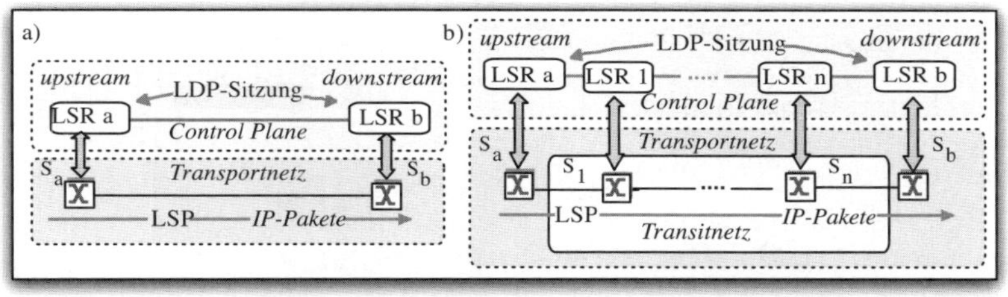


**Abb. 11.5-8:** Veranschaulichung der LDP-Sitzung zwischen:
a) direkt verbundenen LDP-Peers, b) indirekt verbundenen LDP-Peers

Um die LDP-Nachrichten zwischen benachbarten LSRs zu übermitteln, muss zuerst eine *LDP-Session* zwischen zwei betreffenden LSRs aufgebaut werden. Diese basiert auf einer TCP-Verbindung. Zwei LSRs werden als sog. *LDP-Peers* betrachtet, falls eine LDP-Session zwischen ihnen aufgebaut wurde, über die sie einen gemeinsamen Labelraum vereinbaren können.

Typen von LDP-Peers

Wie in Abb. 11.5-8 ersichtlich , unterscheidet man zwischen

- direkt verbundenen LDP-Peers und
- indirekt verbundenen LDP-Peers.

Bei den direkt verbundenen LDP-Peers handelt es sich um LSRs, die direkt mit einem logischen Kanal verbunden sind. Die direkt verbundenen LSRs aus dem Routing-Netz sind in den Switches des Transportnetzes enthalten, die direkt mit einer physikalischen Leitung verbunden sind.

Bei den indirekt verbundenen LDP-Peers handelt es sich um LSRs, die über die anderen Transit-LSRs verbunden sind. Die Transit-LSRs sind in den Switches eines Transit-Transportnetzes enthalten. Die indirekt verbundenen LDP-Peers werden somit über ein Transitnetz verbunden. Indirekt verbundene LDP-Peers kommen vor, wenn MPLS innerhalb einer hierarchischen Netzstruktur realisiert wird. In diesem Fall werden den Paketen in der Regel mehrere Labels (d.h. *Label-Stack*) vorangestellt [Abb. 11.2-13].

### Aufbau von LDP-Nachrichten

Die LDP-Nachrichten werden in den sog. LDP-PDU (*Protocol Data Unit* ) transportiert. In einer LDP-PDU können mehrere LDP-Nachrichten enthalten sein. Abb. 11.5-9 zeigt die Struktur von LDP-Nachrichten.

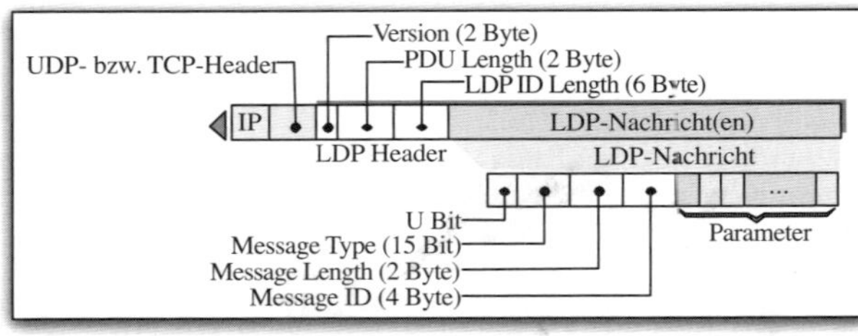


**Abb. 11.5-9:** Aufbau von LDP-Nachrichten

Für den Transport von PDUs verwendet das LDP sowohl das TCP als auch das UDP. Für den Transport von LDP-Nachrichten (z.B. `Hello`) bei der Entdeckung von Peers kommt das UDP zum Einsatz. Für die Übermittlung von LDP-Nachrichten `Label Request` und `Label Mapping` wird das TCP verwendet. Sowohl beim UDP als auch beim TCP hat der Well-known Port des LDP die Nummer 646.

LDP-Nachricht

Jede LDP-Nachricht enthält folgende Angaben:

- `U Bit`: Mit diesem Bit wird festgelegt, wie der Empfänger reagieren muss, wenn er einen ihm unbekannten Nachrichtentyp empfangen hat:
  - `U = 0`: Eine Nachricht `Notification` muss an den Absender abgeschickt werden.
  - `U = 1`: Die empfangene Nachricht wird einfach ignoriert.
- `Message Type`: Hier wird der Nachrichtentyp angegeben.
- `Length`: Dieses Feld enthält die Länge der LDP-Nachricht in Byte.
- `Message ID`: Hier ist eine Identifikation der Nachricht enthalten. Antworten vom Empfänger, die sich auf diese Nachricht beziehen, müssen diese Identifikation enthalten.
- `Parameter`: Jede LDP-Nachricht kann mehrere Angaben als Parameter enthalten.

LDP definiert folgende Kategorien von Nachrichten:

- für die Entdeckung eines LDP-Peer und für die Bekanntgabe der Label,
- für den Auf-, den Abbau und die Unterhaltung von LDP-Sitzungen,
- für die Anzeige von Fehlern und anderen außergewöhnlichen Situationen.

### Aufbau eines LSP mit dem CR-LDP

Da der LSP eine Kette von logischen Kanälen auf den einzelnen Übertragungsstrecken darstellt, müssen die benachbarten Systeme sich darauf verständigen, über welche logischen Kanäle der LSP verlaufen soll. Da die Wellenlänge bei WDM [Abb. 11.3-4] bzw. der Zeitschlitz bei SDH [Abb. 11.3-5] als logischer Kanal fungiert, der mittels eines Label identifiziert wird, brauchen sich die benachbarten Systeme nur dieses Label mitzuteilen. Man spricht hierbei auch von *Label-Zuweisung* bzw. *Label-Verteilung*.

Beim LDP unterscheidet man zwischen einem *Downstream*- und einem *Upstream-System*. Als Downstream-System wird das nächste System in LSP-Richtung bezeichnet. d.h. in Richtung des Datenflusses. In der Gegenrichtung zum LSP ist dies ein Upstream-System.

Label-Zuweisung

Um die LDP-Nachrichten zu übermitteln, muss zuerst eine Session zwischen zwei betreffenden Systemen aufgebaut werden. Beim CR-LDP ist das eine TCP-Verbindung. Ein System fordert ein Label mit einer Nachricht `LabReq` (*Label Request*) von seinem Downstream-System an. Dieses weist ein Label zu und teilt es dem Upstream- System per `LabMap` (*Label Mapping*) mit. Eine Label-Zuweisung für das Upstream-System ist nur dann möglich, wenn es dieses Label entweder bereits von seinem Downstream-System erhalten hat, oder wenn es als letztes System auf dem LSP fungiert und diese Label-Zuweisung selbst getroffen hat. Die Label-Zuweisung beginnt beim letzten System und wird dann in Richtung 'upstream' fortgesetzt. Abb. 11.5-10 zeigt den Aufbau eines unidirektionalen LSP.

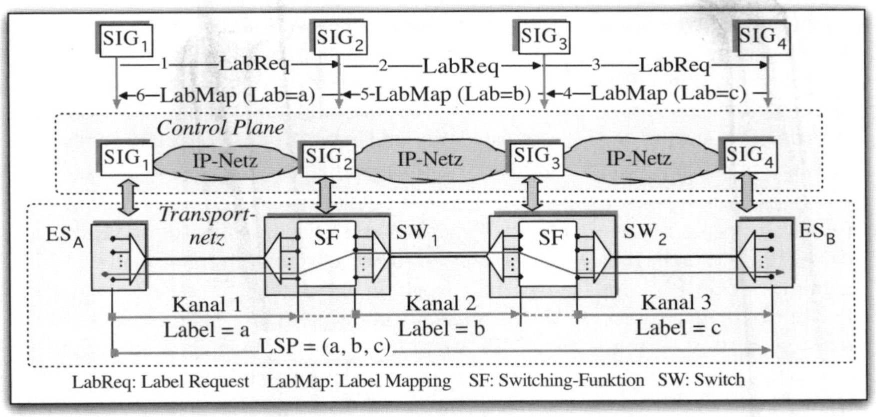


**Abb. 11.5-10:** Aufbau eines dynamischen unidirektionalen LSP

> **Beispiel**: Das Einrichten eines LSP initiiert hier $ES_A$ durch das Absenden der Nachricht `LabReq` an $SW_1$, die zum $ES_B$ übermittelt wird. $ES_B$ reserviert das Label `c` für den ankommenden LSP und übermittelt es in `LabMap` seinem Upstream-System $SW_2$. Dann reserviert $SW_2$ das Label `b` und übermittelt es an $SW_1$. Zum Schluss reserviert $SW_1$ das Label `a` und übermittelt es an $ES_A$. Jedes System übermittelt somit seinem Upstream-System das Label in `LabMap`. Hat $ES_A$ `LabMap` als Antwort auf `LabReq` empfangen, wird damit das Einrichten des LSP beendet. Daher steht der unidirektionale LSP für die Übermittlung von IP-Paketen von $ES_A$ zum $ES_B$ zur Verfügung.

GMPLS CR-LDP

Der in Abb. 11.5-10 gezeigte Verlauf von CR-LDP entspricht dem Aufbau eines unidirektionalen LSP in einem GMPLS-Netz. Ist ein bidirektionaler LSP nötig, muss ein anderer LSP in Gegenrichtung aufgebaut werden. Daher sind hierbei zwei fast gleiche CR-LDP-Abläufe – also zwei Schritte – notwendig. Für den Einsatz in GMPLS-Netzen wurde das CR-LDP zum Protokoll GMPLS CR-LDP [RFC 3472] so erweitert, dass es mit ihm möglich ist, einen bidirektionalen LSP in einem Schritt aufzubauen.

## 11.6 Schlussbemerkungen

Das Ziel dieses Kapitels war es, in einer anschaulichen und kompakten Form die Konzepte für eine neue Gestaltung, quasi eine neue Generation, der IP-Netze mit MPLS und GMPLS zu erläutern. Diese neue Generation der IP-Netze hat man noch in der ersten Dekade dieses Jahrhunderts als 'IP-Netze der nächsten Generation' (*Next Generation IP-Networks*) bezeichnet. Inzwischen ist diese nächste Generation der IP-Netze zur Realität geworden. Die Themen MPLS und GMPLS sind aber so komplex, dass nur die grundlegenden Ideen in diesem Kapitel erläutert werden konnten. Für weitere Informationen über MPLS und GMPLS ist u.a. auf [BRS04], [DR00], [FB05], [ML10] und [YSO05] zu verweisen.

Abschließend ist Folgendes hervorzuheben:

MPLS-Entwicklung

- Mit MPLS ist es möglich, die IP-Kommunikation auf eine einheitliche Art und Weise über integrierte Netzstrukturen, die aus Ethernet sowie aus FR- und ATM-Netzen bestehen, zu realisieren. In diesem Zusammenhang sind die Aktivitäten des Broadband-Forums zu erwähnen [`http://www.broadband-forum.org`]. Für MPLS wurden zusätzliche Konzepte und Verfahren entwickelt, um Traffic Engineering in MPLS-Netzen zu ermöglichen (MPLS-TE). Die Standards sind unter [`http://datatracker.ietf.org/wg/mpls`] abrufbar. Für weitere Informationen über MPLS ist das *MPLS Resource Center* zu empfehlen [`http://www.mplsrc.com`].

GMPLS-Entwicklung

- Eine Verallgemeinerung von MPLS und MPLS-TE, sodass man die IP-Pakete nach dem MPLS-Prinzip in SDH- und WDM-Netzen übermitteln kann, hat zu GMPLS geführt. Für GMPLS sind u.a. spezielle Routing- und Signalisierungs-Protokolle nötig. Die Entwicklungen rund um GMPLS kann man unter [`http://datatracker.ietf.org/wg/ccamp`] verfolgen. Mit MPLS und GMPLS besteht endlich die Möglichkeit, die IP-Kommunikation in allen Netztypen nach dem gleichen Prinzip zu realisieren. Darauf hat man seit Langem gewartet.

Bedeutung von PWE3

- Über ein (G)MPLS-Netz kann eine virtuelle Verbindung zwischen zwei Standorten eines Unternehmens aufgebaut werden. Da die Jitter-Werte über diese virtuelle Verbindung relativ klein sind, kann sie sogar als Nachbildung einer Drahtverbindung angesehen werden. Daher spricht man von *Pseudo Wire* (PW) bzw. von PW-Verbindung. Derartige Verbindungen gelten als Basis für zukünftige *Virtual Private Networks* (VPN). Da es sich hierbei um die Emulation einer Edge-zu-Edge-Drahtverbindung handelt, ist der Begriff PWE3 (*Pseudo Wire Emulation Edge-to-Edge*) entstanden. Die betreffenden Standards werden bei der IETF entwickelt [`http://datatracker.ietf.org/wg/pwe3`].

ITU-T-Konzept ASON

- Die ITU-T hat das Konzept ASON (*Automatic(ally) Switched Optical Network*) spezifiziert [`http://www.itu.int`]. Das ASON beschreibt u.a. die logische Architektur optischer Netze und kann als Rahmenwerk angesehen werden, das festlegt, wie optische Netze logisch strukturiert werden und welche Komponenten und Protokolle zum Einsatz kommen sollen. Bei ASON werden ähnliche Ziele wie beim GMPLS verfolgt. Daher können das ASON und das GMPLS als konkurrierende Ansätze angesehen werden. Das ASON betreffen mehrere ITU-T-Standards. Die Anforderungen an optische Netze werden in G.807 (auch als G.astn bezeichnet) spezifiziert. Die Architektur der Control Plane beim ASON beschreibt G.8080/Y.1304 (auch *G.ason* genannt) [Roe11].

# Teil IV

# IP-basierende Netzstrukturen

However, even more important than any of these new capabilities is the fact that it is designed from the ground up to deliver *Trustworthy Computing*. What I mean by this is that customers will always be able to rely on these systems to be available and to secure their information.

---

Bill Gates, 2002

# 12 IP over X und virtuelle IP-Netze

Bedeutung von IP over X

Während noch vor der Jahrtausendwende unterschiedliche Netztechnologien für LANs, wie Ethernet, Token Ring und FDDI (*Fiber Distributed Data Interface*), genutzt wurden, gibt es heute im Grunde mit Ethernet und *Wireless LAN* (WLAN) nur noch zwei dominierende LAN-Technologien. Wie der IP-Datenverkehr hierüber abgewickelt wird, soll zunächst in Abschnitt 12.1 (*klassisches IP over X*) dargestellt werden.

Punkt-zu-Punkt-Verbindungen

LANs sind Netze mit (potenziell) vielen gleichberechtigten, uneingeschränkten Teilnehmern und nutzen ein gemeinsames Medium (*Shared Medium LAN*). Das Gegenteil hiervon sind *Punkt-zu-Punkt-Verbindungen* (früher sprach man von *Datendirektverbindungen*, DDV), die sowohl einen Verbindungsauf- und -abbau (*Signalisierung*) als auch eine Authentisierung der Teilnehmer verlangen, wofür das *Point-to-Point Protocol* (PPP) benötigt wird. Die Konzepte zum Einsatz von IP über eine Punkt-zu-Punkt-Verbindung sind Gegenstand des Abschnitts 12.2.

WLAN

WLANs nach IEEE 802.11 können im Grunde als Mischform eines 'Shared Medium LAN' und einer Punkt-zu-Punkt-Funkverbindung für die Teilnehmer angesehen werden. Welche Besonderheiten ein WLAN im Vergleich zu einem kabelgebundenen LAN sowohl hinsichtlich des Zugangs der Stationen als auch für die übliche Verschlüsselung aufweist, wollen wir in Abschnitt 12.3 besprechen.

VPN

Ein *Virtual Private Network* (VPN) zur Kopplung von Unternehmens-Sites über das bestehende Internet bzw. ein Provider-Netz, ist eine häufig eingesetzte Tunneling-Lösung. Ein VPN kann auf unterschiedlichen Schichten des Kommunikationsmodells realisiert und sowohl von Providern als auch quasi 'privat' genutzt werden. Die unterschiedlichen Ausprägungen der VPN wollen wir exemplarisch in Abschnitt 12.4 darstellen, und deren konkrete Implementierung in Form der *IPsec-basierten VLAN* in Abschnitt 12.5 präsentieren.

Ziel dieses Kapitels

In diesem Kapitel werden u.a. folgende Fragen beantwortet:

- Wie kann man sich ein logisches LAN-Modell vorstellen?
- Wie kann die Multiprotokollfähigkeit in einem LAN erreicht werden?
- Nach welchen Prinzipien verläuft die IP-Kommunikation über Punkt-zu-Punkt-Verbindungen?
- Worin besteht das allgemeine Konzept von WLANs und wie funktionieren WLANs nach IEEE 802.11?
- Wie können WLANs mit unterschiedlichen Verschlüsselungstechniken 'offenen' IP-Datenverkehr realisieren?
- Wie ist ein WLAN mit einem Ethernet gekoppelt?
- Welche Typen von virtuellen Netzen gibt es?
- Welche providerbasierten virtuelle Netze gibt es, und wie können sie genutzt werden?
- Wie können Pseudo-Drahtverbindungen über IP-Netze eingerichtet werden?
- Wie werden gesicherte, virtuelle Netze mittels IPsec aufgebaut?

## 12.1 IP über LANs

Um die IP-Kommunikation über LANs besser erklären zu können, zeigt Abb. 12.1-1 das funktionale Modell eines klassischen Shared-Medium-LAN mit den funktionalen Schichten in LAN-Endsystemen (Client, Server) [vgl. Abb. 1.4-10]. Im Allgemeinen enthält ein PC-basierter Arbeitsplatz (Client) bzw. ein Server im LAN eine Adapterkarte (mit deren Hilfe er mit dem Übertragungsmedium verbunden wird), eine multiprotokollfähige Software-Schnittstelle, mit der die LLC-Teilschicht realisiert wird, sowie nach Bedarf mehrere Protokolle und Anwendungen.

Logisches LAN-Modell

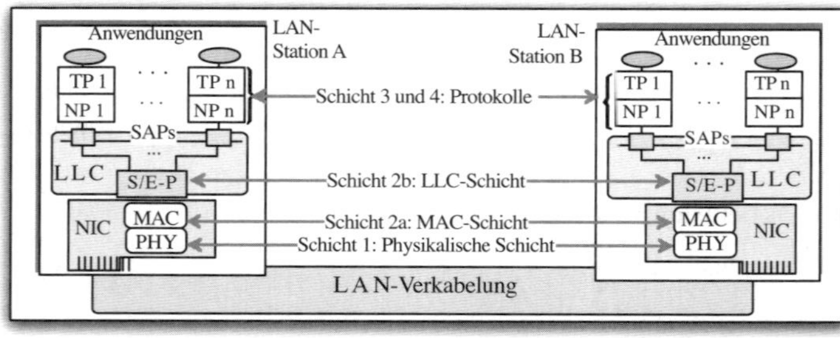


**Abb. 12.1-1:** Logisches Modell klassischer Shared-Medium-LANs nach IEEE 802.x
MAC: Media Access Control, LLC: Logical Link Control, NP: Netzwerkprotokoll,
PHY: Physikalische Schicht, SAP: Service Access Point,
S/E-P: Sende -/Empfangspuffer, TP: Transportprotokoll

LAN-Standards

Die LAN-Standards werden vom *Institute of Electrical and Electronics Engineers* (IEEE) spezifiziert und betreffen die zwei unteren Schichten des OSI-Referenzmodells [Abb. 1.3-2]. Die Standardsammlung IEEE 802.x beinhaltet die Definition aller LAN-Architekturen mit Ausnahme von FDDI (*Fiber Data Distributed Interface*), das eine Spezifikation des *American National Standards Institute* darstellt (ANSI X3T9.5). Auch unser 'traditionelles' Ethernet V2 verhält sich beim Aufbau des Frame-Headers nicht IEEE 802.1 gemäß, sondern das hier zu findende Feld `EtherType` verdankt seine Herkunft der frühen Spezifikation des Protokolls durch XEROX, die sich bis heute erhalten hat.

Schichten in LANs

LANs nach den IEEE-Standards 802.3 (Ethernet), 802.5 (Token-Ring) und FDDI sowie Wireless LAN nach den Standards IEEE 802.11 und LR-WPAN[1] (Low-Rate Wireless Presonal Area Network) entsprechend IEEE 802.15.4 unterscheiden sich nur hinsichtlich der Funktionsweise der Schichten 1 und 2a. Diese Schichten beinhalten die folgende Funktionen und Dienste:

PHY-Layer

- Schicht 1: Physikalische Schicht (*Physical Layer*)
  Hier werden alle physikalischen Eigenschaften, die für die Bitübertragung notwendig sind, festgelegt. Hierzu gehören die Spezifikation des *LAN-Übertragungsmediums* (Verkabelung) sowie der *Anschlussstecker* und dessen Pinbelegung. Entscheidend sind ferner die Verfahren für die *Bitübertragung* und der damit verbundenen Erzeugung und Verarbeitung elektrischer bzw. optischer Signale.
  War das ursprüngliche Ethernet – trotz seiner physikalischen Verkabelung mittels Koaxialkabel – als auf Schicht 1 verbindungslos konzipiert, besteht seit der Einführung der strukturieren Verkabelung die Tendenz [BHK94], die Kommunikation auf Schicht 1 verbindungsorien-

[1] LR-WPANs werden beim *Internet of Things* zum Aufbau von *Sensor/Aktor-Netzwerken* eingesetzt.

tiert zu gestalten, was als *Link* gekennzeichnet wird. Dies gilt auch für drahtlose Netze wie WLAN IEEE 802.11, wo dies mit speziellen Signalen geschieht.

- Schicht 2a: MAC-Schicht

  MAC-Layer

  LANs unterscheiden sich durch unterschiedliche Implementierungen auf der MAC-Schicht. Der MAC-Schicht fallen hierbei insbesondere folgende Aufgaben zu:

  - *Medienzugriffsverfahren*: Die Art und Weise der Belegung des Mediums durch die einzelnen LAN-Stationen wird als *(Medien-)Zugriffsverfahren* bezeichnet. Funktional kann unterschieden werden zwischen *Switched Medium* und *Shared Medium LANs*. Die aktuellen Zugriffsverfahren in Shared Medium LANs sind:

    ▷ CSMA/CD (*Carrier Sense Multiple Access/Collision Detection*) in LANs nach dem IEEE 802.3 bzw. Ethernet-Standard,

    ▷ CSMA/CA (*Carrier Sense Multiple Access/Collision Avoidance*) als Zugriffsverfahren für Wireless-LANs nach dem Standard IEEE 802.11 sowie LP-WPANs nach IEEE 802.15.4.

    Historisch bedeutsam sind auch die Zugriffsverfahren

    ▷ *Token-Ring* nach dem Standard IEEE 802.5, das auch in ANSI X3T9.5 LANs (FDDI) eingesetzt wurde, sowie

    ▷ *Dual-Queue/Dual Bus* (DQDB) nach IEEE 802.6,

    die allerdings heutzutage nicht mehr weiterentwickelt bzw. genutzt werden.

  - *Übertragungssicherung*, d.h. Sicherstellung einer fehlerfreien Ende-zu-Ende-Übermittlung der MAC-Frames zwischen den beteiligten Sende-/Empfangsinstanzen auf Schicht 2 durch Hinzufügen einer Prüfsumme.
  - Bei WLANs nach IEEE 802.11 wird zusätzlich ein *Acknowledgement*-Mechanismus für MAC-Frames genutzt, sodass WLAN-Netze auf MAC-Schicht nicht mehr verbindungslos, sondern viel mehr verbindungsorientiert arbeiten.
  - Bereitstellen der *MAC-Adressen* (*Destination Address*, DA; *Source Address*, SA).
  - *MAC-Frame-Encapsulation* der Daten (*Payload*) durch Ergänzen der MAC-Adressen, der Prüfsumme und LAN-spezifischer Steuerungsinformationen, d.h. letztlich Erzeugen eines gültigen MAC-Frames.

- Schicht 2b: LLC-Schicht (*Logical Link Control*)

  LLC-Layer

  Diese Schicht wird im Standard IEEE 802.2 festgelegt und ist daher allgemeiner Bestandteil aller LANs. Sie hat folgende zwei Hauptfunktionen:

  - *LLC-Dienstfunktionen* zur Abwicklung einer verbindungslosen bzw. verbindungsorientierten Kommunikation mit und ohne Bestätigung. Diese Dienste (LLC-Typ I, II und III) werden mittels unterschiedlicher LLC-Frames abgewickelt [Abb. 12.1-3].
  - *Multiplexerfunktionen* für die Netzwerkprotokolle der Schicht 3, die durch sog. SAPs (*Service Access Point*) als LLC-Dienstzugangspunkte implementiert sind (vgl. Abb. 1.4-10). Ein SAP ist eindeutig mit einer Speicheradresse (Port) verknüpft und lässt sich als individueller Kommunikationspuffer eines Netzwerkprotokolls interpretieren. Abb. 12.1-1 illustriert, dass mehrere Kommunikationsprotokolle in einem LAN-Endsystem gleichzeitig verwendet werden können.

### 12.1.1 Übermittlung der IP-Pakete in MAC-Frames

Für die Übermittlung von Steuerungsangaben zwischen zwei Instanzen der Transportschicht wird dem zu übertragenden Datensegment ein TCP- bzw. UDP-Header vorangestellt. Damit entsteht ein TCP/UDP-Paket (auch als TCP/UDP-Datensegment bezeichnet). Diesem wird dann ein IP-Header vorangestellt, sodass ein IP-Paket entsteht. Bei der Übertragung des IP-Pakets in LANs wird also eine zweifache Encapsulation vorgenommen. Die Nutzdaten, die zwischen zwei LAN-Applikationen übertragen werden, müssen für die Übertragung entsprechend vorbereitet werden. Abb. 12.1-2 zeigt, wie ein Datensegment für die Übertragung im LAN vorbereitet wird.

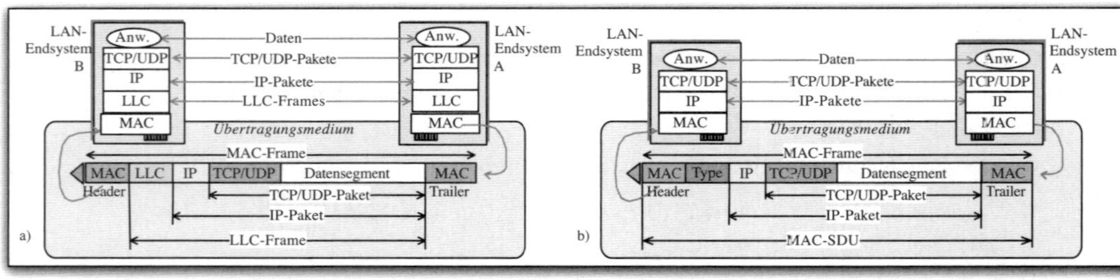


**Abb. 12.1-2:** Aufbau von MAC-Frames: a) IEEE 802.x LANs, b) Ethernet V2
Anw: Anwendung, Type: EtherType

LLC-, MAC-Frame

In IEEE 802.x LANs wird jedes IP-Paket um zusätzliche LLC-Steuerungsangaben zu einem *LLC-Frame* (Rahmen) ergänzt [Abb. 12.1-2a]. Auf dem MAC-Niveau wird jeder LLC-Frame noch um einen MAC-Header und einen -Trailer erweitert. Auf diese Weise entstehen sog. *MAC-Frames*, die über das Übertragungsmedium übermittelt werden.

MAC-Trailer

Den MAC-Trailer bildet die Prüfsumme, die als *Frame Check Sequence* (FCS) [Abb. 1.6-1] bezeichnet wird, sowie in Token-Ring-LANs ein zusätzlicher *Ending Delimiter* und ggf. noch ein Feld *Frame Status*.

MAC-Header

Der *MAC-Header* enthält die MAC-Adressen des Senders und des Empfängers. Zusätzliche Kontrollelemente sind eine *Präambel*, die über ein spezifisches Bitmuster den Beginn des Frames kennzeichnet, sowie wiederum in Token-Ring-LANs ein zusätzliches Feld *Frame Control* bzw. ein *Starting Delimitor* oder ein Feld *Access Control*.

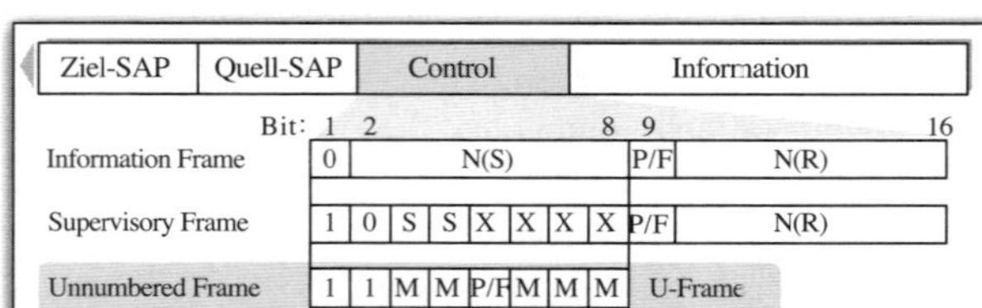


**Abb. 12.1-3:** Aufbau von LLC-Frames in IEEE 802.x-Frames
P/F: Poll/Final, S: Supervisory Bit, N(R): Empfangsfolgenummer,
N(S): Sendefolgenummer, M: Mode-Bit, SAP: Service Access Point

LLC-Transport

Wie Abb. 12.1-3 zeigt, unterscheiden sich die LLC-Frames durch die Struktur des `Control`-Felds. Innerhalb der LLC-Teilschicht nutzt IP den verbindungslosen Dienst ohne Bestätigung, d.h. den *LLC-Diensttyp 1*. Die LLC-Frames mit IP-Paketen werden als *Unnumbered Information* bzw. kurz als *UI-Frames* bezeichnet. Die in Abb. 12.1-3 zusätzlich dargestellten LLC-Frames vom Typ *Information* sowie *Supervisory* werden beim Transport von IP-Paketen über LANs nicht eingesetzt und hier nur der Vollständigkeit halber gezeigt.

Die Länge von im LAN übertragenen Nutzdaten, dem Payload, bzw. im Besonderen die Größe der IP-Pakete ist immer begrenzt und wird von der IP-Instanz medienspezifisch als *Maximum Transfer Unit* (MTU) definiert. Sie hängt vom LAN-Typ ab. MTU

## 12.1.2 Multiprotokollfähigkeit der LANs

Wird ein IP-Paket von der Netzwerkschicht an die Schicht 2 überreicht (vgl. Abb. 1.4-10), ergänzt die LLC-Teilschicht dieses durch einen PID (*Protocol Identifier*). Umgekehrt kann beim Empfang des Frames anhand des PID das jeweilige Netzwerkprotokoll angesprochen werden, das für die weitere Verarbeitung zuständig ist. PID

Die verschiedenen Netzwerkprotokolle haben alle fest definierte Nummern, und diese beginnen ab 1518. Die Festlegung dieser auf den ersten Blick überraschend großen Protokollnummern ist mit der Einführung der Ethernet-Netztechnologie durch die Firmen Digital, Intel und Xerox (DIX) historisch begründet. Abweichend vom IEEE 802.3-Standard wird bei Ethernet – genauer auch *Ethernet V2* oder gelegentlich Ethernet-DIX genannt – statt des bei IEEE 802.3 LANs üblichen zwei Byte großen Felds `Length` ein `Type`-Feld (auch *EtherType* genannt) im MAC-Frame definiert, in dem die Protokollnummern untergebracht sind [Abb. 12.1-2b]. Dies hat einerseits zur Folge, dass Ethernet V2 auf die Unterstützung der LLC-Teilschicht verzichtet. Um Überschneidungen des EtherType-Felds mit den Angaben `Type/Length`-Felds zu vermeiden, wurden die EtherType-Werte größer als die vorgesehene maximale Länge eines IEEE 802.3-Frames gewählt. So wurde der EtherType des IPv4-Protokolls auf hexadezimal `x'0800'` festgelegt, was dem Dezimalwert von 2048 entspricht. Ethernet V2 ohne LLC

Die Protokollnummern werden von der IEEE verwaltet und sind als Felder *Destination-SAP* (DSAP) und *Source-SAP* (SSAP) im LLC-Header von der IEEE neu festgelegt, wobei i.d.R. nur der Ziel-SAP benutzt wird. Einige ursprünglich speziell für Ethernet V2 entwickelte Protokolle mit großen Protokollnummern (z.B. Appletalk `EtherType = 32923`) können nicht im lediglich ein Byte großen SAP-Feld untergebracht werden.

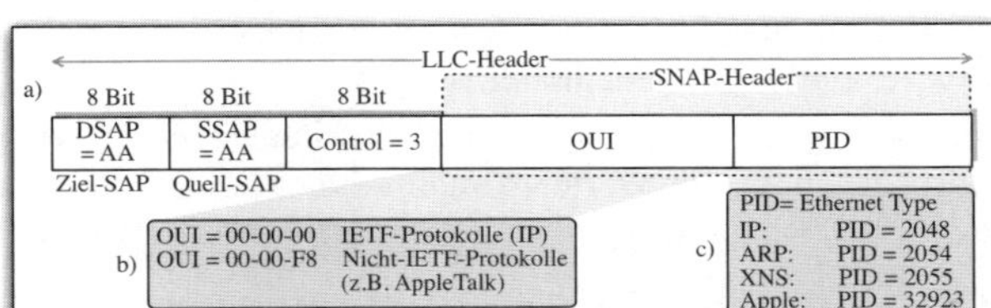


**Abb. 12.1-4:** SNAP Multiplexing: a) Aufbau des SNAP-Header, b) OUI-Protokollfeld bei IP- und Nicht-IP-Protokollen, c) PID-Werte für Ethernet-V2-Typen

Mit der starken Verbreitung von FDDI-Netzen Ende der 80er Jahre und speziell ihrer Kopplung mit Ethernet-Segmenten (nach V2 oder nach IEEE 802.3) ergab sich die Notwendigkeit, die Interoperabilität der Übermittlung vom IP über IEEE 802.2- und Nicht-LLC-Implementierungen wie Ethernet V2 sicherzustellen. Hierzu wurde das *Sub-Network* PID und OUI

*Access Protocol* – kurz als SNAP bezeichnet – geschaffen [BHK94], das in RFC 1042 spezifiziert ist. Es definiert einen SNAP-Header,der nach dem LLC-Header folgt, mit den Bestandteilen OUI (*Organizationally Unique Identifier*) und PID (*Protocol Identifier*), was in Abb. 12.1-4 gezeigt ist.

SNAP

Das SNAP lässt sich daher als Spezialfall des LLC-Diensttyps I mit UI-Frames (*Unnumbered Information*) ansehen [Abb. 12.1-3], für den eine feste Zuordnunghinsichtlich der SAPs und der Felder *Control* und *Information* vorgenommen wurde. Die Kennung für das SNAP wird in den beiden Feldern `DSAP` und `SSAP` (`DSAP = x'AA'; SSAP = x'AA'`) eingetragen, im `Control`-Feld wird der Wert `x'03'` angegeben. Die 5 Byte des SNAP-Header sind für die Identifikation verschiedener Netzwerkprotokolle reserviert. Hierdurch lassen sich alle auf Ethernet V2 gängigen Protokolle übertragen. Im SNAP-Header stehen 3 Byte für den OUI und 2 Byte für den PID zur Verfügung. Abb. 12.1-5 zeigt, dass somit eine hierarchische Multiplexing-Struktur auf der LLC-Teilschicht geschaffen wird.

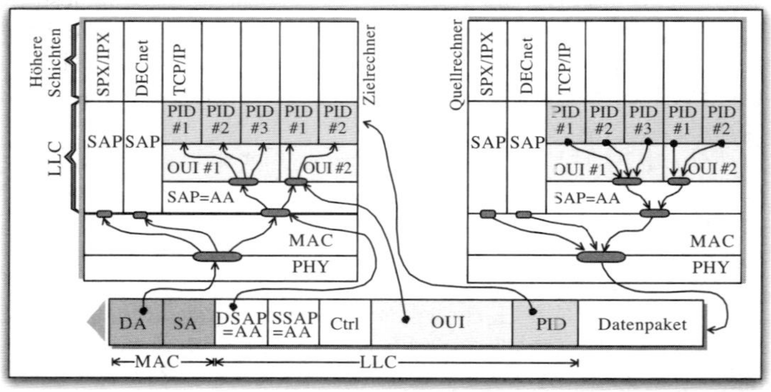


**Abb. 12.1-5:** Aufgabe des Protokolls SNAP zum hierarchischen Multiplexing
OUI: Organizationally Unique Identifier, SAP: Service Access Point

IP-Pakete in MAC-Frames

Zusammenfassend kann festgestellt werden, dass es drei Methoden gibt, IP-Pakete in MAC-Frames einzukapseln:

- Bei Ethernet wird in der Regel auf die zusätzliche LLC-Verkapselung verzichtet und das IP-Paket als Ethernet V2 MAC-Frame mit `EtherType = 2048` eingebettet.
- In IEEE-konformen LANs wie IEEE 802.3 und IEEE 802.5 besteht die Möglichkeit, IP-Daten als LLC *Unnumbered Information* Frames gemäß IEEE 802.2 zu übertragen. Als SAP-Wert wird `x'60'` bzw. dezimal 96 eingetragen.
- Die IETF-Empfehlung schreibt aber vor, für IP-Datenverkehr einen SNAP-Header zu nutzen. Hierbei lauten die Werte (gemäß Abb. 12.1-4) `SAP = x'AA'`, `OUI = 00-00-00` sowie `PID = 2048`. Dies ist z.B. die bevorzugte Methode in WLANs nach dem IEEE 802.11 Standard.

Verzicht auf LLC

Generell besteht die Tendenz darin, auf Dienste der LLC-Teilschicht ganz zu verzichten, dafür aber anzunehmen, dass das Übertragungsmedium im wesentlichen 'zuverlässig' arbeitet. Durch den Wegfall zusätzlicher Teilschichten und ihren Kontrollinformationen kann einerseits die verfügbare Bandbreite des Übertragungsmediums optimal ausgenutzt werden; andererseits führt der Wegfall komplexer MAC-Übermittlungsverfahren (wie beim Token-Ring) zu einem verbesserten Zeitverhalten. Beides ist dem Durchsatz für IP-Netze – speziell bei TCP – zuträglich [Abschnitt 3.4].

## 12.2 Punkt-zu-Punkt-Verbindungen mit PPP

Die 'nackten' IP-Pakete enthalten keine Bit für die Synchronisation (wie z.B. `Flag = 01111110`). Somit wäre es nicht möglich, sie auf einer Leitung zu entdecken. Für die Übertragung über eine physikalische Verbindung müssen die IP-Pakete in zusätzliche Frames mit *Synchronisationsbit* eingebettet werden. Man benötigt deswegen zusätzliche Protokolle, die den Transport der IP-Pakete über Punkt-zu-Punkt-Verbindungen ermöglichen. Hierfür stehen PPP (*Point-to-Point Protocol*) und SLIP (*Serial Line IP*) zur Verfügung, was aber nur noch historischen Charakter besitzt.

Das PPP (*Point-to-Point Protocol*) wird für die Übermittlung der Datenpakete verschiedener Protokolle der Netzwerkschicht (z.B. des IP) über physikalische bzw. virtuelle Punkt-zu-Punkt-Verbindungen verwendet. Die sog. PPP-Frames dienen als Umschläge für die Übermittlung der Datenpakete. PPP wird vor allem bei Remote Access Services eingesetzt. Mehrere RFC legen das Konzept des PPP und seinen Einsatz fest, wobei RFC 1661 das Basisverfahren spezifiziert. Es gibt eine Vielzahl von RFC, die den Transport von PPP-Frames in verschiedenen Netzen (z.B. Frame Relay, ATM, SDH) spezifizieren [`http://www.ietf.org/html.charters/pppext-charter.html`].

Protokollunterstützung

Im PPP-Frame wird die Identifikation des Protokolls angegeben, dessen Datenpaket im Frame enthalten ist. Somit lassen sich die Pakete verschiedener Netzwerkprotokolle (IP, IPX, ...) in PPP-Frames transportieren. Zusätzlich erlaubt das PPP neben der Unterstützung des SNACP (*SNA Control Protocol*) [RFC 2043] und einer direkten NetBEUI-Encapsulation NBFCP (*NetBIOS Frame Control Protocol*) [RFC 2097] auch einen sog. *Bridging-Mode* für die transparente Übertragung von MAC-Frames. Zum PPP gehören auch die Hilfsprotokolle

- PAP (*Password Authentication Protocol*) und
- CHAP (*Challenge Handshake Authentication Protocol*)

für die Benutzerauthentisierung.

PPP-Bedeutung

Das PPP ist ein Protokoll, das für die Übertragung von Information über alle Arten von Punkt-zu-Punkt-Verbindungen eingesetzt werden kann. Mit dem PPP kann die zu übertragende Information so ergänzt werden, dass man sie näher spezifizieren kann. Wie Abb. 12.2-1 illustriert, wird der zu übertragenden Information ein Feld `Protocol` vorangestellt, in dem die Bedeutung der Information näher spezifiziert wird. Falls die übertragene Information ein Datenpaket darstellt, wird im Feld `Protocol` angegeben, nach welchem Netzwerkprotokoll (z.B. IP, IPX etc.) das Datenpaket definiert ist. Falls die übertragene Information bestimmte Steuerungsangaben darstellt, spezifiziert das Feld `Protocol` auch die Bedeutung dieser Steuerung.

### 12.2.1 PPP-Dateneinheiten

Die übertragene Information zusammen mit dem Feld `Protocol` bildet eine PPP-Dateneinheit, die bei Bedarf mit zusätzlichen Füllbit ohne Bedeutung als *Padding* zu einer bestimmten Länge verlängert werden kann. Normalerweise ist das Feld `Protocol` 2 Byte lang. Wird die PPP-Dateneinheit aber in einer komprimierten Form übertragen, beträgt die Länge des `Protocol`-Felds ein Byte.

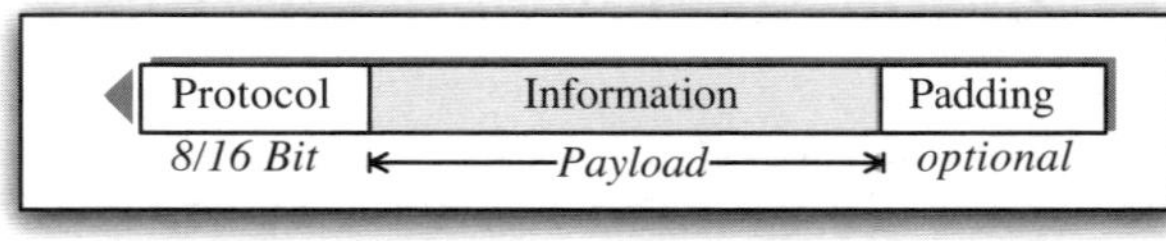


**Abb. 12.2-1:** Allgemeine Struktur der PPP-Dateneinheit

PPP-Payload

Folgende Gruppen von Protokollen mit unterschiedlichen PPP-Dateneinheiten im *Payload* können unterschieden werden:

| Nutzdaten | | Network Control Protocols (NPCs) | | Authentisierungs- und Link-Kontrollprotokolle | |
|---|---|---|---|---|---|
| `x'0021'` | Internet-Protocol, Version 4 (IPv4) | `x'8021'` | IPv4 Control Protocol IPv4 (IPCP) | `x'C021'` | Link Control Protocol (LCP) |
| `x'0031'` | PPP Bridging | `x'803F'` | NetBIOS Frame Control Protocol (NBFCP) | `x'C023'` | Password Authentication Protocol (PAP) |
| `x'003F'` | NetBIOS Frame Control Protocol | `x'804D'` | SNA Control Protocol (SNACP) | `x'C025'` | Link Quality Report |
| `x'0057'` | Internet-Protocol, Version 6 (IPv6) | `x'8057'` | IPv6 Control Protocol (IPv6CP) | `x'C223'` | Challenge Handshake Authentication Protocol (CHAP) |

**Tab. 12.2-1:** Gruppen von PPP-Dateneinheiten und ihre hexadezimale Wertzuweisung im Feld `Protocol`

Die Nummern der NPCs entsprechend Tab. 12.2-1 differieren bei den entsprechenden Netzwerkprotokollen nur in der ersten Stelle. Sie beginnen immer mit 8.

Das Feld `Information` in der PPP-Dateneinheit enthält die Daten (d.h. das Datenpaket bzw. die Steuerungsangaben) nach dem Protokoll, dessen Nummer im Feld `Protocol` enthalten ist [vgl. Abb. 12.2-4, Abb. 12.2-6, Abb. 12.2-8 und Abb. 12.2-9]. Die maximale Länge der Information zusammen mit Padding kann als Parameter `MRU` (*Maximum Receive Unit*) in der *Konfigurationsphase* des PPP festgelegt werden. Als Defaultwert werden 1500 Byte angenommen. Dies ist gerade die maximale Länge der MTU eines MAC-Frames in Ethernet-basierten LANs.

HDLC-basierte PPP-Frames

Die 'nackten' PPP-Dateneinheiten enthalten keine Bit für die Synchronisation (wie z.B. `Flag = 01111110`), und somit wäre es nicht möglich, sie auf einer Leitung zu entdecken. Für die Übertragung über eine physikalische Verbindung (z.B. über Satellitenverbindungen) müssen die in Abb. 12.2-1 gezeigten PPP-Dateneinheiten in zusätzliche Frames mit Synchronisationsbit eingebettet werden. Häufig werden hierfür Frames vom Sicherungsprotokoll HDLC (*High-Level Data-Link Control*) verwendet, die vergleichbar mit denen des Protokolls LLC sind [Abb. 12.2-1].

Abb. 12.2-2 zeigt die Struktur eines HDLC-Frames mit einer eingebetteten PPP-Dateneinheit. Wird eine PPP-Dateneinheit in einem HDLC-Frame transportiert, so spricht man von einem HDLC-basierten PPP-Frame und bezeichnet ihn auch als PPP/HDLC-Frame.

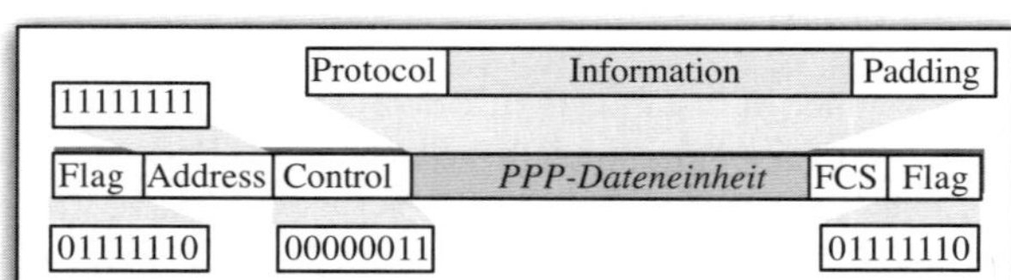


**Abb. 12.2-2:** Aufbau von HDLC-basierten PPP-Frames

Ein PPP/HDLC-Frame enthält folgende Felder:

- `Flag` (Frame-Begrenzung): Mit `Flag = 01111110` werden Beginn und Ende des Frames markiert.
- `Address`-Feld: Bei einer bestehenden Punkt-zu-Punkt-Verbindung über eine physikalische Leitung ist die Angabe der physikalischen Adresse des Kommunikationspartners im Frame nicht mehr notwendig. Daher enthält dieses Feld immer die Bitkombination `11111111` (`x'FF'`), die *All Station Address* genannt wird.
- `Control`-Feld (Steuer-Feld): Für die PPP-Frames wird eine Variante des Protokolls HDLC angewandt, bei der nur sog. *unnummerierte Frames* verwendet werden. Aus diesem Grund enthält das `Control`-Feld in PPP/HDLC-Frames immer `00000011` (`x'03'`).
- `FCS`-Feld (Frame Check Sequence): Dieses Feld enthält eine Frame-Prüffolge, die auf einem zyklischen Code basiert, und dient zur Entdeckung von Übertragungsfehlern in den Feldern `Address`, `Control`, `Protocol` und `Information`.

Stuffing/-Destuffing

Da für die beiden Flags eine spezielle Bitkombination `01111110` reserviert wurde, müssen besondere Maßnahmen ergriffen werden, um eine transparente Übertragung zu garantieren, d.h, um zu ermöglichen, dass die Bitkombination `01111110` innerhalb der Nutzdaten übertragen werden darf. Hierfür wird ein Verfahren verwendet, das man als *Bit Stuffing/Destuffing* bezeichnet. Dieses Verfahren besteht darin, dass ein zusätzliches Bit `0` jeweils nach der Bitkombination `11111` im Frame zwischen den beiden Flags an der Sendeseite hinzugefügt wird (*Bit Stuffing*). Umgekehrt wird ein Bit `0` jeweils nach der gleichen Bitkombination `11111` im Frame zwischen den beiden Flags an der Empfangsseite entfernt (*Bit Destuffing*).

### 12.2.2 PPP-Zustände

Nach dem PPP entsteht in Bezug auf den Datenaustausch eine logische Beziehung zwischen zwei kommunizierenden PPP-Instanzen, die als eine logische Datenverbindung (sog. *Data-Link-Verbindung*) angesehen werden kann. Diese Verbindung wird im Weiteren als *PPP-Verbindung* bezeichnet und setzt das Vorhandensein einer physikalischen Punkt-zu-Punkt-Verbindung voraus. Jede PPP-Verbindung muss auf- und abgebaut werden. Somit werden bestimmte Zustände (Phasen) im Ablauf des PPP definiert. Diese Zustände und die Übergänge zwischen ihnen werden in Form eines PPP-Zustandsdiagramms dargestellt [Abb. 12.2-3].

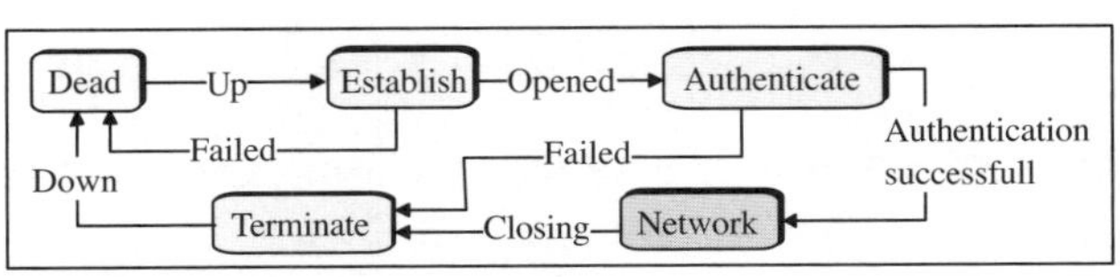


**Abb. 12.2-3:** PPP-Zustandsdiagramm

Die einzelnen PPP-Zustände sind wie folgt zu interpretieren:

- `Dead`: Dieser Zustand stellt die Anfangs- und die Endphase einer PPP-Verbindung dar.
- `Establish`: Dieser Zustand repräsentiert den Aufbau einer PPP-Verbindung. Hierfür werden die Pakete nach LCP (*Link Control Protocol*) als Information in PPP-Dateneinheiten übertragen. Die Pakete `Configure` von LCP enthalten sog. Konfi-

gurationsoptionen (*Configuration Options*) und ermöglichen es, die Parameter einer PPP-Verbindung zu setzen.

- `Authenticate`: In diesem Zustand erfolgt die Authentisierung, d.h. die Überprüfung der Authentizität des Benutzers, der die PPP-Verbindung initiiert. In dieser Phase wird normalerweise eines der beiden Authentisierungsprotokolle PAP (*Password Authentication Protocol*) bzw. CHAP (*Challenge Handshake Authentication Protocol*) verwendet.
- `Network` (genauer Network-Layer Protocol Phase): In diesem Zustand erfolgt die Konfiguration von Parametern des eingesetzten Netzwerkprotokolls (wie z.B. IPv4, IPv6, IPX, ...). Jedes Netzwerkprotokoll muss individuell konfiguriert werden. Der Ablauf der Konfiguration verläuft nach dem Protokoll NCP (*Network Control Protocol*). Jedes Netzwerkprotokoll verfügt über ein eigenes *Control Protocol* (CP): So hat z.B. IPv4 das IPCP, IPv6 das IPv6CP, IPX das IPXCP usw.
- `Terminate`: Dieser Zustand repräsentiert den Abbau einer PPP-Verbindung. Hierfür werden die Pakete vom LCP als Information in PPP-Dateneinheiten übertragen [Abb. 12.2-4].

## 12.2.3 LCP als Hilfsprotokoll von PPP

Das LCP (*Link Control Protocol*) stellt bestimmte Pakete zur Verfügung, die man zum Auf- und Abbau und zur Konfiguration einer PPP-Verbindung benötigt. Das LCP definiert elf unterschiedliche Nachrichten, die im Feld `Information` von PPP-Frames übertragen werden. Abb. 12.2-4 zeigt, wie die LCP-Pakete in PPP-Dateneinheiten eingebettet werden und wie sie strukturiert sind.

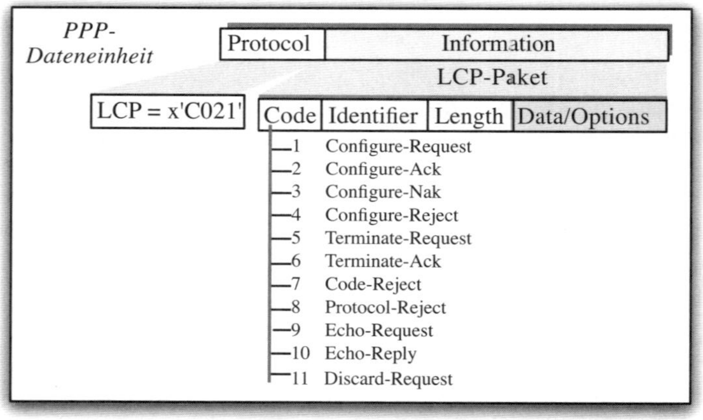


**Abb. 12.2-4:** LCP-Pakete in PPP-Dateneinheiten

Ein LCP-Paket enthält folgende Felder:

- `Code` (1 Byte): Hier wird die Bedeutung des LCP-Pakets durch eine Nummer angegeben.
- `Identifier` (1 Byte): Dieses Feld dient der Zuordnung von Antworten der Gegenseite (*Replies*) zu den abgeschickten Anforderungen (*Requests*).
- `Length` (2 Byte): Hier wird die Länge des LCP-Pakets angegeben.

- `Data` bzw. `Options` (n Byte): Dieses Feld enthält die Angaben des LCP-Protokolls als Daten bzw. in Form festgelegter Optionen.

Es sind folgende Klassen der LCP-Pakete zu unterscheiden:

- LCP-Pakete für den Aufbau und die Konfiguration von PPP-Verbindungen: `Configure-Request`, `Configure-Ack`, `Configure-Nak` und `Configure-Reject`,
- LCP-Pakete für den Abbau von PPP-Verbindungen: `Terminate-Request` und `Terminate-Ack`,
- LCP-Pakete für das Management und die Fehlerbeseitigung: `Code-Reject`, `Protocol-Reject`, `Echo-Request`, `Echo-Reply` und `Discard-Request`.

Configure-Pakete

Die `Configure`-Pakete für den Aufbau und die Konfiguration von PPP-Verbindungen enthalten bestimmte Steuerungsangaben in Form sog. *Configuration Options*. Deren Aufbau zeigt Abb. 12.2-5. Die einzelnen Configuration Options haben folgende Bedeutung:

- `Maximum Receive Unit`: Mit dieser Option wird die Paketlänge angegeben, die an der Empfangsseite aufgenommen werden kann. Der Standardwert hierfür beträgt 1500 Byte.
- `Authentication`: Mit dieser Option wird angegeben, welches Protokoll zur Authentisierung verwendet wird. Hierbei kommen u.a. in Frage: PAP, CHAP, EAP (*Extensible Authentication Protocol* [Abschnitt 14.1]), Microsoft-CHAP (MS-Chap).
- `Quality Protocol`: Diese Option gibt an, welches Protokoll man zur Qualitätsüberwachung der PPP-Verbindung verwendet. Zurzeit wird nur das Protokoll *Link Quality Report* unterstützt.
- `Magic Number`: Diese Option enthält eine zufällige Zahl. Sie wird verwendet, um bestimmte Anomalien auf der Verbindung zu entdecken.
- `Protocol Field Compression` (PFC): Standardmäßig ist das Feld `Protocol` in der PPP-Dateneinheit 2 Byte lang [Abb. 12.2-1]. Diese Option wird verwendet, um die Gegenseite darüber zu informieren, dass die zu einem Byte komprimierte Form des Felds `Protocol` verwendet werden soll.
- `Address and Control Field Compression` (ACFC): Diese Option wird verwendet, um die Gegenseite zu informieren, wie die Felder `Address` und `Control` in HDLC-basierten PPP-Frames komprimiert werden sollen.

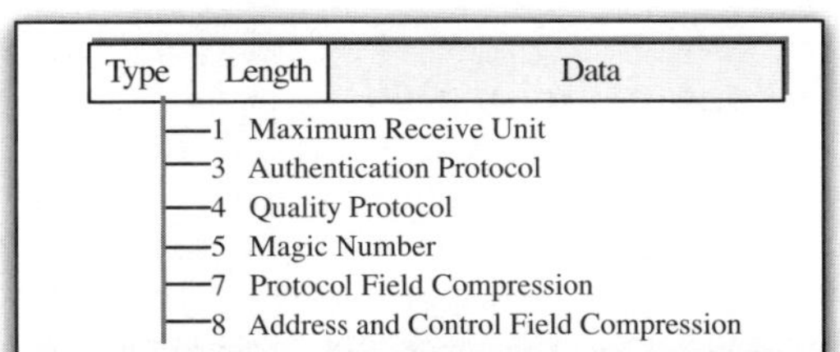


**Abb. 12.2-5:** Configuration Options in `Configure`-LCP-Paketen

## 12.2.4 IPv4 Control Protocol (IPCP) bei PPP

Das IPCP stellt bestimmte Pakete zur Verfügung, mit denen man eine PPP-Verbindung für die Übermittlung der IP-Pakete konfigurieren kann. Das IPCP verwendet einige Pakete des LCP [Abb. 12.2-4]:

- Konfiguration der PPP-Verbindung: `Configure-Request`, `Configure-Ack`, `Configure-Nak` und `Configure-Reject`,
- Abbau der PPP-Verbindung: `Terminate-Request` und `Terminate-Ack`,
- Fehlerbeseitigung: `Code-Reject`.

Diese IPCP-Pakete werden im Feld `Information` von PPP-Dateneinheiten übertragen. Wie Abb. 12.2-6 zeigt, werden die IPCP-Pakete genau so wie die LCP-Pakete aufgebaut [Abb. 12.2-4].

Configuration Options

Die IPCP-Pakete vom Typ `Configure` können u.a. folgende *Configuration Options* enthalten:

- `IP-Compression-Protocol`: Mit dieser Option wird angegeben, welches Verfahren zur Komprimierung der IP-Pakete verwendet wird. Hier verwendet man das Van-Jacobson-Verfahren [RFC 1144] bzw. das *DEFLATE Compressed Data Format* [RFC 1951, 1979].
- `IP Address`: Diese Option wird verwendet, um die dynamische Vergabe von IP-Adressen zu ermöglichen.

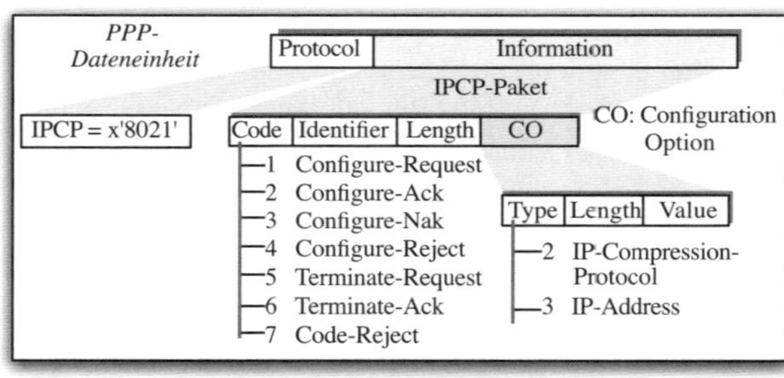


**Abb. 12.2-6:** IPCP-Pakete und deren Configuration Options

## 12.2.5 Protokollablauf beim PPP

Eine PPP-Verbindung stellt eine Vereinbarung zwischen zwei PPP-Instanzen in Bezug auf den Datenaustausch dar. Eine Vereinbarung kann als logische Datenverbindung angesehen werden, die das Vorhandensein einer physikalischen Verbindung voraussetzt.

Phase Establish

**Beispiel**: Abb. 12.2-7 zeigt den Ablauf von PPP. Der Aufbau einer PPP-Verbindung (Phase: *Establish* [Abb. 12.2-3]) erfolgt nach LCP mittels der `Configure`-Pakete.

CO

Im Paket `Configure-Request` können Parameter der PPP-Verbindung als *Configuration Options* (CO) angegeben werden. Die CO-Typen wurden in Abb. 12.2-5 aufgelistet.

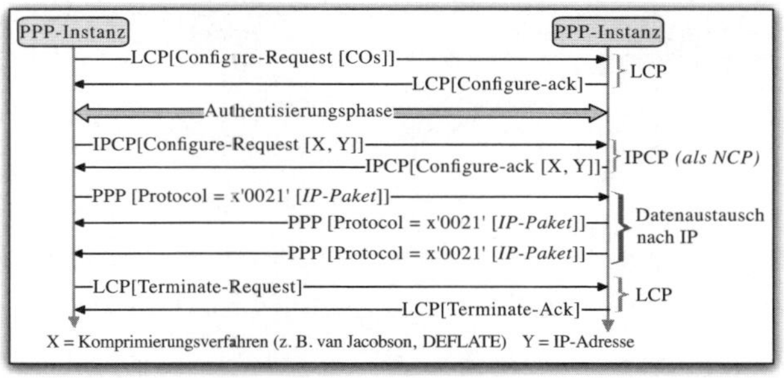


**Abb. 12.2-7:** Beispiel für einen Ablauf des Protokolls PPP

Werden die angeforderten Parameter von der Gegenseite vollständig angenommen, wird dies mit dem Paket `Configure-Ack` (*Acknowledgement*) bestätigt.

Werden nicht alle Parameter vom Paket `Configure-Request` angenommen, wird dies mit dem Paket `Configure-Nak` (*Negative acknowledgment*) mitgeteilt. Wird der Verbindungsaufbau abgewiesen, sendet die Gegenseite das Paket `Configure-Reject`.

Phase *Authenticate*

Nach der Phase *Establish* kann die Authentisierung des Benutzers erfolgen. Dies wird im PPP-Protokoll als Phase *Authenticate* bezeichnet [Abb. 12.2-3]. Der Verlauf dieser Phase richtet sich entweder nach PAP oder CHAP.

Phase *Network*

In der nächsten Phase *Network* werden die Parameter der eingesetzten Netzwerkprotokolle konfiguriert. Für jedes Netzwerkprotokoll wird ein entsprechendes Control Protocol verwendet. Abb. 12.2-7 zeigt den Ablauf der Konfiguration des Protokolls IPv4 unter Einsatz des *Control Protocol IPCP* [Abb. 12.2-6]. Die geforderten Einstellungen werden im IPCP-Paket `Configure-Request` und mit der Angabe `Configuration Options` (z.B. von IP-Compression-Protocol, IP Address) an die Gegenseite übermittelt. Akzeptiert die Gegenseite die angeforderten Parameter, wird dies mit dem IPCP-Paket `Configure-Ack` bestätigt.

Nach der Phase `Network` [Abb. 12.2-3] des PPP findet der Datenaustausch nach IPv4 statt. Hier werden die PPP-Frames mit der Angabe `Protocol = x'0021'` (d.h. Protokoll IPv4) übermittelt. Das Feld Information in den PPP-Dateneinheiten wird mit IP-Paketen belegt.

Phase *Terminate*

Der Abbau der PPP-Verbindung (Phase *Terminate*) erfolgt nach dem LCP. Hierfür werden dessen `Terminate`-Pakete verwendet.

## 12.2.6 Benutzerauthentisierung

PPP definiert zwei verschiedene Möglichkeiten der Authentisierung von Benutzern, die nach den folgenden Protokollen verlaufen:

- *Password Authentication Protocol* (PAP),
- *Challenge Handshake Authentication Protocol* (CHAP).

Die Authentisierung ist Teil des LCP und erfolgt nach der Verbindungsaufbauphase [Abb. 12.2-7]. Beim Aufbau einer PPP-Verbindung ist eine Authentisierung lediglich optional.

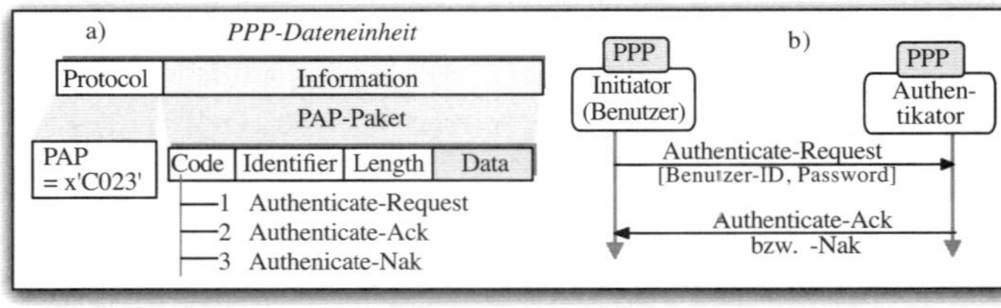


**Abb. 12.2-8:** Konzept des PAP: a) PAP-Paket, b) Ablauf der Authentisierung

PAP

Wie Abb. 12.2-8a zeigt, legt das PAP drei Pakete fest, die im Feld Information von PPP-Dateneinheiten übertragen werden. Die Authentisierung nach dem PAP illustriert Abb. 12.2-8b. Die Authentisierung erfolgt hier durch die Angaben `Benutzer-ID` (*Identification*) und `Password`. Diese Angaben werden im PAP-Paket `Authenticate-Request` vom *Initiator* an den *Authenticator* als *Responder* übermittelt, wobei `Password` im Klartext übertragen wird. Der Responder sendet das Paket `Authenticate-Ack` mit `Benutzer-ID` und `Password` zurück, falls die Authentisierung erfolgreich war. Falls diese fehlgeschlagen ist, wird dies mit dem Paket `Authenticate-Nak` mitgeteilt und die Verbindung vom Responder abgebrochen. Dieses ungeschützte Verfahren sollte nur auf verschlüsselten Datenverbindungen (per TLS [Abschnitt 6.2]) vorgenommen werden.

CHAP

CHAP wird in RFC 1994 beschrieben. Wie Abb. 12.2-9a zeigt, definiert das CHAP vier Pakete, die im Feld Information von PPP-Dateneinheiten übertragen werden.

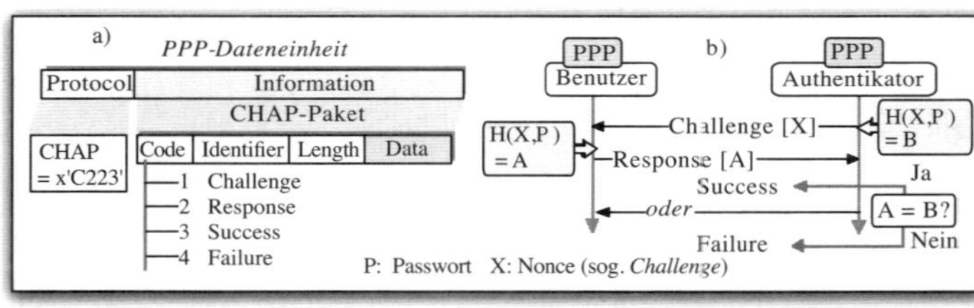


**Abb. 12.2-9:** Konzept des CHAP: a) CHAP-Paket, b) Ablauf der Authentisierung

Authentisierung mittels CHAP

**Beispiel**: Den Ablauf der Authentisierung nach CHAP illustriert Abb. 12.2-9b. Beim CHAP erfolgt keine Übertragung des Passworts im Klartext. Hierbei verwendet man zusätzlich zu einer Hashfunktion *H* [Abschnitt 1.6.2] die Kombination eines *Nonce* `X` (sog. *Challenge*) und des Passworts `Y` des Benutzers. Das Challenge `X` sollte eine genügend grosse Informationsmenge besitzen und für andere nicht vorhersehbar sein. Initiator und Authentikator verwenden die gleiche Hashfunktion *H*, was bereits aus der Länge des Hashwerts hervorgeht.

Nach dem Ablauf der Phase *Establish* [Abb. 12.2-3], also nach dem Aufbau der PPP-Verbindung, wird beim Authentikator das Nonce `X` erzeugt und im Paket `Challenge` an den Initiator übergeben. Die Authentisierung basiert auf dem Passwort `P` des Initiators, das nur ihm und dem Authentikator bekannt ist. Beim Initiator wird die Hashfunktion *H* auf die empfangene Zufallsfolge `X` und dessen Passwort `P` angewandt. Das Ergebnis `A` wird im Paket `Response` an den Authentikator zurückgesandt. Dort vergleicht man das Initiator-Ergebnis `A` mit dem dort erzielten Ergebnis `B`, das nach der Durchführung der gleichen Einwegfunktion *H* entsteht. Sind die beiden Ergebnisse identisch, ist die Authentisierung erfolgreich und wird vom Authentikator mit dem Paket `Success` bestätigt. In allen anderen Fällen wird ein `Failure`-Paket gesendet und die PPP-Verbindung abgebrochen.

Die Authentisierung nach dem CHAP kann auch während einer bestehenden PPP-Verbindung durchgeführt werden, ohne dass der Datenaustausch davon betroffen ist. Dieser Prozess ist somit nicht nur auf die Verbindungsaufbauphase beschränkt. Als Hashfunktion wird hauptsächlich der MD5-Algorithmus genutzt [RFC 1321].

## 12.3 Grundlagen der WLANs

Ein Großteil des IP-Datenverkehrs wird heute von Endgeräten in Anspruch genommen, die entweder per WLAN oder über UMTS (und verstärkt LTE) ans Internet angeschlossen sind. Ohne diesen drahtlosen Zugang wäre ein *Internet der Dinge*, wie es oft herbeigeredet wird, nicht zu realisieren. Daher wollen wir die Spezifika der IP-Kommunikation über WLANs entsprechend IEEE 802.11 kurz darstellen, da dies die dominierende drahtlose Netztechnologie ist.

Wie ursprünglich auch bei Ethernet, so lassen sich die Grundlagen der Wireless-LANs auf zwei unterschiedliche Quellen zurück verfolgen:

- Dem Standard IEEE 802.11 als Teil der 802.x Protokollfamilie, die die Grundlagen der Bitübertragung und der Sicherungsschicht beschreibt, sowie
- der *Wi-Fi Alliance* als Industriekonsortium, die sich als *Wire Fidelity* verstehen und maßgeblich für die Entwicklung der *Wire Equivalent Privacy* WEP und *Wi-Fi Protected Access* (WPA) war.

Wir wollen folgende Teilbereiche der WLAN-Technologie betrachten:

1. Die Topologie bzw. der Betriebsmode der WLAN-Netzwerke.
2. Die MAC-Layer und das Client-Management beim Eintritt in eine Funkzelle.
3. Die Verschlüsselungstechnik WEP.
4. Die aktuelle Verschlüsselungstechnik WPA/WPA2 und ihre Verknüpfung mit dem
5. *Extensible Authentication Protocol* (EAP) bzw. IEEE 802.1X, deren Diskussion wir im Abschnitt 13.1 fortführen.

Der IEEE 802.11-Standard umfasst folgende Elemente:

- Schicht 1: *Bitübertragung*
  Optische oder Funkübertragung auf unterschiedlichen Funkkanälen mit verschiedenen Kodierungsarten, Modulationsverfahren und Übertragungsleistungen. Es werden feste Timeslots für die Sendungen festgelegt (*Senderecht*). Die Kommunikation ist bei den aktuellen Standards *halb-duplex*. Damit WLAN-Komponenten, die unterschiedliche Implementierungen auf der physikalischen Schicht haben (z.B. IEEE 802.11g und 802.11n), zusammen arbeiten können, nutzt der Standard das *Physical Layer Convergence Protocol* (PLCP).
- Schicht 2: *Data-Link Layer*
  Aufbau der MAC-Frames, Arten von MAC-Frames; Zugriffsverfahren *CSMA/CA*; Ablauf der *Assoziation*; Definition des *Wireless Distribution Systems* (WDS); *Quality of Service* (QoS) bei WLANs. Um eine ausreichende Übertragungssicherheit auch bei schlechten physikalischen Übertragungsverhältnissen sicherzustellen, nutzt IEEE 802.11 einen *Acknowledgement*-Mechanismus zum Quittieren der empfangenen MAC-Frames. Im Gegensatz zu

den üblichen kabelgebundenen LANs arbeitet ein IEEE 802.11-WLAN somit auf Schicht 2 verbindungsorientiert.

**Bemerkung**: Außerhalb des Kontexts des OSI-Referenzmodells wird beim Standard IEEE 802.11i die Frage der *Privacy* und der *Authentisierung* bei der Datenübertragung über Wireless-LANs behandelt.

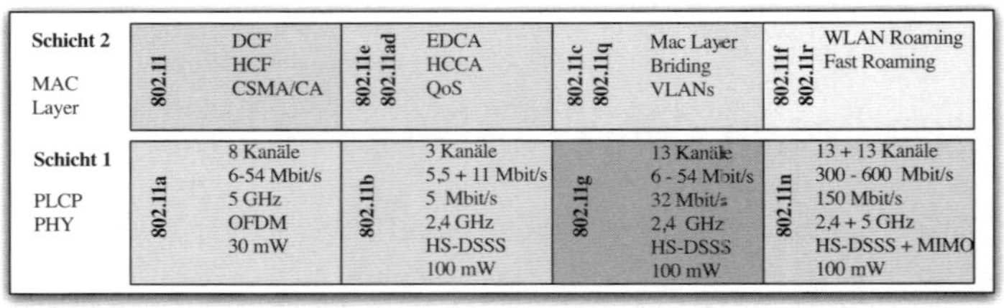


**Abb. 12.3-1:** Komponenten des WLAN-Standards im Schichtenmodell
PLCP: Physical Layer Convergence Protocol, DCF: Distributed Coordination Function, HCF: Hybird Coordination Function, EDCA: Enhanced Distributed Channel Access, HC-CA: HCF Controlled Channel Access, QoS: Quality of Service, OFDM: Orthogonal Frequency Division Multiplexing, HF-DSSS: High-Frequency Direct-Sequence Spread-Spectrum, MiMo: Multiple Input/Multiple Output

Aus Abb. 12.3-1 wird ersichtlich, dass der WLAN-Standard überaus 'reichhaltig' ist. Viele (Teil-)Standards wurden vorgeschlagen und wieder verworfen, sodass die Implementierung teilweise miteinander inkompatibel sind. Die hier dargestellten Komponenten geben den Stand des Jahres 2010 wieder; die WLAN-Standardisierung schreitet aber kontinuierlich fort, und augenblicklich werden bereits Implementierungen vorgeschlagen, die sowohl eine Vollduplexverbindung als auch Datenraten bis 1 GBit/s ermöglichen. Einen aktuellen Stand der Entwicklung findet sich unter `http://grouper.ieee.org/groups/802/11/`.

## 12.3.1 WLAN-Betriebsarten

Bei WLANs können unterschiedliche Betriebsmodi genutzt werden:

- *Ad-Hoc-Mode*, durch den sich Endgeräte mit WLAN-Karten verbinden können (*Peer-to-Peer*-Netze). Die einzelnen WLAN-Stationen agieren hierbei sowohl als WLAN-Client als auch als Anbieter (*Access Point*).
- *Infrastruktur Mode*, der darauf basiert, dass sich Endgeräte an einem *Access Point* (AP) Kontakt aufnehmen, der das Netzwerk steuert. Der AP besitzt in dieser Betriebsart häufig einen direkten Zugang zum Internet, so wie dies bei der Heimvernetzung der Fall ist.
- *Erweiterter Infrastruktur Mode*:
  Der AP ist hierbei in der Regel selbst an einem kabelgebundenen Netz (*Ethernet*) angeschlossen, und es wird mit anderen APs ein WLAN aufgebaut, in dem der Nutzer von Funkzelle zu Funkzelle wandern kann (*Roaming*), ohne dass die Verbindung abbricht, bzw. die WLAN-Sitzung von einem AP zum anderen übertragen werden kann.

### Infrastruktur Mode

Im Infrastruktur-Mode ist der AP der *Master* für die drahtlos verbundenen Stationen:

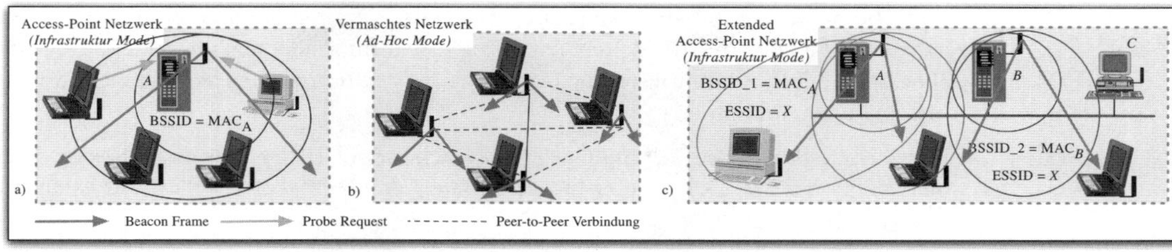


**Abb. 12.3-2:** WLAN-Betriebsmodi: a) Access-Point Netzwerk, b) Peer-to-Peer Netzwerk, c) Erweiterter Infrastruktur Mode mit den WLAN-Stationen *A* und *B* sowie dem am Ethernet angeschlossenen Rechner *C*
BSSID: Basic System Set Id, ESSID: Extended System Set Id

- Die (Funk-)Reichweite des Netzwerks stellt eine *Zelle* dar, und
- die erreichbaren Stationen bilden ein *Basic Service Set* (BSS)
- gegenüber denen sich der AP durch einen `BSSID` ausweist mit einer Länge von 8 Byte bzw. 48 Bit, die seiner (logischen) WLAN-MAC-Adresse entspricht.

Ein *Extended Service Set* (ESS) liegt dann vor, wenn mehrere Access Points, die entweder per Kabel [Abb. 12.3-2c] oder über WLAN verbunden sind, ein gemeinsames logisches WLAN-Netz bilden, was auch als *Wireless Distribution System* (WDS bzw. kurz auch als DS) bezeichnet wird. Der Verbund von AP im *Distribution System* kann als logisches Netzwerk aufgefasst werden und identifiziert sich gegenüber den WLAN-Clients durch einen gemeinsamen Name, der *ESSID* (*ESS Identifier*) [Abb. 12.3-2c], der den Clients als maximal 32-Zeichen lange Zeichenkette per *Beacon-Frames* mitgeteilt wird. Innerhalb des ESS-Netzwerks werden die 'angeschlossenen' Clients gemeinsam verwaltet und die Informationen über das DS-Netzwerk ausgetauscht, was über (proprietäre) IAPP-Nachrichten (*Inter Access Point Protocol*) geschieht. ESS ESSID

Die Clients können sich im ESS-Netzwerk bewegen, indem bei gleicher `ESSID` lediglich die `BSSID` gewechselt wird. Der WLAN-NIC wählt in der Regel den AP aus, der die beste Signalqualität liefert. Zudem kann der AP den Clients mitteilen, welche Funkkanäle belegt bzw. frei sind. Roaming

## 12.3.2 Beitritt zum WLAN

Ein *Access Point* (*Hotspot*[2]) verrät seine Existenz für diese Funkzelle durch die periodische Ausstrahlung von *Beacon-Frames*, was alle 102,4 ms erfolgt [Abb. 12.3-1a]. Die *Beacon-Frames* identifizieren ein verfügbares WLAN-Funknetzwerk und enthalten Beaconing Beacon-Frames

- die `BSSID` des *Access Points*,
- die *logische Kennung des Netzwerks* mittels der `ESSID`.

Empfängt ein Client den *Beacon-Frame*, sendet dieser eine Nachricht `Probe Request` [Abb. 12.3-1a] aus, der die `ESSID` enthält, für die sie konfiguriert ist und zusätzlich die von der Netzwerkkarte möglichen Übertragungsraten. Ist keine `ESSID` im 'Profil' des WLAN-Adapters konfiguriert, werden die verfügbaren Funknetzwerke einfach registriert und ggf. dem Benutzer mitgeteilt. Probe Request

[2] als PWLAN in [Abb. 13.1-1]

Probe Response

Trifft beim AP ein `Probe Request` ein, wird dieser mit einer Nachricht `Probe Response` beantwortet, der dem potenziellen Client Informationen über die `ESSID`, eine *Timestamp* zur Synchronisation, die *Capability Information*, *Supported Rates* und weitere Informationen mitteilt.

Association Request

Der Client teilt nun dem AP mittels der Nachricht `Association Requests` seine Parameter bzgl. der `BSSID`, der unterstützten Bitraten, den verfügbaren WLAN-Kanälen und andere mit.

Association Response

Der AP bestätigt die Aufnahme ins WLAN mit einem `Association Response`, indem er dem Client den Handshake mit seiner *Association ID* (AID), sowie in Antwort auf `Association Request` seine *Capability Information* und *Supported Channels* zusammen mit einem *Status Code* übermittelt.

Frameklassen

Ein zentrales Konzept von WLANs nach IEEE 802.11 besteht darin, dass ein WLAN-Client genau in einem von drei Zuständen sein kann, der durch seine zugeordnete *Frameklasse* beschrieben wird:

- *Nicht assoziiert*: Der WLAN-Client ist weder assoziiert noch authentisiert.
  - Mittels der *Probe Frames* kann der WLAN-Client jedoch die Eigenschaften der Funkzelle (z.B. verfügbare Funkkanäle) ermitteln und zudem die *Beacon-Frames* analysieren.
  - Zudem stehen die meisten *Control Frames* für die Verbindungsaufnahme zur Verfügung ⇒ *Frameklasse* 1.
- *Authentisiert*: Die WLAN-Station möchte ist gegenüber dem Access Point durch einen gemeinsamen *Schlüssel* authentisiert ⇒ *Frameklasse* 2.
- *Assoziiert*: Die Station ist *authentisiert* und als Mitglied in die Funkzelle aufgenommen ⇒ *Frameklasse* 3.

Wir wollen uns nun die unterschiedlichen, beim WLAN gebräuchlichen Frametypen genauer anschauen.

### 12.3.3 WLAN MAC-Frame: MSDU

Frametypen

Das auf dem CSMA/CA-Verfahren basierende WLAN-Protokoll nutzt je nach Aufgabe unterschiedliche Frametypen, die als *Management Service Datagram Units* (MSDU) über die Funkkanäle übertragen werden. Allgemein unterscheidet man *Null-*, *Control-*, *Management-* und *Datenframes*:

- `Data`: *Datenframes* dienen zum Austausch der Nutzinformation und beinhalten den *Payload* als sog. *MAC Protocol Data Unit* (MPDU), die in heutigem Verständnis grundsätzlich verschlüsselt wird.
- `Null`: *Nullframes* beinhalten keine Nutzinformation, dienen aber zum Austausch von Statuswechselinformationen (z.B. Power-Mode) zum Access Point.
- `Control`: *Kontrollframes* realisieren für das CSMA/CA-Verfahren notwendige Funktionen:
  - `Request-to-Send` Frame
  - `Clear-to-Send` Frame
  - `Acknowledgement` Frame

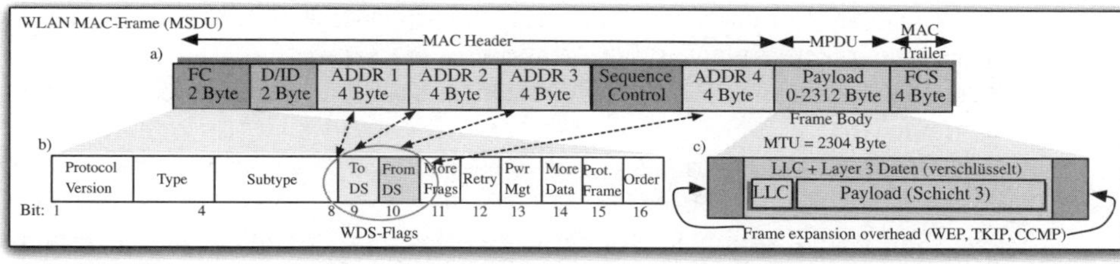


**Abb. 12.3-3:** Allgemeiner Aufbau von a) WLAN MSDU b) des Frame Control (FC) Feldes und c) der MSDU
D/ID: Duration/Identification, FCS: Frame Check Sequence, Pwr. Mgt.: Power Management, Prot. Frame: Protected Frame, WDS: Wireless Distribution System, LLC: Logical Link Control

  - `Power-Save-Poll` Frame
  - `Contention-Free` Frame
  - `CF-End + CF-Ack` Frame
- `Management`: Nachrichtenframes zur Mitteilung der Eigenschaften bzw. Anforderungen des Access Point, z.B. hinsichtlich der *Authentication*, der `Association`, der `Probe Requests`, und *Beacon Frames* sowie solche zum Verlassen des WLAN-Verbunds (`Disassociation`) werden mittels *Management-Frames* übertragen.

WLAN MAC-Frames enthalten folgende Felder [Abb. 12.3-3a]:

WLAN MAC-Framefelder

- **FC** *Frame Control* mit erweiterten Steuerungsinformationen.
- **Duration** (D) bzw. **Identification** (ID) gibt die Dauer der Übertragung an.
- **MAC-Adressen** in Ergänzung der eigenen MAC-Adresse können hier bis zu drei Zieladressen eingebettet werden [Tab. 12.3-1].
- **Sequence** zur Überprüfung der möglichen Fragmente eines Frames: Zur weiteren Identifizierung der Fragmente beseht es aus zwei Teilen:
  - `Fragmentnummer`
  - `Sequenznummer`
- **FCS** als polynomiale Prüfsumme (CRC-32) zum Integritätscheck des Frames.

Das Feld `Frame-Control` (FC) verfügt über [Abb. 12.3-3b] folgenden Aufbau:

Aufbau des Frame Control Feldes

- **Protokollversion**: Mitteilung über den verwendeten 802.11X-Standard.
- **Type** und *Subtype* zur Identifikation von Daten-, Control- und Management-Frames mit 2 und 4 Bit Länge.
  - Management-Frames dienen zur *Assoziierung* zum Access Point.
  - Control-Frames werden zum Medienzugriff verwendet, d.h. um Sendegenehmigungen anzufragen.
  - Data-Frames werden zur Übermittlung der Nutzinformation eingesetzt.
- **ToDS** wird gesetzt, falls das Frame im *Distribution System* weiterleitet werden soll. Ein WLAN-Client setzt dieses Bit (*DS*) immer auf '1'.
- **FromDS** ist gesetzt, falls das Frame aus dem *Distribution System*. Im *Ad-Hoc*-Modus sind beide Bit auf '0' gesetzt.
- **More Fragments** wird gesetzt, falls ergänzende Fragmente zu übertragen sind.

- **Retry** zeigt an, dass das aktuelle Fragment eine erneute Sendung eines zuvor übertragenen (und sicher verlorenen) Fragments ist.
- **Power Management** teilt mit, dass die Station dieses Fragment im Stromsparmodus übermittelt hat.
- **More Data** im Stromsparmodus wird vom Client gesetzt, falls noch weitere Frames für den *Access Point* vorliegen.
- **Protected Data** übermittelt die Information, dass ein Verschlüsselungsalgorithmus zum Schutz des Payloads verwendet wurde.
- **Order** zeigt an, dass das gesendete Frame in geordneter Reihenfolge übertragen wurde (*Strictly-Ordered service class*).

Die in Datenframes transportierte *MAC Protocol Data Unit* (MPDU) [Abb. 12.3-3b] kann entsprechend [Abb. 12.3-4] einen unterschiedlich verschlüsselten Inhalt aufweisen.

### MAC-Adressen in WLAN-Frames

Im IEEE 802.11-WLAN-Frame können maximal vier MAC-Adressen untergebracht werden, wobei zwei die Ziel- und Quelladresse darstellen und die beiden zusätzlichen MAC-Adressen die `BSSID` der AP im *Wireless Distribution System* (WDS) beinhalten [Abb. 12.3-3a]:

- **SA** *Source Address*: MAC-Adresse des Erzeugers des Frames
- **DA** *Destination Address*: MAC-Adresse des letztlichen Empfängers des Frames
- **TA** *Transmit Address*: MAC-Adresse des Senders des Frames im WLAN
- **RA** *Receiver Address*: MAC-Adresse des Empfängers des Frames im WLAN
- **BSSID** *Basic Service Set Identifier*: Die Identifikationsadresse des Acccess Points; möglicherweise eine 'virtuelle' MAC-Adresse bzw. eine EUI-64-Adresse.

Welche MAC-Adressen ein WLAN-Frame enthält, lässt sich über die FC-Flags `ToDS` und `FromDS` mitteilen, die entsprechend Tab. 12.3-1 folgende Bedeutung besitzen (vgl. Abb. 12.3-2c):

| Fall | ToDS | FromDS | Addr1 | Addr2 | Addr3 | Addr4 |
|---|---|---|---|---|---|---|
| 1 | 1 | 0 | RA = BSSID_1 | TA = SA | DA | N/A |
| 2 | 1 | 1 | RA = BSSID_2 | TA = BSSID_1 | DA | SA |
| 3 | 0 | 1 | RA = DA | TA = BSSID | DA | N/A |
| 4 | 0 | 0 | RA = DA | TA = SA | BSSID | N/A |

**Tab. 12.3-1:** Befüllung der MAC-Adressfelder im WDS
Bedeutung von DA, SA, RA, TA und `BSSID` wie im Text; N/A = Not Available

Fälle 1 und 2 entsprechen der üblichen Kommunikation im Infrastruktur-Mode [Abb. 12.3-2a]. Der Fall 3 ist dann wirksam, wenn vom WLAN-Netz aus (Broadcast-)Nachrichten ins Ethernet geschickt werden sollen [Abb. 12.3-2c]. Der Fall 4 wird genutzt beim Versenden von Management-Frames.

### Aufbau der WLAN MPDU

Der in IEEE 802.11 (1999) beschriebene WLAN- (oder WiFi-) Standard umfasst auch die Verschlüsselung mittels *Wireless Equivalent Privacy* (WEP):

> *"The service is intended to provide functionality for the wirelesss LAN equivalent to that provided by the physical security attributes inherent to a wired medium."*

Aus diesem Grund sieht das WLAN-MAC-Frame die Übertragung verschlüsselter MPDU vor, was mittels des FC-Flags *Protected Data* gekennzeichnet wird. Da das WLAN unterschiedliche Verschlüsselungsalgorithmen zulässt, kommen folgende – unterschiedliche – MPDU-Aufbauten in Betracht: Verschlüsselte MPDU

- Unverschlüsselte MPDU, wobei das Flag `Protocted Data = 0` gesetzt ist.
- Mit WEP verschlüsselte MPDU [Abb. 12.3-4a], die als kompromittiert gilt. WEP nutzt die RC4 Stromchiffren-Verschlüsselung [Abb. 1.6-4] mit einem 40 (*WEP40*) bzw. 104 Bit (*WEP128*) langen Schlüssel. WEP
- Unter Einsatz von *Temporal Key Integrity Protocol* (TKIP) [Abb. 12.3-4a] verschlüsselte MPDU, wie dies beim *Wireless Protected Access* (WPA) genutzt wird. Auch WPA setzt auf RC4 auf; nur läuft das Verfahren deutlich komplexer ab und bietet eine verbesserte Integritätsprüfung des Payload mittels des *Michael-MIC*. WPA
- Das sicherste Verfahren wird auf Grundlage von *WPA2* mit einer blockweisen AES-Verschlüsselung für den Payload sowie dessen Absicherung mittels CCMP (*Counter Mode Cipher Block Chaining Message Authentication Code Protocol*) realisiert [Abb. 12.3-4a]. WPA2

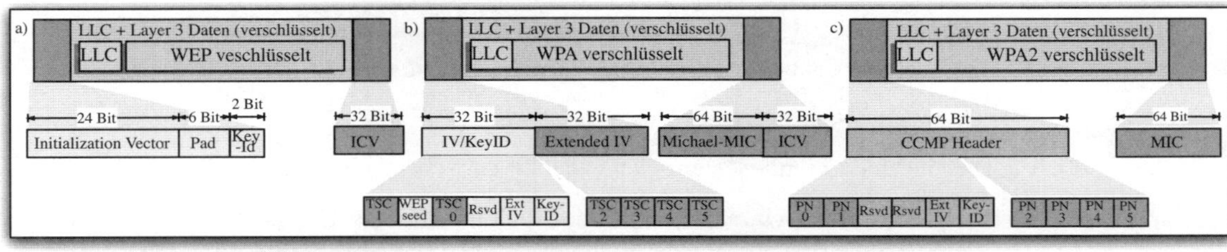


**Abb. 12.3-4:** Kryptografisch gesicherte MPDU: a) mit WEP, b) mit WPA (TKIP) und c) mit WPA2 (CCMP)
LLC: Logical Link Control, ICV: Integrity Check Value, ID: Identification, TSC: TKIP Sequence, MIC: Message Integrity Check, IV: Initialization Vector, CCMP: Counter Mode CBC Message Authentication Code Protocol, PN: Packet Number, Rsvd: Reserved

**Bemerkung**: An dieser Stelle müssen wir leider auf eine ausführliche Darstellung verzichten, wie die eigentliche Verschlüsselung und der Schutz des Payloads in WLAN-Frames vorgenommen wird, und verweisen auf die Literatur [WCMM11], [Rec04].

Welche Verschlüsselungstechnik genutzt wird, handelt die WLAN-Station und der Access Point im Verlauf der *Assoziation* aus wobei in der Regel der AP unterschiedliche Verfahren anbietet. In jedem Fall muss der AP den Payload zur Weiterreichung ins lokale Ethernet-Netzwerk bzw. ins IP-Netz entschlüsseln. Die Verschlüsselung der Daten bezieht sich daher immer nur auf die 'Luftstrecke' zwischen WLAN-Client und AP.

Der Schlüsseltausch zwischen den Kommunikationspartnern kann entweder statisch oder dynamisch erfolgen:

- Feste Schlüssel (z.B. der WPA2-Schlüssel an der *FritzBox*) dienen sowohl zur Ver- bzw. Entschlüsselung, aber auch zur Authentisierung und Autorisierung des WLAN-Clients. D.h. dem Besitzer des WLAN-Schlüssels ist somit gestattet, das WLAN zu benutzten.
- Dynamische, d.h. temporär gültige Sitzungsschlüssel, verlangen einen besonderen Authentisierungsmechanismus, der in Form des *Extensible Authentication Protocols* (EAP) vorliegt [Abschnitt 14.1]. Erst nach erfolgreicher Authentisierung erfolgt die

eigentliche Schlüsselerzeugung. Dies wird auch oft als 'Unternehmensverschlüsselung' bezeichnet.

### 12.3.4 Kommunikation zwischen WLAN und Ethernet

Access Points besitzen in der Regel neben der 'Luftschnittstelle' auch einen Ethernet-Anschluss, der zur Anbindung an einen IP-Router und damit ins Internet genutzt werden werden. Abb. 12.3-5 zeigt den schematischen Aufbau eines Access Points:

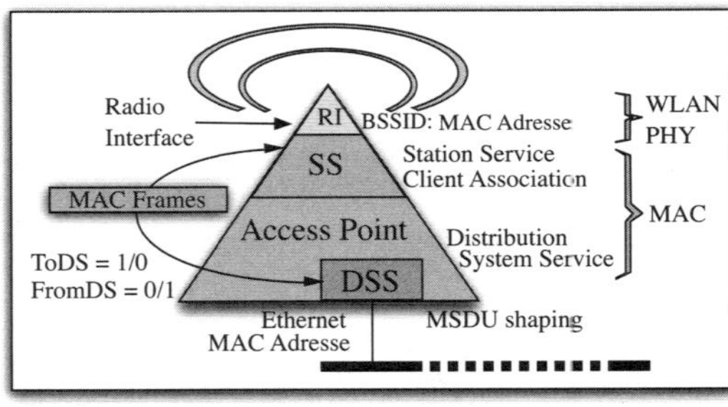


**Abb. 12.3-5:** Funktionale Komponenten eines Access Points
SS: Station Service, DSS: Distribution System Set, RI: Radio Interface, BSSID: Basic Service Set Identifier

Die einzelnen Komponenten seien wie folgt kurz charakterisiert:

- Das **Radio Interface** (RI), von dem auch mehrere zur Unterstützung unterschiedlicher Frequenzen und Standards wie IEEE 802.11g und IEEE 802.11n vorhanden sein können. Jedes RI besitzt eine eigene `BSSID`, über die der WLAN-Client die Übermittlungseigenschaften des RI ermitteln kann, die der AP mit den Beacon-Frames mitteilt.
- Den **Station Service** (SS) als logische Komponente zur Assoziation und Verwaltung der WLAN-Clients. Der Zustand (*State*) jedes (potenziellen) Clients muss hier registriert werden. Neben der Assoziation stellen die die SS die notwendigen Funktionen zur Authentisierung der WLAN-Clients und zur Ver- bzw. Entschlüsselung der MSPU bereit.
- Die **Distribution System Services** (DSS), die notwendig sind
  - das *Translation Bridging* der WLAN-Frames in Ethernet-Frames (und umgekehrt) vorzunehmen, damit Stationen auf dem Ethernet auf dem MAC-Layer vom WLAN transparent angesprochen werden können.
  - mehrere Access Points über das Ethernet in einem *Wireless Distribution System* (WDS) [Abb. 12.3-2c] untereinander zu koppeln, sodass sie eine gemeinsame `ESSID` nutzen können.
    Hierzu müssen zwischen den AP die MAC-Adressen und Statusinformationen der assoziierten WLAN-Clients ausgetauscht werden. Der ursprünglichen Standard IEEE 802.11f ist aber mittlerweile zurück gezogen, sodass proprietäre Lösungen notwendig sind. Ergänzende Verfahren zur Realisierung des *WLAN-Roaming* stellen wir in Abschnitt 15.1 vor.

Translation Bridging

Damit Stationen, die im WLAN assoziiert sind, mit Rechnern im Ethernet kommunizieren können, muss der AP die MAC-Frames durch ein *Translation Bridging* in beide

Richtungen umwandeln [Abb. 12.3-6]. Multicast- und Broadcast-Dienste wiez.B. ARP bei IPv4 sind auf beiden Interfaces zu realisieren. Der AP verhält sich in diesem Zusammenhang wie eine *transparente Learning Bridge* für die beiden Übertragungsmedien und führt Buch, an welchem (physikalischen) LAN-Segment eine (sendende) Station – identifiziert durch ihre MAC-Adresse – 'angeschlossen' ist. In einem WDS gilt diese Aussage sinngemäß für die an den unterschiedlichen AP assoziierten WLAN-Clients. Daher ist in den WLAN-MAC-Frames die Einbettung der MAC-Adresse (bzw. `BSSID`) des Access Points notwendig.

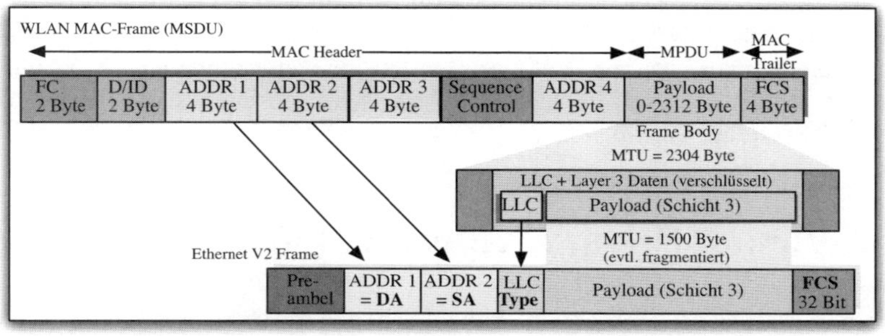


**Abb. 12.3-6:** Translation einer WLAN-MSDU in ein Ethernet V2 Frame

Wie aus Abb. 12.3-6 ersichtlich ist, muss die MPDU – als Payload der MSDU – vor der Übertragung ins Ethernet entschlüsselt bzw. im umgekehrten Fall verschlüsselt werden. Die WLAN MAC-Adressen können wie gewöhnliche Ethernet-MAC-Adressen einfach übernommen werden. Der LLC-Type ist entsprechend dem Payload den Ethernet-Konventionen anzupassen; der FCS neu zu berechnen bzw. zu validieren. Zusätzlich ist zu beachten, dass WLAN-Frames, die ins Ethernet versendet werden, eine MTU-Größe von 1500 Byte in der Regel nicht überschreiten dürfen, sofern nicht Gigabit-Ethernet mit Jumbo-Frames-Unterstützung bei den Teilnehmern im Ethernet (inkl. eventuell anderer Switches) gewährleistet ist.

## 12.3.5 Robust Security Network

Bei der Nutzung per WEP *verschlüsselter* WLAN-Verbindungen treten eine Reihe sicherheitskritischer Faktoren auf:

- Der verwendete Verschlüsselungsalgorithmus RC4 ist speziell mit dem notwendigen *Initialisierungsvektor* (IV) sehr schwach im Hinblick auf die Sicherung des Unicast-Datenverkehrs zwischen Access Point und WLAN-Client.
- Die verwendeten WEP-Schlüssel sind *statisch* und können relativ einfach 'geknackt' werden.
- Es gibt keinen eigentlichen *Sitzungsschlüssel*, sondern einen (bzw. drei alternierende, aber nachvollziehbare) Schlüssel pro WLAN-Datenframe.
- Der *Multicast-Datenverkehr*, der zum technischen Management der Funkzelle dient, ist überhaupt nicht gesichert und kann daher einfach abgehört werden.
- Die *Authentisierung* eines WLAN-Clients in der Funkzelle ist einfach gehalten; insbesondere gibt es für den WLAN-Client keine Möglichkeit, den Access Point zu überprüfen.

Zur Lösung dieser Probleme werden zwei Standards herangezogen:

1. Adaption des *Extensible Authentication Protocol* (EAP) [RFC 3748], das zunächst entsprechend IEEE 802.1X für LANs konzipiert war und ein allgemeines Sicherheitskonzept zur Übertragung von Authentisierungsinformationen darstellt [Abschnitt 14.1]. EAP kann zusätzlich zu WEP als auch WPA/WPA2 eingesetzt werden.
2. IEEE 802.11i beschreibt den Standard WPA2, bei dem statt RC4 nun AES zur Verschlüsselung genutzt wird.

Die Zusammenführung beider Standards wird als *Robust Security Network Association* (RSNA) – kurz als RSN bezeichnet – und stellt heute den Stand der Technik bei WLANs dar, die unternehmensweit eingesetzt werden. Neben den Protokollen WPA2 und EAP spielen die Protokolle RADIUS und LDAP eine herausragende Rolle, wie wir dies in Kapitel 14 darstellen werden.

## 12.4 Virtual Private Networks (VPN)

Site als Netzwerk an einem Standort

Ein *Virtual Private Network* – kurz VPN – stellt eine Vernetzung mehrerer Netzwerke eines Unternehmens bzw. einer anderen Institution (z.B. einer Hochschule), die sich an verschiedenen Standorten befinden, mittels virtueller Standleitungen über IP-Netze dar. In der englischen Literatur und in allen VPNs betreffenden Standards wird ein Netzwerk an einem Standort eines Unternehmens als *Site* bezeichnet, daher wird dieser Begriff auch hier verwendet. Da es sich hierbei natürlich um IP-Netzwerke handelt, können Sites als *Intranet* – also als privates Internet – angesehen werden.

Tunneling

Die Eigenschaften einer virtuellen Standleitung über ein IP-Netz u.a. im Hinblick auf die Datensicherheit können mit einem Tunnel verglichen werden. Aus diesem Grund spricht man von *Tunneling über IP-Netze*.

Bei IP-Netzen ist zwischen klassischen IP-Netzen und MPLS-Netzen zu unterscheiden. Das führt dazu, dass man auch unterscheidet zwischen

1. VPNs auf Basis klassischer IP-Netze und
2. VPNs auf Basis der MPLS-Netze.

Wir wollen uns in diesem Abschnitt auf die klassischen IP-Netze beschränken und vor allem die Grundlagen und die notwendige Terminologie zur Beschreibung von VPNs einführen.

### 12.4.1 Tunneling als Basis für VPNs

Was ist Tunneling?

Das Tunneling ist ein Konzept, nach dem man beliebige Datenpakete aus einem Netzwerk an einem Standort (*Site*), in der Regel aus einem Intranet, über ein Weitverkehrsnetz als reines Transitnetz transportiert. Dabei spielen die Adressierung und das verwendete Protokoll keine Rolle. Daher ist es durch das Tunneling möglich, mehrere Sites über ein IP-Weitverkehrsnetz transparent zu koppeln. Das Tunneling wird schon seit Langem eingesetzt, um IP-Pakete über andere Netze zu transportieren, in denen ein anderes Protokoll verwendet wird.

## Tunneling über klassische IP-Netze

Abb. 12.4-1 illustriert das Tunneling über ein klassisches verbindungsloses IP-Netz, das nach dem Datagram-Prinzip funktioniert [Abb. 11.1-1a]. Hier wird das ganze über das IP-Netz zu übertragende Original-L3-Paket (d.h. ein Paket nach einem Layer-3-Protokoll wie z.B. IP, IPX) aus Site *A* innerhalb der Randkomponente beim *Network Service Provider* (NSP), die man oft als PE (*Provider Edge*) bezeichnet, als *Payload* in ein neues IP-Paket verpackt. Diese Verpackung wird auch als *Encapsulation* bezeichnet und besteht darin, dass dem Original-L3-Paket zuerst ein Header nach einem *Tunneling-Protokoll* und dann noch ein IP-Header vorangestellt werden. Im Ziel-PE werden diese beiden vorangestellten Header entfernt, sodass das Original-L3-Paket wieder in der ursprünglichen Form vorliegt und an den Zielrechner in Site *B* übermittelt werden kann. Man nennt dies *Decapsulation*. Diese 'Transitpakete' dienen als *Container* für die Übermittlung verschiedener L3-Pakete. IP-Pakete als Container für L3-Pakete

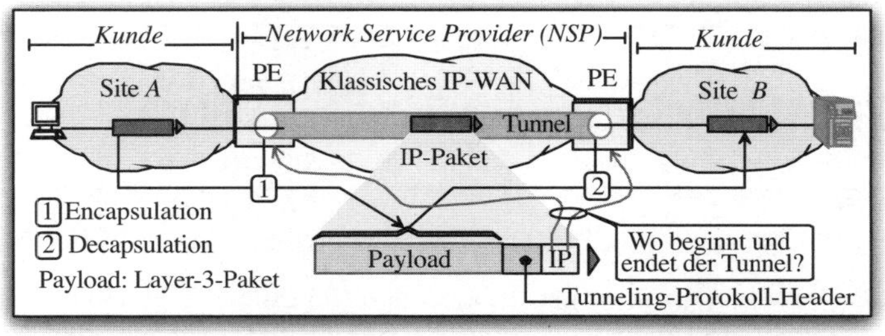


**Abb. 12.4-1:** Das Tunneling-Prinzip bei der Datenübermittlung über ein klassisches IP-WAN
PE: Provider Edge (Router, Layer-2/3-Switch)

Der IP-Header, der dem Original-L3-Paket im Quell-PE vorangestellt wird, bestimmt Beginn und Ende des Tunnels sowie den Übertragungsweg über das IP-Netz. Der zweite vorangestellte Header, der nach dem IP-Header folgt, wird von einem Tunneling-Protokoll wie z.B. L2TP (*Layer-2 Tunneling Protocol*) bzw. IPsec (*IP Security* ), festgelegt. Im Header des Tunneling-Protokolls können weitere Angaben zu den PE, die Beginn und Ende des Tunnels realisieren, übermittelt werden. Insbesondere werden oft Angaben gemacht, um das Original-L3-Paket über das Transit-IP-Netz verschlüsselt zu transportieren. Wozu ein Tunneling-Protokoll?

**Bemerkung**: Bei der Bildung von VPNs über klassische IP-Netze wird der PE oft als VPN-Gateway (VG) bezeichnet.

Da der Transport des Original-L3-Pakets über das IP-Netz auf Basis des Transit-IP-Pakets verläuft, können eventuelle Lauscher unterwegs die Quell- und die Zieladresse des verschlüsselt übertragenen L3-Pakets nicht ablesen, sondern lediglich nachvollziehen, dass die Daten zwischen Tunnelbeginn und -ende transportiert werden. Ein Tunnel über ein IP-Netz verhält sich also wie eine bidirektionale Direktverbindung zwischen den Systemkomponenten, die Tunnelbeginn und -ende bilden. Somit ist jeder Tunnel als eine virtuelle Standleitung zu interpretieren. Virtuelle Standleitung

## Tunneling über MPLS-Netze

Um mehrere Standorte eines Unternehmens bzw. einer anderen Institution zu vernetzen, eignen sich MPLS-Netze besonders gut [Abschnitt 11.2]. Über ein MPLS-Netz kann eine bidirektionale Punkt-zu-Punkt-Verbindung zwischen zwei Standorten über zwei entgegengerichtete LSPs (*Label Switched Path*) aufgebaut werden [Abb. 11.2-1 und Abb. 11.2-2], was quasi als Drahtverbindung betrachtet werden kann. In diesem Zusammenhang spricht Pseudo-Drahtverbindung man von einem *Pseudo-Draht* (*Pseudo Wire*) bzw. von einer Pseudo-Drahtverbindung über ein MPLS-Netz. Eine derartige Verbindung wird zwischen den zwei Randkomponenten PE (*Provider Edge*) eines *Network Service Provider* (NSP) eingerichtet, an die verschiedene Sites angeschlossen sein können. Es handelt sich hier um eine Nachbildung (*Emulation*) einer Edge-zu-Edge-Drahtverbindung.

Um eine Pseudo-Drahtverbindung über MPLS-Netze einzurichten, wird das Tunneling verwendet, was Abb. 12.4-2 illustriert ist.

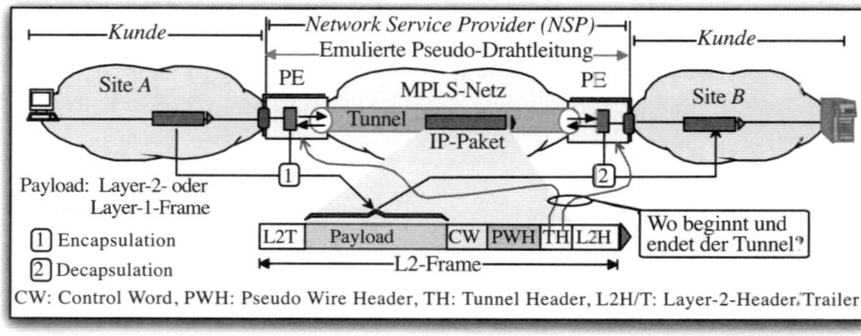


**Abb. 12.4-2:** Das Tunneling-Prinzip bei der Datenübermittlung über ein MPLS-Netz

L2-Frames als Container für L1/2-Daten

Der Quell-PE am Standort A verpackt die zu übertragenden Originaldaten als Payload (Nutzlast) in einen L2-Frame (*Encapsulation*). Beim L2-Frame handelt es sich beim aktuellem Einsatz um ein Ethernet-Frame, bei Ethernet als Übertragungsnetz fungiert. Im Ziel-PE werden die eingekapselten Daten aus dem L2-Frame herausgenommen (*Decapsulation*). Da die Original-Daten als L1- bzw. L2-Frames in einem L2-Frame übermittelt werden, sind sie im MPLS-Netz als Transitnetz nicht zugänglich. Dies könnte man sich als Übermittlung von Daten in einem Tunnel vorstellen.

Payload-Arten

Beim Tunneling über MPLS-Netze handelt es sich in der Regel um einen bidirektionalen Tunnel, der durch zwei entgegen gerichtete LSPs gebildet wird. Auf Basis eines solchen Tunnels wird dann eine Pseudo-Drahtverbindung realisiert, über die L2-Frames als quasi Container übermittelt werden. Die im L2-Frame als Payload übermittelten Daten können sein:

- die Layer-1-Daten, z.B. ein TDM-Frame (*Time Division Multiplexing*) bzw.
- die Layer-2-Daten wie z.B. Ethernet- bzw. PPP-Frame.

Somit kann eine emulierte Leitung als virtuelle Layer-1- bzw. Layer-2-Leitung angesehen werden.

Was wird dem Payload vorangestellt?

Wie aus Abb. 12.4-2 ersichtlich, werden der im L2-Frame zu übertragenden Payload folgende drei Header vorangestellt:

- **Tunnel-Header** (TH) mit einem äußeren Label (sog. *Outer Label*), nach dem der L2-Frame im MPLS-Netz übermittelt wird. Dieses Label bestimmt Beginn und Ende des Tunnels.
- **Pseudo-Wire-Header** (PWH) mit einem inneren Label (sog. *Inner Label*), das als Identifikation der emulierten Leitung dient. Dieses Label kann auch als Identifikation des Kunden angesehen werden.
- **Control Word** (CW), um verschiedene L1-/L2-Frames über eine Pseudo-Drahtleitung auf gleiche Art und Weise übermitteln zu können.

## 12.4.2 VPN-Taxonomie

Die VPN können nach verschiedenen Merkmalen klassifiziert werden. Ein VPN ist u.a. davon abhängig, welche Systemkomponenten die virtuellen Standleitungen als Tunnel verbinden. Die Führung des Tunnels bestimmt daher die Art des VPN. Abb. 12.4-3 bringt dies zum Ausdruck.

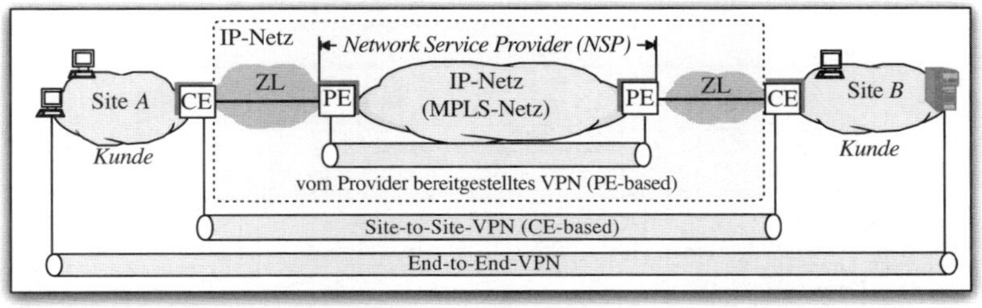


**Abb. 12.4-3:** Führung des Tunnels bestimmt die VPN-Art
CE: Customer Edge, PE: Provider Edge, ZL: Zubringerleitung bzw. -netz

Wird ein Tunnel zwischen zwei Randkomponenten PE bei einem NSP (*Network Service Provider*) eingerichtet, handelt es sich um ein *vom Provider bereitgestellten VPN*. Man bezeichnet derartige VLANs kurz als *PPVPNs* (*Provider Provisioned VPN*). Sie werden in der Regel auf Basis der MPLS-Netze gebildet und stellen ein breites Spektrum der Kommunikationsdienste zur Verfügung.

Vom Provider bereitgestellte VPNs

Wird ein Tunnel zwischen zwei Randkomponenten CE bei einem Kunden eines NSP – also zwischen mehreren Standorten eines Unternehmens bzw. einer anderen Institution – eingerichtet, spricht man vom *Site-to-Site-VPN*. Ein solches VPN stellt eine Lösung dar, um mehrere Sites über ein IP-Netz standortübergreifend zu verbinden. Für den Aufbau von Site-to-Site-VPNs verwendet man oft das Protokoll IPsec [Abschnitt 12.4.4].

Site-zu-Site-VPN

Werden die kommunizierenden Rechner mit einem Tunnel über ein IP-Netz verbunden, bezeichnet man das als *End-to-End-VPN*. Ein solches VPN ermöglicht es, mehrere Remote-Rechner über virtuelle Standleitungen mit einem zentralen Rechner zu verbinden. Hierbei ist zu beachten, dass ein entsprechendes Tunneling-Protokoll auf jedem an das VPN 'angeschlossenen' Rechner installiert werden muss. End-to-End-VPNs können unter Einsatz von IPsec eingerichtet werden [Abschnitt 12.4.4].

End-to-End-VPN

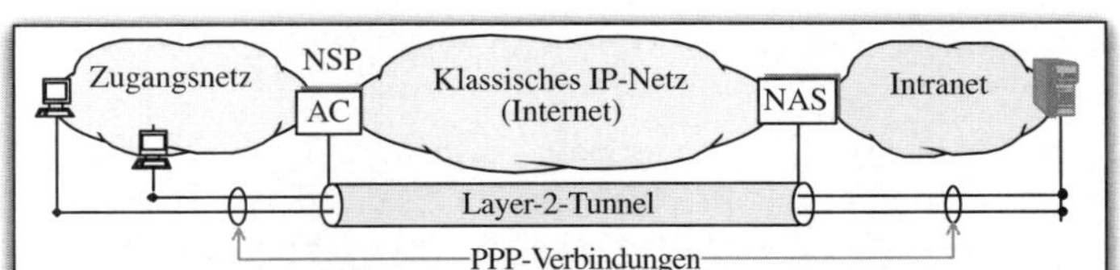


**Abb. 12.4-4:** Grundlegendes Konzept von Remote-Access-VPNs
AC: Access Concentrator, NAS: Network Access Server

Soll Remote Access auf *Intranet-Dienste* in einem VPN ermöglicht werden, so kann ein Remote-Benutzer die Verbindungen über ein Zubringernetz zu einem Zugangskonzentrator aufbauen, wo der Tunnel über ein IP-Netz zu einem bestimmten Intranet beginnt.

Remote-Access-VPN

Eine solche Lösung stellt ein *Remote-Access-VPN* (RA-VPN) dar. Abb. 12.4-4 illustriert das Konzept des RA-VPN.

Bei RA-VPNs handelt sich um VPNs, denen das Layer-2-Protokoll PPP (*Point-to-Point Protocol*) zugrunde liegt [Abschnitt 12.2.2]. Daher spricht man auch von *Layer-2-Tunnel* bzw. von *Layer-2-Tunneling*. RA-VPNs sind somit als *PPP-basierte VPNs* zu bezeichnen. Zwischen den kommunizierenden Rechnern wird eine PPP-Verbindung aufgebaut. Über einen Tunnel können mehrere solche Verbindungen verlaufen.

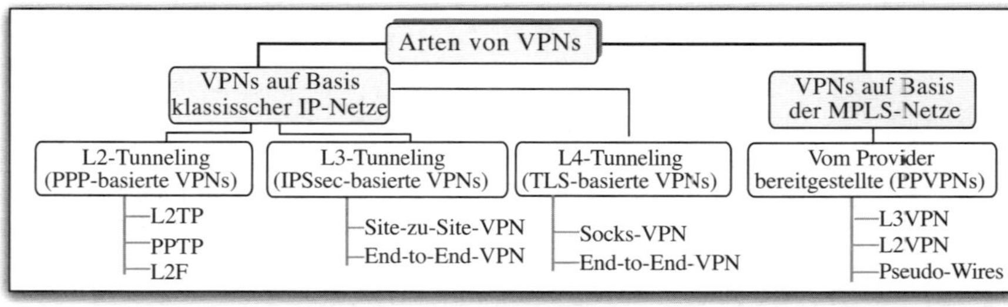


**Abb. 12.4-5:** Grundlegende VPN-Arten auf Basis von IP-Netzen
IPsec: IP Security, L2TP: Layer-2 Tunneling Protocol, Ln: Layer n,
L2F: Layer 2 Forwarding, PPTP: Point-to-Point Tunneling Protocol

Klassifizierung von VPNs

Bei der Klassifizierung von VPNs ist zuerst zu unterscheiden zwischen

- VPNs, die auf Basis der *klassischen verbindungslosen IP-Netze* (d.h. Datagram-Netze) aufgebaut werden, und
- VPNs, die auf Basis der *verbindungsorientierten MPLS-Netze* eingerichtet worden sind.

Wie Abb. 12.1-5 zeigt, können weitere Arten von VPNs innerhalb dieser beiden Klassen unterschieden werden.

### 12.4.3 Von Providern bereitgestellte VPNs

Von Providern bereitgestellte VPNs, die man kurz als PPVPNs (*Provider Provisioned VPN*) bezeichnet, werden auf Basis der MPLS-Netze aufgebaut. Zum Aufbau eines PPVPN werden emulierte Leitungen über ein MPLS-Netz eines NSP eingerichtet. Es ist zwischen verschiedenen Typen von PPVPNs zu unterscheiden. Abb. 12.4-6 bringt dies näher zum Ausdruck.

In Abhängigkeit davon, welche Datenformate – also Layer-1-Frame, Layer-2-Frame bzw. Layer-3-Pakete – übermittelt werden, kann ein PPVPN dem Layer 1, 2 bzw. 3 zugeordnet werden. Man bezeichnet sie dementsprechend als *Layer-1-VPN* (L1VPN), *Layer-2-VPN* (L2VPN) oder *Layer-3-VPN* (L3VPN).

CE-based bzw. PE-based

Wird eine virtuelle Leitung in einem VPN zwischen zwei Randkomponenten CE eines Kunden eingerichtet [Abb. 12.1-3], nennt man dies *CE-based VPN*. Verläuft eine virtuelle Leitung nur zwischen zwei Randkomponenten PE eines Providers, bezeichnet man dies als *PE-based VPN*. L1VPNs und L2VPNs werden in der Regel als PE-based VPNs realisiert. Bei L3VPNs ist zwischen CE-based und PE-based VPNs zu unterscheiden.

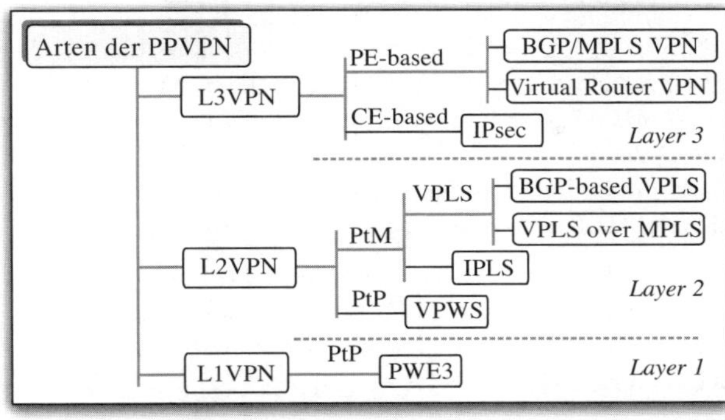


**Abb. 12.4-6:** Klassifizierung verschiedener Arten von PPVPNs
BGP: Border Gateway Protocol, CE: Customer Edge, IPLS: IP-Only LAN Service, Ln: Layer n, PtP: Point-to-Point, PtM: Point-to-Multipoint, PE: Provider Edge, VPLS: Virtual Private LAN Services

L1VPN

Ein L1VPN stellt eine Punkt-zu-Punkt-Verbindung von zwei Sites über eine emulierte physikalische Leitung (virtuelle L1-Leitung, Pseudo Wire) dar. Die IETF-Standards für L1VPN werden als *Pseudo Wire Emulation Edge-to-Edge* (PWE3) bezeichnet. Ein Layer-1-VPN kann eine Kopplung von zwei TDM-Systemen (*Time Division Multiplexing*) darstellen.

L2VPN

Wird eine virtuelle L2-Leitung zum Aufbau eines VPN eingesetzt, handelt es sich um ein L2VPN. Die wichtigste Besonderheit von L2VPN ist, dass die Layer-2-Frames über L2VPN übermittelt werden. Ein L2VPN kann entweder

- ein PtP-L2VPN (*Punkt-zu-Punkt L2VPN*) oder
- ein PtM-L2VPN (*Punkt-zu-Mehrpunkt L2VPN*) sein.

PtP-L2VPN

Ein PtP-L2VPN stellt eine direkte Verbindung von zwei Standorten über eine virtuelle Leitung dar. Daher bezeichnet man eine derartige Lösung als *Virtual Private Wire Service* (VPWS). Sie eignet sich insbesondere für die Kopplung von ATM- bzw. Frame-Relay-Systemen und für die Unterstützung von PPP-Verbindungen über MPLS-Netze.

PtM-L2VPN

Das PtM-L2VPN dagegen stellt eine Vernetzung von mehreren Standorten mithilfe von virtuellen Leitungen dar, die über ein MPLS-Netz eines Providers verlaufen. Ein derartiges L2VPN eignet sich insbesondere für die Vernetzung von LANs wie z.B. Ethernet. Bei der Unterstützung der LAN-Kommunikation über MPLS-Netze unterscheidet man zwischen den folgenden zwei Ansätzen:

- VPLS (Virtual Private LAN Service) und
- IPLS (IP-Only LAN Service).

Beim VPLS handelt es sich um ein Konzept, nach dem sich das ganze MPLS-Netz als Layer-2-Switch verhält. Dies bedeutet eine LAN-Emulation innerhalb eines MPLS-Netzes. Sie ermöglicht sogar, ein weltweites Ethernet einzurichten, in dem ein MPLS-Netz als Backbone fungiert. Der IPLS stellt ein Konzept für die Vernetzung einzelner LAN-Komponenten über ein MPLS-Netz dar.

L3VPNs

Wird eine virtuelle L3-Leitung zum Ausbau eines VPN eingesetzt, handelt es sich um ein L3VPN. Eine wichtige Besonderheit von L3VPN besteht darin, dass nur die IP-Pakete über L3VPN übermittelt werden können. Die virtuellen Leitungen zwischen CEs [Abb. 12.1-3] werden mithilfe des Protokolls IPsec realisiert. Eine virtuelle Leitung wird hierbei als *IPsec-Tunnel* eingerichtet. Bei PE-based L3VPN kann zwischen *Virtual Router VPN* (VR VPN) und *BGP/MPLS VPN* unterschieden werden. Um ein VPN einzurichten, kann die Router-Funktion, die man auch als *Virtual Router* bezeichnet, in eine PE [Abb. 12.1-3] zur Verfügung gestellt werden. Eine Vernetzung von IP-Subnetzen über ein MPLS-Netz mittels Virtual Router stellt ein *Virtual Router VPN* dar.

Eine Vernetzung von IP-Subnetzen kann über ein MPLS-Netz so erfolgen, dass die Routing-Ziele zwischen den beteiligten PE mittels des Routing-Protokolls MP-BGP (*Multiprotocol Extensions for BGP-4*) ausgetauscht werden [Abschnitt 9.4.4]. Man spricht in diesem Fall von einem *BGP/MPLS VPN*.

### Pseudo-Drähte als L1VPN

Besonderheit der MPLS-Netze

In MPLS-Netzen wird vor der Übermittlung der IP-Pakete auf einer Kommunikationsbeziehung zuerst eine optimale Route zum Ziel bestimmt, und danach werden alle IP-Pakete über diese Route im 'Gänsemarsch' übermittelt. Die MPLS-Netze sind somit verbindungsorientiert. Dadurch wird die Reihenfolge der IP-Pakete garantiert, d.h. alle IP-Pakete einer Kommunikationsbeziehung legen den gleichen physikalischen Weg über das Netz zurück, und die Laufzeitunterschiede einzelner IP-Pakete (die *Jitter-Werte*) werden dadurch sehr stark reduziert.

LSPs als Drahtverbindung

Über ein MPLS-Netz kann eine bidirektionale virtuelle Verbindung zwischen zwei Standorten aufgebaut werden, die sich aus zwei entgegen gerichteten Datenpfaden, die man LSP (*Label Switched Path*) nennt, zusammensetzt. Da die Jitter-Werte in MPLS-Netzen relativ klein sind, kann diese virtuelle Verbindung sogar als softwaremäßige Nachbildung einer Drahtverbindung angesehen werden. Aus diesem Grund spricht man von *Pseudo Wire* (PW), von *Pseudo-Draht* bzw. von *Pseudo-Drahtverbindung*.

Über Pseudo-Drähte innerhalb eines MPLS-Netzes kann ein Netzanbieter verschiedene L1- bzw. L2-Dienste zur Verfügung stellen, die man als *Virtual Private Wire Services* (VPWS) bezeichnet.

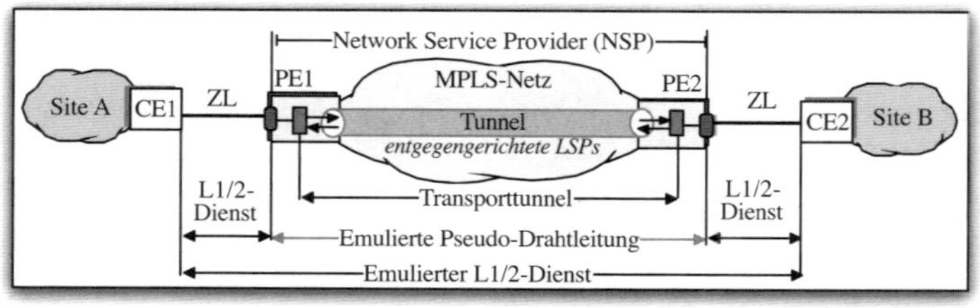


**Abb. 12.4-7:** Referenzmodell für eine Pseudo-Drahtverbindung (PW-Verbindung)
CE: Customer Edge, PE: Provider Edge, ZL: Zubringerleitung

Modell einer PW-Verbindung

**Beispiel**: Abb. 12.4-7 zeigt das Referenzmodell einer Pseudo-Drahtverbindung. Hier wird ein Transporttunnel (kurz auch Tunnel genannt) zwischen zwei PE beim NSP eingerichtet. Dieser Tunnel wird in Form von zwei entgegengerichteten LSPs nach MPLS realisiert [Abb. 12.4-8]. In den beiden PE wird der Tunnel so erweitert, dass ein Pseudo-Draht entsteht.

Eine Randkomponente CE am Intranet eines Kunden wird über eine Zubringerleitung (ZL) an den PE beim NSP angeschlossen und dann an eine emulierte Pseudo-Drahtleitung angebunden. Zwischen CE und PE kann ein L1- bzw. ein L2-Dienst abgewickelt werden.

Durch die Nutzung einer emulierten Pseudo-Drahtleitung kann daher ein emulierter L1/2-Dienst zwischen den an verschiedenen Standorten untergebrachten CEs zur Verfügung gestellt werden.

Um emulierte Pseudo-Drahtleitungen über MPLS-Netze einzurichten, wird ein Transporttunnel über das MPLS-Netz aufgebaut. Abb. 12.4-8 illustriert dies. Die eigentlichen Daten werden hier in Layer-2-Frames (L2-Frames) als Payload übermittelt, in denen zwei Labels enthalten sind. Nach dem äußeren Label (*Tunnel-Label* bzw. *Outer Label*) wird der L2-Frame im MPLS-Netz geleitet. Das innere Label (*Inner Label*) dient als Identifikation der emulierten Pseudo-Drahtverbindung – also einer PW-Verbindung. Damit können über einen Tunnel mehrere PW-Verbindungen eingerichtet werden.

Tunnel als Basis für PW

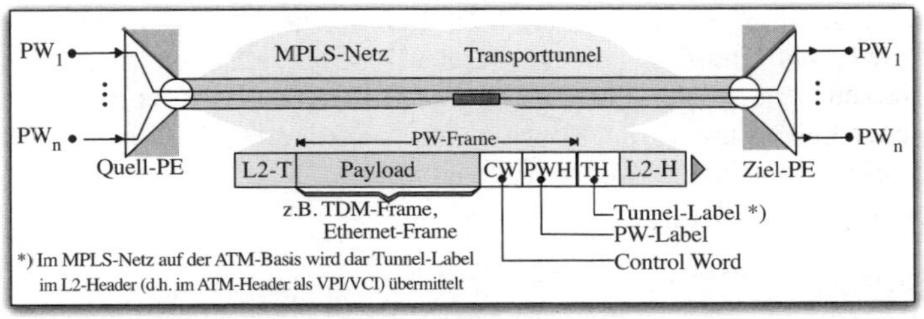


**Abb. 12.4-8:** Das Tunneling-Prinzip über ein MPLS-Netz
L2-H/T: Layer-2-Header/Trailer, PWH: PW-Header, TH: Tunnel-Header

Der Quell-PE verpackt die zu übertragenden Originaldaten als Payload (Nutzlast) in einen L2-Frame. Im Ziel-PE werden die eingekapselten Daten aus dem L2-Frame herausgenommen. Da die Originaldaten in einem zusätzlichen L2-Frame, der als Umschlag dient, übermittelt werden, sind sie im MPLS-Netz als Transitnetz nicht direkt zugänglich. Deswegen könnte man sich dies als Übermittlung von Daten in einem Transporttunnel vorstellen.

Eine besondere Bedeutung hat das *Control Word* (CW) in den übermittelten PW-Frames. Die Angaben in CW sind vom Payload-Typ (wie z.B. Ethernet-, TDM-Frame) abhängig. Für jeden zu übermittelnden Payload-Typ wird das entsprechende CW im betreffenden Standard spezifiziert. Das CW wurde eingeführt, um die gleiche Struktur des PW-Header bei der Übermittlung von Daten verschiedener L2-Protokolle zu erhalten [Abb. 12.1-4].

Bedeutung von Control Word

Um eine PW-Verbindung zwischen zwei PE dynamisch einzurichten, muss zuerst ein Tunnel aufgebaut werden. Für diese Zwecke können folgende Protokolle verwendet werden [Abschnitt 11.5]:

Protokolle für den PW-Aufbau

- CR-LDP (*Constraint-Routing Label Distribution Protocol*) und
- RSVP-TE (*Resource reSerVation Protocol with Traffic Engineering*).

Soll ein Tunnel für eine PW-Verbindung aufgebaut werden, muss sichergestellt sein, dass die beiden PE den gewünschten Übermittlungsdienst unterstützen, der über die PW-Verbindung realisiert werden soll. Um dies zu erreichen, werden alle Übermittlungsdienste bei IANA registriert, und jedem Dienst wird eine eindeutige Identifikation zugewiesen. Tab. 12.4-1 zeigt die Identifikation einiger dieser Dienste. Die Seite, die den Aufbau eines Tunnels initiiert, zeigt der Gegenseite an, um welchen Übermittlungsdienst

PW-Typen

| PW-Typ | Emulierter L1- bzw. L2-Übermittlungsdienst |
|---|---|
| 0x0004 | Ethernet Tagged Mode |
| 0x0005 | Ethernet |
| 0x0007 | PPP |
| 0x0008 | SDH Circuit Emulation Service Over MPLS (CEM) |
| 0x0016 | TDMoIP basic mode |

**Tab. 12.4-1:** Einige PW-Typen und emulierte L1- bzw. L2-Übermittlungsdienste [http://www.iana.org/assignments/pwe3-parameters]

es sich handelt. Der geforderte Übermittlungsdienst bestimmt den Typ der emulierten Pseudo-Drahtverbindung, also den Typ der PW-Verbindung und damit auch den PW-Typ.

Working Group PWE3

Insbesondere die Möglichkeit, über ein MPLS-Netz eine PW-Verbindung einrichten zu können, hat große Hoffnungen geweckt. Bei der IETF hat sich daher eine Working Group gebildet, die den Namen PWE3 trägt [http://datatracker.ietf.org/wg/pwe3]. Sie hat sich vorgenommen, die Konzepte und Protokolle für die Nutzung von PW-Verbindungen für folgende Anwendungen zu erarbeiten:

- EoPW (*Ethernet over PW*),
- TDMoIP (*Time Division Multiplexing over IP*),
- SONET/SDH *Circuit Emulation over MPLS* (CEM).

**Bemerkung**: Noch in den 90er-Jahren wurden verschiedene Konzepte für *IP over X*, z.B. für IP over ATM, Frame Relay oder SDH/SONET, entwickelt. Da sich eine Pseudo-Drahtverbindung über ein MPLS-Netz und damit auch über ein GMPLS-Netz einrichten lässt, können die ATM-, Frame-Relay- oder SDH/SONET-Dienste über IP-Netze zur Verfügung gestellt werden. Also hat man nun *X over IP* statt *IP over X*.

Für die Koordination der Entwicklung von L1VPNs wurde die Arbeitsgruppe *l1vpn-charter* [http://www.ietf.org/html.charters] bei der IETF ins Leben gerufen.

### Von Providern bereitgestellte L2VPN

Verschiedene Arten vom Provider bereitgestellter VPNs (PPVPNs) wurden bereits in Abb. 12.1-5 aufgelistet. Eine ihrer Art sind die sog. Layer-2-VPNs (kurz L2VPNs), bei denen man unterscheidet:

- *Punkt-zu-Punkt L2VPNs als Ethernet over MPLS* (EoMPLS)
- *Punkt-zu-Mehrpunkt L2VPNs als Virtual Private LAN Services* (VPLS)

EoMPLS und VPLS möchten wir jetzt kurz darstellen.

### Punkt-zu-Punkt L2VPN: EoMPLS

EoMPLS = EoPW

*EoMPLS* bedeutet, dass man Pseudo-Drähte (PWs) über ein MPLS-Netz zwischen zwei PE eines Providers verwendet, um Ethernet-Netzwerke miteinander zu verbinden. Daher kann EoMPLS auch als *Ethernet over PW* (EoPW) angesehen werden. Über PWs können lokale Ethernet-Netzwerke kostengünstig sogar weltweit miteinander verbunden werden. Verwendet man das EoPW-Konzept, kann ein MPLS-Netz als verteilter virtueller Ethernet-Switch (Layer-2-Switch) fungieren. Eine derartige Idee hat zur Entstehung des VPLS geführt [Abb. 12.4-13].

Ethernet-over-Ethernet

Auf Basis eines Metro-Ethernet mit 10 Gbit/s kann z.B. ein MPLS-Netz eingerichtet werden. Über dieses Metro-Ethernet kann dann ein Ethernet-Link mit der Bitrate von 10

Mbit/s bzw. 1 Gbit/s den Kunden zur Verfügung gestellt werden. Eine derartige Systemlösung könnte man auch als *Ethernet-over-Ethernet* bezeichnen. Als Zubringerleitung zwischen CE und PE kann ein Punkt-zu-Punkt-Ethernet zum Einsatz kommen.

Konzept von EoMPLS

Wie aus Abb. 12.4-9 ersichtlich, werden die Ethernet-Frames über einen Pseudo-Draht (PW) als Ethernet-Payload in *PW-Frames* transportiert. Der Ethernet-Payload wird ein *Control Word* (CW) vorangestellt, um die übertragenen Ethernet-Frames zu nummerieren [Abb. 12.4-6]. Damit mehrere PWs über einen Tunnel verlaufen können, wird die PW-Identifikation im PW-Header eingetragen. Da ein PW in der Regel immer für einen Kunden reserviert wird, kann die PW-Identifikation auch als Identifikation eines Kunden aus Sicht des NSP betrachtet werden.

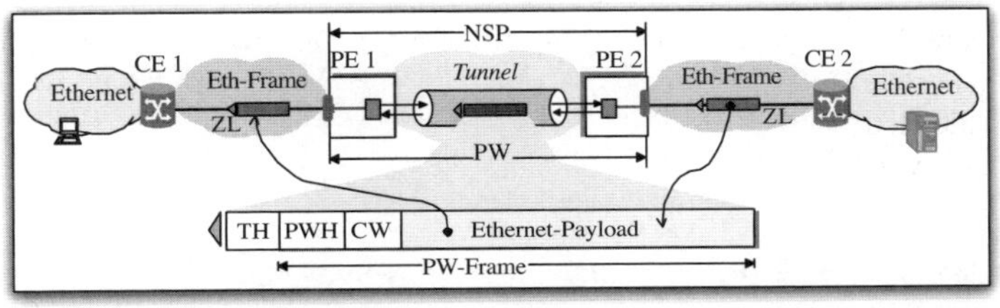


**Abb. 12.4-9:** Prinzip der Übermittlung von MAC-Frames über einen Pseudo-Draht (PW)
LCE: Customer Edge, NSP: Network Service Provider, PE: Provider Edge

Ethernet-Frames in PW-Frames

Abb. 12.4-10 zeigt , wie ein Ethernet-Frame in einen PW-Frame eingebettet wird. Hierbei ist Folgendes hervorzuheben:

- Die Präambel `PA` und die Prüfsumme `FCS` aus dem Ethernet-Frame werden über einen PW nicht übermittelt.
- Dem PW-Payload wird ein Control Word vorangestellt, in dem die laufende Nummer des Ethernet-Frames als `Sequence Number` übermittelt wird.

Dadurch können Verluste von Ethernet-Frames während ihrer Übermittlung über ein MPLS-Netz entdeckt werden.

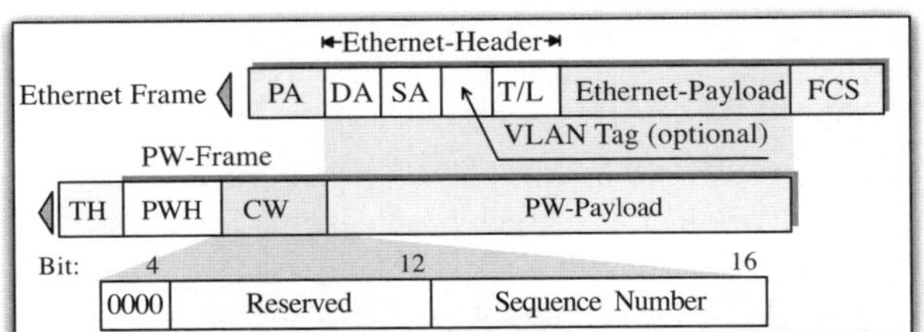


**Abb. 12.4-10:** Übermittlung eines Ethernet-Frames in einem PW-Frame
DA: Destination Address , FCP: Frame Check Sequence, PA: Preamble,
SA: Source Address, T/L: Type/Length, VLAN: Virtual LAN

Zwei physikalische Ethernet-Segmente, die über einen Ethernet-Dienst auf Basis von EoMPLS miteinander verbunden sind, können ein virtuelles LAN, das sog. VLAN (*Virtual LAN*), bilden. Ein VLAN stellt in der Regel ein IP-Subnetz dar. Daher kann der PE als Ethernet-Switch angesehen werden.

Hierarchische Struktur von VLANs

EoMPLS ermöglicht, hierarchische Strukturen von VLANs zu bilden, wie Abb. 12.4-11 zeigt. Die Systemkomponente PE eines NSP realisiert hierbei eine Multiplexfunktion, mit der parallele Verbindungen als Ethernet-Links über einen PW geführt und dann verschiedenen Kunden zur Verfügung gestellt werden können.

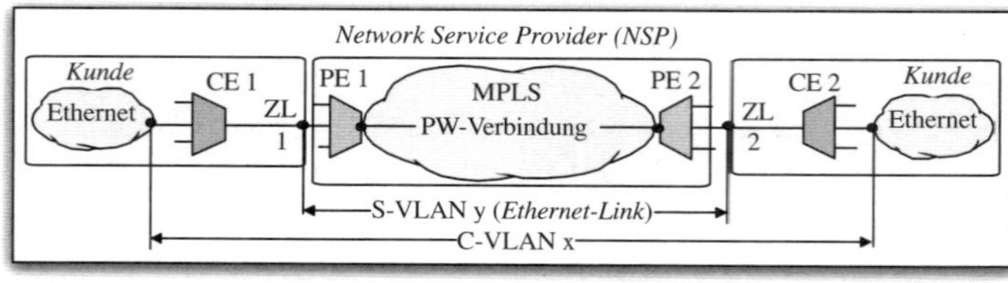


**Abb. 12.4-11:** Veranschaulichung des Multiplexprinzips von V-LANs
CE: Customer Edge, PE: Provider Edge

S-VLAN

Parallele Ethernet-Links über eine PW-Verbindung kann man sich als *Service VLAN* (S-VLAN) beim Netz-Provider vorstellen. Über ein S-VLAN werden jeweils zwei Ethernet-Segmente eines Kunden verbunden. Mittels eines S-VLAN-Tag nach dem Standard IEEE 802.1Q, das im Ethernet-Frame eingebettet [Abb. 12.4-10] wird, erfolgt die Zuordnungen eines Frames in einem S-VLAN zu einer PW-Verbindung bzw. zum Ziel-PE. Ein S-VLAN-Tag kann somit als Identifikation eines Kunden dienen.

C-VLAN

Über ein S-VLAN können wiederum mehrere VLANs eines Kunden, die man als C-VLAN (*Customer VLAN*) bezeichnet, paarweise miteinander verbunden werden. Diese C-VLANs müssen entsprechend auf der PW-Verbindung gekennzeichnet werden. Um einen über ein S-VLAN transportierten Ethernet-Frame einem entsprechenden C-VLAN im Ziel-CE zuzuordnen, kann ein C-VLAN-Tag im Ethernet-Frame eingekapselt werden. Weil die Übermittlung optional ist [Abb. 12.4-11], ist ein C-VLAN-Tag in einem Ethernet-Frame nur dann enthalten, wenn mehrere VLANs eines Kunden, d.h. mehrere C-VLANs, über ein S-VLAN verbunden werden müssen.

Da eine PW-Verbindung mehrere S-VLANs unterstützen kann und über ein S-VLAN wiederum mehrere C-VLANs verbunden werden können, entsteht die in Abb. 12.4-11 dargestellte hierarchische Struktur von VLANs. Dadurch lässt sich eine PW-Verbindung, deren Bitrate im Bereich von mehreren Gbit/s liegen kann, flexibel ausnutzen. Bei Nutzung von MPLS-TE (*MPLS Traffic Engineering*) kann die Bitrate von PW-Verbindungen den laufenden Anforderungen angepasst werden. Die hier gezeigte Flexibilität der Bereitstellung der Ethernet-Dienste auf Basis von EoMPLS hat für die Praxis enorme Bedeutung.

Abb. 12.4-12 illustriert, wie die in Abb. 12.4-11 gezeigte hierarchische Struktur von VLANs realisiert wird. Wie hier ersichtlich ist, dient eine S-VLAN-ID als Identifikation eines Ports im Multiplexer im PE beim NSP. Eine C-VLAN-ID fungiert dementsprechend als Identifikation eines Ports im Multiplexer im CE beim Kunden.

Hierarchie von Providern

Dadurch, dass die Identifikation der PW-Verbindung im PW-Header enthalten ist, kommt eine 2-stufige Hierarchie von Network Service Providern in Frage. Ein übergeordneter Provider kann einem untergeordneten Provider z.B. eine PW-Verbindung für ein bestimmtes Entgelt zur Verfügung stellen. Dieser kann dann einem Kunden ein S-VLAN ebenfalls für ein bestimmtes Entgelt anbieten. Aus der Sicht eines Kunden kann ein S-VLAN als *Backbone-VLAN* angesehen werden. Der Kunde hat somit die Möglichkeit, über ein S-VLAN mehrere eigene VLANs als C-VLANs standortübergreifend einzurichten.

VLAN-Stacking

Da im Ethernet-Frame bei EoMPLS mehrere VLAN-Tags als Stack in Ethernet-Frames enthalten sind, wird dieses Konzept der Bildung von hierarchischen V-LAN-Strukturen als *VLAN-Stacking* bezeichnet und im Standard IEEE 802.1ad spezifiziert. Da der Stan-

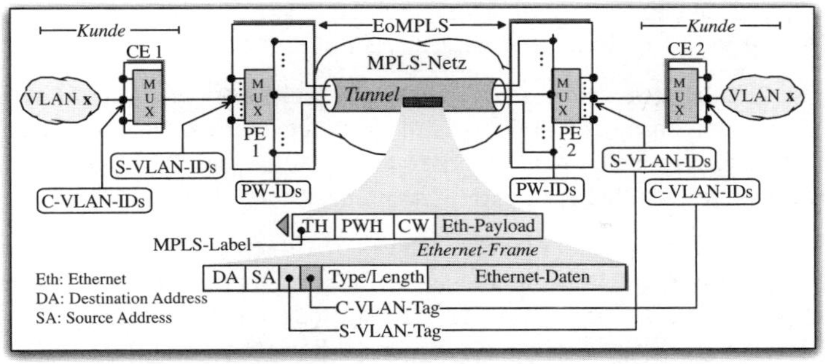


**Abb. 12.4-12:** Prinzip der Realisierung von hierarchischen VLAN-Strukturen
Eth: Ethernet, ID: Identification, MUX: Multiplexer, TH: Tunnel-Header, PWH: PW-Header, CW: Control Word

dard IEEE 802.1Q das Tag mit der VLAN-ID spezifiziert, wird VLAN-Stacking auch *Q-in-Q-Encapsulation*, bzw. kurz *Q-in-Q* genannt.

## Punkt-zu-Mehrpunkt L2VPN: VPLS

Idee des VPLS

Ein VPLS verbindet mehrere Ethernet-Segmente über ein MPLS-Netz, sodass sie wie ein einziges größeres Ethernet funktionieren können. Die Entwicklung von L2VPNs koordiniert die Arbeitsgruppe *l2vpn-charter* bei der IETF. Aus der physikalischen Sicht wird mit dem VPLS ein Backbone auf Basis eines MPLS-Netzes für eine die Vernetzung von Ethernet-Inseln zur Verfügung gestellt. Abb. 12.4-13a bringt dies zum Ausdruck. Hier gehören alle Ethernet einem Kunden eines NSP. Die Randkomponenten PE eines NSP müssen aber VPLS-fähig sein.

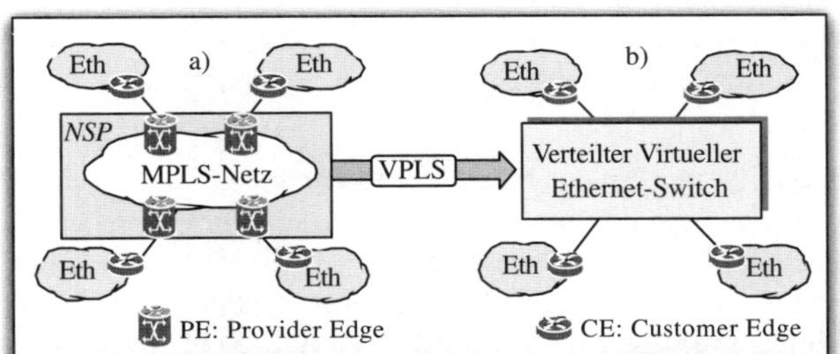


**Abb. 12.4-13:** Grundlegende Idee des VPLS: a) physikalische Sicht, b) logische Sicht
Eth: Ethernet, NSP: Network Service Provider

VPLS als virtueller Ethernet-Switch

Logisch gesehen führt ein VPLS dazu, dass ein MPLS-Netz als verteilter *virtueller Ethernet-Switch* fungiert. Abb. 12.4-13b illustriert diese logische Sichtweise. Daher stellt ein VPLS ein privates und virtuelles Ethernet auf Basis des MPLS-Netzes eines NSP dar. Ein VPLS kann auch als ein VLAN (*Virtual LAN*) angesehen werden.

VSI als Ethernet-Switch

Der verteilte virtuelle Switch stellt eine Vernetzung von *virtuellen Switch-Instanzen* (VSI) dar, die in einem PE untergebracht sind. Die VSI ist der Funktion nach ein Ethernet-Switch und hat – wie jeder normale Ethernet-Switch – die Aufgabe, die empfangenen Ethernet-Frames weiterzuleiten. Über das MPLS-Netz werden die Ethernet-Frames nach dem in Abb. 12.4-9 gezeigten Prinzip übermittelt. Jede VSI muss in der Lage sein, selbst die Weiterleitungstabelle (*Forwarding Table*) zu erstellen. Hierfür muss sie selbst lernen, welche MAC-Adressen in den einzelnen Ethernet über ihre Ports zu erreichen sind.

Ein VPLS stellt daher ein *virtuelles Ethernet* dar, das sich aus mehreren physikalischen Ethernet-Segmenten zusammensetzt, die miteinander über Pseudo-Drahtleitungen vernetzt sind. Die Ethernet-Segmente werden an den PE eines NSP angeschlossen und können somit geografisch beliebig verteilt werden.

Vernetzung von VSI als virtuelles Ethernet

Wie Abb. 12.4-14 zeigt, können mehrere Ethernet-Segmente an einen PE angeschlossen werden, die wiederum zu unterschiedlichen virtuellen Ethernet gehören. Unterstützt ein PE mehrere virtuelle Ethernet, enthält er dann für jedes virtuelle Ethernet eine VSI mit der Funktion eines Ethernet-Switch. Zu einem VPLS können mehrere VSI gehören. In Abb. 12.4-14 gehören die Ethernet-Segmente $A_1$, $A_2$, ... , $A_5$ zum `VPLS 1`. Die Ethernet-Segmente $B_1$, $B_2$ und $B_3$ dagegen bilden den `VPLS 2`. Wie hier ersichtlich ist, wird ein VPLS durch eine Vernetzung von VSI gebildet.

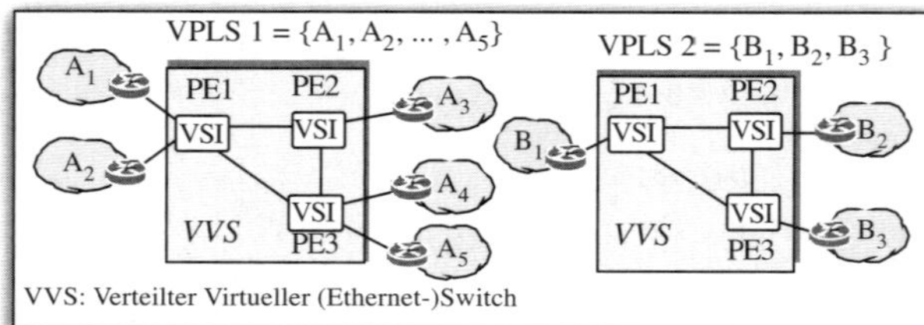


**Abb. 12.4-14:** Vernetzung von virtuellen Switch-Instanzen (VSI) als Basis für einen VPLS

Ein VPLS kann somit als virtuelles Ethernet auf Basis einer Vernetzung mehrerer VSI angesehen werden. Durch die Ethernet-Switches stellt daher jeder VPLS eine flache Netzwerkstruktur dar, die eine Broadcast-Domäne bildet. Um in einem MPLS-Netz mehrere VPLS als virtuelle Ethernet einrichten zu können, müssen einzelne VPLS entsprechend gekennzeichnet werden. Hierfür muss jedem VPLS eine Identifikation, kurz VPLS-ID, zugewiesen werden.

VPLS und VLAN

Da eine VSI einen Ethernet-Switch darstellt, können auch VLANs beim VPLS nach den in Abb. 12.4-8 dargestellten Prinzipien gebildet werden. Dies ist in der Praxis von großer Bedeutung. Ein VPLS z.B. auf Basis eines Metro-MPLS-Netzes kann eine Großstadt erfassen. Unterstützt ein VPLS die Bildung von VLANs, können dann mehrere Teile eines VLAN innerhalb der Großstadt verteilt werden. Abb. 12.4-15 illustriert die Realisierung von VLANs im VPLS. Hier ist insbesondere hervorzuheben, dass sich mehrere VLANs auf Basis eines VPLS einrichten lassen.

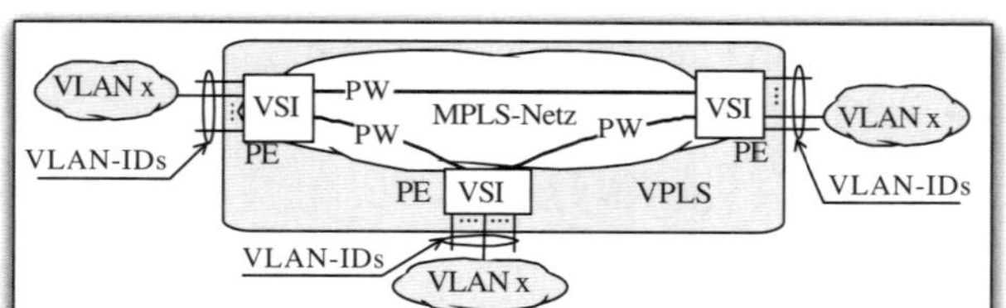


**Abb. 12.4-15:** Unterstützung von VLANs in einem VPLS

Ein VLAN stellt somit ein IP-Subnetz dar, und daher ermöglicht ein VPLS die Bildung der IP-Subnetze, die über große Entfernungen verteilt werden können.

## BGP/MPLS VPN

BGP/MPLS VPN als L3VPN

Werden mehrere Sites als Standorte eines Unternehmens bzw. einer anderen Institution über ein MPLS-Netz so vernetzt, dass sie ein VPN bilden, müssen die Routing-Informationen zwischen den einzelnen Sites entsprechend ausgetauscht werden. Damit wird bekannt gemacht, welche Ziele in einzelnen Sites zu erreichen sind. Hierfür kommt das Routing-Protokoll MP-BGP (*Multiprotocol Extensions for BGP-4*) zum Einsatz [Abschnitt 10.4]. Daher spricht man von BGP/MPLS VPNs, die als vom *Provider bereitgestellte L3VPNs* angesehen werden können.

Modell für ein BGP/MPLS VPN

Abb. 12.4-16 illustriert das Konzept eines BGP/MPLS VPN. Der CE stellt einen Kunden-Router dar, mit dessen Hilfe eine Site an den PE über eine direkte physikalische Verbindung bzw. über ein Access-Network angeschlossen ist. Der PE stellt einen MPLS-fähigen Router mit der Switching-Funktion dar, über den der Zugang zu einem MPLS-Netz erfolgt. Die verschiedenen VPNs werden an jedem PE entsprechend identifiziert. Um Sites eines VPN zu vernetzen, werden die PE untereinander mit einem LSPs verbunden. Über LSPs werden sowohl Daten als auch Routing-Informationen zwischen Sites eines VPN übermittelt. Für die Übermittlung der Routing-Informationen verwendet man MP-BGP.

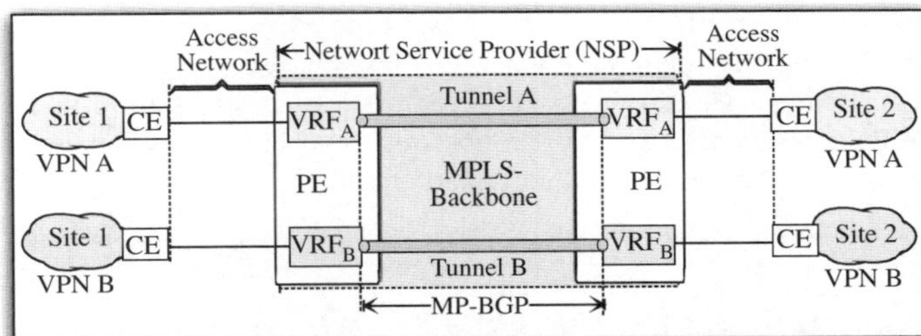


**Abb. 12.4-16:** Referenzmodell eines BGP/MPLS VPN
CE: Customer Edge, PE: Provider Edge

Jede Site im PE wird eine Tabelle VRF (*VPN Routing and Forwarding*) eingerichtet. Logisch gesehen werden jeweils zwei Sites mit einem Tunnel miteinander verbunden. Über diesen werden sowohl die Daten zwischen den Sites als auch die Routing-Informationen zwischen den VRFs ausgetauscht.

VPN-IPv4-Adresse

Da mehrere Sites an einen PE angeschlossen sein können und jeder Site eine Tabelle VRF zugeordnet wird, muss man sowohl Sites als auch ihre VRFs identifizieren. Hierfür wurde die *VPN-IPv4-Adresse* eingeführt. Sie kann als Identifikation des Paars (CE, VRF-Tabelle) interpretiert werden und setzt sich zusammen aus

- einem *Route Distinguisher* (RD) und
- der IP-Adresse von CE.

Mit dem RD können unterschiedliche Routen zu einer Site, die zu mehreren VPNs gehört, definiert werden.

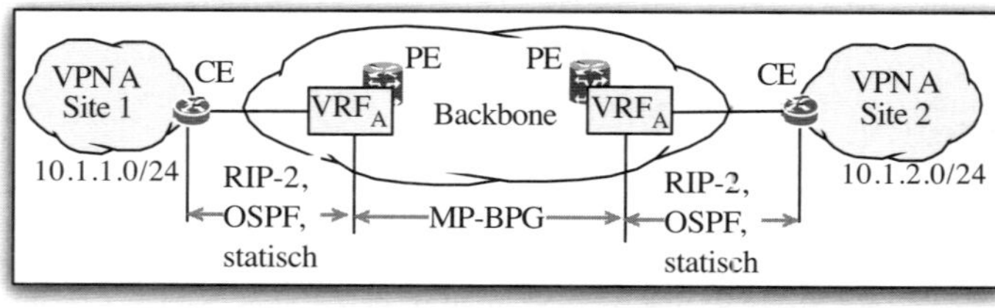


**Abb. 12.4-17:** Routing-Protokolle bei BGP/MPLS VPN

Routing bei BGP/MPLS VPN

In jeder VRF-Tabelle eines VPN müssen die Routing-Ziele im VPN, die *VPN-Routen*, eingetragen werden. Hierfür kommen verschiedene Routing-Protokolle zum Einsatz. Abb. 12.4-17 bringt dies näher zum Ausdruck.

Der CE und der PE enthalten die Router-Funktionalität. Daher kann der PE die Routing-Ziele in einer Site vom CE mithilfe des Routing-Protokolls RIP-2 bzw. OSPF erlernen. Eine VRF-Tabelle kann auch manuell konfiguriert werden, sodass man hier auch vom statischen Routing spricht. Jeder PE muss aber die Routing-Ziele in allen an ihn angeschlossenen Sites selbst erlernen.

Distribution der VPN-Route

Die Routing-Ziele aus jeder VRF-Tabelle eines VPN müssen an die restlichen VRF-Tabellen dieses VPN verteilt werden. Dies bezeichnet man als Route-Distribution innerhalb eines VPN. Hierfür müssen die Routing-Ziele zwischen den VRF-Tabellen eines VPN aus verschiedenen PE ausgetauscht werden. Dies geschieht mithilfe des MP-BGP. Bevor eine VPN-Route zwischen zwei PE übermittelt wird, muss zwischen ihnen bereits ein Tunnel bestehen. Abb. 12.4-18 veranschaulicht die Distribution einer VPN-Route.

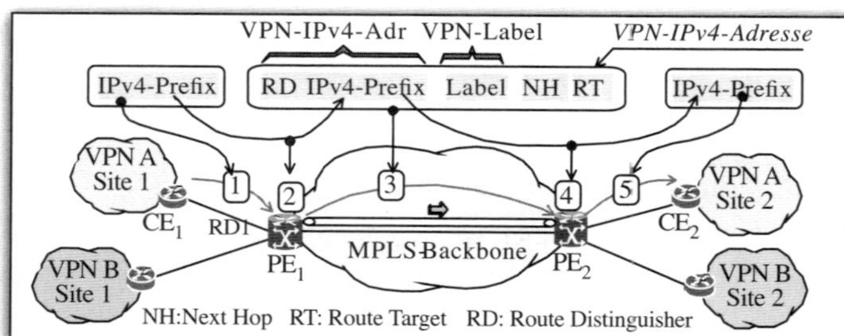


**Abb. 12.4-18:** Prinzip der Distribution von VPN-Routen

Bei der Distribution einer VPN-Route sind folgende Schritte zu unterscheiden:

1. Im ersten Schritt übermittelt der CE dem PE mithilfe eines Routing-Protokolls wie z.B. RIP-2 oder OSPF die Route zu seiner Site 1. Sie wird als IPv4-Prefix (z.B. `10.1.1.0/24`) angegeben.
2. Im zweiten Schritt wird eine VPN-IPv4-Adresse im PE gebildet. Daher wird ein RD dem von CE empfangenen IPv4-Präfix vorangestellt. Der RD wird aus der entsprechenden VRF-Tabelle entnommen.
3. Danach gibt der Quell-PE dem Ziel-PE die VPN-Route mithilfe des MP-BGP bekannt. Die VPN-Route setzt sich aus der VPN-IPv4-Adresse, dem VPN-Label, dem Next Hop und dem Route Target zusammen. Mit dem VPN-Label teilt der Quell-PE seinerseits

dem Ziel-PE die VPN-Identifikation mit. Als Next Hop wird der Quell-PE angegeben. Der nächste Router für den Ziel-PE ist eben der Quell-PE. Mit Route Target wird angegeben, welches VPN die übermittelte Route betrifft. Damit wird dem Ziel-PE mitgeteilt, zu welcher VRF-Tabelle, also zu welchem VPN, er diese Route hinzufügen muss.

4. Im Ziel-PE wird nun die empfangene VPN-Route zu einer VRF-Tabelle hinzugefügt. Sie kann durch das VPN-Label aus der VPN-Route bestimmt werden.
5. Im letzten Schritt wird das IPv4-Prefix aus der VPN-IPv4-Adresse entnommen und mittels eines Routing-Protokolls vom Ziel-PE an einen CE übermittelt. An welchen CE die Route übermittelt werden muss, wird durch den RD aus der VPN-Route bestimmt.

BGP/MPLS VPNs haben bereits eine große Akzeptanz in der Praxis gefunden. Ihre Entwicklung koordiniert die Arbeitsgruppe l3vpn-charter bei der IETF. Für weitere Informationen über technische Details sei auf die RFC 4364/2547 und 4365 verwiesen.

## 12.4.4 Layer-2-Tunneling über IP-Netze

Für das Layer-2-Tunneling (kurz L2-Tunneling) stehen folgende Protokolle zur Verfügung:

- L2TP (*Layer 2 Tunneling Protocol*),
- PPTP (*Point-to-Point Tunneling Protocol*) und
- L2F (*Layer 2 Forwarding*).

PPP-Header beim L2-Tunneling

Abb. 12.4-19 zeigt, welche Steuerungsangaben einem zu übertragenden Datenpaket eines L3-Protokolls (z.B. IP, IPX, ...) beim L2-Tunneling vorangestellt werden.

Das Datenpaket wird zuerst mit einem Header des Protokolls PPP (Point-to-Point Protocol) ergänzt, das dem Layer 2 zugeordnet ist. Im PPP-Header wird u.a. die Identifikation (ID) des L3-Protokolls übermittelt. Damit können die Datenpakete unterschiedlicher Layer-3-Protokolle über einen L2-Tunnel übermittelt werden. Dies ermöglicht die Kommunikation von Nicht-IP-Protokollen über ein IP-Netz. In einem L2-Tunnel können mehrere virtuelle Verbindungen (*Sessions*) verlaufen. Dem PPP-Header wird weiter ein Header des L2-Tunneling-Protokolls vorangestellt, in dem u.a. die *Tunnel-ID* und die *Session-ID* angegeben werden. Über eine Session wird normalerweise die Kommunikation nach einem L3-Protokoll realisiert.

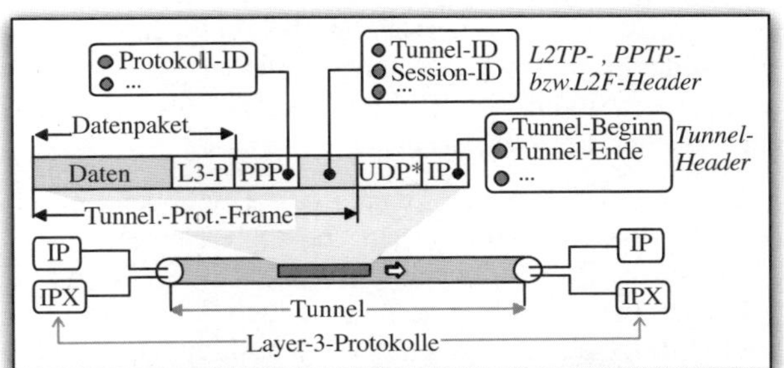


**Abb. 12.4-19:** Steuerungsangaben beim Übertragung eines Datenpakets im L2-Tunnel
L3-P: Header des Layer-3-Protokolls, *) bei PPTP wird UDP-Header nicht verwendet

Das Datenpaket mit den vorangestellten Headern des PPP und des Tunneling-Protokolls bildet einen Frame. Dieser Frame wird bei den Protokollen L2TP und L2F als Nutzlast in einem IP-Paket transportiert. Hierbei wird das verbindungslose Transportprotokoll UDP verwendet. Ausnahmsweise wird der IP-Header direkt dem Frame beim Protokoll PPTP vorangestellt.

Im Folgenden möchten wir uns auf eine kurze Darstellung des Protokolls L2TP aufgrund seiner hervorgehobenen Bedeutung beschränken.

### Tunneling-Protokoll L2TP

L2TP und L2TPv3

Das L2TP (*Layer 2 Tunneling Protocol*) wurde zunächst in RFC 2661 spezifiziert. Danach wurde es weiter entwickelt und als Version 3 (*L2TPv3*) im März 2005 in RFC 3931 veröffentlicht [`http://datatracker.ietf.org/wg/l2pext`]. L2TPv3 stellt eine Erweiterung des L2TP dar. L2TP nach RFC 2661 gilt daher als L2TPv2. In diesem Abschnitt wird zuerst das L2TPv2 dargestellt, und danach werden die Besonderheiten des L2TPv3 präsentiert. Im Weiteren wird unter L2TP immer L2TPv2 verstanden. Immer dann, wenn es explizit um die Version 3 geht, wird ausdrücklich L2TPv3 geschrieben.

Mit dem L2TP kann eine virtuelle Verbindung über ein IP-Netz aufgebaut werden, die als Tunnel angesehen werden kann. Das L2TP ermöglicht die Authentisierung von Remote-Anwendern, sodass es auch zum Aufbau von VPN mit integrierten *Remote Access Services* (RAS) eingesetzt werden kann. Das L2TP realisiert somit über das IP-Netze einen Tunnel, der quasi als *virtuelle Standleitung* angesehen werden kann. Abb. 12.4-20 illustriert das L2TP-Konzept.

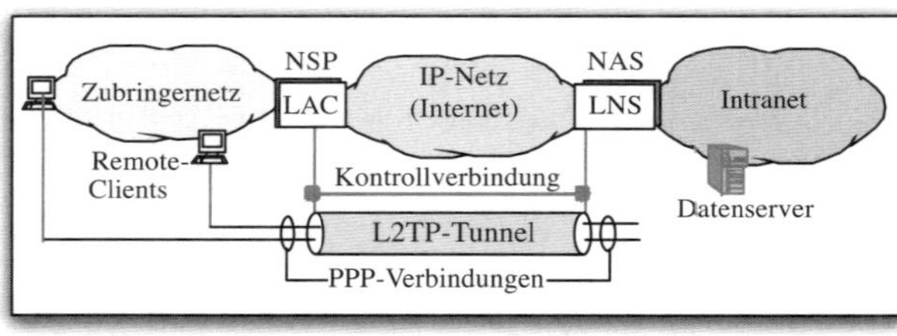


**Abb. 12.4-20:** Illustration des allgemeinen Konzepts des L2TP
ISDN: Integrated Services Digital Network, NAS: Network Access Server,
NSP: Network Service Provider, PSTN: Public Switched Telephone Network

Funktionsmodule LAC und LNS

Das L2TP wird ausschließlich durch den LAC (*L2TP Access Concentrator*) beim NSP und durch den LNS (L2TP Network Server) im NAS eines Intranet realisiert. Hierbei stellt der LAC ein Modul in einer Zugangskomponente (z.B. in einem Router) beim NSP dar, während der LNS ein Modul im NAS ist. Mit L2TP-Hilfe wird ein Tunnel über ein IP-Netz zwischen LAC und LNS aufgebaut.

L2TP mit PPP-Zugang

Die Clients als Remote-Rechner haben Zugang zum LAC über ein Zubringernetz und können mittels des PPP über das Zubringernetz und ein IP-Netz auf ein Intranet zugreifen. Die Voraussetzung ist, dass sie dafür entsprechende Zugangsrechte haben. Die PPP-Verbindungen von den einzelnen Clients, die innerhalb des Zubringernetzes auf Basis von physikalischen Verbindungen eingerichtet werden, verlaufen zum NAS eines Intranet über das PV-Netz in einem L2TP-Tunnel.

Um einen Tunnel aufbauen zu können, muss bereits eine logische Verbindung zwischen LAC und LNS bestehen, die als Kontrollverbindung des Tunnels dient. Zwischen LAC und LNS können über diese Kontrollverbindung mehrere Tunnel eingerichtet sein. Eine PPP-Verbindung von einem Zubringernetz kann über das IP-Netz bis zum Intranet im L2TP-Tunnel vorhanden sein, über die wiederum mehrere Kommunikationsbeziehungen gleichzeitig und nach unterschiedlichen L3-Protokollen verlaufen können.

Abb. 12.4-21 zeigt das Tunneling-Prinzip nach dem L2TP über ein IP-Netz bei der Anbindung eines Remote-Clients an ein Intranet. L2TP Tunneling-Prinzip

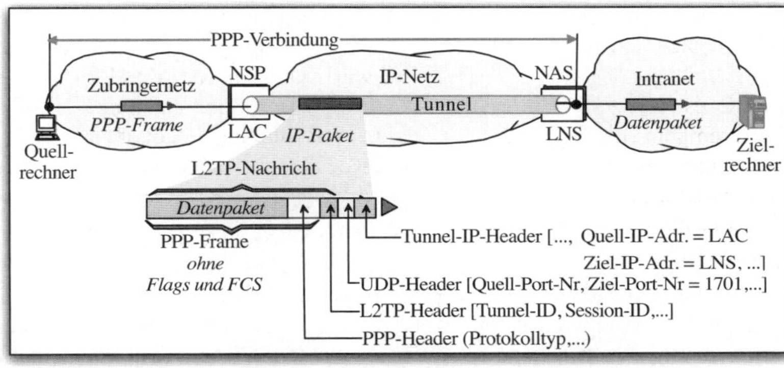


**Abb. 12.4-21:** Tunneling-Prinzip nach dem L2TP über ein IP-Netz

Die Datenpakete vom Quellrechner werden über das Zubringernetz in PPP-Frames übertragen [Abschnitt 12.2]. Jedem über das IP-Netz zu übertragenden PPP-Frame werden folgende Header im LAC vorangestellt: Tunnel-IP-Header, UDP-Header und L2TP-Header.

Der Tunnel-IP-Header bestimmt den Beginn und das Ende des Tunnels sowie den Übertragungsweg über das IP-Netz. Im UDP-Header kann der Quell-Port im LAC als Beginn und der Ziel-Port im LNS als Ende der Verlängerung einer PPP-Verbindung über das IP-Netz angesehen werden. Die wesentlichen Angaben in Bezug auf den Tunnel werden im L2TP-Header gemacht.

Die Bedeutung von L2TP besteht darin, dass hiermit eine gesicherte Verlängerung einer PPP-Verbindung über ein IP-Netz bis zum NAS im Intranet erreicht werden kann. Aus Abb. 12.4-21 ist auch ersichtlich, dass die Pakete verschiedener L3-Protokolle (durch die Angabe `Protokolltyp` im PPP-Header) über das IP-Netz übertragen werden können (Multiprotokollfähigkeit über ein IP-Netz).

Verschlüsselte Übertragung

Verschlüsselte Übertragung

Um die Sicherheit der Übertragung über das IP-Netz zu garantieren, können die 'inneren' Datenpakete zwischen LAC und LNS verschlüsselt übertragen werden. Da der Transport über das IP-Netz auf Basis des vorangestellten Tunnel-IP-Header verläuft, kann ein Eindringling unterwegs nicht mehr die Quell- und die Zieladresse des verschlüsselt übertragenen Originaldatenpakets ablesen, sondern lediglich feststellen, dass die Daten zwischen Tunnelbeginn und -ende transportiert werden.

Für den Aufbau eines Tunnels müssen zuerst bestimmte Vereinbarungen zwischen LAC und LNS getroffen werden, die als Kontrollverbindung (*Control Connection*) zu interpretieren sind. Initiator einer Kontrollverbindung kann sowohl LAC als auch LNS sein. Für den Tunnelaufbau muss bereits eine Kontrollverbindung bestehen [Abb. 12.4-20]. Somit werden die L2TP-Nachrichten zwischen LAC und LNS ausgetauscht, um

- vor dem Beginn der Kommunikation zunächst eine Kontrollverbindung und dann einen Tunnel aufzubauen,
- nach dem Ende der Kommunikation anschließend den Tunnel und letztlich die Kontrollverbindung abzubauen.

### Besonderheiten des L2TPv3

Referenzmodelle beim L2TPv3

Das L2TP [RFC 2661] wurde mit dem Ziel weiterentwickelt, wichtige L2-Übermittlungsdienste (wie z.B. Ethernet, Frame Relay, ATM) über klassische IP-Netze (d.h. keine MPLS-Netze) zur Verfügung stellen zu können. Dies hat zur Entstehung des L2TPv3 [RFC 3931] geführt. Der Einsatz des L2TPv3 wird durch folgende drei Referenzmodelle beschrieben: *LAC-LNS*, *LAC-LAC* und *LNS-LNS*. Das Referenzmodell LAC-LNS entspricht dem in Abb. 12.4-22 gezeigten Prinzip vom Tunneling und definiert die Funktion des L2TPv3, die vollkommen der Funktion des L2TP entspricht.

L2-Dienste über IP-Netze

Wie aus Abb. 12.4-22a ersichtlich ist, soll es das L2TPv3 nach dem Referenzmodell LAC-LAC ermöglichen, die vom Provider bereitgestellten VPNs zu realisieren. Dies entspricht dem Referenzmodell für Pseudo-Drahtverbindungen (PW-Verbindungen) über MPLS-Netze [Abb. 12.4-7]. Daher wird ein L2TPv3-Tunnel auch als *PW-Verbindung* bezeichnet. Über einen L2TPv3-Tunnel können zwei Sites (z.B. Standorte eines Unternehmens) verbunden werden. Als Zubringerleitung zwischen dem CE und dem PE kann z.B. ein Ethernet-Link dienen.

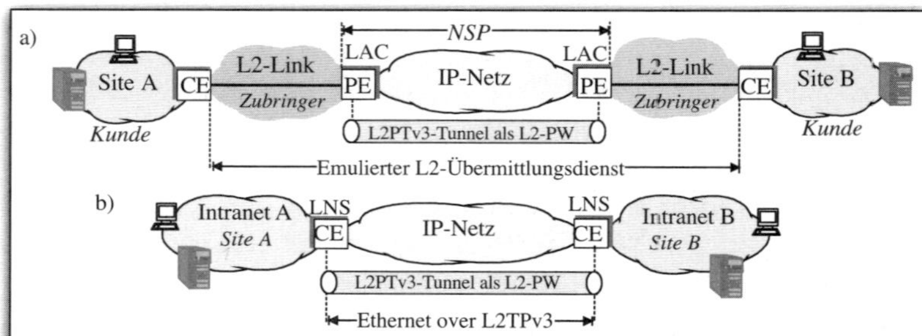


**Abb. 12.4-22:** Bereitstellung der L2-Übermittlungsdienste über IP-Netze nach dem L2TPv3: a) Referenzmodell LAC-LAC, b) Referenzmodell LNS-LNS
CE: Customer Edge, PE: Provider Edge, LAC: L2TP Access Concentrator, LNS: L2TP Network Server

Mit dem L2TPv3 ist es auch möglich, mehrere Sites als Intranets auf Ethernet-Basis über ein IP-Netz als WAN zu vernetzen. Dies erfolgt nach dem in Abb. 12.4-22b gezeigten Referenzmodell LNS-LNS.

Bedeutung des L2TPv3

Vergleicht man die Abb. 12.4-7 und Abb. 12.4-22, so stellt man fest, dass de facto mit PWs über MPLS-Netze und mit dem L2TPv3-Tunnel die gleichen Ziele verfolgt werden. Hervorzuheben ist aber, dass man für den dynamischen Auf- und Abbau von PWs über MPLS-Netze zusätzlich ein Signalisierungsprotokoll wie z.B. CR-LDP bzw. RSVP-TE benötigt. Für den dynamischen Auf- und Abbau des L2TPv3-Tunnels über klassische IP-Netze (also ohne MPLS) ist das nicht der Fall, da das L2TPv3 selbst ein einfaches Signalisierungsprotokoll ist – ein wesentlicher Vorteil von L2TPv3.

L2TPv3-Nachrichten

Um die in Abb. 12.4-22 gezeigten Dienste zu unterstützen, wird eine neue Struktur vom L2TPv3-Header sowohl in Kontrollnachrichten als auch in Nachrichten mit L2-Payload eingeführt. Eine wichtige Besonderheit des L2TPv3 ist, dass die L2TPv3-Nachricht bei der Emulation der L2-Übermittlungsdienste über klassische IP-Netze direkt nach dem IP-Header in IP-Paketen transportiert werden können [Abb. 12.4-23]. Um die Kompatibilität mit dem L2TP zu erhalten, können die L2TPv3-Nachrichten auch erst nach dem UDP-Header folgen [Abb. 12.4-21]. Somit lässt sich das L2TPv3 als Protokoll sowohl der Schicht 4 als auch der Schicht 3 zuordnen.

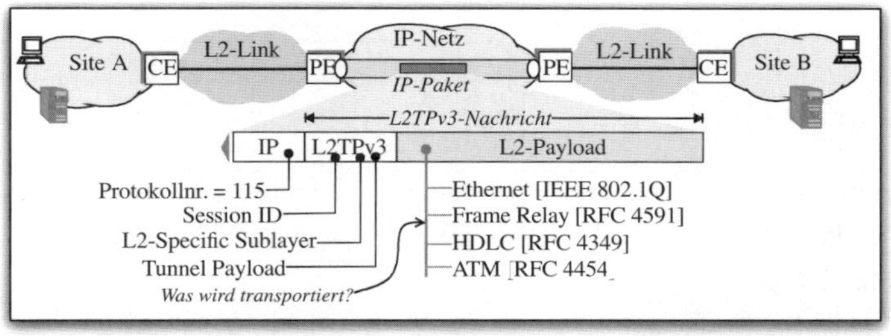


**Abb. 12.4-23:** Tunneling nach L2TPv3 bei Bereitstellung von L2 Übermittlungsdiensten

Abb. 12.4-23 illustriert das Tunneling bei der Bereitstellung der L2-Übermittlungsdienste über klassische IP-Netze (ohne MPLS). Diese Prinzip entspricht weitgehend dem Tunneling-Prinzip über MPLS-Netze [Abb. 12.4-7]. Hierbei ist eine L2TPv3-Nachricht mit einem PW-Frame vergleichbar.

Weil das L2TPv3 auch ein Signalisierungsprotokoll ist, ermöglicht dies, einen Tunnel und eine darüber verlaufende Session bei Bedarf dynamisch aufzubauen.

## 12.5 IPsec-basierte VPN

Beim IPsec unterscheidet man zwei Betriebsarten: *Tunnel-Mode* und *Transport-Mode*. Die Erweiterung der IP-Pakete im Transport-Mode mit `AH` bzw. `ESP` wurde bereits in den Abb. 5.4-4 und Abb. 5.4-6 dargestellt.

Abb. 12.5-1 illustriert den IPsec-Einsatz im Tunnel-Mode zwischen zwei Sicherheits-Gateways SG (*Security Gateway*) sowohl beim NSP (*Network Service Provider*) als auch im NAS (*Network Access Server*) eines Intranet. Security Gateway

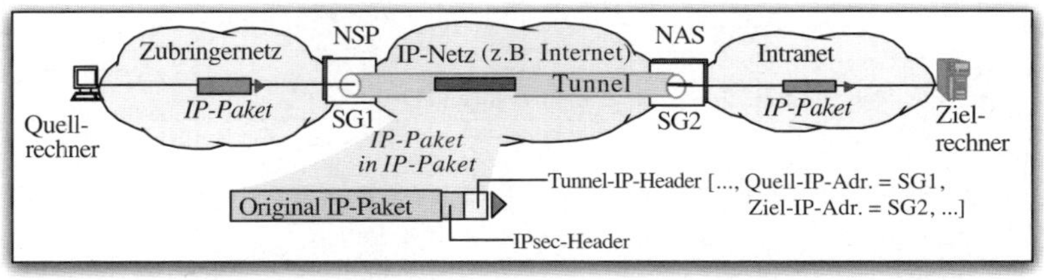


**Abb. 12.5-1:** IPsec-Einsatz im Tunnel-Mode

Hierbei werden dem zu sendenden IP-Paket zuerst zusätzliche Sicherheitsparameter als `AH` oder `ESP` vorangestellt [D1 in Abb. 12.5-5]. Das so erweiterte Original-IP-Paket wird nachher noch um einen IP-Tunnel-Header ergänzt, in dem die Quell- und die IP-Zieladresse der beiden Tunnelendpunkte enthalten sind. Der Tunnelmode hat den Vorteil, dass Quelle und Ziel der Kommunikation versteckt und nur die Tunnelendpunkte bei der Übermittlung über ein IP-Netz sichtbar sind.

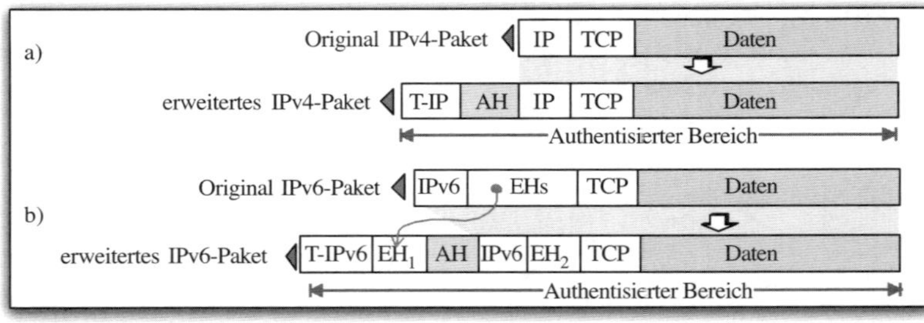


**Abb. 12.5-2:** `AH`-Angaben im Tunnel-Mode in: a) IPv4-Paketen, b) IPv6-Paketen

Authentication Header

Abb. 12.5-2 zeigt die Erweiterung von IP-Paketen im Tunnel-Mode um einen `AH`-Header. Beim IPv4 werden die Sicherheitsparameter im Tunnel-Mode als `Authentication Header` (`AH`) zwischen dem zusätzlichen Tunnel-IP-Header (T-IP) und dem Original-IP-Paket eingebettet. Somit kann das gesamte Original-IP-Paket in seiner ursprünglichen Form für die Übermittlung über ein IP-Netz gesichert werden. Da der Tunnel-IP-Header nur die Quell- und die IP-Zieladresse der beiden Tunnelendpunkte enthält, sind Quelle und Ziel der Kommunikation versteckt und nur die Tunnelendpunkte erkennbar.

Beim IPv6 im Tunnelmode wird der `AH` ebenfalls zwischen dem zusätzlichen Tunnel-IPv6-Header und dem Original-IPv6-Paket eingebettet. Dem `AH` sind die Extension Headers ($EH_1$) wie `Hop-by-Hop`, `Routing` und `Fragment` vorangestellt [Abschnitt 7.3].

ESP-Header

Die Erweiterung der IP-Pakete im Tunnel-Mode um die `ESP`-Angaben zeigt Abb. 12.5-3. Beim IPv4 wird der `ESP`-Header (ESP') zwischen dem zusätzlichen Tunnel-IP-Header und dem Original-IP-Paket eingebettet. Der `ESP`-Trailer (`ESP"`) folgt nach dem Original-IP-Paket. Das erweiterte IP-Paket wird mit dem Feld `AD` mit einer Prüfsequenz abgeschlossen [Abb. 12.5-3].

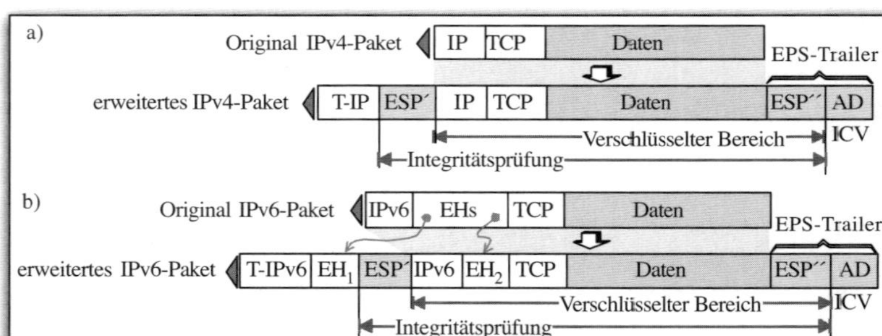


**Abb. 12.5-3:** `ESP`-Angaben im Tunnel-Mode in: a) IPv4-Paketen, b) IPv6-Paketen
ESP': EPS-Header, ESP": ESP-Trailer,
AD: Authentication Data als ICV (Integrity Check Value)

Beim IPv6 wird der `ESP`-Header (`ESP'`) zwischen dem zusätzlichen Tunnel-IPv6-Header und dem Original-IPv6-Paket eingebettet. Der `ESP`-Trailer (`ESP"`) folgt nach dem Original-IP-Paket. Bei IPv6 im Tunnel-Mode werden einige Extension Header ($EH_1$) wie `Hop-by-Hop`, `Routing` und `Fragment` dem `ESP`-Header vorangestellt.

Abb. 12.5-4 illustriert, wie ein zu übertragendes IPv4-Paket verarbeitet wird, um Vertraulichkeit, Datenintegrität und Authentizität zu erreichen.

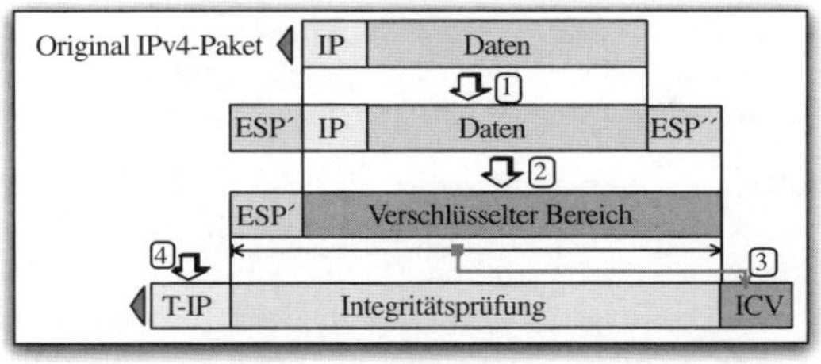


**Abb. 12.5-4:** Schritte bei der Erweiterung eines IPv4-Pakets mit ESP
ICV: Integrity Check Value, T-IP: Tunnel-IP-Header

IPv4-Pakete mit ESP

Bei der Erweiterung eines IPv4-Pakets mit ESP sind folgende Schritte zu unterscheiden:

1. Das zu übertragende IPv4-Paket wird um den ESP-Header (ESP') und den ESP-Trailer (ESP") erweitert.
2. Der vertrauliche Bereich (Original IP-Paket und ESP") wird nach einem Verschlüsselungsverfahren (z.B. AES) verschlüsselt.
3. Aus dem verschlüsselten Bereich und dem ESP' wird die HMAC-Funktion errechnet und das Ergebnis wird als Prüfsequenz im ESP-Feld AD am Ende des Pakets übertragen [Abb. 12.5-4]. Als HMAC-Funktion kann hier sowohl
   - HMAC-MD5 [RFC 2403] als auch
   - HMAC-SHA-1 [RFC 2404] verwendet werden.
4. Es wird ein neuer Tunnel-IP-Header generiert und den zu übertragenden Daten vorangestellt.

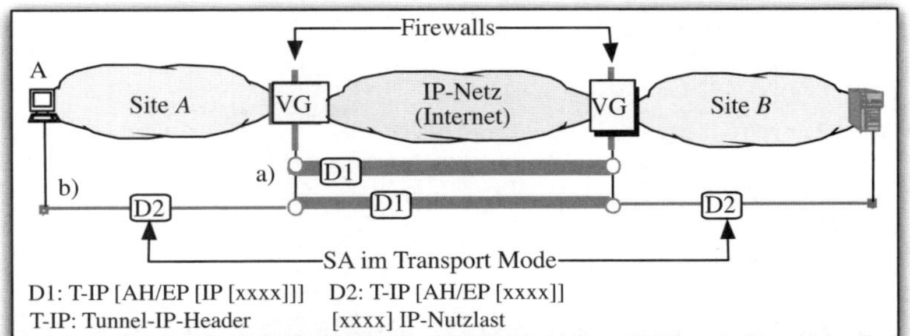


**Abb. 12.5-5:** Typische Varianten von Site-to-Site-VPNs mit dem IPsec
D1, D2: Struktur von übertragenen Daten, SA: Security Association, VG: VPN-Gateway

Site-to-Site-VPNs

IPsec ermöglicht den Aufbau aller VPN-Arten über klassische IP-Netze.

**Beispiel**: Einen Überblick über die Möglichkeiten des Einsatzes des IPsec zum Aufbau von *Site-to-Site-VPNs* v Abb. 12.5-5. Es werden hier zwei Fälle vorgestellt:

a. Tunnel über ein IP-Netz.
b. Tunnel über ein IP-Netz mit SA (*Security Association*) intern.

Fall a

Um einen Tunnel über ein IP-Netz aufzubauen, muss das IPsec im Tunnel-Mode realisiert werden. Sollte die Kommunikation über den Tunnel in beide Richtungen erfolgen, so muss der Tunnel mit zwei entgegen gerichteten SAs eingerichtet werden [Abb. 12.5-5]. Das IP-Paket (d.h. der Teil `IP[xxxx]`) wird typischerweise verschlüsselt übertragen und der Teil `ESP[IP[xxxx]]` mit einer Prüfsequenz gesichert, um so Verfälschungen während der Übertragung zu erkennen (D1 in Abb. 12.5-5).

Fall b

Falls die Kommunikation innerhalb der Site auch vertraulich sein soll, bietet sich an, das IPsec im Transport-Mode zu implementieren. Hierfür kann eine gesicherte virtuelle Verbindung vom Tunnel zu den bestimmten Endsystemen nach Bedarf aufgebaut werden. Eine derartige Verbindung stellt eine SA im Transport-Mode dar. Hier wird das Original-IP-Paket so gesichert, dass ein Header AH bzw. ESP zwischen dem IP-Header und der Nutzlast `[xxxx]` eingebettet wird (D2 in Abb. 12.5-5). Dadurch wird die Nutzlast verschlüsselt und der Teil `[AH/ESP[xxxx]]` kann mit einer Prüfsequenz gegen Verfälschungen gesichert werden.

Remote-Access-VPNs

Einen Überblick über die Möglichkeiten des IPsec-Einsatzes zum Aufbau von Remote-Access-VPNs zeigt Abb. 12.5-6.

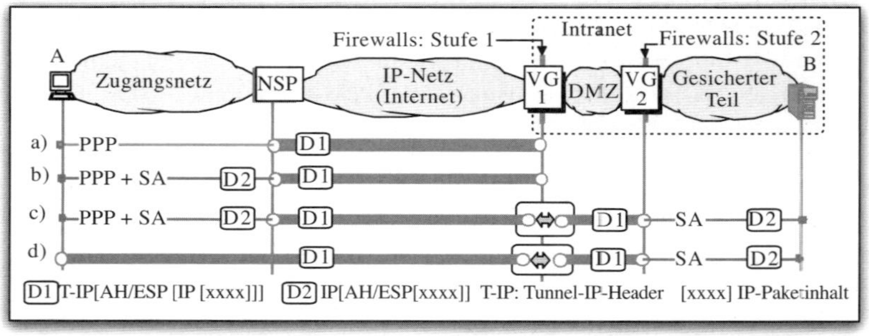


**Abb. 12.5-6:** IPsec-Einsatz bei VPNs mit Remote Access
D1, D2: Struktur von übertragenen Daten, SA: Security Association,
VG: VPN-Gateway (Security Gateway)

**Beispiel**: Hier wurde angenommen, dass die Firewall im Intranet zweistufig ist. Zwischen der ersten und der zweiten Firewall-Stufe im Unternehmensnetz entsteht eine *demilitarisierte Zone* (*DeMilitarized Zone*, DMZ). Für die Sicherung der Datenübermittlung innerhalb der DMZ müssen normalerweise noch bestimmte Sicherheitsmaßnahmen ergriffen werden. Hierbei sind mehrere Einsatzszenarien des IPsec denkbar (Fall: a, b, c und d).

Fall a

Im *Fall a)* handelt es sich um eine solche Situation, in der ein IPsec-Tunnel nur über das IP-Netz zwischen einem Network Service Provider (NSP) und dem ersten Security Gateway (SG1) im Intranet eingerichtet wurde. Das IPsec wird über das IP-Netz im Tunnel-Mode betrieben. Ein Remote-Benutzer (*A*) hat den Zugang zum Tunnel über eine PPP-Verbindung. Mit dem Protokoll *CHAP* [Abb. 12.2-9], das im PPP enthalten ist, kann er beim NSP authentisiert werden. Innerhalb des Intranet wird das IPsec bei dieser VPN-Lösung nicht implementiert.

Fall b

Im *Fall b)* wird das IPsec auch im Zugangsbereich implementiert. Dies bedeutet, dass eine Security Association (SA) über eine PPP-Verbindung eingerichtet wird. Somit kann die Nutzlast der über das Zugangsnetz übertragenen IP-Pakete verschlüsselt und der Teil

[AH/ESP[xxxx]] so gesichert werden, dass sich mögliche Verfälschungen entdecken lassen. Wird eine Verfälschung entdeckt, ist das betreffende IP-Paket einfach zu verwerfen.

Der *Fall c)* stellt eine Systemlösung dar, bei der die Kommunikation auch innerhalb des Intranet gesichert wird. Auf der ersten Firewall-Stufe findet eine Überprüfung der Authentizität von Remote-Benutzern und der Integrität von Daten statt, und erst dann, falls die Überprüfung positiv war, wird der IPsec-Tunnel bis zur zweiten Firewall-Stufe verlängert. Im Sicherheits-Gateway VG1 ist hierfür eine Art von *Tunnel-Switching-Funktion* nötig. Im gesicherten Teil des Intranet wird das IPsec auch eingesetzt. Dies bedeutet, dass das IPsec im Transport-Mode für die Kommunikation zwischen Endsystem und VG2 eingesetzt wird. Somit wird eine SA im Transport-Mode zwischen Endsystem und VG2 aufgebaut, die als gesicherte virtuelle Verbindung zu sehen ist. Fall c

Im *Fall d)* wird das IPsec im Tunnel-Mode für die Kommunikation sowohl über das IP-Netz als auch über das Zubringernetz eingesetzt. Somit kann ein Remote-Benutzer einen Tunnel initiieren, der direkt (d.h. über die Systemkomponenten beim NSP transparent) bis zum Intranet geführt wird. Fall d

## 12.6 Schlussbemerkungen

In diesem Kapitel sollte in komprimierter Form gezeigt werden, wie man das Protokoll IP in LANs und WLANs sowie über Punkt-zu-Punkt-Verbindungen einsetzen kann. Ferner, wie verschiedene Arten virtueller IP-Netze auf Basis physischer MPLS- bzw. GMPLS-Netze sowie auch unter Einsatz des Protokolls IPsec aufgebaut werden können und welche Vorteile sich daraus ergeben. Wegen des begrenzten Raums konnten wir nicht auf alle relevanten Aspekte von 'IP over X' eingehen.

Abschließend möchten wir Folgendes hervorheben:

- Der Siegeszug der ursprünglich für LANs konzipierten Technologie Ethernet mit dem IP ist nicht zu bremsen. Die Übermittlung der IP-Pakete in Ethernet-Frames findet heutzutage nicht nur in LANs statt, sondern immer öfter in städtischen Netzen und WANs, also in Metro- und Weitverkehrsbereichen, in denen die Übertragungsnetze auf Basis von SDH/SONET und WDM aufgebaut werden. Um Ethernet-basierte LANs mit dem IP über SDH- und WDM-Netze vernetzen zu können, ist eine spezielle, diesem besonderen Zweck angepasste Systemlösung nötig. Diese ist als *Generic Framing Procedure* (GFP) verfügbar. Bedeutung von GFP

  Die im Standard G.7041 von der ITU-T spezifizierte GFP wurde mit dem Ziel entwickelt, Ethernet-basierte Netzwerke mit den auf Basis von SDH und WDM eingerichteten Gigabit-Netzen so zu integrieren, dass man u.a. Ethernet-Frames mit IP-Paketen über SDH- und WDM-Netze effizient übermitteln kann. Auf dieser Grundlage ist eine weltweite Konvergenz aller wichtigen Netztechnologien realisierbar.

- Um die eben genannte Konvergenz aller Netztechnologien zu ermöglichen, stellt GFP eine Art von standardisierten, als GFP-Frames bezeichneten Datencontainern zur Verfügung. Diese dienen als Frames, in denen wiederum verschiedene Frames mit Daten, wie etwa Ethernet-Frames, PPP-Frames, über SDH- oder über WDM-Netze übermittelt werden können. GFP liefert somit zahlreiche Konzepte, verschiedene hybride Systeme für die Datenübermittlung zu realisieren; hierzu gehören insbesondere *Ethernet over SDH* (EoSDH), *Ethernet over WDM* (EoWDM), *PPP over SDH* und *PPP over WDM*. IPoSDH und IPoWDM

Da das IP in der Regel über Ethernet und auch über PPP eingesetzt wird, bildet GFP zugleich die Grundlage für die Realisierung von *IP over SDH* (IPoSDH) und von *IP over WDM* (IPoWDM), was für das globale, weltweite Gigabit-Networking von enorm großer Bedeutung ist.

IP over MLPPP

- Mit dem Ziel Daten über *Point-to-Point-Verbindungen* (PtP-Verbindungen) übermitteln zu können, wurde das Protokoll PPP (*Point-to-Point Protocol*) entwickelt und hier im Abschnitt 12.2 präsentiert. Um mehrere PtP-Verbindungen zu bündeln, wurde *Multilink Point-to-Point Protocol* entwickelt [RFC 1717 / 1990]. Dieses wird kurz oft als MLPPP bezeichnet – aber auch als MP bzw. als MLP. Somit ist MLPPP ein Protokoll zur parallelen Übermittlung von Frames des PPP zwischen zwei festgelegten Endpunkten. Somit ermöglicht das MLPPP die Verwendung mehrerer PtP-Verbindungen zur Übermittlung von IP-Paketen zwischen zwei festlegten Punkten – sowohl über physikalische Übertragungswege (z.B. Leitungen, Funkübertragungsstrecken) als auch über virtuelle Verbindungen (z.B. MPLS-Pfade). Folglich spricht man auch von *IP over MLPPP* (IPoMLPPP).

  Da das PPP oft in lokalen Netzen – nach dem Konzept PPPoE (*PPP over Ethernet*) – zur Realisierung von PtP-Verbindungen auf Basis von Gigabit Ethernet (GE, GbE) mit Bitraten von 1 und 10 Gbit/s verwendet wird, kann hierbei das MLPPP zur Bündelung von GE-Leitungen eingesetzt werden. Auf diese Weise lassen sich beispielsweise in Data Centern, gebündelte GE-Leitungen mit Bitraten von $n * 1$ oder $n * 10$ Gbit/s – als skalierbares Gigabit Ethernet – einrichten. Solche Systemlösungen werden oft als *MLPPP over PPPoE* bezeichnet.

FC SANs ohne IP, IP über FC SAN

- Netzwerke als LANs basieren heutzutage ausschließlich auf der Ethernet-Technologie und verwenden das IP. In den Datacentern dieser Netzwerke findet man aber noch separate Speichernetzwerke – sog. SANs (*Storage Area Networks*); sie dienen dazu, Servern die Nutzung externer Speichersysteme zu ermöglichen. Im Gegensatz zu LANs basieren SANs auf der Netzwerktechnologie *Fibre Channel* (FC) und man spricht auch von *FC SANs*. An SANs werden hohe Anforderungen gestellt: Sie sollen es ermöglichen, große Datenmengen mit hohen Geschwindigkeiten verlust- und fehlerfrei, eventuell auch noch abhör- und manipulationssicher zu übermitteln. Wäre ein SAN auf Basis der 'normalen' Gigabit Ethernet-Technik sowie mit dem IP und dem TCP aufgebaut, so müsste TCP als Transportprotokoll Verlust- und Fehlerfreiheit garantieren. Darüber hinaus hätte das Sicherheitsprotokoll TLS eventuell noch die Abhör- und Manipulationssicherheit zu gewährleisten. In diesem Fall sind die soeben genannten Funktionen innerhalb der Transportschicht, also auf dem Layer 4, durchzuführen; eine solche Lösung ist aber nicht besonders effizient. Aus diesem Grund wurde zum Aufbau von SANs die Netzwerktechnologie *Fibre Channel* entwickelt.

Fibre Channel

- *Fibre Channel* (FC) ist eine besondere Netzwerktechnologie, denn sie garantiert Verlust- und Fehlerfreiheit während einer Datenübermittlung in FC-Frames zwischen zwei Endsystemen bereits auf dem Data Link Layer, also auch dem Layer 2, ohne IP oder TCP nutzen zu müssen. FC kann auch die Ende-zu-Ende-Sicherheit (also Abhör- und Manipulationssicherheit) während der Datenübermittlung garantieren. Dies erfolgt nach dem gleichen Prinzip wie beim IPsec. Infolgedessen wird das IP in FC SANs nicht eingesetzt. FC SANs können aber dazu verwendet werden, um Netzwerke mit IPv4 bzw. mit IPv6 nach dem Tunneling-Prinzip untereinander paarweise zu koppeln. Wie dies erfolgen kann beschreibt RFC 4338.

# 13 IP-Netzwerke und Virtual Networking

Neue Herausforderungen und Megatrends

In den letzten Jahren hat sich die 'Netzwerkwelt' sehr stark verändert und ändert sich noch weiter. Dabei haben sich einige Megatrends herauskristallisiert: Der Siegeszug von Ethernet und des Protokolls IP sind nicht zu bremsen. Das klassische Routing und die IP-Subnetze werden in privaten Netzwerken von Layer-3-Switching und von Virtual LANs (VLANs) abgelöst. Infolge der Virtualisierung von Rechnern, deren Einsatz in mobilen Endgeräten (Tablets, Laptops) und von *Cloud Computing* entstehen neue Anforderungen an IP-Netze. Die Unterstützung der Mobilität virtueller Rechner (*Virtual Host/Machine Mobility*) und virtueller Netzwerke (*Virtual Network Mobility*) sowie der Wunsch nach *Multihoming*, d.h. nach einer Möglichkeit, einen Rechner bzw. ein Netzwerk an das Internet über mehrere 'Zugangspunkte' anzubinden, sind nur die wichtigsten von ihnen.

Neue Konzepte

Neue Konzepte und Protokolle wurden entwickelt, um diesen Anforderungen gerecht zu werden. TRILL (*Transparent Interconnection of Lots of Links*) und SPB (*Shortest Path Bridging*) liefern neue Möglichkeiten, VLANs einzurichten und folglich Netzwerke flexibel zu strukturieren. Damit man aus virtuellen Servern bestehende und beliebig verteilte VLANs einrichten kann, steht das Konzept VXLAN (*Virtual eXtensible LAN*) zur Verfügung. ILNP (*Identifier-Locator Network Protocol*) und LISP (*Identifier/ID Separation Protocol*) ermöglichen u.a., virtuelle Rechner sowie virtuelle Netzwerke transferieren zu können, ohne dass deren IP-Adressen geändert werden müssen. Eine solche Wunschvorstellung ist aber nur bei einer zweistufigen IP-Adressierung erreichbar. Dies bedeutet, dass der Einsatz von ILNP bzw. von LISP zu einer 'Verbesserung der Adressierung bei IP' führt.

Überblick über das Kapitel

Dieses Kapitel liefert wichtige Grundlagen für *Virtual Networking* und für *Virtual Network Mobility*. Hierfür präsentiert Abschnitt 13.1 die Ideen für physikalische Netzwerkstrukturierung. Virtual Networking in privaten Netzwerken erläutert Abschnitt 13.2. Abschnitte 13.3 und 13.4 widmen sich der Bildung von VLANs entsprechend im Client-LAN und im Server-LAN. Auf Virtual Networking mit TRILL und mit SPB geht Abschnitt 13.5 ein. Die Idee von VXLANs erläutert Abschnitt 13.6. Die Grundlagen der Mobilität von Virtual Networks vermittelt Abschnitt 13.7. Abschließende Bemerkungen in Abschnitt 13.8 runden dieses Kapitel ab.

Ziel dieses Kapitels

In diesem Kapitel werden u.a. folgende Fragen beantwortet:

- Wie sollen moderne IP-Netzwerke physikalisch strukturiert werden und warum?
- Wie funktionieren Layer-2- und Layer-3-Switches, wo und wie werden sie eingesetzt, und was ist bei deren Einsatz zu berücksichtigen?
- Wie können VLANs gebildet werden, und welche Bedeutung hat VLAN Tagging?
- Worin bestehen die Konzepte von TRILL, SPB und VXLAN und wie können diese eingesetzt werden?
- Wie können virtuelle Server an Access Switches angebunden werden?
- Worin besteht die Idee von ILNP und welche strategische Bedeutung hat sie?
- Welche Möglichkeiten zur Integration von IPv4 und IPv6 liefert LISP?

## 13.1 Moderne Netzwerkstrukturierung

Kommunikationsarten: Client-Server und Client-Client

Jedes Netzwerk wird mit dem Ziel eingerichtet, einerseits den Rechnern von Benutzern – den Client-Rechnern – Zugriff auf verschiedene Server im *Intranet* sowie andererseits auf Ressourcen im *Internet* zu ermöglichen. Diese Zielvorstellung verwirklichen verschiedene *Client-Server-Anwendungen*, und dabei findet eine Client-Server-Kommunikation statt. Andererseits muss in jedem Netzwerk die Möglichkeit bestehen, dass jeder Client-Rechner mit einem anderen Client-Rechner kommunizieren kann, beispielsweise falls Client-Rechner auch als VoIP-Telefone fungieren und zwei Benutzer per VoIP telefonieren wollen. Diese Art der Kommunikation wird als *Client-Client-Kommunikation* bezeichnet. Die Notwendigkeit, beide Arten der Kommunikation in Netzwerken zu unterstützen, beeinflusst die physikalische und logische Netzstrukturierung.

### 13.1.1 Funktionsbereiche in Netzwerken

Grundlegendes Netzwerkmodell

Unternehmensweite Netzwerke werden heute in der Regel nicht mehr 'auf der grünen Wiese' installiert, sondern neue Installationen müssen die bereits bestehende Infrastruktur unter Berücksichtigung unterschiedlicher Randbedingungen optimal ergänzen. Um die Skalierbarkeit der Netzwerke zu garantieren, sollte jedes Netzwerk strukturiert aufgebaut sein und hierbei in die in Abb. 13.1-1 gezeigten, typischen Funktionsbereiche aufgeteilt werden. Diese sollen davon unabhängig sein, ob es sich um ein Netzwerk in einem Gebäude oder um ein mehrere Gebäude umfassendes Netzwerk handelt.

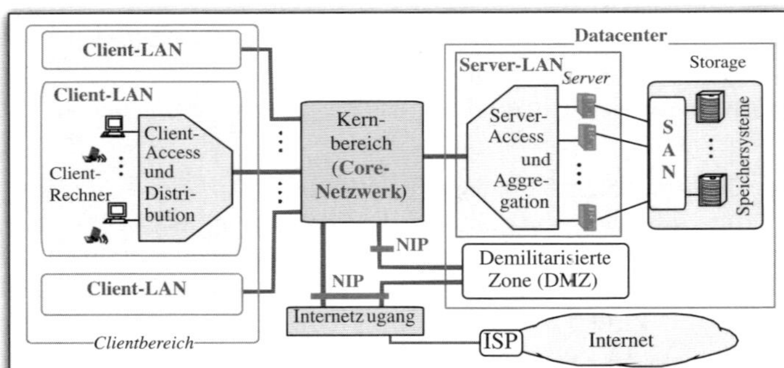


**Abb. 13.1-1:** Allgemeine Struktur von Netzwerken und deren typische Funktionsbereiche
ISP: Internet Service Provider, NIP: Network Intrusion Prevention

In jedem Netzwerk sind daher folgende Funktionsbereiche zu unterscheiden:

Client-LAN

- *Client-Bereich als Client-LAN(s)*
  Zu diesem Bereich gehören alle als Client-Rechner bezeichneten Rechner und somit alle Netzwerkkomponenten, über die Client-Rechner an das Netzwerk angebunden werden, untereinander kommunizieren können und den Zugriff sowohl auf die im Datacenter untergebrachten Server als auch auf sämtliche Internetdienste haben. Der Clientbereich kann aus mehreren Client-LANs bestehen. Als Client-LAN wird hier ein LAN in einem Gebäude verstanden, das durch eine derartige Vernetzung von Switches (insbesondere von L2- und L2/3-Switches) gebildet wird. Je nach Einsatzgebiet gehört ein Switch zu unterschiedlichen Zonen (im Folgenden als *Layer* bezeichnet):

  - dem *Client Access Layer* oder
  - dem *Distribution Layer* [Abb. 13.1-2].

- *Datacenter* (Serverbereich)
  Server-LAN
  Zum *Datacenter* gehören alle Server und solche Netzwerkkomponenten, die den Zugriff auf das Netzwerk ermöglichen, sodass Daten zwischen Servern transferiert werden können und der Zugriff auf die Server sowohl von den Clients als auch vom Internet aus erfolgen kann. Dabei bilden die Netzwerkkomponenten, über den die im Datacenter untergebrachten Server angeschlossen sind, das *Server-LAN*. Mehrere Datacenter können über ein Core-Netzwerk verbunden sein, in das die Server-LANs münden. Diese können sogar in verschiedenen Gebäuden aufgebaut werden, wodurch verteilte Datacenter realisiert werden. Die im Server-LAN eingesetzten Switches sind hierarchisch in zwei Layer gegliedert:
  - der *Server Access Layer* und
  - der *Aggregation Layer* [Abb. 13.1-2].

  Um Daten auf den Servern einheitlich bereitzustellen und zu verwalten, können Server über sog. SAN (*Storage Area Network*) mit Speichersystemen kommunizieren.
- *Demilitarisierte Zone* (DMZ)
  'Pufferzone' im Netzwerk
  Sie stellt eine 'Pufferzone' im Netzwerk dar, in der spezielle Server wie z.B. DNS-, FTP- und E-Mail-Server untergebracht werden, um aus dem Intranet heraus öffentlich erreichbare Dienste erbringen zu können. Jede DMZ muss derartig eingerichtet werden, dass Rechner aus dem Internet auf Server in der DMZ zugreifen können, z.B. um beim DNS-Server die IP-Adresse des in der DMZ installierten Webservers abzufragen. Die DMZ wird in der Regel im Datacenter untergebracht.
- *Internetzugang – Customer Premises Network* (CPN)
  Internetzugang
  Dieser Funktionsbereich wird in der Regel durch eine redundante Auslegung von Routern zum Internetzugang realisiert. Der Übergang vom Internetzugang zum restlichen Netzwerkteil soll über ein *Network Intrusion Prevention System* (NIP-System)[1] erfolgen, um bösartige Angriffe aus dem Internet zu verhindern.
- *Core-Netzwerk*[2]
  Zentrale 'Drehscheibe'
  Diesen *Kernbereich* bilden die zentralen Netzwerkkomponenten, über die die anderen Netzwerkbereiche, d.h. in mehreren Gebäuden eingerichteten Client-LANs, Server-LAN aus dem Datacenter und Internetzugangsbereich, miteinander integriert sind. Das Core-Netzwerk kann als zentrale 'Drehscheibe' im Netzwerk angesehen werden.

## 13.1.2 Strukturierter Aufbau von Netzwerken

Allgemeine Netzwerkstruktur

In Anlehnung an Abb. 13.1-1 illustriert Abb. 13.1-2 das allgemeine Prinzip, nach dem Netzwerke heutzutage aufgebaut werden – unabhängig davon, ob es sich um ein Netzwerk in einem Gebäude handelt oder um ein Netzwerk, das mehrere Gebäude umfasst. Hervorzuheben ist aber noch, dass die hier dargestellte Netzwerkstruktur keine redundanten Komponenten enthält und folglich wegen möglicher Ausfälle keine hohe Verfügbarkeit der Netzwerkdienste garantieren kann.

Access Layer

1. Zur Anbindung der Client-Rechner und anderer Endkomponenten wie z.B. IP-Telefone, Drucker und auch der heute üblichen *Access Points* zur Bereitstellung von WLANs über das kabelgebundene LAN werden in der Regel L2-Switches eingesetzt. Diese bilden einen *Client Access Layer*. Aus diesem Grund werden die zu diesem Layer gehörenden Switches auch als *Access Switches* bezeichnet.

Distribution (Aggregation) Layer

2. Zur Zusammenführung der IP-Kommunikation der verschiedenen Access Switches werden diese an *Distribution Switches*[3] angeschlossen, die somit einen *Distribution Layer* bilden. Wie der Name 'Distribution Switch' bereits andeutet, dient dieser als Distributionspunkt zwischen den Access Switches. Andererseits aggregiert (konzentriert) der Distribution Switch den von einem Access Switch ankommenden Datenverkehr, der zu Servern und in das Internet geführt werden soll. Folglich realisiert jeder Distribution Switch auch eine Aggregation des Datenverkehrs. Deswegen werden die Distribution Switches seitens der Server – also im Server-LAN – als *Aggregation Switches* bezeichnet, und demzufolge spricht man im Server-LAN von einem *Aggregation Layer*.

Core-Netzwerk als 'Autobahn'

3. Das Core-Netzwerk als Kernbereich stellt einen Netzwerkteil dar, der mit einer 'Autobahn' vergleichbar ist. Dieser Bereich kann in Abhängigkeit von der Netzwerkgröße unterschiedlich gestaltet werden. Im Kernbereich werden heute bereits leistungsfähige L2/3-Switches mit integrierter Routing-Funktion und mit Unterstützung von GE, 10GE und 40GE und sogar 100GE (Gigabit Ethernet) installiert.

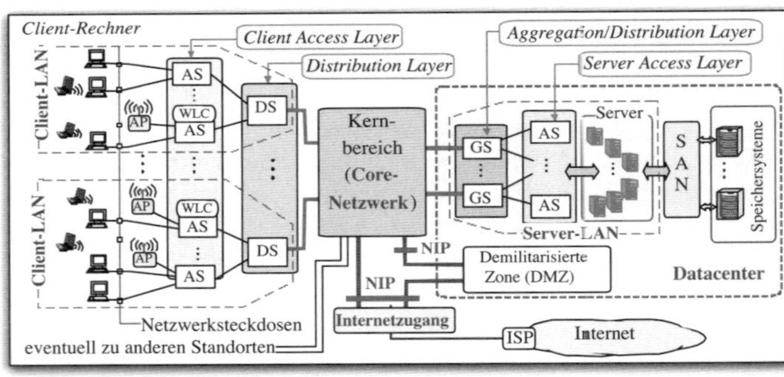


**Abb. 13.1-2:** Strukturierter Aufbau eines Netzwerks in Form einer Multilayer-Struktur
AP: Access Point, AS: Access Switch, DS: Distribution Switch, GS: Aggregation Switch, SAN: Storage Area Network, WLC: WLAN Controller; Abkürzungen wie in Abb. 13.1-1

Funktionen des Kernbereichs

**Beispiel**: Wie Abb. 13.1-2 darstellt, hat der Kernbereich (Core-Netzwerk) die folgenden drei wichtigen Funktionen zu erfüllen:

- die Distribution Switches miteinander so zu vernetzen, dass eine uneingeschränkte Kommunikation zwischen Client-Rechnern in mehreren, z.B. in verschiedenen Gebäuden installierten Client-LAN garantiert werden kann. Die Kommunikation zwi-

[1] Eine Firewall stellt nur eine Sonderform eines NIP-Systems dar.

[2] Noch in den 90er Jahren wurde nicht vom Kernbereich gesprochen, sondern vom Backbone-Bereich.

[3] Die Funktion von Distribution Switches hängt von der Größe des Netzwerks ab. In einem kleinen Netzwerk, z.B. in einem Gebäude und ohne Bildung von IP-Subnetzen, kann als Distribution Switch auch ein L2-Switch dienen. In größeren Netzwerken mit IP-Subnetzen in Form von sog. VLANs (*Virtual LAN*) ist im Distribution Switch eine Routing-Funktion nötig. Als Distribution Switches werden oft *Multilayer-Switches* (d.h. L2- und L3-Switches, kurz L2/3-Switches) eingesetzt.

schen Client-Rechnern aus verschiedenen Client-LANs verläuft somit über das Core-Netzwerk,

- den Client-Rechnern den Zugang zum Server-LAN mit allen dort installierten Servern zu ermöglichen, damit die Client-Server-Kommunikation stattfinden kann, und
- sowohl den Client-Rechnern als auch den im Datacenter untergebrachten Servern die Kommunikation mit den Rechnern im Internet zu ermöglichen.

## 13.2 Virtual Networking in LANs

Ein lokales Netzwerk – also ein LAN – sollte an die Organisationsstrukturen im Unternehmen und an die Bedürfnisse von Benutzern einfach adaptierbar sein. Eine solche Anpassung erfolgt durch eine entsprechende Bildung von aus Benutzerrechnern (von Client-Rechnern) und aus Servern bestehenden Gruppen von Rechnern. Da diese Rechner untereinander über ein LAN vernetzt sind, bezeichnet man eine derartige Vernetzung als VLAN (*Virtual LAN*). Durch die Bildung von VLANs können die aus der Unternehmensorganisation hervorgehenden 'Arbeitsgruppen' eingerichtet werden, wodurch das Netzwerk quasi die Organisationsstruktur des Unternehmens abbildet. VLAN

### 13.2.1 Arten und Einsatz von VLANs

Abb. 13.2-1 illustriert die Bildung von VLANs. Diese erfolgt durch die Gruppierung von an L2-Switches angeschlossenen Rechnern und dabei sowohl der Clients als auch der Server. Es sei hervorgehoben, dass L2-Switches als Access Switches fungieren [Abb. 13.1-2] und dass heutzutage fast alle L2-Switches die Bildung von VLANs unterstützen.

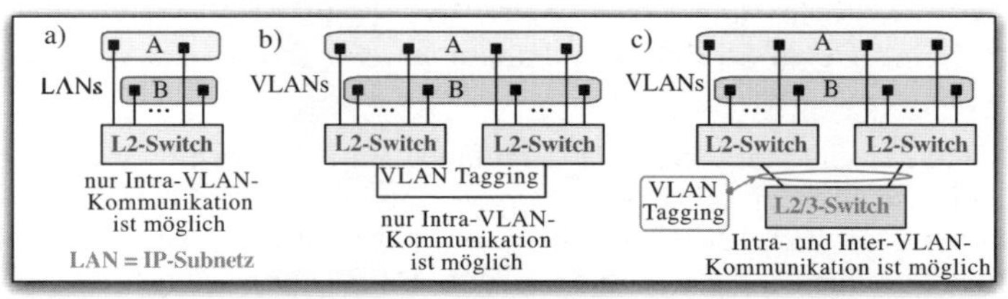


**Abb. 13.2-1:** Bildung und Arten von VLANs: a) L2-Switch beschränkte VLANs; b) und c) L2-Switch-übergreifende VLANs

Der Einsatz von VLANs führt zu einer logischen Strukturierung der Netzwerke. Somit ist beim Design eines Netzwerks zwischen physikalischer und logischer Netzwerkstrukturierung zu unterscheiden. Da VLANs in der Regel als *IP-Subnetze* (bzw. kurz *Subnetze*) eingerichtet werden, bildet die Struktur der VLANs somit einen De-facto Verbund von IP-Subnetzen. VLANs als IP-Subnetze

**Beispiel**: Jedes VLAN besitzt einen Identifier, kurz VID (*VLAN Identifier*) genannt und hat eine beschränkte 'Reichweite'. Dieser kann nämlich entweder auf einen L2-Switch beschränkt oder aber L2-Switch-übergreifend sein. Um dies näher zu erläutern, veranschaulicht Abb. 13.2-1 drei Fälle:

a) An einem L2-Switch können mehrere, zu einem L2-Switch beschränkte VLANs – als Gruppen von Rechnern – gebildet werden, und hierbei ist nur die Kommunikation zwischen Rechnern innerhalb eines VLAN möglich, also nur die Intra-VLAN-Kommunikation. Werden VLANs als IP-Subnetze eingerichtet, ist eine Routing-Funktion nötig, um die Kommunikation zwischen Rechnern aus verschiedenen VLANs, also die Inter-VLAN-Kommunikation, zu ermöglichen.
b) Sind mehrere L2-Switches über feste physikalische Leitungen miteinander verbunden, können mehrere, L2-Switch-übergreifende VLANs gebildet werden. Die Intra-VLAN-Kommunikation in jedem VLAN ist nur dann möglich, falls die zwischen den L2-Switches übermittelnden Ethernet-Frames die Angabe VID enthalten, also darauf verweisen, zu welchen VLAN die beiden Quell- und Zielrechner gehören. Dies bezeichnet man als *VLAN Tagging* bzw. man spricht man auch von *VLAN Trunking* [Abb. 13.5-2]. Wie im Weiteren gezeigt wird [Abschnitt 13.2.4], hat VLAN Tagging in Netzwerken eine fundamentale Bedeutung.
c) Werden mehrere L2-Switches über einen L2/L3-Switch (*Multilayer-Switch*) verbunden und wird VLAN Trunking auf den Leitungen zwischen L2-Switches und L2/L3-Switch realisiert, können mehrere, L2-Switch-übergreifende VLANs gebildet werden. Hierbei kann sowohl die Intra-VLAN-Kommunikation in jedem VLAN stattfindet und die Inter-VLAN-Kommunikation ist auch möglich. Daher fungiert L3-Switching im L2/L3-Switch praktisch als Routing [Abb. 13.3-2].

Um *Virtual Networking*, also VLANs und deren Vernetzung, in lokalen Netzwerken ausführlicher darstellen zu können, gehen wir zunächst auf die Prinzipien von Layer-2- und Layer-3-Switching ein.

## 13.2.2 Layer-2-Switching

Als Access Switches in Netzwerken (siehe Abb. 13.1-2) setzt man in der Regel die L2-Switches ein. Deren Struktur und Funktionsweise möchten wir jetzt anhand von Abb. 13.2-2 kurz erläutern.

L2 Forwarding Table

Ein L2-Switch hat die Aufgabe, jeden empfangenen Ethernet-Frame aufgrund seiner MAC-Zieladresse an einen seiner Ausgangsports weiterzuleiten. Jeder L2-Switch muss daher wissen, welche MAC-Adressen über jeden seiner Ausgangsports zu erreichen sind. Hierfür enthält er eine L2-Weiterleitungstabelle (als *L2 Forwarding Table* (kurz L2-FT) bezeichnet) mit den Zuordnungen:

MAC-Adresse ⇒ Portnummer.

Bildung von VLANs

Die an einem L2-Switch angeschlossenen Rechner können verschiedenen, als IP-Subnetze eingerichteten VLANs angehören. Jedem VLAN wird eine eindeutige Identifikation zugeordnet, die sog. VID (*VLAN Identifier*)[4]). Damit der L2-Switch die Bildung von VLANs unterstützen kann, muss in seiner L2-FT durch die Eintragung einer VIDs die Zugehörigkeit jedes Ports zu einem VLAN angegeben werden [Abb. 13.2-2b]. In einfachen L2-Switches ohne Unterstützung der Bildung von VLANs enthalten deren L2-FTs aber eine Spalte mit VID. Abb. 13.2-3 zeigt, welche Aufgaben jeder Switch bei der Weiterleitung jedes empfangenen MAC-Frames in der Regel 'erledigen' muss.

[4] Die Zugehörigkeit eines MAC-Frames zu einem VLAN wird durch die Eintragung der VID im MAC-Header gekennzeichnet (gemäß IEEE 802.1Q bzw. dessen Erweiterung des MAC-Header, siehe `http://www.ieee802.org/1/pages/802.1Q.html`

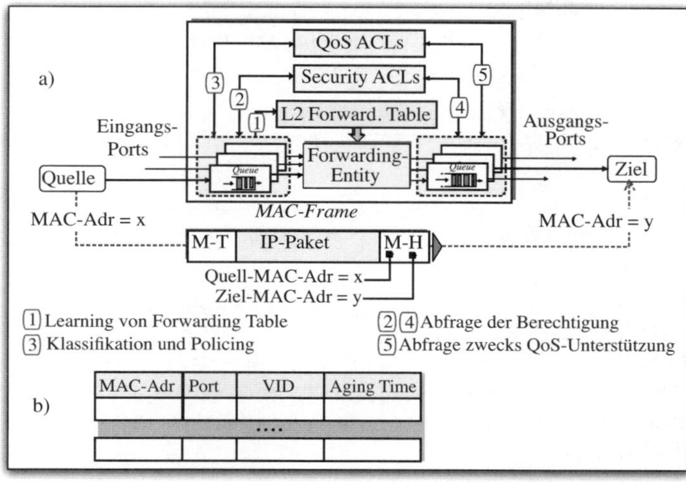


**Abb. 13.2-2:** Funktionsweise von L2-Switches: a) logische Struktur, b) L2 Forwarding Table
M-H: MAC-Header, M-T: MAC-Trailer, QoS: Quality of Service

Bei der Weiterleitung jedes MAC-Frames werden im L2-Switch die in Abb. 13.2-2 dargestellten Aufgaben 1, 2, 3, 4 und 5 als Schritte A, B, C und D durchgeführt: Schritte bei der Weiterleitung

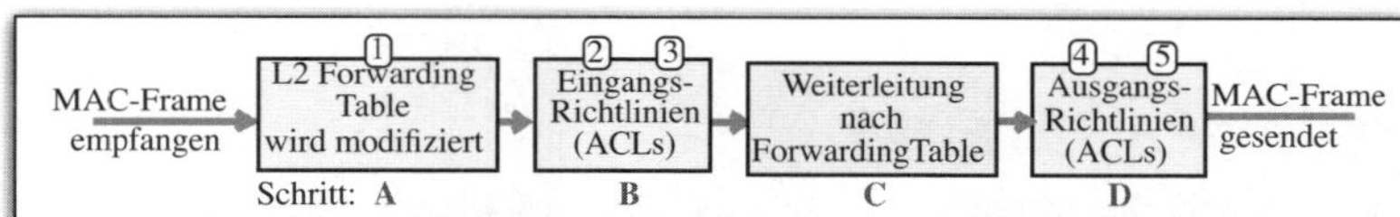


**Abb. 13.2-3:** Schritte im L2-Switch bei der Weiterleitung eines MAC-Frames
1,2,3,4 und 5 wie in Abb. 13.2-1

A: *Learning von L2-FT:* Nach Empfangen jedes MAC-Frames wird die Forwarding Table entsprechend modifiziert.

B: *Einhaltung von Eingangsrichtlinien:* Bei der Weiterleitung von Frames müssen in der Regel bestimmte Richtlinien eingehalten werden. Diese werden oft *Access Control Lists* (ACLs) genannt. Beispielsweise können in Security ACLs sicherheitsrelevante Berechtigungen einzelner Rechner gespeichert werden. In QoS-relevanten ACLs können Angaben gemacht werden, um empfangene MAC-Frames zu klassifizieren und ihnen verschiedene Prioritäten zuzuordnen, z.B. einem Frame mit Sprache eine höhere Priorität. Gemäß der Priorität werden die MAC-Frames vor der Weiterleitung in *Queues* (Warteschlangen) abgespeichert und später, zu gegebenen Zeitpunkten, weitergeleitet.

C: *Weiterleitung nach der L2-FT*

D: *Einhaltung von Ausgangsrichtlinien:* Auch vor Absenden von Frames müssen oft einige Richtlinien eingehalten werden. Beispielsweise werden die Frames gemäß deren Prioritäten in Queues am Ausgangsport vor der Leitung eingereicht.

Learning von L2-FT

Der L2-Switch ist in der Lage, seine L2-FT selbständig zu erstellen und zu aktualisieren. Hierfür wird die Quell-MAC-Adresse in jedem empfangenen Frame gelesen und die Forwarding Table wie folgt modifiziert:

- Ist diese MAC-Adresse noch nicht in der L2-FT eingetragen, notiert der Switch in einer neuen Zeile diese MAC-Adresse, den Port, auf dem der Frame empfangen wurde, die VID und die *Aging Time*[5].
- Ist diese MAC-Adresse bereits in der L2-FT vorhanden, setzt der Switch nur die *Aging Time* auf einen von vornherein festgelegten Anfangswert. Auf diese Weise wird eine Aktivität des Rechners vermerkt.

Prinzip der Weiterleitung

Um einen MAC-Frame mit einer Unicast-MAC-Adresse weiterzuleiten, vergleicht der L2-Switch dessen Zieladresse mit den bereits in seiner L2-FT eingetragenen MAC-Adressen. In der ersten Spalte [Abb. 13.2-2b] sind alle bekannten MAC-Adressen mit dem zugehörigen Ausgangsport gespeichert. Findet der L2-Switch dort eine Zeile mit der MAC-Zieladresse, leitet er den empfangenen Frame direkt über den in dieser Zeile angegebenen Port als Ausgang weiter.

Findet aber der L2-Switch in seiner L2-FT die MAC-Zieladresse aus dem empfangenen MAC-Frame nicht, dann verschickt er den Frame über alle Ports, die in den Zeilen mit derselben VID wie die, die im weiterzuleitenden Frame enthalten ist, eingetragen sind. In einem solchen Fall spricht man von '*unknown unicast flooding*'.

Abschließend sei hervorgehoben, dass im MAC-Frame, d.h. im Ethernet-Frame, während der Weiterleitung im L2-Switch keine Angabe verändert wird.

### 13.2.3 Layer-3-Switching

Layer-3-Switching als hardwarebasiertes Routing

Als Distribution Switches in Netzwerken (siehe Abb. 13.1-2) werden oft Layer-3-Switches (also L3-Switches) verwendet. Ein L3-Switch stellt eine Router-Variante dar, bei der die Weiterleitung von IP-Paketen hauptsächlich auf Hardware-Ebene durchgeführt wird. Abb. 13.2-4 illustriert die Aufgabe und logische Struktur von L3-Switches.

Ein L3-Switch dient somit als Router zur Vernetzung von als VLANs definierten IP-Subnetzen und hat keine Schnittstelle zu einem privaten WAN oder zum Internet. Ein herkömmlicher Router leitet IP-Pakete, die normalerweise in MAC-Frames enthalten sind, anhand einer IP-Routing-Tabelle weiter. Allgemein gesagt besteht auch die Aufgabe von L3-Switches in der Weiterleitung von IP-Paketen, aber nun anhand einer *L3 Forwarding Table* (kurz L3-FT), die eine vereinfachte Routing-Tabelle darstellt und die der L3-Switch selbst aus seiner Routing-Tabelle ableiten kann.

Die Realisierung der Routing-Funktion im L3-Switch hat einige Vorteile. Vor allem in großen Netzwerken, die in kleinere IP-Subnetze als VLANs unterteilt werden, ermöglichen L3-Switches die Kommunikation zwischen Rechnern aus verschiedenen VLANs.

Logische Struktur des L3-Switches

Wie Abb. 13.2-4 zum Ausdruck bringt, sind in der logischen Struktur eines L3-Switches folgende drei Ebenen, die *Planes*, zu unterscheiden:

[5] Mittels der Aging Time (Lebensdauer) wird die Aktivität des betreffenden Rechners überwacht. Mit Aging Time wird angegeben, wie lange eine Zeile mit einer MAC-Adresse in der L2-FT bestehen soll. Ist ein Rechner während der Aging Time nicht aktiv, d.h. empfängt der L2-Switch während dieser Zeitdauer keinen Frame von diesem, geht er davon aus, dass der Rechner entweder 'umgezogen' oder ausgefallen ist, woraufhin die ihm entsprechende Zeile aus der L2-FT entfernt wird.

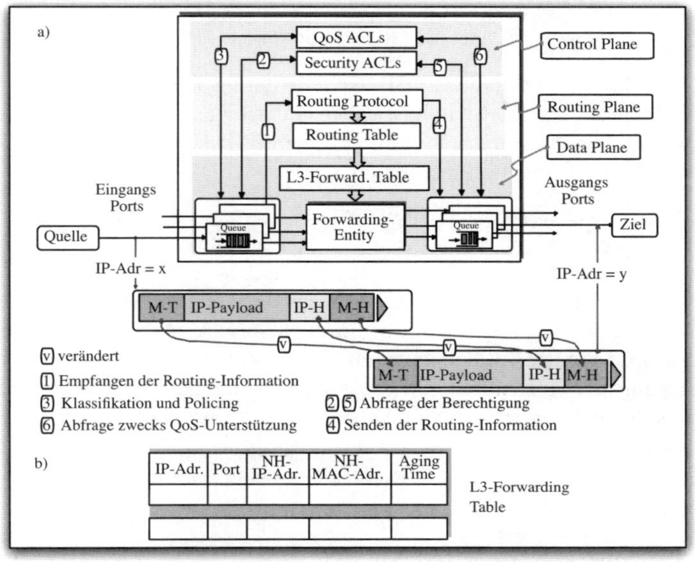


**Abb. 13.2-4:** L3-Switch: a) logische Struktur, b) L3 Forwarding Table
IH: IP-Header, NH: Next Hop; weitere Abkürzungen wie in Abb. 13.2-2

- Innerhalb der ersten Ebene – der *Data Plane* – mit einer *Forwarding Entity* (Weiterleitungsinstanz) und einer L3-FT erfolgt die Weiterleitung von Daten in Form von in MAC-Frames eingekapselten IP-Paketen.
- Die L3-FT wird aus der Routing Table abgeleitet, die innerhalb der Routing Plane nach einem Routing-Protokoll aufgebaut wird. Weil über L3-Switches überwiegend Kommunikation zwischen lokalen, als IP-Subnetze definierten VLANs erfolgt, wird hier oft RIP als Routing-Protokoll eingesetzt [Abschnitt 10.1].
- Bei der Weiterleitung von IP-Paketen sowie MAC-Frames [Abb. 13.2-4a] müssen bestimmte Eingangs- und Ausgangsrichtlinien eingehalten werden. Daher werden verschiedene *Access Control Lists* (ACL) im L3-Switch gespeichert. Sie werden zunächst unter Zuhilfenahme des Netzwerkmanagementsystems erstellt. Man könnte neben den ACLs auch das Lernen der Forwarding Table der *Control Plane* zuordnen.

Erstellen der L3-FT

Router und L3-Switches besitzen mindestens eine IP-Adresse und eine MAC-Adresse. Daher kann ein L3-Switch IP-Pakete sowohl mit der Routing-Information von benachbarten L3-Switches bzw. von Routern erhalten, um seine Routing-Tabelle selbst zu generieren, als auch IP-Pakete von Rechnern zum Weiterleiten an andere IP-Subnetze empfangen. Abhängig davon, ob die IP-Zieladresse eines anderen L3-Switches oder die des Zielrechners im empfangenen IP-Paket enthalten ist, unterscheidet man folgende Fälle:

- Enthält das empfangene IP-Paket die IP-Adresse eines L3-Switches, dann stammt das IP-Paket in der Regel[6] von einem anderen L3-Switch und enthält Routing-Informationen. Somit wird dieses IP-Paket im L3-Switch interpretiert, um die Routing-Tabelle zu aktualisieren.

[6] Ein IP-Paket kann auch von einem Rechner stammen, um einen L3-Switch zu konfigurieren.

- Enthält aber ein empfangenes IP-Paket stattdessen die IP-Adresse eines Zielrechners, handelt es sich um ein IP-Paket, das weiterzuleiten ist.

Aktualisierung der L3-FT

Wie Abb. 13.2-4a zeigt, wird die L3-FT aus der Routing-Tabelle abgeleitet und enthält die gleichen Spalten. Der L3-Switch ist daher in der Lage, seine L3-FT selbständig zu erstellen. Bei der Weiterleitung jedes empfangenen IP-Pakets wird seine IP-Zieladresse gelesen und die L3-FT wie folgt modifiziert:

- Wurde die IP-Zieladresse noch nicht in die L3-FT eingetragen, dann ist dieses IP-Paket das erste des Datenstroms; es wird daher normal geroutet, d.h. zu diesem Zweck wird die Routing-Tabelle gelesen. Gleichzeitig werden dabei die Angaben aus den Spalten IP-Adresse, Port und Next-Hop-IP-Adresse aus der Zeile in der Routing-Tabelle, die der IP-Zieladresse im zu routenden IP-Paket entspricht, in die L3-FT übernommen. Zusätzlich wird für IPv4 mittels eines *ARP-Requests* die der IP-Zieladresse entsprechende MAC-Adresse ermittelt und diese in die Spalte Next-Hop-MAC-Adresse der L3-FT eingetragen[7], wobei noch die Angabe *Aging Time*[8] der L3-FT aktualisiert wird.
- Ist die IP-Zieladresse in der L3-FT bereits eingetragen, aktualisiert der L3-Switch nur die *Aging Time*, um dadurch die Aktivität des Rechners zu 'vermerken'.

### 13.2.4 Bedeutung von VLAN Tagging

Wie bereits in Abschnitt 13.2.1 erwähnt, wird ein VLAN in der Regel als IP-Subnetz eingerichtet. Um mehrere IP-Subnetze untereinander zu vernetzen und somit die Kommunikation zwischen den zu verschiedenen IP-Subnetzen gehörenden Rechnern zu ermöglichen, braucht man einen oder mehrere Router. Im Allgemeinen gilt folgende Aussage:

| Ein Router verbindet mehrere IP-Subnetze miteinander. |
|---|

Daraus geht hervor, dass die über einen Router direkt zu verbindenden IP-Subnetze an den Router entsprechend angebunden werden müssen. Dies führt dazu, dass jedes IP-Subnetz an einen Port im Router angeschlossen werden muss. In der Vergangenheit, als noch keine Switches im Einsatz waren und man keine VLANs bilden konnte, wurden die IP-Subnetze – quasi wie getrennte Netzwerksegmente – an die physikalischen Ports der Router angeschlossen.

Notwendigkeit von VLAN Tagging

In modernen Netzwerken findet man besonders in deren inneren Bereichen keine physikalischen, in Form von Hardware-Komponenten installierten Router mehr, sondern nur am Netzwerkrand, um das Netzwerk an das Internet anzubinden. Im inneren Netzwerkbereich verwendet man heutzutage oft L2-Switches als Access Switches und Multilayer-Switches (d.h. L2/3-Switches) als Distribution oder als Aggregation Switches.

Virtuelle Links

Die Funktion 'L3-Switching' stellt eine Routing-Instanz in einem L2/3-Switch dar. Falls mehrere als VLANs eingerichtete IP-Subnetze über die Routing-Instanz im L2/3-Switch miteinander verbunden werden, sind sie an die Routing-Instanz anzubinden. Dies wird über *virtuelle Links* realisiert und ist mittels des *VLAN Tagging* möglich. Abb. 13.2-5 veranschaulicht eine Situation, wo mehrere über L2-Switches verbundene VLANs als

[7] Die Spalte mit der Next-Hop-MAC-Adresse ist oft in der klassischen Routing-Tabelle nicht vorhanden. Daher muss beim Absenden jedes IP-Pakets mithilfe von ARP die der IP-Zieladresse im IP-Paket entsprechende MAC-Adresse, die im MAC-Header einzutragen ist, ermittelt werden, und das kostet Zeit. Um diese Zeit zu reduzieren, ist es sinnvoll, die Next-Hop-MAC-Adresse in der L3-FT parat zu halten.

[8] Aging Time in der L3-FT hat die gleiche Bedeutung wie Aging Time in L2-FT des L2-Switches.

IP-Subnetze über einen Router zusammen geführt werden und welche Bedeutung hierbei VLAN Tagging besitzt.

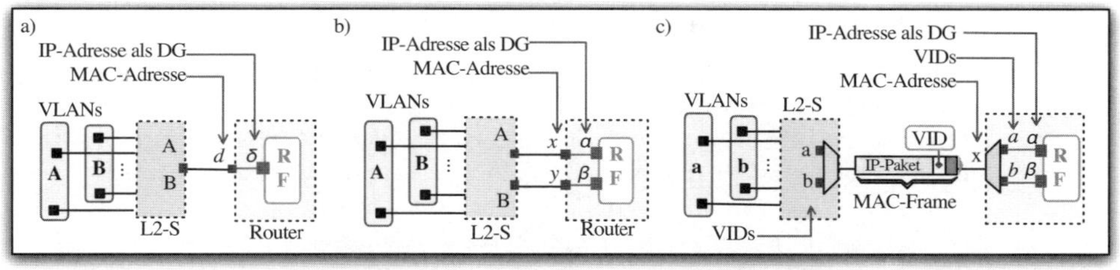


**Abb. 13.2-5:** Anbindung von VLANs an einen Router: a) über einen Link an einen sog. One-armed Router, b) über mehrere Links, c) über einen Link mit VLAN Tagging
DG: Default Gateway RF: Routing-Funktion, L2-S: Layer-2-Switch, VID: VLAN Identifier

Prinzip beim Absenden jedes IP-Pakets

Um die Anbindung von VLANs, die nun IP-Subnetze darstellen, an einen Router erläutern zu können, möchten wir nun das 'Sendeprinzip' von Rechnern in Erinnerung bringen. Dieses Prinzip kann wie folgt kurz formuliert werden:

> Befindet sich der Zielrechner im gleichen IP-Subnetz, wird das IP-Paket direkt an ihn geschickt. Befindet sich aber der Zielrechner nicht im gleichen IP-Subnetz, wird das IP-Paket an einen Router übergeben, der es daraufhin in ein anderes IP-Subnetz weiterleiten (routen) muss.

Zur Realisierung dieses Prinzip können den physikalischen Ports bzw. dem Router oder L3-Switch selbst unterschiedliche IP-Adressen z.B. pro VLAN zugewiesen werden. Bei der Konfiguration jedes Rechners in einem IP-Subnetz wird diesem die IP-Adresse eines Routers in seinem IP-Subnetz als *Default Gateway* mitgeteilt. Dorthin kann der Rechner IP-Pakete zur Weiterleitung in andere IP-Subnetze schicken. Da IP-Pakete in MAC-Frames eingekapselt sind, muss der Rechner auch die MAC-Adresse des Routers kennen, damit er die MAC-Frames an den Router übermitteln kann. Um die MAC-Adresse über die IP-Adresse zu Routers zu ermitteln, nutzt IPv4 das Protokoll ARP (*Address Resolution Protocol*) und bei IPv6 das Neighbor Discovery Protocol [Abschnitt 8.2].

Abb. 13.2-5 illustriert, wie mehrere, an einem L2-Switch eingerichtete VLANs an einen Router angebunden werden können. Die hier gezeigten Fälle lassen sich wie folgt kurz charakterisieren:

One-armed Router

- Anbindung über einen Link an einen *one-armed Router* [Abb. 13.2-5a]:
  Hier gehört der zum Router führende Port im L2-Switch zu beiden VLANs (**A** und **B**). Die Rechner in diesen VLANs, die hier auch als IP-Subnetze eingerichtet sind, werden mit der IP-Adresse $\delta$ des Router-Ports als Default Gateway konfiguriert.

  **Beispiel**: Übermittelt ein Rechner beispielsweise aus dem VLAN **A** ein IP-Paket an einen Rechner im VLAN **B**, dann wird das IP-Paket im MAC-Frame an den Router übermittelt, d.h. an die MAC-Adresse d. Der Router nimmt das IP-Paket aus dem empfangenen MAC-Frame heraus, leitet dieses IP-Paket zum gleichen Port mit der IP-Adresse $\alpha$ um, bettet das IP-Paket zum Absenden in einen neuen MAC-Frame mit der MAC-Adresse des Zielrechners als MAC-Zieladresse ein und sendet es anschließend ab. Da dem Router die IP-Adresse des Zielrechners aus dem IP-Header bekannt ist, kann er die MAC-Adresse des Zielrechners mittels des Protokolls ARP ermitteln.

Parallele Links

- Anbindung von VLANs über mehrere Links [Abb. 13.2-5b]:
Hier wird jedes VLAN über einen individuellen Link an den Router angebunden. Die Rechner im VLAN **A** werden mit der IP-Adresse $\alpha$ als Default Gateway konfiguriert und dementsprechend die Rechner im VLAN **B** mit der IP-Adresse $\beta$.

    **Beispiel**: Übermittelt ein Quellrechner aus dem VLAN **A** ein IP-Paket an Zielrechner im VLAN **B**, dann wird das Paket im MAC-Frame an den Router übermittelt, d.h. an die MAC-Adresse $x$, und dort an den virtuellen Port mit der IP-Adresse $\beta$ übergeben. Der Router verhält sich dann folgendermaßen: Er nimmt das IP-Paket aus dem empfangenen MAC-Frame heraus, leitet das IP-Paket zum virtuellen, dem VLAN **B** zugewiesenen Port mit der IP-Adresse $\beta$, bettet zum Absenden das IP-Paket in einen neuen MAC-Frame ein, ersetzt in diesem u.a. die MAC-Zieladresse im MAC-Header durch die MAC-Adresse vom Zielrechner und sendet anschließend den MAC-Frame über den Port mit der MAC-Adresse $y$ in das VLAN **B** weiter.

VLAN Tagging

- Anbindung von VLANs über einen Link mit *VLAN Tagging* [Abb. 13.2-5c]:
Diese Situation entspricht weitgehend der Situation in Abb. 13.2-5b. Der Unterschied besteht aber darin, dass auf dem Link vom L2-Switch zum Router zwei virtuelle Links mittels der als VLAN Tag bezeichneten Angabe VID (*VLAN Identification*) – also quasi durch die Angabe einer VLAN-Nummer vor dem IP-Header – gebildet werden[9]. Dieser Vorgang, VLAN Tagging genannt, hat eine fundamentale Bedeutung in modernen Netzwerken. Wie Abb. 13.2-5c illustriert, besteht die Bedeutung von VLAN Tagging darin, dass ein virtueller Port im Router mit einer IP-Adresse jedem VLAN zugewiesen wird. Dieser virtuelle Port besitzt eine IP-Adresse, die als Default Gateway für alle Rechner im betreffenden VLAN dient.

    **Beispiel**: Übermittelt ein Quellrechner aus dem VLAN mit `VID = a` ein IP-Paket an einen Zielrechner im VLAN mit `VID = b`, dann wird das Paket im MAC-Frame mit der Angabe `VID = a` an den Router übermittelt – d.h. an die MAC-Adresse $x$ – und dort an den virtuellen Port mit der IP-Adresse $\alpha$ übergeben. Der Router verhält sich wie folgt: Er nimmt das IP-Paket aus dem empfangenen MAC-Frame heraus, leitet das IP-Paket zum virtuellen, dem VLAN *B* zugewiesenen Port der IP-Adresse $\beta$, bettet zum Absenden das IP-Paket in einen neuen MAC-Frame ein, ersetzt in diesem u.a. die MAC-Zieladresse im MAC-Header durch die MAC-Adresse vom Zielrechner und `VID = a` durch `VID = b` und sendet anschließend den MAC-Frame über den Port mit der MAC-Adresse $x$ in das VLAN **B** weiter.

## 13.3 Bildung von VLANs im Client-LAN

Nachdem wir bereits die Bedeutung von VLAN Tagging bei der Anbindung von als IP-Subnetzen definierten VLANs an Router erläutert haben [Abb. 14.2-5c], zeigen wir jetzt, dass VLAN Tagging eine fundamentale Bedeutung in modernen Netzwerken hat. Diese besteht darin, dass VLAN Tagging ermöglicht, VLANs an virtuelle Ports von L3-Switching-Instanzen (de facto von Routing-Instanzen [Abb. 13.2-4]) anzubinden. Dank VLAN Tagging entsteht die Möglichkeit, die Client-Rechner und Server in Netzwerken fast beliebig zu gruppieren, die dadurch entstandenen Gruppen als VLANs einzurichten,

[9] Dies bedeutet eine Aufteilung – oft als *Trunking* bezeichnet – eines physikalischen Links auf mehrere virtuelle Links, wobei jeder virtuelle Link nur einem bestimmten VLAN zugeteilt ist. In diesem Zusammenhang spricht man auch von *VLAN Trunking*.

dann als IP-Subnetze zu definieren und sie an L3-Switching-Instanzen in Distribution, Aggregation oder Core Switches logisch anzubinden. Im Folgenden möchten wir dieses fundamentale Konzept näher zum Ausdruck bringen.

### 13.3.1 Intra- und Inter-VLAN-Kommunikation

VLAN Tagging im Client-LAN

Abb. 13.3-1 zeigt hierfür VLANs mit verschiedener 'Reichweite', nämlich *auf einen Access-Switch beschränkte VLANs* sowie *Access-Switch-übergreifende und auf einen Distribution Switch beschränkte VLANs*. Dabei wird illustriert, wie ein Distribution Switch die Kommunikation zwischen diesen beiden VLAN-Arten unterstützt. Anhand der hier dargestellten Beispiele möchten wir die Prinzipien der Intra-VLAN-Kommunikation sowie der Inter-VLAN-Kommunikation näher erläutern.

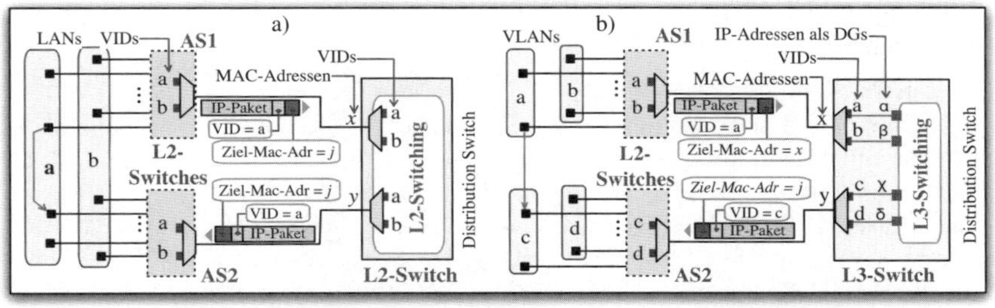


**Abb. 13.3-1:** VLANs im Client-LAN und Prinzipien der Kommunikation: a) Access-Switch-übergreifende VLANs, b) auf einen Access-Switch-beschränkte VLANs
AS: Access Switch, DG: Default Gateway, VID: VLAN Identifier

In Abb. 13.3-1 wird hervorgehoben, dass in der Regel jeder Distribution Switch (ebenso wie auch jeder Aggregation Switch) ein Multilayer-Switch ist, d.h. er realisiert sowohl L2-Switching als auch *hardwarebeschleunigtes Routing* als L3-Switching. Folglich ist er in Kombination ein L2/3-Switch (kurz L2/3-Switch). Beim Netzwerkdesign sind daher die folgenden Kenntnisse von großer Bedeutung: Wann realisiert ein L2/3-Switch das L2-Switching und wann das L3-Switching? Oder anders gefragt: Wann dient ein L2/3-Switch als L2-Switch und wann als L3-Switch?

Nach dem Empfang jedes MAC-Frames liest jeder L2/3-Switch in diesem Frame die MAC-Zieladresse und verhält sich danach wie folgt:

Intra-VLAN-Kommunikation: L2/3-Switch ⇒ L2-Switch

- **L2/3-Switch dient als L2-Switch**: Ist die MAC-Zieladresse nicht seine MAC-Adresse, dient der L2/3-Switch als L2-Switch, d.h. er leitet den empfangenen Frame nach seiner L2 Forwarding Table weiter, führt also ein L2-Switching durch. Dies bedeutet, dass die Kommunikation zwischen Rechnern aus dem gleichen IP-Subnetz (dem gleichen VLAN bei der Intra-VLAN-Kommunikation) nur über L2-Switches erfolgt. In diesem Fall werden zwischen den kommunizierenden Rechnern unterwegs die 'vollständigen', unveränderten MAC-Frames (Ethernet-Frames) übermittelt.

  **Beispiel**: In Abb. 13.3-1a gehören die Uplink-Ports in beiden Access Switches (AS) zu den beiden VLANs mit `VID = a` und `VID = b`. Übermittelt beispielsweise ein Rechner mit der MAC-Adresse *i* am AS1 aus dem VLAN mit `VID = a` einen MAC-Frame mit der MAC-Zieladresse *j* eines Rechners am AS2 im VLAN ebenso mit `VID = a`, dann wird der MAC-Frame nach der L2 Forwarding Table (L2-FT) im AS1 über den Uplink-Port an den Distribution Switch (DS) übermittelt. Da die MAC-Zieladresse *j* nicht die MAC-Adresse vom DS ist, verhält er sich als L2-Switch und leitet diesen MAC-Frame nach seiner L2-FT über den Port zum AS2. Im AS2 wird der MAC-Frame nach der Angabe `VID = a`, der MAC-Zieladresse *j* und der L2-FT vom AS2, zum Zielrechner weitergeleitet.

Inter-VLAN-Kommunikation: L2/3-Switch ⇒ L3-Switch

- **L2/3-Switch dient als L3-Switch**: Ist die MAC-Zieladresse seine MAC-Adresse, dient der L2/3-Switch als L3-Switch, d.h, er fungiert de facto als Router und leitet den Frame nach seiner Routing-Tabelle (L3 Forwarding Table, [Abb. 13.2-4]) weiter und führt demnach ein Routing durch. Dies bedeutet [Abb. 13.3-1b], dass die Kommunikation zwischen Rechnern aus verschiedenen IP-Subnetzen, bzw. aus verschiedenen VLANs, also Inter-VLAN-Kommunikation (dem Distribution Layer bzw. auch Aggregation Layer) nur über L3-Switches erfolgt, die als Router zwischen VLANs dienen. In diesem Fall werden zwischen den kommunizierenden Rechnern nur IP-Pakete (unterwegs unverändert!) übermittelt; für die Übermittlung jedes IP-Pakets wird auf jedem Übermittlungsabschnitt ein neuer MAC-Frame generiert.

  **Beispiel**: In Abb. 13.3-1b gehören der Uplink-Port im AS1 zu den VLANs mit `VID = a` und `VID = b` und der Uplink-Port im AS2 zu den VLANs mit `VID = c` und `VID = d`. Übermittelt beispielsweise ein Rechner mit der MAC-Adresse *i* am AS1 aus dem VLAN mit `VID = a` ein IP-Paket an einen Rechner am AS2 im VLAN mit `VID = c`, also in einem anderen VLAN, dann wird das IP-Paket in einen MAC-Frame eingebettet und an den Port im Distribution Switch (DS) gezielt abgeschickt, d.h. im MAC-Frame mit der MAC-Zieladresse *x* des DS-Ports. Da die MAC-Zieladresse *x* die MAC-Adresse vom DS ist, verhält sich der DS als L3-Switch tatsächlich wie ein Router und leitet das im MAC-Frame enthaltene IP-Paket nach seiner L3 Forwarding Table weiter, also nach seiner Routing-Tabelle [Abb. 13.2-4].

  Der L3-Switch verhält sich folgendermaßen: Er nimmt das IP-Paket aus dem empfangenen MAC-Frame heraus, leitet das IP-Paket zum virtuellen, dem VLAN mit `VID = c` zugewiesenen Port mit der IP-Adresse $\chi$ weiter und bettet zum Absenden das IP-Paket in einen neuen MAC-Frame ein, ersetzt in diesem u.a. die MAC-Zieladresse im MAC-Header durch die MAC-Adresse *j* vom Zielrechner `VID = a` durch `VID = c` und sendet anschließend den MAC-Frame über den Port mit der MAC-Adresse *y* in das VLAN mit `VID = c` weiter. Da dem L3-Switch die IP-Adresse des Zielrechners aus dem IP-Header bekannt ist, kann er dessen MAC-Adresse mittels ARP ermitteln.

## 13.3.2 Modell der Bildung von VLANs im Client-LAN

Nachdem wir bereits in Abb. 13.3-1 die Möglichkeiten der Gruppierung von Rechnern in einem Client-LAN näher erläutert haben, möchten wir nun noch ein allgemeines Modell für die Bildung von VLANs im Client-LAN kurz in Erinnerung rufen. Abb. 13.3-2 illustriert dieses.

Bedeutung des Modells in Abb. 13.3-2

Hier soll insbesondere verdeutlicht werden, dass verschiedene Arten von VLANs, und zwar sowohl 'auf einen Access Switch beschränkte VLANs' als auch 'Access Switch übergreifende und auf einen Distribution Switch beschränkte VLANs', aus den an mehreren Access Switches angeschlossenen Benutzerrechnern gebildet und wie diese VLANs dank VLAN Tagging an virtuelle Ports der L3-Switching-Instanz in einem Distribution Switch angebunden werden können.

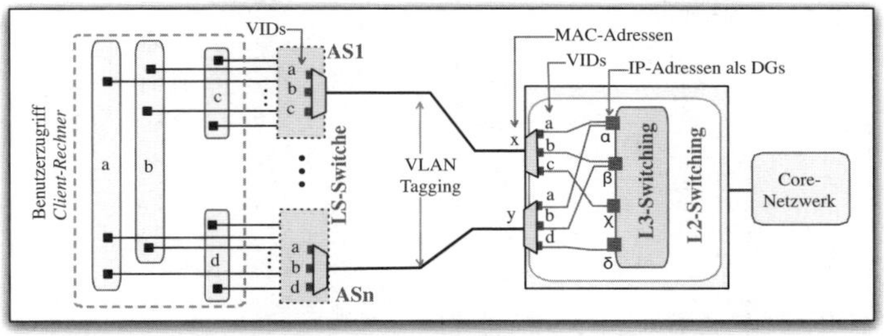


**Abb. 13.3-2:** Allgemeines Modell für die Bildung von VLANs im Client-LAN
AS: Access Switch, DG: Default Gateway, VID: VLAN Identifier

Es ist anzumerken, dass die IP-Adressen von virtuellen Ports der L3-Switching-Instanz als *Default Gateway* (DG) dienen und dass sie allen Rechnern in den einzelnen VLANs bei deren Konfiguration bekannt gemacht werden müssen. Aus diesem Grund kann das in Abb. 13.3-2 gezeigte Modell für die Bildung von VLANs im Client-LAN als 'Ideenlieferant' zur Erstellung der IP-Adressierungspläne dienen.

## 13.4 Bildung von VLANs im Server-LAN

Dank der Virtualisierung von Rechnern besteht in Datacentern die Möglichkeit, auf einem physischen Server ein virtuelles Netzwerk zur Verfügung zu stellen, welches aus mehreren virtuellen Ethernet Switches und aus den über sie verbundenen virtuellen Rechnern, sog. virtuellen Maschinen (*Virtual Machines*, VMs), besteht. Die Nutzung von virtuellen Maschinen als Server, also die Servervirtualisierung, führt dazu, dass die Bildung von VLANs im Server-LAN im Vergleich zur Bildung von VLANs im Client-LAN viel komplexer ist, was wir nun näher beleuchten möchten.

### 13.4.1 Multilayer-Struktur im Server-LAN

Einsatz von BPE

Die Servervirtualisierung und das immer öfter dabei eingesetzte Konzept von BPE (*Bridge Port Extension*) haben große Auswirkung auf die Gestaltung von Server-LANs und mithin auch von Datacentern. Wie Abb. 13.4-1 zeigt, entsteht im Server-LAN eine Multilayer-Struktur. Ein Server-LAN mit virtuellen Servern enthält folgende Layer:

- *Aggregation Layer*: Zu diesem Layer gehören Aggregation Switches. An einen Aggregation Switch können sowohl herkömmliche Access Switches als auch *Port Extender* (PE) angeschlossen werden.
- *Server Access Layer*: Zu diesem Layer gehören herkömmliche Access Switches und PEs zum Anschluss von physikalischen Servern, wobei einige von ihnen Wirt-Server mit virtuellen Servern sein können.
- *Server Layer*: In diesem Layer sind folgende zwei Teile zu unterscheiden: 'Sublayer mit physikalischen Servern' und 'Sublayer mit virtualisierten Servern'.

Sublayer im Wirt-Server

Ein Wirt-Server mit virtuellen Servern kann ein oder auch mehrere virtuelle Netzwerke enthalten, die hierarchisch und sogar baumartig strukturiert sein können. Demzufolge

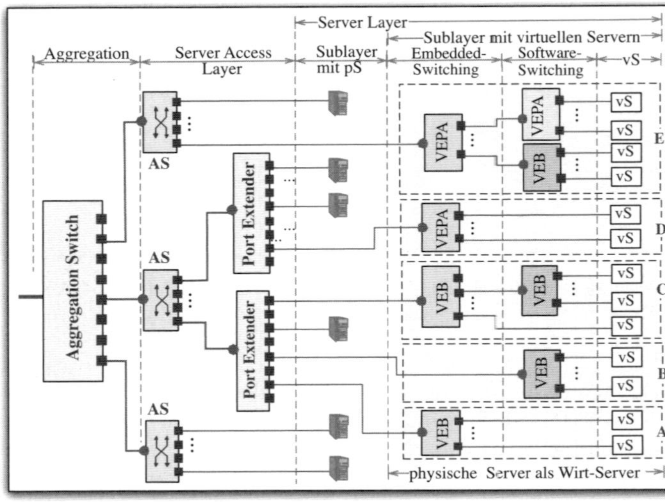


**Abb. 13.4-1:** Typische Multilayer-Struktur im Server-LAN infolge der Servervirtualisierung p/vS: physischer /virtueller Server, VEB: Virtual Ethernet Bridge – d.h. virtueller L2-Switch, VEPA: Virtual Ethernet Port Aggregator

kann der Sublayer mit virtuellen Servern noch weiter aufgeteilt werden, sodass in einem Wirt-Server folgende funktionelle Sublayer vorkommen können:

- *Sublayer mit Embedded Switches*: Hierbei handelt es sich um L2-Switches (Ethernet-Switches), die auf Ethernet-Adapterkarten – insbesondere auf 10GE-, 40GE- bzw. 100GE-Adapterkarten – von Wirt-Servern als *Embedded-System* realisiert werden. Eine solche Adapterkarte kann – dank einem eingebetteten Switch (VEB oder VEPA) – beispielsweise mehrere emulierte Adapterkarten zur Anbindung von virtuellen Servern zur Verfügung stellen. In den Wirt-Servern A, C, D und E ist das der Fall.
- *Sublayer mit Software-Switches*: Zu diesem Sublayer gehören die in Wirt-Servern B, C und E innerhalb von sog. Hypervisors[10] softwaremäßig realisierten Switches.
- *Sublayer mit virtuellen Servern*: Diesem Sublayer werden die in Wirt-Servern implementierten virtuellen Server zugeordnet.

Die in Abb. 13.4-1 gezeigte Multilayer-Struktur eines Server-LAN muss bei der Bildung von VLANs mit virtuellen Servern berücksichtigt werden.

## 13.4.2 Anbindung virtueller Server an Access Switches

EVB

Bei der Bildung von VLANs mit virtuellen Servern besteht das Problem, dass die über das VLAN eingerichteten und letztlich als IP-Subnetze definierten Gruppen von virtuellen Servern zunächst an einen Access Switch und anschließend über die zugeordnete L3-Switching- bzw. Switching-Instanz (d.h. dem Aggregation Switch) angebunden werden. Dies ist vergleichbar mit VLANs für Benutzerrechner [Abb. 13.1-2]. Abb. 13.4-1 zeigt

[10] Der Hypervisor in einem Wirt-Server ist eine Software-Komponente, die es mehreren, auf dem Wirt-Server implementierten virtuellen Rechnern ermöglicht, Hardware gemeinsam zu nutzen.

das Konzept, nach dem die VLANs mit virtuellen Servern an einen Server Access Switch angebunden werden. Dieses Konzept wurde aus dem als *Edge Virtual Bridging* (EVB) bezeichneten IEEE-Standard 802.1Qbg abgeleitet.

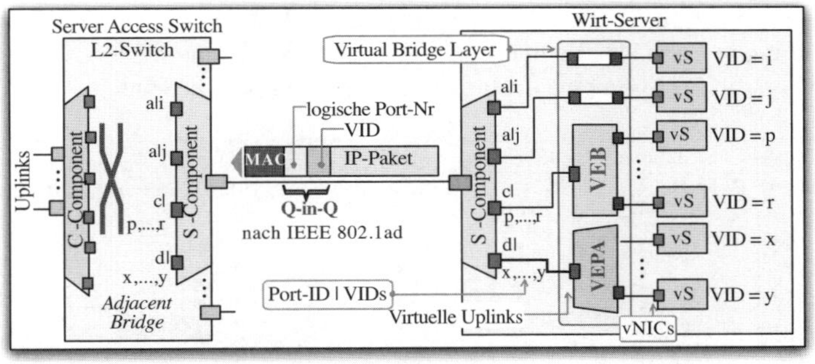


**Abb. 13.4-2:** Anbindung von VLANs mit virtuellen Servern an einen Access Switch
vS: virtueller Server, VEB: Virtual Ethernet Bridge, VEPA: Virtual Ethernet Port Aggregator, VID: VLAN Identifier, vNIC: virtual Network Interface Controller (virtuelle Adapterkarte), C/S-Component: Customer/Service-Component

Logische Architektur vom Wirt-Server

Betrachtet man einen Wirt-Server mit virtuellen Servern aus logischer Sicht, so enthält dieser zwei funktionelle Komponenten zur Anbindung von virtuellen Servern an das restliche Netzwerk:

- ein *Virtual Bridge Layer* mit verschiedenen Arten von Switches, nämlich mit VEB- und VEPA-Switches sowie mit sog. 2-Port-Modulen zur direkten Anbindung von virtuellen Servern an einen externen Server Access Switch;
- ein oder mehrere als *S-Components* (S: *Service*) bezeichnete Multiplexer, um jeden physikalischen Uplink als Trunk Link auf mehrere virtuelle Kanäle, die *S-Channels*, aufteilen zu können.

An die virtuellen Ports von einem S-Component können sowohl VEB/VEPA-Switches als auch virtuelle Server angeschlossen und auf diese Weise über virtuelle S-Channels an den externen Server Access Switch angebunden werden. Der Access Switch kann über mehrere Uplinks an mehrere Aggregation Switches angeschlossen werden. Um diese Uplinks zu aggregieren und folglich gemeinsam nutzen zu können, enthält der Access Switch einen als S-Component bezeichneten Multiplexer.

Q-in-Q Tagging

**Bemerkung**: Aus Abb. 13.4-2 geht hervor, dass man zur Anbindung von virtuellen Servern an Server Access Switches das als Q-in-Q[11] bezeichnete Tagging verwendet. Mit dem ersten `Q-Tag` wird der logische Port im S-Component und mit dem zweiten der VID (*VLAN Identifier*) angegeben.

Die Struktur jedes Wirt-Servers soll dynamisch sein, d.h. es sollte zu jeder Zeit möglich sein, einen neuen virtuellen Server einzurichten, einen bereits installierten virtuellen Server zu entfernen, einen neuen Switch einzurichten bzw. einen bestehenden zu entfernen usw. Dies setzt voraus, dass die Anzahl von virtuellen Ports im S-Component und folglich auch von S-Channels veränderbar, also dynamisch sein muss.

[11] Q-in-Q Tagging nach dem IEEE-Standard 802.1ad bedeutet, dass man das *Q Tagging* (auch *VLAN Tagging* genannt und im IEEE-Standard 802.1Q definiert) zweimal nacheinander verwendet.

### 13.4.3 Modelle der Bildung von VLANs im Server-LAN

Unter Berücksichtigung der in Abb. 13.4-1 gezeigten Multilayer-Struktur vom Server-LAN mit Servervirtualisierung und der in Abb. 13.4-2 dargestellten Anbindung von virtuellen Servern an externe Access Switches präsentiert Abb. 13.4-3 das allgemeine Modell für die Bildung von VLANs in einem Server-LAN, also in einem Datacenter, und deren Anbindung an die L3-Switching-Instanz in einem Aggregation Switch.

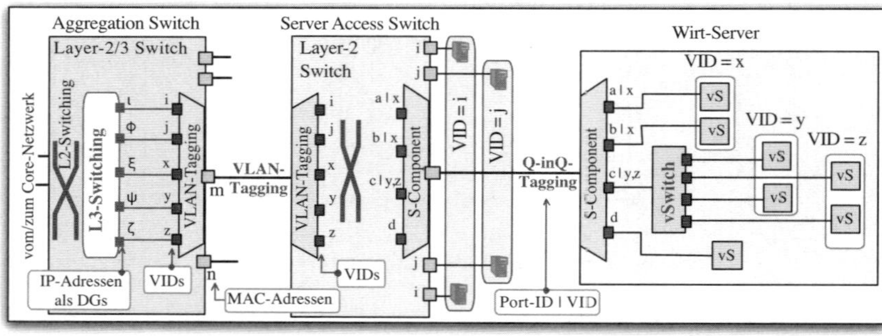


**Abb. 13.4-3:** Modell für die Bildung von VLANs im Server-LAN – der Fall: auf einen Access-Switch beschränkte VLANs
DG: Default Gateway, vS: virtueller Server, vSwitch: virtueller Switch (VEB, VEPA), ID: VLAN Identifier

Nutzung des Modells in Abb. 13.4-1

Wie in Abb. 13.4-3 ersichtlich ist, können im Server-LAN sowohl physikalische als auch virtuelle Server zu VLANs gruppiert werden. Definiert man diese VLANs als IP-Subnetze, so muss jedem VLAN in der L3-Switching-Instanz (de facto in einer Routing-Instanz) in einem Aggregation Switch (d.h. in einem L2/3-Switch) ein Port sowie eine IP-Adresse, die als Default Gateway für alle Rechner im VLAN fungiert, zugewiesen werden. Das hier gezeigte Modell für die Bildung von VLANs im Server-LAN veranschaulicht einerseits die Bildung von VLANs im Server-LAN und andererseits deren Anbindung an die L3-Switching-Instanz im Aggregation Switch. Dieses Modell kann eine Hilfe bei der Konzeption der IP-Adressierung darstellen.

Im Modell in Abb. 13.4-3 wurden nur 'auf einen Access Switch beschränkte VLANs' betrachtet. Die VLANs in einem Server-LAN können auch 'Access-Switch-übergreifend' sein und hierbei sowohl aus physikalischen Servern als auch aus virtuellen gebildet werden. Abb. 13.4-4 illustriert eben einen solchen Fall.

Inter-VLAN-Routing im Aggregation Switch

Das hier gezeigte Modell für die Bildung von VLANs im Server-LAN würde dem in Abb. 13.3-2 dargestellten Modell für die Bildung von VLANs im Client-LAN entsprechen. Alle Server im Server-LAN, die über Access Switches an einen Aggregation Switch – wie in Abb. 13.4-3 und Abb. 13.4-4 – angebunden sind, können beliebig gruppiert, als VLANs eingerichtet und als IP-Subnetze definiert werden. Die Kommunikation zwischen den so entstandenen VLANs – also Inter-VLAN-Routing – ermöglicht dann die L3-Switching-Instanz im Aggregation Switch, die hierfür eine Routing-Funktion realisiert.

Intra-VLAN-Kommunikation

Die Intra-VLAN-Kommunikation zwischen Servern innerhalb verschiedener VLANs verläuft dann wie folgt:

- zwischen virtuellen Servern in einem 'auf einen Wirt-Server beschränkten VLAN' über einen virtuellen Switch, der das L2-Switching im Wirt-Server realisiert [Abb. 13.4-3];

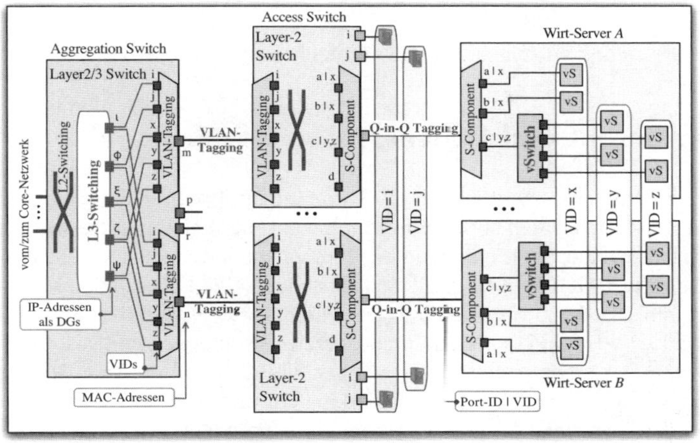


**Abb. 13.4-4:** Modell für die Bildung von VLANs im Server-LAN – der Fall: Access-Switch-übergreifende VLANs
DG: Default Gateway, vS: virtueller Server, vSwitch: virtueller Switch (VEB, VEPA), VID: VLAN Identifier

- zwischen physikalischen Servern in einem 'auf einen Access Switch beschränkten VLAN' über den als L2-Switch dienenden Access Server Switch [Abb. 13.4-3];
- zwischen virtuellen Servern in einem 'Access-Switch-übergreifenden VLAN' über einen Aggregation Switch, der auch als L2-Switch dient [Abb. 13.4-4];
- zwischen physikalischen Servern in einem 'Access-Switch-übergreifenden VLAN' über einen als L2-Switch dienenden Aggregation Switch [Abb. 13.4-3].

Die Kommunikation zwischen Servern, die über Access Switches an verschiedene Aggregation Switches angebunden sind, muss über das Core-Netzwerk verlaufen. Näheres hierüber ist in [BR13] erläutert.

**Bemerkung**: Die in Abb. 13.4-4 gezeigten VLANs mit virtuellen Servern erstrecken sich nur über diese Wirt-Server, welche lediglich über die L3-Switching-Instanz in einem Aggregation Switch untereinander vernetzt sind. Es besteht aber auch die Möglichkeit, VLANs mit virtuellen Servern einzurichten, welche sich über beliebig und sogar weltweit verteilte Wirt-Server erstrecken. Solche verteilten VLANs werden als VXLANs (*Virtual eXtensible LANs*) bezeichnet [Abschnitt 13.6].

# 13.5 Virtual Networking mit TRILL und SPB

In den vorherigen Abschnitten 13.3 und 13.4 haben wir die Bildung von VLANs – in der Tat *Virtual Networking* – im Client-LAN und im Server-LAN, also in relativ einfachen, aus Access Switches und Distribution/Aggregation Switches bestehenden Netzwerkstrukturen präsentiert. Um Virtual Networking und hierbei speziell die Bildung von VLANs innerhalb beliebig verteilter Netzwerkinfrastrukturen standortübergreifend zu ermöglichen, wurden die folgenden beiden konkurrierenden Konzepte entwickelt:

- TRILL (*TRansparent Interconnection of Lots of Links*) und

- SPB (*Shortest Path Bridging*).

Um deren Bedeutung zu zeigen, gehen wir jetzt kurz auf beide Konzepte ein.

### 13.5.1 Konzept und Bedeutung von TRILL

TRILL basiert auf der Integration von L2-Switching mit Routing und ermöglicht es, optimale und Loop-freie Routen zur Übermittlung von Ethernet-Frames in hochverfügbaren Netzwerkinfrastrukturen mit redundanten Komponenten dynamisch zu bestimmen. Mit Unterstützung von TRILL in L2-Switches entstehen keine Loops, wie es in 'alten Netzwerkstrukturen' mit dem Protokoll STP (*Spanning Tree Protocol*) bzw. mit RSTP (*Rapid STP*) der Fall war. Damit können sämtliche Netzwerkkomponenten (Switches, Links) effektiv ausgenutzt werden, ohne einige von ihnen blockieren zu müssen. Die Entwicklung von TRILL wird von der gleichnamigen Working Group (WG) der IETF koordiniert. Das Konzept und der Einsatz von TRILL werden in mehren RFC spezifiziert (siehe TRILL WG `http://tools.ietf.org/wg/trill/`).

Multipathing mit TRILL

Ein L2-Switch mit TRILL-Unterstützung stellt eine Mischform von Bridge und Router dar und wird als *Routing Bridge*, kurz *RBridge*, bezeichnet. Der Vorteil von TRILL (insbesondere im Vergleich zum Einsatz von STP/RSTP) besteht darin, dass keine redundante und intakte Netzwerkkomponente gesperrt wird, sondern zwischen jeweils zwei RBridges – d.h. auf dem Layer 2 (MAC-Layer) – mehrere Loop-freie Routen als Datenpfade zur Übermittlung von Ethernet-Frames zwischen ihnen bestimmt werden. Zwischen zwei RBridges sind daher mehrere Datenpfade möglich, sodass man von *Multipathing* sprechen kann.

Die Endpunkte von über ein Netzwerk verlaufenden Datenpfaden könnte man als Ports eines verteilten L2-Switches ansehen. Folglich führt der Einsatz von TRILL in einem Netzwerk – logisch betrachtet – zur Bildung im Netzwerk eines verteilten L2-Switches [Abb. 13.5-2].

#### Übermittlung von Ethernet-Frames bei TRILL

MAC-in-MAC Encapsulation bei TRILL

Das Prinzip der Datenübermittlung bei TRILL besteht darin, dass man eine Art 'MAC-in-MAC Encapsulation' realisiert, d.h. 'Ethernet-Frame in Ethernet-Frame Encapsulation'. Abb. 13.5-1 veranschaulicht dieses Konzept innerhalb einer Netzwerkstruktur am Beispiel der Übermittlung eines Ethernet-Frames von einem Client zu einem Server.

Es sei hervorgehoben, dass man bei TRILL während der Übermittlung eines Ethernet-Frames vom Quell- zum Zielrechner zwischen *Ingress* (Eingangs-), *Transit* und *Egress* (Ausgangs-) RBridges unterscheidet. Die Bestimmung von Datenpfaden zwischen Quell- und Ziel-RBridges erfolgt nach dem Routing-Protokoll IS-IS (*Intermediate System to Intermediate System*)[12].

Core-Netzwerk als Outer-VLAN

Vergleicht man die Abb. 13.1-2 und Abb. 13.5-1, so wird deutlich, dass das Konzept von TRILL an die Besonderheiten der Strukturen moderner Netzwerke angepasst ist und die Kommunikation zwischen zwei Rechnern aus einem VLAN über eine beliebig 'große' Ethernet-Wolke (*Ethernet Cloud*) ermöglicht. Die Ethernet-Wolke als Core-Netzwerk symbolisiert ein beliebiges Ethernet.

[12] IS-IS wurde in den 80er Jahren für den Einsatz in den OSI-Umgebungen (*Open System Interconnection*) entwickelt, zuerst als Standard ISO 8473 spezifiziert und später auch als RFC 1142 veröffentlicht. Der Einsatz von IS-IS in Netzwerken mit dem Internetprotokoll IP wird in RFC 1195 beschrieben [BHK94].

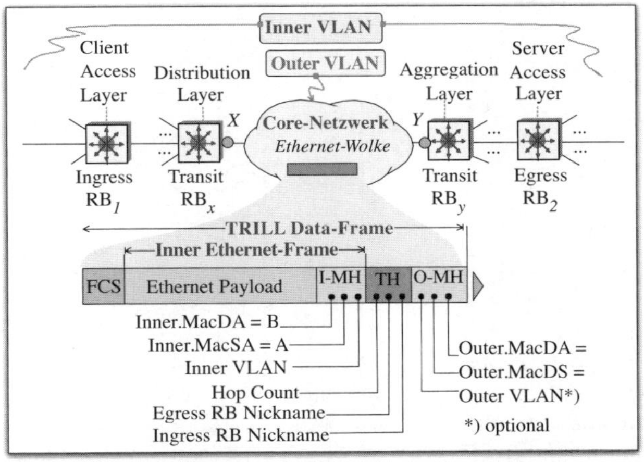


**Abb. 13.5-1:** Prinzip der Übermittlung von Ethernet-Frames bei TRILL – am Beispiel der in Abb. 13.1-2 dargestellten Netzwerkstruktur
FCS: Frame Check Sequence, I/O-MH: Inner/Outer MAC-Header, MacDA/SA: MAC Destination/Source Address, RB: RBridge (Routing Bridge), TH: TRILL Header

Dem vom Quell- zum Zielrechner übermittelten Original-Ethernet-Frame wird in der *Ingress RBridge* $RB_1$ zuerst ein TRILL-Header und dann ein Outer-MAC-Header vorangestellt. Auf diese Weise entsteht ein TRILL Data Frame, in dem der Original-Ethernet-Frame eingekapselt und demzufolge als Inner-Frame bezeichnet wird. Im TRILL-Header werden u.a. die Nicknames der Ingress und *Egress RBridges* eingetragen, also die Identifikation der beiden Endpunkte der Route. Der Outer MAC-Header enthält die MAC-Adressen der beiden *Transit RBridges* $RB_x$ und $RB_y$ sowie den Outer VLAN Tag mit der Identifikation des Transit-VLAN, zu dem sie gehören.

VLAN over VLAN bei TRILL

Da die Identifikation des VLANs, zu dem die beiden kommunizierenden Rechner (hier Client und Server) gehören, in der Angabe Inner VLAN Tag enthalten ist, realisiert TRILL das Konzept VLAN over VLAN (auch *Nested VLAN* genannt). Dadurch besteht bei TRILL die Möglichkeit, die Rechner aus einem IP-Subnetz als VLAN im Netzwerk fast beliebig zu 'verteilen' (vgl. dazu Abb. 13.5-2). Bei der in Abb. 13.5-1 gezeigten Client-Server-Kommunikation gehört beispielsweise eine Transit RBridge zum Distribution Layer auf der Seite des Clients und die andere zum Aggregation Layer auf der Seite des Servers[13].

### Bedeutung von VLAN over VLAN mit TRILL

VLAN-Trunking bei TRILL

Die in Abschnitt 13.2.4 dargestellte Idee von VLAN-Tagging wird ebenso bei TRILL verwendet. VLAN-Tagging bietet die Möglichkeit, einen physikalischen Link als Trunk mit mehreren virtuellen Kanälen zu realisieren, die den einzelnen VLANs zugeordnet sind. Wie Abb. 13.5-2 zeigt, können als *VLAN-Trunks* insbesondere die Links zwischen Ingress/Egress-RBridges und Transit-RBridges realisiert werden. Logisch gesehen er-

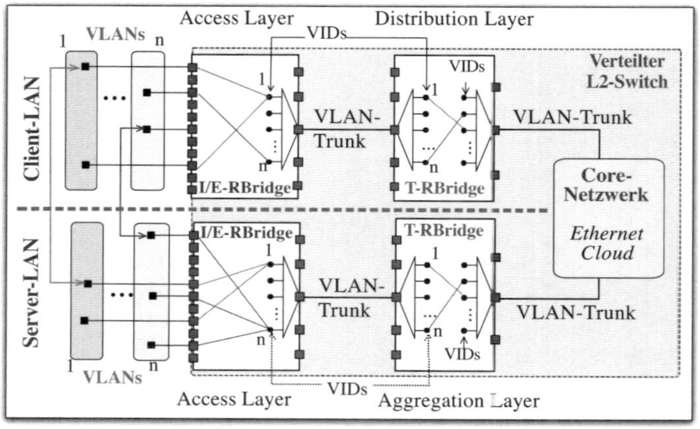


**Abb. 13.5-2:** Prinzip von VLAN over VLAN mit TRILL am Beispiel der in Abb. 13.1-2 dargestellten Netzstruktur
I/E/T: Ingress/Egress/Transit, VID: VLAN Identification

möglicht dies die Realisierung eines VLAN durch die Kopplung solcher logischen Kanäle, und zwar sogar über ein Transit-VLAN, d.h. nach dem Prinzip VLAN over VLAN.

Logische Strukturierung

Durch VLAN-Trunking entsteht die Möglichkeit, auf mehrere Standorte verteilte VLANs so einzurichten, dass einige Rechner vom Client-LAN zu einem VLAN-Teil zugewiesen sind und dem anderen Teil des gleichen VLAN die Rechner im Server-LAN (im Datacenter) angehören. Diese Möglichkeit bietet Flexibilität bei der logischen Strukturierung von Netzwerken auf dem Layer-2. Abb. 13.5-2 illustriert die gerade erwähnte Flexibilität näher, insbesondere dass Clients und Server zu ein und demselben VLAN gehören und dass die Kommunikation zwischen Clients und Servern innerhalb eines auf zwei Standorte verteilten VLAN quasi über eine virtuelle (durch die Kopplung entsprechender Ports in RBridges entstandene) Layer-2-Verbindung verläuft.

Aus Abb. 13.5-2 geht insbesondere hervor, dass das ganze physikalische Netzwerk, d.h. Ingress/Egress-, Transit-RBridges und Core-Switches, als verteilter L2-Switch betrachtet werden können. Somit verläuft die Kommunikation zwischen Clients und Server über virtuelle Layer-2-Verbindungen, und die beiden Layer-3-Protokolle IPv4 und IPv6 können parallel eingesetzt werden.

Das Ziel von TRILL ist es, mehrere kürzeste Datenpfade in Netzwerken parallel zu nutzen und folglich *Multipathing* zu realisieren, um damit im Netzwerk einen verteilten, virtuellen Layer-2-Switch zu bilden. Dies ist auch das Ziel des Konzeptes SPB (*Shortest Path Bridging*) (SPB).

## 13.5.2 Idee und Einsatz von Shortest Path Bridging

Ziel von SPB

Von modernen Netzwerken erwartet man vor allem hohe Flexibilität, Betriebssicherheit und Effizienz. Dies betrifft insbesondere Datacenter mit virtualisierten Servern. In redundant ausgelegten Netzwerken auf Basis von Gigabit Ethernet, in denen als Knoten

[13] Bei der Server-Server-Kommunikation würden beide Transit RBridges zum Aggregation Layer gehören [Abb. 13.1-2].

L2-Switches (in IEEE-Dokumenten als Bridges bezeichnet) fungieren, müssen automatisch kürzeste Datenpfade (*Paths*) zur Datenübermittlung eingerichtet werden. Um dies zu erreichen, wurde *Shortest Path Bridging* (SPB) entwickelt und als Standard `IEEE 802.1aq` spezifiziert, welcher weitgehend auf dem Standard `IEEE 802.1ah` mit der Spezifikation von *Provider Backbone Bridges* (PBB) basiert.

L2-Routing bei SPB

In einem *SPB-Netzwerk*, das eine Vernetzung von SPB-fähigen L2-Switches (kurz von SPB-Switches) darstellt, ist es möglich, kürzeste Datenpfade zur Übermittlung von Ethernet-Frames zwischen SPB-Switches am Rande des Netzwerks dynamisch zu bestimmen. Solche Datenpfade stellen eine Art von Routen auf dem Layer 2 dar und werden mithilfe des klassischen Routing-Protokolls IS-IS (*Intermediate System to Intermediate System*) ermittelt und eingerichtet. Demzufolge kann SPB als eine Art von L2-Routing in Switch-basierten Netzwerken betrachtet werden, und dies führt dazu, dass ein ganzes Netzwerk als verteilter L2-Switch angesehen werden kann [Abb. 13.5-5, Abb. 13.5-6 und Abb. 13.5-7].

Grundlegende Idee von SPB

Wie Abb. 13.5-3 illustriert, unterscheidet man in einem SPB-Netzwerk zwischen Edge Switches am Rande und Core Switches im Inneren. Im hier gezeigten Beispiel sind die Switches $S_A$, $S_B$, $S_C$ und $S_D$ Edge Switches und die Switches $S_1$, $S_2$, $S_3$ und $S_4$ Core Switches. Jeder dieser Switches hat mehrere Ports (Nummer 1, 2, ..., 5), über die er wiederum mit benachbarten Switches verbunden ist. Das hier gezeigte SPB-Netzwerk verbindet zwei Segmente **A** und **B** desselben Netzwerks *X*.

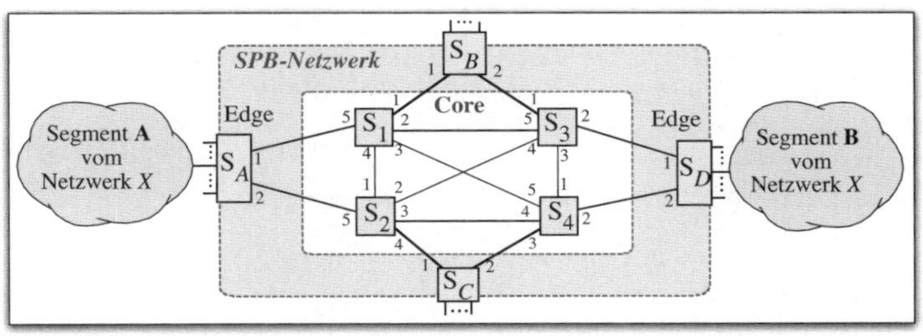


**Abb. 13.5-3:** Ein SPB-Netzwerk bilden ein Core-Netzwerk und mehrere Edge-Switches
S: SPB-fähigen L2-Switch (SPB-Switch)

### Grundlegende Idee von SPB

Die Basisidee von SPB besteht darin, dass von jedem Edge Switch zu allen anderen Edge Switches im gleichen SPB-Netzwerk über das Protokoll IS-IS die jeweils kürzesten Datenpfade (*Paths*) eingerichtet werden[14]. Dies könnte man sich so vorstellen, als ob jeder Edge Switch einen Verteilbaum mit gerichteten und kürzesten Datenpfaden (genauer L2-Routen) zur Übermittlung von Ethernet-Frames an alle anderen Edge Switches hätte. Ein solcher Verteilbaum wird kurz *Shortest Path Tree* (SPT) genannt.

Bedeutung von SPTs

Abb. 13.5-4 zeigt die SPTs einzelner Edge Switches des in Abb. 13.5-3 gezeigten SPB-Netzwerks. Hierbei sei hervorgehoben, dass jeder Edge Switch die als *Root* bezeichnete

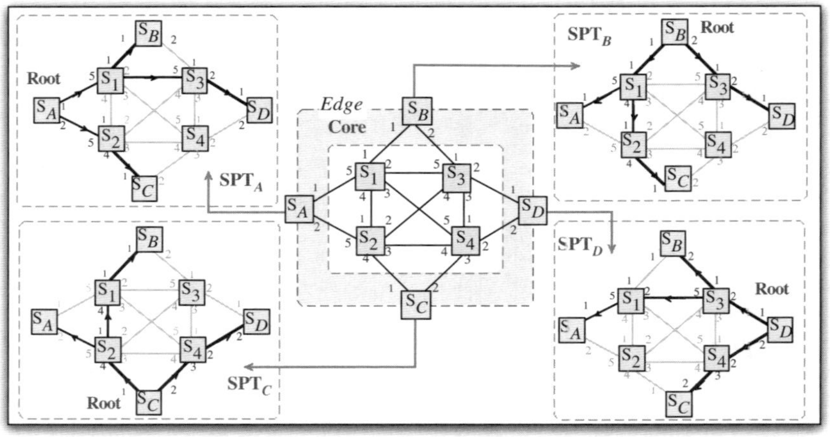


**Abb. 13.5-4:** Verteilbäume (SPTs) von Edge Switches mit je eigenem SPTs
SPT: Shortest Path Tree: gerichteter Verteilbaum mit kürzesten Pfaden

Wurzel seines SPT darstellt und die restlichen Edge Switches im SPB-Netzwerk als mögliche Datensenken, dessen Blätter (*Leaves*) sind.

Jeder SPT definiert somit die kürzesten Datenpfade eines als Root fungierenden Edge Switch zu allen anderen Edge Switches in demselben SPB-Netzwerk. Die kürzesten Datenpfade vom Edge Switch $S_A$ zu den anderen Edge Switches beispielsweise im SPTA (*Shortest Path Tree Algorithm*) sind:

$$S_A \rightarrow S_1 \rightarrow S_B,\ S_A \rightarrow S_2 \rightarrow S_C \text{ und } S_A \rightarrow S_1 \rightarrow S_3 \rightarrow SD$$[15]

Symmetrie der kürzesten Datenpfade

Aus Abb. 13.5-4 lässt sich u.a. Folgendes ersehen: Die entgegen gerichteten Datenpfade zwischen zwei Edge Switches sind symmetrisch in dem Sinne, dass sie über die gleichen Core Switches verlaufen und somit gleich lang sind. Die entgegen gerichteten unidirektionalen Datenpfade zwischen zwei Edge Switches als Paar bilden einen bidirektionalen Datenpfad zwischen ihnen. So ist z.B.

$$S_A \rightarrow S_1 \rightarrow S_3 \rightarrow S_D$$

der unidirektionale Datenpfad zwischen $S_A$ und $S_D$.

SPTs werden in FTs gespeichert

Die SPTs einzelner Edge Switches müssen ermittelt und sowohl in den Edge Switches als auch in den Core Switches auf entsprechende Weiterleitungstabellen (im folgenden *Forwarding Tables*, FTs) abgebildet und dort gespeichert werden. Im SPB-Netzwerk wird jedes Ethernet-Frame nur entlang eines Datenpfades aus dem SPT eines Edge Switch übermittelt. Somit muss der im SPB-Netzwerk übermittelte Ethernet-Frame die Identifikation des betreffenden SPT in einer Form enthalten, mittels der er die Core Switches, die als Transit Switches dienen, auf den richtigen SPT und somit auf den richtigen Datenpfad hinweisen kann.

[14] Die Länge des Datenpfades wird in der Anzahl von Data-Links (also von *Hops*), aus denen sich der Pfad zusammensetzt, angegeben.

[15] Zwischen zwei Edge Switches können mehrere kürzeste Datenpfade mit der gleichen Länge verlaufen. Der andere kürzeste Datenpfad vom Switch $S_A$ zum Switch $S_D$ ist z.B.: $S_A \rightarrow S_2 \rightarrow S_4 \rightarrow S_D$.

Abhängig davon, zu welchem Zweck die SPTs von Edge Switches eingerichtet werden und ob z.B. zur Übermittlung von Ethernet-Frames nur einer Gruppe von VLANs (etwa im Datacenter eines Unternehmensnetzes) oder verschiedener Gruppen von VLANs (bspw. über ein Metro-Ethernet) sowie außerdem davon, auf welche Weise in Ethernet-Frames auf den betreffenden SPT verwiesen wird, unterscheidet man zwischen folgenden Modi von SPB: Modi von SPB

- **SPBV** (*SPB VID*) insbesondere für den Einsatz in Datacentern: In diesem SPB-Modus wird der Verweis auf den betreffenden SPT (und folglich auf den Datenpfad) in den übermittelten Ethernet-Frames als SPVID (*Shortest Path VID*) entweder im `Q-Tag` oder im `S-Tag` eingetragen; auf den Datenpfad wird also mit `VID` verwiesen [Abb. 13.5-5 und Abb. 13.5-6].
- **SPBM** (*SPB MAC*) für den Einsatz in Datacentern und in Provider-Netzen: Bei SPBM wird der Verweis auf den betreffenden SPT in den übermittelten Ethernet-Frames als `B-VID` (*Backbone VLAN Identifier*) im B-Tag, d.h. im vorangestellten B-Header eingetragen; somit wird mit `B-VID` auf den Datenpfad verwiesen [Abb. 13.5-7]. Hervorzuheben ist aber, dass die modifizierte MAC-Adresse eines Quell-Edge-Switches als Multicast-Adresse zur Verteilung von Multicasts dieses Switches verwendet wird; diese wird im B-Header als `B-DA` eingetragen.

### SPBV – 'Flache' VLANs am verteilten L2-Switch

In Anlehnung an das in Abb. 13.5-3 gezeigte SPB-Netzwerk soll nun die Idee von SPBV näher erläutert werden. Wie bereits erwähnt wurde, kann bei SPBV die Identifikation des SPT in Form von SPVID sowohl im `Q-Tag` (IEEE 802.1Q) als auch im `S-Tag` (IEEE 802.1ad) anstelle der Angabe VID stehen. Abb. 13.5-5 illustriert die Idee von SPBV für den Fall, dass SPVID im `Q-Tag` enthalten ist.

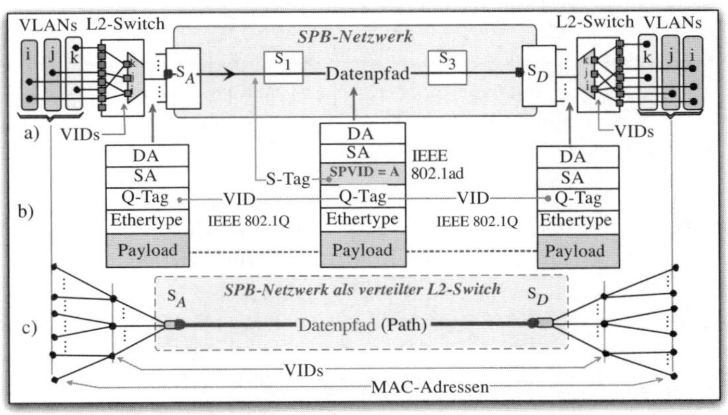


**Abb. 13.5-5:** Idee von SPBV: SPVID im Q-Tag: a) Verbund von Rechnern aus nur einem IP-Subnetz, b) Erweiterung von Ethernet-Frames um ein Q-Tag, c) Konnektivität über einen Datenpfad
DA: Destination Address (MAC-Zieladresse), SA: Source Address (MAC-Quelladresse)

Weil ein Datenpfad (Path) über ein SPB-Netzwerk als Data-Link zu betrachten ist, handelt es sich hier um eine Vernetzung von Rechnern aus nur einem als IP-Subnetz definierten VLAN. Im Quell-Switch $S_A$ wird dem Ethernet-Frame ein `Q-Tag` mit SPVID hinzugefügt, und diese Angabe wird dann bei der Weiterleitung des Ethernet-Frame von den Switches auf dem Datenpfad interpretiert. Nur ein VLAN am SPB-Netzwerk

SPB-Netzwerk als verteilter L2-Switch

Die hier gezeigte Konnektivität [Abb. 13.5-5c] soll verdeutlichen, dass ein SPB-Netzwerk als verteilter L2-Switch angesehen werden kann und dass, falls SPVID im Q-Tag eingetragen wird, dieser Switch nur die Kommunikation zwischen Rechnern aus einem VLAN ermöglicht. Um die Kommunikation aber zwischen Rechnern aus mehreren VLANs über ein SPB-Netzwerk zu ermöglichen, muss die SPBV-Variante SPVID im S-Tag eingesetzt werden. Abb. 13.5-6 zeigt deren Idee.

SPVID im S-Tag

Werden an den Edge Switch mehrere VLANs angeschlossen, so wie es hier der Fall ist, enthalten die zu übermittelnden Ethernet-Frames bereits den Q-Tag. Im Quell-Switch wird dann zusätzlich ein S-Tag mit SPVID hinzugefügt, und auf diese Weise wird die als SPVID im S-Tag bezeichnete SPBV-Variante realisiert.

SPBV → verteilter Layer-2 Switch

Die in Abb. 13.5-5c gezeigte Konnektivität verdeutlicht, dass beim Einsatz der SPBV-Variante SPVID im S-Tag über das SPB-Netzwerk Rechner aus verschiedenen VLANs untereinander kommunizieren können. Es sei aber angemerkt, dass die jeweils zwei kommunizierenden Rechner nur zu einem VLAN gehören können. Das SPB-Netzwerk realisiert lediglich L2-Switching und ermöglicht deshalb keine Vernetzung von VLANs untereinander.

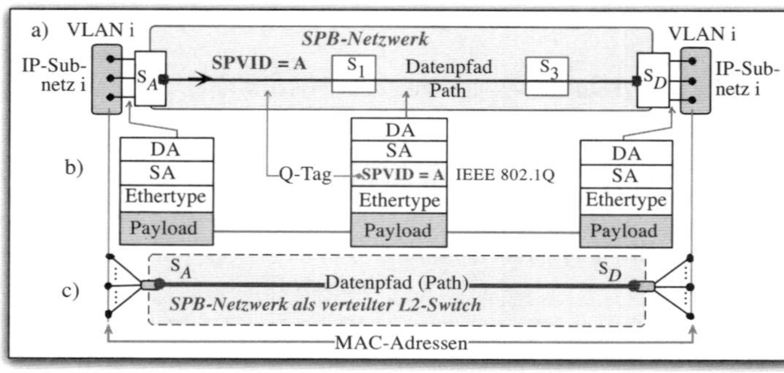


**Abb. 13.5-6:** Idee von SPBV: SPVID im S-Tag: a) Verbund von Rechnern aus verschiedenen VLANs, b) Erweiterung von Ethernet-Frames um Q- und S-Tag, c) Konnektivität über einen Datenpfad
Abkürzungen wie in Abb. 13.5-5

Die in den Abb. 13.5-5c und Abb. 13.5-6c dargestellte Konnektivität veranschaulicht, dass sich ein SPB-Netzwerk mit SPBV als verteilter L2-Switch verhält.

**Bemerkung**: Wie bereits erwähnt wurde und auch aus Abb. 13.5-4 ersichtlich ist, besteht zwischen den Datenpfaden von $S_A$ zum $S_D$ und von $S_D$ zum $S_A$ volle Symmetrie, d.h. sie verlaufen über die Core Switches $S_1$ und $S_3$ nach den gleichen Prinzipien. Das in Abb. 13.5-5 und Abb. 13.5-6 dargestellte Prinzip von SPBV gilt folglich in beide Richtungen: von $S_A$ zu $S_D$ und von $S_D$ zu $S_A$. Dies wurde bei der Darstellung der Konnektivität in den Abb. 13.5-5c und Abb. 13.5-6c bereits vorausgesetzt; der Datenpfad ist dort bidirektional.

### SPBM – 'Hierarchische' VLANs am verteilten L2-Switch

Die Idee von SPBM erläutert Abb. 13.5-7 in Anlehnung an das in Abb. 13.5-3 gezeigte SPB-Netzwerk. Im Gegensatz zu SPBV wird bei SPBM das SPB-Netzwerk als Backbone angesehen. Deswegen bezeichnet man in IEEE 802.1aq Edge Switches als *Backbone Edge Bridges* (BEB) und Core Switches als *Backbone Core Bridges* (BCB). In Abb. 13.5-7 sind die Edge Switches $S_A$ und $S_D$ BEBs, und die Core Switches $S_1$, $S_2$, $S_3$ und $S_4$ repräsentieren BCBs.

Tunneling-Prinzip bei SPBM

SPBM verwendet das Tunneling-Prinzip. Ein gerichteter Datenpfad zwischen zwei BEBs über das SPB-Netzwerk stellt also einen Tunnel dar, über den die Ethernet Frames im Original, d.h. so wie sie bei der Quell-BEB angekommen sind, an die Ziel-BEB übermittelt werden. Hierfür wird ein zusätzlicher Header (der *B-Header*) den zu übermittelnden Ethernet-Frames vorangestellt [Abb. 13.5-7b]. Der B-Header enthält die MAC-Quell- und -Zieladressen als Endpunkte des Datenpfades über das SPB-Netzwerk und die zwei Tags `B` und `I`. Man spricht aufgrund der Verschachtlung von MAC-Headern in Bezug auf SPBM auch von MAC-in-MAC.

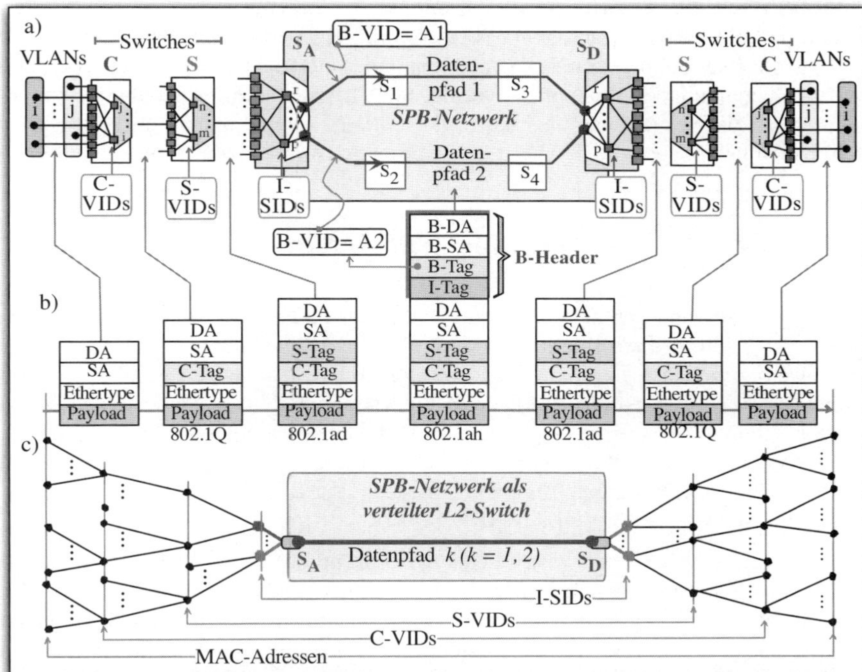


**Abb. 13.5-7:** Idee von SPBM: a) Verbund hierarchischer VLAN-Strukturen, b) Struktur von Ethernet-Frames, c) Konnektivität über einen Datenpfad
B-DA: Backbone Destination MAC Address, B-SA: Backbone Source MAC Address, B/C/S-Tag: Backbone/Customer/ Service Tag, B/C/S-VID: Backbone/Customer/ Service VLAN Identifier, I-SID: Backbone Service Instance Identifier, I-Tag: Backbone Service Instance Tag

Bedeutung des B-Tag

Im B-Tag, auch Backbone Tag genannt, wird als Angabe B-VID die Identifikation des SPT der Quell-BEB eingetragen, wie z.B. SA in Abb. 13.5-7. Daher wird im B-Tag ein SPT der Quell-BEB und folglich der Datenpfad von Quell- zu Ziel-BEB bestimmt[16]. Da die Angabe `B-VID` – im Gegensatz zu SPBV – außerhalb des SPB-Netzwerks in

[16] In SPB-Netzwerken kann eine BEB mehrere SPTs und demzufolge auch mehrere kürzeste Datenpfade gleicher 'Länge' haben. Beispielsweise gibt es in Abb. 13.5-4 zwischen $S_A$ und $S_D$ zwei kürzeste Datenpfade mit drei Hops: $S_A \rightarrow S_1 \rightarrow S_3 \rightarrow S_D$ und $S_A \rightarrow S_2 \rightarrow S_4$.

keiner Weise mit VIDs von VLANs zusammenhängt, ist es bei SPBM möglich, zwischen zwei BEBs über das SPB-Netzwerk als Backbone parallele, über verschiedene BCBs verlaufende Datenpfade wie z.B. die Datenpfade 1 und 2 in Abb. 13.5-7 zu verwenden. Diese Möglichkeit bei SPBM kann als großer Vorteil im Vergleich zu SPBV angesehen werden.

Im Hinblick auf Abb. 13.5-7b sei angemerkt, dass der `B-Tag` die Angabe `B-VID = A2` enthält und der Ethernet-Frame somit über den Datenpfad 2 übermittelt wird.

Bedeutung des I-Tag

Der `I-Tag`, auch *Backbone Service Instance Tag* genannt, hat eine wichtige Funktion: Er enthält den Identifikator `I-SID` (*Backbone Service Instance Identifier*). Wie aus der in Abb. 13.5-7c gezeigten Konnektivität hervorgeht, dient `I-SID` als Zugangspunkt zum im `B-Tag` durch `B-VID` angegebenen Datenpfad, an den eine mithilfe von `C-Tag` und `S-Tag` nach IEEE 802.1ad gestapelte VLAN-Struktur angebunden werden kann[17]. Da für jeden Datenpfad, also für jeden `B-VID`, mehrere `I-SIDs` definiert werden können, ist es möglich, an nur einen Datenpfad verschiedene VLAN-Strukturen anzubinden und die zu ihnen gehörenden Rechner über das SPB-Netzwerk kommunizieren zu lassen. Diese Möglichkeit bringt auch die in Abb. 13.5-7c gezeigte Konnektivität zum Ausdruck.

## 13.6 VXLANs – VLANs mit VMs

Heutzutage kann man sich kaum noch ein Datacenter im Netzwerk eines Unternehmens vorstellen, in dem keine virtuellen Server – als sog. VMs (*Virtual Machines*) – eingerichtet werden. In Datacentern großer Unternehmen bzw. Anbieter verschiedener Cloud Services ist es oft sogar nötig, die auf verschiedenen, unter Umständen weltweit verteilten physischen Wirt-Servern eingerichteten VMs so zu gruppieren, dass voneinander isolierte, einem VLAN in herkömmlichen Netzwerken entsprechende Gruppen von VMs entstehen. Eine solche Gruppierung von VMs führt zur Bildung von *Virtual eXtensible Local Area Networks*, kurz VXLANs [RFC 7348].

VXLAN als isolierte Gruppe von VMs

Unter einem VXLAN versteht man eine isolierte Gruppe von auf verschiedenen physikalischen Wirt-Servern eingerichteten VMs, wobei diese Gruppe von VMs sich so verhält, dass eine MAC-Broadcast-Domain[18], d.h. eine Domain, wie man sie in herkömmlichen Ethernet-basierten Netzwerken vorfindet, nachgebildet wird. Somit stellt VXLAN eine in der Regel räumlich über mehrere Standorte verteilte, eine MAC-Broadcast-Domain bildende Gruppe von VMs dar. Diese kann sogar weltweit verteilt sein und als IP-Subnetz eingerichtet werden.

Bedarf an VXLANs

Die Notwendigkeit, ein VXLAN einzurichten, entsteht beispielsweise dann, wenn eine verteilte Applikation mehrere an verschiedenen Standorten als VMs implementierte Server (z.B. einen Webserver und einen bzw. mehrere Datenbankserver) nutzt, oder wenn ein virtueller Server von einem Standort auf einen anderen 'verschoben' werden muss und dabei weder dessen MAC- noch seine IP-Adresse geändert werden darf. Dank des VXLAN-Konzepts kann sogar eine weltweite VM-Mobilität (*Virtual Machine Mobility*) garantiert werden, ohne die Adressen von VMs ändern zu müssen.

[17] Hierbei spricht man von *VLAN-in-VLAN*, von *VLAN-Stacking* bzw. auch von *VLAN-Tunneling*.

[18] Eine MAC-Broadcast-Domain repräsentiert eine isolierte Gruppe von Rechnern, in der jeder Rechner die Möglichkeit hat, an alle zur Gruppe gehörenden Rechner einen MAC-Frame (d.h. einen Ethernet-Frame) mit der einzigen Broadcast-MAC-Adresse zu schicken.

## 13.6.1 Vom VLAN zum VXLAN

Wie bereits erwähnt, repräsentiert VXLAN eine Gruppe VMs, die auf verschiedenen Wirt-Servern eingerichtet sind. Diese entsprechen im VLAN somit einer Gruppe physikalischer Rechner im herkömmlichen IP-Netz. Worin bestehen aber die Unterschiede zwischen VLAN und VXLAN? Diese zeigt Abb. 13.6-1 und bringt zum Ausdruck, dass ein VXLAN ein VLAN auf der Basis mehrerer, auf eine besondere Weise über ein IP-Netzwerk verbundener virtueller L2-Switches darstellt. Anzumerken ist, dass es sich in diesem Fall um ein VXLAN auf der Basis von nur zwei virtuellen L2-Switches handelt. VXLANs können jedoch auch auf der Basis von einer Vielzahl virtueller L2-Switches eingerichtet werden. Virtuelle L2-Switches in einem VXLAN, d.h. VXLAN-fähige L2-Switches, werden hier *VXLAN-Instanzen* genannt. Idee von VXLAN

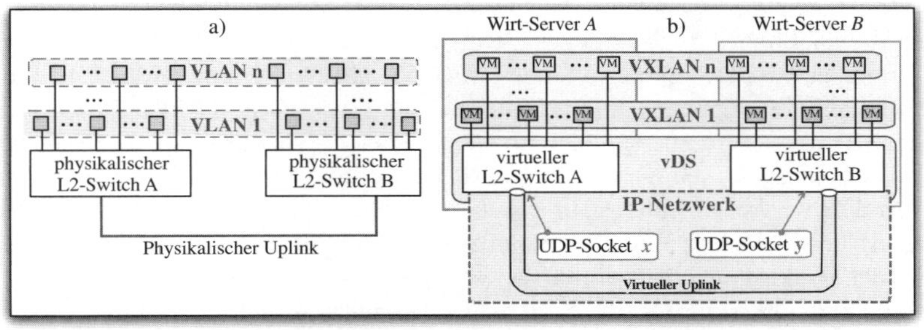


**Abb. 13.6-1:** L2-Switch-übergreifende VLANs auf der Basis: a) von physikalischen, mit einem Uplink verbundenen L2-Switches, b) von virtuellen, mit einem über ein IP-Netzwerk eingerichteten MAC-in-UDP-Tunnel verbundenen L2-Switches
MAC: Media Access Control, UDP: User Datagram Protocol, vDS: virtual Distributed Switch

In Abb. 13.6-1 ist ersichtlich, dass ein VXLAN ein besonderes, auf der Basis mehrerer virtueller, in verschiedenen Wirt-Servern enthaltenen L2-Switches eingerichtetes VLAN darstellt. Im VXLAN sind folgende Besonderheiten hervorzuheben: Besonderheiten von VXLANs

- Die virtuellen L2-Switches sind mit einem virtuellen Uplink in Form eines MAC-in-UDP-Tunnels verbunden; dessen Endpunkte werden mit zwei UDP-Sockets adressiert. Die mit dem Tunnel verbundenen virtuellen L2-Switches verhalten sich wie ein virtueller verteilter Switch (vDS, *virtual Distributed Switch*).
- Im VXLAN fungieren VMs als Endsysteme, wobei nur VMs aus einem VXLAN untereinander kommunizieren können; es findet also keine Kommunikation zwischen VXLANs statt[19].

Oberhalb einer Gruppe virtueller L2-Switches, die einen *virtuellen verteilten Switch* (vDS, Abb.13.6-1b]) bilden, können quasi parallel mehrere VXLANs eingerichtet werden. Jedes von ihnen hat eine Identifikation, die sog. VNI (*VXLAN Network Identifier*). Hervorzuheben ist, dass jedes VXLAN ebenso wie jedes herkömmliche VLAN eine MAC-Broadcast-Domain (kurz *MAC-BD*) bilden muss.

Ein VXLAN kann als virtuelles Overlay-L2-Netzwerk (*Virtual Overlay Network*) oberhalb eines physischen IP-Netzwerks angesehen werden.

[19] Sind VXLANs als IP-Subnetze eingerichtet, kann die Kommunikation zwischen ihnen über L3-Switches (also Router) verlaufen.

## 13.6.2 VXLANs oberhalb Layer-3-Netzwerke

MAC-Broadcast mittels IP-Multicast

Zunächst betrachten wir ein VXLAN, das oberhalb eines L3-Netzwerks eingerichtet ist und somit die als VLANs definierten IP-Subnetze umfasst. Hierbei bilden die dem VXLAN zugewiesenen VLANs nicht eine einzige, das ganze VXLAN erfassende MAC-BD, wie man sie bei VXLAN benötigt, sondern stellen mehrere voneinander getrennte MAC-BDs dar. Jedes VXLAN muss aber eine MAC-BD repräsentieren. Damit man ein VXLAN als MAC-BD oberhalb eines IP-Netzwerks realisieren kann, also um ein MAC-Frame von einer VM an alle in anderen Wirt-Servern implementierten Remote-VMs aus dem gleichen VXLAN – quasi in einem Zug – verschicken zu können, wird die MAC-BD eines VXLANs oberhalb des IP-Netzwerks als IP-Multicast-Domain nachgebildet. Somit muss jedem VXLAN eine IP-Multicast-Adresse zugeordnet werden.

L3-Netzwerk als virtuelles Broadcast-Medium

Um über ein IP-Netz einen MAC-Frame mit einer MAC-Broadcast-Adresse von einer VM an alle anderen VMs im gleichen VXLAN zu verschicken, wird der MAC-Frame in ein IP-Paket mit der dem betreffenden VXLAN zugewiesenen IP-Multicast-Adresse als IP-Zieladresse eingekapselt. Ein solches, von einer VXLAN-Instanz stammendes Multicast-IP-Paket wird zuerst – also im ersten Schritt – von dieser VXLAN-Instanz an den *Rendezvous Point*, d.h. an die Wurzel (Root) vom IP-Multicast-Verteilbaum übergeben. Von dort wird das Multicast-IP-Paket wie in einem Zug an die restlichen VXLAN-Instanzen verschickt. Im Endeffekt kann man den IP-Multicast-Verteilbaum in einem IP-Netz der Funktion nach als ein virtuelles Broadcast-Medium (*virtual Broadcast Media*) betrachten [Abb. 13.6-2]. Ein derartiges Broadcast-Medium könnte man in Form eines virtuellen Bussystems[20] darstellen, und so ließe sich dessen Broadcast-Eigenschaft näher verdeutlichen.

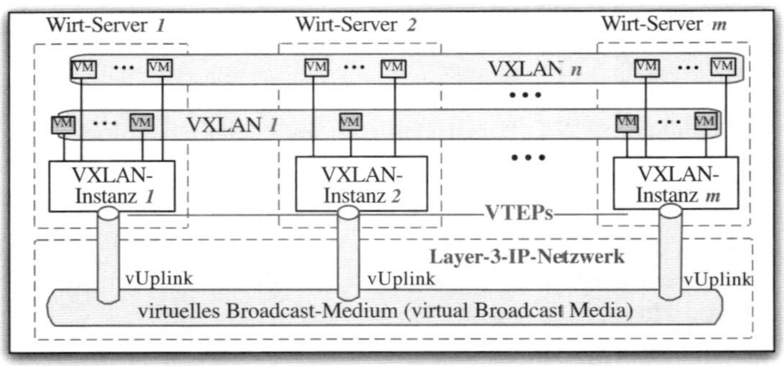


**Abb. 13.6-2:** Layer-3-IP-Netzwerk dient bei VXLAN als virtuelles Broadcast-Medium
VTEP: VXLAN Tunnel End Point; Ende und/oder Beginn des Tunnels

VTEPs als Adressen am virtuellen Broadcast-Medium

Die einzelnen VXLAN-Instanzen müssen am virtuellen Broadcast-Medium identifiziert (also adressiert) werden wozu die sog. VTEPs (*VXLAN Tunnel End Points*) dienen, die einen UDP-Socket[21] darstellen [Abb. 13.6-1]. Folglich ist jede VXLAN-Instanz faktisch eine UDP-Applikation. Wie aus Abb. 13.6-2 hervorgeht, könnte man die VTEPs als An-

[20] Das in Abb. 13.6-2 gezeigte virtuelle Bussystem — einschließlich dessen gelber Farbe — soll an das erste, aus dem Jahr 1982 stammende Ethernet-Konzept 10Base-5 auf Basis des dicken, gelben Koaxialkabels erinnern. 10Base-5 hat nach dem Broadcast-Prinzip funktioniert.

[21] Ein UDP-Socket bildet das Paar (UDP-Port, IP-Adresse) und realisiert den Endpunkt einer verbindungslosen UDP-Kommunikation.

schlusspunkte von VXLAN-Instanzen am virtuellen Broadcast-Medium und die Tunnel zu diesen Anschlusspunkten als virtuelle Uplinks (*vUplinks*) interpretieren[22].

Die einzelnen, an eine VXLAN-Instanz angebundenen VMs können aber verschiedenen, mittels VNIs (VXLAN Network Identifiers) identifizierten VXLANs angehören. Um dies zu ermöglichen, kann an mehrere virtuelle Broadcast-Medien eine VXLAN-Instanz angebunden werden [Abb. 13.6-3]. Eine VXLAN-Instanz ist somit seitens des IP-Netzwerks über mehrere VTEPs erreichbar.

Multi-VXLAN-Fähigkeit von VXLAN-Instanzen

Die Adresslänge eines VNI beträgt 24 Bit, sodass theoretisch oberhalb des IP-Netzwerks bis zu $2^{24}$ VXLANs eingerichtet werden können. Dies hat in großen Datacentern eine enorme Bedeutung, da hierbei die über mehrere Standorte verteilten Datacenter als *öffentliche Cloud* (*Public Cloud*) mit virtuellen Servern als VMs fungieren. So könnte man zur Bereitstellung diverser Cloud Services bis zu $2^{24}$ private Clouds z.B. für Kunden bzw. mehrere Mandanten in Form von VXLANs einrichten.

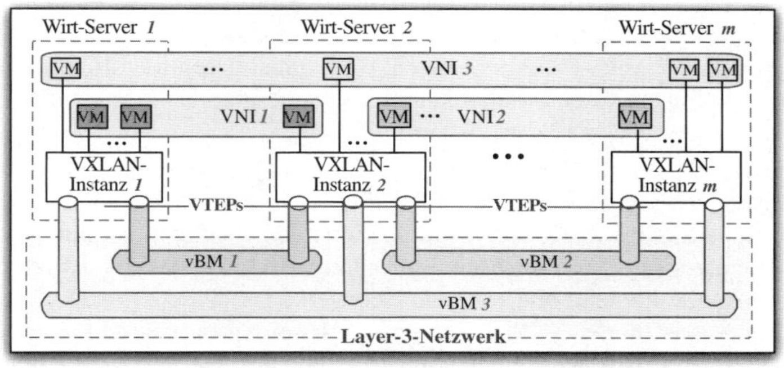


**Abb. 13.6-3:** Mehrere Tunnel können zu einer VXLAN-Instanz führen
vBM: virtuelles Broadcast-Medium, VNI: VXLAN Network Identifier,
VTEP: VXLAN Tunnel End Point; Ende und/oder Beginn des Tunnels

Bedeutung von VXLANs

Hierdurch ermöglicht es die Idee von VXLANs, weltweit beliebig verteilte virtuelle Rechner so zu gruppieren, dass sie voneinander isolierte MAC-Broadcast Domains bilden, d.h. als IP-Subnetze definierte VXLANs. Zudem gestattet es dies, eine Gruppe virtueller Rechner als ein einziges VXLAN weltweit zu vernetzen, z.B. über ein privates IP-Netz. Zusätzlich wird die Isolation mehrerer Kunden bzw. Mandanten (*multi-tenants*) in virtuelle Netzen unterstützt, die sich über mehrere Standorte hinweg erstrecken können.

## 13.7 Mobilität von Virtual Networks

Im heutigen Internet werden noch einige Ideen aus den 70er Jahren wie das IP-Adressierungsprinzip verwendet. Dieses ermöglicht aus gegenwärtiger Sicht aber keine elegante Strukturierung (*Skalierbarkeit*) des Internet, führt zu großen Aufwänden beim

[22] Die in Abb. 13.6-2 gezeigte virtuelle Struktur ähnelt dem 'Virtual Chassis Model' von Cisco; hierbei entspricht das virtuelle Broadcast-Medium dem 'virtual Chassis', ein virtueller Uplink einer Line Card, und eine VXLAN-Instanz repräsentiert ein Virtual Ethernet Modul.

Routing und erschwert erheblich die Unterstützung der Mobilität von Rechnern – und ermöglicht keine Mobilität von *Virtual Networks als Clouds* (u.a. von VLANs)[23].

Um die Mobilität von Virtual Networks zu ermöglichen, ist die Modernisierung der IP-Adressierung dringend nötig. Die Grundlagen liefern zwei Konzepte ILNP (*Identifier-Locator Network Protocol* ) und LISP (*Locator/ID Separation Protocol* oder auch *Locator/Identifier Separation Protocol*), die sich wie folgt kurz charakterisieren lassen:

Identifier-Locator/Network Protocol

- ILNP stellt eine, in mehreren RFC spezifizierte Idee dar, die darin besteht, die Struktur der IP-Adressen sowohl bei IPv4 wie auch bei IPv6 so zu erweitern, dass die 'neuen' Adressen die folgenden beiden Angaben enthalten: *Locator* als Ziel/Endpunkt einer Route und *Node-Identifier* (NID) als eine Art Identifikation eines Rechners am Ende der Route, wobei eine Route zu einem Netzwerk führen kann. So können mehrere Rechner den Endpunkt einer Route (also einen *Locator*) als Zugangspunkt zum Internet gemeinsam nutzen. Die Identifikation eines Rechners ist langlebig (unveränderlich in der Zeit), und der Locator kann variabel sein. Somit kann man nicht nur virtuelle bzw. physische Rechner, sondern auch virtuelle Netzwerke von einer Lokation an eine andere, sogar weltweit, transferieren, ohne dabei deren Identifikation ändern zu müssen. Als Folge dieser Möglichkeiten lässt sich eine fast grenzenlose Mobilität virtueller Rechner/Netzwerke erreichen.

Locator/ID Separation Protocol

- LISP beschreibt ein Konzept, mit dem dank der Einführung einer flexiblen IP-Adressierung und einer neuen Internet Routing-Architektur eine enorme Verbesserung der Funktionalität des Internet erreicht werden kann. Dadurch können insbesondere sowohl Benutzer mit ihren tragbaren, physikalischen Rechnern weltweit mobil sein als auch virtuelle Rechner und virtuelle Netzwerke (als Clouds) weltweit transferiert werden, ohne dass deren IP-Adressen geändert werden müssen. LISP ist eigentlich kein einziges Protokoll, wie sein Name vermuten lässt, sondern vielmehr ein *Framework*, das nicht nur eine neue Art der Adressierung von Rechnern bei der Nutzung der beiden Protokolle IPv4 und IPv6 beschreibt, sondern auch festlegt, wie das Internet flexibel strukturiert werden soll, wie die Koexistenz der Protokolle IPv4 und IPv6 erreicht werden kann und wie die Übermittlung von IP-Paketen über einen aus IPv4- und IPv6-Netzen bestehenden Netzverbund erfolgen soll? Für Näheres siehe LISP WG [`http://datatracker.ietf.org/wg/lisp/`].

## 13.7.1 Konzept und Bedeutung von ILNP

ILNP ist kein vollständiges Protokoll, wie sein Name vermuten lässt, sondern nur eine Erweiterung der Adressierung der beiden Internetprotokolle, d.h. sowohl des alten IPv4 als auch des 'neuen' IPv6. Somit kann ILNP als 'IP mit erweiterter Adressierung' angesehen werden. Hierbei unterscheidet man zwischen 'ILNP for IPv4' und 'ILNP for IPv6' und bezeichnet diese Versionen entsprechend als ILNPv4 und ILNPv6.

Umsetzung von ILNP bei IPv6

Die grundlegende Idee von ILNP besteht darin, die IP-Adresse eines Rechners so zu erweitern, dass sie sowohl dessen Lokation enthält, quasi dessen Standort auf der Erdkugel (am Internet), als auch seine Identifikation, de facto seine Adresse an dessen Standort. Diese Idee führt zu einer zweistufigen hierarchischen Adressierung von Rechnern, die

[23] Auf die Notwendigkeit der 'Modernisierung' der Adressierung im Internet und der Vereinfachung seiner Routing Architektur wurde bereits im Oktober 2006 im Report des Routing and Addressing Workshop von IAB (*Internet Architecture Board*) hingewiesen [RFC 4987].

eigentlich nicht neu ist. Ähnliche Ideen wurden bereits bei der Entwicklung von IPv6 verfolgt. Die globale IPv6-Unicast-Adresse des Rechners wird hierarchisch strukturiert und enthält die zwei Angaben [Abb. 7.8-1]:

- `GRP` (*Global Routing Prefix*) als Beschreibung der Route zum Netzwerk – mithin die Angabe der Lokation (des Standorts) des Rechners – sowie die
- `Interface-ID` als Identifikation des Interfaces bzw. oft als dessen MAC-Adresse.

Bereits in Abb. 7.9-1 wurde gezeigt, dass der hierarchische Aufbau von IPv6-Adressen mit der Angabe des GRP das Routing vereinfacht und somit die Übermittlung der IPv6-Pakete enorm erleichtert. Diese grundlegende Besonderheit der Adressierung bei IPv6 liegt dem Konzept von ILNP zugrunde.

### Zweistufige Adressierung bei ILNP

Bei ILNP wird das Ziel verfolgt, sowohl bei IPv4 als auch bei IPv6 die IP-Adresse auf zwei Komponenten aufzuteilen:

- einen *Locator*, damit man den Endpunkt der Route zu einem Rechner bzw. zu einem Netzwerk, als *Site* bezeichnet, angeben kann, und
- einen *Node-Identifier* (NID) des Zielrechners, um diesen Rechner am per Locator angegebenen 'Standort' zu bestimmen.

Die Aufteilung einer IP-Adresse auf einen Locator und einen NID führt zu einer zweistufigen IP-Adressierung einerseits und bringt andererseits eine Verbesserung der Funktionalität des Internet mit sich; insbesondere sind hier die Realisierung von *Host Mobility*, *Site Mobility* sowie *Host Multihoming* und *Site Multihoming* zu nennen.

Beim Einsatz von ILNP kann im Hinblick auf die Adressierung zwischen zwei Netzwerkbereichen unterscheiden werden: dem *Routing-Bereich* und dem *Forwarding-Bereich*. Abb. 13.7-1 illustriert diese Netzwerkbereiche näher und verdeutlicht die Bedeutung der Adressangaben Locator und NID.

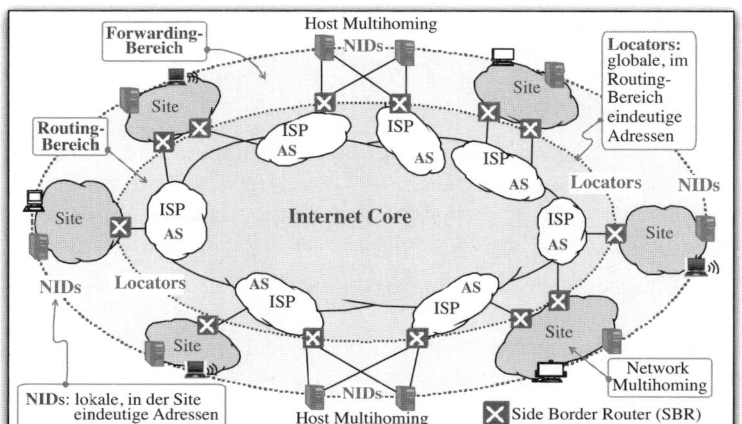


**Abb. 13.7-1:** Zweistufigen Adressierung von Rechnern bei ILNP mit Locator und NID
AS: Autonomous System, ISP: Internet Service Provider Netzwerkbereiche

Routing und Forwarding

Die Netzwerkbereiche Routing und Forwarding sind wie folgt zu charakterisieren:

- **Routing-Bereich**: Repräsentiert den *Internet Core* und die Anbindung privater, als *Sites* bezeichneter Netzwerke sowie individueller Rechner an das Internet. Die Router, über welche die Internetanbindung erfolgt, nennt man oft *Site Border Router* (SBR). Bei der Übermittlung von ILNP-Paketen[24] im Routing-Bereich wird nur der Adressteil Locator interpretiert. Somit verlaufen die Routen bei der Übermittlung der ILNP-Pakete nur zwischen jeweils zwei Locators, also nur zwischen zwei SBRs, und ein Locator stellt die Adresse eines zur Site führenden Ports im SBR dar.
- **Forwarding-Bereich**: Repräsentiert sowohl private Netzwerke, die *Sites*, als auch eine direkte Anbindung von Rechnern an den Routing-Bereich. Bei der Übermittlung von ILNP-Paketen im Forwarding-Bereich wird nur der Adressteil NID interpretiert, und dabei findet kein Routing mehr statt. Aus diesem Grund bezeichnen wir diesen Bereich, in dem die Übermittlung von ILNP-Paketen hauptsächlich nach dem Switching-Prinzip realisiert wird, als *Forwarding-Bereich*.

Besonderheit von ILNP

Eine wichtige Besonderheit von ILNP besteht in der Unabhängigkeit des Locator vom NID. Diese Unabhängigkeit ist im folgenden Sinne zu interpretieren:

Multihoming

- *Ein NID kann mehrere Locators besitzen*: Einem NID können mehrere Locators zugewiesen werden; mehrere Routen können also zu einem NID führen. Dank dieser Besonderheit kann ein Rechner gleichzeitig in mehreren Subnetzen beheimatet sein bzw. ein Netzwerk über mehrere Zugangspunkte (mehrere ISPs) an das Internet angebunden sein. Demzufolge lässt sich das *Multihoming* einfach realisieren, wobei sowohl *Host Multihoming* als auch *Network Multihoming* möglich sind.

Virtual Network Mobility

- *Der Locator eines NID kann sich ändern*: Einem NID können, falls NID einen mobilen physischen/virtuellen Rechner adressiert, im Laufe der Zeit verschiedene Locators zugewiesen werden, d.h. der Locator eines NID ist eine Route zu einem Rechner oder zu einem Netzwerk, die sich ändern kann[25]. Folglich kann ein tragbarer Rechner (z.B. ein Smartphone) beim ILNP-Einsatz von einem Subnetz zu einem anderen wandern; er ist somit in keinem Subnetz dauerhaft beheimatet. Ein virtuelles Netzwerk kann von einem Internetzugangspunkt zu einem anderen verschoben werden. Dank dieser Besonderheit von ILNP lässt sich nicht nur die Mobilität von einzelnen Rechnern, sondern auch die von ganzen Sites (Subnetzen), also insbesondere von Virtual Networks, u.a. von VLANs, einfach realisieren.

Zweistufige Adressierung von Rechnern bei ILNP

Wie in Abb. 13.7-1 zum Ausdruck gebracht wurde, sind Locators als Zugangspunkte zum Routing-Bereich zu interpretieren. NIDs hingegen adressieren die Rechner im Forwarding-Bereich und fungieren somit als logische Adressen von Rechnern. Jeder Rechner mit ILNP besitzt in der Tat zwei Adressen:

- eine physikalische Adresse als : In LANs wird diese Adresse als MAC-Adresse bezeichnet.
- eine logische Adresse als *Node-ID* (NID): Die Struktur von NID stimmt mit der Struktur des bei IPv6 definierten überein.

[24] Es sei angemerkt, dass ILNP-Pakete praktisch IP-Pakete sind [Abb.13.7-6]. Ein ILNP-Paket unterscheidet sich von einem IP-Paket nur dadurch, dass die Adresse im ILNP-Header, welcher in Wirklichkeit ein IP-Header ist, einen Locator und einen NID hat.

[25] Der Locator eines NID kann sich sogar während einer bestehenden TCP-Verbindung so ändern, dass diese davon nicht betroffen wird.

**Bemerkung**: Jeder Rechner mit IP (sowohl mit IPv4 als auch mit IPv6) hat zwei Adressen: eine physikalische Adresse (in LANs als MAC-Adresse bezeichnet) und eine logische IP-Adresse. Somit entspricht NID bei ILNP der IP-Adresse.

Es sei hervorgehoben, dass die zweistufige Adressierung von Rechnern, d.h. eine Adressierung mit physikalischen Adressen (MAC-Adressen) und mit logischen Adressen (also mit NIDs bei ILNP und mit IP-Adressen bei IP) von fundamentaler Bedeutung bei der Übermittlung von IP-Paketen ist (vgl. dazu Abb. 13.7-6).

Adressstruktur von Locator und Node-Identifier

Um die Übergänge 'vom IPv4 zum ILNPv4' und 'vom IPv6 zum ILNPv6' sowie die Abwärtskompatibilität 'von ILNPv4 zum IPv4' und 'von ILNPv6 zum IPv6' besser verdeutlichen zu können, möchten wir zuerst die Längen von Locator und Node-Identifier begründen:

- Die Länge des *Locators*, der den Endpunkt (d.h. Beginn oder Ende) einer Route angibt, beträgt bei IPv4 32 Bit und bei IPv6 64 Bit. Ein Endpunkt der Route wird bei IPv4 durch die ganze Adresse mit der Länge 32 Bit und bei IPv6 durch die ersten 64 Bit der Adresse bestimmt [Abb. 13.7-2]. Daher unterscheidet man zwischen einem 'Locator mit 32 Bit (L32)' bei IPv4 und einem 'Locator mit 64 Bit (L64)' bei IPv6.
- Die Länge des *Node-Identifiers* (NID), wobei der NID der logischen Adresse des Rechners am durch den Locator angegebenen Standort entspricht, beträgt sowohl bei IPv4 als auch bei IPv6 64 Bit. Die Länge von 64 Bit entsteht dadurch, dass man zur Angabe von NID das Feld ' ' in der IPv6-Adresse nutzt. Es sei erwähnt, dass die neue, von der IEEE definierte und als *Extended Unique Identifier* (EUI-64) bezeichnete MAC-Adresse auch die Länge von 64 Bit hat.

## Übergang vom IPv6 zum ILNPv6

IPv6 → ILNPv6

ILNPv6 kann im Hinblick auf die Adressierung als eine Erweiterung von IPv6 angesehen werden: Eine ILNPv6-Adresse wird durch zwei voneinander unabhängige Teile Locator (L64) und Node-Identifier (NID) gebildet. Abb. 13.7-2 zeigt dies und bringt außerdem nochmals zum Ausdruck, dass den beiden Protokollen IPv6 und ILNPv6 die gleiche Idee der Adressierung zugrunde liegt.

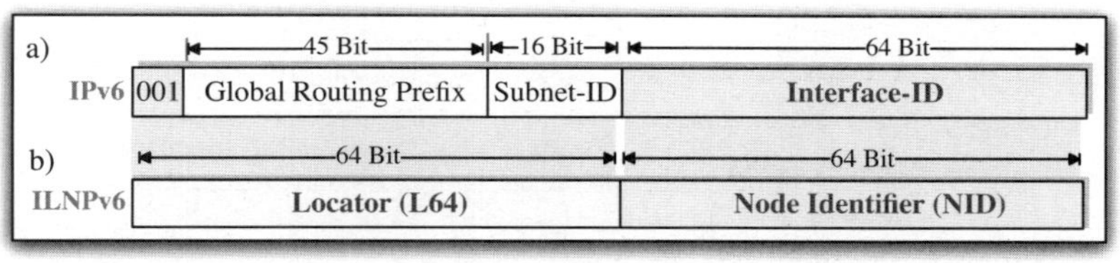


**Abb. 13.7-2:** Struktur von Adressen: a) bei IPv6, b) bei ILNPv6

Abb. 13.7-3 zeigt, dass beide Header, d.h. der von IPv6 und der von ILNPv6, die gleiche Struktur besitzen. Wir sehen hier, dass der wesentliche Unterschied zwischen IPv6 und ILNPv6 lediglich in der Struktur der Adressen besteht.

Vergleicht man Abb. 13.7-2 und Abb. 13.7-3, ist ersichtlich, dass der Übergang vom IPv6 zum ILNPv6 nur die Veränderung der Adressierung von IPv6 verlangt.

## Übergang vom IPv4 zum ILNPv4

IPv4 → ILNPv4

Die Erweiterung des IPv4 zum ILNPv4 ist etwas komplizierter, da sich eine IPv4-Adresse mit nur 32 Bit nicht so einfach wie eine IPv6-Adresse auf Locator und NID aufteilen lässt.

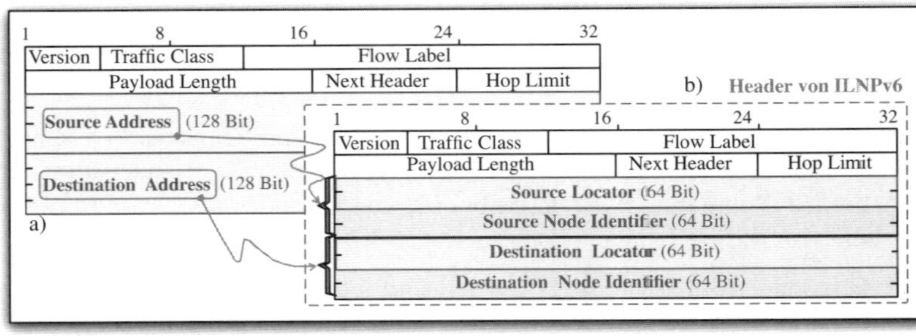


**Abb. 13.7-3:** Struktur der Header: a) von IPv6, b) von ILNPv6; wobei der Header von ILNPv6 dem von IPv6 entspricht

Beim Übergang vom IPv4 zum ILNPv4 wird, wie Abb. 13.7-4 illustriert, die ganze, klassische IPv4-Adresse lediglich als Locator (L32) angesehen.

Bei ILNPv4 wird, ebenso wie bei ILNPv6, jedem Node (z.B. Rechner, Port im Router) ein Node-Identifier (NID) mit der Länge von 64 Bit zugewiesen. Um diesen NID im ILNPv4-Header angeben zu können, wurde eine spezielle IPv4-Option, die 'ILNP Identifier Option for IPv4', kurz NID-Option genannt, hinzugefügt. Wie in Abb. 13.7-4 dargestellt, werden beiden NIDs (des Quell- und des Zielrechners) in die IPv4 NID-Option eingetragen.

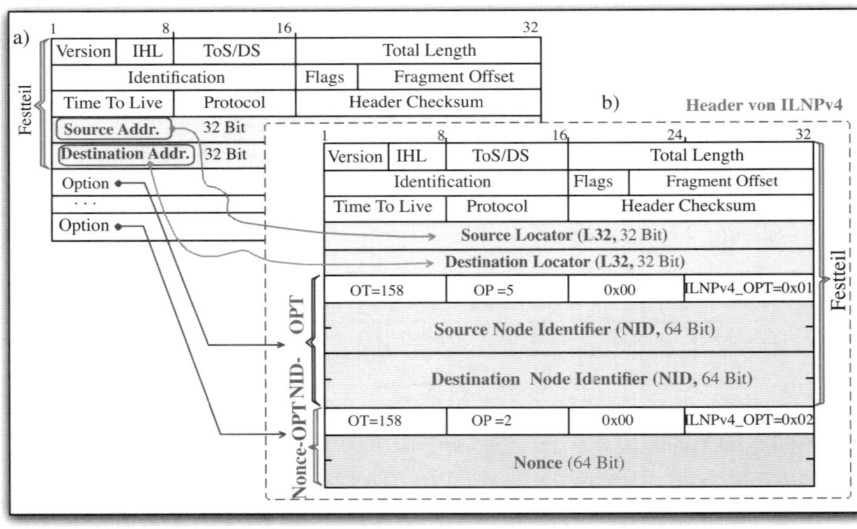


**Abb. 13.7-4:** Struktur von Headern: a) bei IPv4, b) bei ILNPv4 – Fazit: Header von ILNPv4 ist eine Art Header von IPv4
IHL: Internet Header Length, OPT.:Option, OL/T:Option Length/Type,
ToS/DS:Type of Service / Differentiated Services

**Bemerkung**: Wie Abb. 13.7-4 zeigt, kann im IPv4-Header (bei dem es sich de-facto um einen ILNvPv4-Header handelt) eine weitere IPv4-Option, die 'ILNP Nonce Option for IPv4', kurz *Nonce-Option*, enthalten sein. Diese Option wurde eingeführt, um die Abwärtskompatibilität von ILNPv6 zu IPv6 zu ermöglichen und die Sicherheit zu verbessern.

### ILNP-spezifische Erweiterung von DNS

Zur Unterstützung der Adressierung im Internet wurde das als DNS (*Domain Name System*) bezeichnete Auskunftssystem eingerichtet. Weil ILNP zu einer Erweiterung der Adressierung im heutigen Internet führt, muss auch DNS dementsprechend erweitert werden. Eine ILNP-spezifische Erweiterung von DNS besteht darin, dass in privaten Netzwerken installierte DNS-Server um einige Einträge, die sog. RRs (*Resource Records*), erweitert werden müssen. Tab. 13.7-1 zeigt deren Typen, die bzgl. ihres Aufbaus an den der MX-Records [Tab. 4.3-1] angelehnt sind und die ebenfalls eine *Preference* für einen Eintrag vorsehen. Abb. 13.7-5 zeigt den Einsatz dieser RRs bei ILNP.

DNS für INLP

| Type | Wert | Bedeutung | Beispiel |
|---|---|---|---|
| NID | 104 | Node-ID | `host1.example.com. IN NID 20 0015:5fff:ff21:ee65` |
| L32 | 105 | Locator 32 | `host2.example.com. IN L32 10 10.1.08.0` |
| L65 | 106 | Locator 64 | `l64-subnet1.example.com. IN L64 10 2001:0DB8:1140:1000` |
| LP | 106 | Locator Pointer | `host1.example.com. IN LP 10 mobile-net1.example.com.` |

**Tab. 13.7-1:** ILNP Resource Records entsprechend RFC 6742

**Bemerkung**: Ein ILNP-spezifischer RR liefert die Zuordnung `RDATA = <Preference> owner-name`. Über die *Preference* können somit für einen Namen mehrere gewichtete, konkurrierende Einträge vorgenommen werden. Das Ergebnis RDATA für einen FQDN als Eingangsangabe liefert anschließend den *owner-name*. Alle ILNP-spezifischen RRs gehören zur `Class = IN`.

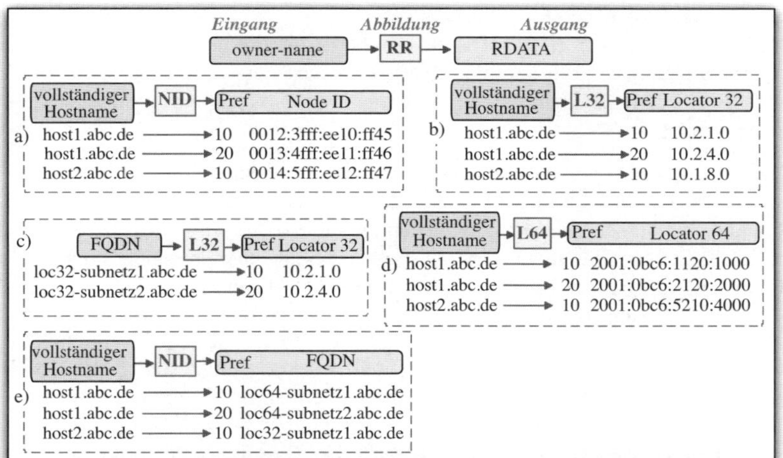


**Abb. 13.7-5:** ILNP-spezifische RRs und deren Bedeutung: a) RR NID für die Abfrage von Node-ID, b) RR L32 für die Abfrage von Host Locator bei ILNPv4, c) RR L32 und Abfrage von Site Locator bei ILNPv6, d) RR L64 und Abfrage von Host Locator bei ILNPv6, e) RR LP für die Abfrage der Domain (Site)
FQDN: Full Qualified Domain Name, IN: Internet (Class Internet), Pref: Preference

Die einzelnen, ILNP-betreffenden RRs sind wie folgt zu charakterisieren:

INLP-spezifische RRs

a) RR NID (*Node-ID*): Man verwendet RR NID, um beim DNS für einen Rechner abzufragen, welchen NID er hat. Dieser RR [Abb. 13.7-5a] liefert bei der Angabe eines vollständigen Hostname eines Rechners dessen `NID`. RR `NID` wird nur für ILNP-fähige Rechner angelegt. Durch ihn kann man prüfen, ob ein Rechner ILNP-fähig ist: Falls für den Hostnamen `mond.abc.de` im DNS-Server der Domain `abc.de` ein RR `NID` angelegt ist, so besagt dies, dass der Rechner `mond` in der Domain `abc.de` ILNP-fähig ist. Ein Rechner kann auch mehrere NIDs mit verschiedenen Präferenzen (Prioritäten) besitzen. Somit können z.B. mehrere Kopien virtueller Rechner (unter verschiedenen NIDs) adressiert werden.

b) RR `L32` (*Locator 32*): Um bei ILNPv4 abzufragen, welchen `L32` (Locator mit der Länge von 32 Bit) ein Rechner bzw. eine Site hat, dient RR `L32`. Dieser RR liefert bei der Angabe des vollständigen Hostname eines Rechners dessen `L32` [Abb. 13.7-5b] oder bei der Angabe des FQDN einer Site deren `L32` [Abb. 13.7-5c].

c) RR `L64` (*Locator 64*): Um bei ILNPv6 abzufragen, welchen `L64` (Lokator mit der Länge von 64 Bit) ein Rechner hat, nutzt man RR `L64` [Abb. 13.7-5d]. Dieser RR liefert bei der Angabe des vollständigen Hostnamens eines Rechners dessen `L64`.

d) RR `LP` (*Locator Pointer*): Um für einen Rechner beim DNS abzufragen, zu welcher Subdomain einer Domain und damit zu welchem Subnetz einer Site er gehört, kann RR `LP` verwendet werden [Abb. 13.7-5e]. Dieser RR liefert bei der Angabe des vollständigen Hostname den FQDN einer Subdomain mit dem betreffenden Host (Rechner). Mithilfe von RR `LP` kann daher ermittelt werden, zu welchem (IP-)Subnetz (auch zu welchem VLAN) ein Rechner gehört. Ein Rechner kann mehreren Subnetzen angehören. Dies ermöglicht es, die Kopien eines virtuellen Rechners in mehreren Subnetzen zu speichern. Abb. 13.7-5e illustriert eine solche Möglichkeit.

### Übermittlung von IP-Paketen bei ILNP

Bei der Übermittlung von IP-Paketen müssen bei ILNP die bei IPv4 und IPv6 geltenden Prinzipien zum Einsatz kommen. Daher möchten wir zuerst das Sendeprinzip von Rechnern mit IP in Erinnerung rufen, also das, was in jedem Rechner beim Absenden eines IP-Pakets passiert.

Sendeprinzip bei IP

Das 'Sendeprinzip bei IP' kann wie folgt formuliert werden:

> Befindet sich der Zielrechner im gleichen IP-Subnetz, so wird ein IP-Paket direkt an den Zielrechner geschickt. Befindet sich der Zielrechner aber nicht im gleichen IP-Subnetz, so wird das IP-Paket an einen Router übergeben, welcher es daraufhin in ein anderes IP-Subnetz weiterleiten muss.

Beim ILNP wird das gleiche Sendeprinzip von IP-Paketen angewandt [Abb. 13.7-6] und das Paket an die Routing-Instanz im SBR übergeben. In IP-Netzen hat jeder Router pro Port eine IP-Adresse (als logische Adresse) und eine MAC-Adresse (als physikalische Adresse). Da NID bei ILNP einer IP-Adresse bei IP entspricht, muss folglich jedem zur Site führenden Port im SBR sowohl ein NID als auch eine MAC-Adresse zugeteilt werden. Bei der Konfiguration jedes Rechners in einem IP-Subnetz muss dem Rechner (bei ILNP der NID des Ports im SBR) das Default Gateway mitgeteilt werden. Dorthin muss der Rechner IP-Pakete zur Weiterleitung in andere IP-Subnetze schicken. Da IP-Pakete in MAC-Frames eingekapselt übermittelt werden, muss der Rechner auch, um die MAC-Frames an den Port im SBR übermitteln zu können, die MAC-Adresse des Ports kennen. Um die MAC-Adresse bei ILNPv4, die dem NID des Ports im SBR entspricht, zu ermitteln, wird das Protokoll ARP (*Address Resolution Protocol*) for ILNPv4 in RFC 6747 erweitert.

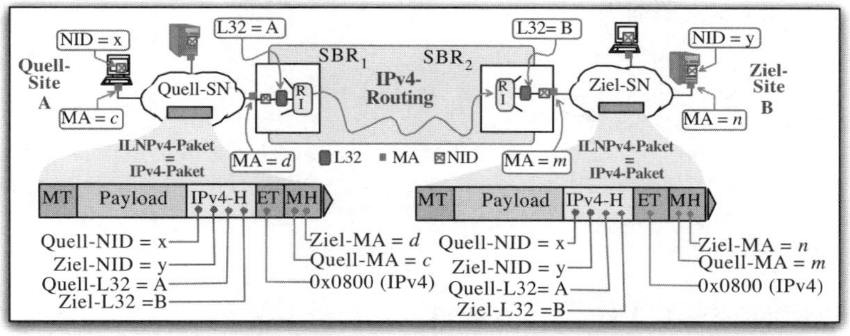


**Abb. 13.7-6:** Adressangaben bei der Übermittlung eines IPv4-Pakets bei ILNPv4
ET:EtherType (Header mit der Angabe des Schicht-3-Protokolls), IPv4-H:IPv4-Header, L32: Locator 32 (Locator mit der Länge von 32 Bit), MA: MAC-Adresse, MH/T: MAC-Header/Trailer, SBR: Site Border Router

Übermittlung von IP-Paketen bei ILNP

**Beispiel**: Nun möchten wir die Übermittlung von IP-Paketen bei ILNP kurz erläutern. Hierfür zeigt Abb. 13.7-6 die Übermittlung eines IPv4-Pakets vom Quellrechner im Subnetz am Standort **A** (`L32 = A`) zum Zielrechner im Subnetz am Standort **B** (`L32 = B`).

- Nach dem Vergleich von Ziel-L32 mit Quell-L32 stellt der Quellrechner fest, dass der Zielrechner nicht in seiner Site ist, sondern in einer Site an einer anderen Lokation und folglich auch nicht im gleichen Subnetz (d.h. nicht in seinem Heimatsubnetz). Aufgrund dieser Feststellung muss das zu übermittelnde IPv4-Paket also, damit es zum $SBR_2$ der Ziel-Site geroutet werden kann, an die Routing-Instanz im $SBR_1$ übergeben werden. Wie Abb. 13.7-6 zeigt, wird das IPv4-Paket im MAC-Frame eingekapselt an den SBR zwecks dessen Weiterleitung an den SBR der Ziel-Site übergeben. Dies bedeutet, dass hierfür die MAC-Adresse des zum Quell-Subnetz führenden Ports im $SBR_1$ im MAC-Header als MAC-Zieladresse eingetragen werden muss.

  **Bemerkung**: Es sei angemerkt, dass im Header `EtherType` die Nummer (`0x0800`) von IPv4 gesetzt ist und nicht die von ILNPv4. Dies bestätigt, dass ILNPv4 in der Tat kein selbstständiges Protokoll darstellt, sondern nur als Erweiterung der Adressierung bei IPv4 anzusehen ist.

- Über den Routing-Bereich wird das IPv4-Paket nach dem Ziel-L32 zum $SBR_2$ geroutet, d.h. im Routing-Bereich gilt also die Angabe L32 als IPv4-Adresse. Aus diesem Grund wird folglich im IPv4-Header der L32 anstelle der IPv4-Adresse eingetragen.
- Nachdem das IPv4-Paket beim $SBR_2$ der Ziel-Site empfangen wurde, wird es direkt in einem neuen MAC-Frame eingebettet an den Zielrechner übermittelt. Dies bedeutet, dass die MAC-Adresse des Zielrechners im MAC-Header als MAC-Zieladresse eingetragen wird. Abb. 13.7-6 bringt auch dies zum Ausdruck. Der $SBR_2$ der Ziel-Site kennt aus den Angaben im IPv4-Header aber nur den Ziel-NID, also nur den NID des Zielrechners und nicht dessen MAC-Adresse.

ARP für ILNP

Das ist das gleiche Problem, das bereits in klassischen IPv4-Netzen existiert: Der letzte Router unterwegs zum Ziel muss in der Lage sein, im Ziel-Subnetz abzufragen, welche MAC-Adresse der Rechner mit der Ziel-IPv4-Adresse hat, wozu üblicherweise ARP genutzt wird. Beim Einsatz von ILNPv4 ist auch ein entsprechendes, ARP-ähnliches Protokoll nötig, und zwar um den letzten Router unterwegs zum Ziel in die Lage zu versetzen, im Ziel-Subnetz abzufragen, welche MAC-Adresse der Rechner mit der Ziel-NID hat. Die notwendige Erweiterung von ARP wurde in RFC 6747 spezifiziert und wird als 'ARP für ILNPv4' geführt.

Es sei angemerkt, dass die Übermittlung von IP-Paketen bei ILNPv4 nach den gleichen Prinzipien wie in klassischen IP-Netzen erfolgt: Zur Übermittlung auf jedem Abschnitt (auf jedem *Hop*) wird das unveränderte IPv4-Paket in einem neuen, dem Abschnitt entsprechenden, MAC-Frame eingekapselt übermittelt. Demzufolge ändern sich nur die beiden MAC-Adressen auf jedem Hop, und die Adressangaben im IPv4-Header bleiben auf der ganzen Strecke zwischen Quell- und Zielrechner unverändert.

### Abwärtskompatibilität von ILNP zu IP

ILNP muss zu IP abwärtskompatibel sein. Ein Rechner mit ILNP, der einen Kommunikationsvorgang zu einem anderen Rechner initiiert, muss in der Lage sein, feststellen zu können, ob sein Kommunikationspartner auch das ILNP unterstützt, also ob er ebenso ILNP-fähig ist. Am Beispiel des Aufbaus einer TCP-Verbindung zwischen zwei Rechnern, von denen jeder ILNPv6 oder IPv6 nutzen kann, zeigt Abb. 13.7-7, wie sich diese Kompatibilität in verschiedenen denkbaren Situationen überprüfen lässt.

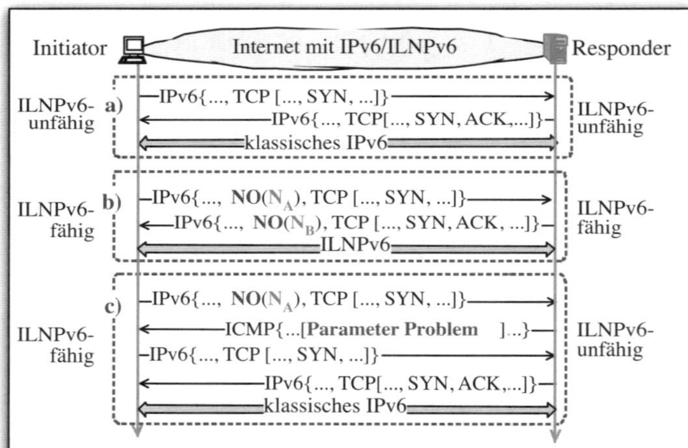


**Abb. 13.7-7:** Kompatibilität von ILNPv6 zu IPv6: a) beide Rechner sind ILNPv6-unfähig; b) beide Rechner sind ILNPv6-fähig; c) nur ein Rechner ist ILNPv6-fähig
N: Nonce, NO: Nonce-Option

**Bemerkung**: Im hier gezeigten Beispiel wird der Rechner, der die TCP-Verbindung initiiert, *Initiator* genannt, und der, welcher auf die Nachrichten des Initiators antwortet, als *Responder* bezeichnet. Eine spezielle Option im IPv4-Header, die `Nonce`-Option, hat bei der Überprüfung der Kompatibilität eine wichtige Funktion. Hierbei wird sie im Falle von IPv6 [RFC 6744] im Extension Header 'IPv6 Destination Option' und im Falle von IPv4 [Abb. 13.7-4b] als *Nonce*-Header-Option übermittelt.

ILNP/IP-Kompatibilitätsprüfung

Die einzelnen, in Abb. 13.7-7 dargestellten Situationen beim Initiieren einer virtuellen TCP-Verbindung sind in Bezug auf die Überprüfung der Kompatibilität von Rechnern wie folgt zu charakterisieren:

a) *Beide Rechner sind ILNPv6-unfähig*: Die beiden Rechner unterstützen nur das IPv6. Der Initiator signalisiert den Aufbau einer TCP-Verbindung durch das Absenden eines im IPv6-Paket eingekapselten TCP-Pakets mit dem `<SYN>`-Bit. Der Responder antwortet darauf mit dem TCP-Paket und `<SYN,ACK>`. Der Initiator stellt auf diese Weise fest, dass der Aufbau der TCP-Verbindung mit IPv6 fortgesetzt werden kann; er kann den Aufbau der initiierten TCP-Verbindung also durch das Absenden des TCP-Pakets `<ACK>` abschließen.

b) *Beide Rechner sind ILNPv6-fähig*: Die beiden Rechner unterstützen das ILNPv6. Der Initiator initiiert eine TCP-Verbindung durch das Absenden eines IPv6-Pakets mit dem Extension Header 'IPv6 Destination Option' und mit dem eingekapselten TCP-Paket `<SYN>`. Dieser Extension Header enthält eine `Nonce`-Option. Diese hat zwei Aufgaben zu erfüllen, nämlich einerseits anzuzeigen, dass ILNPv6 zum Einsatz kommen soll, und andererseits durch Einsatz des Nonce die Sicherheit der Kommunikation zu erhöhen. Der Responder antwortet auf die erhaltenen Daten mittels des Absendens eines IPv6-Pakets mit gesetzter `Nonce`-Option und des TCP-Pakets `<SYN,ACK>`. Mit der `Nonce`-Option zeigt der Responder dem Initiator, dass auch er ILNPv6-fähig ist. Der Aufbau der TCP-Verbindung mit ILNPv6 kann daher fortgesetzt werden. Der Responder wartet nun auf das TCP-Paket `<ACK>` seitens des Initiators.

c) *Nur der Initiator ist ILNPv6-fähig*: Wie im Fall b) [Abb. 13.7-7] baut der Initiator eine TCP-Verbindung auf, in dem er beim Absenden eines IPv6-Pakets sowohl die `Nonce`-Option als auch das eingekapselten TCP-Paket mit `<SYN>`-Bit verwendet. Der Responder ist nicht ILNPv6-fähig und antwortet auf die erhaltenen Daten mittels Absendens eines ICMP-Pakets (*Internet Control Message Protocol*) unter Angabe `Parameter Problem`. Damit signalisiert der Responder dem Initiator, dass er nicht ILNPv6-fähig ist. Der Initiator nimmt dies zur Kenntnis und initiiert eine TCP-Verbindung mit dem klassischen IPv6, wie in Abb. 13.7-7c gezeigt.

Ähnlich wie in Abb. 13.7-7 kann auch beim Einsatz von ILNPv4 die Kompatibilität in verschiedenen Situationen überprüft werden.

## 13.7.2 LISP – Idee und Bedeutung

Die Idee von LISP [RFC 6830] illustriert Abb. 13.7-8. Sie besteht darin, dass ein Rechner am Internet nicht nur mit einer IP-Adresse adressiert wird, so wie es heute der Fall ist, sondern zu seiner Adressierung zwei IP-Adressen, als Angaben `RLOC` (*Routing Locator*) und `EID` (*Endpoint Identifier*), genutzt werden. Somit wird die Adresse des Rechners als Paar (`RLOC, EID`) dargestellt. Um RLOC in ein IP-Paket eintragen zu können, wird jedem über den Internet Core zu übermittelnden IP-Paket ein zusätzlicher Header vorangestellt, der sich wiederum aus einem LISP-, einem UDP- und einem Outer-IP-Header zusammensetzt. Folglich enthält jedes über den Internet Core übermittelte IP-Paket zwei IP-Header, und zwar einen Inner-IP-Header mit `EID` und einen Outer-IP-Header mit `RLOC`.

LISP Adressierungskonzept

Bei LISP wird vorausgesetzt, dass das Internet im Hinblick auf die Adressierung eine aus zwei unabhängigen Bereichen bestehende, logische Struktur aufweist:

- Einem inneren, öffentlichen Bereich (als *Internet Core* bezeichnet) und
- einem Randbereich (*Internet Edge* genannt), zu dem an den Internet Core angeschlossene, private 'LISP-fähige' Netzwerke gehören.

Autonome Systeme

Diese stellen *Autonome Systeme* (AS) dar und werden oft als *LISP Sites* bezeichnet. Sie können aber auch als *LISP-Domains* bzw. als private *LISP-Intranets* angesehen werden. Der Internet Core repräsentiert eine globale Vernetzung autonomer Systeme verschie-

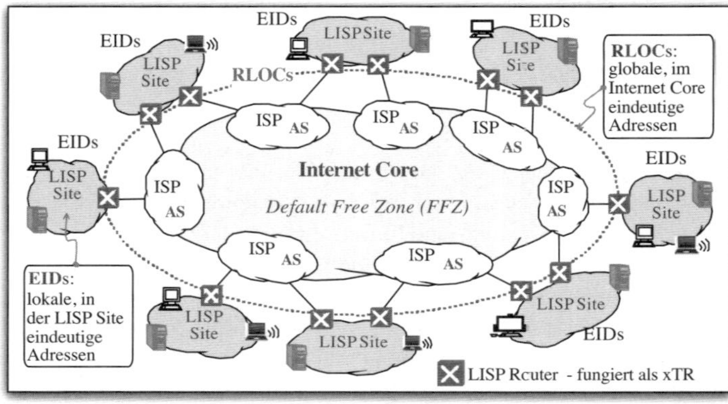


**Abb. 13.7-8:** Logische Struktur des Internet beim Einsatz von LISP
AS: Autonomes System, EID: Endpoint Identifier, ISP: Internet Service Provider, DFZ: Default Free Zone, RLOC: Routing Locator, xTR: Tunnel Router

dener ISPs. Diese bildet eine *Default Free Zone* (DFZ)[26], in der jeder Router über eine 'komplette', als *Global Routing Table* bezeichnete Routing-Tabelle mit allen Zielen im Internet Core verfügen sollte. In der Praxis ist dies aber nicht immer der Fall.

Adressierung bei LISP

Die wichtigste Besonderheit von LISP ist aber die zweistufige Adressierung eines Rechners mittels des `RLOC` (*Routing Locator*) und des `EID` (*Endpoint Identifier*). Bei der Übermittlung eines IP-Pakets an einen Rechner wird mit `RLOC` dessen Standort (Site) am Internet angegeben, d.h. zu welcher LISP-Site das IP-Paket im Internet Core geroutet werden muss. Wurde die Ziel-LISP-Site erreicht, dann gibt `EID` an, an welchen Rechner in dieser LISP-Site das IP-Paket adressiert werden muss.

RLOCs repräsentieren routbare, weltweit eindeutige globale Adressen am Internet Core. EIDs dagegen stellen lediglich lokal eindeutige Adressen in LISP-Sites am Internet Core dar. Daher können sich EIDs in mehreren LISP-Sites sogar wiederholen. Dies führt zu neuen Möglichkeiten der Mobilität virtueller Rechner/Netzwerke.

Betrachtet man das Paar (`RLOC, EID`) als Adressangabe, so kommen folgende zwei Möglichkeiten in Frage:

Load Balancing

- *RLOC konstant, EID variabel*: Einem RLOC können mehrere EIDs zugeordnet werden. Dadurch kann eine aus dem Internet zu einem LISP-Router – also zu einer LISP-Site – führende Route auf mehrere, zu verschiedenen Rechnern in der LISP-Site führenden Routen aufgespaltet werden. Eine solche Aufspaltung in der LISP-Site einer aus dem Internet führenden Route ermöglicht es, Daten abwechselnd an verschiedene Rechner in der LISP-Site zu übermitteln. Auf diese Weise lassen sich verschiedene Arten der Datenverteilung (*Load Balancing*) realisieren.

Multihoming

- *RLOC variabel, EID konstant*: Einem EID können mehrere RLOCs zugeordnet werden. So kann z.B. jeder Rechner in einer LISP-Site über mehrere LISP-Router erreicht werden. Man spricht hierbei vom *Multihoming*. Infolgedessen ist der Internetzugang

[26] Als DFZ bezeichnet man ein aus einer Vernetzung autonomer Systeme bestehendes Netz, in dem es keine *Default Routen* zur Übermittlung von IP-Paketen gibt; d.h. kein subnetz-basiertes Routing stattfindet. Aus diesem Grund müsste jeder Router in einer DFZ über eine 'komplette' Routing-Tabelle zu allen Zielen in der DFZ verfügen.

über mehrere LISP-Router und hierbei auch über mehrere ISPs möglich. Abb. 13.7-8 bringt dies zum Ausdruck.

Nomadic Computing

**Bemerkung**: Dadurch, dass RLOC bei einem konstanten EID variabel sein kann, ermöglicht dies den Transfer von virtuellen Rechnern/Netzwerken zwischen verschiedenen LISP-Sites, und so entstehen neue Möglichkeiten für *Cloud Computing* und *Nomadic Computing*. Beispielsweise kann ein virtueller Rechner mit dem gleichen EID (quasi als dessen IP-Adresse in der durch RLOC bestimmten LISP-Site) von einer LISP-Site zu einer anderen 'wandern'.

Hervorgehoben sei ebenso, dass die in Abb. 13.7-8 gezeigte Internettruktur weitgehend der Struktur des heutigen Internet entspricht. Internet mit LISP setzt aber zusätzlich nur LISP-fähige Router am Rande des Internet Core voraus.

### Übermittlung von IP-Paketen bei LISP

Abb. 13.7-9 illustriert dieses Prinzip am Beispiel der Übermittlung von IP-Paketen zwischen zwei LISP-Sites. Das hier gezeigte Prinzip gilt für die beiden Internetprotokolle, also sowohl für IPv4 als auch für IPv6 [Abb. 13.7-10].

EID-to-RLOC Mapping

Da das Paar (`RLOC, EID`) bei LISP als eine zweistufige Adresse fungiert, muss 'irgendwo und irgendwie' abgespeichert werden, welcher `RLOC` welchem `EID` zugeordnet ist; d.h. es muss das *EID-to-RLOC Mapping* (ERM) realisiert werden. Dies ist notwendig, weil bei LISP die Quellrechner ihre IP-Pakete, genauso wie es ohne LISP der Fall wäre, an die LISP-Router am Internet Core mit normalen IP-Adressen übermitteln. Die LISP-Router haben also anschließend für jedes IP-Paket den dem Ziel-EID entsprechenden Ziel-RLOC zu ermitteln. Daher müssen sich die LISP-Router am Internet Core um die Ermittlung der Zuordnung EID ⇒ RLOC, d.h. um ERM kümmern. Diese Aufgabe entspricht weitgehend der Aufgabe des DNS (*Domain Name System*) bei der Ermittlung einer gesuchten IP-Adresse für einen bestimmten Hostname.

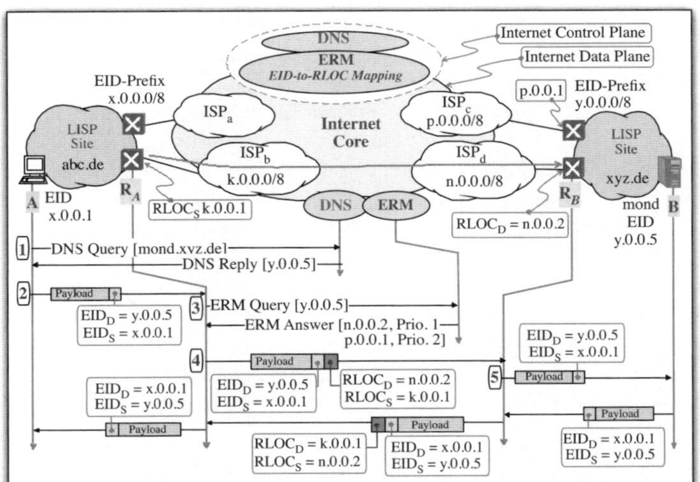


**Abb. 13.7-9:** Prinzip der Übermittlung von IP-Paketen bei LISP mittels IP-in-IP-Encapsulation
$EID_D$/$EID_S$: Destination (D)/Source (S); EID: Endpoint Identifier,
weitere Abkürzungen wie in Abb. 13.7-8

Es kommen mehrere Möglichkeiten in Frage, um ERM zu realisieren. Eine von ihnen wird als LISP+ALT (*LISP Alternative Logical Topology*) bezeichnet [RFC 6836]. In Abb. 13.7-8 wird lediglich die Existenz eines ERM-Systems zum Ausdruck gebracht. Die beiden Systeme DNS und ERM realisieren vergleichbare Funktionen, die man einer *Internet Control Plane* zuordnen könnte. Die physikalische, IP-Pakete übermittelnde Internetinfrastruktur, zu der u.a. Router gehören, könnte man hingegen als *Internet Data Plane*[27] betrachten.

**Beispiel**: Die einzelnen in Abb. 13.7-9 dargestellten Schritte bei der Übermittlung von IPv4-Paketen sind wie folgt zu interpretieren, wobei die Übermittlung der IPv6-Pakete weitgehend ähnlich verläuft:

DNS Query

1. Der Rechner **A**, in der als Domain `abc.de` bezeichneten LISP-Site mit der IPv4-Adresse `x.0.0.1`, möchte ein IPv4-Paket an den Rechner **B** namens `mond` in der als Domain `xyz.de` bezeichneten LISP-Site senden. Die IPv4-Adresse des Rechners **B** ist aber dem Rechner A noch unbekannt, sodass er sie noch beim DNS abfragen muss. Hierfür sendet er an das DNS die Nachricht `Query` mit dem vollständigen Namen des Rechners **B** `mond.xyz.de` und erhält vom DNS in der Nachricht `Reply` die IPv4-Adresse `y.0.0.5` des Rechners B. Es sei hervorgehoben, dass auch jeder Quellrechner, auch ohne LISP-Einsatz, diesen Schritt durchführen muss, falls er die IPv4-Adresse des Zielrechners nicht kennt.
2. Der Rechner A hat das erste IPv4-Paket an den Rechner B geschickt. Dieses Paket mit den IPv4-Adressen `y.0.0.5` als *Destination EID* ($\text{EID}_D$) und `x.0.0.1` als *Source EID* ($\text{EID}_S$) wird an den LISP-Router $R_A$ übermittelt, und dieser fungiert als *Ingress Router* (Eingangsrouter) zum Internet Core.

ERM-Abfrage

3. Der Ingress Router muss den *Destination RLOC* ($\text{RLOC}_D$) kennen, d.h. die IPv4-Adresse des Ziel-LISP-Routers $R_B$, an den das IPv4-Paket mit $\text{EID}_D$ = `y.0.0.5` übermittelt werden muss. Kennt er den $\text{RLOC}_D$ noch nicht, ermittelt er ihn zuerst mithilfe einer ERM-Infrastruktur und führt hierfür eine ERM-Abfrage durch[28]. So erfährt er beispielsweise, dass der Zielrechner über zwei RLOCs erreicht werden kann: `n.0.0.2` (Priorität *1*) und `p.0.0.1` (Priorität *2*).

IPv4-in-IPv4 Encapsulation

4. Nachdem der *Ingress Router* den RLOCD ermittelt hat, stellt er dem Original-IPv4-Paket einen zusätzlichen Header voran, der einen Outer-IPv4-Header mit der IPv4-Adresse n.0.0.2 als $\text{RLOC}_D$ und mit der eigenen IPv4-Adresse k.0.0.1 als *Source RLOC* ($\text{RLOC}_S$) enthält, und schickt das so erweiterte IPv4-Paket an den Internet Core[29] Der Ingress Router realisiert eine LISP-spezifische IP4-in-IPv4-Encapsulation, weshalb das so eingekapselte IPv4-Paket (per `Proto 4` Encapsulation [Tab. 2.2-2]) zum Ziel-LISP-Router wie durch einen Tunnel (also von außen unzugänglich) übermittelt wird. Man spricht in einem solchen Fall von *IP4-in-IPv4-Tunneling* [Abb. 13.7-10a], und aus diesem Grund wird der Ingress LISP-Router als *Ingress Tunnel Router* (ITR) bezeichnet.

IPv4-in-IPv4 Decapsulation

5. Auch der *Egress Router* (Ausgangsrouter) aus dem Internet Core muss das IP4-in-IPv4-Tunneling unterstützen und wird daher *Egress Tunnel Router* (ETR) genannt. Hat der ETR das IP4-in-IPv4-Paket empfangen, realisiert er die IP4-in-IPv4-Decapsulation,

[27] IP-Netze mit MPLS (*Multi-Protocol Label Switching*) haben eine logische Struktur, die aus der Transport Plane, die als Data Plane zu betrachten ist, und aus der Control Plane, wo der Verlauf von *MPLS-Path* ermittelt wird, besteht [Abb. 11.1-3].

[28] Eine Ausnahme stellt hier die *ALT-Infrastruktur* für *EID-to-RLOC Mapping* dar. Bei der Nutzung dieser ist keine vorherige Abfrage nötig [RFC 6836].

[29] Es ist ausdrücklich hervorzuheben, dass EID und RLOC IPv4- bzw. IPv6-Adressen sind: EID die eines Rechners und RLOC die eines LISP-Routers.

d.h. er entfernt den im Outer-IP-Header zusätzlich enthaltenen Header und schickt das Original-IPv4-Paket abschließend zum Rechner **B**.

Hat das erste IPv4-Paket den Zielrechner **B** erreicht, sind ihm die Quelladressen ($\texttt{EID}_S$ = `x.0.0.1` und $\texttt{RLOC}_S$ = `k.0.0.1`) dieses Pakets bereits bekannt, und somit kann er dem Quellrechner **A** antworten. Die Übermittlung der Pakete in Gegenrichtung verläuft auf die gleiche Art und Weise, was Abb. 13.7-9 zeigt.

In Abb. 13.7-9 wurde gezeigt, dass die Übermittlung von IP-Paketen bei der Vernetzung von IPv4-Intranets als LISP-Sites über das IPv4-Internet, das heutige Internet also, nach dem Prinzip der IPv4-in-IPv4-Encapsulation verläuft. Auf die gleiche Art und Weise werden auch die anderen Varianten der *IP-in-IP-Encapsulation* realisiert [Abb. 13.7-10], wie z.B. IPv6-in-IPv4 bei IPv6 over IPv4.

### Bedeutung der IP-in-IP-Encapsulation bei LISP

Dank der IP-in-IP-Encapsulation entsteht beim LISP-Einsatz eine neue Möglichkeit, IPv4- und IPv6-Netze miteinander zu verbinden. Abb. 13.7-10 bringt dies zum Ausdruck.

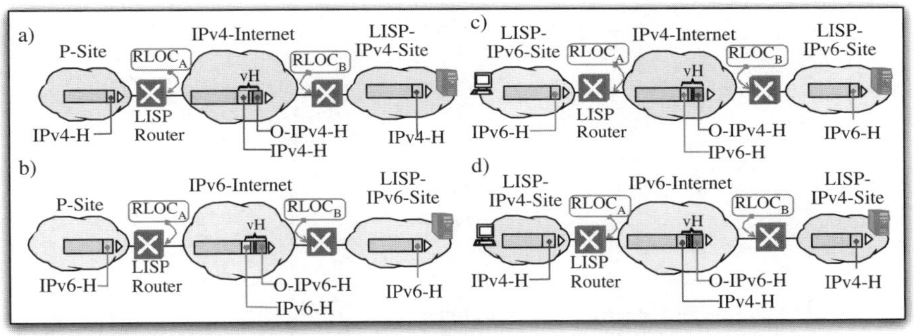


**Abb. 13.7-10:** Bedeutung der IP-in-IP-Encapsulation bei LISP: a) IPv4 over IPv4, b) IPv6 over IPv6, c) IPv6 over IPv4, d) IPv4 over IPv6
IPv4/6-H: IPv4/6-Header, O-IPv4/6-H: Outer-IPv4/6-Header, vH: vorangestellter Header

Die einzelnen Fälle lassen sich kurz wie folgt charakterisieren:

a) Beim Verbund von LISP-IPv4-Sites über das herkömmliche IPv4-Internet wird jedem IPv4-Paket für dessen Übermittlung über das IPv4-Internet ein zusätzlicher, einen Outer-IPv4-Header mit den IPv4-Adressen $\text{RLOC}_A$ und $\text{RLOC}_B$ enthaltender, Header vorangestellt. Auf diese Weise wird die LISP-spezifische IPv4-in-IPv4-Encapsulation realisiert. Dieser Fall wurde in Abb. 13.7-9 bereits detailliert erläutert. IPv4 over IPv4 (Proto 4)

b) In Zukunft können die LISP-IPv6-Sites über das IPv6-Internet so vernetzt werden, dass jedem IPv6-Paket für dessen Übermittlung über das IPv6-Internet ein zusätzlicher Header vorangestellt wird. Dieser enthält einen Outer-IPv6-Header mit den IPv6-Adressen $\text{RLOC}_A$ und $\text{RLOC}_B$. Die Übermittlung von IPv6-Paketen bei einer solchen LISP-spezifischen IPv6-in-IPv6-Encapsulation verläuft ähnlich wie in Abb. 13.7-9 gezeigt. IPv6 over IPv6 (Proto 4)

c) Beim Verbund von LISP-IPv6-Sites über das herkömmliche IPv4-Internet wird jedem IPv6-Paket für dessen Übermittlung über das IPv4-Internet ein zusätzlicher Header vorangestellt, der einen Outer-IPv4-Header mit den IPv4-Adressen $\text{RLOC}_A$ und $\text{RLOC}_B$ enthält. Auf diese Weise wird eine LISP-spezifische IPv6-in-IPv4-Encapsulation rea- IPv6 over IPv4 (Proto 41) lisiert. Diese Möglichkeit ist in der ersten Phase der Migration zu IPv6 von großer Bedeutung.

IPv4 over IPv6 (LISP)

d) LISP-IPv4-Sites lassen sich über das IPv6-Internet vernetzen, in dem jedem IPv4-Paket für den Transport über das IPv6-Internet ein zusätzlicher Header vorangestellt wird. In diesem Outer-IPv6-Header sind die IPv6-Adressen $RLOC_A$ und $RLOC_B$ enthalten, und somit kann eine LISP-spezifische IPv6-in-IPv4-Encapsulation erfolgen.

Die LISP-spezifische IP-in-IP-Encapsulation führt dazu, dass zwischen zwei LISP-Routern quasi ein Tunnel über dem Internet Core als Transitnetz entsteht.

### Bedeutung von IP-in-IP-Tunneling bei LISP

Mit LISP wird IP-in-IP-Tunneling realisiert, was zu neuen Möglichkeiten führt, über ein Transitnetz mit IPv4 bzw. IPv6 sowohl Netzwerke mit IPv4 als auch Netzwerke mit IPv6 untereinander zu vernetzen. Abb. 13.7-11 illustriert diese Möglichkeiten.

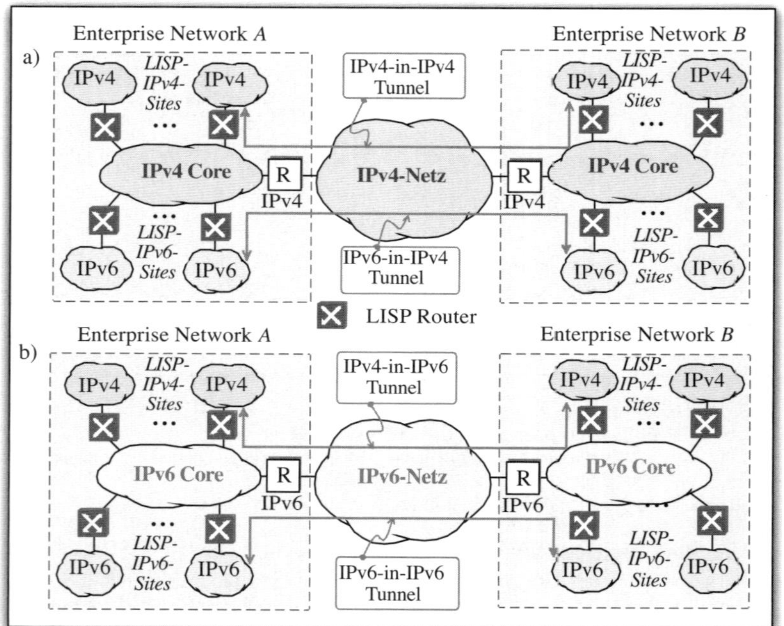


**Abb. 13.7-11:** Bedeutung von IP-in-IP-Tunneling bei LISP – Transitnetz mit:
a) Protokoll IPv4, b) Protokoll IPv6
R: Router

Die hier dargestellten Beispiele verdeutlichen, dass große Unternehmensnetze, also *Enterprise Networks* mit den beiden Internetprotokollen IPv4 und IPv6 aus mehreren, über einen IPv4/IPv6 Core vernetzten LISP-IPv4- und LISP-IPv6-Inseln bestehen können. Dabei können jeweils zwei IPv4- oder zwei IPv6-Inseln sogar standortübergreifend entweder über ein IPv4- oder über ein IPv6-Netz verbunden werden, womit der Weg zur Koexistenz von IPv4 und IPv6 in Enterprise Networks geebnet ist.

# 13.8 Schlussbemerkungen

Ziel dieses Kapitel war es, einen Überblick über neue Konzepte der Gestaltung lokaler IP-Netzwerke zu geben und wichtige Grundlagen für Virtual Networking und für Virtual Network Mobility zu liefern. Aus Platzgründen konnten wir hier nicht alle neuen technischen Konzepte darstellen, möchten aber Folgendes noch hervorheben:

- In modern strukturierten Netzwerken [Abb. 13.1-2] verläuft die Kommunikation zwischen Clients und Servern so, dass die Hauptaufgabe von L2-Switches darin besteht, zuerst auf der Sendeseite die Ströme von Ethernet-Frames zu bündeln und dann diese gebündelten Ströme auf der Empfangsseite wiederum auf kleinere Ströme aufzuspalten. Diese Funktionen, also zuerst Bündelung (*Aggregation*) und dann Aufspaltung (*Deaggregation*) von Datenströmen, können die Netzwerkkomponenten, die auf dem Prinzip der Aggregation/Deaggregation basieren, realisieren, was zur Idee der *Bridge Port Extension* (BPE) geführt hat. Sie wird im Standard IEEE 802.1Qbh [`http://www.ieee802.org/1/pages/802.1bh.html`] spezifiziert und ermöglicht die Substitution von L2-Switches durch *Port Extender* zum Anschluss der Client-Rechner als auch der Server. Wie Abb. 13.8-1 illustriert, entstehen dadurch einfache baumförmige Netzwerkstrukturen. BPE

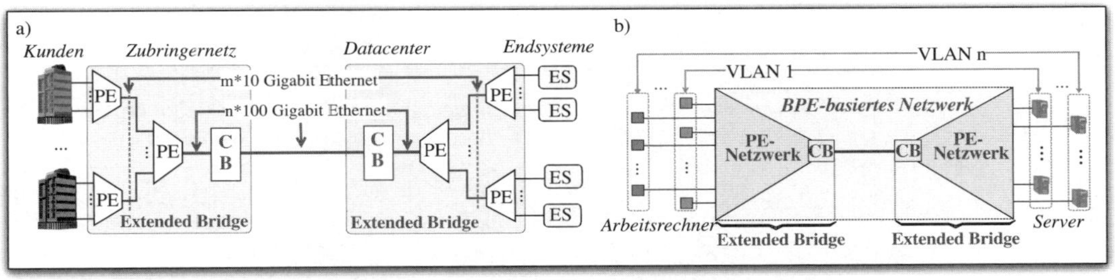


**Abb. 13.8-1:** Bedeutung von BPE: a) Einsatz von BPE im Metro-Ethernet, b) allgemeines Modell BPE-basierter Netzwerke
CB: Controlling Bridge (hochleistungsfähiger L2-Switch),
ES: Endsystem, PE: Port Extender

Das Konzept von BPE kann im Metro-Ethernet angewandt werden. Wie in Abb.13.8-1a ersichtlich ist, setzt sich das ganze Zubringernetz zu den im Datacenter eines Providers untergebrachten Endsystemen von Kunden (wie z.B. Servern, privaten Netzwerkinfrastrukturen) aus einer *Controlling Bridge* (CB), die als hochleistungsfähiger Layer-2-Switch fungiert und mehreren (eine hierarchische Struktur bildenden) *Port Extenders* zusammen. Die Ports, über die der Anschluss an das Zubringernetz erfolgt, können als ausgelagerte Ports der CB – also deren *Remote Ports* – betrachtet werden. Demzufolge kann das ganze Zubringernetz quasi als eine verteilte, zum Datacenter des Providers führende Bridge angesehen werden. Eine solche Bridge wird als *Extended Bridge* bezeichnet. Das Datacenter beim Service-Provider wird identisch wie das Zubringernetz strukturiert. BPE im Metro-Ethernet

Aus der in Abb. 13.8-1a dargestellten Vernetzung geht hervor, dass in einem BPE-basierten Netzwerk eine Aggregation und Deaggregation der Ströme von Ethernet-Frames stattfindet und jede Extended Bridge quasi als *Aggregator/Deaggregator* fungiert. Diese Festlegung lässt sich in Form des in Abb. 13.8-1b dargestellten Mo- BPE-basierte Netzwerke dells zum Ausdruck bringen, das als Aggregations/Deaggregations-Modell der BPE-basierten Netzwerke angesehen werden kann. Die Vernetzung einer CB mit PEs, deren Ports als ausgelagerte (Remote) Ports der CB betrachtet werden können, stellt eine Baumstruktur mit der CB als Root dar. Diese Baumstruktur wird in der Spezifikation von BPE als *Extended Bridge* bezeichnet. Wie Abb. 13.8-1b zum Ausdruck bringt, können über ein BPE-basiertes Netzwerk die zu einem VLAN gehörenden Rechner miteinander kommunizieren. Somit stellt ein BPE-basiertes Netzwerk eigentlich eine verteilte Layer-2-Networking-Komponente dar (siehe auch BPE in [Bad14]).

SDN

- Die Virtualisierung von Rechnern und der Bedarf an flexiblen und an Geschäftsprozesse angepassten IT-Diensten verlangt neue Ideen zur raschen Bereitstellung von Netzwerkdiensten. SDN (*Software Defined Networking*) ermöglicht die Bereitstellung universeller und programmierbarer Netzwerkknoten zur Weiterleitung von Daten. Diese Netzwerkknoten können fast alle denkbaren Netzwerkfunktionen erbringen – wie z.B. verschiedene Switching-Arten und Routing, und dies sogar parallel für die Internetprotokolle IPv4 und IPv6. Dadurch können bei SDN verschiedene programmierbare Netzwerkdienste (*Programmable Network Services*) realisiert werden, und man kann sogar von *Netzwerkprogrammierbarkeit* sprechen. Die zu SDN führenden Entwicklungen und zahlreiche SDN betreffenden Aktivitäten werden von zwei Organisationen koordiniert, die zu konkurrierenden Frameworks des SDN-Konzepts geführt haben:

  - *OpenFlow von der Open Networking Foundation* (ONF), der alle namhaften und auf dem Gebiet Networking tätigen Firmen angehören [`https://www.opennetworking.org`] und
  - ForCES (*Forwarding and Control Element Separation*) von der gleichnamigen Working Group bei der IETF [`http://datatracker.ietf.org/wg/forces`].

  Das grundlegende Konzept von SDN basiert darauf, die Software in Netzwerkkomponenten zur Übermittlung von Daten möglichst von deren Hardware zu trennen und sie dann zu einer bzw. zu mehreren zentralen, als *SDN-Controller* bezeichneten Steuerungskomponente/n auszulagern. Demzufolge werden die Netzwerkkomponenten zur Übermittlung von Daten vereinfacht und zentral gesteuert. Diese Idee liefert neue Möglichkeiten, diverse Netzwerkdienste zu entwickeln, diese de facto zu programmieren und sie in Netzwerken mit vereinfachten Hardwareeinheiten zu verwirklichen. Für weitere Informationen siehe SDN in [Bad14].

NFV

- Außer der Virtualisierung auf einem leistungsfähigen Wirt-Server von einzelnen Rechnern und deren Vernetzung mittels Layer-2-Switches ergibt sich noch eine dritte Möglichkeit: Man kann aber auch verschiedene Netzwerkkomponenten (Router, Load Balancer, Firewalls usw.) und deren Vernetzung, d.h. verschiedene Netzwerkfunktionen, ebenfalls virtualisieren. Folglich kann jede Netzwerkfunktion, die nicht unbedingt bestimmte Hardware-Komponenten verlangt, virtualisiert werden. Diese Gedanken haben zur *Network Functions Virtualisation* (NFV) geführt. Bei NFV werden spezielle Netzwerkfunktionen wie etwa für die Bereitstellung eines privaten IP-basierten Mobilfunknetzes (Smartphone-Funknetz), von der Hardware weitgehend losgelöst, auf einem leistungsfähigen Wirt-Server als NFV-Cloud realisiert und als NFV-Service angeboten. Es sei hervorgehoben, dass NFV in enger Verbindung zum Konzept SDN steht: Die beiden Konzepte SDN und NFV ergänzen sich ideal. Die NFV-Aktivitäten werden von *NFV ETSI Industry Specification Group* (ISG) koordiniert und auch als Standards spezifiziert [`http://www.etsi.org/technologies-clusters/technologies/nfv`].

# 14 Benutzerauthentisierung in IP-Netzen

Eine der größten Herausforderungen bei modernen, Client/Server-basierten Diensten ist die Feststellung, ob der jeweilige Kommunikationspartner sowohl der 'richtige' als auch der 'berechtigte' ist. Der 'Wert' der Informationen, die als Grundlage von Entscheidungen dienen, hängt eng von der Authentisierung, d.h. Identifikation des Gegenübers und letztlich mit seinen rollenbasierten '*Credentials*' (*Berechtigungen*) zusammen. Credentials

Mit der Entwicklung der *Public Key Infrastruktur* (PKI), so wie wir dies in Abschnitt 6.2 angerissen haben, bestand die Hoffnung, ein durchgehendes Vertrauensmodell auf Grundlage eines *Public Key / Private Key*-Verfahrens etablieren zu können. Diese Hoffnung hat sich in den folgenden Jahren nicht nur bedingt durch die infrastrukturellen Schwierigkeiten (vor allem das Verteilen gültiger X.509-Zertifikate) zerschlagen, sondern in den letzten Monaten wurde die für den *Trust Chain* notwendige *Certificate Authority*-Hierarchie ebenfalls kompromittiert. PKI $\neq$ Authentisierung

Notwendig sind Authentisierungsverfahren, die allgemein aber auch 'sicher' angewendet werden können. Haben wir es mit physisch agierenden Teilnehmern zu tun, kann eine *Mehrkomponentenauthentisierung* vorgenommen werden, die auf *Wissen* und *Besitz* fußt, z.B. mittels EC-Karte und PIN. Sind die Akteure als Software implementiert, reduziert sich dies auf eine *Einkomponentenauthentisierung*, die in der Regel eine *Identität* (Benutzerkennung) und ein *Passwort* (bzw. Secret) nutzt. Einkomponentenauthentisierung

In heutigen Netzwerken ist das *Extensible Authentication Protocol* (EAP) gerade für ein Unternehmens-WLAN nicht mehr wegzudenken. Dessen Transportdienste und Arbeitsweise wollen wir in Abschnitt 14.1 beleuchten. EAP

Mittels des RADIUS-Protokolls liegt eine (verbindungslose) Client/Server-Architektur vor, die einerseits gegenüber dem *Supplicant* einen Client und andererseits einen Server bereit stellt, der als *Authentication, Authorization, Accounting – AAA-Server* – bekannt ist. Das RADIUS-Protokoll und seinen Einsatz möchten wir in Abschnitt 14.2 vorstellen. RADIUS

Sinnvollerweise werden die spezifischen Benutzerdaten – im aktuellen Sprachgebrauch die *Stammdaten* – zentral abgelegt und nicht über mehrere Netzwerkkomponenten verstreut. Neben traditionellen Datenbanken ist die Bevorratung von im Grunde statischen Benutzerdaten heute eine Domäne des *Lightweight Directory Access Protocol* (LDAP). Dieses Protokoll ist Gegenstand des Abschnitts 14.3. LDAP

In diesem Kapitel wollen wir die geläufigen, in Netzwerken eingesetzten Authentisierungsprotokolle vorstellen und u.a. folgende Fragen beantworten: Ziel dieses Kapitels

- Welche Aufgaben besitzt das Extensible Authentication Protocol?
- Was versteht man unter Äußerer und Innerer Authentisierung?
- Wie erfolgt der Ablauf bei der Authentisierung mittels MSChapV2?
- Wie funktioniert das Protokoll RADIUS und wofür wird es eingesetzt?
- In welchem Umfang kann LDAP zur Authentisierung eingesetzt werden?
- Wie kann auf ein LDAP-Verzeichnis mittels Bind zugegriffen werden?

## 14.1 Extensible Authentication Protocol

Das *Extensible Authentication Protocol* (EAP) ist in RFC 3748 beschrieben und wurde für IEEE 802-Netze (aber auch für Ethernet) als Methode der Port-Authentication für Switches im Dokument IEEE 802.1X aufgegriffen. Für Wireless-LANs wurde das Verfahren um einen *Discover-Process* erweitert [RFC 4017]. EAP *aka* IEEE 802.1X ist das dominierende Authentisierungsprotokoll für WLAN-Netze und kann zusätzlich zur Verschlüsselung mit WEP und WPA optional eingesetzt werden, ist aber für WPA2 verpflichtend. Was leistet EAP?

EAPoL, EAPoW

- EAP ist einerseits ein verbindungsorientiertes *Nachrichtenpotokoll* zur Übermittlung von Authentisierungsinformationen. Hierbei stehen die Nachrichtenformate *EAP over LAN* (EAPoL) (bzw. *EAP over Wireless*, EAPoW) und *EAP over PPP* zur Verfügung. Das Besondere an EAP ist, dass dessen Nachrichten sowohl auf dem Link-Level, wie bei den Protokollen Ethernet und IEEE 802.11 (WLAN), als auch als Payload von Applikations-Protokollen, wie RADIUS übertragen werden können.
- EAP bietet andererseits ein *Framework* zur Unterstützung unterschiedlicher Authentisierungsverfahren; *Sicherheit* in Form von Verschlüsselung für die zu übertragende Information muss zusätzlich bereit gestellt werden (z.B. mittels des TLS-Protokolls).
- Die *Äußere Authentisierung* ist im Grunde genommene eine Rechner-zu-Netzwerk-Authentisierung, d.h. nun ist es möglich, dass der WLAN-Client überprüfen kann, mit dem 'richtigen' AP (*Access Point*) verbunden zu sein, was über eine X.509-Zertifikatsprüfung erfolgt.
- *Innere Authentisierung* liefert die zur Identifikation notwendigen Benutzerdaten – wie Name und Passwort – an einen dedizierten *Authentisierungs-Server*. Bei der Übertragung der EAP-Nachrichten wird üblicherweise das RADIUS-Protokolls [Abschnitt 14.2] eingesetzt; die eigentliche *Validierung* der Benutzerdaten geschieht häufig über eine LDAP-Anfrage [Abschnitt 14.3].

### 14.1.1 EAP-Funktionskomponenten

Der Client wird nun als *Supplicant* (Bittsteller, manchmal auch *Initiator*) bezeichnet, der seine Anmeldung über den *Authenticator* vornehmen muss. EAP sieht im Rahmen seines *Authentisierungsmodells* mindestens drei Teilnehmer vor [Abb. 14.1-1a]:

Supplicant

1. *Supplicant* (*Bittsteller*), also derjenige der sich authentisieren möchte (manchmal auch *Initiator* genannt). Der Supplicant ist in der Regel Teil des Betriebssystems, bei WLAN *WLAN- Supplicant* genannt.

NAS

2. Die *Network Attached Station* (NAS), die die Anfrage

AAA-Server

3. an den *Authentication Server*[1] (AAA) weiterreicht, der für die eigentliche Authentisierung verantwortlich ist. Häufig wird diese Aufgabe jedoch an z.B. einen LDAP-Server delegiert [Abb. 14.1-1a].

**Beispiel**: In Abb. 14.1-1a können die grundsätzlichen Phasen beim Einbuchen in ein Unternehmensnetz mittels EAP beim WLAN festgemacht werden:

[1] Wir bezeichnen den Authentication Server im Folgenden kurz als *Authenticator*.

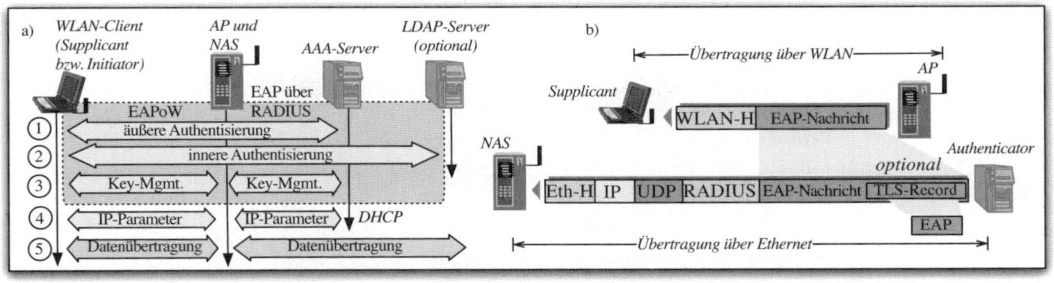


**Abb. 14.1-1:** Beispiel für den Ablauf des Extensible Authentication Protocol:
a) Phasen der Authentisierung, b) Übermittlung der EAP-Nachrichten
AAA: Authentication, Authorization, Accounting, NAS: Network Attached Station, DHCP: Dynamic Host Configuration Protocol, Eth-H: Ethernet-Header, WLAN-H: WLAN-Header

1. Nach Identifikation des WLAN-Netzwerks (über die ESSID) erfolgt die *Äußere Authentisierung*, bei der seitens des WLAN-Clients festgestellt werden kann, ob die X.509-Zertifikatsprüfung erfolgreich war und somit der AP das gewünschte Netzwerk anbietet. Dies ist notwendig, da sich eine ESSID ohne Mühe fälschen lässt.
2. Bei der *Inneren Authentisierung* geht es darum, den Benutzer des WLAN-Clients zu identifizieren und seine *Credentials* zu ermitteln. Dies geschieht in der Regel unter Nutzung von RADIUS-Diensten und einem zusätzlichen Server, der häufig einen LDAP-Zugriff [Abschnitt 14.3] bietet.
3. Der nächste Schritt besteht darin, dass sich AP und WLAN-Client auf gemeinsame, temporäre WLAN-Schlüssel verständigen.
4. Ist dies geschehen, kann der WLAN-Client auf das IP-Netz zugreifen und z.B. über den DHCP-Dienst eine IP-Adresse beziehen.
5. Somit kann nun – im letzten Schritt – der (authentisierte) WLAN-Client auf die Ressourcen des IP-Netzes zugreifen.

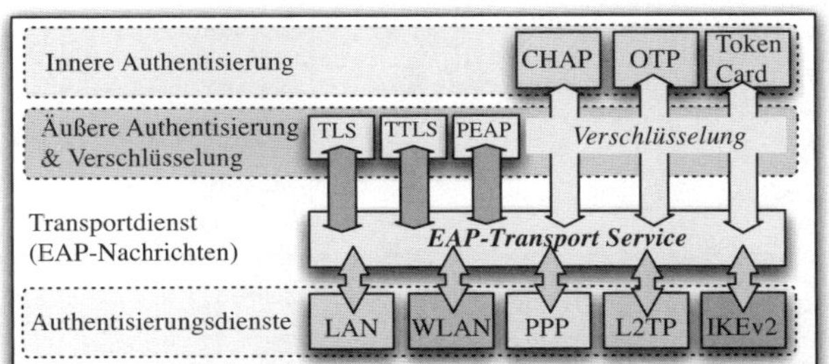


**Abb. 14.1-2:** Dienstleistungen von EAP als Transport- und Authentisierungsverfahren und zur Nachrichtensicherung
PPP: Point-to-Point Protocol, L2TP: Layer 2 Transport Protocol, IKEv2: Internet Key Exchange Version 2, OTP: One-Time Password, CHAP: Challange Handshake Protocol, TTLS: Tunnel TLS, PEAP: Protected EAP

Bei EAP sind folgende Sachverhalte zu unterscheiden [Abb. 14.1-2]:

EAP-Transport

- Dem EAP *Transport Service*, den es für die Anfrage des *Supplicant* (aber auch zum AAA Server) bereitzustellen hat:
  - EAP-Nachrichten können auf unterschiedlichen Schichten übertragen werden, wobei die Link-Level-Protokolle Ethernet und IEEE 802.11 (WLAN) und zusätzlich die Protokolle L2TP und PPP in Frage kommen. Ebenso lässt sich EAP bei IPSec bzw. IKEv2 [Abschnitt 5.4] zur Ermittlung der Peer-Identität anstatt der PKI einsetzen [RFC 5106].
  - Ergänzend werden EAP-Pakete als Teil von RADIUS-Nachrichten und bei PEAP als Payload in TLS-Records übermittelt [Abb. 14.1-1b].
  - EAP bietet eine rudimentäre Duplikatsprüfung und Paketwiederholung an.

Verschlüsselung

- Ein *Datensicherungs-* und *Authentisierungsverfahren* wie TLS, das die sensiblen EAP-Daten schützen soll.

Authentisierung

- Der EAP *Authentisierungsmechanismus*, der die Anfrage weiterreicht und die Antwort dem Supplicant zur Verfügung stellt:
  - Bereitstellung von Peer- und Forwarding-Diensten (oder beiden).
  - Weiterreichung (*Pass-through*) der Authentisierungsinformation an den AAA-Server mit abgestimmten Verfahren (*Innere Authentisierung*).
  - Für WLAN-Netze bietet EAP zusätzliche Maßnahmen zur Erzeugung und Verteilung der benötigten WPA-Schlüssel.

## 14.1.2 EAP-Nachrichten

Das EAP-Verfahren kann beispielsweise entweder über Ethernet mittels *EAP over LAN* (*EAPoL*) oder über ein IEEE 802.11-Netz per *EAP over WiFi* (*EAPoW*) ablaufen, die aber ein identisches Format aufweisen.

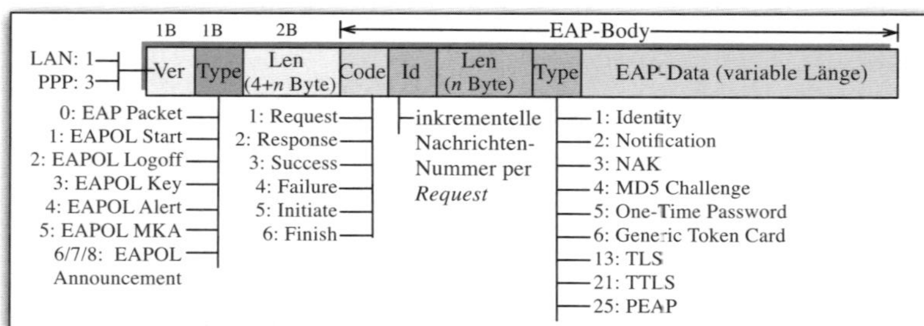


**Abb. 14.1-3:** Aufbau von EAP-Nachrichten [`http://www.iana.org/assignments/eap-numbers/eap-numbers.xhtml`]
B: Byte, MKA: MAC Secret Key Agreement, NAK: Not Acknowledged

EAP-Pakete

Das EAP-Paket in Abb. 14.1-3 besitzt einen Header, der in der Regel nur den `Type = 0` (*EAP Packet*) aufweist. Für den *EAP-Body* sind

- `Request` sowie
- `Response`

in Gebrauch. Je nach `Type` beinhalten die EAP-Daten (also die eigentliche Nachricht) spezifische Informationen variabler Länge. Die EAP-Pakete beinhalten weder Mechanismen zur Überprüfung der Nachrichtenintegrität (hierfür ist das Link-Layer-Protokoll verantwortlich) noch solche zur Sicherstellung eines *States*. Allerdings werden die EAP-Pakete (pro Client) zumindest pro `Request` durchnummeriert [Abb. 14.1-3, Abb. 14.1-4].

Werden die Typen TLS [RFC 5216], TTLS oder PEAP bzw. LEAP verwendet, sind die Nutzdaten mittels TLS gesichert. Hierbei muss über EAP der gleiche Handshake durchgeführt werden, wie dies bereits in Abb. 6.2-4 dargestellt wurde. Die Unterschiede zwischen diesen Protokollen sind subtil:

- Bei *EAP-TLS* [RFC 5216] müssen sich sowohl der Authenticator als auch der Supplicant gegenseitig über ein X.509-Zertifikat authentisieren. EAP-TLS
- Beim *EAP Tunnel TLS* (EAP-TTLS) Verfahren weist sich nur der Authenticator mit einem X.509-Zertifikat aus, das der Client über ein Stammzertifikat überprüft. EAP-TTLS
- Das von Cisco geschaffene *Protected EAP* Verfahren (PEAP) läuft wie EAP-TTLS ab, nur dass im TLS-Tunnel ausschließlich EAP-Nachrichten erlaubt sind. PEAP
- Das *Lightweight Extensible Authentication Protocol* von Cisco (LEAP) ist eine Ergänzung zu PEAP und erlaubt WLAN-Verschlüsselung mit WEP anstatt mittels WPA. LEAP

### 14.1.3 Ablauf der EAP-Authentisierung im WLAN

Wir wollen nun den Ablauf der EAP-Authentisierung anhand eines konkreten Beispiels im WLAN betrachten [Abb. 14.1-4, Abb. 14.1-5]:

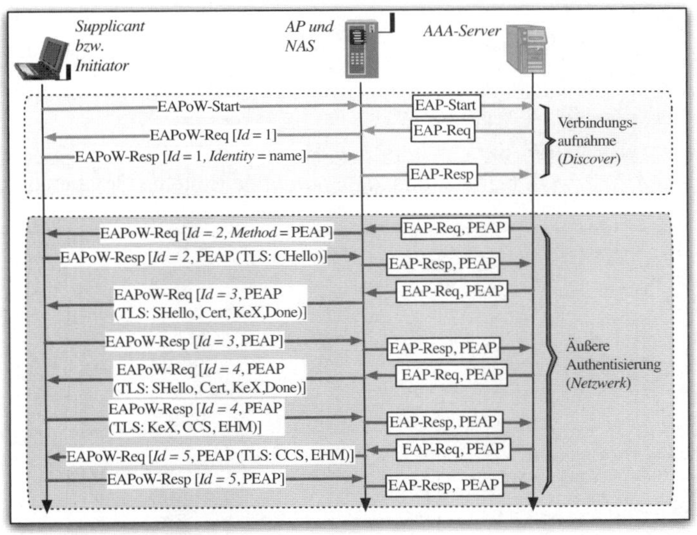


**Abb. 14.1-4:** EAP-Authentisierung mit den Phasen *Discover* und *Äußere Authentisisierung*
Req: Request, Resp: Response, Cert: Zertifikat, CHello: Client Hello, SHello: Server Hello, CCS: Change Cipher Spec, KeX: Key Exchange, EHM: Encrypted Handshake Message; die umrahmten EAP-Nachrichten zwischen NAS und AAA werden als Payload in RADIUS-Paketen übermittelt

- Damit EAP greifen kann, muss zunächst eine Netzwerkverbindung aufgebaut werden. Phase 1: Discover
  - Der AP (*Access Point*) sendet seine `BSSID` und `ESSID` in Beacon-Frames.

- Der Client aktiviert sein Supplicant-Profil entsprechend dieser SSIDs für den AP.
- Der Client sendet EAPoW-Start-Frame zum AP, den diese an den Authenticator weiterleitet.
- Der Authenticator verschickt die EAP-Nachricht Request-ID zum Client (mit seiner ESSID).
- Der Client antwortet mit Response-ID dem Autenticator unter Mitteilung seiner User-ID (*name*) im Klartext.

Phase 2: Äußere Authentisierung

■ Ziel ist die Aushandlung eines sicheren Übertragungsprotokolls (wie *PEAP*) für die Übermittlung der sensiblen Benutzer-Informationen. Zusätzlich kann die *Authentizität* des Authentikators (und damit des Netzwerks) bzw. auch des Clients mittels *Zertifikaten* verifiziert werden [Abb. 14.1-4]

- Der Authenticator sendet Request-PEAP zum Client (Type=25).
- Der Client übermittelt Response-PEAP zum AP (PEAP = ok).
- Mittels TLS-Client-Hello (CHello) stellt sich der Client beim Autenticator vor.
- Der Authenticator sendet TLS-Server-Hello+KeX (SHello) zum Client einschließlich seiner *Zertifikatsliste*.
- Der Client wählt nun das PEAP-Verfahren aus.
- Daraufhin ist der Authenticator gezwungen, nochmals die EAP-Nachricht Response-PEAP zu wiederholen; nun aber mit Id = 3.
- Der Client teilt TLS-Client-KeX dem Authenticator mit, wobei hier auch die TLS-Nachrichten *Change-Cipher-Spec* (CCS) und *Encrypted Handshake Message* (EHM) enthalten sind.
- Der Authenticator übersendet TLS-CCS mit einer EHM-Nachricht an den Client.
- Abschießend verschickt der Client nochmals die EAP-Nachricht Response-PEAP zum Authenticator; nun mit der Id = 5.

Als Resultat ist nun der Authentikator *authentisiert* und der Client weiß, dass er sich im 'richtigen' Netzwerk befindet und kann nun seine weiteren Credentials mitteilen.

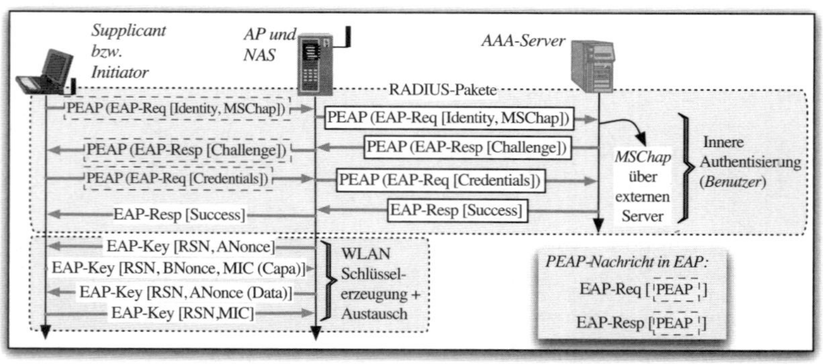


**Abb. 14.1-5:** EAP-Authentisierung mit den Phasen *Innere Authentisisierung* und *WLAN-Schlüsseltausch*; bei der Kommunikation zwischen WLAN-Client und NAS werden die PEAP-Nachrichten als Payload von EAP-Paketen übertragen
Req: Request, Resp: Response, RSN: Robust Security Network, KeX: Key Exchange; die umrahmten EAP-Nachrichten werden als Payload zwischen NAS und AAA in RADIUS-Paketen übermittelt

- Nun findet die Benutzerauthentisierung statt [Abb. 14.1-5], wobei nun die eigentlichen EAP-Nachrichten in EAP-PEAP-Paketen unter Anwendung von TLS verschlüsselt sind. Bei dem hier gewählten Authentisierungsverfahren MS-ChapV2 gilt[2]:

Phase 3: Innere Authentisierung

  – Der Client sendet die Nachricht `EAP Request-ID` unter Angabe der Methode MS-Chap an den Authenticator (AAA-Server in Abb. 14.1-5).
  – Der AAA-Server generiert ein *Challenge*, was zunächst in RADIUS/EAP-Nachricht an den NAS und von diesem als EAP-Nachricht zum Client verschickt wird.
  – Der Client erzeugt seine *Credentials*, die über den AP an den AAS-Server zur Authentiserung weitergeleitet werden.
  – Der AAA-Server überprüft diese (ggf. indem er LDAP-Server kontaktiert) und generiert im Erfolgsfall eine unverschlüsselte EAP-Nachricht `Response-Success`, die über den AP an den Client durchgereicht wird.

  Durch die EAP-`Success`-Nachricht ist der WLAN-Client bzw. der Benutzer nun *authentisiert* und *autorisiert*, und zugleich wurde dem AP mitgeteilt, dass der Client das WLAN-Netz benutzen darf.

- Abschließend geht es darum, dass der WLAN-Client die notwendigen Schlüssel erhält, die (gesicherte) WLAN-Verbindung aufzubauen. In großen WLAN-Netzen sind *Pre-Shared Keys* (PSK) unbrauchbar, da nicht zu verwalten.

Phase 4: WLAN Key Exchange

  – Bei PEAP wird daher ein *Compound Session Key* (CSK) der entsprechend [RFC 5247] aus dem TLS *Master Session Key* (MSK) und dem *Extended Master Session Key* (EMSK) mit je 64 Byte abgeleitet, wofür vier PEAP *Key Exchange* Pakete (KeX) benötigt werden.
  – Dieser temporäre Sitzungs-Schlüssel wird auf dem AAA-Server abgelegt und kann zusammen mit der *Session-ID* für eine mögliche *Session Resumption* genutzt werden.
  – Alternativ hierzu findet in Abb. 14.1-5 ein Schlüsselaustausch lediglich zwischen AP und Supplicant statt, mit dem sowohl der *Pairwise Transient Key* (PTK) als auch der *Group Transient Key* (GTK) für den WLAN-Zugang gebildet werden.

  Der WLAN-Client ist nun im Netz *assoziiert*.

**Bemerkung**: Wie im Beispiel erläutert, ist die Reihenfolge der EAP-Nachrichten durch ihre `Id` feststellbar; es wird aber keine logische Sequenzfolge garantiert. Zudem wird bei PEAP die *Benutzer-Id* bereits in der ersten Verbindungsphase *in Klartext* über das WLAN übertragen. Die eigentliche Authentisierung wird über den AAA-Server realisiert, der üblicherweise auf einen LDAP-Server im Backend [Abb. 14.1-1] zugreift. In [Abb. 14.1-5] ist der Einsatz eines externen LDAP-Servers für die Benutzerauthentisierung per MS-ChapV2 angedeutet. Neben der Tatsache, dass der AAA-Server selbst über die notwendigen Benutzerdaten verfügt, sind hier aber auch andere, gängige Verfahren möglich.

Es sei hervorgehoben, dass bei der inneren Authentisierung mittels PEAP die EAP-Nachrichten per TLS verschlüsselt übermittelt werden, die wiederum in EAP, RADIUS, UDP und letztlich IP verkapselt sind.

[2] Bei PEAP(v1) läuft nun im Tunnel ausschließlich EAP ab, wobei hier nur MS-ChapV2 unterstützt wird; daher auch der Name *PEAP/EAP MS-ChapV2*. Bei EAP TTLS kann hier alternativ MS-ChapV2 oder MD5 zur Passwort-Validierung genutzt werden.

### 14.1.4 Innere Authentisierung mit MS-ChapV2

Die in RFC 2759 beschriebene Version 2 des MS-Chap-Protokolls verlangt im Gegensatz zum CHAP-Verfahren [Abb. 12.2-9] zusätzlich, dass sich nicht nur der Supplicant (im Folgenden Initiator genannt) beim Authenticator, sondern dass auch der Authenticator sich gegenüber dem Initiator authentisiert.

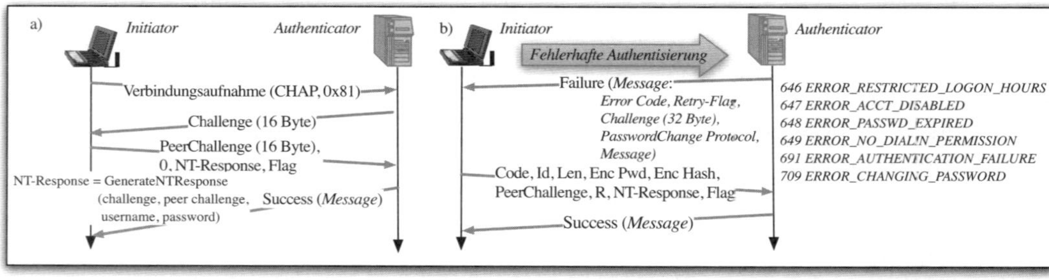


**Abb. 14.1-6:** Ablauf der MS-ChapV2-Authentisierung a) Success und b) Failure (bei fehlerhafter Angabe) und anschließende Änderung des Benutzerpassworts
Id: Identification, Len: Length, R: Retry-Flag, EncPwd: Encrypted Password, EncHash: Encrypted Hash

Abb. 14.1-6a zeigt die wichtigsten Änderungen/Ergänzungen beim Einsatz von MS-ChapV2 zur Authentisierung:

- Der Initiator benutzt ein CHAP-Paket zur Verbindungsaufnahme, wobei die Nutzung von MS-Chap mittels des Wertes `0x81` im Feld `Algorithmus` angegeben wird.
- Der Authenticator antwortet mit einem 16 Byte umfassenden Nachricht `Challenge`.
- Das `Response`-Paket des Initiators enthält nun im Feld `Value` folgende Informationen:
  - 16 Byte `Peer-Challenge`; zusätzlich zum Authenticator-Challenge
  - 8 Byte '0'
  - 24 Byte `NT-Response`: *SHA1-Hash(Authenticator-Challenge, Peer-Challenge, Username, Password)* wobei *Username* und *Password* in Unicode angegeben werden und jeweils bis zu 256 Zeichen umfassen können.
    Der Wert der NT-Response fungiert als *Transaktions-Identifier*.
  - 1 Byte: `Flags (=0)`
- `Success`-Nachricht: S=<Auth_String> M=<Message>
  Hierbei ist der `Auth_String` ein Authenticator für die Transaktion und `Message` der Nachrichtentext.

MS-Chap V2 ist das meist gebräuchlichste Verfahren zur Authentisierung und besitzt neben dem Vorteil der gegenseitige Authentisierung von *Initiator* und *Authenticator* zusätzlich die Möglichkeit, (sofern die Benutzerschnittstelle dies erlaubt) einer interaktiven Änderung des Passworts vor Beginn der eigentlichen Sitzung, was in Abb. 14.1-6b gezeigt ist. Hierfür stehen die Nachrichten `Failure` und `Change-Password` zur Verfügung:

- Bei der Nachricht `Failure` kann zusätzlich mittels des `Retry`-Flags mitgeteilt werden, ob weitere Versuche (mit anderem Passwort) für diese Transaktion gestattet sind.
  Die Nachricht `Failure` ermöglicht zusätzlich zu einem Code auch die Übermittlung ergänzender Informationen, wie z.B. *Password expired*.

- Bei der Nachricht `Change-Password` (die den `Code = 7` besitzt) wird jeder Versuch mit dem Feld `Identifier` (Id) hochgezählt. Die Angaben `Encrypted-(neues)Password` und `Encrypted-Hash` sind typische Windows-Funktionen, die neben dem neuen das alte (bekannte, aber nicht mehr gültige) Passwort verschlüsselt beinhalten. Das Feld `NT-Response` wird wie oben dargestellt zur Bestätigung des neuen Passworts genutzt.

**Bemerkung**: Neben der Flexibilität, die MS-ChapV2 mit sich bringt, hat dieses Verfahren in der Vergangenheit einige Kritik eingebracht:

1. Die Verschlüsselung basiert auf dem DES-Verfahren, was nicht mehr zeitgemäß ist.
2. Aufgrund der Kompatibilität mit alten Windows-Versionen sind die gebildeten Hashwerte Einschränkungen unterworfen und kryptographisch relativ schwach.
3. Die Möglichkeit der Passwortänderung kann bei Systemen, die nicht auf Windows basieren, praktisch nicht genutzt werden.

## 14.2 Einsatz des Protokolls RADIUS

Was ist RADIUS?

Bei der Realisierung von *Remote Access Services* (RAS) in großen Intranets ist ein sog. AAA-Server (*Authentisierung, Autorisierung, Accounting*) notwendig, in dem die Daten abgespeichert werden, die man benötigt, um die auf das Intranet zugreifenden Remote-Benutzer zu überprüfen. Für die RAS-Zwecke wird ein *Network Access Server* (NAS) zwischen dem Intranet und einem öffentlichen Netz installiert.

RADIUS (*Remote Authentication Dial-In User Service*) ist ein Protokoll zur Übermittlung von Authentisierungs- und Autorisierungsinformationen zwischen AAA-Server und NAS an der Grenze zum öffentlichen Netz. Das RADIUS funktioniert nach dem Client/Server-Konzept und legt die Kooperation zwischen NAS und AAA-Server fest. Die Daten werden zwischen Client und Server in der Regel verschlüsselt übertragen. Das RADIUS wird in Netzen mit IP eingesetzt und verwendet das verbindungslose Transportprotokoll UDP.

Die aktuelle Version von RADIUS beim Einsatz von IPv4 wird in RFC 2865 definiert. Die Besonderheiten von RADIUS für das IPv6 beschreibt RFC 3162. Hier wird nur auf RADIUS bei IPv4 eingegangen.

### 14.2.1 Remote Access Services und RADIUS

Network Access Server

Abb. 14.2-1 zeigt das RAS-Konzept. Mit dem RAS kann sich ein Remote-Benutzer in ein ihm erlaubtes Intranet einwählen. Nach der Einwahl erhält dieser Benutzer dieselben Rechte wie jeder lokale Benutzer. Die Remote-Benutzer können auf diesem Weg vollständig in das Intranet integriert werden und genauso arbeiten, wie sie es von einem direkt angeschlossenen Arbeitsplatz am Netzwerk gewohnt sind. Mit dem RAS ist es daher möglich, ein Intranet räumlich uneingeschränkt zu erweitern. Um eine RAS-Lösung realisieren zu können, ist ein NAS notwendig, der an der Grenze zwischen Zugangsnetz und Intranet installiert werden muss. Der NAS fungiert auch als Router, wofür dieser auf der Client-Seite ein *Local Interface Gateway* (LIG) und gegenüber dem RADIUS-Server über ein *Remote Interface Gateway* (RIG) verfügt.

Dial-In Zugang

Greift ein Remote-Benutzer über Remote Access auf das Intranet zu, so spricht man von einem *Dial-In-Zugang*. Jeder NAS muss u.a. folgende Funktionen unterstützen:

- **Authentisierung**: Wer ist das?
- **Autorisierung** von Remote-Benutzern: Was darf er?
- **Accounting** (Abrechnung): Was hat er gemacht?

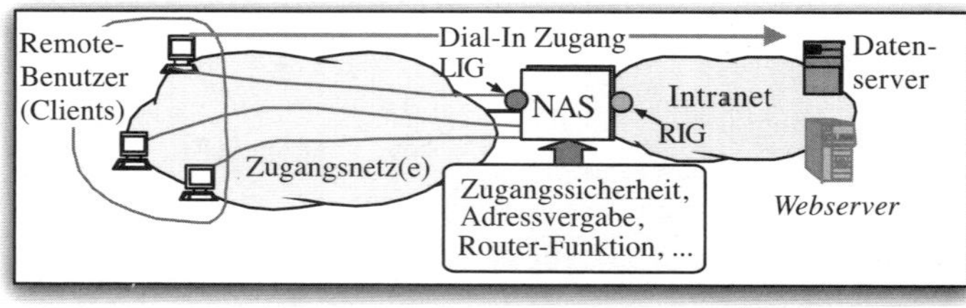


**Abb. 14.2-1:** Bedeutung des RAS
LIG: Local Interface Gateway, RIG: Remote Interface Gateway

Authentisierung

**Bemerkung**: Mit der Öffnung eines Intranet nach außen besteht immer die Gefahr des Zugangs durch unberechtigte Benutzer. Um dies zu vermeiden, muss im NAS eine Überprüfung der Authentizität jedes Remote-Benutzers stattfinden, was man man *Authentisierung* nennt. Nur wenn die Identität des Benutzers sichergestellt ist, können weitere Maßnahmen wie Autorisierung und Accounting wirkungsvoll sein.

Autorisierung

Unter *Autorisierung* versteht man die vom jeweiligen Benutzer abhängige Einschränkung des Netzzugriffs. Hierfür werden *Benutzerprofile* in einer Benutzerdatenbank (im RADIUS-Server) gespeichert. Man verwendet die Autorisierung, um den Zugriff auf Ressourcen zu steuern.

Erst nach der erfolgreichen Authentisierung ist der Remote-Benutzer (im Rahmen seines Benutzerprofils) berechtigt, auf bestimmte Ressourcen im Intranet zuzugreifen, so als befände er sich innerhalb des lokalen Netzwerks.

Accounting

Unter *Accounting* (Abrechnung) versteht man die Art und Weise, wie Rechnungen für den Verbrauch von Netzressourcen und Nutzung von dessen Diensten erstellt werden. Ein Accounting ist nicht nur für kommerzielle Anbieter von Online-Diensten für die Rechnungserstellung notwendig. Auch für die Absicherung der Fernzugänge gegenüber Missbrauch und zur Trendanalyse der Auslastung wird ein Abrechnungssystem benötigt.

AAA-Server

In großen Intranets ist die Anzahl von Remote-Benutzern so groß, dass es sinnvoll ist, Authentisierung, Autorisierung und Accounting zu zentralisieren und sie vom NAS zu trennen. Dies wird von speziellen dedizierten Servern im Unternehmensnetz übernommen. Ein solcher Server wird als *AAA-Server* bezeichnet werden.

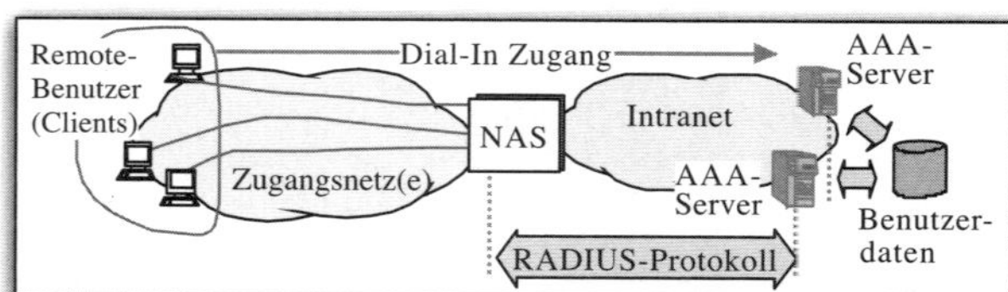


**Abb. 14.2-2:** Einsatz von AAA-Servern

Durch die Trennung von NAS- und (redundanten) AAA-Server(n) wird die Zuverlässigkeit des RADIUS-Systems stark erhöht. In der Praxis hat es sich darüber hinaus als sinnvoll herausgestellt, die Benutzerdaten nicht auf dem AAA-Server zu bevorraten, sondern diese in einer *Backend-Datenbank* (wie z.B. LDAP, siehe Abschnitt 14.3) zu halten. Abb. 14.2-2 zeigt eine solche Lösung. Die allgemeinen Informationen über jeden Remote-Benutzer umfassen in der Regel solche Angaben wie Name, Telefonnummer, E-Mail-Adresse und Standort. Neben den Nutzungsrechten werden für jeden Remote-Benutzer weitere sicherheitsbezogene Daten wie Kennwort, Art der Authentisierung etc. gespeichert.

AAA als KPI-Lieferant

Dem AAA-Server verbleibt hierbei die Aufgabe des Erfassens der *Accounting-Daten*, die dort zentral verwaltet und ausgewertet werden. Die Remote-Verbindungen werden benutzerspezifisch registriert und überwacht, um somit die Zuordnung der Verbindungskosten vornehmen zu können. Ergänzend können Verfügbarkeits- und Störungsdaten aufgezeichnet werden, die im Rahmen eines *Service Level Agreements* (SLA) als *Key Performance Indicators* (KPI) zu betrachtet sind.

## 14.2.2 Konzept von RADIUS

Der Datenaustausch zwischen dem NAS und dem AAA-Server findet nach dem RADIUS-Protokoll statt. RADIUS funktioniert nach dem Client/Server-Konzept und legt die Kooperation zwischen NAS und AAA-Server fest. Beim RADIUS werden zwei logische Komponenten definiert:

- RADIUS-Server und
- RADIUS-Client.

NAS

Die *Network Attached Station* (NAS) stellt das logische Ende des Zubringernetzes dar. Bei einem WLAN [vgl. Abschnitt 12.2] kann dies der *Access Point* (AP) sein, bei einem Heimnetzwerk, das per DSL über einen Network Service Provider (NSP) Zugang zum Internet erhält, ist dies der eigene DSL-Router. Die NAS hat folgende Aufgaben zu erfüllen:

LIG

- Die lokale Konnektivität zum NAS stellt dieser in Form des *Local Interface Gateways* (LIG) bereit gestellt. Aufgaben des LIG sind insbesondere die Unterstützung der Benutzerauthentisierung über ein EAP-Verfahren, die Bereitstellung der *Key Exchange*-Methoden und die Schlüsselgenerierung (bei WLAN).

RIG

- Die Kommunikation vom NAS zum RADIUS-Server erfolgt über das *Remote Interface Gateway* (RIG). Dem RIG fällt die Aufgabe zu, mit dem RADIUS-Server über geschützte Verbindungen oder über ein VPN (z.B. *L2TP*, vgl. Abschnitt 12.4) zu kommunizieren.

RADIUS-Server = AAA-Server

Der *RADIUS-Server* kann als AAA-Server angesehen werden, dem sämtliche Informationen über Remote-Benutzer zur Verfügung stehen. Der *RADIUS-Client* stellt hingegen ein Funktionsmodul dar, das auf dem NAS installiert wird [Abb. 14.2-3]. Die zwischen RADIUS-Client (also NAS) und RADIUS-Server (also AAA-Server) ausgetauschten Nachrichten werden durch einen *keyed MAC* (siehe Abschnitt 1.6.4) mit einem gemeinsamen *Shared Secret* gesichert. Dieses *Shared Secret* dient auch zur gegenseitigen Authentisierung von NAS und AAA.

Hunt-Groups

Da ein AAA-Server in der Regel mehrere NAS unterschiedlicher Hersteller mit verschiedenen Eigenschaften nutzt, werden gleichartige NAS in einer *Hunt-Group* zusammen gefasst und können somit auf dem AAA-Server gemeinsam konfiguriert und verwaltet werden. Dies betrifft insbesondere herstellerspezifische Eigenschaften wie z.B. das *Prefixing* von Benutzernamen und das korrekte *Attribut-Mapping*.

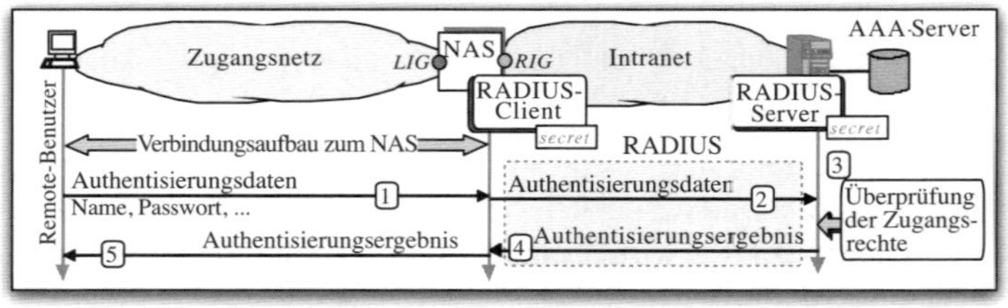


**Abb. 14.2-3:** Authentisierung eines Remote-Benutzers mittels RADIUS
LIG: Local Interface Gateway, RIG: Remote Interface Gateway

### Authentisierung über RADIUS

Ein Remote-Benutzer, der sich auf dem NAS einwählen möchte, muss sich zunächst gegen über dem RADIUS-Server identifizieren. Hierfür ist es zunächst notwendig, dass sich beide Parteien auf ein gemeinsames Authentisierungsverfahren verständigen, z.B. PAP, CHAP [Abb. 1.6-3] oder häufig die Variante MS-Chap [Abb. 14.1-6]. Wird PAP verwendet, d.h. sowohl Benutzerkennung als auch Passwort in Klartext übertragen, wird nicht das Passwort selbst, sondern dessen MD5-Hash übertragen.

- *Schritt 1*: Verbindungsaufnahme mit dem NAS unter Mitteilung der Benutzerkennung.
- *Schritt 2*: Der NAS beinhaltet einen RADIUS-Client, der eine Anfrage an den AAA stellt und die RADIUS-Nachricht `Access-Request` über UDP an Port 1812 verschickt. Erfolgt keine Antwort innerhalb eines *Timeouts*, wird dies wiederholt oder an einen anderen Radius-Server gerichtet.
- *Schritt 3*: Der Radius-Server überprüft, ob die Anfrage von einem legitimen NAS stammt (ggf. mit Zertifikatsprüfung).
- *Schritt 4*: Der Radius-Server schaut in seiner Benutzerdatenbank nach (ggf. per LDAP-Lookup, siehe folgender Abschnitt) und verifiziert die Identität des Benutzers (*Authentisierung*).
- *Schritt 5*: Der Radius-Server verschickt im Erfolgsfall die Nachricht [`Access-Accept`] an den NAS mit einer Reihe von RADIUS-Attributen bzw. lehnt die Verbindungsaufnahme durch die Nachricht `Access-Reject` ab und meldet, dass der Authentisierungsversuch des Remote-Benutzers ungültig ist.

Erfüllt der Remote-Benutzer alle Bedingungen, wird eine Liste von Konfigurationsangaben (als sog. *RADIUS-Attribute*) für den Remote-Benutzer im Paket `Access-Accept` (Zugriff erlaubt) an den RADIUS-Client zurückgesendet. Zu diesen Angaben gehören alle notwendigen Parameter, die für die Bereitstellung des gewünschten Zugangs erforderlich sind. Im Falle des Zugangs mit dem PPP kann es sich bei diesen um eine IP-Adresse, eine Subnetzmaske bzw. die Art der Komprimierung handeln.

Realms

Remote-Benutzer identifizieren sich in der Regel lediglich mit Benutzername und Kennwort. Bedient der AAA-Server mehrere *Network Service Provider* (NSP), wird ergänzend zum Namen ein *Realm* (Domäne) mitgegeben. Zwei Notationen sind hierbei üblich:

- *Prefix-Notation*: `\\NT-Domain\Benutzername`
- *Suffix-Notation*: `benutzername@domain` (oder: `benutzername%domain`)

Für den RADIUS-Server ist das Realm ein Hinweis (Hint), weshalb hier der Sprachgebrauch *Hint-Group* verwendet wird. Dem RADIUS-Server sind diese 'Realms' (und ihre Syntax) mitzuteilen, damit dieser hieraus den eigentlichen Benutzernamen entnehmen kann. RADIUS unterstützt mehrere Realms mit unterschiedlicher Syntax, was insbesondere bei großen RADIUS-Netzwerken und beim Einsatz von Proxy-RADIUS-Servern zum Einsatz kommt. Hint-Group

**Einsatz mehrerer RADIUS-Server**

Große Netzwerke mit IP werden in der Regel auf mehrere Subnetze aufgeteilt. Die Verwaltung von Namen über des DNS wird ebenfalls so strukturiert, dass mehrere *DNS-Zonen* mit eigenen Nameservern gebildet werden [Kapitel 4]. Die Authentisierung von Remote-Benutzern und die DNS-Implementierung beeinflussen sich gegenseitig. Werden unterschiedliche Zonen innerhalb eines Intranet gebildet, können mehrere RADIUS-Server implementiert werden, die auf die einzelnen Zonen beschränkt sind. In solchen Fällen ist ein *Proxy-RADIUS-Server* nötig, die RADIUS-Nachrichten lediglich an bekannte AAA-Server weiterleiten, aber selbst keine Authentisierungsdatenbasis besitzen.

Wie Abb. 14.2-4 zeigt, fungiert ein Proxy dem RADIUS-Client im NAS gegenüber als ein Vertreter aller RADIUS-Server.

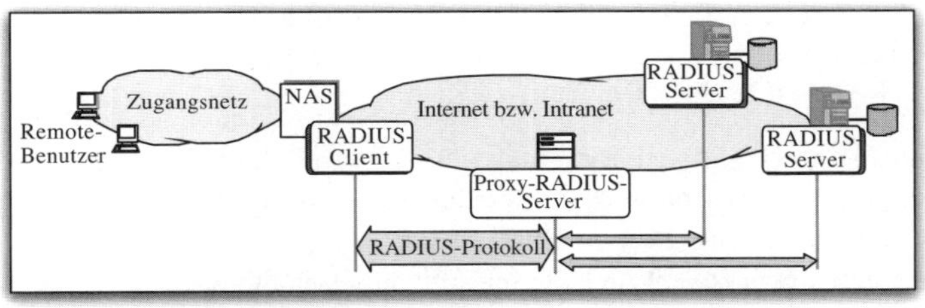


**Abb. 14.2-4:** Einsatz mehrerer RADIUS-Server

Die Aufgabe des Proxy-RADIUS-Servers besteht vor allem darin, die Anforderungen vom RADIUS-Client nach bestimmten Kriterien (z.B. IP-Adresse des Remote Clients, Zugangsnetz, ...) an einen RADIUS-Server weiterzuleiten. Falls mehrere RADIUS-Server eingesetzt werden, sind sie entsprechend priorisiert einstufbar. Wenn ein primärer RADIUS-Server nicht innerhalb einer festgelegten Zeitperiode antwortet, wird die Anforderung vom RADIUS-Client automatisch an den nächsten nach der Prioritätsstufe vorgesehenen RADIUS-Server übermittelt. Bei erfolgreicher Authentisierung bei einem RADIUS-Server sendet Letzterer an den Proxy die Nachricht `Access-Accept`, der diese an den RADIUS-Client bzw. die NAS weiter leitet. Proxy-RADIUS-Server

Da das RADIUS ein Internet-Standard ist, spielt dieses Protokoll vor allem in heterogenen Umgebungen eine wichtige Rolle. Des Weiteren wurde RADIUS bereits oft implementiert, und es steht eine Reihe RADIUS-konformer Accounting-Werkzeugen zur Verfügung.

### 14.2.3 RADIUS-Nachrichten

Die Daten zwischen RADIUS-Client und -Server werden in mittels dedizierter RADIUS-Nachrichten [Tab. 14.2-1] übermittelt. Hierfür wird das verbindungslose Transportprotokoll UDP verwendet. Wie Abb. 14.2-5 zeigt, stellt das RADIUS eine UDP-Anwendung dar, der die Portnummer 1812 zugeordnet wurde.

Warum UDP bei RADIUS?

Der Grund, warum man für Übermittlung der RADIUS-Nachrichten das verbindungslose Transportprotokoll UDP verwendet, besteht darin, dass ein Ersatz-RADIUS-Server in der Regel dupliziert werden muss. Fällt ein RADIUS-Server aus, so wird direkt der Ersatz-Server in Anspruch genommen, ohne eine Verbindung zum Server aufbauen zu müssen.

Die einzelnen Felder in RADIUS-Nachrichten haben folgende Funktionen:

- **Code**: Dieses Feld ist 1 Byte lang und gibt den Typ der RADIUS-Nachricht an:

| **Code** (Dezimal) | **Paket** |
|---|---|
| 1 | `Access-Request` (Zugriffsanforderung) |
| 2 | `Access-Accept` (Zugriffserlaubnis) |
| 3 | `Access-Reject` (Zugriffsverweigerung) |
| 4 | `Accounting-Request` |
| 5 | `Accounting-Response` |
| 11 | `Access-Challenge` |
| 12 | `Status-Server` (experimentell) |
| 13 | `Status-Client` (experimentell) |

**Tab. 14.2-1:** RADIUS-Nachrichtentypen

- **Identifier**: Dieses Feld ist 1 Byte lang. Die Identifikation verwendet der RADIUS-Client dazu, die Nachrichten als Antworten vom RADIUS-Server den abgeschickten Anforderungen eindeutig zuzuordnen.
- **Length**: Dieses Feld ist 2 Byte lang und gibt die Gesamtlänge der Nachricht an.
- **Authenticator**: Dieses Feld ist 16 Byte lang und enthält die Informationen, die der RADIUS-Client und -Server zur gegenseitigen Authentisierung verwenden.
- **Attribute**: Eine RADIUS-Nachricht kann ein oder mehrere Attribut/e enthalten, in dem/denen die Authentisierungs-, Autorisierungs- und Konfigurationsangaben eingetragen sind [Tab. 14.2-2].

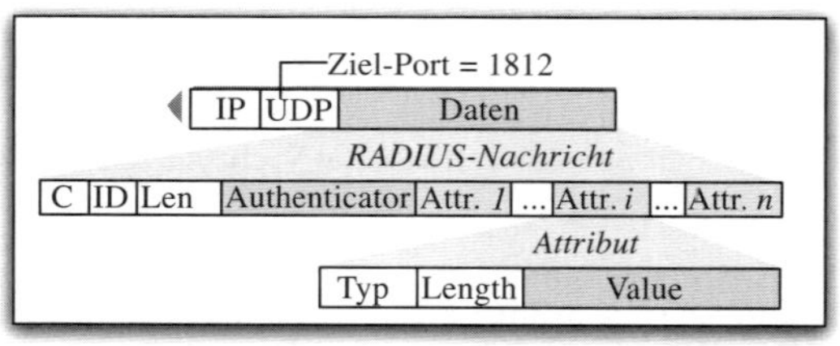


**Abb. 14.2-5:** Aufbau von RADIUS-Nachrichten
C: Code, ID: Identifier, Len: Length

RADIUS-Attribute

Aus Abb. 14.2-4 ist der Aufbau von RADIUS-Attributen ersichtlich, bei der allgemein das *Typ-Länge-Wert-Format* (TLV) Verwendung findet. Die einzelnen Attributfelder haben folgende Bedeutung:

- **Type**: Dieses Feld ist 1 Byte lang und gibt die Bedeutung des Attributs an.
- **Length**: Dieses Feld ist 1 Byte lang und gibt die Länge des Attributs an.
- **Value**: Dieses Feld ist variabel in der Länge und enthält Attributsangaben. Das Format und die Länge des Value-Feldes hängen vom Typ des Attributs ab.

| Type | Attribut |
|---|---|
| 1 | `User-Name` |
| 2 | `User-Password` |
| 3 | `NAS-IP Address` |
| 5 | `NAS-Port` |
| 7 | `Framed-Protocol` (z.B. SLIP, PPP) |
| 8 | `Framed-IP Address` (IP-Adr. des Benutzers) |
| 9 | `Framed-IP-Netmask` (IP-Netzmaske beim Benutzer) |
| 12 | `Framed-MTU` (maximale IP-Paketlänge) |
| 13 | `Framed-Compression` (Komprimierungsverfahren) |
| 26 | `Vendor-Specific` (herstellerspezifisches Attribut) |
| 32 | `NAS-Identifier` |
| 79 | Eigenbettete `EAP-Nachricht` [RFC 3579] |
| 80 | HMAC-MD5 `Message-Authenticator` [RFC 3579] |

**Tab. 14.2-2:** Einige RADIUS-Attribute
Weitere RADIUS-Attribute finden sich in RFC 2865.

Informationen über die Attribute und deren Verwendung finden sich in den RFC 2865 und 2866. Beim RADIUS werden auch herstellerspezifische Attribute (*Vendor-Specific Attributes*, VSA) unterstützt. Sie sind dafür gedacht, dass die Hersteller eigene Attribute festlegen können, die nicht in der RADIUS-Spezifikation [RFC 2865] definiert sind. Auf dem AAA-Server kann dies in einer geeigneten Hunt-Group abgebildet werden.

RADIUS Authenticator

Weder die Kommunikation zwischen Remote-Benutzer und NAS (LIG) noch zwischen RADIUS-Client (RIG) und AAA-Server ist notwendigerweise verschlüsselt. Die über UDP übertragenen RADIUS-Nachrichten sind jedoch gegen Verfälschung gesichert. Hierbei wird folgendermaßen vorgegangen:

- Zunächst ist zwischen NAS und AAA-Server ein *Shared Secret* eingerichtet. Dieses kann auch für eine Gruppe von NAS identisch sein.
- Stellt ein Remote-Client eine Anfrage an den NAS, erzeugt dieser einen *Request Authenticator*, eine 16 Byte lange Zufallsfolge, die in der `Access-Request`-Nachricht eingebettet wird und einmalig für jede Verbindungsaufnahme ist.
- Der AAA-Server generiert für als `Response`-Nachrichten also `Access-Response`, `Access-Accept`, `Access-Reject` und `Access-Challenge` einen *Response-Authenticator* nach einem *keyed-Hash* Schema, der der `Response`-Nachricht hinzugefügt wird:

  ```
  MD5(Code+ID+Length+RequestAuthenticator+Attribute+Shared Secret)
  ```
- Der RADIUS-Client kann daher mittels der empfangenen Daten und des *Shared Secret* sowohl die Integrität als auch die Authentizität der `Response`-Nachricht überprüfen.

Schutz des übertragenen Passworts

Entsprechend Tab.14.2-2 wird der Benutzername als RADIUS-Attribut `Typ 1` übertragen, das Passwort als `Typ 2`. Dieses Attribut ist durch die XOR-Verknüpfung mit dem *Shared Secret* und dem *Request Authenticator* besonders geschützt, und zwar unabhängig von der gewählten Authentisierungsmethode:

```
PW-Attribut = MD5(Shared Secret+RequestAuthenticator)⊗Passwort
```

Und falls dass Passwort länger als 16 Byte ist, iterativ:

```
PW-Attribut(2) = MD5(Shared Secret+PW-Attribut)⊗Passwort
```

Häufig wird die Möglichkeit genutzt, den NAS mit dem AAA-Server über ein VPN (z.B. Ethernet-VLAN) zu koppeln. Es ist zu betonen, dass aufgrund der Mechanismen des RADIUS-Protokolls zwar die Passwörter nicht (einfach) ermittelt werden können – sofern das *Shared Secret* stark genug ist und der Administrator dies nicht bei den Defaults der Hersteller belässt –, alle anderen Attribute aber im Klartext vorliegen.

## 14.3 Lightweight Directory Access Protocol

LDAP hat im Vergleich zu den anderen in diesem Kapitel dargestellten Verfahren eine lange und wechselhafte Geschichte hinter sich. Angefangen vom *Directory Access Protocol* (DAP), das von der (damaligen) CCITT als X.500 ins Leben gerufen und als dessen 'kleiner Bruder' LDAP mit der Version 1 im Jahr 1993 als RFC 1487 spezifiziert wurde, bis zum heutigen LDAPv3-Entwurf von 2002 (RFC 2251; aktuell ist RFC 4511) gibt es kaum ein Internetprotokoll, bei dem Anspruch (Anforderung) und Wirklichkeit (Implementierung) so weit auseinander lagen.

Bedarf an Verzeichnisdienst

Allgemein besteht Bedarf an einem *Verzeichnisdienst*, mit dem bzw. über den die Ressourcen allgemein beschreibbar und vor allem einfach auffindbar sind. Eine Ressource ist z.B. eine Person mit ihrer Anschrift, Telefonnummer, E-Mail-Adresse, aber auch ein Netzwerkdrucker mit den Angaben wie Standort, IP-Adresse und spezielle Fähigkeiten, wie z.B. Farbdruck.

Bekannte Verzeichnisdienste

Neben einer Public-Domain-Implementierung von LDAP, die an der University of Michigan vorangetrieben wurde [`http://www.openldap.org`], war es zunächst die Firma *Banyan*, die über *StreetTalk* einen Verzeichnisdienst innerhalb ihres Netzdienstes *Vines* realisierte. Später ist dann *Novell* (mit Version 4.x) diesen Anforderungen gefolgt und bot mittels *Network Directory Services* (NDS) entsprechende Dienste an, die zudem heute eine 100%-konforme LDAP-Schnittstelle aufweisen. Ab Windows 2000 hat dann auch *Microsoft* per *Active Directory Services* (ADS) eine qualifizierte LDAP-Implementierung vorgelegt.

LDAP-Besonderheiten

Die wichtigsten LDAP-Besonderheiten sind:

- LDAP ist ein oberhalb von TCP angesiedeltes Client/Server-Protokoll. Die Client-Funktion ist in der Regel über ein LDAP-API realisiert, das unter UNIX über die OpenLDAP-Bibliotheken, unter PERL (*net-ldap*) aber natürlich auch für die Microsoft-Betriebssysteme zur Verfügung steht. Der Client baut eine Sitzung zum Server auf (*Bind*), über die das Holen (*Query*), das autorisierte Ändern oder das Einfügen von Informationen möglich sind.

Verzeichnisbaum = DIT

- Obwohl eigentlich leichtgewichtig vom Anspruch, ist die Implementierung eines LDAP-Servers durchaus schwergewichtig. Zunächst sind die hinterlegten LDAP-Informationen geeignet abzubilden. Im Gegensatz zu einer relationalen Datenbank sind die Informationen grundsätzlich hierarchisch gestaffelt und bilden einen Verzeichnisbaum, den sog. *DIT* (*Directory Information Tree*). Zudem ist LDAP in erster Linie für lesenden Zugriff entwickelt, aber nicht unbedingt für häufige Änderungen der Daten. Typischerweise wird der Datenbestand in einer (einfachen) Datenbank verwaltet (z.B. Berkeley-DB, MSSQL).

- Der LDAP-Server muss nicht nur für den Zugriff auf die hinterlegten Entitäten geeignete *Access Control Lists* (ACL) führen, sondern er muss bei Bedarf auch seinen Datenbestand (partiell) mit anderen LDAP-Servern abgleichen (Replikation). ACL
- Die Adressierung eines LDAP-Objekts erfolgt über den im Verzeichnisbaum eindeutig hinterlegten *Distinguished Name* (DN). DN
- Die Beschreibung der LDAP-Entitäten erfolgt prinzipiell *objektorientiert*. LDAP unterscheidet zwischen *Objekten* (abstrakte oder konkrete Sammelcontainer wie Personen), ihren Attributen (z.B. Vor- und Zuname) und den zugeordneten Werten (also z.B. zum *Common Name* `CN = Peter Schmid`).
- Welche Objekte welche Attribute aufweisen dürfen und wie die Werte zu interpretieren sind, wird über das *Schema* bestimmt. Wie bei allen Datenbanken benötigt auch LDAP zunächst Kenntnis über das Schema, um die angebotenen Informationen interpretieren zu können. Während in den Anfangszeiten von LDAP (und vor allem von X.500) das Schema an den Notwendigkeiten der Telekom-Unternehmen ausgerichtet war, reflektiert das aktuelle LDAPv3-Protokoll doch weitgehend den Bedarf der Internet-Nutzer, ohne allerdings die grundlegende Abhängigkeit prinzipiell zu lösen. Schema

## 14.3.1 Directory Information Tree

LDAP stellt keine (relationale) Datenbank im eigentlichen Sinne bereit, vielmehr sind die Daten (Informationen) im LDAP-Verzeichnis hierarchisch abgebildet. Wie auch bei DNS [Abschnitt 4.1] beginnt die Struktur mit der Wurzel 'root'. Während bei DNS auf der obersten Strukturebene die *Top Level Domains* (TLD) angesiedelt sind, nutzt das LDAP-Verzeichnis typischerweise *Country Codes* entsprechend IS0-3166.

Der *Distinguished Name* (DN) wird gebildet durch eine Zeichenkette [RFC 1485], die einzelne Hierarchieebenen benennt: `C=DE, O=FEHCOM, CN=Erwin Hoffmann`. Hierbei steht `C` für den *Country Code*, `O` für die *Organisation* und `CN` ist der sog. *Common Name*. Der Name eines 'Knotens' in der Hierarchie wird *Relative Distinguished Name* (RDN) genannt. Wie die Hierarchien gebildet werden, ist nicht vorgeschrieben und kann bedarfsweise entschieden werden. So mag es sinnvoll sein, die Objektebene `OU` für *Organizational Unit* oder `L` für *Locality* Name (Ort) zu nutzen bzw. `ST` für *Bundesstaat* oder *Provinz*. Durch das Ein- bzw. Ausblenden einzelner Ebenen ist LDAP in der Strukturierung der Information recht flexibel [Abb. 14.3-1a]. Distinguished Name = DN Common Name = CN

Abweichend vom geografischen oder organisatorischen Aufbau des DNS kann zur Identifikation auch die DNS-Information mittels der `DC`-Kennung (*Domain Component*) angegeben werden [RFC 2247], z.B. `DC=fehcom, DC=de`. Domain Component = DC

Anwender besitzen auf den Rechnersystemen in der Regel eine Benutzerkennung oder einen Account-Namen. Diese kann mittels des *UserID*-Attributs (`UID`) geeignet abgebildet werden und steht in Ergänzung zum *Common Name* zur Verfügung. UserID

Eine Information, die durch einen `DN` im LDAP-Verzeichnis auffindbar ist, wird *Eintrag* (*Entry*) genannt [Abb. 14.3-1b]. Ein Eintrag ist die Instanz eines Objekts seiner Klasse. Kennzeichnend ist, dass jeder Eintrag die Attribute und die Zugriffsberechtigungen (die sog. *Access Control Lists*) seiner Klasse sowie der übergeordneten Klassen 'erbt'. Die Merkmale eines Objekts, d.h. die ihm zugewiesenen (und abrufbaren) Attribute bleiben aber sichtbar. Für ein Objekt kann ein Attribut *mandatorisch* oder *optional* sein, was über das Schema festgelegt wird. Einträge

Access Control Lists

Neben dem Objektmerkmal *Attribut* gibt es das weitere Merkmal *ACL*, das die Verfügbarkeit eines Attributs auf der Zugriffs- bzw. Berechtigungsebene festlegt. Generell ist das Objektmodell bei LDAP nicht geschützt – und kann somit ohne Einschränkungen abgefragt werden –, wohl aber die Attribut-Werte der Einträge.

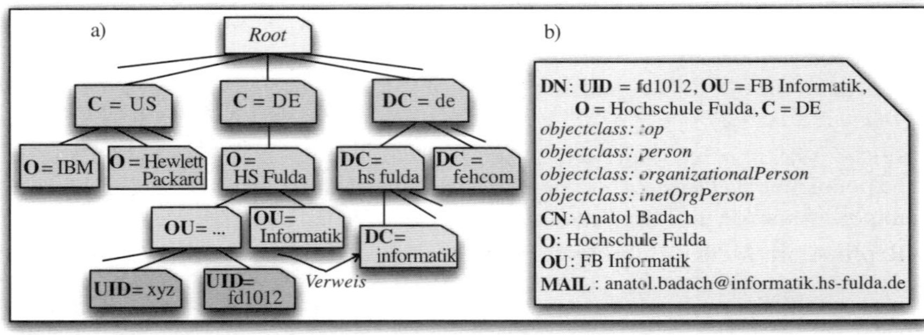


**Abb. 14.3-1:** Beispielhafter Aufbau eines LDAP-Verzeichnisses und -Eintrags: a) Auszug aus dem Verzeichnisbaum, b) Aufbau eines Eintrags

Schema

Den Begriff *COSINE-Schema* hat LDAP von X.500 geerbt, und er wird in RFC 2256 für LDAPv3 näher beschrieben. Die aktuellen Eigenschaften von LDAP wie seine Objekte, Attribute und Nachrichtentypen findet man bei IANA [`http://www.iana.org/assignments/ldap-parameters`]. Grundsätzlich wird bei LDAP das Schema verstanden als

- die Darstellung der Objekte in ASN.1-Syntax über ihren *Object-Identifier* (OID) [`http://www.itu.int/ITU-T/asn1/`] sowie
- die Festlegung von Attributen und ihrer OIDs sowie ihre Zuordnung zu den Objekten und in beiden Fällen die jeweils gültigen Vererbungsregeln.

Dadurch, dass LDAP explizit Bezug auf die OIDs in ASN.1 nimmt, wird implizit die Vererbung der Objekte und der Attribute gewährleistet. RFC 2307 nimmt Bezug auf die OIDs von X.500 und schafft für LDAP die wichtige Festlegung der *POSIX-Attribute*, in denen Benutzerattribute definiert sind. Zusätzlich wird in RFC 4523 ein Schema für Zertifikate und in RFC 4524 das von X.500 inspirierte sog. COSINE-Schema beschrieben, das vor allem die Ablage von Dokumenten im LDAP regelt.

## 14.3.2 LDAP-Server

DIB

Auf dem LDAP-Server ist der DIT (*Verzeichnisbaum*) in persistenter Form hinterlegt, was als DIB (*Directory Information Base*) bezeichnet wird. In der DIB finden sich nicht nur die Einträge, sondern es müssen auch die Meta-Informationen, also das Schema und die ACLs hinterlegt werden. Mittels des Schemas ist es dem LDAP-Server möglich, dem Client die gewünschten Informationen in geeigneter Form bzw. Repräsentierung anzubieten. Über die ACLs wird festgelegt, auf welche Informationen der Client zugreifen darf bzw. welche Authentisierung erforderlich ist.

Aufgaben eines LDAP-Servers

Bezüglich der Client/Server-Kommunikation realisiert der LDAP-Server die Aufgaben:

- **LDAP-API**: Gegenüber dem Client stellt er das LDAP-API zur Verfügung.

- **Authentisierung**: Er stellt die Methoden zur *Client-Authentisierung* bereit und weist dem Client nach erfolgter Authentisierung die ihm zustehende Sicherheitsrolle zu.
- **Query**: Aufgrund der vom Client nachgefragten Information nimmt er ein *Retrieval in der DIB* vor, interpretiert die gefundene Information aufgrund des Schemas und präsentiert diese dem Client, sofern sie per ACLs erlaubt ist (*Credentials*).
- **Update**: Bei hinreichender Autorisierung ermöglicht der LDAP-Server auch das Hinzufügen, Löschen bzw. Ändern von Einträgen sowie Attributen und ihren Werten wie z.B. eine Passwortänderung in der DIB.

Darüber hinaus stellt ein LDAP-Server ergänzende (administrative) Funktionen bereit:

LDAP-Server-Funktionen

- **Export/Import**: Ein- und Auslesen der in der DIB hinterlegten Informationen in einem Exportformat, dem *LDAP Data Interchange Format* (LDIF) [RFC 2849].
- **Replikation**: Methoden zur (partiellen) Replikation der Daten [RFC 3384] auf weiteren LDAP-Servern.
- **Synchronisation**: Methoden zur Synchronisation des Datenbestands mit einem anderen Server [RFC 4533].
- **De-Referenzierung**: Einträge mit der Objektklasse *alias* werden auf den DN mit der Ursprungsinformation verwiesen.

Die Datenbankfunktionen des LDAP-Servers werden häufig über ein *Datenbank-Backend* realisiert. Kennzeichnend für einen LDAP-Server ist ein schnelles Informations-Retrieval. Dies kann bei einer relationalen Datenbank über eine geeignete Indexstruktur auf den Datenbanktabellen realisiert werden.

## 14.3.3 LDAP-Client-Zugriff

LDAP-Client

Wie weit sich LDAP und X.500 angenähert haben, wird besonders in der in RFC 4521 vorgenommenen Sprachregelung deutlich, in der der *Directory User Agent* (DUA) als LDAP-Client bezeichnet wird. Der LDAP-Client hat zwei wesentliche Aufgaben:

- Aufbau der Verbindung zum LDAP-Server, was als *Bind* bezeichnet wird,
- *Abfrage* der Informationen aus dem LDAP-Verzeichnis sowie ggf.
- *Update* und *Ergänzung* bzw. *Löschen* der im LDAP-Server vorhandenen Informationen.

Obwohl generell Informationen über die im DIT hinterlegten Objekte und Attribute (Strukturinformation) nachgefragt werden können, stehen doch die Einträge und ihre Attributwerte (Inhalte) im Vordergrund. Selbstverständlich können beide Abfragen miteinander kombiniert werden [Abb. 14.3-2].

LDAP-Verzeichnis als Adressbuch

**Hinweis**: Die im LDAP-Verzeichnis hinterlegten inhaltlichen Informationen (und ggf. auch die Strukturinformation) stellen in der Regel persönliche oder organisationsspezifische Daten dar und sind entsprechend vor unbefugtem Zugriff zu schützen. Der Umfang des erlaubten Zugriffs wird

1. über die Benutzerauthentisierung,
2. über die Zugriffsmethode (offen oder verschlüsselt) und
3. über die dem Benutzer zugeordneten Rechte (ACLs) bzw. Rollen gewährt.

Öffentliche Informationen werden gerne mit einem Telefonbuch (sofern sie persönliche Daten enthalten) oder mit den Gelben Seiten (*Yellow Pages*) verglichen. Die Idee, geeignete Dienste zur Offenlegung von Informationen oder Diensten einzusetzen, ist nicht neu; im Hinblick auf das sog. *Address Harvesting*, das zu Spam-Mails und unerwünschten SMS oder Telefonanrufen führt, gelten diese aber als weitgehend kompromittiert. Die Vorstellung des 'Globalen Adressbuchs' ist angesichts der konkreten Nutzung des Internet quasi 'ad acta' gelegt. LDAP-Verzeichnisse sind generell nicht öffentlich zugänglich und spielen nur für den firmen- bzw. organisationsinternen Einsatz eine Rolle.

Bind

Das Protokoll LDAP kommt den geschilderten Anforderungen insofern nahe, als dass der Zugriff auf das (konkrete) LDAP-Verzeichnis auf Sitzungsebene über das Bind geregelt wird. Der Verbindungsaufbau des LDAP-Clients zum Server findet mittels einer der folgenden Methoden statt [RFC 4513]:

- **Anonymous Bind**: Der Client ist nicht identifiziert, also anonym. Oft erhält der Client keinerlei Informationen über Einträge, wohl aber über die Strukturinformationen, also Objekte, Attribute und – wichtig – *Distinguished Names* (DN).
- **Simple Bind**: Der LDAP-Client identifiziert sich mit seinem DN und dem zugehörigen Passwort unverschlüsselt und in Klartext. Prinzipiell kann dem Client Zugriff auf die ihm zugestandenen Attribute und deren Werte gewährleistet werden.
- **Strong Bind**: Die Übermittlung der Client-Identität erfolgt mittels kryptografisch starker Methoden, z.B. Zertifikate. Hierbei nimmt LDAP konkreten Bezug auf *Simple Authentication and Security Layer* (SASL) [RFC 4422].

Es ist hervorzuheben, dass alle Bind-Arten – wie Abb. 14.3-2 zeigt – bei der Nutzung über LDAPS oder LDAP+StartTLS [Abschnitt 6.2] über verschlüsselte Kanäle erfolgen können, sodass sogar ein *Simple Bind* (und der anschließende Datentransfer) inhaltlich gesichert werden kann.

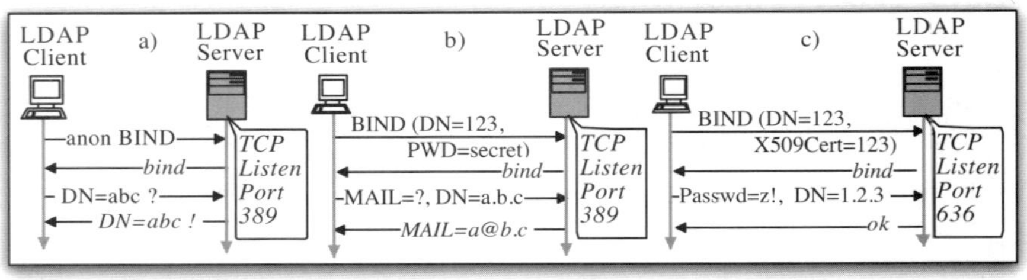


**Abb. 14.3-2:** Typen des LDAP-Bind: a) Anonymous Bind: Abfrage struktureller Informationen, b) Simple Bind (unter Angabe von DN und Passwort): Query des Attributs 'Mail' für einen DN, c) Starkes Bind (mit X.509 Zertifikat): Änderung eigener Attribute

LDAP URL

Mit der Integration von LDAP über den Netscape Webbrowser und das frei verfügbare LDAP-SDK begann der heimliche Siegeszug der LDAP-Anwendung. Über den in RFC 4516 deklarierten LDAP-URL lässt sich ein effizienter, Internet-gestützter Adressbuch-Lookup realisieren, der von Webbrowsern unterstützt wird und statt des HTTP-Ports 80 die Anfrage auf dem LDAP-Port 389 startet: `ldap://ldap.example.com`. Auch ein (START)TLS-gesicherter Zugang ist möglich.

In der URL können Wildcards ('?', '*'), Suchausdrücke (Extension '!'; Werte '=') sowie die Angabe der 'Suchtiefe' bzw. *Scope* (`base`, `one`, `sub`) verwendet werden. Zur Einhaltung des in RFC 1738 definierten Zeichenvorrats sollten sog. unsichere Zeichen in der URL vermieden und stattdessen ihre hexadezimale Repräsentierung eingegeben werden. Hierzu zählt im Besonderen das Leerzeichen, das in der URL '%20' lautet.

Viele Applikationen wie Webbrowser und E-Mail-Clients verfügen über einen LDAP-Client. Besonders gilt dies für Adressbuchanwendungen, wie sie typischerweise auch in GroupWare-Produkten zu finden sind. Eine weitere wichtige Anwendung besteht darin, mittels LDAP eine Benutzerauthentisierung vorzunehmen. Hierzu kann der LDAP-Client beispielsweise (extern) in einem *Pluggable Authentication Module* (PAM) vom aufrufenden Programm genutzt werden, z.B. um sich gegenüber dem AD-Server auszuweisen, worüber dann die Anmeldung erfolgt. LDAP-Frontends

Zum Browsen im LDAP-Verzeichnis bzw. zum Einfügen und zum Ändern von Einträgen ist ein grafischer LDAP-Browser hilfreich wie z.B. Softterra unter Windows [`http://www.ldapbrowser.com`] und der auf GTK basierende GQ LDAP-Client unter Unix bzw. X.11 [`http://sourceforge.net/projects/gqclient`]. Grafischer LDAP-Browser

## 14.4 Schlussbemerkungen

Wir haben in diesem Kapitel nur einen kleinen Einblick in die Benutzerauthentisierung geben können und uns auf die Maßnahmen beschränkt, die für den Betrieb des Netzwerkes (Schicht 3) relevant sind. Generell stellt aber sich die Frage der Authentisierung in den Kontexten *Benutzer/Netzwerk-*, *Benutzer/Dienste-* sowie *Dienste/Dienste*:

**Benutzer/Netzwerk-Authentisierung:**
Bei der Benutzer/Netzwerk-Authentisierung wird dem Benutzer nach erfolgreicher Authentisierung ein dienstneutraler, temporärer Zugang ins Netz gestattet, was aufgrund eines *Zugangstokens* z.B. der zeitlich beschränkten IP-Adresse per DHCP-Lease erfolgt.

- Das RADIUS als AAA-Protokoll ist ein Client/Server-basiertes Protokoll, nutzt das unzuverlässige Transportprotokoll UDP und wird eingesetzt, um RAS in privaten IP-Netzen zu ermöglichen. Nachdem Mobilität im Internet immer mehr an Bedeutung gewann und als Mobilfunknetze der 3ten Generation nach (UMTS) konzipiert wurden, waren schon die Schwachstellen von RADIUS offensichtlich. Somit wird ein Protokoll benötigt, das die Authentisierungsangaben zwischen gleichberechtigten Instanzen, insbesondere zwischen zwei AAA-Servern, zuverlässig übermittelt. RADIUS
- Um das Roaming zwischen verschiedener Anbieter der Mobilfunknetze zu ermöglichen, wurde das neue, als *Diameter* bezeichnete AAA-Protokoll entwickelt [RFC 3588/6733]. Im Gegensatz zu RADIUS nutzt Diameter das zuverlässige Transportprotokoll entweder das klassische TCP oder das neue SCTP. Diameter kann als Peer-to-Peer-Protokoll zwischen gleichberechtigten Instanzen verwendet werden, wie z.B. zwischen zwei AAA-Servern. Dank dieser und weiterer Besonderheiten kann Diameter als 'Next Generation AAA-Protokoll' angesehen werden und es wird u.a. im IMS (*IP Multimedia Subsystem*) eingesetzt, also im Kern der Mobilfunknetze der 3ten (UMTS) und der 4ten Generation (LTE). Diameter
- RADIUS und EAP gemeinsam werden gerne als Sicherheitsoptionen für Ethernet-Switches angeboten, was als *Port-basierte Access Control* vermarktet wird. Port Access Control
- Ein Schwachpunkt stellt die innere Authentisierung dar. Besteht eine zusätzliche Anforderung darin, dass Anwender während des Anmeldedialogs sein Passwort ändern kann, steht praktisch ausschließlich das Protokoll MS-ChapV2 zur Verfügung. Dies bringt aber den Nachteil mit sich, dass aufgrund der Kompatibilität zu älteren Microsoft-Anwendungen, die Ablage der Passworts kritisch ist. MS-ChapV2

**Benutzer/Dienste-Authentisierung:**
Beim Zugriff auf z.B. den VoIP-Dienst mit dem Protokoll SIP muss eine zusätzliche, dienstespezifische Benutzer-Authentisierung durchgeführt werden – und sogar bei jedem Zugriff. Die Benutzer-Authentisierung bei VoIP mit SIP möchten wir nun kurz charakterisieren.

SIP-Authentisierung

- *SIP-Digest Authentication* funktioniert nach dem gleichen Prinzip wie das in RFC 2617 (abgelöst durch RFC 7235) spezifizierte Verfahren *HTTP Digest Authentication*, das zur Authentifizierung von Benutzern beim Zugriff auf einen Webserver z.B. mit kostenpflichtigen Inhalten verwendet wird.

  Das Konzept *SIP-Digest Authentication* kommt zum Einsatz:

  – im *SIP-Proxy*, der als 'VoIP-spezifische Telefonzentrale' dient, um die Authentizität des Absenders der SIP-Nachricht `INVITE` beim Initiieren jeder neuen Session für audiovisuelle Kommunikation zu überprüfen.
  – im *SIP-Registrar*, der als 'VoIP-spezifische Anrufweiterschaltung' fungiert, um die Authentizität des Absenders der SIP-Nachricht `REGISTER` bei der Eintragung jedes neuen Ziels für eine eventuelle 'Weiterschaltung' der audiovisuellen Session.

  Mit SIP-Digest besteht auch die Möglichkeit, die Integrität von SIP-Nachrichten `INVITE` und `REGISTER` zu überprüfen, um unbefugte Manipulationen entdecken zu können. Mit SIP-Digest kann man einige böswillige Angriffe auf VoIP-Systeme mit SIP bekämpfen, wie z.B. *Registration Hijacking* oder *Session Spoofing*. Für Näheres sei auf [Bad10] verwiesen.

oAuth, OpenID, SAML, Shibboleth

- Dem Problem der *transitiven Benutzer/Dienste-Authentisierung* widmen sich mehrere Protokolle wie *oAuth* und *OpenID*. Speziell Zahlungssysteme verlangen eine Benutzer-Identifikation, die über mehrere Domains bzw. Realms erfolgen muss: *Authentisierung-Proliferation*. Lösungsvorschläge wie *OpenID* [`http://openid.net/`], *OAuth* [`http://oauth.net/`] und *SAML* (*Security Access Markup Language*) [`http://saml.xml.org/`] sowie jüngst *Shibboleth* [`http://shibboleth.net/`], die allerdings untereinander inkompatibel sind und zudem ein Vertrauensmodell verlangen, das zwar prinzipiell technisch definiert und aufgebaut werden kann, immer aber auch eine politische Komponente aufweist.

**Dienste/Dienste-Authentisierung:**
Vermehrt treten in heutigen Netzinfrastrukturen Software-Dienste als Auslöser nachfolgender Aktionen auf, für die ebenso Credentials eingefordert werden müssen:

X.509-Authentisierung

- In Zeiten des *Cloud Computing* müssen sich die Applikationen untereinander authentisieren. Im Prinzip kann dies durch X.509-Zertifikate – und hier speziell Client-Zertifikate (vgl. Abschnitt 6.2) – erfolgen; aber dies bringt neben einem erheblichen Verwaltungsaufwand auch eine durchaus beachtliche Last auf den Systemen mit sich. Zudem sind die Zertifikate zyklisch auszutauschen. Fehlerhafte Zertifikate führen zu einer Dysfunktion der Anwendung.

Kerberos

- Ein umfassendes Konzept zur Authentisierung von Benutzern und Diensten untereinander steht schon seit Jahren mit Kerberos zur Verfügung, das einen zeitlich beschränkten Zugangs-Token für Dienste, Benutzer und Anwendungen zur Verfügung stellt [RFC 4120]. Wie die meisten 'sicheren' Lösungen ist Kerberos 'schwergewichtig' und zudem nicht für alle Applikationen verfügbar.

# 15 Unterstützung der Mobilität in IP-Netzen

Mobilität mit MIP

Mobile Rechner mit Internetanschluss, Notebooks, Tablets und Smartphones mit WLAN-Adaptern werden immer beliebter. Das Protokoll, das die Mobilität in Netzen mit IPv4 unterstützt, heißt MIP (*Mobile IP* bzw. *Mobile IPv4*, MIPv4). Ein mobiler Rechner mit dem MIP kann z.B. ein Subnetz während einer bestehenden und aktiven TCP-Verbindung bzw. einer anderen Session wechseln, ohne diese abbrechen zu müssen.

MIPv6 und HMIPv6

Um die Mobilität von einzelnen Rechnern (*Host Mobility*) in IP-Netzen mit dem IPv6 zu ermöglichen, wurde das *Mobile IPv6* (*MIPv6*) entwickelt. MIPv6 kann als Erweiterung des IPv6 bezüglich der Unterstützung der Mobilität angesehen werden. Falls ein mobiler Rechner während einer bestehenden Session ein Subnetz wechselt, darf die bestehende Session nicht abgebrochen werden. Die Übernahme eines mobilen Rechners in einem neuen Subnetz während einer Session wird *Handover* genannt. Weil eine bestehende Session beim *Handover* 'eingefroren' wird, muss die Dauer des *Handover* so weit wie möglich reduziert werden, um die Qualität von Echtzeitapplikationen wie z.B. Voice over IP nicht negativ zu beeinflussen. Hierfür wurde HMIPv6 (*Hierarchical Mobile IPv6*) entwickelt.

Virtual Network Mobility

Infolge der Virtualisierung von Rechnern und durch die Bildung der aus virtuellen Rechnern, auch *Virtual Machines* genannt, bestehenden virtuellen Netzwerke entsteht ein großer Bedarf, die Mobilität von virtuellen Netzwerken (*Virtual Network Mobility*) so zu realisieren, dass dabei die IP-Adressen von transferierten virtuellen Rechnern unverändert bleiben. Eine solche Wunschvorstellung lässt sich aber nur durch eine Verbesserung der Adressierung beim IP verwirklichen. Hierfür wurden bereits zwei revolutionäre, bereits in Abschnitt 13.7 kurz dargestellte Konzepte von der IETF spezifiziert: das modernisierte Protokoll IP, das als *Identifier-Locator Network Protocol* (ILNP) bezeichnet wird und das Protokoll LISP (*Locator/ID Separation Protocol*). Daher sei hier für die Darstellung der grundlegenden Ideen der Mobilität virtueller Netzwerke auf Abschnitt 13.7 verwiesen.

Überblick über das Kapitel

Dieses Kapitel stellt die Ansätze und die Protokolle für die Unterstützung der Mobilität in IP-Netzen dar. Abschnitt 15.1 geht kurz auf die verschiedenen Ansätze ein. Die Prinzipien von Roaming zwischen öffentlichen WLANs (Hotspots) erläutert Abschnitt 15.2. Die Funktionsweise des MIPv4 wird in Abschnitt 15.3 dargestellt. Abschnitt 15.4 erläutert das Konzept des MIPv6. Auf das HMIPv6 geht Abschnitt 15.5 ein. Ergänzende Bemerkungen in Abschnitt 15.6 schließen dieses Kapitel ab.

Ziel dieses Kapitels

In diesem Kapitel werden u.a. folgende Fragen beantwortet:

- Welche Ansätze und Protokolle zur Unterstützung der Mobilität in IP-Netzen gibt es und welche Möglichkeiten eröffnen diese?
- Wie kann Roaming zwischen Hotspots realisiert werden?
- Welche Idee liegt den Protokollen MIPv4 und MIPv6 zugrunde?
- Welche Probleme müssen gelöst werden, die Mobilität in IP-Netzen zu ermöglichen?
- Wie verläuft die Kommunikation beim Einsatz von MIPv4 bzw. von MIPv6?
- Wie unterstützt HMIPv6 die Mobilität in WLANs mit mehreren Zellen?

## 15.1 Ansätze zur Unterstützung der Mobilität

Hotspot als PWLAN

WLANs (*Wireless LANs*) werden in Unternehmen häufig als Erweiterung von kabelgebundenen Netzwerken eingesetzt. Sie werden auch in öffentlichen Bereichen wie z.B. in Hotels, auf Flughäfen, in Sitzungssälen installiert. Ein WLAN, das in einem öffentlichen Bereich eingerichtet wird und als Internet-Zubringer für mobile Rechner dient, bezeichnet man als *Hotspot* bzw. als *PWLAN* (*Public WLAN*).

Bedeutung von Hotspot-Roaming

Ein Benutzer, der mit seinem tragbaren Rechner unterwegs ist, sollte die Möglichkeit haben, jeden Hotspot so zu nutzen, wie er es in seiner Firma bzw. zu Hause gewohnt ist, ohne immer ein Entgelt für die Hotspot-Nutzung zahlen zu müssen. Das *Hotspot-Roaming* ermöglicht die 'Wanderung' von Benutzern zwischen Hotspots verschiedener Betreiber. Man spricht hierbei auch von *PWLAN-Roaming*.

MIPv4, MIPv6 und HMIPv6

Heutige Notebooks und Tablet-Rechner verfügen heute über praktisch ausnahmslos über einen WLAN-Adapter. Das Protokoll *Mobile IP* (*MIP*) ermöglicht die uneingeschränkte Nutzung dieser Adapter und damit die Mobilität in IP-Netzen. Man unterscheidet zwischen dem *MIP für IPv4* (*MIPv4*) und dem *MIP für IPv6* (*MIPv6*). Eine Erweiterung des MIPv6 stellt *Hierarchical Mobile IPv6* (*HMIPv6*) dar.

### 15.1.1 Bedeutung von WLAN- und Hotspot-Roaming

Struktur von Hotspots

Um ein öffentliches Gebiet mit den WLAN-Diensten zu versorgen, können in einem Hotspot mehrere *Access Points* installiert werden. Abb. 15.1-1 veranschaulicht die allgemeine Struktur von Hotspots.

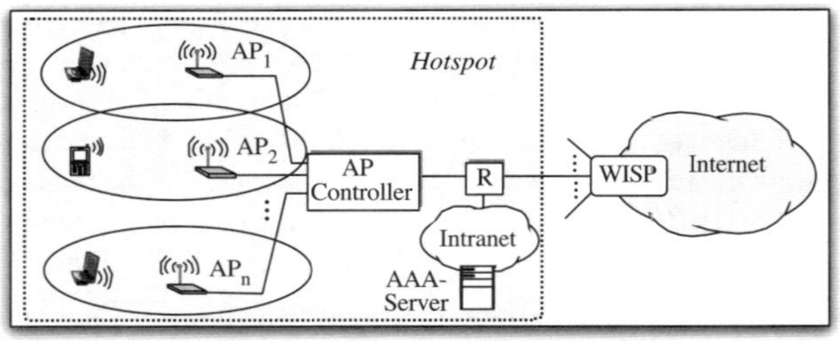


**Abb. 15.1-1:** Struktur von Hotspots für den mobilen Internetzugang
WISP: Wireless Internet Service Provider

WLAN-Roaming

Die Rechner im Übertragungsbereich eines *Access Point* (AP) teilen sich eine Funkzelle. Falls ein mobiler Rechner 'wandert', kann er die Funkzelle eines AP verlassen und in die Funkzelle eines anderen AP hineingehen. Dass ein mobiler Rechner in einem WLAN, in dem mehrere Funkzellen vorhanden sind, von einer Funkzelle zu einer anderen wandern kann, ohne die bestehende Verbindung zu verlieren, wird möglich durch das sog. *WLAN-Roaming* [Abschnitt 15.3]. Hierbei ist zu unterscheiden, ob die beiden APs zu demselben IP-Subnetz oder zu verschiedenen IP-Subnetzen gehören:

- Falls die beiden APs zu dem gleichen IP-Subnetz gehören, handelt es sich um ein *Layer-2-Roaming*.
- Gehören sie zu verschiedenen IP-Subnetzen, handelt es sich um ein *Layer-3-Roaming*.

Layer-2-Roaming mit IAPP

Um Layer-2-Roaming zu realisieren, müssen sich die Funkzellen benachbarter APs etwas überlagern. Hält sich ein mobiler Rechner noch im diesem Bereich auf, in dem sich die Funkzellen von zwei benachbarten APs überlagern, kann er sich bereits beim neuen AP anmelden, ohne sich vorher beim alten AP abmelden zu müssen. In diesem Fall würde eine aktive Verbindung des Rechners nicht abbrechen. Für die Unterstützung von Layer-2-Roaming wurde in der IEEE 802.11-Arbeitsgruppe das Protokoll IAPP (*Inter Access Point Protocol*) als Standard IEEE 802.11f spezifiziert, wurde aber mittlerweile widerrufen [Abschnitt 12.3].

Layer-3-Roaming mit MIP

Hat der mobile Rechner den AP gewechselt, d.h. es hat auch ein Layer-2-Roaming stattgefunden, und ist er zusätzlich in ein neues IP-Subnetz hineingegangen, muss nun das MIP zum Einsatz kommen.Bei MIP kann der mobile Rechner während einer bestehenden Session in ein anderes IP-Subnetz aufgenommen werden, ohne die Session abbrechen zu müssen. Das MIP ist somit die Voraussetzung für das Layer-3-Roaming in WLANs.

WISP

Mit der Einführung von Hotspots ist eine neue Art von ISPs entstanden. Man bezeichnet sie als *WISPs* (*Wireless ISPs*). Ein WISP ist in der Regel ein Unternehmen, das Hotspots bei seinen Kunden (wie z. B. Hotels, Flughäfen) installiert, dieser Hotspots über einheitliche Methoden den Internetzugang anbietet und diesen Zugang gemäß einem Vertrag mit dem Kunden abrechnet. Es gibt bereits mehrere WISPs, die ihre Hotspot-Dienste bundesweit anbieten.

Von großer Bedeutung ist die Möglichkeit, dass ein Benutzer mit seinem tragbaren Rechner von einem Hotspot zu einem anderen 'wandern' und diesen als Gast nutzen kann. In diesem Zusammenhang ist zwischen folgenden zwei Fällen zu unterscheiden:

Benutzer im Heimat-Hotspot

- Ein Benutzer ist im Hotspot, in dem er sich gerade aufhält, auf Dauer bzw. auf eine lange Zeit registriert. In diesem *Heimat-Hotspot* verfügt er über gewisse Zugangsrechte bzw. über einen noch nicht verbrauchten Account. Nur in seinem *Heimat-Hotspot* wird lokal überprüft, ob das Internet für ihn freigeschaltet werden soll.

Benutzer im Fremd-Hotspot

- Ein Benutzer hält sich gerade nicht in seinem Heimat-Hotspot auf, sondern als 'Gast' in einem *Fremd-Hotspot*. Dort verfügt er über keine bevorzugten Zugangsrechte. Gilt aber eine Vereinbarung zwischen dem WISP des Fremd-Hotspot und dem WISP des Heimat-Hotspot, kann der Internetzugang für den Gastbenutzer im Fremd-Hotspot freigeschaltet werden.

Mobilität ohne Roaming

Schließt ein Benutzer einen Vertrag mit dem WISP, wird er dort registriert und bekommt für ein bestimmtes Entgelt die Berechtigung, die Hotspots des WISP für den Internetzugang zu nutzen. Die Benutzerdaten werden in diesem Fall im zentralen AAA-Server (siehe Abschnitt 13.2) beim WISP abgespeichert, sodass der Benutzer nicht nur in einem Hotspot beheimatet ist, sondern alle Hotspots seines Heimat-WISP nutzen kann. Abb. 15.1-2 bringt dies zum Ausdruck

Bedeutung des RADIUS

Hält sich der Benutzer in einem Hotspot seines WISP auf, muss eine Anfrage von dort an den WISP als Zentrale abgeschickt werden, um die Berechtigung des Benutzers zu überprüfen. Hierfür ist ein *AAA-Protokoll* nötig. Als derartiges Protokoll dient das Protokoll RADIUS (*Remote Authentication Dial-In User Service*), das nach dem Client-Server-Prinzip funktioniert [Abschnitt 14.2]. Wie Abb. 15.1-2 zeigt, enthalten die einzelnen Hotspots jeweils einen RADIUS-Client als *NAS-Client*. Diese Clients übermitteln die entsprechenden Anfragen an den RADIUS-Server beim WISP, um die Berechtigung von Benutzern zu überprüfen. Der RADIUS-Server beim WISP stellt einen *AAA-Server* dar.

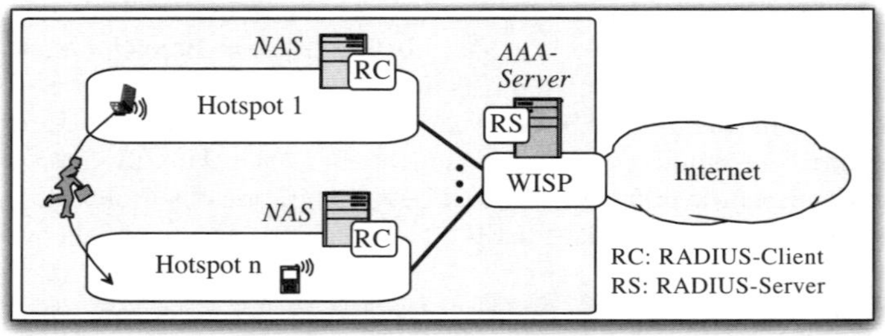


**Abb. 15.1-2:** WISP als Betreiber mehrerer Hotspots
AAA: Authentication-Authorization-Accounting, NAS: Network Access Server

Abb. 15.1-3 zeigt die Situation, in der ein Benutzer mit seinem tragbaren Rechner unterwegs ist. Hält er sich im Bereich eines Hotspot seines Heimat-WISP auf, wird eine Abfrage zur Überprüfung seiner Berechtigung direkt an den AAA-Server bei seinem Heimat-WISP übermittelt. Weil der Benutzer also weiterhin bei seinem Heimat-WISP ist, findet hier kein Hotspot-Roaming statt.

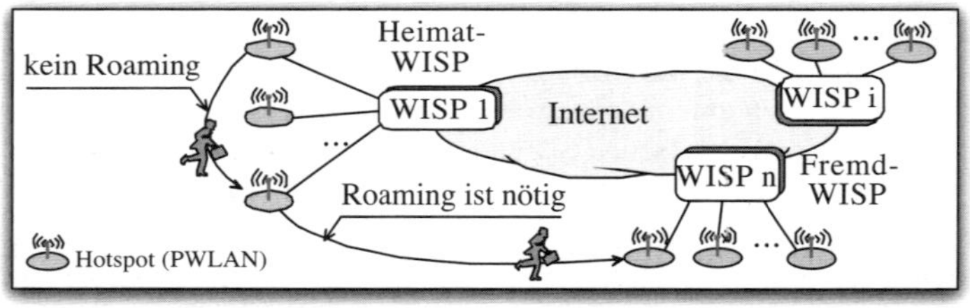


**Abb. 15.1-3:** Notwendigkeit von Hotspot-Roaming (PWLAN-Roaming)

Hotspot-Roaming

Ist der Benutzer unterwegs und hält sich in einem Hotspot eines Fremd-WISP auf, wünscht er sich natürlich, den Hotspot des Fremd-WISP so nutzen zu dürfen, als ob er in seinem Heimat-WISP wäre. Diesen Wunsch könnte man dadurch erfüllen, dass der Heimat- und der Fremd-WISP eine entsprechende *Roaming-Vereinbarung* unterzeichnen. Damit können die Benutzer, die bei einem von diesen beiden WISPs registriert sind, alle Hotspots von beiden WISPs so nutzen, dass sie keinen Unterschied merken, ob sie in einem Hotspot ihres Heimat-WISP oder des Fremd-WISP sind. Diese Möglichkeit wird in Abschnitt 15.2.2 ausführlicher dargestellt.

## 15.1.2 Hauptproblem der Mobilität in IP-Netzen

Die Lokation von Rechnern in IP-Netzen wird bestimmt durch ihre IP-Adressen. Ein IP-Netz stellt im Allgemeinen eine Vernetzung mehrerer IP-Subnetze dar, die miteinander durch Router verbunden werden. Um die Mobilität in IP-Netzen zu unterstützen, muss man die Lokation eines Rechners feststellen können, also in welchem IP-Subnetz sich ein mobiler Rechner aktuell aufhält.

Heimatsubnetz

Ein Rechner am IP-Netz mit einer IP-Adresse gehört immer zu einem IP-Subnetz. Dies bedeutet, das der Rechner in einem IP-Subnetz beheimatet ist. Die IP-Adresse des Rechners in seinem Heimatsubnetz kann somit als Heimatadresse interpretiert werden. Bei einem mobilen Rechner muss man damit rechnen, dass er sein Heimatsubnetz verlässt und sich vorübergehend in einem *Fremdsubnetz* aufhält. Dies führt zu einem Subnetzwechsel, der in Abb. 15.1-4 illustriert wird. Hier sendet ein Rechner am Internet ein IP-Paket an den Zielrechner im Subnetz `135.168.34/24`. Der Router $R_x$ im Internet leitet dieses IP-Paket anhand der Routing-Tabelle an den Router $R_1$ weiter. Da der Zielrechner sein Heimatsubnetz verlassen hat, kann das IP-Paket hier den Zielrechner nicht erreichen.

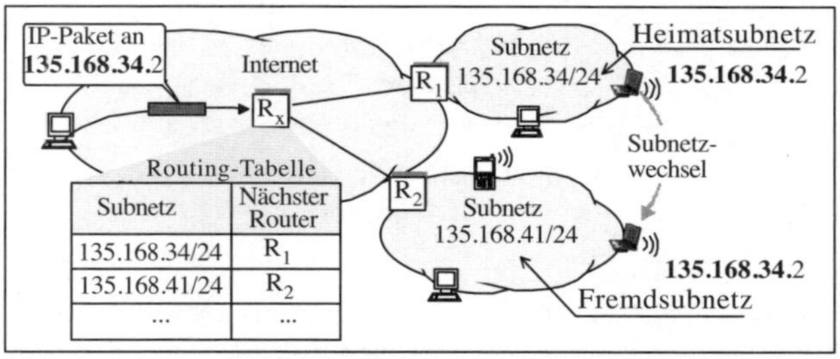


**Abb. 15.1-4:** Mobilität in IP-Netzen führt zu einem Subnetzwechsel
R: Router

Folge des Subnetzwechsels

Die an einen Rechner adressierten IP-Pakete werden immer in sein Heimatsubnetz übermittelt. Wenn ein mobiler Rechner sein Heimatsubnetz aber verlassen hat, müssen sie in das Fremdsubnetz, in dem der mobile Rechner sich gerade aufhält, weitergeleitet werden. Im Fremdsubnetz muss dem mobilen 'Gastrechner' eine neue vorläufige IP-Adresse zugewiesen werden, um ihn innerhalb dieses Fremdsubnetzes eindeutig lokalisieren zu können. Um einen Gastrechner in einem Fremdsubnetz zu erreichen, muss dieses Fremdsubnetz dem Router $R_1$ in seinem Heimatsubnetz bekannt sein.

Dies wird mit dem Protokoll *Mobile IP* (MIP) gelöst. Das MIP ermöglicht die Weiterleitung der IP-Pakete zu mobilen Rechnern, die sich in irgendwelchen Fremdsubnetzen aufhalten und ihre Heimatadressen weiter verwenden.

## 15.1.3 Die grundlegende Idee des Mobile IP

Internet versus Postdienst

Das Internet ist kein einzelnes physikalisches Netz, sondern stellt einen Dienst für die Übermittlung von IP-Paketen in einem weltweiten Verbund unterschiedlicher physikalischer Übermittlungsnetze dar. Logisch gesehen stellt das Internet eine Nachbildung des weltweiten Briefpostdienstes dar, wobei ein IP-Paket einem Brief und eine IP-Adresse einer postalischen Adresse entspricht. Der Postdienst basiert auf einer Vernetzung von Postleitzahlgebieten. Das Internet stellt eine Vernetzung von IP-Subnetzen dar. Somit entspräche ein IP-Subnetz einem Postleitzahlgebiet. Beim Postdienst findet eine Unterstützung der Mobilität statt. Sie besteht darin, dass ein Brief nach dem Umzug eines Adressaten an seine neue Adresse nachgeschickt werden kann. Abb. 15.1-5 zeigt dieses Prinzip der Nachsendung beim Postdienst.

Mobilität beim Postdienst

**Beispiel**: Die Unterstützung der Mobilität beim Postdienst lässt sich wie folgt zusammenfassen [Abb. 15.1-5]:

1. Der Brief wird an eine Briefverteilungsstelle übergeben.
2. Der Brief wird von der Briefverteilungsstelle im Postleitzahlgebiet des Absenders an die Briefverteilungsstelle (das Postamt) des Adressaten übermittelt. Der Adressat hat

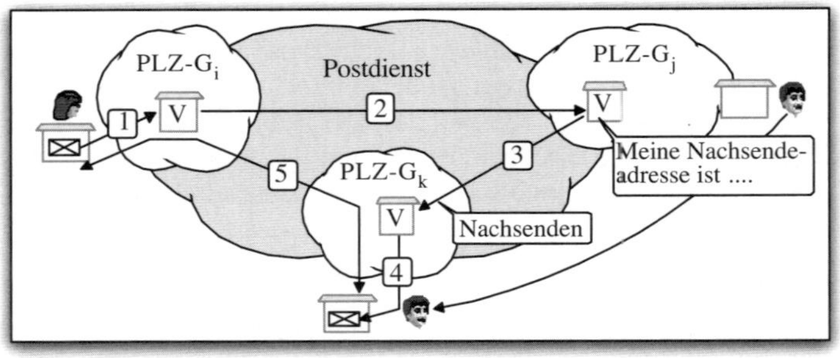


**Abb. 15.1-5:** Unterstützung der Mobilität beim Postdienst
PLZ-G: Postleitzahl-Gebiet, V: Verteilungsstelle

aber sein Postleitzahlgebiet verlassen und ist unter einer neuen Adresse zu erreichen. Er hat die *Nachsendeadresse* seinem Postamt mitgeteilt.

3. Der Brief wird an die Briefverteilungsstelle des Postleitzahlgebiets aus der Nachsendeadresse transportiert.
4. Der Brief wird an die Nachsendeadresse übergeben.
5. Es kann nun direkter Briefaustausch zwischen den beiden Personen stattfinden.

Nachsendeprinzip als MIP-Idee

Die Unterstützung der Mobilität in IP-Netzen basiert auf dem gleichen Prinzip, hier werden ähnliche Schritte unternommen. Es existieren jedoch Unterschiede zwischen dem Mobile IPv4 und dem Mobile IPv6.

## 15.1.4 Idee des Mobile IPv4

Die IP-Adresse eines Rechners in seinem Heimatsubnetz ist seine Heimat-IP-Adresse, sie wird kurz als *HoA* (*Home Address*) bezeichnet. Wechselt ein mobiler Rechner nun das IP-Subnetz, müssen die an ihn gesandten IP-Pakete in ein Fremdsubnetz nachgeschickt werden. Dies entspricht der Nachsendung von Briefen beim Postdienst [Abb. 15.1-5].

Prinzip des MIPv4

Die Art und Weise der Unterstützung der Mobilität in Netzen mit dem IPv4 definiert das *Mobile IP* [RFC 3344/3220]. Man spricht hierbei auch vom *MIPv4* (*Mobile IPv4*). Beim MIPv4 kann man ähnliche Prinzipien erkennen wie beim Postdienst. Abb. 15.1-6 illustriert das Prinzip der Mobilität nach dem MIPv4. Beim MIPv4 werden zwei Funktionsmodule, die sog. *Mobility Agents* , für die 'Betreuung' von mobilen Rechnern definiert. Ein Mobility Agent kann

- *Heimatagent* (*HA*, *Home Agent*) oder
- *Fremdagent* (*FA*, *Foreign Agent*) sein.

Ein HA wird in der Regel als Funktionsmodul auf einem Router im Heimatsubnetz installiert. Er wird vom mobilen Rechner darüber informiert, in welchem Fremdsubnetz sich dieser gerade aufhält. Der HA leitet die im Heimatsubnetz ankommenden und an den mobilen Rechner adressierten IP-Pakete weiter in das Fremdsubnetz, in dem der mobile Rechner sich aktuell aufhält. Der Mobility Agent, der für jeden mobilen Rechner, der sich in einem Fremdsubnetz aufhält, zuständig ist, stellt einen FA dar. Ein FA wird wie ein HA in der Regel als Funktionsmodul auf einem Router installiert.

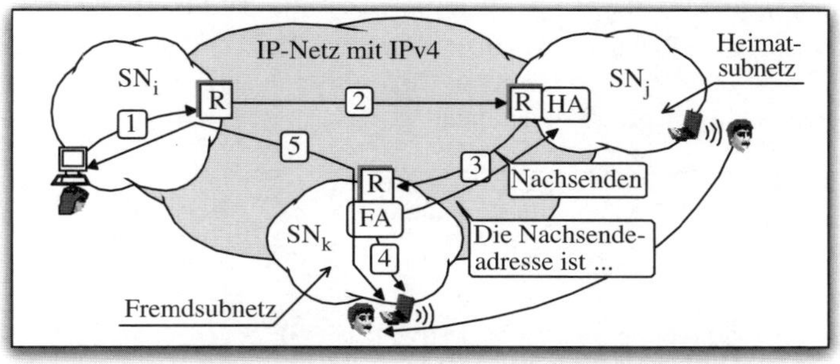


**Abb. 15.1-6:** Unterstützung der Mobilität in IPv4-Netzen nach MIPv4
FA: Fremdagent, HA: Heimatagent, R: Router, SN: Subnetz

Mobilität bei MIPv4

**Beispiel**: Wie in Abb. 15.1-6 ersichtlich, unterscheidet man beim MIPv4 folgende Schritte beim Verlauf der Kommunikation zwischen einem stationären und einem mobilen Rechner:

1. Ein Paket, das an einen Rechner im Zielsubnetz $SN_j$ adressiert ist, wird an den Router im lokalen Subnetz $SN_j$ übermittelt.
2. Das IP-Paket wird vom Quellsubnetz $SN_i$ des Quellrechners an das Subnetz $SN_j$ des Zielrechners übermittelt. Der mobile Zielrechner hat aber sein Heimatsubnetz verlassen. Daher müssen die an ihn adressierten IP-Pakete in ein Fremdsubnetz, in dem dieser Rechner sich gerade aufhält, weitergeleitet werden. Im Fremdsubnetz wird dem mobilen Gastrechner eine vorläufige IP-Adresse zugewiesen, um ihn innerhalb dieses Fremdsubnetzes zu lokalisieren. Diese Adresse wird als *Care-of-Address* (CoA) bezeichnet, und sie stellt die IP-Nachsendeadresse dar. Die CoA des Gastrechners ist dem FA bekannt und er übermittelt sie an den HA im Heimatsubnetz. Damit ist die CoA als Nachsendeadresse auch dem HA bekannt.
3. Das IP-Paket wird vom HA an die CoA weitergeleitet. Dieses IP-Paket, das im Header aber jedoch als IP-Zieladresse die HoA des mobilen Rechners enthält, wird hierfür in ein anderes IP-Paket eingekapselt. Im Header des äußeren IP-Pakets wird die CoA als IP-Zieladresse eingetragen. Man bezeichnet dies als *IP-in-IP-Encapsulation*.
4. Das IP-Paket wird im Fremdsubnetz an den Gast-Rechner übermittelt.
5. Zwischen den beiden Rechnern kann nun eine indirekte Kommunikation – aber nur über den FA – stattfinden. Das ist ein Nachteil des MIPv4 im Vergleich zum MIPv6 [Abb. 15.1-7], bei dem kein FA mehr benötigt wird.

Das MIPv4 wird im Abschnitt 15.3 ausführlicher dargestellt.

### 15.1.5 Idee des Mobile IPv6

Beim MIPv6 wurden sowohl die Erfahrungen, die bei der Entwicklung des MIPv4 gesammelt wurden, als auch die zusätzlichen Möglichkeiten, die das IPv6 bietet, berücksichtigt. Das MIPv6 bietet neben allen Funktionen des MIPv4 viele Erweiterungen und kann im Gegensatz zum MIPv4 als ein integrierter Bestandteil des IPv6 angesehen werden. MIPv6 ist in RFC 3775 spezifiziert.

Unterschied zwischen MIPv4 und MIPv6

Die Mobilität in IP-Netzen mit dem IPv6 illustriert Abb. 15.1-7. Hierbei ist auf den Unterschied zwischen MIPv4 und MIPv6 zu verweisen: Der Gastrechner im Fremdsubnetz $SN_k$ übermittelt seine Nachsendeadresse CoA selbst an seinen HA im Heimatsubnetz, also ohne den FA in Anspruch zu nehmen.

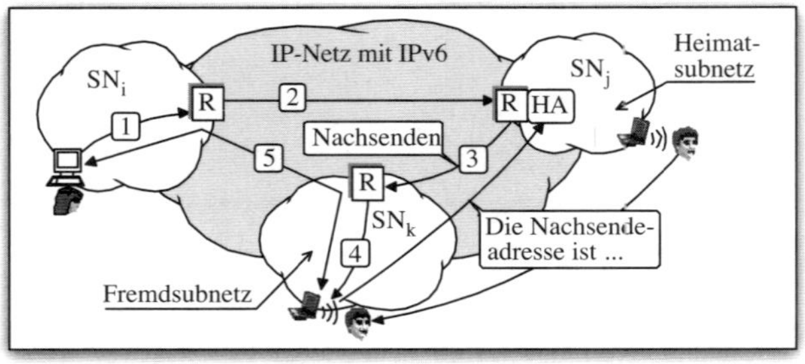


**Abb. 15.1-7:** Unterstützung der Mobilität in IPv6-Netzen nach dem MIPv6
HA: Heimatagent, R: Router, SN: Subnetz

Mobilität bei MIPv6

Beim Verlauf der Kommunikation zwischen einem stationären und einem mobilen Rechner unterscheidet man nach dem MIPv6 folgende Schritte:

1. Dieser Schritt entspricht dem Schritt 1 beim MIPv4 [Abb. 15.1-6].
2. Dieser Schritt entspricht dem Schritt 2 beim MIPv4.
3. Das IP-Paket wird vom HA an die CoA weitergeleitet. Dieser Schritt entspricht Schritt 3 beim MIPv4.
4. Das IPv6-Paket wird im Fremdsubnetz an den Gastrechner übermittelt. Dieser Schritt entspricht Schritt 4 beim MIPv4.
5. Zwischen den beiden Rechnern kann nun eine direkte Kommunikation stattfinden. Das ist ein großer Unterschied im Gegensatz zum MIPv4, bei dem nur eine Kommunikation über einen FA möglich war.

Auf das Konzept des MIPv6 geht Abschnitt 15.4 ausführlich ein.

## 15.2 Roaming zwischen Hotspots

Auf die Bedeutung von Hotspot-Roaming wurde bereits in Abschnitt 15.1.1 hingewiesen. Eine einfache Lösung für Hotspot-Roaming entsteht bereits dann, wenn zwei WISPs ein *Roaming-Agreement* vereinbart haben. Das Ziel dieser Vereinbarung ist es, den bei ihnen registrierten Benutzern die Möglichkeit zu verschaffen, dass die bei einem WISP registrierten Benutzer alle Hotspots des anderen WISP so nutzen dürfen, als ob sie sich in einem Hotspot des Heimat-WISP befänden. Wie Abb. 15.2-1 zeigt, handelt es sich hier um ein *bilaterales Hotspot-Roaming*.

Was enthält das Roaming-Agreement?

In jedem Roaming-Agreement wird u.a. festgelegt:

- Wie sollen die Authentisierung und die Autorisierung (Wer sind Sie und was dürfen Sie?) von 'fremden' Benutzern erfolgen? Hierfür kann die NAS-Komponente [Abb. 15.1-2] im Hotspot des Fremd-WISP genutzt werden, um den AAA-Server des Heimat-WISP über das Internet abzufragen.
- Wie wird die Hotspot-Nutzung durch die 'fremden' Benutzer abgerechnet?

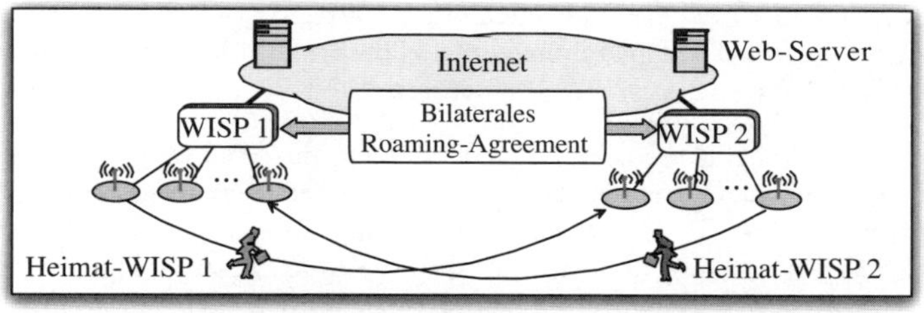


**Abb. 15.2-1:** Bilaterales Hotspot-Roaming zwischen zwei WISPs

## 15.2.1 Hotspot-Roaming zwischen mehreren WISPs

Um globales Hotspot-Roaming zu erreichen, falls mehrere WISPs agieren und ihre Hotspots für die öffentliche Nutzung anbieten, müsste normalerweise jeder WISP mit allen anderen WISPs ein *bilaterales Roaming-Agreement* abschließen. Um dieses aufwendige Vorgehen zu umgehen, kann ein Roaming-Koordinator eingerichtet werden, sodass die einzelnen WISPs nur mit ihm ihre Roaming-Agreements abschließen müssen. Abb.15.2-2 zeigt eine derartige Lösung.

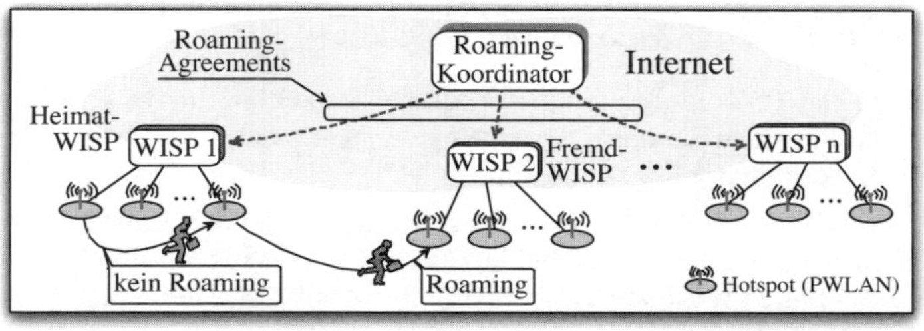


**Abb. 15.2-2:** Hotspot-Roaming zwischen mehreren WISPs über einen Roaming-Koordinator

Für jeden WISP stellt der Roaming-Koordinator eine Vertretung anderer WISPs dar und übernimmt zusätzlich folgende Aufgaben:

Aufgabe des Roaming-Koordinators

- Er rechnet das Entgelt für die Nutzung von Hotspots jedes WISP durch die fremden Benutzer ab, die in seinen Hotspots zu Gast waren.
- Er bietet bestimmte Dienste bei der Authentisierung und der Authentisierung von 'fremden' Benutzern, die in einem Hotspot zu Gast sind. Es handelt sich hierbei vor allem um die Bereitstellung eines RADIUS-Proxy-Servers [Abb. 15.2-3].

Ein Roaming-Koordinator kann auch als verteiltes und hierarchisches System strukturiert werden, in dem es mehrere Unterkoordinatoren gibt.

## 15.2.2 Ablauf des Hotspot-Roaming

RADIUS-Proxy-Server

Hält sich ein Benutzer mit seinem Rechner in einem Hotspot eines Fremd-WISP auf, muss eine Abfrage für die Überprüfung seiner Berechtigung an den Heimat-WISP übermittelt werden. Hierfür kann das Protokoll RADIUS verwendet werden [Abschnitt 14.2]. Da das RADIUS nach dem Client/Server-Prinzip funktioniert, muss daher bei jedem WISP sowohl ein *RADIUS-Client* (RC) als auch ein *RADIUS-Server* (RS) installiert werden, um die Berechtigung von Hotspot-Benutzern zu überprüfen. Beim Roaming-Koordinator wird ein RADIUS-Proxy-Server (RPS) eingesetzt. Abb. 15.2-3 illustriert dies.

**Beispiel**: Der RC beim Fremd-WISP *i* übermittelt eine Anfrage an den RPS beim Roaming-Koordinator, um die Berechtigung eines Gastbenutzers zu überprüfen, der beim WISP *n* beheimatet ist. Der RPS kann als Vertretung von RS anderer WISPs (hier ausgenommen WISP *i*) dienen. Er leitet die Anfrage des RC beim Fremd-WISP *i* an den RS des Heimat-WISP *n* weiter. Im RS beim Heimat-WISP *n* sind die Zugriffsrechte des betreffenden Benutzers abgespeichert.

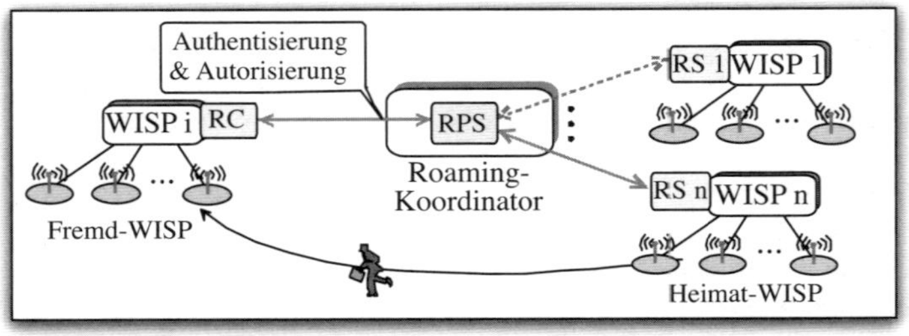


**Abb. 15.2-3:** Bedeutung des RADIUS-Proxy-Servers beim Roaming-Koordinator
RC: RADIUS-Client, RPS: RADIUS-Proxy-Server, RS: RADIUS-Server

Der Vorteil eines RPS beim Roaming-Koordinator besteht darin, dass jeder neue WISP direkt an ein bestehenden Roaming-System angebunden werden kann, sobald er ein Agreement mit dem Koordinator abgeschlossen hat.

Ablauf von Hotspot-Roaming

**Beispiel**: Abb. 15.2-4 illustriert, welche Funktionen durchgeführt werden müssen, bevor der Internetzugang freigeschaltet werden kann. Hier hält sich ein Benutzer in einem Hotspot eines Fremd-WISP auf. Daher wird eine Abfrage für die Überprüfung seiner Berechtigung über den Roaming-Koordinator an seinen Heimat-WISP übermittelt.

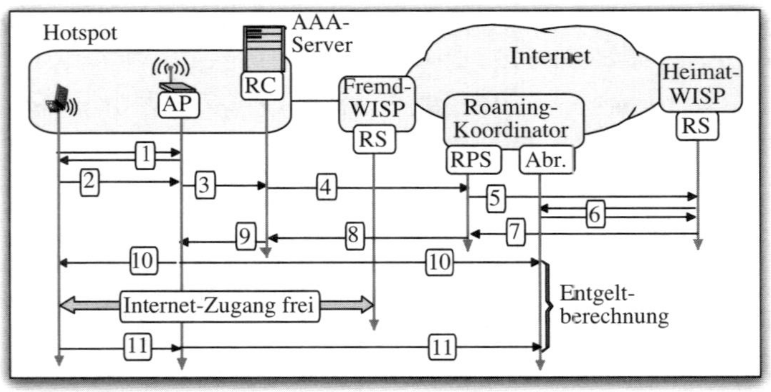


**Abb. 15.2-4:** Ablauf von Hotspot-Roaming beim Einsatz eines Roaming-Koordinators
Abr.: Abrechnungsmodul, AC: Access Controller, RC: RADIUS-Client,
RPS: RADIUS-Proxy-Server, RS: RADIUS-Server

Für den Internetzugang eines Gastbenutzers über den Hotspot eines Fremd-WISP unter Nutzung eines Roaming-Koordinators unterscheidet man folgende Schritte:

1. Die Anfrage des Gastbenutzers im Hotspot wird über einen Access Point an den Access Controller (AC) geleitet. Dieser erkennt, dass es sich um einen noch nicht authentisierten Benutzer handelt, und liefert dem Benutzer eine Webseite mit Login-Angaben, um seine Berechtigung zu überprüfen.
2. Der Benutzer macht die Login-Angaben und übergibt sie an den AC.
3. Der AC übermittelt die Login-Angaben an den RC.
4. Der RC erkennt, dass es sich um einen 'fremden' Benutzer handelt, der bei einem anderen WISP registriert sein könnte. Somit übergibt er die Login-Angaben an den RPS beim Roaming-Koordinator.
5. Der RPS übermittelt nun die Login-Angaben an den RS beim Heimat-WISP des Benutzers zur Überprüfung seiner Berechtigung.
6. Die Überprüfung der Berechtigung im RS vom Heimat-WISP hat zu einem positiven Ergebnis geführt. Darüber wird das Abrechnungssystem beim Roaming-Koordinator informiert.
7. Das positive Ergebnis der Überprüfung im RS beim Heimat-WISP wird an den RPS beim Roaming-Koordinator übergeben.
8. Dieser leitet diese Information an den RC beim Fremd-WISP weiter.
9. Der AC beim Fremd-WISP wird über das positive Ergebnis der Überprüfung des Gastbenutzers informiert.
10. Der AC schaltet den Internetzugang für den fremden Benutzer frei, sodass er jetzt das Internet nutzen kann. Darüber informiert er auch das Abrechnungssystem beim Roaming-Koordinator, um dort die Entgeltberechnung zu starten.
11. Der Benutzer signalisiert dem AC, dass er den Internetzugang nicht mehr braucht. Eine Information darüber wird auch an das Abrechnungssystem beim Roaming-Koordinator übergeben, um dort die Entgeltberechnung zu stoppen. Das Abrechnungssystem beim Roaming-Koordinator hat nun die Aufgabe, das berechnete Entgelt für die Hotspot-Nutzung beim Heimat-WISP des betreffenden Benutzers abzubuchen und es dem Fremd-WISP gutzuschreiben.

## 15.3 Funktionsweise des MIPv4

Die grundlegende Idee des MIPv4 wurde bereits in Abschnitt 15.1.4 dargestellt. Beim MIPv4 (kurz MIP genannt) wird angenommen, dass jeder mobile Rechner folgende Adressen besitzt [RFC 3344/3220]:

- eine *Heimatadresse* (*HoA*, *Home Address*) in seinem Heimatsubnetz und
- eine temporäre IP-Adresse, die sog. *Care-of-Address* (*CoA*), falls er sich in einem Fremdsubnetz aufhält.

HoA als stationäre Adresse

Die HoA eines mobilen Rechners ist die IP-Adresse, unter der er seinen Kommunikationspartnern immer bekannt ist. Sie ist ihm in seinem Heimatsubnetz zugeordnet und bleibt auch dann erhalten, wenn der mobile Rechner sein Heimatsubnetz verlassen hat und sich von einem Fremdsubnetz in ein anderes Fremdsubnetz bewegt. Die Subnetz-ID der HoA ist identisch mit der Subnetz-ID, die die stationären Rechner und Router im Heimatsubnetz des mobilen Rechners besitzen.

CoA als Nachsendeadresse

Die CoA ist eine IP-Adresse, die ein mobiler Rechner temporär benutzt, wenn er in ein Fremdsubnetz wechselt. Sie kann als *Nachsendeadresse* angesehen werden, die angepasst wird, wenn der mobile Rechner ein Fremdsubnetz besucht [Abb. 15.1-6].

Modi des MIP

Beim MIP sind zwei Modi zu unterscheiden:

- **Foreign-Agent-Modus**
  In diesem Modus ist ein Fremdagent (*Foreign Agent*, FA) im Fremdsubnetz vorhanden und die CoA stellt die IP-Adresse des Fremdagenten dar. Die Gastrechner, die sich im Subnetz dieses Agenten aufhalten, nutzen die gleiche CoA als Nachsendeadresse [Abb. 15.3-9]. Somit definiert die CoA die aktuelle Lokation des mobilen Rechners mit der 'Genauigkeit' zum Subnetz.
- **Colocated-Modus**
  In diesem Modus ist kein FA im Fremdsubnetz vorhanden. Jedem Gastrechner wird eine eindeutige CoA nach Bedarf über das Protokoll DHCP zugeteilt; sie wird auch *colocated CoA* genannt [Abb. 15.3-10]. Die CoA ist somit diejenige IP-Adresse, an die alle an die HoA des mobilen Rechners gerichteten Pakete weitergeleitet werden sollen. Daher stellt die CoA die Nachsendeadresse dar.

## 15.3.1 Beispiel für einen Ablauf des MIP

Für die Unterstützung der Mobilität in IP-Netzen stellt das MIP folgende Funktionen zur Verfügung:

- die Entdeckung des Agenten (*Agent Discovery*) [Abschnitt 15.3.2],
- die *Registrierung der aktuellen Lokation* beim Heimatagenten [Abschnitt 15.3.6] und
- das Mobile IP-Routing [Abschnitt 15.3.7].

Abb. 15.3-1 illustriert den Ablauf des MIP. Dabei sind im Allgemeinen folgende Schritte zu unterscheiden:

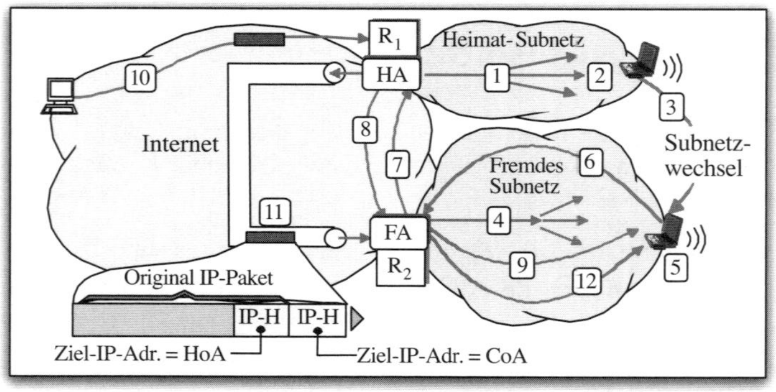


**Abb. 15.3-1:** Beispiel für einen Ablauf des MIP im Foreign-Agent-Modus
FA: Fremdagent, HA: Heimatagent, HoA: Home Address, IP-H: IP-Header, R: Router

Advertisements vom HA

1. Der mobile Rechner befindet sich zunächst in seinem Heimatsubnetz, das über den Router R1 an das Internet angebunden ist. Der in diesem Router untergebrachte Heimatagent HA zeigt seine Präsenz an, indem er periodisch die Nachricht `Agent Advertisement` (`AA`) als IP-Broadcast bzw. -Multicast sendet [Abb. 15.3-2]. In `AA` ist

unter anderem das Subnetz angegeben, in dem der HA positioniert ist, sodass der mobile Rechner durch die Auswertung von AA erkennen kann, ob er das Heimatsubnetz verlassen hat, d.h. ob ein Subnetzwechsel stattgefunden hat.

2. Der mobile Rechner hört AA ab und untersucht den Inhalt, um festzustellen, ob er sich im Heimatsubnetz oder in einem Fremdsubnetz befindet. Falls er sich im Heimatsubnetz befindet, verhält er sich genau wie ein stationärer Rechner und macht keinen Gebrauch von der MIP-Funktion.
3. Der mobile Rechner 'wandert' im IP-Netz und hat sein Heimatsubnetz bereits verlassen. Er befindet sich nun in einem Fremdsubnetz und ist dort ein Gastrechner. Dies muss er selbst feststellen und seine Lokation dem Heimatagenten im $R_1$ entsprechend mitteilen. Subnetzwechsel
4. Der Mobility Agent im Fremdsubnetz, der nun als FA für den Gastrechner gilt, sendet ebenfalls periodisch die Nachricht AA. Advertisements vom FA
5. Der Gastrechner hört AA im Fremdsubnetz ab und untersucht deren Inhalt. So erkennt er, dass er sich in einem Fremdsubnetz befindet. Die IP-Adresse des Fremdagenten (d.h. die CoA) dient ihm als temporäre IP-Adresse im Fremdsubnetz. Der mobile Rechner muss veranlassen, das die CoA bei seinem HA registriert wird, um ihm damit seine aktuelle Lokation mitzuteilen [Abb. 15.3-9].
6. Der Gastrechner sendet die Nachricht `Registration Request` (`RReq`) [Abb. 15.3-7] an den FA. `RReq` enthält die IP-Adresse des HA des mobilen Gastrechners, sodass `RReq` an den HA weitergeleitet werden kann.
7. Der FA leitet `RReq` an den HA weiter. Nach dem Empfang von `RReq` ist dem HA die Lokation des mobilen Rechners bekannt. Der HA weiß nun, an welchen FA er die in das Heimatsubnetz eintreffenden und an den mobilen Rechner adressierten IP-Pakete weiterleiten muss.
8. Der HA des mobilen Rechners antwortet dem FA mit der Nachricht `Registration Reply` (`RRep`).
9. `RRep` wird vom *FA* an den mobilen Gastrechner weitergeleitet, um ihm die Registrierung beim HA zu bestätigen.
10. Ein stationärer Rechner am Internet hat ein IP-Paket an den mobilen Rechner abgeschickt. Da dieser Rechner im IP-Netz unter seiner HoA bekannt ist, wird dieses IP-Paket in das Heimatsubnetz übermittelt. Falls der mobile Rechner das Heimatsubnetz verlassen hat, werden die an ihn adressierten IP-Pakete vom HA empfangen.
11. Der HA enthält eine Liste mit der Angabe, welche Rechner sein Subnetz und damit ihr Heimatsubnetz verlassen haben und wo sie sich aktuell befinden. Diese Liste stellt eine Tabelle mit den Zuordnungen `HoA` $\Rightarrow$ `CoA` dar. Sie wird auch als *Mobility Binding Table* bezeichnet [Abb. 15.3-4]. Das an die HoA gesendete IP-Paket wird vom HA in ein neues IP-Paket eingekapselt (*IP-in-IP-Encapsulation*) und an FA abgeschickt. Hierbei wird das Originalpaket in ein äußeres IP-Paket 'eingekapselt', wobei die IP-Zieladresse im äußeren IP-Header die CoA des mobilen Rechners darstellt. Da die CoA in diesem Fall die IP-Adresse des FA ist, entsteht logisch gesehen ein Tunnel zwischen HA und FA. Hierbei weiß der HA nicht, ob der mobile Rechner selbst oder der FA der Endpunkt des Tunnels ist. Weiterleitung des IP-Pakets
12. Das vom FA über den Tunnel empfangene IP-Paket wird an den mobilen Gastrechner ausgeliefert. Da der mobile Rechner und der FA sich im gleichen Subnetz befinden, werden die IP-Pakete vom FA nicht geroutet, sondern mittels Link-Layer-Adresse (z.B. MAC-Adresse in LANs) an den mobilen Gastrechner gesendet.

### 15.3.2 Agent Discovery

Wozu Agent Discovery?

Als *Agent Discovery* bezeichnet man den Prozess, bei dem ein mobiler Rechner erkennen möchte, ob er sich in seinem Heimatsubnetz oder in einem Fremdsubnetz aufhält und ob er sich gerade von einem Fremdsubnetz in ein anderes Fremdsubnetz hineinbewegt hat. Dieser Prozess ermöglicht es, den Subnetzwechsel bei jeder Bewegung eines mobilen Rechners zu erkennen.

Fälle bei Agent Discovery

Bei Agent Discovery müssen folgende Fälle entdeckt werden:

1. Ein mobiler Rechner hat das Heimatsubnetz verlassen und hält sich in einem Fremdsubnetz auf.
2. Ein mobiler Rechner hat sich von einem Fremdsubnetz in ein anderes fremdes Subnetz hinein bewegt.
3. Ein mobiler Rechner ist in das Heimatsubnetz zurückgekehrt.

Diese Fälle müssen beim Heimatagenten des mobilen Rechners registriert werden [Abb. 15.3-4, Abb. 15.3-5 und Abb. 15.3-6].

Nachricht AA

Um Agent Discovery zu realisieren, wird die Nachricht `Agent Advertisement` (`AA`) von jedem Mobility Agent (Heimat-/Fremdagent) periodisch nur in sein Subnetz mit der IP-Zieladresse entweder als Multicast-Adresse `224.0.0.1` (*all systems on this link*) oder als Broadcast-Adresse `255.255.255.255` (*limited broadcast*) gesendet. `AA` wird nicht in andere Subnetze weitergeleitet. Abb. 15.3-2 zeigt ihre Struktur.

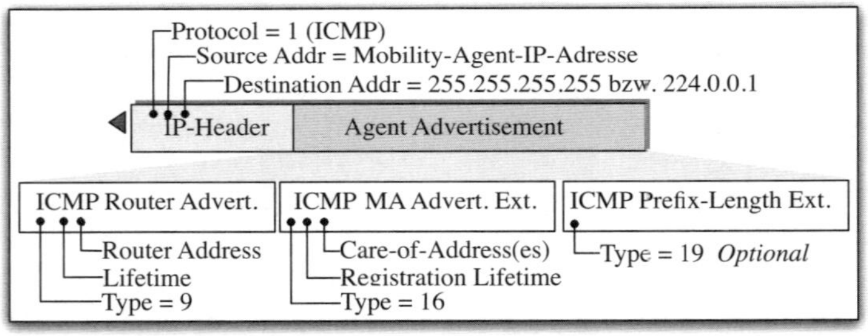


**Abb. 15.3-2:** IP-Paket mit der Nachricht `Agent Advertisement` (`AA`)
Advert.: Advertisement, Ext.: Extension, MA: Mobility Agent

AA setzt sich aus mehreren Nachrichten des Protokolls ICMP [Abschnitt 2.7] zusammen. Hierzu gehören die Nachrichten:

- `Router Advertisement` mit der IP-Adresse(n) von Router(n),
- `Mobility Agent Advertisement` mit der CoA und der Gültigkeitsdauer der Registrierung (*Registration Lifetime*). Die Registrierung erläutert Abschnitt 15.3.6.
- `Prefix-Length Extension` nach Bedarf mit der Länge des Präfixes einer CoA.

Agent Solicitation

Alternativ zum periodischen Aussenden kann AA auch explizit von einem mobilen Rechner angefordert werden. Hierfür sendet ein mobiler Rechner eine Nachricht `Agent Solicitation` (`AS`). Wie Abb. 15.3-3 zeigt, stellt `AS` einfach die ICMP-Nachricht `Router Solicitation` dar.

Jeder Mobility Agent antwortet nach Empfang von `AS` direkt mit einem `AA`. Ein mobiler Rechner sendet `AS`, wenn er keine 'Geduld' hat, auf die nächste periodische Übermittlung

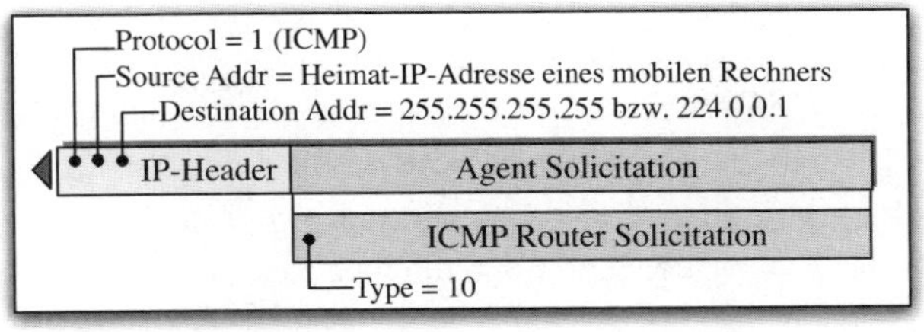


**Abb. 15.3-3:** IP-Paket mit der Nachricht `Agent Solicitation` (`AS`)

von `AA` zu warten und die Mobility Agents im Netz veranlassen will, sofort ein `AA` zu senden. Dies ist dann nützlich, wenn die Periode, mit der die Agenten ihre Advertisements senden, für einen mobilen Rechner zu groß ist, weil er schnell von Subnetz zu Subnetz wechselt [Abb. 15.3-5].

## 15.3.3 Erkennen des Verlassens des Heimatsubnetzes

Aus den Angaben in den von Mobility Agents gesendeten Agent Advertisements kann der mobile Rechner erkennen, ob er sich in seinem Heimatsubnetz oder in einem Fremdsubnetz aufhält [Abb. 15.3-1]. Dies erfolgt nach der folgenden Regel:

- Ist die Subnetz-ID in der CoA *gleich* der Subnetz-ID der Heimat-IP-Adresse, hält sich der mobile Rechner im Heimatsubnetz auf.
- Ist die Subnetz-ID in der CoA *nicht gleich* der Subnetz-ID der Heimat-IP-Adresse, hält sich der mobile Rechner in einem Fremdsubnetz auf.

Hält sich ein mobiler Rechner in einem Fremdsubnetz auf, sind zwei weitere Fälle zu unterscheiden: Subnetzwechsel

- *Kein Subnetzwechsel* hat stattgefunden. Der mobile Rechner hält sich im Fremdsubnetz auf, und dies wurde seinem Heimatagenten bereits mitgeteilt.
- Ein *Subnetzwechsel hat stattgefunden.* Der mobile Rechner hat entweder sein Heimatsubnetz verlassen oder sich aus einem Fremdsubnetz in ein anderes hinein bewegt. Dieser Subnetzwechsel wurde dem Heimatagenten noch nicht mitgeteilt.

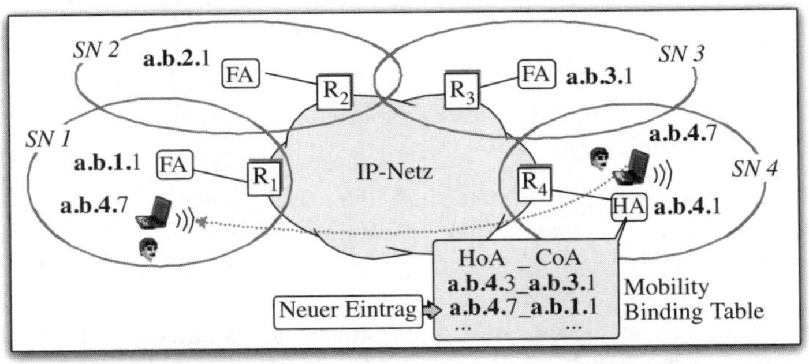


**Abb. 15.3-4:** Registrierung der CoA eines Rechners nach dem Verlassen des Heimatsubnetzes
FA: Fremdagent, HA: Heimatagent, HoA: Home-IP Address, R: Router, SN: Subnetz

**Beispiel**: Abb. 15.3-4 illustriert den Fall, in dem der mobile Rechner mit der HoA a.b.4.7 sein Heimatsubnetz *SN 4* verlassen hat und sich im Fremdsubnetz *SN 1* aufhält. Im Fremdsubnetz *SN 1* erhält er eine CoA als Nachsendeadresse und teilt diese Adresse seinem Heimatagenten mit. Dies nennt man Registrierung der CoA.

Der Heimatagent muss die temporäre CoA des mobilen Rechners kennen, damit er die mit der HoA in das Heimatsubnetz für den mobilen Rechner ankommenden IP-Pakete an die CoA in das Fremdsubnetz weiterleiten kann. Der Heimatagent dient als eine Weiterleitungsinstanz für alle IP-Pakete, die an mobile Rechner adressiert sind, die sich gerade in Fremdsubnetzen aufhalten.

In Abb. 15.3-4 enthält *SN 1* einen Mobility Agent, der für den Gastrechner ein Fremdagenten ist. Die CoA des Gastrechners ist die IP-Adresse des Fremdagenten im *SN 1*. Durch die Registrierung beim Heimatagenten wird die Zuordnung: a.b.4.7 ⇒ a.b.1.1 (HoA ⇒ CoA) in seiner Mobility Binding Tabelle eingetragen. Damit können die mit der HoA a.b.4.7 in das Heimatsubnetz *SN 4* für den mobilen Rechner ankommenden IP-Pakete vom Heimatagenten an seine CoA a.b.1.1 im *SN 1* weitergeleitet werden.

## 15.3.4 Erkennen des Wechsels eines Fremdsubnetzes

Ein mobiler Rechner muss selbst erkennen, ob ein Subnetzwechsel stattgefunden und ob er sich aus einem Fremdsubnetz in ein anderes Fremdsubnetz hinein bewegt hat. Im neuen Fremdsubnetz wird er als Gastrechner unter einer anderen CoA erreichbar sein, und diese muss er seinem Heimatagenten mitteilen.

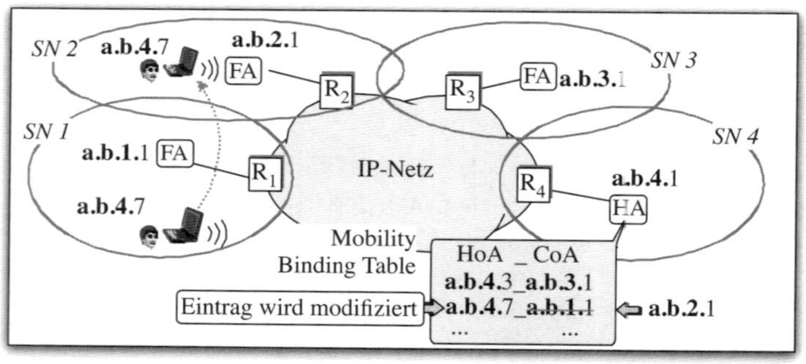


**Abb. 15.3-5:** Registrierung neuer CoA eines Rechners nach dem Wechsel des Fremdsubnetzes
Abkürzungen wie in Abb. 15.3-4

Abb. 15.3-5 illustriert die Bewegung eines mobilen Rechners von einem Fremdsubnetz in ein anderes Fremdsubnetz.

Wechsel des Fremsubnetzes

Um eine solche Situation zu erkennen, muss der mobile Rechner feststellen, ob er die letzten zwei aufeinanderfolgenden `Agent Advertisements` (`AA`) im gleichen oder in verschiedenen Subnetzen empfangen hat. Das heißt, ob die letzten zwei aufeinanderfolgenden `AA` vom Fremdagenten des gleichen Subnetzes stammen. Dies lässt sich entweder über einen Vergleich der Subnetz-IDs oder anhand der Angabe `Lifetime` im ICMP `Router Advertisement` feststellen. Die Zeitdauer `Lifetime` gibt an, wann der mobile Rechner spätestens das nächste AA von dem gleichen Agenten empfangen sollte.

Innerhalb der `Lifetime` werden in der Regel mehrere `AA` gesendet. Wenn nun ein mobiler Rechner innerhalb der Lifetime kein neues `AA` desselben Agenten erhält, kann er annehmen, dass er das Subnetz dieses Agenten verlassen hat. In diesem Fall ändert sich die CoA des mobilen Rechners und muss dem Heimatagenten mitgeteilt werden. Wie aus Abb. 15.3-5 ersichtlich ist, wird ein entsprechender Eintrag in der Mobility-Binding-Tabelle des Heimatagenten bei der Registrierung modifiziert.

Besucht der mobile Rechner noch das gleiche Subnetz, ist keine neue Registrierung nötig, sofern die letzte noch nicht abgelaufen ist. Wie lange die Registrierung bei einem Heimatagenten gültig ist, wird in seinen Advertisements als `Registration Lifetime` angegeben [Abb. 15.3-2].

Kein Fremdagent im Fremdsubnetz

Es hat ein Subnetzwechsel stattgefunden, und der mobile Rechner hat sich soeben aus einem Fremdsubnetz in ein anderes Fremdsubnetz bewegt, in dem es keinen Mobility Agent gibt. In diesem Fall hört der mobile Rechner keine `AA`.

In dieser Situation nimmt der mobile Rechner zunächst an, er befände sich im Heimatsubnetz und sein Heimatagent sei zurzeit gestört. Der mobile Rechner versucht nun, die abgehenden IP-Pakete an den Default Router in seinem Heimatsubnetz zu senden. Wenn dieser antwortet, hält sich der mobile Rechner höchstwahrscheinlich im Heimatsubnetz auf.

Ist dies nicht der Fall, nimmt der mobile Rechner an, er befände sich in einem Fremdsubnetz, in dem es keinen Mobility Agent gibt. Er versucht nun, eine temporäre CoA vom DHCP-Server des Fremdsubnetzes zu erhalten.

Wenn dies Erfolg hat, kann der mobile Rechner diese Adresse als *colocated CoA* benutzen und sich beim Heimatagenten registrieren lassen. Erfolgt keine Antwort vom DHCP-Server, kann der mobile Gastrechner (eventuell!) manuell mit einer temporären IP-Adresse für die Benutzung in diesem Fremdsubnetz als colocated CoA konfiguriert werden.

## 15.3.5 Erkennen einer Rückkehr in das Heimatsubnetz

Ein mobiler Rechner muss selbst feststellen, ob ein Subnetzwechsel stattgefunden hat und er aus einem Fremdsubnetz in sein Heimatsubnetz zurückgekehrt ist. Ist das der Fall, muss er dies seinem Heimatagenten mitteilen.

Rückkehr ins Heimatsubnetz

Abb. 15.3-6 illustriert die Situation nach der Rückkehr eines mobilen Rechners in sein Heimatsubnetz. Um feststellen zu können, ob er in ein Fremdsubnetz gewechselt hat oder in das Heimatsubnetz zurückgekehrt ist, vergleicht der mobile Rechner die IP-Absenderadresse in den empfangenen *AA* mit der IP-Adresse des Heimatagenten. Sind sie identisch, so ist ein Wechsel in das Heimatsubnetz erfolgt.

Ist der mobile Rechner aus einem Fremdsubnetz in das Heimatsubnetz zurückgekehrt, muss er dem Heimatagenten mitteilen, dass die CoA als Nachsendeadresse keine Bedeutung mehr hat. Dies bezeichnet man als *Deregistrierung* [Abb. 15.3-11]. Der mobile Rechner ist im Heimatsubnetz unter HoA erreichbar. Wie aus Abb. 15.3-6 ersichtlich ist, muss für diesen mobilen Rechner der betreffende Eintrag mit der Zuordnung `HoA` $\Rightarrow$ `CoA` in der Mobility-Binding-Tabelle gelöscht werden. Damit ist der mobile Rechner im Heimatsubnetz unter seiner HoA erreichbar.

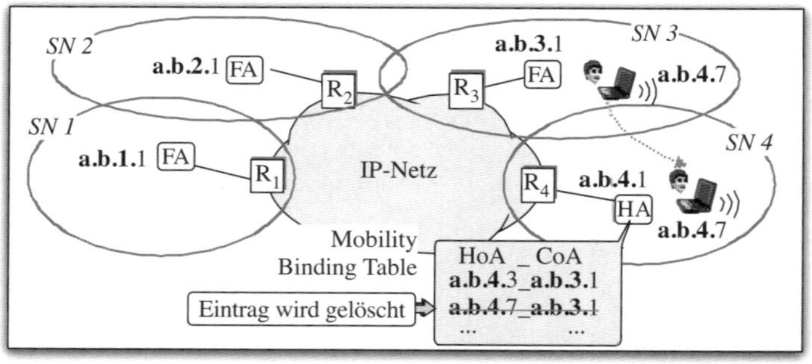


**Abb. 15.3-6:** Registrierung eines mobilen Rechners nach der Rückkehr in das Heimatsubnetz
Abkürzungen wie in Abb. 15.3-4

## 15.3.6 Registrierung beim Heimatagenten

Mobility Binding Table

Durch die Registrierung werden die Heimatagenten über die aktuelle Lokation der von ihnen 'betreuten' mobilen Rechner, also über ihre aktuellen CoAs, informiert. Der Heimatagent enthält eine Tabelle, die sog. *Mobility Binding Table*, in der die Zuordnung der HoA des mobilen Rechners zu der aktuellen CoA eingetragen wird [Abb. 15.3-4]. Diese Zuordnung muss immer aktuell sein, damit der Heimatagent die an den mobilen Rechner adressierten Pakete an seine aktuelle CoA weiterleiten kann.

Jede Registrierung hat nur eine begrenzte Gültigkeitsdauer (*Registration Lifetime*). Der mobile Rechner muss sich immer dann registrieren lassen, wenn er entdeckt hat, dass er sich von einem Subnetz in ein anderes bewegt hat oder die aktuelle Registrierung abgelaufen ist.

Die Registrierung basiert auf dem Austausch der zwei Nachrichten

- `Registration Request` (`RReq`) und
- `Registration Reply` (`RRep`)

zwischen mobilen Rechnern und Heimatagenten, gegebenenfalls unter Beteiligung von Fremdagenten.

Warum Registrierung?

Ein mobiler Rechner muss sich beim Heimatagenten registrieren lassen, wenn

- er sich gerade in ein fremdes Subnetz hineinbewegt und dies erkannt hat. Dann muss er den Heimatagenten über die neue CoA informieren. Hierbei kann es sich entweder um die CoA eines Fremdagenten [Abb. 15.3-9] oder um eine colocated CoA [Abb. 15.3-10] handeln.
- er gerade in das Heimatsubnetz zurückgekehrt ist und dies erkannt hat. Dann muss er sich beim Heimatagenten deregistrieren lassen, um ihn darüber zu informieren, dass er jetzt unter seiner HoA erreichbar ist [Abb. 15.3-11].

### Nachrichten für die Registrierung

Die Registrierung verläuft nach dem Prinzip *Request/Reply*, das gewährleistet die Zuverlässigkeit der Übermittlung. Daher kann das verbindungslose und unzuverlässige Protokoll UDP für den Transport der Nachrichten `RReq` und `RRep` verwendet werden. Abb. 15.3-7 zeigt die wichtigsten Angaben in `RReq`.

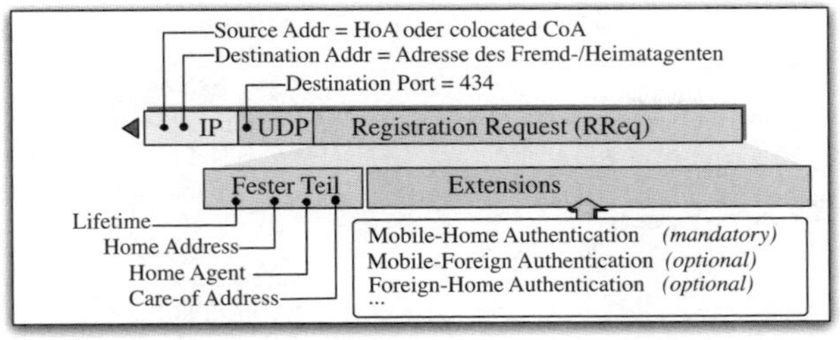


**Abb. 15.3-7:** IP-Paket mit der Nachricht `Registration Request` (`RReq`)

Die IP-Quelladresse im IP-Header ist entweder die HoA des mobilen Rechners [Abb. 15.3-9 und Abb. 15.3-10] oder seine colocated CoA, falls es keinen Mobility Agent im Fremdsubnetz gibt. Die IP-Zieladresse im IP-Header ist die IP-Adresse entweder des Fremdagenten oder des Heimatagenten, falls die temporäre IP-Adresse des mobilen Rechners eine colocated CoA ist.

Jede Nachricht `RReq` enthält einen Teil mit fester Länge (*Fixed-Length Portion*). Sie kann auch einen Teil mit variabler Länge enthalten, in dem bestimmte zusätzliche Angaben (sog. *Extensions*) nach Bedarf übermittelt werden können. Nachricht `RReq`

In `RReq` sind in der Regel folgende Angaben enthalten:

- `Lifetime`: Gültigkeitsdauer der Registrierung,
- `HoA` (`Home-IP Address`): Heimat-IP-Adresse des mobilen Rechners,
- `Home Agent`: IP-Adresse des Heimatagenten,
- `CoA` (`Care-of-Address`): IP-Adresse des Fremdagenten bzw. colocated CoA, d.h. die IP-Adresse, an die der Heimatagent alle an den mobilen Rechner adressierten IP-Pakete weiterleiten muss

Abb. 15.3-8 zeigt ein IP-Paket mit `Registration Reply` (`RRep`). `RRep` enthält typischerweise folgende Angaben: `Lifetime`, `Home Address` und `Home Agent`. Diese Angaben haben die gleiche Bedeutung wie in `RReq`. Nachricht RRep

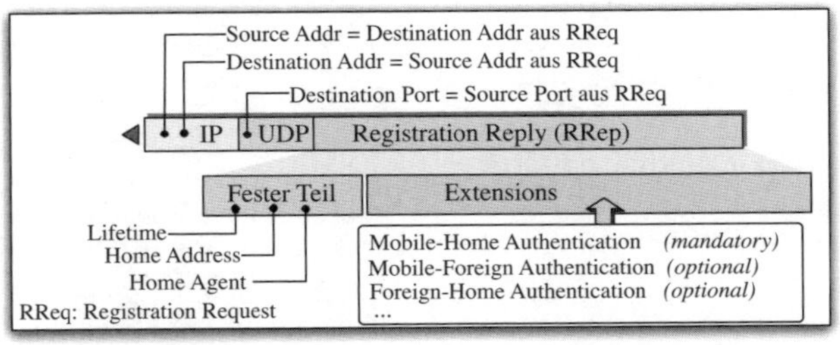


**Abb. 15.3-8:** IP-Paket mit der Nachricht `Registration Reply` (`RRep`)

### Registrierung einer CoA

Die Registrierung einer Nachsendeadresse CoA beim Heimatagenten illustriert Abb. 15.3-9. Hat ein mobiler Rechner nach dem Empfang eines `Agent Advertisement` erkannt, dass er sich in einem neuen Fremdsubnetz befindet, muss er die neue CoA beim Heimatagenten registrieren. Um die Registrierung zu initiieren, sendet er `Registration Request` (`RReq`). Da hier ein Fremdagent vorhanden ist, wird `RReq` zunächst an diesen CoA wird dem HA mitgeteilt geschickt und von ihm an den Heimatagenten weitergeleitet. Die IP-Adresse des Fremdagenten erfährt der mobile Rechner aus `Agent Advertisement`.

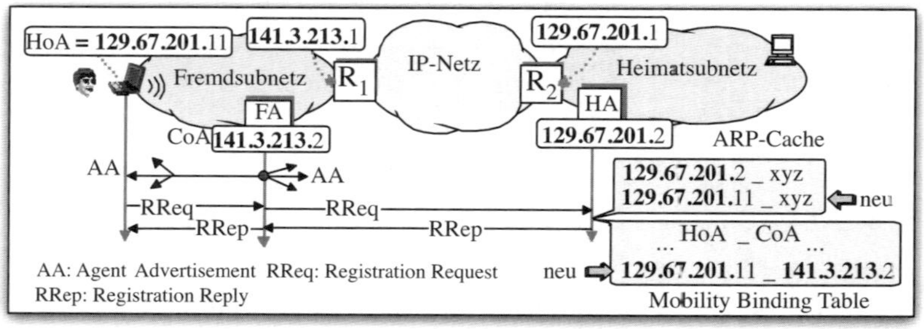


**Abb. 15.3-9:** Registrierung einer Nachsendeadresse (CoA) beim Heimatagenten (HA)
FA: Fremdagent, R: Router, xyz: Link-Layer-Adresse vom HA

Fall 1: `Lifetime` ≠ 0

Ein Heimatagent überprüft zunächst `Lifetime` (Gültigkeitsdauer) in `RReq`. Ist `Lifetime` nicht gleich Null, trägt der Heimatagent folgende Zuordnungen ein:

- im ARP-Cache:
  HoA des mobilen Rechners ⇒ Link-Layer-Adresse des HA (d.h. `xyz`),
- in der Mobility Binding Table:
  HoA des mobilen Rechners ⇒ IP-Adresse des FA.

Dadurch werden alle an die HoA des mobilen Rechners adressierten Pakete zuerst vom Router an den Heimatagenten gesendet (dank des Eintrags im ARP-Cache [Abb. 15.3-12] und danach vom Heimatagenten an diese CoA weitergeleitet (dank des Eintrags in der Mobility Binding Table).

Fall 2: `Lifetime` = 0

Ist `Lifetime` in `RReq` gleich Null, so wird diese Nachricht als `Deregistration Request` interpretiert.

Hat der Heimatagent einen `RReq` mit `Lifetime` nicht gleich Null empfangen, trägt er in seinem ARP-Cache und in seiner Mobility Binding Table die entsprechenden Zuordnungen ein und sendet eine Nachricht `Registration Reply` (`RRep`) zurück, um mitzuteilen, dass die Registrierung erfolgreich war. `RRep` nimmt den umgekehrten Weg wie `RReq`. Wenn der mobile Rechner in einer vorgegebenen Zeit kein `RRep` erhält oder die Registrierung ungültig war, sendet er `RReq` erneut.

### Registrierung einer colocated CoA

Colocated CoA wird dem HA mitgeteilt

Die Registrierung einer colocated CoA beim Heimatagenten illustriert Abb. 15.3-10. Hat ein mobiler Rechner erkannt, dass er sich in einem neuen Fremdsubnetz befindet, in dem es keinen Mobility Agent gibt, kann er sich eine temporäre IP-Adresse vom DHCP-Server [Abschnitt 5.2] ausleihen. Diese IP-Adresse, die man *colocated CoA* nennt, muss er dem Heimatagenten mitteilen.

Da kein Fremdagent vorhanden ist, wird die Nachricht `RReq` direkt an den Heimatagenten geschickt. Hat der Heimatagent den `RReq` empfangen, trägt er folgende Zuordnungen ein:

- im ARP-Cache:
  HoA des mobilen Rechners ⇒ Link-Layer-Adresse des HA,
- in der Mobility Binding Table:
  HoA des mobilen Rechners ⇒ colocated CoA.

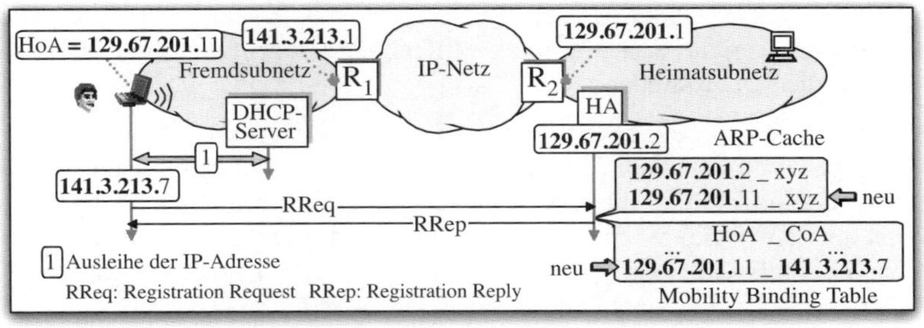


**Abb. 15.3-10:** Registrierung einer colocated CoA beim Heimatagenten (HA)
Abkürzungen wie in Abb. 15.3-9

Danach sendet er eine Nachricht `RRep` an den mobilen Rechner zurück, um ihm mitzuteilen, dass die Registrierung erfolgreich war.

## Deregistrierung beim Heimatagenten

Wozu Deregistrierung?

Abb. 15.3-11 illustriert die Deregistrierung. Ist ein mobiler Rechner in sein Heimatsubnetz zurückgekehrt und hat er dies anhand der Nachricht `Agent Advertisement` erkannt, muss er allen Rechnern mitteilen, dass er nun im Heimatsubnetz erreichbar ist. Dies wird als *Deregistrierung* bezeichnet.

Ein in sein Heimatsubnetz zurückkehrender mobiler Rechner hat folgendes vorzunehmen:

- Er muss den anderen Rechnern in seinem Heimatsubnetz mitteilen, dass sie alle an seine HoA adressierten IP-Pakete an ihn direkt und nicht an den Heimatagenten senden sollen. Um dies zu erreichen, wird eine Nachricht nach dem Protokoll ARP mit der Zuordnung:

  seine HoA $\Rightarrow$ seine Link-Layer-Adresse

  als Broadcast-Nachricht an alle Rechner im Heimatsubnetz gesendet. Dies bedeutet eine kleine Modifikation von ARP, und man bezeichnet dies als *Gratuitous ARP*.
- Er muss dem Heimatagenten mitteilen, dass er aktuell unter seiner HoA erreichbar ist und dass der Heimatagent die an ihn adressierten IP-Pakete nicht mehr an den Fremdagenten senden soll, sondern an ihn direkt.

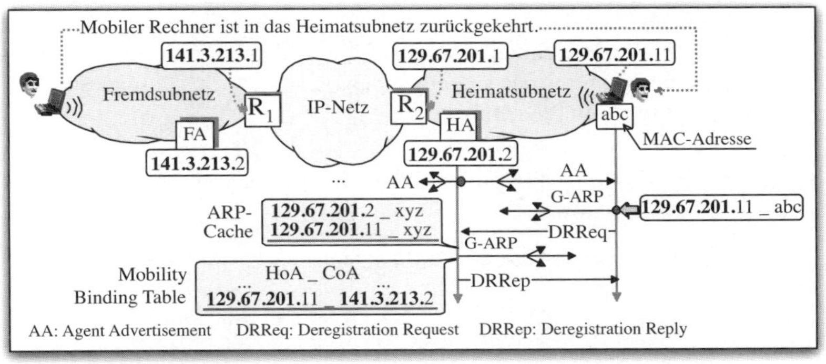


**Abb. 15.3-11:** Deregistrierung nach der Rückkehr in das Heimatsubnetz
FA: Fremdagent, HA: Heimatagent, G-ARP: Gratuitous ARP, R: Router

`Registration Request` mit `Lifetime = 0` dient als `Deregistration Request`. Eine derartige Nachricht wird vom mobilen Rechner gesendet, um die Deregistrierung beim Heimatagenten zu veranlassen.

Hat der Heimatagent `Deregistration Request` empfangen, sendet er zuerst eine Nachricht nach dem Protokoll ARP (*Gratuitous ARP*), um den anderen Rechnern in seinem Heimatsubnetz mitzuteilen, für welche Heimatadressen von mobilen Rechnern die IP-Pakete an ihn zum Weiterleiten gesendet werden sollen. Die anderen Rechner nehmen damit zur Kenntnis, dass der Eintrag `129.67.201.11` ⇒ `xyz` in seinem ARP-Cache 'gestrichen' wurde.

Danach löscht der Heimatagent in seiner Mobility Binding Tabelle die entsprechende Zuordnung `HoA` ⇒ `CoA` und leitet die an die HoA des mobilen Rechners adressierten IP-Pakete nicht mehr an den Fremdagenten weiter. Zum Schluß sendet er eine Nachricht `Registration Reply` mit `Lifetime = 0` an den mobilen Rechner zurück. Diese Nachricht wird als `Deregistration Reply` interpretiert. Nach der Deregistration ist der mobile Rechner unter seiner Heimatadresse erreichbar. Die mit seiner HoA ankommenden IP-Pakete werden vom Heimatagenten nicht mehr in ein fremdes Subnetz weitergeleitet.

**Authentisierung bei der Registrierung**

Um bei der Registrierung die notwendige Sicherheit zu garantieren, d.h. etwaige Angriffe von Dritten zu verhindern, werden die Registrationsnachrichten authentisiert. Insbesondere müssen diese Nachrichten gegen die Angriffe von Dritten geschützt werden, in denen die mobilen Rechner den Heimatagenten ihre aktuellen CoAs mitteilen.

Keyed HMAC

Zur Authentisierung des mobilen Rechners wird wie folgt vorgegangen:

1. Mobiler Rechner und Heimatagent besitzen einen gemeinsamen, geheimen Schlüssel, der eindeutig pro mobilem Rechner ist.
2. Der mobile Rechner generiert ein `Registration Request` (`RReq`) und füllt alle Felder aus, mit Ausnahme des Authentisierungsfeldes für die Erweiterung *Mobile-Home Authentication* [Abb. 15.3-7].
3. Dann berechnet er mittels des MD5-Algorithmus einen *Message Digest* über `RReq`. Hierbei wird ergänzend der geheime Schlüssel verwendet, der nur dem mobilen Rechner und seinem Heimatagenten bekannt ist.
4. Der Message Digest wird nun in der Erweiterung *Mobile-Home Authentication* an den Heimatagenten übermittelt.
5. Hat die Nachricht den Heimatagenten erreicht, berechnet diesen seinen eigenen Message Digest (unter Kenntnis des gemeinsamen, geheimen Schlüssels) und vergleicht ihn mit dem in `RReq` enthaltenen.
6. Sind die beiden Message Digests identisch, kann der Heimatagent davon ausgehen, dass `RReq` tatsächlich vom 'wahren' mobilen Rechner stammt und während der Übertragung nicht verändert wurde.

Nach dem gleichen Prinzip verläuft die Authentisierung bei der Übermittlung der Nachricht `Registration Reply`.

## 15.3.7 Mobiles IP-Routing

Das Routing von IP-Paketen zu einem mobilen Rechner, der sich in seinem Heimatnetz aufhält, unterliegt keinen speziellen Routing-Regeln. Es funktioniert genauso wie das Routing von IP-Paketen zu irgendeinem Rechner ohne Unterstützung der Mobilität.

### Einsatz von Routern ohne Mobility Agents

Ein modifiziertes Routing ist nötig, wenn IP-Pakete an einen mobilen Rechner geschickt werden, der sich gerade in einem Fremdsubnetz aufhält. In diesem Fall spricht man von *mobilem Routing*. Wenn die eingesetzten Router keine Mobility Agents implementieren, läuft das mobile Routing nach dem in Abb. 15.3-12 gezeigten Prinzip ab.

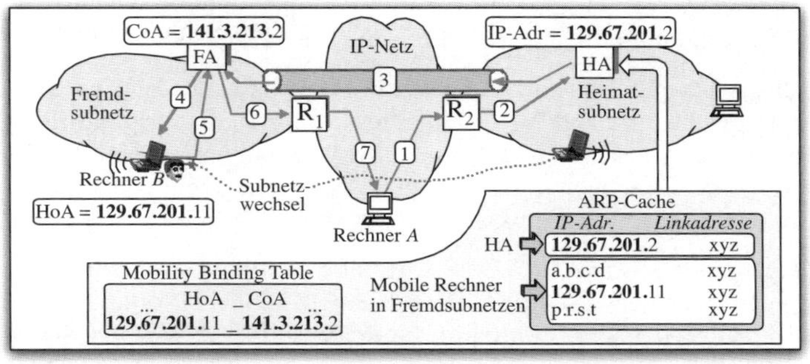


**Abb. 15.3-12:** Mobiles Routing, wenn die Router keine Mobility Agents implementieren
FA: Fremdagent, HA: Heimatagent, R: Router, xyz: Link-Layer-Adresse

Übermittlung des IP-Pakets an den HA

Sendet der Rechner *A* ein IP-Paket an die HoA des mobilen Rechners *B*, werden alle Pakete mit der HoA dieses Rechners als Zieladresse zum Router $R_2$ an der Grenze zum Heimatsubnetz geroutet (1). Der Router $R_2$ muss diese IP-Pakete zum Heimatagenten weiterleiten (2). Hierfür ist eine spezielle Lösung notwendig, die wir nun besprechen.

Proxy-ARP im HA

Da die an die HoA eines mobilen Rechners gesendeten IP-Pakete nicht an den Heimatagenten des Heimatsubnetzes adressiert sind, kann dieser sie normalerweise nicht empfangen. Hierfür muss der Heimatagent die Proxy-ARP-Funktion [Abschnitt 2.6.2] unterstützen, um IP-Pakete, die an die HoA eines mobilen Rechners, der sich gerade in einem Fremdsubnetz aufhält, adressiert sind, an ihn übermitteln zu können.

Die IP-Pakete aller mobilen Rechner eines Subnetzes, die sich in Fremdsubnetzen aufhalten, werden zum Heimatagenten dieses Subnetzes übermittelt. Dies bedeutet, das diese IP-Pakete in den Frame der LL-Schicht (*Link-Layer*, d.h. der zweiten Schicht) an die LL-Adresse des Heimatagenten (d.h. in LANs an eine MAC-Adresse) geschickt werden. Der Heimatagent fungiert somit als Vertreter (Proxy) aller mobilen Rechner, die sich in Fremdsubnetzen aufhalten. Das ARP beim Heimatagenten muss daher die Proxy-ARP-Funktion unterstützen. Wie Abb. 15.3-12 illustriert, enthält der ARP-Cache des Heimatagenten auch eine Tabelle mit der Zuordnung der LL-Adresse des Heimatagenten zu den Heimatadressen (HoAs) der mobilen Rechner, die sich in fremden Subnetzen aufhalten und beim Heimatagenten registriert sind.

Bedeutung des Proxy-ARP

Da der Router $R_2$ für das Absenden eines IP-Pakets mit der Heimatadresse `129.67.201.11` die entsprechende LL-Adresse benötigt, sendet er eine Broadcast-Anfrage nach dem Protokoll ARP, um diese LL-Adresse zu ermitteln. Auf diese ARP-

Anfrage reagiert der Heimatagent und sendet an den Router $R_2$ die ARP-Antwort mit der Zuordnung: `129.67.201.11` ⇒ `xyz`. Somit wird das IP-Paket direkt an den Heimatagenten gesendet, d.h. es wird in einem LL-Frame mit der LL-Zieladresse `xyz` geschickt. Der Heimatagent dient somit als Vertreter (*Proxy*) aller Rechner, die sich in fremden Subnetzen aufhalten. Hat der Heimatagent das IP-Paket mit der Heimatadresse eines mobilen Rechners empfangen, der sich gerade in einem anderen Subnetz aufhält, so nimmt er eine sog. *IP-in-IP-Encapsulation* vor.

Weiterleitung des IP-Pakets an den FA

Hierbei wird das Original-IP-Paket in ein äußeres IP-Paket eingekapselt und die Care-of-Address des mobilen Rechners als Zieladresse im Header dieses äußeren Pakets eingetragen. Das auf diese Art und Weise eingekapselte Original-IP-Paket wird nun an die CoA gesendet. Diesen Vorgang bezeichnet man als *Tunneling*. Dabei 'tunnelt' der Heimatagent das so eingekapselte Original-IP-Paket an die CoA, ohne zu wissen, ob der mobile Rechner selbst oder ein Fremdagent am Ende des Tunnels ist (3).

Übermittlung des IP-Pakets an den Gastrechner

Im dargestellten Beispiel führt der Tunnel zum Fremdagenten. Hier wird das Original-IP-Paket 'ausgepackt'. Anhand der IP-Zieladresse des inneren Original-IP-Pakets leitet der Fremdagent dieses Paket zum mobilen Gastrechner weiter (4). Um das IP-Paket aber an einen mobilen Gastrechner zu senden, muss der Fremdagent zuerst die LL-Adresse dieses Gastrechners über das Protokoll ARP abfragen [Abschnitt 2.6.1].

FA als Default Gateway für Gastrechner

Der Fremdagent dient als *Default Gateway* für alle mobilen Gastrechner, weil die Gastrechner keinen 'normalen' Router im Fremdsubnetz kennen. Sollte der Zielrechner *B* eine Antwort an den Rechner *A* übermitteln, so übergibt er das entsprechende IP-Paket zuerst an den Fremdagenten (5), und dieser sendet es dann an den Router $R_1$ (6). Im weiteren Verlauf wird das IP-Paket nach den normalen Routing-Prinzipien zum Zielrechner *A* geroutet (7).

### Einsatz von Routern mit Mobility Agents

Um das Prinzip des mobilen Routing vollständig erläutern zu können, wurde in Abb. 15.3-12 angenommen, dass die eingesetzten Router die Mobilität, d.h. die Funktion von Mobility Agents, nicht unterstützen. Falls die Mobility Agents in den Routern untergebracht sind, ergeben sich einige Vorteile. Abb. 15.3-13 zeigt diese Form des mobilen Routing.

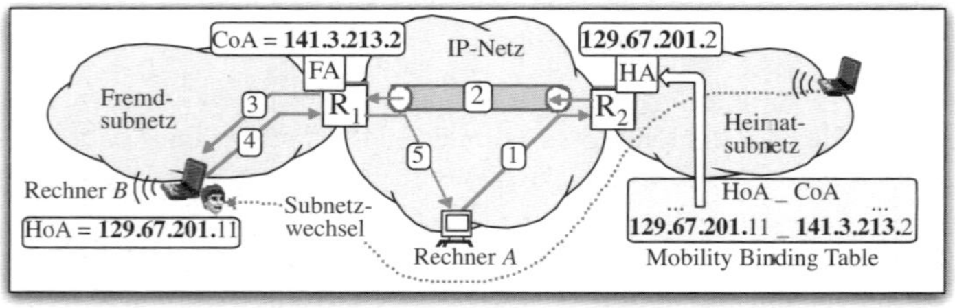


**Abb. 15.3-13:** Mobiles Routing, falls Mobility Agents in Routern untergebracht sind
Abkürzungen wie in Abb. 15.3-12

Vergleicht man die Abb. 15.3-12 und Abb. 15.3-13, so ist direkt ersichtlich, dass die Implementierung von Mobility Agents in den Routern zur Vereinfachung des mobilen Routing führt. In diesem Fall entfallen die Schritte 2 und 6 aus Abb. 15.3-12, sodass der vollständige Routing-Verlauf nur noch fünf Schritte umfasst. Schritte 1, 2, 3, 4 und 5 aus der Abb. 15.3-13 entsprechen somit den Schritten 1, 3, 4, 5 und 7 aus der Abb. 15.3-12.

Falls der Heimatagent im Router untergebracht ist, wird die Proxy-ARP-Funktion beim Heimatagenten nicht mehr benötigt.

## 15.4 Konzept des MIPv6

Um die Mobilität in Netzen mit dem IPv6 zu unterstützen, wurde *Mobile IPv6* (*MIPv6*) entwickelt. Das MIPv6 stellt eine Erweiterung des IPv6 dar und wird in RFC 3775 spezifiziert. In Abschnitt 15.1.5 wurde bereits die grundlegende Idee des MIPv6 dargestellt [Abb. 15.1-7]. Zwischen den Konzepten des MIPv6 und des MIPv4 gibt es einige Unterschiede:

Unterschiede zwischen MIPv6 und MIPv4

- Beim MIPv6 ist die Funktion des Fremdagenten (FA) nicht mehr nötig.
- Zwischen einem mobilen Rechner und einem anderen ist beim MIPv6 eine direkte Kommunikation nach der aktuell optimalen Route möglich. Beim MIPv4 kann nur eine Kommunikation über einen Fremdagenten verlaufen (vgl. Abb. 15.3-12 und Abb. 15.3-13).

MN und CN

Beim MIPv6 bezeichnet man einen mobilen Rechner, der im IP-Netz 'wandern' kann, als *Mobile Node* (MN), und sein Kommunikationspartner wird *Correspondent Node* (CN) genannt. Zwischen dem MN und einem Rechner nur mit IPv6 ist mit dem MIPv6 eine indirekte Kommunikation über den Heimatagenten möglich [Abschnitt 15.4.5].

### 15.4.1 MN hat sein Heimatsubnetz verlassen

Wie bereits in Abb. 15.1-7 gezeigt, muss ein MN, falls er sein Heimatsubnetz verlassen hat, dem Heimatagenten (HA, Home Agent) in seinem Heimatsubnetz seine aktuelle Nachsendeadresse im Fremdsubnetz mitteilen, die sog. CoA (*Care-of-Address*). Mit diesem Vorgang sind beim MIPv6 mehrere Schritte verbunden [Abb. 15.4-1].

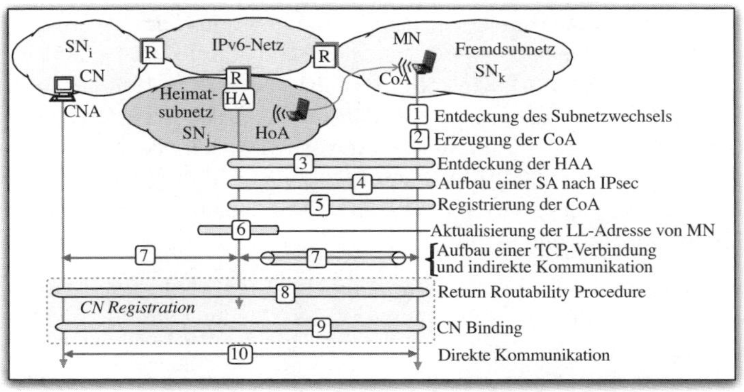


**Abb. 15.4-1:** MN hat sein Heimatsubnetz verlassen und initiiert eine TCP-Verbindung
NA: CN Address, HA: Heimatagent, HAA: HA Address, HoA: Home Address, R: Router, SN: Subnetz

Abgehende TCP-Verbindung vom MN

Hat ein MN sein Heimatsubnetz verlassen und initiiert eine TCP-Verbindung, sind beim Verlauf nach MIPv6 folgende Schritte zu unterscheiden:

1. *Entdeckung des Subnetzwechsels* [Abb. 15.4-10]: Der MN muss seine Bewegung ständig überwachen, um zu erkennen,
   - ob er sein Heimatsubnetz verlassen hat,
   - ob er sich in ein neues Fremdsubnetz hinein bewegt hat,
   - ob er in sein Heimatsubnetz zurückgekehrt ist.

Erzeugung der CoA

2. *Erzeugung der CoA* [Abb. 15.4-11]: Hat ein MN einen Subnetzwechsel entdeckt und sich in ein Fremdsubnetz hineinbewegt, erzeugt er für sich eine CoA. Sie muss nun dem Heimatagenten in seinem Heimatsubnetz mitgeteilt werden.

Entdeckung der HAA

3. *Entdeckung der HAA* (falls notwendig) [Abb. 15.4-12]: Ein MN ist in der Lage, einen Heimatagenten automatisch zu entdecken und seine Adresse abzufragen, die sog. HAA (*Home Agent Adresse*). Nach Bedarf kann der MN noch überprüfen, ob er über die aktuelle HAA verfügt.

Security Association nach IPsec

4. *Aufbau einer Security Association nach IPsec* (optional): Um die Kommunikation zwischen dem MN und seinem Heimatagenten zu sichern, kann das Protokoll IPsec verwendet werden. Bevor der MN dem Heimatagenten seine CoA mitteilt, vereinbart er mit ihm, welche Sicherheitsverfahren sie verwenden, um die Kommunikation zwischen ihnen zu sichern. Diese Vereinbarung bezeichnet man als *Security Association* [Abschnitt 5.4.3].

Registrierung der CoA

5. *Home Agent Binding* [Abb. 15.4-8]: Der MN muss seinem Heimatagenten die CoA mitteilen. Dieser Vorgang wird *Home Agent Binding* genannt. Hierbei trägt der Heimatagent in seinem *Binding Cache* die Zuordnung `HoA` ⇒ `CoA` ein. Dies bedeutet für ihn, dass die IP-Pakete, die in das Heimsubnetz eintreffen und an die HoA des MN adressiert sind, an die CoA weitergeleitet werden müssen.

Aktualisierung LL-Adresse

6. Für das IPv6 wurde das ARP, das beim IPv4 die Ermittlung der MAC-Adresse eines Rechners ermöglicht, zum *Neighbor Discovery Protocol* (NDP) 'ausgebaut'. Der Heimatagent fungiert als NDP-Proxy. Auf die Anfrage, welche LL-Adresse der MN hat, gibt der Heimatagent als Antwort seine LL-Adresse an. Damit werden die in das Heimatsubnetz eintreffenden und an die HoA des MN adressierten IP-Pakete an den Heimatagenten übermittelt. Er leitet diese an die CoA des MN weiter.

   Falls ein MN sein Heimatsubnetz verlassen hat, muss sein Heimatagent eine Nachricht als Multicast im Heimatsubnetz mit der Information darüber verschicken, dass seine LL-Adresse der HoA des MN entspricht. Einige Rechner im Heimatsubnetz des MN, die bereits im Cache die Zuordnung (LL-Adresse von MN) ⇒ HoA enthalten, ersetzen diesen Eintrag mit der Zuordnung (LL-Adresse von Heimatagent) ⇒ HoA. Damit haben diese Rechner die LL-Adresse des MN 'aktualisiert'. Der Heimatagent wird ab jetzt alle an den MN adressierten IP-Pakete im Heimatsubnetz empfangen und an MN in ein Fremdsubnetz weiterleiten.

   Falls ein MN sich in ein Fremdsubnetz hineinbewegt und seine CoA bereits dem Heimatagenten mitgeteilt hat, kann er eine TCP-Verbindung initiieren. Wie Abb.15.4-1 zeigt, sind hierbei weitere Schritte zu unterscheiden:

Aufbau einer TCP-Verbindung

7. *Aufbau einer TCP-Verbindung und indirekte Kommunikation*: Der MN erzeugt ein IPv6-Paket mit dem TCP-Segment `SYN`, um eine TCP-Verbindung zu initiieren. In diesem IPv6-Paket werden die CN-Adresse (CNA) als IP-Zieladresse und seine HoA als IP-Quelladresse eingetragen. Da der CN die CoA des MN noch nicht kennt, wird dieses IPv6-Paket an den CN nur über den Heimatagenten übermittelt. Hierfür wird

dem IPv6-Paket an den CN ein zusätzlicher IPv6-Header vorangestellt, in dem die HAA als IP-Zieladresse und die CoA als IP-Quelladresse enthalten sind.

Dies könnte man sich so vorstellen, als ob dieses IPv6-Paket in einem Tunnel an den Heimatagenten übermittelt worden wäre. Man spricht daher von einer *IPv6-in-IPv6-Encapsulation* bzw. vom *IPv6-in-IPv6-Tunneling*.

Der Heimatagent interpretiert nur den äußeren IPv6-Header und leitet das innere, an den CN adressierte IPv6-Paket an ihn weiter. So werden die ersten IP-Pakete vom MN an den CN übermittelt. Die ersten IPv6-Pakete vom CN an den MN werden ebenfalls über den Heimatagenten übermittelt.

8. Falls eine TCP-Verbindung zwischen MN und CN besteht, wäre es effektiver, die IP-Pakete nicht indirekt über den Heimatagenten zu übermitteln, sondern direkt nach der besten Route zwischen MN und CN. Man spricht beim MIPv6 in diesem Zusammenhang von *Route Optimization*. Dies kommt nur dann in Frage, wenn der CN ebenso wie der MN auch MIPv6-fähig ist. Bevor der MN dem CN seine CoA mitteilt, prüft der MN zuerst, ob der CN MIPv6-fähig ist. Diese Überprüfung wird beim MIPv6 als *Return Routability Procedure* bezeichnet. Ist der CN MIPv6-fähig, wird der Vorgang *Correspondent Node Binding* durchgeführt. Return Routability Procedure
9. *Correspondent Node Binding* [Abb. 15.4-9]: Ist der CN MIPv6-fähig, übermittelt der MN dem CN seine CoA in `Binding Update`. Der CN bestätigt dies mit `Binding Acknowledgement`.
10. Wurde das CN-Binding beendet, findet zwischen MN und CN eine direkte Kommunikation nach der besten Route (*Route Optimization*) statt. Bei dieser Kommunikation werden die IPv6-Erweiterungs-Header `Destination Options Header` und `Type2 Routing Header` [Abb. 15.4-5] in IPv6-Paketen übermittelt [Abb. 15.4-7]. CN-Binding Direkte Kommunikation

Falls ein MN sich in ein Fremdsubnetz hinein bewegt und seinem Heimatagenten die Nachsendeadresse CoA bereits mitgeteilt hat, ist er für alle Rechner im IP-Netz erreichbar. Falls ein CN eine TCP-Verbindung zum MN initiiert, sendet er daher ein IPv6-Paket mit dem TCP-Segment `SYN` in das Heimatsubnetz des MN. Da der MN bereits das Heimatsubnetz verlassen und sein Heimatagent eine Nachsendeadresse (CoA) hat, verpackt er das vom CN empfangene IPv6-Paket in ein zusätzliches IPv6-Paket und leitet es an den MN im Fremdsubnetz weiter. Es handelt sich hierbei um eine indirekte Kommunikation zwischen CN und MN [Abb. 15.4-6]. Auf diese Art und Weise werden die ersten IP-Pakete vom CN an den MN übermittelt. Dann wird die *Return Routability Procedure* durchgeführt, um festzustellen, ob der CN MIPv6-fähig ist. Ist das der Fall, wird das *CN-Binding* durchgeführt. Danach kann zwischen CN und MN eine direkte Kommunikation nach der besten Route stattfinden. Ankommende TCP-Verbindung zum MN

### 15.4.2 MN hat das Fremdsubnetz gewechselt

Der MN kann sich während einer bestehenden TCP-Verbindung in ein anderes Fremdsubnetz hineinbewegen, Abb. 15.4-2 illustriert einen solchen Fall.

Hat sich ein MN während einer bestehenden TCP-Verbindung in ein anderes Fremdsubnetz hineinbewegt, sind im Allgemeinen folgende Schritte beim Verlauf des MIPv6 zu unterscheiden:

1. *Entdeckung des Subnetzwechsels*: Wie Schritt 1 in Abb. 15.4-1.

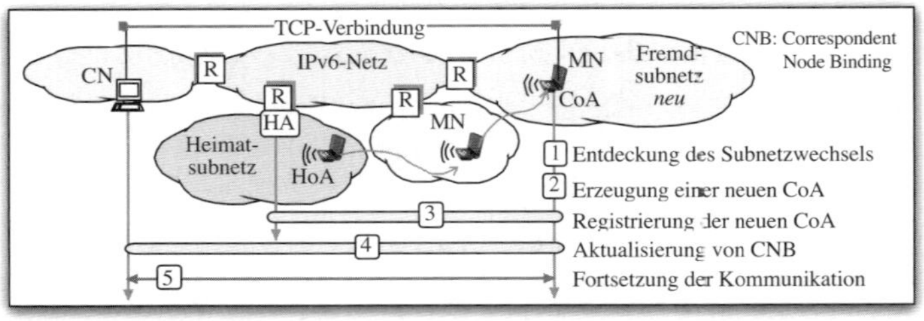


**Abb. 15.4-2:** MN hat während einer TCP-Verbindung das Fremdsubnetz gewechselt
Abkürzungen wie in Abb. 15.4-1

2. *Erzeugung einer neuen CoA*: Wie Schritt 2 in Abb. 15.4-1.
3. *Registrierung der neuen CoA*: Die neue CoA muss im Binding Cache des Heimatagenten eingetragen werden. Dies entspricht Schritt 5 in Abb. 15.4-1. Da nur eine neue CoA im Binding Cache des Heimatagenten eingetragen wird, fungiert der Heimatagent weiterhin als NDP-Proxy. Daher ist der in Abb. 15.4-1 gezeigte Schritt 6 nicht mehr nötig.
4. *Aktualisierung von Correspondent Node Binding*: Da zwischen MN und CN bereits eine TCP-Verbindung besteht, kommunizieren die beiden Rechner direkt, sodass die CoA aus dem neuen Fremdsubnetz im Binding Cache des CN eingetragen werden muss. Dies entspricht Schritt 9 aus Abb. 15.4-1.
5. *Fortsetzung der direkten Kommunikation*: Nach dem Eintragen der neuen CoA beim CN kann die direkte Kommunikation zwischen MN und CN fortgesetzt werden.

## 15.4.3 MN ist in sein Heimatsubnetz zurückgekehrt

Ein MN kann während einer bestehenden TCP-Verbindung in sein Heimatsubnetz zurückkehren. Abb. 15.4-3 illustriert diesen Fall.

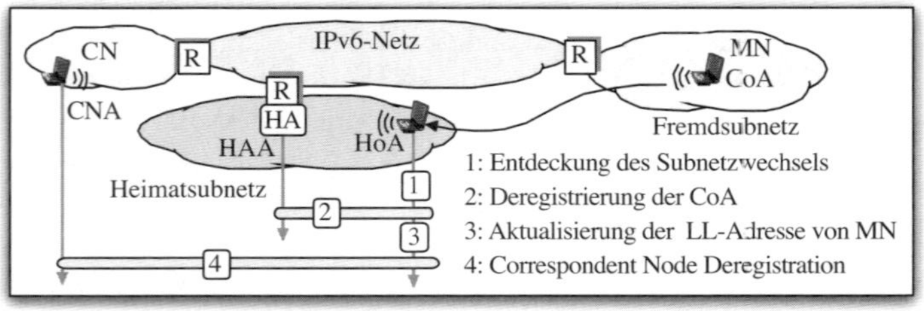


**Abb. 15.4-3:** Der MN ist während einer TCP-Verbindung in sein Heimatsubnetz zurückgekehrt
Abkürzungen wie in Abb. 15.4-1

Rückkehr ins Heimatsubnetz

Falls ein MN während einer bestehenden TCP-Verbindung in sein Heimatsubnetz zurückgekehrt ist, muss Folgendes durchgeführt werden:

1. *Entdeckung des Subnetzwechsels*: Wie Schritt 1 in Abb. 15.4-1 und Abb. 15.4-2.
2. *Deregistrierung der CoA*: Die Zuordnung `HoA` $\Rightarrow$ `CoA` muss nun im Binding Cache des Heimatagenten 'gestrichen' werden. Danach fungiert der Heimatagent nicht

mehr als NDP-Proxy für die Link-Layer-Adresse (LL-Adresse) des MN, der in das Heimatsubnetz zurückgekehrt ist.

3. *Aktualisierung der LL-Adresse des MN*: Da der Heimatagent für die LL-Adresse des MN nicht mehr als NDP-Proxy fungiert, muss der MN im Heimatsubnetz bekannt machen, dass die an seine HoA adressierten IPv6-Pakete ab jetzt an seine LL-Adresse übermittelt werden müssen.
4. *Correspondent Node Deregistration*: Besteht noch das Binding mit einem bzw. mehreren CNs, muss die Zuordnung `HoA` $\Rightarrow$ `CoA` auch in den Binding Caches aller CNs gelöst werden. MN ist nun unter seiner HoA erreichbar.

## 15.4.4 MIPv6-Nachrichten

Um beim IPv6 die Mobilität zu unterstützen, wurden zusätzliche Erweiterungen vorgenommen. Insbesondere wurden folgende Nachrichten und Optionen definiert:

- `Mobility Header` als IPv6-Erweiterungs-Header
  Im `Mobility Header` werden verschiedene Nachrichten für die Unterstützung der Mobilität übermittelt [Abb. 15.4-4].
- `Type 2 Routing Header` (`T2-RH`) als IPv6-Erweiterungs-Header
  Im `T2-RH` übermittelt der CN die HoA vom MN [Abb. 15.4-5]. Anschließend wird der `T2-RH` bei der direkten Kommunikation zwischen MN und CN verwendet [Abb. 15.4-7].
- `Home Address Option` (`HAO`) für `Destination Options Header`
  Die `HAO` wird bei der direkten Kommunikation zwischen MN und CN eingesetzt. In `HAO` teilt der MN dem CN seine HoA mit [Abb. 15.4-7].
- Neue ICMPv6-Nachrichten
  Falls ein MN die IP-Adresse seines Heimatagenten automatisch entdecken möchte, spricht man von *HAA Discovery* [Abschnitt 15.4.9]. Damit der MN in der Lage ist, das Präfix des Heimatsubnetzes abzufragen, wurden die ICMPv6-Nachrichten `HAA Discovery Request` und `HAA Discovery Reply` für die Entdeckung der HAA (*Home Agent Address*) sowie `Mobile Prefix Solicitation` und `Mobile Prefix Advertisement` für die Abfrage von Subnetzpräfix definiert.

`Mobility Header` wird als letzter Extension Header in IPv6-Paketen übermittelt. Den Aufbau von `Mobility Header` zeigt Abb. 15.4-4. Mobility Header

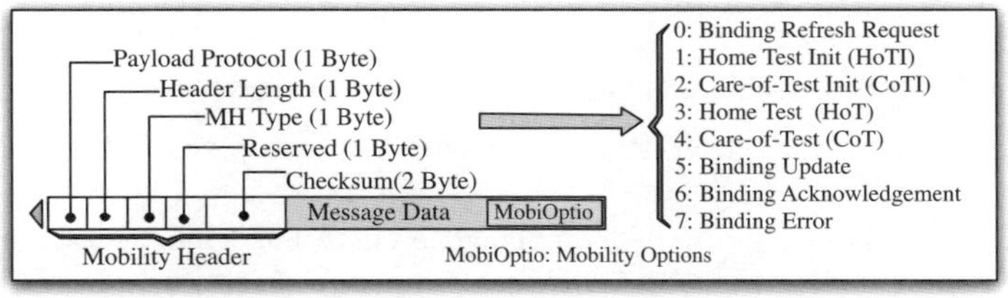


**Abb. 15.4-4:** Aufbau des `Mobility Header`

`Mobility Header` setzt sich zusammen aus einem Header und dem Teil `Message Data`, in dem eine Nachricht mit Mobility Options übermittelt wird. Das Feld `Payload Protocol` hat die gleiche Bedeutung wie `Next Header`. Da `Mobility Header` als letzter Extension Header im IPv6-Paket übermittelt wird, enthält `Payload Protocol` immer den Wert 59.

Type 2 Routing Header (T2-RH)

`Type 2 Routing Header` (`T2-RH`) wird als Extension Header in IPv6-Paketen übermittelt. Abb. 15.4-5 zeigt seinen Aufbau.

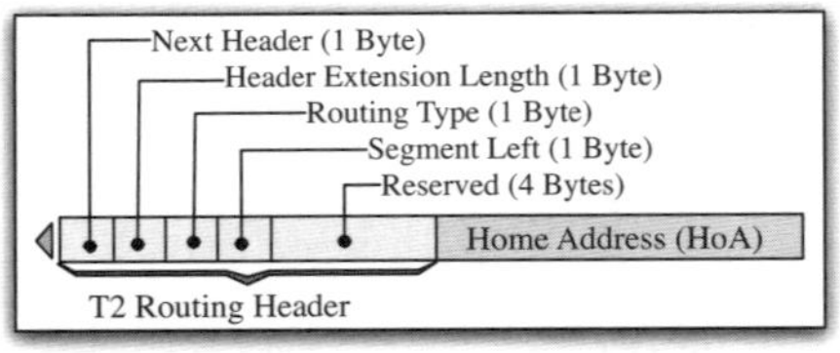


**Abb. 15.4-5:** Aufbau des `Type 2 Routing Header` (`T2-RH`)

Den `T2-RH` sendet ein CN bei direkter Kommunikation mit einem MN, falls dieser während einer bestehenden TCP-Verbindung sein Heimatsubnetz verlassen hat. Im `T2-RH` wird die Heimatadresse (HoA) des MN übermittelt. Die Bedeutung von `T2-RH` ist aus Abb. 15.4-7 ersichtlich.

## 15.4.5 Kommunikation zwischen MN und CN

Man unterscheidet folgende Arten der Kommunikation zwischen MN und CN:

- indirekte Kommunikation über einen HA von MN, falls z.B. der CN nicht MIPv6-fähig ist, und
- direkte Kommunikation ohne HA-Beteiligung. Auf diese Arten der Kommunikation wird nun näher eingegangen.

Prinzip der indirekten Kommunikation

Zwischen MN und CN kann die Kommunikation über einen HA (Heimatagenten) des MN verlaufen. Sie findet u.a. dann statt, wenn

- ein CN das MIPv6 nicht unterstützt,
- ein MN eine Session zu einem CN initiiert, zu dem noch kein Binding besteht,
- ein CN eine Session zu einem MN initiiert, zu dem aber noch kein Binding besteht.

Abb. 15.4-6 illustriert den Verlauf der indirekten Kommunikation, falls der CN ein stationärer Rechner ist und MIPv6 nicht unterstützt. Der CN kann daher nur 'normale' IPv6-Pakete, d.h. in denen keine MIPv6-Nachrichten enthalten sind, senden und empfangen.

Bei der indirekten Kommunikation unterscheidet man folgende vier Schritte:

1. Der CN übermittelt ein IPv6-Paket ohne MIPv6-Angaben an die IPv6-Adresse des MN (d.h. an die HoA).
2. Der HA (Heimatagent) stellt dem empfangenen IPv6-Paket einen zusätzlichen IPv6-Header voran, in dem er als IPv6-Qellladresse seine Adresse (d.h. die HAA) und als IPv6-Zieladresse die Nachsendeadresse CoA angibt. Dies stellt eine IPv6-in-IPv6-Encapsulation dar, die man sich als Übertragung des inneren IPv6-Pakets in einem Tunnel vorstellen kann.
3. Der MN erzeugt ein IPv6-Paket ohne MIPv6-Angaben, das an den CN gesendet wird. Der IPv6-Header enthält als Zieladresse die Adresse des CN, d.h. CNA, und als

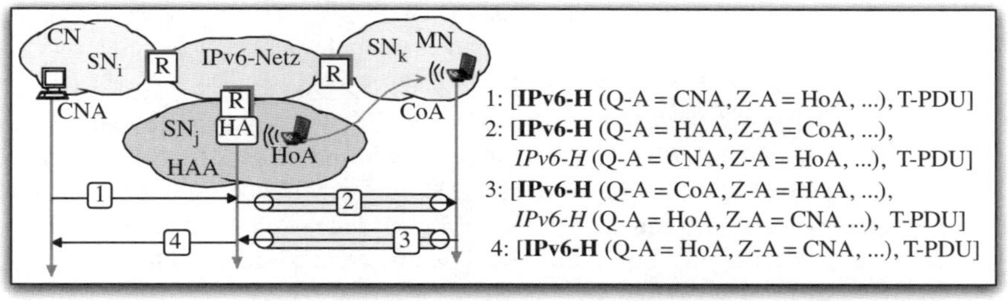


**Abb. 15.4-6:** Prinzip der indirekten Kommunikation zwischen MN und CN über einen HA
Q-A: IPv6-Qellladresse, Z-A: IPv6-Zieladresse, CNA: CN Address, HA: Heimatagent, HAA: HA Address, R: Router, SN: Subnetz, T-PDU: Transport Protocol Data Unit

Quelladresse die Adresse des MN, d.h. HoA. Um dieses IPv6-Paket über den HA zu übermitteln, wird ihm ein zusätzlicher IPv6-Header vorangestellt, in dem die Adresse von HA, d.h. HAA, als Zieladresse und die CoA von MN als Quelladresse enthalten sind. Bildlich kann man sich dies so vorstellen, als ob das innere IPv6-Paket in einem Tunnel übermittelt werden würde.

4. Der HA entfernt den zusätzlichen IPv6-Header und leitet das innere IPv6-Paket an den CN weiter.

Die zwischen CN und HA übermittelten IPv6-Pakete enthalten keine MIPv6-Angaben, sodass der CN nicht unbedingt MIPv6-fähig sein muss.

### Prinzip der direkten Kommunikation

Wenn MN und CN MIPv6-fähig sind, kann eine direkte Kommunikation, d.h. ohne Beteiligung des HA, zwischen ihnen stattfinden. Abb. 15.4-7 veranschaulicht diese Art der Kommunikation.

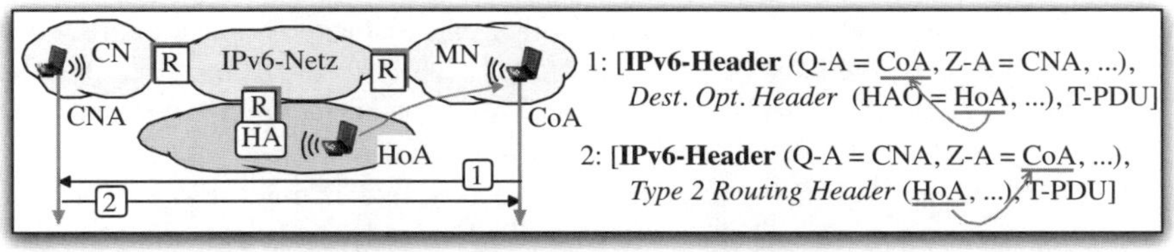


**Abb. 15.4-7:** Prinzip der direkten Kommunikation zwischen MN und CN
Abkürzungen wie in Abb. 15.4-6

Bei der direkten Kommunikation unterscheidet man folgende zwei Schritte:

1. Ein MN, der sich in einem Fremdsubnetz aufhält, übermittelt ein IPv6-Paket an einen CN. Im IPv6-Header wird daher die CoA des MN als IPv6-Qellladresse und die CNA als IPv6-Zieladresse eingesetzt. In diesem IPv6-Paket ist der `Destination Options Header`, d.h. ein MIPv6-spezifischer Teil, enthalten, in dem als `Home Address Option` (`HAO`) die Heimat-IP-Adresse (d.h. HoA) des MN angegeben wurde. Nach Empfang dieses IPv6-Pakets durch den CN wird die CoA durch die HoA ersetzt.

   **Bemerkung**: Falls z.B. zwischen MN und CN eine TCP-Verbindung aufgebaut wurde, als MN noch im Heimatsubnetz war, wird das Ende dieser TCP-Verbindung seitens MN durch die HoA bestimmt. Um die zu transportierenden Daten TCP zu übergeben, muss CoA durch HoA ersetzt werden. Da der Subnetzwechsel während einer bestehenden TCP-Verbindung stattfinden kann, soll das TCP davon nichts merken.

2. Der CN übermittelt ein IPv6-Paket an den MN, in dem die CNA als IPv6-Qellladresse und die CoA des MN als IPv6-Zieladresse enthalten sind. Dieses IPv6-Paket enthält den `Type 2 Routing Header`, in dem die HoA des MN übermittelt wird. Nach dem Empfang dieses IPv6-Pakets durch den MN wird die CoA durch die HoA ersetzt. Warum die HoA zusätzlich übermittelt wird, wurde bereits oben erläutert.

## 15.4.6 Home Agent Binding

Was ist Home Agent Binding?

Hat ein MN sein Heimatsubnetz gerade verlassen, muss er seinem Heimatagenten seine Nachsendeadresse im Fremdsubnetz mitteilen, d.h. die CoA. Dieser muss die entsprechende Zuordnung `HoA` $\Rightarrow$ `CoA` in seinem Binding Cache eintragen. Falls ein MN sich gerade von einem Fremdsubnetz in ein anderes hineinbewegt, muss er die CoA aus dem neuen Fremdsubnetz ebenfalls seinem Heimatagenten mitteilen. Diese Aktualisierung der CoA bedeutet ein *Binding Update*. Ist der MN in sein Heimatsubnetz zurückgekehrt, muss er seinem Heimatagenten mitteilen, dass die ihn betreffende Zuordnung `HoA` $\Rightarrow$ `CoA` in seinem Binding Cache 'gestrichen' werden muss. Der MN ist im Heimatsubnetz unter der HoA erreichbar. Die eben geschilderten Vorgänge werden als *Home Agent Binding* (*HA-Binding*) bezeichnet. Abb. 15.4-8 illustriert den Verlauf von HA-Binding.

Befindet sich MN in einem Fremdsubnetz, verläuft das HA-Binding in folgenden zwei Schritten:

1. Der MN übermittelt ein IPv6-Paket an den HA mit seiner CoA als IPv6-Qellladresse und mit der HAA als IPv6-Zieladresse. Dieses IPv6-Paket enthält einen `Destination Options Header`, in dem als `Home Address Option` (`HAO`) die HoA des MN angegeben wurde. Damit wird die Zuordnung: `HoA` $\Rightarrow$ `CoA` im Binding Cache beim HA eingetragen. Falls zwischen MN und HA vorher eine Security Association nach dem IPsec aufgebaut wurde [Abb. 15.4-1], enthält das IPv6-Paket auch einen `ESP-Header` (*Encapsulating Security Payload*). Der letzte Extension Header im IPv6-Paket ist der `Mobility Header` mit dem `Binding Update` [Abb. 15.4-4].
2. Der HA bestätigt das Binding mit einem IPv6-Paket, in dem ein `Mobility Header` mit `Binding Acknowledgement` enthalten ist. Dieses IPv6-Paket enthält auch den `Type 2 Routing Header` mit der HoA des MN.

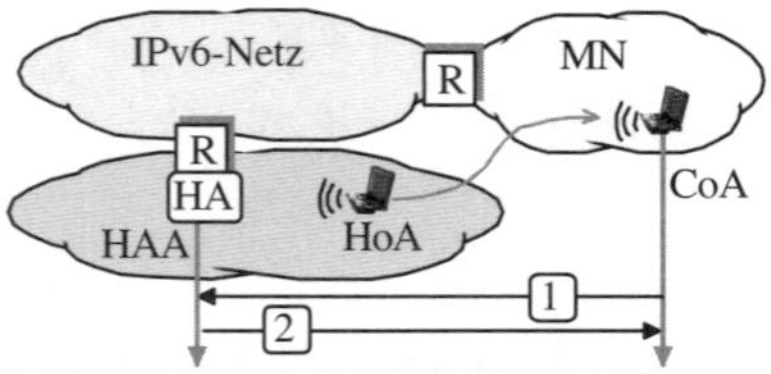


1: [**IPv6-Header** (Q-A = CoA, Z-A = HAA, ...), *Destination Options Header* (HAO = HoA, ...), *ESP-Header, Mobility Header* (Binding Update)]
2: [**IPv6-Header** (Q-A = HAA, Z-A = CoA ...), *Type 2 Routing Header* (HoA), *ESP-Header, Mobility Header* (Binding Ack)]

**Abb. 15.4-8:** Verlauf von Home Agent Binding (HA-Binding)
Q-A: IPv6-Quelladresse, Z-A: IPv6-Zieladresse, HA: Heimatagent, HAA: HA Adresse, HOA: Home Address Option, R: Router, SN: Subnetz

## 15.4.7 Correspondent Node Binding

Eine direkte Kommunikation zwischen einem MN, der sich in einem Fremdsubnetz aufhält, und einem CN kann nur stattfinden, wenn zwischen ihnen ein Binding besteht. Hierfür muss im Binding Cache des CN eine entsprechende Zuordnung `MoA` ⇒ `CoA` enthalten sein. Das Eintragen und Aufrechterhalten dieser Zuordnung bezeichnet man als *Correspondent Node Binding* (*CN-Binding*). Abb. 15.4-9 illustriert diesen Vorgang.

Was bedeutet Correspondent Node Binding?

Vergleicht man Abb. 15.4-8 und Abb. 15.4-9, stellt man fest, dass das CN-Binding ähnlich wie das HA-Binding verläuft. Im Gegensatz zum HA-Binding wird beim CN-Binding das IPsec in der Regel nicht verwendet. Somit enthalten die IPv6-Pakete beim CN-Binding keinen ESP-Header.

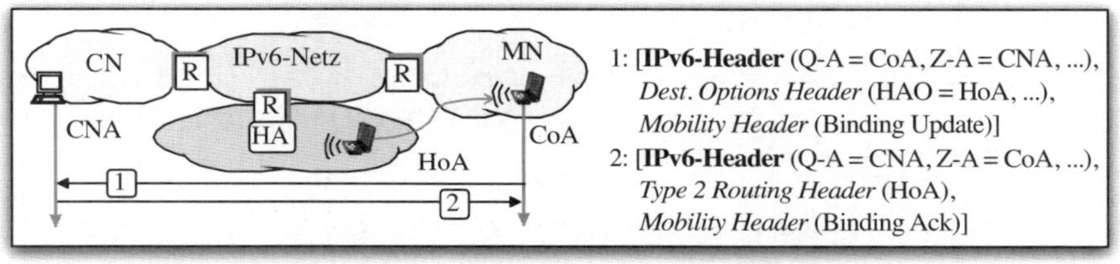


**Abb. 15.4-9:** Verlauf des Correspondent Node Binding (CN-Binding)
Abkürzungen wie in Abb. 15.4-8

## 15.4.8 Entdeckung eines Subnetzwechsels

Der MN muss während seiner Bewegung ständig überwachen, ob er sich in ein anderes Subnetz hinein bewegt und damit ein Subnetzwechsel stattgefunden hat. Um einen Subnetzwechsel zu entdecken, kommen mehrere Möglichkeiten infrage. Die einfachste Lösung ergibt sich aus dem Verlauf des *Neighbor Discovery Protocol* (NDP), dass ein Bestandteil des IPv6 ist [Abschnitt 8.2]. Das NDP stellt Funktionen zur Verfügung, einen Router zu entdecken. Diese Funktion lässt sich auch zur Entdeckung eines Subnetzwechsels einsetzen. Abb. 15.4-10 illustriert, wie dies funktioniert.

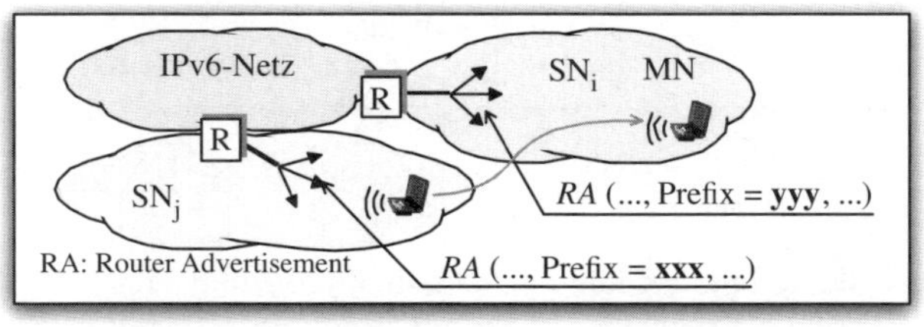


**Abb. 15.4-10:** Prinzip der Entdeckung eines Subnetzwechsels
HA: Heimatagent, R: Router, SN: Subnetz

Erzeugung der CoA

Jeder IPv6-fähige Router sendet periodisch auf jedem Port die Nachricht `Router Advertisement` (`RA`), in der das Präfix des Subnetzes an diesem Port enthalten ist. Hat der MN das Subnetz gewechselt, empfängt er in einem anderen Subnetz `RA` mit einem anderen Subnetzpräfix. Sind die Subnetzpräfixe in jeweils zwei aufeinanderfolgenden `RA` nicht gleich, stellt der MN fest, dass ein Subnetzwechsel stattgefunden hat.

Wenn der MN den Subnetzwechsel entdeckt hat, muss er im neuen Fremdsubnetz für sich eine neue Nachsendeadresse CoA erzeugen. Abb. 15.4-11 zeigt, wie die CoA aufgebaut wird, falls der MN eine MAC-Adresse besitzt.

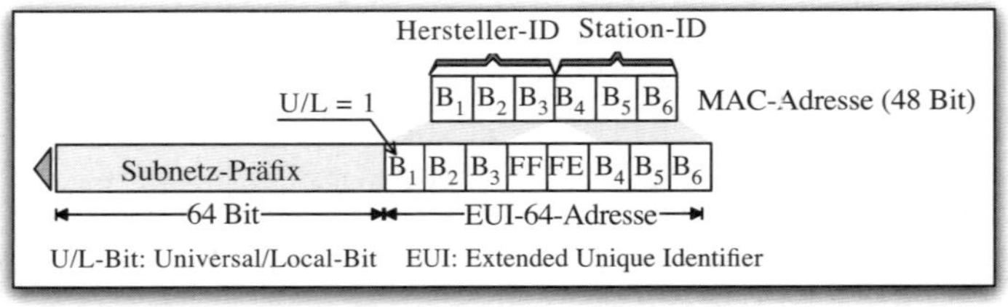


**Abb. 15.4-11:** Aufbau einer Nachsendeadresse CoA, falls der MN eine MAC-Adresse besitzt
MAC: Media Access Control

CoA und DAD

Eine CoA setzt sich zusammen aus dem Subnetzpräfix, das der MN aus `RA` erfährt, und aus seiner EUI-64-Adresse [Abb. 7.8-3]. Diese enthält 64 Bit und dient als Identifikation des MN. Die EUI-64-Adresse stellt eine durch die zwei Byte `FF` und `FE` aufgeteilte MAC-Adresse dar. Der MN muss auch überprüfen, ob seine CoA im Fremdsubnetz einmalig ist, d.h. ob es hier ein Duplikat gibt. Man spricht hierbei von *Duplicate Address Detection* (*DAD*). Diese Funktion gehört bereits zu den Aufgaben des IPv6 [Abschnitt 7.2.1].

## 15.4.9 Entdeckung der Home-Agent-Adresse

Bei der Konfiguration eines MN kann die Adresse von seinem Heimatagenten manuell eingetragen werden. Falls diese Adresse geändert wird, muss man auch in allen MNs eine entsprechende Änderung durchführen. Das MIPv6 bietet aber die Möglichkeit, die Adresse von Heimatagenten automatisch zu beziehen. Abb. 15.4-12 illustriert, wie dies funktioniert.

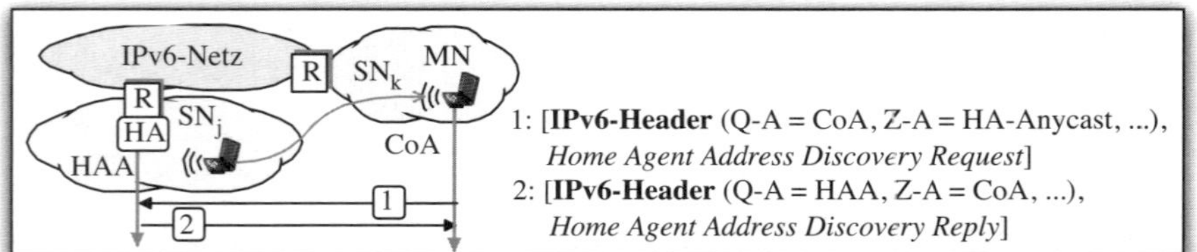


**Abb. 15.4-12:** Prinzip der Entdeckung der Home-Agent-Adresse (HAA)
HA: Heimatagent, HAA: HA Adresse

Um die Adresse des Heimatagenten in einem Fremdsubnetz zu entdecken, sendet der MN eine ICMPv6-Nachricht `Home Agent Address Discovery Request` (`HAA Discovery Request`) als Anycast [Abschnitt 6.10] innerhalb seines Heimatsubnetzes (HA-Anycast). Somit wird diese ICMPv6-Nachricht im IPv6-Paket mit der IPv6-Zieladresse übermittelt, die mit dem Präfix (64 Bit) des Heimatsubnetzes beginnt, und die restlichen 64 Bit enthalten den Wert `feff:ffff:ffff:fffe`.

Jeder Heimatagent antwortet auf `HAA Discovery Request` mit der ICMPv6-Nachricht `HAA Discovery Reply`, in der die IPv6-Adressen von mehreren Heimatagenten enthalten sein können. Das kann beispielsweise der Fall sein, wenn Heimatagenten redundant ausgelegt sind.

## 15.5 Hierarchical MIPv6

Falls ein mobiler Rechner während einer bestehenden Session mit einem anderen Rechner ein Subnetz verlässt und sich in ein anderes hineinbewegt, darf die bestehende Session nicht abgebrochen werden. Die Übernahme eines mobilen Rechners in ein neues Subnetz während einer bestehenden Session wird als Handover bezeichnet. Während des *Handover* wird jede bestehende Session 'eingefroren'. Daher muss die Dauer des Handover möglichst kurz gehalten werden, um die Qualität von Echtzeitapplikationen wie z.B. Voice over IP nicht negativ zu beeinflussen. U.a. um die Dauer von Handover zu reduzieren, wurde eine Erweiterung des MIPv6 als *Hierarchical Mobile IPv6* (*HMIPv6*) in RFC 4140 spezifiziert. Wozu Hierarchical MIPv6?

Beim HMIPv6 wird die Funktionskomponente *Mobility Anchor Point* (MAP) eingeführt, die als Vertretung von Heimatagenten aus mehreren Subnetzen fungiert. Zusätzlich wird eine RCoA (*Regional Care-of-Address*) definiert, die als *regionale Nachsendeadresse* angesehen werden kann. Gegenüber MIPv6 besitzt HMIPv6 den Vorteil, dass ein mobiler Rechner seinem Heimatagenten nur dann die RCoA mitteilen muss, wenn er sich in den Zuständigkeitsbereich eines anderen MAP hinein bewegt hat. Vorteil von HMIPv6

### 15.5.1 Unterstützung der Mobilität mit dem HMIPv6

Das Protokoll HMIPv6 kommt zum Einsatz, wenn sich Benutzer mit mobilen Rechnern wie z.B. Smartphones, überwiegend lokal bewegen. Abb. 15.5-1 veranschaulicht das Konzept des HMIPv6. Speziell für den Fall, dass die Bewegung von Benutzern überwiegend lokal stattfindet, wurde das Konzept des MAP eingeführt. Ein MAP unterstützt die Mobilität innerhalb seines Bereichs, zu dem oft mehrere IPv6-Subnetze (kurz Subnetze) gehören. Der Zuständigkeitsbereich eines MAP wird *MAP-Domäne* genannt, und er kann nur zufällig eine DNS-Domäne sein.

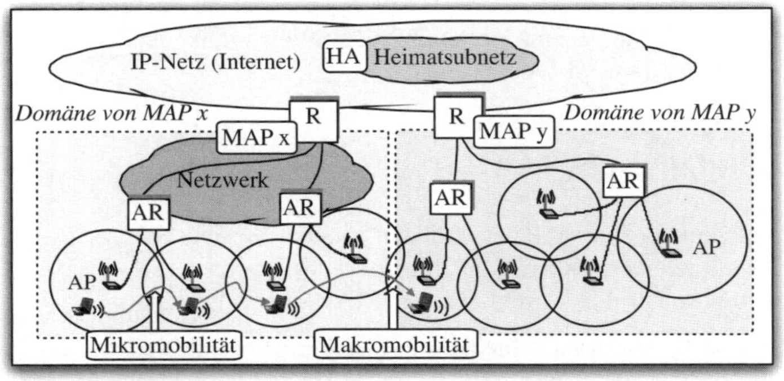


**Abb. 15.5-1:** Mikro- und Makromobilität per HMIPv6
AR: Access Router, HA: Heimatagent, MAP: Mobility Anchor Point, R: Router

Der MAP wird in einem Router untergebracht, über den ein Netzwerk an das Internet angeschlossen ist. Das Netzwerk kann sich wiederum aus einem kabelgebundenen Netzwerk und aus einem WLAN zusammensetzen bzw. nur ein WLAN darstellen. Im WLAN können mehrere *Access Points* (AP) installiert werden. Alle mobilen Rechner in einem Übertragungsbereich eines Access Routers (AR) gehören zu einer Funkzelle. Alle Funkzellen, die über einen AR an das kabelgebundene Netzwerk bzw. direkt an das Internet angebunden sind, bilden ein Subnetz.

Mikro- bzw. Makromobilität

Wie auch beim MIPv6 wird ein mobiler Rechner beim HMIPv6 als *Mobile Node* (MN) bezeichnet und sein Kommunikationspartner als *Correspondent Node* (CN). Falls der MN 'wandert', kann er die Funkzelle eines AP verlassen und in die Funkzelle eines anderen AP hineingehen. Gehören diese beiden Funkzellen zur Domäne desselben MAP, handelt es sich um lokale Mobilität, die als *Mikromobilität* bezeichnet wird. Hat der MN sich aber in eine Funkzelle eines anderen MAP hinein bewegt, spricht man von *Makromobilität*.

Beim HMIPv6 stellt ein MAP die Vertretung von Heimatagenten aller MNs dar, die sich in seiner Domäne vorläufig aufhalten. Somit hat jeder MN bei HMIPv6 in einem Fremdsubnetz zwei vorläufige Nachsendeadressen. Eine von ihnen wird als RCoA (*Regional CoA*) und die andere als LCoA (*On-Link CoA*) bezeichnet.

Bedeutung der RCoA

Die RCoA setzt sich aus dem Präfix der IPv6-Adresse des MAP und aus der Interface-Identifikation des MN zusammen. Die RCoA besagt, über welchen MAP der MN zu erreichen ist bzw. in welcher Domäne er sich aufhält. Die RCoA eines MN bleibt unverändert, solange er sich in der Domäne ein und desselben MAP aufhält. Der MN muss immer herausfinden, welcher MAP für ihn zuständig ist, und dem Heimatagenten in seinem Heimatsubnetz die RCoA mitteilen. Der Heimatagent sendet dann die in das Heimatsubnetz übermittelten und an den MN adressierten IPv6-Pakete an den MAP nach, und der MAP leitet sie an einen *Access Router* (AR) weiter. Hierfür muss der MN aber dem MAP immer die beiden Nachsendeadressen RCoA und LCoA mitteilen. Nach dem Präfix in LCoA erfährt der MAP, in welchem Subnetz seiner Domäne der MN sich befindet.

Vorteil des HMIPv6

Solange ein MN sich von einem Subnetz zu einem anderen bewegt und hierbei in der Domäne desselben MAP bleibt, ist er über dieselbe RCoA erreichbar. Der MN muss daher seine RCoA nur dann dem Heimatagenten in seinem Heimatsubnetz mitteilen, falls er die Domäne eines MAP verlassen hat und in die Domäne eines anderen MAP hineingegangen ist. Dass der MN die RCoA, d.h. die regionale Nachsendeadresse, seinem Heimatagenten nur im Fall der stattgefundenen Makromobilität mitteilen muss, ist der größte Vorteil des HMIPv6 gegenüber dem MIPv6.

## 15.5.2 Finden eines MAP

Jeder MN muss immer den MAP herausfinden können, über den er von seinem Heimatsubnetz erreicht werden kann. Abb. 15.5-2 illustriert das Finden des MAP (*MAP Discovery*), falls die Access Router nicht direkt mit dem MAP verbunden sind.

Jeder MAP sendet periodisch seine Bekanntmachungen als `MAP Cption` (`MAPO`) in den Nachrichten `Router Advertisement` (`RA`) des Protokolls ICMPv6. Diese Nachrichten werden als Multicast an alle Router adressiert. In `MAPO` ist das Feld `Dist` enthalten, in dem die Entfernung als Anzahl von Hops zwischen dem MAP und dem Empfänger von `RA` eingetragen wird. Jeder Router, der `RA` empfangen hat, inkrementiert den Wert `Dist`

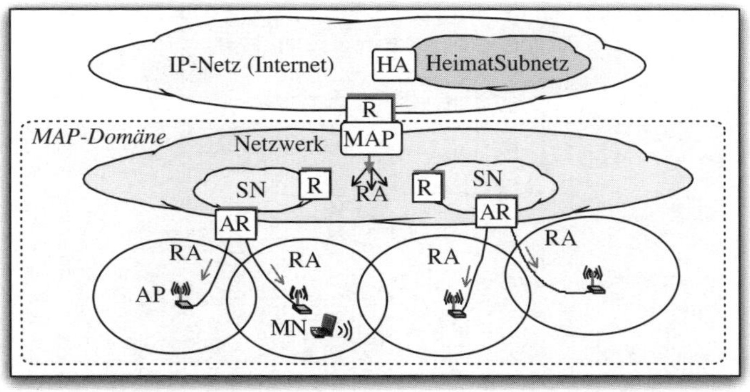


**Abb. 15.5-2:** Finden des MAP; der Access Router (AR) ist indirekt mit MAP verbunden
SN: Subnetz, RA: Router Advertisement, weitere Abkürzungen wie in Abb. 15.5-1

um 1 und sendet `RA` mit `MAPO` auf seinem Subnetz als Multicast weiter. `MAPO` enthält das Adresspräfix aus der IPv6-Adresse vom Router mit dem MAP. Dieses Adresspräfix wird vom MN als Identifikation der MAP-Domäne interpretiert.

Hat der MN ein `RA` mit `MAPO` empfangen, so ist ihm ein AR bekannt, über den er mit dem terrestrischen Netzwerk verbunden werden kann, und er kann auch die regionale Nachsendeadresse RCoA für sich generieren. Sie besteht aus dem empfangenen 64 Bit langen Adresspräfix und aus der 64 Bit langen Interface-Identifikation des MN. Hat der MN aber mehrere `RA` mit `MAPO` über verschiedene ARs empfangen, wählt er nach dem Wert `Dist` den AR aus, der die geringste Entfernung zum MAP hat.

ARs direkt verbunden mit MAP

ARs können über einen Router mit dem MAP direkt verbunden werden. Hierbei verläuft die Entdeckung des MAP nach den gleichen Regeln. Beim direkten Verbund von ARs mit dem MAP empfängt ein MN aber immer nur ein `RA` mit `MAPO` und mit `Dist = 1`. Hat ein MN einen neuen MAP entdeckt, bedeutet dies, dass er sich in die Domäne eines anderen MAP hinein bewegt hat. Es handelt sich somit um Makromobilität [Abb. 15.5-1].

## 15.5.3 Unterstützung der Mikromobilität

Entdeckung des Subnetzwechsels

Verlässt ein MN ein Subnetz und geht in ein neues hinein, so bezeichnet man dies als *Mikromobilität*. Damit jeder MN in der Lage ist, jeden Subnetzwechsel zu entdecken, sendet jeder AR periodisch `Router Advertisement` (`RA`) als ICMPv6-Nachricht. `RA` enthält das Adresspräfix aus der IPv6-Adresse des AR. Dieses Adresspräfix stellt für den MN die Identifikation des Subnetzes dar und wird vom MN verwendet, um die neue Nachsendeadresse LCoA zu generieren.

Bedeutung der LCoA

Die lokale Nachsendeadresse LCoA des MN enthält vorn dieses Adresspräfix und am Ende seine 64 Bit lange Identifikation. Die LCoA entspricht weitgehend der Nachsendeadresse CoA beim MIPv6 und bestimmt den MN im Zielsubnetz.

Abb. 15.5-3 illustriert die Unterstützung der Mikromobilität. Nach dem Empfang von `RA` muss jeder MN immer vergleichen, ob das Adresspräfix im letzten `RA` mit dem Adresspräfix im neuen `RA` übereinstimmt. Ist dies der Fall, hat der MN das Subnetz nicht verlassen.

Ist es aber nicht der Fall, hat der MN ein neues Subnetz betreten, muss sich eine neue LCoA generieren und bei einem neuen AR registrieren.

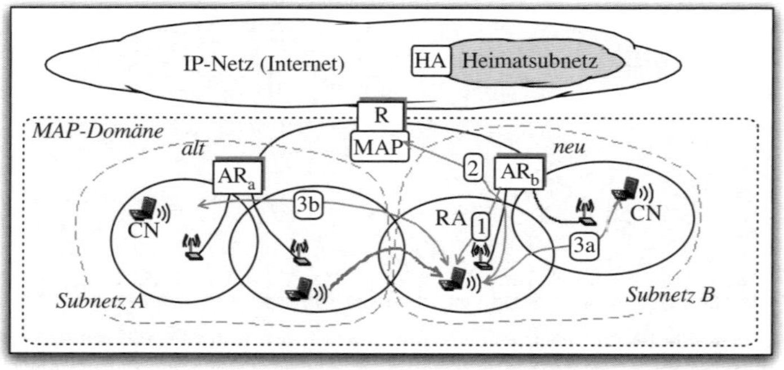


**Abb. 15.5-3:** Prinzip der Unterstützung der Mikromobilität mit dem HMIPv6
CN: Correspondent Node, weitere Abkürzungen wie in Abb. 15.5-1

Zur Unterstützung der Mikromobilität unterscheidet man folgende Schritte:

1. *Entdeckung der Mikromobilität (Movement Detection)*
Der MN hat nach dem Empfang von RA und dem Vergleich des Adresspräfixes aus seiner LCoA mit dem Adresspräfix im neuen RA festgestellt, dass sie unterschiedlich sind. Daher ist er in ein neues Subnetz hineingegangen und generiert eine neue LCoA aus dem neuen Adresspräfix.
2. *Registrierung der neuen LCoA beim MAP*
Um die neue LCoA bei seinem MAP bekannt zu machen, übermittelt der MN die LCoA an den MAP in der Nachricht `Binding Update` (BU) [Abb. 15.4-4]. Der MAP ersetzt die alte LCoA durch diese neue und hat damit den Wechsel des Subnetzes durch den MN bei sich eingetragen.
3. *Mitteilen der neuen LCoA an seine CNs*
Wechselt der MN das Subnetz während der direkten Kommunikation [Abb. 15.4-7] mit einigen CNs, muss er diesen CNs seine neue Lage im Netzwerk mitteilen. Hierbei teilt der MN in der Nachricht BU mit:

   3.a) allen CNs in seinem neuen Subnetz die aktuelle LCoA und

   3.b) allen CNs außerhalb des neuen Subnetzes seine RCoA. Diese CNs erreichen den MN nun über den MAP.

Nach dem dritten Schritt können die von den CNs an den MN in sein Heimatsubnetz übermittelten IPv6-Pakete vom HA an den MAP und dann von ihm (nach der beim MAP gespeicherten Zuordnung `RCoA` ⇒ `LCoA`) an den neuen AR übergeben werden. Vom AR werden die IPv6-Pakete an den MN gesendet.

## 15.5.4 Unterstützung der Makromobilität

Verlässt ein MN ein Subnetz und geht in ein neues hinein, kann es sich auch um Makromobilität handeln [Abb. 15.5-1]. Damit jeder MN in der Lage ist, jeden Wechsel der MAP-Domäne zu entdecken, sendet jeder MAP periodisch die ICMPv6-Nachricht `Router Advertisement` (`RA`) mit `MAP Option` (`MAPO`) als Multicast an alle Router aus.

MAPO enthält das 64 Bit lange Adresspräfix aus der IPv6-Adresse des Routers mit dem MAP. Dieses Adresspräfix stellt für den MN die Identifikation der MAP-Domäne dar. Die RCoA des MN setzt sich aus diesem Adresspräfix und aus seiner 64 Bit langen Identifikation zusammen.

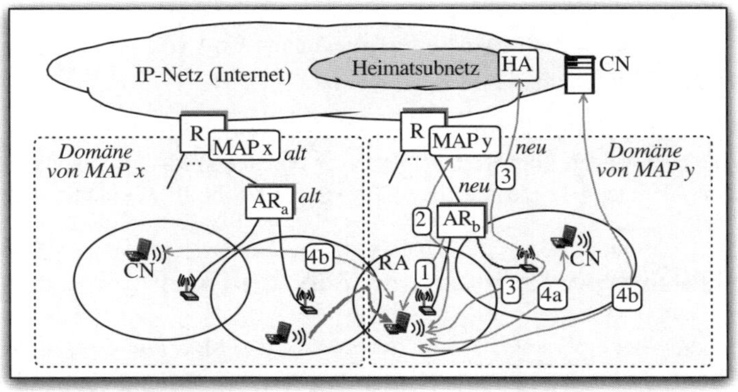


**Abb. 15.5-4:** Prinzip der Unterstützung der Makromobilität mit dem HMIPv6
Abkürzungen wie in Abb. 15.5-1

Makromobilität = Wechsel Der MAP-Domäne

Abb. 15.5-4 illustriert, die Unterstützung der Makromobilität. Nach jedem Empfangen von MAPO muss jeder MN immer vergleichen, ob das Adresspräfix in der letzten MAP Option mit dem Adresspräfix in der neuen MAPO übereinstimmt. Ist dies der Fall, hat der MN die MAP-Domäne noch nicht verlassen. Ist es aber nicht der Fall, hat der MN eine neue MAP-Domäne betreten. Dann muss er sowohl eine neue regionale Nachsendeadresse RCoA als auch eine neue lokale Nachsendeadresse LCoA generieren und sich damit bei einem neuen MAP registrieren. Dadurch kann der neue MAP bei sich die Zuweisung RCoA $\Rightarrow$ LCoA abspeichern. Aus der LCoA kann der MAP erkennen, an welchen AR er die IPv6-Pakete weiterleiten muss, die an den MN adressiert sind und vom HA an die RCoA nachgesendet wurden.

Ablauf der Makromobilität

Zur Unterstützung der HMIPv6-Makromobilität werden folgende Schritte benötigt:

1. *Entdeckung der Makromobilität*
   Hat der MN nach dem Empfang von RA vom MAP und dem Vergleich des Adresspräfixes aus seiner RCoA mit dem Adresspräfix im neuen RA festgestellt, dass sie unterschiedlich sind, bedeutet dies, dass er eine neue MAP-Domäne betreten hat. Daher generiert der MN eine neue regionale Nachsendeadresse RCoA aus dem neuen Adresspräfix. Weil beim Wechsel einer MAP-Domäne gleichzeitig ein Subnetzwechsel stattfindet, muss der MN auch eine neue lokale Nachsendeadresse LCoA aus dem Adresspräfix des neuen AR generieren. Dieses Adresspräfix ist auch in RA enthalten.
2. *Registrierung von RCoA und LCoA beim neuen MAP*
   Der MN übermittelt dem neuen MAP in der Nachricht Binding Update (BU) die RCoA und die LCoA, der MAP trägt sich die Zuordnung RCoA $\Rightarrow$ LCoA ein. Die an den MN adressierten und vom Heimatagenten an den MAP nachgesendeten IPv6-Pakete werden nun aufgrund der LCoA vom MAP an einen AR und von diesem an den MN weitergeleitet.
3. *Die neue RCoA wird dem HA im Heimatsubnetz mitgeteilt*
   Da die RCoA für den Heimatagenten die Nachsendeadresse ist, über die der MN zu

erreichen ist, macht der MN dem Heimatagenten seines Heimatsubnetzes die neue RCoA in der Nachricht `BU` bekannt.

4. Falls der MN während der direkten Kommunikation mit einigen CNs ein Subnetz gewechselt hat, muss er diesen CNs seinen neuen Ort mitteilen. Hierbei teilt der MN in der Nachricht `BU` mit:
   4.a) allen CNs in seinem neuen Subnetz die neue LCoA und
   4.b) allen CNs außerhalb des neuen Subnetzes seine RCoA.

Nach dem vierten Schritt können die von den CNs an den MN in sein Heimatsubnetz übermittelten IPv6-Pakete vom Heimatagenten an den neuen MAP und von diesem weiter an den neuen AR nachgesendet werden. Der AR sendet die IPv6-Pakete an den MN.

## 15.5.5 Datentransfer zwischen MN und CN

Hat sich der MN bei einem MAP registriert, wird beim MAP die Zuordnung `RCoA` $\Rightarrow$ `LCoA` eingetragen. Abb. 15.5-5 illustriert die Übermittlung der IPv6-Pakete zwischen MN und CN.

Hierbei sind folgende zwei Fälle zu betrachten: Die aktuelle regionale Nachsendeadresse RCoA des MN ist einem CN

a) noch nicht bekannt bzw. ist
b) bekannt.

Fall a): CN kennt RCoA des MM noch nicht

Im Fall a) initiiert ein CN, der sich außerhalb des Subnetzes befindet, in dem sich der MN aktuell aufhält, eine Kommunikation zum MN und sendet ein IPv6-Paket an seine HoA (Heimatadresse). Dieses Paket empfängt aber der HA (Heimatagent) in seinem Heimatsubnetz und leitet es an den MAP um, also in die Domäne, wo der MN sich aktuell aufhält. Hierfür wird beim HA dem Original-IPv6-Paket ein zusätzlicher IPv6-Header vorangestellt, in dem als IPv6-Zieladresse die Adresse des MAP und als IPv6-Qellladresse die Adresse des HA eingetragen werden. Der MAP leitet danach das Original-IPv6-Paket an den MN weiter. Hierfür stellt MAP dem Original-IPv6-Paket einen zusätzlichen IPv6-Header voran, in dem als IPv6-Zieladresse die lokale Nachsendeadresse des MN – also die LCoA – und als IPv6-Qellladresse die Adresse des MAP eingetragen werden.

Fall b): CN kennt RCoA des MM

Kennt der CN, der sich außerhalb des Subnetzes befindet, in dem sich der MN aktuell aufhält, bereits die regionale IPv6-Nachsendeadresse RCoA des MN, sendet er ein an den MN adressiertes IPv6-Paket mit der regionalen IPv6-Nachsendeadresse RCoA. Wie Abb. 15.5-5b illustriert, enthält dieses Paket einen `Type 2 Routing Header` (`T2-RH`), in dem als Option die HoA des MN übermittelt wird [Abb. 15.4-7], sodass die RCoA beim MN durch die HoA ersetzt werden kann.

Der MAP leitet das Original-IPv6-Paket mit einem vorangestellten IPv6-Header an den MN weiter. Im zusätzlichen IPv6-Header – ebenso wie im Fall a) – werden als IPv6-Zieladresse LCoA und als IPv6-Quelladresse die Adresse vom MAP eingetragen.

Sendet der MN später eine Antwort an den CN, so sendet er sie nicht direkt an den CN, sondern auch über seinen MAP. Daher wird dem Original-IPv6-Paket ein zusätzlicher IPv6-Header beim MN vorangestellt, in dem die Adresse des MAP als IPv6-Zieladresse und die LCoA als IPv6-Quelladresse eingetragen werden, vorangestellt. Der MAP leitet danach das IPv6-Orginalpaket an den CN weiter.

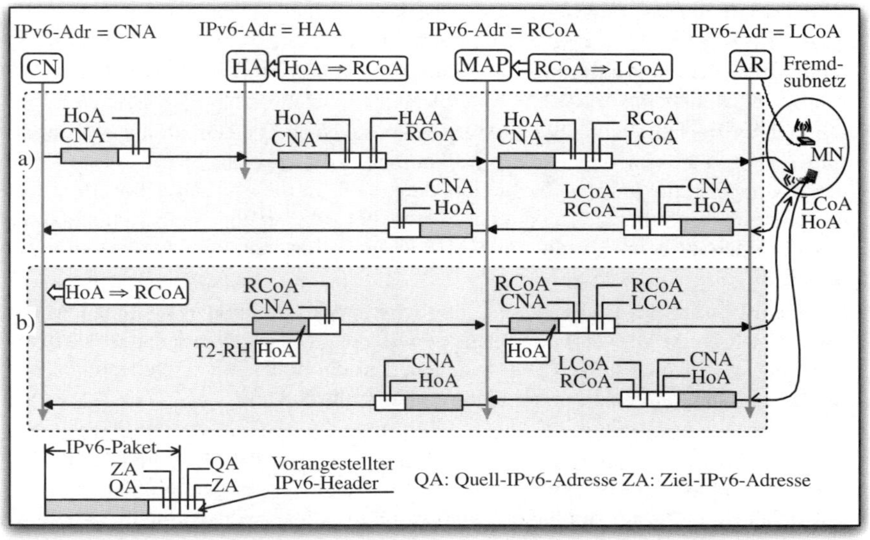


**Abb. 15.5-5:** Datentransfer zwischen MN und CN über den MAP und den AR:
a) vor der Mitteilung der RCoA, b) CN kennt die RCoA des MN
CNA; CN Address, HAA: HA Address, HoA; Home Address, LCoA: On-Link CoA, RCoA: Regional CoA, T2-RH: Type 2 Routing Header

Die Übermittlung der IPv6-Pakete über einen MAP hat den Vorteil, das die RCoA beim HA so lange gültig ist, wie ein MN sich innerhalb der Domäne desselben MAP bewegt.

## 15.6 Schlussbemerkungen

Bei der Mobilität in IP-Netzen muss man unterscheiden, um welche Art der Mobilität es sich handeln – und zwar, ob um die Mobilität:

- eines einzigen Rechners (*Host Mobility*) oder
- eines auf einem Wirt-Server eingerichteten, virtuellen Netzwerks (*Virtual Network Mobility*), das dort durch eine Vernetzung von virtuellen Rechnern mittels virtueller Layer-2-Switches entstanden ist.

Für die Unterstützung der Mobilität in den eben genannten Fällen sind unterschiedliche Konzepte und Protokolle nötig. Aus Platzgründen konnten wir hier nur die Protokolle MIPv4, MIPv6, und HMIPv6 zur Unterstützung der *Host Mobility* darstellen. Um die *Virtual Network Mobility* zu ermöglichen, wurden bereits zwei revolutionäre, neue Konzepte von der IETF spezifiziert: Das modernisierte Protokoll IP, das als *Identifier-Locator Network Protocol* (ILNP) bezeichnet wird und das Protokoll LISP (*Locator/ID Separation Protocol*). Daher möchten wir hier diese beiden Konzepte für Virtual Network Mobility auch kurz zusammenfassen.

Im Hinblick auf die Unterstützung der Host Mobility ist noch Folgendes hervorzuheben:

Host Mobility

- Weil das MIPv6 ein komplexes Protokoll ist, konnten hier nicht alle Aspekte des MIPv6 dargestellt werden. Es wurde hier u.a. nicht gezeigt, wie die *Return Routability Procedure* bzw. die Aktualisierung von Subnetzpräfixen verläuft. Die Sicherheitsaspekte konnten auch nicht angesprochen werden.

Mehrere CoAs

- Ein mobiler Rechner kann über mehrere CoAs als Nachsendeadressen verfügen. Dies kann u.a. der Fall sein, wenn er sich dort aufhält, wo zwei benachbarte WLAN-Zellen sich überlagern, die jeweils ein Subnetz darstellen. In diesem Fall gehört der mobile Rechner zu zwei Subnetzen, sodass er über zwei CoAs verfügt. Folgerichtig kann ein mobiler Rechner beim Einsatz des HMIPv6 auch über mehrere LCoAs und RCoAs verfügen.

Hierarchie von MAPs

- Um beim Einsatz des HMIPv6 eine möglichst große Zahl von WLANs zu erfassen, können mehrere MAPs (*Mobility Anchor Points*) so eingesetzt werden, dass sie in einer Hierarchie zueinander stehen. Dies bedeutet, dass die Route von einem Heimatagenten zu einem mobilen Rechner über mehrere MAPs führen kann.

MIP und Handover

- Bei MIPv6 kann ein Subnetzwechsel während einer bestehenden TCP-Verbindung erfolgen. Dass ein Subnetzwechsel stattgefunden hat, soll das TCP nicht merken. Es werden verschiedene Konzepte entwickelt, um Handover in allen möglichen Situationen sicher durchführen zu können. Man spricht in diesem Zusammenhang z.B. von *Smooth Handover*, *Fast Handover* bzw. *Seamless Handover*.

Protokoll FMIPv6

- Um die Dauer eines Handover beim MIPv6 möglichst kurz zu halten, wurde das Protokoll FMIPv6 (*Fast Handover for Mobile IPv6*) zuerst in RFC 4068 spezifiziert und dessen letzte Version beschreibt RFC 5568. Verlässt ein mobiler Rechner ein Subnetz und bewegt sich in ein anderes Subnetz hinein, muss er in diesem neuen Subnetz eine neue Nachsendeadresse NCoA (*New Care-of-Address*) für sich generieren – und der Zeitaufwand hierfür soll möglichst gering sein. Im Gegensatz zum MIPv6 erlaubt das FMIPv6 dem mobilen Rechner, eine NCoA zu generieren bevor er bei einem Router im neuen Subnetz 'angemeldet' ist. Das FMIPv6 wird unter Linux (und somit auch Android) bereits unterstützt.

Bedeutung von IMS

- Um die Echtzeitanwendungen wie z.B. Voice over IP oder IP-TV, in integrierten Netzstrukturen mit UMTS, LTE und WLANs, die man als *4G-Mobilfunknetze* bezeichnet, in guter Qualität zu ermöglichen, kann die Koexistenz von MIPv6, FMIPv6 und HMIPv6 zukünftig unabdingbar werden. In diesem Zusammenhang ist auch die Bedeutung von IMS hervorzuheben – siehe hierfür Abb. 6.6-1.

Virtual Network Mobility (VMM)

Um *Virtual Network Mobility* (VNM) uneingeschränkt zu ermöglichen, benötigt man eine solche Lösung, die erlaubt, ein aus virtuellen Rechnern bestehendes, auf einem Wirt-Server eingerichtetes Netzwerk auf einen anderen Wirt-Server zu transferieren und dieses dort in Betrieb nehmen zu können, ohne die IP-Adressen von virtuellen, zu diesem Netzwerk gehörenden Rechnern ändern zu müssen. Eine solche Wunschvorstellung ist nur bei einer zweistufigen IP-Adressierung realisierbar. Dies bedeutet jedoch, dass hierfür eine Verbesserung der Adressierung bei den Protokollen IPv4 und IPv6 notwendig ist. Das Ziel 'die Verbesserung der Adressierung bei IP' liegt den beiden, bereits erwähnten Protokollen – d.h. dem ILNP [Abschnitt 13.7.1] und dem LISP [Abschnitt 13.7.2] – zugrunde.

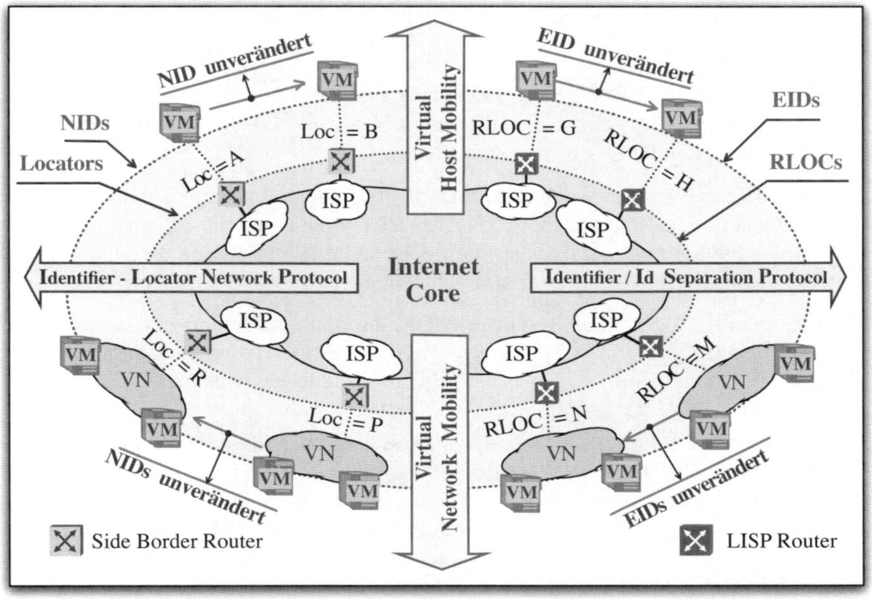


**Abb. 15.6-1:** Virtual Host Mobility und Virtual Network Mobility bei ILNP und LISP
Loc: Locator, VM: Virtual Machine, VN: Virtual Network

Abb. 15.6-1 zeigt eine Gegenüberstellung von ILNP und LISP im Hinblick auf die Möglichkeiten der Mobilität virtueller Rechner (*Virtual Host Mobility*, *VHM*) und virtueller Netzwerke (VNM).

In Bezug auf die Möglichkeiten der Mobilität virtueller Rechner (VHM) und virtueller Netzwerke (VNM) lassen sich ILNP und LISP wie folgt kurz charakterisieren:

- Das ILNP sieht eine zweistufige Struktur der Adressierung sowohl bei IPv4 wie auch bei IPv6 vor. Für die Adressierung eines Rechners bei ILNP dienen die folgenden beiden Adressangaben: *VNM mit ILNP*

  - *Locator* (Loc) als Ziel/Endpunkt einer Route und
  - *Node Identifier* (NID) als Identifikation eines Rechners am Ende der Route.

  Von großer Bedeutung ist, dass der NID eines Rechners langlebig (de facto konstant in der Zeit) ist und sein Locator variabel sein kann.

  Falls eine Route zu einem Netzwerk führt, können mehrere Rechner den Endpunkt einer Route (also einen Locator) als Zugangspunkt nach 'Außenwelt' gemeinsam nutzen – der Locator eines Netzwerks kann sich aber ändern. Dadurch kann man ein virtuelles Netzwerk, von einer Lokation an eine andere, sogar weltweit, transferieren/transportieren, ohne dabei die NIDs von zu ihm gehörenden Rechnern ändern zu müssen. Dank dieser Möglichkeit lässt sich eine grenzenlose Mobilität sowohl virtueller Rechner als auch virtueller Netzwerke erreichen.

- Das LISP – ebenso wie das ILNP – definiert eine zweistufige Struktur der Adressierung sowohl bei IPv4 wie auch bei IPv6. Für die Adressierung eines Rechners dienen bei LISP folgende Angaben: *VHM und VNM mit LISP*

- *Routing Locator* (RLOG) als Ziel-/Endpunkt einer Route und
- *Endpoint Identifier* (EID) als Identifikation eines Rechners am Ende der Route.

Es sei hervorgehoben, dass EID eines Rechners konstant in der Zeit ist und sein RLOG variabel sein kann. Führt eine Route zu einem Netzwerk, können mehrere Rechner in diesem Netzwerk den RLOG gemeinsam nutzen.

Da der RLOG des Netzwerks sich ändern kann, ermöglicht dies, ein virtuelles Netzwerk von einer Lokation an eine andere zu transferieren, ohne dabei die EIDs von Rechnern in diesem virtuellen Netzwerk ändern zu müssen. Dadurch ist eine uneingeschränkte Mobilität sowohl virtueller Rechner als auch virtueller Netzwerke möglich.

ILNP versus LISP

Vergleicht man ILNP mit LISP, so entspricht der Funktion nach:

- RLOC bei LISP dem Locator bei ILNP sowie
- EID bei LISP dem NID bei ILNP.

LISP+ALT

Um LISP im Internet einsetzen zu können, muss aber 'irgendwie und irgendwo' ermittelt werden, welcher RLOC welchem EID entspricht [Abb. 15.6-1]. Hierfür ist ein sog. EID-to-RLOC Mapping-System (ERM-System) notwendig. Die in RCF 6836 spezifizierte Realisierung des ERM-Systems bezeichnet man als LISP+ALT (*LISP Alternative Logical Topology*) und eine wichtige Besonderheit von LISP+ALT besteht darin, dass bei dessen Realisierung die heutige Infrastruktur im Internetkern, welche bei LIST als *LISP Data Plane* fungieren würde, unverändert bleibt. Es muss lediglich 'parallel' zum Internetkern eine *LISP Control Plane* eingerichtet werden. Diese würde eine spezielle Routing-Infrastruktur bilden, in der man die EID-Präfixe – die quasi als 'Internet-Vorwahlnummern' von LISP-Sites dienen – bekannt gemacht werden könnte. Eine solche, als LISP+ALT bezeichnete Control Plane würde dann ein verteiltes ERM-System im Internet darstellen. Für Näheres darüber sei auf LISP+ALI in [Bad14] verwiesen.

# Abkürzungsverzeichnis

**6LoWPAN** IPv6 over Low power Wireless Personal Area Networks
**6rd** IPv6 Rapid Deployment
**3DES** Triple-DES
**3WHS** 3-WayHandShake

**AAA** Authentisierung, Autorisierung, Accounting
**AAL** ATM Adaption Layer
**ABP** Associativity-Based Routing
**ABR** Area Border Router
**AC** Access Concentrator
**ACE** ASCII Compatible Encoding
**Ack** Acknowledg(e)ment
**ACL** Access Control List
**ADD** Authorization Delegation Discovery
**ADS** Active Directory Service
**AES** Advanced Encryption Standard
**AFI** Address Family Identifier
**AFTR** Address Family Transition Router
**AGL** Application Level Gateway
**AGU** Aggregatable Global Unicast Address
**AH** Authentication Header
**AICCU** Automatic IPv6 Connectivity Client Utility
**AID** Association ID
**ALG** Application Level Gateway
**ANSI** American National Standards Institute
**AODV** Ad-Hoc On-demand Distance Vector
**AoMPLS** ATM over MPLSAP Access Point
**API** Application Programming Interface
**APIPA** Automatic Private IP Addressing
**APNIC** Asian Pacific Network Information Center
**AR** Access Router
**ARIN** American Registry for Internet Numbers
**ARP** Address Resolution Protocol
**AS** Autonomes System
**ASBR** AS Boundary Router
**ASCII** American Standard Code for Information Interchange
**ASBR** AS Boundary Router
**ASCII** American Standard Code for Information Interchange
**ASN.1** Abstract Syntax Notation No. 1
**ASON** Automatic(ally) Switched Optical Network
**ATM** Asynchronous Transfer Mode
**ATMARP** ATM Address Resolution Protocol
**ATMoMPLS** ATM over MPLS
**ATMoPW** ATM over PW
**AVP** Attribute Value Pair
**AXFR** Authoritive Zone Transfer
**AYIYA** Anything-in-Anything

**BBN** Bolt, Beranek & Newman
**BCB** Backbone Core Bridge
**BGMP** Border Gateway Multicast Protocol
**BGP** Border Gateway Protocol
**BIB** Binding Information Base
**BIND** Berkeley Internet Name Daemon
**BSD** Berkeley Software Distribution
**BSS** Basic System Set
**BSSID** Basic System Set Identifier
**BUS** Broadcast- and Unknown-Server

**CA** Certificate Authority
**CBC** Cipher Block Chaining
**CBT** Core Based Tree
**CCA** Client Certificate Authority
**CCC** Chaos Computer Club
**CCITT** Comite Consultatif International Telegraphique et Telephonique
**CCS** Change Cipher Specification Protocol

**CCMP** Counter Mode CBC Message Authentication Code Protocol
**CDN** Content Delivery Network
**CE** Customer Edge, Congestion Experienced
**CEM** SONET/SDH Circuit Emulation over MPLS
**CERN** Conseil European pour la Recherche Nuclaire
**CERT** CERTificate
**CES** Circuit Emulation Service
**CFB** Cipher Feedback Mode
**CGA** Cryptographically Generated Address
**CGI** Common Graphics Interface
**CGN** Carrier-Grade NAT
**CHAP** Challenge Handshake Authentication Protocol
**CHL** Current Hop Limit
**CIDR** Classless Inter-Domain Routing
**CIFS** Common Internet File System
**CLIP** Classical IP over ATM
**CLP** Cell Loss Priority
**C-LSR** Core-LSR
**CN** Correspondent Node
**CNA** CN Address
**CName** Canonical Name
**CNLP** ConnectionLess Network Service
**CoA** Care-of-Address
**CoAP** Constraint Application Protocol
**CONS** Connection Oriented Network Service
**COPS** Common Open Policy Service
**CoS** Class of Service
**COSINE** Co-operation and Open Systems Interconnection in Europe
**CPCS** Common Part Convergence Sublayer
**CPA** Certificate Path Advertisement
**CPE** Customer Premises Equipment
**CPN** Customer Premises Network
**CPS** Certificate Path Solicitation
**CR** Customer Router
**CRC** Cyclic Redundancy Codes
**CRL** Certificate Revocation List
**CR-LDP** Constraint-Routing LDP
**CS** Convergence Sublayer
**CSLIP** Compressed SLIP
**CSCF** Call Session Control Function
**CSMA/CD** Carrier Sense Multiple Access/Collision Detection
**CSPF** Constrained Shortest Path First
**CSRC** Contributing Source Identifier
**CSS** Cascading Style Sheets
**CUPS** Common Unix Printing System
**C-VLAN** Customer VLAN
**CW** Control Word
**CWR** Congestion Window Reduced
**c-STUN** classic STUN

**DA** Destination Address
**DAD** Duplicate Address Detection
**DAP** Directory Access Protocol
**DANE** DNS-based Authentication of Named Entities
**DARPA** US Defense Advanced Research Project Agency
**DC** Domain Component
**DCA** Defense Communication Agency
**DCCP** Datagram Congestion Control Protocol
**DCE** Data Communication Equipment
**DCF** Distributed Coordination Function
**DDDS** Dynamic Delegation Discovery System
**DDoS** Distributed DoS
**DER** Distinguished Encoding Rules
**DES** Data Encryption Standard
**DFN** Deutsches Forschungsnetz
**DFZ** Default Free Zone
**DFS** Dynamic Frequency Selection
**DH** Diffie-Hellman
**DHE** DH Exchange
**DHCP** Dynamic Host Configuration Protocol
**DIB** Directory Information Base
**DIT** Directory Information Tree
**DIX** Digital, Intel und Xerox
**DKIM** DomainKeys Identified Mail
**DL** Data Link, Diskreter Logarithmus
**DLCI** Data Link Connection Identifier
**DMARC** Domain-based Message Authentication, Reporting & Conformance
**DMZ** DeMilitarized Zone

**DN** Distinguished Name
**DNS** Domain Name System
**DNSSEC** DNS Security
**DO** Data Offset
**DoS** Denial of Service
**DQDB** Dual Queue Dual Bus
**DR** Designierter Router
**DS** Differentiated Services, Delegation Signer, Dual Stack
**DSAP** Destination SAP
**DSCP** Differentiated Service Code Point
**DSH** Dual-Stack Host
**DSL** Digital Subscriber Line
**DSR** Dual-Stack-Router
**DSS** Digital Signature Standard
**DSTM** Dual Stack Transition Mechanism
**DTE** Data Terminal Equipment
**DTLS** Datagram TLS
**DUA** Directory User Agent
**DUID** DHCP Unique IDentifier
**DVMRP** Distance Vector Routing Multicast Protocol
**DynDNS** Dynamic DNS
**dACK** duplicate Ack

**EAP** Extensible Authentication Protocol
**EAPoL** EAP over LAN
**EAPoW** EAP over WiFi
**EARN** European Academic Research Network
**EBDCIC** Extended Binary Coded Decimal Interchange Code
**EBGP** Externes BGP
**ECC** Error Correction Code, Elliptic Curve Cryptography
**ECE** ECN Echo
**ECN** Explicit Congestion Negotiation
**EDNS** Extended DNS
**EGP** Exterior Gateway Protocol
**EHM** Encrypted Handshake Message
**EID** Endpoint Identifier
**EIDD** EID Destination
**EIDS** EID Source
**ERM** EID-to-RLOC Mapping
**EKU** Extended Key Usage
**ELAN** Emuliertes LAN
**EMSK** Extended MSK
**E-LSR** Edge-LSR
**ENUM** Telephone Number URI Mapping bzw. Telephone NUmber Mapping
**EoMPLS** Ethernet over MPLS
**EoPW** Ethernet over PW
**ESP** Encapsulating Security Payload
**ERO** Explicite Route
**ES** Endsystem
**ESMTP** Extended SMTP
**ESSID** Extended Service Set Identifier
**Eth** Ethernet
**ETR** Egress Tunnel Router
**EVB** Edge Virtual Bridging
**EUI** Extended Unique Identifier

**FA** Foreign Agent
**FAI** Functional Address Indicator
**FCS** Frame Check Sequence
**FDDI** Fiber Data Distributed Interface
**FEC** Forwarding Equivalence Class, Forward Error Correction
**FECN** Forward Explicit Congestion Notification
**FQDN** Full Qualified Domain Name
**FR** Frame Relay
**FRAD** FR Access Device
**FR-NNI** FR Network Network Interface
**FRoPW** Frame Relay over PW
**FRR** Fast Re-Routing
**FR-UNI** FR User Network Interface
**FTP** File Transfer Protocol
**FTPS** FTP over SSL bzw. FTP/SSL
**FT** Forwarding Table

**GAB** Gap Ack Block
**GCM** Galois Counter Mode
**GE** Gigabit Ethernet
**GFC** Generic Flow Control
**GFP** Generic Framing Procedure
**GIMP** GNU Image Manipulation Program
**GMPLS** Generalized MPLS
**GRE** Generic Routing Encapsulation
**GRP** Global Routing Prefix
**GSM** Global System for Mobile Communication

**GSS** Generic Security Service
**GUI** Graphical User Interface
**gTLD** generic TDL
**GTK** Group Transient Key

**HA** Home Agent
**HAA** Home Agent Address
**HCCA** HCF Controlled Channel Access
**HCF** Hybird Coordination Function
**HDLC** High-Level Data Link Control
**HEC** Header Error Control
**HEL** Header Extension Length
**HF-DSS** High-Frequency Direct-Sequence Spread-Spectrum
**HINFO** Host INFOrmation
**HMAC** Hash based Message Authentication Code
**HMIP** Hierarchical Mobile IP
**HoA** Home Address
**HSRP** Hot Standby Routing Protocol
**HTML** HyperText Markup Language
**HTTP** HyperText Transfer Protocol
**HTTPS** HTTP Secure
**HTTPU** HTTP over UDP
**H-VPLS** Hierarchical VPLS
**HMIPv6** Hierarchical Mobile IPv6
**HSS** Home Subscriber Server

**IAB** Internet Architecture Board
**IANA** Internet Assigned Numbers Authority
**IAPP** Inter Access Point Protocol
**IAX** Internet Asterisk exchange
**IBGP** Internes BGP
**ICANN** Internet Corporation for Assigned Names and Numbers
**ICCB** Internet Configuration Control Board
**ICMP** Internet Control Message Protocol
**ICP** Internet Cache Protocol
**ICV** Integrity Check Value
**ID** Identification
**IDEA** International Data Encryption Algorithm
**IDN** Internationalized Domain Name
**IEEE** Institute of Electrical and Electronics Engineers
**IESG** Internet Engineering Steering Group
**IETF** Internet Engineering Task Force
**IEPG** Internet Engineering and Planning Group
**IGMP** Internet Group Management Protocol
**IGP** Interior Gateway Protocol
**IHL** Internet Header Length
**IKE** Internet Key Exchange
**ILNP** Identifier-Locator Network Protocol
**ILNP6** ILNP IPv6
**IMAP** Internet Message Access Protocol
**IMS** IP Multimedia Subsystem
**IN** Internet Class (DNS)
**InARP** Inverse ARP
**InterNIC** Internet Network Information Center
**IoT** Internet of Things
**IP** Internet Protocol
**IPCP** IP Control Protocol
**IPP** Internet Printing Protocol
**IPLS** IP-only LAN Service
**IPsec** IP Security
**IPX** Internetwork Packet eXchange
**IPv4** Internet Protocol Version 4
**IPv6** Internet Protocol Version 6
**IRTF** Internet Research Task Force
**ISAKMP** Internet Security Association and Key Management Protocol
**ISATAP** Intra-Site Automatic Tunnel Addressing Protocol
**ISDN** Integrated Services Digital Network
**ISIS** Intermediate System to Intermediate System
**IS-IS** Intermediate System – Intermediate System
**IS-IS-TE** IS-IS-Traffic Engineering
**ISN** Initial Sequence Number
**ISO** International Organization for Standardization
**ISP** Internet Service Provider
**I-TCP** Indirect TCP
**ITR** Ingress Tunnel Router

**ITU** International Telecommunication Union
**ITU-T** ITU, Telecommunication Standardization Sector
**IXFR** Incremental Zone Transfer

**JAIN** Java API for Integrated Networks
**JPEG** Joint Photographic Experts Group
**JPL** Jumbo Payload Length

**KMP** Key Management Protocol
**KPI** Key Performance Indicator
**KSK** Key Signing Key

**L1/2/3** Layer 1/2/3
**L2F** Layer 2 Forwarding
**L3F** Layer 3 Forwarding
**L2TP** Layer 2 Tunneling Protocol
**LAC** L2TP Access Concentrator
**LAN** Local Area Network
**LANE** LAN-Emulation
**LAP** Link Access Protocol (Procedure)
**LAPB** LAP, Balanced
**LAPD** LAP – Channel D
**LAPF** LAP for Frame Relay
**LBS** Location Based Services
**LCI** Logical Channel Identifier
**LCoA** On-Link CoA
**LCP** Link Control Protocol
**LDAP** Lightweight Directory Access Protocol
**LDAPS** Lightweight Directory Access Protocol Secure
**LDIF** LDAP Data Interchange Format
**LDP** Label Distribution Protocol
**LE** LAN-Emulation
**LEAP** Lightweight Extensible Authentication Protocol
**LEC** LAN Emulation Client
**LED** LAN Emulation Dienst
**LFN** Long Fat Networks
**LIG** Local Interface Gateway
**LIR** Local Internet Registry
**LIS** Logical IP Subnetwork
**LISP** Locator/Identifier Separation Protocol, Locator/ID Separation Protocol
**LISP+ALT** LISP Alternative Logical Topology
**LL** Link Local
**LLC** Logical Link Control
**LLA** Link Local Address
**LId** Link Identification
**LLU** Link Local Unicast
**LLMNR** Link-Local Multicast Name Resolution
**LMI** Local Management Interface
**LMP** Link Management Protocol
**LNS** L2TP Network Server
**LoST** Location-to-Service Translation
**LS** Link State
**LSA** Link State Advertisement
**LSDB** Link State Database
**LSP** Label Switched Path
**LSR** Label Switching Router, Loose Source Routing
**LST** Label Switching Table
**LWL** Lichtwellenleiter
**LTE** Long Term Evolution

**mDNS** Multicast DNS
**MAC** Media Access Control bzw. Message Authentication Code
**MAN** Metropolitan Area Network
**MAODV** Multicast AODV
**MAP** Mobility Anchor Point
**MC** Multicast
**MCC** Multimedia Control Channel
**MD** Message Digest
**Megaco** Media Gateway Control
**MFTP** Multisource File Transfer Protocol
**MGCP** Media Gateway Control Protocol
**MHSRP** Multigroup HSRP
**MIC** Message Integrity Check
**MIDCOM** Middlebox Control Protocol
**MIKEY** Multimedia Internet KEYing
**MIP** Mobile IP
**MIPv6** Mobile IPv6
**MIS** Maximum of Inbound Streams
**MitM** Man in the Middle
**MLD** Multicast Listener Discovery
**MMoIP** Multi-Media over IP

**MN** Mobile Node
**MODP** Modular Exponentiation
**MOSPF** Multicast OSPF
**MP-BGP** Multiprotocol Extensions for BGP(-4)
**MPC** MPOA-Client
**MPDU** MAC PDU
**MPED** MPOA Edge Device
**MPLS** Multi-Protocol/Multiprotocol Label Switching
**MPLS-TE** MPLS Traffic Engineering
**MPOA** Multi-Protocol over ATM
**MPR** MPOA-Router
**MPS** MPOA-Server
**MPTCP** Multipath TCP
**MRT** Maximum Response Time
**MS-Chap** Microsoft-CHAP
**MSDP** Multicast Source Discovery Protocol
**MSDU** MAC SDU
**MSK** Master Session Key
**MSL** Maximum Segment Lifetime
**MSS** Maximum Segment Size
**MTA** Mail Transfer Agent
**M-TCP** Mobile TCP
**MTU** Maximum Transfer Unit
**MUX** Multiplexer
**MX** Mail eXchange
**mDMS** Multicast DNS

**NA** Neighbor Advertisement
**NAPT** Network Address Port Translation
**NAPTR** Naming Authority PoinTeR
**NAS** Network Access Server
**NAT** Network Address Translation
**NAT-PT** Network Address Translation - Protocol Translation
**NAT44** IPv4 $\Leftrightarrow$ IPv4 NAT
**NAT64** IPv6 $\Rightarrow$ IPv4 NAT
**NAT46** IPv4 $\Rightarrow$ IPv6 NAT
**NBFC** NetBIOS Frame Control Protocol
**NBMA** Non-Broadcast Multiple Access
**NBP** Network Bootstrap Program
**NCC** Network Coordination Centre
**NCP** Network Control Protocol
**NDP** Neighbor Discovery Protocol
**NDS** Network Directory System/Services
**NetBEUI** NetBIOS Extended User Interface
**NFS** Network File System
**NGN** Next Generation Network
**NHC** Next Hop Client
**NHLFE** Next Hop Label Forwarding Entry
**NHNA** Next Hop Network Address
**NHRP** Next Hop Resolution Protocol
**NHS** Next Hop Server
**NIC** Network Interface Card
**NID** Node Identifier
**NIR** National Internet Registry
**NIS** Network Information Services
**NLA** Next Level Aggregator
**NLPID** Network Layer Protocol IDentifier
**NLRI** Network Layer Reachability Information
**NNI** Node Node Interface
**NP** Netzwerkprotokoll
**NS** Neighbor Solicitation bzw. Name Server
**NSAP** Network Service Access Point
**NSEC** Next SECure
**NSFR** None-linear Feedback Shift Register
**NSP** Network Service Provider
**NTP** Network Time Protocol
**NUD** Neighbor Unreachable Detection
**NXDOMAIN** None Existing Domain (Entry)

**OCSP** Online Certificate Status Protocol
**OEO** Optical-Electrical-Optical
**OFDM** Orthogonal Frequency Division Multiplexing
**OLP** On-Link Prefix
**OID** Object-Identifier
**OOO** Optical-Optical-Optical
**OPT** OPTion
**OSA** Open Service Architecture/Access
**OSI** Open System Interconnection
**OSPF** Open Shortest Path First
**OSPF-TE** OSPF - Traffic Engineering

**OTP** One Time Pad
**OUI** Organizationally Unique Identifier
**OXC** Optical Crossconnect (System)

**PAC** PPTP Access Concentrator
**PAD** Peer Association Database
**PAM** Pluggable Authentication Module
**PAP** Password Authentication Protocol
**PAT** Port Address Translation
**PACP** Port Control Protocol
**PBB** Provider Backbone Bridges
**PCM** Pulse Code Modulation
**PCP** Port Control Protocol
**PDA** Personal Digital Assistant
**PDU** Protocol Data Unit
**PE** Provider Edge, Port Extender
**PEAP** Protected EAP
**PEM** Privacy Enhanced Mail
**PERL** Process and Experiment Automation Realtime Language
**PFC** Protocol Field Compression
**PFS** Perfect Forward Secrecy
**PHY** Physikalische Schicht
**PID** Protocol Identifier
**PIM** Protocol Independent Multicast
**PIM-DM** PIM - Dense Mode
**PIM-SM** PIM - Sparse Mode
**PIR** Public Interest Registry
**PKCS** Public Key Cryptography Standards
**PKI** Public Key Infrastructure
**PKIX** Public Key Internet Exchange
**PLCP** Physical Layer Convergence Protocol
**PLP** Packet Layer Protocol
**PMC** Pulse Code Modulation
**PMTU** Path MTU
**PNNI** Private NNI
**PNS** PPTP Network Server
**POP** Post Office Protocol bzw. Point of Presence
**POSIX** Portable Operating System Interface
**PPP** Point-to-Point Protocol
**PPTP** Point-to-Point Tunneling Protocol
**PPVPN** Provider Provisioned VPN
**PR** Provider Router
**PRF** Pseudo Random Function
**PSK** Pre-Shared Key
**PSTN** Public Switched Telephone Network
**PT** Payload Type, Protocol Translation
**PTK** Pairwise Transient Key
**PtP** Punkt-zu-Punkt
**PTR** PoinTeR
**PVC** Permanent Virtual Connection
**PW** Pseudo Wire
**PWH** PW Header
**PWE3** Pseudo Wire Emulation Edge-to-Edge
**PWLAN** Public WLAN
**PXE** Preboot Execution Environment

**QCELP** Qualcomm Code-Excited Linear Prediction
**QoS** Quality of Service
**QType** Query Type (DNS)

**R** Router
**RA** Router Advertisement
**RADIUS** Remote Authentication Dial-In User Service
**RADSec** RADIUS Secure
**RADVD** Router Advertisement Daemon
**RARP** Reverse Address Resolution Protocol
**RAS** Remote Access Service(s)
**RBL** Relay Blacklists
**RC** 2/4 Rivest Cipher 2/4
**RCoA** Regional CoA
**RCP** Remote Procedure Call
**RD** Route Distinguisher
**RDATA** Record Data (DNS)
**RDN** Relative Distinguished Name
**RDNSS** Recursive DNS Server
**RED** Random Early Detection
**RFC** Request for Comments
**RI** Routing-Information
**RIB** Routing Information Base
**RIG** Remote Interface Gateway
**RIP** Routing Information Protocol
**RIPE** Reseaux IP Europeens

**RIPEMD** RIPE Message Digest
**RIR** Regional Internet Registry
**RLE** Run Length Encoding
**RLOC** Routing Locator
**ROHC** RObust Header Compression
**ROLL** Routing Over Low power and Lossy networks
**RP** Rendezvous Point
**RPC** Remote Procedure Call
**RPF** Reverse Path Forwarding
**RPT** Rendezvous PoinT
**RR** Resource Record
**RRSet** Resource Record Set
**RS** Router Solicitation
**RSA** Rivest, Shamir, Adleman
**RSIP** Realm Specific IP
**RSN** Robust Security Network
**RSVP** Resource reSerVation Protocol
**RSVP-TE** RSVP with Traffic Engineering
**RSTP** Rapid STP
**RT** Routing-Tabelle
**RTE** Routing Table Entry
**RTC** Real Time Clock
**RTCP** RTP Control Protocol
**RTP** Real-time Transport Protocol
**RTSP** Real-Time Streaming Protocol
**RTT** Round Trip Time

**SA** Source Address, Security Association
**SAC** Stateless AutoConfiguration
**SACK** Selective ACKnowledgement
**SAFI** Sub-AFI, Subsequent AFI
**SAP** Service Access Point
**SAMBA** Server Message Block
**SAML** Secure Assertation Markup Language
**SAN** Storage Attached Network/Subject Alternative Name
**SASL** Simple Authentication and Security Layer
**SDN** Software Defined Networking
**SEND** Secure Neighbor Discovery
**SCTP** Stream Control Transmission Protocol
**SDH** Synchronous Digital Hierarchy
**SDK** Software Development Kit
**SDP** Source Discovery Protocol
**SDU** Service Data Unit
**SeND** Secure Neighbor Discovery
**SG** Security Gateway
**SHA** Secure Hash Algorithm
**SIG** SIGnature
**SIIT** Stateless IP/ICMP Translation Algorithm
**SIP** Session Initiation Protocol
**SLA** Service Level Agreement
**SLD** Second-Level Domain
**SLIP** Serial Line IP
**SLAAC** Stateless Address Autoconfiguration
**SLU** Site Local Unicast
**SMB** Server Message Block
**SM-LAN** Shared Medium LAN
**SMP** Symmetric Multi-Processing
**SMTP** Simple Mail Transfer Protocol
**SN** IP-Subnetz
**SNA** Systems Network Architecture
**SNAP** Sub-Network Access Protocol
**SNMA** Solicited Node Multicast Address
**SNMP** Simple Network Management Protocol
**SNPA** Subnetwork Point of Attachment
**SOA** Start Of zone Authority (DNS)
**SOAP** Simple Object Access Protocol
**SOCKS** SOCKetS
**SONET** Synchronous Optical NETwork
**SPB** Shortest Path Bridging
**SPBM** SPB MAC
**SPBV** SPB VID
**SPD** Security Policy Database
**SPTA** Shortest Path Tree Algorithmus
**SPF** Shortest Path First bzw. Sender Policy Framework
**SPT** Server Processing Time
**SPI** Security Parameters Index
**SRV** Server (DNS)
**SRTP** Secure Real-time Transport Protocol /Secure RTP
**SSDP** Simple Service Discovery Protocol
**SSH** Secure Shell
**SSHFP** SSH Fingerprint
**SSL** Secure Sockets Layer
**SSM** Source-specific Multicasting
**SSR** Strict Source Routing

**SSRC** Synchronization Source Identifier
**STCP** Streaming TCP
**STE** Session Table Entry
**STA** Spanning Tree Algorithmus
**S-TCP** Snoop TCP
**STLS** Start TLS
**STUN** Simple Traversal of UDP through NAT
**SVC** Switched Virtual Circuit
**SixXS** Six Access

**T-PDU** Transport PDU
**TAC** Terminal Access Controler
**TAO** TCP Accelerated Open
**TB** Tunnel Broker
**TBRPF** Topology dissemination Based on Reverse-Path Forwarding
**TC** Trust Center bzw.TrunCation
**TCB** Transmission Control Block
**TCP** Transmission Control Protocol
**TCP/FO** TCP Fast Open
**TDM** Time Division Multiplex(ing)
**TE** Traffic Engineering
**TFTP** Trivial File Transfer Protocol
**TH** Tunnel-Header
**TIC** Tunnel Information and Control Protocol
**TK** Telekommunikation
**TKEY** Transaction KEY
**TKIP** Temporal Key Integrity Protocol
**TLD** Top-Level Domain
**TLS** Transport Layer Security
**TLV** Type-Length-Value
**TORA** Temporally-Ordered Routing Algorithm
**ToS** Type of Service
**TPC** Transmit Power Control
**TRILL** Transparent Interconnection of Lots of Links
**TRIP** Telephony Routing over IP
**TSIG** Transaction SIGnature
**TSN** Transmission Sequence Number
**TT** Traffic Trunk
**T/TPC** Transaction TCP
**TTL** Time To Live
**TURN** Traversal Using Relays around NAT
**TXT** TeXT

**UAC** User Agent Client
**UAS** User Agent Server
**UDP** User Datagram Protocol
**ULA** Unique Local Address
**UMTS** Universal Mobile Telecommunications System
**UN** Unternehmensnetz
**UNI** User Network Interface
**UPnP** Universal Pug and Play
**URI** Uniform Resource Identifier
**URL** Uniform Resource Locator
**URN** Uniform Resource Name
**USB** Universal Serial Bus
**UUCP** Unix to Unix Copy
**UTF** Universal Character Set (UCS) Transformation Format

**VCI** Virtual Channel Identifier
**VEB** Virtual Ethernet Bridge
**VEPA** Virtual Ethernet Port Aggregator
**VF** Vermittlungsfunktion
**VG** VPN-Gateway
**VHM** Virtual Host Mobility
**VID** VLAN Identifier
**VIP** Virtuelle IP-Adresse
**VLAN** Virtual LAN
**VLSM** Variable Length Subnet Mask(s)/Masking
**VM** Virtual Machine
**VMAC** Virtuelle MAC-Adresse
**VNI** VXLAN Network Identifier
**VNM** Virtual Network Mobility
**VoIP** Voice over IP
**VPI** Virtual Path Identifier
**VPLS** Virtual Private LAN Service
**VPN** Virtual Private Network
**VPWS** Virtual Private Wire Service
**VR** Virtual Router
**VRF** VPN Routing Forwarding
**VRP** Virtual Router Protocol
**VRID** Virtual Router Identifier
**VRRP** Virtual Router Redundancy Protocol
**VSA** Vendor Specific Attribute
**VTEP** VXLAN Tunnel End Point
**VXLAN** Virtual eXtensible Local Area Networks

| | |
|---|---|
| **WAN** | Wide Area Network |
| **WAP** | Wireless Application Protocol |
| **WBAN** | Wireless Body Area Networking |
| **WDM** | Wavelength Division Multiplexing |
| **WDS** | Wireless Distribution System |
| **WEP** | Wireless Equivalent Privacy |
| **WiFi** | Wireless Fidelity |
| **WISP** | Wireless Internet Service Provider |
| **WKP** | Well Known Port |
| **WKS** | Well Known Service |
| **WLAN** | Wireless Local Area Network |
| **WoT** | Web of Things |
| **WPA** | Wi-Fi Protected Access |
| **WPAN** | Wireless Personal Area Network |
| **WSIZE** | Window Size |
| **WSP** | Web Socket Protocol |
| **WWW** | World Wide Web |
| **WebRTC** | Web Real-Time Communication |
| **XCBC** | Extended CBC |
| **XML** | eXtensible Markup Language |
| **XNS** | Xerox Network Services/System |
| **ZSK** | Zone Signing Key |

# Literaturverzeichnis


[ACF02] B. Adams, E. Cheng und T. Fox. *Interdomain Multicast Solutions Guide*. Cisco Press, 2002.

[Arm00] G. Armitage. *Quality of Service in IP-Networks*. Macmillan Technical Publishing, 2000.

[Bad10] A. Badach. *Voice over IP – Die Technik*. Hanser, 2010.

[Bad97] A. Badach. *Integrierte Unternehmensnetze, X.25, Frame Relay, ISDN, LANs und ATM*. Hüthig, 1997.

[Ben07] A. Benslimane, Hrsg. *Multimedia Multicast on Internet*. ISTE, 2007.

[BGT04] H.-F. Banet, E. Gärtner und G. Teßma. *UMTS*. Hüthig, 2004.

[BHK94] A. Badach, E. Hoffmann und O. Knauer. *High Speed Internetworking*. Addison-Wesley, 1994.

[Bla00] U. Black. *QoS in Wide Area Networks*. Prentice Hall, 2000.

[Bou09] A. Boukerche, Hrsg. *Algorithms and Protocols for Wireless and Mobile Ad Hoc Networks*. John Wiley&Sons, 2009.

[BR13] A. Badach und S. Rieger. *Netzwerkprojekte*. Hanser, 2013.

[BRS03] A. Badach, S. Rieger und M. Schmauch. *Web-Technologien, Architekturen, Konzepte, Trends*. Hanser, 2003.

[BRS04] G. Bernstein, B. Rajagopalan und D. Saha. *Optical Network Control*. Addison-Wesley, 2004.

[DH00] N. Doraswamy und D. Harkins. *IPSec*. Addison-Wesley, 2000.

[Dij59] E.W. Dijkstra. *A Note on Two Problems in Connexion with Graphs*. Numerische Mathematik 1:269-71, 1959.

[DR00] B. Davie und Y. Rekhter. *MPLS Technology and Application*. Morgan Kaufman, 2000.

[DY99] D. Durham und R. Yavatkar. *Inside the Internet's Resource reSerVation Protocol*. John Wiley & Sons, 1999.

[Eck09] C. Eckert. *IT-Sicherheit, Konzepte, Verfahren, Protokolle*. Oldenbourg, 2009.

[EGW02] M. Edwards B., A. Giuliano L. und R. Wright B. *Interdomain Multicast Routing*. Addison-Wesley, 2002.

[EH07] A. El-Hoiydi. *Implementation Options for the Distribution System in the IEEE 802.11 Wireless LAN Infrastructure Network*. CSEM - Centre Suisse d'Electronique et de Microtechnique, 2007.

[Ert07] W. Ertl. *Angewandt Kryptographie*. Hanser, 2007.

[FB05] A. Farrel und I. Bryskin. *GMPLS, Architecture and Applications*. Morgan Kaufman, 2005.

[FFZ01] H. Fahner, P. Feil und T. Zseby. *MBone. Aufbau und Einsatz von IP-Multicast-Netzen*. Dpunkt, 2001.

[FH98] P. Ferguson und G. Huston. *Quality of Service*. John Wiley & Sons, 1998.

[FMNORS11] I. Fikouras, C. Mulligan, R. Noldus, U. Olsson, A. Ryde und M. Stille. *IMS Application Developer's Handbook: Creating and Deploying Innovative IMS Applications*. Academic Press, 2011.

[Fri13] M. Frikha. *Ad Hoc Networks: Routing, Qos and Optimization*. VDM Verlag Dr. Mueller, 2013.

[GN13] M. Goncalves und K. Niles. *IP Multicasting: Concepts and Applications*. John Wiley & Sons, 2013.

[Hal98] B. Halabi. *Internet-Routing-Architekturen*. Hanser, 1998.

[JH02] S. Jha und M. Hassan. *Engineering Internet QoS*. Artech House, 2002.

[Kil99] K. Kilkki. *Differentiated Services for the Internet*. Sams, 1999.

[KW02] R. Kiefer und P. Winterling. *DWDM, SDH & Co*. Hüthig, 2002.

[Lan08] D. Lang. *Routing Protocols for Mobile Ad Hoc Networks - Classification, Evaluation and Challenges*. VDM Verlag Dr. Mueller, 2008.

[Lip01] M. Lipp. *VPN - Virtuelle Private Netzwerke*. Addison-Wesley, 2001.

[LMH12] J. Loo, J. L. Mauri und Ortiz J. H. *Mobile Ad Hoc Networks: Current Status and Future Trends*. CRC Press, 2012.

[ML10] I. Minei und J. Lucek. *MPLS-Enabled Applications*. John Wiley&Sons, 2010.

[Moy01] T. Moy J. *OSPF Complete Implementation*. Addison-Wesley, 2001.

[Orl00] H. Orlamünder. *High-Speed-Netze*. Hüthig, 2000.

[Per03] C. Perkins. *RTP Audio and Video for the Internet*. Addison-Wesley, 2003.

[PM09] M. Poikselkä und G. Mayer. *The IMS: IP Multimedia Concepts and Services, 3.Auflage*. John Wiley & Sons, 2009.

[PP10] C. Paar und J. Pelzl. *Understanding Cryptography*. Springer, 2010.

[Rec04] J. Rech. *Wireless LANs*. Heise, 2004.

[Res08] E. Rescorla. *SSL and TLS*. Addison-Wesley, 2008.

[Roe11] K. Roebuck. *GMPLS/ASON: High-impact Strategies*. Emereo Pty Ltd., 2011.

[Sch02] C. Schäfer. *Das DHCP-Handbuch*. Addison-Wesley, 2002.

[Sch03] J. Schiller. *Mobilkommunikation*. Pearson Studium, 2003.

[Sch14] H. Schulte, Hrsg. *Protokolle und Dienste der Informationstechnologie*. WEKA Verlag, 2014.

[Sie02] G. Siegmund. *Next Generation Networks, IP-basierte Telekommunikation*. Hüthig, 2002.

[Sie14] G. Siegmund. *Technik der Netze (2 Bände)*. VDE-Verlag, 2014.

[Sim14] J. M. Simmons. *Optical Network Design and Planning*. Springer, 2014.

[Sol98] D. Solomon J. *Mobile IP*. Prentice Hall, 1998.

[Sto07] B. Stockebrand. *IPv6 in Practice*. Springer, 2007.

[Tho00] S. Thomas. *SSL and TLS Essentials*. John Wiley & Sons, 2000.

[TW09] U. Trick und F. Weber. *SIP, TCP/IP und Kommunikationsnetze*. Oldenbourg, 2009.

[VMC02] S. Viega, M. Messier und P Chandra. *Network Security with OpenSSL*. O'Reilly, 2002.

[Wal02] H. Walke B. *Mobile Radio Networks*. John Wiley & Sons, 2002.

[WCMM11] D. A. Westcott, D. D. Coleman, B. Miller und P. Mackenzie. *CWAP: Certified Wireless Analysis Professional*. Sybex / O'Wiley Publishing, 2011.

[Wep97] G. Weppler. *Frame-Relay-Netze*. VDE-Verlag, 1997.

[Wil99] A. Wilde. *SDH in der Praxis*. VDE-Verlag, 1999.

[WR00] J. D. Wegner und R. Rockwell. *IP Addressing & Subnetting*. MITP-Verlag, 2000.

[WZ02] A. Wilde und M. Zitterbart. *Multicast*. Dpunkt, 2002.

[YSO05] N. Yamanaka, K. Shiomoto und E. Oki. *GMPLS Technologies*. Taylor & Francis, 2005.

# Internet-Quellen

[80214] IEEE 802. *IEEE 802 LAN/MAN Standards Committee*. `http://www.ieee802.org`. 2014.

[Bad14] A. Badach. *Wissensportal von Prof. Dr. A. Badach – BPE, DTLS, EVB, FC SAN, GFP, SDN, WebRTC, ...* `http://www.competence-site.de/Anatol-Badach`. 2014.

[Ber14] D.J. Bernstein. *A state-of-the-art Diffie-Hellman function*. `http://cr.yp.to/ecdh.html`. 2014.

[Div14a] Div. *Eine Übersicht über die Entwicklung von Internet*. `http://www.in2eps.com/x0/tk-ietf.html`, `http://datatracker.ietf.org/wg/`. 2014.

[Div14b] Div. *SIP und dessen Abläufe gut dargestellt*. `http://www.in2eps.com/fo-sip/tk-fo-sip-ex3261.html`. 2014.

[Edi14] RFC Editor. *Datenbank mit allen RFCs und Internetstandards*. `http://www.rfc-editor.org/search/rfc_search.php`. 2014.

[GH12] M. Grob und E. Hoffmann. *What is wrong with the IPv6 RA protocol?* `http://www.fehcom.de/ipnet/ipv6/ipv6-ra.pdf`. 2012.

[IAN14] IANA. *Die (Konfigurations-)Parameter aller Internetprotokolle*. `http://www.iana.org/protocols`. 2014.

[IN214] IN2EPS. http://www.in2eps.com/. Gremien: IETF, 3GPP ETSI – Protokolle, Dokumente, Grundlagen. 2014.

[Ind14] RFC Index. *Internet Dokuments und RFC Index, alle Internet Drafts*. http://www.potaroo.net/ietf/. 2014.

[IPv14] IPv6. *Informationen rund um IPv6*. http://www.infoblox.com/content/ipv6-center-excellence, http://www.ipv6-portal.de/, http://de.inforapid.org/index.php?search=IPv6. 2014.

[IT14] ITU-T. *Telecommunication Standardization Sector (ITU-T)*. http://www.itu.int/ITU-T/publications/recs.html. 2014.

[Mer80] R. Merkle. *PROTOCOLS FOR PUBLIC KEY CRYPTOSYSTEMS*. http://www.merkle.com/papers/Protocols.pdf. 1980.

[Til10] H.A. van Tilborg. *Shaping DNS Security with Curves*. http://curvedns.on2it.net/. 2010.

# Stichwortverzeichnis

**E**

**J**



**K**



**L**

## M

N

**T**



**U**